Zur Entstehung der translatorischen Ausbildung in Deutschland

Leipziger Studien zur angewandten Linguistik und Translatologie

Herausgegeben von Peter A. Schmitt

Band 22

PETER LANG

Anke Lutz

Zur Entstehung der translatorischen Ausbildung in Deutschland

Ein Beitrag zur Curriculumforschung

PETER LANG
Berlin · Bruxelles · Chennai · Lausanne · New York · Oxford

Bibliografische Information der Deutschen Nationalbibliothek
Die Deutsche Nationalbibliothek verzeichnet diese Publikation in der Deutschen Nationalbibliografie; detaillierte bibliografische Daten sind im Internet über http://dnb.d-nb.de abrufbar.

Zugl.: Leipzig, Univ., Diss., 2024.

Umschlagentwurf:
Peter A. Schmitt und Thomas Richter

Satz und Layout:
medienwerkstatt adrion, Bietigheim-Bissingen

DE 15
ISSN 1862-7056
ISBN 978-3-631-93724-2 (Print)
ISBN 978-3-631-93725-9 (E-Book)
ISBN 978-3-631-93726-6 (EPUB)
DOI 10.3726/b23097

Diese Publikation wurde begutachtet.

www.peterlang.com

In der vorliegenden Arbeit wird für Personen- und Berufsbezeichnungen die männliche Form verwendet. Dies dient zum einen bei der gegebenen Textverdichtung der Leserlichkeit und dem Textverständnis und zum anderen dem wissenschaftlichen Grundsatz, historische Dokumente und ihre Inhalte nicht zu verfälschen. Die männliche Form gilt im Sinne der Gleichbehandlung grundsätzlich für alle Geschlechter. Die verkürzte Sprachform beinhaltet keine Wertung.

Aus Liebe zur Fremdsprache
den vergessenen Vätern der translatorischen Ausbildung

D - Anke!

Das Schöne an meinem Dissertationsprojekt war nicht nur die Entdeckung der verborgenen Fachgeschichte der Translatologie, sondern auch die damit in Verbindung stehende Begegnung mit Menschen in der Vergangenheit und in der Gegenwart. Zu den hervorzuhebenden Personen der Vergangenheit gehören Charles Glauser und Alexander Snyckers, die Gründer der ersten Dolmetscher-Institute in Deutschland, sowie Anton Palme und Ewald E. J. Messing, die beide zu ersten Methodenbildungen im Fach beigetragen haben. Zu diesem Kreis gehört auch Paul Gautier, der das Profil des Dolmetscher- und Übersetzerberufs als erster Leiter des Sprachendienstes im Auswärtigen Amt maßgeblich prägte.

Archivmaterial, das wissenschaftliche Werk dieser Personen und auch Gespräche mit Familienangehörigen einiger dieser Personen erlaubten mir unerwartete persönliche Begegnungen. Für die Bereitschaft, mir neben berufsbezogenen auch familiäre Einblicke ins Leben von Alexander Snyckers und Paul Gautier zu gewähren, danke ich Frau Anke Snyckers (Ehefrau eines Enkels von Alexander Snyckers) bzw. Frau Ursula Thiel (Nichte von Paul Gautier). Ihre Erlaubnis, Dokumente aus den Akten ihrer Familienarchive für meine Dissertation sowie Informationen aus unseren Gesprächen zu verwenden, haben das Bild der Entstehung der translatorischen Ausbildung abgerundet.

Jedes Projekt braucht vor allem eine Chance entstehen zu dürfen. Eine solche bekam ich von Herrn Prof. Dr. Peter A. Schmitt. Ich danke ihm in herzlicher Verbundenheit, dass er mich auf meiner Reise zu translatologischem Neuland begleitete, er offen dafür war, dass der ursprünglich geplante Themenfokus meiner Dissertation verlagert wurde, und er mir bei der Gestaltung meiner Dissertation freie Hand ließ. Dass er mir in den Jahren, in denen mein Dissertationsprojekt ruhte, die Treue gehalten hat, rechne ich ihm hoch an.

Herrn Prof. Dr. Carsten Sinner danke ich herzlich, dass er sich trotz des Umfangs meiner Dissertation bereit erklärte, als Gutachter zu fungieren. Auch für seine Unterstützung im Promotionsverfahren bin ich ihm aufrichtig verbunden.

Ein Geschenk waren auch die Begegnungen mit Herrn Prof. Dr. Hans Göschel und Herrn Prof. Dr. Eberhard Fleischmann, bei denen ich mich herzlich bedanke. Mit ihnen zusammen sind bei Archivarbeiten im Rahmen des 110. Jahrestages der Gründung der Handelshochschule Leipzig bzw. im Rahmen des 50-jährigen Jubiläums der translatorischen universitären Ausbildung in Leipzig Beiträge entstanden, die mein Dissertationsprojekt förderten. Über diese Publikationsmöglichkeiten habe ich mich sehr gefreut. Die angenehme Zusammenarbeit bleibt mir in guter Erinnerung.

Mein Dissertationsprojekt ging mit diversen Forschungsaufenthalten einher, die mich in verschiedene Archive und Bibliotheken führten. Hinzu kamen unzählige Anfragen bei diversen Behörden und Ämtern. Durch die Bemühungen vieler Personen, die an dieser Stelle nicht namentlich erwähnt werden, nahm mein Dissertationsprojekt immer mehr Gestalt an. Ich möchte diesen Personen daher von Herzen meinen Dank aussprechen, dass sie mir wohlwollend und hilfsbereit begegneten. Frau Petra Hesse und Frau Sandy Muhl vom Universitätsarchiv Leipzig, Herrn Dr. Wolfang Müller vom Universitätsarchiv des Saarlandes sowie Frau Petra Loeffler von der Universitätsbibliothek Leipzig und Frau Bettina Keiber von der Stadtbibliothek Ulm möchte ich allerdings namentlich hervorheben.

Herrn Hans-Arno Mielsch danke ich für seinen Rat bei der Erstellung einer Datenbank für die statistische Auswertung curricularer Studien.

In der Endphase meines Dissertationsprojekts zog ich einen Mediengestalter hinzu. Für die angenehme Zusammenarbeit im gesamten Layoutprozess danke ich Herrn Jörg Adrion.

In liebevoller Verbundenheit möchte ich mich bei Frau Katja Fliedner, meiner Freundin aus der Schulzeit in Ulm, dafür bedanken, dass ich mich bei meinen unzähligen Aufenthalten in Leipzig, die im Rahmen meines Dissertationsprojekts notwendig waren, in ihrem Refugium in der Gottschedstraße zuhause fühlen durfte. Besonderer Dank gilt Frau Beke Schoustra, meiner Freundin aus der Studienzeit an der Universität Heidelberg, für die Übertragung der Texte aus dem Stadtarchiv Rotterdam vom Niederländischen ins Deutsche. Ohne sie wäre mir der Blick auf diesen Teil der Geschichte der translatorischen Ausbildung versperrt geblieben.

Frau Astrid Keller, meiner Freundin aus der Heidelberger Studienzeit, danke ich herzlich für das gründliche Lektorat vor der Drucklegung.

Für die fachkundige Begleitung im Publikationsprozess bedanke ich mich bei Herrn Michael Rücker, Lektor im Peter-Lang-Verlag. Über die Aufnahme meiner Arbeit in die Reihe *Leipziger Studien zur angewandten Linguistik und Translatologie* freue ich mich sehr.

In der Planungsphase meines Dissertationsprojekts wandte ich mich an diverse interne und externe Sprachendienste, vor allem in der Finanzwirtschaft, um praxisrelevantes Textmaterial zu sammeln. Dieses sollte für Untersuchungen zur Erstellung eines curricularen Konzeptes dienen. Aufgrund der Ergiebigkeit des Materials zur historischen Perspektive des ursprünglichen Themas kam es zu keiner Auswertung des gesammelten Textmaterials. Ich möchte den Personen, die Texte zur Verfügung stellten, herzlich für das mir entgegengebrachte Vertrauen danken. Mit ihrer Bereitschaft, Texte für wissenschaftliche Zwecke herauszugeben, haben sie ihr Interesse an bedarfsgerechten curricularen Anpassungen der translatorischen Ausbildung gezeigt. Ich hoffe, man sieht es mir nach, dass das Material im Rahmen der vorliegenden Arbeit nicht zum Tragen kam.

Diese Zeilen des Dankes sind nicht vollständig, ohne an meine Eltern Erika und Willi Lutz zu erinnern. Ich bin dankbar für alles Gute, das ich von ihnen erfahren durfte, denn es bleibt. So wie auch sie in mir und mit mir verbunden bleiben.

Ulm, den 2. Januar 2024

Inhaltsverzeichnis

1 Einleitung

1.1 Themenfindung, Problemstellung und Zielsetzung

Der Ausgangspunkt des vorliegenden Dissertationsprojekts war das Sachfach, dessen Integration in translatorische Studiengänge untersucht werden sollte. Zur Untermauerung der Argumentation wurde ein historischer Ansatz gewählt, welcher Archivrecherchen nahelegte. Zunächst erfolgte ein erster Besuch im Archiv der Universität Heidelberg, an der sich, aus Mannheim von der dortigen Handelshochschule kommend, seit Anfang der 1930er Jahre nun die älteste translatorische Ausbildungsstätte in Deutschland befindet. Die dort konsultierten Unterlagen zu den ersten Jahren eines sogenannten Dolmetscher-Instituts wiesen den Gang nicht nur ins Universitätsarchiv Mannheim, sondern gaben den Blick frei auf einen Kosmos, der bis heute im Verborgenen liegt. So verlagerte sich der Forschungsschwerpunkt im vorliegenden Dissertationsprojekt von der Untersuchung einer einzigen Studienkomponente im translatorischen Curriculum hin zur Untersuchung der Entstehung der translatorischen Ausbildung. Die Ergebnisse der vorliegenden Arbeit sollen zu einem Erkenntnisgewinn über frühe curriculare Zielsetzungen und erste Methodenbildungen beitragen und nicht zuletzt die Beantwortung translatologischer Fragestellungen durch eine historische Dimension erweitern.

Wie sich bei den Untersuchungen herausstellte, konnten die übergeordneten Fragestellungen zur Entstehung der translatorischen Ausbildung nur durch eine ganzheitliche Betrachtung erreicht werden. Die Ergebnisse der vorliegenden Arbeit können somit auch als Grundlagenforschung zur Fachgeschichte der Translatologie erachtet werden, die nicht nur einen umfassenden Fragenkomplex zum Entstehungsprozess der translatorischen Ausbildung und zur Curriculumforschung beantwortet – beispielsweise liefert sie auch Antworten auf die ursprüngliche Fragestellung zur Studienkomponente Sachfach (vgl. 3.1.25, 3.1.26) –, sondern zudem das Potenzial in sich birgt, weitere Fragestellungen zur translatorischen Ausbildung in der Vergangenheit, der Gegenwart – und vor allem für die Zukunft – aufzuwerfen.

Als Dissertationsprojekt, das die kruden, aber durchaus fundierten Anfänge der translatorischen Ausbildung und des Fachs Translatologie beleuchtet, liefert die vorliegende Arbeit Antworten auf unterschiedliche Fragestellungen zum Entstehungsprozess der translatorischen Ausbildung, die ineinandergreifen und zeigen, dass – auch in der Translatologie – alles mit allem zusammenhängt. Beispielsweise die Frage, durch welche Faktoren die Institutionalisierung der translatorischen Ausbildung beeinflusst wurde, führte zur Herausarbeitung von Entwicklungslinien der translatorischen Ausbildung. Diese wiederum zeigten eine Untergliederung in unterschiedliche Phasen der translatorischen Ausbildung, an die eine Untergliederung in Phasen des Berufsprofils von Dolmetschern geknüpft ist, was wiederum in

Verbindung mit einem bestimmten meist politisch oder wirtschaftlich motivierten Sprachmittlungsbedarf zu sehen ist.

Auch eine Erklärung für den schwammigen und umfassenden Begriff Dolmetscher kann in der Geschichte gefunden werden, was wiederum Antworten zur Entstehung des Berufsbildes liefert, das einem interdisziplinären Berufsfeld entsprang. Daraus lassen sich auch Erklärungen für die sich daraus ergebende Problematik in der heutigen translatorischen Ausbildung ableiten, etwa auch für die Studienkomponente Sachfach. (Vgl. 3.1.3, 3.1.4, 3.1.5, 3.1.6, 3.1.7, 3.1.8, 3.1.9).

Sprachmittlung erfordert eine internationale Dimension, die – bestenfalls – von gegenseitigem Verstehen geprägt wird. Ein friedvolles Miteinander unter den Völkern wurde im organisierten kaufmännischen Bildungswesen, das sich aus den Anfängen des internationalen wirtschaftlichen Austauschs entwickelte und auf dem die heutige translatorische Ausbildung basiert, als Grundvoraussetzung erachtet. Die Geschichte zeigt, dass – eigentlich nicht überraschend – die erste Methodenbildung in der translatorischen Ausbildung von diesem Geist geprägt wurde. Dieser prägte wiederum die Wirtschaftslinguistik, die heute als frühe Form der Fachsprachenforschung gilt, ohne dass bekannt ist, dass dieses interdisziplinäre Fach, das als solches keine wissenschaftliche Anerkennung fand, direkt zu den ersten beiden Dolmetscher-Instituten in Deutschland führt. Und dies, obwohl in ihr das Fundament der translatorischen Ausbildung ruht, was heute insbesondere in ihrer dreigliedrigen curricularen Ausgestaltung sichtbar wird: Sprachkompetenz, Kulturkompetenz, außersprachliche Fachkompetenz. (Vgl. 3.1.12, 3.1.13, 3.1.16, 3.1.24, 3.1.25).

In den vergangenen Jahrzehnten wurden einschlägige Konferenzen zu diesen Themenkomplexen abgehalten und eine beträchtliche Anzahl an Beiträgen, auch in renommierten Fachzeitschriften, darüber veröffentlicht. Bisher wurde aber die Herkunft und der ursprüngliche Zweck dieser zu erzielenden Kompetenzen im Rahmen der translatorischen Ausbildung, die sich seit jeher in den grundlegenden curricularen Komponenten der translatorischen Ausbildung niedergeschlagen haben, ausgeblendet.

Vielleicht liegt die Vernachlässigung der Vergangenheit im Allgemeinen auch daran, dass bei einem bestimmten Verlauf der Dinge die Frage nach der Herkunft irgendwann nicht mehr gestellt wird: Verdrängen anstatt zu verstehen ist dann die Devise. Im Fach Translatologie, das erst spät zu diesem werden durfte, ist dies im engen Zusammenhang mit endogenen und exogenen Anfangsschwierigkeiten des Fachs zu sehen. Die vorliegende Arbeit versucht, durch die Darstellung eines umfassenden Panoramas zur Entstehung der translatorischen Ausbildung auch dem Verlust der Fachgeschichte und damit dem Verlust der historischen Dimension im heutigen Fach Translatologie entgegenzuwirken. Denn mitunter kann eine Bezugnahme auf die Vergangenheit durchaus als Orientierung dienen, um Lösungen für aktuelle Probleme, etwa in der Ausbildungsgestaltung, zu finden.

1.2 Methode

Bereits erste Recherchen für die vorliegende Dissertation ergaben, dass ihre zentrale Fragestellung nach der Entstehung der translatorischen Ausbildung extrem vielschichtig ist und der Versuch, diese Komplexität zu ordnen, in mehreren Schritten zu erfolgen hatte. Die Entstehungsgeschichte der translatorischen Ausbildung wurde daher in acht separaten Kapiteln abgehandelt. Sie stellen als **Hintergrund** und **Skizzen** den Hauptteil dieser Dissertation dar. In einem abschließenden Ergebnisteil werden Erkenntnisse aus dem Hauptteil in Beziehung gesetzt, von bestimmten Fragestellungen aus fokussiert und diskutiert. Diese **Fokussierungen** von bestimmten Facetten der Genesis der Fachgeschichte sollen nicht nur bestimmte Fragestellungen zur Entstehung der translatorischen Ausbildung und zur Entstehung und Entwicklung des Curriculums beitragen, sondern auch ein **Bild** derselben schaffen, das dazu einlädt, in Zukunft im Rahmen der vorliegenden Arbeit unscharf gebliebene Stellen auszumalen.

Der behandelte Zeitraum in der vorliegenden Arbeit reicht von Anfang der 1880er Jahre bis Ende der 1950er Jahre. Dieser Zeitraum von gut 70 Jahren kann als Entstehungszeitraum der translatorischen Ausbildung erachtet werden, da in dieser Zeit methodische Grundlagen gelegt und eine institutionelle Infrastruktur geschaffen wurde. Zu beachten ist, dass die Entstehung und die Entwicklung der translatorischen Ausbildung an verschiedenen Standorten und an wenigen dort wirkenden Personen festgemacht werden können, und es etwa in Deutschland keine flächendeckende Initiative gab, die die Entstehung der translatorischen Ausbildung förderte – im Gegenteil. Die Entstehung von Methoden und der institutionellen Infrastruktur erfolgte zwar kontinuierlich vor dem politischen, wirtschaftlichen und bildungspolitischen Hintergrund, im Rahmen der in der vorliegenden Arbeit aufgezeigten einzelnen institutionellen Beispiele jedoch nicht konzertiert.

Aus diesem Grund ergibt sich auch die Gliederung in acht Kapitel im Hauptteil, die jeweils für sich stehen und jeweils mit einem zusammenfassenden Ergebnisteil abschließen.

Der Aufbau dieser Kapitel dient zur Einbettung der Gründungsgeschichten der Dolmetscher-Institute, als Kern der vorliegenden Arbeit, in den geschichtlichen Kontext und fördert so ein holistisches Verständnis der behandelten Thematik. Die folgende Abbildung zeigt im Uhrzeigersinn die Kapitelabfolge, die auf die Gründungsgeschichten der Dolmetscher-Institute hinführt:

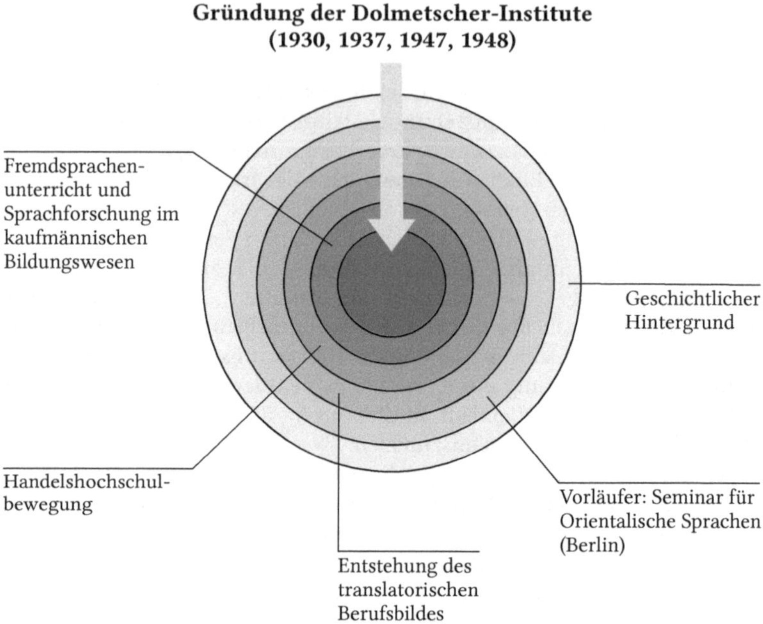

Abb. 1 Einbettung der Gründungsgeschichten der Dolmetscher-Institute in den geschichtlichen Kontext

Jedes Kapitel wird detailliert behandelt, was zum Umfang der vorliegenden Arbeit beiträgt. In diesem Zusammenhang darf nicht unerwähnt bleiben, dass die Ausführlichkeit und der daraus resultierende Umfang dieses Werkes auch der Tatsache Rechnung tragen, dass die Erforschung der Fachgeschichte der Translatologie bislang vernachlässigt wurde. Die vorliegende Arbeit versucht somit auch, dieses jahrzehntelange Versäumnis zu kompensieren.

Zur Vermittlung eines authentischen Bildes der Entstehung der translatorischen Ausbildung wurden als Grundlage Originaltexte gewählt, die in der Regel chronologisch abgehandelt wurden (vgl. 1.1.3). Die aus ihnen gewonnenen Informationen schaffen nicht nur die Substanz, auf der dieses Dissertationsprojekt ruht, sondern sie stützen auch die Glaubwürdigkeit des entwickelten Themas und schützen es somit vor einer Anfechtbarkeit. Da die historischen Originalquellen in der Regel nicht einfach zugänglich oder erhältlich sind, wurden sie ausführlich und detailgetreu in den Hauptteilen behandelt. Auf diese Weise soll die Entstehungsgeschichte der translatorischen Ausbildung für einen umfassenden Leserkreis sichtbar und zugänglich werden.

Die auf Originaltexten basierenden Hauptteile speisen die Zusammenfassungen der Ergebnisse im Anschluss an die jeweiligen Hauptteile (vgl. 2.1.3, 2.2.5, 2.3.6, 2.4.6, 2.5.7, 2.6.9, 2.7.5, 2.8.4), die Fokussierungen (vgl. 3.1) sowie die Thesen (vgl. 3.2). Die Ausführlichkeit der Informationen in den Hauptteilen ist somit unverzichtbar, denn aus ihr wird, einem Trichter gleich, die immer stärker komprimierte Essenz der Inhalte in den Zusammenfassungen der Ergebnisse, den Fokussierungen und den Thesen gewonnen.

Diese Gestaltung des Gesamtkonzeptes der vorliegenden Arbeit berücksichtigt auch die zeitliche Disponibilität der Leser dieses Werkes: Zugang zu den komplexen Thematiken der einzelnen Hauptteile wird etwa auch in den komprimierten Zusammenfassungen der Ergebnisse jeweils am Kapitelende ohne vorherige Lektüre der ausführlichen Hauptteile gewährleistet. Inhaltliche Überschneidungen zwischen den Hauptteilen und den jeweiligen Zusammenfassungen sind somit nicht vermeidbar. Sie ergeben sich aus dem (Service-)Gedanken heraus, denjenigen Lesern fundierte Informationen über die Thematik zur Verfügung zu stellen, die sich in relativer Kürze einen Überblick über die Entstehung der translatorischen Ausbildung verschaffen wollen. So ist es auch über die Lektüre der Zusammenfassungen möglich, den Fokussierungen in der Schlussbetrachtung der vorliegenden Arbeit zu folgen, in denen Zusammenhänge zwischen den geschichtlichen Ereignissen der einzelnen Kapitel hergestellt werden.

Jede Fokussierung behandelt eine bestimmte Problematik der Entstehung der translatorischen Ausbildung als in sich geschlossene Einheit. Sie wurden inhaltlich unter dem Aspekt der Curriculumentwicklung vom Allgemeinen zum Speziellen geordnet und sind nicht notwendigerweise sequentiell zu lesen. Da jede Fokussierung in sich geschlossen ist, ist es aber notwendig, alle sie tangierenden Informationen aus den Ergebnissen der Hauptteile aufzuführen, um ihre inhaltliche Vollständigkeit zu gewährleisten. Es kommt daher vor, dass bestimmte besonders bedeutsame und unverzichtbare Information zur Entstehung der translatorischen Ausbildung in verschiedenen Fokussierungen vorkommen. Dies trägt dem Versuch Rechnung, sich der Problematik der komplexen Entstehungsgeschichte der translatorischen Ausbildung von unterschiedlichen Ausgangspunkten aus zu nähern. Mit jeder Fokussierung wird das Hauptthema dieser Arbeit, die Entstehung der translatorischen Ausbildung, eingekreist und aus unterschiedlicher Perspektive beleuchtet. Dieses Sich-Herantasten an das zentrale Thema der vorliegenden Arbeit ist m. E. die einzige Möglichkeit, seine komplexe Problematik zumindest in Grundzügen zu strukturieren. Die partiellen inhaltlichen Überschneidungen mancher Fokussierungen sind somit nicht nur beabsichtigt, um feine Unterschiede der einzelnen Thematiken herauszuarbeiten, sondern auch um aufzuzeigen, dass die Grenzen eines jeden einzelnen in den Fokussierungen behandelten Themas fließend sind, so wie der Lichtkegel, der über die einzelnen Facetten des Bildes der translatorischen Ausbildung gleißt. Dies deutet nicht zuletzt darauf hin, dass die Fokussierungen im Hauptthema verbunden sind.

Die Fokussierungen fügen sich in ihrer Gesamtheit nicht nur zu einem Bild der Entstehung der translatorischen Ausbildung zusammen, sondern tragen auch zur Charakterisierung des translatorischen Curriculums in seiner Entstehung bei. Entscheidend bei der Auswahl der Fokussierungen war ihre Bedeutung für das zentrale Thema, nicht ihre Ergiebigkeit. Daraus ergibt sich die unterschiedliche

Länge der Fokussierungen, die sich je nach der Datenlage der Originalquellen im Hauptteil richtet.

Auch Leser, deren Interesse sich auf die Fokussierungen konzentriert, ohne die Hauptteile und ihre Zusammenfassungen zu kennen, können gezielt nach einer bestimmten Thematik ihres Interesses die vorliegende Arbeit erschließen, denn sie werden in den Fokussierungen auf jeweilige relevante Teile in den Hauptteilen verwiesen.

Ähnlich ist dies mit den Thesen, die in die Gesamtkonzeption der vorliegenden Arbeit integriert wurden: Jede These enthält Querverweise. Diese führen fallweise zu relevanten Stellen in den Hauptteilen, meist aber zu den relevanten Fokussierungen, die wiederum Querverweise auf die relevanten Stellen in den Hauptteilen bieten. Das Thema der vorliegenden Arbeit kann somit nicht nur sequentiell vom Anfang zum Schluss, sondern auch punktuell bzw. selektiv vom Schluss zum Anfang erschlossen werden.

Auf diese Weise soll den Lesern der Entstehungsgeschichte der translatorischen Ausbildung, die in der vorliegenden Arbeit bewusst, wie oben ausgeführt, in epischer Breite dargestellt wurde, eine Hand gereicht werden, um ihnen den Einstieg in das vorliegende Thema zu erleichtern – vorbei am möglicherweise entmutigenden Umfang des Werkes. Zudem wurde versucht, das komplexe Thema inhaltlich und sprachlich klar darzustellen. Verbunden ist damit der Wunsch der Autorin, dass eine möglichst große Zielgruppe mit dem zutage geförderten Wissen zur Fachgeschichte der Translatologie erreicht wird – nicht zuletzt, weil die Geschichte eines Faches alle im Fach, von den Geringsten bis zu den Mächtigsten, tangiert.

1.3 Archivalien

Die Rekonstruktion der Entstehung der translatorischen Ausbildung erfolgte vorwiegend auf Basis von archivalischen Quellen. Diese Primärliteratur soll eine möglichst originalgetreue Annäherung an die relevanten historischen Ereignisse gewährleisten. Um dies zu erreichen, wurden Originalzitate aus den historischen Quellen verstärkt als Rekonstruktionsmittel eingesetzt. Ergänzt wurden diese Informationen aus erster Hand durch die Auswertung von zeitgenössischer Fachliteratur. Personenrecherchen wurden auch durch Informationen etwa von Bürger- und Friedhofsämtern und aus dem Archivbestand des Deutschen Roten Kreuzes ergänzt. In manchen Fällen wurden die Recherchen durch Interviews mit Familienangehörigen von Personen abgerundet, die im Entstehungsprozess der translatorischen Ausbildung eine tragende Rolle spielten. Zudem wurden Unterlagen aus den Privatarchiven Snyckers und Thiel zur Auswertung herangezogen.

Die ausgewerteten Quellen wurden in der Regel chronologisch abgehandelt. Dies strukturiert das komplexe Thema nicht nur zeitlich, sondern eröffnet auch die Möglichkeit, bestimmte Ereignisse gemäß dem zeitlichen Ablauf der Geschichte geordnet aus verschiedenen Perspektiven darzustellen. Diese Vielfalt an Standpunkten untermauert die Objektivität der dargestellten Sachverhalte. Zudem lässt der Perspektivenwechsel Rückschlüsse auf die Bedeutung der jeweiligen Sachverhalte als Teil des zentralen Themas der vorliegenden Arbeit zu.

Aus folgenden Archiven wurden Dokumente für die vorliegende Arbeit ausgewertet: Bundesarchiv (Berlin-Lichterfelde), Geheimes Staatsarchiv Preußischer Kulturbesitz (Berlin-Dahlem), Landesarchiv Saarbrücken, Politisches Archiv des Auswärtigen Amts (Berlin), Privatarchiv Snyckers, Privatarchiv Thiel, Sächsisches Hauptstaatsarchiv Dresden, Stadtarchiv Leipzig, Stadtarchiv Rotterdam, Universitätsarchiv Bonn, Universitätsarchiv Heidelberg, Universitätsarchiv der Humboldt-Universität zu Berlin, Universitätsarchiv Leipzig, Universitätsarchiv Mannheim, Universitätsarchiv des Saarlandes. Die Gründungsgeschichte des Germersheimer Dolmetscher-Instituts basiert auf archivalischen Quellen, die Schunck (1997) zusammentrug. Sie stammen vornehmlich aus dem Universitätsarchiv Mainz und den Archives de l'occupation française en Allemagne et Autriche des französischen Außenministeriums (Colmar). Ergänzendes Bildmaterial wurde aus folgenden Archiven zur Verfügung gestellt: Schweizerisches Literaturarchiv (Bern) sowie Archiv der Technischen Universität Dresden.

Im Literaturverzeichnis der vorliegenden Arbeit sind über hundert unterschiedliche Akten als Quellen angegeben. Diese wurden aus einem Vielfachen an weiteren recherchierten Akten ausgewählt, um die Facetten der translatorischen Ausbildung in ihrem Entstehungsprozess zusammenzusetzen. Als erwähnenswertes Detail erscheint, weil ihm eine gewisse Gegensätzlichkeit anhaftet, dass renommierte Archive zur Entstehung eines Faches, das einen eher untergeordneten Stellenwert im Kanon der Wissenschaften hat, übervoll sind von historischem Datenmaterial zur Entstehung desselben. Die Fülle an historischen Existenzbelegen dieses Fachs stehen somit konträr zu seiner historischen (und gegenwärtigen) Bedeutung in Wissenschaft und Gesellschaft. Hier stellen sich Fragen nach dem Grund für diesen Umstand, der im Rahmen der vorliegenden Arbeit nicht vertieft wird. Zudem knüpft sich die Frage nach dem Grund an, warum dieser Schatz bisher noch nicht gehoben wurde … Die vorliegende Arbeit lädt auch dazu ein, mehr von diesem archivalischen Fundus zu entdecken, bevor dieser dem Säuretod aufgrund der chemischen Papierherstellung seit dem ausgehenden 19. Jahrhundert zum Opfer gefallen sein wird. Ein Teil der Unterlagen zum *Seminar für Orientalische Sprachen* etwa befindet sich bereits in diesem kritischen Stadium des Zerfalls.

1.4 Forschungsstand

Translationshistorische Beiträge sind überschaubar. Hierzu gehören Arbeiten, die das Dolmetschen und Übersetzen in der Literatur im Laufe der Jahrhunderte behandeln, wie etwa Vermeer (1992 a, b, 1996, 2000 a, b) oder Woodsworth (1999) und Bowen (1999) gezeigt haben. Auch soziologische Studien, die Einblicke in Arbeits- und Lebensbedingungen von Dolmetschern und Übersetzern in der Vergangenheit geben, gehören dazu. In näherer Vergangenheit sind diesbezüglich etwa die lesenswerten Beiträge von Reiter (2013) und Cáceres-Würsing (2014) zu Dragomanen entstanden, einem Berufsprofiltypus, der nach 1918 nicht mehr existierte (vgl. 3.1.6). Im Sammelband von Tashinskiy et al. (2020) finden sich etwa Einblicke in Leben und Arbeit von Übersetzern in der DDR.

Zur Translationshistorie gehören aber auch Beiträge, die sich mit der Institutionenbildung von translatorischen Ausbildungsstätten beschäftigen. Häufig wurden diese Beiträge anlässlich eines Institutsjubiläums angefertigt oder von engagierten Hochschuldozenten zur Abrundung ihres wissenschaftlichen Werkes meist nach Beendigung ihrer aktiven Laufbahn erstellt. Bei diesen Beiträgen, die die Entstehung der translatorischen Ausbildung beleuchten, handelt es sich m. E. um fachgeschichtliche Beiträge im engeren Sinne. Sie öffnen den Blick aber nicht nur auf die Institutionenbildung per se, sondern auch auf alle Facetten, die damit in Verbindung stehen: etwa auf das (bildungs-)politische Szenario, in dem sich die Institutionenbildung vollzog, auf die curriculare Ausgestaltung, die eine Ausbildungsstätte zu einer solchen erst macht, und auch auf die mit der Ausbildungsstätte in Verbindung stehenden verantwortlichen Personen, die erste Übersetzungstheorien entwickelten und meist als Triebkraft bei der Gründung der translatorischen Ausbildungsstätten agierten. Als solche, die Entstehung der translatorischen Ausbildung behandelnden, Beiträge können folgende genannt werden: Salevsky (1996), Stoll (1996), Schunck (1997), Wilss (1999, 2000a, 2000b) und Fleischmann/Lutz (2009).

Der Beitrag von Salevsky (1996) wurde anlässlich des 100-jährigen Bestehens der translatorischen Ausbildung im Fach Russisch an der Universität Berlin verfasst. Diese Entstehungsgeschichte führt zum *Seminar für Orientalische Sprachen* an der Universität Berlin, das m. E. als Vorläufer der heutigen translatorischen Ausbildung in Deutschland zu erachten ist (vgl. 3.1.6). Dem Inhaltsverzeichnis in Salevskys Beitrag vorangestellt ist die Kopie eines Originaldokuments aus dem Jahr 1894 zur Einrichtung einer »Russischen Seminarklasse« (ohne Seitenangabe). Das Dokument erzählt Geschichte über seine Zeilen hinaus. Zunächst einmal erfreut es den kundigen Leser, dass es zu Anton Palmes Anfängen am SOS führt. Er ist m. E. der Urheber der ersten Methodenbildung in der Translatologie, die es damals selbstverständlich als solche noch nicht gab – und auch lange Zeit noch nicht geben sollte. Aber Palme war der Erste, der für das zukünftige Wissenschaftsfach unerschrocken gegen alle Widerstände eine Lanze brach (vgl. 2.2.3.3). Er selbst blieb dennoch von seinen Zeitgenossen verkannt und wurde schließlich vergessen. Umso erfreulicher ist es, dass aus seinem Werk von 1914 in Salevskys Beitrag zitiert wird, denn Palme riss schon vor dem Ersten Weltkrieg Problematiken an, die in der heutigen translatologischen Disziplin immer noch aktuell sind. Schmitt bringt sie etwa in seinem Beitrag von 2004 (S. 542) auf den Punkt. Ein Hinweis sei am Rande noch gestattet: Russischunterricht muss am *Seminar für Orientalische Sprachen* schon vor 1894 erteilt worden sein, denn Anton Palme wurde bereits 1892 an dieser translatorischen Ausbildungsstätte als außerplanmäßiger Russischlehrer am SOS angestellt (vgl. 2.2.3.13.1).

In Stolls Werk (1996), das zum 50-jährigen Jubiläum der Germersheimer translatorischen Ausbildungsstätte, dem heutigen FTSK, erschien, wird neben der Gründungsgeschichte dieser Ausbildungsstätte auch die Forschungsarbeit der einzelnen Abteilungen dieser Einrichtung vorgestellt. Vor allem für den Rückblick aus heutiger Sicht sind diese Einblicke in die Translatologie Ende der 1990er Jahre ein kostbares Zeitdokument, da sie nun als Referenzpunkt für die Entwicklung der vergangenen 25 Jahre im Fach dienen können. Hier wird der Zusammenhang von Ereignissen im Zeitkontinuum in der näheren Geschichte klar vor Augen geführt, und er sollte von der Fachgeschichtsforschung auch als solcher, etwa für Ist-Stand-Überprüfungen, wahrgenommen werden.

Der Beitrag von Schunck (1997), der einen Teil seiner Forschungsergebnisse bereits in Stoll (1996) veröffentlichte, ist m. E. die erste Arbeit, die auf Primärquellen basierend die Entstehungsgeschichte einer translatorischen Ausbildungsstätte in Deutschland umfassend skizziert. Sie diente in der vorliegenden Arbeit zur Rekonstruktion der Entstehungsgeschichte des Dolmetscher-Instituts in Germersheim (vgl. 2.8.2).

Auch Wilss (1999, 2000a) beschäftigte sich intensiv mit der Geschichte der Institution, an der er jahrzehntelang als Hochschuldozent und Lehrstuhlinhaber wirkte. Seine Ausführungen beleuchten in erster Linie die Geschichte der Saarbrücker translatorischen Ausbildungsstätte an der Universität des Saarlandes von 1967 bis 2000. Die Gründerjahre der Einrichtung, so Wilss (2000a: 4), würden allerdings im Verborgenen liegen. Seine Ausführungen erschöpfen sich daher in der Nennung eines falschen Gründungsdatums (2000a: 1) und in Angaben zu Studierendenzahlen, die sich auf eine Quelle aus dem Jahr 1963 stützen (2000a: 4). In der Tat sind archivalische Quellen in Archiven vor Ort zur Gründung des Saarbrücker Dolmetscher-Instituts kaum vorhanden. Da es sich um eine Gründung der französischen Besatzer handelte, sind aber Unterlagen möglicherweise in den Beständen von Archiven in Frankreich zu finden. Die Suche nach der Wahrheit zur Entstehung der translatorischen Ausbildung ist somit auch mit dem vorliegenden Werk nicht abgeschlossen.

Neben der umfassenden Behandlung der Saarbrücker translatorischen Ausbildungsstätte ab 1967 findet sich in Wilss' Werk (2000a: 1–4) ein kurzer, aber interessanter, Abriss über die frühen Jahre des Mannheimer und des Leipziger Dolmetscher-Instituts. Auch das *Seminar für Orientalische Sprachen* an der Universität Berlin wird darin erwähnt. Das Missverhältnis zwischen den detaillierten Ausführungen zur Geschichte der Saarbrücker translatorischen Ausbildungsstätte von 1967 bis 2000 und den spärlichen Informationen zur Zeit der Entstehung diverser Dolmetscher-Institute vor dem Zweiten Weltkrieg in Wilss' Werk deutete auf eine eklatante Lücke in der Entstehungsgeschichte der translatorischen Ausbildung hin – und somit in der translatologischen Fachgeschichte – und wies der vorliegenden Arbeit ihren Weg.

Ein Beitrag zur Gründung der Leipziger translatorischen Ausbildungsstätte wurde 2009 von Fleischmann/Lutz anlässlich der 600-Jahr-Feier der Universität Leipzig verfasst. Er enthält eine Skizze über die Entstehungsgeschichte der translatorischen Ausbildung in Leipzig von 1927 bis 1957 – die Informationen basieren auf den Untersuchungen der vorliegenden Arbeit – sowie eine Beschreibung der translatologischen Forschungen bis 2009 am Dolmetscher-Institut an der Karl-Marx-Universität und am Institut für Angewandte Linguistik und Translatologie (IALT), das aus diesem 1999 hervorging.

Auf die Interdisziplinarität der Translatologie weist etwa die Tatsache hin, dass in einer Geschichte zur 1992 wiedergegründeten Handelshochschule Leipzig ein Beitrag zum Dolmetscher-Institut der Handelshochschule Leipzig gewünscht wurde (Lutz (2008)). Dieses Dolmetscher-Institut wurde 1946 von den sowjetischen Besatzern geschlossen und nicht, wie die wirtschaftswissenschaftlichen Fächer der Handelshochschule, die als erste Handelshochschule Deutschlands 1898 gegründet wurde, in die Universität Leipzig eingegliedert (vgl. 2.7.3.3). Dies ist ein Zeugnis für die in der Vergangenheit vorherrschenden Schwierigkeiten im Umgang mit einer Disziplin, die verschiedene Fächer berührt, und somit schwer zuzuordnen ist.

Dass die Interdisziplinarität im Wesen der Sprachmittlung und damit verbunden in ihrem Wissenschaftsfach veranlagt ist, zeigt auch der Beitrag des Historikers Nagel (2010), der das *Seminar für Orientalische Sprachen* von einer kolonialwissenschaftlichen Perspektive aus beleuchtet. Sein Werk hebt die essentielle Rolle des *Seminars für Orientalische Sprachen* in Deutschlands Kolonial- und Außenpolitik hervor. In den Ausführungen zur Errichtung einer *Deutschen Auslandshochschule*, die Palme 1912 anlässlich des 25-jährigen Jubiläums des SOS in der Öffentlichkeit anregte, wird jedoch der Kontext übergangen, in den das vom Verfasser zu Beginn seines Beitrags diskutierte Dokument aus der Feder von Sachau, dem Direktor des SOS, einzubetten ist. Aus diesem Grund werden Sachau Leistungen zugeschrieben, die nach eingehenden Untersuchungen und ihrer Ergebnisse im Rahmen der vorliegenden Arbeit nicht bestätigt werden können, denn Sachau vertrat die Position des preußischen Unterrichtsministeriums und stand somit der Errichtung einer *Deutschen Auslandshochschule* reserviert gegenüber, wie aus der von Nagel zitierten Quelle aus dem Jahr 1913 im ersten Satz deutlich hervorgeht (S. 261). Die zitierte Quelle ist in Wirklichkeit eine Reaktion auf Palmes Engagement und auf einen entsprechenden Reichstagsbeschluss vom April 1913 zur Ausarbeitung einer Denkschrift über die Errichtung einer *Deutschen Auslandshochschule* (vgl. 2.2.3). Die Vernachlässigung dieses Kontextes verdeutlicht nicht nur, dass die wirklich engagierten Vertreter des entstehenden Fachs häufig nicht wahrgenommen wurden und somit keine Lobby hatten, sondern sie impliziert auch, dass in den Anfängen der Translatologie Altphilologen in Verantwortung waren, die der Entwicklung des entstehenden Fachs nicht wohlwollend gegenüberstanden.

Wertvolle Hinweise für die Translatologie sind Nagels Ausführungen zu linguistischen Forschungen des SOS (S. 273–279), die sich vor allem in Sprachsammlungen, d.h. Wörterbüchern (unterschiedlichen Umfangs) und Grammatiken niederschlugen. Sollten zukünftig in der Translatologie wissenschaftliche Untersuchungen zur Entstehung von Wörterbüchern in den Fokus rücken, sollte der von Nagel beschriebene Arbeitsbereich des SOS nicht unberücksichtigt bleiben.

Der translationswissenschaftliche Beitrag von Schmitt (2013) tangiert die Orientalistik, dem Fach in dem die translatorische Ausbildung ursprünglich angesiedelt wurde. Als erste Sektion des deutschen Philologenvereins wurde 1844 die der Orientalisten gegründet (vgl. 2.1.1.5), da orientalistische Forschungen durch die Entzifferung der Keilschrift 1802 und der Hieroglyphen 1822 einen enormen Auftrieb erfuhren.

Einen Bezug zwischen Orientalistik und Translatologie stellt Schmitt in seinen Ausführungen zum Stein von Rosetta her. Bei diesem Relikt handelt es sich um eine Stele, die um 200 vor Chr. mit demselben Text eines Synodaldekrets in drei verschiedenen Sprachen und ihren unterschiedlichen Schriftzeichen versehen wurde, u. a. auch in Altgriechisch, das in jener Zeit in Ägypten als Amtssprache gebräuchlich war. Dieses dreisprachige steinerne Schriftstück ermöglichte europäischen Forschern durch das Vorhandensein des Textes im Altgriechischen die Dekodierung der Hieroglyphen. Dies öffnete den Zugang zur vergangenen ägyptischen Kultur und revolutionierte die ägyptologische Forschung in Europa.

Laut Schmitt dürfe dieser Stein in einer Geschichte des Übersetzens nicht fehlen (S. 170). In seinem Beitrag lüftet der Verfasser Details über den Fund im Jahre 1799 durch einen französischen Soldaten – 1801 ging der Stein von Rosetta in britischen Besitz über und kann heute im British Museum in London besichtigt werden – sowie über den Fundort des Steins, auf dessen Spurensuche sich Schmitt in Ägypten begab und schließlich im Fort Rashid fündig wurde. Aus dem Namen dieses ägyptischen Ortes entstand wohl durch eine englische Verballhornung der italienisch anmutende Name Rosetta.

Zu ergänzen wäre, dass dieser Stein, der die europäische Erforschung ägyptischer Kultur antrieb, auch in die Anfänge der translatorischen Ausbildung als einer der Motoren orientalistischer Forschungen hineinwirkte.

Im Jahre 2010 legte Siever in seiner Habilitationsschrift eine umfassende Abhandlung zur Entwicklung der Übersetzungswissenschaft als eigenständige Wissenschaftsdisziplin im deutschen Sprachraum vor. Zur Erreichung des übergeordneten Ziels seiner Arbeit, der Vorschlag eines neuen Paradigmas, skizziert der Autor die Entwicklungen in der Übersetzungswissenschaft zwischen 1960 und 2000 (S. 27). Dabei werden die in diesem Zeitraum entwickelten Paradigmen herausgearbeitet. Dieses Werk komplettiert somit die translatologische Fachgeschichtsforschung von einem übersetzungstheoretischen Ansatz.

Es fällt auf, dass in einem kurzen Abschnitt (S. 30–46), in dem auf sogenannte Vorläufer und Vordenker rekurriert wird, die Geschichte der Translatologie vor 1945, die zum Ursprung der translatorischen Ausbildung führt und somit auch zu ersten Methodenbildungen im Fach unberücksichtigt bleibt. Ergänzend kann basierend auf den Ergebnissen der vorliegenden Arbeit hinzugefügt werden, dass die Anfänge des Fachs eindeutig zum *Seminar für Orientalische Sprachen* und zu den Dolmetscher-Instituten an den Handelshochschulen führen – nicht etwa zu den *hommes de lettres* (S. 17/18), die den Ansprüchen der Vertreter der translatorischen Ausbildung, in ihrem Fach wissenschaftlich zu arbeiten, nicht geneigt waren. In den angeführten Ausbildungsstätten verbergen sich die wahren Anfänge des translatologischen Fachs (vgl. 2.2, 2.6, 2.7), das durch institutionelle und personelle Auswirkungen nach dem Zweiten Weltkrieg einen Bruch erlitt, bevor in den

1960er Jahren eine neue wissenschaftliche Orientierung im Fach entstand, die zu der Disziplin führte, die heute als Translatologie bezeichnet wird – bezeichnenderweise basierend auf der translatorischen Ausbildung, deren Curriculum aus der Zwischenkriegszeit übernommen wurde und bis in die Gegenwart besteht. Es ist fraglich, ob die Ausrichtung der Disziplin Translatologie gänzlich im Sinne der Väter der translatorischen Ausbildung ist, deren Forschung vornehmlich sprachvergleichend fachsprachlich ausgerichtet war (vgl. 2.5.6, 3.1.16).

Dennoch ist es interessant, dass die Paradigmen, die sich ab 1960 in der Translatologie herausgebildet haben, um die ursprüngliche dreigliedrige Basis der translatorischen Ausbildung und ihrer Fachsprachenforschung kreisen: Sprache – Kultur – Wirtschaft. Letzteres wurde im Laufe der Zeit auf weitere Fachgebiete ausgedehnt und steht für Wissen über ein außersprachliches Fach, in dem (Fach-) Sprache angewandt wird.

Es wird zu diskutieren sein, wie das heutige Fach zu seiner bisher unbekannten Vergangenheit steht, und ob die neuen Erkenntnisse zur Fachgeschichte künftig als Referenzpunkt für die Ziele im Fach dienen. Die vorliegende Arbeit versucht, für entsprechende Überlegungen eine fundierte und detaillierte primärquellenbasierte Grundlage zu schaffen.

2 Hauptteil

Wer seine Wurzeln nicht kennt,
kennt keinen Halt.

Stefan Zweig

Hintergrund

2.1 Geschichtlicher Kontext

Der geschichtliche Hintergrund rundet das Verständnis für die Entstehung der translatorischen Ausbildung ab. Die Facetten des geschichtlichen Hintergrundes sind vielfältig und unterschiedlichen Strömungen zuzuordnen. Die translatorische Ausbildung und die heutige Translatologie sind ein Teilgebiet der Philologie. Ihre Wurzeln liegen aber in einem fachgebundenen Schulwesen, das zur Zeit der Entstehung der Philologie als Hochschulfach zu Beginn des 19. Jahrhunderts nicht als Teil derselben erachtet wurde.

Die folgenden Ausführungen zu Entwicklungen in der Philologie erläutern, warum es so schwierig war, Anerkennung zu erlangen für die neusprachlichen Lehrmethoden im Allgemeinen und im Speziellen für die Lehrmethoden des fremdsprachlichen Unterrichts im kaufmännischen Bildungswesen, die auf die praktische Anwendung der Sprache im gegenwärtigen Gebrauch abzielten.

Weitere Facetten des geschichtlichen Hintergrundes der translatorischen Ausbildung liegen in Entwicklungen der Außenpolitik Deutschlands und der Integration der deutschen Wirtschaft in die Weltwirtschaft im ausgehenden 19. und im beginnenden 20. Jahrhundert. Diese Strömungen stellen einen internationalen Bezug her zur Entstehung der translatorischen Ausbildung und waren überhaupt grundlegend dafür (vgl. 3.1.3), zunächst am SOS ab 1887, als Vorläufer der heutigen translatorischen Ausbildung, und ab 1930 an Dolmetscher-Instituten an zwei deutschen Handelshochschulen, die spätestens nach 1946 aufhörten zu existieren. Für die Gründung der Dolmetscher-Institute spielte auch das nach dem Ersten Weltkrieg entstehende internationale Konferenzwesen eine Rolle. Dieses wird daher in einem Exkurs grob skizziert.

Als Hintergrundinformationen zur Entstehung der translatorischen Ausbildung sind die folgenden Ausführungen keineswegs erschöpfend. Sie können aber als Anregung dienen, die skizzierten Bereiche, die die Entstehung der translatorischen Ausbildung beeinflussten, an anderer Stelle wissenschaftlich aus einem translatologischen Ansatz heraus zu vertiefen, um der Komplexität dieser Thematik gerecht zu werden.

2.1.1 Entwicklungen in der Philologie (1807–1939)

2.1.1.1 Einleitung

Die translatorische Ausbildung hat ihre Wurzeln im kaufmännischen Bildungswesen und somit in einem fachgebundenen Schulsystem, das vornehmlich vom Handelsstand finanziert wurde. Bildungspolitische Entwicklungen in Deutschland, wie etwa eine Schulreform Mitte der 1840er Jahre (vgl. 2.5.2), beeinflussten dieses vornehmlich privatfinanzierte Schulsystem in konzeptioneller Hinsicht. Der

Fremdsprachenunterricht musste sich in diesem Zuge dem Diktat der staatlichen Behörden unterwerfen und sich methodisch an den Fremdsprachenunterricht im allgemeinbildenden Schulwesen anpassen. Dies bedeutete, dass der Unterricht in lebenden Sprachen wie der Unterricht in toten Sprachen, etwa Latein oder Griechisch, abzuhalten war. Diese methodische Unvereinbarkeit führte zwangsläufig zu einem unbefriedigenden Ergebnis nicht nur im fremdsprachlichen Unterricht im kaufmännischen Bildungswesen, sondern auch im neusprachlichen Unterricht im allgemeinbildenden Schulwesen. Folglich konnte sich der neusprachliche Unterricht nur sehr schleppend von der Vormundschaft des altsprachlichen Unterrichts lösen.

An dieser Stelle wird beleuchtet, warum im Laufe des 19. Jahrhunderts eine Front zwischen altsprachlichen und neusprachlichen Vertretern entstehen konnte und warum sich diese negativ auf die entstehende translatorische Ausbildung selbst noch im 20. Jahrhundert auswirkte. Auch die Diskussion über die Reform des SOS ab 1912 spiegelt die verhärteten Fronten zwischen Alt- und Neusprachlern wider. Über Generationen verfestigte althergebrachte Einstellungen in der Philologie wirkten sich auch in diesem Fall hindernd auf die Entwicklung einer vom Marktbedarf geforderten translatorischen Ausbildung aus und brachten diese nach entsprechenden politischen Entwicklungen über viele Jahre hinweg sogar zum Stillstand (vgl. 2.2, 3.1.8).

2.1.1.2 Philologie als Altertumswissenschaft

Die geschilderte Problematik führt zurück an die Anfänge der Philologie in Deutschland, die in die erste Dekade des 19. Jahrhunderts zu datieren sind und in Verbindung mit dem Begründer der Philologie, Friedrich August Wolf, stehen[1].

1 Friedrich August Wolf (1759–1824) gilt als einer der ersten klassischen Philologen, die die Philologie im Hauptfach erforschten. – Zu Wolfs Lebzeiten war es üblich, die Philologie neben einem anderen Fach, etwa Theologie, zu erforschen und zu lehren. Wolf begründete die Philologie als Altertumswissenschaft mit seinem 1807 erschienenen Werk. Ab 1783 war er Professor in Halle für Philologie und Pädagogik. Wolf pflegte Kontakt zu Goethe, der ihn zum Verfassen seines 1807 erschienenen Werkes zur Philologie als Altertumswissenschaft inspirierte. Wolf übte entscheidenden Einfluss auf die Prägung des Neuhumanismus als Bildungsideal in Deutschland aus, das er mit einem idealen Bild der Antike in der klassischen Philologie aufgehen ließ und dieser über Generationen hinweg eine gewisse Präponderanz im Sprachunterricht an Schulen und im Sprachstudium an Universitäten zuwies. Dies gelang ihm nicht zuletzt, da er ab 1807 auf Wunsch Wilhelm von Humboldts in die Gründungsarbeiten zur Friedrich-Wilhelms-Universität Berlin einbezogen wurde. Dort erhielt er 1810 eine Professur in klassischer Philologie. Um 1850 wurde Wolfs Leistung wie folgt beschrieben: »Erst F. A. Wolf in Halle und Berlin und G. Hermann in Leipzig waren reine Philologen, und nach und von ihnen datirt sich die neue Aera, worin eine wahrhaftere und umfangreichere förmliche ›Wissenschaft des griechischen und des römischen Alterthums‹ sich herausgearbeitet hat aus den bisherigen vielen Partikularitäten, worin sie, wie

Einflüsse der Französischen Revolution, die Unterdrückung in den Napoleonischen Kriegen und schließlich das erfolgreiche Widersetzen gegen die französischen Truppen führten dazu, dass in den Ländern Europas in jener Zeit nationale Bewegungen entstanden. In Preußen und den deutschen K*l*einstaaten führte diese Situation zu der Frage, was das Verbindende aller Deutschen sei, und was eine gesamtdeutsche Nation ausmache. Der erfolgreiche Widerstand gegen den Feind, die allgegenwärtige immense Zerstörung nach dem Abzug der französischen Truppen sowie traditionelle gesellschaftliche Strukturen, die sich nach der Säkularisierung im Auflösen befanden, stärkten nicht nur das Nationalbewusstsein der Deutschen, sondern bestärkten diese auch auf der Suche nach ihrer eigenen Identität. Damit einher gingen Einheitsbestrebungen, die insbesondere vom sich emanzipierenden Bürgertum, aber auch von armen Bevölkerungsgruppen, motiviert wurden, vom Adel, der sich nach Napoleons Rückzug in Deutschland gewaltsam restituierte, viele Jahrzehnte jedoch unterdrückt wurden.[2]

In diesem Umfeld und in diesem Geist entstand auch die Philologie in Deutschland als Wissenschaftsfach an der preußischen Friedrich-Wilhelms-Universität zu Berlin im Rahmen der Humboldt'schen Bildungsreform, deren Methoden als Vorbild von anderen deutschen Universitäten übernommen wurden. So wie die nationale Identitätssuche, die nicht mit den nationalistischen Bestrebungen in

---

in einer Schale der Kern, umschlossen lag.« (Friedemann (1847: 260)). Vgl. hierzu auch Vorwort zu Wolf (1807) im Nachdruck von 1986.

2 Die erste Hälfte des 19. Jahrhunderts, Restauration und Vormärz, war eine bewegte Zeit tiefgreifender wirtschaftlicher (beginnende Industrialisierung in Deutschland), politischer (Sehnsucht nach und Engagement für einen gesamtdeutschen Einheitsstaat von unterschiedlichen Gesellschaftsschichten) und gesellschaftlicher (Auflösung der traditionellen Ständegesellschaft und Stärkung der Rechte des Bürgertums) Umwälzungen. Durch die Emanzipation des Bürgertums erlebten Kunst, Wissenschaft und Bildung einen bis dahin beispiellosen Aufschwung. Die Aktivitäten der meisten bürgerlichen Leistungsträger, egal in welchem Bereich, waren meist intendiert, um dem Ideal einer gesamtdeutschen Nation zuzustreben, die beim Wiener Kongress 1815 zum Leidwesen breiter Gesellschaftsschichten jedoch nicht erzielt wurde. Das Schaffen nationaler Werte war auch im wissenschaftlichen Bereich erkennbar: So gehörte es etwa zum guten Ton führender Wissenschaftler, sich politisch zu engagieren, denn man bezog politisch Stellung, selbst wenn es die eigene berufliche Stellung kostete. Die sieben Göttinger Professoren etwa, die sich dem Erlass des neuen hannoverschen Königs von 1837 widersetzten, weil dieser die hannoverschen Staatsgrundgesetze von 1833 aushebelte, wurden von Zeitgenossen als Volkshelden gefeiert. Einige von ihnen wurden 1848 als Abgeordnete ins Paulskirchenparlament gewählt. Professoren waren zu jener Zeit häufig auch politisch meinungsführend (vgl. Bleek (2019: 183–195)). Diese vielschichtige Epoche deutscher Geschichte, die selbst in kleinen Bibliotheken viele Regalmeter füllt, kann an dieser Stelle nicht ausführlich abgehandelt werden. Informationen dazu liefern etwa Bemmann (2007), Geisthövel (2008) und Bleek (2019).

Deutschland in der ersten Hälfte des 20. Jahrhunderts verglichen werden darf[3], auch an Denkmalen der Vergangenheit und der Geschichte verankert wurde, so orientierten sich auch die Anfänge der Philologie am Vorbild des Altertums als unveränderliche, in sich geschlossene, Konstante.

Die klassische Philologie wurde von Wolf als »Altertumswissenschaft« begründet. Diese sollte eine fundierte wissenschaftliche Auseinandersetzung mit den überlieferten Texten der Römer und Griechen umfassen, um auf diese Weise Erkenntnisse über römisches und griechisches Leben zu erlangen. Dazu gehörten Kenntnisse über römische und griechische Politik, Kultur, Religion, Sitten, Kunst und Wissenschaft. Das übergeordnete Ziel der Altertumswissenschaft war die Förderung eines Antikebildes, das Anfang des 19. Jahrhunderts von den Neuhumanisten hochgehalten und von keinem Geringerem als Goethe Ende des 18. Jahrhunderts propagiert wurde: Kunstwerke aus der Antike wurden von Goethe etwa zu Idealbildern hochstilisiert[4]. Die Beschäftigung mit dem als schön und edel Definierten sollte m. E. auch die gegenwärtige Kriegszerstörung und Auflösung von traditionellen gesellschaftlichen Strukturen, die zu Unruhen in der Bevölkerung führten, kompensieren und dazu beitragen, die Realität zu verdrängen. Das Vertiefen der Gedanken in die Vergangenheit einer vermeintlich ästhetisch perfekten Kultur hatte somit auch ein psychologisches Moment[5]. Seiner 1807 veröffentlichten Schrift »Darstellung der Altertumswissenschaft nach Begriff, Umfang, Zweck und Wert« stellte Wolf eine Widmung an Goethe voraus und betonte darin das, von Wolf mitgeprägte[6], neuhumanistische Bildungsideal, das veredelnd und verschönernd auf den Geist derjenigen wirke, die sich mit der Antike und damit der lateinischen und griechischen Sprache beschäftigen[7].

In seiner Schrift hebt Wolf aber auch hervor, dass die Beschäftigung mit lebenden Sprachen und Kulturen der Gegenwart nicht auf die Stufe von Latein und Griechisch zu stellen sei. Dieses schlechte Omen überschattete die Stellung des Studiums lebender Sprachen über viele Generationen hinweg und erschwerte die Etablierung neusprachlicher Forschungen, die im 19. Jahrhundert nur in enger methodischer Anlehnung an altsprachliche Forschungen vollzogen werden durften (vgl. 2.1.1.3). Wolfs abschätzige Anmerkungen zu den Gegenwartssprachen in seinem die Philologie als Wissenschaftsfach konstituierenden Werk offenbaren aus heutiger Sicht nicht nur fehlende Weitsicht, sondern, was viel folgenschwerer war, wiesen der wissenschaftlichen Beschäftigung mit lebenden Sprachen eine unterge-

3 Vgl. Bemmann (2007: 10).

4 Vgl. https://brockhaus.de/ecs/enzy/article/goethe-johann-wolfgang und https://brockhaus.de/ecs/enzy/article/propyläen. Vgl. hierzu auch Selbmann (2005: 95).

5 Tietz (2022: 43) beschreibt den Glauben an die Antike der Neuhumanisten als eine Art Ersatzreligion als Konsequenz aus der Humboldt'schen Bildungsreform Anfang des 19. Jahrhunderts, die vor dem Hintergrund der Säkularisierung eine Abkehr von der Religion implizierte und somit einen tiefen Einschnitt im deutschen Bildungswesen markierte.

6 Vgl. Wolf (1807) (1986: Vorwort (ohne Seitenangabe)).

7 Ibid, S. III–IX.

ordnete Stellung im Kanon der Wissenschaften zu. Folgende Textstellen aus Wolfs Werk belegen dies:

»Denn unter Grammatik wird hier nicht das eingeschränkte System von Regeln einer Sprache aus einem einzelnen Zeitraume ihrer Blüthe verstanden; was vielleicht bei neueren Sprachen hinreicht, wo wir meistens nur auf gegenwärtige Nutzbarkeit derselben, nicht auf ihre frühere Litteratur sehen: der Name umfaßt vielmehr alle Zeiträume des Lebens einer Sprache (...).«[8]

»Nichts ist notwendiger, als sich zuvörderst mit den Schauplätzen bekannt zu machen, wo die bekanntern Völker der alten Zeit lebten und handelten, um ihre Wohnsitze kennen zu lernen und deren verschiedene Zustände in verschiedenen Zeitaltern woraus manches der dem Alterthume eigenen Menschennatur erklärbar wird. Wiewohl, die alte Erdkunde ist uns nicht, wie die Chronologie, blos hülfsweise wichtig, zum Behuf der Geschichte; sie ist selbst ein Theil der Geschichte; und einer der schwierigsten für gelehrte Bearbeitung, teils wegen der Beschaffenheit der Quellen, woraus sie zu schöpfen ist, theils wegen der Kunst die Quellen zu gebrauchen. Von dieser Seite kömmt neben ihr die Geographie der heutigen Welt in geringe Betrachtung, sofern diese nur vorübergehende politische Nachrichten mit gewöhnlichem Urtheil zusammenbringt. [Fußnotenkommentar:] Das Verdienst der neuern Geographie und der mit ihr verwandten Statistik leuchtet vorzüglich daraus ein, daß beide fast monatlich eine neue Gestalt annehmen, wo dann die älteren Bearbeitungen wie Kalender zurückgelegt werden. Ja, wenige Stunden können unsern politischen Erdbeschreibern schlimme Zerrüttungen in ihrer Hände Werken machen, ein Erdbeben z. E., eine Schlacht, ein Friedensschluß. Davor wenigstens ist die alte Geographie gesichert, indem ihr an sich gleichfalls wandelbarer Stoff längst unwandelbar geworden ist.«[9]

»Die Völker selbst werden nach Entstehung, Daseyn und Untergang, jedes für sich, aufzuführen seyn, nicht nach der Manier einiger neuern ins Dramatische gearbeiteten Universal-Geschichten, sondern in Aggregaten der neben und nach einander gereiheten Völker-Geschichten, deren gesammten Inbegrif dann Gedächtniß und Verstand zu einem Ganzen nach Länge und Breite verbinden müssen.«[10]

Zur Vorrangigkeit der lateinischen Sprache sei noch folgende Textstelle angeführt:

»Denn nur der Schreibende bemächtigt sich ganz der fremdartigen Weise, seine Gedanken zu wenden und auszudrücken: indem er mit gemüthlichem Fleiß die todte Sprache als lebend behandelt, nähert er sich, so weit dies thunlich ist, dem Empfinden in derselben; indem er vollkommnere Sprachformen häufig in Sinn und Feder nimmt, gewöhnt er sich unvermerkt auch zu Vervollkommnung der vaterländischen; endlich pflegt die erlesene Gesellschaft, in die der lateinisch Schreibende tritt, manche höhere

8 Ibid, S. 36. Hervorhebung im Original.
9 Ibid, S. 50–51. Hervorhebung im Original.
10 Ibid, S. 53.

> Tugenden des Stils zu erzeugen, die in unseren Sprachen noch selten nach Wunsche gedeihen wollen.«[11]

Lebende Sprachen, für die an einigen deutschen Universitäten bereits im 17. Jahrhundert Möglichkeiten eingerichtet wurden, im Rahmen von Sprach- und auch Literaturunterricht von sogenannten Sprachmeistern häufig außerhalb der Vorlesungszeit vermittelt zu werden[12], wurden von Wolf m. E. zu kurz gefasst und auf den praktischen Gebrauch reduziert. Allerdings muss man einräumen, dass der Unterricht in lebenden Sprachen zu Wolfs Lebzeiten traditionell eine Zurücksetzung im Vergleich zum Lateinunterricht erfahren hatte: Der Universitätsunterricht sah eine wissenschaftliche Auseinandersetzung in lebenden Sprachen vor dem 19. Jahrhundert nur in Ausnahmefällen vor. Der Lateinunterricht hingegen war bereits seit dem Mittelalter als Standard an Universitäten vertreten, etwa als Teil der Grammatik im Rahmen der artes liberales. Überdies wurde Latein als Vorstufe zum universitären Unterricht sogar an Lateinschulen vermittelt[13].

Es lag in der Natur der Sache, dass lebende Sprachen meist für den praktischen – gegenwärtigen – Gebrauch vermittelt wurden, wohingegen Latein, als tote Sprache, die Sprache der Gelehrten war, der die Aura einer vermeintlich überlegenen Sprache anhaftete, weil nur ein kleiner privilegierter Kreis Zugang zu ihr hatte[14]. Das zu Wolfs Lebzeiten vorherrschende Verständnis bezüglich lebender Sprachen war dahingehend, dass diese niedere Zwecke erfüllten, tote Sprachen hingegen zur Erfüllung nobler Zwecke dienten. Wolf selbst trug zur Förderung dieser Anschauung bei: Als Begründer der Philologie als Altertumswissenschaft stellte er, der vom Neuhumanismus beseelt war, den Blick auf die Vergangenheit des untergegangenen römischen und griechischen Reichs über den Blick auf die Gegenwart. Sein Urteil über lebende Sprachen stand somit der Etablierung des Studiums neuerer Sprachen als anerkanntes Wissenschaftsfach wie ein unverrückbarer Fels im Weg. Eine offizielle Erklärung der philosophischen Fakultät der Universität Berlin aus dem Jahre 1819[15], an deren Gründung Wolf beteiligt war, untermauert diesen Standpunkt:

> »Die philosophische Fakultät ist der festen Überzeugung, dass die neueren Sprachen und Literatur in den wissenschaftlichen Lehrplan nur dann aufzunehmen wären, wenn sich ein Lehrer derselben fände, der sie in einem grösseren Umfange und Zusammenhange von einem wissenschaftlichen historisch-philosophischen oder ästhetisch-lite-

11 Ibid, S. 120–121.
12 Vgl. Christmann (1985: 7).
13 Vgl. Strosetzki (2022b: 272).
14 Vgl. hierzu auch Wolf (1807: 118–122).
15 Tietz (2022: 44) konstatiert, dass das Humboldt'sche Bildungssystem auf drei Pfeilern beruhte: alte Sprachen, Geschichte und Mathematik. Die Erforschung neuerer Sprachen war im Grundgerüst dieses Systems nicht vorgesehen. Diese Gewichtung förderte das Ansehen der klassischen Philologie, die nicht zuletzt im Sprachunterricht an Gymnasien als grundlegende Bildung des Bürgertums ihre Existenzberechtigung fand.

rarischen Standpunkte aus bearbeitete. Das Studium derselben (...) würde nur durch einen solchen Mann wirklich gefördert werden; dagegen die Kenntnis einer einzelnen dieser Sprachen und ihrer Literatur (...) und ein dadurch bedingter Unterricht unseres Erachtens immer zu einseitig sein (...).«[16]

Der wissenschaftliche Ansatz für die Beschäftigung mit Sprachen wurde somit deutlich vorgeschrieben. Neben der historisch-philosophischen oder der ästhetisch-literarischen Methode wurde in der Sprachforschung im Allgemeinen keine andere Methode geduldet und als wissenschaftlich anerkannt[17]. Noch Anfang des 20. Jahrhunderts kämpfte Palme gegen diese starre Haltung der etablierten Altphilologen beim Versuch, die translatorische Ausbildung am SOS wissenschaftlich auszurichten, vergeblich an (vgl. 2.2.3, 2.2.3.13.1). Problematisch für die Entwicklung der neueren Sprachen als Forschungsfach war auch, dass eine einzelne neuere Sprache für sich allein nicht als forschungswürdig anerkannt wurde[18]. Aus diesem Grund waren im 19. Jahrhundert sogenannte Doppelprofessuren für Romanistik und Anglistik üblich, in den Anfängen auch häufig in Kombination mit germanistischen Lehrstühlen.

2.1.1.3 Neuphilologie nach altphilologischem Zuschnitt

Die Entwicklung der Neuphilologie ist vor allem von Widerständen aus den Reihen der Vertreter der etablierten Altphilologie gekennzeichnet. Nicht zuletzt ist auch der historisch-vergleichende Forschungsansatz in den Anfängen der Sprachforschung um 1800 dafür verantwortlich, dass das Studium der neueren Sprachen nur zögerlich aufgenommen wurde. Bremsende Wirkung auf die Entwicklung des Fachs Anglistik hatte etwa die Tatsache, dass Anglistik lange Zeit als Teilgebiet

16 Zitat entnommen bei Christmann (1985: 11).

17 Vgl. hierzu auch ibid, S. 12.

18 Die neueren Sprachen standen im Gegensatz zu den toten Sprachen Latein und Griechisch. Ihre wissenschaftliche Forschung war im 19. Jahrhundert und im beginnenden 20. Jahrhundert an altsprachlichen Methoden ausgerichtet. Der Ausdruck wird heute als Synonym zu lebende Sprachen verwendet (vgl. hierzu https://brockhaus.de/ecs/enzy/article/neusprachlicher-unterricht). In der zur Entstehung der translatorischen Ausbildung konsultierten Literatur wird der Ausdruck lebende Sprachen verwendet, vermutlich auch in Abgrenzung zum neusprachlichen Unterricht an allgemeinbildenden Schulen. Eine definitorische Unterscheidung zu neueren Sprachen lag etwa im fremdsprachlichen Unterricht im kaufmännischen Bildungswesen in der Ausrichtung auf die in der Gegenwart im Sprachgebrauch übliche Sprache und nicht, wie im neusprachlichen Unterricht an allgemeinbildenden Schulen bis vermutlich nach dem Ersten Weltkrieg üblich, auf den auf vorhergehende Sprachstufen fokussierten Unterricht in den neueren Sprachen. Beide Ausdrücke, neuere und lebende Sprachen, sind m.E. somit auch bezüglich ihrer Verwendung in der Zeit ihrer Entstehung verhaftet und daher terminologisch nicht ganz deckungsgleich. Diesbezügliche fundierte terminologische Untersuchungen wären wünschenswert.

der Germanistik angesehen wurde. In dem für die Konstituierung der Germanistik herausragenden Werk von Jacob Grimm *Deutsche Grammatik* von 1819 wurde das Angelsächsische etwa als Frühstufe des Deutschen bzw. Germanischen behandelt[19].

Erst ab 1870 wurden Professuren eigens für Anglistik eingerichtet. Die erste Sprachprofessur in Deutschland in Romanistik wurde in Kombination mit dem Fach Germanistik eingerichtet. Sie wurde 1823 an der Universität Bonn gegründet. Ihr Inhaber war Friedrich Christian Diez, der auch gelegentlich Angelsächsisch las. Eine rühmliche Ausnahme war die 1833 an der Universität Halle eigens für die romanischen Sprachen eingerichtete Professur (Ludwig Gottfried Blanc). Dies war eine Pionierleistung in der Mitte des 19. Jahrhunderts, denn bis Ende des 19. Jahrhunderts hielten sich Doppelprofessuren für Romanistik und Anglistik in der deutschen Hochschullandschaft aufrecht. Der Druck, auch neuere Sprachen wissenschaftlich zu erforschen, wurde Mitte des 19. Jahrhunderts durch die Ansprüche der Schulen, vornehmlich der Realschulen, die um 1830 entstanden waren[20], immer stärker, denn es fehlten Forschungsergebnisse, die im neusprachlichen Unterricht verwertet werden konnten.[21]

Ein Meilenstein auf dem Weg zur Etablierung neuerer Sprachen als Forschungsfach an Universitäten wurde 1846 mit der Gründung der Fachzeitschrift *Archiv für das Studium der Neueren Sprachen* gelegt[22]. Ab dem zweiten Band wurde der inhaltliche Umfang der Zeitschrift wie folgt erweitert: *Archiv für das Studium der Neueren Sprachen und Literaturen.* Die Herausgeber, Ludwig Herrig und Heinrich Viehoff, waren beide Altphilologen und Gymnasiallehrer[23]. Ihr Anliegen war es, zur Verbesserung des Sprach- und Literaturunterrichts in neueren Sprachen beizutragen. Zudem sollte die von ihnen herausgegebene Zeitschrift auch den Weiterbildungsbedarf für Neuphilologen decken. Die neuartige Zeitschrift sollte einen Kontrapunkt zu den verschiedenen am Markt vorherrschenden Zeitschriften für klassische Philologie setzen. Das Lamento der Herausgeber über die fehlende Förderung der Neuphilologie ist im Vorwort der ersten Ausgabe der Zeitschrift nicht zu überhören:

> »An Zeitschriften für klassische und Alterthumskunde hat es bekanntlich schon seit Langem nicht gefehlt, und fehlt es noch jetzt nicht; es dürfte nun endlich an der Zeit

19 Möglicherweise spielte in diesem Zusammenhang auch die zwischen 1714 und 1837 bestehende Personalunion der Herrscher des Hauses Hannovers und Großbritanniens eine Rolle (vgl. https://brockhaus.de/ecs/enzy/article/georg-georg-i-30 und https://de.wikipedia.org/wiki/Georg_I._(Großbritannien)).

20 Vgl. https://brockhaus.de/ecs/enzy/article/realschule.

21 Vgl. hierzu Christmann (1985: 11–27) und zur Stellung des Angelsächsischen im Deutschen Grimm (1840: 2).

22 Aus dieser Zeitschrift entwickelte sich das heute noch erscheinende Fachblatt »Die neueren Sprachen«.

23 Vgl. https://www.deutsche-biographie.de/sfz30250.html#ndbcontent, https://de.wikipedia.org/wiki/Ludwig_Herrig und https://de.wikipedia.org/wiki/Heinrich_Viehoff.

sein, auch für die moderne Philologie wenigstens Ein ähnliches Organ in's Leben zu rufen, das der sonst so leicht sich zersplitternden und zerstreuenden Thätigkeit der Einzelnen, der Lehrer an Gymnasien, wie an Realschulen, zum Vereinigungs- und Anhaltspunkte dienen könnte.«[24]

Da die Entwicklung der Neuphilologie aber nur in Anlehnung an die Altphilologie denkbar war, wurde auch das humanistische Bildungsideal alter Sprachen für das Studium neuerer Sprachen beansprucht:

»Wir sehen den Begriff der modernen Philologie (...) als vollkommen festgestellt an, und betrachten es ferner als erwiesen, daß das Studium der Sprachen und Literaturen der neuern Culturvölker, wenn es auf die rechte Weise betrieben wird wahres Humanitätsstudium ist, daß in ihm eine reiche Quelle ächt menschlicher Bildung fließt.«[25]

Die Zeitschrift sollte in erster Linie pädagogische Zwecke erfüllen, d.h. die zu jener Zeit nur vereinzelt vorherrschenden neuphilologischen Forschungsergebnisse sollten für den Unterricht an Schulen nutzbar gemacht werden. Interessant ist der Hinweis im Vorwort der beiden Herausgeber auf die vorhandene Trennung zwischen altsprachlichem Unterricht an Gymnasien und dem neusprachlichen Unterricht, der vornehmlich an Realschulen erfolgte[26].

Tief blicken lässt auch der erste Beitrag in der Ausgabe von 1846, der einen Überblick über Goethes eher weniger bekannte Werke gibt. Sollte hier, neben einer Hommage an den großen deutschen Dichter und dem Vorbild der Altphilologen, nicht auch eine gewisse Versiertheit auf dem eigentlichen Gebiet der Altphilologen demonstriert werden, um die Wertschätzung für altphilologische Methoden im Rahmen der zukünftigen neuphilologischen Forschungen hervorzuheben? Sollte auf diese Weise dem Großteil der Altphilologen, die dem Ansinnen von Herrig und Viehoff skeptisch gegenüberstanden, versöhnend die Hand gereicht werden? Nicht zuletzt kann auch eine Parallele zu Wolfs Abhandlung von 1807 zur Gründung der Philologie gezogen werden, in welcher Goethe ebenfalls eine Widmung zuteilwurde. Vor allem deutete dies aber an, dass sich die Entwicklung der Neuphilologie nur in enger Anlehnung an die Methoden der Altphilologie vollziehen konnte.

Tietz lässt anklingen, dass die klassischen Philologen, die allgemein als Inbegriff der akademischen Gelehrten galten, von ihrer luxuriösen Position aus abschätzig auf die aufkeimende neuphilologische Wissenschaft und ihre Vertreter herabsahen[27]. Ein Beitrag von 1847 untermauert die Übermacht der Altphilologie über die Neuphilologie in der Zeit ihrer Entstehung, die Letzteren praktisch die Entwicklung eigener Methoden untersagte:

»Nur entsteht hierbei wiederum das Bedürfnis und der Wunsch, daß auch die moderne Philologie fortdauernde Rücksicht auf die antike nehmen möge, um so mehr, da die

24 Herrig/Viehoff (1846: 2).
25 Ibid, S. 1.
26 Ibid, S. 1–2.
27 Vgl. Tietz (2022: 45).

> letztere jene engen Grenzen, in welche sie ehedem pedantisch sich einschloß, täglich erweitert und fester stellt, wodurch sogar ihr ganzes Gebiet eine andere Eintheilung erhält und die Gemeinsamkeit mit der modernen immer mehr hervortritt. Können doch auch zugleich in praktischer Hinsicht die Lehrer der neuern Sprachen auf Gymnasien für ihre gedeihliche wissenschaftliche und disciplinarische Wirksamheit nicht besser sorgen, als wenn sie das altklassische Element möglichst in sich aufnehmen oder wenigstens mit ihm sich befreunden und in Bekanntschaft zu erhalten suchen. Sagt doch ein Vertreter und Vorkämpfer der modernen Philologie selbst wörtlich: ›Wie billig, lassen wir der klassischen Philologie, welche Hellas und Yatium bewohnt, den Vorrang; ihr, als der Erstgeborenen, ist das schönste Erbtheil zugefallen. Auch sei keinem, der sich Philologe nennen will, der Zugang zu einem andern Volke gestattet, er habe denn seinen Weg dahin über Rom und Athen genommen.‹«[28]

Die in den 1840er Jahren laut werdende Forderung nach der Einrichtung von Lehrstühlen eigens für Romanistik und Anglistik wurde erst 30 Jahre später erfüllt[29]. Den neuphilologischen Vertretern wurde auf dieser Wegstrecke allerdings immerwährendes Engagement abverlangt. In diesem Zusammenhang kommt dem 1837 gegründeten *Verein deutscher Philologen und Schulmänner* große Bedeutung zu. Ausführlich informiert darüber Storost (1992). Dieser Verein wurde ursprünglich als Wander- und Weiterbildungsversammlung für klassische Philologen an Universitäten und Schulen (vornehmlich Gymnasien) gegründet. Bis 1872 mit der Gründung der neuphilologischen Sektion erfuhr dieser Verein aber eine kontinuierliche Anpassung an Entwicklungen in der Philologie und damit einhergehend eine Öffnung für neue Bereiche der Philologie, die die klassische Philologie ab Ende der 1840er Jahre überholten.

Dies markierte eine Zäsur in der Entwicklung der Philologie. 1844 wurde mit der zunehmenden Etablierung der Orientalistik die erste Sektion, die der Orientalisten, gegründet. In den 1860er Jahren kamen die Gründungen der Romanistischen Sektion (1861) und der Germanistischen Sektion (1862) hinzu. Diese schlossen sich 1864 zu nur einer Sektion zusammen. 1872 wurde dann die neuphilologische Sektion für Romanistik und Anglistik gegründet.[30] Trotz dieser Entwicklungen in der Philologie verlor die klassische Philologie ihren Nimbus als Leitdisziplin nicht. Wahrnehmbar war dies noch in der Diskussion über den neusprachlichen Unterricht zwischen den Weltkriegen (vgl. 2.1.1.7, 2.5).

2.1.1.4 Quousque tandem – Wie lange denn noch?

Einhergehend mit den Sektionsbildungen im *Verein deutscher Philologen und Schulmänner* in den 1860er Jahren festigte sich die Emanzipation der neusprachlichen Fächer. Es erhob sich zunehmend Kritik an der historisch-vergleichenden Methode, die in der klassischen Philologie ihren Ursprung hatte und auf das Studium

28 Friedemann (1847: 255–274).
29 Vgl. Christmann (1985: 20–21).
30 Vgl. Storost (1992: 77–83).

und den Unterricht neuerer Sprachen bzw. lebender Sprachen übertragen wurde, denn lebende Sprachen wurden folglich wie tote Sprachen erlernt und unterrichtet. 1885 wurde auf der Versammlung des Philologenvereins von einem Referenten eingewandt, dass sich die Erforschung der Sprach- und Literaturgeschichte früherer Zeitabschnitte nicht dazu eigne, das Verständnis für eine Gegenwartssprache zu fördern, denn das Studium einer lebenden Sprache verlange schriftliche und mündliche Fertigkeiten und nicht die Kenntnis mittelalterlicher Sprachformen. Der gravierende Unterschied des Studiums in neueren Sprachen zum Studium alter Sprachen liege somit in der praktischen Sprachbeherrschung. Für die Aufnahme des Studiums einer Gegenwartssprache werde diese vorausgesetzt, denn erst auf dieser Basis sei es möglich, sich in einer solchen historisch-vergleichenden Studien zu widmen. In seiner Rede führte der Referent an, dass das Erlernen einer lebenden Sprache im Vergleich zu einer toten Sprache viel schwieriger sei, denn hier werde nicht nur eine Gedächtnisleistung durch das Einprägen von Wörtern und Regeln verlangt, sondern die Gewandtheit, einen Gedanken in einer anderen Sprache adäquat auszudrücken. Der Referent betonte dabei das geistbildende Element des neusprachlichen Studiums.[31] Mit diesem Ansatz beschäftigte sich auch der Gründer des ersten Dolmetscher-Instituts, Charles Glauser (vgl. 2.6.6.1), in seinem Lebenswerk.[32]

Die klassischen Philologen rückten aber nicht von ihrem Standpunkt ab. Trotz der fundierten Argumente der Neuphilologen, die von der wirtschaftlichen Entwicklung Deutschlands getragen wurden (vgl. 2.1.2.4), blieb der neuphilologische Unterricht unter dem Einfluss der Altphilologie. Der Streit über die Gestaltung des neusprachlichen Studiums und den neusprachlichen Schulunterricht zwischen Alt- und Neuphilologen wurde bis ins 20. Jahrhundert vehement fortgesetzt[33]. Vor allem die Streitschrift *Der Sprachunterricht muss umkehren!* aus dem Jahr 1882 von Wilhelm Viëtor, der unter dem Pseudonym *Quousque tandem*[34] schrieb, war eine Kampfansage an die altsprachlichen Unterrichtsmethoden im neusprachlichen Unterricht und setzte eine Reformbewegung in der Philologie in Gang. Viëtor forderte unmissverständlich dazu auf, endlich wieder das Sprechen, so wie es vor

31 Ibid, S. 81–82. Bei dem genannten Kongressreferenten handelt es sich um den Anglisten Wilhelm Ihne. Die Deutsche Biographie sowie die Brockhaus Online-Version von 2023 verzeichnen keinen bzw. keinen ausführlichen Eintrag zu Ihne. In der Wikipedia gibt es eine kurze Darstellung seines Lebenslaufs: https://de.wikipedia.org/wiki/Wilhelm_Ihne.

32 Vgl. Glauser (1929). Ein mögliches zukünftiges Forschungsinteresse der Translatologie könnte ihre Fachgeschichte sein. Die aufgezeigte Stelle bietet etwa einen konkreten Anknüpfungspunkt zu Entwicklungen in der Neuphilologie, zu Konzepten und zur Methodenfindung in der entstehenden translatorischen Ausbildung.

33 Vgl. Christmann (1985: 25).

34 Vgl. Viëtor (1882). Erläuterung der lateinischen Redewendung vgl. etwa https://de.wikipedia.org/wiki/Quo_usque_tandem_abutere,_Catilina,_patientia_nostra.

der Humboldt'schen Bildungsreform an Schulen Usus war, ins Zentrum des neusprachlichen Unterrichts zu stellen[35].

Interessant ist der Hinweis Schröders, dass Viëtors Forderung dreißig Jahre vor der Veröffentlichung von de Saussures Leitlinien zur Allgemeinen Linguistik ausgesprochen wurde[36]. In diesem Zusammenhang darf der Hinweis auf Anton Palme (vgl. 2.2.3.13.1) nicht fehlen, der in seiner 1914 veröffentlichten Methodik des nationenwissenschaftlichen Studiums auch Überlegungen zum sprachlichen Zeichen und zum Sprechen vorstellt, die eine Ähnlichkeit zu de Saussures 1916 erschienenen Überlegungen aufweisen (vgl. 3.1.15). Augenfällig wird hier, dass auch die Philologie in ihrer Zeit verhaftet war und sich spätestens ab Ende des 19. Jahrhunderts eine für den neusprachlichen Unterricht adäquate methodische Lösungsfindung im Sprachunterricht und -studium aufdrängte. Diese wurde auch aufgrund des Näherrückens der Völker etwa durch Entwicklungen in der Weltwirtschaft unvermeidbar (vgl. 2.1.2.3, 2.1.2.5).

2.1.1.5 Die Orientalistik und das *Seminar für Orientalische Sprachen*

Die Zeit, in der Viëtors Schrift erschien, war auch die Zeit, in der aus einem konkreten Sprachmittlungsbedarf heraus (vgl. 3.1.8) die ersten Überlegungen zur Gründung des SOS in Berlin angestellt wurden – und, wenn man so möchte, auch die ersten Überlegungen zur Konzeption der translatorischen Ausbildung in Deutschland (vgl. 2.2). Die Gründung einer Ausbildungsmöglichkeit auf Hochschulniveau zur Schulung von professionellen Sprachmittlern fügt sich in die politischen und wirtschaftlichen Forderungen der Zeit und entsprechend auch in die Entwicklungen in der Philologie (vgl. 2.1.1.4).

Die translatorische Ausbildung im Rahmen des SOS, als Vorläufer der heutigen translatorischen Ausbildung, wurde in der Orientalistik verortet. Dies hing mit den Sprachen derjenigen Länder zusammen, die für Deutschlands Außenpolitik relevant waren. Folglich sollten laut der 1886 veröffentlichten Denkschrift des SOS die sechs Hauptsprachen des Orients und Ostasiens (Türkisch, Arabisch, Persisch, Indisch, Chinesisch und Japanisch) unterrichtet werden (vgl. 2.2.2.1). Die Tatsache, dass das neue Gebiet der Ausbildung von Sprachmittlern, die zu jener Zeit als Dragomane vorrangig für den Staatsdienst im Auswärtigen Amt im Rahmen eines

35 Vgl. Schröder (1982: 116). Der Autor weist darauf hin, dass die Forderung zur Umkehr des Sprachunterrichts Ende des 19. Jahrhunderts kein neues Anliegen war, denn schon Mitte des 19. Jahrhunderts war diese Forderung laut geworden. Die Umkehr sollte zurück ins 18. Jahrhundert führen, in der dem Autor zufolge die direkte Methode angewandt wurde. Auch Dietze nimmt zu dieser Methode Stellung. Er bezeichnet sie allerdings im kaufmännischen Bildungswesen als Realsprachmethode. Sie ist um einen fachsprachlichen Ansatz erweitert (vgl. 2.5.2). Ein wissenschaftlich fundierter Blick auf diese Methode aus translatologischer Sicht wäre wünschenswert. Vgl. auch Viëtor (1882).

36 Ibid. Vgl hierzu auch de Saussure (1916).

Ergänzungsstudiums ausgebildet wurden (vgl. 2.3.2, 3.1.26), in der Orientalistik angesiedelt wurde, trug zwar einem Teil des Sprachangebots am SOS Rechnung, nicht aber den sich entwickelnden Unterrichtsmethoden, die – ausgerichtet auf den Gebrauch einer lebenden Sprache – eher dem fremdsprachlichen Unterricht im kaufmännischen Bildungswesen zuzuordnen waren (vgl. 2.5). Nach 1918 wurden diese Methoden in veränderter Form auch auf den neusprachlichen Unterricht im allgemeinen Bildungswesen übertragen (vgl. 3.1.25).

Aufgrund der Tatsache, dass die Ausbildung von Sprachmittlern einem wissenschaftlichen Fachbereich zugeordnet wurde, der sich inhaltlich mit früheren orientalischen Kulturen beschäftigte, sich methodisch aber an einem fachgebundenen Schulwesen orientierte, um aktuelle – dem Staat dienende – Praxisbedürfnisse zu befriedigen, haftete dem entstehenden Fachbereich schon zu Beginn ein gewisser innerer Widerspruch an, der zu seinem permanenten Wegbegleiter – und auch Wegbereiter – werden sollte.

Dieser Umstand spiegelt vor allem – betrachtet man den Verlauf der Geschichte des SOS – die mangelnde Erfahrung mit diesem neu entstehenden Fachbereich wider, der in der Philologie übrigens bis weit nach dem Zweiten Weltkrieg kaum fachliche Anerkennung fand. Zudem zeigt der Verlauf der Geschichte deutlich, dass diesem entstehenden Fachbereich jegliches Entfaltungspotenzial von den zuständigen Behörden abgesprochen wurde, obwohl er dazu beitragen sollte, den vom Staat geforderten Ansprüchen im internationalen Verkehr zu genügen. Anders formuliert: Die anspruchsvollen Sprachmittlungsaufgaben wurden bereits in der Vorbereitungsphase zur Dragomanatslaufbahn mit einem Minimum an Wertschätzung quittiert. Die sich am SOS im Laufe des Unterrichtsbetriebes entwickelnden Forschungsmethoden waren neuartig in der Philologie und wurden vom philologischen Establishment verpönt, das immer noch den Prämissen der klassischen Philologie anhing. Das philologische Arbeiten der Dozenten am SOS wurde in Philologenkreisen den etablierten philologischen Forschungsmethoden als nicht ebenbürtig eingestuft. (Vgl. 2.1.1.2).

Die Orientalistik, in die das SOS an der Universität Berlin integriert war, war ein traditionelles Forschungsgebiet und hatte seit spätestens 1820 einen festen Platz im Fächerkanon an deutschen Universitäten. Nach der Entzifferung der Keilschrift 1802 und der ägyptischen Hieroglyphen 1822 wurden die orientalistischen Fächer eigenständig und zunehmend philologisch orientiert erforscht[37]. Bis dahin war die Forschung der Orientalistik seit dem Mittelalter vor allem aus einem theologisch missionarischen Ansatz heraus erfolgt. Die Übergangszeit von der vornehmlich theologisch ausgerichteten Erforschung des Orients, hin zur vornehmlich philologischen verursachte einen Meinungsstreit zwischen Wissenschaftlern, wie so oft im Fall eines Paradigmenwechsels.

Die Entzifferung der genannten Schriften bot den Orientalisten bis dahin einen beispiellosen Zugang zu Originaltexten aus dem orientalischen Kulturkreis. Dies erwies sich als ein Mekka für Forscher orientalischer Sprachen und förderte

37 Vgl. zur Entzifferung der Hieroglyphen Schmitt (2013).

einen Aufschwung der orientalistischen Forschung, die sich bis Mitte des 19. Jahrhunderts als angesehenes und bei Studierenden beliebtes Teilgebiet der Philologie etabliert hatte. Beigetragen hatten dazu auch diverse Gründungen von Fachzeitschriften und Fachgesellschaften in Frankreich, England – diese waren in der orientalischen Forschung führend – und in Deutschland in der ersten Hälfte des 19. Jahrhunderts sowie die literarische und künstlerische Auseinandersetzung mit dem Orient von Größen wie etwa Goethe und anderen angesehenen Schriftstellern jener Zeit. 1844 wurde die Orientalistik als erste Sektion des *Vereins deutscher Philologen und Schulmänner* gegründet. Dies zeigt die positive Entwicklung der Orientalistik sowie ihre frühe Emanzipierung von der klassischen Philologie.

Das Fach Orientalistik hatte im 19. Jahrhundert in Europa einen derartigen Siegeszug angetreten, dass es kaum eine Universität ohne Lehrstuhl für orientalische Sprachen gab. In Deutschland führend in diesem Bereich war Leipzig. Eine europäische Hochburg orientalischer Forschungen befand sich in Paris. Hier wurden in mehreren Fachbibliotheken Originaltexte gesammelt und systematisch erfasst, was führende Orientalisten aus ganz Europa anzog.

Mit dazu beigetragen zum Interesse an orientalischen Kulturen hat auch das politische und wirtschaftliche Expansionsbedürfnis europäischer Länder. Vor diesem Hintergrund kam es zur Gründung des SOS in Berlin im Jahr 1887. Seine Schwesterinstitute im europäischen Ausland waren längst vorher ins Leben gerufen worden, bereits 1795 etwa die *École nationale des langues orientales vivantes* in Paris. An diesen Ausbildungsstätten stand neben dem (Fach-)Spracherwerb und der Vertiefung derselben für anspruchsvolle berufliche Tätigkeiten auch die Vermittlung kultureller Kompetenzen im Vordergrund.

Bemerkenswert ist, dass etwa in der aktuellen Brockhaus Online-Version (und auch in vorherigen Print-Versionen dieser Enzyklopädie) ein Hinweis auf das SOS in Berlin fehlt. Auch dies deutet m. E. auf diverse Makel hin, die dem SOS anhafteten, wie etwa sein niederer Status und sein fehlendes Ansehen in der Öffentlichkeit, die sich beide entsprechend negativ auf die Entwicklung der translatorischen Ausbildung auswirkten. Aufgrund der Unscheinbarkeit des SOS verblasste auch die Erinnerung an diese Ausbildungsstätte im Lauf der Geschichte und folglich verwundert es nicht, dass das Potenzial von Forschungsthemen zur Entstehung der translatorischen Ausbildung in Deutschland bisher übersehen wurde.[38]

2.1.1.6 Spurensuche zur Dimension Ausland

Erste Überlegungen zur Methodenbildung in der translatorischen Ausbildung wurden 1914 von Anton Palme und ab 1916 von Ewald Messing vorgelegt. (Vgl. 2.2.3.13.1, 2.5.6.1.5). Beide Autoren beziehen als Novum in der philologischen Forschung das Ausland mit seinen breitgefächerten kulturellen Verhältnissen und seine Bedeutung für die Gegenwartssprache in ihre Methodenbildung mit ein. Ins-

38 Vgl. https://brockhaus.de/ecs/enzy/article/orientalistik und Wiegandt (1998: 15–18).

gesamt lassen sich konzeptionelle Parallelen ihrer unabhängig voneinander angestellten Überlegungen feststellen. Ob der wenig später publizierende Messing das Werk Palmes kannte, konnte im Rahmen der vorliegenden Arbeit auf Dokumentenbasis nicht nachgewiesen werden. Fest steht m. E. aber, dass sich beide Autoren mit den theoretischen Grundlagen der Philologie in ihrer Entstehungszeit um 1800 beschäftigten. Beide Autoren versuchten somit, die translatorische Ausbildung methodisch im geistigen Fundament der Philologie zu begründen. Vermutlich erhofften sie sich dadurch Akzeptanz bei den in der Philologie meinungsbestimmenden Vertretern der klassischen Philologie, deren Methoden zur Zeit Palmes und Messings immer noch als Leitdisziplin galten.

Verbindungen zu Wolfs konstituierendem Werk der Philologie als Altertumswissenschaft, die zu den Werken von Palme und Messing hergestellt werden können, sind etwa in der Anregung Wolfs zu historischer und philosophischer Forschung in der Philologie zu finden[39]. Wolfs Ausführungen zur Sprache als Vorratsspeicher für geistige kulturelle Leistungen führten ihn zur Charakterisierung der Sprache als »Spiegel des Nationalgeistes«[40]. Es ist anzunehmen, dass eine Verbindung von Wolfs Ausführungen zur Diskussion über den neusprachlichen Unterricht in den 1920er Jahren hergestellt werden kann, in der in der Fachliteratur Sprache häufig als »Spiegel einer Nation« charakterisiert wurde. Der entscheidende Unterschied zu Wolfs Ausführungen liegt jedoch darin, dass dieser Ausdruck in der in den 1920er Jahren geführten Diskussion ideologisch angereichert wurde. Wolf nimmt auch Bezug zu sprachlichen Zeichen und den Vorstellungen, die sie hervorrufen, was als Grundlage für die viel später entstandene Terminologieforschung erachtet werden kann[41]. Wolfs Ausführungen zur Philologie inspirierten m. E. auch Messing bei der Ausarbeitung der Methode, Wörter bzw. Wirtschaftstermini bedeutungsgeschichtlich zu erforschen:

> »Doch bleibt es nach allen seitherigen Vorarbeiten noch in beiden gar sehr dem eigenen, lange fortgesetzten Fleiße überlassen, auf philosophischem und historischem Wege durch Etymologie, Analogie und Erforschung des Gebrauchs zu untersuchen, wie und wann die Zeichen der Vorstellungen zuerst aufkamen, in welchen Grenzen sie sich fixirten oder zwischen welchen sie schwankten, wie die Uebergänge von einer Vorstellung zur andern entstanden; wie sich die daraus erwachsenen verschiedenen Bedeutungen der Ausdrücke einander synonymisch näherten und von einander entfernten; wie dieser und jener Ausdruck in der einen oder andern Gattung der Rede und deren abgestuften Tonarten einheimisch wurde; wie die Wörter, die nie die Dinge selbst darstellen wollten, unter dem Einflusse von Meinungen und Sitten wechselten, sich neu gestalteten, neu färbten; wie einige seltener und unscheinbar wurden oder ganz untergingen, andere von frischer Bildung an ihre Stellen traten. Erst wann in beiden Sprachen dergleichen einzelne Untersuchungen in großer Anzahl vollendet seyn

39 Vgl. Wolf (1807: 36).
40 Ibid, S. 91–95 und 138.
41 Ibid, S. 92, 100 und 122.

werden, wird sich die Lexikologie derselben ihrer Vollkommenheit mehr nähern, wie seit kurzem die technische oder methodische Grammatik angefangen hat.«[42]

Inspiriert wurde Messing sicherlich auch von Wolf durch dessen Ausführungen zu Individuum und Nation[43]. Wolfs Überlegungen lehnten sich ideologisch an die Geistesepoche Ende des 18. Jahrhunderts an, in der ein betontes Geschichtsbewusstsein entstand und etwa durch Herder die Philologie, als Wissenschaft von Sprache und Literatur, philosophisch und geschichtlich ausgerichtet wurde[44]. Der skizzierte komplexe philosophische, die Philologie bestimmende, Themenbereich, der m. E. auch die erste Methodenbildung in der translatorischen Ausbildung beeinflusste, harrt einer wissenschaftlichen Untersuchung. Im Rahmen der vorliegenden Arbeit wird dieses Thema nicht weiter behandelt. (Vgl. 2.1.1.7, 2.2.3.3, 2.5.6.1, 3.1.15, 3.1.16).

2.1.1.7 Kulturkunde

Durch die Reform des diplomatischen und konsularischen Dienstes 1908 (vgl. 2.2.3.1) und durch das 25-jährige Jubiläum des SOS im Jahr 1912 wurde die Diskussion über die Reform des SOS und das Studium des Auslandes angestoßen (vgl. 2.2.2.2, 3.1.3). 1917 ergoss sich die Essenz dieser in der Öffentlichkeit heftig geführten Diskussion in eine vom preußischen Unterrichtsministerium erlassene *Denkschrift über die Förderung der Auslandsstudien* (vgl. 2.2.3.6, 3.1.14).

Nach dem Ersten Weltkrieg mündete die vor 1914 geführte Diskussion über das Studium des Auslandes m. E. in die Einführung der sogenannten Kulturkunde im gesamten deutschen allgemeinen Bildungswesen, nicht zuletzt, da der Ausgang des Krieges die Neuphilologie in den Fokus politischer Interessen rückte. Als Komponente findet sich die Kulturkunde auch in den ersten curricularen Entwürfen der translatorischen Ausbildung an den Handelshochschulen wieder (vgl. 2.7.5). Heute begegnet uns diese Komponente im translatorischen Curriculum als Landeskunde, die sich inhaltlich selbstverständlich vom ideologisch angereicherten Kulturkundekonzept zwischen den Weltkriegen unterscheidet. (Vgl. 3.1.25).

Strittig war dieses Unterrichtskonzept, um nicht zu sagen neues Bildungsideal, bei Fachvertretern wegen seines undefinierten Umfangs. Daneben missfiel einigen Fachvertretern die bewusste Ideologisierung der Neuphilologie. Der neue kulturpolitische Kurs sollte durch die Betonung der Bildungspolitik nach der Niederlage im Ersten Weltkrieg des seit Bismarck kultivierten Militärs zur Stärkung des Staates im Inneren und zur Auseinandersetzung mit anderen Völkern dienen. Die vom späteren preußischen Unterrichtsminister C. H. Becker 1919 vorgestellten kultur-

42 Ibid, S. 100–101.
43 Ibid, S. 126–129. Vgl. hierzu auch Strosetzki (2022b: 273) und Messing (2.5.5.3).
44 Vgl. Neumann (1971: 39–42). Vgl. hierzu auch Tietz (2022: 41), https://brockhaus.de/ecs/enzy/article/philologie und https://brockhaus.de/ecs/enzy/article/herder-johann-gottfried.

politischen Aufgaben des Reiches sind m. E. durch den Schock, den der Versailler Vertrag Deutschland versetzte, gekennzeichnet (vgl. 2.1.2.5).

Der Tenor in Beckers Schrift, der andere Völker als Feinde und Gegner charakterisiert und vom Gedanken der »Selbsterhaltung« von Völkern erfüllt ist, befremdet aus heutiger Sicht, trägt aber auch zur Erklärung der politischen Entwicklungen in Deutschland bis 1945 bei: Die menschenverachtende Kriegspropaganda des Dritten Reichs wurzelt schon recht ausgeprägt im Ausgang des Ersten Weltkriegs. Den Militarismus, der Becker zufolge von keinem entsprechenden Bildungskonzept untermauert worden war, sowie den Partikularismus deutscher Kleinstaaten erachtete Becker als Grund für die fehlende nationale Einheit der Deutschen, die er für das Scheitern Deutschlands im Ersten Weltkrieg verantwortlich macht. Becker zufolge fehlte ein nationales Bildungsideal, das den Einheitsgedanken der Deutschen als Nation und somit den inneren Zusammenhalt Deutschlands gefördert hätte. Die Lösung für dieses Problem sah er in einer zukünftig bewusst geleiteten Kulturpolitik.[45]

Vor diesem kulturpolitischen Hintergrund entstanden die 1925 veröffentlichten Richtlinien für den neusprachlichen Unterricht des preußischen Unterrichtsministeriums. Bereits 1920 forderte der *Allgemeine Deutsche Neuphilologenverband* auf einer Sitzung in Halle, die bisher traditionell an höheren allgemeinbildenden Schulen gepflegte ästhetisch-literarische Methode durch eine kulturhistorische Methode zu ersetzen, um der Volks- und Auslandskunde mehr Raum im Unterricht zu geben. Dadurch sollten den Schülern »die Augen für die Kulturverhältnisse und die Wesensart der Fremdvölker« geöffnet werden.[46]

Der Antrieb für diese Ausrichtung im neusprachlichen Unterricht war die Verbitterung der Deutschen über den Ausgang des Ersten Weltkriegs und die damit im Zusammenhang stehende Enttäuschung über die Nachbarländer, die sich aus deutscher Sicht im Ersten Weltkrieg gegen Deutschland zusammengeschlossen hatten. Daraus wurde der Schluss gezogen, dass der bisherige neusprachliche Unterricht im allgemeinen Bildungswesen nicht ausgereicht hatte, um die Schüler hinreichend über die gegenwärtigen Verhältnisse fremder Länder zu unterrichten.[47] Häufig wurden die unzureichenden Methoden des neusprachlichen Unterrichts, in Gestalt des Neuphilologen als Erforscher fremder Sprachen und Länder, sogar am Ausgang des Ersten Weltkriegs mitverantwortlich gemacht.[48] Der Ausgang des Ersten Weltkriegs trug somit dazu bei, dass die Methoden im neusprach-

---

45 Vgl. Becker (1919: 2–7 und 13–14). Am Rande sei bemerkt, dass Becker bereits 1919 seine abneigende Haltung gegenüber dem SOS eingenommen hatte, etwa wenn er das SOS als wissenschaftliche Gründung bezeichnet, die aus »lokalpatriotischer Eitelkeit« heraus entstanden ist (ibid, S. 19). (Vgl. hierzu 2.2.3.10 bis 2.2.3.12).

46 Mackel (1922: 97).

47 Ibid.

48 Vgl. Schücking (1927: 2). Der Autor berichtet, dass der Neuphilologe als Prügelknabe herhalten musste.

lichen Unterricht, die seit Jahrzehnten bemängelt wurden[49], grundüberholt, aber auch ideologisch angereichert, wurden.

Das Ziel des neusprachlichen Unterrichts wurde in den Richtlinien wie folgt definiert:

> »*Einführung in die Kultur- und Geisteswelt des fremden Volkes auf Grund einer allseitig gefestigten Sprachkenntnis.* (...) [sodass der Schüler beim Sprachgebrauch in die Lage versetzt wird,] *einen ihm geläufigen einfachen Sach- oder Gedankenzusammenhang in einer seiner Altersstufe entsprechenden Art mündlich oder schriftlich auszudrücken.*«[50]

Die Sprache wurde somit als Mittel zum Zweck erachtet[51]. Betont wurde jetzt nicht allein das Erlernen von Sprachformen wie nach altphilologischer Sitte auch im neusprachlichen Unterricht üblich, sondern auch das Erfassen des geistigen Inhalts eines Ausdrucks[52]. Zudem wurde die aktive Sprachbeherrschung in den Vordergrund gestellt[53]. Diese Ziele decken sich m. E. mit den Ausführungen in Anton Palmes Werk zum nationenwissenschaftlichen Studium von 1914 (vgl. 2.2.3.3.2). Daher scheint auch die These nicht zu gewagt, dass die erste Methodenbildung in der translatorischen Ausbildung, die Züge des fremdsprachlichen Unterrichts im kaufmännischen Bildungswesen trägt, auf den neusprachlichen Unterricht im gesamten deutschen Schulwesen nach 1918 vom preußischen Unterrichtsministerium übertragen wurde. (Vgl. 3.1.25).

Die Ziele des neusprachlichen Unterrichts der 1920er Jahre wurden schon in der *Denkschrift über die Förderung der Auslandsstudien* von 1917 verfolgt (vgl. 2.2.3.6). Es sollte an dieser Stelle allerdings darauf hingewiesen werden, dass im Gegensatz zu den Richtlinien von 1925 Palmes Ausführungen von 1914, die m. E. auf dem Vorbild der Leitlinien des fremdsprachlichen Unterrichts im kaufmännischen Bildungswesen basieren (vgl. 3.1.12) und von Wolfs Gedanken zur Konstituierung der Philologie aus dem Jahre 1807 inspiriert wurden, nicht nationalistisch angereichert waren. Die propagandistische Färbung des neusprachlichen Unterrichts wurde erst durch die Frustration nach dem Ausgang des Ersten Weltkriegs durch den kulturpolitischen Kurs des preußischen Unterrichtsministeriums und von den

49 Vgl. Klemperer (1925: 439).

50 Zeiger (1925: 333). Hervorhebung im Original gesperrt. Vgl. hierzu auch N. N. (1921).

51 Vgl. Mües (1926: 205).

52 Vgl. Zeiger (1925: 334).

53 Vgl. Mües (1926: 211). Klemperer nennt dazu ein einprägsames Beispiel: »Eines der ersten, jedenfalls der rudimentärsten Inhalte des Begriffes Kulturkunde war dieser. Der Unterricht in den höheren Schulen sei zu sehr an formelhafte und lebensfremde Dinge gebunden. Man lehre ein Übermaß französischer Grammatik, gebe dem Schüler aber nicht die Möglichkeit, in Paris ein Straßenbillet zu fordern oder ein Schnitzel zu bestellen. Man führe ihn in alle Einzelheiten einer Römertragödie von Corneille ein, sage ihm aber nichts über die Verfassung der dritten Republik oder ihre Handelsbeziehungen oder ihre Heeresorganisation.« (Klemperer 1925: 438–439).

Wortführern der Reform des neusprachlichen Unterrichts hinzugefügt. Die Folge war die Beschreitung eines Irrweges in der Neuphilologie. 1925 führt ein Autor die Richtlinien erläuternd aus:

> »Es sollen nicht einfach politische Wirtschaftsgeschichte, Landeskunde usw. gelehrt werden, sondern die in der Gesamtveranlagung der fremden Völker wurzelnden Triebe und Kräfte sollen aufgedeckt werden. Es soll auf der Oberstufe der Nationalcharakter der fremden Völker gezeichnet werden. (...) Diese Unterrichtsart soll in Zukunft verhüten, daß es führenden Kreisen an der Einsicht in die psychischen Kräfte der fremden Völker fehlt – wie es in der Vergangenheit leider der Fall war – sie soll uns aber auch davor bewahren, daß wir von der Weltkultur abgedrängt und geistig isoliert werden.«[54]

Die Richtlinien des preußischen Unterrichtsministeriums gingen sogar so weit, dass sie im Rahmen des neuen Bildungsprinzips Kulturkunde[55] zu Untersuchungen aufforderten, die aus der Syntax einer Sprache Rückschlüsse auf den Volkscharakter zulassen sollten[56]. Zudem sollten die Schüler durch »den Vergleich des fremden mit dem deutschen Wesen zu einem vertieften Verständnis für die Eigenart«[57] ihres eigenen Volkes geführt werden. Diese Anregung zum Vergleich rührt m. E. von Palmes Ausführungen zum nationenwissenschaftlichen Studium her, die das Verständnis für eine fremde Nation tangieren, das wiederum zu »nationaler Selbsterkenntnis«[58] führt. Palme bezog sich m. E. in diesem Zusammenhang aber auf den Perspektivwechsel, der bei der Beschäftigung mit einer Fremdsprache erfolgt und der die eigene in sich verinnerlichte Kultur in Beziehung zu einer fremden Kultur setzt und so – bei entsprechend vorhandener Sensibilität – zum Erkennen und Reflektieren von möglichen kulturellen Unterschieden und Gemeinsamkeiten in bestimmten Lebensbereichen konstruktiv befähigt. Wolf, der m. E. als Ideengeber für Palmes Ausführungen galt, drückte 1807 diese einen Menschen bereichernde Fähigkeit an einer Stelle in seinem die Philologie konstituierenden Werk beispielsweise wie folgt aus:

> »In der Art der Bezeichnungen aber liegen nicht geringere Schätze als in den Zeichen selber. Denn wie die letztern in jeder Sprache den Forscher mit neuen Vorstellungen bereichern und dadurch seinen geistigen Gesichtskreis erweitern, so gewähren die Bezeichnungsarten und gleichsam Gepräge, die jede Nation ihren Vorstellungen auf-

---

54 Schiedermair (1925: 286).

55 Vgl. Schücking (1927: 4). Klemperer beschreibt das Phänomen Kulturkunde wie folgt: »Und dann plötzlich – so etwas scheint immer plötzlich zu kommen und tritt doch nur plötzlich an allen Ecken und Enden auf einmal in die Erscheinung – war Kulturkunde Trumpf. Sie war modern. Alles sprach von ihr, alles huldigte ihr. Zeitschriften und Bücher, Kongresse und Reformpläne handelten von ihr, und es dürfte heute wenige Hörsäle und Klassen geben, in denen Kulturkunde nicht eine Rolle spielt.« (Klemperer (1925: 437)).

56 Vgl. etwa Schön (1925: 12).

57 Mües (1926: 210).

58 Palme (1914: 23).

gedrückt hat, einen zwar noch weniger erkannten, aber ebenso vielfachen Gewinn. Durch die Kenntnis und fleißige Beschauung dieser Gepräge in mehrern Sprachen fangen wir zuerst an, uns in der Intellectual-Welt zurecht zu finden, und die bereits daheim erworbenen Reichthümer derselben besser kennen und gebrauchen zu lernen, indem die mancherlei Modificationen ähnlicher Haupt-Ideen uns zwingen, die an denselben vorkommenden Unähnlichkeiten wahrzunehmen, und solche Vorstellungen, die uns schon unter andern Denkformen bekannt waren, von neuen Seiten aufzufassen. So erhalten wir in den mit einander verglichenen Wörtern und Ausdrucksarten nicht etwa armselige Schätze vieler gleichgeltenden Zeichen, sondern einen uns wirklich bereichernden Vorrath von Mitteln zur Auflösung und Zusammensetzung unserer Ideen, der auf keinem andern Wege zu gewinnen ist; und hierauf gründen sich wieder Uebungen des Verstandes, welche eine Gewandtheit und Fertigkeit verschaffen, ohne die keine höhere Operation desselben von statten gehen kann.«[59]

Die 1925 erlassenen Richtlinien des preußischen Unterrichtsministeriums zur Reform des neusprachlichen Unterrichts ernteten aber nicht nur Zustimmung. Es gab auch warnende Stimmen, die weitsichtig ihre Bedenken bezüglich des ihrer Meinung nach engstirnigen Inhalts und der damit in Verbindung stehenden Gefahr der Richtlinien ausdrückten. Zu diesem Kreis gehörten Victor Klemperer und Levin Ludwig Schücking. Beide waren hervorragende Vertreter ihres Faches: Klemperer Romanist ab 1920 an der Technischen Hochschule Dresden und Levin Ludwig Schücking ab 1925 Anglist an der Universität Leipzig[60].

Klemperer zufolge verführten die Vorgaben der Richtlinien zu Pauschalisierungen bezüglich fremder Völker, da der auf den praktischen Bedarf ausgerichtete neusprachliche Unterricht wie vom preußischen Unterrichtsministerium dargelegt, nicht zu einer Öffnung, sondern vielmehr zu einer Verengung des Geistes beitrage. Klemperer befürchtete daher, dass das von den Richtlinien vorgegebene kulturkundliche Unterrichts- und Forschungsziel in eine Kategorisierung von vermeintlich zutreffenden kulturellen Merkmalen münde und die Philologie so zu nationalistischen Zwecken missbraucht werde:

»Wenn sich der wissenschaftliche Romanist mit Frankreich beschäftigt, so denkt er in erster Linie an Frankreich, auch wenn er Vergleiche zu Deutschland zieht. Sicherlich dient er auch seinem Vaterlande (und ich glaube sogar: ungemein), indem er sich mit Frankreich befaßt, aber je weniger er sein Erkennenwollen des französischen Wesens durch patriotische Gefühle und Absichten (kriegerischer oder friedlicher Art) einer Trübung aussetzt, um so sicherer erreicht er sein Ziel und um so besser also dient er seinem Vaterlande. Und wenn der Romanist den französischen Menschen zu erkennen strebt, so gewinnt er damit gewiß auch ethische Bereicherung, indem er sich über sein deutsches Wesen klar wird. Aber dies muß ein indirekter Gewinn sein, denn wollte

59 Wolf (1807: 91–92).
60 Vgl. https://de.wikipedia.org/wiki/Victor_Klemperer und https://de.wikipedia.org/wiki/Levin_Ludwig_Schücking.

der Forscher auf unmittelbare ethische Bereicherung ausgehen, so ginge er an seinem bestimmten Erkenntnisziel und damit auch an der ethischen Bereicherung vorbei.«[61]

Als Problem der neuen Ausrichtung des neusprachlichen Unterrichts sah Klemperer die Enttäuschung über den Ausgang des Ersten Weltkriegs, von der die kulturkundliche Bewegung getragen wurde. Patriotismus sei in der Philologie allerdings fehl am Platz:

»Und hier ist Schön denn auch zu offenbaren Unvorsichtigkeiten gedrängt worden. So schlägt er als ein Lektürethema, woran das Nationalgefühl der Franzosen zu studieren sei, moderne Debatten über die Rheinlandfrage vor, wobei Franzosen und Deutsche verschiedenster Geisteshaltung berücksichtigt werden sollen. Um keinen Preis ließe ich Derartiges in der Schule lesen. Vielmehr würde ich alles daran setzen, französisches Nationalgefühl dort in seiner Eigenart hervortreten zu lassen, wo man es von uns aus ohne Verbitterung betrachten kann. Denn eine Verbitterung mag noch so berechtigt sein, so ist sie doch gewiß kein geeigneter Zustand für das Erkennen der Wahrheit, für wirkliche Erkundung einer fremden Kultur. Und wenn mir hier etwa entgegengehalten wird, daß es ja eben dem Pädagogen einer deutschen Schule gar nicht in erster Linie um das Erkennen eines französischen Zustandes und französischer Wesensart gehe, sondern um deutsche Denk- und Fühlweise, so meine ich, daß deutscher Denk- und Fühlweise ein schlechter Dienst geleistet wird, wenn man sie zu Verengungen und Verzerrungen anhält.«[62]

Klemperer warnt daher davor, den Humanismus, der im Rahmen der Erforschung der Antike an griechischen und lateinischen Texten um 1800 geprägt wurde, auf lebende Fremdsprachen unreflektiert zu übertragen[63].

Auch Schücking moniert, dass die Richtlinien zwar Humanismus predigen, »im Kern den humanen Geist«[64] aber entbehren. In diesem Zusammenhang bemängelt er auch, dass die neue Ausrichtung dazu auffordere, unter den anhaltenden Erfahrungen des Krieges kulturelle Gegensätze herauszuarbeiten, anstatt das Verbindende zwischen Völkern zu erforschen. Wichtig sei es doch vor allem, »die anderen zu begreifen«. Im Gegensatz dazu fehle der Kulturkunde jeglicher Kulturfortschritt und jegliche Kulturentwicklung.[65] Dies sei der falsche Weg für Deutschland, um sich aus der internationalen Isolierung zu befreien (vgl. 2.1.2.5). Schücking skizziert erste verwirklichte positive Ansätze zur internationalen Verständigung, die auch zur Entstehung der translatorischen Ausbildung beigetragen haben:

»Nun haben die besten Köpfe in allen Ländern nur den einen Gedanken, wie die Wiederkehr eines solchen Unglücks zu verhindern ist, wie es verhütet werden kann, daß sich die Völker der Erde alle dreißig Jahre die Schädel einschlagen. Fäden der Verstän-

61 Klemperer (1925: 441–442).
62 Ibid, 443.
63 Ibid, 439.
64 Schücking (1927: 13).
65 Ibid, S. 8–9.

digung spinnen sich an, internationale Organisationen entwickeln Lebensfähigkeit, die noch vor wenig (sic!) Jahren fast als utopisch betrachtet werden mußten. Aber es kommt nun alles darauf an, diese Keime zu pflegen. Kein wirksamer Völkerbund ohne den Nährboden des Völkerbundgeistes.«[66]

Zudem stellt Schücking Überlegungen an, wie die kulturkundlichen Forderungen der Richtlinien zum neusprachlichen Unterricht an Hochschulen zielführend umgesetzt werden können. Dabei schlägt er Kurse zu bestimmten kulturkundlichen Themen an Universitäten vor oder die Errichtung von speziellen ausländischen Instituten mit Sitz im Ausland, die aber vorläufig aufgrund der finanziellen Situation nicht umsetzbar seien:

»Wir brauchen dringend ein Institut auf englischem und französischem Boden. Ein solches deutsches Reichsinstitut für Neuphilologen in London z. B. müßte sich um den Kern eines Realgymnasiums gruppieren und daran anschließend nicht nur deutsche akademische Vorlesungen für Engländer bieten, sondern vor allem englische Wissenschaftler auch zu Vorträgen für Deutsche gewinnen. Eine derartige Organisation, die die mannigfachsten Aufgaben übernehmen und eine Art intellektueller ›Stahlhof‹ werden könnte, würde auch unsern Neuphilologen die Möglichkeit gewähren, sich einige Monate hindurch an den besten Quellen zu belehren und gleichzeitig das Studium durch Augenschein und Erfahrung zu vertiefen.«[67]

Der Gedanke, spezielle Auslandsinstitute, auch im Inland, zu errichten, um die Kultur fremder Länder zu erforschen, entstand vor dem Ersten Weltkrieg in der Debatte über die Reform des SOS (vgl. 2.2.3). Diese Idee wurde in Anbetracht von Deutschlands isolierter Situation nach dem Ersten Weltkrieg nicht aufgegeben, denn die Kenntnis ausländischer Verhältnisse und ein Verständnis für fremde Kulturen waren unabdingbar, sollte eine Annäherung an andere Länder und Völker wieder gelingen. Der Weg dorthin führte über die Sprache. Daher stand die Neuphilologie im Fokus. Die durch den Ausgang des Ersten Weltkriegs bedingte schwierige Finanzlage verhinderte aber vorerst eine Errichtung der gewünschten Auslandsinstitute, deren Ausgestaltung noch unklar war (vgl. 2.4.5).

Die Gründung des Dolmetscher-Instituts an der Handelshochschule Mannheim im Jahr 1930 fügt sich in diesen Zusammenhang ein (vgl. 2.6). Es war das erste Institut, dass seit 1912 – dem Jahr der 25-Jahr-Feier des SOS und des Beginns einer langjährigen Debatte über das Studium des Auslandes (vgl. 3.1.14) – zur sprach-, kultur- und wirtschaftswissenschaftlichen Ausbildung von Dolmetschern (vgl. 2.6.2), einem neuen Berufsbild (vgl. 2.3), in Deutschland gegründet wurde. Ein neuer Zweig der Neuphilologie begann auf einem bereits ausgebildeten Ast der Philologie auszutreiben (vgl. 2.2, 2.5).

66 Ibid, S. 7.
67 Ibid, S. 15.

2.1.1.8 Neuphilologie als Auslandswissenschaft

So wie sich die Kulturkunde m. E. aus Palmes Ausführungen zum nationenwissenschaftlichen Studium entwickelt hatte, so entwickelte sich auch die Auslandswissenschaft aus diesem heraus, beide Konzepte ähneln sich und bestanden nebeneinander, jeweils in unterschiedlichen Bereichen. Die Auslandswissenschaft bekam besonders im Dritten Reich Auftrieb. Auch dieser Bereich der Neuphilologie spielt in die Entstehung der translatorischen Ausbildung in Deutschland mit hinein, zwar nicht an den Dolmetscher-Instituten der Handelshochschulen, aber an der Ausland-Hochschule, die 1936 an der Universität Berlin gegründet wurde und sich aus dem SOS entwickelt hatte. Noch vor Ausbruch des Zweiten Weltkriegs wurde diese Einrichtung aber geschlossen (vgl. 2.2.4).

Der Forschungsfokus an dieser Ausbildungsstätte war ein anderer als an den Dolmetscher-Instituten der Handelshochschulen, die sich auf die Erforschung der kontrastiven Wirtschaftssprache konzentrierten. Der Fokus der Ausland-Hochschule lag auf der Erarbeitung einer Gesamtanschauung eines Landes, um so möglichst die Reaktionsweise eines Landes in bestimmten Situationen vorwegzunehmen[68] – m. E. ein absurdes Ansinnen, das sein Ziel nur verfehlen konnte. Die Sprache spielte dabei als Zugang zu fremdsprachigen Texten eine wichtige Rolle. Dolmetsch- und Übersetzungsübungen standen aber nicht im Vordergrund. Zielsetzung und Methode der genannten Ausbildungsstätten unterschieden sich also. Dennoch arbeiteten Absolventen dieser Ausbildungsstätte als Dolmetscher und Übersetzer, auch Dozenten der Ausland-Hochschule waren Dolmetscher oder Übersetzer (vgl. 2.3.5).

Auffallend sticht bei Vertretern der Auslandswissenschaft der nationalsozialistische Ton hervor. So werden auch die Aufgaben dieser Wissenschaft mit entsprechendem Pathos formuliert:

> »Die Auslandswissenschaft hat die V e r a n t w o r t u n g vor dem deutschen Volk, es nicht, wie vor dem Kriege, über die Verhältnisse im Ausland im Unklaren zu lassen, sondern ihm über Lebensmacht und -kraft und die Lebensziele der fremden großen Völker richtige und klare Auskunft erteilen zu können.«[69]

Zu diesem Zweck sollte der Neuphilologe, zu denen in erster Linie neusprachliche Lehrer zählten, »deutsche Männer und Frauen heranziehen, die deutsches Wesen verkörpern u n d es dem Auslande deuten können«. Die Kompetenzen des modernen Neuphilologen oder Neusprachlers lagen in zwei Bereichen: Zum einen zeichneten sie sich durch die praktische Beherrschung einer Fremdsprache aus und zum anderen durch das fundierte Verständnis der jeweiligen Sprache.[70] Zu Letzterem zählte die sogenannte Deutung von fremdsprachlichen Texten aus verschiedenen Gebieten eines Landes, die zu einer Gesamtanschauung eines Landes beitragen sollte.

68 Vgl. Schmidt (1934: 6).
69 Ibid, S. 5–6. Hervorhebung im Original.
70 Ibid, S. 6. Hervorhebung im Original.

Die folgende Textstelle offenbart m. E. eine gewisse Substanzlosigkeit im Umgang mit einer Fremdsprache. Sie lässt zudem eine translatorische Kompetenz auf sprachwissenschaftlicher Basis missen und steht damit konträr entgegengesetzt zu den Lehr- und Unterrichtsmethoden an den Dolmetscher-Instituten der Handelshochschulen. Zudem wirft diese Textstelle die Frage auf, wie Textverständnis ohne Sprachverständnis überhaupt möglich sein soll, denn fundiertes Textverständnis erfordert unmissverständlich die von dem Autor als lästig empfundene Detailarbeit auf sprachlicher Ebene:

> »Während Sprechen und Schreiben einer Fremdsprache noch verhältnismäßig gleiche Anlagen und ähnliche Schulung erfordern (der eine ist flinker mit dem Mund, der andere flinker mit der Feder), ist die Deutung eines fremdsprachlichen Textes eine Kunst für sich. Kurz gesagt, handelt es sich um die Fähigkeit, im Einzelnen stets das Ganze zu sehen. Den größten Zeitraum zwar wird die Erforschung der Einzelglieder des Ganzen einnehmen; die meisten bleiben leider bei der zergliederten Erkenntnis stehen. Sprachzergliederer sind durch theoretisches Erkennen innerlich zu stark belastet und gehemmt, um die fremde Sprache auch noch gut sprechen und schreiben zu können. Im allgemeinen wird auch gerade das Verstehen und Deuten, weniger das Sprechen und Schreiben einer Fremdsprache unsere Hauptaufgabe sein.«[71]

Das Übersetzen von fremdsprachlichen Texten war in der Auslandswissenschaft nur ein Teilbereich, der »Umgestalten« genannt wurde. Interessant sind die diesbezüglichen Ausführungen auch in Hinsicht auf praktische Wörterbücher, die in jener Zeit noch rar gesät waren:

> »Eine ›praktische‹ Wissenschaft ist auch die Wortkunde. Die Engländer haben auf dem Gebiete der Wörterbücher Unvergleichliches geleistet. Unüberwindlichen Schwierigkeiten begegnen die zweisprachigen Wörterbücher, die fremde Wörter in der eigenen Sprache zu umschreiben und wiederzugeben versuchen; denn abgesehen von einigen Dingbezeichnungen, steht jedes Wort unablösbar im politischen und gesellschaftlichen Kulturgefüge einer Nation und deutet in seinem besonderen Sinngehalt darauf hin. Es läßt sich darum nichts übertragen oder gar übersetzen, sondern nur umgestalten. Gerade deshalb ist aber das Umgestalten eines fremdsprachlichen Textes in die eigene Sprache eine ausgezeichnete Sprachübung, zumal wenn der Anleitende seine Muttersprache beherrscht und sich in die fremde Sprache eingelebt hat.«[72]

Deutliche Worte gegen die Altphilologie findet der Autor bezüglich altphilologischer Forschungsweisen, die der Neuphilologie übergestülpt wurden und sie somit in ihrer Entwicklung hemmten:

> »Die Antwort wird lauten müssen, daß die historische Sprachwissenschaft in der Art, wie sie bisher hauptsächlich betrieben wurde, der Auslandswissenschaft sehr wesentliche Beiträge nicht zu bieten vermag; zumal da der organische Zusammenhang der

71 Ibid, S. 18. Hervorhebung im Original.
72 Ibid, S. 19. Hervorhebung im Original.

> Sprache mit den Menschen und den Lebensgebieten der gleichen Zeit größer ist als der Zusammenhang der Sprache mit ihren früheren Sprachstufen. Die Neuphilologie hat sich auf das Studium der Frühstufen der modernen Fremdsprachen abdrängen lassen, weil sie der historistischen Wissenschaftsauffassung erlag. Man isolierte die Sprache, sah nur ihre formale Seite und glaubte, in den historischen Vorformen eine ›Erklärung‹ für die späteren Formen gefunden zu haben; man glaubte um so wissenschaftlicher zu sein, je weiter man Sprachformen historisch zurückführen konnte. Die Lautschieberei und die historische Formalgrammatik haben aber mit wirklicher Sprachgeschichte wenig zu tun. In der Behauptung, mit dem Feststellen lautlicher Entsprechungen in Sprachperioden und zwischen Sprachen die Gesetze des Sprachwandels und der Sprachenentfaltung entdeckt zu haben, liegt die Anmaßung einer in Isolierung geratenen Wissenschaft.«[73]

Diese Haltung zeigt, dass der Konflikt zwischen Altphilologie und Neuphilologie auch in den 1930er Jahren noch nicht beigelegt war und vom Bedarf dringend ein lebensnaher, der internationalen Verständigung dienender, Umgang mit lebenden Fremdsprachen gefordert wurde. Dazu zählte auch die Erforschung kultureller Hintergründe eines Landes.

2.1.1.9 Humaniora und Realia

In dem zitierten Werk zur Auslandswissenschaft wird auch die Problematik angesprochen, die sich der Neuphilologie stellte, weil sie das ihr zugewiesene Forschungsfeld auf fachfremde Gebiete erweitern musste. Die Forschung der Auslandswissenschaft sollte in erster Linie zu einer Gesamtanschauung eines bestimmten Landes beitragen. Diese impliziere, so der Autor, die Einbeziehung einer Vielzahl von Fachgebieten, die von keiner Einzelperson vertreten werden können. »Musik, bildende Kunst; Landeskunde, Vorgeschichte, Rassenkunde, Volkskunde; politische Parteien, den Staat, etwa das britische Empire und seine Geschichte, Recht, Gesellschaftsleben und Soziologie; Wirtschaft und Finanz, oder auch Religion und Kirche eines fremden Landes«[74].

Aufgrund der Tatsache, dass sich die Neuphilologie im Rahmen der Auslandswissenschaft auf fachfremdem Terrain bewegte wurde ihr auch der Vorwurf des Dilettantismus gemacht. Hier wurde aber klargestellt, dass von einem Neuphilologen, dessen Fachgebiet sprachlicher Natur sei, nicht erwartet werden könne, auf allen relevanten Gebieten »Spezialarbeiten oder -kenntnisse«[75] anzufertigen bzw. sich anzueignen. Die Lösung für dieses Problem wurde im Verbund mit »Sachkennern der anderen Gebiete der Auslandswissenschaft«[76] gesehen: Aus verschiedenen Teilgebieten, die von unterschiedlichen Personen erforscht wurden, sollte so eine Gesamtanschauung eines Landes erzielt werden.

73 Ibid, S. 24. Hervorhebung im Original.
74 Ibid, S. 30–31.
75 Ibid, S. 31. Hervorhebung im Original.
76 Ibid, S. 33.

Die Thematik der Sachkenntnisse oder Realia zieht sich wie ein roter Faden durch die Entstehungsgeschichte der translatorischen Ausbildung und auch durch die Geschichte der Philologie. Sachkenntnisse sind untrennbar mit der Sprache verbunden. Ein befruchtender wissenschaftlicher Meinungsstreit darüber, ob das Studium der Sprache oder das Studium der Sachen im Vordergrund des philologischen Studiums zu stehen habe, wurde schon zu Beginn der Philologie als Wissenschaftsfach in den 1820er und 1830er Jahren ausgefochten, etwa von den führenden klassischen Philologen Gottfried Hermann und August Boeckh.[77] Beide prägten das neuhumanistische Bildungssystem, das der realistischen Bildung, die auf eine praktische berufliche Tätigkeit abzielte, abneigend gegenüberstanden.

Die Anfänge der Realienpädagogik, d.h. Erziehung für den Beruf, reicht bis in die Zeiten des Humanismus zurück. Zunächst in lateinischer Sprache, seit Comenius im 17. Jahrhundert zunehmend in der Muttersprache. Die sachbezogenen Kenntnisse sollten dazu beitragen, die sprachlichen Kompetenzen zu erweitern. Die geistige Bewegung der Aufklärung Ende des 18. Jahrhunderts in Deutschland rückte die Vernunft und das Individuum in den Mittelpunkt und veränderte die Arbeitswelt. Fortan sollte die gesellschaftliche Stellung einer Person nicht mehr von ihrer Herkunft abhängen, sondern von ihrer beruflichen Leistung bestimmt werden. Diese Einstellung rückte die Realien im Schulunterricht in jener Zeit in den Vordergrund.

In der Pädagogik bilden Realien (abgeleitet vom Lateinischen res (die Sache)) und ihr Gegenstück, Humaniora, eine Einheit. Zu Realien zählen etwa Disziplinen wie Geschichte, Erdkunde oder Naturwissenschaften. Wissenschaftliche Erkenntnis wird somit aus Tatsachen oder Gegenständen gezogen. Humaniora sind im Vergleich zu den Realien ältere Disziplinen. Dazu gehören etwa Theologie, Sprachen und Literatur. Sie werden als schöngeistig eingestuft. Wissenschaftliche Erkenntnis wird bei den Humaniora aus der Sprache gezogen.[78]

Realia haben seit der Entstehung der translatorischen Ausbildung einen festen Platz im translatorischen Curriculum: So etwa am SOS als gleichwertiges Gegenstück zum Sprachunterricht, in dem meist kulturelle oder auch praktische berufliche Kenntnisse für den Einsatz in einem bestimmten Land vermittelt wurden. An den Dolmetscher-Instituten bildeten zwei Realia-Komponenten, Kulturkunde und Sachkunde, das Gegenstück zum Sprachunterricht, wobei die Grenzen der zu behandelnden Themen allerdings fließend waren (vgl. 2.7.2.3, 3.1.25).

Die Integration des Sachfachs in translatorischen Studiengängen ist auch heute noch ein Thema, das einer genauen wissenschaftlichen Behandlung bedarf. M.E. müssten Untersuchungen getrennt nach relevanten Fachgebieten, etwa Wirtschaft oder Technik, erfolgen. Zunächst aber sollte eine fundierte theoretische Grundlage erarbeitet werden. Diese könnte auch in der Geschichte gefunden werden, etwa in der (Handels-)Schulpädagogik, aus der die translatorische Ausbildung hervorging.

77 Vgl. Schneider (1985: 50).

78 Vgl. Bruns (1993: 2–4) und Greinert (2003: 12–13).

2.1.2 Entwicklungen in Außenpolitik und Weltwirtschaft

2.1.2.1 Einleitung

Die Entstehung der translatorischen Ausbildung wurde vor allem durch den Bedarf an Dolmetschern und Übersetzern in Außenpolitik und Außenhandel motiviert (vgl. 3.1.3, 3.1.8). Im Folgenden werden relevante Entwicklungen, die die Entstehungsphase der translatorischen Ausbildung im 19. und beginnenden 20. Jahrhundert bedingten, grob skizziert. Die Ausführungen spannen einen Bogen von der beginnenden Industrialisierung in Deutschland Anfang des 19. Jahrhunderts über das entstehende weltwirtschaftliche System ab 1850 bis in die 1920er Jahre, die aufgrund der Ereignisse des Ersten Weltkriegs von einer neuen Weltordnung gekennzeichnet waren.

Die wirtschaftlichen Entwicklungen in Deutschland gingen in jener Zeit mit einer auf den Außenhandel fokussierten Außenpolitik einher. In Grundzügen thematisiert werden daher auch die entstehenden diplomatischen und konsularischen Beziehungen Deutschlands in Asien und Afrika ab dem ausgehenden 18. Jahrhundert bis zum beginnenden 20. Jahrhundert sowie die kolonialen Bestrebungen des Deutschen Reichs. Diese internationalen Entwicklungen spielen mit in die Entstehung der translatorischen Ausbildung hinein.

Ein bestimmender Faktor bei der Gründung des Dolmetscher-Instituts an der Handelshochschule Mannheim 1930 war sicherlich auch die Tatsache, dass Deutschland nach dem Ersten Weltkrieg Bittsteller gegenüber den Mitgliedsländern des Völkerbundes war und sich seinen Platz in der internationalen Staatengemeinschaft hart erkämpfen musste. Das dabei zum Tragen kommende neuartige Konferenzsystem des Völkerbundes beeinflusste somit gewiss auch die Entstehung der translatorischen Ausbildung an den Handelshochschulen, da entsprechend ausgebildetes Verhandlungspersonal am Markt fehlte.

2.1.2.2 Diplomatische Beziehungen motivieren Gründung des SOS

In der Denkschrift über das *Seminar für Orientalische Sprachen* (SOS), die zum 25-jährigen Jubiläum der von Bismarck Anfang der 1880er Jahre angeregten Ausbildungsstätte für Dragomane veröffentlicht wurde (vgl. 2.2), wird auch die Entstehung der diplomatischen Niederlassungen Deutschlands in Asien und Afrika skizziert. Dies ist insofern relevant, als diplomatische Beziehungen und Handelsverbindungen sowie die daraus entstehende Notwendigkeit zur Sprachmittlung zwischen Handelspartnern verschiedener Länder die Entstehung der translatorischen Ausbildung in Deutschland – angefangen mit dem 1887 gegründeten SOS, dessen Sprachangebot sich entsprechend nach außenpolitischen Zielen richtete – motivierten.

Bemerkenswert ist dabei, dass die Voraussetzungen für die Anbahnung diplomatischer Beziehungen in der Regel Handelsverbindungen waren, die selten bereits bestanden, meist aber beabsichtigt waren, um vor allem eigene wirtschaftliche Ziele zu verwirklichen. Dies zeigt, dass internationale politische und wirtschaftliche Interessen eine Symbiose bildeten, in der die Entstehung der translatorischen Ausbildung keimen konnte. (Vgl. 3.1.3, 3.1.4, 3.1.8).

Laut der genannten Denkschrift festigte sich die erste deutsche diplomatische Vertretung im Osmanischen Reich – im Vergleich mit manch anderen europäischen Ländern verhältnismäßig spät – erst ab Mitte des 18. Jahrhunderts in Konstantinopel (heute Istanbul) unter dem Preußenkönig Friedrich II. Die Errichtung einer diplomatischen Vertretung wird in Konstantinopel ins Jahr 1775 datiert[79]. Die Anfänge der diplomatischen Vertretung in der Türkei waren mit einzelnen Gesandten des Königs moderat. Dies zeigt sich auch daran, dass Friedrich II vor Entsendung eigener Vertreter in die Region in den 1750er Jahren die Regelung seiner diplomatischen Belange der französischen Gesandtschaft in Konstantinopel überließ.

Aufgrund fehlender Handelsinteressen des Deutschen Reichs in der Region wurde das deutsche Konsularwesen in den Provinzen des Osmanischen Reichs aber erst Ende des 18. Jahrhunderts ausgebaut, wobei erst nach 1842 von einer Professionalisierung des Konsularwesens in Asien und Afrika gesprochen werden kann. Sichtbar wird dies etwa auch an der steigenden Anzahl von deutschen Vertretungen in der Türkei: Bis 1851 entstanden dort zwölf Konsulate, bis zum Vorabend des Ersten Weltkriegs verdreifachte sich diese Zahl.[80]

In der zweiten Hälfte des 19. Jahrhunderts wurde das Netz diplomatischer Vertretungen in Asien und Afrika kontinuierlich erweitert. 1860 entstand in Teheran eine deutsche Gesandtschaft. Voraus ging ein Handelsvertrag zwischen dem Deutschen Zollverein und Persien. Aufgrund eines unvorteilhaften Handelspotenzials blieb die Vertretung aber bis 1889 unbesetzt. In Japan wurde ebenfalls infolge eines Handelsvertrags im Jahr 1862 eine diplomatische Vertretung in Tokio errichtet. Bis 1914 kamen an fünf weiteren Standorten in Japan konsularische Vertretungen hinzu.

Kennzeichnend ist, dass die Gründungen diplomatischer Vertretungen in Japan und vor allem in China auf Druck der Europäer bzw. der US-Amerikaner entstanden und Preußen davon entsprechend profitieren konnte. Die Errichtung der deutschen Vertretung in Peking erfolgte 1864. Durch kriegerische Auseinandersetzungen in beiden Opiumkriegen zwischen England, Frankreich und China wurden den Chinesen Handelsverträge abgerungen, die zugunsten der übermächtigen europäischen Handelsmächte waren. Dieser aus deutscher imperialer Sicht als selbstverständlich aufgefasste Vorgang wird in der Denkschrift beiläufig wie folgt kommentiert:

> »Indessen erst der zweite Krieg in den Jahren 1857 bis 1860, den England und Frankreich im Verein gegen China führten und der mit der Einnahme Pekings endigte, hat jene breite und sichere Grundlage geschaffen, welche es allen an Handel und Schiffahrt

79 Vgl. Sachau (1912: 9).

80 Ibid, S. 5–7.

beteiligten Nationen ermöglichte, Handelsverträge mit China abzuschließen, und so auch Preußen im Namen des Zollvereins.«[81]

Vertraglich wurden Deutschland eine diplomatische Vertretung in Peking und Konsulate in allen für den europäischen Handelsverkehr relevanten chinesischen Häfen zugesichert. Dies waren bei Vertragsabschluss 15 Standorte. Bis 1912 kam ein weiterer Standort hinzu.

Auch in Afrika wurden Ende des 19. Jahrhunderts diplomatische Einrichtungen aufgebaut. Eingeleitet durch hanseatische Handelsinteressen wurde in Ostafrika 1869 auf Sansibar eine konsularische Einrichtung des Norddeutschen Bundes geschaffen. 1899 wurde in der kenianischen Hafenstadt Mombasa eine konsularische Vertretung errichtet, die sich ähnlich wie auf Sansibar etwa 15 Jahre später zu einem vollwertigen Konsulat entwickelt hatte. Auch in diesen beiden Fällen standen wirtschaftliche Interessen für die Errichtung diplomatischer Beziehungen Pate. Auch in Westafrika wurden aufgrund von Handelsinteressen ab 1890 in Marokko neun konsularische Vertretungen eingerichtet. Diplomatische Beziehungen in Afrika wurden zudem nach Äthiopien geknüpft, wo 1907 in Addis Abeba eine Gesandtschaft und fünf Jahre später in Harar eine konsularische Vertretung eingerichtet wurden.[82]

2.1.2.3 Exkurs: Koloniale Ambitionen beeinflussen Curriculum am SOS

Im Taumel der Reichseinigung 1871 entstand um 1880 eine Bewegung für den Kolonialerwerb in Deutschland, die die öffentliche Meinung auch unter den imperialistischen Bestrebungen anderer europäischer Großmächte stark beeinflusste. Immerhin hatten Frankreich und England in diesem Punkt einen gewaltigen Vorsprung vor Deutschland. Als zweitgrößte Handelsmacht in jener Zeit, so die überwiegende Meinung der Deutschen, schickte es sich, dass sich Deutschland auch als Kolonialmacht in der Welt behauptete. Argumentiert wurde aus wirtschaftspolitischer Sicht mit der Erschließung von neuen Märkten, der Sicherung von neuen Handelswegen und der Gewinnung von neuen Rohstoffvorkommen sowie aus sozialpolitischer Sicht mit der Gewinnung neuer Gebiete, die den Bevölkerungsüberschuss abfedern sollte. Den deutschen Staatsbürgern stand somit der Weg in die neugewonnenen Territorien, dem »eigenen« Ausland, offen, wo sie Deutschland dienen konnten. Zudem wurde dies als Möglichkeit gesehen, die massenhafte Auswanderung etwa nach Übersee zu dämpfen, wo der Kontakt der Auswanderer zur Heimat meist verloren ging. Einschlägige Forschungen in diesem Bereich zeigen aber, dass die Chancen der Auswanderer in der zeitgenössischen Literatur überbewertet wurden und so mancher Auswanderer von der Realität vor Ort ernüchtert wurde.

81 Ibid, 7.
82 Ibid, 7–9.

Nach dem Wiener Kongress 1815 engagierten sich zunächst hanseatische Kaufleute im Welthandel und errichteten Zweigstellen ihrer Unternehmen in Ost- und Westafrika. In diesem Zusammenhang entstanden deutsche konsularische Vertretungen in diesen Gebieten (vgl. 2.1.2.2). Als der Ruf nach Eroberung von Kolonien in Deutschland nach der Reichsgründung laut wurde, stand Bismarck diesem Ansinnen zunächst verhalten gegenüber, da er die anderen europäischen Großmächte nicht verstimmen wollte. Deutschland war ihm zufolge, was Gebietsansprüche anbelangte, »saturiert«. Dennoch unterstützte er Mitte der 1880er Jahre deutsche Kolonisatoren beim Erwerb von sogenannten Protektoraten mit der Ausstellung von Schutzbriefen, die politisch kein Konfliktpotenzial boten und die 1884/85 auf der Kongo-Konferenz als deutsche Protektorate anerkannt wurden.

Interessant ist in terminologischer Hinsicht, dass Kolonien und Schutzgebiete in der Fachliteratur nicht einheitlich verwendet werden. Manche Autoren verwenden sie synonymisch, andere sehen darin folgenden Gegensatz: Während Kolonien die gewaltsame Annexion eines fremden (Staats-)Gebietes bezeichnen, so handelt es sich bei Schutzgebieten zwar ebenfalls um die Annexion eines fremden (Staats-) Gebietes, nur mit dem Unterschied, dass nach der meist gewaltsamen Unterwerfung, die Vorherrschaft einer fremden Macht über das entsprechende Territorium mit den Herrschern des fremden (Staats-)Gebiets vertraglich vereinbart und besiegelt wurde. Das war Diplomatie nach imperialistischer Façon. Schutzgebiete unterstanden meist privater Verwaltung. Aufgrund der extrem hohen Erschließungskosten mussten sie aber in Kolonien umgewandelt und der staatlichen Verwaltung unterstellt werden[83].

Deutsche Kolonialpolitik lässt sich in zwei Phasen einteilen. Ihren Höhepunkt erreichte sie in der ersten Phase 1884/85 mit Gebieten in Südwestafrika, Kamerun und Togo, Ostafrika, Neuguinea und den Marshallinseln und 1888 in Nauru. Eher unbedeutend waren die Gebietszugewinne in der zweiten Phase vor 1900, als Deutschland 1897/98 wenige Inseln im Pazifik erwarb sowie als Ausgleich für Gebietserwerbungen anderer Großmächte eine Stadt in China für fast hundert Jahre als Pacht erhielt.

Deutschlands Kolonialgebiet war verschwindend klein, vor allem im Vergleich mit den Kolonialmächten England und Frankreich. Zudem wurde erst nach den Gebietsannexionen die Erschwernis bei der Erschließung dieser Gebiete fern der Heimat festgestellt. Von wirtschaftlicher Rentabilität konnte keine Rede sein, da die Erschließungs- und Aufbaukosten für eine funktionierende Infrastruktur sowie für die militärische Sicherung der Gebiete die Gewinne aus dem Handel in astronomischer Höhe überstiegen. Dennoch wurde im wilhelminischen Zeitalter die koloniale Frage als bedeutend für die von Wilhelm II eingeleitete »Weltpolitik« propagiert. Dieses Streben nach Weltmacht stand im Gegensatz zu Bismarcks Politik der Saturiertheit.[84]

---

83 Vgl. Bemmerlein/Göbel (2012: 110) und Ziegler (2005: 204).

84 Vgl. https://brockhaus.de/ecs/enzy/article/schutzgebiete und Bemmerlein/Göbel (2012: 110–121).

Deutschlands Kolonialpolitik wirkte sich auch auf das Unterrichtsangebot am SOS aus. In der Planungsphase war die Ausbildung von Kolonialbeamten zunächst nicht vorgesehen gewesen. Entwicklungen in der deutschen Kolonialpolitik rechtfertigten dann aber bereits zu Beginn des Unterrichtsbetriebes am SOS die Einführung einer Ausbildung für angehende Kolonialbeamte. Das SOS wurde für die Vermittlung der nötigen Sprach- und Realienkenntnisse für Kolonialbeamte als geeignetste Ausbildungsstätte in Deutschland erachtet. Dadurch erhielt das Berufsprofil von Dragomanen – und damit verbunden von Dolmetschern und Übersetzern – m. E. aber eine seiner frühen Dellen, die von der unklaren Vorstellung der Öffentlichkeit über den Beruf von Dragomanen kontinuierlich geformt werden konnte.

Durch das Angebot von zwei Laufbahnen am SOS, für angehende Dragomane und Kolonialbeamte, erweiterte sich auch das Curriculum dieser Einrichtung entsprechend. Bedingt durch die stetigen Forderungen an das SOS aus der Politik, die sich in erster Linie auf die Vorbereitung für den Kolonialdienst bezogen, wurde die Erwartungshaltung an die Absolventen derart übersteigert, dass die Ausbildungsziele im Rahmen eines Ergänzungsstudiums schwerlich zu erreichen waren. Noch am Vorabend des Ersten Weltkriegs wurde Kritik laut, dass es in Deutschland keine spezielle Kolonialakademie gab, wie es etwa bei anderen europäischen Großmächten der Fall war (vgl. 2.2.2.3 und Fußnote 174).

2.1.2.4 Außenhandelsbeziehungen legen Basis für DI-Gründungen

Der Verflechtung Deutschlands in die Weltwirtschaft, die auf der Knüpfung von Außenhandelsbeziehungen im 19. Jahrhundert, dem Zeitalter der Industrialisierung, beruhte, ging die binnenwirtschaftliche Entwicklung Deutschlands voraus. Beide Entwicklungen, die eng miteinander verwoben waren und aufeinander aufbauten, werden im Folgenden in groben Zügen beleuchtet, um den Kontext zur Entstehung der translatorischen Ausbildung abzurunden.

Der Beginn der Industrialisierung wird in Deutschland in die 1840er Jahre datiert. Der entscheidende Impetus dafür ging vom Eisenbahnbau aus, durch dessen Schienennetz die souveränen deutschen Einzelstaaten, deren Regionen bislang abgeschottet waren, miteinander verbunden wurden. Damit war die Grundlage für die Teilnahme am Austausch von Wirtschaftsgütern zwischen den einzelnen deutschen Staaten und Städten gelegt.

Die Grenzen Deutschlands richteten sich nach den Gebieten der Bündnispartner des Deutschen Bundes[85], der auf dem Wiener Kongress 1815[86] gegründet wurde und zu dem sich etwa 40 deutsche Einzelstaaten zusammenschlossen. Das hervorstechende Merkmal dieses Bündnisses war, dass die Einzelstaaten jeweils ihre Sou-

85 Vgl. https://www.dhm.de/lemo/kapitel/vormaerz-und-revolution/der-deutsche-bund.html und https://brockhaus.de/ecs/enzy/article/deutscher-bund.

86 Vgl. https://brockhaus.de/ecs/enzy/article/wiener-kongress und https://www.dhm.de/lemo/kapitel/vormaerz-und-revolution/wiener-kongress.html.

veränität behielten. Dies wurde bis zur Reichsgründung häufig als deutsche Kleinstaaterei kritisiert und als lähmend für gemeinsame politische und wirtschaftliche Entscheidungen erachtet, denn der Deutsche Bund war vornehmlich ein Zusammenschluss zur Wahrung der äußeren und inneren Sicherheit.

Aufgrund der Großflächigkeit ihrer Staatsgebiete waren Preußen und Österreich die mächtigsten Einzelstaaten im Deutschen Bund. Nicht alle Staatsgebiete der Bündnispartner waren zusammenhängend. Das Staatsgebiet von Preußen, dem größten Staat des Deutschen Bundes, wurde etwa von mehreren Einzelstaaten durchschnitten, ebenso das großflächige Königreich Bayern.

Bereits Mitte der 1820er Jahre begann Preußen daher einen Plan zu erarbeiten, um die Verbindung seiner beiden Landesteile zu gewährleisten. Das übergeordnete Ziel war dabei die Schaffung eines einheitlichen Wirtschaftsraumes der beiden voneinander getrennten preußischen Landesteile, um so das wirtschaftliche Potenzial Preußens zu steigern. Auf Preußens Betreiben wurde 1834 der Deutsche Zollverein[87] gegründet, ein Freihandelsbündnis, das den Abbau von Zöllen zwischen den deutschen Einzelstaaten förderte. Diesem schloss sich bis Mitte der 1850er Jahre der überwiegende Teil der übrigen deutschen Einzelstaaten des Deutschen Bundes an. 1866 gab es nur noch wenige Einzelstaaten, die sich dem Zollverein nicht angeschlossen hatten.[88]

Unter preußischer Ägide vollzog sich somit sukzessive die Industrialisierung Deutschlands und die damit einhergehende Arbeitsteilung zwischen den Regionen der deutschen Einzelstaaten. Gefördert wurde dies durch die kontinuierliche Erweiterung der Handelsbündnisse des Deutschen Zollvereins und die damit zusammenhängende Erschließung der neuhinzugekommen Gebiete für den Schienenverkehr.[89] Zuvor abgeschiedene lokale Märkte in den deutschen Einzelstaaten verschwanden und wurden zu einem gemeinsamen deutschen Binnenmarkt zusammengefasst.

Bereits in den frühen Jahren des Zollvereins entwickelte sich die Wirtschaft in den teilnehmenden Einzelstaaten positiv. Die Produktivität stieg derart rasant, dass neue Märkte im Ausland zur Warenabnahme erschlossen werden mussten. Die Außenhandelstätigkeit begann zu blühen, was die Verflechtung der deutschen Wirtschaft in die Weltwirtschaft zunehmend förderte. Letztere bekam ab der Mitte des 19. Jahrhunderts starken Auftrieb. Nach der Gründung des Deutschen Reichs[90] 1871, dessen Grenzen sich weitgehend mit dem Gebiet des Deutschen Zollvereins deckten, erfuhr die deutsche Wirtschaft – nicht zuletzt durch ihre rege Außenhandelstätigkeit – einen bis dahin beispiellosen Aufschwung.[91]

87 Vgl. https://www.dhm.de/lemo/kapitel/reaktionszeit/wirtschaft/zollverein.html und https://brockhaus.de/ecs/enzy/article/deutscher-zollverein.
88 Vgl. Ziegler (2005: 198).
89 Ibid, S. 199–200.
90 Vgl. https://brockhaus.de/ecs/enzy/article/deutsches-reich-20.
91 Vgl. Ziegler (2005: 203–205). Mit der Reichsgründung 1871 erlosch der Deutsche Zollverein, da dadurch ein reichsdeutscher Binnenraum entstanden war (vgl. dazu https://brockhaus.de/ecs/enzy/article/deutscher-zollverein).

Eine weltwirtschaftliche Orientierung kam generell mit zunehmender Industrialisierung auf. In ihren Anfängen wurden wirtschaftliche Verbindungen zwischen unterschiedlichen Ländern geknüpft. Die am Welthandel teilnehmenden Volkswirtschaften gingen so eine gegenseitige Abhängigkeit ein. Durch das entstehende Netz wirtschaftlicher Beziehungen wurde das übergeordnete Ziel eines möglichst reibungslosen internationalen Austausches von Waren und Kapital angestrebt. Vorreiter in dieser Entwicklung war Großbritannien, das nicht nur als Ursprungsland der Industrialisierung gilt, sondern auch als erstes Land massiv ausländische Absatzmärkte erschloss, um die Überschussproduktion im eigenen Land in anderen Regionen der Welt abzusetzen. Meist gehörten diese als Kolonien zum britischen Königreich und dienten als Lieferanten von Rohstoffen, die Großbritannien für die Warenfertigung benötigte.

Etwa ab 1850 begann sich ein einheitlich funktionierendes weltwirtschaftliches System zu bilden. Dieser Prozess kann in zwei Phasen unterteilt werden: Die erste Phase wird von der Fachwelt von 1848 bis 1880 festgelegt, die zweite Phase von 1880 bis 1914. Die erste Phase legte den Grundstein für internationale Arbeitsteilung und für zunehmende weltwirtschaftliche Handelsaktivitäten. Industrielle Zentren in Europa und den USA entstanden, ebenso wurden Rohstoffgebiete, meist in den überseeischen Kolonialgebieten, erschlossen. Diese Standorte waren Fixpunkte im entstehenden weltwirtschaftlichen Netz des internationalen Waren- und Rohstoffaustausches. Ein starker Anstieg der Bevölkerung in Europa sorgte für eine große Menge an Arbeitskräften und für eine steigende Nachfrage. Kennzeichnend für diese Phase ist die Schaffung eines Freihandelssystems durch den Abbau von Zöllen sowie die – fast ausnahmslose – Akzeptanz der Goldwährung auf Basis des britischen Pfund Sterling als internationale Leitwährung. Getragen wurde die sich etablierende Weltwirtschaft bis zum Ersten Weltkrieg von Großbritannien, den Vereinigten Staaten sowie Ländern in West- und Mitteleuropa, wobei Großbritannien aufgrund seines Industrialisierungsvorsprungs den Weltmarkt bis etwa 1900 dominierte[92].

Die zweite Phase des weltwirtschaftlichen Prozesses deckte sich mit dem Beginn der Hochindustrialisierung, die mit einem enormen Ausbau der Verkehrswege zu Lande und zu Wasser einherging: Der Schienenverkehr wurde weltweit weiter ausgebaut, entlegenste Regionen wurden an das Schienennetz angebunden, das Automobil wurde erfunden[93] und das Dampfschiff trat seinen Siegeszug an. Die neuen Verkehrsmittel ermöglichten einen beispiellosen Boom des Welthandels. Zu dieser Entwicklung trugen auch verkürzte Seehandelswege bei, wie etwa die Fertigstellung des Suezkanals 1869 oder des Nord-Ostsee-Kanals 1895.

Insgesamt förderten die infrastrukturellen Verbesserungen eine Verdreifachung des Welthandelsvolumens. Am Vorabend des Ersten Weltkriegs entfielen zwei Drittel des Welthandels auf Europa und etwa 15 Prozent auf die USA. Deutschland war um 1900 hinter Großbritannien zum zweitwichtigsten Zentrum des Welthan-

92 Vgl. Grohmann/Jäger (2017: 59).
93 Vgl. https://www.mercedes-benz.com/de/kunst-und-kultur/museum.

dels aufgestiegen.[94] Dies förderte eine gewisse Rivalität zwischen diesen beiden europäischen Wirtschaftsgiganten[95].

Ein Blick auf Deutschlands wirtschaftliche Entwicklung und seine Verflechtung in die Weltwirtschaft verdeutlicht die enorme Steigerung seines Wirtschaftspotenzials innerhalb von zwei Generationen. Noch in den 1830er Jahren war Deutschlands Wirtschaft im Vergleich zu seinen wichtigsten Handelspartnern, Großbritannien, Belgien und Frankreich, rückständig. Dies zeigte sich an der Exportstruktur, die zu etwa 60 Prozent auf landwirtschaftliche Produkte und Rohstoffe entfiel. Nur etwa 25 Prozent des deutschen Gesamtwarenexports machten Fertigwaren aus[96].

In den 1840er Jahren überwogen die Importe sogar die Exporte, da der Agrarstaat Deutschland das Material für den Bau der Eisenbahn fast ausschließlich vom Ausland beziehen musste. Eisen- und Stahlimporte stiegen dabei etwa um das Zehnfache. Dies zeugt von einer enormen Investitionstätigkeit, die sich später aber ausbezahlen sollte[97], denn die industrielle Produktion in Deutschland nahm derart zu, dass sich in den 1860er Jahren der Exportanteil der Fertigwaren im Vergleich zu den 1830er Jahren ungefähr verdoppelt hatte.

Nach der Reichsgründung 1871 wurde Deutschlands Stellung auf dem Weltmarkt immer bedeutender. Die positive Außenhandelsentwicklung wird von der Forschung neben einer liberalen Zollpolitik auf weitere Faktoren zurückgeführt: Aufgrund eines geringeren Lebensstandards in Deutschland konnte etwa von einem gewissen Lohnkostenvorteil gegenüber Großbritannien profitiert werden. Zudem wird als entscheidender Vorteil gegenüber den Konkurrenten auf dem Weltmarkt das deutsche Ausbildungssystem bewertet, das sicherlich auch durch einen permanenten Innovationsdruck gefördert wurde, um mit der Konkurrenz am Weltmarkt mithalten zu können. Insbesondere auf eine fundierte Ausbildung von Facharbeitern und Ingenieuren wurde in der deutschen Industrie Wert gelegt.

Der hohe Ausbildungsstandard im technischen Bereich förderte die Berücksichtigung von Forschungsergebnissen in der Produktion und in der Produktentwicklung. Diese Verwissenschaftlichung der Industrieproduktion führte nicht nur zur Entstehung von Hochtechnologiebranchen, sondern machte Deutschland in diesen Bereichen auch zum internationalen Primus im ausgehenden 19. Jahrhundert. Die Symbiose von Industrie und Forschung begann in Deutschland schon früh. Dies erklärt m.E. auch in Ansätzen die Tradition, warum technische Berufe, allen voran Ingenieure, und die Forschung in Ingenieurswissenschaften heute noch von der Industrie entsprechend protegiert werden und von einem extrem guten Image in der Öffentlichkeit profitieren.

94 Vgl. Schäfer (1989: 115–117) und https://brockhaus.de/ecs/enzy/article/weltwirtschaft-20.

95 Vgl. Ziegler (2005: 204).

96 Ibid, S. 203.

97 Ibid, S. 204.

Die Offenheit für die Anwendung von wissenschaftlichen Ergebnissen in der Produktion führte auch dazu, dass das Vertriebswesen in vielen großen Unternehmen nachzog und effektiv und professionell ausgebaut wurde, denn das Auslandsmarketing wurde schon recht früh als nicht zu unterschätzender Faktor im Vertrieb erkannt. Ab der Jahrhundertwende nahmen sich zunehmend die Handelshochschulen dieses Themas an. Zu einer fundierten Professionalisierung dieses Unternehmensbereichs basierend auf wissenschaftlichen Ergebnissen kam es m. E. allerdings erst nach dem Zweiten Weltkrieg. Letztendlich beruht die translatorische Ausbildung an den Handelshochschulen auch auf dem unternehmerischen Vertriebsansatz für Auslandsgeschäfte. Da Sprache und Kultur jedoch einer besonderen Berücksichtigung bedurften, gerieten vertriebsrelevante Themen in der translatorischen Ausbildung zunehmend in den Hintergrund. Hier zeigt sich auch die Notwendigkeit von beruflichen Spezialisierungen, die einer entsprechend fachlichen und wissenschaftlichen Vertiefung bedürfen (vgl. 2.4, 2.5, 2.6, 2.7).

Die genannten in Produktion und Vertrieb einfließenden Faktoren summierten sich zu einem Kostenvorteil, der Deutschlands internationale Wettbewerbsfähigkeit Ende des 19. Jahrhunderts außerordentlich steigerte und es ermöglichte, dass Deutschland um 1900 eng an den Weltmarktführer England heranrückte. Der Konkurrenzdruck um Rohstoffe und Exportmärkte zwischen diesen beiden Nationen wurde immer vehementer. Die wichtigsten Handelspartner Deutschlands in den Jahren vor dem Ersten Weltkrieg waren seine europäischen Nachbarstaaten und die USA, wobei die USA und auch Russland vornehmlich als Rohstofflieferanten fungierten und Großbritannien und Österreich-Ungarn als Warenabnehmer. Der Anteil des Handels mit anderen Ländern war eher unbedeutend, auch die deutsche Kolonialpolitik bewirkte diesbezüglich keine Änderung (vgl. 2.1.2.3).

Die wichtigsten Exportgüter Deutschlands vor dem Ersten Weltkrieg waren Eisen und Eisenprodukte, Maschinen, chemische Produkte, Zucker und Textilien. Deutschlands Außenhandelsbeziehungen spiegeln auch die Gewichtsverteilung am Weltmarkt in jener Zeit wider: Europa und die USA waren die wichtigsten Akteure in der Weltwirtschaft, wobei Großbritannien und Deutschland zusammen gut einen Anteil von 50 Prozent auf sich vereinten.[98]

2.1.2.5 Exkurs: Zum Konferenzwesen des Völkerbundes

Die positive Entwicklung der deutschen Wirtschaft und der Weltwirtschaft bis 1914 wurde durch den Ersten Weltkrieg rigoros zerstört und das Goldwährungssystem, das als internationales Währungssystem akzeptiert war, vernichtet. Einen markanten, die Weltpolitik und Weltwirtschaft zukünftig bestimmenden, Einschnitt wurde auch durch die Umkehrung der geopolitischen Verhältnisse während des Ersten Weltkriegs verursacht, denn Europa büßte seine wirtschaftliche und politische Vormachtstellung gegenüber den USA ein, die zum größten Gläubiger der

98 Vgl. Ziegler (2005: 204–205) und Grohmann/Jäger (2017: 59).

Welt avancierten.[99] Daher wurde die Richtung der internationalen Politik in der Zeit nach dem Ersten Weltkrieg von den USA vorgegeben mit dem Ziel, eine internationale Gemeinschaft zur Wahrung des Friedens zu schaffen.

Dieser Gedanke, der bereits auf den beiden Haager Friedenskonferenzen 1899 und 1907 untermauert wurde, wurde im Januar 1920 mit der Gründung des Völkerbundes verwirklicht. Die Konstituierung dieses internationalen Bündnisses zur Sicherung des Friedens in der Welt wurde auf der Pariser Friedenskonferenz 1919 beschlossen und seine Satzung in den Versailler Vertrag integriert. Die Unterzeichnerstaaten verpflichteten sich zur kontrollierten Abrüstung und zur friedlichen Beilegung von Konflikten innerhalb des Völkerbundes, die im Rahmen von Verhandlungen herbeigeführt werden sollten.[100] Dies markierte den Beginn eines entstehenden internationalen Konferenzwesens als Instrument zur Verhandlung und Regelung internationaler Belange[101].

Auf der Pariser Friedenskonferenz wurde von den Teilnehmerstaaten auch der Versailler Vertrag erstellt. Er regelte die Nachkriegsordnung. Deutschland wurde dabei als Kriegsstifter und Kriegsverlierer abgestraft und aus der internationalen Gemeinschaft ausgeschlossen. Herbe Gebietsverluste, darunter alle Kolonien (vgl. 2.1.2.3), wurden über Deutschland verfügt. Die Gebietsverluste minderten die Leistungsfähigkeit der deutschen Wirtschaft, da etwa Produktionsstätten und Rohstoffvorkommen wegfielen. Zudem bedeuteten die Gebietsverluste eine Verringerung der deutschen Bevölkerung, was wiederum den Verlust an Arbeitskräften bedeutete. Der Versailler Vertrag regelte auch die Entmilitarisierung Deutschlands sowie Reparationszahlungen in astronomischer Höhe, die zum Leitthema deutscher Außenpolitik in den Folgejahren wurden.[102]

Als Verlierer des Ersten Weltkriegs wurde Deutschland nicht am Verhandlungstisch auf der Pariser Friedenskonferenz im Januar 1919 zugelassen. Es stand gedemütigt und isoliert außerhalb der sich bildenden Staatengemeinschaft. Im Juni 1919 unterzeichnete Deutschland den Versailler Vertrag. Innenpolitisch wurde dieser zum Problem für die junge Weimarer Republik, nicht zuletzt da er auch das Entstehen rechtsextremer Kräfte im Land begünstigte. Als Friedensvertrag in-

99 Vgl. Schäfer (1989: 118) und https://brockhaus.de/ecs/enzy/article/weltwirtschaft-20. Detailliert über die Kriegswirtschaft des Deutschen Reichs zwischen 1914 und 1918 berichtet etwa Ziegler (2005: 298–304), vgl. hierzu auch Bemmerlein/Göbel (2017: 124–131).

100 Vgl. https://www.dhm.de/lemo/kapitel/weimarer-republik/aussenpolitik/voelkerbund.html. Vgl hierzu auch https://www.bpb.de/shop/zeitschriften/apuz/288788/versailler-vertrag-ein-frieden-der-kein-frieden-war/ und https://www.bpb.de/kurz-knapp/hintergrund-aktuell/302479/vor-100-jahren-gruendung-des-voelkerbundes/.

101 Vgl. Sommer (1927: 345).

102 Vgl. https://www.historisches-lexikon-bayerns.de/Lexikon/Versailler_Vertrag,_1919/20#Die_Bestimmungen_des_Friedensvertrages und https://www.dhm.de/lemo/kapitel/weimarer-republik/aussenpolitik/versailler-vertrag.html.

tendiert wurde er unbeabsichtigt zum Pulverfass und führte zwanzig Jahre nach seiner Unterzeichnung direkt in den nächsten Weltkrieg.[103]

Der Versailler Vertrag wurde für Deutschland aber auch zum Ansporn, sich wieder einen Platz in der internationalen Staatengemeinschaft zu erarbeiten. Auf dem Wege des neuartigen internationalen Konferenzwesens gelang dies mit dem diplomatischen Geschick herausragender Persönlichkeiten und auch mit einem wachsenden gegenseitigen Verständnis und Vertrauen der internationalen Verhandlungspartner füreinander. Dies war unabdingbar, denn die wirtschaftliche Situation in Deutschland und auch die Lage der Weltwirtschaft verlangten nach einer friedlichen Begegnung im Dialog: In den 1920er Jahren stand die deutsche Wirtschaft unter dem Einfluss der knebelnden Bestimmungen des Versailler Vertrages, die Deutschlands wirtschaftliche Souveränität und Handlungsfähigkeit einschränkten. Zudem wurden Deutschland bis 1925 internationale handelspolitische Beziehungen verwehrt. Bei internationalen außenpolitischen Verhandlungen Deutschlands dominierten daher meist wirtschaftliche Themen, allen voran die Reparationszahlungen, die Deutschland von den Siegermächten auferlegt worden waren. Außenpolitik und Wirtschaft gingen in den 1920er Jahren bei der Rückgewinnung von Deutschlands Souveränität somit eine enge Bindung ein (vgl. 3.1.3).

Die Verwüstungen des Ersten Weltkriegs warfen Deutschlands industrielle Produktion auf das Niveau Ende der 1880er Jahre zurück. Erst Ende der 1920er Jahre erreichte diese wieder das Vorkriegsniveau. In den ersten Nachkriegsjahren wurden Anstrengungen unternommen, um die Kriegswirtschaft auf die Produktion in Friedenszeiten umzustellen. Aufgrund von Gebietsverlusten und damit einhergehenden Bevölkerungs-, Anlagen- und Rohstoffverlusten stand Deutschland wirtschaftlich aber vor einer schwierigen infrastrukturellen Situation. Dennoch gelang es in den Jahren nach dem Ersten Weltkrieg die deutsche Wirtschaft kurzfristig wieder anzukurbeln, wenn auch zulasten der Währungsstabilität im Land, die 1923 zerbrach und eine gravierende Wirtschaftskrise in Deutschland hervorrief. Ein Konflikt mit Frankreich durch die Besetzung des Ruhrgebiets aufgrund verzögerter Reparationszahlungen verschärfte die schwierige wirtschaftliche Situation darüber hinaus, da der wichtigste deutsche Industriestandort, der auch als Rohstofflieferant für die anderen deutschen Regionen diente, nicht mehr erreichbar war.

Nach einem wirtschaftlichen Tiefpunkt Anfang der 1920er Jahre begann eine Phase des wirtschaftlichen Aufschwungs in Deutschland. Diese stand im Zusammenhang mit Verhandlungsergebnissen aus internationalen Begegnungen. Die auf internationalen Konferenzen erzielten Ergebnisse zeugten aber auch von einem Umdenken der Verhandlungspartner und der Bereitschaft, sich aufeinander zuzu-

---

103 Vgl. https://www.dhm.de/lemo/kapitel/weimarer-republik.html und https://www.dhm.de/lemo/kapitel/weimarer-republik/aussenpolitik.html. Vgl. hierzu etwa auch Bemmerlein/Göbel (2017: 131–166).

bewegen. 1929 wurde diese positive Entwicklung durch den Zusammenbruch der New Yorker Börse, der eine Weltwirtschaftskrise auslöste, jedoch jäh beendet.[104]

Ein zeitgenössischer Bericht verdeutlicht den sukzessiven internationalen Annäherungsprozess nach dem Ersten Weltkrieg, der auch die angeschlagene Weltwirtschaft nach 1918 wieder aufrichten sollte. Darin werden die Möglichkeiten des neuentstandenen Konferenzwesens als Austauschforum zur friedlichen Lösung von internationalen Problemen positiv bewertet, da nach dem Ersten Weltkrieg die Mitgliedsländer des Völkerbundes wirtschaftspolitisch enger miteinander verbunden waren. Durch beispiellose Grenzveränderungen in Europa und durch die Entstehung neuer Staatsgebiete waren zudem in Europa neue geopolitische Verhältnisse entstanden[105], die bezüglich des internationalen Warenaustauschs einer Klärung bedurften. Kein Land, das sich am internationalen Warenaustausch beteiligte, konnte sich länger aus internationalen Belangen heraushalten, denn entsprechende Lösungsfindungen zur Teilnahme an der Weltwirtschaft standen im Interesse aller Beteiligten. Einem reibungslosen Funktionieren der Weltwirtschaft stand in den 1920er Jahren allerdings häufig eine Schutzzollpolitik der einzelnen am Weltmarkt teilnehmenden Länder entgegen. Sie wurde von Zeitgenossen als Relikt aus dem Ersten Weltkrieg bewertet, das den Welthandel lähmte und der Umsetzung eines auf Freihandel basierenden internationalen Warenaustauschs, wie etwa vor dem Ersten Weltkrieg, im Wege stand. Auch dieses Problem galt es, bei internationalen Begegnungen zu lösen.[106]

Die Internationalisierung des Wirtschaftslebens war eines der Hauptziele des Völkerbundes. Dieses Ziel setzte aber einen Versöhnungswillen der Länder voraus, die sich im Ersten Weltkrieg auf dem Schlachtfeld gegenübergestanden hatten. Zur friedlichen Lösung von Konflikten wurde ein internationales Konferenzwesen geschaffen, das Schritt für Schritt eine Annäherung der ehemaligen Kriegsparteien vorsah und eine internationale Zusammenarbeit förderte. Auf diese Weise sollte zur Befriedung der Welt beigetragen werden.[107] Der Konferenz als integrativem Bestandteil des Völkerbundes kam dabei eine bedeutende Rolle zu:

> »Satzungsgemäße Aufgabe des Völkerbundes war es, nunmehr für die fortlaufende Behandlung und den regelmäßigen mündlichen Meinungsaustausch durch ein periodisch zusammentretendes, organisiertes und systematisch ausgebautes Konferenzwesen Sorge zu tragen. So wird mit der Einsetzung des Völkerbundes die Konferenz zum eigentlichen Triebrad des politischen und wirtschaftlichen Geschehens der Völker. Der

---

104 Vgl. Schäfer (1989: 119) und Bemmerlein/Göbel (2012: 178–179) und https://www.dhm.de/lemo/kapitel/weimarer-republik/industrie-und-wirtschaft.html und https://www.dhm.de/lemo/kapitel/weimarer-republik/innenpolitik/waehrungsreform-1923.html.

105 Vgl. Schäfer (1989: 118).

106 Vgl. Sommer (1927: 342).

107 Ibid, S. 342–351.

Völkerbund selbst ist insbesondere in seinem wichtigsten Organ, dem Völkerbundrat, nichts anderes als ein System permanent tagender internationaler Konferenzen.«[108]

Zwischen den Weltkriegen fanden regelmäßig Konferenzen im Rahmen des Völkerbundes statt, die zur Regelung der Weltwirtschaft und zur Verbesserung ihrer Bedingungen beitragen sollten. In den folgenden Ausführungen wird eine Auswahl dieser Konferenzen zwischen 1919 und 1929 skizziert. Die jeweiligen Themen und Ergebnisse der einzelnen Konferenzen bauten dabei aufeinander auf, sodass von einer stetigen Fortentwicklung der Ausgestaltung der internationalen Wirtschaftsbeziehungen gesprochen werden kann.

Auf der Konferenz in Washington 1919 wurden etwa arbeitsrechtliche Fragen behandelt, da humane Arbeitsbedingungen als grundlegend für den allgemeinen Frieden erachtet wurden. Eines der Ergebnisse dieser Konferenz war die Einrichtung des Internationalen Arbeitsamtes, dessen Aufgabe auch darin bestand, internationale arbeitsrechtliche Unterlagen zu verbreiten.[109]

1920 tagte in Brüssel eine Konferenz, die zur Beratung über Währung und Kommunikation in den Mitgliedsländern des Völkerbundes einberufen wurde. Beide Themenkomplexe wurden als Säule des wirtschaftlichen Lebens erachtet und bedurften aufgrund der Zerstörungen und Nachwirkungen des Krieges einer Neuordnung. Die Klärung der Probleme wurde einer Expertenkommission übertragen, deren Vorsitz Jean Monnet – der spätere Urheber des europäischen Einheitsgedankens – in seiner Funktion als beigeordneter Generalsekretär des Völkerbundes innehatte. Die Kommission forderte die Mitgliedsländer etwa dazu auf, die Inflation zu kontrollieren, sofern noch nicht geschehen, Zentralbanken zu errichten und den Wiederaufbau der Wirtschaft durch Auslandskredite anzugehen.

Anerkannt wurde auf dieser Konferenz, die in ihrer Art erstmalig von einem breiten Medieninteresse begleitet wurde, dass die ganze Welt als ein homogenes Wirtschaftssystem zu erachten sei, welches auf einer solidaritätsfördernden Politik und wirtschaftlichen Zusammenarbeit basieren müsse, um politische Konflikte zu unterbinden. Dabei wurde als hervorstechendes Problem, das die wirtschaftliche Zusammenarbeit hemmte, die Errichtung von Zöllen in den Mitgliedsländern erachtet und entsprechend gewünscht, dass diese abgebaut werden.[110]

1921 wurde eine Konferenz des Völkerbundes in Barcelona einberufen, die zum Thema Verkehrswesen abgehalten wurde. Auf diesem Gebiet, das als wichtigster Bereich internationaler Wirtschaftsbeziehungen galt, wurden bereits vor dem Ersten Weltkrieg internationale Vereinbarungen erzielt, etwa die Gründung des Weltpostvereins 1878, Vereinbarungen zum internationalen Verkehr mit Kraftfahrzeugen 1909 und diverse Vereinbarungen zur Nutzung von Telegraphenkabeln und zum radiotelegraphischen Verkehr. Durch Zerstörungen im Verkehrswegenetz im Ersten Weltkrieg und aufgrund von geopolitischen Veränderungen war eine Neu-

108 Ibid, S. 348. Zur geschichtlichen Entwicklung des Konferenzwesens von seinem Ursprung der Konzile in der katholischen Kirche vgl. Sommer (1927: 346–348).

109 Ibid, S. 351–354.

110 Ibid, S. 354–358.

regelung dieses Themenkomplexes notwendig, um den zukünftigen Transitverkehr von Waren und Personen zu gewährleisten.[111]

Die Konferenz von Cannes wurde im Januar 1922 auf Wunsch der deutschen Reichsregierung einberufen, um dringende Reparationsfragen zu klären, da ein hohes Defizit des deutschen Staatshaushaltes einen Zahlungsaufschub dringend machte. Walther Rathenau, der Vertreter der deutschen Delegation, wies nachdrücklich darauf hin, dass zu hohe Kriegsentschädigungsforderungen der Siegermächte, den Zerfall der deutschen Währung zur Folge haben können. Problematisch in diesem Zusammenhang war auch die Tatsache, dass sich bei Zahlungsverzug die Schuldenlast Deutschlands noch erhöhte. Zudem wurden von deutscher Seite Schutzzölle moniert, die zu den Reparationen zusätzlich zu addieren waren. Die deutsche Delegation wies auf das Funktionieren gegenseitiger internationaler wirtschaftlicher Beziehungen hin. Zeitgenossen beurteilten dies als »weltwirtschaftliche Wendung der Problemstellung«, die die Konferenz von Cannes zu einem Meilenstein in der Entwicklung der Weltwirtschaft machte.[112]

Im April 1922 begann die Konferenz von Genua. Diverse wirtschaftliche Themen zu Währungs-, Finanz- und Handelsfragen standen auf der Agenda. Der Punkt »Wiederherstellung des allgemeinen Vertrauens« sticht bei den Konferenzgegenständen besonders hervor. Hintergrund dieses Punktes war vermutlich auch die Tatsache, dass sich Deutschland zum ersten Mal seit dem Ersten Weltkrieg an einer internationalen Konferenz des Völkerbundes beteiligen durfte. Deutschland wurde neben Sowjetrussland auf dieser Konferenz das staatliche Selbstbestimmungsrecht zurückgegeben. Ein Nebenprodukt dieser Konferenz war der Vertrag von Rapallo, der auf Initiative Deutschlands zur Überraschung der Westmächte zwischen Deutschland und Sowjetrussland abgeschlossen wurde. Durch die Unterzeichnung des Vertrages beendeten die beiden Staaten ihre außenpolitische Isolierung.[113]

Die Währungsreform in Deutschland 1923 stellte die Weichen für eine Neuregelung der Reparationszahlungen, die künftig an die Wirtschaftskraft der deutschen Wirtschaft geknüpft wurden. Mit diesem Akt wurde eine neue Verhandlungsphase auf internationaler Ebene eingeleitet, die auf einem Verständigungswillen beruhte.[114] Ein Ausdruck dieses Verständigungswillens war etwa die Konferenz von Locarno 1925. Das Hauptthema dieser Konferenz war die Sicherstellung des Friedens durch den Rüstungsabbau der Mitgliedsstaaten des Völkerbundes. Ein Angriffskrieg wurde dabei als internationales Verbrechen eingestuft. Besonders Deutschland mit Gustav Stresemann als Verhandlungsführer setzte sich für dieses Ziel ein, um Vertrauen bei den anderen Verhandlungspartnern zu gewinnen und die

111 Ibid, S. 359–361.

112 Ibid, S. 368 und https://de.wikipedia.org/wiki/Konferenz_von_Cannes.

113 Vgl. Sommer 368–376 und https://www.dhm.de/lemo/kapitel/weimarer-republik/aussenpolitik/vertrag-von-rapallo.html und https://www.dhm.de/lemo/kapitel/weimarer-republik.html und https://www.dhm.de/lemo/kapitel/weimarer-republik/aussenpolitik.html und https://brockhaus.de/ecs/enzy/article/genua.

114 Vgl. Sommer (1927: 384) und https://www.dhm.de/lemo/kapitel/weimarer-republik/aussenpolitik/dawes-plan.html.

seit Mitte der 1920er Jahre eingeleitete Entspannungspolitik zu unterstützen. 1928 wurde die Ächtung des Krieges als Mittel zur Konfliktlösung im Briand-Kellogg-Pakt besiegelt. Bis 1929 wurde dieser von über sechzig Staaten unterzeichnet, dennoch konnte es zum Zweiten Weltkrieg kommen ... Auf der Konferenz in Locarno 1925 wurde zudem durch die Anerkennung der deutschen Westgrenze dem Sicherheitsbedürfnis der Franzosen entsprochen. Locarno markierte auch einen Meilenstein in deutscher Zwischenkriegsdiplomatie, denn der Beitritt Deutschlands in die Gemeinschaft des Völkerbundes wurde zugesichert und 1926 umgesetzt. Dies befreite Deutschland aus seiner internationalen Isolierung, in die es durch den Ersten Weltkrieg und den Versailler Vertrag geraten war.[115]

1927 wurde die Weltwirtschaftskonferenz in Genf einberufen, denn wirtschaftliche Ursachen wurden hauptsächlich für den Ausbruch des Ersten Weltkriegs verantwortlich gemacht. Untersucht werden sollten von einer vorbereitenden Kommission, zu der auch deutsche Vertreter entsandt wurden, die vorherrschenden Grenzregelungen, die hohen Zolltarife, die Hürden des Transitverkehrs sowie sensible Währungssysteme, die alle den internationalen Warenaustausch behinderten. Trotz der Bemühungen des Völkerbundes, die Weltwirtschaft friedlich und förderlich zu gestalten, war ein zunehmender Egoismus der Staaten festzustellen, der die internationale wirtschaftliche Balance störte. Ziel der Weltwirtschaftskonferenz war es, den internationalen wirtschaftlichen Austausch voranzubringen durch die Einführung des Freihandels und durch die Beseitigung des Protektionismus. Auf diese Weise sollte Frieden zwischen den Ländern gestiftet werden.[116]

1929 wurde der Dawes-Plan zur Regelung der Reparationszahlungen revidiert und durch den Young-Plan ersetzt. Dies bedeutete eine weitere finanzielle Entlastung für Deutschland. 1932 wurde auch der Young-Plan aufgehoben, da in Anbetracht der Folgen der Weltwirtschaftskrise die deutsche Wirtschaft nicht in der Lage war, den Reparationszahlungen nachzukommen.[117]

Außenpolitik wurde in den 1920er Jahren stark von wirtschaftlichen Belangen geprägt. Die außenpolitischen Bemühungen der Regierung des Deutschen Reichs zeigen, dass sich das Land aus der völligen internationalen Isolierung Schritt für Schritt herauswinden konnte. Das im Völkerbund verwurzelte internationale Konferenzwesen schaffte dazu einen Rahmen. Die sukzessive Integration Deutschlands in die Gemeinschaft der Völker und in die Weltwirtschaft war das Ergebnis jahrelanger Verhandlungen. 1925 erh*ie*lt Deutschland beispielsweise seine Zollfreiheit

115 Vgl. Sommer (1927: 385–386) und https://www.dhm.de/lemo/kapitel/weimarer-republik/aussenpolitik/konferenz-von-locarno-1925.html und https://www.dhm.de/lemo/kapitel/weimarer-republik/aussenpolitik/briand-kellogg-pakt.html.

116 Vgl. Sommer (1927: 386–396).

117 Vgl. https://www.dhm.de/lemo/kapitel/weimarer-republik/aussenpolitik/young-plan-1929.html und https://www.dhm.de/lemo/kapitel/weimarer-republik/industrie-und-wirtschaft/weltwirtschaftskrise.html und https://www.dhm.de/lemo/kapitel/weimarer-republik/aussenpolitik/konferenz-von-lausanne.html.

zurück und 1929 die Souveränität über seine Finanzpolitik sowie über die Reichsbank.[118]

Durch die Gründung des Völkerbundes nach dem Ersten Weltkrieg wurden seine Mitgliedsländer in erster Linie wirtschaftlich miteinander verbunden. Das Funktionieren der Weltwirtschaft setzte aber auch die Integration Deutschlands – als Kriegsverlierer und Reparationszahler – sowie seiner Wirtschaft in die internationale Staatengemeinschaft voraus.

Vor dem geschilderten politischen und wirtschaftlichen Hintergrund wird deutlich, warum die Entstehung der translatorischen Ausbildung an den Handelshochschulen Ende der 1920er Jahre gefördert wurde, und warum sich diese Ausbildung vorwiegend an examinierte Wirtschaftsfachleute richtete, die bereits über fachliches Know-How im wirtschaftlichen Bereich verfügten. Im Rahmen der translatorischen Ausbildung sollte dieses Wissen durch ergänzende, aber fundierte, wirtschaftssprachliche und die das Ausland betreffenden kulturellen und wirtschaftlichen Kenntnisse abgerundet werden (vgl. 3.1.25), um das Deutsche Reich und die deutsche Wirtschaft international wieder auf Kurs zu bringen.

Die neue offene Diplomatie des Völkerbundes und auch die schwierige Situation der deutschen Wirtschaft verlangten nach einem neuen Berufstypus, der als Vermittler in politischen und wirtschaftlichen Belangen auftreten konnte (vgl. 3.1.6). Aus diesem Grund war nicht nur die deutsche Wirtschaft, sondern auch die Politik, in erster Linie vertreten durch das Auswärtige Amt, an Absolventen der Dolmetscher-Institute interessiert (vgl. 2.6, 2.7, 3.1.3, 3.1.4).

2.1.3 Zusammenfassung der Ergebnisse

Die Entstehung der translatorischen Ausbildung ist in ein komplexes Gefüge von geschichtlichen Entwicklungen eingebunden. Dabei können unterschiedliche Strömungen festgestellt werden, die ineinanderfließen. Außenpolitische und wirtschaftliche Entwicklungen gingen in diesem Zusammenhang eine enge Symbiose ein und stellten das Wissenschaftsfach Philologie vor die Herausforderung, über sich hinauszuwachsen, um Lösungen für Veränderungen in Außenpolitik und Außenhandel zu finden.

Vor allem wirtschaftliche Entwicklungen können im 19. Jahrhundert als Motor für Entwicklungen in Deutschlands Außenpolitik erachtet werden. Die Industrialisierung des landwirtschaftlich geprägten Deutschlands fing im Vergleich zu seinen Nachbarländern verhältnismäßig spät an. Eine wichtige Rolle kommt dabei dem Eisenbahnbau ab den 1840er Jahren zu. Durch ihn in Verbindung mit einem kontinuierlich erweiterten Freihandelssystem, dem Deutschen Zollverein, erblühte die in jener Zeit noch rückständige Wirtschaft in den etwa 40 deutschen Einzelstaaten. Die steigende Produktivität führte zu einer Sättigung im Inland und somit zur Notwendigkeit, neue Märkte im Ausland zu erschließen. Ab Mitte des 19. Jahrhunderts bildete sich ein nach einheitlichen Regeln funktionierendes weltwirtschaftliches System heraus, in das sich Deutschland früh eingliederte. Dieses von Freihandel

118 Vgl. Henning (2003: 387) und Schäfer (1989: 120).

geprägte internationale Wirtschaftssystem wurde von den Ländern West- und Mitteleuropas und den USA getragen, wobei Großbritannien die stärkste Wirtschaftsmacht im 19. Jahrhundert war.

Nach der Reichsgründung 1871 gewann Deutschland jedoch zunehmend an Bedeutung auf dem Weltmarkt, sodass es bis zur Jahrhundertwende den Weltmarktführer Großbritannien fast eingeholt hatte. Die Aufholjagd wurde durch permanenten Innovationsdruck vorangetrieben. Dieser führte zu einer engen Verbindung zwischen Industrie und Forschung in Deutschland, denn wissenschaftliche Ergebnisse flossen in den Produktionsprozess ein und dadurch bedingt entstand ein führendes Ausbildungssystem in erster Linie für technisches Personal. Die Professionalisierung der technischen Abläufe des Produktionsprozesses färbte auf andere Unternehmensbereiche ab. Mit der Gründung von Handelshochschulen ab 1898 wurden auch vertriebsrelevante Prozesse zunehmend durch wissenschaftliche Erkenntnisse verbessert. Auch dies begünstigte die Entstehung der translatorischen Ausbildung an den Handelshochschulen (vgl. 2.1.2.4, 2.4, 2.6, 2.7).

Einhergehend mit dem wirtschaftlichen Aufschwung in Deutschland entwickelten sich auch diplomatische und konsularische Beziehungen verstärkt ab Mitte des 19. Jahrhunderts bis zum Ersten Weltkrieg vor allem in Asien und Afrika. Wirtschaftliche und politische Interessen gingen dabei Hand in Hand. Nach der Reichsgründung wuchsen zudem koloniale Bestrebungen in Deutschland, wohl nicht zuletzt, weil die Konkurrenten Großbritannien und Frankreich zu jener Zeit bereits ein beachtliches Kolonialgebiet erworben hatten und, so die Argumente der Befürworter der kolonialen Ausdehnung des Deutschen Reichs, sich auch Deutschland neue Territorien zur Förderung des Außenhandels und zur Rohstoffgewinnung erschließen sollte. Die von Deutschland ausgehende Kolonialisierung vollzog sich in zwei Phasen: Mitte der 1880er Jahre und Ende der 1890er Jahre. Im Endeffekt stellte sich aber heraus, dass das deutsche Kolonialreich, das flächenmäßig weit hinter den kolonialen Gebieten von England und Frankreich zurückblieb, wirtschaftlich nicht rentabel war. (Vgl. 2.1.2.3).

Als Antwort auf die zunehmenden internationalen Beziehungen wurde 1887 das *Seminar für Orientalische Sprachen* (SOS) gegründet als angegliederte Einrichtung der Orientalistik an der Universität Berlin (vgl. 2.1.1.5). Diese Einrichtung sollte angehenden Diplomaten, darunter vor allem Dragomanen, die für ihren Auslandseinsatz in den deutschen diplomatischen und konsularischen Niederlassungen in Asien und Afrika notwendigen Sprachkenntnisse vermitteln (vgl. 2.1.2.2). Das SOS stand aber auch für andere Zielgruppen offen, die etwa eine Arbeit in den Kolonien anstrebten. Entsprechend flexibel musste das Curriculum am SOS sein (vgl. 2.2).

Die auf Bismarcks Geheiß gegründete Ausbildungsstätte fügt sich nicht nur ein in die skizzierten (welt-)wirtschaftlichen und außenpolitischen Entwicklungen, sondern auch in die Entwicklungen in der Philologie in Deutschland, von der ab den 1880er Jahren gefordert wurde, sich den zunehmenden Bedürfnissen der Zeit anzupassen. Als problematisch erwiesen sich dabei besonders die Lehrmethoden im neusprachlichen Unterricht, die sich nach Vorgabe der Leitlinien der Philologie als Altertumswissenschaft – und ihrer orthodoxen Vertreter – an den altphilologischen Lehrmethoden zu orientieren hatten. Das Altertum stand dabei für die untergegangene griechische und römische Kultur, die als Forschungsgegenstand den Blick auf die Vergangenheit richtete und somit zeitlich in sich geschlossen war.

Obwohl sich diese Lehrmethoden nicht auf eine lebende Sprache übertragen ließen, da eine solche im Gegensatz zu einer toten Sprache voller Dynamik steckt und auf die Gegenwart gerichtet ist, wurden sie dennoch im neusprachlichen Unterricht angewandt. Der Grund dafür waren gewachsene Strukturen und Konventionen in der von den Altphilologen bestimmten Philologie, die nur schwer aufzuweichen waren. Der neusprachliche Unterricht konnte somit sein auf die Sprechfertigkeit ausgerichtetes Ziel nur verfehlen.

Die über hundert Jahre andauernde Kontroverse zwischen Alt- und Neuphilologen geht auf die Anfänge der Philologie als Wissenschaftsfach zurück und ihren Begründer, Friedrich August Wolf. Dieser stellte in seinem 1807 erschienenen Werk zur Begründung der Philologie in Deutschland lebende Sprachen und Kulturen nach humanistischem Bildungsideal rangmäßig unter die toten Sprachen Griechisch und Latein und verfügte daher, dass neusprachliche Forschungen gemäß den Methoden altsprachlicher Forschungen zu erfolgen haben. Dieses schlechte Omen begleitete die Forschung in lebenden Sprachen wohl bis nach dem Zweiten Weltkrieg und führte zu ihrer traditionellen Herabsetzung im Kanon der Wissenschaften. Bereits in den 1830er Jahren regte sich aber Widerstand gegen dieses Dogma, denn mit der Gründung der Realschulen wurde die Lücke fehlender – adäquater – neusprachlicher Forschung fühlbar (vgl. 2.1.1.9).

Meilensteine auf dem Weg zur Emanzipierung neusprachlicher Forschungen waren etwa die Gründung des *Vereins deutscher Philologen und Schulmänner* 1837, die Gründung der Fachzeitschrift *Archiv für das Studium der Neueren Sprachen* 1846 und die zaghafte Einrichtung von Professuren für Romanistik und Anglistik, die bis 1870 in der Regel nur als kombiniertes Forschungsfach, häufig auch in Verbindung mit Germanistik, auftraten. Der Grund für die Doppelprofessuren lag darin, dass eine einzelne neuere Sprache nicht als Forschungsfach anerkannt wurde. Die genannten fachrelevanten Einrichtungen können dennoch an sich als Fortschritt gewertet werden, denn sie waren notwendig, um ab den 1880er Jahren auf einen Paradigmenwechsel in der neusprachlichen Forschung hinwirken zu können. Vor dem Zweiten Weltkrieg trat dieser jedoch nicht ein, denn weiterhin wurde in der neusprachlichen Forschung, wie in der altsprachlichen, nur entweder der historisch-philosophische oder der ästhetisch-literarische Forschungsansatz zugelassen. (Vgl. 2.1.1.2, 2.1.1.3, 2.1.1.4). Auch die entstehende translatorische Ausbildung litt unter diesem starren philologischen Leitbild, wie etwa der Streit über eine *Deutsche Auslandshochschule* ab 1913 zeigt (vgl. 2.1.1.6, 2.2.3).

Nach dem Ersten Weltkrieg wurden weltweit neue Realitäten geschaffen. Deutschland als Kriegsinitiator gebrandmarkt wurde von der internationalen Staatengemeinschaft die alleinige Schuld am Ausbruch des Ersten Weltkriegs zugeschrieben und 1919 von der Gründung des Völkerbundes ausgeschlossen. Deutschlands Position blieb auf Jahre hinaus international isoliert. In Europa waren neue

Staaten und Grenzverläufe entstanden. Eines der gravierendsten geopolitischen Ereignisse war aber wohl die Umkehrung der internationalen wirtschaftlichen Machtverhältnisse, deren Gewicht vor dem Ersten Weltkrieg noch bei den Ländern Europas lag, danach bei den USA. Schwere Gebietsverluste, darunter alle seine Kolonien, trafen auch Deutschland, das somit einen großen Teil seiner Wirtschaftskraft verlor. Überdies wurden Deutschland extrem hohe Reparationszahlungen an die Siegermächte auferlegt, die im Versailler Vertrag geregelt wurden.

Diese finanziellen Leistungen an die Sieger des Krieges waren oberstes Thema der Deutschen bei den Verhandlungen mit den Siegermächten in den 1920er Jahren im Rahmen des Völkerbundes. 1926 durfte Deutschland diesem internationalen Friedensbündnis schließlich beitreten. Der Versailler Vertrag verfügte die Klärung von internationalen Problemen im Dialog auf friedlicher Basis. Dadurch sollten zukünftig Kriege vermieden werden. Den Rahmen für diese Verhandlungen bot ein Konferenzsystem unter der Aufsicht des Völkerbundes, das in aufeinander aufbauenden Konferenzen zu relevanten Problemlösungen beitragen sollte. Die Mitgliedsländer trafen sich also am Verhandlungstisch und nicht mehr auf dem Schlachtfeld. Vorrangige Themen bei den Völkerbundkonferenzen waren wirtschaftlicher Natur, die einzelnen Länder betreffend, aber vor allem auch unter Berücksichtigung des Aufbaus eines international funktionierenden Wirtschaftssystems: angefangen von arbeitsrechtlichen Belangen über Themen wie Währung und Kommunikation bis hin zu zollpolitischen Angelegenheiten.

Aus einem zeitgenössischen Bericht geht hervor, dass dem Thema Wirtschaft bei den Völkerbundkonferenzen eine besondere Bedeutung zukam, da gerade der wirtschaftliche Austausch zwischen den Völkern besonders intensive Reibungspunkte in sich barg[119]. Mit der Klärung nationaler und internationaler wirtschaftlicher Probleme ging in den 1920er Jahren auf der Basis eines wachsenden Versöhnungswillens der Mitgliedsländer des Völkerbundes eine Entspannungspolitik einher. (Vgl. 2.1.2.5). Diese friedliche Begegnung im internationalen Dialog förderte auch die Entstehung der translatorischen Ausbildung, weil der Bedarf an entsprechend ausgebildeten Verhandlungsführern bei internationalen Begegnungen vorhanden war.

Auch die Neuphilologie erfuhr nach dem Ersten Weltkrieg eine Richtungsänderung. Sie sollte dazu beitragen, Deutschland aus der internationalen Isolierung zu befreien. Sprache wurde nun auch im allgemeinen Bildungswesen, nach dem Vorbild des fremdsprachlichen Unterrichts im kaufmännischen Bildungswesen, als Mittel zum Zweck definiert, wobei auf die aktive Sprachbeherrschung großer Wert gelegt wurde.

Als problematisch im neusprachlichen Unterricht und auch in der neusprachlichen Forschung zwischen den Weltkriegen kann allerdings das in den 1920er Jahren eingeführte Kulturkundekonzept gewertet werden, das ideologisch angereichert wurde und somit alles andere als geeignet war, um zur Völkerverständigung beizutragen (vgl. 2.1.1.7, 2.1.1.8). Zur Erzielung wissenschaftlich fundierter

119 Vgl. Sommer (1927: 386).

Ergebnisse über das Ausland und zur Annäherung an andere Völker und Länder wurde wie schon vor dem Ersten Weltkrieg häufig die Einrichtung von sogenannten Auslandsinstituten angeregt. Die Dolmetscher-Institute an den Handelshochschulen waren eine Antwort darauf (vgl. 2.6, 2.7).

Skizzen zur Entstehung der translatorischen Ausbildung
Entwicklungslinie A

2.2 Avantgarde der translatorischen Ausbildung in Deutschland

2.2.1 Einleitung

Außen- und kolonialpolitische Entwicklungen in Deutschland und die zunehmende internationale Dimension der deutschen Wirtschaft Ende des 19. Jahrhunderts verursachten einen steigenden Bedarf an Sprachmittlung, der 1887 zur Gründung des *Seminars für Orientalische Sprachen* (SOS) in Berlin führte (vgl. 2.1.2). Das Studium am SOS, das auch auf die Dolmetscherlaufbahn im Auswärtigen Dienst vorbereitete, wurde als praxisbezogenes Ergänzungsstudium konzipiert. Es sollte sich auf die Vermittlung der Sprache im alltäglichen Verkehr konzentrieren. Die komplexe Materie der Sprachmittlung, für die es noch keine theoretischen Grundlagen gab, wurde dabei verkannt. Die Rahmenbedingungen des Dolmetscherstudiums wurden von den Zulassungsbedingungen zum diplomatischen und konsularischen Dienst bestimmt. Diese erfuhren 1908 eine Änderung, wodurch Sprachkenntnisse und Kenntnisse über die Verhältnisse eines fremden Landes in den Fokus des öffentlichen Interesses rückten und eine Diskussion in weiten Kreisen Deutschlands über Auslandsstudien entfacht wurde. In diesem Zusammenhang entspann sich ab 1912, dem 25-jährigen Jubiläum des SOS, eine jahrelange, von Unterbrechungen gekennzeichnete, hitzige Reformdebatte über das SOS, das zur *Deutschen Auslandshochschule* umgestaltet werden sollte.

Der Erste Weltkrieg führte den Bedarf an Auslandskenntnissen schmerzlich vor Augen und befeuerte die Diskussion über die Förderung von Auslandsstudien. Der Gedanke der Völkerverständigung wurde 1915 aus dem translatorischen Unterrichtskonzept des SOS geboren, der sogenannten nationenwissenschaftlichen Methode. Das zuständige Unterrichtsministerium banalisierte diese Methode jedoch, indem es sie vereinfacht von einer Expertentätigkeit auf die Allgemeinheit übertrug. Eine Dezentralisierung der Auslandsstudien, die als neues Bildungsideal galten, war die Folge. Diese wurde ab 1917 an den deutschen Universitäten umgesetzt.

Nach dem Ersten Weltkrieg wurde 1920 erneut von Dozenten des SOS der Versuch unternommen, in Deutschland eine zentrale Stelle zu schaffen, die sich wissenschaftlich fundiert mit Auslandsstudien, also mit der Gegenwartsprache und den Gegenwartsverhältnissen fremder Länder, auseinandersetzte, um dadurch auch entsprechende Experten für diverse Auslandstätigkeiten auszubilden. Den Grundstock für eine solche Einrichtung sollte das SOS bilden. Obwohl die zuständigen Behörden anfangs noch aufgeschlossen für die Errichtung einer solchen Stelle waren, wurde 1923 die Auflösung des SOS in einer ungenierten und unfundierten Denkschrift des zuständigen Unterrichtsministeriums angekündigt, das damit argumentierte, dass der Forderung zur Förderung von Auslandsstudien bereits durch die 1917 eingeleitete flächendeckende Einführung von Auslandsstudien an den Universitäten nachgekommen worden sei.

Ein politisches Tauziehen um die Reform des SOS begann. Aufgrund des Reformunwillens des Unterrichtsministeriums, das die am SOS in der Dolmetscherausbildung entwickelten Methoden fehleinschätzte und den entsprechenden Bedarf an Sprachmittlern am Markt nicht ernst nahm, scheiterte die Reform des SOS in den 1920er Jahren. Ab 1935, unter dem nationalsozialistischen Regime, wurde die Errichtung einer Ausland-Hochschule aus außenpolitischen Beweggründen schließlich aber doch noch bewilligt. Aufgrund von konzeptionellen, organisatorischen und – in Anbetracht des nahenden Zweiten Weltkriegs – finanziellen Gründen war ihre Existenz aber nur von kurzer Dauer.

Die folgenden Ausführungen spannen einen Bogen über die skizzierte Thematik von der Planungsphase des SOS ab 1886 bis zur Auflösung der Ausland-Hochschule 1939, wobei aufgezeigt wird, wie die erste Methodenentwicklung in einem frühen Stadium der translatorischen Ausbildung im Keim erstickt wurde.

2.2.2 *Das Seminar für Orientalische Sprachen in Berlin –* Wurzeln der translatorischen Ausbildung

Die Rekonstruktion der Geschichte des *Seminars für Orientalische Sprachen* (SOS) an der Königlichen Friedrich Wilhelms-Universität zu Berlin basiert überwiegend auf der Auswertung von Primärquellen aus folgenden Archiven: Bundesarchiv (Berlin-Lichterfelde), Geheimes Staatsarchiv Preußischer Kulturbesitz (Berlin-Dahlem), Politisches Archiv des Auswärtigen Amtes (Berlin), Universitätsarchiv Bonn, Universitätsarchiv der Humboldt-Universität zu Berlin.

2.2.2.1 Die Gründung des *Seminars für Orientalische Sprachen* (1887)

Das *Seminar für Orientalische Sprachen* (SOS) in Berlin wurde am 27.10.1887 »in feierlicher Versammlung« eröffnet[120]. Die neue Einrichtung hatte in erster Linie eine politische Dimension: Sie war dazu bestimmt, Deutschlands auswärtige und koloniale Interessen zu befriedigen.

Wie einer Quelle zu entnehmen ist, wurde 1883 von prominenter Stelle angeregt, »junge deutsche Beamte zur Verfügung zu haben, welche imstande seien, den sprachlichen Verkehr mit den großen Völkern Asiens und Afrikas in verantwortlicher Weise zu vermitteln«[121]. Diese Anregung geht auf Reichskanzler Bismarck zurück, der mit einem Dragoman einer fremden Gesandtschaft unerfreu-

120 Vgl. Sachau (1912: 24).
121 Ibid, S. 12.

liche Erfahrung gemacht hatte[122]. Da der Dragoman die Verhandlungen nicht in Bismarcks Sinne lenkte, wurde er entlassen. Auf der Suche nach Ersatz trat der Mangel an geeigneten Kräften zutage.[123] Langjährige Überlegungen und Verhandlungen mit zuständigen Stellen einer eigens zu diesem Zweck gebildeten Kommission[124] führten zu einer Denkschrift über die Errichtung des SOS in Berlin, das sich an ähnlichen bereits bestehenden Einrichtungen in Paris und Wien orientierte[125]. Die Denkschrift wurde zusammen mit einem entsprechenden Gesetzentwurf »Im Allerhöchsten Auftrage Seiner Majestät des Kaisers« am 22.04.1886 dem Bundesrat zur Genehmigung vorgelegt[126]. Paragraph 1 des Dokuments legte fest, dass das SOS von Preußen und vom Reich zu gleichen Teilen getragen werden sollte:

> »*Wir Wilhelm, von Gottes Gnaden Deutscher Kaiser, König von Preußen* (...) verordnen im Namen des Reichs, nach erfolgter Zustimmung des Bundesraths und des Reichstags, was folgt: §. 1. Der Reichskanzler wird ermächtigt, mit der Königlich preußischen Regierung eine Vereinbarung wegen Errichtung eines Seminars für orientalische Sprachen bei der Könglichen Friedrich Wilhelms-Universität zu Berlin abzuschließen und in dieser Vereinbarung zu den Kosten des Seminars einen Beitrag in Höhe der Hälfte derselben Namens des Reichs mit der Maßgabe zuzusichern, daß der Beitrag zu den

122 In der Denkschrift zum 25-jährigen Jubiläum des SOS berichtet Sachau über die Begebenheit, die die Gründung des SOS beeinflusste, wie folgt: »Der Reichskanzler Fürst Bismarck verhandelte am 23. März 1883 mit dem damaligen chinesischen Gesandten in Berlin, und zwar durch Vermittelung des Dragomans der chinesischen Gesandtschaft, eines geborenen Deutsch-Amerikaners. Die Verhandlung nahm nicht den Verlauf, den der Fürst erwartet hatte, er entließ daher den Gesandten (...). [Bismarck] soll aus diesem Anlaß sich dahin ausgesprochen haben, daß es im Interesse des auswärtigen Dienstes des Reiches geboten sei, mehr als bisher junge deutsche Beamte zur Verfügung zu haben, welche imstande seien, den sprachlichen Verkehr mit den großen Völkern Asiens und Afrikas in verantwortlicher Weise zu vermitteln.« (Sachau (1912: 12)). Andere Autoren stützten sich in späteren Publikationen über das SOS vermutlich auf diese Quelle, etwa Apt (1916: 127) und der Autor des Zeitungsartikels »40 Jahre orientalisches Seminar. Gründung und Entwicklung« in *Deutsche Allgemeine Zeitung* vom 26.10.1927 in GStA PK, I. HA, Rep. 208 A Seminar für Orientalische Sprachen, Nr. 179 Bd. 1. Es existieren auch leicht abgeänderte Versionen dieser Begebenheit, siehe dazu z. B. Pohl (1913: 28).

123 Vgl. Sachau (1912: 12).

124 Ibid, S. 13. Zu dieser Kommission gehörten Vertreter des Reichskanzleramts, des Unterrichtsministeriums, des Finanzministeriums und des Reichsschatzamtes. Die Kommission wurde gebildet, nachdem sich das Reichskanzleramt und das preußische Unterrichtsministerium auf die Beseitigung des Mangels an Dragomanen unter den deutschen Beamten verständigt hatten. Bezüglich der Zusammensetzung der Kommission fällt auf, dass kein philologischer Fachvertreter zu dem Kreis gehörte.

125 Vgl. etwa Mittwoch (1926: 13).

126 BArch, R 1501/108978, Bl. 2, Reichskanzler Bismarck an Bundesrath, 22.04.1886.

Kosten der ersten Einrichtung zwanzigtausend Mark, der Beitrag zu den jährlichen Kosten sechsunddreißigtausend Mark nicht überschreiten darf.«[127]

Etwa 35 Jahre nach der Gründung des SOS sollte diese Regelung, deren Tragweite zur Gründungszeit noch nicht absehbar war, über das Fortbestehen des SOS entscheiden (vgl. 2.2.3). Die dem Gesetzentwurf beigefügte Denkschrift umfasst etwa eine Seite und behandelt die Gründungsmotive und Aufgaben der universitären Einrichtung sowie finanzielle und organisatorische Regelungen. Die Entwicklungen des außenpolitischen Umfelds steckten den curricularen Rahmen der zu gründenden Einrichtung ab:

> »Bei der fortschreitenden Entwickelung unserer Beziehungen zu Asien und Afrika hat sich in Deutschland in neuerer Zeit ein vermehrtes Bedürfnis nach Erweiterung der Kenntnis der Sprachen des Orients und Ostasiens, und zwar sowohl im Interesse des Dolmetscherdienstes als auch für andere Berufszweige, dringend fühlbar gemacht. Es ist in Aussicht genommen, dasselbe nach Analogie der in Wien und Paris bestehenden orientalischen Sprachschulen durch eine ähnliche Einrichtung in Deutschland zu befriedigen und zu diesem Zweck bei der hiesigen Königlichen Friedrich Wilhelms-Universität ein Seminar für orientalische Sprachen in das Leben zu rufen. Die Errichtung des Seminars ist als preußische Einrichtung, jedoch unter Betheiligung des Reichs, beabsichtigt. Für eine hierüber zwischen dem Reich und Preußen zu treffende Vereinbarung sind die hier angeschlossenen ›Grundlagen‹ aufgestellt worden. Danach soll die Aufgabe des Seminars sich auf theoretische Vorträge und praktische Uebungen in den l e b e n d e n sechs Hauptsprachen des Orients und Ostasiens (Türkisch, Arabisch, Persisch, Indisch, Chinesisch, Japanisch) erstrecken. Für jede Sprache wird ein mit den Landesverhältnissen und der Landessprache vertrauter deutscher Lehrer bestellt und demselben ein aus den Eingeborenen des Landes entnommener Assistent beigegeben.«[128]

Im Unterricht am SOS sollten demnach die Sprachen derjenigen Länder behandelt werden, an denen Deutschland ein außenpolitisches Interesse hatte[129]. Zudem sollte neben dem Sprachunterricht auch Kenntnis über die Verhältnisse in den relevanten Ländern vermittelt werden. Die Kurse am SOS sollten in der Regel unent-

---

127 BArch, R 1501/108978, Bl. 3, Gesetzentwurf zur Errichtung eines Seminars für Orientalische Sprachen, 22.04.1886. Hervorhebung im Original in größerer Schriftgröße.

128 BArch, R 1501/108978, Bl. 3 (RS), Denkschrift zur Errichtung eines Seminars für Orientalische Sprachen, 22.04.1886. Hervorhebung im Original. (Vgl. auch Bundesrath (1886)).

129 Bereits im ersten Studienjahr 1887/88 wurde das Sprachangebot um Suaheli erweitert. Dies ist im Zusammenhang mit Deutschlands Kolonialpolitik zu sehen, auf die der Lehrplan des SOS entsprechend reagieren musste (vgl. Sachau (1912: 17 und 31) sowie 2.1.2.3, 2.2.2.3).

geltlich angeboten werden, um eine gewisse Nachfrage nach dem Lehrangebot des SOS zu sichern[130].

Die Verwaltung und Organisation der Einrichtung sollte laut Denkschrift dem Königlich Preußischen Unterrichtsministerium »unter ständiger Mitwirkung des Auswärtigen Amts« obliegen. In der Denkschrift wird auch Bezug auf die Finanzierung des SOS genommen. Wie im Gesetzentwurf dargelegt, sollten die Kosten je zur Hälfte von Preußen und vom Reich getragen werden, wobei in der Denkschrift betont wird, dass die Einrichtung besonders im Interesse des Reichs liege:

> »Bei der vorherrschenden Wichtigkeit der Einrichtung für das Reich erschien es angemessen, zunächst vom Bundesrath und vom Reichstag die Bewilligung des Reichszuschusses zu erbitten, und erst danach dem preußischen Landtage die detaillierte Vorlage wegen Errichtung des Seminars zu machen.«[131]

Ein Zeitzeuge berichtet, dass der Gesetzentwurf und die Denkschrift zur Gründung des SOS im Jahr 1886 auch dem Reichstag vorgelegt, jedoch bis April des folgenden Jahres nicht behandelt wurden[132]. Am 27.04.1887 wurde das Thema erneut auf die Tagesordnung des Reichstags gebracht und ein Beschluss herbeigeführt. Das Sitzungsprotokoll enthüllt den Meinungsaustausch der Abgeordneten und zeigt, dass unter den Politikern, trotz kontroverser Diskussion einiger Punkte, Einstimmigkeit über die Notwendigkeit einer solchen Institution in Deutschland herrschte. Einem Abgeordneten zufolge war die Gründung eines SOS – wie Fürst Bismarck 1883 bereits festgestellt hatte – aufgrund des Mangels an geeignetem Personal für den Auswärtigen Dienst erforderlich:

> »Für unser auswärtiges Amt bietet es unter den gegenwärtigen Verhältnissen große Schwierigkeiten, die erforderlichen Dolmetscher zu erlangen; ja, man hat vielfach die Gefälligkeiten anderer Regierungen anrufen müssen, um geeignete Personen zu finden. Die auswärtigen Konsuln und Gesandten haben deshalb, wie in der Kommission mitgetheilt wurde, bereits seit vielen Jahren das Auswärtige Amt dringend gebeten, mit der Ausbildung geeigneter Personen für den Dragomanatsdienst im deutschen Reich alsbald vorzugehen.«[133]

---

130 Aus einer Reichstagsdebatte aus dem Jahr 1887 geht hervor, dass der »Zudrang von jungen Leuten zur Ausbildung in den orientalischen und ostasiatischen Sprachen ein viel geringerer sei, als man vielfach voraussetze«. Zur Gewährleistung einer entsprechenden Nachfrage an Studierenden sollten daher keine Gebühren erhoben werden und nach Möglichkeit sogar Stipendien vergeben werden (in: BArch, R 1501/108978, Bl. 68 (RS), Protokoll der 22. Sitzung des Reichstags, 27.04.1887).

131 BArch, R 1501/108978, Bl. 3 (RS), Denkschrift zur Errichtung eines Seminars für Orientalische Sprachen, 22.04.1886.

132 Vgl. Sachau (1912: 13).

133 BArch, R 1501/108978, Bl. 68 (RS), Protokoll der 22. Sitzung des Reichstags, 27.04.1887.

In seinen Ausführungen geht der Redner darauf ein, wie Dragomane bisher ausgebildet wurden und hebt hervor, dass im Gegensatz dazu die Ausbildung von jungen Beamten in einer dafür vorhergesehenen Einrichtung in Deutschland zu einer Kostenersparnis führe:

> »Unter den 53 Dolmetschern [, die derzeit im Auswärtigen Dienst tätig sind,] befinden sich 11 sogenannte Dolmetschereleven, – junge Leute, die sich dem Reiche gegenüber für eine zehnjährige Dienstzeit verpflichtet haben. Dieselben gehen ohne die Kenntnis der Sprache, die sie demnächst als Dolmetscher beherrschen müssen, ins Ausland, und es vergehen in der Regel für jeden einzelnen drei bis fünf Jahre, bevor dieselben sich praktisch so weit in die betreffende Sprache eingearbeitet haben, daß sie wirklich Dolmetscherdienste verrichten können. Die Folge davon ist, daß für einen Theil der zehnjährigen Dienstzeit das Reich den Dolmetschereleven Gehalt zahlt, ohne gleichzeitig eine entsprechende Gegenleistung auf Seiten der Angestellten zu bekommen. Wenn Sie berücksichtigen, meine Herren, dass jeder der Dolmetschereleven jährlich ein Gehalt von 5- bis 6000 Mark bezieht, so dürfte der Schluß gerechtfertigt sein, daß, falls Einrichtungen getroffen werden, die es ermöglichen, die Dolmetscher mit den nöthigen Sprachkenntnissen ausgerüstet herauszusenden, bei dem Etat der Ausgaben für Dolmetscher eine jährliche Ersparniß von etwa 20- bis 30 000 Mark zu erzielen ist.«[134]

Der Abgeordnete empfahl weiter, das Sprachangebot der neuen Einrichtung den praktischen Bedürfnissen entsprechend flexibel zu handhaben und dieses bei Bedarf zu erweitern. Da die Nachfrage nach einem Studium in den orientalischen und ostasiatischen Sprachen meist geringer als die zu besetzenden Stellen war, sollte der Unterricht gebührenfrei angeboten und Stipendien zur Verfügung gestellt werden, um eine ausreichende Studierendenzahl zu gewährleisten. Die Absolventen des SOS sollten vorzugsweise bei der Besetzung von Dolmetscherstellen berücksichtigt werden und die Organisation der neuen Einrichtung dem preußischen Unterrichtsministerium in Zusammenarbeit mit dem Auswärtigen Amt überlassen werden:

> »Die Verwaltung würde also in den Händen der preußischen Universitätsverwaltung liegen, dabei aber die Mitwirkung des Auswärtigen Amts in dem Sinne eintreten, daß bei der Aufstellung des Unterrichtsplanes und bezüglich der Aufgaben der Anstalt im einzelnen auch die Wünsche des Auswärtigen Amts zur Geltung kommen.«[135]

Ein weiterer Abgeordneter betonte in der zitierten Sitzung, dass neben einem wissenschaftlichen Interesse besonders »praktische und wirthschaftliche Rücksichten« für die Gründung des SOS sprechen. Das wirtschaftliche Interesse sei vor allem hinsichtlich der »immer größer und größer« werdenden internationalen Handelsbeziehungen Deutschlands gegeben. Zudem wurde erwartet, dass das SOS einen wichtigen Beitrag zu Deutschlands Rolle auf dem Weltmarkt beitrage:

134 Ibid.
135 Ibid, Bl. 69.

»Ich zweifle nicht, daß die Opfer, die wir durch die Errichtung dieses Seminars tragen, bei weitem durch die Resultate übertroffen werden, die wir in Zukunft auch wirthschaftlich erzielen werden.«[136]

Dieser kommerzielle Ansatz wurde jedoch von verschiedenen Nachrednern beanstandet:

»Ich möchte darin nicht gouvermentaler sein als die Regierung selbst, die meines Erachtens ganz richtig den Hauptnachdruck auf die Ausbildung für den diplomatischen Dienst legt. Da kann ich zugeben und begreifen, daß man einzelne junge Leute durch lange linguistische Studien vorbereitet, wenigstens so weit die Sprache sich anzueignen, daß sie nach längerem Aufenthalt im Land sich ihrer auch praktisch bedienen können. Sich aber einzureden, man würde Kaufleute linguistisch so vorschulen, daß sie später hinausgehen und lukrative Geschäfte machen können, das ist eine doktrinäre Auffassung von der Art, kaufmännische Zwecke zu verfolgen, auf die ich, obwohl ich dem Dinge gewiß nicht abhold bin, mich nicht werde einlassen können.«[137]

Ein weiterer Nachredner stand der Auffassung, dass durch die Ausbildung am SOS der wirtschaftliche Erfolg Deutschlands gesteigert werden könne, ebenfalls kritisch gegenüber. Seiner Meinung nach war es schwierig, eine Fremdsprache für den praktischen Gebrauch zu erlernen:

»Ich möchte nur darauf hinweisen, daß das Türkische und das, was hier als ›indische Idiome‹ angeführt ist, sehr mannigfaltige und schwierige Sprachformen sind, so daß es, wie mir Sachverständige versichert haben, unmöglich sein würde, daß ein und derselbe Mensch hier in kürzerer Zeit, etwa in ein paar Jahren, diejenige Kenntnis auch nur eines dieser Idiome erlangte, um damit sofort praktisch vorgehen zu können.«[138]

Auf der angeführten Reichstagssitzung wurden auch die Lehrmethoden zur Erlernung lebender Sprachen, die am SOS unterrichtet werden sollten, von den Abgeordneten thematisiert. Das vermeintlich einfache Konzept, um Lehrziele am SOS zu erreichen, sollte sich von der philologischen Forschungsweise der Universitäten unterscheiden. Im Unterricht des SOS sollte vermieden werden, »auf den Urgrund der Dinge zurückzugehen«, um die ältesten Erscheinungsformen der Sprachen zu erforschen. Denn diese Methode sei zwar für das »Verständnis der Kulturgeschichte« interessant, jedoch mit den Bedürfnissen des praktischen Lebens nicht vereinbar:

»Dasjenige Persisch, was unsere Professoren lehren und hauptsächlich betreiben, hat keinen Platz auf dem realen Boden der Welt, auf dem unsere Geschäftsleute etwa verkehren werden. Mit dem Arabisch, wie es den alten Schriftstellern zu Grunde liegt, ist es schwer, heutzutage vorwärts zu kommen. Wenn nun aus unserem Universitätswesen heraus die Professoren gestellt würden für dieses Institut, und wenn ein großer

136 Ibid.
137 Ibid, Bl. 70.
138 Ibid, Bl. 69 (RS).

Theil des Unterrichts auf einer gelehrten Basis sich entwickeln würde, so würde ungefähr dasselbe herauskommen, wie wenn wir unsere Kinder, die wir für das praktische Leben erziehen wollen, im Gothischen oder im Angelsächsischen unterrichten lassen wollten, und daraus abzuleiten, wie sie heutzutage sprechen sollten. Thatsächlich hat sich auch anderwärts das Fehlerhafte dieser Einrichtung herausgestellt. Ich will nur an eins erinnern: es ist bekannt, daß man, als der Schah von Persien auf seiner Reise durch Europa nach Paris kam, erwartete, der Professor des Persischen werde eine große Anrede an den Schah halten. Der Professor erkrankte aber und ließ sich so lange nicht sehen, als die Perser auf der Bühne waren, weil sein Persisch nicht dazu ausreichte, daß er sich in einer Unterhaltung mit den Herren einlassen konnte.«[139]

Wie dem Protokoll der zitierten Reichstagssitzung weiter zu entnehmen ist, sollten im Gegensatz zu den Universitäten am SOS die »wirklichen Sprachen, wie sie jetzt gesprochen werden« für den praktischen Gebrauch gelehrt werden. Dabei sollte vor allem die »Praxis des Sprechens«, die dem Universitätsunterricht bisher »sehr fremd« gewesen sei, gepflegt werden (vgl. 2.1.1.2–2.1.1.4). Bei der Wahl der Lehrkräfte der zu gründenden Einrichtung sollte daher darauf geachtet werden, dass »grundgelehrte Professoren« nicht eingestellt werden. Denn nur unter Berücksichtigung der praktischen Bedürfnisse könne der Nachwuchs des diplomatischen Dienstes, des Kaufmannsstands sowie Reisende, »die künftig mal ihre Thätigkeit im fernen Auslande ausüben wollen (...), sich mit einer gewissen Bequemlichkeit eine der fremden Sprachen aneignen«. Der Unterrichtsminister, von Goßler, räumte diese Bedenken aus, indem er versicherte, dass es während des gesamten Planungsprozesses beabsichtigt war, den Unterricht des zu gründenden SOS in den Dienst der Praxis zu stellen:

»Von Anfang an ist darauf hingewiesen, daß der Dolmetscherdienst und die anderen Berufszweige durch das orientalische Seminar gefördert werden sollen, und in der Denkschrift ist mit gesperrten Lettern darauf hingewiesen worden, daß die lebenden Hauptsprachen des Orients im orientalischen Seminar gelehrt werden sollten. Darum haben wir auch niemals daran gedacht, etwa die Professoren der Universität, welche den gelehrten Forschungen nachgehen, zu den eigentlichen Trägern des orientalischen Seminars zu machen; sondern wir haben wie aus den Etats hervorgeht, den Nachdruck auf die Lektoren und die Lektorenassistenten gelegt. Die Lektoren sollen Lehrer sein, welche dem deutschen Staatsverbande angehören, aber durch ihre Thätigkeit im Auslande mit den lebenden Sprachen des Orients vertraut sind, und ihnen als Lektorenassistenten solche zur Seite gestellt werden, welche wir, wie wir hoffen, durch Vermittelung der auswärtigen Regierungen aus den dortigen Eingeborenen erhalten.«[140]

Nach der Reichstagsdebatte folgte die Abstimmung über die Annahme des Gesetzes zur Errichtung des SOS[141]. Die Mehrheit der Abgeordneten stimmte für die

139 Ibid.

140 Ibid, Bl. 69 (RS)–70. Hervorhebung im Original.

141 BArch, R 1501/108978, Bl. 2–4. An zitierter Stelle Abdruck des Gesetzentwurfs mit Denkschrift sowie des Entwurfs über die Grundlagen der relevanten Vereinba-

Gründung der neuen Ausbildungsstätte[142]. Am 02.06.1887 wurde das Gesetz im Reichsgesetzblatt veröffentlicht. Der Beginn des Unterrichts wurde für das Wintersemester 1887/88 festgesetzt[143].

Aus der angeführten Reichstagsdebatte und der Denkschrift zur Errichtung des SOS geht hervor, dass die Zielgruppe, an die sich der Unterricht am SOS richtete, heterogen war. Zwar sollten unterschiedliche Berufsgruppen, die dem Reich dienlich waren, für ihren Einsatz im Ausland sprachlich vorbereitet werden, aber aufgrund der Tatsache, dass das Auswärtige Amt die Ausbildung am SOS konzeptionell unterstützte, stand die Ausbildung der Dragomane im Vordergrund, die im konsularischen oder diplomatischen Dienst im Ausland eingesetzt werden sollten.

Die Einrichtung einer Ausbildungsstätte für die Dragomanatslaufbahn war eine Neuheit in Deutschland und wurde von manchem Kritiker, der in der Abkehr vom Traditionellen nicht notwendigerweise eine Verbesserung sah, mit Sorge betrachtet, denn vor der Gründung des SOS hatte das Auswärtige Amt »wohlgeschulte Orientalisten« als Dragomane in den Osten entsandt[144]. Dabei handelte es sich meist um ausgebildete Juristen, die während ihrer Tätigkeit im Auswärtigen Dienst auf die Dragomanatstätigkeit vorbereitet wurden.

Betrachtet man das Berufsbild eines Dragomans im ausgehenden 19. Jahrhundert, wird deutlich, dass sein Aufgabenbereich weit über die reine Sprachmittlungstätigkeit hinausging:

> »Der Dragoman hat die Erlasse, Berichte, Anordnungen, die Aufstellung und Beantwortung der in den Verwaltungen des Orients gestellten und die das Wohl des Deutschen Reiches sowohl als das der einzelnen im Orient lebenden Deutschen betreffenden Fragen den Behörden des Orients, d.h. den Paschas schriftlich oder mündlich zu übermitteln. Juristische und Verwaltungsgeschäfte trägt also sein Beruf in sich.«[145]

Wie aus einer Notiz zur Dolmetscherlaufbahn von 1888 hervorgeht, sollten auch die Dolmetscher-Eleven des SOS, d.h. die Anwärter für eine Dolmetscherlaufbahn im Auswärtigen Dienst, vor Aufnahme des Studiums am SOS eine juristische Ausbildung absolviert haben. Erwünscht wurde mindestens das erste juristische Staatsexamen. Dadurch wurde dem Bewerber die »Brauchbarkeit für den praktischen Dienst« bescheinigt. Das Studium am SOS wurde somit ursprünglich in Ergänzung zum Jurastudium konzipiert. Zudem sollte der Bewerber »außer gründ-

---

rung zwischen dem Reich und Preußen. (Vgl. auch Bundesrath (1886)).

142 BArch, R 1501/108978, Bl. 70 (RS), Protokoll der 22. Sitzung des Reichstags, 27.04.1887.

143 Vgl. Sachau (1912: 13). Sachau merkt an, dass die Kommission, die zur Gründung des SOS eingerichtet wurde, ursprünglich geplant hatte, die neue Ausbildungsstätte im Sommersemester 1887 zu eröffnen. Aufgrund der Verzögerungen bei der Genehmigung des Gesetzes konnte dieser Termin jedoch nicht eingehalten werden.

144 GStA PK, I. HA, Rep. 76 Kultusministerium, Va Sekt. 2 Tit. I Nr. 28 Bd. 1, Bl. 216, »Die Dragomanade«, *Die Post*, 03.06.1887.

145 Ibid. Vgl. 2.3.2.

licher allgemeiner Bildung eine ausreichende Kenntniß der französischen und englischen Sprache« nachweisen können und die Fähigkeit haben, »in fremde Idiome sich leicht und schnell hineinzuleben«. Neben einer fachlichen Eignung bestimmten weitere Anforderungen an den Bewerber die Aufnahme von Dolmetscher-Eleven in den Staatsdienst:

> »Außerdem wird verlangt, daß der Bewerber seiner Individualität nach geeignet erscheint, insbesondere eine kräftige Körperkonstitution besitzt, welche eine Gewähr dafür bietet, daß er die Beschwerden des Klimas ohne Nachtheil zu ertragen vermag; auch wird vorausgesetzt, daß er seine Militärdienstpflicht erfüllt hat.«[146]

Da für die umfassenden Aufgaben eines Dragomans die Vermittlung reiner Sprachkenntnisse, wie sie etwa Reisenden noch genügte[147], nicht ausreichte, forderte ein Kritiker 1887, dass sich der Unterricht der Dragomanatslaufbahn nicht nur auf die Vermittlung von Sprachkenntnissen beschränke, sondern auch die Vermittlung von Kenntnissen über die jeweilige Literatur des Landes einschließe. Denn gerade diese theoretischen Kenntnisse würden sich oft positiv auf den Verlauf von praktischen Verhandlungen mit östlichen Partnern auswirken:

> »Will man den aus dem Vaterlande gen Osten ziehenden jungen Mann die Brücke zwischen der früheren hohen östlichen Bildung und den jetzt noch lebenden Resten derselben abschneiden, so vergißt man, daß nur in der harmonischen Vereinigung zwischen Theorie und Praxis, zwischen der Literatur und der Volkssprache der Stein der Weisen zu finden ist.«[148]

Die Zukunft des SOS sollte aber zeigen, dass dem in den Gründungsakten geforderten Anspruch auf Praxisbezogenheit in der Ausbildung aufgrund stetig zunehmender Aufgaben, die an die Einrichtung gestellt wurden, im Laufe der Zeit nicht mehr gerecht werden konnte.

Die Argumente, die für die Gründung des SOS auf politischer Ebene angeführt wurden, belegen außenpolitische Interessen. Bei der Argumentation tritt die blanke Unkenntnis der Abgeordneten über die komplexe Materie der Dolmetschertätigkeit deutlich zutage. Da zur Zeit der Gründung des SOS auf fachliche Grundlagen der Dolmetscherausbildung noch nicht zurückgegriffen werden konnte, musste das SOS zunächst als Pilotprojekt fungieren. Sein »Charakter des Provisorischen« wurde bei der Eröffnungsfeier entsprechend betont[149]. Das in der Denkschrift über das SOS in groben Zügen aufgestellte Lehrkonzept wurde erst im Laufe der Lehr-

---

146 GStA PK, I. HA, Rep. 208 A Seminar für Orientalische Sprachen, Nr. 160, Bl. 24, Notiz betreffend die Dolmetscher-Laufbahn, Januar 1888.

147 GStA PK, I. HA, Rep. 76 Kultusministerium, Va Sekt. 2 Tit. I Nr. 28 Bd. 1, Bl. 216, »Die Dragomanade«, *Die Post*, 03.06.1887. Der Autor des Artikels beschreibt, wie er mit einem »Sprachschatz von etwa 50 Worten« im Ausland mehrere Wochen umherreiste.

148 Ibid.

149 Vgl. Hartmann (1913b: 612).

tätigkeit von den Dozenten des SOS verfeinert und damit methodische Grundlagen der translatorischen Ausbildung gelegt[150].

2.2.2.2 Das 25-jährige Jubiläum des *Seminars für Orientalische Sprachen* (1912)

> »Das Seminar für Orientalische Sprachen an der Königlichen Friedrich-Wilhelms-Universität zu Berlin vollendete am 27. Oktober 1912 das erste Vierteljahrhundert seiner Tätigkeit. Mit Rücksicht hierauf ermächtigte der Herr Minister der geistlichen und Unterrichtsangelegenheiten, Exzellenz Trott zu Solz, den Direktor der Anstalt, Einladungen zu einer am Montag dem 11. November in der Aula der Universität abzuhaltenden Gedenkfeier ergehen zu lassen.«[151]

Ein Zeitungsartikel beschreibt die majestätische Szenerie der Jubiläumsfeier, die in einem »kurzen Festakt« begangen wurde:

> »In dem zahlreich besetzten Auditorium bemerkte man viele Universitätsprofessoren, ältere und jüngere Schüler des Seminars, darunter manche exotische Gestalt im Turban oder Fez, sowie viele Offiziere. Unter den Klängen eines Bläserchores betrat das Lehrerkollegium den Saal; an der Spitze, im vollen Ornat, der Direktor Geheimer Oberregierungsrat Professor Dr. Sachau, der dem Orientalischen Seminar seit der Begründung vorsteht, dann kamen in langer Reihe die Dozenten, die in zwei Gruppen erschienen: zuerst die europäischen, hierauf die malerische Gruppe der ›exotischen‹ Lehrer.«[152]

Neben dem Direktor des SOS, Eduard Sachau (vgl. 2.2.3.13.3), gestalteten Vertreter aus dem Unterrichtsministerium, dem Auswärtigen Amt und dem Kolonialamt sowie der Kriegsakademie mit ihren Reden den Festrahmen. Sachaus Vortrag spiegelt dem Zeitgeist entsprechend koloniale Überheblichkeit in Deutschland wider, die auch im SOS gegenwärtig war. Er spricht von dem »Erwachen des Orients«[153], das durch die Einwirkung der Europäer ausgelöst worden sei:

> »Mit den Machtmitteln der Technik ist Europa in den Orient eingedrungen, allerwärts gegen den Willen der Einheimischen. Überall haben diese sich überzeugen müssen, daß wir in vielen materiellen Dingen ihnen überlegen sind (...). Wir Europäer sind ihr Lehrmeister geworden.«[154]

---

150 Vgl. Kampffmeyer (1924a: 7).

151 BArch, R 1501/108978, Bl. 150, Bericht über die Festversammlung zur Eröffnung des 26. Studienjahres des Seminars für Orientalische Sprachen, S. 3, 11.11.1912. Hervorhebung im Original.

152 N. N. (1912a). Hervorhebung im Original.

153 BArch, R 1501/108978, Bl. 150, Bericht über die Festversammlung zur Eröffnung des 26. Studienjahres des Seminars für Orientalische Sprachen, S. 4 und 6, 11.11.1912. Hervorhebung im Original.

154 Ibid, S. 5. Hervorhebung im Original.

Die politische Ausdehnung des Deutschen Reichs habe die Wissenschaft, insbesondere die Sprachwissenschaft, vor neue Herausforderungen gestellt:

> »Die Verschiedenheit der Sprachen erscheint von manchen Gesichtspunkten wie eine hohe Scheidewand, aufgerichtet vom Schicksal, als wollte es verhindern, daß die Völker geistig zu einander kommen. Diese Mauer gilt es einzureißen, um der europäischen Gesittung einen freien Einblick in das eigentliche Wesen der Völker Asiens und Afrikas zu gewähren, damit sie durch die harte und spröde Schale der Sprache hindurchdringen kann zu dem Kern des fremden Ichs, seiner Entwicklung durch die Jahrtausende und seiner Verästelung nach allen Seiten des geistigen Lebens, in Religion und Recht, Moral und Sitte, Literatur und Kunst. Will man die Gedankenwelt des Afrikaners erforschen, seine so vielfach wunderbar komplizierten Vorstellungen über Gut und Böse, Recht und Unrecht, Familie und Besitz, Leben und Sterben, so sollte das allemals eine bis zu einem gewissen Grade abgeschlossene Kenntnis seiner Sprache zur Voraussetzung haben.«[155]

Die Forschungsergebnisse über die Sprachen der Völker in den Kolonien sollten der Allgemeinheit zur Verfügung gestellt werden, denn sie seien, so Sachau, dazu bestimmt, »der humanen Ausgestaltung des allgemeinen menschlichen Verkehrs zwischen den Völkern des Orients und Okzidents«[156] zu dienen. Sachau betont, dass er sich dabei auf den friedlichen Verkehr zwischen den Völkern bezieht. Ein kolonialer Unterton ist in seiner Aussage aber unüberhörbar:

> »Von solchem Geiste geleitet, muß der Okzident dem Orient zeigen, daß wir nicht bloß um materieller Interessen willen bei ihnen eingedrungen sind, sondern um sie teilnehmen zu lassen an allen Segnungen einer höheren Gesittung, welche die unerforschliche Weisheit der Weltregierung bei uns früher gezeitigt hat als bei ihnen.«[157]

Sachau fährt fort mit Ausführungen zur Religion der Kulturvölker des Ostens und den Aufgaben der Rechtswissenschaft im Zusammenhang mit der kolonialen Ausdehnung Deutschlands, wobei er wiederholt, dass alle wissenschaftlichen Forschungsbestrebungen »dem hohen Ideal eines friedlichen Völkerverkehrs zwischen Abendland und Morgenland«[158] zu dienen haben.

»Nach dem minutenlangen Beifallsgetrampel«[159], das Sachau für seine Rede bei den Zuhörern erntete, lobten seine Nachredner aus der Politik das Wirken des SOS seit seiner Gründung im Jahre 1887. Der Vertreter aus dem Auswärtigen Amt machte die Tragweite der Aufgaben des SOS deutlich, dem es gelungen war, mit den außenpolitischen Entwicklungen der letzten 25 Jahre Schritt zu halten:

> »Seit dem Jahre 1887 haben sich die auswärtigen Beziehungen des Deutschen Reiches zu den Ländern des Orients in ungeahnter Weise erweitert. So ist es nötig geworden,

155 Ibid, S. 6.
156 Ibid, S. 6–7.
157 Ibid, S. 7.
158 Ibid, S. 9.
159 N. N. (1912a).

einen Stab von Beamten heranzubilden, die durch ihre Sprachkenntnisse und durch ihre besondere Vorbildung für den Orient dazu berufen sind, diese Beziehungen zu vermitteln und zu vertiefen.«[160]

Keinen Raum hingegen fanden auf der Jubiläumsfeier Anton Palmes (vgl. 2.2.3.13.1) Anregungen für die zukünftige Entwicklung der Ausbildungsstätte, die er, als Stimme aus dem Lehrerkollegium des SOS, wenige Tage zuvor in der Berliner Presse vorgestellt hatte[161]. Seine im November 1912 geäußerten Gedanken zur Zukunft des SOS gaben aber den Impuls für eine langjährige Reformdebatte in Politik und anderen führenden Kreisen Deutschlands (vgl. 2.2.3).

2.2.2.3 Zur curricularen Entwicklung am *Seminar für Orientalische Sprachen* (1887–1912)

Die von den Festrednern anlässlich des 25-jährigen Jubiläums des SOS erwähnte kontinuierliche Anpassung des Lehrplans der Ausbildungsstätte an außenpolitische Anforderungen seit seiner Gründung[162] kann durch einen Blick auf die Entwicklung des Curriculums und einige statistische Daten bestätigt werden.

Die wirtschaftliche Expansion des Deutschen Reichs erforderte eine Erweiterung des Lehrplans am SOS. Genügte im Wintersemester 1887/88 noch knapp eine Seite, um die Veranstaltungen am SOS zu verzeichnen[163], so waren es im Jubiläumsjahr 1912 gut sieben Seiten, die das Vorlesungsverzeichnis umfasste[164]. Im Gründungsjahr wurde der Unterricht in sieben Sprachen angeboten: Chinesisch, Japanisch, Hindustani, Arabisch, Persisch, Türkisch, Suaheli. In diesen Sprachen wurden jeweils als Vorlesungen Sprach- und Landeskundekurse angeboten sowie praktische Sprachübungen, die im Vorlesungsverzeichnis nicht weiter spezifiziert sind. Im Durchschnitt wurden etwa zehn Wochenstunden pro Sprache aufgewandt. Weitere nicht spezifizierte Veranstaltungen über »Orientalische Gegenstände von allgemeinem Interesse«[165] waren als öffentliche Vorträge geplant.

Von 1893 datiert ein Bericht über die ersten fünf Jahre des SOS, in dem auch Angaben zur Curriculum-Entwicklung gemacht werden[166]. Zum Realienunterricht wird darin Folgendes angemerkt:

160 BArch, R 1501/108978, Bl. 150, Bericht über die Festversammlung zur Eröffnung des 26. Studienjahres des Seminars für Orientalische Sprachen, S. 13, 11.11.1912.

161 Vgl. Palme (1912).

162 BArch, R 1501/108978, Bl. 150, Bericht über die Festversammlung zur Eröffnung des 26. Studienjahres des Seminars für Orientalische Sprachen, z.B. S. 11, 11.11.1912.

163 Vgl. Sachau (1912: 55), Verzeichnis der Vorlesungen usw. für Winter 1887/88, 24.10.1887.

164 Ibid, S. 56–63, Verzeichnis der Vorlesungen für 1911/12, 15.07.1911.

165 Ibid, S. 55, Verzeichnis der Vorlesungen usw. für Winter 1887/88, 24.10.1887.

166 GStA PK, I. HA, Rep. 76 Kultusministerium, Va Sekt. 2 Tit. I Nr. 28 Bd. 3, Bl. 4–9, Bericht über die Wirksamkeit des Seminars für Orientalische Sprachen (...) 1887–1892, Erscheinungsjahr 1893.

»Die von Reichstag und Landtag in den Sitzungsperioden von 1891/92 im Etat genehmigte Erweiterung des Unterrichts in verschiedenen Realfächern ist theils bereits ausgeführt, theils in der Ausführung begriffen. Es besteht die Absicht, den Seminaristen, welche als Kaufleute, Missionare, Techniker, Beamte, Reisende ihre Sprachkenntnisse im praktischen Leben südlicher Länder verwerthen wollen, einige allerseits als nützlich und nothwendig anerkannte Kenntnisse, die bisher auf keiner Lehranstalt vertreten waren, mit auf den Weg zu geben. Hier kommt in erster Linie in Frage die Kenntniß der Handelsverhältnisse der Gegenwart und jüngsten Vergangenheit mit allen dazu gehörigen Details von Zollgesetzgebung, überseeischem Geldverkehr, Schiffahrtswesen, Seerecht und Seeassekuranz, Handelsstatistik und Handelsgeographie; ferner die Kenntniß der hauptsächlichen hygienischen Grundsätze für wärmere und tropische Länder, sowie eine gewisse Vorbereitung für medizinische Selbstbehandlung in Nothfällen; die Kenntniß der hauptsächlichsten Nutzprodukte, besonders aus dem Pflanzenreich, welche China und Japan, Südasien, die Mittelmeerländer und einige Theile Afrikas für den Welthandel, für unsere Schiffahrt und Industrie liefern; schließlich eine gewisse Geübtheit in verschiedenen Methoden wissenschaftlich praktischer Beobachtungen über klimatische Verhältnisse, Meereshöhe, Länge und Breite.«[167]

Als Dozenten für diese Fächer wurden in erster Linie Personen hinzugezogen, die selbst praktische Erfahrung in den relevanten Fachgebieten bei Auslandseinsätzen gesammelt hatten[168].

Anhand der Vorlesungsverzeichnisse vom Wintersemester 1894[169] und vom Wintersemester 1900[170] soll exemplarisch gezeigt werden, welche Inhalte im Realienunterricht am SOS vermittelt wurden:

Nr.	Veranstaltung
1.	Ausgewählte Kapitel aus der allgemeinen Geschichte der Colonialpolitik: 1. Mathematische Grundbegriffe und Principien der Mechanik. Einführung in das Studium der sphärischen Astronomie und Erd-Physik. 2. Praktische Übungen mit Instrumenten, welche den astronomischen Ortsbestimmungen und topographischen Messungen auf Reisen dienen.
2.	Über Tropenhygiene, verbunden mit Demonstrationen und praktischen Übungen.
3.	Über die wichtigsten tropischen Nutzpflanzen und deren Verwendung mit Demonstrationen.

Tab. 1: Vorlesungsverzeichnis SOS, Wintersemester 1894

167 Ibid, Bl. 7 (RS).

168 Ibid, Bl. 7.

169 GStA PK, I. HA, Rep. 76 Kultusministerium, Va Sekt. 2 Tit. I Nr. 28 Bd. 3, Bl. 41, Verzeichnis der Vorlesungen und Übungen am SOS im Wintersemester 1894.

170 GStA PK, I. HA, Rep. 76 Kultusministerium, Va Sekt. 2 Tit I Nr. 28 Bd. 4, Bl. 310, Vorlesungsverzeichnis des SOS im Wintersemester 1900.

Die einzelnen Veranstaltungen im Wintersemester 1894 wurden wöchentlich angeboten und dauerten jeweils ein bis zwei Stunden.

Im Wintersemester 1900 wurden im Realienunterricht folgende Veranstaltungen angeboten. Die Dauer der Veranstaltungen erhöhte sich im Vergleich zu 1894 auf durchschnittlich zwei Stunden pro Woche:

Nr.	Veranstaltung
1.	Über Tropenhygiene, verbunden mit Demonstrationen und praktischen Übungen.
2.	Über tropische Agricultur. 1. Über die wichtigsten tropischen Nutzpflanzen und deren Verwendung. 2. Praktische Übungen und Demonstrationen im Königlichen Botanischen Garten.
3.	Landeskunde von Deutsch-Ostafrika.
4.	Landeskunde der Deutschen Westafrikanischen Kolonien (Deutsch-Südwestafrika, Kamerun und Togo).
5.	Geschichte, wirthschaftliche Entwickelung und Statistik der Deutschen Kolonien.

Tab. 2: Vorlesungsverzeichnis SOS, Wintersemester 1900

Die beiden vorangehenden Tabellen zeigen, dass in den Realienveranstaltungen hauptsächlich Kenntnisse vermittelt wurden, die für eine Tätigkeit in den Kolonien nützlich waren.

Als anlässlich des 25-jährigen Jubiläums des SOS Überlegungen zur Erweiterung der Ausbildungsstätte angestellt wurden (vgl. 2.2.3), wurde häufig am Realienunterricht Kritik geübt: Einerseits weil er nicht in ausreichendem Maße die in der Praxis nötigen Gebiete behandelte[171], andererseits weil er im Rahmen der zur Verfügung stehenden Zeit nicht fundiert genug gestaltet werden konnte:

> »Der Rahmen des ›Seminars für orientalische Sprachen‹ ist gesprengt. Die Realien, die am Anfang als Nebensache erschienen, haben einen breiten Raum eingenommen. Die Entwicklung selbst hat die Lehre gegeben, daß die Sprache eben nur e i n e Äußerung einer Gesellschaft, einer Kultur ist, und daß neben ihr die andern Äußerungen das gleiche liebevolle Studium finden müssen, soll das Verständniß der fremden Eigenart erreicht werden.«[172]

171 BArch, R 1501/108978, Bl. 189 (RS), Protokoll über eine vertrauliche Besprechung von Kommissaren der beteiligten Ressorts über die Frage des Ausbaues des Orientalischen Seminars zu einer Auslandshochschule, 31.10.1913.

172 Hartmann (1913b: 615). Hervorhebung im Original.

Die Erweiterung der Aufgaben des SOS, das im Gründungsjahr 1887 hauptsächlich Veranstaltungen für die Ausbildung von Dolmetschern anbot, hing nicht nur von der »Vergrößerung und Vermehrung der deutschen Reichsbehörden in Asien und Afrika« ab, sondern auch in entscheidendem Maße von der Entwicklung kolonialer Interessen Deutschlands. Die Aufgabe des SOS bestand darin, den Bedarf »nach linguistisch geschulten Beamten« durch eine entsprechende Ausbildung zu decken.[173] Die bescheidenen Anfänge einer kolonialwissenschaftlichen Abteilung reichten den Angaben der Seminarleitung zufolge bis ins erste Studienjahr in der Geschichte der Ausbildungsstätte zurück[174].

Mit dem Erwerb von deutschen Kolonien (vgl. 2.1.2.3) wurde auch das Angebot der zu lehrenden Sprachen am SOS sukzessive erweitert. Die sieben Sprachen, die im Gründungsjahr angeboten wurden, wurden bis zum Wintersemester 1895 durch drei weitere im Lehrplan ergänzt: Russisch, Neugriechisch und Guzerati[175].

---

173 Vgl. Sachau (1912: 31).

174 Aus einem Zeitungsartikel von 1894, der anlässlich einer bevorstehenden Kolonialdebatte im Reichstag verfasst wurde, geht hervor, dass das SOS ursprünglich als Kolonialakademie geplant wurde. Aus kolonialpolitisch strategischen Gründen wurde von der Errichtung einer eigenständigen Kolonialakademie Ende der 1880er Jahre jedoch abgesehen. In Anbetracht der positiven kolonialen Entwicklung Deutschlands forderte der Autor des Artikels, das SOS zu der längst geplanten Kolonialakademie umzugestalten (in: GStA PK, I. HA, Rep. 76 Kultusministerium, Va Sekt. 2 Tit. I Nr. 28 Bd. 3, Bl. 18, »Die Notwendigkeit einer deutschen Kolonialakademie.«, *Rheinländische Allgemeine Zeitung*, 30.01.1894). Im konsultierten Aktenmaterial konnte der im zitierten Zeitungsartikel skizzierte Plan, das SOS ursprünglich als Kolonialakademie zu errichten, nicht nachgewiesen werden. Obwohl es in Deutschland bis 1908, anders als in einigen anderen europäischen Nachbarländern, keine Einrichtung für die Vorbereitung auf den Dienst in den Kolonien gab, wurde die Vorbildung der Kolonialbeamten in Deutschland ernst genommen. Ein Bericht der Kolonialabteilung des Auswärtigen Amts aus dem Jahr 1896 macht dies deutlich. Demnach wurde aufgrund von Entwicklungen in den Kolonien darauf verzichtet, einen eigenen Beamtenstand für die Kolonien zu schaffen. Zur Zulassung für den kolonialen Dienst sollte auch keine entsprechende Prüfung eingeführt werden, da dies möglicherweise auf potenzielle Bewerber für den Dienst in den Kolonien abschreckend gewirkt hätte. Um dennoch für den kolonialen Dienst eine Vorbildungsmöglichkeit zu schaffen, wurde eine entsprechende Erweiterung des Lehrplans am SOS in Betracht gezogen (in: GStA PK, I. HA, Rep. 76 Kultusministerium Va Sekt. 2 Tit. I Nr. 28 Bd. 3, Bl. 316–318 (RS), Vertrauliches Schreiben der Kolonial-Abtheilung des Auswärtigen Amts an Kolonialrath, 22.01.1896). Vgl. dazu auch Sachau (1912: 17). Noch am Vorabend des Ersten Weltkriegs wurden Rufe nach einer eigenständigen Kolonialakademie in Deutschland laut (vgl. Schrameier (1913)).

175 GStA PK, I. HA, Rep. 76 Kultusministerium, Va Sekt. 2 Tit. I Nr. 28 Bd. 3, Bl. 132–133, Verzeichnis der Vorlesungen und Übungen am SOS im Wintersemester 1895.

Bis zum Wintersemester 1901 wurde das Sprachangebot durch Herero, Haussa, Duala und Ephe erweitert[176].

Die Entwicklungen der ersten 25 Jahre in der Geschichte des SOS spiegeln sich im Vorlesungsverzeichnis des Wintersemesters 1911/12 wider[177]. Dieses ist nicht nur umfangreicher, sondern auch spezifizierter im Vergleich zu den Vorlesungsverzeichnissen aus der Anfangszeit des SOS. Es fällt auf, dass sich die Veranstaltungen in zwei Studiengänge gliedern, von denen der eine auf eine Laufbahn im Kaiserlichen Dolmetscherdienst und der andere auf eine Laufbahn im Kaiserlichen Kolonialdienst vorbereitete[178].

Einen weiteren Block im Vorlesungsverzeichnis machten die sogenannten Ergänzungsstudien aus, die auf keine spezielle Laufbahn vorbereiteten. Unter dieser Rubrik wurden vor allem Sprachkurse, vereinzelt auch Landeskundekurse, in den folgenden europäischen Sprachen angeboten: Englisch, Französisch, Neugriechisch, Rumänisch, Russisch und Spanisch.

Das Veranstaltungsangebot der beiden Studiengänge für den Kaiserlichen Dienst wurde jeweils in sprachliche und sogenannte realistische Veranstaltungen unterteilt. Das Sprachangebot des Studiengangs für den Kaiserlichen Dolmetscherdienst umfasste sechs Sprachen: Chinesisch, Japanisch, Neuarabisch, Amharisch, Äthiopisch, Persisch und Türkisch. Es wurden jeweils Kurse für Anfänger und Fortgeschrittene angeboten. In den meisten Sprachen wurden pro Stufe im Durchschnitt etwa zwanzig Stunden pro Woche abgehalten. Vereinzelt wurden auch Kurse für Dialekte der einzelnen Sprachen angeboten, etwa im Neuarabischen die Dialekte von Ägypten und Marokko. Die Veranstaltungen waren in Vorlesungen und praktische Übungen unterteilt. Selten wurden die Veranstaltungen spezifiziert ausgewiesen, etwa als Grammatik- oder Lektürekurse. Vereinzelt wurden Kurse zum Abfassen und zur Interpretation von Urkunden angeboten. Spezifiziert ausgewiesene Übersetzungs- bzw. Dolmetschkurse fehlten gänzlich. Es ist möglich, dass Übersetzungsübungen vereinzelt Bestandteil von praktischen Übungen waren.

Im Studiengang für den Kaiserlichen Kolonialdienst wurden sprachliche Vorlesungen und Übungen in Suaheli, Hindustani, Guzerati, Haussa, Fulbe, Jaunde, Ewe, Ischi, Rama und Ovambo angeboten. Zusätzlich war ein Kurs in Phonetik, speziell für die ostafrikanischen Sprachen, verzeichnet. Der zeitliche Umfang des Angebots in den einzelnen Sprachen variierte stark. Außerdem wurden die Kurse teilweise für verschiedene Zielgruppen angeboten, wie Missionare oder Offiziere.

Neben dem sprachlichen Programm wurden in beiden Studiengängen unterschiedliche »realistische« Veranstaltungen angeboten[179], die durch finanziel-

176 GStA PK, I. HA, Rep. 208 A Seminar für Orientalische Sprachen, Nr. 184, Bl. 11–12, Verzeichnis der Vorlesungen und Übungen am SOS im Wintersemester 1901.

177 Vgl. Sachau (1912: 56–63).

178 Die Kurse der Dolmetscher-Laufbahn begannen nur im Wintersemester. Aufgrund der praktischen Notwendigkeit im Kolonialdienst wurden die Kurse der Kolonialklassen ab 1897 auch im Sommersemester angeboten (vgl. Sachau (1912: 34 und 63)).

179 Ibid, S. 58 und 60.

le Zuschüsse vom Reich und Preußen 1892 und 1903 erweitert wurden, um den Anforderungen der Kolonialverwaltung zu entsprechen[180]. Ein »weitverzweigtes realistisches Unterrichtssystem«[181] umfasste im Wintersemester 1911/12 folgende Veranstaltungen:

Nr.	Studiengang: Kaiserlicher Dolmetscherdienst: Realistische Vorlesungen und Übungen	Nr.	Studiengang: Kaiserlicher Kolonialdienst: Realistische Vorlesungen und Übungen
1.	China: Die wirtschaftlichen Verhältnisse Chinas: Landwirtschaft Bergbau und Industrie (einheimische und fremde); Der auswärtige Handel und Deutschlands Anteil daran; Schiffahrt und Verkehrswesen (Eisenbahnen, Post und Telegraphen).	1.	Theorie und Praxis der geographisch-astronomischen Ortsbestimmungen.
2.	Japan: Geographie Japans: Größe, Grenzen, Klima; Historische und politische Einteilung; Oro- und Hydrographie; Fauna und Flora; Beschreibung der größten Städte des Landes.	2.	Theoretische und praktische Anleitung zur Routenaufnahme.
3.	Syrien: Geographie und neuere Geschichte Syriens.	3.	Die wirtschaftlichen Verhältnisse der deutschen Kolonien.
4.	Ägypten: Geschichte Ägyptens: Allgemeiner Überblick über die ältere Geschichte (die alten Ägypter, Römer, Islam, Fatimiden und andere Dynastien, Mamluken, türkische Herrschaft, die Paschas); Neuere Geschichte (Mehemed Ali und seine Nachfolger, die Ereignisse von 1881/1882, die Engländer in Ägypten).	4.	Landeskunde von Deutsch-Ostafrika: Geographie; Klima; Vegetation und Fauna; Bevölkerung; Die einzelnen Landschaften und ihre wirtschaftlichen Verhältnisse; Europäische Arbeit im Lande; Europäer und Schutztruppe; Praktische Fragen der Ausrüstung für den Aufenthalt in den Tropen.

180 Ibid, S. 33. (1912: 33).
181 Ibid.

Nr.	Studiengang: Kaiserlicher Dolmetscherdienst: Realistische Vorlesungen und Übungen	Nr.	Studiengang: Kaiserlicher Kolonialdienst: Realistische Vorlesungen und Übungen
5.	Marokko: Grundzüge der Verfassung und Verwaltung Marokkos: Der Sultan und seine Beamten; Malekitisches Recht; Schutzverhältnisse (Semsare, Muchalaten); Besonderheiten der religösen Verhältnisse (Orden, Heiligenkultus, Scherifenfamilien und ihr Einfluß in Marokko); Besonderes über Sitten, Gebräuche, Aberglaube.	5.	Geschichte Deutsch-Ostafrikas: Araber- und Portugiesen-Herrschaft; Deutsche Besitzergreifung.
6.	Abessinien: Die ethnologischen und sprachlichen Verhältnisse Abessiniens.	6.	Landeskunde von Kamerun und Togo: Geographie; Grenzregulierung; Klima; Bevölkerung; Sprachenfrage; Fauna und Flora; Die großen Erwerbsgesellschaften; Verwaltung; Schutztruppe.
7.	Persien: Geschichte und Geographie Persiens.	7.	Sitten und Gebräuche der Jaunde.
8.	Türkei: Politische Geographie und Ethnographie der heutigen Türkei: Das unmittelbare Staatsgebiet (die Provinzen der Türkei, die halbsouveränen Provinzen, Einteilung, Verwaltung, historische Entwicklung); Die verschiedenen Völker nach Rasse und Religion.	8.	Die ethnologischen und sprachlichen Verhältnisse im Sudan, besonders in Togo und Kamerun.
9.	Islamkunde: Staat und Gesellschaft der islamischen Länder (die Völker); Die Philosophie im Islam; Behandlung von Geschichte, Religion, Recht, Sitte der Islamwelt.	9.	Über Tropenhygiene, verbunden mit Demonstrationen.
10.	Die Aufgaben der konsularischen Tätigkeit.	10.	Über tropische Nutzpflanzen, mit Demonstrationen.

Nr.	Studiengang: Kaiserlicher Dolmetscherdienst: Realistische Vorlesungen und Übungen	Nr.	Studiengang: Kaiserlicher Kolonialdienst: Realistische Vorlesungen und Übungen
		11.	Technologie der Produkte des Welthandels, unter besonderer Berücksichtigung der Produkte unserer Kolonien, mit Demonstrationen und Exkursionen.
		12.	Über die Geschichte und Entwickelung des Handels Deutsch-Ostafrikas.
		13.	Über Photographische, Photogrammetrie, Stereophotogrammetrie im Dienste der kolonialen Forschung.

Tab. 3: Vorlesungsverzeichnis SOS, Wintersemester 1911/12

Vergleicht man das Fächerangebot, so fällt auf, dass in den realistischen Fächern der beiden Studiengänge je nach außenpolitischer Notwendigkeit unterschiedliche Länder bzw. Regionen behandelt wurden. Die realistischen Fächer im Studiengang, der auf den Kaiserlichen Dolmetscherdienst vorbereitete, sind im Vergleich zum Studiengang, der auf eine Tätigkeit im Kolonialdienst hinführte, weniger praktisch ausgerichtet. Kolonialbeamten wurden neben theoretischen Kenntnissen über die Landesverhältnisse, etwa Geschichte, Herrschaftsverhältnisse oder Recht, eine Vielfalt an unmittelbar anwendbaren Kenntnissen vermittelt, die sie für ihre Tätigkeit in den Kolonien brauchten. Der Unterricht in diesen Fächern wurde in der Regel von ausgewiesenen Praktikern abgehalten, wie Kartographen, Angehörigen der Armee, Missionaren oder Ärzten.

In beiden Studiengängen fand der Unterricht in den realistischen Fächern im Durchschnitt jeweils ein bis zwei Stunden wöchentlich statt. Übertragen auf das Gesamtkonzept der beiden Studiengänge, d. h. sprachliche und realistische Veranstaltungen zusammen betrachtet, bedeutete dies eine starke Untergewichtung der realistischen Veranstaltungen. Diese Tatsache wurde in der Reformdebatte über das SOS, die ab Herbst 1912 einsetzte, von verschiedenen Seiten häufig als Kritikpunkt angeführt (vgl. 2.2.3).

Nach dem Veranstaltungsangebot des Vorlesungsverzeichnisses des SOS vom Wintersemester 1911/12 zu urteilen, wurde das SOS nicht dem Anspruch gerecht, etwa Kaufleute und Privatpersonen, wie in der Denkschrift zur Gründung des SOS aus dem Jahr 1887 dargelegt, zu unterrichten. Lediglich eine realistische Veranstaltung (vgl. Tab. 3, rechte Spalte, Nr. 12) wurde für diese Zielgruppe angeboten. Ebenso wenig standen dieser Zielgruppe die Ergänzungsstudien offen. Als Fußnote findet man im Vorlesungsverzeichnis vom Wintersemester 1911/12 folgenden Hinweis:

> »Die englischen und französischen Unterrichtskurse des Seminars sind für die Aspiranten des Kaiserlichen Dolmetscher- und Kolonialdienstes bestimmt. Andere Personen können, sofern sie den allgemeinen Aufnahme-Bedingungen entsprechen, nur dann zu diesen Unterrichtskursen zugelassen werden, falls die vorschriftsmäßige Mitgliederzahl nicht überschritten wird, und der Leiter des betreffenden Kursus seine Einwilligung erteilt.«[182]

Aus diesem Grund gab es Beschwerden seitens des Kaufmannsstandes, der etwa die Zugangsbeschränkungen für interessierte Kaufleute bemängelte[183].

Betrachtet man das Bild der Studierenden des SOS, so zeigt sich eine weitere Problematik: die Heterogenität der Zielgruppe. Die Zahl der Studierenden des SOS stieg vom Wintersemester 1887/88 bis zum Wintersemester 1911/12 um das Dreifache an und setzte sich aus folgenden Personen- und Berufsgruppen zusammen: »Studierende der Rechtswissenschaften, gelegentlich Studierende anderer Fakultäten, Referendare, Assessoren, Offiziere und Intendanturbeamte der Landarmee, gelegentlich auch Offiziere der Marine, Verwaltungsbeamte, Zollbeamte, Forstbeamte, Beamte der Reichspost und Telegraphenverwaltung, Lehrer und Missionare, Gerichtsbeamte und Privatpersonen«.[184]

Den verschiedenen Anforderungen dieser Zielgruppen konnte im Rahmen eines Kurzzeitstudiums nur mit Einschränkungen und ohne eine entsprechende wünschenswerte Vertiefung nachgekommen werden[185]. Zudem erwies sich auch die unterschiedliche Vorbildung der Studierenden als Problem für den Unterricht am SOS.

---

182 Sachau (1912: 61), Vorlesungsverzeichnis des Seminars für Orientalische Sprachen, 1911/12.

183 Siehe hierzu etwa GStA PK, I. HA, Rep. 208 A Seminar für Orientalische Sprachen, Nr. 179 Bd. 1, Bl. 3, »Das Orientalische Seminar.«, *Staatsbürger-Zeitung*, 22.07.1888.

184 Sachau (1912: 35). Zur Statistik der Absolventen siehe auch GStA PK, I. HA, Rep. 76 Kultusministerium, Va Sekt. 2 Tit. I Nr. 28 Bd. 3, Bl. 6 (RS), 7 (RS), 8 (RS), Bericht über die Wirksamkeit des Seminars für Orientalische Sprachen (...) 1887–1892, Erscheinungsjahr 1893. Zu Informationen über die ersten Absolventen siehe GStA PK, I. HA, Rep. 76 Kultusministerium, Va Sekt. 2 Tit. I Nr. 28 Bd. 2, Bl. 133, »Vom Orientalischen Seminar«, *Harmonia*, 27.09.1890.

185 Aus einer Ministerialverfügung vom August 1887 geht hervor, dass die Studiendauer in den einzelnen Sprachen unterschiedlich festgelegt wurde. Demnach sollte das Studium des Chinesischen 6–8 Semester, das Studium des Japanischen 6 Semester, das Studium der Hindustanischen, Arabischen, Persischen und Türkischen Sprachen jeweils 4 Semester und das Studium des Suahelis zwei Semester dauern (vgl. Sachau (1912: 49)). Die vorgesehene Semesterzahl wurde mitunter aber flexibel gehandhabt (vgl. 3.1.26, S. 774). Fakt ist, dass das Studium am SOS als Ergänzungs- und nicht als Vollzeitstudium konzipiert war und somit den Ansprüchen an das Sprachstudium in der veranschlagten Zeit nicht genügen konnte.

Über den Gegenstand der Diplom-Prüfungen am SOS informiert eine Prüfungsordnung aus dem Jahr 1900, die in Absprache mit dem Auswärtigen Amt erstellt wurde[186]. In einer schriftlichen und einer mündlichen Prüfung wurde demnach festgestellt, ob der Prüfungskandidat das Unterrichtsziel des SOS erreicht hatte. Die zu erreichenden Unterrichtsziele werden gemäß einer Bekanntmachung vom 05.08.1887 in dem Dokument wie folgt definiert:

> »Das Ziel des Unterrichts ist: a) Kenntniß der Grammatik und desjenigen Theils des Wortschatzes, welcher im täglichen mündlichen wie schriftlichen Verkehr am meisten zur Anwendung kommt; b) Uebung im mündlichen und schriftlichen Gebrauch der Sprache; c) Bekanntschaft mit den am häufigsten vorkommenden Schriftstücken öffentlichen und privaten Charakters; d) bezüglich der Realien: Kenntniß von den gegenwärtigen kulturellen Verhältnissen des betreffenden Sprachgebietes.«[187]

Die schriftliche Prüfung, die höchstens vier Stunden dauern sollte und ohne Hilfsmittel erledigt werden musste, umfasste die folgenden drei Teile:

> »1. (...) Uebersetzung eines gedruckten und eines geschriebenen Textes aus der fremden Sprache in die deutsche; 2. (...) Uebersetzung aus der deutschen Sprache in die fremde; 3. in einem in der fremden Sprache abzufassenden Aufsatz über ein Thema aus den Realien des betreffenden Sprachgebietes.«[188]

Zum Inhalt der mündlichen Prüfung, die zwei Stunden dauern sollte und teilweise in der Fremdsprache abgehalten wurde, werden in dem Dokument keine Angaben gemacht.

Das Diplom berechtigte nicht zur Führung eines bestimmten Titels, sondern hatte die Funktion eines Nachweises über die Erlangung von Kenntnissen in einer bestimmten Sprache nach Maßgabe der Unterrichtsziele am SOS.[189]

Die vorangegangenen Ausführungen zum Curriculum am SOS zeigen, dass zur Erreichung der Unterrichtsziele am SOS zwei Komponenten dienten: 1) Unterricht in der fremden Sprache, 2) Realienunterricht. Bedingt durch die vielfältigen Bedürfnisse der breiten Zielgruppe des SOS zeichnete sich der Realienunterricht durch ein breites Themenspektrum aus. Die Tatsache, dass sich die Zielgruppe des SOS stetig erweitert hatte und die Ausbildungsstätte somit nicht mehr hauptsächlich für die Ausbildung von Dolmetschern zuständig war, hatte zur Folge, dass das Curriculum am SOS auf eine möglichst breite Grundlage gestellt wurde, weil vor allem Politiker, die das SOS im Dienst der verschiedenen Bereiche der Auswärtigen Politik sahen, größtmögliche Flexibilität in Bezug auf das Unterrichtsangebot am SOS erwarteten. Dies hatte wiederum hemmende Wirkung auf die Entwicklung

---

186 PA AA, R 139632, Ordnung der Diplom-Prüfung in modernen Europäischen Sprachen, 02.08.1900. Vgl. dazu auch Sachau (1912: 52) bezüglich der Ordnung der Diplom-Prüfung des SOS vom 22.06.1889.

187 PA AA, R 139632, Ordnung der Diplom-Prüfung in modernen Europäischen Sprachen, 02.08.1900, S. 2.

188 Ibid.

189 Vgl. Sachau (1912: 54).

der Methoden der translatorischen Ausbildung. Zudem wurde in der Öffentlichkeit unbewusst der Eindruck vermittelt, dass das unklar umrissene Tätigkeitsfeld des Dolmetschens, das bis in die 1930er Jahre noch für die mündliche und schriftliche Sprachmittlung stand, keine Expertentätigkeit ist. Dies sollte das ab den 1920er Jahren entstehende Berufsbild von Dolmetschern und Übersetzern noch lange begleiten, denn praktisch wurde dieses Berufsbild bereits schon vor seiner eigentlichen Entstehung verwässert (vgl. 2.3). Wenig hilfreich war in dieser Beziehung die Tatsache, dass das Studium am SOS als Ergänzungsstudium und nicht als Vollzeitstudium konzipiert war.

2.2.2.4 Nomen non est omen – Kritik am Namen des *Seminars für Orientalische Sprachen*

Zu den verqueren Vorstellungen über das SOS in der Öffentlichkeit trug auch die Namensgebung der Ausbildungsstätte bei:

> »Es gibt wohl keine wissenschaftliche Anstalt im Deutschen Reiche, über die in der Oeffentlichkeit so unklare und teilweise irrige Vorstellungen verbreitet sind als über ›das Seminar für orientalische Sprachen an der königlichen Friedrich-Wilhelms-Universität in Berlin‹ (...).«[190]

Das SOS wurde nach dem Vorbild der 1754 in Wien gegründeten *Orientalischen Akademie* und der École *Spéciale des Langues Orientales Vivantes* in Paris, die 1795 errichtet wurde, gegründet[191]. Die Bezeichnung des SOS erfolgte daher in Anlehnung an die seit langem bestehenden und bewährten Schwesterinstitute in Wien und Paris. Die nominelle Konstruktion ist aber auch auf infrastrukturelle Gründe zurückzuführen. Aufgrund mangelnder Erfahrung wurde der Unterricht für die angehenden Dolmetscher am SOS wie in einem Universitätsseminar »mit gewissen praktischen Methoden« konzipiert. Relativ schnell stellte sich jedoch heraus, dass mit diesen Methoden nicht das gewünschte Ziel erreicht werden konnte. Ein anderer Weg musste daher für die Ausbildung der Dolmetscher am SOS eingeschlagen werden, der erst in vielen Jahren der Unterrichtspraxis gebahnt wurde. Dies führte zur Konzeption des nationenwissenschaftlichen Studiums.[192] (Vgl. 2.2.3.3)

Eine wichtige Rolle bei der Namensgebung des SOS spielte auch die Auffassung, dass sich die nominelle Verbindung zur Universität Berlin, der bereits ver-

---

190 Palme (1912). Vgl. hierzu auch Sachau (1912: 16/17): »(...) Daß im übrigen das Seminar von den eigentlichen Universitätsseminaren in jeder Beziehung verschieden ist, liegt auf der Hand, und von vornherein ist ihm völlige Selbständigkeit gegenüber der Universität gesichert, damit es unbehindert seinen besonderen, auf die Vorbereitung für eine spezielle praktische Tätigkeit gerichteten Lehrberuf entwickeln kann. (...).«

191 Vgl. Mittwoch (1926: 13).

192 GStA PK, I. HA, Rep. 208 A Seminar für Orientalische Sprachen, Nr. 179 Bd. 1, Bl. 122, »40 Jahre orientalisches Seminar. Gründung und Entwicklung«, *Deutsche Allgemeine Zeitung*, 26.10.1927.

schiedene Seminare angegliedert waren, positiv auf die Entwicklung der neuen Lehrstätte auswirken würde. Finanziell und in Verwaltungsangelegenheiten war das SOS jedoch stets unabhängig von der Universität Berlin[193]. Vor diesem Hintergrund wurde 1887 die Bezeichnung »Seminar für Orientalische Sprachen an der Universität Berlin« gewählt. Bald bürgerte sich die Kurzfassung »Orientalisches Seminar« ein[194].

Da das SOS in den Dienst des Reichs gestellt wurde, musste es mit außenpolitischen Veränderungen entsprechend Schritt halten (vgl. 2.2.2.3). So wurden nach der Gründung des SOS weitere Sprachen, die geographisch nicht zum Orient zählten, etwa europäische, in das Lehrprogramm aufgenommen. Bei der 25-jährigen Jubiläumsfeier wurde das SOS daher seinem Namen nicht mehr gerecht (vgl. 2.2.2.2). In der von ihm verfassten Denkschrift zum 25-jährigen Jubiläum des SOS thematisiert Sachau die Problematik wie folgt:

> »Wären die grundlegenden Verhandlungen nicht 1886, sondern 1887 geführt worden und hätte man damals die Entwicklung unserer Kolonialinteressen voraussehen können, so hätte [die Ausbildungsstätte] zweifellos einen Namen erhalten, der ihrem Wesen gerecht wird, etwa *›Seminar für orientalische und koloniale Studien‹* oder *›Orientalische und Kolonial-Akademie‹*.«[195]

Auch durch die Reformdebatte über den Ausbau des SOS zu einer *Deutschen Auslandshochschule*, die sich an die 25-jährige Jubiläumsfeier anschloss, zieht sich die Kritik an der Bezeichnung des SOS wie ein roter Faden. 1913 zeigten die planmäßigen Dozenten des SOS Unklarheiten auf, die sich aus der Bezeichnung der Ausbildungsstätte ergaben:

> »Wird das Seminar von der Universität getrennt und in eine selbständige Hochschule verwandelt, so ist zunächst der Name ›Seminar‹ fallen zu lassen. Unsere Anstalt hat mit der Universität nichts zu tun. Sie ist nicht das Seminar irgendeines Ordinarius der Universität wie die übrigen Seminare, und die unnatürliche, nur nominelle Verbindung mit der Universität hat hemmend auf seine Entwicklung gewirkt. Im Hinblick auf die weiteren der Anstalt jetzt zu steckenden Ziele würde der Name ›Deutsche Auslandhochschule‹ der geeignetste sein.«[196]

---

193 GStA PK, I. HA, Rep. 76 Kultusministerium, Va Sekt. 2 Tit. I Nr. 29 Bd. 1, Bl. 103–103 (RS). Planmäßige Dozenten des SOS an Unterrichtsministerium, 26.07.1913. Vgl. auch Pohl (1913: 13).

194 GStA PK, I. HA, Rep. 208 A Seminar für Orientalische Sprachen, Nr. 179 Bd. 1, Bl. 122, »40 Jahre orientalisches Seminar. Gründung und Entwicklung«, *Deutsche Allgemeine Zeitung*, 26.10.1927.

195 Sachau (1912: 18); siehe hierzu auch ibid, S. 12. Hervorhebung im Original fett und teilweise in größerer Schriftgröße.

196 GStA PK, I. HA, Rep. 76 Kultusministerium, Va Sekt. 2 Tit. I Nr. 29 Bd. 1, Bl. 103–103 (RS). Planmäßige Dozenten des SOS an Unterrichtsministerium, 26.07.1913.

Nachdem das Sprachangebot des SOS während und nach dem Ersten Weltkrieg auf europäische Sprachen ausgedehnt wurde[197], nahm bei manchen Beteiligten das Ärgernis über den Namen der Lehreinrichtung zu:

> »Die Umbenennung des Seminars für Orientalische Sprachen in ›Deutsche Auslandshochschule‹ bedeutet nicht die Inslebenrufung kostspieliger Neueinrichtungen. Sie bedeutet im wesentlichen eine Zielsetzung in bestimmter Richtung. Sie ist die Beseitigung eines völlig irreführenden Namens, welcher dem Wesen unserer Hochschule nicht entspricht und ihrer Entwicklung dauernd hindernd im Wege steht. Dieser Name steht wie eine Wand zwischen uns und vielen unserer Hörer (sic!), die zu uns kommen würden, wenn sie wüßten, was hinter dem exotischen Namen verborgen ist. Der Name wirkt irreführend und verletzend im Auslande. So wurde bespeilsweise (sic!) in Rußland es vielfach als kränkend empfunden, daß das Studium Rußlands an ein ›Orientalisches Seminar‹ bei uns verwiesen ist.«[198]

Dies zeigt, dass das SOS 25 Jahre nach seiner Gründung schon seit langem nicht mehr nur das leistete, was sein Name versprach. Bei der Wahl der Bezeichnung der Ausbildungsstätte wurden die Verantwortlichen im Jahr 1886 von kurzsichtigen Faktoren geleitet. Der langfristige Erfolg des SOS war in der Zeit seiner Gründung nicht absehbar. Trotz seiner positiven Entwicklung gelang es dem SOS jedoch nicht, sein nominelles Korsett im Laufe der Jahre zu sprengen.

2.2.3 Der Streit über eine *Deutsche Auslandshochschule* (1913–1928)

Das 25-jährige Jubiläum in der Geschichte des SOS steht nicht nur für eine langjährige erfolgreiche Ausbildungstätigkeit, die von einer breiten Zielgruppe in Anspruch genommen wurde, sondern markiert auch den Beginn einer in Politik und Öffentlichkeit kontrovers geführten und gesellschaftlich tiefgreifenden Diskussion, in der, einhergehend mit Veränderungen in der Weltpolitik und Weltwirtschaft (vgl. 2.1.2.3, 2.1.2.4), die Ausbildung am SOS von verschiedenen Seiten kritisch hinterfragt wurde. Die folgenden Aufzeichnungen behandeln die Entwicklung der Reformdebatte, ihren Hintergrund, Streitpunkte und Auswirkungen sowie die Gründe, die den Reformprozess blockierten.

---

197 GStA PK, I. HA, Rep. 208 A Seminar für Orientalische Sprachen, Nr. 179 Bd. 1, Bl. 122, »40 Jahre orientalisches Seminar. Gründung und Entwicklung«, *Deutsche Allgemeine Zeitung*, 26.10.1927. Als Grund für die steigende Nachfrage nach dem Sprachunterricht in europäischen Sprachen wird die zunehmende Auswanderungsquote angeführt, wobei Spanisch besonders stark nachgefragt wurde.

198 PA AA, R 64155, Zur Neuorganisation des Seminars für orientalische Sprachen, 04.04.1921.

2.2.3.1 Der Hintergrund einer langjährigen Reformdebatte (1908–1912)

Die öffentliche Diskussion über die Zukunft des SOS steht in engem Zusammenhang mit der Reform des diplomatischen und konsularischen Dienstes, die 1908 mit den »Bestimmungen über den Eintritt in den diplomatischen Dienst« eingeleitet wurde[199]. Diese neuen Zulassungsbedingungen ersetzten die bis dahin gültigen »Bestimmungen über die Aufnahme und Prüfung der Anwärter für den diplomatischen Dienst«[200] aus dem Jahr 1876[201]. Seit damals hatten sich die internationalen Verhältnisse enorm verändert und damit einhergehend wurde das Tätigkeitsfeld der Diplomaten erweitert und anspruchsvoller[202]. Das Ausbildungsprofil, das aus einer anderen Zeit stammte, konnte somit den Bedürfnissen der sich verändernden Welt nicht mehr genügen. Mancher mutige Kritiker nahm dies zum Anlass, nicht nur die Ausbildung der Diplomaten in Frage zu stellen, sondern auch das Rekrutierungssystem für den diplomatischen Dienst an sich. Dabei orientierten sich Kritiker meist am Ausland, wo sich Diplomatie mancherorts nicht, wie beanstandet, »in prunkvoller Repräsentation erschöpft«[203] und Personen zum diplomatischen Dienst zugelassen wurden, die nicht wie in Deutschland üblich dem Geburts- und Geldadel entstammten[204]. Angesichts der internationalen politischen und wirtschaftlichen Veränderungen, die sich auch in Deutschland vollzogen, hatten nach der Meinung von reformoffenen Kritikern »Lackstiefeldiplomaten« ausgedient[205]. Zudem sei in anderen Ländern erkannt worden, dass diplomatische Beziehungen zukünftig von wirtschaftlichen Fragen abhängen[206]. Folgerichtig habe man dort auf diese Entwicklungen auch reagiert, wie etwa in Frankreich, wo die Ausbildungsstätte der Handelsattachés reformiert wurde, um alle strategisch wichtigen französischen Auslandsvertretungen mit deren Absolventen zu versorgen[207].

---

199 PA AA, R 139244, »Bestimmungen über den Eintritt in den diplomatischen Dienst.«, *Norddeutsche Allgemeine Zeitung*, 01.05.1908.

200 PA AA, R 139244, Artikel ohne Titel, *Norddeutsche Allgemeine Zeitung*, 06.12.1907.

201 PA AA, R 139244, »Die Reform des diplomatischen Dienstes.«, *Berliner Tageblatt*, 02.04.1908.

202 PA AA, R 139244, Artikel ohne Titel, *Norddeutsche Allgemeine Zeitung*, 06.12.1907 und PA AA, R 139244, »Diplomatischer Nachwuchs.«, *Neue Gesellschaftliche Korrespondenz*, 22.02.1908.

203 PA AA, R 139244, »Handels-Attachés – Moderne Diplomatie.«, *Berliner Börsen Courier*, 01.04.1908.

204 Ibid und PA AA, R 139244, »Unsere Diplomaten.«, *Hamburger Nachrichten*, 20.04.1907.

205 PA AA, R 139244, »Die Reform des diplomatischen Dienstes.«, *Berliner Tageblatt*, 02.04.1908.

206 PA AA, R 139244, »Diplomatischer Nachwuchs.«, *Neue Gesellschaftliche Korrespondenz*, 22.02.1908.

207 PA AA, R 139244, »Handels-Attachés – Moderne Diplomatie.«, *Berliner Börsen Courier*, 01.04.1908.

Vor dem Hintergrund dieser Kritik begann die Reform des diplomatischen Dienstes in Deutschland vor dem Ersten Weltkrieg, angefangen 1908 mit der Reform der Ausbildung der Nachwuchsdiplomaten. Protagonist der Reform war der Staatssekretär im Auswärtigen Amt, Wilhelm von Schoen, der »bekannt war als ein Mann von praktischem, weitem Blick« und durch seine Herkunft aus einem wohlhabenden Kaufmannshaus ein Gespür für wirtschaftliche Belange hatte[208].

Die im Mai 1908 in Kraft getretenen Zulassungsbestimmungen für den diplomatischen Dienst bargen den Kern für die Diskussion über eine *Deutsche Auslandshochschule* in sich. In einem Vergleich mit den bis 1908 gültigen Zulassungsbestimmungen sollen die für die vorliegende Arbeit relevanten Unterschiede zu den neuen Zulassungsbestimmungen hervorgehoben werden.

Zur Aufnahme für die zweijährige Probezeit für den diplomatischen Dienst, die sich in eine einjährige Tätigkeit im Auswärtigen Amt und in eine einjährige Tätigkeit als Attaché bei einer auswärtigen Mission gliederte, wurden bis 1908 das erfolgreich bestandene erste juristische Examen, eine zweijährige Tätigkeit bei deutschen Gerichts- oder Verwaltungsbehörden sowie fundierte Französischkenntnisse vorausgesetzt. Nach der zweijährigen Probezeit war die Zulassung zur diplomatischen Prüfung möglich. Diese Zulassungsbedingungen zum Eintritt in den diplomatischen Dienst ließen jedoch sprachliche, wirtschaftliche und handelsrelevante Kenntnisse, die in Anbetracht der internationalen Entwicklung in Politik und Wirtschaft für die Tätigkeit als Auslandsvertreter als sehr nützlich erachtet wurden, in der Ausbildung der zukünftigen Diplomaten außer Acht.[209]

Durch die 1908 erlassenen Zulassungsbestimmungen sollte dieser Mangel behoben werden. Nach wie vor wurde das erste juristische Staatsexamen als Zulassungskriterium vorausgesetzt. Im Gegensatz zu den vorherigen Bestimmungen wurde jedoch keine zweijährige Praxistätigkeit mehr zur Zulassung für die diplomatischen Anwärter verlangt[210], sondern als weiteres Aufnahmekriterium das Bestehen einer Vorprüfung in Französisch und Englisch eingeführt[211], wobei jeweils schriftlich und mündlich geprüft wurde[212]. Die Probezeit, der sogenannte

208 PA AA, R 139244, »Diplomatischer Nachwuchs.«, *Neue Gesellschaftliche Korrespondenz*, 22.02.1908. Wilhelm von Schoen (1851–1933) bekleidete verschiedene Positionen im Auswärtigen Amt, u.a. war er 1906–1907 Botschafter in St. Petersburg, bevor er von 1907–1910 Staatssekretär im Auswärtigen Amt war (vgl. DBE (1998: 82)). Es ist möglich, dass er während seiner Zeit als Botschafter in St. Petersburg Anton Palme, der im Rahmen seiner Lehrtätigkeit am SOS Kontakte nach St. Petersburg unterhielt, kennen lernte und sich möglicherweise mit ihm über die Reform des Auswärtigen Dienstes austauschte.

209 PA AA, R 139244, Artikel ohne Titel, *Norddeutsche Allgemeine Zeitung*, 06.12.1907.

210 PA AA, R 139244, »Die Reform des diplomatischen Dienstes.«, *Berliner Tageblatt*, 02.04.1908.

211 PA AA, R 139244, »Bestimmungen über den Eintritt in den diplomatischen Dienst.«, *Norddeutsche Allgemeine Zeitung*, 01.05.1908, § 1.

212 Ibid, § 3.

Vorbereitungsdienst, sollte zukünftig in der Regel vier Jahre dauern[213] und wie folgt ausgestaltet werden:

> »Die Vorbereitung erfolgt durch Beschäftigung der Bewerber bei den diplomatischen und den konsularischen Behörden sowie durch Beschäftigung bei den verschiedenen Abteilungen des Auswärtigen Amtes. Auch hat der Bewerber, soweit dies nicht mit Rücksicht auf seine Vorbildung entbehrlich erscheint, Vorlesungen über Geschichte, Einführung in die Rechtswissenschaft, über Staatsrecht, Völkerrecht und Finanzwissenschaft zu hören sowie an staats- und völkerrechtlichen seminaristischen Uebungen teilzunehmen und sich auf wirtschaftlichem Gebiete durch Besuch einer Handelshochschule, durch Beschäftigung bei einer Handelskammer, in einem Handelshaus oder Bankinstitut, oder in sonst geeigneter Weise zu unterrichten.«[214]

Nach erfolgreicher Beendigung des Vorbereitungsdienstes konnten die Anwärter zur diplomatischen Prüfung zugelassen werden. Diese umfasste u. a. schriftliche und mündliche Prüfungen in Französisch und Englisch sowie wirtschafts- und handelsbezogene Prüfungsleistungen. Zum Leidwesen mancher Kritiker wurde durch die neuen Bestimmungen das »feudale System« im diplomatischen Dienst jedoch nicht abgeschafft[215], denn weiterhin galt, dass nur wer entsprechende Vermögensverhältnisse nachweisen konnte, nach freiem Ermessen des Reichskanzlers in den Kreis der Diplomaten aufgenommen wurde[216].

Von der Öffentlichkeit wurde die Umgestaltung des Vorbereitungsdienstes jedoch weitgehend begrüßt und die Einbindung einer Ausbildungsphase in der wirtschaftlichen Praxis im Rahmen der Ausbildung der angehenden Diplomaten »als eine von modernem Geiste zeugende Neuerung«[217] erachtet[218]. Die Reform des diplomatischen Dienstes galt dennoch nicht als abgeschlossen, denn bezüglich der Neuerung des Vorbereitungsdienstes wurde die Frage aufgeworfen, ob das, was im Rahmen der Ausbildung verlangt wurde, von den Anwärtern überhaupt geleistet werden konnte[219]. Diese Frage war die Quelle einer jahrzehntelangen Diskussion über eine zu schaffende Auslandshochschule, die den Zwecken des Auswärtigen Dienstes und anderen Berufsangehörigen, die im Ausland eine Tätigkeit anstreben, dienen sollte.

213 Ibid, § 5.

214 Ibid, § 6.

215 PA AA, R 139244, »Handels-Attachés – Moderne Diplomatie.«, *Berliner Börsen Courier*, 01.04.1908.

216 PA AA, R 139244, »Bestimmungen über den Eintritt in den diplomatischen Dienst.«, *Norddeutsche Allgemeine Zeitung*, 01.05.1908, § 2 und PA AA, R 139244, »Diplomatischer Nachwuchs.«, *Neue Gesellschaftliche Korrespondenz*, 22.02.1908.

217 PA AA, R 139244, »Die Reform des diplomatischen Dienstes.«, *Berliner Tageblatt*, 02.04.1908.

218 Vgl. Pohl (1908).

219 Ibid.

Im Sommer 1908 wurde von dem Abgeordneten und Ordentlichen Professor für Recht an der Universität Bonn, Phillipp Zorn[220], der Gedanke einer in Berlin zu errichtenden »Akademie für den Auslanddienst« zum ersten Mal öffentlich bei einer Sitzung im Herrenhaus[221] ausgesprochen. Durch die zu errichtende Ausbildungsstätte sollte das Studium, das neben dem praktischen Vorbereitungsdienst für eine diplomatische Laufbahn verlangt wurde, unter eine institutionelle Leitung gestellt und entsprechend planmäßig durchgeführt werden.[222]

Diesen Gedanken griff Heinrich Pohl[223] in einem Artikel in der *Neuen Preußischen Zeitung* im August 1908 auf und führte ihn weiter, indem er einen Vorschlag über die Ausgestaltung der wünschenswerten Ausbildungsstätte unterbreitete. Die größte Abteilung der Akademie sollte demnach die wirtschaftliche sein. In dieser sollte Volkswirtschaftslehre und Finanzwissenschaft mit Schwerpunkt Handels- und Zollpolitik unterrichtet werden. In diese Abteilung konnten aber auch, so Pohls Vorschlag, Fächer wie Kolonialgeschichte, Geographie, Anthropologie und Tropenhygiene integriert und die »Kenntnis des Preßwesens« vermittelt wer-

220 Philipp Zorn (1850–1928) habilitierte sich 1875 in Rechtswissenschaften und begann seine Professorenlaufbahn anschließend in Berlin. Über Königsberg führte ihn sein Weg an die Universität Bonn, wo er auf Wunsch des Kaisers lehrte und bei der Ausbildung des Nachwuchses der Monarchen mitwirkte. Zorn nahm 1899 als Delegierter auf der Haager Friedenskonferenz teil. 1905 wurde er auf Lebenszeit ins Herrenhaus berufen. Zorn war Heinrich Pohls Mentor (vgl. Fußnote 223). Vgl. DBE (1999: 689).

221 Der preußische Landtag bestand seit Mitte des 19. Jahrhunderts bis zum Ende des Ersten Weltkriegs aus zwei Kammern. Die erste Kammer, das sogenannte Herrenhaus, bestand aus erblichen Mitgliedern oder solchen, die vom König oder Kaiser auf Lebenszeit ernannt wurden. Die zweite Kammer wurde durch das sogenannte Haus der Abgeordneten gebildet. Seine Mitglieder wurden nach dem Dreiklassenwahlrecht gewählt (vgl. BRO (2006: 86)).

222 Vgl. Pohl (1908).

223 Heinrich Pohl (1883–1931) studierte in München und Bonn Jura, wo er seinem Lehrer Philipp Zorn begegnete (vgl. Fußnote 220). 1905 promovierte er mit einer Arbeit über die Entstehung des belgischen Staates und des Norddeutschen Bundes zum Dr. jur. in Bonn. Aus der Danksagung seiner Dissertation geht hervor, dass seine wissenschaftliche Tätigkeit in erster Linie von Zorn beeinflusst wurde (vgl. Pohl (1905: Lebenslauf)). Die enge Verbindung zwischen Zorn und Pohl erklärt sicherlich auch Pohls Einsatz für eine besondere Ausbildungsstätte für Anwärter des Auswärtigen Dienstes, die Zorn zuvor auf politischer Ebene angeregt hatte. Bei seiner ersten öffentlichen Stellungnahme zum Thema im Jahr 1908 war Pohl erst 25 Jahre alt (vgl. Pohl (1908)). Nach seiner Habilitation im Jahr 1910 in Bonn wirkte Pohl bis etwa 1930 an den Universitäten in Greifswald, Rostock, Tübingen und Breslau als Professor der Rechtswissenschaften (vgl. DBE (1998: 18). Als Experte für Völkerrecht verfasste Pohl die meisten seiner Forschungsarbeiten mit Blick auf eine international relevante Problematik, was sein Interesse an der Diskussion zur Auslandshochschule rechtfertigte.

den[224]. Neben der wirtschaftlichen Abteilung sollte eine Rechtsabteilung errichtet werden, in deren Fokus das Völkerrecht stehen sollte:

> »[Die zu errichtende Ausbildungsstätte] muß eine nationale Völkerrechtshochschule werden. Daneben ist die Verfassung des Deutschen Reiches vorzutragen. Fremdenrecht und deutsches Konsularrecht sind besonders zu pflegen, während das bei den deutschen Konsulaten in Anwendung kommende Zivil-, Prozeß- und Strafrecht nur in den Grundzügen zu lehren wäre. Die Rechtsabteilung muß endlich eine genauere Kenntnis des deutschen Handels- und Wechselrechts und der Seemannsordnung vermitteln. Beim Völkerrecht ist das Studium des internationalen Seerechts und der wichtigsten internationalen Verträge des Deutschen Reiches möglichst in den Vordergrund zu stellen.«[225]

Der zu unterrichtende Lehrstoff sollte im Rahmen von Vorlesungen und seminaristischen Übungen vermittelt werden. Als Zielgruppe der Akademie kamen Pohl zufolge zudem Kolonialbeamte in Frage. In der zu errichtenden Akademie sah Pohl vor allem auch eine Möglichkeit, die »darniederliegende Völkerrechtswissenschaft« in Deutschland aufzuwerten, denn sie sollte als »wissenschaftliche Zentrale für die Pflege des Völkerrechts in Deutschland« fungieren.

Unabhängig davon stellte sich Friedrich Althoff[226] nach Erlass der Bestimmungen zur Zulassung zum diplomatischen Dienst im Mai 1908 ebenfalls die Schaffung einer Institution in Deutschland vor, die sich wissenschaftlich mit völkerrechtlichen Belangen auseinandersetzte. Dabei schien ihm das SOS als Grundlage für die geplante Institution besonders geeignet zu sein. Im Juli 1908 bei einer Besprechung zur Errichtung eines sogenannten deutschen Oxfords in Berlin-Dahlem, wo auch das SOS einen Platz bekommen sollte, eröffnete Althoff dem Direktor des SOS, Eduard Sachau, seine Zukunftspläne für das SOS.[227]

Das SOS sollte vergrößert werden, um »die Bedürfnisse der Vorbereitung für sämtliche Zweige des auswärtigen Reichsdienstes zu befriedigen«[228]. Der Sprachunterricht am SOS sei Althoff zufolge so umfangreich wie an keiner anderen Ausbildungsstätte weltweit und auch der Realienunterricht mit moderner Geschichte, Geographie sowie mit Lehreinheiten über die rechtlichen und wirtschaftlichen Verhältnisse der jeweiligen Sprachgebiete seien am SOS zwar vorhanden, das Völkerrecht und eine Reihe von »Specialvorlesungen, welche besonders wichtige und

224 Vgl. Pohl (1908). Hervorhebung im Original.

225 Ibid. Hervorhebung im Original.

226 Friedrich Althoff (1839–1908) spielte von 1882–1907 eine entscheidende Rolle im preußischen Unterrichtsministerium. Als Leiter der Hochschulabteilung war er auch in den Gründungsprozess des SOS involviert und begleitete die Entwicklung der Ausbildungsstätte mit großem Interesse bis zu seinem Ableben im Jahre 1908 (vgl. Sachau (1912: 42) und Pohl (1913: 12)). Zu Althoffs Lebenslauf siehe z. B. NDB (1953: 222–224).

227 GStA PK, I. HA, Rep. 208 A Seminar für Orientalische Sprachen, Nr. 184, Bl. 23–25 (RS), Sachau an Reichskanzler, 12.01.1909.

228 Ibid, Bl. 23 (RS).

aktuelle Fragen des internationalen politischen rechtlichen und wirtschaftlichen Verkehrs«[229] thematisieren, seien am SOS jedoch nicht vertreten. Althoff schlug im zitierten Dokument daher vor, am SOS eine Völkerrechtsabteilung zu schaffen, die durch die Heranziehung von deutschen und auch ausländischen Forschern im besten Sinne eine internationale Forschung auf dem relevanten Gebiet ermöglichen sollte.

Der Gedanke zur Errichtung einer Völkerrechtshochschule in Deutschland bzw. die Erweiterung des SOS zu einer solchen wurde 1908 nicht weiterverfolgt. Pohl führt dies in seiner 1913 erschienenen Schrift *Die Deutsche Auslandshochschule* darauf zurück, dass »die große politische Bedeutung der Disziplin des Völkerrechts« 1908 in Deutschland noch nicht als solche empfunden wurde[230]. Pohl erläutert in seiner Schrift, dass er, als er die Errichtung einer Völkerrechtshochschule im August 1908 vorschlug, an den Ausbau des SOS zu einer solchen zwar gedacht, diesen Plan in seinem Artikel aber nicht ausgesprochen hatte[231]. Neben seinem 1908 erschienenen Beitrag »Die Vorbildung der deutschen Diplomaten und Konsuln« in der *Neuen Preußischen Zeitung* bietet Pohls Schrift eine kurze Zusammenfassung über die Gründung des SOS im Jahr 1887. In seinem Werk diskutiert er außerdem anhand einiger Beiträge die Zukunft des SOS, die zum 25-jährigen Jubiläum des SOS im Zeitraum von Oktober 1912 bis April 1913 in Presse und Fachzeitschriften erschienen waren[232].

Die zu schaffende Ausbildungsstätte, die von verschiedenen Seiten angeregt wurde, hatte bis November 1912 noch keine allgemein akzeptierte Bezeichnung. Erst kurz vor der Jubiläumsfeier des SOS stellte der an dieser Ausbildungsstätte wirkende Dozent für die Russische Sprache, Anton Palme (vgl. 2.2.3.13.1), in einem Zeitungsartikel die Bezeichnung »Deutsche Auslandshochschule« zur Diskussion. Palme zufolge entsprach diese Bezeichnung »dem Wesen und den Aufgaben der Anstalt aufs beste«.[233] Im Laufe der Reformdebatte über die Zukunft des SOS fand dieser Vorschlag allgemeine Zustimmung.

2.2.3.2 Der Auftakt einer langjährigen Reformdebatte (1913–1914)

Am 16.04.1913 wurde im Reichstag beschlossen, »den Herrn Reichskanzler zu ersuchen, mit dem nächstjährigen Reichshaushalt eine Denkschrift über den Ausbau des Orientalischen Seminars zu einer deutschen Auslandshochschule vorzulegen«[234]. In der in den Tagen zuvor im Reichstag geführten Debatte wurde gewünscht, den bisherigen Dualismus der Trägerschaft durch das Reich und Preu-

229 Ibid. Hervorhebung im Original.
230 Vgl. Pohl (1913: 12).
231 Ibid, S. 11.
232 Vgl. Hartmann (1913a). Pohl diskutiert in seinem Werk etwa folgende Beiträge: Hartmann (1913b), N. N. (1912b), Schrameier (1913).
233 Vgl. Palme (1912).
234 GStA PK, I. HA, Rep. 76 Kultusministerium, Va Sekt. 2 Tit. I Nr. 29 Bd. 1, Bl. 89, Protokoll der Reichstagssitzung, 16.04.1913.

ßen aufzuheben und die Auslandshochschule als »Reichsanstalt« zu gründen. Als Grund dafür wurde die Tatsache genannt, dass die meisten Absolventen des SOS im Reichsdienst stehen, um internationale Handelsbeziehungen zu fördern. Betont wurde in der Diskussion unter den Abgeordneten daher auch der positive Effekt, den eine Auslandshochschule auf das »deutsche Wirtschaftsleben« und den Handel mit Ländern wie beispielsweise China haben könnte. Im Fach Sinologie etwa stand Deutschland mit Lehrstühlen weit hinter England und Frankreich zurück, wo es 37 bzw. 22 Sinologie-Lehrstühle gab. Deutschland hatte hingegen nur drei oder vier Lehrstühle im Fach Sinologie vorzuweisen. In Anbetracht dieser Tatsache sei es »begreiflich, warum Deutschland in China so sehr gegenüber den Engländern, namentlich auch den Amerikanern zurücksteht«. Wie in der relevanten Reichstagsdebatte auch angeführt wurde, sei es zur Entfaltung der Lehrtätigkeit notwendig, den Dozenten am SOS mehr Selbstständigkeit einzuräumen.[235]

Dieser Vorschlag wurde in einem Schreiben an den preußischen Unterrichtsminister, das von sechs Dozenten des SOS unterschrieben wurde, deutlicher dargelegt. Anlass dieses Schreibens war eine im Juni 1913 abgehaltene Besprechung des Kollegiums des SOS über die Neugestaltung der Lehrtätigkeit an dieser Ausbildungsstätte. Wie dem zitierten Schreiben zu entnehmen ist, wurde eine Diskussion zum Thema vom Direktor des SOS, Eduard Sachau, der der Besprechung vorsaß, nicht zugelassen. Da die mögliche Umgestaltung des SOS jedoch die Unterzeichneten betraf, reichten die Dozenten diesbezügliche Vorschläge direkt beim Unterrichtsminister ein.[236]

Das Schreiben umfasste sieben Punkte, u.a. einen Punkt zu einer zu entwerfenden kollegialen Verfassung des SOS, die, wie in der Reichstagssitzung bereits angeklungen, den einzelnen Dozenten des SOS mehr Freiheit bei der Ausübung ihrer Lehraufträge in den jeweiligen Sprachen gewähren sollte. Die bisherige Direktorialverfassung habe sich in der Praxis nicht bewährt, zumal das Amt des Direktors ausschließlich Verwaltungsaufgaben umfasse.[237] In der Reichstagsdebatte wurde eine Änderung der seit Gründung des SOS bestehenden Direktorialverfassung damit gerechtfertigt, dass es keinen Gelehrten gebe, der alle am SOS angebotenen Sprachen beherrschen könne[238]. Vermutlich hing die ablehnende Haltung des Direktors, eine Diskussion über die Neugestaltung des SOS zu führen, mit der angedachten Beschneidung seiner Rechte als Direktor zusammen. Ein weiterer Punkt

235 Ibid, Bl. 87 (RS).

236 GStA PK, I. HA, Rep. 76 Kultusministerium, Va Sekt. 2 Tit. I Nr. 29 Bd. 1, Bl. 103, Dozenten des SOS an Minister der Geistlichen und Unterrichtsangelegenheiten, 26.07.1913. Vermutlich handelt es sich bei den Unterzeichneten um planmäßige Dozenten des SOS. Es ist möglich, dass Sachau eine Diskussion der Angelegenheit verweigerte, da diese seinen Kompetenzbereich seiner Meinung nach überschritt (in: GStA PK, I. HA, Rep. 208 A Seminar für Orientalische Sprachen, Nr. 184, Bl. 80–81, Sachau an Unterrichtsminister, 10.06.1913).

237 Ibid, Bl. 104 (RS).

238 GStA PK, I. HA, Rep. 76 Kultusministerium, Va Sekt. 2 Tit. I Nr. 29 Bd. 1, Bl. 87 (RS), Protokoll der Reichstagssitzung, 16.04.1913.

des Schreibens der Dozenten bezog sich auf die Bezeichnung des SOS, die »hemmend auf seine Entwicklung gewirkt« habe. Als zukünftige Bezeichnung wurde stattdessen »Deutsche Auslandhochschule« vorgeschlagen.[239]

Zudem umfasste das Schreiben der Dozenten einen Punkt, der sich mit den Zielen der *Deutschen Auslandshochschule* befasste. Darunter wurden zum einen »die praktische Handhabung der Sprachen in ihrer gegenwärtigen Form« und zum anderen »die wissenschaftliche Erkenntnis der gesellschaftlichen und staatlichen Verhältnisse der nichtdeutschen Länder (Sprache und Literatur, Wirtschaftsleben, Religion und Wissenschaft, Recht und Staat)« genannt. Zur Erreichung der Ziele war eine Diplomprüfung nach viersemestrigem Studium vorgesehen. Nach bestandener Diplomprüfung und nach einem mindestens sechssemestrigen Studium sollte die Promotion möglich sein.[240]

Der Ausbau des SOS sollte mit einer Erweiterung des Angebots sowohl des Sprach- als auch des Sachunterrichts einhergehen[241]. Außerdem wurde in dem Schreiben die Stellung der Dozenten, ihre Rechte und Pflichten, die bisher nicht festgelegt waren, thematisiert. Als Maßgabe für etatmäßige Professoren sollte gelten, dass nur Personen aufgenommen werden, »deren praktische und wissenschaftliche Tüchtigkeit ausser Zweifel steht. Es genügt keineswegs, dass der betreffende (sic!) längere Zeit in dem von ihm zu vertretenden Lande gelebt hat und sich eine rein praktische Sprachfertigkeit angeeignet hat, sondern er muss durch wissenschaftliche Arbeiten den Ausweis über seine Befähigung erbracht haben«. Außerdem wurde gefordert, dass das Deputat der einzelnen Lehrkräfte auf acht bis zehn Wochenstunden reduziert werde, damit Zeit zum Forschen bleibe. Die praktischen Übungen sollten deutsche Lektoren übernehmen, die nicht notwendigerweise Gelehrte sein mussten.[242]

Entsprechend den Wünschen des Auswärtigen Amts sollten zur positiven Entwicklung der *Deutschen Auslandshochschule* dort auch Konsulatsanwärter ausgebildet werden, die ähnlich wie Dolmetscher-Aspiranten, bevorzugt in den Staatsdienst übernommen werden sollten. Zu diesem Zweck waren Lehrstühle für juristische und volkswirtschaftliche Disziplinen geplant.[243]

Während sich einige Dozenten des SOS mit der zukünftigen Gestaltung ihrer Wirkungsstätte beschäftigten und versuchten, sich bei der vorgesetzten Stelle Gehör zu verschaffen, wurde in verschiedenen Ministerien, die die Dienste des SOS in Anspruch nahmen bzw. Bedarf an den Absolventen des SOS hatten, angefragt, ob aus ihrer Sicht ein Ausbau des SOS wünschenswert sei[244]. Die in den Antwor-

---

239 GStA PK, I. HA, Rep. 76 Kultusministerium, Va Sekt. 2 Tit. I Nr. 29 Bd. 1, Bl. 103 (RS), Dozenten des SOS an Unterrichtsminister, 26.07.1913.

240 Ibid, Bl. 103 (RS)–104.

241 Ibid, Bl. 104–104 (RS).

242 Ibid, Bl. 104 (RS)–105.

243 Ibid, Bl. 105 (RS).

244 Die Anfragen wurden vom Auswärtigen Amt initiiert. Vgl. z.B. die folgenden Schreiben: BArch, R 1501/108978, Reichsmarineamt an Auswärtiges Amt, 28.08.1913; BArch, R 1501/108978, Reichskolonialamt an Auswärtiges Amt,

ten zutage tretende Meinungsvielfalt wurde in einem Sitzungsprotokoll einer am 29.10.1913 abgehaltenen vertraulichen »Besprechung von Kommissaren der beteiligten Ressorts über die Frage des Ausbaues des Orientalischen Seminars zu einer Auslandshochschule« festgehalten[245]. An der genannten Besprechung im Auswärtigen Amt waren Vertreter der folgenden sieben Ministerien anwesend: Auswärtiges Amt, Reichsmarineamt, Reichsschatzamt, Reichskolonialamt, Reichspostamt, Preußisches Unterrichtsministerium, Preußisches Kriegsministerium[246].

Dem Vertreter des Auswärtigen Amts zufolge wurden die Ansprüche an das SOS, die in einer »gediegenen sprachlichen Ausbildung« lagen, sowie an den Realienunterricht, die das Auswärtige Amt an die Ausbildungsstätte stellte, erfüllt[247]. Ein Vertreter aus dem Kriegsministerium entgegnete, dass aus Sicht seines Ministeriums besonders im Realienunterricht am SOS Wünsche unerfüllt geblieben seien und diesbezüglich noch Ausbaupotenzial bestehe[248]. Ähnlich äußerten sich auch etwa Vertreter aus dem Reichsschatzamt und dem Reichskolonialamt. Vor diesem Hintergrund sei auch die kontinuierliche Anpassung der Aufgaben des SOS an neue Anforderungen zu sehen[249]. Der Vertreter des Reichsmarineamts betonte, dass die Entwicklungen der Weltwirtschaft, eine »erweiterte und vertiefte Vorbildung unserer ins Ausland gehenden Kulturpioniere« erfordere und dass eine breitere gesellschaftliche Schicht eine entsprechende Kenntnis über das Ausland erlangen musste, »wenn Deutschland seine Stellung im Auslande aufrecht erhalten wolle«.[250] Er appellierte daher an die für den Ausbau des SOS zuständigen Ressorts, die sich anbahnende Reformchance nicht zu vertun[251]. Von verschiedenen Seiten wurde auf die im Reichstag gestellte Forderung, die *Deutsche Auslandshochschule* als von Preußen unabhängige Reichsanstalt zu gründen, ablehnend Bezug genommen, da an der zu errichtenden Ausbildungsstätte nicht nur Reichsangestellte ausgebildet werden sollten. Außerdem wollte man verhindern, dass zwischen verschiedenen ähnlichen Ausbildungsstätten eine Konkurrenzsituation entstehe. Eine Neugründung neben dem SOS schien daher nicht zweckmäßig[252], ebenso wenig sollte die Existenz des in Hamburg ansässigen Kolonialinstituts durch den Ausbau des SOS zu einer Auslandshochschule gefährdet werden[253].

30.08.1913; BArch, R 1501/108978, Unterrichtsministerium an Auswärtiges Amt, 27.10.1913.

245 BArch, R 1501/108978, Bl. 187–192 (RS), Protokoll über eine vertrauliche Besprechung von Kommissaren der beteiligten Ressorts über die Frage des Ausbaues des Orientalischen Seminars zu einer Auslandshochschule, 31.10.1913.

246 Ibid, Bl. 187–187 (RS).

247 Ibid, Bl. 187 (RS).

248 Ibid, Bl. 189 (RS).

249 Ibid, Bl. 191 (RS).

250 Ibid, Bl. 188 (RS).

251 Ibid, Bl. 188 (RS)–189.

252 Ibid, Bl. 189 (RS).

253 Diese Meinung wurde von den Zuständigen des Reichsschatzamts (vgl. an zitierter Stelle, Bl. 190 (RS)), des Reichskolonialamts (vgl. an zitierter Stelle, Bl. 191) und

Aufgrund der Tragweite und Komplexität der Angelegenheit wurde beschlossen, auf die Resolution des Reichstags vorläufig mit einer dilatorischen Mitteilung zu reagieren und konkrete Vorschläge zu einem späteren Zeitpunkt nach eingehender Prüfung zu unterbreiten[254].

Die unterschiedlichen Meinungen zum Ausbau des SOS spiegeln sich auch in einer Sitzung der Budgetkommission am 24.02.1914 wider[255]. Dort wurde angeregt, an Stelle der Gründung einer Auslandshochschule, den Unterricht an Universitäten »in einer derartigen Weise«[256], also auf das Ausland bezogen, zu erweitern. Die Erweiterung und Vertiefung des akademischen Studiums in Bezug auf das Ausland befürwortete auch der auf dieser Sitzung anwesende Kultusminister, Robert von Zedlitz-Trützschler, denn Deutschland sei im Vergleich zu anderen Ländern noch stark in binnenländischen Traditionen verhaftet:

> »Der Gedanke, in unserem akademischen Leben Einrichtungen zu schaffen, welche zum gründlichen Studium des Auslandes Gelegenheit bieten, und damit die studierende Jugend in ganz anderer Weise als bisher auf die Beschäftigung mit ausländischen Einrichtungen und auf die Betätigung in überseeischen Ländern hinweisen, erscheine daher voller Beachtung wert. Es handele sich dabei nicht nur um das Studium fremder Sprachen und eine allgemeine landeskundliche Ausbildung, bezüglich deren das der Universität Berlin angegliederte Seminar für orientalische Sprachen schon jetzt eine wichtige Grundlage bilde. Neben erweiterten Einrichtungen auf diesen Gebieten kommen vielmehr die eingehende Erforschung ausländischer Wirtschaftsverhältnisse, die Gewinnung eindringenden Verständnisses für die Geschichte und die nationale Eigenart der Auslandsvölker und – was eng damit zusammenhänge – für ihre Religion, ihre sittlichen und rechtlichen Anschauungen in Betracht. Das Studium des ausländischen Rechts, insbesondere auch ausländischer Handels- und patentrechtlicher Verhältnisse, wie nicht minder des Völkerrechts und des internationalen Privatrechts wäre von großer Bedeutung und würde voraussichtlich auch dazu helfen, den großen überseeischen Bankunternehmungen und Betrieben kundige Berater zu sichern.«[257]

Wie der Kultusminister in seiner Rede weiter ausführte, übertreffe diese Aufgabenstellung bei weitem die Leistungen des SOS, das sich »für die praktische Schulung zum unmittelbaren Auslandsdienst bewährt habe«. Zudem hielt er es für ausgeschlossen, »daß eine besondere Anstalt als Auslandshochschule« einer solchen Aufgabe gerecht werden könnte. Eine zufriedenstellende Lösung dieser Aufgabe konnten dem Kultusminister zufolge nur die Universitäten gewähren. Außerdem bestanden an einigen Universitäten bereits relevante Lehrstühle, die in Bezug auf

---

des Reichsmarineamts (vgl. an zitierter Stelle, Bl. 192) vertreten.

254 Ibid, Bl. 192.

255 GStA PK, I. HA, Rep. 76 Kultusministerium, Va Sekt. 2 Tit. I Nr. 29 Bd. 1, Bl. 166–167 (RS), Protokoll der Sitzung der Budgetkommission zum Thema »Gründung einer Auslandshochschule (Ausbau des Seminars für orientalische Sprachen), 24.02.1914.

256 Ibid, Bl. 166 (RS).

257 Ibid, Bl. 167.

die Erforschung des Auslandes entsprechend ausgebaut werden sollten. Bei den für die geplante Auslandshochschule konzipierten Fächern handle es sich ohnehin »lediglich um Ergänzungs- und Hilfsfächer«. Daher könne die Auslandshochschule auch nur in Verbindung mit den bereits an der Universität bestehenden Lehrstühlen existieren. Einen weiteren Vorteil der Integration des Auslandsunterrichts in die relevanten Lehrstühle an den Universitäten sah der Kultusminister auch in der Tatsache, dass die Studierenden ihre ursprünglichen Studienziele weiterhin verfolgen könnten.

Andere Abgeordnete sprachen sich dafür aus, das Auslandsstudium den Handelshochschulen, vornehmlich der ortsansässigen Handelshochschule in Berlin, zu übertragen. Zum einen habe der deutsche Handel und die Industrie an einer solchen Ausbildung Interesse und zum anderen waren dem Redner zufolge, etwa an der Handelshochschule Berlin, die nötigen Voraussetzungen für das Auslandsstudium gegeben.[258] Neben Kaufleuten könnten somit auch Personen für den Staatsdienst von dem entsprechend erweiterten Ausbildungsprogramm profitieren[259].

Die Möglichkeit, Handelshochschulen zu Auslandshochschulen umzugestalten, wurde im Haus der Abgeordneten am 09.03.1914 aufgegriffen[260]. Vor dem Hintergrund der wirtschaftlichen und politischen Bedeutung von Sprach- und Landeskenntnissen wurde im Handelsverkehr mit dem Ausland die Handelshochschule als Auslandshochschule favorisiert:

> »Soweit aber die wissenschaftliche Erkenntnis vom Standpunkt wirtschaftlicher Verwertung in Frage kommt, scheint mir die Handelshochschule für die weitere Ausbildung noch geeigneter zu sein als die Universität. Sie würde sich dann mit den Wirtschaftsverhältnissen, mit der Produktion in Verbindung mit der Handelsgeographie, mit Verkehrseinrichtungen, mit Handel, mit Recht, namentlich mit Patentrecht und internationalem Recht, besonders befassen können. Die Handelshochschule in Berlin hat unter ihren Fächern schon jetzt den Unterricht in fremden Sprachen; in Englisch, Französisch, Russisch, Spanisch und Italienisch. Sie hat auch eine Reihe von weltwirtschaftlichen Vorlesungen, welche schon das Gebiet der Auslandshochschule einigermaßen berühren; es gibt dort Vorlesungen über allgemeine und über spezielle Welthandelslehre, über Handelsrecht im Weltverkehr, über Weltmarkt und Weltwirtschaft, über die Handelspolitik Englands und der Vereinigten Staaten, über russische Agrarpolitik, über Entstehung und Verfassung der Kolonialreiche, Kolonialwirtschaft und Völkerkunde der deutschen Schutzgebiete, und endlich gibt es auch Vorlesungen über das Deutschtum im Ausland und seine Bedeutung für den deutschen Handel. Es dürfte nicht schwer sein, den Kreis der Vorlesungen zu erweitern auf diejenigen Reiche, welche für den Weltverkehr besonders in Betracht kommen. (...) Der Herr Minister hat allerdings nur die Aufsicht über diese Handelshochschule. Aber die Ältesten der Kaufmannschaft haben bei Begründung und Leitung dieser Handelshochschule eine solche

258 Ibid, Bl. 166 (RS).
259 Ibid, Bl. 167–167 (RS).
260 GStA PK, I. HA, Rep. 76 Kultusministerium, Va Sekt. 2 Tit. I Nr. 29 Bd. 1, Bl. 161–163, Haus der Abgeordneten, Sitzungsprotokoll, 09.03.1914.

Weitsichtigkeit und Großzügigkeit gezeigt, daß man wohl erwarten kann, daß sie sich auch dieser neuen Aufgabe unterziehen werden.«[261]

Ein anderer Abgeordneter wies darauf hin, dass Deutschland in Bezug auf die zur Diskussion stehenden Einrichtungen hinter anderen Ländern zurückgeblieben war und sprach sich daher gegen Kompromisse in Bezug auf die Gründung von einem solchen »Bildungsinstitut« aus. Er forderte, dass solche Einrichtungen sowohl in Handelshochschulen als auch in Universitäten integriert werden[262]. Der ein Jahr zuvor im Reichstag noch euphorisch diskutierte Vorschlag, das SOS zur Auslandshochschule auszubauen, wurde auf der Sitzung im Haus der Abgeordneten im März 1914 demnach schon nicht mehr als »glückliche Lösung«[263] erachtet.

Die Idee, Handelshochschulen zu Auslandshochschulen auszubauen, wurde von dem an der Handelshochschule Berlin wirkenden Professor Max Apt energisch verfochten[264]. Bereits am 09.12.1913 hatte er im Rahmen der Diskussion über eine *Deutsche Auslandshochschule* in der Berliner Presse angeregt, die Handelshochschule in die Reform der diplomatischen und konsularischen Vorbildung einzubeziehen[265]. Apts Beitrag aus dem Jahr 1914 zufolge kamen gerade Handelshochschulen wegen ihrer Ausrichtung auf praktische Zwecke des Erwerbslebens, deren Kenntnis bei Diplomaten und Konsuln ja bemängelt wurde, eher dafür in Frage als Universitäten:

»Die Handelshochschule ist (...) die geborene Auslandshochschule, weil sie die Elite unserer Kaufleute und Industriellen heranbilden soll und der Wirkungskreis unserer Groß-Kaufleute und Groß-Industriellen sich nicht nur auf Deutschland beschränkt, sondern auf die ganze Welt erstreckt. (...) Die Arbeiten, die [an der Handelshochschule] mit den Schülern durchgesprochen werden, sind durchsetzt mit weltwirtschaftlichen Fragen, und gerade für unsere zukünftigen Diplomaten und Konsuln ist es von hohem Interesse, diese Fragen gemeinsam mit den zukünftigen Großkaufleuten und Groß-

261 Ibid, Bl. 161. Hervorhebung im Original.
262 Ibid, Bl. 162–162 (RS).
263 Ibid, Bl. 161.
264 Ibid, Bl. 162. Als promovierter Jurist verfasste Max Apt (1869–1957) u.a. Werke zum Börsen- und Scheckgesetz sowie zu Kaufmannsgerichten. Seine Schriften zum Antisemitismus veröffentlichte er zum Teil unter Verwendung des Pseudonyms Maximilian Parmod. Apt setzte sich für die Handelshochschulbewegung in Deutschland ein. Von 1903–1920 war er Hauptgeschäftsführer der Ältesten der Berliner Kaufmannschaft. Er zählt zu den Gründern der Berliner Handelshochschule (1906) (vgl. 2.4.2). Zudem war er Begründer und Herausgeber verschiedener handelswissenschaftlicher Zeitschriften. Von 1938–1953 lebte Apt aufgrund seiner jüdischen Herkunft in England im Exil. 1954 kehrte er nach Deutschland zurück (vgl. Lüdtke (1931: 47), Oppenheimer (1971: 960) und Lowenthal (1981: 256)).
265 Vgl. Apt (1913).

industriellen zu erörtern. Deshalb erachte ich das Milieu der Handelshochschule für ganz besonders geeignet für die zukünftige Entwicklung unserer Auslandsstudien.«[266]

Wie Apt weiter ausführte, sei die Handelshochschule bereits heute »ihrem innersten Wesen nach eine Auslandshochschule« und die Neugründung einer selbstständigen Auslandshochschule somit überflüssig[267].

Finanzielle Grenzen bei der Umsetzung der gewünschten Institution sowie Störungen des politischen Lebens in Deutschland durch den Ausbruch des Ersten Weltkriegs im August 1914 trugen dazu bei, dass die Diskussion über die Errichtung einer Auslandshochschule nach März 1914 vorerst nicht weitergeführt wurde. Das letzte Dokument im konsultierten Aktenmaterial zu dieser Angelegenheit vor dem Ersten Weltkrieg datiert von einer Reichstagssitzung am 24.03.1914, dem zu entnehmen ist, dass dem Auswärtigen Amt nicht genügend Mittel zur Verfügung standen, um die Errichtung einer Auslandshochschule in absehbarer Zeit umzusetzen[268]. Bereits auf der Sitzung des Abgeordnetenhauses Anfang März 1914 wurde weitsichtig angemerkt, dass es vermutlich Jahrzehnte dauern werde, bis der Streit über die geeignete institutionelle und methodische Ausgestaltung der Auslandstudien beigelegt sein wird[269].

Die Diskussion über den Ausbau des SOS zu einer *Deutschen Auslandshochschule* macht deutlich, dass die Ausbildungsstätte in erster Linie eine politische Angelegenheit war. Hinter den gegensätzlichen Meinungen der Politiker steckten sicherlich auch unterschiedliche parteipolitische Ziele. Den Forderungen zur Ausgestaltung des Auslandsstudiums waren dabei keine Grenzen gesetzt. Übereinstimmung herrschte zumindest darüber, dass eine Verbesserung und Vertiefung der Kenntnisse über das Ausland notwendig waren. Vor dem Ersten Weltkrieg wurde in der Diskussion jedoch kein gemeinsamer Nenner bezüglich der Frage gefunden, in welchem institutionellen Rahmen das Studium des Auslandes angeboten werden sollte. In der politischen Diskussion wurde aber auch ein essentieller Faktor ausgeklammert: Kein Politiker, der sich zu Wort gemeldet hatte, hatte einen Lösungsvorschlag für die methodische Ausgestaltung des Curriculums der neu zu schaffenden Institution parat. Niemand in der Politik beschäftigte sich damit, wie die beeindruckende Vielfalt der geforderten Kenntnisse über das Ausland im Rahmen eines geplanten Ergänzungsstudiums[270], also neben dem eigentlichen Fachstudium, bewältigt werden sollte, wenn nicht Oberflächlichkeit Überhand nehmen sollte. Sachverständige kamen in der politischen Diskussion nicht zu Wort oder wurden

266 Apt (1914: 331). Hervorhebung im Original.

267 Ibid, S. 332–333.

268 GStA PK, I HA, Rep. 76 Kultusministerium, Va Sekt. 2 Tit. I Nr. 29 Bd. 1, Bl. 271 (RS)–272, Protokoll der Reichstagssitzung, 24.03.1914.

269 GStA PK, I. HA, Rep. 76 Kultusministerium, Va Sekt. 2 Tit. I Nr. 29 Bd. 1, Bl. 162 (RS), Haus der Abgeordneten, Sitzungsprotokoll, 09.03.1914.

270 GStA PK, I. HA, Rep. 76 Kultusministerium, Va Sekt. 2 Tit. I Nr. 29 Bd. 1, Bl. 167, Protokoll der Sitzung der Budgetkommission zum Thema »Gründung einer Auslandshochschule (Ausbau des Seminars für orientalische Sprachen), 24.02.1914.

zur Lösung von fachlichen Fragen nicht konsultiert. Kenner, die sich mit relevanten curricularen Fragen auseinandersetzten, blieben in der politischen Diskussion höchstens auf marginale Impulsgeber reduziert. Ein konkreter Lösungsvorschlag zur curricularen Ausgestaltung des Studiums an der geplanten Auslandshochschule wurde von Anton Palme 1914 vorgelegt, der als Urheber der »Bewegung für eine Deutsche Auslandshochschule« galt[271].

2.2.3.3 Das nationenwissenschaftliche Studium – Innenleben einer *Deutschen Auslandshochschule*

Im November 1912 hatte Anton Palme mit einem Artikel in der Berliner Presse die Diskussion über die Errichtung einer *Deutschen Auslandshochschule* und damit einhergehend über die Förderung der Auslandsstudien im deutschen Bildungssystem angestoßen[272]. In seinem Werk *Die Deutsche Auslandshochschule und das nationenwissenschaftliche Studium des Auslandes*[273], das 1914, vermutlich im Frühjahr, erschien, befasste er sich ausführlich mit der Notwendigkeit der Reform der diplomatischen und konsularischen Vorbildung und mit der Konzeption einer darauf zugeschnittenen Ausbildung. Der Kern seines Konzepts ist das sogenannte nationenwissenschaftliche Studium, das Palme zufolge nur im Rahmen einer speziellen, selbstständigen Hochschule erfolgreich durchgeführt werden könne. Die folgenden Abschnitte geben Palmes Argumentation in seinem zitierten Werk von 1914 wieder.

2.2.3.3.1 Die Reform des diplomatischen und konsularischen Dienstes – Ausgangspunkt für eine Bildungsreform

Palme steigt mit einer Beschreibung des weltpolitischen Szenarios in seine Ausführungen ein. »[E]ine früher nicht geahnte Ausdehnung unserer Weltinteressen« habe Deutschland in der Weltpolitik neu positioniert. Diese Tatsache stelle die jetzige Generation vor neue Herausforderungen. Auch der diplomatische und konsularische Dienst, der in seiner aktuellen Form in die Kritik der Öffentlichkeit geraten sei, müsse auf die politischen und wirtschaftlichen Veränderungen reagieren. Rechtfertigten die politischen Verhältnisse früher noch eine europäisch-kontinentale Ausrichtung der Auslandsvertretung, so sei sie in der Gegenwart, nachdem Deutschland »aus dem engen Interessenkreis Westeuropas herausgetreten« sei, nicht mehr haltbar. Konnte mit Französisch als Verkehrssprache früher noch Außenpolitik in Europa gemacht werden, so sei dies aufgrund der zunehmenden Komplexität der außenpolitischen Verhältnisse in Zukunft nicht mehr möglich. In diesem Zuge habe sich der Auswärtige Dienst immer mehr zu einem »speziellen Fachdienst« entwickelt, dessen Vertreter in Zukunft dringend eine »spezielle fachliche Vorbildung« erhalten müssten.[274]

271 Vgl. Apt (1914: 330).
272 Vgl. Palme (1912).
273 Vgl. Palme (1914).
274 Ibid, S. 7–8.

Palme führt weiter aus, dass in den vergangenen Jahrzehnten, ähnlich wie in Deutschland, auch die inneren Verhältnisse anderer Staaten komplexer wurden, in denen sich »viel mehr als früher ein besonderer nationaler Charakter« bemerkbar mache, »der für den Fremden nicht so leicht zu durchschauen ist«. Um ihrem Land einen Nutzen zu bringen, müssten die Vertreter des Auswärtigen Dienstes daher die jeweilige Landessprache beherrschen und die »inneren Verhältnisse des Landes genau kennen«, in das sie als Vertreter gesandt werden:

> »Die Kenntnis des Französischen und Englischen ist für einen deutschen Konsul in Rußland unnütz, höchstens aber ein trauriger Notbehelf; seine deutschen juristischen Kenntnisse finden keine Verwendung, dagegen fehlen ihm die Kenntnis der Sprache und der staatlichen, wirtschaftlichen und kulturellen Verhältnisse des Landes, die von höchster Wichtigkeit für ihn wären.«[275]

In der Konsequenz sollte Palme zufolge neben die bisherige allgemeine Vorbildung der höheren Beamten des Auslandsdienstes »eine spezielle für das Land oder die Region der Amtstätigkeit«[276] treten. Denn zukünftig seien wie bisher keine »Welt-Diplomaten und Weltkonsuln« mehr gefragt, sondern für das jeweilige Land der Amtstätigkeit entsprechend vorgebildete Auslandsbeamte. Aus diesem Grund übt Palme Kritik an einer im März 1914 erlassenen Resolution, die darauf abzielte, die Ausbildung der Vertreter des Auswärtigen Dienstes angeblich zu verbessern. In dieser von der Budgetkommission verabschiedeten Resolution wurde der Reichskanzler gebeten, »›eine Verordnung zu erlassen, durch welche die Ernennung zum Legationssekretär und Vizekonsul von dem Bestehen einer gleichartigen Prüfung abhängig gemacht wird, die vor einer besonderen Kommission abzulegen ist. Diese Prüfung hat zu umfassen: das Völkerrecht, deutsche und auswärtige Volkswirtschaft, die Handelswissenschaft, Geschichte und Sprachenkunde (Französisch und Englisch.)‹«.[277] Palme führt weiter aus, dass die geplante Prüfung zwar in politischer Hinsicht ein Fortschritt, in fachlicher Sicht jedoch bedenklich sei, denn sie »geht von der alten, in der Gegenwart längst nicht mehr zutreffenden Meinung aus, daß es möglich sei, allgemeine für die ganze Welt geeignete Diplomaten und Konsuln auszubilden«. In der von der Resolution vorgesehenen Prüfung sieht Palme daher die Gefahr, dass »kläglichste Oberflächlichkeit« die umfangreichen geforderten Kenntnisse bestimmt und somit das gewünschte Ziel, eine verbesserte Vorbereitung der Beamten auf ihre Auslandstätigkeit, verfehlt wird. Denn Palme zufolge können nur Beamte, die neben einer »allgemeinen juristisch-wirtschaftlichen Vorbildung« eine »Sonderausbildung« in der jeweiligen Landessprache sowie den staatlichen, wirtschaftlichen und kulturellen Verhältnissen des Landes, in dem sie eingesetzt werden, erhalten, in der Lage

275 Ibid, S. 8–9.
276 Ibid, S. 9. Hervorhebung im Original.
277 Ibid, S. 10. Hervorhebung im Original.

sein, nicht nur dem Staat, sondern auch dem Handel und der Industrie Nutzen zu bringen.[278]

Eine solche Ausbildung ist laut Palme nicht nur im Interesse des Beamtenstandes, sondern auch im Interesse einer Vielzahl von Personen anderer Berufsgruppen, etwa Missionaren, Lehrern, Offizieren und vor allem auch der »Kreise unseres Handels und unserer auf dem Weltmarkte schwer ringenden Industrie«. Die gegenwärtigen Möglichkeiten zur Vorbereitung auf den Auswärtigen Dienst, so Palme, tragen dieser Notwendigkeit aber nicht Rechnung. Immerhin anerkannten Kreise im Kultusministerium inzwischen, dass sich das im gesamten Bildungswesen fehlende Auslandsstudium negativ auf den wirtschaftlichen und kulturellen Einfluss Deutschlands im Ausland auswirkt. [279] Palme schließt den ersten Teil seines Werkes mit Beispielen zu Defiziten und negativen Konsequenzen des bisherigen Ausbildungssystems.

2.2.3.3.2 Die Methode des nationenwissenschaftlichen Studiums

Seinen Ausführungen über die Notwendigkeit zur Neugestaltung der Ausbildung der Anwärter für den Auswärtigen Dienst lässt Palme im zweiten Teil seines Werkes einen Vorschlag zur methodischen Ausgestaltung einer entsprechenden Ausbildung folgen.

Obwohl in Politik und Wirtschaft, wie Palme anmerkt, keine Zweifel über die Notwendigkeit einer fundierten Erweiterung und Vertiefung von Auslandsstudien bestehen, herrsche noch keine Klarheit über die Methode und die Organisation des Studiums. In seiner Beschreibung zur Methode des nationenwissenschaftlichen Studiums stellt Palme klar, dass das Auslandsstudium nicht das Ausland als Ganzes, d.h. die Gesamtheit der fremden Länder, zum Gegenstand hat, sich immer nur auf das Studium der Sprache und der Verhältnisse eines einzelnen Landes bezieht. Dies schließe aber nicht aus, dass das Studium internationaler Beziehungen in Politik, Wirtschaft und Kultur auf der Basis der erworbenen Kenntnisse über die einzelnen Länder möglich sei.[280]

Ausgangspunkt und Grundlage des Studiums über ein fremdes Land müsse Palme zufolge seine Sprache sein, denn sie lasse einen »ersten tiefen Einblick in die Seele des fremden Volkes« zu und erlaube die in ihm vorhandenen »Entwickelungstendenzen und Möglichkeiten« zu erahnen. Außerdem ermögliche nur die Sprache »den vollen Zugang zu dem aufgespeicherten geistigen Vorrat, über den jedes höher stehende Volk in seiner wissenschaftlichen und schönen Literatur verfügt«. Da jedes Volk bei der Äußerung von Gedanken, die sprachlich zum Ausdruck gebracht werden, von sich selbst und seiner Umgebung ausgehe, seien die »Hauptquellen für die Erkenntnis eines fremden Volkes in seiner lebenden Sprache und Schrift« zu finden.[281]

278 Ibid, S. 11–12.
279 Ibid, S. 12–13.
280 Ibid, S. 14.
281 Ibid, S. 15.

Palme geht in seinen weiteren Ausführungen auf das philologisch-historische Sprachstudium an Universitäten ein, das vom »äußeren Bau der Sprache« ausgehe und durch Vergleiche von Sprachformen aus verschiedenen Perioden das Gesetz einer Sprache ableitet. Neben dem Studium der Sprachformen werden in sprachinhaltlicher Hinsicht fast nur Werke der schönen Literatur aus klassischen und vorklassischen Perioden berücksichtigt. Palme kritisiert, dass das philologisch-historische Studium der Universitäten wichtige Aspekte des Sprachstudiums außer Acht lasse:

> »Nur zu bekannt ist, daß die Absolventen eines solchen philologischen Universitätsstudiums in der Regel dem inneren Sprachverständnis – all dem, was die Sprache an Fremdnationalem zum Ausdruck bringt – recht kenntnisarm gegenüberstehen, abgesehen davon, daß ihre praktische Sprachbeherrschung, deren Übung an der Universität nicht in einem inneren Zusammenhang mit dem wissenschaftlichen Unterricht steht und völlig den Lektoren überlassen bleibt, sehr viel zu wünschen übrig läßt.«[282]

Palme beklagt, dass das philologisch-historische Studium der Universitäten häufig für sich beansprucht, der »allein wissenschaftliche Sprachbetrieb zu sein, dem gegenüber jeder andere mit einer gewissen Geringschätzung als ›rein praktisch‹ bezeichnet wird«. Dabei hätten »[w]issenschaftlich und unpraktisch« genauso wenig miteinander zu tun, wie »praktisch und unwissenschaftlich«. Palme schlägt daher vor, neben das philologisch-historische Studium der Universitäten, bei dem die Sprache eher aus formalen Gesichtspunkten untersucht wird, ein Studium, das sich mit dem »Sprachinhalt« beschäftigt, zu stellen, da sich Sprachen »voneinander nicht allein durch Vokabelstoff und Form unterscheiden, sondern auch durch den in ihnen liegenden gedanklichen Inhalt«. Der Sprachinhalt könne dazu beitragen, Gemeinsamkeiten und Unterschiede verschiedener Völker aufzuzeigen:

> »Jede Sprache ist das Ausdrucksmittel für die besondere Seele und für die besondere nationale Umgebung eines Volkes. Sie paßt daher nur für dieses und kein anderes Volk und kann von einem Fremden nur dann wirklich verstanden werden, wenn dieser sich nicht nur über das Verhältnis des Sprachbaues seiner Muttersprache und der Fremdsprache, sondern auch über den besonderen nationalen Inhalt der letzteren Klarheit verschafft.«[283]

Aus diesem Grund sei es für das »wirkliche Verständnis« einer fremden Sprache notwendig, die staatlichen, wirtschaftlichen und kulturellen Verhältnisse eines Volkes zu verstehen. So zeige etwa das terminologische Beispiel des »Wortes ›Landrat‹«, dass Ausländer durch eine philologische Interpretation und Heranziehung eines Lexikons diesen Terminus nicht erschließen können. Die Bedeutung dieses Wortes werde nur verständlich durch die »Kenntnis der staatlichen, sozialen und kulturellen Entwickelung Preußens«. Palme fordert daher, das »formale Sprachverständnis« durch das »materielle« Sprachverständnis zu vertiefen, d.h.

282 Ibid. Hervorhebung im Original.
283 Ibid, S. 16. Hervorhebung im Original.

»durch das Studium der staatlichen, wirtschaftlichen und kulturellen Verhältnisse der fremden Nation«. Das Sprachstudium sei somit nur »eines der Momente, die auf die Erkenntnis der fremden Nation in ihrer Gesamtheit gerichtet sind«.[284]

Ein solches Studium bezeichnet Palme, im Gegensatz zum traditionellen philologischen Studium, als ein nationenwissenschaftliches:

> »Ein [nationenwissenschaftliches] Studium ist ebenso weit entfernt von rein ›praktischem‹ Sprachdrill (der ›Kellnerkunst‹), wie von dem einseitigen Formalismus und der Weltfremdheit des historisch-grammatischen Studiums. Es geht aus von der lebenden Sprache und erstrebt unter Benutzung der Resultate der Philologie, denen hier ein vorwiegend mnemotechnischer Wert zukommt, ihre gründlichste praktische Beherrschung, es bleibt aber nicht hierbei stehen, sondern geht von dieser Grundlage aus auf die systematische Aneignung des Sprachinhaltes, auf das wirkliche Verständnis der Sprache durch die Kenntnis dessen, was sie an besonderer Wirklichkeit zum Ausdruck bringt. Nicht aber durch eine reiseführerartige ›Landeskunde‹ im üblichen Sinne, sondern durch das Erfassen der kausalen Zusammenhänge in den staatlichen, wirtschaftlichen und kulturellen Verhältnissen des fremden Volkes wird jenes Eindringen in den Sprachinhalt erreicht, welches uns den Besten wie den Geringsten dieses Volkes verstehend gegenüberzutreten erlaubt.«[285]

Das nationenwissenschaftliche Studium wird, so Palme, nur am SOS angeboten, »wo sich seine Anfänge entwickelt haben«. Palme ist davon überzeugt, dass dieses Studium die einzig richtige Methode ist, »das in der Gegenwart so dringlich gewordene Auslandsstudium« zu vertiefen.

In seinen weiteren Ausführungen beleuchtet Palme die Methode des nationenwissenschaftlichen Studiums näher und erklärt, warum es »einseitig« ist, die Sprache als einziges Ziel des nationenwissenschaftlichen Studiums zu betrachten:

> »Das nationenwissenschaftliche Sprachstudium vertieft das Sprachverständnis durch die Kenntnis des Sprachinhalts, es zeigt uns, wie der sprachliche Ausdruck sich den wirklichen Dingen, den staatlichen, wirtschaftlichen und kulturellen Verhältnissen des Volkes anpaßt. Diese Dinge tragen aber das Gesetz ihrer Entwickelung in sich selbst, es ist nicht aus der Sprache heraus zu ermitteln, sondern erfordert ein eigenes Studium. Wenn wir daher das Staats- und Verwaltungsrecht, die Volkswirtschaft und Finanzen, das Bürgerliche und das Strafrecht, die Geographie und Geschichte, die soziale, literarische und künstlerische Entwickelung eines Volkes an der Hand der Quellen studieren, so wird ein solches Studium gewiß befruchtend auf das Sprachverständnis zurückwirken, aber der Zielpunkt der Arbeit wird hier bereits nicht mehr das Sprachliche, sondern jedesmal ein besonderer sein, wir werden entweder auf die Erkenntnis der staatlichen, oder der wirtschaftlichen, oder der kulturellen Verhältnisse der fremden Nation in ihren verschiedenen Verzweigungen ausgehen. Alle besonderen Ziele vereinigen sich aber dann in dem einen großen, in dem Streben, die fremde Nation in ihrer Gesamtheit erkennend zu erfassen, und alle diese besonders gerichteten, aber

284 Ibid. Hervorhebung im Original.
285 Ibid, S. 17. Hervorhebung im Original.

> nach einem Ziel konvergierenden Studien – die sprachlichen, staatlichen, wirtschaftlichen, kulturellen – bezeichnen wir als das nationenwissenschaftliche Studium eines fremden Volkes.«[286]

Palme betont, dass das nationenwissenschaftliche Studium nichts mit Landeskunde zu tun hat, die als »Sammlung von Angaben« zu einem bestimmten Land verstanden wird und weder Sprachkenntnisse erfordert noch auf einem wissenschaftlichen Prinzip beruht. Die Nationenwissenschaft verlange im Gegensatz zur Landeskunde ein »auf gründlichster Sprachkenntnis an der Hand der Quellen weiterbauendes systematisches Studium des Staats- und Verwaltungsrechts, der Prinzipien des Bürgerlichen und Strafrechts, der Volks- und Staatswirtschaft, und der kulturellen Verhältnisse des fremden Volkes«.

Palme führt weiter aus, dass die Nationenwissenschaft von der Annahme ausgeht, dass es Wissensgebiete gibt, die einen »mehr oder minder nationalen« Charakter eines Volkes zeigen.[287] Insbesondere treffe dies auf die Bereiche Recht, Wirtschaft und Geschichte zu. Dabei stellen die einzelnen Eigenschaften eines Volkes »in ihrem Zusammenhange den besonderen Charakter einer jeden Nation« dar. Die Erforschung dieser Eigenschaften sei das Ziel des nationenwissenschaftlichen Studiums.

Palme geht näher auf die Bedeutung dieser vielfältigen Eigenschaften ein, die im Zusammenhang gesehen werden müssen, um die Verhältnisse eines Landes wirklich verstehen zu können:

> »Die nationale Besonderheit jeden Volkes ist das Ergebnis seiner jedesmal besonderen Lage auf unserem Planeten. Da in jedem Volke ein einheitlicher, kontinuierlicher Träger eines besonderen räumlich-zeitlichen Entwickelungsganges gegeben ist, so folgt, daß die nationalen Eigenschaften einen einheitlichen Zusammenhang bilden, dessen Elemente nicht außerhalb dieses Zusammenhanges begriffen werden können. So läßt sich das Staatsrecht eines Volkes nicht losgelöst von seinen wirtschaftlichen Verhältnissen erfassen, und letztere wiederum sind nur im engsten Zusammenhange mit den gegebenen staatsrechtlichen Bedingungen erkennbar. Die sozialen Schichtungen eines Volkes sind ebenso sehr die Voraussetzung für seine staatlichen und wirtschaftlichen Verhältnisse, wie sie ihrerseits durch diese bedingt werden. Die gesamte Kultur, z. B. die schöne Literatur einer Nation, ist nicht wissenschaftlich d. h. kausal zu verstehen ohne die Kenntnis der staatlichen Formen und der wirtschaftlichen Bedingungen, unter deren Einfluß sich das Leben der Nation abspielt. Diese Einsicht zeigt uns, daß es zwar ein verzeihlicher, aber doch ein Irrtum ist, wenn ein deutscher Staatsrechtler glaubt, mit Hilfe russischer Sprachkenntnis und vermöge seiner Beherrschung des deutschen Staatsrechts etwa auf dem Gebiete des russischen Staatsrechts mit Erfolg arbeiten zu können. Das staatliche Leben eines Volkes läßt sich nicht vollständig und nicht zureichend begründet aus der dogmatischen Interpretation seiner Gesetze ermitteln, es bedarf unweigerlich der systematischen Kenntnis seiner geschichtlichen

286 Ibid, S. 17–18. Hervorhebung im Original.
287 Ibid, S. 18. Hervorhebung im Original.

Entwickelung, seiner sozialen treibenden Kräfte, seiner religiösen und kulturellen Momente, wie seiner wirtschaftlichen Notwendigkeiten, wenn der Forscher auf dem Gebiete des fremden Staatsrechtes nicht überall an dem Kern der Probleme vorbeigehen soll, wenn er mehr als eine rein formale, aber sachlich unfruchtbare und irreführende Arbeit leisten will. Das Gleiche gilt von fremder Volkswirtschaft, fremder Literatur und allgemein fremder Kultur. Ohne das nationenwissenschaftliche Verstehen einer Nation als Gesamtheit ist das volle Verständnis jeder einzelnen Gruppe ihrer Lebensäußerungen unmöglich.«[288]

Neben der Erkenntnisgewinnung über fremde Völker könne das nationenwissenschaftliche Studium dazu beitragen, auch über das eigene Volk Erkenntnisse zu erlangen. Auf diese Weise könne die Nationenwissenschaft der »Beginn nationaler Selbsterkenntnis«[289] sein und Lücken in der Kenntnis des eigenen Landes schließen.[290] Palme führt in diesem Zusammenhang als Beispiel den heterogenen Hörerkreis seines Unterrichts am SOS an, wo sich häufig bei der Besprechung von Themen zu einem fremden Land Lücken in der Kenntnis der jeweiligen Verhältnisse des eigenen Landes auftun. Die Erkenntnisgewinnung über das eigene Volk sei aber nur möglich, wenn Objektivität gegenüber diesem gewährleistet sei:

»Wer beobachtet hat, wie schwer Objektivität in Dingen, die persönlich naheliegen, einzuhalten ist – und womit ist die Persönlichkeit näher verwachsen als mit ihrer Nationalität? – der wird hierin skeptisch sein. Jedenfalls befinden sich nationenwissenschaftliche Studien fremden Völkern gegenüber von vornherein in günstigerer Lage.«[291]

Am Ende seiner Ausführungen zur Methode des nationenwissenschaftlichen Studiums streift Palme die Institution, in die seiner Meinung nach das nationenwissenschaftliche Auslandsstudium eingebettet werden sollte: die *Deutsche Auslandshochschule*. Diese sollte, so Palme, als selbstständige Einheit gegründet werden, damit den künftigen Auslandsbeamten im Rahmen einer Hochschule »die Möglichkeit allgemeiner Ausbildung« und eine spezielle, auf das jeweilige Ausland bezogene, Ausbildung geboten werden könne.[292] (Vgl. 2.1.1.3, 3.1.15).

2.2.3.3.3 Der institutionelle Rahmen für das nationenwissenschaftliche Studium

Im dritten Teil seines Werkes geht Palme auf Möglichkeiten ein, die einen institutionellen Rahmen für das nationenwissenschaftliche Studium bieten können. Er favorisiert dabei den Ausbau des SOS zur *Deutschen Auslandshochschule*, da an dieser Institution der Ursprung des nationenwissenschaftlichen Studiums liege und dort ohne großen Aufwand weitergeführt und vertieft werden könne:

288 Ibid, S. 19.
289 Ibid, S. 23.
290 Ibid, S. 22–23.
291 Ibid, S. 23.
292 Ibid. S. 24.

»›In der das eigentlich sprachliche Studium mit dem Studium der sogenannten Realien zusammenfassenden Methode liegt die besondere Bedeutung des Orientalischen Seminars in dem System unserer Hochschulbildung, und es unterliegt keinem Zweifel, daß das politische und wirtschaftliche Gewicht, welches dem Studium des Auslandes für die Förderung der Interessen unseres Vaterlandes innewohnt, ebenso wie die Arbeit seines Lehrkörpers dem Seminar eine stolze Entwickelung sichern. (...)‹«[293]

Palme geht auf die verschiedenen Vorschläge für die institutionelle Lösung zur Förderung der Auslandsstudien ein, die in der bisherigen politischen Diskussion unterbreitet wurden: Es sei zum einen angeregt worden, an Stelle einer selbstständigen Auslandshochschule, neue Lehrstühle an der Universität, in erster Linie in Berlin, zu errichten. Zum anderen werde dafür plädiert, das Kolonialinstitut in Hamburg zur Auslandshochschule auszubauen. Palme führt aus, dass es auch Stimmen gibt, die die Aufgaben eines Auslandsinstituts den Handelshochschulen übertragen würden, darunter seien auch einzelne Personen, die »sehr laut die ganz junge Weltwirtschaftslehre als Inbegriff alles Wissens vom Auslande«[294] proklamieren und empfehlen, diese Disziplin entsprechend zu erweitern. Außerdem sei der Vorschlag gemacht worden, das Auslandsstudium über verschiedene Berliner Hochschulen verteilt durchzuführen. Palme begrüßt die verschiedenen – wenn auch seiner Meinung nach nicht zu Ende gedachten – Vorschläge, da die Diskussion über die *Deutsche Auslandshochschule* ein Beweis für die Brisanz des Themas sei. Er betont, dass in dieser wichtigen Angelegenheit keine Kompromisse gemacht werden dürfen. Um den Anforderungen der Zeit Rechnung zu tragen, sollten Auslandsstudien, Palme zufolge, im Idealfall an mehreren Stellen möglich sein, wobei verschiedene Gründe besonders für den Ausbau des SOS zur Auslandshochschule sprechen würden. Palme argumentiert, dass es zum einen wünschenswert und zweckmäßig ist, dass das Auslandsstudium an einer einzigen Einrichtung, durchgeführt wird, da in diesem Rahmen die nationenwissenschaftliche Forschungsweise methodisch korrekt und systematisch sichergestellt werden kann. In dieser Form könne die Auslandshochschule zu einer zentralen Informationsstelle für Behörden, Handel und Industrie werden. Für den Ausbau des SOS würden zudem personelle Gründe sprechen, da dort qualifizierte Lehrkräfte bereits vorhanden seien.[295]

Als problematisch erachtet Palme die Trennung des sprachlichen Studiums vom Studium der Landesverhältnisse, etwa dadurch, dass einzelne Komponenten des Studiengangs an zwei verschiedenen Hochschulen angeboten werden. In der politischen Diskussion sei vorgeschlagen worden, das SOS für die rein sprachliche Seite einzusetzen und das Studium der Landesverhältnisse an besonderen Lehrstühlen anderer Hochschulen anzubieten:

»Dadurch würde ein Zerfall der gegenwärtig schon vorhandenen hoffnungsvollen Anfänge des nationenwissenschaftlichen Studiums fremder Völker herbeigeführt werden.

293 Ibid, S. 25–26.
294 Ibid, S. 28. Hervorhebung im Original.
295 Ibid, S. 29–30.

> Wir hätten dann dreierlei: am Seminar nur reinen Sprachdrill, der für sich allein steril ist, an der Universität wie bisher ein wissenschaftliches philologisch-historisches Studium, das aber für die Erkenntnis der lebendigen Wirklichkeit fremder Völker nicht in Betracht kommt, und dazu als Novum die ›Landeskunde‹ fremder Völker, die aber losgerissen von dem sprachlichen Element und außer Zusammenhang mit der nationenwissenschaftlichen Methode, auf den Namen ›Wissenschaft‹ keinen Anspruch erheben darf.«[296]

Palme warnt vor einer solchen Zersplitterung auch aus personellen und finanziellen Gründen und nicht zuletzt, weil sich eine derartige dezentrale Organisation des Studiums hindernd auf die Durchführbarkeit des Studiums auswirke. Als Beispiel nennt er den Umstand, dass Studierende zur Belegung ihrer Kurse häufig die Institution wechseln müssten und somit ein hoher Zeitaufwand damit verbunden sei.

Palme bezweifelt zudem, dass die Einführung von Auslandsstudien an der Universität im Rahmen der derzeitigen Organisation der Fakultäten gewinnbringend ist:

> »Die Universität trägt in dreien ihrer Teile den Charakter von Fachhochschulen, während im vierten – der philosophischen Fakultät – alles das ohne inneren Zusammenhang zusammenkommt, was in den drei anderen keinen Platz findet. Dieser Mangel an Einheitlichkeit ist bereits jetzt ein so großes Übel, daß überall an den Universitäten Bestrebungen auf eine Sprengung der philosophischen Fakultäten bemerkbar werden. Wollte man einer so großen philosophischen Fakultät, wie es die der Berliner Universität ist, noch die zahlreichen nationenwissenschaftlichen Lehrstühle anschließen, so würde der so schon ungefüge Körper nur noch schwerfälliger werden.«[297]

Für den Fall, dass das Auslandsstudium an die Universität verlegt wird, fordert Palme, eine »besondere Auslandsfakultät« zu errichten, um ein nationenwissenschaftliches Studium methodisch korrekt durchführen zu können:

> »Sie würde bestehen aus den neuen nationenwissenschaftlichen Lehrstühlen und Seminarien für das Studium der vielen einzelnen in Betracht kommenden Staaten und Gebiete, und dazu wären von den anderen Fakultäten herüberzunehmen die Lehrstühle für diejenigen juristischen und wirtschaftlichen Gebiete, wie Völkerrecht, Kolonialrecht, Weltwirtschaftslehre u. a., von denen wir gesehen haben, daß sie mit dem Studium des Auslandes eng zusammenhängen.«[298]

Ein solcher institutioneller Rahmen könne als »einheitliche Körperschaft, in der der innere Zusammenhang des Auslandsstudiums und seine kraftvolle Vertretung in Forschung und Lehre« gewährleistet sei, eine feste Basis für die *Deutsche Auslandshochschule* bieten. Palme steht dieser Möglichkeit jedoch nicht offen gegen-

296 Ibid, S. 31.
297 Ibid, S. 32.
298 Ibid, S. 33. Hervorhebung im Original.

über, da seiner Ansicht nach die Grundlagen für das nationenwissenschaftliche Studium am SOS bereits vorhanden sind.[299]

Kommentierungswürdig ist Palmes Stellungnahme zur Gestaltung des Lehrkörpers an der *Deutschen Auslandshochschule*. Sie zeigt deutlich koloniale Züge und scheint aus heutiger Sicht borniert und paradox zugleich, denn die *Deutsche Auslandshochschule* sollte Palme zufolge ihren Namen auch deshalb zurecht tragen, da die leitenden Dozenten deutscher Nationalität sein sollten. Von ausländischen Gelehrten, so Palme, könne am wenigsten erwartet werden, dass sie die über ihr Volk »notwendige objektive Information« beitragen, die im nationenwissenschaftlichen Studium erlangt werden soll. Als Begründung führt Palme Folgendes an:

> »Der Fremde teilt uns gerade das Charakteristisch-Nationale seines Landes nicht mit, weil es für ihn vielfach das Gewöhnliche, Alltägliche ist und darum nicht der Mitteilung wert erscheint, er kann in den Gegenwartsverhältnissen seines Landes nicht objektiv bleiben, weil er selbst zu einer der dort ringenden Parteien gehört, und er wird uns, wenn er als anständiger Mann sein Land liebt, nicht dessen Schwächen mitteilen, er wird also einseitig sein.«[300]

Ausländische Wissenschaftler sollten demnach zwar in den Betrieb der *Deutschen Auslandshochschule* integriert werden, »aber nur in Hilfsstellung und als Ergänzung«.[301] Vermutlich rührt Palmes Einstellung von der bisherigen Struktur des Lehrerkollegiums des SOS her, von der er nicht abrückte: Das Kollegium setzte sich neben den deutschen Dozenten aus Ausländern zusammen, in der Regel Personen aus den Kolonien, die den Dozenten im Unterricht unterstützend zur Seite gestellt wurden[302]. Es ist bedauerlich, dass Palme nicht erkannte, wie fruchtbar sich der Austausch mit ausländischen – gleichgestellten – Gelehrten und Kollegen auf das von ihm konzipierte Studium hätte auswirken können. Wahrscheinlich sind die Gründe für diese ablehnende Haltung gegenüber gleichgestellten Dozenten aus dem Ausland besonders in dem damaligen politischen Umfeld in Deutschland und dem damit verbundenen Zeitgeist verankert, in dem sich der koloniale Gedanke

299 Ibid.
300 Ibid, S. 27.
301 Ibid.
302 »(…) Die Ausführung dieser Aufgabe wurde für jede Klasse nicht einem einzigen Dozenten übergeben, sondern einem Dozentenpaar, einem akademisch gebildeten Deutschen, der in dem betreffenden Sprachgebiet gelebt, mit seiner Sprache und seinen Verhältnissen theoretisch und praktisch vertraut ist, und einem Einheimischen, der im Verkehr mit den Seminaristen ihnen tägliche Gelegenheit zum Sprechen und Verstehen und Schreiben mit echt nationalem Duktus bietet. Von dem harmonischen Zusammenwirken zwischen dem deutschen Lehrer und dem fremden Assistenten, Lektor oder Lehrgehilfen hängt der Erfolg des Seminarunterrichts ab« (vgl. Sachau (1912: 15–16)). Vgl. hierzu auch Jordan (1922) in 2.5.6.1.1, der die Zusammenarbeit eines Dozentenpaars auch im Sprachunterricht im kaufmännischen Bildungswesen bestätigt.

voll entfalten konnte und zuweilen ein gesteigertes nationales Selbstbewusstsein in Deutschland hervorrief.

In seinen weiteren Ausführungen rät Palme davon ab, die Auslandsstudien ausgehend von der »jungen Disziplin der Weltwirtschaftslehre« durchzuführen, da sie politische und kulturelle Aspekte außer Acht lasse und somit ihre relativ eingeschränkte Problemstellung nicht für nationenwissenschaftliche Zwecke in Betracht komme. Zudem kritisiert Palme die Herangehensweise eines solchen auf Basis der Weltwirtschaftslehre beruhenden Auslandsstudiums, da diese Disziplin globale Beziehungen der Volkswirtschaften untereinander untersuche, ohne zuvor die wirtschaftlichen Beziehungen der einzelnen Völker im Detail behandelt zu haben. Diesbezüglich werde nicht berücksichtigt, dass das Verständnis für wirtschaftliche Verhältnisse eines Landes nur im Zusammenhang mit der Kenntnis der wirtschaftlichen, politischen und kulturellen Verhältnisse derjenigen Länder erreicht werden könne, mit denen ein bestimmtes Land in Verbindung steht.[303]

Palme kommt zu dem Schluss, dass die Weltwirtschaftslehre nur im Rahmen der *Deutschen Auslandshochschule* ihre Aufgabe voll entfalten kann, da sie im Rahmen dieser Institution »ihre sicheren Grenzen finden und ihre soliden befruchtenden Grundlagen« entwickeln kann[304].

In seinem Werk stellt Palme auch die Frage nach dem Standort der *Deutschen Auslandshochschule.* Neben Berlin, dem damaligen Zentrum der deutschen Wissenschaft, wurde in der politischen Diskussion das Hamburger Kolonialinstitut ins Spiel gebracht, das zur Auslandshochschule ausgebaut werden könnte. Wie Palme schildert, war die Entwicklung des Kolonialinstituts seit seiner Gründung in der ersten Dekade des 20. Jahrhunderts nicht sehr erfolgreich. Dies hing laut Palme in erster Linie mit der fehlenden Nachfrage der Leistungen des Instituts in Hamburg zusammen, da die Behörden ihren Nachwuchs direkt in Berlin ausbilden ließen und die »wenigen Hamburger deutschkolonialen Firmen«, die ihren Sitz ohnehin in Berlin hatten, konnten die notwendige Hörerzahl nicht zur Verfügung stellen. Aus diesem Grund war in der Diskussion angeregt worden, in Hamburg eine Auslandshochschule, entweder als selbstständige Einrichtung oder der Universität Hamburg angegliedert, zu errichten.[305] Palme führt aus, warum sich aber Berlin besser für den Standort einer Auslandshochschule eignet und gibt gleichzeitig darüber Auskunft, dass das umfassende nationenwissenschaftliche Studium nicht als Vollzeitstudium konzipiert ist:

> »Die Aufgabe einer Auslandshochschule besteht, wenn wir von den Anwärtern des auswärtigen und kolonialen Dienstes absehen, wesentlich darin, eine Ergänzung zu den verschiedenen anderen Hochschulen zu bilden. Man studiert weder das ›Ausland‹ überhaupt noch ein einzelnes fremdes Land, um damit sein Brot zu verdienen. Die Kenntnis eines oder mehrerer fremder Länder gibt an sich noch keine berufliche Eignung, sondern die Sache liegt so, daß eine große Zahl von Personen neben der fachli-

303 Vgl. Palme (1914: 36).
304 Ibid, S. 38.
305 Ibid, S. 38–39.

chen Ausbildung für einen bestimmten Beruf, sei es den eines Kaufmannes, Missionars, Ingenieurs, Offiziers, Lehrers, Journalisten, Arztes usw., sich die genaue Kenntnis der Sprache und der staatlichen, wirtschaftlichen und kulturellen Verhältnisse des einen oder anderen fremden Landes erwerben muß, sei es um ihren Beruf in dem fremden Lande selbst auszuüben, oder um von der Heimat aus Beziehungen zu dem fremden Lande zu unterhalten. Bei der Kürze der allgemein für das Studium zur Verfügung stehenden Zeit ist es in den weitaus meisten Fällen erforderlich, die berufliche Ausbildung mit der nationenwissenschaftlichen für ein bestimmtes fremdes Land gleichzeitig durchzuführen, d.h. den Besuch einer bestimmten Fachhochschule, der Universität, der Technischen Hochschule, der Landwirtschaftlichen Hochschule, der Bergakademie, der Handelshochschule, der Tierärztlichen Hochschule usw. mit dem der Auslandshochschule zu verbinden.«[306]

Aufgrund seiner hochschulischen Infrastruktur, so Palme, sei Berlin im Gegensatz zu Hamburg für die Errichtung einer *Deutschen Auslandshochschule* prädestiniert, nicht zuletzt da Berlin auch Ausbaupotenzial für eine Auslandsbibliothek und andere das nationenwissenschaftliche Studium unterstützende Einrichtungen, wie etwa technologische Museen, biete.[307]

Am Ende des dritten Teils seines Werkes behandelt Palme die Handelshochschulen und führt an, dass an diesen Einrichtungen Anfänge des nationenwissenschaftlichen Unterrichts bereits vorhanden seien und ein Ausbau der Nationenwissenschaft an Handelshochschulen für die Kaufmannsbildung sehr fruchtbar sei:

»Eine über den Durchschnitt hinausgehende Kenntnis der Sprachen und der Verhältnisse fremder Länder ist eine der besten Traditionen deutscher Kaufmannsbildung.«[308]

An der Handelshochschule Berlin, an der Palme auch unterrichtete, sei nicht zuletzt nach Palmes Bemühungen entschieden worden, den Unterricht nach der nationenwissenschaftlichen Seite hin zu vertiefen, indem »besondere Auslandsinstitute für diejenigen Länder«[309] errichtet werden sollen, die für die deutsche Wirtschaft bedeutend seien. Diese Erweiterung habe jedoch keine negativen Auswirkungen auf den Ausbau des SOS, da das Studium an der Handelshochschule in erster Linie darauf ausgerichtet sei, Kaufleute auf ihren Beruf vorzubereiten. Das nationenwissenschaftliche Studium am SOS sei hingegen akademisch-wissenschaftlich ausgerichtet. Mit dieser Ausrichtung sei die *Deutsche Auslandshochschule* nicht nur für angehende Beamte interessant, sondern auch für Kaufleute, als Ergänzung zu ihrem Handelshochstudium.[310]

In seinen Ausführungen zum institutionellen Rahmen des nationenwissenschaftlichen Studiums spricht sich Palme wiederholt für die Vorzüge des Ausbaus des SOS zur *Deutschen Auslandshochschule* aus. Er lehnt jedoch die in der politi-

306 Ibid, S. 39–40.
307 Ibid, S. 40–41.
308 Ibid, S. 41.
309 Ibid, S. 42.
310 Ibid, S. 43.

schen Diskussion vorgebrachten Gegenvorschläge nicht kategorisch ab, sondern zeigt jeweils eine Koexistenz der vorgeschlagenen Institution mit der *Deutschen Auslandshochschule* auf.

Möglicherweise hätten in diesem Stadium der Diskussion über die *Deutsche Auslandshochschule* noch einige der angeführten Vorschläge umgesetzt werden können, kriegsbedingt wurde die Diskussion auf politischer Ebene allerdings bis 1916 nicht weitergeführt. Aufgrund der sich aus dem Ausgang des Ersten Weltkriegs ergebenden politischen Situation änderten sich die Rahmenbedingungen dieser Angelegenheit ohnehin völlig und gaben in der Nachkriegszeit Zündstoff für eine schonungslose Diskussion über den Fortbestand des SOS.

2.2.3.4 Der Erste Weltkrieg als Wegbereiter für die Völkerverständigung

Während des Ersten Weltkriegs trat die Errichtung einer *Deutschen Auslandshochschule* in der politischen Debatte in den Hintergrund. Überzeugte Verfechter der Idee verstummten aber auch nicht, solange die Völker der Welt auf den Schlachtfeldern kommunizierten. Vielmehr bekam dadurch die Notwendigkeit einer Ausbildungsstätte in Deutschland, die das Verständnis für andere Völker und deren Sprache förderte, im Hinblick auf die kommende Friedenszeit eine besondere Bedeutung.

Im November 1915 meldete sich Anton Palme, der im Krieg als Dolmetscher in Warschau stationiert war[311], mit Gedanken zur *Deutschen Auslandshochschule* im *Berliner Tageblatt*[312]. Der Beitrag, der sich über drei Ausgaben der Zeitung erstreckt, behandelt Motive, die für die Gründung einer *Deutschen Auslandshochschule* bereits während des Ersten Weltkriegs sprachen. Dabei konzentriert sich Palme in erster Linie auf gegenwärtige und zukünftige Entwicklungen in der Weltwirtschaft und die damit einhergehenden veränderten Anforderungen an die Auslandsvertreter Deutschlands.

Im ersten Teil seines Beitrags[313] argumentiert Palme, dass eine vom Weltmarkt abgeschottete Wirtschaft, wie sie derzeit in Deutschland bestehe, in Friedenszeiten nicht aufrechterhalten werden könne. Nach dem Krieg müsse daher ein internationaler Güteraustausch einsetzen, um die im Krieg verzehrten Güter zu ersetzen. Dabei dürfe nicht ignoriert werden, dass besonders diejenigen Länder die besten Handelspartner sind, die im Krieg auf der Gegnerseite Deutschlands stehen. An die Stelle von Gewalt müsse bei der Pflege internationaler Beziehungen jedoch die Kenntnis über die zukünftigen Handelspartner, etwa über ihre materiellen Bedürfnisse, ihre wirtschaftlichen und staatlichen Organisationen und ihre Sprache treten. Nur so kann der in Friedenszeiten stattfindende »Kampf um einen vorteil-

311 GStA PK, I. HA, Rep. 76 Kultusministerium, Va Sekt. 2 Tit. I Nr. 29 Bd. 2, Bl. 132, Palme an Sachau, 26.05.1916.

312 Vgl. Palme (1915 a, b, c).

313 Ibid (1915a).

haften Ausweg für unsere Tauschgüter« auf eine feste Grundlage gestellt werden. Die Erlangung der notwendigen Kenntnisse sollte Industrie und Handel aber nicht selbst überlassen bleiben. Palme schlägt daher vor, unter der Ägide des Reichs eine Stelle zu errichten, »wo diese Kenntnisse über fremde Völker gesammelt, gepflegt und verbreitet werden, wo unser Wirtschaftsleben jederzeit die erforderlichen Auskünfte erlangen und seine Hilfskräfte seinem Bedarf entsprechend sprachlich und fachlich ausbilden lassen kann.« Als zu errichtende Stelle biete sich Palme zufolge die *Deutsche Auslandshochschule* an. Die notwendige Kenntnis könne dort wissenschaftlich behandelt und somit die »bloße Praxis« ergänzt werden, die bisher nur zur lückenhaften Erlangung der relevanten Kenntnisse gedient hatte.

Im zweiten Teil seines Beitrags[314] richtet sich Palme unverblümt gegen die Qualifikation der Auslandsvertreter Deutschlands. Die »Unzulänglichkeit« des Auswärtigen Dienstes sei bereits vor dem Ersten Weltkrieg von verschiedenen Kreisen mit dem Wunsch nach Besserung bestätigt worden. Als Grund für den Widerstand gegen eine entsprechende Reform nennt Palme die Haltung des Auswärtigen Amts. Zur Verdeutlichung der höheren Anforderungen an Auslandsvertreter der Gegenwart beschreibt er das diplomatische Umfeld der Vergangenheit, in dem es ausreichte, »ein gutes Herkommen, gute Manieren, Gewandtheit im Gebrauch der französischen Sprache und ein gewisses Maß von Allgemeinbildung« vorweisen zu können, um »ausreichende Vorbedingungen für einen Durchschnittsdiplomaten« zu erfüllen. Dieses Anforderungsprofil sei in einem hauptsächlich europäischen Umfeld zum Einsatz gekommen, denn diplomatische Beziehungen wurden in der Vergangenheit fast ausschließlich in Europa gepflegt. Zudem seien die zu behandelnden Angelegenheiten an Umfang und Komplexität mit denen der Gegenwart nicht zu vergleichen. Als Beispiel führt Palme die wirtschaftlichen Verhältnisse der Länder an, die in- und ausländisch an Komplexität gewinnen und zunehmend ineinandergreifen.

Als weiteren Punkt der veränderten Arbeitsbedingungen von Auslandsvertretern nennt Palme gesellschaftliche Kräfte, etwa Parlamente, die Tagespresse oder Berufsorganisationen, die verstärkt in nationalen Angelegenheiten mitsprechen und bei diplomatischen Entscheidungen berücksichtigt werden müssen. Palme folgert daher, dass ein Diplomat nach altem Zuschnitt für die Herausforderungen der neuen Zeit nicht gerüstet sei:

> »Wie kann ein Mann, der aus Unkenntnis der Landessprache keine Zeitung lesen kann, der von den Einrichtungen des Landes, ihrem geschichtlichen Werden und ihrem Gegenwartszusammenhang nicht mehr Kenntnisse mitbringt, als das äußerst dürftige und oberflächliche Maß, welches die allgemeine Bildung enthält, wie kann ein solcher Mann, der durch sein ausschließliches Französisch und Englisch auf den Verkehr mit einem eng umschlossenen Personenkreis angewiesen und im Lande seiner Amtstätigkeit gewissermaßen isoliert ist, der Behörde seines Heimatlandes, unserem Aus-

314 Ibid (1915b).

> wärtigen Amte, die allseitige und gründliche Information zuführen, deren die Leitung unserer Auslandspolitik bedarf?«[315]

Eine Möglichkeit zur Verbesserung des Auswärtigen Dienstes sieht Palme in einer Spezialisierung auf Regionen: Jeder Auslandsvertreter sollte die Möglichkeit haben, sich auf das Land seiner Auslandstätigkeit wissenschaftlich vorzubereiten, d. h. fundierte Kenntnisse über die Sprache sowie Staatsverfassung, Volkswirtschaft, Geschichte und Kultur des Einsatzlandes zu erwerben. Dafür empfahl sich Palme zufolge ein nationenwissenschaftliches Studium an der *Deutschen Auslandshochschule*, denn ein solches Studium garantiere seinen Absolventen die Aneignung der zwei wichtigsten Aufgaben von Auslandsvertretern:

> »(...) seiner Heimatzentrale fachkundige Informationen zu schaffen und im fremden Lande die Wünsche seiner Heimatszentrale in überzeugender, dem Verständnis der Fremden eingehender Weise zu vertreten.«[316]

Gerade der Krieg, so Palmes Resümee, führe schmerzlich vor Augen, welche Nachteile die Unkenntnis über andere Länder zur Folge haben kann.

Im dritten und letzten Teil seines Beitrags[317] geht Palme auf weitere Stellen ein, die neben Handel und Industrie sowie dem Auswärtigen Amt von einer *Deutschen Auslandshochschule* profitieren würden. In diesem Zusammenhang zählt er eine Reihe von Berufen auf, deren Vertreter Interesse an einem Besuch der geplanten Ausbildungsstätte hätten. Seiner Meinung nach kommen dafür Vertreter der Heeresverwaltung, Journalisten, Ingenieure, Techniker, Gelehrte, Ärzte, Lehrer und Missionare in Betracht. Palme betont, dass die *Deutsche Auslandshochschule* gegründet werden müsse, um das »Völkerverstehen« zu fördern, denn dies sei in der Zeit nach dem Krieg wichtiger denn je. Er empfiehlt daher mit der Gründung der *Deutschen Auslandshochschule* noch im Krieg zu beginnen. Zudem weist er in seinem Beitrag darauf hin, dass die Ziele der zu gründenden Ausbildungsstätte »schließlich praktischmaterieller Natur« seien. Damit betont er den Praxisbezug der zu schaffenden Hochschule und lehnt sich folglich an das Ausbildungskonzept des SOS an. Unter den praktischen Zielen, zu denen er militärische, politische und wirtschaftliche zählt, hebt er hervor, dass »nie verkannt werden darf, wie nahe besonders das wirtschaftliche Moment mit dem kulturellen zusammenhängt.« Möglicherweise führt Palme diese Verbindung an, um die Diskussion, Handelshochschulen zu Auslandshochschulen umzugestalten, zu unterstützen. Schließlich hatte er schon vor dem Ersten Weltkrieg an der Handelshochschule Berlin, wo er selbst unterrichtete, glühende Unterstützer für seine Idee gefunden, diese Ausbildungsstätte für Auslandsstudien entsprechend auszubauen[318].

Palmes Beitrag kann als Appell gewertet werden, den Krieg als Chance für ein Bemühen um gegenseitiges Völkerverstehen in der Zukunft zu begreifen:

---

315 Ibid.
316 Ibid.
317 Ibid (1915c).
318 Vgl. etwa Eltzbacher (1914 a, b) und 2.4.5.

»Nie wohl wie jetzt war die Welt so von Haß und Wut gespalten. Millionen Fäden, die sich von Volk zu Volk spannten und das Gewebe allgemein menschlicher Kultur bildeten, sind zerrissen; wann werden sie wieder geknüpft werden? Wir wollen uns nicht, wie wir ringsum sehen, in Selbstbespiegelung und blindem Haß des Gegners einspinnen wir werden nicht vergessen, daß jedes Volk nur eine Masche ist in dem lebendigen Kleide der Gottheit. Es ist daher Pflicht, alte Kulturbeziehungen, soweit es möglich ist, wiederaufzunehmen und neue zu finden. Was kann aber mehr dazu dienen, die Völker einander näherzubringen, Schroffheiten zu mildern, Gegensätze zu überbrücken, als gegenseitiges Kennen und Verstehen? Und stets wird dabei der Wissende und Verstehende dem zornig das Fremde von sich Weisenden überlegen sein.«[319]

In seinem Plädoyer für die Völkerverständigung ist aber auch ein gewisser feindseliger Unterton gegenüber den Kriegsgegnern nicht zu überhören. Wenn er beispielsweise von der »organisierten Gegenarbeit« der Feinde spricht, die Deutschlands Teilnahme am internationalen Handel erschwere oder von »innerer geistiger Ueberlegenheit«, mit welcher Deutschland diesem Widerstand trotze, so macht dies deutlich, dass eine unvoreingenommene Haltung dem Fremden gegenüber in Anbetracht der Kriegssituation nicht möglich war und zukünftig das Verständnis für andere Völker nicht ohne Nutzen für Deutschland gefördert werden sollte. Deutlich wird dies etwa bei Palmes Aussage, dass die Kriegsgegner langfristig die »besten Abnehmer und Lieferanten« für Deutschland seien.[320] Dennoch dominieren m. E. Palmes gute Absichten bei seinen Bemühungen um die Gestaltung der zukünftigen internationalen politischen und wirtschaftlichen Beziehungen Deutschlands: Sein Credo, dass der Krieg, als Sinnbild für verfehlte internationale Politik, ein Bemühen um die friedliche Völkerverständigung rechtfertige, scheint trotz gewisser nationalistischer Nuancen in seinen Ausführungen aufrichtig. Paradox und zugleich nachvollziehbar scheint aus heutiger Sicht, dass der Gedanke zur friedlichen Völkerverständigung ausgerechnet in einer Kriegssituation entstanden ist.

Palme handelte sich durch seine Äußerungen über den Auswärtigen Dienst mit seiner vorgesetzten Stelle Ärger ein. Im konsultierten Aktenmaterial datiert vom 20.01.1916 ein Schreiben vom Direktor des SOS an Palme, in dem Palmes Verhalten harsch kritisiert und ihm vom Unterrichtsminister eine »ernste Missbilligung« übermittelt wurde[321]. Die Empörung über Palmes Beitrag seitens seiner Vorgesetzten wird in dem Schriftstück auch durch die mangelnde Form ausgedrückt: Das Schreiben entbehrt etwa jeglicher Art der Anrede. Über dieses formale Versäumnis beschwerte sich Palme in seiner Stellungnahme zu den Vorwürfen, die vom Mai 1916 datiert[322]. Zudem beklagte er, dass diese disziplinare Maßnahme gegen ihn

319 Palme (1915c).
320 Ibid (1915a).
321 GStA PK, I. HA, Rep. 76 Kultusministerium, Va Sekt. 2 Tit. I Nr. 29 Bd. 2, Bl. 106, Sachau an Palme, 20.01.1916.
322 GStA PK, I. HA, Rep. 76 Kultusministerium, Va Sekt. 2 Tit. I Nr. 29 Bd. 2, Bl. 129, Palme an Sachau, 26.05.1916.

ergangen sei, ohne ihn vorher gehört zu haben[323]. Palme erklärt, dass sein Beitrag, der von der Zeitungsredaktion auf mehrere Nummern verteilt wurde, nur als Ganzes sinngemäß beurteilt werden könne[324]. Seine Äußerungen über den Reformwiderstand des Auswärtigen Amts, das in die Verwaltung des SOS involviert war[325], hätten sich aus veröffentlichten Reichstagsdebatten gespeist[326]. Es sei nicht seine Absicht gewesen, sich damit gegen Personen zu richten. Sein Beitrag sei ausschließlich aus sachlichen Gründen heraus entstanden, die die Errichtung einer *Deutschen Auslandshochschule* nahelegten[327]. Ausgesprochen bestürzt war Palme über die Aufforderung seitens der vorgesetzten Stelle, zukünftig seine geplanten Publikationen vor Erscheinen dem »vorgeordneten Ministerium« vorzulegen[328]. Entsprechend konsequent war seine diesbezügliche Position:

> »Meine geringen geschichtlichen Kenntnisse auf dem Gebiete der Zensur stellen mir in neuerer Zeit keinen Fall vor Augen, wo einem deutschen Gelehrten eine ähnliche Zumutung gestellt worden wäre. Jedoch auch der jetzt in Hamburg tätige Historiker der Universität Berlin Geheimrat Prof. Lenz (...) meinte, der Versuch einen Hochschullehrer unter Präventivzensur des Unterrichtsministeriums zu stellen, sei seit der Zeit Friedrich Wilhelms IV völlig ausgeschlossen. Zudem sind mir bisher die gesetzlichen Grundlagen, welche bei uns dafür bestehen müssen, einen akademischen Lehrer <u>für unbegrenzte Zeit</u> der Präventivzensur zu unterstellen, völlig unbekannt geblieben. (...) Persönlich möchte ich bemerken, dass ich niemals eine meiner Veröffentlichungen weder dem Unterrichtsministerium noch einer anderen Behörde zur Zensur vorlegen werde. Ich würde befürchten, in diesem Falle diejenige Unbefangenheit und Freiheit des Urteils zu verlieren, die ich für die Grundbedingung wissenschaftlichen Denkens halte. Jedes Beugen dieser wissenschaftlichen Freiheit halte ich für sittlich in hohem Masse bedenklich und demgemäss beurteile ich auch die mir zugemutete Handlung. (...) Ich würde daher unter der Voraussetzung der rechtlichen Zulässigkeit der von Euer Hochwohlgeboren selbständig oder auftragsgemäss gegen mich verhängten Anordnung vorziehen nichts zu veröffentlichen.«[329]

Wie aus einem Schreiben an Palme hervorgeht, das vermutlich aus dem Unterrichtsministerium stammt, wurde die Zensur, die über Palmes zukünftige Schriften verhängt wurde, sofern sie »öffentliche Kritik an den Maßnahmen und Einrichtungen der dem genannten Seminar vorgesetzten Behörden« übten[330], nicht

323 Ibid, Bl. 122.
324 Ibid, Bl. 123.
325 Ibid, Bl. 126.
326 Ibid, Bl. 123–124.
327 Ibid, Bl. 126.
328 GStA PK, I. HA Rep. 76 Kultusministerium, Va Sekt. 2 Tit. I Nr. 29 Bd. 2, Bl. 106, Sachau an Palme, 20.01.1916.
329 GStA PK, I. HA, Rep. 76 Kultusministerium, Va Sekt. 2 Tit. I Nr. 29 Bd. 2, Bl. 131–132, Palme an Sachau, 26.05.1916. Hervorhebung im Original.
330 GStA PK, I. HA, Rep. 76 Kultusministerium, Va Sekt. 2 Tit. I Nr. 29 Bd. 2, Bl. 146, Unbekannt an Palme, 05.12.1916.

aufgehoben. Vermutlich ist dies der Grund, warum Palmes Name in der Reformdebatte über das SOS – abgesehen von einem Vorschlag für eine Denkschrift zur Ausgestaltung einer *Deutschen Auslandshochschule* von 1920 – nach dem Ersten Weltkrieg in publizierten Dokumenten nicht mehr erscheint[331].

2.2.3.5 Die Fortsetzung der Reformdebatte im Ersten Weltkrieg (1916)

Der Ausbruch des Ersten Weltkriegs hatte die Reformdebatte unterbrochen. Erst im Frühjahr 1916, d. h. drei Jahre nachdem die Ausarbeitung einer Denkschrift über den Ausbau des SOS zu einer Auslandshochschule im Reichstag beschlossen worden war, kam wieder Bewegung in die Sache. Es ist wichtig, sich vor Augen zu halten, dass man in Deutschland an diesem Punkt der Diskussion, also 1916, davon ausging, dass Deutschland als Sieger aus dem Krieg hervorgehen würde.

In der Reichstagssitzung am 07.04.1916 wurde auf Anfrage eines Abgeordneten die Entwicklung des Erstellungsprozesses der Denkschrift am Rande thematisiert[332]. Der stellvertretende Bevollmächtigte aus dem Auswärtigen Amt nahm dazu kurz Stellung und berichtete über den »eingehenden Meinungsaustausch«, der bisher in dieser Angelegenheit zwischen den zuständigen Stellen stattgefunden hatte. Zu einem endgültigen Ergebnis sei man aufgrund des Kriegsumstands noch nicht gekommen. Klarheit bestehe aber darüber, dass »die Möglichkeit des Studiums des Auslandes und seiner Verhältnisse gefördert und erleichtert« werden müsse. Gerade durch die Erfahrungen des Krieges sei dieses Bestreben noch stärker geworden. Über den institutionellen Rahmen, in den die Förderung der Auslandsstudien eingebettet werden sollte, herrsche jedoch noch keine Klarheit, denn als Lösung für die Aufgaben würden sich alle bereits bestehenden Hochschulen empfehlen.

Mit dieser Mitteilung wurde der Reichstag bis auf Weiteres vertröstet. Taktisch war es m. E. geschickt, keine Hochschule von der Einführung des Auslandsstudiums im Vorfeld auszuschließen, denn so wurden kontroverse Debatten vermieden. Hinter den Kulissen zeichnete sich jedoch ab, dass die Errichtung einer selbst-

---

331 Von 1924–1928 veröffentlichte Palmes Kollege, Georg Kampffmeyer, vier Schriften über die Reform des SOS (vgl. Kampffmeyer 1924 a, b, 1925, 1928 und auch 2.2.3.11 und 2.2.3.12). Darin wird die ablehnende bis ignorante Haltung des preußischen Unterrichtsministeriums gegenüber den Belangen des SOS beanstandet. Auffallend ist, dass Palme keinen Beitrag für die Schriften verfasste, die sich gegen das Unterrichtsministerium, also gegen seine vorgesetzte Stelle, richteten. Vermutlich steht dies im Zusammenhang mit der Zensur, die über Palmes Schriften zum Thema Reform des SOS von seiner vorgesetzten Stelle verhängt wurde. Man kann aber davon ausgehen, dass Palme an den Texten Kampffmeyers mitarbeitete.

332 GStA PK, I. HA, Rep. 76 Kultusministerium, Va Sekt. 2 Tit. I Nr. 29 Bd. 1, Bl. 369, Reichstagssitzung, 07.04.1916. Vgl. dazu auch Informationen in BArch, R 1501/108978, Anfrage des Abgeordneten Bassermann an Reichstag, 16.03.1916.

ständigen Auslandshochschule nicht in Frage kam, da finanzielle Knappheit den Rahmen der Möglichkeiten absteckte.

Im Frühjahr 1916 wurde im Abgeordnetenhaus und im Preußischen Landtag über den Etat des Unterrichtsministeriums beraten[333]. Dabei hatte man sich, wie auch bei anderen Gelegenheiten, für die Förderung der Auslandsstudien an den Universitäten ausgesprochen. Zudem wurde erwartet, dass sich auch die Öffentlichkeit dieser Meinung anschließen würde. Wie aus einem Schreiben des preußischen Unterrichtsministers an den Finanzminister vom August 1916 hervorgeht, musste »unter den gegenwärtigen Umständen von dem Aufbau einer völlig neuen Organisation unbedingt« Abstand genommen werden. Die Förderung der Auslandsstudien könne nur über einen »langsamen und systematischen Ausbau der bestehenden Institutionen« unter Ausnutzung des vorhandenen Personals erreicht werden. Sie müsse aber schon während des Krieges einsetzen, damit der Lehrbetrieb nach Kriegsende für die neue Zeit vorbereitet sei.[334]

Zu diesem Zweck beantragte der Unterrichtsminister Gelder für Lehraufträge an den Universitäten – besondere Lehrstühle für Auslandsstudien sollten aus finanziellen Gründen nur in Ausnahmefällen eingerichtet werden. Aufgrund der Vielfältigkeit der Auslandsstudien war es nicht möglich, »an allen Universitäten auch nur einigermaßen Vollständigkeit auf diesen Gebieten zu erreichen«[335]. Es sei daher angebrachter, bestimmte Gebiete an bestimmten Universitäten besonders zu vertiefen, wobei diese Spezialisierung nicht zu sehr vertieft werden dürfe, »wenn der universelle Charakter der Universität gewahrt werden soll«. Das oberste Ziel der Auslandsstudien, so der Unterrichtsminister, müsse es sein, »eine bessere Kenntnis der großen politischen zeitgeschichtlichen Ereignisse auf sämtlichen Universitäten« zu vermitteln. Die Einführung von Lehraufträgen auf dem Gebiet der Auslandsstudien sei aber ein Anfang, um auf die »von der ganzen Öffentlichkeit geforderten Lehrbestrebungen« zu reagieren. Im Laufe der Zeit sollte sich zeigen, welche Gebiete sich möglicherweise als Forschungsgebiet mit Lehrstuhl eignen und ob diese vor dem Hintergrund der finanziellen Gegebenheiten errichtet werden können.[336]

Ein Schreiben vom Herbst 1916, vermutlich aus dem Unterrichtsministerium, macht deutlich, warum die Universitäten in konzeptioneller Hinsicht als geeignete Bildungseinrichtungen für das Studium des Auslandes erachtet wurden. Bei dem Dokument handelt es sich um eine Reaktion auf einen Entwurf über eine im Auswärtigen Amt aufgesetzte »Denkschrift über den Ausbau des Orientalischen Seminars zu einer deutschen Auslandshochschule bezw. den Ausbau der Auslandsstudien«[337]. Der Autor bemängelt darin, dass in der bisherigen Diskussion über die

333 Vgl. Apt (1916: 123).

334 GStA PK, I. HA, Rep. 76 Kultusministerium, Va Sekt. 2 Tit. I Nr. 29 Bd. 1, Bl. 406, Unterrichtsminister an Finanzminister, 24.08.1916.

335 Ibid, Bl. 407–408.

336 Ibid, Bl. 408–409.

337 BArch, R 1501/108979, Bl. 17–27, Reaktion auf Entwurf einer Denkschrift über den Ausbau des Orientalischen Seminars zu einer deutschen Auslandshochschule

Ausgestaltung der *Deutschen Auslandshochschule* die Bedeutung der »nationalen Gesamtentwickelung« unberücksichtigt geblieben war[338]. In dieser Angelegenheit sei aber nicht nur eine Lösung für Personen zu finden, die in Politik und Wirtschaft eine Auslandstätigkeit anstrebten, also für einen kleinen Teil der Bevölkerung, sondern auch eine Lösung für die gebildeten Schichten, die eine Tätigkeit im Inland ausübten:

> »Die erziehlichen Aufgaben einer besseren Schulung der geistig führenden Kreise der Heimat, hinsichtlich der Fragen unserer auswärtigen wirtschaftlichen und politischen Interessen und damit der ganzen weltpolitischen Stellung Deutschlands. Die Notwendigkeit einer solchen erziehlichen Aufklärungsarbeit erscheint gerade nach den Erfahrungen des Krieges besonders deutlich erwiesen. Gerade in den intellektuellen Kreisen hat sich vielfach eine Kritiklosigkeit in weltpolitischen Fragen gezeigt.«[339]

Wie der Autor ausführt, seien bisher etwa nur Dolmetscher im konsularischen Dienst zur Befriedigung der »Bedürfnisse des engeren Geschäftskreises des Auswärtigen Amts« mit Kenntnissen über das Ausland während ihrer Ausbildung ausgestattet worden[340]. Andere Dienstzweige sowie ganze Berufsgruppen außerhalb des Staatsdienstes hingegen kamen nicht in den Genuss von Auslandsstudien. Aus diesem Grund sollte im Rahmen aller vorhandenen Hochschulen, vor allem der Universitäten, die Verbreitung von Kenntnissen über das Ausland ermöglicht werden. Zur Umsetzung dieses Ziels seien dem Verfasser zufolge die Universitäten am besten dafür geeignet. Denn als Institution der »spezifisch deutschen Idee der universitas litterarum« biete sie die nötigen infrastrukturellen Möglichkeiten. Zudem fördere die Weiterentwicklung der Universitäten durch ein auslandsstudienorientiertes Programm, die »Grundentwicklung der deutschen Bildungsverhältnisse«[341].

Der Autor stellte hohe Ansprüche an die zukünftige Organisation der Auslandsstudien an Universitäten, sodass es unwahrscheinlich war, dass diesen Anforderungen entsprochen werden konnte:

> »Das Verhältnis der neuen Studien zu den vorhandenen Universitätsstudien wird eine gegenseitige Befruchtung im hohen Maße sein: Einerseits müssen und werden die Auslandsstudien sich auf den allgemeinen Studien über rechtliche, volkswirtschaftliche, politische, historische etc. Verhältnisse aufbauen. Auf der anderen Seite aber werden die neuen Auslands- und verwandten Studien gegenüber den älteren akademischen Disziplinen keineswegs nur der empfangene Teil sein, sondern ihrerseits vielfach befruchtend auf die älteren Disziplinen bezw. die Gesamtheit der Studien einwirken. Insbesondere werden alle Zweige der Rechts- und Staatswissenschaften, ja gewissermaßen die ganze Methodik der juristischen Ausbildung der Studierenden auf

bezw. den Ausbau der Auslandsstudien vom 25.09.1916.

338 Ibid, Bl. 18.

339 Ibid. Hervorhebung im Original.

340 Ibid, Bl. 19.

341 Ibid, Bl. 20.

das glücklichste (sic!) beeinflußt werden, wenn jene jungen, im Werden begriffenen Disziplinen besonders gepflegt werden. Beispielsweise sei als Ergebnis langjähriger praktischer akademischer Erfahrungen erwähnt, daß das Studium des jungen Kolonialrechts und der verwandten überseeischen Rechtsdisziplinen über allen unmittelbaren praktischen Nutzen hinaus große didaktische Bedeutung für das Studium der gesamten Rechtsentwickelung besitzt. Gerade, weil das Kolonialrecht und die verwandten Zweige ein werdendes Recht sind und wir hier gewissermaßen mit eigenen Augen verfolgen können, wie aus neuartigen wirtschaftlichen- und Kulturverhältnissen neue rechtliche Normen entstehen, eben darum kann dieses Fach, wenn ihm die rechte Stelle im Gesamtbereich des akademischen Rechtsunterrichts eingeräumt wird, eine außerordentlich erziehliche Bedeutung für die Schulung des Nachwuchses unserer Juristen gewinnen. Ähnliches gilt natürlich bei den Staatswissenschaften, vor allem aber auch bei den philologischen Studien.«[342]

Zur Entfaltung der Auslandsstudien forderte der Autor eine Zusammenarbeit zwischen den einzelnen Fakultäten im Rahmen eines Auslandsinstituts an der Universität, das Fächer verschiedener Fakultäten umfassen sollte. Dadurch sollte erreicht werden, dass Studierende verschiedener Fakultäten das Angebot der Auslandsstudien nachfragten und Dozenten verschiedener Fakultäten Auslandsstudien unterrichteten:

»Dem einzelnen Dozenten muß unbedingt die weiteste Lehrfreiheit, auch bezüglich der Umgrenzung seiner Arbeitsgebiete gegeben werden, d.h. er darf bei der Auswahl seiner Vorlesungen nicht an die jetzt vorhandenen, überlebten Fakultätsschranken gebunden werden. Z. B. muß ein Vertreter des Kolonialrechts auch über Kolonialpolitik und Kolonialwirtschaft lesen dürfen, und umgekehrt muß ein Historiker, der sein Studium einem besonderen Auslandsgebiete zugewendet hat, auch über die gegenwärtigen Rechts- und Verwaltungsverhältnisse daselbst ein Kolleg halten dürfen.«[343]

Die Vorstellungen des Autors von einem speziellen Auslandsinstitut an der Universität, bei dem Fakultätsgrenzen verwischt und die Zuständigkeit der einzelnen Wissenschaftsgebiete nicht klar definiert waren, bargen m.E. einerseits die Gefahr einer unfundierten wissenschaftlichen Forschungsweise in sich und hätten andererseits das Lehrpersonal in fachlicher Hinsicht überfordert. Der Autor forderte weiter, Praktiker in den Lehrbetrieb der Universitäten für die Vermittlung von Auslandsstudien einzubeziehen. Damit sollten Universitäten an dem Punkt ansetzen, wo etwa Technische Hochschulen bereits einen Vorsprung hatten, und einen Usus übernehmen, der sich als »fruchtbringend in der deutschen Entwickelung«[344] erwiesen hatte.

In die facettenreiche Diskussion über die Gestaltung der *Deutschen Auslandshochschule* mischte sich im Frühjahr 1916 Max Apt, der schon vor dem Ersten Weltkrieg den Ausbau der Handelshochschulen zu Auslandshochschulen aufs Ta-

342 Ibid, Bl. 20–22. Hervorhebung im Original.
343 Ibid, Bl. 23–24. Hervorhebung im Original.
344 Ibid, Bl. 25.

pet gebracht hatte. In seinem Beitrag in der *Deutschen Wirtschafts-Zeitung*, der im März 1916 erschien[345], spricht er sich klar gegen die Errichtung einer selbstständigen Auslandshochschule und gegen den Ausbau des SOS zu einer solchen Einrichtung aus. Vor allem konzeptionelle Gründe und die ursprüngliche Zielsetzung des SOS, die in erster Linie praktische Zwecke verfolgten, sprachen seines Erachtens gegen den Ausbau dieser Einrichtung. Im Gegensatz dazu präsentiert Apt vor dem Hintergrund des weltwirtschaftlichen Szenarios die Handelshochschulen als geeignete Träger von Auslandshochschulen, da an ihnen Auslandsstudien bereits »in umfangreichem Masse« angeboten werden und die jeweiligen Fächer »mit Leichtigkeit« den Bedürfnissen entsprechend angepasst werden können.[346]

Apt plädiert in seinem Beitrag außerdem dafür, die Auslandsstudien nicht als Privileg einer bestimmten Hochschule aufzufassen. Vielmehr sei es seiner Ansicht nach die Aufgabe sämtlicher Schulen in Deutschland, den Deutschen zu vermitteln, welche Stellung ihr Land in der Welt einnimmt:

> »Der Weltkrieg hat sich hier als ein vortrefflicher Lehrmeister gezeigt, und an der Hand des Weltkrieges wird es unseren Lehrern leicht sein, die Probleme zu behandeln, die mit der von uns in Anspruch genommenen Stellung in der Welt im Zusammenhang stehen.«[347]

Das Meinungsbild in der Diskussion über eine *Deutsche Auslandshochschule* war 1916 sehr vielfältig. Nicht zuletzt konnte auch durch die Kriegssituation und den damit einhergehenden finanziellen Problemen keine allgemein zufriedenstellende Lösung in den Kriegsjahren gefunden werden. Zudem war die vor Kriegsausbruch geführte Diskussion über Fragen zur Gestaltung der Ausbildung einer kleinen elitären Berufsgruppe, d.h. von Beamten im Auswärtigen Dienst, zu einer Diskussion ausgewachsen, die Licht auf weitere problematische Facetten der Thematik warf: Von Regierungsseite wurde etwa eingebracht, dass in Anbetracht der Position Deutschlands in der Weltpolitik auch im Inland tätige führende Schichten Kenntnisse über das Ausland in der Ausbildungsphase erlangen sollten. Vertreter aus der Lehrpraxis plädierten sogar dafür, Auslandsstudien auf allen Ebenen des Bildungssystems einzuführen, um die gesamte Bevölkerung mit entsprechenden Kenntnissen auszustatten:

> »Die Verbreitung der Auslandskunde gehört mit zu dem grossen Thema der Politisierung unserer Bevölkerung, und diese Politisierung soll nicht an einer Zentralstelle erfolgen, sondern soll im ganzen Lande gleichmässig betrieben werden.«[348]

Die Diskussion über eine *Deutsche Auslandshochschule* entwickelte sich zu einer Diskussion über die Förderung der Auslandsstudien. Dies zeigt sich konkret an der

---

345 Vgl. Apt (1916).
346 Ibid, S. 131.
347 Ibid, S. 133.
348 Ibid. Hervorhebung im Original. Die Politisierung der deutschen Bevölkerung zollte den Zielen einer neuhumanistischen Bildung Tribut (vgl. 2.1.1.2).

Formulierung des vom Auswärtigen Amt im September 1916 vorgelegten Entwurfs einer »Denkschrift über den Ausbau des Orientalischen Seminars zu einer deutschen Auslandshochschule bezw. den Ausbau der Auslandsstudien«[349]. Wurde vor dem Ersten Weltkrieg noch über »die Ausgestaltung der praktischen Vorbildung für die Angehörigen derjenigen Berufe, welche sich im Ausland oder im Verkehr mit dem Ausland betätigen« diskutiert[350], stand 1916 als Diskussionspunkt die Problematik der wissenschaftlichen Verbreitung der Auslandsstudien in weiteren Bevölkerungskreisen Deutschlands im Vordergrund.

Im Januar 1917 trug das preußische Unterrichtministerium der allgemeinen Übereinstimmung über die Tatsache, dass Auslandsstudien gefördert werden sollten, Rechnung, indem es eine *Denkschrift über die Förderung der Auslandsstudien* veröffentlichte. Dies war ein willkommenes Signal in Politik, Wirtschaft und Öffentlichkeit, das vorläufig zur Besänftigung der an der Diskussion beteiligten Gemüter beitrug und einen Zwischenschritt auf der Suche nach einer Lösung für die Gestaltung einer *Deutschen Auslandshochschule* markierte.

2.2.3.6 *Die Denkschrift über die Förderung der Auslandsstudien* (1917)

Die *Denkschrift über die Förderung der Auslandsstudien* wurde vom preußischen Unterrichtsminister August von Trott zu Solz[351] am 24.01.1917 dem Haus der Abgeordneten überreicht[352]. Darin heißt es, dass die »Auslandskunde« zwar seit Beginn der modernen Wissenschaft vornehmlich in den Aufgabenbereich der deutschen Universitäten gefallen, ihre Pflege im Unterricht jedoch »gegenüber den nationalen Aufgaben der Universitäten« in den Hintergrund getreten sei. Die »Kenntnis des Auslands« habe in Deutschland dennoch stets im Interesse von Gelehrten und Behörden gestanden.[353]

Ein stärkeres staatliches Interesse an den »Auslandsstudien«[354] sei mit dem »Hineinwachsen Deutschlands in die weltwirtschaftlichen und weltpolitischen Zusammenhänge«[355] einhergegangen. Seit Beginn dieses Prozesses seien die Auslandsstudien vom wissenschaftlichen Bereich in den Fokus der »praktischen staatlichen Bedürfnisse« gerückt:

---

349 Die Endfassung dieser Denkschrift wurde im März 1917 dem Reichskanzler vom Bundesrat überreicht (in: BArch, R 1501, 108979, Bl. 64, Denkschrift über den Ausbau des Orientalischen Seminars zu einer deutschen Auslandshochschule und über die Förderung der Auslandsstudien, 13.03.1917.

350 Vgl. Helfferich (1917: 5).

351 August von Trott zu Solz (1855–1938) bekleidete verschiedene politische Positionen. Von 1909–1917 war er preußischer Kultusminister (vgl. DBA).

352 BArch, R 1501/108979, Bl. 46–48 (Spalten 1–10), Denkschrift über die Förderung der Auslandsstudien, 24.01.1917. (Vgl. auch Haus der Abgeordneten (1917)).

353 Ibid, Bl. 46, Spalte 1.

354 Ibid, Bl. 46, Spalte 2.

355 Ibid, Bl. 46, Spalte 1–2.

»Wie der Staat an seinen Universitäten nicht nur Gelehrte, sondern namentlich auch Beamte erzogen wissen wollte, brauchte er jetzt auch Auslandskundige und zwar zunächst ein ständig wachsendes Personal für den auswärtigen Dienst mit besonderer Vorbildung wie Dragomane und Kolonialbeamte, dann gut vorgebildete Pioniere des Deutschtums im Ausland, schließlich aber immer stärker nicht mehr nur binnenländisch, sondern auch weltpolitisch gebildete Staatsbürger überhaupt.«[356]

Aus diesem Grund sollten »Auslandskenntnisse« bei einem »Weltvolk« fest in der »nationalen Bildung« verankert werden. Die bisher getroffenen Maßnahmen zur Verbreitung der Auslandskenntnisse, etwa die Einrichtung besonderer Bildungsstätten, genügten laut der Denkschrift aber nicht mehr, um den neuen Anforderungen der Zeit zu entsprechen.[357]

Der geschichtliche Rückblick in der Denkschrift zeigt deutlich, dass mit den besonderen Bildungsstätten das 1887 gegründete SOS und das 1908 gegründete Hamburger Kolonialinstitut gemeint sind, die beide aufgrund der zunehmenden Einbindung Deutschlands in die internationalen politischen und wirtschaftlichen Verhältnisse errichtet wurden. Der Rückblick auf die Geschichte fasst den seit 1913 geführten politischen Dialog zur Errichtung einer *Deutschen Auslandshochschule* zusammen. Dabei zeige der aktuelle Stand der Diskussion, dass »bei aller Einigkeit über die Ziele [Verbreitung der Auslandsstudien] es noch eingehender Prüfung bedürfe, welche Wege man einzuschlagen habe«. Die ersten Anträge zum »Ausbau der Auslandsstudien« seien dem Landtag inzwischen jedoch schon zugegangen.

Gemäß den Ausführungen in der Denkschrift ergaben sich aus der geschichtlichen Entwicklung für die Behandlung der Auslandsstudien drei, separat zu behandelnde, Probleme: Neben das traditionelle wissenschaftliche Interesse an den Auslandsstudien sei »die praktische Forderung der Ausbildung für das Ausland getreten«. Zu diesen beiden seit Jahrzehnten bestehenden Bedürfnissen sei seit den Erfahrungen des Ersten Weltkriegs ein drittes Problem hinzugekommen: »die Weckung außenpolitischen Interesses und Verständnisses in der Heimat«. Zufriedenstellende Ergebnisse könnten für die Auslandsstudien insgesamt nur erreicht werden, so die Ausführungen in der Denkschrift, wenn jeweils separate Lösungen für diese drei Probleme gefunden werden. Bisher habe in der Diskussion aber einseitig die Frage der Auslandshochschule im Vordergrund gestanden.[358]

Zu der Frage, ob das Reich oder die Bundesstaaten für die Lösung der Fragestellung zuständig seien, wird in der Denkschrift angeführt, dass darüber zu Beginn der politischen Diskussion vor dem Ersten Weltkrieg Unsicherheit bestand. Dies hinge damit zusammen, dass die Fragestellung sowohl Reichsinteressen, etwa die Heranbildung des Nachwuchses für den Reichsdienst, als auch Interessen der Einzelstaaten bezüglich der Organisation des Unterrichtswesens betroffen habe. Da in der öffentlichen Diskussion fast ausschließlich die Vorbildung für den Auswärtigen Dienst thematisiert wurde, sei vornehmlich die Errichtung einer Aus-

356 Ibid, Bl. 46, Spalte 2. Hervorhebung im Original.
357 Ibid. Hervorhebung im Original.
358 Ibid, Bl. 46 (RS), Spalte 3.

landshochschule in der Diskussion behandelt worden. Favorisiert wurde dabei der Ausbau des SOS zu einer solchen Reichsanstalt. Da die Kosten bisher vom Reich und von Preußen übernommen wurden und die bisherige Verwaltung reibungslos durch das preußische Unterrichtsministerium erfolgte, bestand kein Grund, daran etwas zu ändern. Außerdem sprachen verfassungsrechtliche Gründe gegen die Errichtung einer reinen Reichsanstalt:

> »Aufgrund der Reichsverfassung ist das gesamte Unterrichtswesen den Einzelstaaten vorbehalten. Um so weniger ist ersichtlich, warum gerade auf dem Gebiet der Auslandsstudien die sonst gültige Praxis durchbrochen werden sollte, zumal dem Reich die ausführenden Organe für eine solche Neuerung fehlen würden.«[359]

Die sich aktuell in den Vordergrund drängende Frage sei aber nicht die Errichtung einer Auslandshochschule, in deren Genuss nur zukünftige Auslandsbeamte kommen, sondern die Erziehung der Deutschen zu einem »Weltvolk«. Laut Denkschrift sollten zur Erreichung dieses Ziels die Bildungsinhalte allgemein nach der auslandskundlichen Seite erweitert werden. Diese Zielsetzung beeinträchtige weder das SOS noch ähnliche Einrichtungen, sondern unterstütze ihre Arbeit indessen durch die neuen Bildungsmaßstäbe:

> »(...) nur wenn auch unsere akademische Jugend sich willig den neuen Aufgaben des Reiches anpaßt und sich mit weltpolitischem Denken erfüllt, nur dann wird in der Heimat der unentbehrliche Resonanzboden für die Arbeit der deutschen wirtschaftlichen und kulturellen Vorkämpfer im Ausland geschaffen.«[360]

Die Unterrichtsverwaltung ziele daher darauf ab, die Auslandsstudien im gesamten deutschen Bildungssystem zu verbreiten. Dabei sollten die bisherigen »literarisch-historisch-ästhetisch« ausgerichteten Bildungsprogramme durch eine »neue Note« ergänzt werden. Der Krieg habe gezeigt, wie wichtig »staatswissenschaftliches Verstehen der Gegenwart« ist und gerade »die Masse der Bildungsschicht«, von der die meisten in ihrem Leben nicht die »Grenzen des Deutschen Reiches überschreiten« würden – explizit angeführt werden Juristen und Oberlehrer –, sollten darin geschult werden:

> »Jeder Akademiker muß es als eine Ehrenpflicht ansehen, sich staatswissenschaftlich, sei es wirtschaftlich, rechtlich oder politisch zu belehren und innerlich zu den großen Problemen der Weltpolitik und Weltwirtschaft Stellung zu nehmen. Dabei ist es natürlich unmöglich, jeden einzelnen in alle fremden Gebiete einzuführen. Wer aber einmal etwas tiefer in irgend einen ganz andersartigen Kulturkreis eingedrungen ist, der geht mit anderen Maßstäben an die Betrachtung der Weltzusammenhänge; er wird auch ein ganz anderes Verständnis haben für die Auslandsnachrichten seiner Zeitungen. Das politische Denken muß geschult, der junge Deutsche muß politisiert werden.«[361]

359 Ibid, Bl. 46 (RS), Spalte 4.
360 Ibid, Bl. 46 (RS)–47, Spalten 4 und 5.
361 Ibid, Bl. 47, Spalte 5.

Die Vermittlung der Kenntnis des Auslandes auf allen Bildungsebenen sollte dazu beitragen, dass in Zukunft außenpolitische Probleme nicht nach innenpolitischen Maßstäben beurteilt werden. Dadurch sollten nicht nur Personen, die im Ausland eine Tätigkeit anstrebten, bessere Bildungsmöglichkeiten erhalten, sondern auch im Ausland lebende Deutsche »in der Heimat« besser verstanden und gefördert werden. Dies wiederum habe, so die Denkschrift, positive Auswirkungen auf die deutsche Kulturpolitik im Ausland.[362]

Diese Ziele könnten aber nicht durch punktuelle Sondereinrichtungen, wie etwa die einer *Deutschen Auslandshochschule*, erreicht werden, sondern müssten durch flächendeckende Lösungen im gesamten Bildungssystem gefördert werden. Die Verbreitung der Auslandsstudien sei daher nur dezentral über die einzelnen Bundesstaaten anzustreben, wobei an bereits vorhandene Einrichtungen angeknüpft und ein »langsames, organisches Wachstum« angestrebt werden sollten. Die dezentrale Verbreitung der Auslandsstudien habe auch den Vorteil Bevölkerungsteile zu erreichen, die ein Recht darauf haben, über die Ursachen des Krieges wissenschaftlich aufgeklärt zu werden:

> »Die großen allgemeinen Fragen der Zeitgeschichte und der Weltwirtschaft müssen in Zukunft überall regelmäßig gelehrt werden, nicht nur in Berlin, schon einfach aus dem Grunde, weil die aus den Schützengräben heimkehrende akademische Jugend ein Recht darauf hat, die Ursachen des Krieges wie seine weltgeschichtliche Bedeutung in wissenschaftlich vertiefter Form vorgetragen zu bekommen. Auf diesem gewaltigen Hintergrund wächst dann ganz von selbst eine staatswissenschaftliche Allgemeinbildung, die dem Deutschen dringend not tut.«[363]

Die Auslandsstudien sollten der Denkschrift zufolge zunächst als Pilotprojekt durchgeführt werden. Bestimmungen zur Durchführung der Studien und möglicher Prüfungen sind in dem Dokument aber nicht enthalten. Vielmehr sollte die Erfahrung nach einer gewissen Testphase zeigen, welche Maßnahmen diesbezüglich ergriffen werden sollten. Zur Einsparung von Ressourcen sollten an einzelnen Hochschulen bestimmte Fachgebiete vertieft werden. Durch ihre geographische Lage boten sich beispielsweise Königsberg und Breslau für Auslandsstudien zur slawischen Welt an.[364]

Wie in der Denkschrift weiter ausgeführt wird, sei es nicht ausgeschlossen, dass sich durch die Auslandsstudien im Rahmen der wissenschaftlichen Disziplinen neue Organisationsformen entwickeln:

> »Wenn sonst von Fachstudien die Rede ist, so denkt man dabei an Jurisprudenz, Philologie und andere große Berufsgebiete. Fachstudien in bezug auf das Ausland greifen aber über den Rahmen der Einzeldiszipline (sic!) hinaus, und der Spezialist für ein bestimmtes Gebiet braucht nicht nur philologische, d.h. hier sprachliche, sondern auch staatswissenschaftliche, historische und geographische Kenntnisse. Vor allem muß er

362 Ibid.
363 Ibid, Bl. 47, Spalte 6.
364 Ibid, Bl. 47 (RS), Spalte 7.

das vielgestaltige Denken und Empfinden, die ganze soziologische Struktur des betreffenden Landes kennen und verstehen, wenn seine Arbeit einen Sinn haben soll.«[365]

Als »Sondergebiet der Wissenschaft« sollten die Auslandsstudien Anwendung in der Praxis finden. In der Denkschrift wurde nicht ausgeschlossen, dass durch die Integration der Auslandsstudien bereits bestehende Wissenschaftsgebiete in neue Einheiten gegliedert werden. Es wurde angenommen, dass die neuen Gruppierungen »im wesentlichen mit gewissen großen Kulturkreisen zusammenfallen«. Dies wurde im Hinblick auf die aktuellen Entwicklungen im deutschen Bildungssystem positiv gewertet:

»Diese Neugruppierung spezieller Zweige der großen alten Wissensgebiete zu neuen Einheiten ist auch sonst zu beobachten und zu begrüßen; denn nur so kann unsere Wissenschaft davor bewahrt werden, in Spezialstudien zu zerfallen; nur so bleibt die notwendige Geschlossenheit und Einheitlichkeit unserer Bildung erhalten.«[366]

Die Denkschrift schließt mit Ausführungen zu Projekten, die zur Vertiefung der Auslandsstudien beitragen sollten. Dabei handelte es sich meist um die Beantragung von Mitteln beim Unterrichtsministerium für Anschaffungen relevanter Literatur und Einrichtungen für Lehraufträge und Lehrstühle. Für die Zielsetzung dieser Arbeit ist dieser Teil der Denkschrift nicht relevant und wird daher nicht weiter ausgeführt.[367]

2.2.3.7 Die Umsetzung der Forderungen aus der Denkschrift (1917–1920)

Die *Denkschrift über die Förderung der Auslandsstudien* revolutionierte »als wirkliche Kriegsfrucht« das deutsche Bildungssystem. Bildung wurde fortan in den Dienst der Politik gestellt. Damit ging eine gewaltige Kulturarbeit einher, die im In- und Ausland greifen sollte, um ein deutsches Kultur-, sprich Selbstverständnis, zu fördern.[368] (Vgl. 2.2.3.6).

In der *Denkschrift* wird in erster Linie auf die Hochschulbildung Bezug genommen, die Durchdringung der Schulbildung mit Auslandsstudien hingegen wird darin nicht direkt thematisiert. Aus einer Stelle in dem Dokument kann aber geschlossen werden, dass das neue Erziehungskonzept auch in Schulen umgesetzt werden sollte:

»(...) die angehenden Oberlehrer, die unsere Bildungsideale in die Jugend der Zukunft pflanzen sollen, sie müssen es in ihren eindrucksreichen Jahren erfahren, daß (...) das

365 Ibid, Bl. 47 (RS), Spalten 7–8.
366 Ibid, Bl. 47 (RS), Spalte 8.
367 Ibid, Bl. 47 (RS)–48 (RS), Spalten 8–10.
368 BArch, R 1501/108979, Bl. 71–73 (RS), »Das Auslandsstudium auf deutschen Hochschulen. Deutsche Kulturpolitik und Weltwirtschaft.«, *Hochschul-Nachrichten*, Mai 1917.

neue Deutschland auch andere Aufgaben zu erfüllen hat, als literarisch künstlerische Bildung zu pflegen (...).«[369]

Kritiker aus Hochschulen bemängelten, dass sich die Autoren der Denkschrift bei der Erreichung der gesteckten Ziele zu sehr auf die Universitäten stützten und dabei ganze Hochschulbereiche ausklammerten:

»Etwas befremdlich, man möchte fast meinen, auch noch allzu ›literarisch-historisch-ästhetisch‹ befangen, klingt die Bemerkung der Denkschrift, dass sich die Technischen Hochschulen der Organisation ihres Unterrichts nach weniger zur Beteiligung an der Auslandsbewegung eignen als die Universitäten. Die bedeutsamen Verdienste und Errungenschaften der technischen Wissenschaften in diesem Krieg stehen dem entgegen und wenn wir erst überschlagen, was für Aufgaben unserer Technik allein im Orient in Verbindung mit den für seine Entwicklung ausschlaggebenden wirtschaftlichen Fragen noch harren, so wird dieser Widerspruch noch ersichtlicher. Es darf vielmehr mit Bestimmtheit angenommen werden, dass gerade dem deutschen Ingenieur und Kulturtechniker eine führende Rolle im friedlichen Eroberungskorps unserer Geistespioniere zu teil werden wird.«[370]

Zur Umsetzung der gewünschten Förderung der Auslandsstudien wurde an den Hochschulen in Deutschland ein umfangreiches »Auslandsstudienwesen« geschaffen[371]. Vom Sommersemester 1918 datiert ein Halbjahresbericht, der über die Initiativen zur Förderung der Auslandsstudien im Hochschulbereich in Deutschland informiert. Diesem Bericht zufolge wurden an 23 deutschen Hochschulstandorten verschiedene Einrichtungen zur Vertiefung der Auslandsstudien ins Leben gerufen oder befanden sich zu dem Zeitpunkt in Planung. Die folgende Auswahl aus dem zitierten Halbjahresbericht soll einen Eindruck von den verschiedenen Initiativen vermitteln:

Berlin: (...) Handels-Hochschule. [Beginn des Aufbaus eines Welthandels-Archivs vor dem Ersten Weltkrieg], »das als Teil eines umfassenden *Instituts für internationale Privatwirtschaft* gedacht war und der spezialistischen Behandlung der Weltwirtschaft vom privatwirtschaftlichen Standpunkt dient.«[372]

Breslau: *Osteuropa-Institut.* »Der Einrichtung von Vortragszyklen über das osteuropäische Problem (...) ist alsbald unter Mitwirkung der beiden Breslauer Hochschulen und weiterer Kreise die Gründung eines großzügigen Instituts gefolgt, das jetzt schon

369 BArch, R 1501/108979, Bl. 47, Spalte 5, Denkschrift über die Förderung der Auslandsstudien, 24.01.1917.

370 BArch, R 1501/108979, Bl. 71 (RS), »Das Auslandsstudium auf deutschen Hochschulen. Deutsche Kulturpolitik und Weltwirtschaft.« *Hochschul-Nachrichten*, Mai 1917. Hervorhebung im Original.

371 BArch, R 1501/108979, Bl. 95–103 (RS), Das Auslandsstudienwesen auf Deutschen Hochschulen und Praktische Kulturarbeit im Ausland, Halbjahrsbericht für das Sommer-Semester 1918.

372 Ibid, Bl. 98–98 (RS). Hervorhebung im Original gesperrt.

als vorbildlich bezeichnet werden darf. Es ist (...) in Anlehnung an die vorgen. Hochschulen als selbstständige Lehr- und Forschungsstätte gedacht mit der Aufgabe, ›*die Grundlagen und die Entwicklungsbedingungen des geistigen und wirtschaftlichen Lebens im osteuropäischen Auslande zu studieren* und *die dabei gewonnenen Ergebnisse für den akademischen Unterricht, die Verwaltung und die wirtschaftliche Praxis nutzbar* zu machen‹.«[373]

Freiburg: *Universität.* »Wissenschaftliche Auslandskurse über *Spanien* werden in den Zeitungen angekündigt, welche nicht blos auf akademische sondern auch auf praktische Hörer berechnet sind und sich überdies auf Latein-Amerika verbreiten sollen.«[374]

Hamburg: *Ibero–amerikanisches Institut.* »Die geringe Beachtung – um nicht zu sagen Vernachlässigung, – die dem ibero-amerikanischen Kultur- und Sprachenkreis an unsern Universitäten bislang zuteil geworden ist, hat namentlich in Hamburg, das mit Südamerika so weitgehende Wechselbeziehungen unterhält, das Bedürfnis nach einer verständnisinnigeren Ausgestaltung unserer Südamerika-Politik wach werden lassen. Um so mehr als am Kolonialinstitut regelrechte Studieneinrichtungen für Spanien-Südamerika seit Jahren bestehen und auch von dort aus der einschlägige Nachrichtendienst besorgt wird. Keine einzige deutsche Handels-, Industrie- oder Hochschulstadt hat solche Beziehungen aufzuweisen.«[375]

Heidelberg: *Universität.* [Durchführung des ersten Auslandskurses im April 1918,] »der für einen weiteren Hörerkreis in geschlossener Vortragsfolge den Orient und die Balkanstaaten behandelte. Zeitungsnachrichten zufolge hatte die badische Unterrichtsverwaltung einer Anzahl von höheren Lehranstalten die Teilnahme an diesem Auslandskurs ermöglicht, dem auch in Kreisen der Industrie und des Handels lebhaftes Interesse entgegengebracht wurde.«[376]

Leipzig: *Universität. Südosteuropa- und Islaminstitut.* »Wie aus der Thronrede des Königs von Sachsen zur Eröffnung des sächsischen Landtages hervorging, ist an der Universität Leipzig ein *Südosteuropa-* und *Islam*-Institut gegründet worden, dessen Aufgabe es ist, das Verständnis der akademischen Jugend für die Verhältnisse des in treuer Waffenbrüderschaft mit dem Deutschen Reiche verbundenen nahen Ostens zu wecken und zu vertiefen. Das Südosteuropa- und Islam-Institut ist mit Beginn des letzten Wintersemesters ins Leben getreten. Auf streng wissenschaftliche Grundlage gestellt, dient diese Neuschöpfung in erster Linie praktischen Zwecken, nämlich den *politischen* und wirtschaftspolitischen Aufgaben, die Deutschland nach dem Kriege in den in Frage kommenden Ländern zu lösen haben wird.«[377]

Aus dieser exemplarischen Übersicht wird deutlich, dass die Initiativen zur Förderung der Auslandsstudien vor allem wirtschaftliche und wirtschaftspolitische

373 Ibid, Bl. 98 (RS). Hervorhebung im Original gesperrt.
374 Ibid, Bl. 99 (RS). Hervorhebung im Original gesperrt.
375 Ibid, Bl. 100. Hervorhebung im Original gesperrt.
376 Ibid, Bl. 100 (RS). Hervorhebung im Original gesperrt.
377 Ibid, Bl. 101 (RS)–102. Hervorhebung im Original gesperrt.

Themen behandelten. Es ist anzunehmen, dass diese Maßgabe vor dem wirtschaftlichen Hintergrund Deutschlands entstand und vom Unterrichtsministerium die Themenschwerpunktsetzung der Auslandsstudien entsprechend vorgegeben wurde. In der Einleitung des genannten Halbjahresberichts heißt es diesbezüglich: »Weltwirtschaftliche Probleme sind es ja vor allem, denen sich das Auslandsstudium zuwenden muß«. Die obige Übersicht zeigt auch, dass im Mittelpunkt der Auslandsstudien häufig osteuropäische Länder standen. Institute, die sich mit der Erforschung anderer Länder der Welt beschäftigten, wie das Ibero-amerikanische Institut in Hamburg, stellten Ausnahmen dar. Solche Institute waren Einzelfälle, da es sich bereits während des Ersten Weltkriegs abzeichnete, dass Deutschlands wirtschaftspolitische Interessen im Osten lagen. Die Einleitung zum Halbjahresbericht bestätigt dies: »So bricht sich allenthalben immer mehr die Erkenntnis Bahn, daß sich unter allen Umständen unser wirtschaftlicher Aufmarsch – unbeschadet einer erst recht auszubauenden Kolonialpolitik – nach Osten zu richten hat. Das ist eine immer lauter werdende Forderung. Im Osten ist nicht nur Siedelungsland, dort ist auch wirtschaftliches Neuland und harren deutschem Unternehmungsgeist Aufgaben von weltbewegender Bedeutung«.[378]

Die oben angeführten Beispiele Berlin und Breslau zeigen, dass sich Auslandsinstitute häufig aus bestehenden Einrichtungen herausentwickelt haben, deren Aufgabengebiet erweitert wurde. Über die Zielgruppe der einzelnen Veranstaltungen gibt obige Auswahl auch Auskunft: Oft richteten sich die Kurse und Vorlesungen der Auslandsinstitute an ein breites Publikum. Die Auslandskurse der Universitäten Freiburg und Heidelberg wurden beispielsweise nicht nur für Studierende angeboten, sondern waren auch offen für Hörer aus Wirtschaftskreisen und anderen Bereichen der Praxis. Hier wurde der Forderung der Denkschrift nach einem Bildungsangebot für breitere (Führungs-)Schichten der Bevölkerung entsprochen.

Zur Förderung des gewünschten Austausches zwischen Praxis und Wissenschaft wurden Dozenten aus der Praxis in den Hochschulunterricht einbezogen. Meist handelte es sich dabei um Vorlesungszyklen, in denen verschiedene ausgewiesene Experten aus der Praxis über auslandskundliche Themen referierten.

Vom Februar 1919 datiert ein Archivdokument, das über die Gestaltung solcher Veranstaltungen an der Universität Berlin nähere Informationen liefert:

> »Nach dem Vorgang an andern Universitäten soll auch in Berlin eine Kommission gebildet werden, um Vorlesungen und Kurse zwecks Fühlungnahme von Wissenschaft und Praxis insbesondere auch zur Förderung der Auslandskunde zu veranstalten. (...) Zweck der Einrichtung ist, einen möglichst lebendigen Gedankenaustausch auch mit Kreisen zu gestatten, die nicht dem unmittelbaren akademischen Leben angehören, doch hat der Ausschuß alle Freiheit, auch Professoren von anderen Universitäten für Einzelvorträge oder Kurse einzuladen.«[379]

378 Ibid, Bl. 97.

379 HU UA, Phil. Fak., Nr. 1422, Bl. 1, Unterrichtsministerium an Rektor der Universität Berlin, 05.02.1919.

Die Euphorie und Tatkraft, die nach der Veröffentlichung der *Denkschrift über die Förderung der Auslandsstudien* Hochschulkreise erfasst hatte, wurde durch die Erfahrungen bei der Umsetzung der Forderungen vielerorts gedämpft. Es stellte sich rasch heraus, dass ein »systematischer Betrieb des Auslandsstudiums (...) nur langsam und schrittweise« aufgebaut werden konnte.[380]

Neben konzeptionellen Problemen ergaben sich Schwierigkeiten auf der Suche nach geeigneten Lehrkräften: Es fehlte an Akademikern, die den Anforderungen entsprachen. Zu diesen Problemen trat oft die mangelnde Nachfrage nach Auslandskundekursen hinzu: Als die Denkschrift 1916 verfasst wurde, rechnete in Deutschland kaum jemand damit, dass Deutschland als Verlierer aus dem Ersten Weltkrieg hervorgehen würde. Nachdem das in Deutschland Unvorstellbare jedoch Realität geworden war, war es schwierig, Interessenten für das Auslandsstudium in dem erhofften Maße zu gewinnen:

> »In Erwiderung des Erlasses vom 20. April betreffend Förderung der Auslandsstudien beehren wir uns mitzuteilen, dass besondere Vorlesungen dafür in diesem Semester insofern haben eingerichtet werden können, als mehrere Dozenten Vorlesungen angekündigt haben, die diesem Gebiet angehören. Dabei hat sich, was den Besuch derselben angeht, ein entschiedener Misserfolg gezeigt. (...) So bedauerlich das ist, so liegt es doch in der Natur der gegenwärtigen bedrückten Verhältnisse, dass das Interesse der Studentenschaft für das Ausland und zumal für die überseeischen Länder und Staaten nur gering ist. Sie versuchen möglichst rasch, die für ihr Fortkommen und die Erringung einer Lebensstellung notwendigen Kenntnisse zu erwerben und bei der Unsicherheit der Zukunft und der innerpolitischen Erregung erscheinen ihnen diese Dinge zu fernliegend und aussichtslos und eine Beschäftigung damit zu zeitraubend.«[381]

Wie aus der Denkschrift deutlich hervorgeht, wurde die Errichtung einer *Deutschen Auslandshochschule* für die breitangelegte Förderung der Auslandsstudien nicht in Betracht gezogen, da nur ein kleiner Personenkreis in den Genuss einer solchen Institution gekommen wäre[382].

Die Reformdebatte über eine *Deutsche Auslandshochschule* war dennoch nicht zu Ende. 1918 wurde die Gründung einer *Deutschen Auslandshochschule* auf politischer Ebene erneut in Erwägung gezogen[383]. Leben in die Reformdebatte kam wieder Anfang 1920. Die Verfechter der Idee einer *Deutschen Auslandshochschule* und

380 HU UA, Phil. Fak., Nr. 1422, Bl. 14, Rektor der Friedrich-Wilhelms-Universität an Philosophische Fakultät, 17.05.1920.

381 Ibid, Bl. 13.

382 BArch, R 1501/108979, Bl. 46 (RS)–47, Spalte 4–5, Denkschrift über die Förderung der Auslandsstudien, 24.01.1917.

383 Vgl. Palme (1920: 8). Palme berichtet, dass die *Denkschrift über die Förderung der Auslandsstudien* vom Preußischen Abgeordnetenhaus zunächst angenommen, die Richtigkeit des Plans dann aber in Frage gestellt wurde. 1918 beschloss diese Instanz, der Regierung die Gründung einer *Deutschen Auslandshochschule* nahezulegen. Hintergründe zu diesem Vorgang sind bei den Recherchen für diese Arbeit im Verborgenen geblieben.

des nationenwissenschaftlichen Studiums waren aus dem Krieg zurückkehrt und traten beherzt für ihre Überzeugung ein, obwohl oder gerade weil der Ausgang des Krieges und der damit einhergehende Verlust der Kolonien die Existenz des SOS gefährdete. Nach dem Ersten Weltkrieg entwickelte sich die Reformdebatte über die seit jeher strittige Frage zur Errichtung einer *Deutschen Auslandshochschule* zu einer Überlebensfrage des SOS.

2.2.3.8 Ein Vorschlag zur Organisation der *Deutschen Auslandshochschule* (1920)

Ein konkreter Vorschlag zur institutionellen Ausgestaltung der zu gründenden *Deutschen Auslandshochschule* wurde 1920 von Anton Palme als vorläufige Denkschrift für das Reichsministerium des Inneren vorgelegt[384], in dessen Zuständigkeitsbereich das Unterrichtswesen zu jenem Zeitpunkt fiel[385]. Die Denkschrift umfasst zwanzig Seiten und behandelt in sieben Abschnitten Ziele, Aufgaben und Organisation der geplanten Institution.

Palme nutzt seine Denkschrift auch dazu, Kritik an der vom preußischen Unterrichtsministerium veröffentlichten *Denkschrift über die Förderung der Auslandsstudien* zu üben (vgl. 2.2.3.6). Dabei moniert er vor allem den Plan, die Auslandsstudien den Universitäten zu überlassen. Zum einen führt er räumliche Gründe an. Palme zufolge lasse nur eine zentrale Stelle fundierte Forschungen über das Ausland zu. Zum anderen sah er massive methodische Probleme, da die Universitäten für das nationenwissenschaftliche Studium nicht eingerichtet seien: Im nationenwissenschaftlichen Studium stehe die Sprache der Gegenwart im Mittelpunkt, in einem traditionellen universitären philologischen Studium hingegen würden Sprachen aus historischen Gesichtspunkten untersucht. Bei diesen altertumswissenschaftlichen Untersuchungen bleibe der Einblick in die gegenwärtigen Verhältnisse fremder Länder, wie es ein nationenwissenschaftliches Studium zum Ziel habe, verwehrt.[386] Als entsprechend oberflächlich kritisiert Palme die Landeskundekurse, die gemäß der *Denkschrift über die Förderung der Auslandsstudien* an deutschen Universitäten eingeführt wurden:

> »Ohne die wissenschaftliche Vorbildung und den Zusammenhang mit den Sprachstudien (nicht dem historisch-philologischen der Universitäten, sondern dem lebendigen nationenwissenschaftlichen) ist die ›Landeskunde‹ nichts weiter als eine populäre Zusammenstellung von allerhand mehr oder minder nützlichen Kenntnissen über fremde Länder, keine Wissenschaft mit eigener Methode, sondern eine Sammlung von Bruchteilen verschiedener Wissensgebiete. Ein solches Sammelwissen, das nur eine Scheinwissenschaft ist, kann sich an einer Hochschule nicht halten, selbst wenn es zunächst durch den Zwang der Mode oder des Staates Eingang findet.«[387]

384 Vgl. Palme (1920).
385 Ibid, S. 15.
386 Ibd, S. 6. (Vgl. 2.1.1.2).
387 Ibid, S. 8.

Das »eigentliche innere Wesen des Studiums fremder Völker« werde dadurch völlig verkannt:

> »Das Eindringen in das Wesen eines fremden Volkes ist nur möglich, wenn am Eingang dieser Arbeit das Studium seiner lebendigen Sprache steht. Durch die Sprache gelangen wir zuerst mit der Psyche der fremden Nation in Berührung, die Sprache eröffnet erst die Quellen, die für das Studium der politischen, wirtschaftlichen und kulturellen Verhältnisse eines Volkes grundlegend sind. Dieses Quellenstudium erweitert wiederum die Sprachkenntnis und vertieft dadurch die Kenntnis des fremden Volkes. So findet jedes nationenwissenschaftliche Studium in der Sprache seine Begründung und innere Einheit. Dieser Zusammenhang ist in der Denkschrift [über die Förderung der Auslandsstudien] völlig übersehen.«[388]

Die nationenwissenschaftliche Methode als Lehrziel der *Deutschen Auslandshochschule* behandelt Palme in seiner vorläufigen Denkschrift ähnlich wie in seiner 1914 veröffentlichten Schrift. Auch zur Zielgruppe der *Deutschen Auslandshochschule* hatte er sich in seiner 1914 erschienenen Schrift geäußert. In seiner vorläufigen Denkschrift geht Palme jedoch intensiver auf die Ausbildung von zukünftigen in Deutschland tätigen Sprachlehrern als Interessenten der *Deutschen Auslandshochschule* ein. Diese werden, so Palme, im Rahmen der philologischen-historischen Methode der universitären Ausbildung nicht geeignet für den Schuldienst vorbereitet, was wiederum negative Konsequenzen für den Schulunterricht und somit für die Zukunft Deutschlands habe.[389]

Angesichts der neuen Reichsverfassung, die eine Stelle für kulturelle Angelegenheiten in Deutschland geschaffen hatte[390], sah Palme für die Umsetzung der geplanten Institution auch gute Chancen. Voraussetzung für die Weiterentwicklung des Plans sei allerdings die Übernahme des SOS durch das Reich, d.h. die Stellung des SOS unter das preußische Unterrichtsministerium sollte aufgehoben werden[391]. Die neue unter der Verwaltung des Reiches stehende Institution sollte, obwohl das dort mögliche Studium als »Ergänzungs- und Nebenstudium« konzipiert war[392], nach dem Maximal-Prinzip erweitert werden: Palme forderte für »jedes Land« jeweils ein eigenes Institut[393], für das meist mehrere Lehrstühle vor-

388 Ibid, S. 7–8.
389 Ibid, S. 12.
390 Ibid, S. 14.
391 Ibid, S. 15.
392 Ibid, S. 18.
393 Ibid, S. 13. In der Denkschrift werden die relevanten Länder, für die Institute eröffnet werden sollten, nicht näher spezifiziert. Es ist anzunehmen, dass es sich dabei in erster Linie um Länder handelte, zu denen Deutschland aus wirtschaftlichen Gründen Kontakt suchte. Der Leser von heute vermisst möglicherweise Länder und Regionen, die heutzutage in Deutschlands internationaler Ausrichtung von Belang sind. Zu nennen sind etwa Australien, Vietnam oder Ozeanien: Da Australien erst 1931 seine Unabhängigkeit von England erlangte, sollte dieses im Englischen Länderinstitut behandelt werden (Punkt 2 in Tab. 4). Vietnam gehörte

gesehen waren. Als mögliche Institute der *Deutschen Auslandshochschule* fasste Palme die folgenden ins Auge:

Nr.	Institut	Nr.	Institut
1.	Nordamerikanisches Institut	18.	Holländisch-Südafrikanisches Institut
2.	Englisches Institut	19.	Belgisches Institut
3.	Russisch-Ukrainisches Institut	20.	Portugiesisch-Brasilianisches Institut
4.	Polnisches Institut	21.	Schwedisches Institut
5.	Tschecho-Slowakisches Institut	22.	Norwegisch Dänisches Institut
6.	Jugoslawisches Institut	23.	Persisch Afghanisches Institut
7.	Bulgarisches Institut	24.	Indisches Institut
8.	Litauisch-Lettisches Institut	25.	Arabisches Institut
9.	Finnisch-Estnisches Institut	26.	Siamesisches Institut
10.	Türkisch-Tatarisches Institut	27.	Georgisches Institut
11.	Rumänisches Institut	28.	Chinesisches Institut
12.	Ungarisches Institut	29.	Japanisches Institut
13.	Französisches Institut	30.	Afrikanisches Institut
14.	Italienisches Institut	31.	Jüdisches Institut
15.	Griechisches Institut	32.	Schweizer Institut
16.	Spanisches Institut	33.	Auslandsdeutsches Institut
17.	Spanisch-Amerikanisches Institut		

Tab. 4: Geplante Institute an der *Deutschen Auslandshochschule*, 1920

Für jedes dieser Gebiete sollte eine staatliche Abschlussprüfung abgelegt werden können. Außerdem sollte an der *Deutschen Auslandshochschule* das Promotionsrecht eingeführt werden.[394] Zur Kosteneinsparung schlug Palme vor, einige bereits an der Universität bestehenden Institute, wie beispielsweise das Ungarische Institut, der *Deutschen Auslandshochschule* anzugliedern. Außerdem war es in

1920 zum Siamesischen Staatsgebiet (Punkt 26 in Tab. 4). Die Länder des heutigen Ozeaniens waren in jener Zeit unter den europäischen Großmächten aufgeteilt. Ihre Behandlung sollte von den entsprechenden Länderinstituten Europas übernommen werden (etwa Punkte 2 und 13 in Tab. 4).

394 Ibid, S. 14.

Palmes Plänen vorgesehen, u. a. folgende Fächer in die neue Ausbildungsstätte zu integrieren: »Völkerrecht, allgemeine Erdkunde, allgemeine Völkerkunde, Soziologie, allgemeine Volks- und Weltwirtschaftslehre, allgemeine Technologie, innere Kolonisation, internationale Arbeiterfragen, Missionswesen u. a.«. Entsprechende Lehrstühle, die bereits an anderen Hochschulen bestanden, sollten von der Auslandshochschule übernommen werden. Überlegenswert sei Palme zufolge auch die Zusammenlegung der *Deutschen Auslandshochschule* mit der Handelshochschule Berlin. Einzelheiten zur möglichen Umsetzung dieses Plans werden in der Denkschrift allerdings nicht genannt. Um zu gewährleisten, dass die Studierenden das Studium an der *Deutschen Auslandshochschule* neben ihrem »Hauptberufsstudium« durchführen konnten, sollte die neue Institution möglichst an einem Standort nahe der Berliner Universität errichtet werden.[395]

Palmes Ausführungen zur Organisation der *Deutschen Auslandshochschule* werden von einer Argumentation umschlossen, die in der bisherigen Reformdebatte nicht zum Tragen kam – abgesehen von Palmes Zeitungsartikel *Die Deutsche Auslandshochschule und der Krieg*, der am 27.11.1915 im *Berliner Tageblatt* erschien[396]. Gemeint ist das dringende Erfordernis, Völkerverständigung zu pflegen, denn gerade in Zeiten des Hungers und der Not dränge es sich aus existenziellen Gründen auf, Kontakt zu anderen Ländern zu suchen[397]. Nicht zuletzt habe auch die militärische Konfrontation mit anderen Ländern gezeigt, dass die Kenntnisse über das Ausland unzulänglich sind[398]. Neben diesen praktischen Motiven, die ein Verstehen anderer Völker nahelegten, wogen aber gemäß Palme ideale Ziele nicht minder. Besonders der gegenwärtige Augenblick »größter nationaler Erniedrigung« sollte dazu genutzt werden[399], den geistigen Horizont des Volkes zu erweitern und dadurch Anerkennung im Ausland zu finden:

> »Nichts ist undeutscher als der selbstgefällige, allem Fremden verständnislos gegenüberstehende Nationalismus. Wir müssen unsere Beziehungen zu den Völkern des Erdballes neu aufbauen. (...) Wir wollen die Seelen der fremden Völker kennenlernen (...). Und wir sind überzeugt, daß wir auf diese Art dem Wohle der Menschheit dienen.«[400]

Zur Lösung dieser edlen Aufgabe sollte die *Deutsche Auslandshochschule* ihren Teil beitragen, indem sie Experten zur Pflege und Förderung internationaler Beziehungen in Politik, Wirtschaft und Kultur ausbildete[401], um somit Deutschland aus der »geistigen Isolierung innerhalb der Völker« herauszuführen. Dieser Ansatz zur Lösung des komplexen Sachverhalts wirkte auf die Zuständigen des Reichsinnenministeriums überzeugend. Es ist anzunehmen, dass sich Palme bereits 1919 mit seiner zu jenem Zeitpunkt noch unveröffentlichten Denkschrift an das für

395 Ibid, S. 17.
396 Vgl. Palme (1915c).
397 Vgl. Palme (1920: 3).
398 Ibid, S. 8–9.
399 Ibid, S. 19.
400 Ibid, S. 3.
401 Ibid, S. 12.

das Bildungsressort zuständige Reichsinnenministerium wandte, um die öffentliche Diskussion über die *Deutsche Auslandshochschule* wieder anzufachen. In der Einleitung seiner vorläufigen Denkschrift informiert er, dass die Publikation der Denkschrift ursprünglich nicht geplant war. Da es sich bei dem Sachverhalt jedoch um eine »nationale Angelegenheit« handelte, wollte er die Informationen der Öffentlichkeit nicht vorenthalten.[402]

2.2.3.9 Die Reformdebatte vor dem veränderten politischen Hintergrund (1920–1923)

Auf der Basis von Palmes vorläufiger *Denkschrift über die Deutsche Auslandshochschule* (vgl. 2.2.3.8) wurde vom Reichsinnenministerium im Januar 1920 die Fortsetzung der Debatte über eine *Deutsche Auslandshochschule* nach dem Ersten Weltkrieg auf politischer Ebene wieder angestoßen.

Aus Sicht des Reichsinnenministers sei eine *Deutsche Auslandshochschule* in der gegenwärtigen politischen Lage von hohem Nutzen für den Auswärtigen Dienst sowie für die Herstellung wirtschaftlicher Beziehungen zum Ausland. Die zu errichtende Institution sei zudem für die »Völkerannährung (sic!)« von unschätzbarem Wert. Aus diesem Grund sollte der Reichstag und die Presse erneut auf die Errichtung einer *Deutschen Auslandshochschule* und die damit verbundene »ideale Kulturaufgabe« hingewiesen werden.[403]

Am 21.02.1920 fand im Kultusministerium unter dem Vorsitz des Unterstaatssekretärs, Carl Heinrich Becker[404], eine Besprechung über die Zukunft des SOS

402 Ibid, S. 3.

403 BArch, R 1501/108979, Bl. 125, Innenminister an Unterstaatssekretär, 07.01.1920.

404 C. H. Becker (1876–1933) begann seine berufliche Laufbahn in der Wissenschaft. 1906 wurde er an der Universität Heidelberg zum Außerordentlichen Professor für Semitische Philologie ernannt. Von 1908–1913 wirkte er am Hamburger Kolonialinstitut als Professor für Geschichte und Kultur des Orients. 1913 wechselte Becker als ordentlicher Professor für Orientalische Philologie nach Bonn. Seine politische Karriere begann 1916, als er als Vortragender Rat ins preußische Kultusministerium bestellt wurde. 1919 wurde er im preußischen Kultusministerium zum Staatssekretär ernannt. 1921 war er zeitweise Kultusminister. Ab Ende 1921 wieder Staatssekretär im Kultusministerium. Von 1925–1930 war er wieder Kultusminister (vgl. NDB (1953: 711)). Einen Teil seiner Studienzeit verbrachte Becker am SOS (vgl. Wende (1959: 19)). Gemäß dem Urteil seiner Zeitgenossen war es Becker, der die Realienforschung des Islams in seinen ersten Jahren am Hamburger Kolonialinstitut begründete (vgl. Wende (1959: 28–29)). Möglicherweise ist es Beckers Forschungsinteressen zuzuschreiben, dass er die Ausbildung am SOS, das bereits seit 1887 Realienforschung der islamischen Länder betrieb, nicht als vollwertig anerkannte bzw. in der Berliner Ausbildungsstätte starke Konkurrenz für seine Arbeit und damit verbunden für das Hamburger Kolonialinstitut fürchtete. Diese Haltung wurde vermutlich durch die ohnehin bestehende Konkurrenzsituation zwischen dem Hamburger Kolonialinstitut, an dem Becker als Hochschullehrer wirkte, und dem SOS verschärft. In der Reformdebatte über die Zukunft des

statt. Der Vertreter des Auswärtigen Amts betonte darin, dass die wirtschaftliche Propaganda im Ausland ohne eine »wirksame Kulturpropaganda« kaum erfolgversprechend sein könne. Der politischen Situation entsprechend forderte er eine Umgestaltung des SOS in Bezug auf das Angebot der Sprach- und Realienveranstaltungen. Die Kolonialsprachen seien für Deutschland nach Verlust der Kolonien nicht mehr so bedeutend, wie etwa Sprachen der Balkan-Staaten, nach denen sich der »Wirkungskreis des Seminars« ausweiten sollte. Außerdem sei es dringend notwendig, das Angebot der Realienveranstaltungen zu verbessern. Bis die aus Sicht des Auswärtigen Amts erwünschte Umgestaltung des SOS erfolgt sei, werde die Ausbildung des konsularischen Personals von der Außenhandelsstelle übernommen[405]. Die Handelshochschule[406] habe als Ausbildungsstelle für das konsularische Personal jedoch nur eine ergänzende Funktion, da sie speziell kaufmännisch ausgerichtet sei. Für die Ausgestaltung des SOS sollte der Rektor des SOS um Vorschläge gebeten werden.[407]

Das konsultierte Aktenmaterial belegt eine Aufzeichnung über eine Mitteilung an Palme[408]. Aus dem Dokument geht hervor, dass Palme über die Ergebnisse der

---

SOS nach dem Ersten Weltkrieg ist zumindest nicht zu überhören, dass Becker einem Weiterbestehen des SOS weitgehend abneigend gegenüberstand. Becker gilt als Urheber der im Jahr 1916 verfassten *Denkschrift über die Förderung der Auslandsstudien.* Im historischen Rückblick wird dabei häufig anerkennend geäußert, dass er sich mitten im Ersten Weltkrieg für eine bessere Kenntnis fremder Kulturen einsetzte, um zukünftige Konflikte zwischen den Ländern zu vermeiden. Diesen Gedanken der Völkerverständigung übernahm er allerdings von Anton Palme, der diesen im Rahmen seines Konzepts eines nationenwissenschaftlichen Studiums bei seiner Lehrtätigkeit in der Dolmetscherausbildung am SOS gewonnen hatte, wie in der vorliegenden Arbeit auch auf der Basis von archivalischen Quellen nachgewiesen wurde (vgl. dazu auch https://de.wikipedia.org/Carl_Heinrich_Becker).

405 Die Außenhandelsstelle des Auswärtigen Amts wurde kurz nach dem Ersten Weltkrieg gegründet. Ihr Ziel war es, durch relevante wirtschaftliche Informationsbeschaffung, -auswertung und Weiterleitung der Ergebnisse an die entsprechenden Stellen der deutschen Wirtschaft (etwa Industrielle, Verbände oder Regierungsstellen) den deutschen Außenhandel wieder zu beleben. Zu diesem Zweck wurden in ganz Deutschland Zweigstellen (Außenhandelsstellen) gegründet, die eng mit der Zentrale im Auswärtigen Amt zusammenarbeiteten. Die Außenhandelsstelle im Auswärtigen Amt war außerdem für die volkswirtschaftliche Ausbildung deutscher Auslandsbeamten zuständig (in: PA AA, R 139888, Die Außenhandelsstelle des Auswärtigen Amtes, etwa 1919).

406 Es ist anzunehmen, dass sich der Autor damit auf die Handelshochschule Berlin bezieht.

407 BArch, R 1501/108979, Bl. 138–138 (RS), Protokoll einer Besprechung im Kultusministerium über das SOS am 21.02.1920, 20.03.1920.

408 BArch, R 1501/108979, Bl. 140–140 (RS), Aufzeichnung über Mitteilung an Palme, undatiert. Aus dem Dokument geht kein Autor hervor. Es ist anzunehmen, dass der Autor der Besprechung über die Zukunft des SOS im Kultusministerium beiwohnte.

Besprechung im preußischen Kultusministerium informiert wurde, eine Ausgestaltung des SOS nach den in seiner Denkschrift dargelegten Vorschlägen in der vorherrschenden wirtschaftlichen Lage jedoch nicht möglich sei. Dennoch sei ein entsprechender Ausbau zu einem späteren Zeitpunkt nicht ausgeschlossen. Interesse, in die Angelegenheit einbezogen zu werden, bestehe seitens des Reichsinnenministeriums. Palme wurde empfohlen, »seine Ideen über die Ausgestaltung des Seminars« dem neuen Direktor des SOS, Eugen Mittwoch (vgl. 2.2.3.13.4), vorzulegen, damit seine Vorschläge in der Reformdebatte berücksichtigt werden könnten. Diese Information lässt den Schluss zu, dass Palme seine Pläne auf Ministeriumsebene ohne Rücksprache mit der Leitung des SOS vorbrachte. Ein Grund dafür könnte der Rektorenwechsel am SOS sein, der ins Jahr 1920 fiel[409].

Vermutlich aus dem Jahr 1920 datiert ein Archivdokument mit dem Titel »Gesichtspunkte zur Aufstellung eines Lehrplanes der deutschen Auslandshochschule«[410]. Darin werden die Aufgaben der geplanten Institution wie folgt erläutert:

> »Die deutsche Auslandshochschule soll der Aufgabe dienen, das Studium fremder Länder durch Lehre und Forschung zu fördern. Dieses Studium soll ein nationenwissenschaftliches sein, d. h., es soll, auf genauester Kenntnis und Beherrschung der Sprache beruhend, sich auf die Lebensbedingungen und Lebensäußerungen jeder fremden Nation nach ihrer militärischen, politischen, wirtschaftlichen und kulturellen Seite hin erstrecken.«[411]

Auffallend ist die Einbeziehung militärischer Aspekte in das Studium über das Ausland. Die Nennung dieser Kenntnisse vor den politischen, wirtschaftlichen

409 GStA PK, I. HA, Rep. 208 A Seminar für Orientalische Sprachen, Nr. 179 Bd. 1, Bl. 122, »40 Jahre orientalisches Seminar. Gründung und Entwicklung«, *Deutsche Allgemeine Zeitung*, 26.10.1927. Sachaus Nachfolge als Direktor des SOS wurde von seinem Schüler Eugen Mittwoch angetreten. Sachau wurde Ende März 1921 von seinen amtlichen Pflichten entbunden (in: HU UA, Phil. Fak., Nr. 1469, Bd. 16, Bl. 181, Unterrichtsminister an Sachau, 14.12.1920). Es ist möglich, dass Mittwoch zu dieser Zeit schon im Amt war. Die Beziehung Palme/Sachau war nicht harmonisch. Dies geht aus verschiedenen Dokumenten hervor. An einer Stelle beklagt sich Palme offen über das schwierige Verhältnis der beiden Männer: »(...) und wenn etwas bei diesem Rückblick mein Bedauern erweckt, so ist es der Umstand, dass es mir nie gelungen ist, die geringste Anerkennung und das Wohlwollen Euer Hochwohlgeboren als meines langjährigen unmittelbaren Vorgesetzten zu erringen.« (in: GStA PK, I. HA, Rep. 76 Kultusministerium, Va Sekt. 2 Tit. I Nr. 29 Bd. 2, Bl. 129, Palme an Sachau, 26.05.1916). Das schwierige Verhältnis zwischen Palme und seinem Vorgesetzten ist möglicherweise der Grund dafür, warum Palme seine Denkschrift ohne das Wissen Sachaus an das Reichsinnenministerium weiterleitete. Zudem wurde Palme im Ersten Weltkrieg von seiner vorgesetzten Stelle mit einem Publikationsverbot bestraft. (Vgl. 2.2.3.4).

410 BArch, R 1501/108979, Bl. 84, Gesichtspunkte zur Aufstellung eines Lehrplanes der deutschen Auslandshochschule, undatiert. Hervorhebung im Original.

411 Ibid.

und kulturellen Aspekten des Auslandsstudiums gibt Aufschluss über den Stellenwert, den das Militär in der damaligen Zeit hatte. Im Rahmen des Studiums an der *Deutschen Auslandshochschule* sollten die folgenden Studieninhalte, die in fünf Kategorien gegliedert wurden, vermittelt werden. Zunächst wird das Studium der Sprachen genannt »und zwar in Bezug auf den Inhalt derselben nach allen Richtungen im Gegensatz zu dem formal-philologischen Sprachstudium der Landesuniversitäten«. Die genannten »Richtungen« bezogen sich auf die Gebiete der Realien, die in vier Bereiche unterteilt wurden: Geographie, Politik, Wirtschaft und Kultur. Auffallend sind die militärischen Bezugspunkte der einzelnen Themen, außer im Bereich Wirtschaft. Zudem fallen die wiederholten Hinweise auf, dass die Erschließung der Landesverhältnisse, d. h. der einzelnen Realienbereiche, anhand von Originalquellen in der jeweiligen Landessprache, also über die Fremdsprache, erfolgen sollte:

Nr.	Realienbereiche
1.	Geographie des Landes, aufgefaßt als die Gesamtheit der äußeren Lebensbedingungen der Nation, auch vom militärischen Gesichtspunkte aus.
2.	Politische Organisation des fremden Volkes, seine Verfassung, die Organisation und das Funktionieren seiner Verwaltung, insbesondere seiner Heeresverwaltung, seiner politischen, wirtschaftlichen und kulturellen Verwaltung, sowohl in der zentralen Leitung wie in der örtlichen Ausübung. Das Studium erfolgt, soweit möglich, an Hand der Originalgesetzgebung in der Sprache des Landes.
3.	Wirtschaftsleben des fremden Volkes, seine Staatswirtschaft und Finanzen, Landwirtschaft, Industrie, Gewerbe und Handel, die Eigenbedingungen der Volkswirtschaft wie ihre Stelle und Gebundenheit in weltwirtschaftlilcher Hinsicht – an Hand von Originalquellen der Wirtschaftsgesetzgebung des Landes.
4.	Das kulturelle Leben nach der militärischen, religiösen, philosophischen und künstlerischen Seite. Als Quellen hierzu: die Kriegsgeschichte, Unterrichtsverfassung und Unterrichtsgesetzgebung, die Literatur, jedoch nicht nur die schöne Literatur, sondern auch die Tagesliteratur, Zeitungen aller Richtungen, besonders unter Berücksichtigung der großen wirtschaftlichen und politischen Fragen.

Tab. 5: Geplante Lehrplaninhalte (Realien) der *Deutschen Auslandshochschule*, 1920

Am 28.02.1921, etwa ein Jahr nach der angeführten Besprechung im Kultusministerium über die Zukunft des SOS, wurde den planmäßigen Dozenten des SOS, die sich im Laufe der langjährigen Reformdebatte über die Zukunft ihrer Wirkungsstätte zu einer freien Vereinigung organisiert hatten[412], vom preußischen Kultus-

412 Vgl. z. B. Kampffmeyer (1924a: 3) und PA AA, R 64158, »Bemerkungen«, *Frankfurter Zeitung*, 15.03.1924.

minister durch den damaligen stellvertretenden Rektor des SOS, Eugen Mittwoch, ein Exposé zur Neuorganisation des SOS gesandt und gebeten, zur geplanten Umgestaltung des SOS Stellung zu nehmen[413]. Die Einbeziehung der Dozenten in den Umgestaltungsprozess des SOS ist sicherlich auf die demokratischen Züge des Nachkriegsdeutschlands zurückzuführen, die sich stetig in der Gesellschaft durchsetzten. In der Reformdebatte vor dem Ersten Weltkrieg hingegen wurden die Dozenten des SOS nicht konsultiert.

Im konsultierten Aktenmaterial liegen Stellungnahmen von zwei Dozenten vor, die jeweils die Ausgestaltung der Kurse für Europäische Sprachen und Länder sowie Kurse für Japanisch behandeln.

Die Stellungnahme zum Bereich Europäische Sprachen und Länder stammt von Palme[414]. Zu Beginn seiner Ausführungen geht Palme auf den Plan des Unterrichtsministeriums ein, den »›Sprachlehrern‹« am SOS Lehrer für »›Recht, Wirtschaft und Kultur‹« zur Seite zu stellen. Palme bemängelt in diesem Zusammenhang die Unkenntnis Außenstehender über die Unterrichtsmethoden am SOS und mutmaßt, dass dies auf die »eingebürgerten Vorstellungen von Sprachunterricht« zurückzuführen sei. Er räumt ein, dass dies auch an den Eintragungen im Vorlesungsverzeichnis des SOS liegen könne, wo lediglich nur allgemeine Angaben, wie Russisch Kursus I oder II, gemacht werden und Außenstehende dadurch der Einblick in die Inhalte der Kurse verborgen bleibe.

Palme erläutert, dass in seinem Russisch-Unterricht hingegen die sprachliche Ausbildung, »nach Überwindung des sprachlichen Anfangsstadiums«, eng mit dem Studium von Originalquellen in Russischer Sprache aus dem Rechts-, Wirtschafts- und Kulturbereich einhergehe, sodass es sich bei seinen Veranstaltungen um »wissenschaftliche seminaristische Übungen« handelt. In diesen Veranstaltungen werden Referate über einzelne Originalquellen angefertigt, die zusammengenommen systematisch in eine Thematik einführen. Die Referate und die sich daraus ergebenden Diskussionen werden auf Russisch gehalten. Diese den Universitätsinstituten überlegene Arbeitsweise im Sinne eines nationenwissenschaftlichen Studiums gewährleiste ein »Eindringen in das nationale Material« und setze Studierende in die Lage, sich selbstständig Stoff zum Thema zu erarbeiten.

Palme betont mit Nachdruck, dass diese Art von Kursen nicht mit reinen Sprachkursen verglichen werden könne. Die in den Kursen angewandte Arbeitsweise orientiere sich in erster Linie an den Bedürfnissen von Juristen und Volkswirtschaftlern, die eine Tätigkeit im Auswärtigen Dienst anstreben, und Kaufleuten, die in ihrer Berufspraxis Auslandsgeschäfte tätigen:

> »Die geschilderte Arbeitsweise entspricht den Bedürfnissen der Hörer, die vorwiegend aus Juristen und Volkswirtschaftlern [bestehen], die sich dem auswärtigen Dienst des Reiches widmen wollen, und aus solchen Kaufleuten bestehen, die im Lande selbst

413 PA AA, R 64155, Die Neuorganisation des Seminars für orientalische Sprachen, undatiert.

414 PA AA, R 64155, Stellungnahme Anton Palmes »Zur Neuorganisation des Seminars für orientalische Sprachen. Europäische Sprachen und Länder«, 04.04.1921.

> arbeiten wollen. Sie entspricht den Anforderungen des auswärtigen Reichsdienstes, der Organe gebraucht, die mit den Grundfragen der Landesverhältnisse vertraut sind und die imstande sind, sich infolge ihrer nationenwissenschaftlichen Vorbildung selbständig auf dem Laufenden zu halten, sie entspricht allgemein unseren nationalen Interessen, die – der Krieg sollte es uns gelehrt haben – ein nationenwissenschaftliches Studium vor allem auch unserer Nachbarvölker zu einer Lebensfrage für uns machen. Denn das, was wir unbedingt brauchen, sind nicht Kenntnisse von fremden Völkern, die, selbst wenn sie richtig sind, in jedem Falle rasch veralten, sondern ein nur auf sprachlicher Grundlage mögliches Können, den jeweiligen Veränderungen der fremdnationalen Psyche und den Veränderungen ihrer materiellen Verhältnisse zu folgen. Die Erkenntnis einer Nation als einer lebendigen, auf ihrer Sprache, ihren politischen, wirtschaftlichen und kulturellen Verhältnissen beruhenden Einheit ist zugleich eine wissenschaftliche Forderung, es ist damit ein wissenschaftliches Arbeitsfeld gegeben, das von den Universitäten fast nicht bearbeitet und jedenfalls als solches nicht erkannt worden ist und für das innerhalb der Universitätsorganisation bisher kein Rahmen gegeben ist.«[415]

Palme weist darauf hin, dass am SOS der »unlösbare Zusammenhang der sprachlichen und sogenannten realistischen Seite des Studiums jeder fremden Nation« erkannt wurde und dass sich daraus »die Bewegung zur Förderung des Auslandsstudiums in Deutschland« überhaupt entwickelt habe. Den Plan des Unterrichtsministeriums, den Sprachlehrern am SOS sogenannte Kulturlehrer zur Seite zu stellen, lehnt Palme entschieden ab, da dadurch »unlösbar Zusammengehörendes«, d.h. ein »einheitliches Auslandsstudium« am SOS, auseinandergerissen werde. Dies bedeute einen »schweren methodischen Rückschritt und Mißgriff« und führe dazu, dass einerseits der Sprachunterricht in die »einseitige philologische Richtung« münde, der den Auslandsunterricht an den Universitäten »unzureichend und unfruchtbar« gemacht habe, und andererseits der Kulturunterricht nur oberflächlich verlaufen könne, da er sprachlich unfundiert ist.

In diesem Zusammenhang bemängelt Palme im zitierten Dokument die Qualität der Vorträge, die an der Berliner Universität über verschiedene Länder gehalten werden. Es ist anzunehmen, dass es sich dabei um Veranstaltungen im Rahmen des Auslandsstudienwesens handelte, mit denen auf die Forderung der *Denkschrift über die Förderung der Auslandsstudien* reagiert wurde. Palme warnt daher vor der geplanten »Zerspaltung der erreichten Einheit« und betont, dass eine positive Entwicklung des Unterrichts am SOS nur durch einen »sich organisch einfügenden Ausbau« der Ausbildungsstätte erreicht werden kann.

In Anbetracht der politischen Situation Deutschlands sei es Palme zufolge eine »nationale Notwendigkeit«, Europäische Sprachen am SOS im nationenwissenschaftlichen Sinne einzuführen und bereits vorhandene, wie Englisch und Französisch, entsprechend zu vertiefen. Eine Vertiefung des Seminarunterrichts am SOS könne Palmes Ansicht nach erlangt werden, wenn in Sprachen, die ein umfangreiches Arbeitsgebiet aufweisen, mehrere Dozenten die Möglichkeit haben, sich je-

415 Ibid. Hervorhebung im Original.

weils mit einem speziellen Gebiet zu beschäftigen, etwa mit Wirtschaft oder Recht. Dabei müsse aber für jeden Dozenten die Sprache »gleichermaßen Arbeitsgebiet und Grundlage der gesamten Arbeit sein«. Ein nationenwissenschaftliches Studium, bei dem Sprache und Landesverhältnisse als Einheit erfasst werden, könne aber nur gewährleistet werden, wenn jeder Dozent »voller Lehrer seines Gebiets« ist und nicht nur reiner Sprach- oder reiner Kulturlehrer. Zur Erreichung eines erfolgreichen Ausbaus des SOS macht Palme weitere Vorschläge zur Zusammenarbeit der Dozenten und zum Prüfungswesen sowie zur Organisation der geplanten Institution.

Eine weitere Stellungnahme zur Neuorganisation des SOS liegt von Clemens Scharschmidt vor, der für den Japanischen Unterricht am SOS zuständig war[416]. Auch er lehnt den Vorschlag des Unterrichtsministeriums ab, Dozenten am SOS einzuführen, die nur den reinen Realienunterricht übernehmen:

> »So wie der japanische Sprachunterricht zur Zeit erteilt wird, ist er von der ersten Stunde an zugleich eine Einführung in die Realien. Macht die Sprachform bekannt mit der Eigenart des japanischen Denkens, so, leitet der Inhalt der Übungssätze und -stücke fast unbewußt in das Leben und die Kultur Japans hinein. Daneben vermitteln die als Lektüre benutzten japanischen Schulbücher schon dem Anfänger die Kenntnis der wichtigsten chinesisch-japanischen Elemente der modernen Bildung Japans. Diese zahlreichen Einzelheiten werden dann in systematischer Weise zusammengefaßt, ergänzt und vertieft durch den ›Realienunterricht‹. Nur wenn dieser wenigstens zum Teil mit dem Sprachunterricht in einer Hand vereint bleibt, ist Gewähr vorhanden für eine Konzentrierung und rationelle Gestaltung des Unterrichts.«[417]

Zur Vertiefung einzelner Realienfächer schlägt auch Scharschmidt vor, weitere Dozenten, etwa für die wirtschaftlichen Fächer, die »dem philologisch vorgebildeten Sprachlehrer im allgemeinen (...) weniger am Herzen liegen dürften« heranzuziehen.

Vermutlich vom Mai 1921 datiert ein Dokument im konsultierten Aktenmaterial, das darüber informiert, dass dem Unterrichtsministerium insgesamt vier Gutachten aus dem Kreis der planmäßigen Dozenten am SOS vorgelegt wurden[418]. Diese wurden an das Auswärtige Amt weitergeleitet. Die wesentlichen Punkte der vier Gutachten zur Neuorganisation des SOS, in denen der erwähnte Dozentenkreis des SOS seine Mitarbeit an der Umsetzung des Projekts bekräftigte, wurden in dem Schreiben zusammengefasst und ergänzt. Dabei wird zunächst die Eigenart des SOS hervorgehoben, wonach das Sprachstudium am SOS »grundsätzlich den Ausgangspunkt und die Grundlage des gesamten Auslandsstudiums« darstellt. Wie es in dem Dokument weiter heißt, geht das Studium der am SOS vertretenen Aus-

416 PA AA, R 64155, Scharschmidts Leitsätze zur Ausgestaltung der japanischen Kurse am SOS, Ostern 1921.

417 Ibid.

418 PA AA, R 64155, Die Neuorganisation des Seminars für orientalische Sprachen, undatiert.

landsgebiete aus von der »praktischen Erlernung der modernen lebenden Sprache und führt dann über zu dem Studium der politischen, wirtschaftlichen und kulturellen Landesverhältnisse auf der Grundlage der sprachlichen Quellen und in ständigem Zusammenhang mit der Vertiefung der Sprachkenntnisse«. Das Studium der Landesverhältnisse auf der Basis der lebenden Landessprache bilde eine unzertrennliche Einheit und somit die Grundlage für ein nationenwissenschaftliches Studium. Durch die nationenwissenschaftliche Arbeitsweise werde die Fähigkeit ausgebildet, selbstständig mit fremdsprachlichen Quellen umzugehen. Aus diesem Grund überwiegen am SOS die Übungen im Gegensatz zu den Vorlesungen. Diese Arbeitsweise, die auf ein aktives Können abziele, müsse auch die Grundlage für jede Neuorganisation des SOS sein. Ein gründliches Studium des Auslandes könne auf keinen Fall durch die geplante Einrichtung von Dozenturen erlangt werden, in denen mehrere Kulturen und Sprachen zusammengefasst werden.

Ein weiterer wesentlicher Punkt in den Gutachten war die Empfehlung, das SOS nicht nach geographischen Gesichtspunkten einzuschränken, beispielsweise auf das Studium des Orients: Durch die zunehmenden internationalen Zusammenhänge biete es sich an, die Verhältnisse möglichst vieler Länder anhand der Landessprache im Rahmen einer eigens dafür vorhergesehenen Hochschule zu erforschen. Dadurch entstehe eine Vertiefung und gegenseitige Befruchtung der einzelnen Landesstudien. Die »wissenschaftlichen und praktischen Interessen des Deutschen Reiches« sollten die Auswahl derjenigen Länder bestimmen, die als Studienfächer am SOS in Frage kamen.

In den folgenden Punkten des Dokuments wird die Bezeichnung des SOS und die bestehende Direktorialverfassung als hindernd für eine positive weitere Entwicklung des SOS angeführt. Hier sind Ähnlichkeiten zu dem Schreiben zu erkennen, das von den Dozenten 1913 zum Ausbau des SOS zur *Deutschen Auslandshochschule* an das Unterrichtsministerium geschickt wurde (vgl. 2.2.3.2). Ein weiterer Punkt, der auch schon 1913 seitens des Lehrerkollegiums des SOS bestand, war der »dringende Wunsch (...) den Unterricht nach der wissenschaftlichen Seite zu vertiefen«. Die Verleihung des Promotionsrechts sollte dafür die Grundlage schaffen.

Der letzte Punkt des Dokuments behandelt Vorschläge zum Ausbau bzw. zur Errichtung einzelner Lehrstühle, wobei es dringend geboten sei, Englisch und Französisch, die bereits Teil des Lehrplans seien, zum nationenwissenschaftlichen Studium zu erweitern. Erhebliche Kosten seien den Ausführungen des Dokuments zufolge für die organisatorische Neuordnung nicht notwendig.

Zusammengefasst kommen die einzelnen Gutachten der Dozenten zu dem Schluss, dass ihre Vorschläge zur Neuorganisation des SOS eine Gestaltung der Auslandsstudien ermöglichen, die nicht nur im Sinne des Auswärtigen Amts seien, sondern auch den Interessen Deutschlands voll entsprechen.

Das konsultierte Aktenmaterial informiert darüber, dass in den darauffolgenden Monaten von den planmäßigen Dozenten des SOS zwei Denkschriften zur Reform des SOS ausgearbeitet wurden, die in den zuständigen Ministerien als Diskussionsgrundlage dienten[419]. Aus der Korrespondenz der Jahre 1921 und 1922 zwischen dem Auswärtigen Amt und dem Unterrichtsministerium geht hervor, dass im Auswärtigen Amt nach der Aufhebung der Dolmetscher-Laufbahn nach dem Ersten Weltkrieg und durch die Tatsache, dass Anwärter für den Auswärtigen Dienst innerhalb des Auswärtigen Amts ausgebildet wurden, sich das Interesse des Auswärtigen Amts am SOS gegenüber früher verändert habe[420]. Die Absolventen des SOS wurden daher nicht wie in der Vergangenheit üblich vorrangig vom Auswärtigen Amt rekrutiert. Nur gelegentlich könnten bei Bedarf Absolventen in den Auswärtigen Dienst übernommen werden. Das Auswärtige Amt kritisierte daher die Begründung der planmäßigen Dozenten des SOS, dass eine Neuorganisation des SOS den Interessen des Auswärtigen Amts entspreche.[421] Das ehemalige Ressortinteresse habe sich inzwischen zu einem allgemein politischen und kulturpolitischen Interesse entwickelt[422]. Es sei notwendig, in Deutschland eine Einrichtung zu haben, »die sich praktisch-sprachlich und kulturell mit gewissen Gebieten des Orients beschäftigt, damit jeder Deutsche, im besonderen der, der nicht in den auswärtigen Dienst treten will, sondern der in einem freien Beruf in diese Länder will, Gelegenheit hat, Sprache, Wirtschaft und Kultur der Länder kennen zu lernen«[423].

Obwohl es wünschenswert sei, sei an den Ausbau des SOS zu einer *Deutschen Auslandshochschule* aufgrund der Finanzlage Deutschlands vorläufig nicht zu denken[424]. Unklar sei zudem, welche Mittel das Auswärtige Amt in Zukunft, auch vor dem Hintergrund der veränderten Sachlage, dem SOS zur Verfügung stellen könne[425]. Zudem werden an der Universität bereits Sprachen unterrichtet, die am SOS vertreten sind[426]. Aus Sicht des Auswärtigen Amts sei die Errichtung eines Orient-Instituts aus folgendem Grund eher interessant:

> »Mit dieser Bezeichnung würde territorial eine gewisse Begrenzung, inhaltlich die Einbeziehung aller wissenschaftlicher Behandlung zugänglichen und sachlich bedeutsamen Disziplinen angedeutet werden.«[427]

---

419 PA AA, R 64155, Schreiben an preußischen Unterrichtsminister zur Neugestaltung des SOS, August 1921 und PA AA, R 64155, Nicht-planmäßige Dozenten des SOS an Rektor des SOS, 20.12.1921. Das zuletzt zitierte Dokument zeigt, dass die Diskussion über die Reform des SOS die Dozenten der Ausbildungsstätte in zwei Lager spaltete. Wie dem Schreiben zu entnehmen ist, unterstützten die Absender nicht den Inhalt der Denkschrift, die von den planmäßigen Dozenten erarbeitet wurde.

420 PA AA, R 64155, Zur Neugestaltung des SOS, 29.04.1921 und PA AA, R 64155, Auswärtiges Amt an preußischen Unterrichtsminister, 13.02.1922.

421 PA AA, R 64155, Zur Neugestaltung des SOS, 29.04.1921.

422 PA AA, R 64155, Auswärtiges Amt an preußischen Unterrichtsminister, 13.02.1922.

423 PA AA, R 64155, Zur Neugestaltung des SOS, 29.04.1921.

424 PA AA, R 64155, Auswärtiges Amt an preußischen Unterrichtsminister, 13.02.1922.

425 Ibid und PA AA, R 64155, Auswärtiges Amt an preußischen Unterrichtsminister, August 1921.

426 PA AA, R 64155, Zur Neugestaltung des SOS, 29.04.1921.

427 PA AA, R 64155, Auswärtiges Amt an preußischen Unterrichtsminister, 13.02.1922.

Zudem wurde eine Zusammenarbeit mit der Wiener Konsularakademie angeregt, die eine ähnliche Aufgabenstellung wie das SOS habe. Die Vertreter des Auswärtigen Amts legten insbesondere auf die Vertiefung der Ausbildung in den Realienfächern Wert und schlugen zur Erreichung dieses Ziels die Heranziehung von Experten aus der Praxis vor. Einzelheiten zur Lösung der Reformfrage des SOS sollten in mündlichen Verhandlungen erörtert werden.[428]

Die Diskussionen auf Ministeriumsebene führten zu zwei Denkschriften über die Reform des SOS. Die erste, unveröffentlichte, Denkschrift des Unterrichtsministeriums, die vermutlich Ende 1922 zur Diskussion gestellt wurde, sah die Aufrechterhaltung der Selbstständigkeit des SOS vor. Innerhalb kurzer Zeit musste dieser Plan aus finanziellen Gründen aber fallen gelassen werden. Es wurde stattdessen vorgeschlagen, »den Dualisums zwischen dem Seminar für Orientalische Sprachen und den fachlich gleichen bezw. gleich gerichteten Veranstaltungen der Universität« aufzuheben und eine Arbeitsgemeinschaft zwischen der Universität und dem SOS zu errichten. Wie es in dem Begleitschreiben zur Denkschrift des preußischen Unterrichtsministeriums hieß, entsprach der neue Plan damit auch den Anforderungen der neugeregelten Ausbildung für Anwärter für den Auswärtigen Dienst. Vorschläge zu den einzelnen Punkten der Denkschrift sollten in der Diskussion noch erörtert werden und nach Genehmigung der grundsätzlichen Punkte durch das Auswärtige Amt dem Reichstag und dem Preußischen Landtag vorgelegt werden.[429] Bis März zirkulierte die neue Denkschrift in Regierungskreisen. Bedenken zu der vom Unterrichtsministerium geplanten Neuorganisation des SOS blieben nicht aus noch bevor die Denkschrift dem Reichstag und dem Preußischen Landtag offiziell überbracht wurde. Der Präsident des Reichsgerichts beispielsweise äußerte seine Zweifel über den Plan der Zusammenlegung des SOS mit der Universität wie folgt:

> »Es ist eben etwas völlig anderes, ob man Auslandsstudien im Sinne des Orientalisten oder vom Standpunkt des Geschäftsmannes, des Technikers, des Missionars, Offiziers, des Jurnalisten (sic!), des Politikers, des Anwärters auf die diplomatische oder konsulsche Laufbahn betreibt. Diese letztere Art von Auslandsstudium, die auf der praktischen Beherrschung der Volkssprache die Kenntnis des Volkslebens in all seinen Erscheinungen aufbaut sowie keine literarische, sondern praktische Zwecke verfolgt, sie wollte ich durch Ausgestaltung des Orientalischen Seminars fördern. Ich glaube auch, daß wir diese Art Studium in den nächsten Generationen dringend nötig haben werden, wenn wir unsere über das verkleinerte Reichsgebiet debordierende Bevölkerung am Leben erhalten wollten. (...) Wenn das Orientalische Seminar jetzt nicht erweitert werden kann, sollte man es doch für bessere Zeiten als Kern einer neuen Entwicklung aufsparen.«[430]

428 Ibid.
429 PA AA, R 64156, Preußischer Kultusminister an Auswärtiges Amt, 23.01.1923.
430 PA AA, R 64156, Präsident des Reichsgerichts an Auswärtiges Amt, 05.03.1923.

Vom März 1923 datiert die Antwort des Auswärtigen Amts auf dieses Schreiben, worin klargestellt wird, dass die neue Denkschrift nicht den Abbau des SOS anstrebe, sondern lediglich auf eine verwaltungsbezogene Zusammenfassung des SOS mit der Universität hinziele. Praktischer Sprachunterricht, wie er am SOS gepflegt wird, werde weiterhin im Rahmen der Universität von den Dozenten des SOS abgehalten. Die vorgeschlagenen Maßnahmen seien erforderlich aufgrund der »Not der Finanzen« des Reichs.[431]

In einem Zustimmungsschreiben zur Denkschrift an den preußischen Unterrichtsminister vom 15.03.1923 bekräftigte das Auswärtige Amt, dass mit der Neuorganisation des SOS unbedingt eine Kostenersparnis einhergehen müsse, die die Finanzen des Reichs entlaste. Inhaltlich stimmte das Auswärtige Amt der Denkschrift aufgrund eines speziellen Ressortinteresses, der »Gewinnung zweckmäßig vorgebildeter Anwärter des auswärtigen Dienstes« und aufgrund eines kulturpolitischen auswärtigen Interesses zu. Bei der Umsetzung des Plans sollte aber unbedingt darauf geachtet werden, dass praktische Umgangssprache und Sachkunde im Unterricht betont werden, im Gegensatz zum linguistisch-philologischen Unterricht, der an den Universitäten üblich sei.[432]

Durch die Zustimmung des Auswärtigen Amts konnte die Denkschrift offiziell an die zuständigen Regierungsstellen weitergereicht werden. Am 30.04.1923 wurde die *Denkschrift über die Reform des Seminars für Orientalische Sprachen in Berlin* dem Preußischen Landtag vorgelegt.

2.2.3.10 *Die Denkschrift über die Reform des Seminars für Orientalische Sprachen in Berlin* (1923)

Die *Denkschrift über die Reform des Seminars für Orientalische Sprachen in Berlin*[433] von 1923 umfasst neun Punkte sowie einen Anhang mit einer Gegenüberstellung der am SOS und an der Universität Berlin gelehrten »gleichen oder verwandten« Fächer[434]. Die Denkschrift bietet zu Beginn einen kurzen Rückblick auf die 1917 veröffentlichte *Denkschrift über die Förderung der Auslandsstudien* und die inzwischen umgesetzten Forderungen (vgl. 2.2.3.6). Darin heißt es, dass die Denkschrift von 1917 in der Annahme erstellt wurde, dass Deutschland als Sieger aus dem Ersten Weltkrieg hervorgeht. Diese Hoffnung habe den damals aufgestellten Forderungen einen besonderen Impuls verliehen. Durch den Ausgang des Krieges sei das Entwicklungspotenzial der Auslandsstudien zwar erschüttert worden, die Überzeugung, dass es dringend notwendig sei, Auslandsstudien durchzuführen, bestehe trotz des Ausgangs des Krieges jedoch nach wie vor. Weiter heißt es darin, dass aufgrund der Tatsache, dass sich Deutschland nun vor einer anderen außen-

431 PA AA, R 64156, Auswärtiges Amt an Präsidenten des Reichsgerichts, März 1923.

432 PA AA, R 64156, Auswärtiges Amt an preußischen Unterrichtsminister, 15.03.1923.

433 PA AA, R 64157, Denkschrift über die Reform des Seminars für Orientalische Sprachen in Berlin, (Drucksache des Preußischen Landtags Nr. 5313), Spalten 1–18, 30.04.1923. (Vgl. auch Preußischer Landtag (1923)).

434 Ibid, Spalte 14.

politischen Situation, auch im Hinblick auf die »Bezirke unseres Außenhandels«, befindet, sei sein »Bedürfnis nach Verbreitung und Vertiefung der Kenntnis vom Ausland« gewachsen.[435]

Das Dokument führt weiter aus, dass in Anlehnung an die Forderungen der Denkschrift von 1917 sich Auslandsstudien an den preußischen Universitäten zum »bewußten Bestandteil ihrer wissenschaftlichen Gesamtaufgabe« entwickelt haben, wobei die Universität Berlin aufgrund ihrer Tradition das Gesamtgebiet der Auslandsstudien in ihren Lehrplan aufgenommen habe. Alle drei Forderungen zur systematischen Verbreitung der Auslandsstudien seien an der Universität Berlin umgesetzt worden: Das Ziel der »Weckung außenpolitischen Interesses und Verständnisses in der Heimat« sei durch Vortragszyklen zu Problemen der Weltpolitik erreicht worden. Die wissenschaftliche Auslandskunde sei »nach bewährter Tradition« weitergeführt worden und die in der Denkschrift von 1917 geforderte »praktische Schulung von Beamten und Privaten, die ins Ausland wollen«, sei vom SOS übernommen worden, dem diese Aufgabe bereits 1887 übertragen wurde. Neben dem Sprachunterricht seien am SOS die dazugehörigen »Realfächer« immer mehr ausgebaut worden. Im Laufe der Zeit sei durch die vielfältigen Auslandsinteressen Deutschlands der Lehrplan des SOS erweitert worden.[436] So habe sich das SOS durch die Erweiterung auf europäische Verkehrssprachen »für Interessenten jeder Art einen großen Wirkungskreis über seine eigentliche Zweckbestimmung hinaus geschaffen«, und zudem nicht nur Anwärter für den Auswärtigen Dienst, sondern auch vor allem Interessenten des deutschen Außenhandels die »sprachlichen und technischen Grundlagen für ihre Tätigkeit im Ausland« vermittelt.

Einhergehend mit der Erweiterung des Aufgabenbereichs des SOS habe sich der Unterricht am SOS jedoch immer mehr von seiner eigentlichen Zielsetzung entfernt. Ursprünglich sei in einem Erlass des Kultusministeriums vom Juli 1887 festgelegt worden, dass sich der Sprachunterricht – unter Berücksichtigung der Bedürfnisse der Dolmetscherausbildung – auf die Vermittlung der Verkehrssprache beschränken müsse. Es habe sich aber herausgestellt, dass diese Einschränkung im Unterricht, bei der die »allgemeine Bildung« ausgeklammert wurde, den Anforderungen der Dolmetschpraxis nicht genügte. In vielen Ländern sei sie nämlich eine grundlegende Voraussetzung, um mit gebildeten Personen, d.h. den für den diplomatischen Verkehr »maßgebenden Teilen der Bevölkerung«, in Verbindung zu treten. Aufgrund seiner 1887 aufgestellten Zielsetzung fehle dem SOS die für die Dolmetscherausbildung nötige wissenschaftliche Grundlage.

Durch die dadurch bedingte kontinuierliche Erweiterung der Aufgaben des SOS sei es inzwischen so weit gekommen, dass sich Aufgabengebiete des SOS mit denen der Universität überschnitten. Beispielsweise werde Sprachunterricht im Russischen am SOS und am Seminar für Osteuropäische Geschichte und Landeskunde der Universität Berlin angeboten. Die doppelte Wahrnehmung von gleichen Aufgaben sei unkoordiniert vor sich gegangen. Dies sei auch darauf zurückzuführen,

435 Ibid, Spalte 1.
436 Ibid, Spalte 2.

dass die vielfältigen Aufgaben in den verschiedenen Sprachen und Kulturkreisen am SOS von einer Person, die aufgrund einer Direktorialverfassung an der Spitze des SOS stand, kaum überblickt werden konnten.[437]

Die Eins-zu-Eins-Gegenüberstellung der Kurse des SOS mit jenen der Universität Berlin macht m. E. deutlich, dass im Unterrichtsministerium das Verständnis für die Lehrmethoden am SOS fehlte. Es ist anzunehmen, dass aufgrund des mangelnden Sachverständnisses der Verantwortlichen in den Ministerien der Entschluss gegen das SOS nicht schwergefallen sein musste.

In den folgenden Abschnitten der Denkschrift wird die Notwendigkeit der Reform des SOS »vom Standpunkt der staatlichen Interessen« aus erläutert. Das preußische Unterrichtsministerium habe sich schon lange mit der Frage befasst, wie man diesen »unhaltbaren Zuständen« begegnen könne. Die Lösung sei eine »[p]lanwirtschaftliche Zusammenarbeit« zwischen dem SOS und der Universität, bei der die praktischen Aufgaben des SOS in die wissenschaftlich ausgerichtete Universität eingegliedert würden. Dabei müsse darauf geachtet werden, dass die praktischen Bedürfnisse nicht hinter den wissenschaftlichen zurücktreten. Durch die Vereinigung mit der Praxis sei eine »Belebung und Bereicherung der wissenschaftlichen Studien« der Universität zu erwarten. Beispielsweise wurde eine Zusammenarbeit zwischen den beiden Institutionen auf dem Gebiet der Lehrstühle und Institute für Sprachen und Kulturen des Vorderen Orients, Indiens und Ostasiens angestrebt. In diesem Zusammenhang wird zwar eingeräumt, dass »Ausgangspunkt, Methode und Ziele« an beiden Institutionen zwar grundsätzlich verschieden seien, die »organisatorisch allzu scharf durchgeführte Trennung gleichinhaltlicher Studien an zwei völlig abgesondert arbeitenden Instituten« habe jedoch Nachteile für das SOS und die Universität: Das SOS habe strukturelle Schwierigkeiten, sich wissenschaftlich zu entfalten, für die Universität hingegen sei es schwierig, den Praxisbezug herzustellen. Durch die Zusammenlegung der beiden Institutionen könne eine gegenseitige Befruchtung, vor allem auch durch die Zusammenarbeit des Lehrpersonals und der Studierenden beider Institutionen erreicht werden.[438]

Neben konzeptionellen Beweggründen machten aber auch »finanzielle Rücksichten« eine Zusammenarbeit zwischen den beiden Institutionen erforderlich:

> »Der jetzige Zustand, bei dem an verschiedenen Instituten gleiche oder gleichgerichtete Arbeit an zwei oder drei Stellen gleichzeitig geleistet wird, ist mit der allgemeinen wirtschaftlichen Notlage nicht länger vereinbar. Von der Zusammenfassung der am Seminar für Orientalische Sprachen und der Universität wirkenden Lehrkräfte darf eine erhebliche Entlastung des staatlichen Aufwands für die Dauer erwartet werden.«[439]

Außerdem habe die veränderte außenpolitische Lage dazu Anlass gegeben, die vom Auswärtigen Amt an das SOS gestellten Aufgaben zu überdenken. Bereits vor

437 Ibid, Spalte 3. Hervorhebung im Original.
438 Ibid, Spalte 4. Hervorhebung im Original.
439 Ibid.

dem Krieg seien Mängel bei der Ausbildung von zukünftigen Auslandsbeamten festgestellt worden. Die damals erarbeiteten Reformpläne seien nach dem Krieg auf eine neue Grundlage gestellt worden. Für das SOS komme besonders »die grundsätzliche Vereinheitlichung der Ausbildung der Konsuln und Diplomaten« zum Tragen, weil dadurch die Dolmetscherlaufbahn, eine »der höheren konsularen oder diplomatischen Laufbahn nicht voll ebenbürtigen Einrichtung« weggefallen sei. Somit bestand keine Notwendigkeit mehr, weiterhin Anwärter für den Dragomanatsdienst vorzubereiten, wofür das SOS in erster Linie zuständig war. Von den zukünftigen Anwärtern für den Auswärtigen Dienst werde in Zukunft erwartet, dass sie Englisch und Französisch beherrschten sowie die Sprache des Landes, in dem sie eingesetzt werden. Da Englisch und Französisch im Selbststudium an privaten und universitären Einrichtungen erlernt werden können, müssten diese Sprachen laut Denkschrift am SOS nicht mehr angeboten werden. Das SOS werde lediglich für das Studium der sogenannten dritten Sprache in Frage kommen. Dieses Studium sollte möglichst schon während »des grundlegenden akademischen Studiums«, vornehmlich in den Rechts- oder Staatswissenschaften, einsetzen. Die Prüfungen in der dritten Sprache sollten vom SOS in Zusammenarbeit mit dem Auswärtigen Amt abgenommen werden.

Traditionell sollte sich das Sprachangebot des SOS auch in Zukunft an den außenpolitischen Bedürfnissen Deutschlands orientieren. Aus diesem Grund sei das Auswärtige Amt an der »Pflege auch der übrigen Sprachen Europas westlich von Polen und dem Balkan desinteressiert«. Dies habe zur Folge, dass auch der Unterricht in Spanisch und Niederländisch am SOS wegfallen kann. Das Auswärtige Amt lege jedoch nach der Aufhebung der Dolmetscherlaufbahn Wert darauf, dass die Konzentration im Unterricht auf die Verbindung von Sprache mit der »Kenntnis der Realien (Wirtschaft, Recht und Verwaltung des Auslandes)« gerichtet werde. Auch der Verlust der afrikanischen Kolonien habe für das Unterrichtsangebot am SOS entsprechende Folgen. Der deutschen Außenpolitik sollten jedoch »ungeahnte große Aufgaben durch die Entstehung neuer slawischer Reiche vor unseren Toren« erwachsen. Implizit bedeutete dies eine Erweiterung der Aufgaben des SOS bzw. der geplanten Arbeitsgemeinschaft zwischen dem SOS und der Universität.[440]

Die dargelegten konzeptionellen und finanziellen Schwierigkeiten sowie die außenpolitischen Veränderungen machten laut der Denkschrift eine Überprüfung der bisherigen auslandskundlichen Bildungseinrichtungen notwendig. Die entsprechenden Reformpläne werden im folgenden Abschnitt der Denkschrift behandelt.

Zunächst wird darin betont, dass der Aufbau einer selbstständigen Reichsauslandshochschule, wie er vor, während und auch nach dem Krieg diskutiert wurde, bereits in der Denkschrift von 1917 zugunsten einer dezentralen Lösung der Auslandsstudien weichen musste. Maßgebend hierfür war die Überzeugung, dass möglichst weite Bevölkerungskreise und nicht nur ein kleiner privilegierter Teil der Bevölkerung in den Genuss von auslandskundlichem Unterricht kommen soll-

440 Ibid, Spalte 5.

ten. Eine weitere Möglichkeit sei der Ausbau des SOS zu einem zentralen Auslandsinstitut mit Hochschulcharakter, das als freie Fakultät der Universität Berlin angegliedert werden könne. Aber auch dieser »auf den ersten Blick verführerisch erscheinende Plan« sei nicht umsetzbar, da eine solche Institution zwingend ein »Sonderdasein« führen würde:

> »[D]ie in [einer freien auslandskundlichen Fakultät] gepflegten, wissenschaftlich gar nicht zusammenhängenden Studiengebiete würden niemals Teile unserer Gesamtbildung werden, sondern nur den Zwecken spezieller Interessenten dienen. Es gibt keine Auslandswissenschaft, wie es eine theologische oder juristische Wissenschaft gibt. Sollte man z. B. das Englische und Französische Seminar oder gar die weltwirtschaftlichen Disziplinen der Staatswissenschaften oder die vergleichende Rechtswissenschaft und das Völkerrecht dieser auslandskundlichen Fakultät angliedern? Die Frage stellen und sie zu Ende denken, heißt sie verneinen.«[441]

Als Beispiel wird das Hamburgische Kolonialinstitut angeführt, das in eine Universität umgestaltet werden sollte. Diese »dilettantischen Pläne« seien dann aber verworfen worden, da erkannt wurde, dass sie »zum Schaden aller Studierenden und unserer nationalen Bildung« gereicht hätten. Stattdessen habe man die einzelnen auslandskundlichen Institute des Kolonialinstituts in die Universität eingegliedert und sie zu einer Arbeitsgemeinschaft zusammengefasst. Eine ähnliche Vorgehensweise müsse auch in Berlin, unter Berücksichtigung der dortigen Bedingungen, angewandt werden.[442]

Gegen den Aufbau einer selbstständigen auslandskundlichen Fakultät an der Universität Berlin würden zudem finanzielle und personelle Gründe sprechen. Die nötigen qualifizierten Persönlichkeiten für den Unterricht an einer solchen Einrichtung würden beispielsweise gänzlich fehlen. Die Lehrer am SOS seien nach anderen Maßstäben ausgesucht worden, als sie etwa für selbstständige Leiter von wissenschaftlichen Einzelseminaren an der Universität gelten. Dennoch werde »dafür Sorge getragen werden, daß [die Dozenten des SOS] im Rahmen ihrer bisherigen Tätigkeit – die wird nie entbehrt werden können – auch weiterhin segensreich wirken können«.[443] Es ist nachvollziehbar, dass diese plumpen Darlegungen des Unterrichtsministeriums Zündstoff für den Protest aus dem Kreis der betroffenen Dozenten des SOS boten (vgl. 2.2.3.11).

Die Denkschrift fährt fort mit Vorschlägen für die Ausgestaltung des neuen Studienprogramms im Rahmen der geplanten Arbeitsgemeinschaft. Diese Ausführungen beginnen widersprüchlich: Das SOS sollte durch eine Arbeitsgemeinschaft der beteiligten Institute der Universität Berlin ersetzt werden, wobei im Kern dieser Arbeitsgemeinschaft das SOS bestehen bleiben sollte.[444] Es ist m. E. unschlüssig, warum das SOS zunächst zerschlagen werden sollte, um im Kern doch aufrecht-

441 Ibid, Spalte 6.
442 Ibid.
443 Ibid, Spalte 7.
444 Ibid, Spalte 6–7.

erhalten zu werden. Vermutlich sollte durch diese hinkende Argumentation die Realität beschönigt und Gegenstimmen, die sich um den Erhalt des SOS sorgten, beschwichtigt werden. Die Ausgestaltung der Institute war laut Denkschrift wie folgt vorgesehen:

> »Diese Institute übernehmen, jedes für sich und unter selbstständiger Verantwortung selbständiger Institutsleiter, den gesamten Unterricht in der Sprach- und Kulturkunde ihres Faches, und zwar sowohl den in strengerem Sinne wissenschaftlichen wie den rein praktischen, der für die allgemeineren Interessen der Auslandsdeutschen bestimmt ist.«[445]

Diese Maßgabe sei für alle Gebiete anwendbar bis auf das Kernstück des SOS, die orientalischen Sprachen, für die entsprechende Einrichtungen an der Universität fehlten. Da an der Universität bislang eine Einrichtung für die Pflege vorderasiatischer und mohammedanischer Studien fehle, so sei aus Sicht des Unterrichtsministeriums die Lösung naheliegend, das Kernstück des SOS in ein »Universitätsseminar für Sprachen und Kultur der islamischen Völker« umzugestalten.[446]

Die Direktorialverfassung des SOS sollte im Rahmen der Arbeitsgemeinschaft mit der Universität Berlin durch eine Kollegialverfassung ersetzt werden. Eine Verwaltungsgemeinschaft der beteiligten Ministerien sollte die Geschäfte der Arbeitsgemeinschaft, etwa Finanzierung, Prüfungs- und Bibliothekswesen sowie Bürogeschäfte, regeln. In der neuen Arbeitsgemeinschaft sollten Ressourcen möglichst effektiv genutzt werden. Aus diesem Grund sollten europäische sowie lateinamerikanische Sprachen und Kulturen nicht am SOS als Teil der Arbeitsgemeinschaft unterrichtet werden. Vielmehr sollte das SOS in ein »Orient-Institut« umgewandelt werden, »also in Wirklichkeit ein Institut nur für die Wissenschaft vom Orient im weitesten Sinne des Wortes sein«.[447]

Nach weiteren Ausführungen zur Organisation der Arbeitsgemeinschaft kommen die Autoren der Denkschrift zu folgendem simplen Schluss:

> »Die neue Arbeitsgemeinschaft ist eine organisatorisch viel einfachere und billigere und zugleich wissenschaftlich wie praktisch viel wirksamere Einrichtung als das alte Seminar für Orientalische Sprachen. Sie setzt auf der ganzen Linie die guten Traditionen des Seminars fort, dessen Rahmen durch die Entwicklung gesprengt werden mußte. Die neue Gründung ist in Wahrheit – ins Mögliche übersetzt – die vielen unklar vorschwebende Auslandshochschule, allerdings beschränkt auf Asien, Afrika und Osteuropa.«[448]

An dieser Stelle wird besonders deutlich, dass den Urhebern der Denkschrift im Unterrichtsministerium nicht nur der nötige Sachverstand für die am SOS angewandten Unterrichtsmetoden fehlte, sondern auch das Gespür für die Komplexität

445 Ibid, Spalte 7.
446 Ibid, Spalte 7–8.
447 Ibid, Spalte 8.
448 Ibid, Spalte 9.

der Fusion des SOS mit der Universität an sich. Die Zusammenlegung der beiden Ausbildungsstätten, wie vom Unterrichtsministerium geplant, barg organisatorisch und methodisch viele Probleme in sich. Zudem sollte sich die Kostenkalkulation des Unterrichtsministeriums[449], die längerfristig ein günstiges Ergebnis durch die Fusion der beiden Institutionen vorsah, als Trugschluss herausstellen[450].

Die folgenden Abschnitte der Denkschrift gehen auf die Gliederung der Institute nach Kulturkreisen ein, wobei die Gruppierungen wie folgt vorgesehen waren: Vorderasien, Afrika, Ferner Osten, Indien, Südsee und Osteuropa. Eine vertiefte Behandlung der inhaltlichen und organisatorischen Gestaltung der einzelnen Bereiche ist an dieser Stelle nicht vorgesehen.[451]

Die letzten Punkte der Denkschrift befassen sich mit personellen, bibliothekarischen, räumlichen und finanziellen Aspekten der Reform[452]. Die Leitung der einzelnen Institute der Arbeitsgemeinschaft sollte den Direktoren der entsprechenden Universitätsinstitute übertragen werden. An ihre Seite sollten ständige Hilfskräfte mit der Funktion planmäßiger Universitätsassistenten gestellt werden. Diese Personen sollten die Aufgaben übernehmen, die von den hauptamtlichen planmäßigen Dozenten des SOS bisher erledigt wurden. Sie sollten sich also laut Denkschrift der praktischen Pflege der Umgangssprache widmen, wobei in Zukunft die Realienfächer stärker berücksichtigt werden sollten.

Wie es in der Denkschrift vorgesehen war, konnten zur Vermittlung der Realien auch »erfahrene Praktiker« eingesetzt werden. Der Kreis der Assistenten sollte sich in erster Linie aus dem »wissenschaftlichen Nachwuchs der orientalischen und slawischen Sprachwissenschaften« zusammensetzen. Bei der Auswahl dieser Personen sollte darauf geachtet werden, dass sie die Landessprache sowie die jeweiligen wirtschaftlichen und kulturellen Verhältnisse »aus eigener Anschauung« kennen gelernt hatten, um im Unterricht eine »lebendige Verbindung mit dem Ausland« vermitteln zu können.[453]

An die berufliche Zukunft der Dozenten des SOS war bei der Ausarbeitung der Denkschrift auch gedacht worden:

> »In der Übergangszeit werden die jetzt tätigen planmäßigen Dozenten die den künftigen wissenschaftlichen Hilfskräften zugedachten Funktionen mit wahrzunehmen haben. Soweit sie sich an der Universität habilitieren, werden sie auch selbständig an der Universität lehren; aber auch bei Nichthabilitation wird sich die Eingliederung in den wissenschaftlichen Betrieb der beteiligten Universitätsinstitute unschwer ermöglichen lassen, nur bleibt dann ihre Lehrtätigkeit auf den Rahmen des betreffenden Instituts

449 Ibid, Spalte 13.

450 PA AA, R 64157, Reichsfinanzminister an Auswärtiges Amt, 08.10.1923.

451 PA AA, R 64157, Denkschrift über die Reform des Seminars für Orientalische Sprachen in Berlin, (Drucksache des Preußischen Landtags Nr. 5313), Spalte 9–11, 30.04.1923.

452 Ibid, Spalte 11–13.

453 Ibid, Spalte 12.

beschränkt, es wird aber dafür Sorge getragen werden, daß ihre bisherige Wirkungsmöglichkeit nicht beschränkt wird.«[454]

Am Lehrbetrieb sollten auch die am SOS tätigen »eingeborenen Lektoren« beteiligt sein.

In der Denkschrift werden insbesondere finanzielle Gründe betont, die den Rahmen für die Reform absteckten. So sollten durch die Zusammenlegung des SOS mit der Universität vor allem Ersparnisse im Personalbereich erzielt werden. Die in der Denkschrift angedeutete Kalkulation zeigt, in welchen Bereichen Personal eingespart werden sollte. Das daraus folgende Ergebnis ließ die Verfasser zunächst mit folgendem Schluss triumphieren:

»Der Voranschlag für den Personalkostenaufwand (und dieser stellt den ausschlaggebenden Teil der gesamten Ausgaben dar) schließt hiernach mit einer nennenswerten Ersparnis. So wird die Reform des Seminars für Orientalische Sprachen, abgesehen von dem durch seine neue Organisation erzielten großen Gewinn, schließlich auch den von finanziellen Gesichtspunkten erhobenen Forderungen in vollem Umfange gerecht werden.«[455]

Wie oben bereits angedeutet, sollte es sich später herausstellen, dass die Milchmädchenrechnung der Zuständigen im preußischen Unterrichtsministerium nicht aufging. Denn bei genauerer Betrachtung der Sachlage kam der Finanzminister zu folgendem Ergebnis:

»In der Denkschrift (...) war als einer der für eine Reform des Seminars für orientalische Sprachen sprechenden Gründe auch angegeben, daß dadurch eine Kostenersparnis des Reichs eintreten würde. Der vorgelegte Haushaltsentwurf des umgestalteten Seminars bringt jedoch, wie ich zu meiner Überraschung sehe, nicht nur keine Ersparnisse gegenüber den (sic!) bisherigen Zustande, sondern im Gegenteil absolute Mehrausgaben. (...) Für die Umgestaltung muß meines Erachtens einer der Hauptgesichtspunkte der sein, daß das Reich auch bei Gestaltung seiner auswärtigen Kultur politisch der Not der Zeit und dem Umstand Rechnung tragen muß, daß selbst für dringlichere und lebensnotwendigere Staatsausgaben die Mittel fehlen.«[456]

Die *Denkschrift* über die Reform des Seminars für Orientalische Sprachen war in vielerlei Hinsicht bedenklich. Die Komplexität des Reformkonzepts wurde auf Ministeriumsebene unterschätzt. Die Folge war ein an Sorgfalt mangelnder, teils argumentativ flacher und undifferenzierter Reformvorschlag, der in dieser Form auf energische Gegner stoßen musste.

Das von Palme entwickelte Konzept des nationenwissenschaftlichen Studiums, das die Methodik des Unterrichts am SOS deutlich vom philologischen Studium

---

454 Ibid.

455 Ibid, Spalte 13.

456 PA AA, R 64157, Reichsfinanzminister an Auswärtiges Amt, 08.10.1923. Als Grund für die Mehrausgaben wird in dem Schreiben die kontinuierliche Erweiterung des SOS in den vorherigen Jahren angeführt.

an der Universität abgrenzte, blieb bei der geplanten Zusammenführung der beiden Ausbildungsstätten vollkommen unberücksichtigt. Auch wenn die Denkschrift stellenweise vorgaukelte, das SOS bestehe organisatorisch in veränderter Form im Rahmen der Universität weiter, so war die Auflösung des SOS im Unterrichtsministerium beschlossene Sache. Der unsensible Umgang mit der traditionsreichen Einrichtung seitens des Unterrichtsministeriums sollte sich aber rächen, und das letzte Wort in dieser Angelegenheit noch nicht gesprochen sein.

2.2.3.11 Die Reaktionen und Gegenreaktionen auf die Reformpläne (1923–1924)

Die Reformpläne, die den Abbau des SOS vorsahen, sorgten für Unruhe unter den Dozenten des SOS. Das Erscheinen der *Denkschrift* über die Reform des Seminars für Orientalische Sprachen in Berlin löste bei den planmäßigen Dozenten eine »lebhafte Agitation« gegen die darin dargestellten Reformpläne aus, indem sie sich bei den Abgeordneten des Reichs- und des Landtags Gehör verschafften sowie im Unterrichtsministerium nach Erscheinen der Denkschrift umgehend eine entsprechend ablehnende Stellungnahme zur Denkschrift einreichten.[457] Ihr Widerspruch war so vehement, dass die Genehmigung der Denkschrift durch die zuständigen Regierungsinstanzen gefährdet wurde. Argumentiert wurde damit, dass die Denkschrift des Unterrichtsministeriums ohne jegliche Einbeziehung der Sachverständigen, d. h. der Dozenten des SOS, verfasst wurde. Die Auflösung einer Hochschule, die von Bismarck gegründet wurde, so der empörte Aufruf, werde zudem wirtschaftliche, politische und wissenschaftliche Schäden nach sich ziehen, die nicht wieder gut zu machen seien. Das SOS habe sich seit über drei Jahrzehnten »rühmlich bewährt« und vor dem Krieg sogar als Vorbild für die Gründung des Orientalischen Seminars in London gedient.[458]

Neben den engagierten planmäßigen Dozenten am SOS, »die durch ihre Lebensarbeit mit dem Seminar verwachsen und zugleich in unabhängiger Stellung sind«, gab es am SOS auch nicht-planmäßige Lehrkräfte:

> »Zunächst die Lektoren, die zwar am Seminar hauptamtlich tätig sind, aber erstlich Ausländer, zweitens in kündbarer, vom Ministerium abhängiger Stellung sind. Von diesen teilen manche innerlich ganz die Ansichten der planmäßigen Dozenten. Sofern aber die Ansichten dieser letzteren von denen des Ministeriums abweichen, werden die Lektoren naturgemäß sich zurückhalten, gegebenenfalls auch unsachlichen Beeinflussungen nachgeben müssen. Solchen unsachlichen Beeinflussungen sind sie nachweislich ausgesetzt gewesen. – Andere Lehrkräfte erteilen am Seminar nur nebenher einige Stunden, haben aber ihre Haupttätigkeit anderswo, z. B. an der Universität, der Staatsbibliothek oder an Ministerien. Es ist nicht verwunderlich und fällt wenig ins Ge-

457 PA AA, R 64157, Korrespondenz im Auswärtigen Amt zur Reform des SOS (Autoren unbekannt), 25.07.1923.

458 PA AA, R 64157, Lehrerkollegium des SOS an Reichsminister des Auswärtigen, 23.07.1923.

wicht, wenn diese Herren teilweise andersgerichtete Interessen haben als die Mitarbeit an dem organischen Wachstum des Seminars für Orientalische Sprachen.«[459]

Die meisten dieser Personen gerieten zwischen die Fronten ihrer Kollegen, die in einem planmäßigen Arbeitsverhältnis standen, und der Zuständigen auf Ministeriumsebene, denn hinter den Kulissen mangelte es an einer sachlichen Behandlung der Angelegenheit: Vom 18.06.1923 datiert etwa ein Schreiben des Direktors des SOS, Eugen Mittwoch, an den Unterrichtsminister, der stellvertretend für die »Mehrheit des Lehrkörpers«[460] folgende Erklärung übermittelte:

»Die Mehrzahl der Lehrerschaft des Orientalischen Seminars hält es für ihre Pflicht zur Kenntnis zu geben, daß sie die Pläne der Herren Palme und Kampffmeyer betr. eine Umgestaltung des Orientalischen Seminars im Sinne der bekannten Palmeschen Nationenwissenschaft für unpraktisch und unausführbar hält. Den gegenwärtigen Zeitpunkt hält sie für ungeeignet, neben der Universität eine Auslandshochschule in dem vor dem Kriege in Aussicht genommenen Ausmaße ins Leben zu rufen. Eine Ausgestaltung des Seminars in den Grundlinien der vom Kultusministerium vorgelegten Denkschrift, d.h. die Umgestaltung im Rahmen eigner Seminare erscheint ihr unter gewissen Voraussetzungen als der gegebene Weg.«[461]

Unterzeichnet wurde diese Erklärung von achtzehn außerplanmäßigen Dozenten des SOS. In diesem Zusammenhang muss angeführt werden, dass die planmäßigen Dozenten am SOS zahlenmäßig unterlegen waren. Eine Mehrheit der Lehrkräfte, für die ein Engagement für das SOS aufgrund ihrer dienstlichen Stellung existenziell gefährlich werden konnte, war daher bei den Gegnern des SOS leicht zu erzielen. Im konsultierten Aktenmaterial datiert eine Notiz im Protokoll einer Kollegiumssitzung im SOS, die ein Licht auf die Hintergründe des Zustandekommens der erwähnten Erklärung wirft. Folgendes gab Palme zu Protokoll:

»Gestern, am 21. ds. Mts., machte mir Herr N., nebenamtlicher Dozent am Orientalischen Seminar mit der Bitte, seinen Namen in dieser Angelegenheit nicht zu nennen, da er sonst für seine Stellung fürchten müsste, folgende Mitteilung: ›Herr Dr. Meckelein, Bibliothekar an der Staatsbibliothek und nebenamtlicher Dozent am Seminar, legte mir eine Eingabe an das Unterrichtsministerium vor und ersuchte mich, sie mitzuunterzeichnen. In der Eingabe war ausgeführt, die Mehrzahl der Dozenten des Orientalischen Seminars teile die Palme'schen Ansichten und Pläne hinsichtlich des nationenwissenschaftlichen Studiums nicht. Sie halte auch den Ausbau des Seminars zu einer Auslandshochschule unter den gegenwärtigen Verhältnissen für aussichtslos. Sie billigte daher den Reformplan des Unterrichtsministeriums und sei bereit unter gewissen Bedingungen im Rahmen der Universität mitzuarbeiten. Nach Mitteilung von Herrn Dr. Meckelein ist die Eingabe von Herrn Prof. Dr. Julius Richter (ord. Prof. an

459 Kampffmeyer (1924a: 3).

460 PA AA, R 64157, Mittwoch an Minister für Wissenschaft, Kunst und Volksbildung, 18.06.1923.

461 Ibid. Die Erklärung datiert vom 16.06.1923.

der theologischen Fakultät und Mitglied des Beirats für Auslandsstudien an der Universität) verfasst worden, dem sich Dr. Jöhlinger (Ministerialrat im Finanzministerium) angeschlossen habe. Herr Dr. Meckelein riet mir dringend, die Eingabe zu unterzeichnen, denn bei Uebernahme in die Universität würden die nebenamtlichen Dozenten des Seminars zu Assistenten ernannt werden und dadurch eine bedeutend höhere Bezahlung erhalten. Im übrigen, wurde angedeutet, würde die Nichtunterzeichnung der Eingabe für die Betreffenden sehr schädlich sein‹. Herr N. teilte mir weiter mit, er zweifle nicht, dass unter diesen Umständen die Mehrzahl der nebenamtlichen Dozenten sich genötigt sehen werde, die Eingabe zu unterschreiben. Er selbst habe sie nicht unterzeichnet, weil er meine Ansichten über das nationenwissenschaftliche Studium durchaus teile und ausserdem, obwohl er Geld sehr nötig habe, an unbestimmte Versprechungen nicht glaube. Er bat mich schließlich wiederholt, seinen Namen als Quelle der Mitteilung nicht zu nennen, um nicht seine Stellung am Seminar zu gefährden.«[462]

Die »unsachlichen Beeinflussungen« der Angelegenheit seitens der SOS-Gegner reichten an die Argumente der planmäßigen SOS-Dozenten jedoch nicht heran[463]. Im Januar 1924 veröffentlichte Georg Kampffmeyer (vgl. 2.2.3.13.2), Vorsitzender des Kollegiums der planmäßigen Dozenten am SOS, Leitsätze zur Reform des SOS, in denen die langjährigen Forderungen der planmäßigen Dozenten nach einer Reform des SOS zusammengefasst wurden. In dieser Schrift übt Kampffmeyer Kritik an der vom Unterrichtsministerium erarbeiteten *Denkschrift über die Reform des Seminars für Orientalische Sprachen.* Wie aus dem Vorwort zu Kampffmeyers Schrift hervorgeht, beabsichtigte Kampffmeyer mit der Veröffentlichung der Leitsätze, die Diskussion über die Reform des SOS wieder auf die wesentlichen »Grundtatsachen und Grundforderungen« zurückzulenken und forderte, dass der Inhalt der Denkschrift an diesen gemessen werde.[464] Kampffmeyer stellt insgesamt siebzehn Leitsätze auf, die er kommentiert und kritisch in Zusammenhang mit der Denkschrift des Unterrichtsministeriums setzt.

Die siebzehn Leitsätze thematisieren die Entstehung des SOS, die Zwecke seines Lehrbetriebs, die nationenwissenschaftlich begründeten Unterrichtsmethoden, die Bedeutung des nationenwissenschaftlichen Studiums für Deutschland, die Organisation des SOS in personeller und struktureller Hinsicht, die Beziehung des SOS zur Universität Berlin sowie die in der Denkschrift von 1923 erwähnte Berechnung der Kosteneinsparungen[465]. Im Folgenden werden die für die vorliegende Arbeit relevanten Stellungnahmen behandelt. Im Kommentarteil der Schrift fehlt eine Bezugnahme zu den Leitsätzen 10, 11 und 16.

Die Erläuterungen zu Leitsatz 2 informieren über die umfassenden Aufgaben des SOS: Vor dem Ersten Weltkrieg seien am SOS Personen für den Auswärtigen Dienst und für die Kolonien vorgebildet worden. Neben der Unterrichtstä-

462 PA AA, R 64157, Zur Sitzung des Lehrerkollegiums des Orientalischen Seminars, 22.06.1923.

463 Vgl. Kampffmeyer (1924a: 3). Fußnotenkommentar.

464 Ibid, S. 5. Hervorhebung im Original.

465 Ibid, S. 7–11.

tigkeit sei vom SOS aber eine Vielfalt anderer Tätigkeiten übernommen worden. Beispielsweise sei das Auswärtige Amt beim Erstellen von Gutachten zu fremden Rechtsverhältnissen, beim Anfertigen von Übersetzungen, beim Dolmetschen mündlicher Verhandlungen und beim Abfassen von Staatsverträgen unterstützt worden. Auch Gerichtsbehörden hätten Sprachdienstleistungen und den Rat der sachverständigen Dozenten des SOS in Anspruch genommen. Ebenso hätten Wirtschaftskreise die Unterstützung in sprachlichen und sachlichen Angelegenheiten nachgefragt, etwa bei Patentangelegenheiten oder für Werbezwecke. Kampffmeyer betont, dass diese Tätigkeiten »nur von wirklichen Sachkennern« ausgeführt werden können, »die durch besondere Studien und längeren Aufenthalt im fremden Lande (…) eine gründliche Kenntnis nicht nur der in Betracht kommenden besonderen Sprachverhältnisse, sondern auch der rechtlichen, wirtschaftlichen und anderen Verhältnisse der betreffenden fremden Völker« besitzen.[466] Die Tätigkeit des SOS sei nach dem Krieg und in Anbetracht der neuen außenpolitischen Situation nicht minder wichtig: Viele Völker des Orients verlangten beispielsweise, dass Europäer ihre Landessprachen beherrschen, da sich nach dem Krieg weltweit nationale Bewegungen durchgesetzt haben. Die Kulturen der einzelnen Länder und ihre Landessprachen bekommen somit mehr Gewicht. Aus diesem Grund sei es dringend notwendig, dass die Beamten des Auswärtigen Dienstes, in Zukunft intensiver als früher die Sprachen und Kulturverhältnisse anderer Völker studierten. Obwohl der Kolonialdienst für die deutsche Außenpolitik keine Bedeutung mehr habe, werden die Dienste des SOS von Personen, die »in freien Stellungen« ins Ausland gehen, weiterhin in Anspruch genommen. Für die Zukunft sei zu erwarten, dass die Schranken, die den Deutschen bei ihrer Betätigung gegenwärtig noch im Auslande gesetzt sind, abgebaut werden. Zumindest sei es die wichtigste Aufgabe Deutschlands, »nach der Wiedererlangung der wirtschaftlichen und kulturellen Außenpositionen zu streben«. Dieses Ziel könne aber nur durch die »Studien, wie sie das Orientalische Seminar am gründlichsten in Deutschland pflegt« erreicht werden.[467]

In den Erläuterungen zu Leitsatz 3 bemängelt Kampffmeyer, den in der Denkschrift gemachten Vorwurf, das SOS arbeite nach unwissenschaftlichen Methoden. Kampffmeyer weist in diesem Zusammenhang auf die »zahlreichen wissenschaftlichen Arbeiten von Lehrern und Schülern« des SOS hin und darauf, dass sich ein Teil des SOS-Kollegiums aus verschiedenen ehemaligen Universitätslehrern zusammensetzt. Die Maßstäbe, die für die Studien am SOS gelten, setze die Wissenschaftlichkeit der Universität als selbstverständlich voraus.[468] Kampffmeyer rät zudem davon ab, die Kurse der Universität mit denen des SOS undifferenziert zu vergleichen:

> »Wissenschaftlichkeit ist hüben wie drüben. Es besteht ein Unterschied der Richtung, nicht der Wissenschaftlichkeit. An der Universität ist das Studium solcher Ge-

466 Ibid, S. 13.
467 Ibid, S. 14. Hervorhebung im Original.
468 Ibid, S. 15.

biete wesentlich historisch und sprachvergleichend-philologisch, während es am Seminar auf die Gegenwartsverhältnisse und die lebende Sprache der fremden Völker sich bezieht. Die beiden Richtungen können und müssen selbständig nebeneinander bestehen; es ist abwegig, eine der anderen unterordnen zu wollen.«[469]

Die Erläuterungen zu Leitsatz 4 behandeln die Methode des nationenwissenschaftlichen Studiums. Der Sprachunterricht am SOS sei von Beginn des Studiums darauf ausgerichtet, dass die Studierenden »auf einer höheren Stufe die Gegenwartsverhältnisse fremder Völker aus den Quellen studieren, also Zeitungen, Rechtsurkunden, Religionsbücher (z.B. Koran), geschichtliche Darstellungen usw. in der Ursprache studieren. Dieses Quellenstudium ist der Kern des Unterrichts, der dann nach anderen Richtungen ergänzt wird«. Die in der Denkschrift angeführte abwertende Kritik, am SOS werde nur eine gewisse Sprachfertigkeit vermittelt, werde dem nationenwissenschaftlichen Studium am SOS daher nicht gerecht.[470]

Durch das nationenwissenschaftliche Studium werden, wie Leitsatz 6 informiert, die Studierenden des SOS in die Lage versetzt, der »Gegenwartsentwicklung [anderer Länder] aus den Quellen (Presse, Literatur, Gesetzgebung usw.) fortlaufend zu folgen«. Diese Leistung erbringe ein philologisches Studium an der Universität nicht.[471]

In Leitsatz 7 nimmt Kampffmeyer Stellung zum Umfang des Forschungsgebiets, das das nationenwissenschaftliche Studium bietet, und zu der sich daraus ergebenden Tatsache, dass ein gründliches nationenwissenschaftliches Studium nicht von Personen vertreten werden könne, deren Forschungsinteressen »in anderer, oft entgegengesetzter Richtung«[472] liegen:

> »Die Gegenwartsverhältnisse fremder Völker sind außerordentlich zusammengesetzt. Die Kenntnis des sprachlichen Ausdrucks, der diesen Verhältnissen dient, ist von dem Studium dieser Verhältnisse selbst nicht zu trennen. Das nationenwissenschaftliche Studium ist selbst für die Lebensaufgabe eines Forschers unbegrenzt. Wer sich bei flüchtiger Berührung mit einem nationenwissenschaftlichen Studiengebiet etwa auf Grund allgemeiner sprachlicher und kultureller Kenntnisse als Kenner und Gutachter auch auf jenem Gebiet ausgeben wollte, könnte dessen, was ihm vollkommen fremd ist, am einfachsten dadurch überwiesen werden, daß ihm eine Zeitung des Volkes, um das es sich handelt in die Hand gegeben und er aufgefordert würde, Teile davon, die sich auf heutige besondere nationale Verhältnisse dieses Volkes beziehen, dokumentarisch getreu zu übersetzen und sachlich zu erklären.«[473]

Kampffmeyer wendet sich damit gegen die Pläne des Unterrichtsministeriums, die Abteilungen des SOS in vorhandene Universitätsinstitute einzugliedern und sie unter die Leitung der jeweiligen Universitätsprofessoren zu stellen.

469 Ibid, S. 16. Hervorhebung im Original.
470 Ibid. Hervorhebung im Original.
471 Ibid, S. 17–18. Hervorhebung im Original.
472 Ibid, S. 19.
473 Ibid, S. 18. Hervorhebung im Original.

In den Erläuterungen zu Leitsatz 8 führt Kampffmeyer diesen Gedanken weiter aus, indem er die vorgesehene personelle Organisation im Rahmen der Universität bemängelt. Die Tatsache, dass die Dozenten des SOS, »also die Vertreter nationenwissenschaftlichen Studiums«, den Universitätsprofessoren, also Sachkennern anderer Fachrichtungen, unterstellt werden, führe zwangsweise »zu Reibungen und Hemmungen, sowohl in der Bestimmung der zu haltenden Vorlesungen als hinsichtlich der Bereitstellung der für das nationenwissenschaftliche Studium nötigen literarischen Hilfsmittel«[474].

Auch in methodischer Hinsicht sei der Vorschlag des Unterrichtsministeriums untragbar:

> »Der Gedanke der Leitung eines Wissenschaftsgebietes (des nationenwissenschaftlichen) durch ein anderes (historisch-philologisches), welcher der Denkschrift zugrunde liegt, ist wissenschaftlich durchaus unzulässig und führt zu schweren praktischen Nachteilen. Er zeigt aufs deutlichste (sic!), wie wenig Verständnis den Aufgaben des Orientalischen Seminars von einer leitenden Stelle entgegengebracht wird. Der Verfasser der Denkschrift stellt sich die Aufgaben eines Dozenten des Orientalischen Seminars als gleich den Aufgaben eines Universitätslektors vor, der wesentlich praktischen Sprachunterricht und nebenher eine populäre Darstellung von Land und Leuten, Sitten und Gebräuchen zu geben hat. Von den eigentlichen nationenwissenschaftlichen Aufgaben hat der Verfasser der Denkschrift offenbar weder praktische Kenntnis noch eine wissenschaftliche Einsicht. Er ist völlig in einseitigen Universitätsvorstellungen befangen (...).«[475]

Kampffmeyer beklagt in diesem Zusammenhang auch das Vorhaben des Unterrichtsministeriums, das nationenwissenschaftliche Studium zukünftig in die Hände von Universitätsassistenten aus der historisch-philologischen Richtung zu legen.[476]

Die beklagenswerten Vorstellungen des Unterrichtsministeriums von den Unterrichtsmethoden am SOS beleuchtet Kampffmeyer erneut in Leitsatz 14, wo er darlegt, dass eine Überschneidung der Aufgaben des SOS und der Universität aufgrund der unterschiedlichen Zielsetzungen der beiden Institutionen nicht vorliegt:

> »Was in den regelmäßigen Lehrgängen (...) auf dem Sprachgebiet, z. B. dem von Herrn Becker genannten Russischen, oder im Arabischen oder sonst am Seminar geleistet wird, ist völlig verschieden von dem, was auf dem gleichen Sprachgebiet an der Universität geleistet wird.«[477]

In Leitsatz 15 werden neue Richtlinien für den Unterricht und eine neue Prüfungsordnung gefordert[478]. Da die bis zur Gegenwart gültige Prüfungsordnung noch aus

474 Ibid, S. 18–19.
475 Ibid, S. 19–20. Hervorhebung im Original.
476 Ibid, 18–20.
477 Ibid, S. 22. Hervorhebung im Original.
478 Ibid, S. 11.

dem Gründungsjahr des SOS datiert, verlangt Kampffmeyer eine Aktualisierung derselben, um die Erfahrungen, die im Unterricht am SOS seit seinem Bestehen gesammelt werden konnten, in der Prüfungsordnung zu berücksichtigen.[479]

In seinen Erläuterungen zu Leitsatz 17 beweist Kampffmeyer die Fehlerhaftigkeit der in der Denkschrift aufgestellten Kalkulation. Ersparnisse seien vorgetäuscht worden, denn in Wirklichkeit bringen die Reformpläne Mehrkosten mit sich. Damit bestätigt Kampffmeyer die unveröffentlichte Feststellung des Finanzministers vom Oktober 1923 (vgl. 2.2.3.10). Anstelle von Kosteneinsparungen beim SOS durchzuführen, empfiehlt Kampffmeyer die Streichung der »dilettantischen (...) ganz unproduktiven Kurse (...) für Auslandsstudien« an der Universität.[480]

In einem Abschnitt zur wissenschaftlichen Arbeit des SOS kritisiert Kampffmeyer die in der *Denkschrift über die Förderung der Auslandsstudien* dargelegte Auffassung, das Studium am SOS fördere nicht die »allgemeine Bildung«[481]. Kampffmeyer kontert damit, dass gerade am SOS die Grundlagen dafür gelegt werden:

> »Die unerläßliche Bedingung einer wirklichen ›allgemeinen Bildung‹ (...) sind so gründliche Sprachkenntnisse (...) wie die systematische Arbeit des Seminars sie selbst bei so schwierigen Sprachen, wie z.B. Arabisch und Chinesisch es sind, geben kann, wie der Universitätsbetrieb sie aber niemals gibt. Die ›allgemeine Bildung‹ (...) erwächst auf dem Grunde nationenwissenschaftlichen Studiums.«[482]

Kampffmeyers Plädoyer gegen die Reformpläne des Unterrichtsministeriums sollte der Aufrechterhaltung des SOS als »einer besonderen Hochschule«[483] dienen, die für das nationenwissenschaftliche Studium einen Rahmen bot. Mit seiner Schrift bezog Kampffmeyer klar und öffentlich Stellung gegen das Unterrichtsministerium, die vorgesetzte Instanz des SOS. Die Wirkung blieb nicht aus: In den folgenden Wochen entbrannte ein in der Öffentlichkeit ausgetragener Kampf, um die gegensätzlichen Positionen zu verteidigen.

Vom 20.02.1924 datiert in der *Vossischen Zeitung* der Artikel »Die Reform des Orientalischen Seminars. Universitätsinstitut oder Auslandshochschule?«, in dem die Pläne des preußischen Unterrichtsministeriums als »gewalttätige Kur« beschrieben werden. Es sei nicht nachvollziehbar, warum das preußische Unterrichtsministerium das SOS in Anbetracht seiner positiven Entwicklung seit seiner Gründung und seiner jahrzehntelangen treuen Dienste, die es Deutschland seitdem geleistet habe – »wie der jetzt beliebte Modeausdruck lautet ›abbauen‹ wolle«. Denn besonders unter den gegenwärtigen außenpolitischen Umständen müsse es in Deutschland eine Stelle geben, »wo die Grundlagen für ein allseitiges und eindringendes Studium der Gegenwartsverhältnisse fremder Völker gelegt und die dazu unentbehrlichen Vorkenntnisse erworben werden können«. Dieser

479 Ibid, S. 23.
480 Ibid, S. 23–24.
481 Ibid, S. 27. Hervorhebung im Original.
482 Ibid, S. 28. Hervorhebung im Original.
483 Ibid, S. 9.

Aufgabe könne das SOS aufgrund seiner Tradition am besten gerecht werden. Sofern die Umstände kein selbstständiges Bestehen des SOS zulassen, lehnt der Autor des Artikels die Vorschläge der Zusammenlegung des SOS mit der Universität ab und befürwortet stattdessen eine Zusammenlegung des SOS mit der Handelshochschule Berlin. In dieser Konstellation können laut Autor gemeinsame Ressourcen besser genutzt werden, denn beide Ausbildungsstätten haben weitgehend denselben Hörer- und Dozentenkreis. Der Autor des Artikels ist sich sicher, dass die auf Entschlossenheit und Sachkunde basierende »Streitschrift« Kampffmeyers auch im Parlament bei der Erörterung der brisanten Frage über die politischen und kulturellen Beziehungen Deutschlands zum Ausland hohe Wellen schlagen wird.[484]

Wie zu erwarten war, nahm das Unterrichtsministerium die öffentlichen Attacken gegen die Reformpläne nicht passiv hin. Einen vermeintlichen Trumpf spielten die Verfasser der Denkschrift bereits zwei Tage später in dem Artikel »Die Reform des Orientalischen Seminars« in der *Vossischen Zeitung* aus, demselben Blatt, in dem obiger Artikel erschien, indem sie Kampffmeyer anprangerten, seine Schrift ohne das Wissen »seiner vorgesetzten Stelle« veröffentlicht zu haben. Zudem wurde in dem Artikel versucht, die Öffentlichkeit darüber aufzuklären, dass Kampffmeyers Schrift auf Einzelmeinungen basiert und die meisten Dozenten des SOS schriftlich erklärten, dass sie mit den vom Unterrichtsministerium ausgearbeiteten Reformplänen konform gehen.[485]

Im Interesse des Unterrichtsministeriums wäre es m. E. ratsam gewesen, diesen Vorfall nicht öffentlich zu thematisieren, denn zwei Tage später kam der oben beschriebene Erpressungsversuch, der sich im Juni 1923 zugetragen hatte, in einer Reaktion Kampffmeyers im Artikel »Die Reform des Orientalischen Seminars« in der *Vossischen Zeitung* ans Licht:

> »Das Ministerium verschweigt, daß die ›verschwindende Minderheit‹ der Lehrer des Orientalischen Seminars die planmäßigen Dozenten des Seminars sind, und daß die ›Mehrzahl‹, von der weiter die Rede ist, ausschließlich aus nebenamtlichen Dozenten und Lektoren besteht. (...) Jene, ›von 18 Dozenten (!) unterschriebene Erklärung‹ ist ohne Vorwissen der planmäßigen Dozenten betrieben worden und allein durch unsachliche Beeinflussung der vom Ministerium abhängigen Lektoren zustandegekommen. Der genaue Sachverhalt geht aus einem beweiskräftigen Protokoll hervor, das bekannzugeben ich jeden Augenblick bereit bin. Dies Protokoll ist von den plan-

484 GStA PK, I. HA, Rep. 208 A Seminar für Orientalische Sprachen, Nr. 179 Bd. 1, Bl. 116, »Die Reform des Orientalischen Seminars. Universitätsinstitut oder Auslandshochschule?«, *Vossische Zeitung* (Morgenausgabe), 20.02.1924, (Autor unbekannt).

485 GStA PK, I. HA, Rep. 208 A Seminar für Orientalische Sprachen, Nr. 179 Bd. 1, Bl. 116, »Die Reform des Orientalischen Seminars«, *Vossische Zeitung* (Morgenausgabe), 22.02.1924, (Autor unbekannt).

mäßigen Dozenten im Juni 1923 mit einer Beschwerde dem Herrn Unterrichtsminister vorgelegt worden.«[486]

Kampffmeyer widerlegte in seinem Artikel in der *Vossischen Zeitung* auch die Unterstellung, dass die Leitung des SOS von seiner Schrift nicht in Kenntnis gesetzt wurde.

Die unlauteren Methoden und kläglichen Versuche des Unterrichtsministeriums, die Situation zu retten, kehrten sich ins Gegenteil um. Am 15.03.1924 berichtete die *Frankfurter Zeitung*, dass Kampffmeyer in »einer gründlichen Kritik« an der Denkschrift den Preußischen Landtag dazu veranlasst habe, sich gegen die Reformpläne des preußischen Unterrichtsministeriums auszusprechen und die »Aufrechterhaltung des Orientalischen Seminars« zu beschließen.[487] Der Beschluss des Preußischen Landtags datiert vom 22.02.1924, also zu einer Zeit, an der sich der Streit zwischen den planmäßigen Dozenten und dem Unterrichtsministerium zugespitzt hatte. Durch den zu fassenden Beschluss sollte das Unterrichtsministerium ersucht werden »a) das Orientalische Seminar als *besonderes Institut* seinem Bestand zu erhalten dergestalt, daß es bei der künftigen Errichtung einer Auslandshochschule als Grundlage dienen kann, b) dem Institut eine *kollegiale Verfassung* zu geben«.[488]

In den Akten des Auswärtigen Amts befindet sich die Stellungnahme eines Abgeordneten der Deutschen Volkspartei, aus der die Beweggründe für die Entscheidung des Preußischen Landtags abgeleitet werden können. Es handelt sich dabei vermutlich um Aufzeichnungen aus einem Gespräch mit Vertretern des Auswärtigen Amts. Der Abgeordnete sei selbst viele Jahre im Auswärtigen Amt als Referent für Wissenschaft und Schulsachen tätig gewesen und konnte daher persönlich feststellen, dass die Arbeit des SOS »durchaus sachgemäß und erfolgreich« war. Dass das Auswärtige Amt gegenwärtig ein geringeres Interesse an der Ausbildungsstätte habe als früher, sei auf die Aufhebung der Dragomanatslaufbahn zurückzuführen. Allgemeine auswärtige Interessen rechtfertigten das Weiterbestehen des SOS aber durchaus. Bei der Bedeutung, die das SOS für deutsche auswärtige Interessen habe, müsse reiflich überlegt werden, ob »man anstelle einer so bewährten Einrichtung eine andere setze, wie sie in der Denkschrift des Ministeriums für Wissenschaft, Kunst und Volksbildung vorgesehen sei«. Die Ausschussmitglieder der Deutschen Volkspartei konnten laut Dokument nicht davon überzeugt werden, dass die Reformpläne des Unterrichtsministeriums eine Besserung herbeiführten. Vielmehr befürchteten sie, dass die unterschiedlichen Zielsetzungen von Universität und SOS im Falle einer Zusammenlegung der beiden Institutionen zwangsweise zum Nachteil des SOS beitrugen. Die Reformpläne des Unterrichtsministeriums konnten folglich keine Verbesserung, sondern eher eine »Herabminderung der bisher

486 GStA PK, I. HA, Rep. 208 A Seminar für Orientalische Sprachen, Nr. 179 Bd. 1, Bl. 116, Artikel »Die Reform des Orientalischen Seminars«, *Vossische Zeitung* (Abendausgabe), 24.02.1924, (Autor: Georg Kampffmeyer). Hervorhebung im Original.

487 PA AA, R 64158, »Bemerkungen«, *Frankfurter Zeitung*, 15.03.1924.

488 Vgl. Kampffmeyer (1924b: 1). Hervorhebung im Original fettgedruckt.

erzielten Leistungen« herbeiführen. Diese Gründe hätten die Ausschussmitglieder der Deutschen Volkspartei sowie die sozialdemokratischen und demokratischen Ausschussmitglieder zu dem Schluss bewegt, dass das SOS in seiner jetzigen Form erhalten bleiben müsse. Damit sei auch die Chance nicht vertan, die Einrichtung zu einem späteren Zeitpunkt bei entsprechenden finanziellen Rahmenbedingungen zu einer Auslandshochschule auszubauen.[489]

Die Offensive der Dozenten des SOS gegen die Reformpläne, die in dem Beschluss des Preußischen Landtags ihren Höhepunkt fand, löste im Unterrichtsministerium nicht gerade Begeisterungsstürme aus. Der Grad der Verärgerung bei den Zuständigen im Unterrichtsministerium kann anhand einer von Otto Franke[490] veröffentlichten Schrift ermessen werden, in der Kampffmeyer »und seine Freunde« bösartiger Kritik unterzogen wurden.[491]

In seinem Werk, das als »Schmähschrift« in die Annalen des SOS einging[492], verhöhnt Franke die Befürworter des SOS, weil sie der Argumentation Kampffmeyers als »urteilsloses Publikum« zustimmen. Kampffmeyer habe die Diskussion Universität oder Fachhochschule wiederbelebt, die einige Jahre zuvor in Hamburg zugunsten der Universität entschieden wurde, als man einsah, dass das dortige

489 PA AA, R 64158, Aufzeichnungen zur Stellungnahme des Abgeordneten Dr. Kriege, 31.03.1924. Als Beispiele für die erfolgreiche Tätigkeit des SOS wird neben der Unterrichtstätigkeit die Gutachtertätigkeit der Dozenten des SOS »bei der Auslegung schwieriger, für gewisse diplomatische Verhandlungen wichtiger orientalischer Urkunden« sowie bei der Übersetzung von Staatsverträgen angegeben. Besonders betont wird, dass Palme der für die Übersetzung der deutsch-russischen Staatsverträge während des Ersten Weltkriegs aus dem Felde zurückberufen wurde, eine sprachlich und juristisch vollkommen einwandfreie Arbeit abgeliefert hatte.

490 Es ist anzunehmen, dass Otto Franke für die Sache des Unterrichtsministeriums öffentlich Partei ergriff, da er wie C. H. Becker (vgl. Fußnote 404) viele Jahre am Hamburger Kolonialinstitut unterrichtet hatte. Dieses Institut diente der Regierungsseite im Kampf um die *Deutsche Auslandshochschule* als Vorbild für den geplanten Abbau des SOS. Franke studierte von 1882–1889 an verschiedenen Universitäten in Deutschland Geschichte, Indologie und Rechtswissenschaft. 1886 promovierte er zum Dr. phil. Als einer der ersten Studierenden am SOS begann Franke 1887 an der neueröffneten Ausbildungsstätte sein Studium der Chinesischen Sprache. Ein Jahr später wurde er als Dolmetscheraspirant in die deutsche Gesandtschaft nach Peking berufen. Bis 1901 war er an verschiedenen Standorten für den Auswärtigen Dienst in China tätig. 1903 habilitierte er sich mit einer Sinologischen Arbeit an der Universität Berlin. Von 1909 bis 1923 war Franke Inhaber des neu gegründeten Lehrstuhls für Sprachen und Geschichte Ostasiens am Hamburger Kolonialinstitut, das 1919 in die Universität Hamburg überging. 1923 wurde Franke an die Universität Berlin berufen, wo er bis zu seiner Pensionierung im Jahr 1931 eine Professur für Sinologie innehatte. Franke starb nach einer regen publizistischen Tätigkeit, in der er sich auch politischen Gegenwartsfragen widmete, im Alter von 83 Jahren am 05.08.1946 in Berlin (vgl. NDB (1961: 346–347)).

491 Vgl. Franke (1924: 27).

492 Vgl. Kampffmeyer (1924b: 2).

Kolonialinstitut nur im Rahmen der Universität zur Blüte gebracht werden könne. Weitere Auseinandersetzungen zum Thema Universität oder Fachhochschule hätten sich damit erübrigt. Den Fall SOS könne man daher, so Franke, mit einer »gewissen Heiterkeit« verfolgen.[493] Das SOS sei bei seiner Gründung als »reine Sprachschule« konzipiert worden. Eine wissenschaftliche Tätigkeit der Anstalt sei zu keiner Zeit vorgesehen gewesen. Dennoch beanspruche »Herr K.«, dass die Arbeit am SOS – im Gegensatz zum »ungeordneten und systemlosen Unterricht« an der Universität – in »geordneten systematischen Lehrgängen« ablaufe. Als Entschuldigung dafür, dass die Pflege der lebenden Sprachen an der Universität in der Vergangenheit eher ungünstig war, führt Franke personelle Probleme an und fährt fort mit der Behandlung der Realien am SOS, um zu dem Schluss zu kommen, dass das Angebot der entsprechenden Veranstaltungen an der Universität und ihre Qualität jeweils die des SOS bei weitem übertreffe. Bis vor dem Krieg habe das SOS ohnehin fast keine Realienveranstaltungen im Studienplan vorweisen können.[494] Erst durch die »mustergültigen Einrichtungen« in Hamburg habe das SOS erfahren, was »wirkliche wissenschaftliche Auslandskunde« bedeutet.[495] Im Weiteren wird Kampffmeyer von Franke als Vorsitzender des SOS-Kollegiums verspottet, das Franke süffisant als »eine Art ›Betriebsrat‹« abtut, der keine weitere Funktion habe, als Angriffe gegen das Unterrichtsministerium zu unternehmen.[496]

Franke qualifiziert die Leistungen des SOS ab, indem er unterstellt, dass ein gründlicher Sprachunterricht nur auf der philologisch-historischen Methode basierend durchgeführt werden könne, die, wie Kampffmeyer ausführe, den Methoden am SOS fernliege. Ohne Berücksichtigung der philologisch-historischen Methode verlaufe der Sprachunterricht, wie es bereits in vielen Sprachen am SOS der Fall sei, in unfundierten, »mechanischen« Bahnen. Für einen derartigen Sprachunterricht seien ausreichend private Möglichkeiten vorhanden. Franke kritisiert zynisch das am SOS entwickelte nationenwissenschaftliche Studium, das ohne Anwendung der philologisch-historischen Methode unvorstellbar sei (vgl. 2.1.1). Bösartig prophezeit er überdies dem am SOS entwickelten Studium das Aus: entweder durch konzeptionelle Fehler oder durch den Mangel an Hörern. Denn die Zielgruppe, die das SOS vor dem Krieg mit seinen Diensten versorgte, existiere nicht mehr. Vor diesem Hintergrund erscheine Kampffmeyers Behauptung, die Hörerzahl sei am SOS nach dem Krieg gestiegen, nicht glaubwürdig. Franke fährt fort mit Hörerstatistiken der vergangenen Jahre am SOS und an der Universität Berlin und resümiert, dass der Unterricht am SOS praktisch vor leeren Klassen stattfinde, wohingegen sich die Universität einer reichen Hörerschaft erfreue.[497]

493 Vgl. Franke (1924: 5).
494 Ibid, S. 8.
495 Ibid, S. 10.
496 Ibid, S. 11.
497 Ibid, S. 12.

Nach weiteren Entgleisungen, die sich gegen Kampffmeyers Person richten, würdigt Franke die Leistungen des SOS latent auf ein Niveau herab, das fern jeder Professionalität liegt:

> »[D]as Orientalische Seminar dient heute in erster Linie dazu, Privatpersonen auf Staatskosten zu billigem Sprachunterricht im Englischen, Französischen und Russischen zu verhelfen, wofür in Berlin ebenso viele private Möglichkeiten vorhanden sind, wie etwa für Klavierunterricht, die eigentliche Aufgabe aber, für die das Seminar einst ins Leben gerufen wurde, ist fast ganz hinfällig geworden oder zum Teil schon jetzt von der Universität übernommen.«[498]

Das Beschönigen von Daten und außenpolitischen Umständen könnten Franke zufolge das SOS nicht vor der Schließung retten und schon gar keine Grundlage für eine »neben der großartig ausgestatteten Universität« bestehende Auslandshochschule bieten[499]. Auslandskunde werde zudem bereits an der Universität Hamburg intensiv gepflegt, seitdem das Kolonialinstitut in diese übergegangen ist. Damit wendet sich Franke gegen Kampffmeyers Feststellung, dass die Leistungen des Kolonialinstituts im Rahmen der Universität stark nachgelassen haben. Franke äußert sich im Weiteren abfällig über die seiner Meinung nach vermeintlichen »›Sachkenner‹«, die am SOS unterrichten und dem Auswärtigen Amt als Gutachter und Berater zur Verfügung stehen und stellt dabei klar, dass, entgegen Kampffmeyers Auffassung, auch Universitätslehrer derartige Aufgaben übernehmen.[500]

Erneut kommt Franke auf die geplante *Deutsche Auslandshochschule* und die Nationenwissenschaft zu sprechen, die keine Basis für einen seriösen Unterricht biete, sondern »zu oberflächlicher Fertigkeit oder zu hoffnungslosem Banausentum führt«[501]. Abgesehen davon sei eine solche Einrichtung in Anbetracht der gegenwärtigen finanziellen Bedingungen Deutschlands eine »glatte Unmöglichkeit«[502]. Zudem dürfe auch die Verbreitung der Auslandsstudien an allen deutschen Hochschulen gemäß der Denkschrift von 1917 nicht außer Acht gelassen werden, die das SOS praktisch überflüssig mache:

> »Die neuen Wissenschaften waren viel zu wichtig, als daß die höchsten und umfassendsten Bildungsstätten der Nation sie hätten ausschließen und einer einzelnen Fachschule überlassen können. Die Auslandskunde gehörte in die Universität und zwar nicht bloß in eine, sondern in alle, je nach Lage der Bedürfnisse und Fähigkeiten. Hätte man im Jahre 1887 die Entwicklung voraussehen können, so würde man das Orientalische Seminar niemals gegründet, sondern die Lösung der neuen Aufgabe von vornherein den Universitäten übertragen haben.«[503]

---

498 Ibid, S. 17.
499 Ibid, S. 19.
500 Ibid, S. 23.
501 Ibid, S. 24–25.
502 Ibid, S. 29.
503 Ibid, S. 30.

Franke schließt den Kreis seiner Argumentation, indem er am Ende seiner Schrift auf den bereits zu Beginn seiner Ausführungen dargelegten Vorwurf zurückkommt, dass sich die Öffentlichkeit und der Preußische Landtag von Kampffmeyers Polemik irreführen lassen und den Universitäten dadurch erneut ihr Misstrauen aussprechen.[504]

Frankes Resümee seiner Ausführungen zeigt m. E. deutlich, dass die Existenz des SOS von politischen Entscheidungen abhing. Franke enthüllt dabei ein Detail, das eine weitere Blamage für das Unterrichtsministerium darstellte und dort sicherlich auch mit Ärger aufgenommen wurde:

> »Daß von unseren politischen Parteien einige sofort ihre Universitätsfeindschaft bekundeten, war nichts ungewöhnliches (sic!), daß aber auch die Deutsche Volkspartei, der der gegenwärtige Kultusminister selbst angehört, sich dieser Phalanx angeschlossen hat, ist eine von den peinlichen Überraschungen, mit denen sie während des letzten Jahres manchen ihrer Anhänger stutzig gemacht hat.«[505]

Der unsachliche und arrogante Ton, der sich konsistent durch Frankes Schrift zieht, kulminiert am Ende des Beitrags, indem er dem SOS jegliche Seriosität abspricht. Deutlich tritt hier zutage, dass die Gegner des SOS nicht bereit waren, Verständnis für die Belange des SOS und die an dieser Ausbildungsstätte entwickelte Unterrichtsmethode aufzubringen:

> »[S]ehr bald wird [das SOS] entweder seine Pforten schließen müssen, weil es für seine eigentlichen orientalischen Lehrgänge keine Hörer mehr bekommt, oder es wird zu einer Sprachschule niederer Art hinuntersinken, in der Ladenmädchen und ähnliche Interessenten auf Staatskosten Englisch und Französisch lernen.«[506]

Eine Schrift auf diesem Niveau konnte ihr Ziel nur verfehlen: Eigentlich beabsichtigte Franke mit seiner Schrift für das Unterrichtsministerium Position zu ergreifen. Seine polemische und unflätige Attacke brachte diese Institution in der Öffentlichkeit aber nur noch mehr in Misskredit.

Kampffmeyer reagierte im Mai 1924 auf die Schrift Frankes, indem er sachlich zu einigen Punkten Stellung nahm und diese durch andere Quellen, u. a. ältere Veröffentlichungen Frankes, widerlegte. »Das Urteil über die persönliche Kampfesweise Herrn Frankes« überließ Kampffmeyer den Lesern. In seiner Antwort auf die Schmähschrift Frankes bemängelt Kampffmeyer, dass Franke die »sachliche Bedeutung« der Angelegenheit verkannt[507] und wichtige Punkte aus Kampffmeyers Leitsätzen ausgelassen habe:

> »Völlig verständnislos steht Herr Franke einem nicht philologisch-historisch orientierten, sondern auf die Erkenntnis der Gegenwartsverhältnisse fremder Völker gerichteten Sprachstudium, wie wir Dozenten am Orientalischen Seminar es befürworten,

504 Ibid, S. 33.
505 Ibid, S. 33–34.
506 Ibid, S. 34.
507 Vgl. Kampffmeyer (1924b: 2).

gegenüber und gibt so einen unmittelbaren schlagendsten Beweis für den von den Dozenten des Seminars so oft betonten und von mir in meinem ersten Leitsatz formulierten Unterschied zwischen dem Lehrbetrieb der Universität und dem des Seminars.«[508]

Kampffmeyer beharrt auf seiner Position, dass dem SOS eine Überlebenschance gegeben werden müsse. Das erfolgreiche Fortbestehen der Ausbildungsstätte hänge aber von den Strukturen der Einrichtung ab. Die seit Gründung des SOS geltende und inzwischen überkommene Direktorialverfassung hemme zudem das SOS in seiner Wirkung[509]. Eine Kollegialverfassung könne hingegen eine zukunftsträchtige Lösung bieten. Nur wenn das SOS gegenwärtig erhalten bleibe, werde sich herausstellen, »ob das Seminar das von Herrn Franke gezeichnete Zerrbild zeigt oder aber einen kraftvollen Organismus, der dem Vaterlande, wie in so reichem Maße in der Vergangenheit, nützlichste Dienste leistet«. Eine solche Einrichtung könne durch eine Zusammenarbeit mit der Universität zu einer »Verjüngung« derselben beitragen. Aber erst wenn diese eingetreten sei, könne darüber nachgedacht werden, ob die Aufgaben des SOS von der Universität oder einer selbstständigen Auslandshochschule übernommen werden.[510]

Am 17.07.1924 bekräftigte der Preußische Landtag den oben angeführten Beschluss des Hauptausschusses des Preußischen Landtags vom 22.02.1924 zur Aufrechterhaltung des SOS mit großer Mehrheit und erlegte dem Unterrichtsministerium damit auf, entsprechende Maßnahmen einzuleiten. Die Denkschrift von 1923 wurde durch die Beschlüsse des Hauptausschusses und des Preußischen Landtags als erledigt erachtet, d.h. für nicht umsetzbar erklärt[511]. Sowohl die Passivität seitens der Zuständigen im Unterrichtsministerium bei der Beschlussumsetzung als auch das Ergreifen von Maßnahmen, die den Beschlüssen des Preußischen Landtags zuwiderliefen, trugen jedoch dazu bei, dass die Reform des SOS bewusst sabotiert wurde und in der Konsequenz stecken blieb.

2.2.3.12 Das Ende der Reformdebatte (1924–1928)

Die Akten im Politischen Archiv des Auswärtigen Amts belegen das Protokoll einer kommissarischen Besprechung vom 30.10.1924 über die Reform des SOS, an der Vertreter aus dem Unterrichtsministerium, dem Finanzministerium und dem

---

508 Ibid, S. 6.

509 Die verkrusteten Verwaltungsstrukturen am SOS werden z.B. auch dadurch belegt, dass 1924 noch die Gebührenordnung zur Einschreibung für Kurse am SOS von 1897/98 gültig waren. Beschwerden seitens der Hörer veranlassten Direktor Mittwoch, im Unterrichtsministerium eine entsprechende Aktualisierung der Einschreibungsgebührenordnung zu beantragen (in: PA AA, R 64158, Mittwoch an Becker, 10.09.1924).

510 Vgl. Kampffmeyer (1924b: 8).

511 Vgl. Kampffmeyer (1925: 1).

Auswärtigen Amt teilnahmen[512]. Einleitend bemerkte der Staatssekretär im Unterrichtsministerium, C. H. Becker, der für die *Denkschrift über die Reform des Seminars für Orientalische Sprachen* maßgeblich verantwortlich war[513], dass das Unterrichtsministerium die in der Denkschrift vorgesehenen Reformpläne zwar nach wie vor für richtig erachte, in Anbetracht der Beschlussfassung des Preußischen Landtags – und in Anbetracht der Tatsache, dass das Auswärtige Amt seine Auffassung gegenüber der Denkschrift inzwischen geändert habe – sei es vorläufig aber nicht möglich, die Pläne durchzuführen. Aus Sicht des Unterrichtsministeriums führe der Beschluss des Landtags keine Besserung herbei, sondern hindere »eine wirkliche Gesundung des Seminars«.

Der Vertreter des Auswärtigen Amts führte an, dass das SOS aufgrund auswärtiger Interessen unbedingt erhalten bleiben solle. Besonderes Interesse bestehe vom Auswärtigen Amt an der Ausbildung in Sprachen und Kulturen des Fernen Ostens und des Orients, da Absolventen dieser Richtung für das Auswärtige Amt als Anwärter in Frage kommen. Die Ausbildung in westeuropäischen Sprachen sei für das Auswärtige Amt jedoch nicht von Belang. Diese könnten an anderen Stellen erworben werden. Ferner sei das Auswärtige Amt an der Ausbildung in den »sogenannten Realien« interessiert. An der Lösung der Gesamtaufgabe des SOS beteilige sich das Auswärtige Amt jedoch nicht.

Nach einer Diskussion zur Organisation des SOS kamen die Anwesenden überein, dass westeuropäische Sprachen in Zukunft nicht mehr am SOS angeboten werden sollten. Bezüglich der von den Dozenten des SOS gewünschten kollegialen Verwaltung des SOS wurde von den Vertretern des Unterrichtsministeriums unterstellt, dass es sich dabei um das Bestreben der Dozenten des SOS nach einer Gleichstellung mit den Universitätsprofessoren handle, um eine sachliche und finanzielle Besserstellung für sich zu erreichen. Dieser Wunsch sei »von nicht unerheblicher finanzieller Tragweite«. Der Vertreter des Finanzministeriums signalisierte, dass aus seiner Sicht vor diesem Hintergrund gegen die Einführung einer Kollegialverfassung Bedenken erhoben werden müssen.[514]

Wie einer Schrift Kampffmeyers von 1928 zu entnehmen ist, wurde die Kollegialverfassung auf der Sitzung des Hauptausschusses des Preußischen Landtags am 27.10.1926 in einem Diskussionspunkt thematisiert. Dabei wurden die gleichen vermeintlich eigennützigen Beweggründe seitens der Dozenten des SOS für die Einführung einer solchen angeführt wie bei der oben genannten Besprechung im

512 PA AA, R 64158, Niederschrift über die kommissarische Besprechung über etwaige Organisationsveränderungen und den Personalabbau beim Orientalischen Seminar, 30.10.1924, S. 1–5.

513 GStA PK, I. HA, Rep. 208 A Seminar für Orientalische Sprachen, Nr. 179 Bd. 1, Bl. 116, »Die Reform des Orientalischen Seminars. Universitätsinstitut oder Auslandshochschule?«, *Vossische Zeitung* (Morgenausgabe), 20.02.1924, (Autor unbekannt).

514 PA AA, R 64158, Niederschrift über die kommissarische Besprechung über etwaige Organisationsveränderungen und den Personalabbau beim Orientalischen Seminar, 30.10.1924, S. 5.

Oktober 1924. Kampffmeyer beklagt in seiner Schrift, dass den Dozenten des SOS in diesem Zusammenhang persönliche Motive unterstellt werden. Diesen Personen sei es aber immer nur um die Sache gegangen. Zur Widerlegung der von Regierungsseite aufgestellten Behauptung führt Kampffmeyer aus, dass es zu dem Zeitpunkt, als die Reformdebatte begonnen hatte, noch keine Einkommensunterschiede zwischen den planmäßigen Dozenten des SOS und den Ordentlichen Universitätsprofessoren gab. Erst seitdem C. H. Becker das Unterrichtsministerium leite[515], seien die Dozenten des SOS schlechter gestellt worden als die Universitätsprofessoren.[516]

Am 18.05.1925 wurde die Angelegenheit des SOS auf einer Sitzung eines Unterausschusses im Reichstag angesprochen. Eine eingehende Erörterung des Problems fand im Reichstag jedoch nicht statt.[517] In seiner Schrift von 1925 berichtet Kampffmeyer, dass die Angelegenheit des SOS an einem »völlig toten Punkt« angekommen sei[518]. In den Unterlagen des Auswärtigen Amts werden dafür sachliche, organisatorische und finanzielle Gründe angegeben. Wie in dem relevanten Dokument anklingt, behalte es sich das Reich vor, angesichts der festgefahrenen Situation sich in Zukunft am SOS finanziell zu beteiligen. Die für das SOS aufgebrachten Mittel könnten beispielsweise für eine Arbeitsgemeinschaft zwischen dem SOS und der Universität, wie etwa in der Denkschrift von 1923 aufgezeigt, besser zum Tragen kommen. Das SOS habe in seinem gegenwärtigen Zustand an Attraktivität für das Auswärtige Amt verloren. Da man sich aber durchaus bewusst sei, dass »die zu geringen Sprachkenntnisse, die heute beobachtet werden« unbedingt behoben werden müssen, erziele eine anderweitige Verwendung der Mittel möglicherweise die gewünschten Effekte.[519]

Das Engagement der Dozenten des SOS für ihre Wirkungsstätte war für das reformunwillige zuständige Ministerium unbequem. Zum 50. Geburtstag des Unterrichtsministers Becker im April 1926 verfasste der Direktor des SOS, Eugen Mittwoch, daher auf Wunsch des Unterrichtsministeriums eine Festschrift über die Entwicklung des SOS seit seiner Gründung, in der er sich abschließend wünschte, dass das SOS zur Förderung seiner zukünftigen Entwicklung »aus der Diskussion des Tages verschwände«. Dies stehe Mittwoch zufolge vor allem auch im Interesse der dort wirkenden Dozenten:

> »Je weniger über das Institut in der Öffentlichkeit verhandelt wird, und je mehr diejenigen, die an ihm zu wirken berufen sind, in stiller Arbeit der Lehre und Forschung

515 Im Rahmen der Recherchen für diese Arbeit konnte nicht geklärt werden, ob sich Kampffmeyer damit auf Beckers erste Amtszeit als Unterrichtsminister ab 1921 oder auf dessen zweite Amtszeit als Unterrichtsminister von 1925–1930 bezog.

516 Vgl. Kampffmeyer (1928: 14).

517 Vgl. Kampffmeyer (1925: 1).

518 Ibid, S. 2.

519 PA AA, R 64159, Das Seminar für Orientalische Sprachen, Autor unbekannt, 03.06.1925.

leben, um so kraftvoller wird es sich entwickeln, um so erfolgreicher wird es seine alten Aufgaben fortsetzen und neuen Zielen zustreben können.«[520]

Im Einklang mit dieser Philosophie erschien am 26.10.1927 zum 40-jährigen Jubiläum des SOS ein Artikel in der *Deutschen Allgemeinen Zeitung*, der die Konflikte, die hinter den Kulissen herrschten, nicht annähernd streifte. Gelassen wurde darin die Gründungsgeschichte der Ausbildungsstätte und ihre Entwicklung erläutert. Dabei kamen interessante Details ans Licht: Während des Ersten Weltkriegs wurden am SOS Sprachkurse für Heereszwecke eingerichtet. Vor allem Russisch und Polnisch wurden nachgefragt. Daneben wurden auch Kurse für Türkisch, Tatarisch, Litauisch, Arabisch, Serbisch, Bulgarisch und Französisch eingeführt. Wie der Artikel informiert, nahmen an diesen Kursen Angehörige des Militärs und Krankenschwestern teil. Zur Entwicklung des SOS nach dem Ersten Weltkrieg wird angeführt, dass das SOS nach Überwindung der äußeren und inneren politischen Schwierigkeiten seine Arbeit wie gewohnt erfolgreich weiterführte. Auf die Reformbestrebungen wird nicht eingegangen. Lediglich am Rande wird gewünscht, dass sich das SOS wie vorgesehen zu einer Auslandshochschule entwickle.[521]

Kampffmeyers Schrift von 1928 ist zu entnehmen, dass das Unterrichtsministerium der Erfüllung des Beschlusses des Preußischen Landtags bis Ende 1926 nicht nachkam. Der Preußische Landtag befasste sich daher im November 1926 erneut mit dem Fall und fasste folgenden Beschluss:

»Das Staatsministerium wird ersucht, dafür Sorge zu tragen, daß der Beschluß des Landtages vom 17. Juli 1924 über die Gestaltung des Orientalischen Seminars nunmehr mit Beschleunigung sinngemäß ausgeführt wird.«[522]

Der weitere Verlauf der Geschichte zeigt, dass die Reformpläne dennoch nicht wie gewünscht vollzogen wurden. Kampffmeyer berichtet sogar von Verwaltungsmaßnahmen, die der Entfaltung der Tätigkeit des SOS im Wege standen. Beispielsweise sei die Arbeit des SOS durch personelle Entscheidungen untergraben worden[523].

520 Mittwoch (1926: 22).

521 GStA PK, I. HA, Rep. 208 A Seminar für Orientalische Sprachen, Nr. 179 Bd. 1, Bl. 122, »40 Jahre orientalisches Seminar. Gründung und Entwicklung«, *Deutsche Allgemeine Zeitung*, 26.10.1927.

522 Kampffmeyer (1928: 4). Hervorhebung im Original gesperrt.

523 Die verfahrenen Verhältnisse zwischen dem Unterrichtsministerium und dem SOS schildert Kampffmeyer am Beispiel einer Lehrstuhlbesetzung im SOS. Die mangelnde Qualifikation der berufenen Person stellt Kampffmeyer an der Gegenüberstellung der Anforderungen eines Studiums der Arabischen Sprache an der Universität und am SOS dar. Um den Ansprüchen der Lehrziele am SOS zu entsprechen, genüge es nicht, sich intensiv mit arabischen Dichtern und Grammatikern auseinandergesetzt zu haben: »Wer hier zu Hause ist, ist noch lange nicht zu Hause auf dem Gebiet des arabischen Rechts.« Der berufliche Werdegang und die Arbeitsgebiete der berufenen Person, die durch verschiedene Publikationen zutage treten, würden nicht ausreichen, um den Bedürfnissen des SOS gerecht zu werden. Kampffmeyer sieht in der Besetzung des Lehrstuhls am SOS

Die Direktorialverfassung, die die Entwicklung des SOS zur Auslandshochschule hemmte, sei zudem nicht aufgehoben und das Vertrauen der Dozenten des SOS in verschiedenen Fällen missbraucht worden[524]. Enttäuschend sei auch die Gleichgültigkeit des Auswärtigen Amts gegenüber dem Verbleib des SOS[525].

In seiner letzten veröffentlichten Schrift zum Streit über das SOS, die 1928 erschien, beschreibt Kampffmeyer zwei mögliche Szenarien, die den weiteren Verlauf des SOS entweder positiv oder negativ beeinflussen:

> »Entweder man erkennt die besondere Aufgabe des Seminars an. Dann besetze man seine Lehrstellen im Sinne dieser Aufgabe mit den besten Kräften und sichere dem Institut durch eine wirkliche kollegiale Verfassung organisches Wachstum und freie Entfaltung seiner Arbeit. Aus solcher Arbeit werden der auswärtige Dienst des Reiches und die Wirtschaft des deutschen Volkes den größten Nutzen zu ziehen vermögen. Aber auch die überwiegende Mehrzahl der Fachgenossen an den deutschen Universitäten wird, des bin ich gewiß, im Einklang mit weitesten am wissenschaftlichen Studium des Auslandes interessierten Kreisen die Arbeit des Seminars als wertvolle Ergänzung eigener Arbeit begrüßen.
> Oder man versage dem Institut eine kollegiale Verfassung. Man besetze seine Lehrstühle in einer der besonderen Zielsetzung des Instituts widersprechenden Weise. Man lähme Arbeitsfreiheit und Arbeitsfreudigkeit der für die besondere Zielsetzung des Institus (sic!) sich einsetzenden Lehrer des Seminars durch Verewigung der nun schon so viele Jahre andauernden Hemmungen und Kämpfe. Dann werden wir, wo eine geschlossene tüchtige Arbeit aufwachsen könnte, Stückwerk tun und einem Di-

---

mit einem Universitätsprofessor ohne die gewünschte Qualifikation einen Versuch des Unterrichtsministeriums, das SOS mit der Universität zu verschmelzen (vgl. Kampffmeyer (1925: 2–11)). Bezüglich weiterer Ausführungen zum Unterschied zwischen philologisch-historischen und einem auf die Erforschung der Gegenwartsverhältnisse abzielenden Studium sowie die damit verbundene Problematik der Gewinnung von geeignetem Lehrpersonal siehe Kampffmeyer (1928: 9–15).

524 Kampffmeyer berichtet von der vermeintlichen Einbeziehung der Dozenten des SOS bei der Gestaltung der Verfassung der Ausbildungsstätte. Die Entwürfe, die ihnen zur Stellungnahme vorgelegt wurden, seien ohne Berücksichtigung ihrer Einwände verabschiedet worden (vgl. Kampffmeyer (1928: 5–7)). Ein weiterer Fall, der das gespannte Verhältnis zwischen dem Unterrichtsministerium und den Dozenten des SOS beschreibt, ist die Tatsache, dass die planmäßigen Dozenten bei Prüfungen im Auswärtigen Amt übergangen wurden, obwohl diese dafür zuständig waren. Bestellt wurden stattdessen Personen, die den Prüfungsanforderungen nicht gewachsen waren: »Sie können ›Arabisch‹, aber nicht das Arabisch, das für den auswärtigen Dienst nötig ist.« (vgl. Kampffmeyer (1928: 11–14)), Hervorhebung im Original.). Aus einem Dokument in den Akten des Auswärtigen Amts geht indessen ausdrücklich hervor, dass es gewünscht wurde, dass die Dozenten des SOS weiterhin an den Prüfungen im Auswärtigen Amt mitwirkten (in: PA AA, R 64159, Das Seminar für Orientalische Sprachen, Autor unbekannt, 03.06.1925).

525 Vgl. Kampffmeyer (1928: 7).

lettantismus in die Hände arbeiten, den unser Volk nirgends jetzt, am wenigsten in seinen Beziehungen zu anderen Völkern, gebrauchen kann. Diese anderen Völker aber werden, zu ihrem größten Nutzen, das tun, was wir unterlassen, bis wir vielleicht nach Jahren unsere Trümmer zusammensuchen und mit vielen Mühen und Kosten ein Haus wiederaufzurichten suchen, das uns, wenn wir es nicht hätten verfallen lassen, mit geringstem Aufwand sichere Wohnung gewährt hätte.«[526]

Die warnenden Rufe Kampffmeyers blieben ungehört. Allem Anschein nach hatte das Unterrichtsministerium unter Becker zu keiner Zeit geplant, den Parlamentsbeschlüssen Folge zu leisten. Dass gegen die Umsetzung der Reformpläne rein sachliche Gründe sprachen, ist einerseits in Anbetracht der wirtschaftlichen Lage Deutschlands in den 1920er Jahren verständlich, andererseits verlieren diese Gründe durch das beharrliche unsachliche Verhalten seitens der Zuständigen im Unterrichtsministerium an Substanz.

Die weitere Entwicklung des SOS, das bis 1936 an der Universität Berlin existierte[527], bevor es tatsächlich in eine sogenannte Ausland-Hochschule umgewandelt wurde (vgl. 2.2.4), wird in der vorliegenden Arbeit nicht weiterverfolgt. Wissenschaftliche Untersuchungen zur Entwicklung des SOS in diesem Zeitraum sind aber wünschenswert. Für den Kontext dieser Arbeit ist es relevant, dass das Curriculum des SOS und seine methodischen Grundlagen Verwandtschaftsbeziehungen zu denen der späteren Dolmetscher-Institute an den Handelshochschulen in Mannheim und Leipzig aufweisen, denn ähnlich wie das Curriculum des SOS, so dienten die Curricula der Dolmetscher-Institute – auch derjenigen, die in der französischen Besatzungszone nach dem Zweiten Weltkrieg gegründet wurden – dazu, Dolmetscher auszubilden (vgl. 2.3, 2.6, 2.7, 2.8). Seinen 1886 von der Politik festgelegten ursprünglichen – umfänglichen – Zielen verpflichtet, konnte sich das SOS und auch die daraus entstandene Ausland-Hochschule jedoch nie ausschließlich auf die Ausbildung von Dolmetschern und Übersetzern spezialisieren. Bei der Betrachtung der Institutionsgeschichte des SOS, »dieses Stiefkindes des Ministers«[528], fällt eine weitere Parallele zu den ab 1930 gegründeten Dolmetscher-Instituten auf: Auch sie hatten ausnahmslos einen schweren Stand im Rahmen der Universitäten, denen sie später angegliedert wurden (vgl. 2.6.7, 2.7.3.3, 2.8.2.3).

2.2.3.13 Die Akteure im Streit über die *Deutsche Auslandshochschule*

Die mehr als 15 Jahre andauernde Reformdebatte über die *Deutsche Auslandshochschule* wurde wie gezeigt von komplexen – vor allem politischen – Verhältnissen beeinflusst. Die politischen Positionen änderten sich zwar im Verlauf der Auseinandersetzung, dennoch gab es einige personelle Konstanten, die im Streit die

526 Ibid, S. 15.
527 Vgl. https://www.gbv.de: Verzeichnis der Vorlesungen und Übungen des Seminars für Orientalische Sprachen an der Friedrich-Wilhelms-Universität von 1887–1936.
528 Kampffmeyer (1928: 14).

Position des SOS verteidigten. Dazu zählen in erster Linie Anton Palme und Georg Kampffmeyer, die sich aus dem Kreis der planmäßigen Dozenten des SOS für den Erhalt des SOS bzw. den Ausbau dieser Ausbildungsstätte zur *Deutschen Auslandshochschule* engagierten und konkrete und fundierte Lösungsvorschläge unterbreiteten. Auffallend an ihrem beharrlichen Engagement für das SOS ist, dass sie sich bei ihrem Handeln nicht von vorgesetzten Autoritäten beirren und einschüchtern ließen. Ihre Lehrerfahrungen bei der Ausbildung von angehenden Dragomanen, die auch Dolmetsch- und Übersetzungsarbeiten als Beamte im auswärtigen Dienst erbrachten, führten zu der Überzeugung, dass das Auslandsstudium im Allgemeinen und damit untrennbar verbunden im Speziellen das auf die Gegenwart bezogene Sprachstudium nach einer fachspezifischen Methode zu erfolgen habe. Diesen Standpunkt vertraten sie unbeugsam gegen alle Widerstände in der politischen Diskussion über das komplexe Thema zur Reform des *Seminars für Orientalische Sprachen*, in der die methodische Ausgestaltung des Auslandsstudiums praktisch unberücksichtigt blieb. Sie können daher als Vorkämpfer für die translatorische Ausbildung erachtet werden.

Als ihnen unmittelbar vorgesetzte Personen seien die Direktoren des SOS, Eduard Sachau und Eugen Mittwoch, genannt, die sich im Reformkampf während ihrer aufeinanderfolgenden Amtszeiten vornehm bedeckt im Hintergrund hielten. Durch ihr öffentliches Schweigen sowie durch Handlungen, die den Bestrebungen der SOS-Dozenten bei ihrem Einsatz für die Weiterentwicklung des SOS zuwiderliefen, duckten sie sich weg und machten damit als Anhänger klassischer philologischer Methoden ihre gegnerische Position in der Reformfrage deutlich (vgl. 2.1.1.2). Von fachlicher Kompetenz und Führungsstärke hätte es gezeugt, wenn sie ihrer Position als Verantwortliche – in deren Obhut das SOS ja immerhin lag – gerecht geworden wären und öffentlich Stellung zur Angelegenheit bezogen hätten. Ihrem Amt entsprechend hätten sie die Weiterentwicklung des SOS befürworten und an vorderster Front dafür kämpfen müssen. Als nebenamtliche Leiter, die nicht in den Lehrbetrieb des SOS integriert waren, waren die Direktoren des SOS mit den komplexen Aufgaben, die auf sie während ihrer Amtszeit zukamen, allerdings hoffnungslos überfordert. Mitverantwortlich für die unzulängliche Leitung des SOS waren sicherlich auch die überkommenen organisatorischen Strukturen, die aus einer Zeit stammten, als am SOS noch keine einschlägigen Erfahrungswerte vorhanden waren. Diese Tatsache und das mangelnde Engagement seiner Direktoren spiegeln den niedrigen Stellenwert des SOS in Wissenschaftskreisen an der Universität Berlin in jener Zeit wider.

2.2.3.13.1 Anton Palme

Titus Anton Julius Palme wurde am 18.09.1872 in Posen geboren[529]. In dem selbstverfassten Lebenslauf in seiner Dissertation werden die Stationen bis zu seiner Immatrikulation an der Friedrich-Wilhelms-Universität zu Berlin im Jahr 1890 wie folgt skizziert:

529 HU UA, UK-P-19, Bd. 1, Bl. 1, Daten zu Palmes Lebenslauf, undatiert.

»Im frühen Kindesalter kam ich mit meinen Eltern nach Rußland, wo ich später die (russ.) Realschule in Bjelostok besuchte. Nach Abgang von der Schule war ich ein Jahr lang Hauslehrer, und leitete darauf den Unterricht an einer Klasse der (russ.) Real-Vorschule in Bjelostok.«[530]

Seine Studienzeit verbrachte Palme ausschließlich an der Universität Berlin[531], wo er Slawische Philologie, Philosophie und Naturwissenschaften studierte[532]. 1905 erhielt Palme die Doktorwürde der Friedrich-Wilhelms-Universität zu Berlin[533]. Seine Tätigkeit am SOS begann Palme als außerplanmäßiger Lehrer für die Russische Sprache im April 1892. Die Laufzeit seines Arbeitsvertrags betrug zunächst zwei Jahre. Drei Jahre später, ab Oktober 1897, wurde er bis zu seiner Pensionierung durchgehend am SOS beschäftigt, das ab 1936 in die Ausland-Hochschule umgewandelt wurde (vgl. 2.2.5.8). Seine planmäßige Anstellung am SOS erfolgte am 01.10.1906.[534]

An der Handelshochschule Berlin war Palme seit der Gründung dieser Hochschule im Jahr 1906 nebenamtlich für den Sprachunterricht im Russischen zuständig. Über diese Tätigkeit informieren einige Aktenstücke im recherchierten Archivmaterial. 1931, im 25-jährigen Jubiläumsjahr der Handelshochschule Berlin, wurde Palme aufgrund seiner langjährigen Tätigkeit an dieser Ausbildungsstätte ausgezeichnet.[535] Von 1914–1926 leitete und koordinierte Palme den gesamten Sprachunterricht an der Handelshochschule Berlin. 1928 wurde er an der Handelshochschule Berlin für einen Lehrstuhl für Slawische Sprachen zum Honorarprofessor ernannt.[536]

Aufgrund seines umfassenden und profunden Wissens über Russland und wegen seiner exzellenten Kenntnisse der Russischen Sprache wurde Palme nicht nur in Fachkreisen als Russlandkenner geschätzt[537]. Auf ihn geht die Anregung zur Umwandlung des SOS in eine *Deutsche Auslandshochschule* zurück sowie die Beschreibung der Methode des nationenwissenschaftlichen Studiums[538] (vgl. 3.1.15).

---

530 HU UA, Phil. Fak., Nr. 401, Bl. 210, von Palme verfasster Lebenslauf in seiner Dissertation, vgl. Palme (1905).

531 Ibid.

532 Ibid und HU UA, UK-P-19, Bd. 3, Bl. 60, von Palme verfasster handschriftlicher Lebenslauf, 1906.

533 Im Doktorbuch der Friedrich-Wilhelms-Universität zu Berlin wird der 24.06.1905 als Tag der Verteidigung seiner Dissertation genannt (in: HU UA, Phil. Fak., Nr. 401, Bl. 179, Informationen zu Palmes Promotionsverfahren, 1905).

534 HU UA, UK-P-19, Bd. 1, Bl. 2, Daten zu Palmes Lebenslauf, undatiert. Vgl. dazu auch Lüdtke (1931: 2158).

535 HU UA, UK-P-19, Bd. 4, Bl. 119–120, Kuratorium der Handelshochschule Berlin an Palme, 27.10.1931.

536 HU UA, UK-P-19, Bd. 4, Bl. 136–137, Rektor der Wirtschaftshochschule Berlin an preußischen Unterrichtsminister, 11.06.1937.

537 PA AA, R 64158, Auswärtiges Amt an preußischen Unterrichtsminister, 03.10.1924.

538 GStA PK, I. HA, Rep. 76 Kultusministerium, Va Sekt. 2 Tit. I Nr. 29 Bd. 2, Bl. 128, Palme an Sachau, 26.05.1916. Vgl. auch Apt (1914: 330).

Sein 40-jähriger Kampf »für eine große Idee«[539] führte schließlich zur Errichtung der Ausland-Hochschule an der Universität Berlin, die er durch einen Erlass vom 15.08.1935 bis zu seiner Pensionierung kommissarisch leitete[540]. Am 01.10.1937 wurde Palme aufgrund der Erreichung der Altersgrenze in den Ruhestand versetzt[541]. Zeitgenossen hoben hervor, dass es Palme verstand, »den Unterricht in den Sprachen zu vertiefen und zu einem solchen über das gesamte Kulturgebiet zu erweitern«[542]. Da Russlandkenner seines Formats Mitte der 1930er Jahre in Deutschland gänzlich fehlten, wurde das Unterrichtsministerium nach Palmes Pensionierung ersucht, Palme an der Wirtschafts-Hochschule Berlin, der ehemaligen Handelshochschule, weiter zu beschäftigen[543] Ob Palme nach seiner Pensionierung wie gewünscht weiterhin unterrichtete, konnte im konsultierten Aktenmaterial nicht geklärt werden.

Nach 1941 verschwinden Palmes Spuren aus den Akten. Aus einem Dokument vom August 1941 geht hervor, dass er für den Heeresdienst »dringlich nach dem Osten abreisen« musste[544]. Vermutlich wurde Palme wie im Ersten Weltkrieg, in dem er in Warschau als wissenschaftlicher Sachverständiger und Oberdolmetscher stationiert war[545], für ähnliche Zwecke auch im Zweiten Weltkrieg eingesetzt. Das Sterbedatum Palmes konnte bei den Recherchen nicht ermittelt werden[546]. Palme heiratete 1901. Aus der Ehe gingen drei Töchter hervor[547].

2.2.3.13.2 Georg Kampffmeyer

Georg Kampffmeyer wurde am 08.07.1864 in Berlin geboren, wo er am 05.09.1936 verstarb. Er studierte in der Schweiz, Italien und Deutschland Philosophie, Theologie sowie Semitische und Romanische Sprachen. 1892 promovierte er an der Universität Leipzig zum Dr. phil. Ab 1895 widmete er sich intensiv dem Studium arabischer Dialekte. Seine Habilitation erfolgte 1900 in Marburg und 1901 in Halle. 1901 begleitete er einen Forschungsreisenden in Marokko. 1906 wurde er als Dozent an das SOS berufen, wo er ab 1907 bis zu seiner Pensionierung im Okto-

539 HU UA, UK-P-19, Bd. 1, Bl. 20, »Die Auslands-Hochschule. Professor Palme in den Ruhestand getreten.«, *Berliner Börsen-Zeitung*, 05.10.1937.

540 HU UA, UK-P-19, Bd. 2, Bl. 18, Reichskultusminister an Verwaltungsdirektor der Universität Berlin, 27.01.1936.

541 HU UA, UK-P-19, Bd. 1, Bl. 5, Universitätskurator an Reichskultusminister, 21.07.1937.

542 HU UA, UK-P-19, Bd. 4, Bl. 119, Kuratorium der Handelshochschule Berlin an Palme, 27.10.1931.

543 HU UA, UK-P-19, Bd. 4, Bl. 137, Rektor der Wirtschaftshochschule Berlin an preußischen Unterrichtsminister, 11.06.1937.

544 HU UA, UK-P-19, Bd. 2, Bl. 35, Palme an Reichskultusminister, 01.08.1941.

545 HU UA, UK-P-19, Bd. 1, Bl. 2, Daten zu Palmes Lebenslauf, undatiert.

546 Die konsultierten Archivunterlagen geben darüber keine Auskunft, und auch eine Anfrage in der Zentralen Auskunfts- und Dokumentationsstelle des Deutschen Roten Kreuzes blieb ohne Ergebnis. Unter dem folgendem Link wird Palmes Sterbedatum ins Jahr 1943 datiert: https://gepris-historisch.dfg.de.

547 HU UA, UK-P-19, Bd. 1, Bl. 1, Daten zu Palmes Lebenslauf, undatiert.

ber 1929 als Dozent für ägyptische, marokkanische und syrische Mundarten wirkte. Kampffmeyer setzte sich engagiert für die wissenschaftliche Erforschung der Gegenwartsverhältnisse des Nahen Ostens ein. Er gründete verschiedene Vereine, u. a. die Deutsche Gesellschaft für Islamkunde, baute verschiedene Bibliotheken auf und aus, wie etwa die Deutsche Auslandsbibliothek[548] in Berlin und war Herausgeber von diversen Fachzeitschriften zur Arabistik, z. B. »Die Welt des Islams«. Als Vorsitzender des Kollegiums der planmäßigen Dozenten gelang es ihm durch seinen unermüdlichen Einsatz – und mit Anton Palme an seiner Seite –, das SOS vor der Schließung zu retten.[549]

2.2.3.13.3 Eduard Sachau

Eduard Sachau war der erste Direktor des SOS. Nach der Gründung dieser Ausbildungsstätte im Jahr 1887 leitete er dieses zunächst in kommissarischer Funktion. Ab 1898 wurde er zum etatsmäßigen Direktor bestellt. Gleichzeitig war er Lehrstuhlinhaber für Orientalische Sprachen an der Philosophischen Fakultät der Universität Berlin[550]. Wie die Archivunterlagen belegen, wurde an Sachaus Führungsstil von Seiten der Mitarbeiter des SOS harsche Kritik geübt, da sein Einsatz nicht in erster Linie den Belangen des SOS galt[551]. Sachau wurde am 20.07.1845 im holsteinischen Neumünster geboren. Er studierte in Kiel und Leipzig Orientalische und Klassische Sprachen. 1869 wurde er als außerordentlicher Professor an die Universität Wien berufen, wo er ab 1872 als ordentlicher Lehrstuhlinhaber für Semitische Sprachen arbeitete. 1876 wechselte er als ordentlicher Professor an die Universität Berlin. Sachau unternahm zwei größere Studienreisen in den Orient, in die heutigen Staatsgebiete Irak, Syrien und Türkei: Auf seiner ersten Reise forschte er in Syrien und Mesopotamien. Das Ziel seiner zweiten Studienreise waren Babylonien und Assyrien. 1920 legte Sachau sein Amt als leitender Direktor des SOS aus gesundheitlichen Gründen nieder[552]. Im März 1921 wurde er von seinen amtlichen Pflichten in der Philosophischen Fakultät der Universität Berlin auf eigenen Wunsch entbunden[553]. Zu seinem wissenschaftlichen Werk zählt die Übersetzung des syrisch-römischen Rechtsbuchs aus dem 5. Jahrhundert. Sachau verstarb am 17.09.1930 in Berlin.[554]

---

548 HU UA, UK-K-27, Bd. 2, Bl. 168, Werbung für Polnische Abteilung in Deutscher Auslandsbibliothek, 31.08.1915.

549 Vgl. https://www.deutsche-biographie.de/sfz39690.html#ndbcontent. Ergänzende Informationen zu Kampffmeyers Lebenslauf können folgenden Links entnommen werden: https://www.jstor.org, https://www.catalogus-professorum-halensis.de.

550 HU UA, UK-S-3, Bd. 2, Bl. 1, Dokument über Sachaus Arbeitsverhältnis, 1875.

551 Vgl. etwa Kampffmeyer (1924a: 21) und PA AA, R 64155, Zur Neuorganisation des Seminars für Orientalische Sprachen, 04.04.1921.

552 GStA PK, I. HA, Rep. 208 A Seminar für Orientalische Sprachen, Nr. 179 Bd. 1, Bl. 122, »40 Jahre orientalisches Seminar. Gründung und Entwicklung«, *Deutsche Allgemeine Zeitung*, 26.10.1927.

553 HU UA, Phil. Fak., Nr. 1469, Bd. 16, Bl. 181, Unterrichtsministerium an Sachau, 14.12.1920.

554 Vgl. DBA.

2.2.3.13.4 Eugen Mittwoch

Sachaus Nachfolger im Amt war sein Schüler, Eugen Mittwoch[555]. Dieser studierte von 1894–1898 Orientalische Sprachen, Philosophie und Altphilologie an der Universität Berlin und promovierte zum Dr. phil. im Jahr 1899. Sechs Jahre später folgte seine Habilitation in Semitischer Philologie. Während seines Studiums unternahm er Studienreisen nach Palästina, Ägypten und Syrien.

Als ehemaliger Schüler des SOS wurde Mittwoch an dieser Ausbildungsstätte 1907 als Privatdozent für Äthiopische Kultur und Sprache (Amharisch) eingestellt.[556] 1915 wurde er zum Außerordentlichen Professor der Friedrich-Wilhelms-Universität zu Berlin ernannt[557]. 1917 erhielt Mittwoch als ordentlicher Professor einen Ruf an die Universität Greifswald[558]. 1919 wurde er vom Reichskultusminister wieder an die Philosophische Fakultät der Universität Berlin zurückberufen. Als Lehrgebiet waren die Abessinischen Sprachen vorgesehen. Es ist anzunehmen, dass Mittwoch während seiner Zeit in Greifswald von seiner Unterrichtspflicht am SOS entbunden wurde. Nach seiner Rückkehr 1919 sollte er dort aber wieder unterrichten.[559] 1923 übernahm Mittwoch das neugegründete Ordinariat für Orientalische Sprachen an der Universität Berlin[560]. Aus einem Archivdokument im Auswärtigen Amt geht hervor, dass Mittwoch Anfang der 1920er Jahre stellvertretender Direktor des SOS war[561]. Vermutlich wurde er 1923 nach seiner Berufung zum Ordentlichen Professor an der Universität Berlin Direktor des SOS, wie sein Vorgänger in kommissarischer Funktion.

Wegen seiner jüdischen Herkunft wurde Mittwoch 1933 aufgrund des Gesetzes zur Wiederherstellung des Berufsbeamtentums beurlaubt[562]. Im Oktober 1933

---

555 GStA PK, I. HA, Rep. 208 A Seminar für Orientalische Sprachen, Nr. 179 Bd. 1, Bl. 122, »40 Jahre orientalisches Seminar. Gründung und Entwicklung«, *Deutsche Allgemeine Zeitung*, 26.10.1927. Vgl. auch Fußnote 409.

556 Ibid. Vgl. hierzu auch IBE (1983: 823).

557 Im Rahmen dieses Extraordinariats war Mittwoch verpflichtet, »die semitischen Sprachen und Literaturen mit besonderer Berücksichtigung des Arabischen sowie der südarabischen Epigraphik und der abessinischen Sprachen und Literaturen« zu unterrichten. Mittwoch war außerdem weiterhin dazu verpflichtet, am SOS Unterricht zu erteilen (in: HU UA, UK-M-225, Bd. 1, Bl. 1, Unterrichtsminister an Mittwoch, 21.04.1915).

558 HU UA, UK-M-225, Bd. 1, Bl. 9, Reichskultusminister an Rektor und Senat der Friedrich-Wilhelms-Universität Berlin, 16.05.1917.

559 HU UA, UK-M-225, Bd. 1, Bl. 10–10 (RS), Reichskultusminister an Rektor und Senat der Friedrich-Wilhelms-Universität Berlin, 02.05.1919.

560 HU UA, UK-M-225, Bd. 1, Bl. 13, Reichskultusminister an Rektor und Senat der Universität Berlin, 01.08.1923.

561 PA AA, R 64155, Die Neuorganisation des Seminars für orientalische Sprachen, undatiert.

562 HU UA, UK-M-225, Bd. 1, Bl. 17, Rektor der Universität Berlin an verschiedene Professoren der Universität Berlin, 29.04.1933.

wurde Mittwochs Beurlaubung aufgehoben[563], bis er im September 1935 erneut von seinen amtlichen Pflichten entbunden wurde. Als Grund dafür wurde das *Gesetz über die Entpflichtung und Versetzung von Hochschullehrern anlässlich des Neuaufbaus des deutschen Hochschulwesens* vom 21.01.1935 angeführt.[564] Von seinem Amt als Direktor des SOS wurde Mittwoch im Juli 1933 im Einverständnis mit dem Auswärtigen Amt entbunden[565].

Im November 1938 plante Mittwoch offiziell seine Emigration nach London, wo er bei Verwandten unterkommen konnte[566]. Sein Antrag wurde vom Reichskultusminister im Februar 1939 genehmigt[567]. Mittwoch verstarb am 08.11.1942 im Londoner Exil.[568] Als Direktor des SOS wurde Mittwoch, ebenso wie seinem Vorgänger Sachau, von den Dozenten des SOS vorgeworfen, sich unzureichend für die Interessen der Ausbildungsstätte eingesetzt zu haben[569].

2.2.4 Die Ausland-Hochschule an der Universität Berlin

Allem Widerstand zum Trotz wurde Mitte der 1930er Jahre der längst in der Vergangenheit entstandene Plan einer *Deutschen Auslandshochschule* tatsächlich umgesetzt und die Errichtung der Ausland-Hochschule an der Universität Berlin[570] von den nationalsozialistischen Machthabern genehmigt. Manche Zeitgenossen, die dem Projekt ablehnend gegenüberstanden, stellten die berechtigte Frage, ob die

563 HU UA, UK-M-225, Bd. 2, Bl. 34, Reichskultusminister an Universitätskasse, 14.10.1933.

564 HU UA, UK-M-225, Bd. 2, Bl. 39, Reichskultusminister an Verwaltungsdirektor der Universität Berlin, 06.12.1935. Mittwochs Lehrstuhl für Semitische Philologie sollte, wie dem hier zitierten Dokument zu entnehmen ist, in einen Lehrstuhl für Arische Philologie umgestaltet werden.

565 HU UA, UK-M-225, Bd. 2, Bl. 32, Reichskultusminister an Mittwoch, 01.07.1933.

566 HU UA, UK-M-225, Bd. 2, Bl. 97, Mittwoch vermutlich an Reichsunterrichtsministerium, 29.11.1938.

567 HU UA, UK-M-225, Bd. 2, Bl. 98, Reichskultusminister an Universitätskurator in Berlin, 25.02.1939.

568 HU UA, UK-M-225, Bd. 2, Bl. 106–106 (RS), Nachlassverwalter Breslauer an Universität Berlin, 23.12.1946. Vgl. auch IBE (1983: 823).

569 Vgl. Kampffmeyer (1928: 13).

570 Zur Terminologie ist Folgendes anzumerken: In der Reformdebatte bis Ende der 1920er Jahre wurde über die »Deutsche Auslandshochschule« diskutiert. Die Mitte der 1930er Jahre ins Leben gerufene Institution wurde als »Ausland-Hochschule« bezeichnet. In Dokumenten aus dieser Zeit wurde häufig auch die Bezeichnung »Auslandhochschule« verwendet, seltener »Auslandshochschule«. In der vorliegenden Arbeit wird in der Regel die in der Reformdebatte verwendete Bezeichnung »(Deutsche) Auslandshochschule« verwendet, sofern sich der Terminus in den jeweiligen Kontexten nicht auf die Mitte der 1930er Jahre errichtete Institution bezieht und somit als Eigenname verwendet wird.

Errichtung der Ausland-Hochschule nach den von 1920 vorgeschlagenen Mustern noch zeitgemäß sei[571].

Als Ableger des SOS, das als Vorläufer der translatorischen Ausbildung gewertet werden kann, verdient es die Ausland-Hochschule im Rahmen der vorliegenden Arbeit der Vergessenheit entrissen zu werden. Im Folgenden wird die Geschichte ihres kurzen Bestehens aufgezeigt und ihr Curriculum in groben Zügen vorgestellt.

2.2.4.1 Zur Existenz der Ausland-Hochschule (1936–1939)

Auf Regierungsebene wurde das Projekt im Auftrag Hitlers vom damaligen Botschafter in Konstantinopel und späteren Außenminister während des Zweiten Weltkriegs, Joachim von Ribbentrop, vorangetrieben[572]. Ähnlich wie bei der Gründung des SOS sollte die neue Ausbildungsstätte vornehmlich zur Erreichung außenpolitischer Ziele Deutschlands beitragen. In der Chronik einer regelmäßigen Publikation des SOS über afrikanische, ost- und westasiatische Studien, die 1936 zum ersten Mal unter dem Titel »Mitteilungen der Ausland-Hochschule an der Universität Berlin (früher *Seminar für Orientalische Sprachen*)« herausgebracht wurde, wird der geplante institutionelle Wandel beschrieben:

> »Das Wintersemester 1935/36 bedeutet einen Wendepunkt in der Geschichte des im Jahre 1887 auf Anregung des Fürsten Bismarck begründeten Seminars für Orientalische Sprachen. Der Herr Reichs- und Preußische Minister für Wissenschaft, Erziehung und Volksbildung erklärte in einem an den Unterzeichneten [Anton Palme] gerichteten Erlaß vom 15. August 1935 seine Absicht, in Berlin eine Ausland-Hochschule zu begründen, für die das bisherige Seminar für Orientalische Sprachen den Grundstock bilden soll, das jedoch zu einer selbständigen Ausland-Hochschule ausgebaut werden soll.«[573]

Die beiden letzten Vorlesungsverzeichnisse des SOS, die im Wintersemester 1935/36 und im Sommersemester 1936 erschienen, weisen am Rande darauf hin, dass das SOS zu einer Auslandshochschule ausgebaut werden soll. Auffallend sind die Anmerkungen zur Umgestaltungsphase des SOS: Zunächst wurde das Wintersemester 1935/36 als »Übergangszeit« angesetzt[574], die dann aber im Sommersemester 1936 noch andauerte[575]. Zum Wintersemester 1936/37 erschien zum ersten Mal das Vorlesungsverzeichnis der Ausland-Hochschule an der Universität Berlin. Zur Umwandlungsphase wird darin nicht Bezug genommen. Im Vorlesungsver-

---

571 HU UA, Phil. Fak., Nr. 1537, Bl. 33–34, Dekan der Philosophischen Fakultät an Reichsunterrichtsminister, 11.05.1936.

572 HU UA, Phil. Fak., Nr. 1537, Bl. 42, NSD-Dozentenbund an Reichsamtsleiter des NSD-Dozentenbundes, 04.12.1937.

573 Palme (1936: I).

574 Vgl. Vorlesungsverzeichnis des Seminars für Orientalische Sprachen, Wintersemester 1935/36, S. 3.

575 Vgl. Vorlesungsverzeichnis des Seminars für Orientalische Sprachen, Sommersemester 1936, S. 3.

zeichnis vom Sommersemester 1937 erfährt der Leser, dass sich die institutionelle Umwandlung länger als erwartet hinzieht bzw. ein Ende des Prozesses vorläufig nicht absehbar ist:

> »Der Übergangszustand, der durch die Umwandlung des Seminars für Orientalische Sprachen in die Ausland-Hochschule und den noch nicht abgeschlossenen Aufbau der Ausland-Hochschule entstanden ist, dürfte zum Wintersemester 1937/38 endgültig abgeschlossen sein.«[576]

Die Chronik der Ausland-Hochschule von 1936–1937 informiert über Schwierigkeiten beim Umwandlungsprozess. Demnach wurden die meisten Lehrgebiete der Ausbildungsstätte aber dennoch erweitert[577]. Die Vorlesungsverzeichnisse vom Wintersemester 1937/38 bis zum Sommersemester 1939, die letzten in der Geschichte der Ausland-Hochschule, enthalten keine Anmerkungen mehr zur institutionellen Umwandlung.

Ein Blick in die Akten zeigt, warum sich die Umwandlung des SOS in die Ausland-Hochschule über einen relativ langen Zeitraum schleppte, und warum die neue Institution ein frühes Ende fand: Am 28.12.1935 wurde Hitler die Denkschrift zu einer *Deutschen Auslandshochschule* vorgelegt, die 1920 von Palme aufgesetzt wurde (vgl. 2.2.3.8). Die Umsetzung dieser Denkschrift wurde am 23.09.1936 durch einen Erlass besiegelt.[578] Die Universität Berlin, die den Plan umsetzen sollte, stand dem Vorhaben jedoch nicht uneingeschränkt offen gegenüber. Einwände gegen die Umsetzung des Projekts gehen aus einem Gutachten hervor, das von einem Vertreter der Neuphilologischen Abteilung der Universität Berlin stammt[579]. Der Autor bestreitet darin Palmes Behauptung, dass das philologische Studium an den Universitäten rein historisch-ästhetisch sei. Dies habe schon 1914 nicht gestimmt, als Palme seine Gedanken zum nationenwissenschaftlichen Studium veröffentlichte. Noch weniger stimme die Behauptung zum aktuellen Zeitpunkt, zumal in den vergangenen Jahren in der Neueren Philologie eine Ausdehnung des Studiums auf die Gesamtkultur der fremden Länder stattgefunden habe. Zur Bekräftigung zählt der Autor einige Verfasser entsprechender Studien auf, u. a. die im Jahr 1923 von

---

576 Vorlesungsverzeichnis der Ausland-Hochschule, Sommersemester 1937, S. 2.

577 Vgl. Scharschmidt (1937: I).

578 Vgl. Palme (1936: III). Vermutlich ist der Aufbau der Ausland-Hochschule vor dem Hintergrund des Neuaufbaus des deutschen Hochschulwesens zu sehen, der am 21.01.1935 gesetzlich besiegelt wurde (in: HU UA, UK-M-225, Bd. 2, Bl. 39, Reichskultusminister an Verwaltungsdirektor der Universität Berlin, 06.12.1935).

579 Der Autor des Gutachtens war Wilhelm Horn, Professor für Englische Philologie an der Universität Berlin (vgl. Degener (1935: 719)).

dem Anglisten Wilhelm Dibelius[580] veröffentlichte Schrift über England.[581] Der Gutachter argumentiert weiter, dass überdies seit 1933 im Englischen Seminar der Universität Berlin in der kulturpolitischen Abteilung Studien über die Kultur Englands gepflegt würden. Wie der Autor weiter ausführt, sei das neuphilologische Studium seit 1917 – es ist anzunehmen, dass es sich hierbei um eine Reaktion auf die *Denkschrift über die Förderung der Auslandsstudien* handelte (vgl. 2.2.3.6) – landeskundlich orientiert.[582] Diese Art des Auslandsstudiums, das auch für andere Länder an den Universitäten angeboten werde, gehöre zu den wesentlichen Aufgaben der Universität. Der Gutachter folgert daraus, dass die Aufgaben der zu gründenden Auslandshochschule sich somit zum Großteil mit denen der neuphilologischen Studienrichtung der Universitäten decken. Dies treffe auch hinsichtlich der Ausbildung für künftige Auslandsbeamte zu, für die in der Neuphilologischen Abteilung spezielle Sprach- und Kulturkurse eingerichtet wurden. Die Errichtung der Auslandshochschule komme daher einer Ressourcenverschwendung gleich. Kritik übte der Gutachter auch am Promotionsrecht der geplanten Auslandshochschule.[583]

Der Gutachter bemängelt außerdem, dass die Errichtung einer Auslandshochschule als selbstständige Institution den allgemein vereinheitlichenden Bestrebungen der Gegenwart zuwiderlaufe. Beispielsweise wurden andere »Sonderhochschulen« in der jüngsten Vergangenheit in die Universitäten integriert[584]. Abgesehen davon lasse sich das Projekt schon allein aufgrund des Mangels an geeignetem akademischem Personal nicht umsetzen. Als Beispiel werden die fünf geplanten Professuren für das Englische und Nordamerikanische Institut der Auslandshochschule genannt. Probleme bei der Umsetzung des Projekts würden sich dem Gutachter zufolge auch hinsichtlich des Aufbaus einer eigenen Bibliothek der Auslandshochschule ergeben, da bereits ähnliche gut ausgestattete Fachbibliotheken an der Universität vorhanden seien.[585] Anstatt des Aufbaus einer Auslandshochschule plädiert der Gutachter für eine Erweiterung der bereits an der Universität bestehenden Einrichtungen für die Auslandsstudien.[586]

Parallelen zur Diskussion über die Gründung einer *Deutschen Auslandshochschule* Anfang der 1920er Jahre sind in der angeführten Argumentation nicht zu überhören. Das Gutachten stammte aus der Feder einer Person, die, als Vertreter

---

580 Das zitierte Werk von Wilhelm Dibelius (1876–1931) galt bis in die 1950er Jahre als »gelungenster Versuch, alle Lebensbereiche eines führenden Landes der Gegenwart im Zusammenhang zu erfassen und so zu einer Gesamtcharakteristik einer Nationalkultur zu gelangen«. Dibelius setzte damit einen Markstein in der kulturkundlichen Bewegung der deutschen Anglistik. Vgl. NDB (1957: 632–633).

581 HU UA, Phil. Fak., Nr. 1537, Bl. 27, Gutachten über den Plan einer »Deutschen Auslandshochschule« von Prof. Dr. W. Horn, 1935/36.

582 Ibid, Bl. 28.

583 Ibid, Bl. 29.

584 Ibid, Bl. 30.

585 Ibid, Bl. 31.

586 Ibid, Bl. 32.

der neuphilologischen Richtung an der Universität, den Plänen der Auslandshochschule abweisend gegenüberstand.

Bedenken, die das Image der Philosophischen Fakultät der Universität Berlin berührten, gehen aus einem Dokument des Dekans der Philosophischen Fakultät an das Unterrichtsministerium vom Mai 1936 hervor. Darin bezieht sich der Autor auf das Promotionsrecht der Auslandshochschule sowie auf die Angliederung der Auslandshochschule als besondere Hochschule der Universität Berlin[587]. Den Informationen aus dem Vorlesungsverzeichnis der Ausland-Hochschule zufolge konnte nach einem achtsemestrigen Studium an der Ausland-Hochschule die Promotionsprüfung abgelegt werden[588]. Als problematisch wurde dabei erachtet, dass sich der zu verleihende Titel praktisch nicht von dem Doktortitel der Philosophischen Fakultät unterschied. Um Missverständnisse auszuräumen, wurde daher gewünscht, dass die neue Ausland-Hochschule eine andere Bezeichnung des zu verleihenden Doktortitels wähle. Nach Ansicht des Dekans sollte die Ausland-Hochschule möglichst unabhängig von der Philosophischen Fakultät der Universität Berlin errichtet werden. Dadurch sollte eine Verbindung zwischen den beiden Einrichtungen ausgeschlossen und eine Quelle von »Missverständnissen und Reibungen«[589] unterbunden werden. Zu jenem Zeitpunkt stand die Rechtsform der zu gründenden Ausland-Hochschule noch nicht definitiv fest. Die Universitätsvertreter versuchten daher aus Sorge um ihr Ansehen und angesichts möglicher Interessenskonflikte ihre Interessen bei dem zuständigen Ministerium geltend zu machen:

> »Ich möchte die Bemerkung nicht unterdrücken, daß den Versuchen, Pseudo-Universitäten ins Leben zu rufen, und die Titelsucht zu verstärken, etwas Anachronistisches anhaftet. Sie entgehen nicht dem Verdacht einer verspäteten Anstrengung, Dinge wieder gutzumachen, über welche die Zeit längst hinweggeschritten ist, oder Versuche durchzuführen, welche früher einmal mißlungen sind. In diesem Zusammenhang möchte ich ebenfalls darauf hinweisen, daß der Begriff Nationen-Wissenschaft, der so sehr in den Vordergrund tritt, eigentlich schon in die Antiquariate gehört. (...) Ich bitte, die neue Hochschule deutlich von der Philosophischen Fakultät abzusetzen, damit wir in unserer Aufgabe, die Fakultät auf die neue Zeit auszurichten, nicht gestört werden durch Versuche, die in umgekehrter Richtung verlaufen, nämlich neue Einrichtungen mit alten Titeln und Namen zu bekleiden.«[590]

---

587 Über die Angliederung an die Universität der Auslandshochschule schien keine Einhelligkeit zu bestehen (vgl. Palme (1936: I)). Ein Erlass vom November 1936 sah vor, dass die »Ausland-Hochschule als Hochschule an der Universität Berlin« gegründet werden sollte (vgl. Scharschmidt (1937: I)).

588 Der Ausland-Hochschule sollte zur Schaffung des eigenen wissenschaftlichen Nachwuchses auch das Habilitationsrecht verliehen werden (vgl. Vorlesungsverzeichnis der Ausland-Hochschule, Sommersemester 1937, S. 2).

589 HU UA, Phil. Fak., Nr. 1537, Bl. 33–34, Dekan der Philosophischen Fakultät an Reichsunterrichtsminister, 11.05.1936.

590 Ibid, Bl. 34.

Auch Palme wünschte sich, wenn auch aus anderen Gründen, die Auslandshochschule als selbstständige Institution. 1936 schrieb er:

> »Da der Ausland-Hochschule unter diesem Namen trotz des Zusatzes ›an der Universität Berlin‹ volle Selbständigkeit gegenüber der Universität gewahrt bleibt, wie schon dem ehemaligen Seminar für Orientalische Sprachen, das denselben Zusatz zu seinem Namen trug, so ergibt sich ohne weiteres, daß damit nur die räumliche Lage an der Universität (...) bezeichnet wird.«[591]

Ein Erlass vom November 1936 sah jedoch vor, dass die »Ausland-Hochschule als Hochschule an der Universität Berlin« gegründet wurde, d. h. als eine mit der Universität verbundene Hochschule[592]. Einzelheiten über diesbezügliche Überlegungen und Besprechungen sind im Verborgenen geblieben.
Vom Dezember 1936 datiert ein Schreiben von Clemens Scharschmidt, der langjähriger Mitarbeiter am SOS war und an der Ausland-Hochschule mit einer Ordentlichen Professur der »japanischen Nationenwissenschaft« betraut wurde[593]. Obwohl er Vertreter der Ausland-Hochschule war, übte Scharschmidt Kritik an einigen Punkten der zu errichtenden Institution. Beispielsweise fand die Bezeichnung der Lehrstühle nicht seine Zustimmung:

> »Der Begriff der ›Nationenwissenschaft‹ ist etwas so Schleierhaftes, daß es nicht angeht, eine ganze Hochschule darauf festzulegen und Dozenten als Vertreter der ›Nationenwissenschaft Chinas, Frankreichs etc.‹ abzustempeln.«[594]

Wie dem zitierten Schreiben weiter zu entnehmen ist, erachtete es Scharschmidt auch als problematisch die Erstellung von einheitlichen Studienplänen und Prüfungszielen für »leichte europäische Sprachen und schwierigste orientalische Sprachen«. Die für die Diplomprüfung »nach frühestens 6 Semestern«[595] zu erreichenden Studienziele waren daher für die meisten orientalischen Sprachen nicht realisierbar. Die hohen Studienanforderungen machten es zudem unmöglich, das Studium an der Ausland-Hochschule als Ergänzungsstudium neben einer »Fachwissenschaft« durchzuführen[596]. Als Folge prognostizierte Scharschmidt einen Rückgang der Studierendenzahl an der Ausland-Hochschule. Er stellte zudem fest, dass die Orientalia im Rahmen der Ausland-Hochschule »nicht die verständnisvolle Betreuung« erhielten[597], die sie brauchten. Auf diese Weise, so der Autor, werde die lange und ruhmreiche Tradition des SOS zunichte gemacht.

---

591 Palme (1936: I).
592 Vgl. Scharschmidt (1937: I).
593 Vgl. z. B. Vorlesungsverzeichnis der Ausland-Hochschule, Sommersemester 1937, S. 14.
594 HU UA, Phil. Fak., Nr. 1537, Bl. 39a, Scharschmidt an Kollege Beck, 15.12.1936.
595 Vgl. Vorlesungsverzeichnis der Ausland-Hochschule Wintersemester 1936/37, S. 4.
596 HU UA, Phil. Fak., Nr. 1537, Bl. 39a, Scharschmidt an Kollege Beck, 15.12.1936.
597 Ibid. Hervorhebung im Original.

Wie dem Dokument ebenfalls zu entnehmen ist, wurden dem Anschein nach von der Universität Versuche unternommen, die Ausland-Hochschule durch räumliche Maßnahmen zu zersplittern[598]. Womöglich sollte dadurch der innere Zusammenhalt der einzelnen Abteilungen der Ausland-Hochschule gefährdet werden. Im Gegensatz zu Palme und zu Universitätsvertretern sah Scharschmidt und einige mitunterzeichnende Kollegen in der Verbindung der Ausland-Hochschule zur Universität die einzig mögliche Existenzgrundlage der neuen Institution[599]. Scharschmidts Ausführungen legen die Vermutung nahe, dass unter dem leitenden Personal der Ausland-Hochschule keine Beratung bzw. Abstimmung in Bezug auf die Ausgestaltung des Curriculums und der Prüfungen stattfand.

Für die Ausland-Hochschule sollten »vorerst« die Rechtsverhältnisse des SOS gelten[600]. Ein Gesetzentwurf für die neue Hochschule wurde 1936 und 1937 zwar erarbeitet[601], verabschiedet wurde er aus den folgenden Gründen jedoch nicht: Aus einem Schreiben des Unterrichtsministeriums geht hervor, dass die Ausland-Hochschule im Staatshaushaltsplan für 1936 als »›Nationenwissenschaftliche Auslandsfakultät‹« geführt wurde[602]. Da die geplante Ausbildungsstätte unter dieser Bezeichnung jedoch nicht den Charakter einer selbstständigen Hochschule erlangen konnte, wurde sie in »Ausland-Hochschule *an der Universität Berlin*« umbenannt[603]. Sicherlich ist das frühe Ende der Ausland-Hochschule auch auf konzeptionelle Schwierigkeiten zurückzuführen. Vor allem überrascht es, dass das von Palme im Jahr 1920 entworfene Konzept einer *Deutschen Auslandshochschule*, das auf Überlegungen aus der Zeit vor dem Ersten Weltkrieg beruhte, Ende der 1930er Jahre nahezu unreflektiert umgesetzt wurde.

Im September 1937 wurde Anton Palme, der bis dahin die Ausland-Hochschule kommissarisch leitete, aus Altersgründen in den Ruhestand versetzt[604]. Sein Nachfolger wurde Clemens Scharschmidt[605]. Mit Palme verlor die Ausland-Hochschule einen ihrer leidenschaftlichsten Verfechter (vgl. 2.2.3.13.1), der fast sein gesamtes Arbeitsleben unermüdlich für diese Institution stritt. Kurz nach Palmes Ausschei-

---

598 Ibid, Bl. 39a und 39b.

599 Ibid, Bl. 39b.

600 HU UA, Phil. Fak., Nr. 1537, Bl. 41, Reichsunterrichtsministerium an Rektor der Universität Berlin, 30.12.1936.

601 HU UA, Phil. Fak., Nr. 1537, Bl. 42, NSD-Dozentenbund an Reichsamtsleiter des NSD-Dozentenbundes, 04.12.1937.

602 HU UA, Phil. Fak., Nr. 1537, Bl. 41, Reichsunterrichtsministerium an Rektor der Universität Berlin, 30.12.1936.

603 Vgl. Palme (1936: I). Hervorhebung im Original gesperrt.

604 Vgl. Scharschmidt (1937: II).

605 Clemens Scharschmidt wurde 1880 geboren. Nach seinem Germanistikstudium an der Universität Leipzig war er von 1902–1911 Lektor in Japan. An seine Lektorenzeit schloss er von 1912–13 ein Studium der Sinologie an der Universität Leipzig an. 1914 folgte seine Promotion. 1917 kam er als Lehrer für die Japanische Sprache an das SOS. 1934 wurde er zum Honorarprofessor an der Universität Berlin ernannt (vgl. Degener (1935: 1370)).

den aus dem Dienst begann der Abbau der Ausland-Hochschule. Die Gründe dafür hängen jedoch in erster Linie nicht mit den personellen Veränderungen an der Ausland-Hochschule zusammen, sondern vielmehr mit Entscheidungen und Maßnahmen, die auf Regierungsebene im Herbst 1937 getroffen wurden. Aus einem »abschließenden Bericht über die Auslandshochschule Berlin« geht hervor, dass der Abbau der Ausland-Hochschule beschlossen wurde, noch bevor die gesetzliche Grundlage zur Gründung der Einrichtung verabschiedet worden war. Der Beschluss zum Abbau der Ausbildungsstätte wurde dem abschließenden Bericht zufolge aufgrund von politischen und bildungspolitischen Entwicklungen gefasst:

> »Inzwischen haben (...) Umwandlungen in politischer Hinsicht derart stattgefunden, daß der Botschafter von Ribbentrop die Ausbildung des Auslandsnachwuchses bereits auf anderer (sic!) Weise, und zwar durch das Außenpolitische Schulungsamt sicher gestellt sieht. Infolgedessen hat auch der Botschafter an der Bildung einer Auslandshochschule in dem erwähnten Umfang keine (sic!) Interesse mehr. Dasselbe ist auch vom Auswärtigen Amt zu melden.«[606]

Sachlich ist es schwer nachzuvollziehen, warum etwa nur ein Jahr nach dem offiziellen Beschluss über die Errichtung der Ausland-Hochschule ihre Schließung angeordnet wurde, zumal anerkannt wurde, dass es die »geistige und politische Situation erfordert, daß an einer bestimmten Stelle nach einheitlicher Führung die ausreichenden Kenntnisse über das Ausland vermittelt werden«[607]. Im konsultierten Aktenmaterial konnte der Hintergrund zu diesem Sachverhalt nicht ermittelt werden. Möglicherweise war das Projekt einer selbstständigen Hochschule zur Pflege der Auslandsstudien in Anbetracht der Kriegsvorbereitungen finanziell nicht durchführbar. Fakt ist, dass ab Dezember 1937 konkrete Vorschläge darüber vorlagen, wie »die Auslandshochschule liquidiert« werden sollte[608]. Den Plänen zufolge, die Anfang Dezember 1937 vorlagen, sollte sie als »Institut für Sprachen und Auslandskunde« in die Philosophische Fakultät der Berliner Universität eingegliedert werden[609]. In einem Plan, der von Ende Dezember 1937 datiert, hieß es, die »Auslandshochschule möge als Auslandsinstitut der Universität eingegliedert werden«[610]. Das Aufgabengebiet des Auslandsinstituts wurde dabei wie folgt festgelegt:

606 HU UA, Phil. Fak., Nr. 1537, Bl. 42, NSD-Dozentenbund an Reichsamtsleiter des NSD-Dozentenbundes, 04.12.1937.
607 Ibid, Bl. 43.
608 Ibid, Bl. 42.
609 Ibid, Bl. 43.
610 HU UA, Phil. Fak., Nr. 1537, Bl. 50, Unbekannt an Rektor der Universität Berlin, vermutlich Januar 1938.

»Seine besondere Aufgabe ist es, das Wissen von Sprache, Wirtschaft und politischer Gliederung des Auslandes im weitesten Umfang zu vermitteln. Besondere Forschungsaufgaben hat das Institut nicht.«[611]

Ende Januar 1938 lud der Rektor der Universität Berlin Vertreter des Reichsunterrichtsministeriums ein, um über die Zukunft der Ausland-Hochschule zu beraten. Es ist anzunehmen, dass die bis dahin auf Universitätsebene entworfenen Pläne vorgestellt wurden. Diese schienen aber laut Urteil der Vertreter des Reichsunterrichtsministeriums noch nicht voll ausgereift zu sein, denn der Reichsunterrichtsminister, Bernhard Rust, wünschte im Februar 1938, dass eine Kommission bestellt wird, die »einen Plan über eine organische Eingliederung der bisherigen Auslandhochschule in die Universität« erarbeiten sollte[612]. Die Entscheidung über die Eingliederung der Ausbildungsstätte in die Universität wollte sich der Reichsunterrichtsminister trotz der zu bestellenden Kommission jedoch vorbehalten. Diese Haltung schien typisch für den Reichsunterrichtsminister: Auch im Fall des Dolmetscher-Instituts der Handelshochschule Leipzig, die im Jahr 1938 die Genehmigung der Prüfungsordnungen für das Dolmetscher-Institut ersuchte, verlangte er von den Zuständigen wiederholt, neuen Auflagen nachzukommen, um schließlich das gewünschte und beigebrachte Material bei seinen Entscheidungen gänzlich zu ignorieren (vgl. 2.7.3.2).

Bis Sommer 1939 wurden weitere Pläne über die Eingliederung der Ausland-Hochschule in die Universität ausgearbeitet[613]. Wie dem Aktenmaterial zu entnehmen ist, gestaltete sich die Ausarbeitung einer Lösung jedoch schwierig[614]. Durch den Kriegsausbruch unter Druck gesetzt wurde schließlich eine Einigung erzielt: An der Universität Berlin sollte eine »Auslandswissenschaftliche Fakultät«[615] entstehen:

»Die politische Entwicklung in den letzten Wochen erfordert auch auf dem Gebiete der Auslandwissenschaften einen verstärkten Einsatz der vorhandenen Kräfte und Mittel. Wenn auch der Plan der Auslandswissenschaftlichen Fakultät der Universität Berlin in dem ursprünglich vorgesehenen Umfang zurzeit noch nicht verwirklicht werden kann, halte ich es doch für erforderlich, daß die Eingliederung der Auslandhochschule in die Universität Berlin beschleunigt durchgeführt und auf ihrer Grundlage allmählich eine Auslandswissenschaftliche Fakultät aufgebaut wird, deren Umfang und Tätigkeit

611 HU UA, Phil. Fak., Nr. 1537, Bl. 52, Romanisches Seminar Friedrich-Wilhelms-Universität zu Berlin, undatiert. Hervorhebung im Original.

612 HU UA, Phil. Fak., Nr. 1537, Bl. 54, Reichsunterrichtsminister an Rektor der Universität, 05.02.1938.

613 HU UA, Phil. Fak., Nr. 1537, Bl. 67–69, Auslands-Institut, 25.02.1938 und HU UA, Phil. Fak., Nr. 1537, Bl. 79–79 (RS), Reichsunterrichtsminister an Rektor der Universität Berlin, 08.04.1938.

614 HU UA, Phil. Fak., Nr. 1537, Bl. 89, Korrespondenz innerhalb der Universität, 22.04.1938.

615 HU UA, Phil. Fak., Nr. 1537, Bl. 95, Reichsunterrichtsminister an Rektor der Universität Berlin, 05.07.1939.

nach Maßgabe der vorhandenen Mittel vorerst ausschließlich durch die Bedürfnisse bestimmt wird, die durch die Kriegslage auf dem Gebiete von Lehre und Forschung als vordringlich anzusehen sind.«[616]

Den Grundstock der zu errichtenden Auslandswissenschaftlichen Fakultät sollte die Ausland-Hochschule sowie die Hochschule für Politik bilden[617]. Der Unterrichtsbeginn wurde auf Januar 1940 festgesetzt[618]. In der Auslandswissenschaftlichen Fakultät wurde, wie bereits im Herbst 1938 angedacht, eine »Abteilung Sprachenkunde und Dolmetscherwesen« eingerichtet[619]. Vermutlich wurde diese Abteilung, die aus der Tradition des SOS heraus entstand, aufgrund des Bedarfs an Dolmetschern durch die Behörden Berlins eingerichtet. Die Einrichtung dieser Abteilung zeigt, dass auf internationale Verständigung durch entsprechend ausgebildete Fachkräfte selbst im Krieg nicht verzichtet werden konnte. In der vorliegenden Arbeit wird die Geschichte dieser Abteilung der Universität Berlin nicht weiterverfolgt.

Nach einer Unterbrechung von etwa fünfzehn Jahren ging die Geschichte des SOS an anderer Stelle weiter: Das ehemalige SOS an der Universität Berlin wurde an der Universität Bonn wiedergegründet. Seit 1818, dem Gründungsjahr der Universität Bonn, wurden dort Orient- und Asienwissenschaften gepflegt. Zunächst mit einzelnen Lehrstühlen, ab 1913 auch im Rahmen eines Orientalischen Seminars, das kulturwissenschaftlich ausgerichtet war. Nach dem Zweiten Weltkrieg erfuhr diese Einrichtung eine Umstrukturierung. In diesem Zusammenhang ist auch die Wiedergründung des Berliner SOS an der Universität Bonn zu sehen. Diese wurde 1950 vom Kultusministerium angeregt und von Zuständigen der Bonner Universität positiv aufgenommen[620].

Der Gründungs- bzw. Integrationsprozess dauerte mehrere Jahre. Noch vom 27.02.1958 datiert ein Schreiben des Dekans der Philosophischen Fakultät an der Universität Bonn, in dem er berichtet, dass der Gründungsprozess noch nicht abgeschlossen sei.[621] Erst im Juli 1958 kam Bewegung in die Sache. Ein Aktenstück

616 HU UA, Phil. Fak., Nr. 1537, Bl. 96, Reichsunterrichtsminister an Rektor der Universität Berlin, 13.09.1939.

617 Ibid und HU UA, Phil. Fak., Nr. 1537, Bl. 97, Reichsminister an Dekan der Philosophischen Fakultät, 10.10.1939.

618 HU UA, Phil. Fak., Nr. 1537, Bl. 97, Reichsminister an Dekan der Philosophischen Fakultät, 10.10.1939.

619 HU UA, Phil. Fak., Nr. 1537, Bl. 112, Unbekannt an Dekan der Philosophischen Fakultät, 11.03.1940.

620 An dieser Stelle sollte daran erinnert werden, dass es 1950 zwei deutsche Staaten gab. Die Universität Berlin, an der das SOS 1887 gegründet wurde, befand sich auf dem Staatsgebiet der DDR (vgl. https://www.hu-berlin.de)). Vermutlich wurde aus diesem Grund in der BRD die Initiative zur Wiedergründung des traditionsreichen SOS unternommen und in der damaligen Hauptstadt Bonn weitergeführt, wo es ohnehin schon orient- und asienwissenschaftliche Einrichtungen an der Universität gab.

621 UA Bonn, PF 196-55, Paret an Kultusministerium, 30.11.1950.

informiert über eine Vereinbarung über die Gründung eines Seminars für Orientalische Sprachen in Bonn zwischen dem Bundesinnenministerium und dem Kultusministerium[622]. Zum Wintersemester 1959/69 begann der Unterrichtsbetrieb am erweiterten Seminar für Orientalische Sprachen an der Universität Bonn. Die der Universität Bonn angegliederte Einrichtung wurde am 01.12.1959 feierlich eröffnet.[623]

Über Studieninhalte, die nach der Wiedergründung angeboten wurden, können im Rahmen der Recherchen für diese Arbeit keine Informationen beigetragen werden. Aktuell ist der Schwerpunkt der Orient- und Asienwissenschaften an der Universität Bonn kulturwissenschaftlich. Im Masterstudiengang gibt es aber Möglichkeiten, sprachenbezogen Translation als Schwerpunkt zu wählen. Das SOS, das 1887 an der Universität Berlin gegründet wurde, bildete somit die Grundlage für kultur- und translationswissenschaftliche Studien an zwei verschiedenen Orten.[624]

Die aus dem SOS hervorgegangene Ausland-Hochschule markiert hingegen nur eine kurze Episode in der deutschen Hochschulgeschichte. Zurückzuführen ist diese Kurzlebigkeit sicherlich auf die kurzsichtige und überstürzte Handlungsweise bei der Einleitung des Gründungsprozesses im Dritten Reich. Das Konzept, auf dem die Institution basierte, stammte aus einer längst vergangenen Zeit, denn seine Grundlagen datierten in die Zeit vor dem Ersten Weltkrieg. Allem Anschein nach wurde es ohne fundierte Überlegungen in Fachkreisen[625], die sich auf die Bedürfnisse der Gegenwart bezogen, umgesetzt.

Die gewaltigen Ausmaße des Curriculums der Ausland-Hochschule, das sich über mehr als 30 separate Länderinstitute erstreckte (vgl. 2.2.4.2), konnten vor Ausbruch des Zweiten Weltkriegs nicht finanziert werden. Generell ist es fraglich, ob eine Hochschule von diesen kolossalen institutionellen Dimensionen in einer anderen Zeit finanzierbar gewesen wäre.

Die unfundierte Planung des Studienkonzeptes sowie die politischen und wirtschaftlichen Umstände am Vorabend des Zweiten Weltkriegs können m. E. zweifellos dafür angeführt werden, dass die Ausland-Hochschule nicht lange bestand. Palmes Ausscheiden aus dem Dienst und damit verbunden sein Fehlen als Kämpfer für das nationenwissenschaftliche Studium spielt möglicherweise marginal auch mit hinein in die frühe Schließung der Ausland-Hochschule. In erster Linie sind aber finanzielle Gründe in Bezug auf die institutionelle Umsetzung des Konzepts der Hochschule in Anbetracht der bevorstehenden Kriegssituation anzuführen.

---

622 UA Bonn, Senatsprotokolle, Protokoll der Senatssitzung, 10.07.1958.

623 UA Bonn, Chronik 1959/60.

624 Die Aufzeichnungen zum Seminar für Orientalische Sprachen der Universität Bonn basieren auf Auskünften des Universitätsarchivs Bonn und dienen im Rahmen dieser Arbeit lediglich zur Abrundung der Geschichte des Berliner SOS. Nähere Informationen zur Geschichte der Orient- und Asienwissenschaften an der Universität Bonn können folgender Quelle entnommen werden: https://www.ioa.uni-bonn.de.

625 HU UA, Phil. Fak., Nr. 1537, Bl. 39a und 39b, Scharschmidt an Kollege Beck, 15.12.1936.

Der Zweite Weltkrieg markierte eine Zäsur im gesellschaftlichen Leben und Denken in Deutschland und somit auch im deutschen Hochschulwesen. Nach Kriegsende brach eine neue Zeitrechnung an. Palmes seit 1914 verfochtenes nationenwissenschaftliches Konzept war ideell nicht mehr zeitgemäß. Die bereits vor dem Zweiten Weltkrieg abgewickelte Ausland-Hochschule, die letztendlich zu einem kurzlebigen Produkt des nationalsozialistischen Regimes wurde, geriet, ebenso wie das nationenwissenschaftliche Studium, in Vergessenheit.

Auch wenn die Existenz der Ausland-Hochschule kurz war, so fand der Unterricht an dieser Ausbildungsstätte tatsächlich statt. Dies belegen Vorlesungsverzeichnisse der Ausland-Hochschule. Der folgende Abschnitt wirft ein Streiflicht auf die Unterrichtstätigkeit und auf das Curriculum der Ausland-Hochschule an der Universität Berlin.

2.2.4.2 Zum Curriculum der Ausland-Hochschule

Im konsultierten Aktenmaterial sind keine relevanten Informationen zum Curriculum der Ausland-Hochschule erhalten. Es ist anzunehmen, dass keine spezielle Prüfungsordnung der Ausland-Hochschule existierte, da die Einrichtung bereits vor Verabschiedung ihrer Gesetzesgrundlage abgebaut wurde[626]. Auch Entwürfe einer Prüfungsordnung können im konsultierten Aktenmaterial nicht nachgewiesen werden. Die folgenden Angaben zum Curriculum basieren daher auf Informationen in den Vorlesungsverzeichnissen des SOS, der Ausland-Hochschule sowie der jährlich erschienenen Mitteilungen der Ausbildungsstätte von 1936–1938[627].

Bei der Umwandlung des SOS in die Ausland-Hochschule war eine Erweiterung des Curriculums dahingehend geplant, dass »für jedes der wichtigen nationenwissenschaftlichen Gebiete ein besonderes Institut errichtet« werden sollte. In den Instituten sollten Forschungs- und Unterrichtsmöglichkeiten für die jeweiligen Länder geschaffen werden. Diese Pläne stießen zunächst bei den vorhandenen Räumlichkeiten an ihre Grenzen. Die ersten drei Institute (Japan-Institut, China-Institut, Türkei-Institut) wurden daher in den Räumen des SOS eröffnet.[628]

Über die Prüfungen, die an der Ausland-Hochschule geplant waren, und die dafür notwendige Studiendauer informiert das Vorlesungsverzeichnis des SOS vom Wintersemester 1935/36:

> »Im Wintersemester 1935/36 (...) werden noch die bisherigen Prüfungen [des SOS], die ein Studium von vier Semestern voraussetzen, abgehalten werden. Diese Prüfungen,

---

626 In den Vorlesungsverzeichnissen der Ausland-Hochschule vom Wintersemester 1936/37 und Sommersemester 1937 wird darüber informiert, dass die Prüfungsordnungen nach Erlass durch das Unterrichtsministerium den Studierenden durch Aushang bekannt gegeben werden. Aufgrund der Entwicklungen in der Ausland-Hochschule ist es aber eher unwahrscheinlich, dass der gewünschte Erlass verabschiedet wurde.

627 Vgl. Palme (1936), Scharschmidt (1937) und Scharschmidt (1938).

628 Vgl. Palme (1936: II).

die einen vorwiegend praktischen Charakter haben, werden voraussichtlich unter der Bezeichnung ›Prüfung über praktische Sprach- und Landeskenntnisse‹ auch an der Auslandhochschule beibehalten werden. Darüber hinaus ist in Aussicht genommen, den Studierenden an der Hochschule die Möglichkeit zu geben, nach einem 6 Semester währenden Studium unter den für die deutschen wissenschaftlichen Hochschulen vorgeschriebenen Zulassungsbedingungen und unter Voraussetzung der Aneignung wissenschaftlich vertiefter Kenntnisse und größeren Sprachkönnens durch eine Diplomprüfung einen akademischen Grad zu erwerben und sich nach zwei weiteren an der Auslandhochschule verbrachten Studiensemestern der Promotionsprüfung zu unterziehen. Es wird daher bereits in diesem Semester in mehreren Studiengebieten durch Einführung des 5. Studiensemesters die Möglichkeit zur Weiterführung des Studiums mit dem Ziel der Erwerbung des akademischen Diploms gegeben.«[629]

Neben die Prüfung für praktische Sprach- und Landeskenntnisse, die Diplomprüfung und die Promotionsprüfung sollte auch eine Habilitationsprüfung treten[630]. Über die Voraussetzungen für diese Prüfung konnten im konsultierten Material keine Informationen ermittelt werden. Wahrscheinlich wurde die Einführung des Habilitationsrechts von den Zuständigen der Ausland-Hochschule als logische Konsequenz aus der Einführung des Promotionsrechts erachtet.

Widersprüchlich scheint es, dass der Studienabschluss, der zuvor am SOS angeboten wurde und in erster Linie keine wissenschaftlichen Studien voraussetzte, nicht aus dem Studienprogramm der Ausland-Hochschule, die als wissenschaftliche Hochschule galt, entfernt wurde. Nicht schlüssig erscheint auch die Charakterisierung des Abschlusses des SOS als praktisch: Wurde doch in der Diskussion über die Erweiterung des SOS von den Befürwortern des Plans jahrzehntelang argumentiert, dass das Studium am SOS von wissenschaftlichen Methoden geleitet werde. Möglicherweise sollte dieser Abschluss im Rahmen der Ausland-Hochschule unter Beibehaltung der bisherigen Voraussetzungen durch eine Umetikettierung aufgewertet werden. Zudem bildete dieses Studium die Grundlage für die Ausland-Hochschule. Wie die 1936 im Vorlesungsverzeichnis der Ausland-Hochschule veröffentlichten vorläufigen Richtlinien des Studiums an der Ausland-Hochschule informieren, war dieser Abschluss für Personen gedacht, die »zwar nicht die volle Hochschulreife, aber doch eine für dieses Studium als ausreichend anerkannte Vorbildung« besaßen. Durch den Abschluss sollte der Erwerb »gründlicher Sprach- und landeskundlicher Kenntnisse« ermöglicht werden[631].

Zur Vertiefung des Studiums an der Ausland-Hochschule wurde die Studiendauer konsequent auf sechs Semester verlängert[632]. Studieninhalte und -methoden werden in den vorläufigen Richtlinien des Studiums an der Ausland-Hochschule wie folgt beschrieben.

629 Vorlesungsverzeichnis des SOS, Wintersemester 1935/36, S. 3 und Palme (1936: III).
630 Vgl. Vorlesungsverzeichnis der Ausland-Hochschule, Sommersemester 1937, S. 2.
631 Vgl. Vorlesungsverzeichnis der Ausland-Hochschule, Wintersemester 1936/37, S. 3.
632 Vgl. Vorlesungsverzeichnis des SOS, Wintersemester 1935/36, S. 3.

»Die Studiengebiete der Auslandhochschule sind in erster Reihe die einzelnen fremden Nationen. Der staatliche, soziale, wirtschaftliche und kulturelle Aufbau der Nation – wie er sich in der Gegenwart darstellt – ist in ihrer eigenen Sprache zu studieren. Hierzu gehört auch die Kenntnis der in die Gegenwart hineinreichenden geschichtlichen Entwicklungslinien und vor allem auch die Kenntnis der Wertung der geschichtlichen Ereignisse von seiten der Nation. Der Studiengang verläuft allgemein so, daß der Student sich neben einer landeskundlichen Orientierung zunächst die Sprache soweit aneignet, um ein wissenschaftliches Buch in der Fremdsprache ohne erhebliche Nachhilfe zu verstehen und eine leichtere Unterhaltung führen zu können. Hierfür genügen im allgemeinen zwei Semester. Vom dritten Semester an beginnen die eigentlichen nationenwissenschaftlichen Übungen, in denen die Geschichte, die Geographie, die Wirtschaft und die Kulturverhältnisse (Erziehungswesen, Presse, Literatur usw.) der Nation in Referaten und Besprechungen die in der Fremdsprache geführt werden, systematisch durchgearbeitet werden.«[633]

Das beschriebene nationenwissenschaftliche Studium sollte durch »systematische Übungen im Übersetzen und Handschriftenlesen« abgerundet werden[634]. Dies belegt, dass das Curriculum der Ausland-Hochschule nicht in erster Linie der Ausbildung von Dolmetschern diente, wie sie etwa ab 1930 an der Handelshochschule Mannheim und ab 1933 an der Universität Heidelberg angeboten wurde. An der Ausland-Hochschule wurden die Schwerpunkte im Sprachstudium anders gelegt als an den Dolmetscher-Instituten. Je nach Länderinstitut wurden an der Ausland-Hochschule mehr oder weniger Übersetzungsübungen angeboten. Im Russland-Institut wurden Übersetzungskurse beispielsweise im Vergleich zu anderen Instituten häufiger angeboten. Ein Kurs behandelte sogar »Gegenstände und Arbeitsvorgänge in der Dolmetscher- und Übersetzerpraxis«[635].

633 Vorlesungsverzeichnis der Ausland-Hochschule, Wintersemester 1936/37, S. 4.
634 Ibid.
635 Vgl. z. B. Vorlesungsverzeichnis der Ausland-Hochschule, Wintersemester 1936/37, S. 6. Der Kurs wurde von Adolf Lane gehalten, der als Dozent im Russland-Institut der Ausland-Hochschule und in der Praxis als Dolmetscher arbeitete. Adolf Lane war zudem in der Reichsfachschaft der Dolmetscher engagiert, vermutlich dem ersten organisierten Berufsverband für Dolmetscher und Übersetzer in Deutschland, der Anfang oder Mitte der 1930er Jahre gegründet wurde. Zudem war Adolf Lane Herausgeber der Fachzeitschrift *Lebende Sprachen – Monatsschrift für fremde Sprachen, Auslandsstudien, Deutsch-Unterricht im Auslande, fremdsprachliche Praxis.* Dies belegen einige Ausgaben des Fachblatts aus dem Jahr 1935 (etwa Heft 1 und 2) (vgl. Lane (1935a)). Dass dieses Fachblatt eng mit der Übersetzungs- und Dolmetschbranche verbunden war, zeigt die »ständige Beilage« dieser Monatsschrift *Der Dolmetscher und Übersetzer. Organ der Reichsfachschaft für das Dolmetscherwesen in der Deutschen Rechtsfront.* Die Tatsache, dass Adolf Lane auch am Institut für Russisch der Ausland-Hochschule, dem Palme vorstand, Lehrveranstaltungen anbot, belegt, dass sich Lane und Palme gekannt haben. Kontakte zu den genannten Personen musste ebenso der Leiter des Sprachendienstes im Auswärtigen Amt, Paul Gautier, unterhalten haben, denn auch er unterrichtete an der

Aufgrund der unterschiedlichen Größe der Institute an der Ausland-Hochschule ist es schwierig, fundierte Aussagen über die Gewichtung von Sprach- und Landeskundekursen zu machen. Fest steht, dass die Rolle der Sprache im Rahmen des Länderstudiums an der Ausland-Hochschule nicht entsprechend gewürdigt wurde. Dies belegt die objektive Betrachtung des zuletzt angeführten Zitats, in dem die extreme Spanne zwischen Sprachkenntnissen, die einerseits zum Verstehen eines wissenschaftlichen Buches und andererseits zur Führung einer leichteren Konversation nötig sind, offenbar verkannt wurde. Es zeigt zudem, dass die Anforderungen, die für den passiven Gebrauch der Sprache, etwa zum Entschlüsseln eines wissenschaftlichen Textes, völlig unterschätzt wurden.

Es ist anzunehmen, dass die vorläufigen Richtlinien aus Palmes Feder stammten. Vielleicht wurde er von einer Welle der Euphorie beim Verfassen der Richtlinien getragen, denn schließlich wurde sein lang erkämpftes Projekt einer *Deutschen Auslandshochschule* doch noch verwirklicht. Objektiv betrachtet fehlte dabei aber der Bezug zur Realität. Beispielsweise wenn die Studienanforderungen in den vorläufigen Richtlinien für das Studium an der Ausland-Hochschule und die damit verbundenen Studienziele formuliert werden. Darin heißt es:

> »Das (...) nationenwissenschaftliche Studium einer Nation, das durch systematische Übungen im Übersetzen und Handschriftenlesen ergänzt wird, und neben völliger Beherrschung der Sprache eine gründliche und systematische Kenntnis aller nationaler Verhältnisse, wie sie in der Sprache der Nation zum Ausdruck gelangen, erfordert, bildet das Hauptfach der nach frühestens 6 Semestern abzulegenden Diplomprüfung.«[636]

Gegen diese hoch gesteckten Ziele erhoben immerhin andere Professoren der Ausland-Hochschule Einspruch. Ihrer Meinung nach konnten diese Ziele nicht im Rahmen eines Studiums erworben werden, schon gar nicht in einem, das als Ergänzungsstudium zu einem Fachstudium konzipiert war[637].

Die umfassenden Kenntnisse über Sprache und Verhältnisse der fremden Länder, die im Rahmen des Studiums an der Ausland-Hochschule erworben werden konnten, sollten zur Erlangung des Diplomgrades in einem Hauptfach und mindestens einem Nebenfach, »das in näheren Beziehungen zu dem gewählten Hauptgebiet« stand[638], geprüft werden. Gegenstand der Diplomprüfung sollten auch – wohl im Einklang mit der nationalsozialistischen Ideologie – Kenntnisse über die Verhältnisse Deutschlands sein, die sich die Studierenden im Laufe des Studiums aneignen sollten:

Ausland-Hochschule, wie Akten im Universitätsarchiv der Humboldt-Universität zu Berlin belegen (in: HU UA, NS-Doz., Nr. 81.) Vgl. hierzu auch Kieslich (2018).

636 Vorlesungsverzeichnis Ausland-Hochschule, Wintersemester 1936/37, S. 4.

637 HU UA, Phil. Fak., Nr. 1537, Bl. 39a und 39b, Scharschmidt an Kollege Beck, 15.12.1936. Scharschmidt beklagt darin beispielsweise, dass die Orientalia nicht die Aufmerksamkeit bekommen, die sie verdienen und dass die Ziele der vorläufigen Richtlinien außer Reichweite liegen.

638 Vgl. Vorlesungsverzeichnis Ausland-Hochschule, Wintersemester 1936/37, S. 4.

> »Da bei dem Studium einer fremden Nation der Vergleich mit der eigenen eine wesentliche Rolle spielt, ist ein fruchtbares Studium fremden Volkstums ohne gründliche Kenntnisse des eigenen nicht möglich. Wir können als unsere Vertreter dem Auslande gegenüber niemand gebrauchen, der die deutsche Nation und das deutsche Volk nicht gründlich kennt. Es ist daher Pflicht jedes auf die Diplomprüfung an der Auslandhochschule zusteuernden Studenten, seine auf der Schule und durch das Leben gewonnenen Kenntnisse von Deutschland und der Deutschen Nation durch sorgfältiges Studium zu ergänzen und zu vertiefen. Dies bezieht sich vor allem auf den Staats- und Verwaltungsaufbau wie auch auf die Volkswirtschaft Deutschlands.«[639]

Wie im vorangehenden Zitat am Rande anklingt, sollte über die Zulassung zum Studium an der Ausland-Hochschule rigoros die politische Gesinnung der Studierenden entscheiden:

> »Eine Selbstverständlichkeit ist es, daß nur ein Deutscher, der die deutsche nationalsozialistische Bewegung in ihrer Geschichte, ihrem organisatorischen Aufbau und ihrem gegenwärtigen Leben genau kennt und von der nationalsozialistischen Weltanschauung völlig durchdrungen ist, als ein vollwertiger Vertreter des Deutschtums im Auslande gelten kann. Studenten, die politisch farbenblind sind, gehören nicht an die Auslandshochschule.«[640]

Im Gegensatz zu den an den Handelshochschulen gegründeten Dolmetscher-Instituten, die es sich zur Aufgabe machten, Nachwuchskräfte speziell für den deutschen Außenhandel auszubilden, werden in den Dokumenten der Ausland-Hochschule keine spezifischen Tätigkeitsgebiete der Absolventen, der zukünftigen Vertreter Deutschlands, genannt.

Ab dem Wintersemester 1937/38 wurden keine Richtlinien mehr in den Vorlesungsverzeichnissen der Ausland-Hochschule abgedruckt.

Die Mitteilungen der Ausland-Hochschule geben einen Überblick über die Lehrveranstaltungen der Ausland-Hochschule. Dabei fällt auf, dass die Unterrichtstätigkeit vom Wintersemester 1935/36 bis zum Wintersemester 1936 kontinuierlich erweitert wurde:

> »[Von Oktober 1935 bis Oktober 1936] wurden Vorlesungen und nationenwissenschaftliche Übungen über folgende Gebiete gehalten: Abessinien, Arabien, Britisches Weltreich, China, Griechenland, Indien, Iran, Japan, Kaukasus, Niederlande, Polen, Rußland, Rumänien, Siam, Südafrika, Tschechoslowakei, Türkei, Ukraine; Afrikanische Sprachforschung, Phonetik, Koloniale Landeskunde, Technologie, Weltpolitik, Weltwirtschaft, Missionswissenschaft.
> Außerdem erstreckte sich der Unterricht auf folgende Sprachgebiete: Abessinisch, Afrikaans, Amharisch, Arabisch (Syrisch-, Ägyptisch- und Palästinisch-Arabisch), Armenisch, Bengali, Bulgarisch, Chinesisch, Englisch, Ewe, Französisch, Galla, Georgisch, Griechisch, Haussa, Hindi, Hindustani, Italienisch, Japanisch, Jaunde, Javanisch, Ma-

639 Ibid.
640 Ibid.

laiisch, Niederländisch, Nubisch, Ossetisch, Persisch, Polnisch, Rumänisch, Russisch, Serbokroatisch, Siamesisch, Spanisch, Schilh, Suaheli, Tamulisch, Telugu, Türkisch und Ukrainisch.«[641]

Im Studienjahr 1937 kamen Vorlesungen und Übungen, die nicht mehr als nationenwissenschaftlich bezeichnet wurden, für Bulgarien, Frankreich und Jugoslawien hinzu. Als Sprachen wurden die folgenden ins Curriculum aufgenommen: Berberisch, Dänisch, Finnisch, Norwegisch, Schwedisch, Setschuana, Tatarisch, Tschechisch. Im Studienjahr 1938 wurde das Curriculum durch Vorlesungen und Übungen zu einigen Ländern erweitert, deren Sprachen im vorherigen Studienjahr Eingang ins Curriculum fanden: Dänemark, Malaiischer Archipel, Norwegen, Schweden. Als Sprachen wurden zusätzlich ins Curriculum die folgenden integriert: Äthiopisch, die Kwasprachen in Oberguinea, Sotho, Tschuana und Zulu. Nur wenige Sprachen wurden nach kurzer Zeit aus dem Curriculum wieder entfernt, zum Beispiel Setschuana und Haussa. Im Durchschnitt wurden in den drei aufgeführten Studienjahren 30 Länder und Themenbereiche, die zu SOS-Zeiten unter den Realienunterricht gefallen wären, behandelt sowie etwa 47 Sprachen unterrichtet.

Im Vorlesungsverzeichnis vom Wintersemester 1937/38 wird das Veranstaltungsangebot in sieben Abteilungen unterteilt: 1. Allgemeine Vorlesungen, 2. Europa, 3. Ostasien, 4. Südostasien, 5. Indien, 6. Vorderasien und 7. Afrika. Die einzelnen – insgesamt über 30 – Länderinstitute dieser Abteilungen weisen ein mehr oder weniger umfangreiches Angebot an Veranstaltungen aus. Im Russland-Institut wurden etwa dreißig verschiedene Veranstaltungen angeboten, im Siamesischen dagegen nur fünf. Neben landeskundlichen Veranstaltungen, die meist Geschichte, Politik und Wirtschaft der jeweiligen Länder behandelten, wurden Sprachkurse verschiedener Stufen angeboten. Darunter gab es beispielsweise Kurse, die in die Sprache einführten, Grammatik- und Lektürekurse, Diktat- und Übersetzungskurse. Übersetzungskurse stellten meist Ausnahmen dar, sie wurden als Ergänzung zum Sprachunterricht angeboten.

Die Studierendenzahlen der Ausland-Hochschule bewegten sich in den Wintersemestern von 1935 bis 1937 zwischen 336 und 365, in den Sommersemestern von 1936 bis 1938 von 292 bis 315[642]. Im Oktober 1936 wurden für das vergangene

641 Palme (1936: IV–V).

642 Die Studierendenzahlen in diesem Zeitraum waren wie folgt: Wintersemester 1935/36: 365, Sommersemester 1936: 315 (vgl. Palme (1936: V)); Wintersemester 1936/37 (AHS): 336, Sommersemester 1937 (AHS): 292 (vgl. Scharschmidt (1937: III)); Wintersemester 1937/38 (AHS): 355, Sommersemester 1938 (AHS): 303 (vgl. Scharschmidt (1938: III)). Interessant ist es, dass die Zahl der weiblichen und männlichen Studierenden vom Sommersemester 1936 (SOS) bis zum Sommersemester 1937 (AHS) ausgewogen war, in den Wintersemestern 1935/36 (SOS), und 1937/38 (AHS) sowie im Sommersemester 1938 (AHS) allerdings der Frauenanteil im Schnitt mit knapp 70 % überwog.

Studienjahr 63 Diplomierte angeführt[643], im Studienjahr 1937 legten 47 Studierende die Diplomprüfung erfolgreich ab[644]. Im Jahr 1938 stieg die Zahl der an der Ausland-Hochschule Diplomierten auf 87 an[645]. Ein möglicher Grund für diesen Anstieg könnte sein, dass die meisten Studierenden ihren Abschluss noch vor der Schließung der Ausland-Hochschule erlangen wollten, die im Herbst 1937 beschlossen wurde[646].

Die Vorlesungsverzeichnisse der Ausland-Hochschule reichen bis zum Frühjahr 1940. Zu jener Zeit sollte die Auslandswissenschaftliche Fakultät an der Universität Berlin ihren Betrieb aufnehmen[647]. Ob im Jahr 1939 der Unterricht an der Ausland-Hochschule gemäß den Vorlesungsverzeichnissen stattfand, und ob es in jenem Jahr Absolventen gab, konnte bei den Recherchen für die vorliegende Arbeit nicht geklärt werden.

2.2.5 Zusammenfassung der Ergebnisse

2.2.5.1 Die ersten 25 Jahre des SOS (1887–1912)

Außen- und kolonialpolitische Entwicklungen in Deutschland Ende des 19. Jahrhunderts und der damit einhergehende Bedarf an Sprachexperten, die verantwortlich und seriös zwischen Deutschland und den Völkern Asiens und Afrikas den sprachlichen Verkehr gestalten sollten, bergen die Gründungsmotive für das *Seminar für Orientalische Sprachen* (SOS) in Berlin. Dieses wurde auf Anregung Bismarcks von einer Expertenkommission ab März 1886 analog zu den in Wien und Paris bestehenden »orientalischen Sprachschulen«[648] geplant und institutionell als selbstständige Einheit an der Königlichen Friedrich Wilhelms-Universität zu Berlin vorgesehen, die finanziell und in Verwaltungsangelegenheiten unabhängig war.

Wie stark der Mangel an geeignetem Personal für die Regelung des sprachlichen Verkehrs damals zutage getreten sein muss, zeigen Maßnahmen wie etwa das kostenlose Kursangebot am SOS und die Vergabe von Stipendien. Mit diesem Anreiz sollte die Nachfrage nach dem Unterrichtsangebot am SOS gesichert werden. Die Kosten der zu gründenden Einrichtung wurden vom Reich und von Preußen gleichermaßen getragen, wobei vornehmlich von einem besonderen Interesse des Reichs an den Absolventen ausgegangen wurde. Das SOS wurde vom preußischen Unterrichtsministerium unter ständiger Mitwirkung des Auswärtigen Amts verwaltet. Dieses hatte somit Einfluss auf die curriculare Ausgestaltung der Ausbil-

643 Vgl. Palme (1936: V–VI).
644 Vgl. Scharschmidt (1937: III–IV).
645 Vgl. Scharschmdit (1938: III–VI).
646 HU UA, Phil. Fak., Nr. 1537, Bl. 42, NSD-Dozentenbund an Reichsamtsleiter des NSD-Dozentenbundes, 04.12.1937.
647 HU UA, Phil. Fak., Nr. 1537, Bl. 97, Reichsminister an Dekan der Philosophischen Fakultät, 10.10.1939.
648 BArch, R 1501/108978, Bl. 3 (RS), Denkschrift zur Errichtung eines Seminars für Orientalische Sprachen, 22.04.1886.

dungsstätte, denn die Ausbildung am SOS, die als Ergänzungsstudium, in der Regel zum Jurastudium, konzipiert wurde, wurde primär auf die Vorbereitung für die Dolmetscherlaufbahn (auch Dragomanatslaufbahn) und den Kolonialdienst im Auswärtigen Dienst zugeschnitten. Auf diese Weise wurde die Ausbildung am SOS an die Außen- und Kolonialpolitik Deutschlands angepasst.

Von den sogenannten Dolmetscher-Eleven, also den Anwärtern für die Dolmetscherlaufbahn, wurde als Studienvoraussetzung mindestens das erste juristische Staatsexamen verlangt, eine gründliche Allgemeinbildung, Kenntnis der Französischen und Englischen Sprache, eine Sprachbegabung sowie eine gute körperliche Konstitution, um sich an schwierige klimatische Verhältnisse anpassen zu können. Neben dieser Hauptzielgruppe des SOS gab es weitere unterschiedliche Berufsgruppen, die den Reichsdienst anstrebten, und für die eine Ausbildung am SOS nützlich war. Dazu gehörten etwa Ingenieure, Kaufleute oder Missionare. Die Zielgruppe des SOS war somit heterogen, was eine hohe Herausforderung für die Gestaltung des curricularen Profils mit sich brachte.

Ohnehin waren die Vorstellungen von der Ausbildung am SOS, die in der Denkschrift von 1886 ihren Niederschlag fand, sehr vage: Theoretische Vorträge und praktische Übungen in den lebenden Sprachen des Orients und Ostasiens (Türkisch, Arabisch, Persisch, Indisch, Chinesisch, Japanisch) sollte der Lehrplan umfassen. Hinzu sollten Veranstaltungen treten, die Kenntnisse über Verhältnisse in den relevanten Ländern vermittelten, sogenannte Realienveranstaltungen. Es handelte sich um ein curriculares Zwei-Komponenten-Modell (vgl. hierzu auch 2.7.5, 3.1.23).

Sprachkenntnis	**Kenntnis der Landesverhältnisse (Realien)**
Etwa Türkisch, Arabisch, Chinesisch → Bezogen auf die Gegenwartssprache (= lebende Sprache)	Etwa Politik, Wirtschaft, Recht, Geographie → Bezogen auf die Gegenwartsverhältnisse

Tab. 6: Curriculares Zwei-Komponenten-Modell (SOS)

Die Politik erwartete ein hohes Maß an Flexibilität vom SOS, denn das Lehrangebot sollte zukünftig auf die außenpolitischen Entwicklungen zugeschnitten werden. Als relevant wurden in diesem Zusammenhang auch wirtschaftspolitische Entwicklungen erachtet, die durch die zunehmende Verflechtung Deutschlands in die Weltwirtschaft immer mehr eine internationale Dimension erlangten. (Vgl. 2.1.2.2, 2.1.2.4).

Ein entscheidendes Kriterium der Ausbildung am SOS war ihre Praxisbezogenheit. Diese wurzelt im Planungsprozess der Ausbildungsstätte: Durch den praktischen Ansatz in der Ausbildung sollte sich das SOS von der universitären philologischen Forschungsweise abgrenzen (vgl. 2.1.1.2). Die Politiker stellten sich dabei vor, dass es für die sprachliche Alltagspraxis etwa nicht nötig sei, »den Urgrund der Dinge« zu erforschen. Daher wurden »grundgelehrte Professoren« am SOS nicht eingestellt[649]. Da es ja eigentlich *nur* um die Vermittlung der Sprache im alltäglichen Verkehr ging, sollten die Pfeiler der Lehreinrichtung deutsche Lektoren und ihre eingeborenen Assistenten sein.

Nach einer gut einjährigen Planungsphase wurde im Juni 1887 das Gesetz zur Errichtung des SOS im Reichsgesetzblatt veröffentlicht. Der Studienbeginn wurde auf das folgende Wintersemester 1887/88 festgesetzt. Im ersten Studienjahr wurden zwei Laufbahnen angeboten: Dragomanatslaufbahn, für die das SOS gegründet wurde. Hinzu kam, etwas zeitlich verzögert, eine Laufbahn für Kolonialbeamte. Damit sollte auf aktuelle politische Entwicklungen reagiert werden.

Das SOS war gewissermaßen ein Pilotprojekt, denn für die Dolmetscher-Ausbildung waren in Deutschland noch keine theoretischen Grundlagen vorhanden. Die in den politischen Debatten zur Gründung des SOS geäußerten Vorstellungen der Abgeordneten und auch der Inhalt der Denkschrift zur Errichtung des SOS zeigen deutlich, dass die komplexe Materie des Sprachmittelns nicht annähernd umrissen, sondern vielmehr heruntergespielt wurde. Eine gewisse volkstümlich anmutende, sprich vermeintlich allgemein verständliche und stark vereinfachte, Ansicht über die Sprachmittlungstätigkeit, die auch heute noch in der Gesellschaft festgestellt werden kann, haftet der Sache somit schon im Kern an.

2.2.5.2 Hintergrund der Reformdebatte (1908/1912–1914)

1908 wurden die Zulassungsbedingungen zum diplomatischen und konsularischen Dienst reformiert. Die bis dahin gültigen Zulassungsbedingungen datierten aus dem Jahr 1876. Die Reform wurde durch den Wandel in Wirtschaft und Politik notwendig, die zunehmend komplexer wurden (vgl. 2.1.2.4). Wie bisher war das entscheidende Zulassungskriterium zum diplomatischen und konsularischen Dienst das bestandene erste juristische Staatsexamen. Eine zweijährige Berufspraxis entfiel aber ab 1908. Sie wurde ersetzt durch eine vierjährige Vorbereitungszeit auf den Staatsdienst, in der die Integration einer Ausbildungsphase in der wirtschaftlichen Praxis gefordert wurde. Ebenso hing die Aufnahme in den diplomatischen und konsularischen Dienst nun auch von dem Bestehen einer schriftlichen und mündlichen Prüfung im Englischen und Französischen sowie von wirtschafts- und handelsbezogenen Prüfungsleistungen ab.

Die Öffentlichkeit begrüßte die neuen Zulassungsbedingungen zum diplomatischen und konsularischen Dienst, zeugten sie doch von einer gewissen Einsicht, dass sich die Welt international anspruchsvoller gestaltete und dies konsequent seinen Niederschlag in der Ausbildung von diplomatischen Auslandsvertretern finden musste. Gleichzeitig wurden aber auch Bedenken geäußert, ob die hohen Anforderungen von den Anwärtern überhaupt geleistet werden konnten. Die 1908 vorgebrachten Vorschläge zu den im diplomatischen und konsularischen Dienst notwendig gewordenen Auslandsstudien waren erste Ansätze in der langjährigen

649 BArch, R 1501/108978, Bl. 69 (RS), Protokoll der 22. Sitzung des Reichstags, 27.04.1887.

Diskussion über die Gestaltung des diplomatischen Auslandsdienstes und der damit einhergehenden Reformdebatte über das SOS, die mit dem 25-jährigen Jubiläum der Ausbildungsstätte im Jahr 1912 Auftrieb bekam, durch den Ersten Weltkrieg aber jäh unterbrochen wurde.

Die ersten Vorschläge zur Ausgestaltung der Auslandsstudien wurden von zwei Völkerrechtlern vorgebracht: Philipp Zorn und Heinrich Pohl. Beide waren durch eine akademische Verbindung in Kontakt. Im Sommer 1908 brachte Zorn, der auch Abgeordneter in Berlin war, im Herrenhaus den Vorschlag von der Errichtung einer »Akademie für den Auslanddienst«[650] vor, die in Berlin ihren Sitz haben und das Studium, das auf den diplomatischen Dienst vorbereitete, institutionell bündeln sollte. Pohl griff diesen Gedanken kurz danach auf und unterbreitete in der Presse einen Vorschlag zur inhaltlichen Ausgestaltung der wünschenswerten Akademie, die sich Pohl schwerpunktmäßig als Völkerrechtshochschule vorstellte. Zudem sollte die zu errichtende Spezial-Ausbildungsstätte auch Bereiche der Volkswirtschafts- und Betriebswirtschaftslehre umfassen sowie eine Reihe weiterer für den Auslandsdienst nützlichen Themenbereiche im Curriculum enthalten. Eine Lösung, wie das Zusammenspiel der zahlreichen Fächer methodisch ausgestaltet werden sollte, blieb Pohl der Öffentlichkeit aber schuldig.

Etwa gleichzeitig wurde intern im preußischen Unterrichtsministerium vom Chef der Hochschulabteilung, Friedrich Althoff, der in die Gründungsarbeit des SOS involviert war, dem Direktor des SOS, Eduard Sachau (vgl. 2.2.3.13.3), der Vorschlag unterbreitet, das SOS als Grundlage für die Errichtung einer Institution in Deutschland vorzusehen, die sich wissenschaftlich mit völkerrechtlichen Themen befassen sollte, um den neuen Zulassungsbedingungen zum diplomatischen und konsularischen Dienst zu entsprechen. Althoff zufolge eignete sich das SOS zum Ausbau zu einer solchen Institution besonders wegen seines umfangreichen und fundierten Angebots im Sprach- und Realienunterricht, das problemlos um weitere Vorlesungen mit aktuellen Fragen zu Politik, Recht und Wirtschaft im internationalen Verkehr erweitert werden könnte.

Bis 1913 wurden diese Vorschläge nicht weiterverfolgt. Erst ab der 25-jährigen Jubiläumsfeier des SOS wurde die Debatte zur Gestaltung des Auslandsstudiums wieder belebt. Die Initialzündung zur Diskussion über die Gestaltung des Auslandsstudiums und der damit einhergehenden Reformdebatte über das SOS kam im November 1912 von dem Russischdozenten am SOS, Anton Palme (vgl. 2.2.3.13.1), der in einem Berliner Presseartikel die Bezeichnung *Deutsche Auslandshochschule* für die zu errichtende Einrichtung einführte. Diese Bezeichnung wurde allgemein akzeptiert und in der folgenden Debatte verwendet. Palme galt damit als Urheber der Bewegung für eine solche Einrichtung. 1914 legte er basierend auf seinen Lehrerfahrungen am SOS, die dort in erster Linie im Dolmetscherstudiengang gesammelt wurden, einen methodischen Vorschlag zur Ausgestaltung des Auslandsstudiums vor.

650 Pohl (1908).

Auf Palmes Presseartikel und auf den Beschluss des Reichstags im April 1913, eine Denkschrift über den Ausbau des SOS zu einer *Deutschen Auslandshochschule* auszuarbeiten, folgten 1913 und 1914 weitere publizierte Beiträge zum Thema von anderen Autoren, die die Vertiefung des Auslandsstudiums befürworteten, dieses allerdings auch in einem anderen institutionellen Rahmen verorten wollten: Apt und Eltzbacher etwa, beide Vertreter der Handelshochschule Berlin, schlugen vor, aufgrund der von zukünftigen Diplomaten gewünschten wirtschaftsbezogenen Kenntnisse, die Handelshochschulen in die Reform des diplomatischen und konsularischen Dienstes einzubeziehen. Nicht zuletzt, da erkannt wurde, dass diplomatische Beziehungen zukünftig von wirtschaftlichen Fragen abhingen (vgl. 2.4.5). In der politischen Debatte wurde Anfang 1914 etwa aus Kostengründen angeregt, die Auslandsstudien in den Lehrplan der Universitäten zu integrieren. Die Diskussion zum Thema und die Vielfalt der möglichen institutionellen Ausgestaltungsvorschläge verdeutlicht die Brisanz des Themas Auslandsstudien in unterschiedlichen Kreisen in Deutschland in jener Zeit. Fest stand, dass zukünftige Generationen für die zunehmenden internationalen Herausforderungen in Politik und Wirtschaft gewappnet werden mussten, wollte Deutschland in Zukunft wirtschaftlichen und kulturellen Einfluss auf das Ausland haben. Länder wie England oder Frankreich waren Deutschland im bildungspolitischen Bereich in diesem Punkt weit voraus. Schon aus diesem Grund sollte ein gewisser Nachholbedarf nicht länger aufgeschoben werden, schließlich wollte man ja mit den Konkurrenten im internationalen wirtschaftlichen Wettbewerb mithalten können. Unklar war aber, in welchem institutionellen Rahmen das Auslandsstudium durchgeführt werden sollte.

Zudem schienen den Forderungen bezüglich der thematischen Dimension des Auslandsstudiums – wohlgemerkt im Rahmen eines Ergänzungsstudiums – keine Grenzen gesetzt zu sein. Außer Palme befasste sich niemand mit methodischen Fragen zur Vermittlung der Auslandsstudien. Palmes Vorschlag wurde in der gesamten Debatte, auch nach 1914, ignoriert. Die Problematik, die mit der Methodik zur Vermittlung der Auslandsstudien verbunden war, war Politikern fremd und unzugänglich. Im April 1914 ebbte die Debatte über die Errichtung einer *Deutschen Auslandshochschule* aufgrund der nahenden Kriegssituation und der ungeklärten Budgetfrage, die bezüglich der Errichtung einer *Deutschen Auslandshochschule* nicht unerheblich war, wieder ab.

2.2.5.3 Das 25-jährige Jubiläum des SOS – Beginn der SOS-Reformdebatte (1912)

Ein erster Meilenstein in der Geschichte des SOS wurde 1912 mit seinem 25-jährigen Jubiläum erreicht. Dieses Datum gab Anlass, Bilanz zu ziehen und markierte den Beginn einer Reformdebatte, die über zehn Jahre ergebnislos geführt werden sollte. Negativ fällt dabei auf, dass die Träger des SOS, das preußische Unterrichtsministerium zusammen mit dem Auswärtigen Amt, den organisatorischen und methodischen Ist-Stand am SOS schönredeten und vor nötigen Reformen die Augen verschlossen. Reformfreudig hingegen war der Kreis, der das SOS durch seine langjährige Arbeit inhaltlich prägte: die Dozenten des SOS. Sie forderten, nicht nur das Ausbildungsprofil, sondern auch das SOS organisatorisch als Einrichtung an die Bedürfnisse der Zeit, die auch entsprechend veränderte Berufsprofile mit sich brachten, anzupassen.

In den ersten 25 Jahren seines Bestehens entwickelte sich die Nachfrage nach der Ausbildung am SOS positiv. Deutlich trat dies an der Verdreifachung der Studierendenzahl in diesem Zeitraum zutage, die im Zusammenhang mit der außenpolitischen und kolonialen Erweiterung des Deutschen Reichs zu sehen ist (vgl. 2.1.2). Flexibilität in Bezug auf den Lehrplan forderte die Politik schon in der Gründungszeit vom SOS, und so ging mit der politischen Ausdehnung eine kontinuierliche Erweiterung des Curriculums einher, um den Bedarf an entsprechend für das Ausland vorgeschultem Personal zu decken. In sogenannten Dolmetscher- und Kolonialklassen wurde auf entsprechende Laufbahnen im Staatsdienst vorbereitet. Die Veranstaltungen des SOS standen aber nicht nur zukünftigen Dolmetschern und Kolonialbeamten offen, sondern auch anderen Zielgruppen, die eine Auslandstätigkeit anstrebten.[651] Die Anpassung des Unterrichts an die unterschiedlichen Zielgruppen, die unterschiedliche Qualifikationen aufwiesen, muss für das Lehrpersonal eine besondere Herausforderung gewesen sein.

Trotz – oder gerade wegen – der maßlosen Flexibilität, die an das Curriculum des SOS von der Politik gestellt und auch vom SOS geleistet wurde, erntete das SOS Kritik an einem empfindlichen Punkt: der Qualität. Die einen beschwerten sich, dass die Realienfächer das praxisrelevante Themenspektrum nicht in voller Breite abdeckten, die anderen bemängelten die fehlende Tiefe der Realienveranstaltungen. Manche Zielgruppen beanstandeten den eingeschränkten Zugang zu den Realienveranstaltungen aufgrund der hohen Nachfrage und letztendlich stellte sich zwangsweise auch die Frage, ob die Studienanforderungen am SOS im Rahmen eines Ergänzungsstudiums überhaupt zufriedenstellend erreicht werden konnten. Fragwürdig – und negative Konsequenzen für das später entstehende Berufsbild von Dolmetschern und Übersetzern vorwegnehmend – war m.E. auch die Tatsache, dass der Studienabschluss lediglich als Nachweis über die Erlangung von Kenntnissen diente, nicht aber zur Führung eines Titels berechtigte. Die einzelnen Kritikpunkte förderten einen gewissen Missstand, der in der Öffentlichkeit einen zweifelhaften Eindruck vom SOS – und womöglich auch von seinen Absolventen – hinterlassen musste. Da es in erster Linie dafür bekannt war, unterschiedlichen Zielgruppen, Fremdsprachen zu vermitteln, verfestigte sich m.E. zwangsläufig auch die allgemeine Auffassung, Sprachmittlung sei keine Expertentätigkeit.

Ein Missgriff und in der Öffentlichkeit für Unklarheit sorgend war zudem die Bezeichnung des SOS, denn unter *orientalischen* Sprachen wurde ein Sprachangebot präsentiert, das nahezu alle Kontinente abdeckte. Dieses sprachliche Detail stiftete allgemeine Verwirrung und war ironischerweise gegenläufig zu dem, was

651 Vgl. Sachau (1912: 17–18 und 34).

von denjenigen verlangt wurde, die dort ausgebildet wurden, um von Berufs wegen für sprachliche Klarheit zu sorgen.

In seinem Vortrag anlässlich der Jubiläumsfeier des SOS im Jahr 1912 konstatierte der Direktor des SOS, dass die politische Ausdehnung des Deutschen Reichs insbesondere der Sprachwissenschaft neue Aufgaben zugewiesen habe und dass die Forschungsarbeiten am SOS ausnahmslos dem friedlichen Verkehr zwischen den Völkern dienten. Nicht zu überhören ist in seinen Ausführungen allerdings ein kolonialer Beiklang, der andeutete, dass die Forschungen vornehmlich einseitig auf die Förderung der politischen und wirtschaftlichen Expansion des Deutschen Reichs abzielten. (Vgl. 2.1.2.3).

Mit der Entwicklung der Unterrichtspraxis am SOS ging die Profilierung der Unterrichts- und Forschungsmethoden einher. Die Realienveranstaltungen, die anfangs marginal im Curriculum integriert waren und kontinuierlich immer mehr Raum einnahmen, zeigten, dass Sprache nur *eine* Äußerung einer Kultur ist und dass andere Äußerungen ebenso intensiv behandelt werden mussten, um das Verständnis für eine andere Kultur zu fördern. Dieser Forschungsansatz, der Sprache und Sache untrennbar verbindet und ein auf den sprachlichen Inhalt bezogenes Studium der Gegenwartssprache verlangte, wurde von einem Dozenten des SOS, Anton Palme, in seinem Werk von 1914 beschrieben und als »nationenwissenschaftliches Studium« bezeichnet.

2.2.5.4 Das nationenwissenschaftliche Studium (1914)

1914 erschien Anton Palmes Werk *Die Deutsche Auslandshochschule und das nationenwissenschaftliche Studium des Auslandes*[652]. Er beabsichtigte damit, die Diskussion über das Auslandsstudium und die Schaffung einer *Deutschen Auslandshochschule* methodisch zu untermauern. Als Einziger in der Debatte unterbreitete er einen Vorschlag zur methodischen Ausgestaltung des Studiums an einer solchen der Allgemeinheit noch unklar vorschwebenden Bildungsinstitution. In den für diese Arbeit konsultierten Quellen wurde deutlich, dass bis weit nach dem Ersten Weltkrieg allgemein keine klaren Vorstellungen über ein Auslandsstudium bestanden. Unklar war etwa, ob das Ausland im Sinne von global zu verstehen sei oder auf einzelne Länder bezogen (vgl. 2.4.4.2, 3.1.14).

Palme definiert das Auslandsstudium als ein Studium der Sprache und der Verhältnisse von nur einem bestimmten Land. Das Fundament eines solchen Studiums sei die Sprache, denn sie ermögliche vollen Zugang zum geistigen Vorrat eines Volkes. Somit sei sie die Hauptquelle für das Verständnis eines fremden Volkes. Palme bezieht sich dabei explizit auf die lebende Sprache, also auf die Gegenwartssprache, und betont, dass die gründliche praktische Beherrschung der Gegenwartssprache Voraussetzung für das Auslandsstudium sei. Gegenstand eines solchen Studiums müsse der Sprach*inhalt* sein, also der gedankliche Inhalt einer sprachlichen Äußerung, die untrennbar mit ihrer sprachlichen Form zusammenhänge.

652 Vgl. Palme (1914).

Neben dem Sprachstudium, so Palme, erfordere ein Auslandsstudium das gleichwertige Studium der staatlichen, wirtschaftlichen und kulturellen Verhältnisse der jeweiligen fremden Nation. Das Studium der Sprache fördere das *formale* Sprachverständnis und das Studium der Landesverhältnisse fördere das *materielle* Sprachverständnis. Beide Komponenten bedingten sich gegenseitig, denn erst durch das systematische Erfassen von kausalen Zusammenhängen in den staatlichen, wirtschaftlichen und kulturellen Verhältnissen eines fremden Landes sei ein Verständnis einer fremden Sprache und des Volkes, das diese Sprache spricht, möglich. Ein solches, das Verständnis für ein fremdes Land förderndes Studium, nennt Palme ein nationenwissenschaftliches. Das Ziel eines solchen Studiums sei das Eindringen in den Sprach*inhalt*. Nur ein solches Studium biete die einzig richtige Methode, so Palme, ein Auslandsstudium, wie von Politik und Wirtschaft so dringend gefordert, zu gestalten. Palme führt aus, dass das nationenwissenschaftliche Studium nicht nur Erkenntnisse über fremde Länder, sondern auch durch den Vergleich des fremden Landes mit dem eigenen Land, Erkenntnisse über das eigene Land hervorbringe und so dazu beitrage, Lücken im Wissen über das eigene Land zu schließen. Die Anfänge eines solchen Studiums wurden Palme zufolge am SOS entwickelt. Palme grenzt in seinen Ausführungen die von ihm skizzierte Methode streng von Landeskundestudien im Sinne von Sammlungen von landesbezogenen Informationen ab und führt weiter aus, dass das nationenwissenschaftliche Studium von der Annahme ausgehe, dass jedes Volk einen *mehr oder minder nationalen Charakter* habe[653]. Diese ein bestimmtes Volk prägende Eigenschaften sollten in einem nationenwissenschaftlichen Studium erforscht werden. Aus heutiger Sicht mutet dieser Ansatz auf den ersten Blick nationalistisch an. Er ist m. E. im Zusammenhang mit der deutschen Kolonialpolitik und dem Streben nach einer deutschen Vormachtstellung in der Welt in jener Zeit zu sehen. Außerdem ist dieser Ansatz aber auch vor dem Hintergrund eines weiterentwickelten Nationenbegriffs und seiner Auslegung zu sehen, der in den Anfängen der Philologie als Wissenschaftsfach um 1800 begründet ist. Zu jener Zeit war die Frage nach dem Nationenbegriff ein bestimmendes Thema in intellektuellen Kreisen Europas (vgl. 2.1.1.2). Aufgrund der faschistischen Interpretation des Nationenbegriffs im Nationalsozialismus wurden solche Forschungsansätze nach dem Zweiten Weltkrieg zu Recht aus den deutschen Hochschulen verbannt. Durch den Umgang mit der näheren Geschichte nach 1945 wurde der Blick auf Verbindungen zu diesem Begriff versperrt, die aus der Zeit vor dem Dritten Reich herrühren und nicht negativ zu belegen sind. Dies förderte in der Nachwelt eine verengte Sicht auf die Dinge. Abgesehen davon beschreibt Palme m. E die grundlegende Methodik eines translatorischen Studiengangs in seiner frühen Phase, deren Kernaussagen, was Sprachform, Sprachinhalt und Sprachverständnis anbelangen, heute noch Gültigkeit beanspruchen dürfen.

Palme kontrastiert das von ihm skizzierte und am SOS entwickelte Studium mit dem philologisch-historischen Studium an den Universitäten, da sich dieses traditionelle Sprachstudium dem Studium von Sprach*formen* zuwende, die vorwiegend

653 Vgl. Palme (1914: 18).

in vergangenen Perioden auftraten, um somit die Gesetzmäßigkeiten einer Sprache zu bestimmen. Zur Erreichung der Ziele dieses traditionellen Sprachstudiums würden fast nur belletristische Werke aus vergangenen Perioden behandelt, nicht aber Texte der Gegenwartssprache. Dadurch würden wichtige Aspekte des Sprachstudiums, vor allem in Bezug auf die Gegenwartssprache, außer Acht gelassen. Palme beklagt, dass obwohl im traditionellen philologischen Studium an den Universitäten das Studium der Gegenwartssprache ausgeklammert wird, seine Vertreter dennoch beanspruchen, das philologisch-historische Studium sei das einzig wahre wissenschaftliche Sprachstudium. Das auf die Gegenwart bezogene Sprachstudium werde hingegen von ihnen als rein praktisch abgetan, anstatt Toleranz zu üben und das auf den Sprach*inhalt* bezogene Studium gleichwertig neben das Studium der Sprach*form* zu stellen. (Vgl. 2.1.1.3).

Neben seinem methodischen Vorschlag gibt Palme auch Anregungen zur institutionellen Lösung für das nationenwissenschaftliche Studium. Da das nationenwissenschaftliche Studium eng mit der Entwicklung des SOS im Zusammenhang stehe und dort verwurzelt sei, schlägt Palme vor, das SOS zur *Deutschen Auslandshochschule* auszubauen, da dies ohne großen Aufwand umgesetzt werden könne und das nationenwissenschaftliche Studium sozusagen nicht verpflanzt werden müsse. Andere Vorschläge, die den Aufbau einer *Deutschen Auslandshochschule* an anderen Institutionen befürworteten, etwa den Handelshochschulen, akzeptiert und kritisiert Palme und warnt gleichzeitig davor, das von ihm skizzierte und am SOS entstandene nationenwissenschaftliche Studium nicht methodisch vereinfacht und unsystematisch auf andere Institutionen leichtfertig zu übertragen, um damit schließlich die intendierten Studienziele zu verfehlen. (Vgl. 3.1.15).

2.2.5.5 Der Erste Weltkrieg als Wegbereiter für die Völkerverständigung (1915)

Die durch den Ersten Weltkrieg verursachte prekäre Situation am Weltmarkt nahm Palme in einem Pressebeitrag vom November 1915 zum Anlass, die Ausbildung der zukünftigen Auslandsvertreter Deutschlands zu thematisieren. Einen Weg aus der Abschottungspolitik nach dem Krieg sah Palme darin, der gegenwärtigen Unkenntnis über andere Länder entsprechende Kenntnis entgegenzusetzen und sich auf zukünftige Handelspartner, die gegenwärtigen Kriegsgegner, auf der Basis der zu erforschenden landesbezogenen Kenntnisse zuzubewegen, um ein »Völkerverstehen«[654] zu fördern. Sein Vorschlag in diesem Zusammenhang war die Schaffung einer zentralen Stelle in Deutschland zur Erforschung der relevanten auslandsbezogenen Kenntnisse, wobei sich laut Palme eine *Deutsche Auslandshochschule* am besten zur Sammlung, Pflege und Verbreitung von Auslandskenntnissen eignete.

Palme kritisiert in seinem Beitrag nonchalant die vorherrschende Qualifikation der Auslandsvertreter Deutschlands, die sich im Krieg deutlich zeige und unter-

654 Vgl. Palme (1915c). Palmes Beitrag wurde von der Zeitungsredaktion auf drei Ausgaben verteilt (vgl. hierzu auch Palme (1915 a, b).

stellt dem Auswärtigen Amt mangelnde Bereitschaft, die Ausbildung der zukünftigen Auslandsbeamten entsprechend den Anforderungen der Zeit zu reformieren. Zudem tritt er entschieden dafür ein, dass in Zukunft Auslandsvertreter die Geschicke Deutschlands lenken, die in der Lage sind, Deutschland fundierte landesbezogene Informationen auf Basis ihrer eigenen beruflichen Kompetenz zu liefern und ihr Land in Verhandlungen mit ausländischen Partnern entsprechend landesadäquat – also sprachlich, fachlich und kulturell versiert – zu vertreten. In Anbetracht der sich international immer komplexer gestaltenden Verhältnisse sei dies dringend geboten. Zudem erfordere die internationale Entwicklung in Politik und Wirtschaft eine Spezialisierung der Auslandsvertreter auf bestimmte Länder. Der Vorteil einer von Palme skizzierten Forschungsstelle für Auslandskenntnisse sei, dass diese für weitere Kreise Deutschlands von Nutzen sein könne. Implizit konnte Palmes Vorschlag zur Völkerverständigung so auf weitere Kreise Deutschlands ausgedehnt werden.

Palme regt in seinen Ausführungen ein Umdenken im internationalen Miteinander an. Der Erste Weltkrieg wurde von ihm als Chance erfasst, zukünftig kenntnisbasierte – friedliche – Völkerverständigung in einer Welt zu pflegen, die sich wirtschaftlich zunehmend international gestaltete (vgl. 2.1.2.4). Seine Ausführungen machen aber auch deutlich, dass seine Argumentation nicht frei war von unterschwelligen Vorwürfen gegenüber anderen Ländern, die noch hinter der Feindeslinie standen. Der Weg zu einem friedlichen Miteinander der Völker war – auch wie die Geschichte zeigt – noch weit, aber Palme kann diesbezüglich auch als Impulsgeber erachtet werden. Bemerkenswert – und auch schlüssig – ist es, dass Palmes Gedanken zur Völkerverständigung aus seinen Erfahrungen in der translatorischen Praxis und Ausbildung herrühren, wo interkulturelles Sprachverständnis hergestellt und gefördert wird. Palme führt damit auch vor Augen, dass Völkerverständigung jeder sprachmittelnden Tätigkeit immanent ist. (Vgl. 3.1.13).

2.2.5.6 Dezentralisierung der Auslandsstudien (1916/1917)

Die Verfahrensweise der Politik mit dem Thema Auslandsstudien zeigt, wie ein Studienkonzept, das sich aus einer beruflichen Spezialisierung heraus entwickelte, in diesem Fall aus der translatorischen Ausbildung heraus, entstellt und profillos auf die Allgemeinheit übertragen wurde. Der Weg führte in diesem Fall vom Speziellen zum Allgemeinen mit verheerenden Folgen für das sich entwickelnde Fachgebiet – und damit verbunden für das wenige Jahre später entstehende Berufsbild von Dolmetschern und Übersetzern. Denn durch die Verallgemeinerung einer fachspezifischen Problematik, deren Lösung entsprechendes Expertenwissen erfordert, erfuhr diese eine staatlich legitimierte Banalisierung.

Palmes Vorschlag zur zentralen Organisation der Auslandsstudien, vorzugsweise im Rahmen einer eigens zu diesem Zweck zu schaffenden Hochschule, der auf den Erfahrungen einer Expertentätigkeit basierte, wurde aus finanziellen Gründen von der Politik abgelehnt. Nach politischem Beschluss sollten Auslandsstudien allen gebildeten Schichten zugänglich sein, egal ob sie eine Auslandstätigkeit anstrebten oder nicht. Auf diese Weise sollte nicht nur wie bisher ein kleiner elitärer Kreis in den Genuss von Auslandsstudien kommen, wie etwa im Fall der Studierenden des SOS, namentlich der Dolmetscher und Kolonialbeamten, sondern auch eine breitere Bevölkerungsschicht, die dadurch politisiert werden sollte, d. h. aufgeklärt über die Ursachen des Ersten Weltkriegs und über Deutschlands Stellung in der Welt. Allerdings ging man zu jenem Zeitpunkt noch davon aus, dass Deutschland als Sieger aus dem Ersten Weltkrieg hervorgehen würde. Daher schien diese Maßnahme auch in der Politik die richtige Entscheidung vor dem Hintergrund der Entwicklungen auf dem Weltmarkt zu sein, in die Deutschland involviert war (vgl. 2.1.2.4).

Im Januar 1917 wurde dem Haus der Abgeordneten vom preußischen Unterrichtsminister die *Denkschrift über die Förderung der Auslandsstudien* vorgelegt. Einleitend wird dort erklärt, dass die Auslandsstudien (oder Auslandskunde) bisher hinter die nationalen Bildungsaufgaben gestellt wurden. Als Grund für das wachsende Interesse an den Auslandsstudien wird darin die zunehmende internationale wirtschaftliche Ausrichtung Deutschlands angeführt. Aus historischer Sicht hätte sich die Erforschung des Auslandes über ein zunächst rein wissenschaftliches Interesse zu einem praktischen staatlichen Bedürfnis in der Ausbildung für Deutschlands Auslandsvertreter entwickelt. Dazuhin trat seit dem Ausbruch des Ersten Weltkriegs ein allgemeines außenpolitisches Interesse an den Auslandsstudien. Die Politik sollte nun den Rahmen schaffen, um dieses zu befriedigen. Da es politisch gewünscht war, dass sich jeder deutsche Akademiker mit den Verhältnissen im Ausland auseinandersetzte, um dadurch das Interesse für die inländische Politik zu fördern, wurden die Universitäten, die als Bildungseinrichtung eine gewisse Breitenwirkung erzielten, am ehesten als geeignet für die Vermittlung der Auslandsstudien erachtet. Außerdem konnten so vorhandene Ressourcen, etwa bestehende Lehrstühle, auslandskundlich ausgebaut werden. Im Einzelfall sollten zukünftige Entscheidungen aber bezüglich der Auslandsstudien von ihrer Entwicklung abhängig gemacht werden. Die Politik nahm somit eine abwartende Haltung ein, ohne dabei Ressourcen aufzuwenden, wie es etwa eine eigens für die Auslandsstudien zu errichtende Hochschule, wie sie Palme plante, mit sich gebracht hätte.

Die Folge war die Schaffung eines umfangreichen Auslandsstudienwesens an den Universitäten, das bereits im Ersten Weltkrieg eingeführt wurde. Aufgrund der unerschöpflichen Themenvielfalt der Auslandsstudien galt das Prinzip der Einschränkung und der Themenschwerpunktsetzung an bestimmten Universitäten, die sich dafür jeweils aufgrund ihrer bisherigen wissenschaftlichen Forschungsausrichtung anboten. Auffällig ist, dass der Fokus des Veranstaltungsangebots hauptsächlich wirtschaftlich und wirtschaftspolitisch orientiert war und sich in erster Linie auf Osteuropa konzentrierte. Dies hatte kolonialpolitische Hintergründe, denn dort sollte zukünftig Siedlungsland für Deutschland erschlossen werden. Die Veranstaltungen waren in deutscher Sprache. Schwierig war es dennoch, entsprechend ausgebildetes Personal zu finden, handelte es sich bei den Auslandsstudien doch um ein neues Bildungsprogramm. Entsprechend ernüchternd war der

Ausgang des Ersten Weltkriegs, denn das Interesse der deutschen Studierenden an Auslandskenntnissen war in Anbetracht der Kriegsniederlage dürftig.

Die politischen Phantastereien, die die Auslandsstudien im Ersten Weltkrieg zu einem neuen Bildungsideal hochstilisiert hatten, wirkten zudem kontraproduktiv auf das sich nach dem Ersten Weltkrieg entwickelnde Berufsbild von Dolmetschern und Übersetzern. Die Geschichte zeigt, dass sich die vor dem Ersten Weltkrieg beginnende politische Diskussion über die Gestaltung der Ausbildung für Auslandsvertreter und damit über die Reform des SOS, im Ersten Weltkrieg zu einer politischen Diskussion über die Förderung der Auslandsstudien entwickelte. Der Kern des Problems wurde dabei fatalerweise verkannt: Dieser stellte ursprünglich die Sprache eines Landes in den Mittelpunkt, durch die, auf der Basis von fremdsprachlichen Originalquellen, Kenntnisse über die jeweiligen Landesverhältnisse erschlossen werden sollten. Die Politik übertrug diese Methode vereinfacht auf die Allgemeinheit. Dabei wurden die Auslandsstudien von dem Studium der jeweiligen Landessprache abgekoppelt und einem Sammelsurium gleich unsystematisch und unfundiert vermittelt. Der entscheidende Unterschied zwischen Palmes methodischem Ansatz und dem, den die Politiker daraus gemacht hatten, war Letzteren nicht zu vermitteln. Das politische Ziel war es, auf schnellem Wege eine vermeintlich effektive Lösung für die Auslandsstudien zu finden. Dies ging aber mit einer Qualitätseinbuße einher, denn in Wahrheit wurde über ein komplexes Problem eine einfache Lösung gestülpt, die, wie der weitere Verlauf der Geschichte zeigt, ihr Ziel in Bezug auf die damit verbundene fachspezifische Problematik und das dazugehörige im Entstehen begriffene Wissenschaftsfach verfehlen musste. Der zu diesem Wissenschaftsfach gehörenden Expertengruppe, d. h. Dolmetscher und Übersetzer, wurde es dadurch von vornherein erschwert, ihren Expertenstatus zu etablieren, konnte doch die Allgemeinheit die für diesen Beruf nötigen Kenntnisse angeblich ebenso irgendwo irgendwie erlangen. (Vgl. 3.1.7, 3.1.10, 3.1.11, 3.1.14).

2.2.5.7 Demontage eines entstehenden Wissenschaftsfachs (1920–1928)

Betrachtet man den weiteren Verlauf der Geschichte, so verfestigt sich im Rückblick der Eindruck, dass nach der Einführung der Auslandstudien an den Universitäten nach 1917 – und in diesem Zusammenhang nach der Verallgemeinerung einer aus einem Spezialfach stammenden Problematik – der nächste Schritt des preußischen Unterrichtsministeriums die versuchte Zerschlagung des SOS war: Also der Institution, an der Auslandsstudien im Rahmen einer beruflichen Ausbildung bis dahin traditionell in Deutschland gepflegt wurden, an der die nationenwissenschaftliche Methode entwickelt wurde und durch deren Reformdebatte vor dem Ersten Weltkrieg die Diskussion zur Förderung der Auslandsstudien überhaupt erst in die Öffentlichkeit gelangte. Dieser Demontage-Versuch kam gegenüber den SOS-Dozenten zwar einem Affront gleich, er wurde aber mit der finanziellen Situation in der Nachkriegszeit gerechtfertigt.

Eine berechtigte Frage, die sich in diesem Zusammenhang m.E. stellt, ist, warum nach dem Ersten Weltkrieg nicht auf die bereits vorhandene Methode, die in der Dolmetscherlaufbahn am SOS gewonnen wurde, zurückgegriffen wurde, um diese dann entsprechend anzupassen und weiterzuentwickeln, als der Sprachendienst im Auswärtigen Amt und sein Ausbildungswesen 1921 gegründet wurden. Konkret stellt sich diese Frage bei einem Blick in das Aktenmaterial im Politischen Archiv des Auswärtigen Amts: Warum wurde etwa für die Organisation des Sprachendienstes und der damit verbundenen Ausbildung von Dolmetschern nicht auf die Lehrerfahrungen am SOS, die 1914 von Palme als nationenwissenschaftlich beschrieben wurden, zurückgegriffen? Warum wurden die Zusammenhänge zwischen der Ausbildung und der Tätigkeit von Dolmetschern vor dem Ersten Weltkrieg nicht in Verbindung mit dem ab 1921 zu etablierenden Sprachendienst im Auswärtigen Amt gebracht und entsprechende Synergien hergestellt?

Vom 14.04.1921 datiert im untersuchten Aktenmaterial der vom Leiter des Sprachendienstes, Paul Gautier (vgl. 2.3.5), entworfene Organisationsplan eines Sprachendienstes im Auswärtigen Amt (vgl. 2.3.4). Vermutlich wurde Gautier Anfang 1921 damit beauftragt. Vom 28.02.1921 datiert eine Aufforderung des preußischen Unterrichtsministers, die Dozenten des SOS mögen Stellung beziehen zu einer Neuorganisation des SOS. Palmes diesbezügliche Stellungnahme datiert vom 04.04.1921. Dies belegt, dass demnach zur gleichen Zeit zwei separate Einrichtungen von der Regierung geplant wurden, die von der Sache her dafür prädestiniert gewesen wären, sich gegenseitig befruchtend zu ergänzen.

Nach dem Ersten Weltkrieg sah die Zukunft des SOS vorerst noch gut aus. 1920 wagte Palme einen weiteren Vorstoß, die öffentliche Diskussion über die Errichtung einer *Deutschen Auslandshochschule* anzuregen[655]. Als Ausgangspunkt wählte Palme die isolierte Situation Deutschlands nach dem Ersten Weltkrieg. Zur Überwindung dieser vorwiegend wirtschaftlichen Notlage regte Palme an, auf der Basis von umfassenden Auslandskenntnissen wirtschaftliche Beziehungen zu anderen Völkern zu knüpfen. Diese sollten fundiert und systematisch an einer zentralen Stelle, der *Deutschen Auslandshochschule*, erforscht werden, wo auch Experten zur Pflege und Vertiefung internationaler Beziehungen in Politik, Wirtschaft und Kultur ausgebildet werden sollten. Palme betont dabei, dass das Sprachstudium Ausgangspunkt und Grundlage des gesamten Auslandsstudium sein müsse. Aus diesem Grund kritisiert er die Vorgehensweise des preußischen Unterrichtsministeriums gemäß der *Denkschrift über die Förderung der Auslandsstudien,* das Studium des Auslandes den Universitäten zu übertragen, denn die traditionelle universitäre philologische Methode lasse das Sprachstudium zur Erschließung ausländischer Landesverhältnisse und den Sprachbezug zur Gegenwart generell außer Acht.

Palme forderte, für jedes für die deutsche Außenpolitik relevante Land ein eigenes Institut an der *Deutschen Auslandshochschule* zu errichten. Er schlug in diesem Zusammenhang zwar Lösungen vor, bei denen Synergieeffekte erzielt werden konnten, aber generell war es wohl diese Maximal-Forderung, die in einer ohnehin

655 Vgl. Palme (1920).

angespannten wirtschaftlichen Lage ein gravierendes Problem bei der Umsetzung seiner Pläne darstellte. Dennoch wurde Palmes Vorschlag im zuständigen Ministerium zunächst wohlwollend aufgenommen. Anfang 1920 einigte man sich im Kultusministerium darauf, dass das SOS in seiner bisherigen Form nach Ausgang des Krieges, etwa wegen des Wegfalls der Kolonien, änderungsbedürftig in puncto Angebot der Sprach- und Realienveranstaltungen sei. Man anerkenne aber, dass internationale wirtschaftliche Kontakte ohne kulturelle Kenntnisse praktisch nicht erfolgversprechend seien und das SOS daher weiterhin, wenn auch in anderer Form, bestehen bleiben solle.

Der Rektor des SOS wurde mit der Umgestaltung des SOS beauftragt. Bis zum Abschluss des geplanten Reformprozesses übertrug das Auswärtige Amt die Ausbildung des konsularischen Personals jedoch der Außenhandelsstelle. Im Februar 1921 wurden die Dozenten des SOS in den Umgestaltungsprozess einbezogen und um Stellungnahme zu den Umgestaltungsplänen gebeten. Diese betonten die besondere Eigenart des auf Originalquellen basierenden Sprachstudiums am SOS. Dieses weise einen untrennbaren Zusammenhang zwischen Sprachstudium und dem Studium der Landesverhältnisse auf, dem sogenannten nationenwissenschaftlichen Studium, und befähige zum selbstständigen Quellenstudium. Das Studium am SOS könne daher nicht mit reinen Sprachkursen verglichen werden. Zudem entwarfen die SOS-Dozenten zwei Denkschriften, die in den Ministerien als Diskussionsgrundlage dienten. Das Primärquellenstudium zeigt, dass das Engagement für ihre Wirkungsstätte den SOS-Dozenten aber keine Früchte trug, denn ab Mitte 1921 verlor das SOS in den Ministerien seine Fürsprecher. Als Grund wurde vom Auswärtigen Amt die Aufhebung der Dolmetscherlaufbahn angegeben und dass Anwärter für den Auswärtigen Dienst nun intern ausgebildet wurden. Dadurch, dass das Auswärtige Amt ohne die Dienste des SOS auskommen konnte, hatte es ein sachliches und auch förderndes Interesse am SOS verloren. Betont wurde, dass sich ein ehemaliges Ressortinteresse bzw. berufsspezifisches Interesse, das nach dem Ausgang des Krieges weggefallen war, sich zu einem allgemeinen politischen und kulturpolitischen Interesse entwickelt hatte.

Als Hindernis für die Erweiterung des SOS zu einer *Deutschen Auslandshochschule* wurde die prekäre finanzielle Lage Deutschlands genannt. Dies zeigte sich etwa Ende 1922 in einer unveröffentlichten Denkschrift zur Zukunft des SOS, die noch die Aufrechterhaltung der Selbstständigkeit des SOS vorsah. Nur knapp ein halbes Jahr später indessen, im April 1923, wurde vom preußischen Unterrichtsministerium die *Denkschrift über die Reform des Seminars für Orientalische Sprachen in Berlin* öffentlich vorgelegt, die die Auflösung der Ausbildungsstätte bestimmte. Der Inhalt des Dokuments und auch die Querelen um das SOS, die in den folgenden Jahren in der Öffentlichkeit ausgetragen wurden, lassen rein finanzielle Gründe für die geplante Auflösung des SOS jedoch fraglich erscheinen. Die Denkschrift des preußischen Unterrichtsministeriums von 1923 kann m.E. auch als kläglicher Versuch einer übergeordneten Behörde gewertet werden, durch Vorspiegelung falscher Tatsachen eine Sache, in diesem Fall das SOS, öffentlich abzuwerten und in Verruf zu bringen, während Prozesse, die in diesem Zusammenhang durch die Behörde eingeleitet wurden und zudem den Kern der Sache nicht erfassten, als Erfolg dargestellt wurden.

Die Denkschrift von 1923 ist ein brillantes Beispiel für Augenwischerei. Einleitend werden die Anstrengungen des preußischen Unterrichtsministeriums, die Pflege der Auslandsstudien den Universitäten zu übertragen, anerkennend erwähnt. An dieser Stelle darf der Hinweis nicht fehlen, dass die Diskussion über die Auslandsstudien nachweislich von Palme im November 1912 öffentlich angeregt wurde und seine Argumentation auf seinen langjährigen Lehrerfahrungen am SOS beruhte. Auf diese Tatsache wird in der Denkschrift und auch an sonst keiner Stelle im untersuchten Material, das aus dem preußischen Unterrichtsministerium stammt, verwiesen. Es hat den Anschein, dass sich hier jemand in der Behörde mit fremden Federn schmückte, ohne dabei aber die von Palme aufgezeigte Problematik zu durchschauen. Vielmehr wurde sie vereinfacht auf ein vermeintlich allgemeinverständliches Niveau heruntergebrochen und als großer Wurf präsentiert.

Kommentierungswürdig ist auch die Abwertung der Leistungen des SOS. Diesem wurde seit seiner Gründung 1887 ein Höchstmaß an curricularer Flexibilität seitens der Politik abverlangt und damit eine stetige Erweiterung seiner Aufgaben gefordert, auf die das Lehrpersonal kontinuierlich reagieren musste. Diese Tatsache so darzustellen, als ob in der Vergangenheit die Leistungen des SOS, namentlich seiner Dozenten, nicht zufriedenstellend erbracht wurden und sich das SOS somit von seiner eigentlichen Zielsetzung immer weiter entfernt habe, entbehrt nicht nur jeder Grundlage, sondern war vermutlich auch bewusst gesteuert, um durch diese Argumentation der Öffentlichkeit den Eindruck zu vermitteln, das SOS und die Universität würden gleiche Aufgaben in diesem Bereich erbringen.

Bezeichnend in der Argumentation gegen das SOS ist auch die Erwähnung der ursprünglichen Aufgabe des SOS, die diesem seit der Gründung zukam: der Sprachunterricht. Ende des 19. Jahrhunderts gab es keine Erfahrungen in Deutschland mit einer solchen Einrichtung. 36 Jahre später, als die Denkschrift 1923 veröffentlicht wurde, waren diese aber durchaus vorhanden. Sie hatten sich in wissenschaftlichen Schriften und Denkschriften niedergeschlagen, dennoch wurden sie ignoriert, auch vom zuständigen Ministerium. Es drängt sich der Eindruck auf, dass diesem Fach, das sich seit 1887 in Deutschland in seinen zarten Anfängen befand, von oberster Instanz jegliche Entfaltungsfreiheit entzogen wurde. Denn das zuständige Ministerium schien Anfang der 1920er Jahre bewusst zu übersehen, dass selbst an einer geringgeschätzten Sprachenanstalt, die das SOS im Grunde genommen zu keiner Zeit *nur* war, Lehrmethoden – Forschung wurde dem SOS ohnehin nicht zugestanden – nicht statisch waren. Schon gar nicht, wenn von einer Ausbildungsstätte verlangt wurde, sich permanent an aktuelle politische Veränderungen anzupassen.

Aus heutiger Sicht könnte man durchaus zu der Einschätzung gelangen, dass das preußische Unterrichtsministerium mit der Behandlung des SOS als Einrichtung und vor allem mit seiner Studienmaterie völlig überfordert war. Auf rein finanzielle Gründe, die auf der Nachkriegsnot basierten, kann die Ursache für den Abbau des SOS m. E. nicht ausschließlich zurückgeführt werden. Es hat vielmehr den Anschein, dass es schon in der Anfangsphase des translatologischen Fachs schwierig war, Personen ohne einschlägige Fachkenntnisse die Berechtigung von translationsbezogenen Leistungen und die damit zusammenhängenden (Ausbildungs-)Prozesse – wurden sie auch noch so klar und geduldig dargestellt – zu vermitteln. Deutlich tritt dies in der Denkschrift von 1923 in dem Absatz zutage, in dem – falsch in der Sache – ausgeführt wird, dass das SOS gleiche Aufgaben wie die Universität übernehme, obwohl Letztere die Sprach- und Landeskundekurse voneinander abgekoppelt hatte. Palme und auch andere SOS-Dozenten hatten wiederholt darauf hingewiesen, dass der Zusammenhang zwischen Sprache und den jeweiligen Landesverhältnissen untrennbar miteinander verschmolzen sein müsse, um Originalquellen richtig zu verstehen. Die Tatsache, dass das preußische Unterrichtsministerium die Angelegenheit in der Denkschrift von 1923 so darstellte, dass von der Universität und dem SOS gleiche Aufgaben übernommen wurden und damit eine Ressourcenverschwendung einherging, musste bei zeitgenössischen Lesern, die mit der Materie vertraut waren, eine gewisse Fassungslosigkeit hervorgerufen haben.

Anfang der 1920er Jahre wurde die Umgestaltung des SOS zur *Deutschen Auslandshochschule* aus den angeführten Gründen nicht umgesetzt. Als Lösung wurde stattdessen vom preußischen Unterrichtsministerium eine Arbeitsgemeinschaft zwischen der Universität und dem SOS vorgeschlagen, die aber faktisch einer Auflösung des SOS gleichkam. Möglicherweise um Kritiker von vornherein zu beschwichtigen, wurde auf die mögliche zukünftige Lösung einer an der Universität aufzubauenden Auslandsfakultät, die sich aus den Wurzeln des SOS entwickeln sollte, verwiesen.

Als Chuzpe besonderer Art kann m.E. die zukünftige personelle Regelung für die SOS-Dozenten in der Denkschrift von 1923 interpretiert werden, denn diese sollten im Rahmen der Arbeitsgemeinschaft zu Gehilfen degradiert werden. Ihre Stellen sollten von geeigneten Persönlichkeiten des universitären Nachwuchses der Orientalischen und Slawischen Sprachwissenschaften übernommen werden. Hätte doch die Vergangenheit gezeigt, dass das deutsche wissenschaftliche Ansehen in den Ländern des Orients aufgrund des Mangels an deutschen Gelehrten in diesem Bereich gelitten hatte[656]. Mit diesem Seitenhieb muss das preußische Unterrichtsministerium beabsichtigt haben, die SOS-Dozenten bewusst vor den Kopf zu stoßen, waren diese doch seit Jahren darum bemüht, mehr Forschungszeit im Rahmen ihrer Tätigkeit beim Unterrichtsministerium zu erwirken.

Eine Denkschrift von derart herabwürdigendem Charakter gegenüber einer Traditionseinrichtung führte bei den Befürwortern und ganz besonders bei den Dozenten des SOS unweigerlich zu heftigen Reaktionen. Durch die Auflösung des SOS wurde von den Befürwortern der Einrichtung ein dramatischer wirtschaftlicher, politischer und wissenschaftlicher Schaden erwartet. Unverständnis äußerten die

656 PA AA, R 64157, Denkschrift über die Reform des Seminars für Orientalische Sprachen in Berlin, (Drucksache des Preußischen Landtags Nr. 5313), Spalte 11, 30.04.1923.

SOS-Dozenten darüber, dass sie nicht in den Erstellungsprozess der Denkschrift einbezogen wurden. Ihren Protest über das Ansinnen des preußischen Unterrichtsministeriums brachten sie bei den Abgeordneten des Reichs- und Landtags vor. Es folgte eine jahrelange, öffentlich ausgetragene Schlammschlacht zwischen den Befürwortern des SOS und seinen Gegnern. Dabei fällt auf, dass sich das preußische Unterrichtsministerium nicht einmal dafür zu schade war, den stichhaltigen Argumenten in Bezug auf den Erhalt des SOS, die von den SOS-Dozenten vorgebracht wurden, mit Intrigen zu begegnen.

Zwischen 1924 und 1928 wurden zum Erhalt des SOS vier Schriften herausgebracht, die von dem SOS-Dozenten, Georg Kampffmeyer (vgl. 2.2.3.13.2), und vermutlich unter Mitwirkung seiner SOS-Kollegen, allen voran Anton Palme, verfasst wurden. Trotz der Aufhebung der Dolmetscher- und Kolonialbeamtenlaufbahnen, so die Argumentation, habe das SOS seine Daseinsberechtigung, da es in Deutschland keine Stelle gebe, die sich der Erforschung der Gegenwartsverhältnisse des Auslandes widme. Hervorgehoben wurde erneut der Unterschied zwischen der historisch-philologischen Wissenschaftsrichtung der Universität und dem nationenwissenschaftlichen Studium, das am SOS gepflegt werde, auf fundierten Sprachkenntnissen basiere und zum Originalquellenstudium in der Fremdsprache befähige. Die Zusammenlegung der Kurse des SOS und der Universität wurden daher in Kampffmeyers Schrift aufgrund der unterschiedlichen methodischen Ausrichtung abgelehnt. Zudem wurde der berechtigte Vorwurf gemacht, das Unterrichtsministerium habe sich nicht fundiert mit den Lehrmethoden am SOS auseinandergesetzt.

Betrachtet man die Chronologie der Reformdebatte über das SOS seit ihrem Beginn im Jahr 1912, so fällt auf, dass sich die Argumentation auf beiden Seiten nicht verändert hatte. Eine Annäherung an die neuere am SOS entwickelte sprachwissenschaftliche Forschungsmethode sowie ihre Akzeptanz schien seitens des Unterrichtsministeriums und universitären Sprachwissenschaftlern nicht möglich.

Die Vernachlässigung der Pflege der organisatorischen Rahmenbedingungen des SOS zeigt etwa folgendes, aus heutiger Sicht völlig unbegreifliches, Detail: Das zuständige Ministerium akzeptierte etwa noch in den 1920er Jahren die Prüfungsordnung aus dem Gründungsjahr des SOS, also aus dem Jahr 1887. Die Tatsache, dass die organisatorischen Rahmenbedingungen der Ausbildungsstätte im Laufe von etwa 40 Jahren nicht überarbeitet wurden, lässt tief blicken. Das SOS wurde von der Politik als Einrichtung erachtet, die stets auf der Höhe der Zeit zu sein hatte. Im Gegenzug konnte das SOS von der Politik aber nicht erwarten, dass seine Infrastruktur an aktuelle Bedürfnisse angepasst wurde.

Die Missachtung des SOS und die Respektlosigkeit gegenüber seinen Dozenten wird 1924 in einer Schrift des Sinologen und Absolventen des SOS Otto Franke deutlich, zudem entlarvt sie die Kultur im Kultusministerium: Der Hintergrund für diese Schrift bot Kampffmeyers Schrift von 1924 und der Beschluss des Preußischen Landtags zur Aufrechterhaltung des SOS vom Februar 1924. Auch Franke thematisierte den vermeintlich unvereinbaren Gegensatz zwischen den Methoden des historisch-philologischen Studiums der Universitäten und denen des nationenwissenschaftlichen Studiums des SOS und zog dabei den kategorischen Schluss:

> »Möge uns ein gütiges Geschick davor bewahren, daß diese Methoden jemals auf die Universitäten abfärben.«[657]

Frankes Schrift, die von Entgleisungen gegenüber Kampffmeyer und seinen Kollegen am SOS gespickt ist und für den heutigen Leser einen hohen Unterhaltungswert hat, zeigt deutlich, dass für die Zuständigen im preußischen Unterrichtsministerium und auch im Auswärtigen Amt die logische Konsequenz aus dem Wegfall der Laufbahnen für Dolmetscher und Kolonialbeamte die Auflösung des SOS war. Der Gedanke, die in der Ausbildung am SOS erworbenen Methoden in die Zeit nach dem Krieg hinüberzuretten, um dort für die zukünftige Ausbildung von Dolmetschern, die ja seit 1921 im Auswärtigen Amt geplant wurde, zu nutzen, schien nicht aufgekommen zu sein.

Fakt ist, dass trotz der parlamentarischen Beschlussfassung für den Erhalt der Einrichtung und des unermüdlichen öffentlichen Engagements der SOS-Dozenten, der Reformunwille im preußischen Unterrichtsministerium derart ausgeprägt war, dass bewusst sabotierende Maßnahmen, die dem Erhalt des SOS entgegenwirkten, eingeleitet wurden und diese die Reform letztendlich lähmten. 1928 monierte Kampffmeyer in einer Schrift, dass immer noch keine Beschlüsse zur Reform des SOS umgesetzt worden seien. Zu jener Zeit knüpfte bereits die Handelshochschule Mannheim Kontakte ins Auswärtige Amt, um sich im Rahmen eines neugeplanten und neuartigen Studiengangs zur Ausbildung von Dolmetschern zu informieren (vgl. 2.6). Das SOS als zukünftige Ausbildungsstätte für Dolmetscher war ohnehin längst aus dem Fokus der Politik und Öffentlichkeit geraten.

2.2.5.8 Die Ausland-Hochschule (1936–1939)

Ende 1935 begann das kurze Intermezzo der Ausland-Hochschule in der deutschen Hochschulgeschichte, das kurz vor Ausbruch des Zweiten Weltkriegs 1939 endete. Die sogenannte Ausland-Hochschule ging aus dem SOS hervor. Ihre beabsichtigte Gründung wurde im August 1935 vom preußischen Unterrichtsministerium als selbstständige Hochschule zur Befriedigung von außenpolitischen Zielen Deutschlands beschlossen. Im Dezember 1935 wurde die von Palme im Jahr 1920 verfasste Denkschrift *Die Deutsche Auslandshochschule* Hitler vorgelegt. Ende 1936 wurde die Errichtung einer Ausland-Hochschule auf Basis von Palmes Denkschrift aus dem Jahr 1920 als Hochschule an der Universität Berlin bewilligt. Zum Wintersemester 1935/36 wurde am SOS eine Übergangszeit eingeführt, die für ein Semester geplant war. Konzeptionelle und institutionelle Schwierigkeiten und schließlich die nahende Kriegssituation führten die junge Institution, deren Gründung rechtlich nicht vollständig vollzogen wurde, allerdings zu einem frühen Ende.

657 Franke (1924: 12).

Als einer der zentralen Kritikpunkte im Zusammenhang mit der Gründung der Ausland-Hochschule ist m.E. die Tatsache zu nennen, dass diese 1935 auf der Basis von Palmes Denkschrift aus dem Jahr 1920 bewilligt wurde. Fast scheint es, als ob dabei fünfzehn Jahre des permanenten Fortschritts in Politik, im deutschen Hochschulbereich und auch im neuphilologischen Wissenschaftsfach ausgeblendet wurden.

Die Rechtsform der zu gründenden Ausland-Hochschule wurde zudem im Vorfeld kontrovers diskutiert: Sollte sie selbstständig oder der Universität Berlin angegliedert sein? Palme verfocht eine unabhängige Lösung, Vertreter der Universität waren der Gründung der Ausland-Hochschule an der Universität aber nicht sonderlich geneigt. Vor dem Hintergrund, dass sich das neuphilologische Studium seit 1920 auf die Gesamtkultur fremder Länder ausgedehnt hatte, monierten sie eine mögliche doppelte Erfüllung von Aufgaben zwischen beiden Einrichtungen und befürchteten eine Verschwendung von Ressourcen. Zudem seien für Auslandsbeamte Sprach- und Kulturkurse eingerichtet worden. Bezweifelt wurde auch, dass für den Unterricht an der Ausland-Hochschule geeignetes akademisches Personal zur Verfügung stehe. Kritisiert wurde außerdem, dass die Errichtung der Ausland-Hochschule dem gegenwärtigen Streben nach Vereinheitlichung zuwiderlaufe. Auch das Promotionsrecht an der Ausland-Hochschule war ein empfindlicher Punkt aus Sicht der Universität. Vor allem fürchteten die Universitätsvertreter aber, ihr Ansehen zu verlieren, sollte eine »Pseudo-Universität«[658] wie die Ausland-Hochschule in ihrem Rahmen existieren.

Im Gegensatz dazu wünschten sich einige Vertreter der Ausland-Hochschule unbedingt eine Verbindung zur Universität Berlin, da sie in dieser Konstellation die einzige Existenzgrundlage für die Ausland-Hochschule sahen. Kritisch erachtete ein Teil des Personals der Ausland-Hochschule die infrastrukturellen und curricularen Rahmenbedingungen des Studiums an der Ausland-Hochschule, das nur als Ergänzungsstudium angeboten wurde. Problematisch wurden in diesem Zusammenhang die ehrgeizigen und einheitlichen Studienpläne und Prüfungsziele für europäische und orientalische Sprachen erachtet, deren Schwierigkeitsgrad unterschiedlich einzustufen war. Generell stellte sich die Frage, ob die hohen Studienanforderungen im Rahmen eines kurzen Ergänzungsstudiums überhaupt erreicht werden konnten. Unzufriedenheit bestand unter den Dozenten des SOS auch, weil ihrer Meinung nach an der Ausland-Hochschule Orientalia vernachlässigt wurden, und dies nicht in der Tradition des SOS stand, aus dem die Ausland-Hochschule hervorgegangen war. Interessant ist es m.E., dass selbst Dozenten der Ausland-Hochschule Kritik an der Stichhaltigkeit des Begriffs Nationenwissenschaft äußerten, da er ihrer Meinung nach nicht annähernd eine wissenschaftliche Abgrenzung zuließ.

Noch bevor eine rechtliche Grundlage zur Errichtung der Ausland-Hochschule geschaffen war, wurde die Einrichtung ab Herbst 1937 aufgelöst. Auslandsbeam-

658 HU UA, Phil. Fak., Nr. 1537, Bl. 34, Dekan der Philosophischen Fakultät an Reichsunterrichtsminister, 11.05.1936.

te sollten laut Außenministerium zukünftig an anderer Stelle ausgebildet werden. Vermutlich waren es in erster Linie finanzielle Probleme, die von Palme als exorbitant geplante Ausbildungsstätte mit weit über dreißig Länderinstituten, von denen jedes Forschungs- und Lehrmöglichkeiten bieten sollte, zu errichten und zu unterhalten. Dies war besonders in Anbetracht einer Wirtschaft schwierig, die sich auf einen Krieg einstellte. Nach Erörterung verschiedener Lösungen für die Zukunft der Ausland-Hochschule wurde kurz vor Ausbruch des Zweiten Weltkriegs an der Universität Berlin eine »Auslandswissenschaftliche Fakultät« eingerichtet. In diese wurde die Ausland-Hochschule zusammen mit der Hochschule für Politik integriert und dort eine »Abteilung Sprachenkunde und Dolmetscherwesen« eingerichtet.

An der Ausland-Hochschule wurden für jedes Studiengebiet Institute eingerichtet. Diese Studiengebiete bezogen sich auf Länder, in der damaligen Terminologie »Nationen«. Wie umfassend die Ausland-Hochschule geplant wurde, zeigt sich an mehr als dreißig Instituten, die in sechs übergeordnete Bereiche eingeteilt wurden: Europa, Ostasien, Südostasien, Indien, Vorderasien und Afrika. Diese geographische Einteilung stellt eine deutliche Verbindung zum SOS her und unterscheidet sich im Angebot deutlich von den Dolmetscher-Instituten der Handelshochschulen, die vor allem auf Französisch und Englisch und höchstens auf weitere europäische Sprachen fokussiert waren (vgl. 2.6, 2.7).

An den Instituten der Ausland-Hochschule sollte gelehrt und geforscht werden und zwar über den staatlichen, sozialen, wirtschaftlichen und kulturellen Aufbau des jeweiligen Landes, wobei der Bezug zur Gegenwart im Vordergrund stand. Allerdings waren auch geschichtliche Kenntnisse, die für die Gegenwart von Bedeutung waren, Gegenstand des Studiums. Der Studienverlauf war wie folgt vorgesehen: Neben einer »landeskundlichen Orientierung« in den ersten beiden Semestern, die vermutlich in deutscher Sprache stattfanden, sollte parallel die Aneignung der Fremdsprache stattfinden. Ab dem dritten Semester, bis zum Studienende nach dem sechsten Semester, sollte der Unterricht dann in der Fremdsprache fortgeführt werden. Dies markierte den Beginn des »eigentlichen nationenwissenschaftlichen«[659] Studiums, in dem für das jeweilige Land betreffende landeskundliche Themen in fremdsprachlichen Referaten und Diskussionen systematisch erarbeitet werden sollten. Irritierend bei den Ausführungen zum Studienablauf ist die Anmerkung, dass der Spracherwerb in den beiden ersten Semestern zu einer passiven Sprachbefähigung führen sollte, die sogar das Verstehen eines wissenschaftlichen Textes ermöglichte. Was die aktive Sprachbefähigung betraf, so sollte eine Kompetenz für das Führen leichter Unterhaltungen erreicht werden. Hier wird zum einen die Diskrepanz zwischen dem Aufwand zur Beherrschung von aktivem und passivem Sprachgebrauch deutlich, zum anderen scheint es nicht realistisch, nach einem kurzen Sprachstudium das Verstehen wissenschaftlicher Texte, ungeachtet ihres Fachlichkeitsgrades, vorauszusetzen.

659 Vorlesungsverzeichnis der Ausland-Hochschule, Wintersemester 1936/37, S. 4.

Das nationenwissenschaftliche Studium sollte durch Übungen im Übersetzen und Handschriftenlesen abgerundet werden, wobei jedes Länderinstitut die Betonung von Übersetzungsübungen individuell regelte. Sie galten als Ausnahme und wurden ergänzend zum Sprachunterricht angeboten, der auf verschiedenen Stufen folgende Komponenten umfasste: Grammatik-, Lektüre- und Diktatkurse. Dies belegt, dass das Studium an der Ausland-Hochschule, wo auch Dolmetscher ausgebildet wurden, andere Schwerpunkte setzte, als etwa an den Dolmetscher-Instituten der Handelshochschulen. Der Eindruck verfestigt sich, dass die Vermittlung von landeskundlichen Kenntnissen im Vordergrund stand. Der Lehrplan an der Ausland-Hochschule berührte aber die Berufsproblematik von Dolmetschern und Übersetzern. Dies zeigt, dass sich Mitte der 1930er Jahre noch keine festen Ausbildungsstandards in der translatorischen Ausbildung etabliert hatten – eine spezielle Ausbildung für Dolmetscher und Übersetzer gab es bereits seit 1930 an der Handelshochschule Mannheim, die in veränderter Form ab 1933 an der Universität Heidelberg weitergeführt wurde (vgl. 2.6.7). Das Studium an der Ausland-Hochschule stand auf einer breiten Basis, um möglichst unterschiedliche Zielgruppen, die an einem Auslandsstudium interessiert waren, zu befriedigen. Auf ein spezielles Tätigkeitsgebiet bereitete die Ausland-Hochschule nicht vor. Das absolvierte Studium, das ein Haupt- und mindestens ein Nebenfach umfassen sollte, galt als Nachweis von gründlichen Sprach- und Landeskundekenntnissen.

Beklagt werden muss aus heutiger Sicht, dass in diesem diffusen Zusammenhang aller möglichen »Auslandstätigkeiten« Dolmetscher, und damit implizit Übersetzer, genannt wurden und bis zum heutigen Tag untrennbar damit verbunden sind (vgl. 3.1.9). Dieser Tatsache nicht sonderlich zuträglich war der Umstand, dass dieses Studium ein Ergänzungsstudium zu einem anderen vollwertigen Fachstudium war. Keinen großen Gefallen wurde dem entstehenden Fach etwa mit der Aussage getan, dass das nationenwissenschaftliche Studium eine *völlige* Sprachbeherrschung und gründliche Kenntnis *aller* nationaler Verhältnisse voraussetzte, denn diese Aussage schlug in die Kerbe von fadenscheinigen Sprachschulen, die nicht halten konnten, was sie versprachen. Als Zulassungskriterium zum Studium an der Ausland-Hochschule wurde die Hochschulreife vorausgesetzt, wobei es Ausnahmen gab, etwa für die Kurse, die aus dem SOS-Studium an der Ausland-Hochschule weiterhin angeboten wurden und eher praktischen Charakter hatten. Vorgesehen war eine Diplomprüfung. Auch die Promotion und Habilitation sollte möglich sein.

Das nationenwissenschaftliche Studium wurde von Palme 1914 zum ersten Mal ausführlich beschrieben (vgl. 2.2.3.3). Durch die Erfahrungen des Ersten Weltkriegs untermauerte Palme sein Konzept mit dem Gedanken der Völkerverständigung (vgl. 2.2.3.4). Dass die Ausland-Hochschule, für deren Errichtung Palme jahrzehntelang stritt, ausgerechnet unter der nationalsozialistischen Herrschaft umgesetzt wurde, kann als Ironie des Schicksals bezeichnet werden. Dies darf aber m.E. nicht davon ablenken, dass Palmes nationenwissenschaftliche Methode im Kern in guter, friedenstiftender, Absicht, entstanden ist. Das Problem an der Sache war, dass das nationenwissenschaftliche Konzept von 1914 keine Entfaltungsmöglichkeit bekam. Es blieb durch den Reformkampf ums SOS stecken (vgl. 2.2.3), genauso wie die Institution, an der es entwickelt wurde. Dem SOS und seinen Ausbildungsmethoden wurde keine zeitgemäße Anpassung an Marktentwicklungen zugestanden. So kam es, dass Mitte der 1930er Jahre ein Studienkonzept aus längst vergangenen Zeiten übernommen wurde. Verantwortlich dafür war das zuständige Unterrichtsministerium, also die oberste Bildungsinstanz, die ihre Augen bewusst vor einem Forschungsbedarf, einem entstehenden Beruf und dem damit zusammenhängenden aufkommenden Ausbildungsbedarf verschloss. Auch dieser Missstand warf seine Schatten auf den entstehenden Beruf des Dolmetschers und Übersetzers voraus (vgl. 2.3). Er führte aber auch dazu, dass Ende der 1920er Jahre die Handelshochschulen, die nicht staatlich, sondern vornehmlich von Handel und Industrie finanziert wurden und für aktuelle Marktentwicklungen offen waren, sich der professionellen Ausbildung von Dolmetschern und Übersetzern annahmen (vgl. 2.4, 2.5).

2.3 Von Dragomanen und Translatoren – Konturen eines entstehenden Berufsbildes

2.3.1 Einleitung

Dolmetscher und Übersetzer hat es immer gegeben[660]. Der Beruf des Dolmetschers ist jedoch erst mit der Entstehung der translatorischen Ausbildung nach 1930 entstanden[661]. Der Beruf des Übersetzers hat sich gleichzeitig aus diesem Berufsbild heraus und parallel zu ihm entwickelt. Die folgenden Abschnitte zeigen, dass mündliche und schriftliche Sprachmittlungsleistungen in der Entstehungsphase des Berufs untrennbar voneinander waren und somit in der Regel von derselben Person, dem Dolmetscher, geleistet wurden. Es gibt aber auch Beispiele, die eine Spezialisierung auf die mündliche oder schriftliche Sprachmittlungsart belegen. Diese Realität erschwert es einerseits, eine scharfe Trennung zwischen Übersetzungs- und Dolmetschleistungen zu ziehen und andererseits von nur *einem* Berufsbild zu sprechen. Ein innerer Widerspruch haftet der Sache gewissermaßen an. Selbst Paul Gautier (vgl. 2.3.5), der das Berufsbild entscheidend geprägt hat, war in diesem definitorisch grundlegenden Punkt nicht konsequent. 1921 gestand er vermutlich aufgrund des praktischen Bedarfs die Erbringung mündlicher und schriftlicher Sprachdienstleistungen durch eine Person zu:

> »Diese [Dolmetscher] werden wohl auch als Uebersetzer in Betracht kommen, was allerdings nicht ohne Weiteres von jedem gilt. Umgekehrt werden auch Uebersetzer als Dolmetscher in Berlin Verwendung finden können.«[662]

1924 wollte er die Tätigkeit von Übersetzern und Dolmetschern jedoch hinsichtlich ihrer Ausbildung getrennt verstanden wissen:

> »Übersetzer und Dolmetscher werden im Sprachgebrauch und in der Praxis oft verwechselt, obgleich deren Tätigkeit ganz verschiedene Fähigkeiten verlangen.«[663]

Abgesehen davon, dass diese Verwendung auch heute noch gang und gäbe ist, ist dies auch ein Beispiel dafür, dass Theorie und Praxis nicht immer im Einklang sind.

Als Zeitraum der Entstehungsphase des Berufsbildes werden im Folgenden die Jahre von 1887 bis 1930 behandelt, d. h. von der Gründung der ersten staatlichen Ausbildungseinrichtung für Dolmetscher in Deutschland, dem *Seminar für Orientalische Sprachen* in Berlin (SOS), bis zur Gründung des weltweit ersten Dolmetscher-Instituts an der Handelshochschule Mannheim. Dieser Zeitraum kann in zwei Phasen unterteilt werden: Die erste Phase dauerte von 1887 bis Ende des

660 Vgl. Vermeer (1992a und 1992b).

661 Vgl. Schmidt (1949: 13).

662 PA AA, R 138867, Organisation einer Sprachenabteilung im Auswärtigen Amt (Autor: Paul Gautier), 14.04.1921.

663 PA AA, R 138867, Arbeitsgegenstand, Organisation und Arbeitsweise des Sprachendienstes des Auswärtigen Amts (Autor: Paul Gautier), vermutlich September 1924, S. 6.

Ersten Weltkriegs. In dieser Phase wurden erste Konzepte und Methoden zur translatorischen Ausbildung erarbeitet (vgl. 2.2.3.3) und einhergehend mit weltpolitischen Veränderungen (vgl. 2.1.2.4) entstand ein zunehmender Übersetzungsbedarf: Zwei Kräfte, die ein Berufsbild entstehen ließen. Die zweite Phase beginnt nach dem Ende des Ersten Weltkriegs und endet 1945 (vgl. 2.6, 2.7). Diese Phase baut auf den Entwicklungen der ersten Phase auf und war maßgebend für die Profilierung des heutigen Berufsbildes und die Ausprägung der heutigen Studiengänge im Bereich Übersetzen und Dolmetschen in Deutschland. Als Konstante in diesem Entstehungs- bzw. Entwicklungsprozess ist das Auswärtige Amt zu sehen, das durch seinen Sprachmittlungsbedarf zur Formung eines neuen Marktes und zur Gestaltung seiner Bedingungen beitrug. Die folgenden Aufzeichnungen geben somit auch einen Einblick in den Sprachmittlungsmarkt im behandelten Zeitraum. Dabei wird deutlich, dass viele das Berufsbild betreffende Klischees in seiner Entstehungszeit entstanden sind, die in der Gegenwart immer noch bedient werden. (Vgl. 3.1.3, 3.1.6, 3.1.7, 3.1.8).

Zur Rekonstruktion des entstehenden Sprachmittlungsmarktes in Verbindung mit dem entstehenden Berufsbild von Dolmetschern und Übersetzern wurden überwiegend Primärquellen aus folgenden Archiven untersucht: Bundesarchiv (Berlin-Lichterfelde), Geheimes Staatsarchiv Preußischer Kulturbesitz (Berlin-Dahlem), Politisches Archiv des Auswärtigen Amtes (Berlin), Privatarchiv Thiel (Hamburg), Universitätsarchiv der Humboldt-Universität zu Berlin, Universitätsarchiv Leipzig.

2.3.2 Die Dragomane

Dem konsultierten Aktenmaterial zufolge wurde im Auswärtigen Dienst in terminologischer Hinsicht zwischen Dragoman und Dolmetscher nicht unterschieden. Die Zulassungsbedingungen zum Studium am SOS von 1888 thematisieren etwa die »Dolmetscher-Laufbahn« und den »Dolmetscher-Dienst des Auswärtigen Amts«[664]. Die konsultierten archivalischen Unterlagen belegen aber auch die Verwendung der Termini »Dragomanatsdienst«[665] oder »Dragomanat«[666]. In der Debatte über die Errichtung einer *Deutschen Auslandshochschule* wurde in den konsultierten Akten meist von der Aufhebung der »Dragomanats-Laufbahn«[667] gesprochen. Ein Dokument aus dem Jahr 1909 bestätigt die synonyme Verwendung der beiden Termini:

> »Auf Anordnung des Herrn Staatssekretärs soll für die den Kaiserlichen Missionen und Konsulaten zur Ausbildung überwiesenen und dort beschäftigten diätarisch be-

664 GStA PK, I. HA Rep. 208 A Seminar für Orientalische Sprachen, Nr. 160, Bl. 24, »Notiz betreffend die Dolmetscher-Laufbahn«, Januar 1888.

665 BArch, R 1501/108978, Bl. 68 (RS), Protokoll der 22. Sitzung des Reichstags, 27.04.1887.

666 Zum Beispiel in: PA AA, R 139515 und PA AA, R 139520.

667 PA AA, R 64158, Aufzeichnungen zur Stellungnahme des Abgeordneten Dr. Kriege, 31.03.1924.

soldeten jüngeren Beamten der Dolmetscherlaufbahn fortan die Amtsbezeichnung ›Dolmetscher-, bezw. Dragomanatseleve‹ nicht mehr zur Anwendung kommen. Die betreffenden Beamten sind vielmehr in Zukunft als ›Dolmetscher-, bezw. Dragomanatsaspiranten‹ zu bezeichnen.«[668]

Was die Pluralbildung anbelangt, so waren die Termini Dragomane und Dragomans verbreitet. Etymologische Informationen zu den Termini liefert Vermeer[669].

Eine Definition von Dragoman und eine Beschreibung seines Aufgabengebiets ist einem Zeitungsartikel aus dem Jahr 1887 zu entnehmen. Danach waren Dragomane vor allem im Nahen und Fernen Osten im Auswärtigen Dienst tätig[670]. Auffallend ist zudem, dass Dragomane sowohl für schriftliche als auch für mündliche Sprachmittlungstätigkeiten zuständig waren und dass die sprachlichen Tätigkeiten als zusätzliche Leistungen im Rahmen der üblichen juristischen und verwaltungsbezogenen Beamtentätigkeiten erachtet wurden:

»Der Dragoman, d.i. der Dolmetsch des Ostens wird nach der jetzigen Stellung Deutschlands und den neuesten Maßnahmen der Regierung bald eine sehr erweiterte Stellung haben und gebildeten jungen Leuten einen Beruf gewähren. Es scheint sich daher der Mühe zu verlohnen, den Beruf als solchen zu skizzieren. Der Dragoman hat die Erlasse, Berichte, Anordnungen, die Aufstellung und Beantwortung der in den Verwaltungen des Orients gestellten und die das Wohl des Deutschen Reiches sowohl als das der einzelnen im Orient lebenden Deutschen betreffenden Fragen den Behörden des Orients, d.h. den Paschas schriftlich oder mündlich zu übermitteln. Juristische und Verwaltungsgeschäfte trägt also sein Beruf in sich.«[671]

Zu den juristischen Tätigkeiten eines Dragomans gehörte beispielsweise auch die Vertretung deutscher Interessen vor einem fremden Gericht im Orient. In einer Dissertation zur Dragomanatsassistenz vor den türkischen Gerichten, die ein ehemaliger Schüler des SOS verfasste, werden Probleme, die bei gerichtlichen Dragomanatsaufgaben auftraten, sowie Aufgaben des Dragomans in verschiedenen Prozessen in der Türkei geschildert. Demnach hatte der Dragoman verantwortungsvolle juristische und sprachliche Aufgaben vor Gericht für die Interessenvertretung von im Ausland lebenden deutschen Einzelpersonen, dort ansässigen deutschen Firmen oder für die deutsche Regierung wahrzunehmen:

668 PA AA, R 140260, Anordnung des Staatssekretärs, 24.11.1909. Hervorhebung im Original.

669 Vgl. Vermeer (1992a: 58–59). Vermeer behandelt in seinen etymologischen Aufzeichnungen zu »Dolmetsch« auch lexikalische Entwicklungsstufen, die Verwandtschaftbeziehungen zu »Dragoman« erkennen lassen.

670 Einblicke in Lebens- und Arbeitsbedingungen von Dragomanen vor 1900 liefern Reiter (2013) und Cáceres-Würsing (2014).

671 GStA PK, I. HA Rep. 76 Kultusministerium, Va Sekt. 2 Tit. I Nr. 28 Bd. 1, Bl. 216, »Die Dragomanade«, *Die Post*, 03.06.1887.

»Der Dragoman ist während der ganzen Gerichtsverhandlung zugegen. Der türkische Richter darf die Angelegenheit nur in seiner Gegenwart verhandeln und entscheiden. Erscheint der Dragoman nicht, so muß die Verhandlung vertagt werden.«[672]

In der zitierten Dissertation wird außerdem beschrieben, warum es zu der Einrichtung von Dragomanaten kam. Es ist anzunehmen, dass diese oder ähnliche Gründe nicht nur auf die Türkei zutrafen, deren Verhältnisse Gegenstand der erwähnten Dissertation waren, sondern auch in anderen Ländern des Orients Auslöser für die Einrichtung von Dragomanatsstellen waren:

»Der strengreligiöse Charakter des türkischen Rechtes, des öffentlichen sowohl wie des privaten Rechtes, hatte eine fast völlige Nichtbeachtung der Rechtsgebräuche und Einrichtungen der nichtmohammedanischen Untertanen und in einem noch stärkeren Maßstabe der christlichen fremden Staatsangehörigen in der Türkei zur Folge. Aus diesem Mangel an Interesse für die rechtlichen Beziehungen der fremden Nationalen ist es zu erklären, daß die Türkei in ihren Verträgen (Kapitulationen), die sie in ihrer Blütezeit mit fast sämtlichen Staaten Europas abgeschlossen hat, den Angehörigen derselben bedeutende Freiheiten und Immunitäten gewährte. Diese Privilegien berühren im besonderen das rechtliche Gebiet. Der theokratische türkische Staat desinteressierte sich dergestalt für die rechtlichen Beziehungen der fremden Untertanen untereinander, daß er durch die Kapitulationen die Lösung zivil- und strafrechtlicher Streitigkeiten zwischen Franken den fremden Konsuln überließ. Er duldete somit freiwillig eine fremde Rechtspflege, d.h. die Ausübung eines nach dem Prinzip der Staatshoheit ihm zustehenden Souveränitätsrechtes durch fremde Beamte innerhalb seines eigenen Gebietes. Ergaben sich ferner Konflikte zwischen den fremden Staatsangehörigen und den eigenen Untertanen, so ist durch die Bestimmungen der Kapitulationen die Regelung dieser Prozesse auf gerichtlichem Wege gewissen Erfordernissen unterworfen. Es mußte zunächst ein Ausweg gefunden werden, der ermöglichte, daß überhaupt ein fremder christlicher Untertan mit einem Muselmann vor einem mohammedanischen Gerichte erscheinen konnte. Dies geschah durch Vermittlung der bei der Hohen Pforte beglaubigten fremden Gesandten, Konsuln oder deren Vertreter. Fehlte ein solcher, so durfte der Fremde nicht veranlaßt werden, sich vor Gericht zu verantworten. Die Aufgabe, dem Fremden auf diese Weise vor Gericht zu assistieren, sollte nach den Kapitulationen den Gesandten, Konsuln oder den Dragomanen derselben zufallen. Im Laufe der Jahrhunderte hat sich gewohnheitsrechtlich der Gebrauch herausgebildet, daß einzig und allein die Dragomane der fremden Missionen oder Konsulate diese Assistenz vor Gericht ausüben.«[673]

Weitere Einzelheiten zur Tätigkeit eines Dragomans und den damit verbundenen Anforderungen an das Ausbildungsprofil, die übrigens auch heute noch als Argumente für eine hochwertige universitäre Ausbildung von Dolmetschern dienen können, gehen aus einer Quelle von 1903 hervor:

---

672 Ziemke (1912: 6).
673 Ibid, S. 1.

»Der Dragoman hat nicht als ein blosser Übersetzer zu fungieren. Ihm liegt vielmehr fast der gesammte direkte Verkehr mit den Behörden und Staatsmännern des Landes ob. Für die Erspriesslichkeit seiner Thätigkeit macht es aber den allergrößten Unterschied ob er den fast durchweg in ihrem Gebiet litterarisch hochgebildeten Orientalen mit einer adaequaten Bildung oder gewissermaßen als Ungebildeter gegenüber tritt. Litterarische Bildung und seine Ausdrucksweise wird von den Kulturvölkern des vorderen Orients ausserordentlich hochgeschätzt und der ihrer mächtige Europäer hat vor dem litterarisch Ungebildeten oder Halbgebildeten nicht hoch genug anzuschlagendes Imponderabile voraus. (...) Für die diplomatischen Missionen, (sic!) kommt noch eine andere wesentliche Seite des Dragomanatsdienstes in Betracht. Der Dragoman soll seinem Chef als gründlicher Landeskenner und politischer Berather zur Seite stehen und ihn einestheils vor Schritten bewahren, welche die Eigenart des Orientalen verletzen können, und andererseits Mittel und Wege angeben, welche zur Erreichung eines Zweckes geeignet sind. Dies ist nur möglich, wenn der Dragoman die religiösen und Rechtsanschauungen sowie namentlich auch die Geschichte des Landes kennt.«[674]

Diese hohen Anforderungen wurden jedoch nicht von jedem ausgebildeten Dragomanen erfüllt. Verschiedene Dokumente im konsultierten Aktenmaterial belegen die Unzufriedenheit mit den Leistungen der am SOS ausgebildeten Dragomanen[675]. Ein Grund für die mangelnden sprachlichen Voraussetzungen lag sicherlich in der kurzen Ausbildungsdauer am SOS. Zudem kam, dass die sprachliche Ausbildung am SOS neben einem (in der Regel juristischen) Studium absolviert wurde.[676] Die gewünschten gründlichen sprachlichen und kulturellen Kenntnisse sollten quasi en passant erlangt werden.

Vor diesem Hintergrund und in Anbetracht der juristischen Tätigkeit, die Dragomane zu erledigen hatten, erstaunt es nicht, dass bei der Anstellung von Dragomanen nicht die sprachliche, sondern vielmehr die juristische Ausbildung, die überdies als grundlegend für eine Tätigkeit im Verwaltungsapparat erachtet wurde, häufig den Ausschlag gab:

»Ich bedaure lebhaft, daß die mit dem Oberleutnant Grafen von Wedel und dem Leutnant Schmolke wegen ihres Übertritts in den Dolmetscherdienst angebahnten Besprechungen ein negatives Ergebnis gehabt haben. Wenn den beiden genannten Offizieren auch juristische Kenntnisse abgehen, so besitzen sie dafür genügende Fertigkeit im Gebrauch der chinesischen Sprache und soviel Gewandtheit im Umgang mit den Einheimischen, um mit Erfolg den Verkehr mit chinesischen Beamten vermitteln zu können.

674 PA AA, R 139637, Schreiben zum Dragomanatsdienst, Autor unbekannt, 17.11.1903.

675 Zum Beispiel in: PA AA, R 140259, Vertreter der Kaiserlich Deutschen Gesandtschaft in Peking an Reichskanzler, 31.01.1905.

676 Das juristische Studium konnte mit dem Besuch des SOS verbunden werden. Wohnte der Student in Berlin, so war es möglich, das juristische Studium und das Studium am SOS in der Regel innerhalb von 3,5 Jahren abzuschließen (zum Beispiel in: PA AA, R 140259, Aufzeichnung über die Verhältnisse der Dolmetscher im Reichsdienste, 20.04.1906).

(...) Unter den jetzigen Umständen besteht leider nach wie vor die Besorgnis, daß infolge des Mangels geeigneter Dolmetscherkräfte die Vertretung der deutschen Interessen durch die Kaiserlichen Konsuln häufig nicht in der wünschenswerten ausreichenden Weise ausgeübt werden kann. (...) Von den seit 1900 hier eingetroffenen Aspiranten waren eigentlich nur die Herren (...) genügend vorbereitet, um nach einiger Zeit des Studiums in Peking mit Erfolg dienstlich verwendet werden zu können. Alle übrigen brachten nur ganz geringe Kenntnisse der chinesischen Sprache mit, und sind einige von ihnen überdies sprachlich so wenig veranlagt, daß es aussichtslos erscheint, in absehbarer Zeit auf ihre Verwendung als Dolmetscher in einem Hafenkonsulat zählen zu können. Gerade die Naturanlage der Kandidaten zur Erlernung des Chinesischen sollte meines gehorsamsten Dafürhaltens mehr (...) in Berücksichtigung gezogen werden.«[677]

Die Dolmetscherlaufbahn stand in engem Zusammenhang mit der Konsulatslaufbahn. Dragomanen stand die Möglichkeit offen, nach einer entsprechenden Tätigkeitsdauer als Dragoman und Ablegung einer speziellen Prüfung auf eine Konsulstelle befördert zu werden. Eine Quelle von 1906 beschreibt berufliche Perspektiven der Dolmetscherlaufbahn im Auswärtigen Dienst:

»Immerhin ist die Dolmetscherlaufbahn insofern wesentlich vorteilhafter als alle anderen Staatslaufbahnen, als die jungen Dolmetscher schon in einem Alter besoldet sind, in welchem die Anwärter auf andere staatliche Laufbahnen (Verwaltung, Justiz, Baufach usw.) sich auf ein zweites Examen vorbereiten, dieses bestehen und dann noch eine oft Jahre dauernde Wartezeit durchmachen müssen. Denn wenn die sog. Dragomanatseleven nach Bestehen der beiden Prüfungen auch durchaus nicht fertig ausgebildet sind, vielmehr was die praktische Benutzung der Sprache anlangt, in der Regel noch sehr viel lernen müssen, so erhalten sie doch alsbald nach ihrer Entsendung eine Besoldung, die ihnen ein standesgemäßes Leben ermöglicht. Die Laufbahn der Beamten des Dolmetscherdienstes gestaltet sich dann später so, daß die sog. Eleven mit dem Freiwerden von etatsmäßigen Dolmetscherstellen bei diplomatischen oder konsularischen Vertretungen in solche einrücken und weiterhin mit zunehmendem Dienstalter in die besser besoldeten Dolmetscherstellen (z.B. 1. und 2. Botschaftsdolmetscher in Constantinopel; secrétaire interprète in Peking und Tokio) gelangen oder aber, soweit sie sich dazu nach Persönlichkeit und Leistungen eignen, der Mehrheit nach – nach Ablegung der Konsulatsprüfung – in den Konsulatsdienst übergehen, wo sie, wie dies auch seitens der anderen Staaten geschieht, vorzugsweise in dem Lande verwendet werden sollten, dessen Sprache sie beherrschen und dessen Verhältnisse sie bereits kennen.«[678]

677 PA AA, R 140259, Vertreter der Kaiserlich Deutschen Gesandtschaft in Peking an Reichskanzler, 31.01.1905. Hervorhebung im Original. Kritik an der Qualität der Dragomanatsausbildung am SOS wurde auch seitens der Gesandtschaften im Nahen Osten geäußert (in: PA AA, R 139637, Schreiben zum Dragomanatsdienst, Autor unbekannt, 17.11.1903).

678 PA AA, R 140259, Aufzeichnung über die Verhältnisse der Dolmetscher im Reichsdienste, 20.04.1906.

Obwohl die Dolmetscherlaufbahn Aufstiegschancen bot, war sie in manchen Kreisen dennoch verpönt und dies nicht zuletzt, da der Ausbildungsaufwand für diese Laufbahn in keinem Verhältnis zu anderen bessergestellten Tätigkeiten im Auswärtigen Dienst stand:

> »Es kann keinem Zweifel unterliegen, (...) daß (...) etwas Schiefes und Widersinniges in einem Verhältnis liegt, in dem der untergeordnete Dolmetscher-Referendar eine gründlichere Kenntnis von Land und Leuten hat als der ihm übergeordnete Konsul-Assessor, und schließlich daß der Titel Dragoman oder Dolmetscher allgemein als eines akademisch-gebildeten Deutschen unwürdig angesehen und in besser situierten Familien perhorrescirt wird.«[679]

Eine ähnliche Einstellung zur Dolmetscherlaufbahn, die nicht das Ansehen genoss, das den Leistungen ihrer Vertreter gebührte, geht aus folgendem Zitat hervor, das aus dem Jahr 1914 stammt:

> »Unter diesen Hörern sind gegenwärtig 65 sogenannte Dragomanatsaspiranten d.h. solche Studierenden, welche nach Ablegung der ersten juristischen Prüfung und der Diplomprüfung am Orientalischen Seminar als Dragomane in den höheren Auslandsdienst bei den deutschen Gesandtschaften und Konsulaten in einigen wenigen orientalischen Ländern treten. Diese Laufbahn ist jetzt nicht besonders anziehend. Die Dragomane gelten zwar als höhere Beamte und können nach einer Reihe von Jahren Konsuln werden, aber es sind nicht die besten Konsulate, die ihnen überlassen werden. Zum Generalkonsul bringt es ein Dragoman, der stets etwas geringschätzig als ›Sprachkuli‹ angesehen wird, nur in ganz seltenen Ausnahmefällen. Alle besseren Stellen des Konsulatsdienstes – an die diplomatischen ist gar nicht zu denken – bleiben den ›Assessoren‹ vorbehalten, von denen keinerlei Landeskenntnis verlangt wird.«[680]

Die vorangehenden Ausführungen zeigen, dass zwischen den Anforderungen an die Tätigkeit der Dragomane und ihrem Ansehen eine enorme Diskrepanz bestand. Vermutlich ist dies auf laufbahnspezifische Entwicklungsmöglichkeiten zurückzuführen, die das berufliche Weiterkommen der Dolmetscher nur bis zu einer gewissen Stufe zuließen. Die sprachlichen Tätigkeiten der Dolmetscher wurden dabei lediglich als eine Tätigkeit erachtet, durch die die üblichen Geschäftsvorgänge unterstützt wurden. Ihr wahrer Wert wurde dabei unterschätzt und der Aufwand, der zur Erlangung dieser sprachlichen Fähigkeiten notwendig war, nicht gewürdigt. Die Abwertung der Tätigkeit der Dolmetscher könnte damit zusammenhängen, dass die Ausgestaltung der Laufbahnen im Staatsdienst von Personen, etwa Politikern, festgelegt wurden, die die Materie nicht aus erster Hand kannten. Ein Blick in die Reichstagsdebatte über den Ausbau des SOS und die damit verbundenen Vorstellungen der Politiker über die Tätigkeit von Dolmetschern verdeutlicht dies (vgl. 2.2.3).

---

679 GStA PK, I. HA Rep. 208 A Seminar für Orientalische Sprachen, Nr. 184, Bl. 24 (RS), Sachau an Reichskanzler, 12.01.1909.

680 Palme (1914: 34–35).

Ein Versuch zur Rechtfertigung der in karrierebezogener Hinsicht misslichen Lage der Dolmetscher wird in folgender Quelle unternommen:

> »Die bisherige Dolmetscherlaufbahn litt unter dem großen Mangel, daß ihre Angehörigen zwar zu den höheren Beamten zählten und die Anwartschaft auf spätere Ernennung zu Konsuln besaßen und in der Regel nach etwa 10-jähriger Auslandstätigkeit tatsächlich dazu ernannt wurden, daß sie aber infolge ihrer von der eigentlichen Konsulatslaufbahn abweichenden Vorbildung (Referendar- und Sprachprüfung anstatt Assessor-Examen) als ›minores gentes‹ betrachtet wurden und ihnen meist bis ins hohe Alter die Eierschalen des ›Dolmetschereleven‹ anhafteten. Stellte dies einerseits eine zu geringe Einschätzung ihrer durch mühevolles Studium erworbenen besonderen Kenntnisse dar, so war andererseits ihre Zurücksetzung durch den Mangel einer zweckentsprechenden Vorbildung im Auswärtigen Amte in gewissem Sinne gerechtfertigt.«[681]

Nach dem Verlust der deutschen Kolonien im Ersten Weltkrieg wurde die Dolmetscherlaufbahn im Auswärtigen Dienst aufgehoben[682]. Das exakte Datum konnte im konsultierten Aktenmaterial nicht ermittelt werden. Vom November 1919 datiert ein Nachtrag zum Haushalt des Auswärtigen Amts, wodurch Dolmetscher rangmäßig vom höheren zum mittleren Beamten herabgestuft wurden und in der Folge geringere Bezüge als bisher erhielten.[683]

Neben den im Auswärtigen Dienst tätigen Dragomanen bzw. Dolmetschern, die seit 1887 am SOS ausgebildet wurden, gab es auch Dolmetscher und Übersetzer am freien Markt, von denen sich manche etwa ab 1890 in Übersetzungsbüros organi-

681 PA AA, R 139520, Korrespondenz im Auswärtigen Amt, 01.06.1922.

682 Ibid und PA AA, R 139520, Mittwoch an Reichsaußenminister, 29.10.1924. Mittwoch (Direktor des SOS von 1921–1933 (vgl. 2.2.3.13.4)) bezieht sich in diesem Dokument auf ein Schreiben vom 24.09.1918, in dem den Verantwortlichen des SOS die »Reformierung« der Dolmetscherlaufbahn angekündigt wurde. Wie aus dem Schreiben weiter hervorgeht, wurde die Leitung des SOS bis Ende 1924 darüber im Unklaren gelassen, für welche Laufbahn im Auswärtigen Dienst das SOS nach Aufhebung der Dolmetscherlaufbahn eine Vorbereitung bieten sollte.

683 PA AA, R 140261, Auswärtiges Amt an Ministerialdirektor, 16.11.1919. Aus einem Dokument, vermutlich aus dem Jahr 1921, das von Paul Gautier, dem Gründer des Sprachendienstes im Auswärtigen Amt, stammt, geht hervor, dass Dolmetscher im Allgemeinen, d.h. im Angestelltenverhältnis sowie als Freiberufler, ein minderwertiges Honorar erhielten. Ein bezeichnendes Beispiel für die Geringschätzung von Dolmetschern ist die Tatsache, dass Dolmetscher gemäß einer Vorschrift des Finanzministeriums bei Dienstfahrten der dritten Eisenbahnklasse zugewiesen wurden. Zur Hebung des Stellenwertes von Dolmetschern erwirkte Gautier nach Ende des Ersten Weltkriegs eine spezielle Ausbildung für Dolmetscher im Auswärtigen Amt. Aus dem daraus hervorgegangenen Nachwuchs konnten entsprechend qualifiziert ausgebildete Dolmetscher für den auswärtigen Dienst rekrutiert werden (in: PA AA, R 138867, Zur Organisation und Arbeitsweise des Sprachendienstes im Auswärtigen Amt (Autor: Paul Gautier), vermutlich September 1924, S. 6).

sierten. Das im konsultierten Aktenmaterial älteste Übersetzungsbüro wurde 1891 gegründet[684]. Die Leistungen, die einige auf dem freien Markt tätigen Dolmetscher anboten, über deren Ausbildungshintergrund nichts bekannt ist, unterschieden sich von den Übersetzungs- und Dolmetschleistungen, die im Auswärtigen Dienst verlangt wurden:

> »Unter einem Dolmetscher versteht man im gewöhnlichen Leben eine Hilfsperson, die sich mit Übertragungen aus einer Sprache in eine andere befasst. Man denkt unwillkürlich an Fremdenführer, Hotelportiers u.s.w. In China sind Dolmetscher in den fremden Handelshäusern und auch bei manchen ausländischen Behörden meist chinesische Hilfskräfte. Schon durch die Bezeichnung als ›Dolmetscher‹ wurde daher die Stellung der betreffenden deutschen Beamten in China dienstlich wie ausserdienstlich häufig sehr erschwert; dies wird künftig noch in höherem Maße der Fall sein, weil auch die Bezeichnung ›Kaiserlich‹ für sie in Zukunft fortfallen wird.«[685]

Vergleicht man die Leistungen mancher Dolmetscher am freien Markt mit den Anforderungen an Dragomane, so wird die extreme Bandbreite der Ansprüche an Dolmetschleistungen deutlich. Gleiches galt für Übersetzungsleistungen. Auch im Auswärtigen Amt fielen Übersetzungstätigkeiten an, die nicht von ausgebildeten Dragomanen, sondern von Beamten mit Kenntnissen der jeweiligen fremden Sprache ausgeführt wurden.

Das weiträumige Tätigkeitsfeld von Dolmetschern und Übersetzern soll im folgenden Abschnitt skizziert werden, wobei, wie die Beispiele zeigen, nicht streng zwischen den mündlichen Leistungen von Dolmetschern und den schriftlichen Leistungen von Übersetzern unterschieden wurde. Oft wurden von einer Person sowohl mündliche als auch schriftliche Sprachmittlungstätigkeiten angeboten.

Bei der Entstehung des Tätigkeitsfelds von Dolmetschern und Übersetzern spielte der Bedarf an Übersetzungsleistungen des Auswärtigen Amts eine wichtige Rolle. Keine andere Institution in Deutschland stand zwischen 1890 und 1930 aufgrund ihrer internationalen Geschäftsfelder mit Vertretern so vieler verschiedener Länder in Kontakt wie das Auswärtige Amt. Der daraus resultierende Bedarf an Übersetzungsleistungen eröffnete ein neues Tätigkeitsfeld für manche Beamte im Auswärtigen Amt, aber auch für Personen auf dem freien Markt, da die Nachfrage mit internen Kräften nicht hinreichend gedeckt werden konnte. Der Grundstein für einen neuen Beruf, der aber erst nach 1930 entstand, war damit gelegt. Die Entwicklung bis zur Entstehung des neuen Berufs zeigt auch, dass es gerade diese Phase war, die sich entscheidend auf seine Imagebildung auswirkte.

---

684 PA AA, R 138866, Werbeschreiben eines Übersetzungsbüros an Auswärtiges Amt, 13.01.1916.

685 PA AA, R 140261, Gesandtschaftsvertreter an Auswärtiges Amt, 10.01.1919. Als Lösung wurde zum damaligen Zeitpunkt eine Änderung der Amtsbezeichnungen in Anlehnung an Konsulatsdienste anderer Länder angeregt, etwa »Konsulatsreferendar« für Dolmetscheraspiranten und »Vizekonsul« für etatsmäßige Dolmetscher. Da wenige Monate später die Dolmetscherlaufbahn ganz aufgehoben wurde, war der Vorschlag hinfällig.

2.3.3 Die Translatoren

Von 1890 bis 1920 datieren Akten im Politischen Archiv des Auswärtigen Amts mit dem Titel »Translatoren«[686]. Darin befinden sich hauptsächlich Anfragen von Personen, die als externe Übersetzungsdienstleister, als Freiberufler oder größere Übersetzungsbüros, für das Auswärtige Amt tätig werden wollten. Dolmetschleistungen wurden von manchen Translatoren, die sich zum Teil auch Dolmetscher nannten, ebenfalls angeboten. Eine klare Grenze zwischen Übersetzungs- und Dolmetschleistungen konnte im untersuchten Aktenmaterial nicht festgestellt werden. Es scheint, dass der Terminus Translator als Oberbegriff für externe Anbieter der verschiedensten Sprachdienstleistungen verwendet wurde.

Das Auswärtige Amt griff auf sogenannte »Privat-Übersetzer« zurück, wenn das Übersetzungsvolumen intern nicht bewältigt werden konnte. Vermutlich bis zum Ersten Weltkrieg wurden Texte, die aus Vertraulichkeitsgründen das Auswärtige Amt zur Übersetzung nicht verlassen sollten, gegen Honorar von Beamten des Auswärtigen Amts außerhalb der Dienstzeiten erstellt, sofern diese die Aufgabe während der Bürozeiten nicht erledigen konnten. Für sämtliche Übersetzungen, die extern angefertigt wurden, galten vom Auswärtigen Amt anerkannte Gebührensätze.[687] Über Verhandlungen diesbezüglicher Regelungen konnten bei den Recherchen für diese Arbeit keine Informationen ermittelt werden.

Einen Eindruck von den Translatoren am freien Markt hinterlässt ein Blick in einige Werbeschreiben und Anfragen, die an das Auswärtige Amt gerichtet wurden. Dabei wird deutlich, dass sich die Translatoren durch ihren beruflichen Hintergrund und ihr Leistungsspektrum stark voneinander unterschieden:

> »Das Internationale Uebersetzungs-Bureau des Kaiserl. Regierungs- und Reichstags-Stenographen-Secretärs a.D. E. Rosé (aus Metz), z.Zt.: Stud. orient. (...) seit 28 Jahren mit der Auslands-Correspondenz von hiesigen und ausländischen Fabrik- und Export-Geschäften betraut und vom hiesigen Magistrat für den Sprach-Unterricht der städtischen Fortbildungs-Schulen designiert, offeriert seine Dienste für prompte und sorgfältige Uebertragung, mittels Schreibmaschine, von Circularen, Preis-Couranten, Catalogen, Prospecten, Empfehlungen, Attesten, Formularen sowie von Geschäfts-Correspondenzen aller Art (...) sowie 58 andre moderne Sprachen aller Erdtheile, auch von wissenschaftlichen und technischen Ausarbeitungen, Belletristik etc.«[688]

Neben dem beschriebenen Geschäftsfeld schien der Inhaber des Internationalen Uebersetzungs-Bureaus, der vom Staatsdienst pensioniert war, mit seinem Ge-

686 Zu finden in folgenden Aktensignaturen im PA AA: R 138863 (1890–1905), R 138864 (1905–1912), R 138865 (1913–1916), R 138866 (1917–1920). Die numerisch auf die angeführten Akten folgende Aktensignatur R 138867 (1920–1930) trägt den Titel »Übersetzer«.

687 PA AA, R 138864, Kaiserlich Deutsche Gesandtschaft (Niederlande) an Reichskanzler, 02.06.1907.

688 PA AA, R 138864, Das Internationale Uebersetzungs-Bureau (Werbeschreiben), 1905.

schäftszweig »Rosé's Sprachen-Akademie« Erfolge zu erzielen, die tief blicken lassen:

> »garantirt perfecte Ausbildung für Ausländer in Deutsch, in Conservation (sic!) und Geschäfts-Correspondenz in obigen ausländischen Sprachen, für Deutsche auf Grund der nachweisbar (auch bei älteren Herren und Damen) erzielten Erfolge (...)«[689]

Im Gegensatz zu dem breiten Leistungsspektrum von Übersetzungsbüros gab es auch Translatoren, die andere Akzente in ihren Dienstleistungen setzten und sich beispielsweise in einer bestimmten Sprache spezialisierten. Von 1907 datiert etwa ein Werbeschreiben, das ein sogenannter »Zivil-Ingenieur« verfasste, der seine Dienste als »Translator oder Dolmetscher der neugriechischen Sprache« anbot. Zum Erwerb seiner Kenntnisse des Neugriechischen teilt der Autor des Schreibens mit, dass er über zehn Jahre im neugriechischen Sprachraum gelebt und zudem ein Zeugnis über ein Studium in der neugriechischen Sprache am SOS erlangt hatte.[690]

Ein »vereidigter Dolmetscher und Translator der englischen Sprache für den Bezirk des Kammergerichts Berlin« datiert ebenfalls im konsultierten Aktenmaterial. Er bot seine Dienste für beglaubigte und unbeglaubigte Übersetzungen vom Deutschen ins Englische und umgekehrt an.[691]

Die Werbeschreiben mancher Übersetzer geben allerdings Anlass zum Schmunzeln, wenn sie ihre Dienste etwa wie folgt anpreisen:

> »Einziger deutscher Übersetzer der technische Übersetzungen aus 8 Sprachen glatt herunter übersetzt.«[692]

Dieser Übersetzer, der im konsularischen Dienst tätig war und sich im Ruhestand befand, hatte sich in acht Sprachen auf das Fachgebiet Technik spezialisiert und warb für seine Übersetzungsleistungen als »Techno-Polyglotte«.[693] In einem anderen Werbeschreiben verwendet dieser Autor die Bezeichnungen »Ingenieur-Dolmetsch« und »Fach-Polyglotte« und verweist darauf, dass Korrespondenzarbeiten von ihm »hochelegant übersetzt« werden[694].

Auf das »aelteste technische und kaufmännische Uebersetzungs-Bureau«, das 1891 gegründet wurde, wird in einem Werbeschreiben von 1915 Bezug genommen. Der Inhaber behauptet von sich, »fast alle europäischen Kultursprachen« zu beherrschen. Als aussagekräftige Referenzen nennt er das »Königl. Preussische Kriegsministerium« und das »Reichs-Marine-Amt«. Wie aus dem Schreiben hervorgeht, gab der Inhaber dieses Übersetzungsbüros Übersetzungsaufträge weiter

689 Ibid. Hervorhebung im Original.
690 PA AA, R 138864, Felix Moral (Werbeschreiben), 08.03.1907.
691 PA AA, R 138864, Julius Haacke (Werbeschreiben), 17.02.1908.
692 PA AA, R 138865, F. Grein (Werbeschreiben), 03.08.1914.
693 Ibid. Diese Spezialisierung geben auch heute noch manche Übersetzer an. Aber Technik ist zum einen kein Fachgebiet und zum anderen ein dermaßen großer Bereich, dass es unrealistisch ist, alle technischen Fachgebiete zu beherrschen – nicht in einer einzigen Sprache und erst recht nicht in mehreren.
694 PA AA, R 138865, F. Grein (Werbeschreiben), 1914. Hervorhebung im Original.

an »einige ehrenwerte Männer (...) deren Verdienst durch den Krieg erheblich geschmälert« wurde.[695] Dadurch wird m. E. deutlich, dass Übersetzungsarbeiten von Personen ausgeführt wurden, deren Qualifikation für diese Tätigkeit nicht notwendigerweise im Vordergrund stand.

Zur Verwässerung des entstehenden Berufsbildes trugen sicherlich auch folgende Einzelpersonen bei, die Übersetzungs- und Dolmetschleistungen mit den Tätigkeiten von Fremdenführern, Fremdsprachenkorrespondenten und Sprachlehrern in Verbindung brachten. Manche übertrafen sich bei der Formulierung ihrer vielseitigen Fähigkeiten selbst:

> »Fremdenführer und Dolmetscher für Berlin. Begleiter und Reiseführer nach allen Ländern der Erde. Correspondenz-Conversation. Deutsch, Englisch, Französisch, Italienisch, Norwegisch, Portugiesisch, Spanisch, Schwedisch, Russisch.«[696]

> »Junger erfolgreich tätiger gewesener, schriftstellerisch begabter Deutsch-Russisch-Pole. Mit höherer Bildung, soeben aus dem Auslande zurückgekehrt, will seine bisherige Tätigkeit aufgeben und ist bereit, geeignete Stellung anzunehmen. Betreffender ist flotter Uebersetzer, gewandter Korrespondent und Reisender und hat evtl. für stundenweise Beschäftigung für Lehrer- oder Reisebegleiter Interesse. Kenntnisse des Bulgarischen, Französischen und Englischen sind auch vorhanden.«[697]

> »Für Freunde fremder Sprachen: Wahre GLANZ-Leistungen w. erreicht in m. Schriftsprachenkursen eigenster Schöpfung. (...) langj. Prakt. Sprachmeister. (...). [Stempel:] Ingenieur-Übersetzer.«[698]

In wenigen Fällen hatten sich vor dem Ersten Weltkrieg in Institutionen interne Übersetzungsabteilungen entwickelt, die dem Auswärtigen Amt ebenfalls ihre Dienste anboten[699]. Sie blieben aber in der Minderheit. Wie ein Bericht über den Sprachendienst des Auswärtigen Dienstes bestätigt, bediente das Auswärtige Amt nahezu alle Behörden und Unternehmen sowie Privatpersonen in Deutschland, die sich in den 1920er Jahren mit Übersetzungs- und Dolmetschanfragen an das Auswärtige Amt wandten (vgl. 2.3.4). Aber auch aus der Zeit vor und während des Ersten Weltkriegs gab es, wie weiter unten gezeigt wird, Unternehmen, die

---

695 PA AA, R 138865, Dr. W. Kämpf (Werbeschreiben), 20.12.1915.

696 PA AA, R 138864, Richardt Kerndt (Werbeschreiben), 05.09.1907.

697 PA AA, R 138865, Kurt Wahlmann (Werbeschreiben), 21.08.1913.

698 PA AA, R 138866, F. Grein (Werbeschreiben), undatiert. Hervorhebung im Original.

699 PA AA, R 138865, Deutsche Kongress-Zentrale (Werbeschreiben), 26.09.1916. Wie dem Schreiben an das Auswärtige Amt zu entnehmen ist, war die Deutsche Kongress-Zentrale an die »Centralstelle für den Fremdenverkehr Gross-Berlins« angeschlossen. Als weitere die Institution beschreibende Angabe wird »Kongressbuerau der Internationalen Union zur Förderung der Wissenschaft« angeführt. Im Schreiben wird das Auswärtige Amt auf die interne Übersetzungsabteilung aufmerksam gemacht, die »seit Jahren« Übersetzungen aus dem Deutschen in die Fremdsprache und von der Fremdsprache ins Deutsche anfertige.

sich mit Übersetzungsanfragen, an das Auswärtige Amt wandten. Dies belegt die geringe Verbreitung von internen Übersetzungsdienstleistern in Unternehmen in jener Zeit.

Das Bild, das das Aktenmaterial von den Translatoren zeichnet, ist facettenreich und teilweise undurchsichtig. Einzelübersetzern, die sich auf eine oder wenige Sprachen spezialisierten – zu dieser Gruppe gehörten auch, wie gezeigt wurde, weniger seriöse Marktteilnehmer mit breitem Leistungsangebot ohne Tiefgang –, standen Übersetzungsbüros gegenüber, die keine Sprachgrenzen kannten. Auffallend ist, dass die meisten Inhaber der für den obigen Überblick ausgewählten Übersetzungsbüros eine Verbindung zum Auswärtigen Dienst hatten, d. h. dass sie erst im Ruhestand Übersetzungsbüros eröffneten. Womöglich sind diese Personen während ihrer aktiven Zeit im Staatsdienst mit Übersetzungsarbeiten betraut worden und suchten sich im Ruhestand ein entsprechendes Betätigungsfeld.

Ein schwammiges Bild bietet auch das Betätigungsfeld von Dolmetschern, die ihre aktiven Fremdsprachenkenntnisse häufig im Tourismusbereich einsetzten und somit weit entfernt waren von den Anforderungen an Dragomane im Staatsdienst (vgl. 2.3.2).

Eine klare Linie in Bezug auf einen Qualifikationsnachweis, der dem Leistungsspektrum der Translatoren entsprach, kann in den Beispielen nur in Einzelfällen nachgewiesen werden. In der Regel hielten sich die Translatoren längere Zeit im Ausland auf und erwarben sich dort Kenntnisse der Landessprache. Manche legten auch eine Prüfung am SOS ab. Über ihre berufliche Tätigkeit im Ausland ist nichts bekannt.

Nach Belieben gewählt scheinen die Titel, die sich Translatoren gaben. Oft wurden diese als Kompositum mit »Ingenieur« gebildet. Dies war möglicherweise beabsichtigt, um die Übersetzungs- bzw. Dolmetschleistungen aufzuwerten oder um den erlernten Beruf im Titel mit zu führen.

Obwohl das Auswärtige Amt für die anfallenden Übersetzungsarbeiten Übersetzer benötigte, wurden entsprechende etatmäßige Stellen weder in der Zentrale noch bei Auslandsstellen geschaffen. Der Bedarf an externen Übersetzern im Auswärtigen Dienst geht aus einem Schreiben von 1910 hervor. Die Anfrage eines Übersetzers, ihn zum vereidigten Übersetzer bei einem Konsulat zu bestellen, wurde verneint. Dennoch wurde der damit in Zusammenhang stehenden Konsulatsstelle angeraten, den Übersetzer, sofern seine Dienste nützlich sein könnten, unverbindlich an das Konsulat zu binden, indem ihm etwa erlaubt wurde, einen Titel wie »Übersetzer beim Kaiserlichen Deutschen Konsulat« zu führen. Ausdrücklich wurde aber darauf hingewiesen, dass dieser Titel nicht dazu berechtigte, Ansprüche auf irgendwelche Mittel zu erheben. In erster Linie sollte dadurch bezweckt werden, dass sich der Übersetzer für eventuelle Aufträge des Konsulats jederzeit bereithielt.[700]

Während und in den ersten Jahren nach dem Ersten Weltkrieg sollte wohl in erster Linie aus Kostengründen möglichst nur in dringenden Fällen auf externe

700 PA AA, R 138864, Reichskanzler an Konsulat in São Paulo, 31.03.1910.

Übersetzer zurückgegriffen werden. Aber auch schon vor dem Ersten Weltkrieg wurde versucht, das Übersetzungswesen im Auswärtigen Amt so weit wie möglich intern zu regeln:

> »Beamte bei den Kaiserlichen Vertretungen im Auslande, welche die Landessprache hinlänglich beherrschen, um Übersetzungen daraus anfertigen zu können, werden für befugt zu erachten sein, die Richtigkeit ihrer Übersetzungen durch einen Vermerk zu bescheinigen.«[701]

In diesem Zusammenhang wurden verschiedene Zeichnungsregelungen aufgestellt. Beamte, die nicht zur Verwendung eines entsprechenden Siegels ermächtigt wurden, mussten die von ihnen angefertigte Übersetzung etwa durch einen Vorgesetzten mit entsprechender Ermächtigung beglaubigen lassen.[702]

Wie bereits skizziert wurde, erhielten die Beamten des Auswärtigen Dienstes auch Übersetzungsaufträge von Stellen außerhalb des Auswärtigen Amts. Vom Juli 1915 datiert ein Schreiben, das belegt, dass das Reichsmarineamt gelegentlich Übersetzungen von Dokumenten bei Beamten des Auswärtigen Amts anforderte. Die Erledigung solcher Übersetzungsaufträge musste außerhalb der Dienstzeiten auf Honorarbasis zu Lasten des Auftraggebers erfolgen.[703]

Das Aktenmaterial dokumentiert auch Übersetzungsaufträge, die aus der Wirtschaft an das Auswärtige Amt gelangten:

> »Mit dem Gegenwärtigen gestatten wir uns, die höfliche Bitte an das Auswärtige Amt zu richten, den beifolgenden Text uns gütigst übersetzen zu wollen. Einer unserer Kunden verlangt nämlich diese Aufschrift auf der von uns nach Arabien exportierten Vaseline, und da wir den Sinn des Textes nicht zu kontrollieren vermögen, andererseits unserem Kunden über den Text nicht freie Hand lassen wollen, wären wir dem Auswärtigen Amte für Uebersetzung des Textes sehr verbunden.«[704]

Auch Anfragen zur Bereitstellung von Dolmetschern gingen aus der Wirtschaft besonders nach dem Ersten Weltkrieg beim Auswärtigen Amt ein:

> »Für eine geschäftliche Besprechung mit einem russischen Häute-Exporteur (...) benötigen wir einen die russische Sprache beherrschenden Dolmetscher. An das Amt richten wir das ergebene Ersuchen, uns eine sprachkundige Persönlichkeit gestellen zu wollen. (...) Einen Dolmetscher hätten wir wohl auch anderweitig bekommen, wir legen aber besonderen Wert darauf, einen solchen durch das Amt gestellt zu bekommen, um die Gewähr zu haben, dass die der fraglichen Besprechung hinzuziehende Persönlichkeit auch durchaus vertrauenswürdig & verschwiegen ist.«[705]

701 PA AA, R 138865, Korrespondenz im Auswärtigen Amt, 11.02.1913.
702 Ibid.
703 PA AA, R 138865, Staatssekretär des Auswärtigen Amts an Staatssekretär im Reichsmarineamt, 14.07.1915.
704 PA AA, R 138864, Oelwerke Stern-Sonneborn an Auswärtiges Amt, 02.05.1911.
705 PA AA, R 138866, Lederfabrik Hirschberg an Auswärtiges Amt, 08.10.1918.

Während des Ersten Weltkriegs nahm das Auswärtige Amt für die Übersetzung von Dokumenten in erster Linie Beamte mit entsprechenden Sprachkenntnissen in Anspruch[706]. Dies könnte auch auf Vertraulichkeitsgründe zurückzuführen sein. Aus einem relevanten Aktenstück geht nicht klar hervor, ob für Übersetzungen, die von Beamten außerhalb ihrer Dienstzeiten angefertigt wurden, Honorare entrichtet wurden. Zumindest schien sich die vorgesetzte Stelle eines Beamten zu sträuben, dessen Honorarforderungen nachzukommen, die aus der Anfertigung einer Übersetzung entstanden:

> »Wenn besondere Leistungen vorliegen, die durch Zuwendung einer Entschädigung anerkannt werden sollten, so könnte unter Umständen hierfür nur die Gewährung einer ausserordentlichen Vergütung in Frage kommen, deren Festsetzung in dem Ermessen des Auswärtigen Amts liegt.«[707]

Die Notwendigkeit zur Vergütung von Übersetzungsleistungen schien demnach von zuständigen Zahlungsstellen nicht anerkannt zu werden. 1920 wurde die Erbringung und Vergütung von Sprachdienstleistungen im Auswärtigen Amt wie folgt geregelt:

> »Die Übersetzung fremdsprachlicher Schriftstücke und Drucksachen erfolgt beim A. A. im allgemeinen unentgeltlich durch seine Beamten selbst in Ausübung ihres Dienstes. Nur in Ausnahmefällen wird bei umfangreicheren Übersetzungsarbeiten aus Billigkeitsgründen eine besondere Vergütung gezahlt; in diesen, sowie in denjenigen wenigen Fällen, wo außerhalb des Amts stehende Personen zu Übersetzungen herangezogen werden, ist jedoch die Vergütung in der Regel nicht stundenweise, sondern nach der Wortzahl oder nach dem Umfang der Leistung berechnet worden, wobei ein Unterschied zwischen mehr und weniger verbreiteten Sprachen gemacht wurde.«[708]

Zur Höhe der Honorare von extern angefertigten Übersetzungsleistungen konnten bei den Recherchen keine Informationen ermittelt werden. Der überwiegende Teil von erbrachten Übersetzungleistungen, d. h. intern angefertigte Übersetzungen, wurden, wie es scheint, nicht als vollwertige Leistung anerkannt, sondern lediglich als Anerkennung – und somit nicht ihrem Wert entsprechend – vergütet. Aus diesem Grund muss es zu Beschwerden seitens der internen Übersetzer, sprich der Beamten des Auswärtigen Dienstes, gekommen sein. Vom April 1921 datiert ein Schreiben des Reichsjustizministers, in dem dieser dem Reichsarbeitsminister zustimmt, »daß es unbillig ist, von den Beamten ohne besondere Vergütung Arbeitsleistungen zu verlangen, die mit dem Hauptamte nicht in unmittelbarem Zusammenhange stehen, über den Rahmen der eigentlichen Dienstobliegenheiten hinausgehen oder die besondere, sonst von den Beamten nicht geforderte Kennt-

706 PA AA, R 138866, Korrespondenz im Auswärtigen Amt zum Einsatz von qualifizierten Übersetzern, 14.02.1917.

707 PA AA, R 138866, Korrespondenz im Auswärtigen Amt zur Vergütung von Übersetzungsleistungen, 14.02.1917.

708 PA AA, R 138866, An Magistrat der Stadt Berlin, 07.10.1920.

nisse voraussetzen«[709]. Vor allem Beamte, die Übersetzungen anfertigten, sollten dafür besonders entschädigt werden. Andernfalls könnte es dem Reichsjustizminister zufolge so weit kommen, dass sich Beamte für Übersetzungstätigkeiten nicht mehr zur Verfügung stellten und dadurch vermehrt externe Übersetzungsbüros, die nicht die gewünschte Qualität der Übersetzungen boten, hinzugezogen werden müssten. Der Reichsjustizminister forderte daher vom Reichsfinanzminister, Mittel zur Vergütung von intern erbrachten Übersetzungsleistungen zur Verfügung zu stellen.[710]

Der Reichsfinanzminister hatte allerdings eine andere, finanzielle, Sicht auf die Dinge und teilte die Meinung des Reichsarbeits- und des Reichsjustizministers nicht:

> »Beamte (...) haben grundsätzlich ihre gesamte Arbeitskraft und ihre gesamten Kenntnisse und Fähigkeiten in den Dienst des Staates zu stellen. Ergibt sich die Notwendigkeit, gelegentlich Arbeitsleistungen zu verlangen, die aus dem eigentlichen Arbeitsgebiet des Beamten oder Angestellten herausfallen, so wird einem jeden Beamten oder Angestellten dennoch eine derartige Tätigkeit zugemutet werden können, wenn sie in den gesamten Geschäftsbereich der Behörde fällt, der er angehört und zugleich seinen persönlichen Fähigkeiten und Eignungen entspricht (...). Ich bin der Ansicht, daß Übersetzungen jedem Beamten angesonnen werden können, der der in Frage kommenden Sprache mächtig ist (...). Ich neige daher der Auffassung zu, daß möglichst jeder Beamte <u>einer Zentralstelle</u> sprachlich soweit vorgebildet sein sollte, um in den Geschäftsbereich gelangende Schriftstücke in französischer und <u>englischer</u> Sprache selbst zu übersetzen.«[711]

An dieser Äußerung des Reichsfinanzministers wird m.E. einmal mehr deutlich, dass Übersetzungsleistungen nicht als vollwertige Tätigkeiten erachtet wurden, sondern als Aufgabe, die von beliebigen Personen, die eine Fremdsprache beherrschten – der Grad des Könnens der Fremdsprache spielte dabei keine Rolle – neben ihrer eigentlichen Tätigkeit bewerkstelligt werden konnte. Die Entscheidung des Reichsfinanzministers, der weder die Schwierigkeiten der Übersetzungstätigkeiten noch das vorherrschende Übersetzungsvolumen anerkannte, ist schwer nachzuvollziehen, wenn man seine Beschwerde über die Abwicklung von Übersetzungsleistungen im Auswärtigen Amt wenige Wochen zuvor berücksichtigt, mit der er unbewusst die Bedeutung von Übersetzungen für die Arbeitsabläufe im Staatsdienst zugibt:

> »Das Auswärtige Amt übersendet häufig Schriftstücke in fremder Sprache mit dem Ersuchen um Veranlassung oder Stellungnahme. Da es sich meist um Beschwerden oder Anfragen fremder Regierungen handelt, wird vielfach noch besonders auf die Notwendigkeit beschleunigter Erledigung hingewiesen. Gleichwohl wird in der Regel keine

709 PA AA, R 138867, Reichsjustizminister an Reichsfinanzminister, 27.04.1921.
710 Ibid.
711 PA AA, R 138867, Reichsfinanzminister an Reichsarbeitsminister, 22.09.1921. Hervorhebung im Original.

Übersetzung der fremdsprachigen Schriftstücke beigefügt. Ich darf darauf hinweisen, daß derartige Vorgänge hier vor der Bearbeitung zunächst an die Presseabteilung der Reichsregierung zur Herstellung einer Übersetzung gegeben werden müssen. Dadurch wird die Erledigung eiliger Sachen erheblich verzögert. Zeitweilig hat es die Presseabteilung der Reichsregierung sogar wegen Mangels an geeigneten Arbeitskräften ganz abgelehnt, derartige Übersetzungen zu fertigen. Zur Vereinfachung und Beschleunigung des Geschäftsganges würde es sich daher empfehlen, wenn die deutsche Übersetzung stets schon vom Auswärtigen Amt gefertigt und beigefügt würde.«[712]

Die Diskussion über die Vergütung von intern erbrachten Übersetzungsleistungen wurde in den verschiedenen Ressorts zu einer Zeit geführt, als im Auswärtigen Amt bereits von oberster Stelle der Beschluss gefasst wurde, Struktur in die bislang unkoordinierten Sprachdienstleistungen zu bringen und einen Sprachendienst im Auswärtigen Amt zu errichten. Damit wurde begonnen, das Übersetzungs- und Dolmetschwesen in Deutschland zu ordnen: Relevante Arbeitsabläufe wurden zum ersten Mal definiert und das dafür notwendige Personal entsprechend geschult. Dem Wildwuchs am freien Markt konnte damit nicht völlig Einhalt geboten werden, jedoch sollte das entwickelte System das Berufsbild von Übersetzern und Dolmetschern prägen.

2.3.4 Die Profilbildung des entstehenden Berufsbildes – Ein Beispiel

Das Profil des Übersetzer- und Dolmetscherberufs wurde von den politischen und wirtschaftlichen Entwicklungen in den 1920er Jahren geschliffen (vgl. 2.1.2.5). Die Entstehung von internationalen Organisationen, wie der Völkerbund oder das Internationale Arbeitsamt, und die Tatsache, dass die bis zum Ersten Weltkrieg gepflegte Diplomatie hinter verschlossenen Türen sich zu einer offenen Diplomatie, die auf internationalen Konferenzen gepflegt wurde, wandelte, formten die Anfänge eines neuen Berufs.[713]

Einen entscheidenden Beitrag zur Profilierung des entstehenden Berufsbildes leistete das Auswärtige Amt durch die Errichtung eines zentralen Sprachendienstes[714].

712 PA AA, R 138867, Reichsfinanzminister an Auswärtiges Amt, 10.09.1921.

713 PA AA, R 138867, Zusammenfassende Betrachtung der Leistungen des Sprachendienstes im Auswärtigen Amt, 25.02.1929, S. 1. Vgl. hierzu auch Schmidt (1949: 13).

714 Als Gründe für die Errichtung des Sprachendienstes im Auswärtigen Amt werden in einem Dokument aus dem Jahr 1929 die folgenden genannt: »Die Schaffung eines Sprachendienstes war unerlässlich: a) weil die früheren nur gelegentlich und von jedem Referat einzeln betrauten Kräfte schon den Anforderungen der Kriegszeit nicht genügten, b) weil die ausserordentlich höheren Anforderungen der Nachkriegszeit die Ermittelung und Ausbildung sowie die Zusammensetzung und Organisierung von hochwertigen Sprachkräften (Übersetzer und Dolmetscher) dringend forderten.« (in: PA AA, R 138867, Ausführlicher Bericht über den Sprachendienst, Februar 1929).

Mit der Ausarbeitung des Konzepts einer solchen Abteilung, die auf Anregung eines Reichsministers erfolgte[715], wurde Paul Gautier betraut.

In seinem Entwurf schlägt Gautier vor, die Personen, die bisher im Auswärtigen Amt sprachliche Arbeiten ausgeführt hatten, in einer »Sprachenabteilung«[716] zusammenzufassen. Laut Plan erforderte die neue Sprachenabteilung keine Neueinstellungen. Die sprachlichen Arbeiten sollten von bereits vorhandenen Mitarbeitern im Auswärtigen Amt in dauernder, gelegentlicher oder nebenamtlicher Tätigkeit, teilweise auf ehrenamtlicher Basis, ausgeführt werden. Für die zu schaffende Abteilung sah Gautier sieben Personengruppen mit verschiedenen Funktionen innerhalb der Abteilung vor, deren Aufgabengebiete in dem Entwurf detailliert beschrieben werden.[717]

Der Leiter der Sprachenabteilung, dessen Position Gautier als Gründer der Abteilung übernahm, war für die Auftragsabwicklung zuständig: also für Prozesse von der Auftragsannahme über die Auftragsvergabe an den entsprechenden Zuständigen zur Erledigung der gewünschten Aufgabe bis zum Rückversand der gewünschten Leistung an den Auftraggeber. Dem Leiter der Sprachenabteilung sollte ebenso die Überprüfung der Rechnungen für erbrachte Dienstleistungen obliegen sowie die Rekrutierung von geeignetem Personal für die Abteilung.[718]

In der Sprachenabteilung sollten sogenannte Sprachenreferate für alle Sprachen eingerichtet werden, die für die internationalen Beziehungen des Auswärtigen Amts relevant waren. Als zweite Personengruppe der Sprachenabteilung werden »Sprachenreferenten«[719] genannt. Aus der Tätigkeitsbeschreibung geht hervor, dass diese für Aufgaben zuständig waren, die heute in der Regel von Revisoren übernommen werden, denn es handelte sich hauptsächlich um Überprüfungs- und Korrekturarbeiten. Für jedes Sprachenreferat waren zwei Sprachenreferenten vorgesehen, jeweils ein deutscher Muttersprachler und ein Muttersprachler der jeweiligen Fremdsprache. Je nach Bedeutung der Fremdsprache für das Auswärtige Amt sollte zwischen haupt- und nebenamtlichen Sprachenreferenten unterschieden werden. Die Sprachenreferenten fungierten zudem als Ansprechpartner in sprachlichen Fragen für die Übersetzer.[720]

In Gautiers Entwurf waren als dritte Personengruppe der Sprachenabteilung »Sachverständige« vorgesehen. Diese sollten bei »sachlichen Schwierigkeiten und Unklarheiten in sprachlichen Arbeiten« hinzugezogen werden. Für die im Auswär-

---

715 Welcher Reichsminister die Anregung zur »Zentralisierung und Organisation der im Auswärtigen Amt zu leistenden sprachlichen Arbeit« gab, konnte im konsultierten Aktenmaterial nicht ermittelt werden (in: PA AA, R 138867, Organisation einer Sprachenabteilung im Auswärtigen Amt (Autor: Paul Gautier), 14.04.1921). Vermutlich geht die Anregung auf den Reichsaußenminister zurück.

716 PA AA, R 138867, Organisation einer Sprachenabteilung im Auswärtigen Amt (Autor: Paul Gautier), 14.04.1921, S. 1.

717 Ibid.

718 Ibid, S. 12.

719 Ibid, S. 2.

720 Ibid, S. 24.

tigen Amt vorkommenden Wissensgebiete wurden als Sachverständige Mitarbeiter der jeweiligen Fachbereiche vorgesehen. Für »entlegenere Wissenszweige« sollte auf außeramtliche Kräfte zurückgegriffen werden.[721] Die Sachverständigen sollten nur bei Bedarf konsultiert werden. Da sie erfahrungsgemäß nur selten eingesetzt werden sollten, sollte die Sachverständigentätigkeit auf ehrenamtlicher Basis erfolgen. Geplant war es, sie zwei Gruppen zuzuordnen: Zum einen Sachverständige für einzelne Länder und zum anderen Sachverständige für einzelne Materien, worunter beispielsweise folgende Bereiche fielen: Politik, Jura, Internationales Recht, Bürgerliches Recht, Strafrecht, Seerecht, Binnenschifffahrtsrecht, Wechselrecht, Nationalökonomie und Technik. Die Kompetenzen der Sachverständigen und der Sprachenreferenten sollten sich bei terminologischen Entscheidungen ergänzen.[722]

Als vierte Personengruppe wurden »Uebersetzer«[723] angeführt, die in jedem Sprachenreferat ausreichend vorhanden sein sollten, damit das hohe Arbeitspensum unter dem herrschenden Zeitdruck bewältigt werden konnte[724]. Zur Erfüllung dieses Ziels wurden zwei Grundsätze aufgestellt. Der zweite Grundsatz befasste sich mit einem, wohl schon in den Anfängen des entstehenden Berufs, herrschenden Phänomen – dem Zeitdruck, unter dem Übersetzungen meist entstehen. Dieser Grundsatz richtete sich demnach an die Auftraggeber, an die appelliert wurde, die zu übersetzenden Texte »frühzeitig« bei der Leitung der Sprachenabteilung einzureichen, denn schon damals wurde erkannt:

> »Die Qualität der stilistischen Arbeiten ist auch bei den besten Kräften immer nur der auf die Arbeiten verwendeten Zeit proportional.«[725]

Der erste Grundsatz behandelte Anforderungen an die im Auswärtigen Amt tätigen Übersetzer und die zu erstrebenden Ziele bei der Erbringung ihrer Dienstleistung:

> »Es kommen nur erstklassige Kräfte als Uebersetzer für das Auswärtige Amt in Frage, d.h. Leute, die nicht nur die Sprache, in welche sie übersetzen, stilistisch einwandfrei beherrschen, sondern auch über eine Allgemeinbildung verfügen, die sie in den Stand setzt, jede Materie sachlich bis in die Einzelheiten haarscharf aufzufassen (eventl. unter Inanspruchnahme der Sprachenreferenten und Sachverständigen), sodass ihre Tätigkeit nicht in einem sprachlichen Umgiessen (Uebersetzungsbüreaus!) sondern in einem sachlichen Umdenken in die betreffende Sprache besteht.«[726]

---

721 Ibid, S. 4.
722 Ibid, S. 5.
723 Ibid.
724 Im Jahr 1929 heißt es in einer Quelle: »Der Sprachendienst muss eingestellt sein auf ein quantitatives und qualitatives Arbeitsmaximum im Zeitminimum.« (in: PA AA, R 138867, Ausführlicher Bericht über den Sprachendienst, Februar 1929, S. 26).
725 PA AA, R 138867, Organisation einer Sprachenabteilung im Auswärtigen Amt (Autor: Paul Gautier), 14.04.1921, S. 6.
726 Ibid.

Für die Übersetzungen aus der Fremdsprache ins Deutsche wurden Mitarbeiter des Auswärtigen Amts in Betracht gezogen. Ihre Leistung sollte je nach Arbeitszeit honoriert werden. Kürzere Arbeiten sollten ehrenamtlich, umfangreiche Arbeiten jedoch gegen Bezahlung durchgeführt werden. Dabei sollte auf Stundenbasis und nach Schwierigkeit des Textes abgerechnet werden. Unter besonderen Umständen sollten auch Zuschläge entrichtet werden, etwa bei »Nachtarbeit«[727]. Für Übersetzungen in die Fremdsprache wurden externe Kräfte vorgesehen. Ihre Tätigkeit sollte wie bei internen Übersetzern vergütet werden.[728]

Die fünfte Personengruppe der Sprachenabteilung bildeten die »Dolmetscher«, die »angesichts des Mangels an geeigneten Dolmetschern für das Auswärtige Amt« auch in die Sprachenabteilung integriert werden sollten[729]. Die Dolmetscher wurden in zwei Gruppen eingeteilt. Zum einen in Dolmetscher, die nur für Berlin in Frage kamen und in Dolmetscher, die bereit waren, auch außerhalb Berlins für das Auswärtige Amt tätig zu werden. Die Anforderungen und die sich daraus ergebenden Lösungen für die Tätigkeit der Dolmetscher werden wie folgt beschrieben:

> »Im Allgemeinen ist es außerordentlich schwer, Dolmetscher zu finden, die ihrer Aufgabe gewachsen sind, denn es wird vom Dolmetscher verlangt: 1) absolute Zweisprachigkeit (die selten ist), 2) ein außergewöhnliches Maß an allgemeinem und speziellem Wissen, 3) eine ungewöhnliche geistige Spannkraft. In vielen Fällen fehlt es bei den Dolmetschern an einem dieser Punkte, manchmal auch an zwei, oder gar an allen drei. Wesentlich leichter wird die Auswahl, wenn man auf den ersten Punkt, die absolute Zweisprachigkeit, verzichtet und zwei Dolmetscher zur Lösung einer Aufgabe verwendet, wobei der eine das Deutsche in die fremde Sprache, der andere das in der fremden Sprache Gesprochene ins Deutsche überträgt. Durch diese Arbeitsteilung werden bedeutend bessere Resultate erzielt, und die Arbeitskraft der Dolmetscher erlahmt nicht so früh.«[730]

Die Leistungen der Dolmetscher sollten auf Stundenbasis vergütet werden. Die in Berlin tätigen Dolmetscher sollten bei Eignung, die jedoch nicht bei allen Dolmetschern vorhanden war, auch als Übersetzer herangezogen werden. Ebenso wie Übersetzer bei Eignung auch als Dolmetscher in Berlin eingesetzt werden sollten. Auch hier wird die unklare Trennung zwischen Übersetzungs- und Dolmetschleistungen deutlich. Die für das Auswärtige Amt in Frage kommenden Kräfte wurden in zwei Kategorien eingeteilt: a) »solche, die zwei Sprachen gleich gut beherrschen (Zweisprachler)«[731] und »solche, die eine Sprache beherrschen, eine

727 Ibid, S. 7.

728 Ibid, S. 5–7.

729 Ibid, S. 7. Für die Dolmetschertätigkeit geeignete Personen erhielten in internen Sonderkursen im Auswärtigen Amt ein entsprechendes Training, dessen Methodik von Gautier entwickelt wurde (in: UAL, PA 3320, Bl. 24, Gautier an Snyckers, 03.–17.04.1944).

730 PA AA, R 138867, Organisation einer Sprachenabteilung im Auswärtigen Amt (Autor: Paul Gautier), 14.04.1921, S. 8.

731 Ibid.

andere gut verstehen«[732]. Letztere wurden nur für eine bestimmte Sprachrichtung eingesetzt.[733]

Die sechste Personengruppe bildeten die »technischen Hilfskräfte«[734]. Die auszuführenden technischen Arbeiten bezogen sich auf die Anfertigung von Abschriften und von Vervielfältigungen. Für Abschriften sollten Schreibkräfte aus verschiedenen Abteilungen hinzugezogen werden. Für die Abschrift deutscher Texte kamen sämtliche Schreibkräfte in Frage. Der Abschrift von fremdsprachlichen Texten sollten sich besonders Schreibkräfte annehmen, die entweder ein fremdsprachliches Examen oder in der Übersetzerliste des Auswärtigen Amts eingetragen waren. Auf die Erstellung von Vervielfältigungen wird in dem Dokument nicht detailliert eingegangen.[735]

Als siebte Personengruppe der Sprachenabteilung wurden »Boten« genannt, die wichtige Dienste bei der Lieferung der Übersetzungen zu leisten hatten.[736]

Abschließend bemerkte Gautier in seinem Entwurf über die Organisation einer Sprachenabteilung im Auswärtigen Amt, dass er das französische Sprachenreferat, für das er zuständig war, bereits nach seinem Entwurf gestaltet hätte, und es sich bei der Übertragung des Entwurfs auf andere Sprachen nur um einen Ausbau und nicht um einen kompletten Aufbau einer neuen Abteilung handelte. Zudem bot er an, die notwendigen Arbeiten als Leiter der Sprachenabteilung voranzutreiben.[737]

Aus einem weiteren von Gautier aufgesetzten Dokument über den »Sprachendienst«, geht hervor, dass sämtliche sprachlichen Angelegenheiten Arbeitsgegenstand des Sprachendienstes sein sollten. Dazu zählten neun Gebiete: Übersetzungswesen, Dolmetscherwesen, Sachverständige, Stenographen, Maschinenschreiberinnen, Unterrichtswesen, Prüfungswesen, Drucklegungen, Propagandawesen vom formalsprachlichen und völkerpsychologischen Standpunkt. Ziel des Übersetzungswesens war die »Lieferung sachlich absolut exacter und sprachlich unbedingt idiomatischer Übersetzungen innerhalb der gegebenen Fristen«. Um dieses Ziel zu erreichen, wurden amtliche und außeramtliche Mitarbeiter hinzugezogen, wobei nach folgendem »Princip« gearbeitet wurde:

> »Es kommen immer nur besonders vorbereitete nationale Kräfte in Frage oder solche, die ihnen absolut gleichzustellen sind.«[738]

Dies war wohl die Geburtsstunde des umstrittenen Muttersprachenprinzips.

Interessant ist auch ein Blick auf die angeführten Hilfsmittel, die zur Erreichung des Ziels im Übersetzungswesen beitragen sollten. Denn dadurch wird ein Licht

---

732 Ibid, S. 9.
733 Ibid, S. 7–9.
734 Ibid, S. 9.
735 Ibid.
736 Ibid, S. 9–10.
737 Ibid, S. 10.
738 PA AA, R 138867, Arbeitsgegenstand, Organisation und Arbeitsweise des Sprachendienstes des Auswärtigen Amts (Autor: Paul Gautier), vermutlich September 1924, S. 1.

auf die weit entwickelten Anfänge terminologischen Arbeitens in der Praxis geworfen und ein Eindruck vom sprachlichen und sachlichen Informationsbedarf für die Anfertigung einer Übersetzung und dem damit verbundenen Rechercheaufwand vermittelt:

»a) Kartothek sämtlicher Sprachkräfte. b) Bibliographie der Nachschlagewerke für die verschiedenen Materien und Sprachen. Entstanden aus bibliographischen Arbeiten des Sprachendienstes in den bedeutenden Bibliotheken Berlins. Wird dauernd ergänzt. Ist nach Materienstichwörtern geordnet, um das sofortige Ermitteln eines Nachschlagewerkes für eine bestimmte Materie zu ermöglichen. c) Präsenzbibliothek von Handbüchern und Nachschlagewerken für die verschiedenen Materien und Sprachen, α) die dem Sprachendienst gehören (gestiftet, abgetreten oder erworben), β) die der Sprachendient (sic!) aus den hiesigen Bibliotheken entleiht. d) Kartothek der Präsenzbibliothek. e) Ergänzung durch die Bibliothek des Lesesaals der Bibliothek des Ausw. Amtes. f) Kartothek der Materialien (nach sachlichen Stichwörtern) d. h. der gedruckten Werke mit Paralleltexten in verschiedenen Sprachen, aus denen Sprachliches und Sachliches bei Übersetzungen entnommen bezw. übernommen werden kann. g) Phraseologische Zettellexika. Englisch: 1) Engl.-Dt., 2) Dt.-Engl.; Französisch: 1) Frz.-Dt., 2) Dt.-Frz.; Spanisch: 1) Span.-Dt., 2) Dt.-Span.; Italienisch: 1) Ital.-Dt., 2) Dt.-Ital. Diese Zettellexika stellen eine Ergänzung der sonstigen Nachschlagewerke dar, indem in sie täglich die in der Presse, in Zeitschriften, Broschüren und Büchern figurierenden neuen Ausdrücke und sonstigen nützlichen stilistischen Wendungen eingetragen werden. Bei allen Eintragungen wird die Quelle hinzugefügt und die Anordnung gleich lexikonmässig angelegt, sodass die Zettellexika später wissenschaftliches Material zu einer Ergänzung der allgemeinen Lexika abgeben könnten. Allwöchentlich zirkulieren die neuen Zettel bei allen Interessenten und werden dann alphabetisch eingeordnet. Ohne diese Vorarbeit ist die Fertigstellung von Übersetzungen in den kurzen Fristen, die meist gestellt sind, nicht möglich. h) Kartothek der buchstaben- und silbenmässigen Abkürzungen in den fünf Hauptsprachen. Frz. Engl. Span. Ital. Russisch. z. B. O.R.J. (Office de reconstruction industrielle), C.I.C.F.C. (Commission interalliée des Chemins de fer de campagne) mit Quellenangabe. i) Kartothek der gesuchten Ausdrücke. Ein gesuchter Ausdruck wird auf einen Zettel geschrieben und in die Abteilung ›Gesucht‹ der Kartothek eingestellt. In regelmässigen Abständen werden die Zettel der gesuchten Ausdrücke herausgenommen und zirkulieren bei den dem Sprachendienste für die betreffende Sprache als massgebend bekannten ausseramtlichen Sprachkräften mit der Bitte um Übersetzungsvorschläge, möglichst mit Quellenangabe. Diese Vorschläge gelangen in die Abteilung ›Ermittelt‹ der Kartothek. Sie werden von der massgebenden Kraft des Sprachendienstes geprüft, ein Ausdruck wird als der beste unterstrichen. Nach Umlauf bei den Interessenten werden die Zettel in die Zettellexika eingeordnet. k) Übersetzungsarchiv. Sammlung aller wichtigen durch den Sprachendienst oder andere massgebende Stellen angefertigten bezw. veröffentlichten Übersetzungen, fremdsprachlichen Katalogen und Broschüren u.dergl., die bei späteren Übersetzungen sachlich und sprachlich von Nutzen sein können. l) Systematische Kartothek des Archivs. Sie soll ermöglichen, sofort im Archiv aufzufinden, was darin über eine bestimmte Materie vorhanden ist, damit

> dem Übersetzer sofort das betreffende Material überreicht und dadurch die Übersetzung adäquates (sic!) gestaltet und beschleunigt wird.«[739]

Zur Unterstützung der Recherchearbeit sollte ein Austausch mit ausländischen Instituten ins Leben gerufen werden. Beispielsweise sollten Protokolle von Parlaments- und Ausschusssitzungen oder andere Druckschriften zwischen Deutschland und Ländern, die für die Beziehungen des Auswärtigen Amts relevant waren, ausgetauscht werden. Die darin enthaltenen Informationen waren für den Sprachendienst von »grösstem Wert«[740]. Daneben sollte mit den in Berlin ansässigen Buchhandlungen und Verlagen eine Vereinbarung darüber getroffen werden, dass Neuerscheinungen von »sachlichen und sprachlichen Nachschlagewerken«[741] dem Sprachendienst zunächst zur Ansicht zugänglich gemacht wurden. Für den Sprachendienst relevante Werke sollten gegen Erstellung einer Rezension durch den Sprachendienst als Belegexemplare in den Bestand der Bibliothek des Sprachendienstes aufgenommen werden.[742]

Unter dem Punkt Dolmetscherwesen wird in dem Dokument die Problematik thematisiert, geeignete Personen für diese Tätigkeit zu finden. Außerdem wird die schlechte Stellung von Dolmetschern am Markt skizziert[743] und die positiven Effekte durch die vom Auswärtigen Amt angebotene Ausbildung für geeignete Dolmetscher erwähnt.[744]

Neben der Dolmetscherausbildung zählte zum Unterrichtswesen des Sprachendienstes auch der sprachliche Unterricht für die Attachés sowie Stenographieunterricht, der im Rahmen der Dolmetscherausbildung stattfand. Privatunterricht in allen für das Auswärtige Amt relevanten Sprachen wurde auch angeboten, etwa für Prüfungskandidaten. Das Prüfungswesen des Auswärtigen Amts sah sprachliche Prüfungen der Attachés, der Angestellten, der Maschinenschreiberinnen und der Stenographinnen vor[745].

---

739 Ibid, S. 2–4.

740 Ibid, S. 11.

741 Ibid.

742 Ibid, S. 11–12.

743 Zur schlechten Stellung von Dolmetschern am Markt vgl. Fußnote 683.

744 PA AA, R 138867, Arbeitsgegenstand, Organisation und Arbeitsweise des Sprachendienstes des Auswärtigen Amts (Autor: Paul Gautier), vermutlich September 1924, S. 67. Als besonders hervorragender Dolmetscher wird Paul Schmidt erwähnt, der seit 1919 an der Dolmetscherausbildung im Auswärtigen Amt teilnahm und Reden mit einer Dauer von bis zu einer Stunde einwandfrei und ununterbrochen vom Französischen und Englischen ins Deutsche und umgekehrt wiedergeben konnte. Bei den Recherchen für diese Arbeit konnten keine detaillierten Informationen zur Übersetzer und Dolmetscherausbildung im Auswärtigen Amt, die von Gautier entworfen wurde, ermittelt werden.

745 Ibid, S. 9. Beim Unterrichtswesen wird die Ausbildung von Übersetzern nicht explizit erwähnt. Aus einer anderen Stelle des Dokuments kann aber geschlossen werden, dass auch Übersetzer im Auswärtigen Amt eine besondere Ausbildung erhielten (ibid, S. 6). Es ist anzunehmen, dass das gesamte Unterrichtswesen des

Aus dem Jahr 1924 datiert ein weiteres Archivdokument, das Aufschluss über die zu leistende Übersetzungsarbeit im Sprachendienst des Auswärtigen Amts gibt. Aus den Aufzeichnungen geht hervor, dass trotz aller zur Verfügung stehenden Recherchematerialien letzte Gewissheit über die Bedeutung von unklaren Textstellen nur der Autor selbst geben kann:

> »Auch der erstklassigste und besteingearbeitete Übersetzer kann unmöglich die Ausdrücke kennen, die für bestimmte Dinge in Besprechungen, Konferenzen u. dergl., an denen er nicht teilgenommen hat oder durch Vorgänge (Noten Dokumente usw.) die ihm nicht zur Verfügung stehen, (Verfügung des Herrn Staatssekretärs (...) ordnet an, ›dass fremdsprachliche Konzepte und Schriftstücke ausnahmslos ohne jeden Vorgang dem Sprachendienst zuzuleiten sind‹ (...) gleichsam konsakriert worden sind und daher angewendet werden müssen. Ebenso kann kein Übersetzer wissen, was zwischen den Zeilen bezw. hinter dem Text steckt und oft für die Wahl der Nüanze bestimmend ist. Dies weiss nur der Autor bezw. Bearbeiter eines Textes. Seine Kenntnisse müssen somit diejenigen des Übersetzers ergänzen, wenn eine (...) dem Einzelfall absolut angepasste Übersetzung entstehen soll.«[746]

Zu diesem Zweck wurden Besprechungen mit den Autoren der zu übersetzenden Texte gewünscht. Diese Besprechungen, die sich oft zu Diskussionen entwickelten, hatten nicht nur einen positiven Effekt auf die Qualität der Übersetzung, sondern auch auf die Qualität der Ausgangstexte, die häufig nach einer Besprechung inhaltlich und stilistisch korrigiert wurden:

> »Die Besprechungen haben sich bisher als äusserst fruchtbar erwiesen. Nicht nur haben sie immer die Zweckmässigkeit der betreffenden Übersetzung erhöht, sondern – infolge der Tatsache, dass die Übersetzung eines Textes immer der beste Prüfstein für dessen Klarheit ist – bei Übersetzungen in die fremde Sprache sehr oft zu einer vorteilhaften Änderung des deutschen Originaltextes geführt. (...) Daher sind solche Besprechungen von den meisten Referenten in zahlreichen Fällen nicht nur zugelassen sondern ausdrücklich gewünscht worden.«[747]

Einem Bericht aus dem Jahr 1929 zufolge fungierte der Sprachendienst des Auswärtigen Amts, der »seinen natürlichen Aufgabenkreis«[748] seit seiner Gründung im Jahr 1921 durch weltpolitische und wirtschaftliche Entwicklungen stark erweitert hatte (vgl. 2.1.2.5), nicht nur als interner Sprachendienst des Auswärtigen Amts, sondern bediente auch andere Zielgruppen, nicht zuletzt, da »andere amt-

---

Sprachendienstes auf Ausbildungskonzepten basierte, die von Gautier erarbeitet wurden (in: PA AA, Personalakte Paul Gautier, Nr. 4288, Bl. 95–96, Gautier vermutlich an Personalabteilung, um 1930).

746 PA AA, R 138867, Aufzeichnung über die mit den Referaten zu pflegenden Besprechungen von Übersetzungen (Autor: Paul Gautier), 21.11.1924. Hervorhebung im Original.

747 Ibid.

748 PA AA, R 138867, Zusammenfassung der Ausführungen zum Sprachendienst des Auswärtigen Amts (Autor: Paul Gautier), 25.02.1929, S. 1.

liche Übersetzungszentralen von gleichem Umfang und mit gleichen Arbeitsmöglichkeiten nicht vorhanden«[749] waren. Der Kreis der Auftraggeber war weitgefasst und reichte von Reichs- und Staatsbehörden über Handelskammern, Verbände und Vereinigungen bis hin zu industriellen Unternehmen und Privatpersonen[750].

1929 wurden 35 Sprachen vom Sprachendienst des Auswärtigen Amts angeboten. Für das Jahr 1928 betrug die Anzahl der übersetzten Seiten 13.000 (Maschinenseiten)[751], die sich über 1263 Übersetzungsprojekte verteilten. Die Zahl der Übersetzer und Dolmetscher, die für den Sprachendienst arbeiteten, stieg in den 1920er Jahren, wobei »leistungsfähige Kräfte«[752] erst intern herangebildet werden mussten. Die Zahl der außeramtlichen Kräfte übertraf jedoch die Zahl derjenigen, die fest angestellt waren. 1929 waren sechs interne Übersetzer beschäftigt, die für die amtlichen Hauptsprachen, Französisch, Englisch und Spanisch, zuständig waren[753]. Außerdem standen dem Auswärtigen Amt zu diesem Zeitpunkt 26 Dolmetscher zur Verfügung, die seit 1919 in Sonderkursen vom Auswärtigen Amt ausgebildet wurden[754].

Wie aus dem Dokument hervorgeht, war das 1929 von Auftraggebern festgestellte »günstige Resultat«[755] der Übersetzungen und Dolmetschleistungen auf die entsprechende Ausbildung zurückzuführen. Damit einhergehend stieg das Anse-

749 Ibid, S. 5.

750 Die Auftraggeber verteilten sich wie folgt: 37 Reichsbehörden (inkl. Reichspräsident, Reichskanzlei, Reichspresse), 10 Staatsbehörden, 4 Städtische Behörden, 2 Handelskammern, 11 Verbände und Vereinigungen, 27 größere Unternehmen und Institute, 20 Privatpersonen (nähere Angaben hierzu siehe zitierte Stelle, S. 1). Bei der Anfertigung von Übersetzungsaufträgen für Auftraggeber außerhalb des Auswärtigen Amts galt folgender Grundsatz: »Es wird jeder Auftrag ausgeführt, der an den Sprachendienst herantritt.« (siehe auch PA AA, R 138867, Ausführlicher Bericht über den Sprachendienst, Februar 1929, S. 58). Als Begründung wurde dafür angeführt: »Das Auswärtige Amt hat ein Interesse daran, dass jede Übersetzung – die meist bestimmt ist, ins Ausland zu gehen – gut ist.« (siehe auch PA AA, R 138867, Ausführlicher Bericht über den Sprachendienst, Februar 1929, S. 5).

751 Nähere Angaben zum Volumen einer Seite, d. h. Anzahl Anschläge, Zeilen oder Wörter, werden in dem Dokument nicht gemacht.

752 PA AA, R 138867, Zusammenfassung der Ausführungen zum Sprachendienst des Auswärtigen Amts (Autor: Paul Gautier), 25.02.1929, S. 3.

753 Ibid.

754 Ibid, S. 2.

755 Ibid, S. 5.

hen der »Arbeit der Dolmetscher«[756], die während und nach dem Ersten Weltkrieg »weder qualitativ noch quantitativ«[757] den Ansprüchen der Praxis genügte.

Die Anfänge des ersten organisierten Sprachendienstes in Deutschland verdeutlichen die Komplexität von Sprachdienstleistungen nicht nur in personeller Hinsicht, sondern auch hinsichtlich der damit verbundenen Arbeitsprozesse. Sie zeigen auch, dass Übersetzungs- und Dolmetschleistungen nur einen Teil der »sprachlichen Angelegenheiten« im Auswärtigen Amt ausmachten. Was die personelle Lösung bei der Erbringung von Sprachdienstleistungen betrifft, so entfernte man sich anfänglich noch nicht weit von den bisherigen Gepflogenheiten: Nur eine geringe Anzahl an hauptamtlichen Mitarbeitern wurde neben einer Vielzahl an nebenamtlichen Kräften eingesetzt. Die Organisation der Sprachdienstleistungen, zu der auch die Schulung der im Sprachendienst eingesetzten Kräfte gehörte, verfehlte ihr Ziel allerdings nicht.

Im Laufe der 1920er Jahre wurden die Konturen des entstehenden Berufsbildes mit zunehmender Nachfrage nach ausgebildeten Übersetzern und Dolmetschern immer klarer. Dieser Nachfrage konnte jedoch auf Dauer nicht mit der zahlenmäßig bescheidenen Produktion des Nachwuchses durch das Auswärtige Amt begegnet werden. Wie das Aktenmaterial belegt, wurden in zehn Jahren 26 ausgebildete Dolmetscher hervorgebracht. Das entspricht statistischen 2,6 ausgebildeten Dolmetschern pro Jahr, die auf den boomenden Sprachdienstleistungsmarkt traten und in der Regel ohnehin dem Auswärtigen Amt zur Verfügung standen. Die Nachfrage nach Dolmetschern durch andere Auftraggeber konnte somit nicht gedeckt werden.

In Anbetracht dieser Unausgewogenheit zwischen Angebot und Nachfrage war es nur noch eine Frage der Zeit, bis erste hochschulische Ausbildungsstätten für Dolmetscher geschaffen wurden. Ende der 1920er Jahre hatten die Gründer des ersten Dolmetscher-Instituts an der Handelshochschule Mannheim bereits mit dem Leiter des Sprachendienstes im Auswärtigen Amt Kontakt aufgenommen, um

---

756 Ibid. Die Erfolge der Arbeit des Sprachendienstes werden Ende der 1920er Jahre an anderer Stelle wie folgt zusammengefasst: »I. Übersetzungen: a) Die Texte werden selbst bei kürzesten Terminen pünktlich – manchmal vor dem Termin – geliefert. b) Seit mehreren Jahren sind – im Gegensatz zu früher – keinerlei Beanstandungen der Übersetzungstexte des Amtes vorgebracht worden. c) Es liegen vielmehr diesbezüglich eine Anzahl von Anerkennungen vor. II. Dolmetscherdienste: a) Der frühere ganz unerträgliche Mangel an geeigneten Dolmetschern ist durch die Ausbildung von Kräften seitens des Sprachendienstes behoben. b) Es liegen über die Dolmetscher des Sprachendienstes eine ganze Reihe bester Anerkennungen (mündlich und schriftlich) vor. c) Der Sprachendienst war in der Lage, den deutschen Delegationen für Genf Dolmetscher zur Verfügung zu stellen, die mit den grössten internationalen Dolmetschern im Völkerbund erfolgreich konkurieren (sic!).« (in: PA AA, R 138867, Ausführlicher Bericht über den Sprachendienst, Februar 1929, S. 28). Siehe hierzu auch 2.1.2.5.

757 PA AA, R 138867, Zusammenfassung der Ausführungen zum Sprachendienst des Auswärtigen Amts (Autor: Paul Gautier), 25.02.1929, S. 1.

Anregungen aus der Praxis für die Konzeption des neuen Studiengangs zu gewinnen, der auf den modernen, noch in den Kinderschuhen steckenden Beruf[758], vorbereiten sollte. (vgl. 2.6.2).

2.3.5 Paul Gautier – Bildhauer des Übersetzer- und Dolmetscherberufs

Bild 1: Paul Gautier um 1940
(Bildnachweis: Politisches Archiv des Auswärtigen Amts, Berlin)

Paul Gautier wurde am 18.12.1889 im lothringischen Langenberg geboren[759], das zu jener Zeit zum Deutschen Reich gehörte[760]. Er studierte an der Universität Hamburg Französische und Englische Philologie sowie Germanistik mit dem Ziel, Lehrer zu werden. 1914 wurde Gautier am Hamburger Kolonialinstitut und im Hamburger Allgemeinen Vorlesungswesen ein Lektorat sowie eine Stelle als wissenschaftlicher Hilfsarbeiter am Seminar für Romanische Sprachen und Kul-

758 Der »Beruf« des Dolmetschers und Übersetzers ist erst mit dem Aufkommen der Dolmetscher-Institute entstanden. Ende der 1920er Jahre gab es trotz des Bedarfs an ausgebildeten Dolmetschern bzw. Übersetzern noch keinen Dolmetscherberuf: »[Es] sei gesagt, daß es einen Dolmetscher<u>beruf</u> augenblicklich in Deutschland nicht gibt, sondern nur eine Dolmetscher<u>tätigkeit</u>, die von sprachlichen Kräften gewöhnlich nebenamtlich ausgeübt wird.« (in: PA AA, R 138867, Korrespondenz im Auswärtigen Amt, 1928. Hervorhebung im Original.). Dass es bereits einige wenige hauptamtliche Übersetzer und Dolmetscher in Ministerien gab bzw. einen organisierten Sprachendienst im Auswärtigen Amt, schien, wie die Quelle belegt, nicht überall bekannt gewesen zu sein.

759 HU UA, NS-Dozentenschaft, Nr. 81, Paul Gautier, Bl. 1, Gautiers Personalbogen, etwa 1938 und PA AA, Personalakte Paul Gautier, Nr. 4287, Personalbogen, undatiert.

760 Elsaß-Lothringen war von 1871 bis 1918 ein Verwaltungsgebiet des Deutschen Reichs.

tur in Hamburg angeboten. Gautier nahm das Angebot an, um einen Beitrag zur Behebung des kriegsbedingten Lehrkräftemangels zu leisten. Seine Studienpläne stellte er hinten an und verschob sein Abschlussexamen, das er Ende Juli 1915 ablegte. Nach seinem Studienabschluss setzte er seine wissenschaftliche Tätigkeit in Hamburg bis April 1916 fort. In den folgenden zwei Jahren arbeitete Gautier an der Universität Straßburg als Lektor und Studienassessor.[761]

Am 01.06.1918 wurde Gautier als »einzige Sprachkraft, mit der Aufgabe, alle ausgehenden französischen Schriftstücke zu redigieren«[762] im Auswärtigen Amt eingestellt. Über die Begebenheit, wie er zu der Stelle im Auswärtigen Amt kam, berichtet er wie folgt:

> »Auf eine Anfrage des Auswärtigen Amtes bei dem Ministerium Strassburg, ob dort eine geeignete, des Deutschen und Französischen mächtige wissenschaftliche Kraft bekannt sei zur Redigierung der französischen Noten im Auswärtigen Amte und zur Abhaltung der diplomatischen Prüfung im Französischen, bin ich von der Universität Strassburg, wo ich Universitätslehrer war, vorgeschlagen worden.«[763]

Im Oktober 1918 wurde Gautier nach einer verkürzten Probezeit auf Anregung des Reichsaußenministers, Walter Simons, als »Ständiger Hilfsarbeiter«[764] im Auswärtigen Amt fest eingestellt. Seine wissenschaftliche Tätigkeit an den Universitäten in Hamburg und Straßburg erachtete Gautier als Vorbereitung auf seine Tätigkeit im Auswärtigen Amt[765].

Im September 1920 wurde Gautier im Auftrag des Auswärtigen Amts als Dolmetscher bei der deutschen Grenzdelegation in Saarbrücken eingesetzt. Die Dolmetschertätigkeit beanspruchte seine Nerven jedoch so sehr, dass er aus gesundheitlichen Gründen von ihrer Ausübung Abstand nehmen musste und ins Auswärtige Amt auf seinen vorherigen Posten zurückkehrte.[766] Im Frühjahr 1921 wurde er mit der Errichtung eines Sprachendienstes im Auswärtigen Amt betraut, dessen Leitung er übernahm (vgl. 2.3.4).

Gautier war der Erste, der Übersetzungs- und Dolmetschprozesse beschrieb und ein System an Hilfsmitteln zur Bewältigung dieser Prozesse entwickelte. Außerdem erarbeitete er das erste Konzept zur Ausbildung von Dolmetschern und Übersetzern, nach dessen Maßstäben entsprechende Kräfte im Auswärtigen Amt in den

761 PA AA, Personalakte Paul Gautier, Nr. 4288, Bl. 15–15 (RS), Gautier an Justizobersekretär Bartsch, 06.05.1921.

762 UAL, PA 3320, Bl. 24, Gautier an Snyckers, 03.–17.04.1944.

763 PA AA, Personalakte Paul Gautier, Nr. 4288, Bl. 14, Gautier an Auswärtiges Amt (Personalabteilung), 31.01.1921.

764 Ibid, Bl. 14 (RS). Im April 1920 wurde Gautier zum Regierungsrat bestellt, 1927 folgte die Ernennung zum Oberregierungsrat (in: PA AA, Personalakte Paul Gautier, Nr. 4288, Bl. 68, Auswärtiges Amt an Unterrichtsministerium, 18.02.1933).

765 PA AA, Personalakte Paul Gautier, Nr. 4288, Bl.15–15 (RS), Gautier an Justizobersekretär Bartsch, 06.05.1921.

766 PA AA, Personalakte Paul Gautier, Nr. 4288, Bl. 14–14 (RS), Gautier an Auswärtiges Amt (Personalabteilung), 31.01.1921.

1920er Jahren ausgebildet wurden. Seine Erfahrung, die er als Ausbilder von Dolmetschern und Übersetzern gewonnen hatte, gab er bei der Gründung des ersten Dolmetscher-Instituts an der Handelshochschule Mannheim im Jahr 1930 sowie nach dem Gründungsprozess des zweiten Dolmetscher-Instituts im Jahr 1937 an der Handelshochschule Leipzig (vgl. 2.6, 2.7) weiter. Diese Studiengänge dienten als Vorbild für die später gegründeten Dolmetscher-Institute. Durch sein Engagement für das Dolmetsch- und Übersetzungswesen, das weit über seine eigentlichen beruflichen Tätigkeiten hinausging[767], hat Gautier nicht nur ein Berufsbild geprägt, sondern damit verbunden die Entstehung der translatorischen Ausbildung maßgeblich beeinflusst. Während seiner Tätigkeit als Sprachendienstleiter im Auswärtigen Amt hielt er stets Kontakt zu den Dolmetscher-Instituten, an deren Prüfungen er als Beisitzer teilnahm[768].

Als Leiter des Sprachendienstes war Gautier auch für die Fortbildung und Abnahme von Sprachprüfungen von Beamten des Auswärtigen Dienstes zuständig[769]. Nebenamtlich war Gautier von 1919 vermutlich bis zu seiner Pensionierung im Jahr 1953 an der Universität Berlin als Lektor für Französische Philologie tätig[770]. Wie den archivalischen Unterlagen im Archiv der Humboldt-Universität zu entnehmen ist, unterrichtete Gautier auch an der Ausland-Hochschule in Berlin (vgl. Fußnote 635). Die Möglichkeit zur Ausübung einer wissenschaftlichen Nebentätigkeit wurde ihm vor Antritt seiner Stelle in Berlin vom Auswärtigen Amt in Aussicht gestellt[771]. Aufgrund seiner Tätigkeit im Auswärtigen Amt, die ihn tagsüber voll beanspruchte, war Gautiers wissenschaftliche publizierende Tätigkeit nur eingeschränkt. Seine wenigen wissenschaftlichen Arbeiten bewegten sich in den folgenden Bereichen: allgemeine und französische Stilistik, französische Realienkunde,

767 Gautier setzte sich für bessere Arbeitsbedingungen und eine angemessene Honorierung von Dolmetschern und Übersetzern ein (in: PA AA, R 138867, Arbeitsgegenstand, Organisation und Arbeitsweise des Sprachendienstes des Auswärtigen Amts (Autor: Paul Gautier), vermutlich September 1924, S. 6) und vertrat unbeirrt und nachhaltig seinen Standpunkt, dass Dolmetsch- und Übersetzungsleistungen nach organisierten Strukturen ablaufen müssen, auch gegenüber Stellen, die dies nicht anerkennen wollten und »bedenkenlos«, die von Gautier entwikkelten Arbeitsabläufe im Sprachendienst wegrationalisieren wollten (in: PA AA, R 138868, Denkschrift des Reichssparkommissars, vermutlich Anfang 1931 und PA AA, R 138868, Gautiers Antwort auf die Denkschrift des Reichssparkommissars, Februar 1931).

768 PA AA, Personalakte Paul Gautier, Nr. 4287, Bl. 18, Gautier an Personalabteilung, 04.11.1944.

769 PA AA, Personalakte Paul Gautier, Nr. 4288, Bl. 41, Auswärtiges Amt an Reichsfinanzministerium, 28.04.1926.

770 HU UA, NS-Dozentenschaft, Nr. 81, Paul Gautier, Bl. 1, Gautiers Personalbogen, etwa 1938 und Privatarchiv Thiel, Akte 1: Auswärtiges Amt, Festsetzung der Versorgungsbezüge, undatierte Anlage zum Bescheid vom 08.04.1964. Laut dieser Quelle begann Gautiers Rentenzeit am 01.07.1953.

771 PA AA, Personalakte Paul Gautier, Nr. 4288, Bl.95, Gautier vermutlich an Personalabteilung, undatiert.

Übersetzungs- und Dolmetschwesen[772]. Sein Engagement in Lehre und Praxis des Übersetzens und Dolmetschens hob Gautier von den meisten führenden Persönlichkeiten des sich etablierenden Berufsstandes ab.

1944 wurde Gautier vom Leiter des Dolmetscher-Instituts der Handelshochschule Leipzig, Alexander Snyckers (vgl. 2.7.2.2.1), als dessen Nachfolger vorgeschlagen. Gautier, der sehr arbeitsfreudig war, hätte sich für diese Funktion neben der Ausübung anderer für das »Dolmetscherwesen im allgemeinen«[773] wertvollen Tätigkeiten zur Verfügung gestellt. Die Geschichte des Dolmetscher-Instituts der Handelshochschule Leipzig sollte aber so verlaufen, dass kein Leiter mehr für diese Institution gebraucht wurde (vgl. 2.7.3.3).

Nach einem Bombenangriff auf Berlin am 23.11.1943, in dem auch Gautiers Privatwohnung völlig ausbrannte, wurde der Sprachendienst des Auswärtigen Amts total vernichtet[774]. Unermüdlich machte sich Gautier daran, diesen wieder aufzubauen[775].

Am 26.05.1953 heiratete Gautier seine langjährige Lebensgefährtin und zog 1959 von Berlin nach Frankfurt/Main[776], wo er am 21.03.1965 verstarb und bestattet wurde[777].

2.3.6 Zusammenfassung der Ergebnisse

Dolmetscher- und Übersetzertätigkeiten fußen im Auswärtigen Dienst. Aus diesem Grund ist das Auswärtige Amt als Konstante in einem über 40-jährigen Entwicklungsprozess zu erachten, in dem aufgrund eines steigenden Sprachmittlungsbedarfs, der in weltpolitischen Veränderungen begründet lag (vgl. 2.1.2.4, 2.1.2.5), erste Konzepte zur translatorischen Ausbildung erarbeitet wurden und sich die

772 HU UA, NS-Dozentenschaft, Nr. 81, Paul Gautier, Bl. 1, Gautiers Personalbogen, etwa 1938.

773 UAL, PA 3320, Bl. 29, Gautier an Snyckers, 03.–17.04.1944.

774 Ibid, Bl. 21 und PA AA, Personalakte Paul Gautier, Nr. 4287, Bl. 8, Gautier an Personalabteilung, 04.02.1944. Laut mündlicher Auskunft von Gautiers Nichte, Ursula Thiel, in Hamburg im April 2007 sollte Gautiers zerstörte persönliche Bibliothek von den Behörden durch einen Preis pro Meter ersetzt werden. Gautier lehnte dieses Angebot empört ab, da seiner Meinung nach der Wert (s)einer Bibliothek nicht monetär aufgewogen werden könne. Er baute seine Bibliothek nie mehr auf und kam über den Verlust derselben auch nie hinweg.

775 PA AA, Personalakte Paul Gautier, Nr. 4287, Bl. 14, Gautier an Personalabteilung, 10.08.1944.

776 Schriftliche Auskunft des Standesamtes Berlin Mitte vom 29.01.2007.

777 Schriftliche Auskunft des Standesamts der Stadt Frankfurt am Main mit Schreiben vom 20.03.2007. Laut Auskunft von Gautiers Nichte, Ursula Thiel, in Hamburg im Jahr 2007 wurde Gautier einige Jahre nach seinem Tod exhumiert und auf dem Friedhof in Bergstedt bei Hamburg im Familiengrab Thiel bestattet. Grund war ein Umzug von Familienangehörigen von Frankfurt nach Hamburg (vgl. auch Gautiers selbstverfassten Lebenslauf in: PA AA, Personalakte Paul Gautier, Nr. 4288, Bl. 95–96, Gautier vermutlich an Personalabteilung, undatiert).

anfängliche Profilbildung des Berufs von Dolmetschern und Übersetzern vollzog. Bis Ende der 1920er Jahre gab es den Beruf des Dolmetschers nicht, wohl aber Dolmetschertätigkeiten, die (meist von Beamten mit Fremdsprachenkenntnissen im Auswärtigen Amt) nebenberuflich ausgeübt wurden und zu denen auch Übersetzungsleistungen zählten.

Bis Ende des Ersten Weltkriegs wurden professionelle Dolmetscher- und Übersetzertätigkeiten vor allem in sogenannten Dragomanaten gefordert, also Stellen für sprachmittelnde Juristen vor den Gerichten insbesondere im Fernen und Nahen Osten, wobei es keine klare Trennung zwischen mündlicher und sprachlicher Sprachmittlung gab. Dragomane, auch Dolmetscher genannt, vertraten die Interessen deutscher Staatsbürger, Firmen oder der deutschen Regierung bei juristischen Auseinandersetzungen im Ausland. Sie wurden für eine juristische Laufbahn oder eine Verwaltungstätigkeit im Staatsdienst vorbereitet. Die Dragomanatslaufbahn stand in enger Verbindung mit der Konsulatslaufbahn.

Zur Erlangung der für die Auslandsstellen von Dragomanen notwendigen Sprach- und Kulturkenntnisse wurde erst ab 1887 in Deutschland eine Institution geschaffen: das *Seminar für Orientalische Sprachen.* Hervorzuheben ist, dass die Sprachausbildung am SOS im Rahmen eines Ergänzungsstudiums angeboten wurde und somit nicht als vollwertiges Studium zu werten war. Das ist in erster Linie darauf zurückzuführen, dass Politiker, die die Rahmenbedingungen für die Ausgestaltung der Dragomanatslaufbahn festlegten, die notwendigen Kompetenzen für die sprachmittelnde Tätigkeit unterschätzten und der Ansicht waren, fundierte sprachliche und kulturelle Kenntnisse über ein Land könnten en passant erlangt werden. Fachleute, die diesen Irrtum aus der Welt schaffen wollten, wurden nicht wahrgenommen (vgl. 2.2.3). Trotz der hohen Anforderungen an ihre umfassende Tätigkeit genossen Dragomane ein mäßiges Ansehen in der Gesellschaft. Dies ist vermutlich auf die Tatsache zurückzuführen, dass ihnen der Zugang zu exponierten Positionen im Staatsdienst nicht möglich war. Besiegelt wurde dieses Karrierehindernis 1919, als der Dolmetscher vom höheren zum mittleren Beamten herabgestuft wurde.

Betrachtet man die weitere Entwicklung der Dolmetscher- und Übersetzertätigkeiten in den 1920er Jahren, so tritt deutlich zutage, dass durch weltpolitische Veränderungen nach dem Ersten Weltkrieg der Bedarf an Übersetzungs- und Dolmetschtätigkeiten allgemein, aber besonders im Auswärtigen Dienst, stark anstieg (vgl. 3.1.8), denn Diplomatie fand nun nicht mehr hinter verschlossenen Türen statt, sondern im Rahmen von öffentlichen internationalen Konferenzen (vgl. 2.1.2.5).

Ein erster Versuch, Dolmetsch- und Übersetzungsleistungen zu ordnen, erfolgte 1921 im Auswärtigen Amt durch Paul Gautier (vgl. 2.3.5), der beauftragt wurde, eine zentrale Sprachenabteilung zu organisieren. In dieser Abteilung sollten alle im Auswärtigen Amt ausgeführten sprachlichen Tätigkeiten zusammengefasst werden. Dazu gehörten sprachliche Leistungen von Beamten, die hauptamtlich, gelegentlich, nebenamtlich oder ehrenamtlich erbracht wurden. Gautier sah die Einrichtung von Sprachenreferaten für alle Sprachen vor, die für die internationalen Beziehungen des Auswärtigen Amts relevant waren. Die anfallenden Arbeiten sollten von sieben Personengruppen der Sprachenabteilung bewältigt werden (Leiter, Sprachenreferenten (heutige Revisoren), Sachverständige (Berater aus Fachbereichen), Übersetzer, Dolmetscher, technische Hilfskräfte, Boten). Nicht nur der umfassende personelle Aufbau der Sprachenabteilung veranschaulicht die Komplexität von Sprachdienstleistungen, sondern auch die damit verbundene Organisation der notwendigen Arbeitsprozesse. Ausgesprochen eindrucksvoll erscheinen in diesem Zusammenhang die weit entwickelten Anfänge terminologischen Arbeitens, die die Bedeutung des sprachlichen und sachlichen Informationsbedarfs für die Sprachmittlungstätigkeit unterstreichen.

Aus einem Archivdokument aus dem Jahr 1924 geht hervor, dass der Sprachendienst alle sprachlichen Angelegenheiten des Auswärtigen Amts erledigen sollte. Dazu zählte auch das sprachliche Unterrichts- und Prüfungswesen. Bereits seit 1919 gab es eine Ausbildung von Dolmetschern im Auswärtigen Amt. Damit sollten Dolmetscher auf die Praxisanforderungen vorbereitet werden und die Qualität von Spracherzeugnissen am sich formenden Sprachmittlungsmarkt gesteigert werden. Ähnlich wie Dragomane oder Dolmetscher bis etwa 1918 genossen auch Dolmetscher, die – wie ihre Vorgänger in den Dragomanaten – in der Anfangsphase des entstehenden Berufs sowohl für schriftliche als auch für mündliche Sprachmittlungsleistungen zuständig waren, in den 1920er Jahren einen schlechten Ruf in der Gesellschaft und wurden selbst von den Behörden, wohl unter dem Kostenspardruck der Nachkriegszeit, für ihre Leistungen unangemessen honoriert.

Aufgrund der fehlenden Regulierung des entstehenden Marktes in Bezug auf gewisse Standards in der Ausbildung von Dolmetschern und Übersetzern, ihres Marktzugangs und der Honorierung für Dolmetsch- und Übersetzungsleistungen konnte ein unkontrollierter Wildwuchs auf dem entstehenden Sprachmittlungsmarkt nicht verhindert werden (vgl. 3.1.7). Das relevante Archivmaterial im Politischen Archiv des Auswärtigen Amts bis 1930 offenbart unter dem Aktentitel Translatoren eine große Bandbreite an externen Übersetzern und Dolmetschern, die vielfältige berufliche Hintergründe und unterschiedliche sprachliche Kompetenzen, in der Regel bei Auslandsaufenthalten erworben, aufwiesen und zudem meist ein Leistungsspektrum anboten, das eher fragwürdig als fundiert war. Wenig förderlich für die Hebung von Standards auf dem entstehenden Sprachmittlungsmarkt war die Verfahrensweise der Behörden: Entscheidungsträger sahen zwar ein, dass Dolmetsch- und Übersetzungsleistungen dringend notwendig waren, die Vergütung der Leistung sollte bei internem Personal aus Kostengründen jedoch möglichst vermieden und externe Übersetzer und Dolmetscher nur in dringenden Fällen beauftragt werden. Auch dies belegt die Uneinsichtigkeit, Sprachmittlungskompetenzen anzuerkennen und entsprechend zu honorieren. Faktisch als einzigem seriös organisierten Sprachendienst in Deutschland Anfang der 1920er Jahre wurden die Leistungen des Sprachendiensts im Auswärtigen Amt daher auch von anderen Behörden und von international tätigen deutschen Unternehmen nachgefragt.

Ende der 1920er Jahre wird auf die gute Qualität von Spracherzeugnissen des Auswärtigen Amts hingewiesen und dabei auf den Erfolg der internen Ausbildung von Dolmetschern und Übersetzern verwiesen. Die Zahl der vom Auswärtigen Amt ausgebildeten Dolmetscher und Übersetzer war jedoch zu gering, um der zunehmenden Nachfrage am Markt nach Übersetzungs- und Dolmetschleistungen zu entsprechen. Es war an der Zeit, entsprechende Ausbildungsstätten auf Hochschulniveau zu schaffen.

Skizzen zur Entstehung der translatorischen Ausbildung
Entwicklungslinie B

2.4 Handelshochschulen – Geburtsstätten der translatorischen Ausbildung

2.4.1 Einleitung

Ende des 19. Jahrhunderts wurde führenden Kreisen in Handel und Industrie bewusst, dass sie aufgrund ihrer traditionellen Berufsausbildung in der Praxis gegenüber anderen führenden Gesellschaftsschichten, die eine wissenschaftliche Ausbildung genossen hatten, ins Hintertreffen geraten waren. Veränderungen in der Weltwirtschaft, die auf technischen Errungenschaften basierten, beschleunigten zudem den Wissenszuwachs in Handel und Wirtschaft enorm (vgl. 2.1.2.4). Die Ausbildung von Führungskräften in Handel und Wirtschaft sollte daher an die rasanten Entwicklungen in dieser Branche angepasst werden.

Die sogenannte Handelshochschulbewegung war die Folge, die zwischen 1898 und 1919 insgesamt neun Handelshochschulgründungen in Deutschland hervorbrachte. An zwei dieser Ausbildungsstätten, an den Handelshochschulen in Leipzig, gegründet 1898, und in Mannheim, gegründet 1907, wurde die infrastrukturelle Entwicklung auch im fremdsprachlichen Unterricht gefördert. Sprachlehrstühle wurden eingerichtet – 1911 in Mannheim und 1929 in Leipzig – und kulminierten 1930 in Mannheim und 1937 in Leipzig in der Gründung von Dolmetscher-Instituten (vgl. 2.6, 2.7).

Ihre Entwicklung wurde auch durch die internationale Dimension des kaufmännischen Bildungswesens begünstigt, das in erster Linie völkerverständigende Absichten verfolgte. Ab 1886 wurden *Internationale Kongresse für das kaufmännische Bildungswesen* regelmäßig abgehalten (im Folgenden *Internationale Kongresse* oder IK). 1901 ging ein Expertenforum, die *Internationale Gesellschaft zur Förderung des kaufmännischen Unterrichtswesens (im Folgenden Internationale Gesellschaft* oder IG), daraus hervor, das zur Förderung der Ausbildung von Kaufleuten für den Außenhandel und die Exportindustrie sowie für Sprachlehrer im kaufmännischen Bildungswesen *Internationale Sprach- und Wirtschaftskurse* (ISW) konzipierte. Diese Kurse wurden von 1907 bis 1914 jährlich abgehalten und sollten zur internationalen Begegnung des kaufmännischen Nachwuchses beitragen. Auch die Gründer der späteren Dolmetscher-Institute wirkten bei der Konzeption dieser Kurse mit (vgl. 2.6.6.1, 2.7.2.2.1), bei denen der Versuch unternommen wurde, Sprachliches und Fachliches mit Schwerpunkt Wirtschaft zu vereinen. Die Praxis sollte jedoch zeigen, dass der Sprache in den Ausbildungskonzepten und Curricula häufig, entgegen der Absichten der Experten, eine untergeordnete Rolle zugewiesen wurde, weil ihr Wert als unabdingbares Verständigungsmittel allgemein unterschätzt wurde.

Durch politische Entwicklungen ab etwa 1914 kam in Deutschland die Diskussion zur Errichtung einer *Deutschen Auslandshochschule* und zur Integration von auslandskundlichen Inhalten in die Curricula auf allen Ebenen des Bildungswesens auf (vgl. 2.2.3). Auch im kaufmännischen Bildungswesen wurde über diese Problematik diskutiert, die letztendlich dem im Curriculum weitgehend unterentwickelten fremdsprachlichen Unterricht zur Problemlösung überlassen wurde (vgl. 3.1.16). Auch dieser Aspekt spielte in die Gründung der Dolmetscher-Institute mit hinein.

Zur Rekonstruktion dieses Kapitels der Entstehungsgeschichte der translatorischen Ausbildung wurden vornehmlich zeitgenössische Beiträge in Zeitschriften sowie Kongressunterlagen ausgewertet. Archivalische Quellen wurden zudem ergänzend aus den Universitätsarchiven in Heidelberg, Mannheim und Leipzig hinzugezogen.

2.4.2 Die Handelshochschulbewegung in Deutschland (1897–1914)

Die ersten Forderungen zur Einrichtung einer kaufmännischen Ausbildung auf Hochschulniveau gehen bis ins 18. Jahrhundert zurück. Der Hof- und Kommerzienrat Paul Jakob Marperger[778] regte bereits 1715 die Errichtung einer handelswissenschaftlichen Abteilung an der Universität an[779]. Penndorf sowie Zander beschreiben die verschiedenen Stationen einer Entwicklung, die schließlich etwa 180 Jahre nach Marpergers Forderung in die von Zeitgenossen sogenannte Handelshochschulbewegung mündete[780]. Diese Bewegung gab den Impuls für mehrere Handelshochschulgründungen in Deutschland, angefangen mit der Errichtung der Handelshochschule Leipzig im Jahr 1898.

Auf dem Weg zur kaufmännischen Hochschulausbildung markiert die Gründung des *Deutschen Verbands für das kaufmännische Unterrichtswesen*[781] (DVkU)

778 Paul Jakob Marperger (1656–1730) gilt als der bekannteste Vertreter des deutschen Kameralismus. Zahlreiche Schriften zum Handelswesen zeugen von einer aktiven publizierenden Tätigkeit. Nach einem Theologie- und Jurastudium an der Universität Altdorf arbeitete Marperger in Lyon in einem Kaufmannshaus, wo er sich mit Fragen des Handels- und Gewerbelebens auseinandersetzte. Nach zahlreichen Reisen in Europa wurde er als kaiserlicher Dichter 1708 Mitglied der Berliner Akademie der Wissenschaften. Ab 1724 wirkte Marperger als Hof- und Kommerzienrat in Dresden (vgl. DBE (1997: 628)).

779 Vgl. Penndorf (1925b: 2) und Zander (2004: 42 und 44).

780 Vgl. z. B. Penndorf 1907 und 1925b sowie Zander (2004: 44–52). Zur Handelshochschul-Bewegung in Deutschland siehe auch Apt (1907) sowie DVkU (1898: 1–4).

781 In der konsultierten Literatur werden »Unterrichtswesen« und »Bildungswesen« als Synonyme verwendet. Die *Zeitschrift für das gesamte kaufmännische Unterrichtswesen* wurde 1914/1915 in *Zeitschrift für das gesamte kaufmännische*

im Jahr 1896 einen wichtigen Meilenstein: Die Arbeit dieses Verbands gewährleistete eine systematische und zielorientierte Planung des gesamten kaufmännischen Bildungswesens in Deutschland[782]. Anlässlich der Neuorganisation des kaufmännischen Fortbildungswesens im Herzogtum Braunschweig führte die Handelskammer Braunschweig 1895 eine Umfrage über die kaufmännischen Fortbildungsschulen durch. Die Umfrageergebnisse sollten von einem kleinen Expertenkreis diskutiert werden. Aufgrund der überraschend hohen Beteiligung an der Umfrage wurde die Diskussion jedoch im Rahmen nahezu aller kaufmännischen Fortbildungsschulen in Deutschland geführt. Im Ergebnis wurden Forderungen an Staat, kaufmännische Korporationen und Gemeinden formuliert sowie zur Interessenbündelung die Gründung eines Verbands beschlossen, der auf die Förderung und den Ausbau des gesamten kaufmännischen Unterrichtswesens in Deutschland hinwirken sollte. Diese Maßnahmen sollten zur Steigerung der internationalen Wettbewerbsfähigkeit der deutschen Wirtschaft führen. Ein weiteres Ziel des DVkU war die Verbesserung der sozialen und rechtlichen Stellung von Handelsschullehrern.[783] Zu den Mitgliedern des DVkU zählten Vertreter aus kaufmännischen Schulen und Vereinen, Handelskammern, Gemeinden, Landesregierungen und Verbänden kaufmännischer Angestellter[784].

Im Sommer 1896 führte der Sekretär der Handelskammer Altona, Richard Ehrenberg[785], im Auftrag des DVkU eine Umfrage zum Bedarf von Handelshochschulen in Deutschland durch. Per Fragebogen wurden dazu in ganz Deutschland Kaufleute und Industrielle, Professoren und Handelslehrer, kaufmännische Vereine und weitere Experten befragt.[786] Das Ergebnis war eindeutig, denn über 80 Prozent der

---

Bildungswesen umbenannt. Hinweise darauf und Gründe dafür konnten nicht ermittelt werden. Die *Internationalen Kongresse* in Wien (1910) und Budapest (1913) wurden offiziell als *Internationale Kongresse für das kaufmännische Bildungswesen* bezeichnet. In den Beiträgen der Kongresse wurde jedoch auch die Bezeichnung Unterrichtswesen verwendet. Zeugnis über die uneinheitlich verwendete Terminologie gibt das Inhaltsverzeichnis der Generalversammlung der *Internationalen Gesellschaft zur Förderung des kaufmännischen Unterrichtswesens* (vgl. IGFkU (1905: 191)). Der als *Deutsche Verband für das kaufmännische Unterrichtswesen* (DVkU) gegründete Verband wurde später in *Deutscher Verband für das kaufmännische Bildungswesen* (DVkB) umbenannt. In der vorliegenden Arbeit werden demnach Bildungs- und Unterrichtswesen als Synonyme verwendet.

782 Vgl. Penndorf (1925a: o. A.).

783 Vgl. Zander (2004: 61–62).

784 Ibid, S. 64–65.

785 Richard Ehrenberg (1857–1921) arbeitete nach seinem Studium der Nationalökonomie und Staatswissenschaften an verschiedenen Universitäten in Deutschland mehrere Jahre im Bankwesen. Von 1888 bis 1897 war er Sekretär der Handelskammer in Altona. Danach wurde er zum außerordentlichen Professor in Göttingen berufen. 1909 erlangte er ein Ordinariat an der Universität Rostock (vgl. DBE (1996: 38)). Siehe dazu auch Zander (2004: 65–66).

786 Vgl. Zander (2004: 65). Wie aus Zanders Ausführungen hervorgeht, war Friedrich Althoff (vgl. 2.2 und Fußnote 226) der Ideengeber für die vom DVkU initiierte

Befragten befürworteten die Gründung von Handelshochschulen[787]. Der Notwendigkeit, die allgemeine und fachliche Ausbildung für zukünftiges Führungspersonal in Handel und Industrie einer speziellen Hochschule zu übertragen, wurde dadurch unmissverständlich Ausdruck verliehen[788]. In einer Resolution, die auf dem Kongress des DVkU im Juni 1897 in Leipzig verabschiedet wurde, wurde der Bedarf von handelswissenschaftlichem Hochschulunterricht anerkannt und eine Kommission für Hochschulen gebildet[789]. Diese tagte im Herbst 1897 in Eisenach und Hannover.

Wie dem Protokoll der Sitzung der Handelshochschul-Kommission in Eisenach zu entnehmen ist, sollte die Besprechung aus zeitlichen Gründen auf einer weiteren Tagung, die für November 1897 in Hannover anberaumt wurde, fortgeführt werden[790].

Laut der Tagesordnung der Sitzung in Eisenach wurde die Organisationsbestimmung der Handelshochschule als selbstständige Einheit oder als angegliederte Abteilung an der Technischen Hochschule besprochen. Zudem wurden als Hauptpunkte Zulassungsbedingungen, Studiendauer und Lehrplaninhalte diskutiert.[791] Nach einer eingehenden Besprechung kamen die Sitzungsteilnehmer überein, folgende Unterrichtseinheiten an den Handelshochschulen zu vermitteln:

> »1. Wirthschaftsgeschichte, 2. Wirthschaftsgeographie, 3. Handelsbetriebslehre, 4. Theoretische und praktische Nationalökonomie, 5. Allgemeine Grundzüge der Finanzwissenschaft, 6. Statistik, 7. Allgemeine Rechtslehre und Einführung in die neuere wirthschaftliche Gesetzgebung, 8. Handels- und Wechselrecht und Konkursordnung, 9. Grundzüge des öffentlichen Rechts (Völkerrecht, Staatsrecht, Verwaltungsrecht), 10. Allgemeine Technologie.«[792]

Aus einem Zusatz des Beschlusses der Sitzungsteilnehmer geht hervor, dass für das Erlernen von fremden Sprachen ebenfalls die Möglichkeit geboten werden sollte, wobei über den Rahmen, in dem der fremdsprachliche Unterricht stattfinden sollte, keine Vereinbarungen getroffen wurden.[793] Über die Integration von fremden Sprachen in den Lehrplan gab es unterschiedliche Auffassungen unter

---

Umfrage. Zusätzlich ließ Althoff die Notwendigkeit für die Einführung handelswissenschaftlicher Fächer anderweitig gutachterlich prüfen. Die auf diese Weise erlangten fundierten Ergebnisse sollten in einer Hochschulreform entsprechend berücksichtigt werden (vgl. Zander (2004: 65–67)).

787 Das Umfrageergebnis in absoluten Zahlen lautet wie folgt: Von insgesamt 301 Rückläufen befürworteten 249 Befragte uneingeschränkt die Errichtung von Handelshochschulen, 11 Befragte sprachen sich nur bedingt dafür aus, 41 Befragte waren gegen die Errichtung von Handelshochschulen (vgl. Zander (2004: 67)).

788 Ibid, S. 67.

789 Ibid und ibid, S. 69.

790 Vgl. DVkU (1898: 19).

791 Ibid, S. VII und Zander (2004: 69–70).

792 DVkU (1898: 49).

793 Ibid.

den Sitzungsteilnehmern: Manche fürchteten, dass der Sprachunterricht an Handelshochschulen »zu Missverständnissen bezüglich des Charakters der Handelshochschule«[794] führen könnte. Andere empfahlen aber, fremde Sprachen aus taktischen Gründen ins Curriculum einzubeziehen, »denn man würde es im Handelsstande einfach nicht verstehen, wenn wir Sprachen nicht als nothwendiges Lehrfach anführten«[795]. Andere Sitzungsteilnehmer wiederum wünschten sogar, dass Sprachen als Hauptfach gewählt werden könnten[796]. Die entgegengesetzten Meinungen wurden durch unqualifizierte Kompromissvorschläge, die aber offenbar kategorischen Charakter hatten, seitens der Sitzungsteilnehmer ergänzt:

> »Fremde Sprachen und Pädagogik können als Disziplinen für Handelshochschulen nicht in Betracht kommen. Handelt es sich für den Kaufmann beim Studium einer fremden Sprache doch nicht um Forschungen, welche er in derselben anstellen will, sondern nur um die Fähigkeit des Sprechens und Schreibens derselben, Wissenschaften, die man beim Sprachstudium auf einer Hochschule als vorhanden voraussetzt. Es kann sich deshalb nur darum handeln, daß man eine Gelegenheit zu Sprachstudien n e b e n aber nicht a n der Hochschule schafft.«[797]

Das diffuse Meinungsbild mit eher abneigender Tendenz bezüglich der Integration von fremden Sprachen in das Curriculum an Handelshochschulen beschränkte den fremdsprachlichen Unterricht auf ein Minimum und raubte ihm jegliches Entfaltungspotenzial. Die Tatsache, dass sich die Befürworter für eine stärkere Betonung der fremden Sprachen im Curriculum an Handelshochschulen nicht vehementer einsetzten und gegen die angekündigten Bestrebungen nicht protestierten, hatte fatale Folgen für den fremdsprachlichen Unterricht im kaufmännischen Bildungswesen. Es ist wahrscheinlich, dass sich unter den Veranstaltungsteilnehmern keine für diesen Fachbereich kompetenten Personen befanden, die fachlich fundiert Stellung nehmen konnten. Langjährig erfahrenes Lehrpersonal gab es in diesem Bereich damals zwar schon, vermutlich wurden diese Personen aber beim Versand der Einladungen zu dieser weichenstellenden Sitzung des DVkU 1897 übergangen. Theodore de Beaux (vgl. Fußnote 1807), der vor Snyckers (vgl. 2.7.2.2.1) für den Unterricht in Französisch an der Öffentlichen Handelslehranstalt in Leipzig zuständig war und Glausers (vgl. 2.6.6.1) Dissertation mitbetreute, wäre etwa als kompetenter Vertreter des fremdsprachlichen Unterrichts im kaufmännischen Bildungswesen in Frage gekommen.

Die geringe Bedeutung, die dem fremdsprachlichen Unterricht im Curriculum der Handelshochschulen beigemessen wurde, zeigt sich auch daran, dass für die Sitzung der Handelshochschul-Kommission im Jahr 1898, auf der Gutachten über die beschlossenen Unterrichtsfächer diskutiert wurden, kein Gutachter mit einer Beurteilung über den fremdsprachlichen Unterricht beauftragt wurde. Fremd-

794 Ibid, S. 29.
795 Ibid.
796 Ibid, S. 13.
797 Ibid, S. 29–30. Hervorhebung im Original.

sprachliche Kurse wurden im Rahmen des Gutachtens über Übungen, die nicht mit Vorlesungen verbunden waren, kurz gestreift. In erster Linie ging es dabei um Handelskorrespondenzkurse in fremden Sprachen, wobei nur für die Schulsprachen, Französisch und Englisch, Vorkenntnisse vorausgesetzt wurden. Andere sprachliche Kurse sollten ohne Vorkenntnisse besucht werden können. Angaben zur Methodik des fremdsprachlichen Unterrichts und zum fremdsprachlichen Handelskorrespondenzunterricht fehlen völlig in den Ausführungen der relevanten Sitzungen der Handelshochschul-Kommission[798].
Auf den Sitzungen des DVkU im Herbst 1897 nahm die kaufmännische Hochschulausbildung in den Vorschlägen für die Ausgestaltung von Handelshochschulen in Leipzig und Aachen konkrete Gestalt an[799]. Wie Tabelle 1 zeigt, wurden bereits im Jahr 1898 die ersten beiden Handelshochschulen ins Leben gerufen. Weitere sieben Handelshochschulprojekte folgten in Deutschland bis 1919. Da die Ausführungen an dieser Stelle als Hintergrundinformation dienen, werden die einzelnen Handelshochschul-Projekte nicht weiter vertieft.

Ein tabellarischer Überblick über die Existenz der in Deutschland gegründeten Handelshochschulen soll jedoch den zeitlichen Rahmen der Handelshochschulgründungen in Deutschland abstecken. Ausführliche Informationen zur Gründung, Entwicklung und Auflösung der einzelnen Einrichtungen und zu ihrer Überführung in andere Hochschulen bietet Zander[800].

Nr.	**Handelshochschule**	**Gründung**	**Auflösung**[801]
1.	Leipzig	April 1898[802]	Februar 1946[803]
2.	Aachen	Oktober 1898[804]	April 1909[805]
3.	Köln	April 1901[806]	April 1919[807]
4.	Frankfurt am Main[808]	Oktober 1901[809]	Oktober 1914[810]

798 Vgl. DVkU (1898: 138).
799 Ibid, S. 44–48. Vgl. dazu auch Zander (2004: 69).
800 Ibid, S. 76–216.
801 Bis auf die Handelshochschule Königsberg wurden die Handelshochschulen bzw. Teile davon in andere Hochschulen (Universitäten oder Technische Hochschulen) vor Ort oder an benachbarten Orten eingegliedert. Vgl. hierzu die Zitatangaben in der Tabelle.
802 Vgl. Zander (2004: 80).
803 Vgl. Fiedler (1998: 69). Vgl. 2.7.3.3.
804 Vgl. Zander (2004: 93).
805 Ibid, S. 106.
806 Ibid, S. 109.
807 Vgl. Penndorf (1925b: 3).
808 Die Hochschule wurde als »Akademie für Sozial- und Handelswissenschaften« gegründet (vgl. Zander (2004: 126)).
809 Ibid, S. 126.
810 Vgl. Penndorf (1925b: 3).

Nr.	Handelshochschule	Gründung	Auflösung[801]
5.	Berlin	Oktober 1906[811]	1946[812]
6.	Mannheim	Oktober 1907[813]	Oktober 1933[814]
7.	München	Oktober 1910[815]	Herbst 1922[816]
8.	Königsberg	April 1915[817]	1945[818]
9.	Nürnberg	Oktober 1919[819]	1961[820]

Tab. 7: Handelshochschulen in Deutschland

Nur an zwei der insgesamt neun Handelshochschulen in Deutschland wurden Dolmetscher-Institute gegründet: an der Handelshochschule Mannheim 1930 und sieben Jahre später, 1937, an der Handelshochschule Leipzig. Das erste in Mannheim gegründete Dolmetscher-Institut wurde 1933 mit der Handelshochschule Mannheim in die Universität Heidelberg eingegliedert. Das Dolmetscher-Institut der Handelshochschule Leipzig wurde 1946 von den sowjetischen Besatzern aufgelöst (vgl. 2.6, 2.7).

Die Errichtung von Handelshochschulen wurde zwar mehrheitlich von Vertretern aus Handel und Industrie gewünscht, dennoch wurden die Gründungen aufgrund mangelnder Erfahrungswerte mit gewisser Vorsicht angegangen, auch um mögliche finanzielle Risiken zu minimieren. Die ersten Handelshochschulgründungen hatten daher experimentelle Funktion[821]. Wären sie gescheitert, hätte man von den folgenden Gründungen Abstand genommen:

> »Es werden zunächst die Erfahrungen die mit diesen beiden ersten Anstalten [Leipzig und Aachen] gemacht werden, abzuwarten sein, ehe die Errichtung weiterer Handelshochschulen erwünscht erscheinen kann. Ein vorsichtiges und allmähliches Weiterbauen wird auch in dieser Frage das Zweckmäßige sein. Die Aufgabe dieser beiden ersten Anstalten wird es sein, die Existenzberechtigung der Handelshochschule gegen-

811 Vgl. Zander (2004: 145).

812 Ibid, S. 158. Die Handelshochschule Berlin wurde nach ihrer Eingliederung in die Humboldt-Universität zu Berlin 1950 offiziell aufgelöst.

813 Ibid, S. 169.

814 UAH, B-1070/2, Vertrag zur Verlegung der Handelshochschule Mannheim zwischen dem Minister des Kultus, des Unterrichts und der Justiz und der Stadt Mannheim, 25.10.1933. Vgl. 2.6.7, 2.6.8.

815 Vgl. Zander (2004: 175).

816 Vgl. Penndorf (1925b: 3).

817 Vgl. Zander (2004: 193).

818 Ibid, S. 203.

819 Ibid, S. 205.

820 Ibid, S. 215.

821 Vgl. N. N. (1911a: 20) Laut dieser Quelle hatte die Ordnung der Handelshochschule Leipzig bis 1911 provisorischen Charakter.

> über denen zu rechtfertigen, die dem deutschen Kaufmann vorläufig noch das Recht zu einer höheren Berufsbildung abstreiten, und die das Bedürfnis, den Hunderten von kaufmännischen Unterrichtsanstalten tüchtige Lehrkräfte heranzubilden, noch nicht recht zu würdigen wissen«[822]

Das anfängliche verhaltene Vorgehen wandelte sich aber bald zu beherzter Entschlossenheit. Wie Statistiken zeigen, entwickelte sich das Handelshochschulwesen zunehmend positiv. Aufgrund der steigenden Nachfrage nach der Ausbildung an diesen Einrichtungen wurden Neugründungen in verschiedenen Teilen Deutschlands gerechtfertigt, nicht zuletzt, um dem in den jeweiligen Regionen ansässigen Kaufmannsstand, der meist beträchtliche Stiftungsmittel für die Gründungen zur Verfügung stellte, den Zugang zur Hochschulausbildung zu erleichtern.[823] Je nach den regionalen handelsrelevanten und industriellen Bedürfnissen wurden an den einzelnen Handelshochschulen unterschiedliche fachliche Schwerpunkte in den Curricula gesetzt[824].

1909 wurden zum ersten Mal Erhebungen für alle damals in Deutschland bestehenden Handelshochschulen durchgeführt und im Statistischen Jahrbuch für das Deutsche Reich verzeichnet. Im Sommersemester 1909 waren demnach 1686 Studierende an den fünf bestehenden deutschen Handelshochschulen immatrikuliert. Bis zum Sommersemester 1914 wuchs diese Zahl an den inzwischen sechs Handelshochschulen in Deutschland um etwa 60 Prozent auf 2695 Immatrikulationen. Neben den immatrikulierten Studierenden gab es weitere Personengruppen, die die Veranstaltungen an Handelshochschulen nachfragten, jedoch statistisch nicht zu den immatrikulierten Studierenden gezählt wurden: Hörer und Hospitanten. Diese Personengruppen waren aufgrund der von ihnen zu entrichtenden Studiengebühren für die Handelshochschulen ein wichtiger Wirtschaftsfaktor. Meist übertraf ihre Zahl die Gruppe der immatrikulierten Studierenden, deren Studium ebenfalls gebührenpflichtig war. Für das Sommersemester 1909 belegt die Statistik 2050 Hörer und Hospitanten an den fünf deutschen Handelshochschulen. Im Sommersemester 1914 wurden 3251 Hörer und Hospitanten an den sechs Handelshochschulen in Deutschland gezählt. Die hohe Zahl dieser Personengruppe wurde auf folgende Gründe zurückgeführt:

> »Die große Zahl der H ö r e r erklärt sich aus der Vielseitigkeit der an den Handels-Hochschulen gepflegten Wissenszweige. So bietet sich den Angehörigen einer großen Anzahl von Berufen Gelegenheit, sich im eigenen Beruf durch Hören von Vorlesungen weiter auszubilden oder überhaupt ihren geistigen Horizont zu erweitern.«[825]

Erhebungen zufolge setzte sich diese Personengruppe vor allem zusammen aus Kaufleuten, Handlungsgehilfen, Privatbeamten, Juristen und Ärzten, Lehrern, Beamten, Offizieren und Handwerkern. Als Hospitanten galten Personen, die an

822 DVkU (1898: III).
823 Vgl. Bücher (1914: 189–190).
824 Vgl. Zander (2004: 1).
825 Gaedicke (1925: 4). Hervorhebung im Original.

einer anderen Hochschule als der Handelshochschule, etwa Universität, immatrikuliert waren und sich an der Handelshochschule spezielles Wissen aneignen wollten.[826] Die kontinuierliche und steigende Nachfrage nach der Ausbildung an Handelshochschulen sicherte diesen Einrichtungen einen festen Platz in der deutschen Hochschullandschaft[827].

Der Beginn des Ersten Weltkriegs reduzierte die bis dahin stetig steigenden Gesamtbesucherzahlen seit Gründung der ersten Handelshochschule: Etwa drei Viertel der immatrikulierten Studierenden an Handelshochschulen wurden in den ersten beiden Kriegsjahren für den Kriegsdienst eingezogen. Bis Kriegsende stieg die Zahl der immatrikulierten Studierenden an den Handelshochschulen aber wieder auf etwa 80 Prozent des Wertes, der zuletzt vor dem Krieg ermittelt wurde.[828] Im Vergleich zum Jahr 1909 verdreifachte sich die Zahl der immatrikulierten Studierenden an Handelshochschulen bis Mitte der 1920er Jahre. Die Zahl der Hospitanten und Hörer hingegen verringerte sich in diesem Zeitraum etwa um die Hälfte. Dieser Rückgang ist im Zusammenhang mit einer Studienreform zu sehen. Ab März 1926 griff eine Regelung, die bedeutsam für den Charakter der Handelshochschulen als Hochschulen war und das Bild der Studierenden änderte: Im Rahmen der Studienreform von 1924 wurden nur noch Abiturienten zu den Prüfungen zugelassen. Zuvor konnten auch Nichtabiturienten, die eine kaufmännische Lehre absolviert hatten, ein Diplom an der Handelshochschule erlangen.[829] Im Zuge der Studienreform von 1924 wurde der Titel Diplom-Kaufmann offiziell als einer der möglichen Abschlüsse an der Handelshochschule eingeführt[830].

Die hohe Hörer- und Hospitantenzahl unter den Besuchern der Handelshochschulen, die zeitgenössischen Quellen zufolge auf das breit angelegte Fächerangebot an Handelshochschulen zurückzuführen war, steht in engem Zusammenhang mit dem allgemeinen Bildungsbedürfnis des Kaufmannsstandes Ende des 19. Jahrhunderts. Ein klares Zeugnis dafür, dass Kaufleute und Großindustrielle – also ein Großteil der besitzenden Klasse – anderen führenden Schichten in Deutschland in puncto Geistesbildung hinterherhinkten, legt folgende Quelle ab, die aus Gustav von Mevissens[831] Denkschrift über die Gründung einer Handelshochschule in Köln

---

826 Ibid.

827 Ibid, S. 5.

828 Ibid, S. 4.

829 Ibid, S. 6.

830 Vgl. Hayashima (2002: 24).

831 Aufgrund der Erfahrungen, die von Mevissen als Unternehmer und Politiker im 19. Jahrhundert machte, sah er die Notwendigkeit einer Hochschulbildung für den Kaufmannsstand (vgl. hierzu auch Penndorf (1925b: 2)). Gustav von Mevissen (1815–1899) übernahm 1839 das elterliche Textilgeschäft und gründete wenige Jahre später in Köln mehrere Großunternehmen in der Textil- und Versicherungsbranche. 1853 gründete von Mevissen die Darmstädter Bank für Handel und Industrie und finanzierte so die Errichtung vieler Industriebetriebe in der westlichen Region Deutschlands. Neben seiner Karriere als Unternehmer war er auch politisch aktiv. 1847 wurde er Abgeordneter. Vorübergehend wirkte er als Unterstaats-

aus dem Jahr 1879 stammt und als impulsgebend für die Handelshochschulbewegung gilt[832]. Sie zeichnet überdies ein Bild der bis zur Gründung der Handelshochschulen üblichen Ausbildung von Kaufleuten, die in der Regel ausschließlich in der Praxis stattfand:

> »Die Jugend der vorbezeichneten Klassen [kaufmännische Kreise] beschränkt sich daher in der Mehrzahl der Fälle auf die Absolvierung der Sekunda der Gymnasien oder Realschulen (...) und nur eine geringere Zahl erwirbt durch das Abiturientenexamen das Zeugnis der Reife für die Universität. Nach vollendetem 18. oder 19. Jahre treten die Jünglinge von der Schule in die praktische Karriere als Lehrlinge im elterlichen Hause oder in einem anderen Handlungshause einer Großstadt des Inlandes oder Auslandes. Ist das Handlungshaus in derselben Branche tätig, deren Leitung der junge Mann nach vollendeter kaufmännischer Lehre im elterlichen Hause übernehmen soll, so ist die fachmännische Ausbildung in vielen Fällen mit Ablauf der Lehrjahre abgeschlossen. Wird eine umfassendere kaufmännische Bildung seitens der Eltern gewünscht oder für notwendig gehalten, so beschäftigt sich der junge Kaufmann als Volontär oder Kommis nach vollendeten Lehrjahren noch ein oder mehrere Jahre in Handlungshäusern der elterlichen oder verwandten Geschäftsbranchen. Vorwärtsstrebende Naturen suchen in dieser Periode als Autodidakten mit Zuhilfenahme von Privatunterricht ihre Kenntnis fremder Sprachen und ihre allgemeine wissenschaftliche Ausbildung weiter zu fördern. Dann folgen in vielen Fällen Reisen ins Ausland (...) Schon in der Lehrlingsperiode ist der junge Mann zugleich ein Löwe der sogenannten, im reichsten Luxus lebenden und sittlich nicht immer allzustrengen, Gesellschaft. Tritt der junge Mann zwischen dem 21. und 30. Jahre als Gehilfe oder als Teilhaber in das elterliche oder in ein anderes Geschäft seines Faches, so ist er in einer gewissen Welt wohlerfahren (...) Mit dem *nihil admirari* in Blick und Wort ist für den Kreis, worin der junge Kaufmann sich jetzt bewegt, der einer soliden respektive blasierten Zukunft entgegengehende Kaufmann fertig. Der aus einem solchen Vorleben zum Chef eines Großhandelshauses emporgestiegende Mann hat in der Mehrzahl der Fälle (...) diejenigen Eigenschaften kultiviert, welche ihm gestatten, ein in festen Geleisen gehendes Geschäft solide und mit Aussicht auf Erfolg zu betreiben. Zu kühner Initiative, zu frischen, neuen Schöpfungen reichen dagegen die Kräfte selten aus. Die Stellung des künftigen Chefs des Großhandelshauses ist in Deutschland in der wahrhaft gebildeten Gesellschaft in den meisten Fällen keine

---

sekretär im Handelsministerium. Von 1844–1880 war von Mevissen Präsident der Rheinischen Eisenbahngesellschaft und von 1856 bis 1860 Präsident der Kölner Handelskammer. Von Mevissen war aber auch kulturell engagiert, etwa 1842 als Mitbegründer der Rheinischen Zeitung. (Vgl. DBE (1998: 96)). 1881 gründete von Mevissen mit weiteren Personen die Gesellschaft für Rheinische Geschichtskunde. Bereits Ende der 1850er Jahre regte er die Gründung einer Hochschule in Köln an. 1879 stiftete von Mevissen eine beträchtliche Summe für die Gründung einer Handelshochschule in Köln, die 1901 ins Leben gerufen wurde. Aus dieser ging später die Universität Köln hervor. (Vgl. Zander (2004: 53)). Von Mevissen wurde 1884 geadelt (vgl. DBE (1998: 96)).

832 Vgl. Fiedler (1998: 55).

> innere Befriedigung gebende. Allen denjenigen Personen gegenüber, welche das Reich des Wissens in den Studien der Universität sich weiter erschlossen haben, fühlt sich der junge Kaufmann, dem selbst seine Gymnasialstudien nur noch in sehr abgeblaßter Gestalt gegenwärtig sind, untergeordnet.«[833]

Im Gegensatz zum Ausland, wo deutsche Kaufleute hohes Ansehen genossen, beeinträchtigte die mangelnde Geistesbildung des Kaufmannsstandes sein Ansehen in der Öffentlichkeit in Deutschland und würdigte ihn zum »Aschenbrödel unseres Volkes«[834] herab. Der Bildungsmangel der Kaufleute hatte aber nicht nur negative Konsequenzen für den Kaufmannsstand selbst, sondern war viel weitreichender, da er sich beispielsweise auch im politischen Leben Deutschlands bemerkbar machte, wo eine »sachkundige Vertretung der kommerziellen Interessen«[835] in den Parlamenten fehlte. Bildung bedeutete für den Kaufmannsstand somit auch Emanzipation, die ihm dazu verhelfen sollte, in politischen Fragen zukünftig nicht mehr auf andere Berufsgruppen angewiesen zu sein:

> »Der Kaufmann sollte befähigt werden, im öffentlichen Leben sich zur Geltung zu bringen und nicht länger davon abhängig sein, ob er Juristen und Nationalökonomen fände, die in Parlamenten und öffentlichen Vertretungen aller Art gewillt wären, sein Dolmetsch zu werden.«[836]

Kaufleute sollten sich daher ihrer gesellschaftlichen Rolle entsprechend im Rahmen einer Hochschulausbildung nicht nur Fachwissen aneignen können, sondern auch eine umfassende Allgemeinbildung erlangen, die sie in die Lage versetzte, ihre Standesinteressen in der Öffentlichkeit selbst zu vertreten[837]. Von Mevissen spricht von dem »Besitze einer universellen Bildung«[838], die die Trennung zwischen Kaufleuten und anderen führenden Schichten aufheben sollte. Ihm zufolge sollten Kaufleute zusammen mit Gelehrten zur Erforschung ihres kaufmännischen Tätigkeitsbereichs und dadurch zur Erweiterung der geographischen, ethnologischen, linguistischen und volkswirtschaftlichen Kenntnisse beitragen[839]. Dies war m. E. allerdings ein extrem hochgestecktes Bildungsziel.

Das Bildungsbedürfnis des Kaufmannsstandes legte eine enge Verbindung zwischen fachlicher und allgemeiner Ausbildung nahe. Auf der Tagung des DVkU in Eisenach 1897 gab es sogar Vertreter, die – wohl in Anbetracht eines starken Nachholbedarfs an Bildung – in erster Linie die Erlangung einer breiten Allgemeinbildung an Handelshochschulen wünschten, fachliches, d. h. kaufmännisches, Wissen konnte ihnen zufolge anderweitig in der Praxis erlangt werden[840].

833 Hansen (1906: 628–629). Hervorhebung im Original.
834 DVkU (1898: 5).
835 Bücher (1914: 188).
836 Jastrow (1913).
837 Vgl. DVkU (1898: 5 und 8).
838 Hansen (1906: 631).
839 Ibid.
840 Vgl. DVkU (1898: 5).

1907 wird die Notwendigkeit der Verquickung von fachlicher und allgemeiner Bildung an Handelshochschulen wie folgt beschrieben:

»Die Vertreter der Auffassung, daß die Fachbildung neben der Allgemeinbildung keine Existenzberechtigung habe, dürften kaum den Kern der Sache treffen. Daß eine tüchtige Allgemeinbildung für den modernen Kaufmann nicht nur von höchstem Werte, sondern geradezu notwendig ist, darüber herrscht bei uns in Deutschland allgemeine Anerkennung. Allein die große und einflußreiche Stellung, die der Handel in Deutschland erlangt hat, führt mit zwingender Notwendigkeit darauf hin, daß neben die Allgemeinbildung auch eine fachliche Ausbildung treten muß, wie sie bald seit einem Jahrhundert in den technischen Hochschulen für die Industrie und für die Landwirtschaft in den landwirtschaftlichen Hochschulen ihren Ausdruck gefunden hat. Man darf den Gegensatz zwischen fachlicher und allgemeiner Ausbildung nicht übertreiben, denn im Grunde genommen müssen auch bei der Fachausbildung die allgemein bildenden Grundsätze zugrunde gelegt werden, und es bedarf nur eines geringen pädagogischen Geschickes, um der allgemeinen Bildung im Rahmen der Fachbildung in jeder Weise gerecht zu werden.«[841]

Als Grenzgebiete der Handelswissenschaften, die an den Handelshochschulen vermittelt wurden, führt Apt (vgl. Fußnote 264) Zeit- und Streitfragen aus dem gesamten Gebiet der Handelswissenschaften, Geschichte, Geographie und Naturwissenschaften sowie Pädagogik an[842]. Daneben fanden auch Philosophie und Psychologie Eingang in den Lehrplan. Aufgrund dieses breit gefächerten Angebots wurde den Handelshochschulen von manchen Seiten vorgeworfen, das eigentliche Fachstudium nicht vertieft genug durchzuführen.[843] Es ist anzunehmen, dass aufgrund dieser Bandbreite an Fächern das Handelshochschulstudium für Hörer und Hospitanten bis zur Studienreform 1924 so attraktiv war, dass, wie oben dargestellt, ihre Zahl die der immatrikulierten Studierenden stark übertraf. Auch bewusst gelockerte Zulassungsbedingungen zum Studium an den Handelshochschulen sollten eine große Zielgruppe an Studierenden ansprechen, den Nachholbedarf an Bildung des Kaufmannsstandes kompensieren und den Handelshochschulen eine Nachfrage sichern, die die neuen Hochschulprojekte zum Erfolg führen würde[844].

Da die Voraussetzungen an den jeweiligen Handelshochschulorten in finanzieller und kommunalpolitischer Hinsicht unterschiedlich waren, wurden an manchen Orten sogenannte Handelshochschulkurse als Vorstufe zur Handelshochschule eingeführt. Der Erfolg dieser Kurse sollte über die Errichtung von ortsansässigen Handelshochschulen entscheiden. In Mannheim begannen die Handelshochschulkurse im Oktober 1905[845]. In München wurde im Oktober 1906 der Beschluss zur Einrichtung von Handelshochschulkursen nach dem Mannheimer Vorbild be-

841 Apt (1907: 5).
842 Ibid, S. 26.
843 Vgl. Swet (1909b: 233–234).
844 Vgl. DVkU (1898: 47–48) und Zander (2004: 69).
845 Vgl. Zander (2004: 162).

schlossen[846], in Königsberg wurden ab April 1907[847] Handelshochschulkurse angeboten und auch in Nürnberg machte man von dieser Institution Gebrauch[848]. Als Vorteil von diesen Kursen im Vergleich zu einem Studium an Handelshochschulen wurde die Möglichkeit der Teilnehmer gesehen, sich aus- und weiterbilden zu können, ohne dass die Berufstätigkeit unterbrochen werden musste[849], denn die wissenschaftlichen Kurse fanden in der Regel in den Nachmittags- und Abendstunden statt[850]. Aber auch das Bildungsinteresse eines breiteren Publikums sollte durch die Einrichtung von Handelshochschulkursen befriedigt werden[851]. Bei der Überführung der Handelshochschulkurse in Handelshochschulen erhob meist der *Verband der Inhaber deutscher Handelshochschuldiplome* Protest, da dessen Mitglieder aufgrund der niedrigeren Zulassungsbedingungen zu Handelshochschulkursen im Vergleich zu denjenigen, die für Handelshochschulen galten, eine Gefahr für das Ansehen der Handelshochschuldiplome sahen[852].

Das Handelshochschuldiplom musste sich überdies bei den meisten Arbeitgebern der Handelshochschulabsolventen erst noch seinen gebührenden Platz erkämpfen. Der Wert eines Handelshochschuldiploms war in Kaufmannskreisen umstritten. Wie obige Quelle aus von Mevissens Denkschrift zeigt, wurden Kaufleute traditionell in der Praxis ausgebildet. Viele Praktiker misstrauten daher den Leistungen der Handelshochschulen, die die Studierenden ihrer Ansicht nach der Praxis entzogen[853]. Bei der Bewerbung um eine Stelle gaben Handelshochschulabsolventen daher oft nicht an, ein Diplom erlangt zu haben, damit sich ihre Chancen auf eine Einstellung nicht verringerten[854]. Die Vermutung liegt nahe, dass es auf die traditionelle kaufmännische Ausbildungspraxis bis zur Errichtung von Handelshochschulen Ende des 19. Jahrhunderts zurückzuführen ist, dass der Praxisbezug in der kaufmännischen Hochschulausbildung eine besonders bedeutende Rolle spielte. Diese Kaufmannstradition führte die Handelshochschulen in ein Dilemma: Auf der einen Seite stand der Kaufmannsstand, der weitgehend einsah, dass führende Kaufleute eine fundierte wissenschaftliche Ausbildung genießen sollten[855], die wissenschaftliche Ausbildung jedoch in der Praxis fundiert wissen wollten[856]. Auf der anderen Seite standen die Universitäten, denen gerade dieser Praxisbezug eine Angriffsfläche bot, um die Ausbildung der neuen Hochschulen als unwissenschaftlich abzutun[857]. Hinter dieser Kritik aus akademischen Kreisen

846 Ibid, S. 179.
847 Ibid, S. 195.
848 Ibid, S. 209–213.
849 Vgl. Weber (1906: 241).
850 Vgl. Zander (2004: 165).
851 Vgl. Weber (1906: 241).
852 Vgl. Zander (2004: 197).
853 Vgl. Arndt (1903: 6) und Swet (1909a: 198).
854 Vgl. Swet (1909a: 199).
855 Vgl. Arndt (1903: 6).
856 Vgl. Zander (2004: 165).
857 Vgl. Arndt (1903: 15).

stand möglicherweise auch die Furcht vor einem neuen Konkurrenten, der zukünftig um die Studentenschaft in Deutschland mitstreiten würde.

Das durch den Praxisbezug der Handelshochschulausbildung implizierte Problem führte dazu, dass in Reden zur Eröffnung der Handelshochschulen der vermeintliche Gegensatz von Wissenschaft und Praxis oft thematisiert wurde, wobei hervorgehoben wurde, dass sich beide Elemente in der Ausbildung harmonisch ergänzen sollten[858]. Es wurde aber auch energisch betont, dass, wie von Praktikern oft missverstanden, die Ausbildung an Handelshochschulen »keine direkte Vorbereitung auf den Broterwerb«[859] bot und dass bei aller Orientierung an der Praxis, die wissenschaftliche Ausbildung im Vordergrund zu stehen hatte[860]. Handelshochschulkreise begegneten dem Vorwurf von Universitätsgelehrten bezüglich des im Ausbildungskonzept der Handelshochschulen verankerten Praxisansatzes häufig mit der Argumentation, dass beim Studium der Medizin, Rechtswissenschaften, Philologie oder Theologie, das traditionsgemäß von Universitäten angeboten wurde, ebenso das Ziel verfolgt werde, Ärzte, Richter, Lehrer und Geistliche für die Praxis auszubilden[861].

Bezeichnend an der Kritik aus akademischen Kreisen ist, dass diese auf ihre Urheber selbst zurückfiel, denn meist wurde Lehrpersonal aus Universitäten oder Technischen Hochschulen in die Lehrtätigkeit der Handelshochschulen integriert. Zum einen, weil Handelshochschulen in Anlehnung an diese älteren Ausbildungsstätten gegründet wurden und zum anderen, weil eigens für die Bedürfnisse von Handelshochschulen ausgebildetes Personal weitgehend fehlte.[862] Aus diesem Grund musste für einzelne Fächer eine Lösung gefunden werden, die zunächst als »Aushilfsmittel«[863] galt, mit der man aber längerfristig gute Erfahrungen machte: Durch die Einbeziehung erfahrener Praktiker in die Lehre an Handelshochschulen konnte nicht nur einem Personalmangel abgeholfen, sondern auch die gewünschte Verbindung von Theorie und Praxis gefördert werden.

Auf dem *Kongress für das kaufmännische Bildungswesen* in Stuttgart im Oktober 1911 wurde moniert, dass die Praxis zu hohe Forderungen an die Handelshochschulen stellte. Man verlangte, dass sich die Absolventen der Handelshochschulen sofort in der Praxis bewährten. Dies sei aber »schon mit Rücksicht auf die vielen Geschäftszweige des Handels unmöglich«[864]. Durch die Ausbildung an Handelshochschulen könnten lediglich die Voraussetzungen dafür geschaffen werden, dass sich die Absolventen in der praktischen Tätigkeit zurechtfinden und sich später verantwortungsvollen Positionen gewachsen zeigten. Die Wissenschaftlichkeit dürfte in der Ausbildung auf keinen Fall aufgegeben werden.[865]

858 Ibid.
859 Ibid, S. 11. Hervorhebung im Original.
860 Ibid, z. B. S. 13.
861 Vgl. Arndt (1903: 15).
862 Vgl. N. N. (1905a: 136).
863 Ibid, S. 137.
864 N. N. (1911b: 205).
865 Ibid, S. 205–206.

In insgesamt acht *Kongressen für das kaufmännische Bildungswesen* in Deutschland wurden seit der Gründung des DVkU bis zum Ausbruch des Ersten Weltkriegs Probleme des kaufmännischen Unterrichtswesens thematisiert und Lösungen gefunden, die die Entwicklungen im kaufmännischen Unterrichtswesen voranbrachten. In verschiedenen Abteilungen, etwa für Handels- oder Handelshochschulen oder für Frauen im Handelsschulwesen (als Studierende oder Dozierende) wurden einschlägige Probleme diskutiert. Neben ausbildungsrelevanten Themen standen aber auch berufsständische Belange auf den Kongresstagesordnungen.[866] Die erfolgreiche Arbeit des DVkU kann beispielsweise an den zahlreichen Gründungen verschiedener kaufmännischer Ausbildungseinrichtungen gemessen werden. Seit der Gründung dieses Verbands wurden bis 1911 neben den sieben Handelshochschulgründungen in Deutschland auch etwa 600 kaufmännische Pflichtfortbildungsschulen und über 200 Handelsvorschulen ins Leben gerufen. Das Interesse an der Arbeit des Verbands belegen auch die hohen Teilnehmerzahlen der Kongresse des DVkU, die 1911 etwa 300 betrug.[867]

Die Energie des DVkU, die die Handelshochschulbewegung auslöste, wurde vornehmlich von einer Person gebündelt: Richard Stegemann[868], dem Begründer und Vorsitzenden des DVkU bis 1925. Sein Engagement für das kaufmännische Bildungswesen, das sich nicht nur auf Deutschland beschränkte[869], setzte eine Welle in Bewegung, deren Ausläufer noch weit in der Zukunft spürbar waren.

---

866 Vgl. Penndorf (1925a: o. A.).

867 Vgl. N. N. (1911b: 201–202).

868 Richard Stegemann (1856–1925) war eine Schlüsselfigur im deutschen und internationalen kaufmännischen Bildungswesen. Als Syndikus der Handelskammer Braunschweig gab Stegemann 1895 den Anstoß zu einem einheitlich geregelten kaufmännischen Bildungswesen in Deutschland. Mit der Gründung des DVkU im Jahr 1896 war Stegemanns Ziel in greifbare Nähe gerückt. Stegemann war nicht nur Gründer des DVkU, sondern auch dessen Vorsitzender bis zu seinem Tod im Jahr 1925. In dieser Zeit prägte er nicht nur mit Geschick das kaufmännische Bildungswesen in Deutschland, wo er beispielsweise den entscheidenden Impuls für die deutsche Handelshochschulbewegung gab, sondern verschaffte sich auch hohes Ansehen auf internationaler Ebene durch sein Wirken in der *Internationalen Gesellschaft zur Förderung des kaufmännischen Unterrichtswesens*, dessen erster Präsident er war (vgl. z.B. IGFkU (1905: 4)). 1905 gab Stegemann in diesem Gremium den Anstoß zur Einrichtung der *Internationalen Sprach- und Wirtschaftskurse*. In seinen verschiedenen Positionen im kaufmännischen Bildungswesen auf nationaler und internationaler Ebene setzte sich Stegemann stets für den friedvollen Austausch zwischen den Völkern ein. Die Förderung des kaufmännischen Nachwuchses, der dafür prädestiniert war, durch Handelsgeschäfte mit anderen Völkern in Berührung zu kommen, sollte zur Erreichung dieses idealen Ziels einen bedeutenden Beitrag leisten. Finanzielle Unterstützung in dieser Hinsicht gewährte beispielsweise ein von Stegemann initiierter Stiftungsfonds (Stegemann-Stiftung), der angehenden Kaufleuten das Studium ermöglichen sollte. Vgl. Penndorf (1925a: 1) und Degener (1922: 1503). Vgl. 3.1.17.

869 Vgl. Penndorf (1925a: o. A.).

2.4.3 Die Handelshochschulstandorte mit Dolmetscher-Instituten

Die folgenden Ausführungen zur Geschichte der Handelshochschulen in Leipzig und Mannheim sind nicht erschöpfend. Im Rahmen der vorliegenden Arbeit dienen sie dazu, die Gründungen der Dolmetscher-Institute in Leipzig und Mannheim in den entsprechenden institutionellen Kontext einzuordnen. Die Ausführungen sollen aber auch zeigen, dass die Handelshochschulen in Deutschland in institutioneller Hinsicht unabhängig voneinander entstanden sind und unabhängig voneinander funktionierten. Daraus erklärt es sich, dass auch die Dolmetscher-Institute in Mannheim und Leipzig unabhängig voneinander gegründet wurden. Obwohl die Handelshochschule Mannheim die jüngere der beiden Institutionen war, konnte dort aufgrund der strukturellen und personellen Infrastruktur sieben Jahre eher als in Leipzig ein Dolmetscher-Institut gegründet werden. Bereits 1911 wurde an der Handelshochschule Mannheim ein Lehrstuhl für Sprachwissenschaft eingerichtet. Hingegen wurden die sprachwissenschaftlichen Lehrstühle an der Handelshochschule Leipzig erst 1929 ins Leben gerufen.

2.4.3.1 Zur Geschichte der Handelshochschule Leipzig (1898–1945)

Die Handelshochschule Leipzig war die älteste Handelshochschule Deutschlands[870]. Sie wurde am 25.04.1898 in der Aula der Universität Leipzig feierlich eröffnet[871]. In der Anfangszeit verfügte die Handelshochschule über keine eigenen Räumlichkeiten[872]. Erst 1902 wurden erste eigene Räume für die Handelshochschule eingerichtet und allmählich erweitert[873]. Die neue Einrichtung, die dem Königlich Sächsischen Ministerium des Innern unterstellt wurde[874] und durch die Trägerschaft der Handelskammer Leipzig unter Mitwirkung der Universität Leipzig und der Öffentlichen Handelslehranstalt Leipzig errichtet wurde[875], hatte in den ersten Jahren ihres Bestehens kein eigenes Lehrpersonal[876]. Ein Teil der Veranstaltungen wurde von Lehrkräften der Universität Leipzig, ein anderer Teil von Lehrkräften der Öffentlichen Handelslehranstalt Leipzig abgehalten[877]. Das Fehlen

870 Vgl. N. N. (1908c: 49).
871 Vgl. Fiedler (1998: 57).
872 Vgl. Hayashima (2001: 19).
873 Vgl. Fiedler (1998: 59).
874 Ibid, S. 56.
875 Vgl. Zander (2004: 76).
876 Vgl. Hayashima (2001: 19).
877 Ibid, S. 22. Der Quelle zufolge wurden technische Fächer, etwa Buchhaltung, kaufmännisches Rechnen, an der Öffentlichen Handelslehranstalt in Leipzig unterrichtet. An der Universität konnten die Studierenden der Handelshochschule Leipzig theoretische Fächer, etwa Nationalökonomie und juristische Vorlesungen,

eigener Lehrkräfte und eigener Räumlichkeiten bestätigt den Versuchscharakter der neuen Hochschule[878], deren Entwicklungspotenzial erst noch abzuwarten war.

Gründe für die eher verhaltene Einstellung zur Errichtung der ersten deutschen Handelshochschule waren sicherlich nicht nur finanzieller Art, sondern möglicherweise auch in der feindseligen Haltung von Universitätsangehörigen gegenüber dem neuen Hochschultyp begründet. In diesen Kreisen galt es als skandalös, dass Personen ohne eine neuhumanistische Schulbildung zum Hochschulstudium zugelassen wurden. Ende des 19. Jahrhunderts kam dies in Kreisen des deutschen Bildungsbürgertums einem Affront gleich.[879] Die Nachfrage nach dem Ausbildungsangebot der Handelshochschule Leipzig entwickelte sich aber dennoch unerwartet positiv[880].

Informationen über die Entwicklung der Studierendenzahlen gibt Hayashima[881]. Demnach lässt sich vom ersten Studienjahr, 1898, bis einschließlich 1906 eine kontinuierliche Zunahme der Studierendenzahlen verzeichnen. Waren es 1898 insgesamt 174 Personen, die die Ausbildung an der Handelshochschule Leipzig nachfragten, so stieg diese Zahl im Studienjahr 1906 auf 791 Personen an. In dieser Zeit steigerte sich die Zahl der Studierenden somit um mehr als das Vierfache. Bis zum Eintritt des Ersten Weltkriegs besuchten pro Studienjahr im Schnitt 730 Studierende die Handelshochschule Leipzig. Interessant ist, dass über die Hälfte davon Ausländer waren.[882] Die ausländischen Studierenden kamen vornehmlich aus osteuropäischen Staaten und Russland, wobei vor allem der Nachwuchs russischer Kaufleute die Ausbildung an der Handelshochschule Leipzig nachfragte[883]. Aufgrund des hohen Ausländeranteils zählte Leipzig im Vergleich zu anderen Handelshochschulen in Deutschland meist die höchsten Besucherzahlen[884]. Die stabile Nachfrage aus dem Ausland bis zum Ersten Weltkrieg wurde auf Leipzigs traditionelle Handelsbeziehungen zu Osteuropa zurückgeführt. Die ausländischen Studierenden, die durch ihre fünfmal so hohen Studiengebühren wie für Inländer zum Erhalt der Handelshochschule Leipzig maßgeblich beitrugen, waren aber nicht

belegen. Laut Zander (2004: 77) zählten zu den an der Öffentlichen Handelslehranstalt abgehaltenen Fächern auch Handelskorrespondenzkurse.

878 Vgl. Hayashima (2001: 24).

879 Ibid, S. 21. Bis zum Ersten Weltkrieg änderte sich die Einstellung des Bildungsbürgertums gegenüber dem Studium an Handelshochschulen, denn durch die positive Entwicklung der deutschen Wirtschaft gewann das Handelshochschulstudium in weiten Kreisen mehr Ansehen (vgl. Hayashima (2002: 39 und 41)).

880 Vgl. Fiedler (1998: 57) und Hayashima (2001: 25).

881 Vgl. Hayashima (2001: 31 und 37).

882 Ibid, S. 31.

883 Vgl. Hayashima (2005: 23). Über die Herkunftsorte der Studierenden informiert Hayashima (2001: 26) detalliert. In zeitgenössischen Quellen geben beispielsweise die Berichte über die deutschen Handelshochschulen pro Semester Auskunft über Anzahl und Herkunft der ausländischen Studierenden (vgl. z. B. N. N. (1908b: 321)).

884 Vgl. N. N. (1908c: 49).

bedingungslos wohlgelitten, vermutlich aus Angst vor einer Konkurrenzsituation mit deutschen Arbeitskräften. Die Leipziger Handelshochschule stand daher häufig in der Kritik, zu viele Ausländer zum Studium zuzulassen. Die Angriffe wurden aber mit der Argumentation abgewehrt, dass die ausländischen Studierenden nach Abschluss ihrer Studien erfahrungsgemäß in ihre Heimatländer zurückkehrten. Den Kritikern wurde überdies zu bedenken gegeben, dass die Handelshochschule Leipzig allein von der Zahl der inländischen Studierenden nicht existieren könne, da die Studiengebühren für Inländer viel niedriger waren als für Ausländer. Zudem reichten die Zuschüsse von Stadt und Staat zum Erhalt der Einrichtung nicht aus.[885] Während des Ersten Weltkriegs nahm die Zahl der Studierenden an der Handelshochschule Leipzig stark ab. Ab 1904 lag die Zahl der ausländischen Studierenden zum ersten Mal wieder weit unter der Zahl der inländischen Studierenden. Nach dem Ersten Weltkrieg kehrte sich das Verhältnis der inländischen zu den ausländischen Studierendenziffern um: Weit überragten nun die inländischen Studierenden, von denen im Jahr 1919 an der Handelshochschule Leipzig 1197 verzeichnet waren, die ausländischen Studierenden, die nur mit 364 Personen vertreten waren.[886]

Die zunehmende Bedeutung der deutschen Wirtschaft (vgl. 2.1.2.4) und die damit einhergehenden steigenden Studierendenzahlen stellten die Handelshochschule Leipzig auf ein immer festeres Fundament. 1911 erfolgte eine organisatorische Änderung, durch die die Handelshochschule Leipzig die Eigenschaft einer juristischen Person erlangte:

> »Die Anstalt [Handelshochschule Leipzig] ist nämlich mit Genehmigung des Königl. Ministeriums des Innern zu Dresden am 2. Februar 1911 eine selbständige, Rechtsfähigkeit besitzende Anstalt des öffentlichen Rechts geworden. Die bisherige Ordnung der Anstalt, unter der sie zwölf Jahr (sic!) existierte, war nur eine provisorische. Die Leipziger Handelskammer, die sie damals ins Leben gerufen hat, übernahm zunächst für alle finanziellen Verbindlichkeiten die Garantie, insoweit sie nicht durch die eigenen Einnahmen der Hochschule und durch die Subventionen des Staates und der Kommune gedeckt werden konnten. Von dieser Garantie wird nun die Handelskammer befreit, da die Hochschule selbst für sich eintritt und rechtlich eintreten kann.«[887]

Nach dem Ersten Weltkrieg wurde die Handelshochschule Leipzig zunächst unter die Aufsicht des Sächsischen Wirtschaftsministeriums gestellt, dann unter die des Volksbildungsministeriums[888]. In der schwierigen Zeit der Inflation in den 1920er Jahren konnte sich die Handelshochschule Leipzig auf umfangreiche Geld- und Sachspenden aus der Öffentlichkeit stützen und so ihr Weiterbestehen sichern[889]. Bis 1927 wurden an der Handelshochschule Leipzig insgesamt sieben Lehrstühle

885 Vgl. N. N. (1908a: 319). Zum Thema Ausländer an deutschen Handelshochschulen siehe auch Bücher (1915: 206–208).
886 Vgl. Hayashima (2001: 31).
887 N. N. (1911a: 19–20). Vgl. auch Hayashima (2001: 26) und Fiedler (1998: 61).
888 Vgl. Fiedler (1998: 61).
889 Ibid, S. 63.

geschaffen, die Mehrzahl davon für verschiedene Bereiche der Betriebswirtschaftslehre. Die Bedingungen für wissenschaftliches Arbeiten an der Handelshochschule Leipzig waren somit Ende der 1920er Jahre günstig.[890] In diese Zeit fiel auch die Gründung der beiden Sprachprofessuren, die im Sommersemester 1929 mit Snyckers für die Französische Sprache und im Wintersemester 1929/30 mit von Hibler für die Englische Sprache besetzt wurden (vgl. 2.7.2.2.1, 2.7.2.2.2). In geschichtlichen Aufzeichnungen zur Handelshochschule Leipzig bleiben diese beiden Lehrstühle allerdings meist unerwähnt. Möglicherweise ist dies auf den Stellenwert des Sprachstudiums im Rahmen des kaufmännischen Studiums an Handelshochschulen zurückzuführen, dem im kaufmännischen Fächerkanon nur marginale Bedeutung eingeräumt wurde (vgl. 3.1.16). Sprachunterricht ist jedoch immer Teil des Curriculums an der Handelshochschule Leipzig gewesen.

Die Handelshochschule Leipzig als Forschungsstätte wurde 1930 mit dem Promotionsrecht ausgestattet. Dies war eine wichtige Errungenschaft für die Einrichtung, vor allem im Zusammenhang mit der Entwicklung anderer Handelshochschulen, die bis Ende der 1920er Jahre in Universitäten eingegliedert wurden und somit automatisch das Promotionsrecht erhielten. Die selbstständige Handelshochschule Leipzig musste daher um ihre besten Absolventen bangen, die an die aus Handelshochschulen hervorgegangenen universitären wirtschaftswissenschaftlichen Insitute abwanderten, um dort ihre Studien im Rahmen einer Promotion weiterzuführen.[891]

In den 1930er Jahren stand die Handelshochschule Leipzig unter nationalsozialistischem Einfluss. Im Zuge des 1933 erlassenen Gesetzes zur Wiederherstellung des Berufsbeamtentums wurden Lehrkräfte an der Handelshochschule Leipzig entlassen. Auch Studierende nicht-arischer Abstammung wurden zur Aufgabe ihres Studiums an der Handelshochschule veranlasst. Zur Situation der Handelshochschule Leipzig im Nationalsozialismus informiert Fiedler ausführlich[892].

Der Zweite Weltkrieg geißelte die Handelshochschule Leipzig: Lehrpersonal und Studierende kamen ums Leben, Gebäude der Handelshochschule wurden beim Bombenangriff auf Leipzig im Dezember 1943 schwer zerstört[893]. Neben dem

---

890 Ibid, S. 65.

891 Ibid.

892 Ibid, S. 66–69.

893 Das Aktenmaterial belegt folgende Schäden an den Gebäuden der Handelshochschule Leipzig: »Durch den Terrorangriff am 4. Dezember 1943 wurde der Handels-Hochschule grosser Schaden zugefügt. Vollständig ausgebrannt ist das Grundstück Ritterstrasse 6, in dem fünf Seminare, die Quästur und Studentenführung untergebracht waren. Ebenso wurde das Grundstück Goethestrasse 1, in dem sich das Seminar für Wohnungs- und Siedlungswirtschaft befand, völlig zerstört. Im Hauptgebäude hatten Dachstuhl und Wohnung des Kastellans durch Feuer und Sprengwirkung stark gelitten. Fast sämtliche Türen, Fenster und Toiletten waren zertrümmert, so dass weder der Lehr- noch Verwaltungsbetrieb durchgeführt werden konnten. Das Grundstück Ritterstrasse 26 (ehemaliges Palais) hatte mehr oder weniger starken Spreng-, Splitter- und Glasschaden erhalten.«

personellen und materiellen Schaden schränkten auch finanzielle Engpässe den Lehrbetrieb ein. Die einzige Überlebenschance bot sich der ältesten Handelshochschule Deutschlands durch die Eingliederung in die Universität Leipzig. Allerdings musste sie dafür ihre Identität und Eigenständigkeit opfern. Am 05.02.1946 verschmolz die Handelshochschule Leipzig als neu errichtete Wirtschafts- und Sozialwissenschaftliche Fakultät mit der Universität Leipzig. Das Dolmetscher-Institut war nicht Teil dieser Eingliederung (vgl. 2.7.3.3). Mit einer Lebensdauer von 48 Jahren war die Handelshochschule Leipzig nicht nur die älteste Handelshochschule in Deutschland, sondern auch diejenige mit der längsten Lebensdauer.[894]

2.4.3.2 Zur Geschichte der Handelshochschule Mannheim (1907–1933)

Die im Jahr 1907 gegründete Handelshochschule Mannheim war die sechste Handelshochschule, die die deutsche Handelshochschulbewegung hervorbrachte und die erste in Süddeutschland[895]. Im Gründungsjahr konnte die Handelshochschule Mannheim bereits auf eine zehnjährige Vorgeschichte zurückblicken. Zum Wintersemester 1897/98 wurden sogenannte Vorlesungszyklen für den Nachwuchs aus Handel und Industrie in Mannheim eingerichtet, die von der Handelskammer Mannheim, dem Kaufmännischen Verein und dem Börsenvorstand finanziert wurden. Die im Rahmen der Vorlesungszyklen[896] gehaltenen wirtschaftlichen und juristischen Vorträge fanden in den Abendstunden statt. Dadurch sollte eine rege Teilnahme der berufstätigen Zielgruppe gewährleistet werden. Unter den Referenten befanden sich auch Professoren der Universität Heidelberg, wie beispielsweise Max Weber[897]. Bis zum Wintersemester 1904/05 wurden die Vorlesungszyklen jeweils in den Wintermonaten veranstaltet. Trotz der guten Organisation und der hohen Besucherzahlen musste festgestellt werden, dass das auf diese Weise durchgeführte Weiterbildungsangebot den Anforderungen, die an Kaufleute und Industrielle gestellt wurden, nicht standhielt.[898]

Zur Verbesserung der kaufmännischen Ausbildung wurden daher im Oktober 1905 Handelshochschulkurse eingerichtet. Ein eigenes Gebäude wurde für diese

(in: UAL, HHS 99, Bl. 312–313). Bei einem weiteren Bombenangriff auf Leipzig am 20.02.1944 wurde der zitierten Quelle zufolge in erster Linie das Weltwirtschafts-Institut mit den Volks- und Weltwirtschaftlichen Seminaren beschädigt. Nach beiden Ereignissen konnte der Unterricht nach wenigen Tagen jedoch an Ausweichstellen wieder aufgenommen werden.

894 Einen umfassenden Einblick in die Geschichte der Handelshochschule Leipzig liefert Göschel (2008).

895 Vgl. Hayashima (2005: 21).

896 In der zeitgenössischen Literatur wird von der »Veranstaltung fachwissenschaftlicher Vorträge« bzw. von »Vortragscyklen« gesprochen (vgl. N. N. (1905d: 82)).

897 Max Weber (1864–1920) war ein einflussreicher Denker der Moderne, Soziologe und Nationalökonom. Vgl. z. B. www.leo-bw.de.

898 Vgl. Hayashima (2005: 24–25).

Kurse nicht geschaffen, ebenso wenig wurden hauptamtliche Dozenten zur Abhaltung der Kurse herangezogen.[899] Ähnlich wie die Vorlesungszyklen fanden die Veranstaltungen der Handelshochschulkurse abends nach Betriebsschluss statt, sodass die Studierenden ihre berufliche Tätigkeit nicht aufgeben mussten.[900]

In Anlehnung an das auf zwei Jahre angelegte Curriculum von Handelshochschulen wurde für die Handelshochschulkurse in Mannheim ebenfalls ein zweijähriges Studienprogramm erarbeitet. Die Denkschrift über die Errichtung von Handelshochschulkursen in Mannheim gibt einen Einblick in das geplante Curriculum der Handelshochschulkurse. Volkswirtschaftliche Fächer wurden dabei als Grundlage des Curriculums betrachtet. Dazu gehörten Vorlesungen über Geld-, Bank- und Börsenwesen, Verkehrs- und Produktionswesen sowie zum Gewerbe. Vorlesungen über Finanzwissenschaft und Zollwesen sollten die volkswirtschaftliche Komponente im Curriculum abrunden. Neben die volkswirtschaftlichen Fächer sollten Vorlesungen über Handelsgeographie treten, in denen europäische und außereuropäische Länder und deren Märkte behandelt wurden. Einen weiteren Schwerpunkt im Curriculum bildeten juristische Fächer. In der Denkschrift werden besondere Vorlesungen zum Handels- und Wechselrecht, Prozess-, Staats- und Verwaltungsrecht vorgeschlagen.

Ein Blick auf das vorgesehene Lehrpersonal dieser Veranstaltungen zeigt, wie Theorie und Praxis in der Ausbildung verbunden werden sollten: Für die volkswirtschaftlichen und geographischen Fächer waren Hochschulprofessoren, vor allem aus dem benachbarten Heidelberg, vorgesehen. Vereinzelt sollten die Vorlesungen auch von Beamten der entsprechenden Staatsbehörden abgehalten werden, etwa Vorlesungen über Verkehrswesen. Für die juristischen Fächer wurden in erster Linie erfahrene Richter und Anwälte in Betracht gezogen. Neben diesen Block mit theoretischen Fächern sollten technische Fächer treten, etwa Warenkunde und Buchführung, wobei diese Fächer nicht so ausführlich wie in einem Vollzeitstudium an Handelshochschulen behandelt werden sollten, da bei den Studierenden der Handelshochschulkurse entsprechende Kenntnisse aufgrund ihrer Praxiserfahrung weitgehend vorausgesetzt wurden. Als Lehrkräfte für diese Fächer kamen Personen in Frage, die als Lehrer an kaufmännischen Schulen in Mannheim tätig waren. Für die Dauer von zwei Semestern sollten auch Vorlesungen über kaufmännisches Rechnen und Versicherungswesen angeboten werden, wobei letztere Veranstaltungen von Praktikern abgehalten werden sollten.

In der Denkschrift wurden auch Vorlesungen über Physik, Chemie und Technologie für das Curriculum vorgesehen, die jedoch nur marginalen Charakter haben sollten. Als öffentliche Vorlesungen, die sich an ein breiteres Publikum richteten, werden geschichtliche, kunst- und literarhistorische Fächer genannt. Diese sollten durch Vorlesungen über Philosophie ergänzt werden. Im Fach Geschichte sollte vor allem die Geschichte des Welthandels und des Kolonialwesens berücksichtigt werden. Schließlich wird der Sprachunterricht in fremden Sprachen in der Denk-

---

899 Ibid, S. 30.
900 Vgl. N. N. (1905b: 27).

schrift thematisiert. Diese Kurse sollten sich selbst tragen. Das Angebot sollte sich nach der Nachfrage richten. Der Samstagvormittag wurde für diese Kurse am geeignetsten gehalten.[901] In dem in der Denkschrift beigefügten Studienplan blieb der Unterricht in fremden Sprachen unberücksichtigt[902]. Dies ist ein Beleg dafür, dass der Sprachunterricht nicht zu den Kernkomponenten des Curriculums der Handelshochschulkurse zählte.

Als Träger der Kurse sah die Denkschrift die Handelskammer Mannheim vor, die sich bereits finanziell an der Veranstaltung der Vorlesungszyklen beteiligt hatte. Aus verschiedenen Gründen entschied sich die Handelskammer jedoch gegen die Trägerschaft der Handelshochschulkurse. Ausschlaggebend war die befürchtete mangelnde Unterstützung durch die Unternehmer, die eine ungenügende Nachfrage nach den Handelshochschulkursen verursachen würde:

> »Es wurde erstens hervorgehoben, daß sie [Handelskammer Mannheim] schon im Hinblick auf den Mangel an Personal und finanziellen Mitteln zum Betriebe der Kurse außer stande sei, sodann aber bezweifle sie auch die Bereitwilligkeit der Prinzipale zur Freigabe der nach dem Ermessen der Kammer allzu störend in den Geschäftsbetrieb eingreifenden Vortragsstunden, und versprach sich schon deshalb keinen dauernden Nutzen von den Kursen, weil der Überzahl der Teilnehmer ausreichende Vorbildung und die Zeit zu dem unerläßlichen häuslichen Studium fehlen werde.«[903]

Ein Beschluss des Stadtrats Mannheim, der sich schließlich zur Finanzierung bereit erklärte, gewährleistete die Einführung der Handelshochschulkurse[904]. Diese fanden von Oktober 1905 bis zur Gründung der Handelshochschule Mannheim im Oktober 1907 statt und können als direkter Vorläufer der Handelshochschule Mannheim gewertet werden[905]. Aus einem Bericht über die Errichtung der Han-

---

901 Vgl. N. N. (1905c: 58–60). Die Denkschrift wurde von Eberhard Gothein verfasst. Als Kulturhistoriker und Nationalökonom hatte Gothein (1853–1923) verschiedene führende Positionen in Wissenschaft und Wirtschaft inne. Nachdem er als Privatdozent der Geschichtswissenschaft in Breslau und Straßburg tätig war, wurde er 1884 auf den Lehrstuhl für Nationalökonomie an die Technische Hochschule Karlsruhe berufen. 1890 folgte er einem Ruf an die Universität Bonn. Dort war er auch in die Ausbildung der Attachés des Auswärtigen Amts involviert und Berater von führenden Personen der Industrie. Bei seiner Beratungstätigkeit machte er die Bekanntschaft mit Gustav von Mevissen, in dessen Auftrag er sich für die Gründung der Handelshochschule Köln einsetzte. 1905 wurde er auf den nationalökonomischen Lehrstuhl der Universität Heidelberg berufen. Dort engagierte er sich für die Gründung der Handelshochschule Mannheim, an der er auch unterrichtete. Vgl. NDB (1964: 654–656). Gothein fungierte als »Referent« (vmtl. Betreuer) der an der Universität Heidelberg eingereichten Dissertation Snyckers' (vgl. Snyckers (1910a)). Vgl. Fußnote 1800.

902 Vgl. N. N. (1905c: 61).

903 N. N. (1905f: 233). Vgl. dazu auch N. N (1905e: 138).

904 Vgl. N. N. (1905f: 233).

905 Vgl. Hayashima (2005: 35) und Zander (2004: 165).

delshochschule Mannheim geht hervor, dass die bereits bestehenden Handelshochschulkurse im Rahmen der Handelshochschule erweitert wurden:

> »Wer sie [Handelshochschulkurse] heute alle besuche, der habe schon den größten Teil der Kenntnisse vermittelt erhalten, die dem Vollschüler der künftigen Handelshochschule vermittelt werden sollen.«[906]

Auch in Anlehnung an die Handelshochschulkurse sollte die neue Handelshochschule in Mannheim im Gegensatz zu bereits bestehenden Handelshochschulen in Deutschland einen stärkeren Bezug zur Praxis wahren[907].

Einwände gegen das Konzept der zu gründenden Handelshochschule wurden auf ministerieller Ebene erhoben. Als problematisch wurde beispielsweise die Qualifikation der Lehrkräfte für die technischen Fächer, etwa Handelskorrespondenz, erachtet, da zur Unterrichtung dieser Fächer keine akademische Ausbildung gefordert wurde. Eine ausführliche Darstellung der Kritikpunkte geben Zander und Hayashima.[908] Widerstand gegen das Mannheimer Handelshochschulprojekt, das in den Augen mancher Kritiker eher Abendschulcharakter hatte, kam auch vom *Verband der Inhaber deutscher Handelshochschuldiplome*, der überwiegend Schwächen in dem Ausbildungskonzept sah und um das Ansehen der Absolventen bereits bestehender Handelshochschulen fürchtete[909].

Der Anstoß zur Umwandlung der Handelshochschulkurse in eine Handelshochschule wurde bereits im Dezember 1906 von den Zuständigen gegeben. Bis Mitte Juli 1907 war das Konzept der neuen Einrichtung so weit erarbeitet, dass ein Antrag im zuständigen Kultusministerium in Karlsruhe eingereicht werden konnte. Der Unterrichtsbeginn wurde auf Oktober 1907 festgesetzt[910]. Aufgrund der Bedenken am Ausbildungskonzept seitens des zuständigen Ministeriums konnte bis Oktober 1907 jedoch keine endgültige Verständigung über das Projekt herbeigeführt werden. Der Unterricht begann dennoch im Wintersemester 1907/08.[911] Ein unvorhergesehenes, aber die Angelegenheit verzögerndes, Ereignis mischte sich zudem in die Gründung der Handelshochschule Mannheim: Der Tod des Landesherrn und die damit verbundene Trauerzeit führten dazu, dass die Handelshoch-

---

906 N. N. (1907c: 149).

907 Ibid.

908 Vgl. Hayashima (2005: 32) und Zander (2004: 166–167).

909 Vgl. Zander (2004: 167–168) und Hayashima (2005: 36–37). Hayashima beschreibt an zitierter Stelle, dass der *Verband der Inhaber deutscher Handelshochschuldiplome* 1905 von Eugen Schmalenbach, Absolvent der Leipziger Handelshochschule und zur Zeit der Gründung des Verbands Hochschullehrer an der Handelshochschule Köln, gegründet wurde, um die Interessen der diplomierten Kaufleute zu vertreten. Diese mussten sich zu jenem Zeitpunkt einerseits gegen den Widerstand des neuhumanistisch orientierten Bildungsbürgertums und andererseits gegen den Widerstand der ausschließlich in der Praxis ausgebildeten Kaufleute wehren, die damals noch in der Überzahl und in führenden Positionen waren.

910 Vgl. Zander (2004: 168).

911 Vgl. Hayashima (2005: 30–35).

schule erst im Frühjahr 1908 ihre staatliche Legitimierung per Verordnung erhielt. Vom Januar 1908 datiert folgende Mitteilung:

»Die Mannheimer Handelshochschule führt zwar zur Zeit noch die Bezeichnung ›Handelshochschulkurse‹, da der Termin ihrer Proklamation zur Hochschule mit Rücksicht auf das unerwartete Hinscheiden Großherzogs Friedrichs I. verschoben werden mußte, materiell aber ist die Umgestaltung zur Hochschule vollendet. Die Regierung hat diese Tatsache dadurch anerkannt, daß die Anrechnung des laufenden Semesters als Hochschulsemester in Aussicht gestellt worden ist.«[912]

Im Mai 1908 wurde der Abschluss des Gründungsaktes der Handelshochschule Mannheim bestätigt:

»Die von der Stadt Mannheim in Gemeinschaft mit der dortigen Handelskammer und der Universität Heidelberg gegründete Handelshochschule, die im vorigen Herbst aus den seit vier Semestern bestehenden Handelshochschulkursen hervorgegangen ist, hat nunmehr durch eine eigens erlassene landesherrliche Verordnung die staatliche Bestätigung erhalten. Hierdurch wurde der Handelshochschule das Recht verliehen, Prüfungsdiplome für die Studierenden auszustellen, sowie Handelslehrer auszubilden. Die Aufsicht über die neue Anstalt hat der Großherzog von Baden dem Ministerium der Justiz, des Kultus und Unterrichts übertragen.«[913]

Drei Jahre später, im Juli 1911, wurde der Handelshochschule Mannheim der Status einer Anstalt des öffentlichen Rechts verliehen[914]. Zuvor war 1910 das seit der Gründung der Handelshochschule Mannheim gültige Studiendirektorium, d. h. die Leitung der Einrichtung durch einen Studiendirektor, durch eine Rektoratsverfassung ersetzt worden, die eine dreijährige Amtszeit eines gewählten Rektors vorsah[915]. Diese satzungsmäßige Änderung platzierte Mannheim unter die führenden Handelshochschulen in Deutschland, denn nur wenige hatten sich vor dem Ersten Weltkrieg zu dieser Maßnahme, die dem Hochschulbetrieb mehr Flexibilität sicherte, entschlossen[916].

Bemerkenswert ist, dass der erste gewählte Rektor der Handelshochschule Mannheim der Sprachwissenschaftler Charles Glauser war[917], der zum Sommersemester 1911 als hauptamtlicher Professor für den Bereich Sprachwissenschaft an die Handelshochschule Mannheim berufen wurde[918] (vgl. 2.6.6.1). An der Errichtung einer Professur für Sprachwissenschaft lässt sich die Bedeutung messen,

912 N. N. (1908b: 322).
913 N. N. (1908c: 51).
914 Vgl. Zander (2004: 172).
915 Ibid, S. 170 und 172.
916 Vgl. Kirchgässner (1970: 362).
917 Vgl. N. N. (1911d: 239).
918 Vgl. N. N. (1911c: 21). Laut der zitierten Quelle war Glausers Lehrstuhl der sechste, der an der Handelshochschule Mannheim eingerichtet wurde. Die übrigen fünf Lehrstühle waren für wirtschaftliche und juristische Forschungsgebiete gegründet worden.

die dem Sprachunterricht an der Handelshochschule Mannheim bereits vor dem Ersten Weltkrieg zukam[919]. Sicherlich hat diese infrastrukturelle Voraussetzung die Gründung des ersten Dolmetscher-Instituts knapp zwanzig Jahre später begünstigt (vgl. 2.6.). Zum Vergleich: An der Handelshochschule Leipzig wurden Sprachprofessuren erst 1929 geschaffen, die Gründung eines Dolmetscher-Instituts erfolgte 1937 (vgl. 2.7). Die Handelshochschule Mannheim hatte diesbezüglich somit einen nicht zu verachtenden Vorsprung.

Bei seiner Antrittsrede anlässlich der Eröffnung des Wintersemesters 1911/12 wies Glauser auch auf die Bedeutung der Kenntnis fremder Sprachen in der kaufmännischen Hochschulausbildung hin und zeichnete damit den Weg zum Dolmetscher-Institut vor:

> »Die Lehrer aber, denen die Ausbildung des jungen kaufmännischen Nachwuchses anvertraut wird, müssen auch mit den Anschauungen anderer Völker vertraut sein, um ihren Unterricht lebhafter zu gestalten. Dies kann nur durch gut vorbereitete Studienreisen erzielt werden. (...) Diese Reisen (...) müssen (...) zum Studium aktueller Wirtschaftsfragen führen. Die an ausländischen Anstalten vorhandenen Mustereinrichtungen dürfen aber nicht ohne weiteres auf inländische Verhältnisse übertragen werden und es ist nicht leicht, gerade bei der Besichtigung ausländischer Einrichtungen herauszufinden, was uns nottut. Man braucht Anpassungsvermögen dazu. Diese Eigenschaft muß, wie jede andere, herausgebildet und kann nur durch Erlernung fremder Sprachen gefördert werden, daher wird auch auf unserer Handelshochschule das Studium der modernen Sprachen als Mittel zum Zweck besonders gepflegt werden.«[920]

Unverkennbar sind hier Parallelen zu den *Internationalen Sprach- und Wirtschaftskursen*, die von der *Internationalen Gesellschaft* seit 1907 organisiert wurden, und in deren Konzeption Glauser einbezogen war (vgl. 2.4.4.2).

Bis zum Ersten Weltkrieg stieg die Zahl der immatrikulierten Studierenden an der Handelshochschule Mannheim[921]. In den Kriegsjahren gingen die Studierendenzahlen allerdings zurück. Auch unter den Dozenten konnten zahlenmäßige Veränderungen festgestellt werden. Mehrere hauptamtliche und nebenamtliche Dozenten wurden zum Kriegsdienst eingezogen. Manche Dozenten mussten als feindliche Ausländer entlassen werden.[922] Nach dem Ersten Weltkrieg stieg die Zahl der Studierenden um über 50 Prozent im Vergleich zu den Werten, die für die Kriegsjahre ermittelt wurden. Der Ausländeranteil an der Handelshochschu-

919 Wie verpönt Sprachwissenschaft im Handelshochschulwesen traditionell war, zeigt bezeichnenderweise das Beispiel einer Handelshochschule, die sich 1927 weigerte, einen gestifteten Lehrstuhl zur Erforschung der Wirtschaftssprache einzurichten. Vgl. Messing (1928a: 5).

920 N. N. (1911d: 242–243).

921 Vgl. Hayashima (2005: 53). Die Daten stammen aus einem Abdruck einer Dissertation aus dem Jahr 1921, die von der Autorin Hanna Holzwart unter dem Titel »Das Studium an der Mannheimer Handelshochschule. Eine statistische Untersuchung.« verfasst und an der Universität Heidelberg angenommen wurde.

922 Vgl. N. N. (1915: 125).

le Mannheim war traditionell verhältnismäßig gering. Er lag im Durchschnitt bei etwa 3 Prozent der Gesamtstudierendenzahl, wobei in den Jahren von 1911 bis zum Ausbruch des Ersten Weltkriegs ein Anstieg auf gute 5 Prozent zu verzeichnen war. Ein Großteil der Ausländer kam aus Österreich-Ungarn, der Schweiz, Russland und Südosteuropa.[923]

1916 wurde der Handelshochschule Mannheim das Habilitationsrecht verliehen[924]. Es überrascht, dass die Verleihung des Promotionsrechts erst 1929 erfolgte. Die Verleihung des Promotionsrechts ist, ähnlich wie an der Handelshochschule Leipzig, im Zusammenhang mit der Eingliederung der Mehrzahl der deutschen Handelshochschulen in Universitäten zu sehen.

Der Untergang der Handelshochschule Mannheim als selbstständige Einrichtung begann in den Jahren nach dem Ersten Weltkrieg, als die Ausbildungsstätte im Einklang mit dem wirtschaftlich prekären Szenario in Deutschland selbst in eine wirtschaftliche Schieflage geriet (vgl. 2.1.2.5). 1933 führte der finanzielle Notstand zur Eingliederung der Handelshochschule Mannheim in die benachbarte Universität Heidelberg. 1939 wurde die Handelshochschule Mannheim durch eine Verordnung des zuständigen Ministeriums aufgehoben (vgl. 2.6.7).

2.4.4 Die internationale Dimension des kaufmännischen Bildungswesens (1899–1914)

Während der Handelshochschulbewegung in Deutschland konnte in anderen Ländern eine ähnliche Entwicklung festgestellt werden[925]. In Österreich wurde beispielsweise über die Gründung einer Handelshochschule in Wien beraten[926]. In Stockholm sollte eine Handelshochschule nach dem Vorbild der Berliner Handelshochschule errichtet werden[927]. Aber nicht nur das Handelshochschulwesen innerhalb einzelner Länder wurde ausgebaut, sondern es zeichnete sich auch immer mehr eine länderübergreifende Aktivität im kaufmännischen Bildungswesen ab, um die kaufmännische Ausbildung zudem an die Anforderungen der internationalen Wirtschaft anzupassen[928]. Für die Verbesserung des kaufmännischen Bildungswesens setzten sich in der Regel Vereinigungen in den einzelnen Ländern ein, die eigens für diesen Zweck ins Leben gerufen wurden. Es ist anzunehmen, dass die Mehrzahl dieser inländischen Zusammenschlüsse von Gleichgesinnten,

---

923 Vgl. Hayashima (2005: 70–71). Zur Datenherkunft vgl. Fußnote 921.

924 Vgl. Zander (2004: 173) und Kirchgässner (1970: 362).

925 Vgl. Tuckermann (1932: 8).

926 Vgl. N. N. (1907a: 87). Vgl. dazu auch N. N. (1907f: 338).

927 Vgl. N. N. (1907a: 91). Laut zitierter Quelle sollte das Modell der Berliner Handelshochschule auch aus Verehrung für die deutsche Bildung übernommen werden. Zur Gründung einer Handelshochschule wurden die Stockholmer Verantwortlichen von Max Apt inspiriert, der im März 1907 auf Wunsch von Stockholmer Verantwortlichen einen Vortrag über die deutsche Handelshochschulbewegung im Handelshochschulverein in Stockholm hielt (vgl. Apt (1907)).

928 Vgl. z. B. N. N. (1907a: 86).

die sich meist aus führenden Personen der kaufmännischen Praxis und Ausbildung zusammensetzten, in der letzten Dekade des 19. Jahrhunderts entstand.[929] Die Bewegungen in den einzelnen Ländern, die jeweils der Förderung des nationalen kaufmännischen Bildungswesens dienten, weckten das Interesse an den Entwicklungen im kaufmännischen Bildungswesen in anderen Ländern. Dadurch wurde die Grundlage für einen länderübergreifenden Austausch gelegt und Foren für internationale Zusammenkünfte geschaffen.[930] Zunächst fand der internationale Gedankenaustausch in regelmäßig veranstalteten *Internationalen Kongressen für das kaufmännische Unterrichtswesens* statt. Zur Verbesserung der internationalen Organisation und Koordination des kaufmännischen Bildungswesens wurde 1901 neben den bereits bestehenden internationalen Kongressen die *Internationale Gesellschaft zur Förderung des kaufmännischen Unterrichtswesens* gegründet. Diese Einrichtung bot ein breites Mitgliederspektrum, das sich wie folgt auszeichnete:

> »Unser Zusammenhang zeigt aber insofern noch eine bemerkenswerte Eigenart, als das Verbindende bei uns – im Gegensatz zu anderen Internationalen Gesellschaften, wie z. B. denjenigen der Arbeiter, der Ärzte, Juristen, Ingenieure – nicht die Zugehörigkeit zum gleichen Beruf, zum gleichen Stande oder zur gleichen Klasse, sondern die Einheit einer bestimmten Idee ist. Wir sind hier Kaufleute, Lehrer, Beamte, Fabrikanten, Volkswirte usw., so fern einander in so vielem, was den Wirkungskreis des Einzelnen ausmacht, und doch zusammengeführt und verbunden durch den einen leitenden Gedanken: für den komplizierten Prozeß des Warenaustausches unter den Völkern ein sich unausgesetzt in der Leistungsfähigkeit steigerndes Geschlecht heranzubilden. Wo könnte der Gedanke gemeinsamer internationaler Arbeit mehr berechtigt und verheißungsvoller sein als auf diesem unserem Arbeitsgebiete am Bau der Weltwirtschaft!«[931]

Eine Schöpfung der *Internationalen Gesellschaft*, die zur Förderung des wirtschaftlichen und persönlichen internationalen Austausches beitragen sollte, waren die *Internationalen Sprach- und Wirtschaftskurse*, die 1907 zum ersten Mal in Lausanne stattfanden. Bausteine und Ziele dieser Kurse fanden sich später in den Dolmetscher-Instituten wieder (vgl. 2.4.4.2).

---

929 Zeugnis von den verschiedenen Vereinigungen in den einzelnen Ländern gibt die *Zeitschrift für das gesamte kaufmännische Unterrichtswesen* (ab 1914/15 *Zeitschrift für das gesamte kaufmännische Bildungswesen*), in der auch über die Aktivitäten ausländischer Vereinigungen informiert wurde (vgl. z. B. Hülsmann (1906: 267)). Hülsmann referiert diesbezüglich etwa über Entwicklungen im niederländischen Verband für kaufmännisches Unterrichtswesen *Nationale Vereeniging voor Handelsunderwijs.*

930 Vgl. IGFkU (1905: 8).

931 Ibid, S. 8–9. Richard Stegemann als erster Präsident der *Internationalen Gesellschaft zur Förderung des kaufmännischen Unterrichtswesens* auf der Generalversammlung der *Internationalen Gesellschaft* im Mai 1905 in Lüttich.

2.4.4.1 Die Etablierung internationaler Foren zur Förderung des kaufmännischen Bildungswesens

Die folgenden Untersuchungen basieren auf Informationen aus veröffentlichten und zugänglichen relevanten Kongressakten sowie aus Beiträgen in der *Zeitschrift für das gesamte kaufmännische Unterrichtswesen*, die im April 1898 mit der Unterstützung des DVkU zum ersten Mal erschien. Gemäß dem Urteil von Zeitgenossen wurde damit »für Deutschland ein Werk geschaffen, das wohl noch nirgends seines Gleichen hat und das jedenfalls auch das lebhafte Interesse des Auslandes erregen wird«[932]. Die darin vorweggenommene internationale Dimension dieser Zeitschrift, in der auch fremdsprachige Beiträge zugelassen waren, wurde durch Beiträge von Autoren aus dem Ausland untermauert, die über den Fortschritt des kaufmännischen Bildungswesens in ihren Ländern berichteten. Neben Mitteilungen aus Verbänden und der Erörterung berufsständischer Belange diente diese Zeitschrift in erster Linie als Forum zum fachlichen Austausch zur Förderung des kaufmännischen Bildungswesens. In diesem Zusammenhang wurde auch über die Arbeit der internationalen Foren informiert, die zur Förderung des kaufmännischen Bildungswesens eingerichtet wurden.

Von 1886–1900 wurden sieben *Internationale Kongresse* veranstaltet. Die ersten drei davon in Frankreich, gefolgt von England, Belgien, Italien und wieder Frankreich[933]. Zu den *Internationalen Kongressen*, die bis 1899 stattfanden, konn-

932 Messien (1898: 5).

933 Die Veranstaltungsorte und -daten der ersten sieben *Internationalen Kongresse* lauten wie folgt: 1. Bordeaux (1886), 2. Paris (1889), 3. Bordeaux (1895), 4. London (1896), 5. Antwerpen (1898), 6. Venedig (1899), 7. Paris (1900) (vgl. N. N. (1912d: 330) und N. N. (1899c: 355)). Die beiden angeführten Quellen stimmen bis auf das Veranstaltungsdatum des Londoner Kongresses, das in der zuletzt genannten Quelle ins Jahr 1897 fällt, überein. Beim Vergleich der beiden Quellen fällt eine divergierende terminologische Verwendung auf: In der Quelle aus dem Jahr 1912 werden die Veranstaltungen als Kongresse für das »technische« und nicht für das »kaufmännische« Unterrichtswesen angekündigt. Eine mögliche Erklärung dazu liefert ein Beschluss, der 1889 auf dem Kongress in Paris gefasst wurde: »In dem Bestreben, daß Alle, die sich für das technische Unterrichtswesen interessieren, auch die gleichen Grundsätze anwenden, um auf diese Weise Mißverständnisse zu vermeiden, faßt der Kongreß den Beschluß, daß künftig im internationalen Verkehr die Worte ›enseignement technique‹, sofern sie nicht von einer anderen Erklärung gefolgt sind, die Zusammenfassung des gewerblichen und des kaufmännischen Unterrichtswesens bezeichnen« (N. N. (1912d: 331)). Diese Erklärung lässt vermuten, dass zwischen technischem und kaufmännischem Bildungswesen nicht streng getrennt wurde. In der übrigen konsultierten Literatur wird von Kongressen für das kaufmännische Unterrichtswesen gesprochen. Auch die Kongressthemen fallen in den Bereich des kaufmännischen und nicht des technischen Bildungswesens. Da das technische Bildungswesen auf eine längere Tradition zurückblicken konnte als das kaufmännische, ist es möglich, dass *Internationale Kongresse* zum technischen Bildungswesen schon vor der Einrichtung von *Internationalen Kongressen* für das kaufmännische Bildungswesen veranstaltet wur-

ten bei den Recherchen für diese Arbeit keine Informationen ermittelt werden. Der erste *Internationale Kongress*, zu dem Informationsmaterial vorliegt, ist der *Internationale Kongress*, der im Mai 1899 in Venedig abgehalten wurde. Auf diesem *Internationalen Kongress* waren deutsche Vertreter mit etwa zwanzig Personen zum ersten Mal in hoher Zahl vertreten, die zu den einzelnen Besprechungspunkten aus deutscher Sicht Stellung nahmen und über die jeweiligen Verhältnisse in Deutschland berichteten[934]. Die Teilnahme Deutschlands an dem internationalen Ereignis ist im Zusammenhang mit Entwicklungen im kaufmännischen Bildungswesen in Deutschland ab 1896, der Gründung des DVkU und der ersten Handelshochschulen, zu sehen (vgl. 2.4.2). Die Besprechungspunkte, die in französischer, italienischer, deutscher und englischer Sprache zugelassen waren[935], thematisierten beispielsweise die Ziele und Grenzen des Unterrichts an mittleren Handelsschulen, den Unterricht in Fremdsprachen auf allen Ebenen des kaufmännischen Bildungswesens, die Vergabe von Stipendien für einen Auslandsaufenthalt in kaufmännischer Stellung sowie die Verbindung von kaufmännischer Praxis und Ausbildung[936]. In Venedig wurde der nächste *Internationale Kongress* für das folgende Jahr in Paris angesetzt. Es wurde jedoch beschlossen, die im Anschluss an den Pariser Kongress stattfindenden *Internationalen Kongresse* in größeren Zeitabständen abzuhalten, um die Qualität der *Internationalen Kongresse* durch eine bessere Vorbereitung zu steigern.[937] Der auf Paris folgende *Internationale Kongress* sollte 1904 stattfinden. Als Veranstaltungsorte wurden Budapest, Russland oder Liverpool vorgeschlagen.[938] Informationen zu diesem Ereignis sind bei den Recherchen für die vorliegende Arbeit im Verborgenen geblieben. Der darauffolgende *Internationale Kongress* wurde 1906 in Mailand veranstaltet. Danach folgten bis zum Ausbruch des Ersten Weltkriegs die *Internationalen Kongresse* in Wien im Jahr 1910 und in Budapest im Jahr 1913[939].

In die ersten Jahre des neuen Jahrhunderts fiel die Gründung und Aufbauarbeit der *Internationalen Gesellschaft zur Förderung des kaufmännischen Unterrichtswe-*

---

den und Bereiche, die später in das kaufmännische Bildungswesen fielen, behandelten. In der vorliegenden Arbeit werden Gemeinsamkeiten und Unterschiede der zitierten *Internationalen Kongresse* nicht tiefer behandelt, wissenschaftliche Untersuchungen zu diesem Aspekt wären aber wünschenswert.

934 Vgl. N. N. (1899b: 71).

935 Ibid. Der zitierten Quelle zufolge entsprach die Häufigkeit der in den Vorträgen verwendeten Sprachen der an dieser Stelle angegebenen Reihenfolge. Englisch war somit die am wenigsten verwendete Kongresssprache. Eine Tatsache, die in der heutigen Weltordnung nicht vorstellbar ist. Wie einer anderen Quelle zu entnehmen ist, wurden Beiträge in deutscher und englischer Sprache von sogenannten Dolmetscher-Übersetzern gedolmetscht bzw. übersetzt (vgl. N. N. 1899c: 356).

936 Vgl. N. N. (1899b: 72–73). Vgl. dazu auch N. N. (1899a).

937 Vgl. N. N. (1899b: 73).

938 Vgl. IGFkU (1902: 15).

939 Zu näheren Informationen zu den *Internationalen Kongressen* in den 1920er und 1930er Jahren vgl. 2.5.5.

sens, deren konstituierende Sitzung 1901 in Zürich stattfand[940]. Die Grundlage der *Internationalen Gesellschaft* bildete ein provisorisches Komitee, dessen Mitglieder sich aus 65 führenden Personen aus verschiedenen Ländern zusammensetzten, die sich in Praxis und Ausbildung für die Entwicklung des kaufmännischen Unterrichtswesens einsetzten. Auch Deutschland war mit einigen Mitgliedern vertreten, darunter Richard Stegemann, der zum ersten Präsidenten der *Internationalen Gesellschaft* gewählt wurde.[941] Es ist anzunehmen, dass sich die Mitglieder des Komitees auf den vorangegangenen *Internationalen Kongressen* zusammengefunden hatten[942]. Neben konkreten Zielsetzungen zur Verbesserung des kaufmännischen Bildungswesens in den einzelnen Ländern war das ideale Ziel der Gesellschaft, »das Gemeinwohl der beteiligten Länder ohne Unterschied der Nationalität«[943] zu fördern. Somit wurden auch in puncto Völkerverständigung von der *Internationalen Gesellschaft* Akzente gesetzt, denn das Zusammenwirken in der Gemeinschaft sollte für alle Beteiligten gewinnbringend sein.

Auf der konstituierenden Sitzung wurden die Statuten der Gesellschaft aufgestellt[944]. Zum Wortlaut konnten bei den Recherchen keine Informationen gefunden werden.

Die Zentralausschusssitzungen der *Internationalen Gesellschaft* fanden zukünftig einmal jährlich statt. Generalversammlungen wurden jeweils am Rande der *Internationalen Kongresse* abgehalten. Als Ort der ersten nach der konstituierenden Sitzung in Zürich veranstalteten Zentralausschusssitzung wurde für das Jahr 1902 Den Haag gewählt. Auf dieser Sitzung wurde die positive Entwicklung der neuen Gesellschaft betont und anhand der Mitgliederzahlen konkretisiert. Demnach zählte die Gesellschaft nach dem ersten Jahr ihrer Existenz 333 Mitglieder aus neunzehn verschiedenen Ländern. Das Mitgliederspektrum erstreckte sich von Einrichtungen bis zu Einzelpersonen. So waren nicht nur Kaufleute, Beamte und Lehrer, sondern auch kaufmännische Korporationen, Vereinigungen und Ausbildungsstätten der *Internationalen Gesellschaft* beigetreten.[945] Zur steten Verbreitung der

940 Vgl. N. N. (1901a: 120).

941 Vgl. N. N. (1901b: 278–279). Der internationale Charakter der Gesellschaft wurde durch die Nationalitäten der Mitglieder bestimmt. Der zitierten Quelle zufolge waren unter den Herkunftsländern der Vertreter neben Deutschland als weitere deutschsprachige Gebiete die Schweiz und Österreich vertreten, ferner Frankreich, Italien, Schweden, Norwegen, die Niederlande, England, Ungarn, Griechenland und Rumänien. Als einziges außereuropäisches Land war Japan vertreten.

942 Stegemann spricht von verschiedenen Entwicklungsstufen, die die internationale Bewegung des kaufmännischen Unterrichtswesens bis zur Gründung der Gesellschaft durchlief (vgl. IGFkU (1905: 8)).

943 IGFkU (1902: 6). (Aus dem Sitzungsprotokoll). Eines der ersten Projekte zur Förderung des kaufmännischen Unterrichtswesens auf internationaler Ebene war die Erfassung statistischer Daten von kaufmännischen Ausbildungseinrichtungen (vgl. IGFkU (1902: 16–18)).

944 Ibid, S. 12–13.

945 Ibid, S. 4–5.

Gesellschaft sollten jedoch noch weitere Anstrengungen unternommen werden: So sollten auch Regierungen von der Gründung der *Internationalen Gesellschaft* in Kenntnis gesetzt werden, um möglicherweise deren Unterstützung in ideeller und finanzieller Hinsicht zu erlangen.[946]

Wie das Mitgliederverzeichnis der *Internationalen Gesellschaft* von 1910 zeigt, stieg die Mitgliederzahl bis 1910 auf über 950 Personen aus 24 Ländern an[947]. Auf die deutschsprachigen Gebiete, Deutschland, Österreich und die Schweiz, entfielen über die Hälfte der Mitglieder der *Internationalen Gesellschaft*, wobei Österreich mit 391 Mitgliedern insgesamt gesehen mit Abstand die höchste Mitgliederzahl verzeichnete. Aus französischsprachigen Gebieten kamen schätzungsweise 200 Mitglieder[948]. Das englischsprachige Gebiet war mit etwa 45 Mitgliedern im Vergleich zu den Vertretern aus den deutsch- und französischsprachigen Gebieten schwach vertreten[949]. England zählte beispielsweise nur etwa 15 Mitglieder.

Die Mehrzahl der Mitglieder kam aus europäischen Ländern, nur knapp 40 Mitglieder kamen aus außereuropäischen Gebieten: Die USA waren mit 24 Mitgliedern, Kanada mit zehn Mitgliedern und Japan mit drei Mitgliedern vertreten. Insgesamt gesehen waren die Einzelmitglieder gegenüber den institutionellen Mitgliedern, die nur etwa 15 Prozent der Gesamtmitgliederzahl ausmachten, in der Überzahl.

Der Gründer des ersten Dolmetscher-Instituts weltweit, Charles Glauser, wird im Mitgliederverzeichnis von 1910 als Mitglied aufgeführt. Er trat vermutlich kurz nach Gründung der Gesellschaft als Vertreter Österreichs bei und engagierte sich nicht nur als Schriftführer des österreichischen Landesverbandes der Gesellschaft[950], sondern auch insbesondere für den internationalen Austausch im kaufmännischen Unterrichtswesen. Alexander Snyckers, der Gründer des Dolmetscher-Instituts an der Handelshochschule Leipzig und Leo von Hibler, der an dieser Ausbildungsstätte ab 1929 einen Lehrstuhl für Englische Fachsprache innehatte, sind hingegen nicht im Mitgliederverzeichnis der Gesellschaft von 1910 aufgeführt. Ihre mögliche Mitgliedschaft in der Gesellschaft blieb bei den Recherchen für die vorliegende Arbeit im Verborgenen.

---

946 Ibid, S. 7.

947 Vgl. IGFkU (1910: 48).

948 Auf Frankreich (66 Mitglieder) und Belgien (75 Mitglieder, davon 48 institutionelle Mitglieder) entfielen zusammen 141 Mitglieder. Bei der Schweiz (141 Mitglieder) und Kanada (10 Mitglieder) sollte die Mitgliederzahl entsprechend durch den Anteil der Sprachgebiete geteilt werden, um etwa den Anteil der französischsprechenden Mitglieder zu ermitteln. Entsprechend könnten für die Schweiz etwa 50, für Kanada etwa 5 Mitglieder zu den französischsprachigen Gebieten gerechnet werden. Vgl. IGFkU (1910: 48).

949 Die angeführte Zahl errechnet sich wie folgt: England (15 Mitglieder), USA (24 Mitglieder), Kanada (10 Mitglieder), wobei für Kanada anteilsmäßig nur fünf Mitglieder auf das englischsprachige Gebiet angerechnet werden (vgl. IGFkU (1910: 48)).

950 Vgl. IGFkU (1910: 7).

Auf der Zentralausschusssitzung der *Internationalen Gesellschaft* 1903 in Braunschweig stand ein Thema auf der Tagesordnung, das infolge der internationalen wirtschaftlichen Entwicklungen als Hintergrund einer Einrichtung zu sehen ist, die von der *Internationalen Gesellschaft* zur Förderung des internationalen Austausches 1907 ins Leben gerufen wurde: die *Internationalen Sprach- und Wirtschaftskurse* (ISW). Sie weisen m. E. in ihren Grundzügen, was Konzeption und Zielsetzung anbelangt, Parallelen zu den später gegründeten Dolmetscher-Instituten auf. Die ISW sind im Zusammenhang mit der zunehmenden Bedeutung des Außenhandels der einzelnen Länder ab Ende des 19. Jahrhunderts zu sehen (vgl. 2.1.2.4). Ein Rednerbeitrag auf der genannten Sitzung der *Internationalen Gesellschaft* im Jahre 1903 macht dies deutlich, denn entsprechende Marktentwicklungen erforderten ein Überdenken bestehender Ausbildungsstrukturen. Der Referent des Themas, Paul Wauters[951], gab einen Rück-, Um- und Ausblick über die Ausbildung des kaufmännischen Nachwuchses für den Exporthandel[952].

Zu Beginn seines Vortrags zeigt Wauters die Mängel des früheren Ausbildungssystems von Außenhandelskaufleuten auf. Dieses wäre unkoordiniert und unfundiert und somit vollkommen unzureichend für die kaufmännische Außenhandelspraxis gewesen. Die Auszubildenden wären zu jung gewesen, um ihre Ausbildung gewinnbringend für später zu nutzen. Zudem hätte das Ausbildungssystem erlaubt, dass die jungen Leute zu irgendwelchen anfallenden Arbeiten im Ausbildungsbetrieb herangezogen wurden, ohne Rücksicht darauf, ob die entsprechenden Fähigkeiten und Kenntnisse für die spätere Praxis hilfreich waren. Manche Lehrherren hätten die Auszubildenden regelrecht ausgenutzt. Waren die Auszubildenden nach ihrer Ausbildungszeit in der Praxis tätig, so mangelte es ihnen an wissenschaftlich fundierten Kenntnissen, um die zahlreichen und komplizierten Vorgänge in einem Exportunternehmen erfolgreich zu steuern. Zudem fehlte es dem kaufmännischen Nachwuchs aufgrund der ausschließlich praktischen Ausbildung häufig an intellektuellen Anregungen, um neue Geschäftsideen zu entwickeln. Die Geschichte des benachteiligten Auszubildenden wiederholte sich, sobald dieser selbst Lehrherr geworden war. Auch hätten Ausbildungszeiten im Ausland kaum das gewünschte Ergebnis gebracht. Diejenigen, denen ein Auslandsaufenthalt während der Ausbildung möglich war, verfügten nach Beendigung dieser dennoch nicht über die gewünschten Kenntnisse im Wechselverkehr oder in Versicherungs-, Transport- und Zollangelegenheiten. Ebenso mangelte es ihnen an Kenntnissen im internationalen Recht und Warenverkehr. Wauters kommt daher zu dem vernichtenden Urteil, dass die Ausbildung für den Exporthandel in der Vergangenheit praktisch wertlos war und nur Zufälle über das berufliche Vorankommen der Exportkaufleute entschieden hätten.

951 Paul Wauters wurde 1878 in Jette, Belgien, geboren. Sein Sterbedatum ist nicht bekannt. Als promovierter Jurist machte Wauters in der belgischen Justiz Karriere, wo er u. a. verschiedene führende Positionen im Justizministerium bekleidete. Neben seiner juristischen Tätigkeit engagierte sich Wauters für die Entwicklung des Schulwesens in Belgien. (Vgl. BAB II).

952 Vgl. N. N. (1903: 70).

Der Referent stellt in seinem Beitrag auch die vorherrschende wirtschaftliche Situation dar, die täglich von Neuerungen überschwemmt werde: Dampfschiffe, Eisenbahnen, Elektrizität und Telekommunikation veränderten die Welt derart, dass es nicht mehr lange dauerte, bis Nachrichten drahtlos von einer Hemisphäre in die andere schneller übermittelt als geschrieben würden. Durch die neuen technischen Errungenschaften überschnitten sich Handel und Industrie immer mehr, denn der Erfolg des Industriellen hänge davon ab, ob er es verstehe, Rohstoffe zu kaufen und Produkte zu verkaufen. Wauters folgert daraus, dass im Wirtschaftskampf der Zukunft nur derjenige bestehen kann, der das Rüstzeug für den friedlichen Warenaustausch zwischen den Ländern besitzt. Dies könne nur im Rahmen einer fundierten wissenschaftlichen Ausbildung erlangt werden kann.[953]

Zur Erreichung einer besseren Vorbereitung auf den Exporthandel schlägt Wauters als Basis eine gründliche Allgemeinbildung vor, die seiner Meinung nach auch für alle anderen Bereiche menschlicher Tätigkeit empfehlenswert sei. An die Stelle der früheren Ausbildung sollte ein seriös organisiertes Fachstudium an einer Handelshochschule treten. Zudem sollte in allen Industrieländern die Möglichkeit geschaffen werden, dieses Hochschulstudium so zu organisieren, dass die Absolventen in der Lage seien, ein Praktikum in einem Exportunternehmen zu machen. Wauters schlägt vor, in den ersten beiden Ausbildungsjahren Grundlagen zu vermitteln. Im Abschlussjahr sollte es den Studierenden möglich sein, eine Spezialisierung zu wählen. Nach dem Vorbild der Technischen Hochschulen sollten daher auch an Handelshochschulen Spezialisierungen in bestimmten Bereichen zugelassen werden. Der Referent betont, dass in manchen Ländern solche Ansätze schon vorhanden seien, u. a. nennt er Deutschland, ohne darauf näher einzugehen. Wauters fordert eine praktische Ausbildungszeit im In- und Ausland nach Abschluss des von ihm vorgeschlagenen Studiums. Einen Aufenthalt im Ausland hält er beim Studium bestimmter Märkte für unabdingbar. Nach Absolvierung eines entsprechenden Studiums seien solche Aufenthalte für die Absolventen und für die Unternehmen, für die sie tätig werden, gewinnbringend. Wauters resümiert, dass nur die von ihm skizzierte Ausbildung, d. h. eine Spezialisierung auf Hochschulniveau aufbauend auf einer fundierten Allgemeinbildung, Wirtschaftsvertreter hervorbringen kann, die ihr Unternehmen im In- und Ausland würdig repräsentieren.[954]

Bei Wauters Ausführungen fällt auf, dass er zwar beabsichtigt, den Erwerb von Kenntnissen über wirtschaftliche Verhältnisse anderer Länder im Rahmen eines Hochschulstudiums zu fördern, den Schlüssel für den Zugang zu diesen Kenntnissen, die Sprache, und somit den Spracherwerb während der Ausbildung, lässt er dabei aber völlig außer Acht.

Immerhin spielte der Spracherwerb bei der Konzeption der *Internationalen Sprach- und Wirtschaftskurse* eine tragende Rolle. Sprachdozenten im kaufmännischen Bildungswesen, die bei der Planung der ISW mitwirkten, betonten die Funktion der Sprache im Ausbildungskonzept, da nur aufbauend auf ihr überhaupt erst

953 Vgl. Wauters (1904: 57–59).
954 Ibid, S. 59–61.

ein Zugang zu fachlichem Wissen über ausländische Märkte möglich sei. Die ISW schlugen somit eine Brücke zwischen sprachlichen und fachlichen Kenntnissen, wobei der Zugang zu Fachkenntnissen über Sprachkenntnisse führte. Wie die Praxis aber zeigte, wurde diese Regel oft ignoriert.

2.4.4.2 Die *Internationalen Sprach- und Wirtschaftskurse*

Der folgende Abschnitt beschreibt den Weg zur Etablierung der ISW. Besonderen wegweisenden Charakter hatte auf dieser Strecke die in Lüttich 1905 stattfindende Generalversammlung der *Internationalen Gesellschaft*: Dort ereignete sich die Situation, die m. E. als Samenkorn der späteren Konzeption der translatorischen Ausbildung an den Dolmetscher-Instituten erachtet werden kann. Sie wird detailgetreu wiedergegeben, denn die Idee von Stegemann bahnte den direkten Weg zur Gründung der Dolmetscher-Institute 25 bzw. 32 Jahre später. Bemerkenswert ist, dass die beiden späteren Gründer der Dolmetscher-Institute an den Handelshochschulen Mannheim und Leipzig in den Konzeptionsprozess der ISW involviert waren. Konzeptionelle Parallelen zu den späteren Dolmetscher-Instituten sind somit sicherlich kein Zufall.

Die Angaben zur Zielgruppe, Trägerschaft und Einrichtung der ISW in den verschiedenen Sprachgebieten weisen auf die fachgebundene und internationale Ausrichtung der zu schaffenden Weiterbildungsmöglichkeit hin, die stimmig ist mit dem übergeordneten Ziel des kaufmännischen Bildungswesens: der friedlichen Förderung des internationalen Handels. Wichtig ist auch der Hinweis auf die Zusammensetzung der für die Konzeption geschaffenen Kommission. Diese deutet auf ein besonderes Interesse der deutschsprachigen Länder an der Etablierung der ISW hin. Dieses Engagement deckt sich mit der Gestaltung der Mitgliedschaft in der IG, die sich durch eine starke Gewichtung von Mitgliedern aus deutschsprachigen Ländern auszeichnete. Die Schlussfolgerung daraus könnte sein, dass die gemeinsame Sprache und damit auch der weitgehend gemeinsame kulturelle Hintergrund als wichtiges Verbindungselement erachtet wurden, um sich im internationalen Handel zu behaupten – möglicherweise auch als Gegenpol zum Weltmarktführer England. Hervorzuheben ist auch der unsichere Umgang mit den Termini »national« und »international«. Die genannten Aspekte sollten bei der Lektüre des folgenden Abschnitts nicht aus dem Blick geraten.

Auf der Generalversammlung der *Internationalen Gesellschaft* in Lüttich im Mai 1905, auf der sowohl Glauser als auch Snyckers anwesend waren[955], wurde von

955 Die Anwesenheit von Glauser und Snyckers auf der Sitzung der *Internationalen Gesellschaft* in Lüttich geht nicht nur aus der Anwesenheitsliste hervor (vgl. IGFkU (1905: 3–4)), sondern auch aus verschiedenen Rednerbeiträgen während der Sitzung. Snyckers war Berichterstatter über ein handelshochschulrelevantes Thema (vgl. IGFkU (1905: 28–31)) und Referent zum Thema fremdsprachliche Handelskorrespondenz (vgl. IGFkU (1905: 180–185)). Snyckers' Beitrag – Snyckers selbst war zum Zeitpunkt der Sitzung in Lüttich erst wenige Monate in Leipzig als

Stegemann die Einrichtung internationaler Sprach- und Fachkurse angeregt[956]. Er führt aus, dass bis zur Gegenwart Kenntnisse in fremden Sprachen und über Verhältnisse fremder Länder für den Kaufmann zunehmend an Bedeutung gewonnen hätten. Jedoch konzentriere sich der Fremdsprachenunterricht im kaufmännischen Bildungswesen zu sehr auf die Vermittlung von Sprachkenntnissen an sich, ohne dabei kaufmännischen Fachthemen Aufmerksamkeit zu schenken. Eine bloße Schulbildung in fremdsprachlichen Fächern reiche aber für den kaufmännischen Verkehr nicht aus. Stegemann kritisiert dabei die im Fremdsprachenunterricht angewandte Methode, die sich zu sehr am Unterricht toter Sprachen ausrichte, denn die Grammatik könne im Unterricht lebender Sprachen nur ein Gerüst bilden (vgl. 2.1.1). Im Vordergrund müsse aber die lautliche Schulung stehen, denn sie diene eher dem praktischen Zweck der kaufmännischen Praxis. Stegemann stellt fest, dass im Fremdsprachenunterricht im kaufmännischen Bildungswesen in dieser Beziehung schon einiges zum Besseren erreicht wurde, einem Ausländer mangelte es aber dennoch an dem, was er »als die Musik, die Seele der Sprache bezeichnen«[957] würde. Ebenso wie die Sprache sei für den Kaufmann auch das Fachliche relevant. In der Ausbildung im Inland könnten nur Grundlagen vermittelt werden, wohingegen die »Kenntnis der Feinheiten, der Einzelheiten der Landesgewohnheiten, des feinen Nervensystems des Landes«[958] nur direkt im Ausland erlangt werden könne.

Stegemann regt daher eine Weiterbildung im Ausland als Ergänzung zum Unterricht im Inland an und führt an, dass diese Auffassung in Deutschland fest verankert sei. In manchen Regionen, wie etwa in Hamburg, sei ein Auslandsaufenthalt der Kaufleute sogar immer noch ausschließliches Ausbildungsmittel. Als Möglichkeiten, die sich einem Kaufmann für Aufenthalte im Ausland bieten, nennt Stegemann Auslandsreisen, den Antritt einer Stellung in einem ausländischen Unternehmen, den internationalen Austausch zwischen Geschäftspartnern oder de-

Sprachlehrer tätig – fällt durch die klare Linie auf, die er für den fremdsprachlichen Handelskorrespondenzunterricht auf allen Ebenen des kaufmännischen Bildungswesens fordert. Die Betonung legt Snyckers dabei auf die fachliche, d h. auf die kaufmännische, Seite des Unterrichts. Möglicherweise wurde Snyckers in dieser Hinsicht von seinen Erfahrungen als Übersetzer in der Industrie geleitet. Aus einer Wortmeldung Glausers geht hervor, dass er Snyckers' Ausführungen weitgehend beipflichtet, jedoch Snyckers' Betonung der fachlichen Seite, besonders im Anfängerunterricht, nicht als empfehlenswert erachtet. Von diesem und weiteren Rednerbeiträgen, die ebenfalls von der Betonung der fachlichen Seite im fremdsprachlichen Handelskorrespondenzunterricht abrieten, ließ sich Snyckers jedoch nicht von seiner Überzeugung abbringen, dass »die fachtechnische Seite des Sprachunterrichts von Anfang an betont« werden müsse (vgl. IGFkU (1905: 36)). Die fachliche Auseinandersetzung zwischen Glauser und Snyckers zeigt, dass sich die beiden späteren DI-Gründer kannten und sich sogar persönlich begegnet sind. (Vgl. 3.1.17).

956 Vgl. N. N. (1905g: 293).

957 IGFkU (1905: 38).

958 Ibid.

ren Kindern sowie Studienreisen. Als Alternative führt Stegemann »Sprach- und Fachkurse internationaler Art«[959] an. Wie er weiter berichtet, seien die bereits bestehenden Kurse, die mancherorts angeboten werden, nur einseitig entweder zu sehr auf die sprachliche oder auf die fachliche Seite ausgerichtet. Meist hätten sie auch keinen internationalen Charakter und ließen zudem die Bedürfnisse des Kaufmanns außer Acht. Aus diesem Grund sei es Stegemann zufolge, die Aufgabe der *Internationalen Gesellschaft*, Kurse mit internationaler Ausrichtung zu schaffen, die sowohl die sprachliche als auch die fachliche Seite von Handel und Wirtschaft berücksichtigen.[960]

Als Zielgruppe der zu schaffenden Kurse kommen für Stegemann Kaufleute und Handelslehrer in Betracht. Auch zur Trägerschaft der Kurse nimmt er Stellung und unterstreicht dabei, dass das vorgeschlagene Projekt unbedingt von Kaufleuten gefördert werden solle, da ansonsten sein eigentlicher Charakter verloren gehe. Stegemann schlägt vor, die Kurse gleichzeitig in drei Sprachgebieten einzurichten, ohne dabei zu erwähnen, in welchen. Das auszuarbeitende Kursprogramm solle als Rahmen dienen, aber genug Flexibilität zur Weiterentwicklung gewähren. Zur Erleichterung der Teilnahme an den Kursen regt Stegemann an, einen Stipendienfonds einzurichten. Am Ende seiner Ausführungen betont er optimistisch, dass sich die neue Einrichtung positiv auf den internationalen Handel auswirken werde, denn persönliche Kontakte unter jungen Leuten, die in den Kursen geknüpft werden können, sollten sich auch positiv auf den Erfolg für den nationalen und internationalen Handel der einzelnen Länder auswirken.[961]

Im Plenum wurde Stegemanns Vorschlag wohlwollend angenommen. Zur konkreten Ausgestaltung der Kurse und für Fragen, die mit der zu schaffenden Einrichtung im Zusammenhang standen, wurde beschlossen, eine Kommission zu bilden, die die nötigen Vorarbeiten übernehmen sollte. Dieser Kommission, in der sieben Personen aus verschiedenen Ländern, darunter alle deutschsprachigen Gebiete, vertreten waren, gehörte auch Glauser an.[962]

Von Dezember 1905 bis April 1906 tauschten sich Stegemann und einige Mitglieder der eingesetzten Kommission über die Ausgestaltung der zu errichtenden Wirtschaftskurse, wie sie in der Korrespondenz genannt wurden, postalisch aus. An diesem Austausch beteiligten sich auch Snyckers sowie eine auf Stegemanns Anregung gegründete freiwillige Kommission von Studierenden und Hörern der Technischen Hochschule Braunschweig, die die Vorschläge der Kommissionsmitglieder beurteilte und einen Lehrplan für die zu errichtenden Kurse entwarf.[963] Konsens herrschte zwar darüber, dass die vorgeschlagenen Kurse eingerichtet werden sollten, über den Grundcharakter der Wirtschaftskurse war man sich jedoch nicht einig. Ungeklärt war, ob die Wirtschaftskurse nationalen oder interna-

959 Ibid.
960 Ibid, S. 37–38.
961 Ibid, S. 39.
962 Ibid, S. 39–40.
963 Vgl. Heinemann/Schmidt (1906a: 93–94).

tionalen Charakter haben sollten. Stegemann wollte zwischen Wirtschaftskursen mit nationalem und internationalem Charakter unterscheiden. Nationale Wirtschaftskurse definierte er wie folgt:

> »›Die nationalen W.-K. [Wirtschaftskurse] haben die Bestimmung, in das Wirtschaftsleben eines Landes einzuführen unter Zugrundelegung der im Lande herrschenden Sprache. In Betracht kommen würden für den Zweck der Veranstaltung vorwiegend solche Wirtschaftsgebiete, die für den Export und Import anderer Länder, also für die weltwirtschaftlichen Verhältnisse von einiger Bedeutung sind. (...) Derartige nationale W.-K. hätten also die Aufgabe, (...) in das Wirtschaftsleben bestimmter Länder (...) einzuführen.‹«[964]

Kommissionsmitglieder räumten ein, dass die von Stegemann skizzierten nationalen Wirtschaftskurse durchaus internationalen Charakter hätten und unterschiedliche Auffassungen rein terminologischer Natur seien.

Als Ergänzung zu den Wirtschaftskursen mit nationalem Charakter definiert Stegemann Kurse mit internationalem Charakter, die seiner Meinung nach im Rahmen einer zu errichtenden Weltwirtschaftshochschule abgehalten werden sollten. An dieser Hochschule sollten nicht die Verhältnisse einzelner Länder, sondern die Verhältnisse aller Länder behandelt werden. Stegemann bezog sich damit vermutlich auch auf die wirtschaftlichen Beziehungen verschiedener Länder untereinander. Diese sollten von Lehrkräften aus den einzelnen Ländern in ihrer jeweiligen Landessprache unterrichtet werden.

Stegemanns Vorschlag zeigt, dass wirtschaftliche Entwicklungen, die einzelne Länder näher zusammengeführt hatten, die Erforschung weltwirtschaftlicher Zusammenhänge erforderlich machte. Auch die einige Jahre später im Rahmen der Reformdebatte über das SOS von Anton Palme vorgeschlagene *Deutsche Auslandshochschule* sollte entsprechende Ziele verfolgen (vgl. 2.2.3). Ungeachtet der Tatsache, ob die zu errichtenden Wirtschaftskurse nationalen oder internationalen Charakter hätten, sprach sich Glauser für die Betonung der Sprache dieser Wirtschaftskurse aus[965]. Ungelöst war zunächst auch die Frage, ob die Angliederung der zu konzipierenden Kurse an bereits bestehende Sprachkurse erfolgen sollte[966]. Vermutlich versprach man sich von einem Anschluss an bestehende Sprachkurse ein leichteres Werben für die zu errichtenden Wirtschaftskurse.

Für die Wahl des Kursortes kamen verschiedene Städte in verschiedenen Ländern in Frage. Was Deutschland betraf, so wurden Hamburg, Leipzig, Braunschweig und Mannheim in Betracht gezogen. Die Kurse sollten den Vorschlägen zufolge zwischen drei bis sechs Wochen in den Sommermonaten dauern. Für spezielle sprachliche Vorkurse wurde die Dauer auf eine bis vier Wochen festgelegt. Die wöchentliche Vorlesungszeit sollte dreißig Stunden nicht überschreiten. Es

964 Ibid, S. 95. Briefwechsel zwischen Stegemann und Junod, 09.12.1905. Auslassungen im Original.
965 Ibid.
966 Ibid, S. 96.

wurde gewünscht, die Nachmittage möglichst von Vorlesungen frei zu halten, um in dieser Tageszeit andere Veranstaltungen anbieten zu können. Als Träger der Kurse wurden staatliche Behörden in Kooperation mit den städtischen Behörden sowie Schulbehörden vorgeschlagen. Zudem wurde angeregt, die Wirtschaftskurse unter das Protektorat der *Internationalen Gesellschaft* zu stellen.

Als Zielgruppe wurden junge Kaufleute und Industrielle, Studierende technischer oder handelswissenschaftlicher Hochschulen sowie Lehrer an kaufmännischen Bildungsanstalten vorgesehen. In der Korrespondenz wurde auch von einer Elite gesprochen, an die sich die Kurse richten sollten. Inländer sollten nur ausnahmsweise zugelassen werden. Die Kurse sollten sich demnach in erster Linie an Ausländer richten. Dieser Vorschlag wurde aber schließlich nicht umgesetzt. Im Gegenteil: Teilnehmer aus dem jeweiligen Gastgeberland waren sogar aufgrund der Förderung des internationalen Austausches ausdrücklich erwünscht. Zudem wurde es für inländische Teilnehmer als bereichernd erachtet, einen Blick aus der Perspektive des Welthandels auf das eigene Land werfen zu können.[967] Sicherlich waren auch finanzielle Gründe dafür verantwortlich, dass Inländer zu den Kursen zugelassen wurden. Die möglichst zu erreichende Teilnehmerzahl wurde auf bis zu dreißig Personen geschätzt. Die Praxis sollte aber zeigen, dass die Nachfrage nach den Kursen weit höher war als in der Planungsphase erwartet.[968] Am Ende des Kurses sollte eine Prüfung abgelegt werden können. Nach erfolgreichem Bestehen sollte ein Diplom ausgestellt werden[969].

In der Korrespondenz der Kommissionsmitglieder wurden auch Vorschläge für Curricula der Wirtschaftskurse aufgestellt. Glauser gliederte seinen curricularen Vorschlag etwa, gemäß Stegemanns Anregung, in einen nationalen Kurs, auf den ein internationaler Kurs folgen konnte:

> »A. Vorkursus (...) Zweck: Aneignung der Sprachfertigkeit, Übung zum Verständnis des gesprochenen Wortes (analytische Lektüre, leichtverständliche Vorträge, Konversation). B. Fachkursus. Zweck: Überblick der wirtschaftlichen Verhältnisse des Landes, wobei das Hauptgewicht auf den Verkehr zwischen diesem Lande und dem Auslande gelegt wird. (Handelsusancen, Post- und Zollwesen, Tarifwesen, Handelsgeographie, Warenkunde, Handels- und Wirtschaftspolitik.)«[970]

Glausers Vorschlag zufolge sollten Kurse nach diesem Muster in verschiedenen Ländern eingerichtet werden. Im Anschluss daran sollten nicht weiter spezifizierte internationale Kurse stattfinden.

Betriebsbesichtigungen waren als Kurskomponente auch vorgesehen. Zweifel der Kommissionsmitglieder darüber, ob die Betriebsinhaber diese für Ausländer aus Angst vor Spionage öffneten, wurden von Stegemann zerstreut[971], da er be-

967 Vgl. Glauser (1908e: 226).
968 Vgl. Heinemann/Schmidt (1906b: 133).
969 Ibid, S. 134.
970 Ibid, S. 136. Hervorhebung im Original.
971 Ibid, S. 137–138.

sonders die ideellen Erfolge der Wirtschaftskurse sah und zwar nicht nur auf nationaler, sondern auch auf internationaler Ebene. Denn Stegemann versprach sich von den Kursen durch die gegenseitige Annäherung der Völker eine höhere Wertschätzung der Nationen untereinander.[972]

Die Ergebnisse der Kommission über die Errichtung von Wirtschaftskursen wurden am Rande des *Internationalen Kongresses*[973] im September 1906 in Mailand in einer Sitzung der *Internationalen Gesellschaft* thematisiert[974]. Dabei wurden die Forderungen der Kommission wie folgt formuliert:

> »1. Es ist notwendig, volkswirtschaftliche Lehrkurse ins Leben zu rufen. Diese Kurse sind für die Absolventen der höheren Handelsschulen, für die Hörer der Handelshochschulen, für die Handelsschullehrer und für junge Kaufleute bestimmt. 2. Diese Kurse müssen in der Sprache jenes Landes abgehalten werden, in dem sie stattfinden. 3. Es ist wünschenswert, a) daß diese Kurse nacheinander in verschiedenen Ländern organisiert werden und auf einem allgemeinen, durch die berufenen Faktoren festgestellten Plane basieren, b) daß die Regierungen und die kaufmännischen Korporationen den Besuch dieser Kurse durch Gewährung von Reisestipendien begünstigen, c) daß die Internationale Gesellschaft die Organisation des ersten Ferienkurses in Lausanne im Jahre 1907 unter ihren Schutz nehme.«[975]

Auf der Ausschusssitzung der *Internationalen Gesellschaft* am 10.12.1906 in Stuttgart wurde ein Beschluss über die Organisation der Wirtschaftskurse herbeigeführt. Sie sollten demnach jedes Jahr von der *Internationalen Gesellschaft* in einem oder in mehreren Ländern nach einem bestimmten Konzept veranstaltet werden.[976]

Zur Terminologie der Kurse, die als Ferienkurse charakterisiert wurden, ist anzumerken, dass von der *Internationalen Gesellschaft* im Dezember 1906 in Stuttgart die Bezeichnung »Internationale Wirtschaftskurse«[977] gewählt wurde. Im Französischen wurde die Bezeichnung »cours internationaux d'expansion commerciale«[978] festgelegt. Im Deutschen wurde die gewählte Bezeichnung jedoch nicht

---

972 Ibid, S. 138.

973 In seinem Kongressbericht kritisiert Glauser den fehlenden internationalen Charakter des *Internationalen Kongresses* in Mailand 1906. Glauser zufolge war dies auf die Kongressvorschriften zurückzuführen, die zwar in den Diskussionen die Muttersprache der anwesenden Vertreter zuließen, jedoch als Referatssprache nur Französisch und Italienisch erlaubten. Aus diesem Grund war vor allem »das romanische Element« auf dem Kongress vertreten. Deutsche und englische Vertreter waren hingegen nur vereinzelt anwesend. Ein eher nationaler Charakter des *Internationalen Kongresses* in Mailand, der der grundlegenden Idee der *Internationalen Kongresse* entgegenstand, war somit nicht vermeidbar (vgl. Glauser (1907a: 326)).

974 Ibid, S. 327.

975 Ibid, S. 329.

976 Ibid, S. 331.

977 BIKkB (1911: 232).

978 Ibid.

konsequent verwendet. Das recherchierte Material zeigt, dass häufig die Bezeichnung »Internationale Sprach- und Wirtschaftskurse«[979] verwendet wurde, vereinzelt auch »Internationale Ferienkurse«[980], wie aus dem Programm des dritten, in Le Havre veranstalteten, Kurses hervorgeht. Aber auch die Bezeichnung »Internationale Volkswirtschaftskurse«[981] war in Gebrauch. Aufgrund des ursprünglichen Gedankens dieser Einrichtung, in der Sprach- und Fachwissen verbunden werden sollte, wird in der vorliegenden Arbeit die Bezeichnung »Internationale Sprach- und Wirtschaftskurse« (ISW) verwendet, die sich letztendlich auch durchsetzte, obwohl, wie die folgenden Untersuchungen zeigen, die sprachliche Kurskomponente nicht in jedem Jahr angeboten wurde. Als »Wirtschaftskurse« wird in der vorliegenden Arbeit jene Kurskomponente bezeichnet, in der im Rahmen von Vorträgen Kenntnisse über Kultur und Wirtschaft des Gastgeberlandes vermittelt wurden.

Der erste *Internationale Sprach- und Wirtschaftskurs* sollte im Sommer 1907 in Lausanne stattfinden. Dabei sollten in erster Linie Kenntnisse über die Handels- und Wirtschaftsverhältnisse des Gastgeberlandes sowie über dessen Beziehungen zum Ausland vermittelt werden. Als Zielgruppe wurden Absolventen höherer Handelslehranstalten, Hörer an Handelshochschulen sowie Handelsangestellte mit entsprechender Bildung genannt.[982]

Von 1907–1914 fanden acht *Internationale Sprach- und Wirtschaftskurse* statt. Tab. 2 gibt einen Überblick über die Veranstaltungsdaten. Zusätzlich wurden die Veranstaltungsdaten der *Internationalen Kongresse* in diesem Zeitraum aufgeführt. Die Quellen der Veranstaltungsdaten können den Punkten 2.4.4.2.1 bis 2.4.4.2.8 entnommen werden.

Nr.	**Jahr**	**Ort**	**ISW**		**IK**
			Sprachkurs	**Wirtschaftskurs**	
1.	1907	Lausanne	29.07.–10.08.	12.08.–07.09.	–
2.	1908	Mannheim	27.07.–15.08.	17.08.–05.09.	–
3.	1909	Le Havre	26.07.–21.08.	26.07.–21.08.	–
4.	1910	Wien	15.08.–10.09.	22.08.–10.09.	11.09.–16.09.
5.	1911	London	–	24.07.–12.08.	–
6.	1912	Antwerpen	–	22.07.–10.08.	–
7.	1913	Budapest	–	11.08.–30.08.	31.08.–05.09.
8.	1914	Barcelona	–	27.07.–15.08.	–

Tab. 8: ISW und IK, 1907–1914

979 z.B. N. N. (1909a: 2).
980 IGFkU (1909: 1).
981 z.B. Müller-Uri (1913a: 145).
982 Vgl. N. N. (1907e: 331).

Je nach vorhandener Datenlage werden bei den folgenden Ausführungen Informationen angegeben zum zeitlichen Rahmen, zur Zielgruppe, zur Teilnehmer- und Kursstruktur sowie zum Inhalt der *Internationalen Sprach- und Wirtschaftskurse*, die von 1907 bis 1914 veranstaltet wurden. Ein Resümee der Ergebnisse erfolgt in Punkt 2.4.4.2.9.

2.4.4.2.1 Lausanne (1907)

Der erste *Internationale Sprach- und Wirtschaftskurs* fand vom 29.07.–07.09.1907 in Lausanne statt. Der Zeitraum wurde in einen Vorbereitungskurs (29.07.–10.08.) und einen Wirtschaftskurs (12.08.–07.09.) unterteilt.[983]

Der zweiwöchige Vorbereitungskurs, der dem Studium der französischen Sprache galt, wurde von 45 Teilnehmern besucht[984], die je nach ihren Vorkenntnissen in vier Gruppen eingeteilt wurden. Der Kursinhalt, der ausschließlich in französischer Sprache vermittelt wurde[985], erstreckte sich von allgemeinsprachlichen Übungen in Konversation, Textproduktion und Lektüre über fachsprachliche Übungen, in denen übliche Dokumente aus dem Handelsverkehr analysiert wurden, bis hin zu nicht weiter spezifizierten Vorlesungen von Professoren der Handelshochschule Lausanne. Die in Lausanne angewandte Unterrichtsmethode verband Konversations- und Handelskorrespondenzübungen mit dem Studium von Texten, die der Handelspraxis entnommen wurden. Unter Berücksichtigung der Ergebnisse einer Umfrage, die nach Kursende unter den Teilnehmern durchgeführt wurde, sollte in zukünftigen *Internationalen Sprach- und Wirtschaftskursen* mehr Betonung auf der Konversation verbunden mit der Diskussion aktueller Themen aus Wirtschaft und Politik gelegt werden. Zu diesem Zweck sollten in erster Linie Artikel aus Zeitungen und Zeitschriften im Kursunterricht verwendet werden. Der vornehmlich philologische Charakter der Sprachkurse, wie er Zeitgenossen zufolge in Lausanne zutage trat, sollte dadurch zurücktreten.[986]

Der im Anschluss an den sprachlichen Vorbereitungskurs veranstaltete Wirtschaftskurs, dessen Vortrags- und Diskussionssprache ausschließlich Französisch war[987], sollte zur Vertiefung der Sprachkenntnisse der Teilnehmer führen. Das Hauptziel dieses Kurses war jedoch das Studium der wirtschaftlichen Entwicklung der Schweiz und ihre Beziehungen zum Ausland.[988] Die gewaltige Stofffülle des Wirtschaftskurses mit insgesamt 46 Vorträgen wurde in sechs Abteilungen

983 Vgl. N. N. (1907b: 120).

984 Von den 45 Teilnehmern kamen 18 Personen aus Deutschland, 15 Personen aus der deutschsprachigen Schweiz, 5 Personen aus Österreich, 6 Personen aus Ungarn und eine Person aus Griechenland (vgl. IGFkU (1907: 25)). 24 Teilnehmer des Vorbereitungskurses waren Handelslehrer, 9 Personen waren Kaufleute, 7 Personen waren Schüler von höheren Handelsschulen und Handelshochschulen. Die restlichen Teilnehmer hatten nicht näher spezifizierte Berufe (vgl. Rabius (1907: 211)).

985 Vgl. N. N. (1907b: 120).

986 Vgl. IGFkU (1907: 25–26).

987 Vgl. N. N. (1907b: 120).

988 Ibid. Vgl. dazu auch IGFkU (1907: 26).

unterteilt: 1. Geschichte und Gesellschaft der Schweiz, 2. Schweizer Bildungswesen, 3. Internationale Einrichtungen mit Sitz in der Schweiz, 4. Vorträge zur Pädagogik, 5. Allgemeine Vorträge, 6. Industrie und Wirtschaft der Schweiz. Auf die zuletzt genannte Abteilung entfiel etwa die Hälfte der Vorträge.[989] Diese Gewichtung steht im Einklang mit der thematischen Schwerpunktsetzung der *Internationalen Sprach- und Wirtschaftskurse*. Die Kursteilnehmer kritisierten aber das unüberschaubare Vorlesungsangebot, denn ihrer Meinung nach wurde das Ziel einer klaren Darstellung der wirtschaftlichen Zusammenhänge der Schweiz aufgrund der extrem hohen Themenvielfalt verfehlt[990]. Die Vorträge wurden von etwa fünfzig führenden Schweizer Persönlichkeiten aus Lehre und Praxis gehalten[991].

Die Teilnehmerzahl des Wirtschaftskurses war mit 114 Personen deutlich höher als die des sprachlichen Vorbereitungskurses[992]. Sowohl im Vorbereitungs- als auch im Wirtschaftskurs wurden die Erwartungen an die Nachfrage bei weitem übertroffen[993]. Ähnlich wie im Vorbereitungskurs stellten Handelslehrer die größte Interessengruppe der Wirtschaftskurse dar. Durch den hohen Lehreranteil wurde die Diskussion über die Vereinbarkeit von Praxis und Unterricht im Handelsschulwesen angeregt, und somit eines der Ziele der *Internationalen Sprach- und Wirtschaftskurse* erreicht. Dem gewünschten Praxisbezug im kaufmännischen Bildungswesen folgend wurden auch im Vorbereitungskurs, also in der Sprachkomponente des ISW, angewandte Methoden thematisiert und umgesetzt. Zur Abrundung des Kursprogramms wurden Exkursionen in Betriebe und Regionen der Schweiz veranstaltet.[994]

Die Kursteilnehmer waren bei Gastfamilien untergebracht, um somit ein »ungetrübtes Urteil«[995] über das Ausland in die Heimat mitnehmen zu können. Wie sich nach Kursende aber herausstellte, kam der Kontakt zwischen Kursteilnehmern und Gastfamilien sowie zwischen den Kursteilnehmern unterschiedlicher Nationalitäten nicht in dem erwünschten Maße zustande.[996] Vermutlich war die Sprachbarriere zu hoch, um in der kurzen Zeit überwunden werden zu können.

Das Fazit, das aus dem ersten auf Hochschulniveau veranstalteten *Internationalen Sprach- und Wirtschaftskurs*, dem Fundament der folgenden ISW, gezogen

---

989 Vgl. IGFkU (1908b: 425–426) und IGFkU (1908c: 357).

990 Vgl. Rabius (1907: 212) und IGFkU (1907: 32–33).

991 Vgl. IGFkU (1907: 26–27).

992 Die 114 Teilnehmer des Wirtschaftskurses gliederten sich nach Nationalitäten wie folgt: 67 Schweizer, 20 Deutsche, 9 Österreicher, 7 Belgier, 6 Ungarn, 2 Italiener und jeweils ein Teilnehmer aus Griechenland, Japan und Norwegen. Nach Berufen können die Teilnehmer wie folgt geordnet werden: 71 Handelslehrer, 19 Kaufleute, 14 Schüler höherer Handelsschulen und Handelshochschulen. Zehn Personen gehörten anderen Berufen an, etwa Juristen oder Ingenieure (vgl. Rabius (1907: 211) und IGFkU (1907: 27)).

993 Vgl. Rabius (1907: 210).

994 Vgl. IGFkU (1907: 32).

995 Heinemann/Schmidt (1906b: 138).

996 Vgl. IGFkU (1907: 32 und 33–34).

wurde, war durchweg positiv[997]. Bereits in Lausanne wurde daher von der *Internationalen Gesellschaft* der Beschluss gefasst, den folgenden ISW bereits 1908 in Deutschland abzuhalten. Als Veranstaltungsort wurde Mannheim vorgesehen.[998]

2.4.4.2.2 Mannheim (1908)

Der zweite *Internationale Sprach- und Wirtschaftskurs* fand vom 27.07.–05.09.1908 in Mannheim statt. Der Vorbereitungs- sowie der Wirtschaftskurs dauerten jeweils drei Wochen, vom 27.07.–15.08.1908 bzw. vom 17.08.–05.09.1908. In der Ankündigung des ISW wird der Zweck des Mannheimer Kurses wie folgt beschrieben:

> »Der Vorbereitungskurs verfolgt den Zweck, die Kenntnisse der ausländischen Teilnehmer in der deutschen Sprache zu vertiefen und zu erweitern, während der Wirtschaftskursus ein lebendiges Bild von den geistigen und sozialen Strömungen im deutschen Volke, seinem Wirtschaftsleben auf historischer, geographischer und rechtlicher Grundlage, von seinem Handel und Verkehr und seinen auswärtigen Beziehungen bieten soll.«[999]

Der Vorbereitungskurs gliederte sich in einen Sprach- und kaufmännischen Unterricht. Der Sprachunterricht hatte Grammatik, Lektüre und Konversation in der deutschen Sprache zum Gegenstand. Der kaufmännische Unterricht umfasste kaufmännische Korrespondenz sowie Formularienkunde. In diesem Fach wurden Texte des Bank- und Transportverkehrs behandelt. Zudem wurden im Vorbereitungskurs Vorlesungen über die geistigen Strömungen in Deutschland gehalten. Die Wirtschaftskurse umfassten 13 Vorträge über Industrie und Handel Deutschlands. Einige Vorträge wurden politischen Themen gewidmet.[1000]

Die Teilnehmerzahl des Vorbereitungskurses lag bei etwa 16 Personen, am Wirtschaftskurs nahmen 45 Personen teil. Die Gesamtteilnehmerzahl lag damit weit unter der in Lausanne erzielten Teilnehmerzahl.[1001] Auch die Gewichtung nach Berufen unterschied sich von den Teilnehmern in Lausanne, wo Handelslehrer den Hauptanteil ausmachten. Der in Mannheim veranstaltete ISW hingegen wurde in

---

997 Ibid, S. 37–38.

998 Ibid, S. 13. Auf der Generalversammlung der *Internationalen Gesellschaft* in Lausanne wurde gewünscht, die zukünftigen Generalversammlungen der Gesellschaft an den Kursorten der *Internationalen Sprach- und Wirtschaftskurse* abzuhalten, damit die Mitglieder der *Internationalen Gesellschaft* die Möglichkeit hätten, selbst an Vorträgen der *Internationalen Sprach- und Wirtschaftskurse* teilzunehmen, um einen persönlichen Eindruck von diesen gewinnen zu können (vgl. IGFkU (1907: 11) und N. N. (1907d: 254)).

999 N. N. (1908d: 74).

1000 Vgl. N. N. (1908d: 74–75). Weitere Informationen über den ISW in Mannheim liefert IGFkU (1908a: 45–56).

1001 Vgl. Glauser (1908e: 225) und IGFkU (1908a: 54). Die 45 Teilnehmer des ISW kamen aus folgenden Ländern (Teilnehmerzahlen in Klammern): Belgien (21), Schweiz (12), Deutschland (7), Ungarn (3), Österreich (1), Norwegen (1).

erster Linie von Studierenden der Handelswissenschaften besucht.[1002] Die geringe Gesamtteilnehmerzahl wurde auf die mangelnde Werbetätigkeit für die Kurse zurückgeführt[1003]. Zu den Dozenten zählten führende Persönlichkeiten aus Theorie und Praxis[1004]. Ein detaillierter Vergleich der ISW in Lausanne und Mannheim können dem Bericht über den zweiten ISW entnommen werden[1005].

Ebenso wie der erste *Internationale Sprach- und Wirtschaftskurs* in Lausanne wurde der zweite ISW in Mannheim als Erfolg gewertet. Zudem wurde von der *Internationalen Gesellschaft* gewünscht, die *Internationalen Sprach- und Wirtschaftskurse* in den einzelnen Ländern zukünftig einheitlich zu organisieren.[1006]

2.4.4.2.3 Le Havre (1909)

Die positiven Ergebnisse der vorangegangenen *Internationalen Sprach- und Wirtschaftskurse* in Lausanne und Mannheim ebneten den Weg für den dritten ISW vom 26.07.-21.08.1909 in einem Land mit französischer Landessprache. Als Veranstaltungsort wurde Le Havre in Frankreich gewählt. Wie dem Programm des Kurses zu entnehmen ist, folgerte man aus den zuvor veranstalteten ISW, dass die nötigen Sprachkenntnisse für die Teilnahme an den Vorträgen des Wirtschaftskurses nicht im Rahmen von zwei- bis dreiwöchigen Vorbereitungskursen vermittelt werden können. Aus diesem Grund wurde in Le Havre eine neue Kursstruktur gewählt: Statt einer konsekutiven Ordnung, wo der Wirtschaftskurs auf den Sprachkurs folgte, wurde eine parallele Anordnung der Kurse gewählt. Den Sprachkursen kam dadurch eine ähnliche Anerkennung wie den Fachvorträgen zu. Den Teilnehmern des Sprachkurses sollte es aber auch möglich sein, an einzelnen Vorträgen des Wirtschaftskurses sowie an Exkursionen teilzunehmen. Wie es im Kursprogramm heißt, sollte diese Anordnung der Kurse den Bedürfnissen der Teilnehmer entsprechen, von denen sich ein Teil in erster Linie für das Studium der Landessprache, ein anderer Teil vor allem für das Studium der wirtschaftlichen Verhältnisse des Auslandes interessierte.[1007] Hier zeigen sich m. E. auch die Anfänge einer beruflichen Spezialisierung mit fachsprachlicher Ausrichtung.

Das Ziel des *Internationalen Sprach- und Wirtschaftskurses* in Le Havre war, wie bei den vorangegangenen ISW, die Vertiefung der Kenntnisse in der fremden Sprache und die Erlangung einer eingehenderen Kenntnis über die geographischen und wirtschaftlichen Verhältnisse des betreffenden Landes[1008]. Der Zweck des Sprachkurses wird im Programm wie folgt angegeben:

1002 Von den 45 Teilnehmern des ISW waren 23 Personen Studierende der Handelswissenschaften, 19 Teilnehmer waren Handelsschullehrer und 3 Teilnehmer waren Kaufleute (vgl. IGFkU (1908a: 54)).

1003 Vgl. IGFkU (1908a: 24).

1004 Vgl. Glauser (1908e: 226–227).

1005 Vgl. IGFkU (1908a: 43–45). Informationen über die ISW von 1907 bis 1910 sind folgender Quelle zu entnehmen BIKkB (1911: 230–237).

1006 Vgl. Glauser (1908e: 227–228).

1007 Vgl. IGFkU (1909: 3–4). Vgl. dazu auch N. N. (1909b: 90).

1008 Vgl. N. N. (1909a: 2).

»*Der Kurs für französische Handelssprache* hat hauptsächlich zum Zwecke, den Fremden die Gelegenheit zu verschaffen, ihre bereits erworbenen Kenntnisse der französischen Sprache zu vervollkommnen und sie gleichzeitig in die Industrie- und Handelsverhältnisse von Le Havre einzuweihen. Er hat einen *praktischen Charakter (Lektüre, Konversation, Vorträge)* und richtet sich nach den *kaufmännischen Bedürfnissen (Korrespondenz* und *kaufmännische Terminologie, wirtschaftliche Lektüre* usw.).«[1009]

Aus dem ausführlichen Unterrichtsprogramm geht der Inhalt des Sprachkurses hervor: Neben der Behandlung von Grammatik, dem Studium der Aussprache und der Schreibregeln wurden in Lektürekursen Zeitschriften und Zeitungen analysiert, Diskussionsübungen veranstaltet sowie Werke der französischen Literatur der Gegenwart behandelt. Dieses als vornehmlich allgemeinsprachlich zu bezeichnende Programm wurde durch eine fachsprachliche Komponente ergänzt, in der gewerbliche, kaufmännische, finanzbezogene und juristische Terminologie behandelt und kaufmännische, bank- und börsentechnische Dokumente sowie Formulare des Post-, Transport- und Zollwesens erläutert wurden. Konversation wurde über wirtschaftliche und technische Fragen geführt. Französische Handelskorrespondenz und das Verfassen kaufmännischer Schriftstücke waren ebenfalls Teil der fachsprachlichen Komponente. Als weiterer Teil des Sprachprogramms war die regelmäßige Teilnahme an den Vorträgen des Wirtschaftskurses vorgesehen sowie die Teilnahme an Exkursionen. In über 40 Vorträgen von führenden Persönlichkeiten aus Wissenschaft und Wirtschaft wurden Industrie und Wirtschaft Frankreichs beleuchtet. Nur marginale Bedeutung hatten gesellschaftliche und geschichtliche Themen.[1010]

Als Zielgruppe der ISW in Le Havre werden im Programm Lehrer von Handelsschulen und kaufmännischen Fortbildungsschulen, Kaufleute und Studierende an Handelshochschulen sowie ehemalige Schüler höherer Handelsschulen genannt[1011]. Die Teilnehmerstatistik zeigt, dass die meisten Teilnehmer Lehrer kaufmännischer Unterrichtsstätten waren, Studierende und Kaufleute waren deutlich in der Minderheit und hielten sich anteilsmäßig die Waage. Die Gesamtteilnehmerzahl lag beim ISW in Le Havre bei 146 Personen. Eine separate Angabe zur Teilnehmerzahl der Sprachkomponente liegt im recherchierten Material nicht vor.[1012]

1009 IGFkU (1909: 10). Hervorhebung im Original.

1010 Ibid, S. 11–16. Ausführliche Informationen über die Vorträge liefert Andreae (1909 a, b).

1011 Ibid, S. 18.

1012 Die 146 Teilnehmer kamen wie folgt aus zehn verschiedenen Ländern (Teilnehmerzahlen in Klammern): Belgien (13), Deutschland (49), England (1), Frankreich (3), Italien (2), Österreich (24), Schweden (1), Schweiz (45), Ungarn (7), USA (1). 60 Prozent der Teilnehmer waren Lehrer, jeweils 20 Prozent der Teilnehmer waren Kaufleute und Studierende. Als möglicher Grund für die geringe Beteiligung der Kaufleute an dem ISW wurde angegeben, dass Kaufleute aus beruflichen Gründen nicht die erforderliche Zeit erübrigen könnten (vgl. N. N. (1909c: 241)).

2.4.4.2.4 Wien (1910)

Der vierte *Internationale Sprach- und Wirtschaftskurs* fand 1910 in Wien statt. Vom 22.08.–10.09.1910 wurden die Vorträge des Wirtschaftskurses veranstaltet. Was den Sprachkurs betraf, so wurden zwei parallel stattfindende Sprachkurse in deutscher Sprache vom 15.08. bis 10.09.1910 durchgeführt.[1013] Ein Kurs davon richtete sich an Handelslehrer der deutschen Sprache, die an Schulen im Ausland unterrichteten, ein anderer Kurs war für Kaufleute und Studierende bestimmt sowie für Handelsschullehrer wirtschaftlicher Fächer, die im Ausland unterrichteten.[1014] Vermutlich wurde diese Aufteilung aufgrund der in den vorangegangenen ISW gesammelten Erfahrungen und möglicherweise auch auf Wunsch der Teilnehmer umgesetzt. Außerdem zeigt sich m. E. an dem auf verschiedene Zielgruppen zugeschnittenen Sprachkursprofil, dass der (fach-)sprachliche Bereich eine weitere Profilschärfung im Vergleich zum vorherigen ISW erfahren hatte. Der Unterrichtsstoff beider Sprachkurse wurde wie in den Jahren zuvor in einer allgemein- und fachsprachlichen Komponente vermittelt[1015]. Im recherchierten Material konnten keine detaillierten Angaben zum Unterrichtsstoff ermittelt werden. In einem Beitrag schildert ein Dozent des Kurses, der für Handelslehrer bestimmt war, die Deutsch an Schulen im Ausland unterrichteten, in groben Zügen die Inhalte seines Kurses. Daraus geht hervor, dass sich der Kursinhalt von Textarbeit, die die Arbeit mit Zeitungsbeiträgen einschloss, über Konversation und Phonetik bis hin zum Erwerb der Kenntnis von Realien erstreckte.[1016] Die Sprachkurse wurden von 55 Teilnehmern besucht[1017]. Das breite Themenspektrum des Wirtschaftskurses, das von führenden Persönlichkeiten aus Lehre und Praxis behandelt wurde[1018], umfasste Vorträge, die nicht nur über Industrie und Wirtschaft Österreichs informierten, sondern auch Geographie, Geschichte, Kultur, Recht und Gesellschaft Österreichs beleuchteten.[1019]

Von offizieller Seite wurde die Gesamtteilnehmerzahl des vierten ISW mit 159 Personen angegeben. In Berichterstattungen wurden 160 Teilnehmer gezählt[1020]. Dies war die höchste Teilnehmerzahl, die bis dahin bei *Internationalen Sprach- und*

1013 Vgl. N. N. (1910: 327 und 328).
1014 Vgl. N. N. (1910: 328). Vgl. dazu auch N. N. (1909c: 241).
1015 Vgl. N. N. (1910: 328).
1016 Vgl. Subak (1911: 353–356).
1017 Vgl. Blum (1910a: 197).
1018 Ibid.
1019 Vgl. Blum (1910b: 225–230). Vgl. dazu auch N. N. (1910: 327–328).
1020 Die 159 Teilnehmer kamen aus fünfzehn verschiedenen Ländern (Teilnehmerzahlen in Klammern): Belgien (12), Bulgarien (2), Deutschland (14), Frankreich, (4), Griechenland (1), Italien (2), Japan (1), Niederlande (2), Norwegen (1), Österreich (71), Rumänien (2), Russland (10), Schweiz (25), Serbien (2), Ungarn (10). Bemerkenswert ist die hohe Teilnehmerzahl aus deutschsprachigen Gebieten. (Vgl. BIKkB (1911: 236)). Weitere Informationen über die Herkunft der Teilnehmer liefert Blum (1910a: 197). Dieser Quelle zufolge belief sich die Gesamtteilnehmerzahl auf 160 Personen, wovon 55 am Sprachkurs teilnahmen.

Wirtschaftskursen erreicht wurde[1021]. Wie bei den meisten vorherigen ISW war die Mehrzahl der Teilnehmer Lehrer, gefolgt von Kaufleuten und Studierenden[1022]. Auf der Sitzung der *Internationalen Gesellschaft* am Rande des ISW in Wien wurde der Wunsch geäußert, aktiv danach zu streben, dass sich die Beteiligung der Kaufleute aus der Praxis an den ISW erhöhte. Zudem wurde auf dieser Sitzung die Bedeutung der *Internationalen Sprach- und Wirtschaftskurse* für den konsularischen Dienst hervorgehoben und ein entsprechendes Engagement für diese Einrichtung seitens der Konsulate gewünscht.[1023]

Im Anschluss an den ISW wurde vom 11.09.-16.09.1910 der neunte *Internationale Kongress* in Wien veranstaltet. Dieser Kongress, zu dem über 1000 Teilnehmer aus aller Welt erwartet wurden, stand auch den Teilnehmern des ISW offen. Aktiv involviert in die Organisation dieses Ereignisses war auch Glauser.[1024]

2.4.4.2.5 London (1911)

Der fünfte *Internationale Sprach- und Wirtschaftskurs* fand vom 24.07.–12.08.1911 in London statt. Ein Sprachkurs wurde in Verbindung mit dem Wirtschaftskurs nicht organisiert. Als Grund wurde der jährlich stattfindende Ferienkurs für Englisch genannt, der vom 17.07.–12.08.1911 an der Universität London angeboten wurde und den Teilnehmern des ISW offenstand.[1025] Der fehlende Sprachkurs im Rahmen des ISW wurde von den Teilnehmern stark kritisiert, die sich Sprachkurse nach dem Wiener Vorbild gewünscht hätten. Kritikern zufolge hätte ein Sprachkurs auch eine höhere Gesamtteilnehmerzahl garantiert.[1026] Detaillierte Informationen über die Teilnehmerzahlen des ISW konnten im recherchierten Material nicht ermittelt

---

1021 Vgl. Blum (1910a: 197).

1022 Etwa 70 Prozent der Teilnehmer waren Lehrer, 18 Prozent der Teilnehmer kamen aus der kaufmännischen Praxis. Studierende machten 12 Prozent an der Gesamtteilnehmerzahl aus (vgl. BIKkB (1911: 235)).

1023 Vgl. BIKkB (1911: 238–239).

1024 Vgl. Glauser (1910) und Glauser (1911). Glauser gibt in den zitierten Beiträgen einen ausführlichen Bericht über die Vorträge des *Internationalen Kongresses* in Wien. Auf dem Kongress war Glauser für die Entwicklung des Exkursionsprogramms und dessen Betreuung während der Veranstaltung mitverantwortlich (vgl. Blum (1910b: 232)). Aufgrund Glausers Engagement in der *Internationalen Gesellschaft* liegt die Vermutung nahe, dass er auch auf die Bildung einer österreichischen Landesgruppe der *Internationalen Gesellschaft* hinwirkte, die Anfang 1909 ins Leben gerufen wurde. Glauser war Schriftführer dieser Vereinigung (vgl. N. N. (1909d: 394)). Vermutlich besteht ein Zusammenhang zwischen der Gründung dieser Landesgruppe und der Veranstaltung des *Internationalen Kongresses* in Wien 1910. Zur Diskussion auf der Generalversammlung der *Internationalen Gesellschaft* im Jahr 1908 in Mannheim über die Wahl des Landes, in das der Sitz der *Internationalen Gesellschaft* verlegt werden sollte, vgl. IGFkU (1908a: 26–34). Die Beiträge des *Internationalen Kongresses* in Wien 1910 wurden in BIKkB (1911) publiziert.

1025 Vgl. N. N. (1911e: 303).

1026 Vgl. Bloedau (1912: 289).

werden. Es ist möglich, dass das Gastgeberland England aufgrund seines insgesamt geringen Engagements in der *Internationalen Gesellschaft* nicht bereit war, den Aufwand für die Veranstaltung des Sprachkurses im Rahmen des ISW auf sich zu nehmen[1027]. Möglicherweise ist dies darauf zurückzuführen, dass der fremdsprachliche Unterricht in der kaufmännischen Ausbildung in England nicht so weit entwickelt war wie etwa in Deutschland und Frankreich, wo Fremdsprachenkenntnisse zur Abwicklung von Geschäften mit ausländischen Geschäftspartnern vorausgesetzt wurden. Engländer hingegen erwarteten meist von ausländischen Geschäftspartnern, dass Geschäfte in der englischen Sprache abgeschlossen wurden. Fremdsprachenkenntnisse waren für englische Kaufleute daher nicht in dem Maße von Belang wie etwa für deutsche und französische[1028].

In den 46 Vorträgen, die von Gelehrten und Fachleuten aus der Praxis in englischer Sprache gehalten wurden[1029], wurde eine Einführung in das Wirtschaftsleben Englands geboten. Das Themenspektrum reichte von Geschichte und Geographie über Kolonialwissenschaft und Recht bis hin zu den Kernbereichen Industrie und Wirtschaft.[1030] Wie bei den vorherigen *Internationalen Sprach- und Wirtschaftskursen* wurden auch in London Exkursionen in Betriebe, Behörden und Schulen angeboten[1031].

2.4.4.2.6 Antwerpen (1912)

Vom 22.07.–10.08.1912 fand der sechste *Internationale Sprach- und Wirtschaftskurs* in Antwerpen statt. Wie im Vorjahr in London wurde auch in Antwerpen kein Sprachkurs angeboten. Die Gründe dafür sind bei den Recherchen im Verborgenen geblieben. Aus der Ankündigung des Kurses geht hervor, dass zur Teilnahme an den Vorträgen, die Beherrschung der französischen Sprache vorausgesetzt wurde. Als Zielgruppe des Kurses wurden Professoren und Lehrer von Handelslehran-

1027 England zählte 1910 nur 15 Mitglieder in der *Internationalen Gesellschaft* (vgl. IGFkU (1910: 48)). 1908 wurde das Engagement Englands in der *Internationalen Gesellschaft* als schwach eingestuft. Bei einer Kategorisierung der in der *Internationalen Gesellschaft* engagierten Länder wurde England in die vorletzte von insgesamt vier Gruppen eingeteilt. Vgl. IGFkU (1908a: 28).

1028 Vgl. Messing (1930a: 121). Die Haltung der Briten zum Fremdsprachenerwerb änderte sich aber nach dem Ersten Weltkrieg. Messing bezieht sich an zitierter Stelle auf einen Bericht einer Instanz im britischen kaufmännischen Bildungswesen, der 1929 in London publiziert wurde und aus dem hervorgeht, dass der britische Großhandel vertiefte sprachliche und kulturelle Kenntnisse über fremde Länder als notwendige Voraussetzung für das Bestehen am Weltmarkt anerkannte (vgl. Quellenangabe an zitierter Stelle: British Marketing Overseas. Interim Report of the Committee on Education for Salesmanship).

1029 Vgl. IGFkU (1910: 48).

1030 Vgl. Bloedau (1911a: 219). Informationen über die Vorträge des ISW liefert auch Bloedau (1911b und 1912).

1031 Vgl. Bloedau (1912: 285).

stalten sowie Studierende und Praktiker, etwa Kaufleute sowie Verwaltungs- und kaufmännische Korporationsbeamte, angesprochen.[1032]

Die Vorträge wurden von führenden Personen aus Lehre und Praxis gehalten und behandelten Wirtschaft, Industrie und Kultur Belgiens sowie das belgische Kolonialgebiet in Afrika[1033]. Die Vormittagsstunden waren für Vorträge reserviert. Die Nachmittage standen zur Teilnahme an einem umfangreichen Exkursionsangebot zur Verfügung.[1034]

Der *Internationale Sprach- und Wirtschaftskurs* in Antwerpen wurde von 171 Teilnehmern besucht[1035]. Etwa 60 Prozent der Teilnehmer waren als Professoren oder Lehrer tätig. Kaufleute machten den geringsten Teil der Teilnehmer aus. Dies wurde bedauert, da es als notwendig erachtet wurde, dass auch Kaufleute aus der Praxis über die in den Wirtschaftskursen vermittelten Kenntnisse verfügten und sich folglich für den Erwerb der entsprechenden Kenntnisse interessierten.[1036] Zum Alter der Teilnehmer wurde erstmals eine Angabe gemacht. Demnach waren die Teilnehmer zwischen dem 20. und 60. Lebensjahr.[1037]

2.4.4.2.7 Budapest (1913)

Der siebte *Internationale Sprach- und Wirtschaftskurs* fand vom 11.08.–30.08.1913 in Budapest statt[1038]. Die Kursdauer war somit im Vergleich zu den vorhergehenden Wirtschaftskursen verkürzt[1039]. Entgegen dem Grundgedanken der ISW wurden die Vorträge in Budapest zum ersten Mal nicht in der Landessprache gehalten. Als Vortragssprache waren Deutsch und Französisch zugelassen, wobei die Vorträge in deutscher Sprache deutlich überwogen.[1040] Aus diesem Grund erklärt es sich womöglich, dass keine Sprachkurse für die ungarische Sprache in Verbindung mit dem Wirtschaftskurs abgehalten wurden. Im Rahmen der Vorträge des Wirtschaftskurses wurde je ein Vortrag über ungarische Sprache und über ungarische

---

1032 Vgl. N. N. (1912c).

1033 Vgl. Jänichen/Schmidt (1912a: 133–134). Vgl. dazu auch Jänichen/Schmidt (1912 b, c, d).

1034 Vgl. Jänichen (1912: 115) und Jänichen/Schmidt (1912d: 218–228).

1035 Vgl. Jänichen/Schmidt (1912a: 132). Der zitierten Quelle zufolge kamen die Teilnehmer aus 17 Ländern (Teilnehmerzahlen in Klammern): Belgien (20), Bulgarien (1), Dänemark (2), Deutschland (35), England (2), Frankreich (1), Griechenland (1), Italien (7), Niederlande (1), Österreich (19), Rumänien (1), Russland (3), Schweden (1), Schweiz (47), Serbien (2), Spanien (4), Ungarn (24).

1036 Ibid, S. 133. Der zitierten Quelle zufolge können die Teilnehmer nach Berufen wie folgt geordnet werden (Personenzahlen in Klammern): Professoren, Oberlehrer und Lehrer (100), Studierende (37), Kaufleute (11), andere Berufe, wie Juristen und Ingenieure, (23). Es fällt auf, dass die Gruppe der Kaufleute, für die die ISW eigentlich konzipiert wurden, die mit Abstand kleinste Teilnehmergruppe ist.

1037 Vgl. Jänichen (1912: 115).

1038 Vgl. Müller-Uri (1913a: 145).

1039 Vgl. N. N. (1913a: 26).

1040 Ibid, S. 27–29.

Literatur gehalten[1041]. Die Sprachkomponente des ISW entfiel aber ähnlich wie im Vorjahr in London. Die Vorträge, deren Gegenstände die ungarische Wirtschaft, Industrie, Geschichte, Geographie, Politik und Kultur waren, fanden in den Vormittagsstunden statt. Die Nachmittage waren für Exkursionen reserviert.[1042]

An den Wirtschaftskursen beteiligten sich 175 Teilnehmer aus zwölf verschiedenen Ländern[1043]. Wie bei den vorherigen Kursen war der Anteil der Lehrer am höchsten. Die Gruppe der Kaufleute machte nach den Studierenden und Personen anderer Berufe den geringsten Anteil aus. Das mangelnde Interesse von Kaufleuten an den Wirtschaftskursen wurde wiederholt bedauert.[1044]

Bei der Eröffnung des ISW in Budapest warf der Erste Weltkrieg seine Schatten voraus. In einer Begrüßungsrede wurde darauf hingewiesen, dass der Wirtschaftskurs dazu beitragen sollte »daß alle Teilnehmer aus der Ferne sich hier ein richtigeres Urteil über Staat und Volk [Ungarns] bilden möchten«[1045]. Ein Jahr später, 1914, drängte sich der Erste Weltkrieg unmittelbar in den in Barcelona veranstalteten *Internationalen Sprach- und Wirtschaftskurs* (vgl. 2.4.4.2.8). Im Anschluss an den ISW in Budapest fand der zehnte *Internationale Kongress für kaufmännisches Bildungswesen* statt, dem ähnlich wie in Wien mit ungefähr 1000 Teilnehmern immenses Interesse entgegengebracht wurde[1046].

2.4.4.2.8 Barcelona (1914)

Der achte *Internationale Sprach- und Wirtschaftskurs* fand vom 27.07.–15.08.1914 in Barcelona statt. Wie zuvor in Budapest hielt man sich auch in Barcelona nicht an die Regel, die Vorträge nur in der Sprache des Gastgeberlandes abzuhalten: Sie waren in französischer, spanischer und deutscher Sprache zugelassen, wobei

---

1041 Vgl. Müller-Uri (1913b: 170 und 173).

1042 Vgl. N. N. (1913a: 28–29). Ausführliche Informationen über die 44 Vorträge liefert Müller-Uri (1913a–c) und (1914a–c). Über das Exkursionsprogramm informiert Müller-Uri (1914c: 278–282).

1043 Die Teilnehmer kamen aus den folgenden Ländern (Teilnehmerzahlen in Klammern): Belgien (16), Deutsches Reich (39), Dänemark (3), Frankreich (2), Italien (1), Niederlande (1), Österreich (16), Russland (2), Schweiz (16), Spanien (4), Türkei (1), Ungarn (74). Vgl. Müller-Uri (1913a: 145).

1044 Vgl. Müller-Uri (1913a: 145–146). Der zitierten Quelle zufolge waren gut 60 Prozent der Teilnehmer Lehrer, 25 Prozent waren Studierende, 8 Prozent waren Angehörige verschiedener Berufe, 3 Prozent waren Kaufleute.

1045 N. N. (1913b: 97).

1046 Der 10. *Internationale Kongress für das kaufmännisches Bildungswesen* wurde vom 31.08. bis 05.09.1913 in Budapest veranstaltet und von etwa 1000 Teilnehmern besucht. Diese kamen aus folgenden Ländern: Belgien, Bosnien und Herzegowina, Brasilien, Bulgarien, China, Dänemark, Deutschland, Frankreich, Griechenland, Italien, Luxemburg, Niederlande, Norwegen, Österreich, Portugal, Russland, Schweden, Schweiz, Spanien, Türkei. Vgl. N. N. (1913c: 132). Als Verhandlungssprachen des Kongresses wurden Ungarisch, Deutsch, Französisch, Englisch und Italienisch zugelassen. »Wichtige Angelegenheiten« sollten von Dolmetschern übertragen werden. Vgl. N. N. (1913a: 26).

Französisch mit etwa zwei Drittel als Vortragssprache überwog. Nur ein Referent hielt seinen Vortrag auf Deutsch. Die Sprachkomponente des ISW entfiel wie in den drei Jahren zuvor. Möglicherweise ist dies auf die Entwicklung des Fremdsprachenunterrichts im kaufmännischen Bildungswesen in Spanien zurückzuführen, die nicht so weit fortgeschritten war wie etwa in deutschsprachigen Ländern. Dies hing wiederum mit Absatzgebieten Spaniens zusammen, die in erster Linie im spanischsprachigen Lateinamerika lagen. Vorträge über Spaniens Beziehungen zu Ländern Lateinamerikas wurden etwa im Rahmen der Vorträge des Wirtschaftskurses von führenden spanischen Vertretern aus Wissenschaft und Praxis angeboten, ebenso wie Vorträge zu Spaniens Wirtschaft und Gesellschaft sowie zu spanischer Kunst. Beiträge zur spanischen Sprache und Literatur fehlten hingegen in dem reichhalten Vortragsangebot.[1047] Neben den Vorträgen wurden auch Exkursionen angeboten.[1048] Die Teilnehmerzahl des achten *Internationalen Sprach- und Wirtschaftskurses* wurde auf ungefähr 200 Personen geschätzt. Exakte Daten liegen im recherchierten Material nicht vor[1049].

Wenige Tage nach Kursbeginn fand der *Internationale Sprach- und Wirtschaftskurs* durch den Ausbruch des Ersten Weltkriegs am 01.08.1914 ein abruptes Ende. Einigen Teilnehmern gelang es, aus Spanien abzureisen, so auch Glauser. Anderen hingegen wurde längere Zeit die Ausreise verweigert. Die Situation der internationalen Kursteilnehmer in Spanien nach Ausbruch des Ersten Weltkriegs wird eindrücklich von Müller-Uri beschrieben[1050]. Wie im Juli 1914 in der Fachpresse mitgeteilt wurde, war Deutschland als Gastgeberland des nächsten *Internationalen Kongresses für das kaufmännische Bildungswesen* vorgesehen[1051]. Es ist anzunehmen, dass traditionsgemäß auch der *Internationale Sprach- und Wirtschaftskurs* an den Kongressort gelegt worden wäre. Nach Kriegsausbruch waren diese Pläne jedoch hinfällig. Der nächste *Internationale Sprach- und Wirtschaftskurs* fand erst wieder 1927 statt[1052].

1047 Detaillierte Informationen zu den Vorträgen liefert Müller-Uri (1915a-i), wobei der Schlussbeitrag vermutlich aufgrund der Kriegssituation nicht gedruckt wurde. Da der 8. *Internationale Sprach- und Wirtschaftskurs* jäh durch den Ausbruch des Ersten Weltkriegs abgebrochen wurde, basieren die Informationen in Müller-Uris Beiträgen vermutlich auf schriftlichen Fassungen der Vorträge, die an die Teilnehmer des Kurses verteilt wurden.

1048 Vgl. N. N. (1914a: 56–58).

1049 Unter den 15 Teilnehmern aus Deutschland wurde Glauser aufgeführt. Wie den Informationen zu entnehmen ist, war als gößte Gruppe mit über 30 Teilnehmern die Schweiz vertreten. Weitere bei der Veranstaltung vertretene Länder waren: Belgien, Dänemark, Frankreich, Österreich, Russland, Schweden, Spanien und Ungarn. Vgl. Müller-Uri (1914d: 131–132).

1050 Ibid, S. 132–134.

1051 Vgl. N. N. (1914b: 93).

1052 Vgl. IKFkB (1932: 710), Junod.

2.4.4.2.9 Resümee der *Internationalen Sprach- und Wirtschaftskurse*

Die von 1907 bis 1914 in den Sommermonaten in verschiedenen Ländern veranstalteten *Internationalen Sprach- und Wirtschaftskurse* (ISW) wurden eingerichtet, um dem kaufmännischen Nachwuchs die Möglichkeit zu bieten, sich über fremde Länder zu informieren und Kenntnisse in der jeweiligen Landessprache zu vertiefen. Durch diesen Kenntniszugewinn sollte der internationale Handelsverkehr gefördert werden, der zunehmend fundierte Kenntnisse über fremde Länder und Sprachen voraussetzte. Das 1905 bis 1906 von einer Kommission der *Internationalen Gesellschaft* entwickelte Konzept der ISW stützte sich auf drei Pfeiler: 1) Sprachunterricht (Sprachkurs), 2) Unterricht über jeweilige Landesverhältnisse mit Schwerpunkt Wirtschaft (Wirtschaftskurs), 3) Exkursionen. Das entwickelte Konzept sollte den einzelnen Veranstaltern bei der Ausgestaltung der drei Kurskomponenten genügend Freiraum lassen, um so die Weiterentwicklung der ISW, die auf Hochschulniveau veranstaltet wurden, zu fördern.

Von 1907 bis 1910 wurden alle drei vorgesehenen Kurskomponenten angeboten. In den Jahren von 1911 bis 1914 entfiel die Sprachkomponente. Dies könnte mit der Landessprache der Länder zusammenhängen, in denen die ISW veranstaltet wurden: Die ersten vier ISW wurden abwechselnd in Ländern mit französischer bzw. deutscher Landessprache abgehalten. Zwischen den jeweiligen französisch- und deutschsprachigen Ländern bestand ein intensiver Handelsverkehr. Dadurch bedingt wurde der fremdsprachliche Unterricht im Französischen bzw. im Deutschen entsprechend gefördert. Bei den Recherchen für diese Arbeit stellte sich heraus, dass die Mehrzahl der Dokumente über den fremdsprachlichen Unterricht, die auf deutscher und internationaler Ebene dienten, zum französischen Sprachunterricht verfasst wurden. In den Ländern, die von 1911 bis 1914 Gastgeber der ISW waren (England, Belgien, Ungarn, Spanien) war die Struktur des fremdsprachlichen Unterrichts im kaufmännischen Bildungswesen vermutlich nicht so weit entwickelt wie in französisch- und deutschsprachigen Ländern. Dies könnte auch mit den internationalen Wirtschaftsbeziehungen dieser Länder zusammenhängen. Ein Grund dafür, dass beim sechsten ISW in Antwerpen kein Sprachkurs für die französische Sprache stattfand, ist vermutlich die Tatsache, dass in der Flämischen Region Belgiens, wo Antwerpen liegt, Niederländisch Amtssprache ist. Zudem fällt auf, dass bei den in den Jahren 1913 in Budapest und 1914 in Barcelona veranstalteten Wirtschaftskursen die Vortragssprache weder Ungarisch noch Spanisch war. Auch dies deutet m.E. darauf hin, dass diese beiden Sprachen im internationalen Wirtschaftsverkehr eine eher untergeordnete Rolle spielten und Kurse in diesen Sprachen nicht ausreichend nachgefragt worden wären.

Die vier Sprachkurse, auch als Vorbereitungskurse bezeichnet, die in den Jahren von 1907 bis 1910 veranstaltet wurden und die jeweilige Landessprache behandelten, unterschieden sich voneinander in ihrer Struktur, wobei sich zunehmend eine stärkere Betonung der Sprachkurse im Rahmen der ISW abzeichnete. Wurden 1907 in Lausanne nur zwei Wochen für den Sprachkurs eingeräumt, so wurden in Mannheim 1908 bereits drei Wochen dafür veranschlagt. Die Erfahrungen der beiden ersten ISW zeigten, dass dieser zeitliche Rahmen jedoch nicht ausreichte, um die nötigen Fremdsprachenkenntnisse für die Vorträge der Wirtschaftskurse zu erlangen. In Le Havre 1909 wurde der Sprachkurs daher seiner Nebenrolle enthoben und gleichwertig parallel zu den Wirtschaftskursen angeboten.

Eine weitere Spezialisierung des Sprachkurses wurde in Wien 1910 eingeführt, wo zwei Sprachkurse für verschiedene Zielgruppen angeboten wurden. Diese Entwicklung zeigt nicht nur, dass sich die Sprachkurse im Rahmen der ISW in einer Art Testphase befanden, sondern spiegelt auch eine kontinuierliche Qualitätssteigerung der Sprachkurse wider. Die Teilnehmer des ISW bedauerten, dass diese Entwicklung der Sprachkurse in den Jahren 1911 bis 1914 nicht fortgesetzt wurde. Die skizzierte Entwicklung deutet aber auch darauf hin, dass sich eine fachsprachliche berufliche Spezialisierung herausbildete: Den Teilnehmern der ISW wurde vor Augen geführt, dass vertiefte fremdsprachliche Kenntnisse die Bedingung dafür waren, um mehr oder weniger komplexe fachliche Zusammenhänge in einer Fremdsprache zu verstehen. Bezeichnend dabei ist, dass die ISW ausgerechnet von Kaufleuten, der ursprünglichen Hauptzielgruppe der ISW, nicht in dem erhofften Maße nachgefragt wurden. Der Grund dafür ist m. E. wie folgt: Die Anstrengungen beim Fremdsprachenerwerb, die notwendig waren, um (Fach-)Texte in der Fremdsprache zu verstehen, wurde von vielen, nicht auf das Sprachfach spezialisierten Kaufleuten, als lästiges Übel empfunden und letztendlich diplomatisch umgangen, indem sie den ISW fernblieben.

Die Inhalte der Sprachkurse erstreckten sich vornehmlich auf die im Handelsverkehr nötigen Sprachausprägungen: Schreiben, Sprechen, Lesen. Besondere Betonung wurde auf den aktiven Gebrauch der fremden Sprache gelegt. Da die Sprache des Handels im Vordergrund stand, widmeten sich die Sprachkurse neben der Allgemeinsprache auch der Fachsprache anhand von handelsüblichen Dokumenten.

Die etwa 40 Vorträge pro Wirtschaftskurs, die bis auf die Veranstaltungen in Budapest und Barcelona in der jeweiligen Landessprache gehalten wurden, zeichneten sich durch ein facettenreiches Themenspektrum aus, das die jeweiligen Landesverhältnisse widerspiegelte. Teilweise wurde die reichhaltige Themenfülle von den Teilnehmern beanstandet, da sie zulasten einer thematischen Schwerpunktsetzung ging. Von Jahr zu Jahr wurde versucht, das ursprüngliche Übermaß an Themen der ISW zu normalisieren. Generell wurden die Themen der Wirtschaftskurse jedoch sehr weit gefasst. Zudem wiesen sie unterschiedliche Spezialisierungsgrade auf. Ein konstantes Charakteristikum der Wirtschaftskurse war die Zusammensetzung der Referenten, die führende Positionen in Wissenschaft und Wirtschaft bekleideten. Die Verbindung von Theorie und Praxis stand somit im Einklang mit der Unterrichtsmaxime im kaufmännischen Bildungswesen.

Das Programm der ISW wurde durch Exkursionen in Betriebe, Behörden und Regionen abgerundet. Dadurch sollte den Teilnehmern, praktisch vor Ort, ein tieferer Einblick in einen Ausschnitt der jeweiligen Landesverhältnisse gegeben werden.

Bei der Planung der ISW rechneten die Kommissionsmitglieder anfänglich mit einer Teilnehmerzahl von 30 Personen. Wie die Teilnehmerzahlen der ISW von

1907 bis 1914 zeigen, war diese Einschätzung zu bescheiden. Gleich von Anfang an war die Akzeptanz der Kurse positiv. Im Laufe der ISW sollte sich die Teilnehmerzahl, bis auf wenige Ausnahmen, kontinuierlich steigern. Tab. 3 veranschaulicht die Entwicklung der Teilnehmerzahlen der ISW. Die Quellen der Daten sowie detaillierte Angaben zur Teilnehmerstruktur sind den Punkten 2.4.4.2.1 bis 2.4.4.2.8 zu entnehmen. Die fehlenden Daten sind im recherchierten Material nicht vorhanden.

Nr.	**Jahr**	**Ort**	**Sprachkurs**	**Wirtschaftskurs**	**Gesamt**
1.	1907	Lausanne	45	114	159
2.	1908	Mannheim	16	45	61
3.	1909	Le Havre	n. v.	n. v.	146
4.	1910	Wien	55	105	160
5.	1911	London	n. v.	n. v.	n. v.
6.	1912	Antwerpen	–	171	171
7.	1913	Budapest	–	175	175
8.	1914	Barcelona	–	ca. 200	ca. 200

Tab. 9: Teilnehmerzahlen der *Internationalen Sprach- und Wirtschaftskurse*

Die hohe Nachfrage nach den ISW sicherte ihre Existenz. Insgesamt besuchten im untersuchten Zeitraum etwa 1100 Personen die Kurse. Der multiplikatorische Effekt, den die ISW somit erzielten, war enorm, bedenkt man, dass die meisten Teilnehmer die in den ISW vermittelten Informationen wiederum an breitere Kreise im kaufmännischen Bildungswesen weitergaben. Auf diese Weise konnten die erlangten Kenntnisse in die Praxis dringen und dort nutzbar gemacht werden.[1053] Die Teilnehmerstatistiken zeigen aber auch, wie oben bereits angedeutet, dass die Kaufleute aus der Praxis das Angebot der ISW nicht in dem erwünschten Maße in Anspruch nahmen. Immer wieder wurde beklagt, dass die Beteiligung der Kaufleute an den ISW zu gering sei, obwohl gerade diese von dem in den Kursen vermittelten Wissen bei ihrer Tätigkeit mit ausländischen Geschäftspartnern profitieren sollten. Der Hauptanteil der Kursteilnehmer entfiel auf Lehrer im kaufmännischen Bildungswesen, die die ISW als Weiterbildungsmöglichkeit nutzten. Bedauert wurde auch, dass die Kursteilnehmer aus verschiedenen Ländern untereinander nicht wie erwartet persönliche Kontakte knüpften. Vermutlich war die aktive Beherrschung der Fremdsprache nicht so sicher und damit der persönlichen Begegnung der Teilnehmer Grenzen gesetzt.

Die *Internationalen Sprach- und Wirtschaftskurse* wurden durch den Ersten Weltkrieg abrupt abgebrochen. Erst 1927 wurden sie wieder aufgenommen, ebenso wie

1053 Vgl. Blum (1910a: 199).

der internationale Austausch von Vertretern des kaufmännischen Bildungswesens, an den erst Mitte der 1920er Jahre wieder angeknüpft wurde. Zugängliches Material datiert vom *Internationalen Kongress* 1929 in Amsterdam. In einem auf diesem *Internationalen Kongress* gehaltenen Vortrag wird auf das Jahr 1926 verwiesen, wonach ein nicht näher spezifizierter einschlägiger Kongress in Zürich stattfand[1054]. Einen Hinweis darauf, dass die ISW nach dem Ersten Weltkrieg vorerst nicht fortgesetzt wurden, gibt Dietze, der den »Anschluß« an die *Internationalen Sprach- und Wirtschaftskurse* anregt[1055].

Die *Internationalen Sprach- und Wirtschaftskurse* weisen unverkennbar Parallelen zum späteren Studiengang an den Dolmetscher-Instituten der Handelshochschulen in Mannheim und Leipzig auf. Die Kurskomponenten Sprache und Wirtschaft finden sich in den Komponenten der fremdsprachlichen Ausbildung an Handelshochschulen wieder, aus der sich als Form der Spezialisierung die Ausbildung an den Dolmetscher-Instituten entwickelte. Die ISW dürfen daher als konzeptionelle Faktoren der DI-Studiengänge nicht außer Acht gelassen werden.

2.4.5 Die Position der Handelshochschulen in der Diskussion über die *Deutsche Auslandshochschule* (1913–1917)

Die Diskussion über die Errichtung einer *Deutschen Auslandshochschule* wurde ebenfalls in Kreisen des kaufmännischen Bildungswesens geführt. Impulse für diese Diskussion gaben auch Forderungen aus Politik und Wirtschaft, eine Institution zu schaffen, die sich schwerpunktmäßig mit der Erforschung der wirtschaftlichen Verhältnisse des Auslandes beschäftigte. Diese Ausrichtung der Auslandsstudien schien vor allem in Anbetracht der Anforderungen an die zukünftigen diplomatischen und konsularischen Vertreter geboten. (Vgl. 2.2.3). Anstelle eines Ausbaus des SOS (vgl. 2.2.2) zur *Deutschen Auslandshochschule* wurde schon früh von Vertretern der Handelshochschulen der Vorschlag in die Diskussion eingebracht, das Auslandsstudium an Handelshochschulen zu vertiefen oder Handelshochschulen zu Auslandshochschulen zu erweitern. So forderte Max Apt (vgl. Fußnote 264) im Dezember 1913, die Handelshochschulen in der Diskussion über eine *Deutsche Auslandshochschule* nicht zu übergehen. Seiner Meinung nach war es naheliegend, zur gewünschten Verbesserung der wirtschaftlichen Ausbildung der Auslandsvertreter Deutschlands gerade diese Hochschulen in Betracht zu ziehen, die zur Interessenvertretung von Handel und Industrie gegründet wurden[1056].

Im April 1914 bekräftigte Apt sein Anliegen in einem weiteren Beitrag. In einer Darstellung über den Verlauf der politischen Diskussion über eine *Deutsche Auslandshochschule* bis 1914 stellt Apt fest, dass der Ausbau des SOS zur *Deutschen Auslandshochschule* nicht mehr mit derselben Vehemenz wie früher von den Par-

1054 Vgl. IGFkB (1929: 219). Aus dem Sitzungsprotokoll vom 05.09.1929.
1055 Vgl. Dietze (1928b: 199).
1056 Vgl. Apt (1913).

lamentariern vertreten werde und begrüßt, dass zur Erfüllung der gewünschten Zwecke bereits bestehende Hochschulen in Erwägung gezogen werden[1057]. Seiner Meinung nach wiesen Handelshochschulen »ihrem innersten Wesen nach«[1058] zum gegenwärtigen Zeitpunkt ohnehin schon den Charakter von Auslandshochschulen auf. Ein Archivdokument aus dem Jahr 1914 belegt, dass die Diskussion über die *Deutsche Auslandshochschule* auch bei Führungskräften der Handelshochschulen ein Thema war:

> »Der Senat steht der Sache sympathisch gegenüber und ist der Ansicht, dass jede Handels-Hochschule zum guten Teil Auslandshochschule sein müsse. Er lässt dem Rektor freie Hand bei der Feststellung, wie die Handelskammer über die Sache denkt, auch wegen Prüfung der Bedürfnisfrage. Der Senat möchte sich zu Beginn des Sommersemesters wieder mit der Angelegenheit befassen.«[1059]

Klarheit in die Diskussion vom Standpunkt der Handelshochschulen, des Handels und der Industrie versuchte Paul Eltzbacher[1060] zu bringen. Seine Schrift *Die deutsche Auslandshochschule. Ein Organisationsplan*[1061] erschien 1914 nach der Veröffentlichung der Schriften zur Ausgestaltung der *Deutschen Auslandshochschule* von Palme und Pohl (vgl. 2.2.3.1, 2.2.3.3, 2.2.3.13.1 und Fußnote 223).

Im Anschluss an seinen im Februar 1914 in der Presse veröffentlichten Artikel »Auslandsinstitute an den Handelshochschulen«[1062] führte Eltzbacher eine Umfrage unter Handelskammern und führenden Persönlichkeiten der deutschen Wirtschaft durch. Die Ergebnisse veröffentlichte er in seiner oben genannten Schrift, die sich in drei Teile gliedert:

Im ersten Teil seiner Schrift befindet sich ein Nachdruck seines Beitrags, der im Februar 1914 in der *Kölnischen Zeitung* veröffentlicht wurde. Eltzbacher widerspricht darin Max Apt. Denn Eltzbachers Ansicht nach würden die Handelshochschulen zum gegenwärtigen Zeitpunkt zwar eine gute Grundlage zur Vorbildung für das Ausland bieten, jedoch infrastrukturell noch weiterentwickelt werden müssen, um zur gewünschten Auslandshochschule ausgebaut werden zu können[1063]. Eltzbacher favorisiert daher die Errichtung von Auslandsinstituten an

1057 Vgl. Apt (1914: 325).

1058 Ibid, S. 332.

1059 UAM, HH, A1–12/3, Bl. 85 (RS), Sitzungsprotokoll des Senats der Handelshochschule Mannheim, 27.02.1914. Der entsprechende Punkt der Tagesordnung lautete: »Auslandsinstitute an den Handels-Hochschulen betr.«.

1060 Paul Eltzbacher (1868–1928) wurde in Berlin geboren. Nach seinem Jurastudium in Leipzig, Heidelberg, Straßburg und Göttingen folgten Promotion und Habilitation. 1900 wurde er Privatdozent an der Universität Halle und 1906 Ordinarius der Rechte an der Handelshochschule Berlin. Diese leitete er als Rektor zum Zeitpunkt der Veröffentlichung seiner hier behandelten Schrift. (Vgl. DBE (1996: 100)).

1061 Vgl. Eltzbacher (1914b).

1062 Vgl. Eltzbacher (1914a). Veröffentlichung des Artikels auch in Eltzbacher (1914b: 7–15).

1063 Vgl. Eltzbacher (1914b: 9).

Handelshochschulen. Diese könnten auf den bestehenden Sprachkursen fußen, die Handelshochschulen bereits anbieten. Mit seinem Ansatz, die Auslandsinstitute ausgehend vom Sprachunterricht zu errichten oder den Sprachunterricht durch eine Erweiterung zu solchen entsprechend auszubauen, nimmt Eltzbacher praktisch die Gründung der Dolmetscher-Institute 1930 an der Handelshochschule Mannheim und 1937 an der Handelshochschule Leipzig vorweg. Eltzbacher stellt fest, dass es zum gegenwärtigen Zeitpunkt »fast ganz an den Vorlesungen, die sich mit den Verhältnissen der verschiedenen Länder befassen«[1064] mangelte und schlägt vor, beim Ausbau des Auslandsstudiums an folgender Stelle anzusetzen:

> »Die Verhältnisse der für uns am meisten in Betracht kommenden Länder müssen dargestellt werden und zwar allseitig in einer Reihe von Vorlesungen, so daß Gelegenheit geboten ist, sich während eines Studiums von vier Semestern gründlich, wie mit der Sprache, so auch mit Recht, Wirtschaft und Geographie eines Landes vertraut zu machen.«[1065]

Wie Eltzbacher weiter ausführt, sei ein solches Studium in Anbetracht der Veränderungen in Weltwirtschaft und Weltpolitik gerechtfertigt, denn durch sie erlangten Fremdsprachen eine bislang beispiellose Bedeutung. Außerdem sei inzwischen festgestellt worden, »daß die Sprachkenntnis in der Kenntnis des Auslandes selbst und seiner rechtlichen und wirtschaftlichen Verhältnisse ihre Ergänzung finden muß«[1066]. Eltzbacher folgert daraus, dass durch die wirtschaftlichen Entwicklungen der Zeit ein neues kaufmännisches Tätigkeitsgebiet im Entstehen sei, für das Auslandskaufleute gebraucht werden, die sich in ihrer Ausbildung auf einen bestimmten Teil der Erde vorbereiten können sollen.[1067] Zur Ausbildung solcher Experten schlägt Eltzbacher die Errichtung von Auslandsinstituten vor. In seinen Ausführungen zur Infrastruktur der Auslandsinstitute wird jedoch deutlich, dass Eltzbacher der sprachlichen Komponente in der Auslandsausbildung, ähnlich wie etwa Pohl, nicht die nötige Bedeutung beimisst. Hierin unterscheidet sich sein Vorschlag von den später gegründeten Dolmetscher-Instituten grundlegend.

In seinem Artikel vom Februar 1914 führt Eltzbacher neben Kaufleuten eine ganze Reihe an potenziellen Interessenten des von ihm skizzierten Auslandstudiums an, so beispielsweise Diplomaten, Konsuln und Offiziere[1068]. Dies zeigt, dass dieser Vorschlag sowohl im Zusammenhang mit der Diskussion steht, die durch die Reform des diplomatischen und konsularischen Dienstes angeregt wurde, als auch mit der daraus resultierenden Diskussion über die Reform des SOS, dessen Ausbau zur Auslandshochschule Eltzbacher als Neuschaffung wertet[1069] und daher zugunsten der Gründung von Auslandsinstituten an Handelshochschulen ablehnt.

1064 Ibid, S. 10.
1065 Ibid.
1066 Ibid, S. 8.
1067 Ibid, S. 10.
1068 Ibid, S. 11.
1069 Ibid, S. 9.

Der zweite Teil in Eltzbachers Schrift umfasst die Ergebnisse der Rückläufe der von ihm durchgeführten Umfrage. Kurz nach Erscheinen seines oben behandelten Artikels in der *Kölnischen Zeitung* versandte Eltzbacher einen Fragebogen an verschiedene führende Vertreter der deutschen Wirtschaft sowie an Handelskammern, um den praktischen Bedarf von Auslandsinstituten im Rahmen von Handelshochschulen zu ermitteln. Wie Eltzbacher einleitend ausführt, war die Resonanz der Umfrage sehr gut. Die Mehrzahl der Befragten stimmte demnach seinem Vorschlag, Auslandsinstitute an Handelshochschulen zu errichten, uneingeschränkt zu, wenige Befragte standen seinem Plan zwar nicht ohne Vorbehalte, aber dennoch positiv gegenüber. Nur eine geringe Zahl der Befragten lehnte seinen Vorschlag ab. Statistische Angaben zur Umfrage fehlen in Eltzbachers Werk. Eine ausführliche Behandlung der Rückläufe erfolgt im Rahmen der vorliegenden Arbeit nicht.

Den dritten Teil seiner Schrift widmet Eltzbacher einer Besprechung der Umfrageergebnisse. Dabei wird die Notwendigkeit einer Auslandshochschule in Deutschland im Allgemeinen festgestellt, da eine Vorbildung für das Ausland in weiten Kreisen anerkannt werde[1070], und eine entsprechende inhaltliche Ausgestaltung dieser Institution vorgeschlagen. Eltzbacher diskutiert die einzelnen Hochschultypen in Deutschland, die für den Ausbau zur Auslandshochschule in Frage kommen, u. a. Universitäten und das SOS[1071]. Er kommt aber zu dem Ergebnis, dass gegenwärtig trotz der verschiedenen vorhandenen Ausbildungseinrichtungen für das Auslandsstudium keine ausreichenden Voraussetzungen dafür in Deutschland bestehen, was wiederum die Errichtung einer *Deutschen Auslandshochschule* rechtfertige.[1072] Über die Ausgestaltung dieser Einrichtung bestand jedoch noch Unklarheit. Eltzbacher hebt hervor, dass sich die Befürworter der *Deutschen Auslandshochschule* nur für einen Teil der zu errichtenden Institution interessieren, so etwa Palme für die Nationenwissenschaft und Pohl für eine Völkerrechtsabteilung.[1073] Eltzbacher versucht daher einen Organisationsplan der Auslandshochschule zu erstellen, der als Grundlage für weitere Diskussionen dienen soll.

Er geht davon aus, dass die Vorbildung für das Ausland, also das Auslandsstudium, aus zwei Komponenten besteht: aus einem allgemeinwissenschaftlichen Unterbau und aus einem landeskundlichen Oberbau. Die Auslandshochschule sollte den Studierenden einerseits eine solide Allgemeinbildung bieten, die ihnen das Arbeiten im Ausland erleichtere. Andererseits sollte die Auslandshochschule die »Kenntnis der wichtigsten Erdgebiete und ihrer Sprache übermitteln«[1074]. Zum allgemeinwissenschaftlichen Unterbau zählt Eltzbacher drei Elemente: die geographische, juristische sowie national- und privatökonomische Bildung. Wie aus seinen weiteren Ausführungen hervorgeht, sollte der Unterricht in diesem Bereich

1070 Ibid, S. 61.
1071 Ibid, S. 68–72.
1072 Ibid, S. 72.
1073 Ibid, S. 73.
1074 Ibid.

beachtlich in die Tiefe gehen, sodass m. E. von einer Allgemeinbildung oder von allgemeinwissenschaftlichem Unterricht im engeren Sinne nicht mehr die Rede sein konnte. Den Unterricht in Geographie stellte sich Eltzbacher beispielsweise wie folgt vor:

> »Die erste Voraussetzung für das Wirken im Ausland ist geographische Bildung, d. h. über die bloße Kenntnis der Erdoberfläche hinaus die Fähigkeit, die ein Land betreffenden geographischen Tatsachen in ihrer Bedeutung zu würdigen und zu einer Gesamtanschauung des Landes zusammenzufassen. Die natürliche Gestaltung eines Landes hat einen großen Einfluß auf alle seine Verhältnisse. Seine Lage, seine Verbindung mit anderen Ländern, sein Klima, seine Ausstattung mit Küsten, Flüssen und Gebirgen, seine Bodenschätze, seine Pflanzen- und Tierwelt, die Art seiner Bevölkerung, dies und anderes ist von der größten Bedeutung für das Leben des Landes. Eine Änderung in jenen Tatsachen hat nicht selten eine vollständige Umwälzung der Verhältnisse zur Folge, und man kann die Verhältnisse nicht verstehen, wenn man nicht mit jenen Tatsachen bekannt ist. (...) Deshalb gehört zu dem allgemeinwissenschaftlichen Unterbau der Auslandshochschule ein geographischer Unterricht, der es ermöglicht, die geographischen Verhältnisse eines einzelnen Erdgebietes besser zu überblicken und ihre Tragweite zu würdigen. Bei diesem Unterricht handelt es sich nicht darum, daß der Lernende eine ins einzelne gehende Kenntnis der Erdoberfläche erlangt, sondern sein Blick soll für die geographischen Tatsachen und Zusammenhänge geschärft werden, und nur soweit es diesem Zwecke dient, braucht er sich geographisches Wissen anzueignen. Zu einem solchen geographischen Unterricht, der dem Studium einzelner Erdgebiete die sichere allgemeine Grundlage geben soll, gehört eine Vorlesung über allgemeine Geographie, sodann eine solche, die einen geographischen Überblick über die Erdoberfläche bietet, endlich eine solche über allgemeine Wirtschaftsgeographie (...) Hinzutreten muß eine Vorlesung, welche die allgemeingeographischen Lehren an einem einzelnen Erdgebiete erläutert[.]«[1075]

Eltzbacher schlägt hier ein an Stofffülle und -tiefe nicht zu überbietendes Unterrichtsprogramm für nur ein einziges Fach vor, wobei es sich ihm zufolge dabei nur um Grundlagenwissen handelt. Unklar ist zudem, ob er mit »Erdgebiet« ein einzelnes Land oder eine Länderregion meint. Zur Unterrichtssprache werden, wie auch in den Erläuterungen zur juristischen und wirtschaftlichen Bildung, keine Angaben gemacht. Es ist anzunehmen, dass Eltzbacher davon ausging, dass diese Deutsch sein sollte.

In den Ausführungen zur juristischen Bildung erläutert Eltzbacher, dass das Recht eines Volkes in enger Wechselwirkung mit seiner Gesamtkultur steht. Zum Verständnis der Kultur eines Volkes sei es daher nötig, wenigstens die Grundzüge seines geltenden Rechts zu kennen. Eltzbacher stellt weiter fest, dass zwischen den Rechten verschiedener Länder Verwandtschaftsbeziehungen bestehen. Aus diesem Grund sollten die Studierenden der Auslandshochschule Unterricht in deutschem Recht erhalten, wobei auch hier nur Grundzüge davon behandelt werden sollten.

1075 Ibid, S. 74–75. Hervorhebung im Original.

Eltzbacher schlägt dabei Vorlesungen über bürgerliches Recht, über Handels-, Wechsel-, Zivilprozess- und Konkursrecht vor sowie über Staats-, Verwaltungs- und Völkerrecht.[1076]

Zur Abrundung der Allgemeinbildung fordert Eltzbacher Unterricht in National- und Privatökonomie. Dieser würde Einblicke in das Wirtschaftsleben eines Landes ermöglichen:

> »Immerhin wird man anerkennen müssen, daß das Wirtschaftsleben eines Volkes auf sein ganzes Dasein einen sehr großen Einfluß hat und daß man ein Land nicht verstehen kann, ohne mit seinem Wirtschaftsleben innig vertraut zu sein.«[1077]

Ähnlich wie der Geographie- und Rechtsunterricht sollten im Wirtschaftsunterricht keine vertiefenden Studien erfolgen, sondern Grundlagen vermittelt werden. Als Unterrichtseinheiten schlägt Eltzbacher theoretische Nationalökonomie, Volkswirtschaftspolitik, Finanzwissenschaft und Privatwirtschaftslehre vor[1078]. Aus den Ausführungen geht nicht klar hervor, ob sich dieser Unterricht jeweils auf die jeweiligen Verhältnisse des Auslandes oder auf Deutschland bezieht. Eltzbacher zufolge könnte der dargelegte allgemeinwissenschaftliche Unterricht durch andere Bereiche ergänzt werden, etwa durch Geschichte und Politik[1079].

Die breit angelegte allgemeinwissenschaftliche Bildung sollte als Unterbau für die landeskundliche Ausbildung dienen. Diese sollte im Rahmen von Auslandsinstituten vermittelt werden, die für das Studium bestimmter Länder eingerichtet werden sollten. Eltzbacher verwirft, ähnlich wie Palme, »erdumspannende Vorlesungen über ein bestimmtes Sachgebiet«[1080]. Auslandsinstitute sollten durch die Fokussierung auf ein bestimmtes Land eine fundierte Vorbildung für das Ausland bieten:

> »Vor allem aber bietet eine Gliederung des Unterrichts nach Ländern die einzige Möglichkeit einer wirklich gründlichen Vorbildung. Der Lernende ist in der Lage, statt einer mangelhaften und oberflächlichen Vorbildung für das Ausland im ganzen, eine gute und gediegene Vorbildung für einen bestimmten Teil des Auslandes zu erwerben. Man erzeugt in ihm nicht eine verschwommene Vorstellung von den Verhältnissen der verschiedensten Länder, sondern man macht ihn mit einem bestimmten Lande, seinen Verhältnissen und seiner Sprache gut und gründlich bekannt.«[1081]

Für die Auslandsinstitute sollten Dozenten gewonnen werden, die in der Lage waren, über die geographischen, rechtlichen und ökonomischen Verhältnisse eines bestimmten Landes zu unterrichten. Eltzbacher hält es nicht für angebracht, die Zuständigkeit für einzelne Gebiete, etwa Geographie oder Wirtschaft, in die Hände von verschiedenen Personen zu legen. Dies führe seiner Meinung nach zu einer

1076 Ibid, S. 76–77.
1077 Ibid, S. 78.
1078 Ibid, S. 78–79.
1079 Ibid, S. 80.
1080 Ibid, S. 81. Hervorhebung im Original.
1081 Ibid, S. 83.

ungewollten Schwerpunktsetzung. Stattdessen favorisiert er Personen, die sich als allseitige Kenner fremder Länder erweisen.[1082] In seinen Ausführungen zur Qualifikation der Dozenten und Lektoren der Auslandsinstitute lehnt sich Eltzbacher eng an Palme an: Die Dozenten sollten Deutsche sein mit entsprechender Qualifikation für die geforderte Aufgabe[1083]. Bei den Lektoren hingegen wurde keine wissenschaftliche Ausbildung vorausgesetzt. Wichtig war, dass sie die Sprache, die sie unterrichteten, vollkommen beherrschten:

> »Die Lektoren haben nur die eine Aufgabe des Sprachunterrichts. Es ist wünschenswert, daß sie diesen benutzen, um die Lernenden zugleich mit den Verhältnissen des Gebietes, dessen Sprache sie lehren, bekannt zu machen, aber bei ihrer ganzen Tätigkeit muß doch das Bestreben im Vordergrunde stehen, Fertigkeit im mündlichen und schriftlichen Gebrauch der Sprache zu erzielen.«[1084]

Neben der Ausbildungsfunktion sollten Auslandsinstitute auch eine Forschungsfunktion erfüllen. Unter Bezugnahme auf Palme legt Eltzbacher dar, dass Kultur und Sprache der fremden Länder bislang noch nicht im Zusammenhang erforscht wurden und sich somit ein neues Forschungsgebiet, die Nationenwissenschaft, Bahn bricht.[1085]

Am Ende seines Werkes geht Eltzbacher auf die bestehenden Voraussetzungen an Handelshochschulen ein und legt dar, warum sich Handelshochschulen für den Ausbau zu Auslandshochschulen besonders eignen:

> »Die Handelshochschulen sind nicht umsonst die jüngsten Hochschulen. Die juristisch-ökonomische-geographische Ausbildung, die sie dem Kaufmann für seinen Beruf bieten, ist zugleich die beste geistige Ausrüstung des modernen Menschen und die geeignetste Vorbildung für jeden, der in ein fremdes Land gehen will. Denn natürliche Verhältnisse der Erdoberfläche, rechtliche und wirtschaftliche Verhältnisse sind es vorzugsweise, mit denen er vertraut werden muß, und dies wird ihm ungemein erleichtert, wenn sein Blick für solche Dinge geschärft ist. Auf diese Weise besitzen die Handelshochschulen bereits auf grund (sic!) ihrer bisherigen Aufgaben den allgemeinwissenschaftlichen Unterbau jeder Auslandsbildung. Man braucht nur den landeskundlichen Oberbau neu hinzuzufügen, Auslandsinstitute für die wichtigsten Erdgebiete an sie anzugliedern, um sie zugleich zu Auslandshochschulen zu machen.«[1086]

Aufgrund des finanziellen Aufwands favorisiert Eltzbacher die Zentralisierung der Auslandsstudien und schlägt daher den Ausbau der Handelshochschule Berlin zur Auslandshochschule vor[1087].

Die Recherchen für die vorliegende Arbeit legen den Schluss nahe, dass Eltzbachers Vorschlag der einzige ist, der speziell für die Ausgestaltung der Handels-

1082 Ibid, S. 85.
1083 Ibid, S. 88.
1084 Ibid, S. 90.
1085 Ibid, S. 85 und 99.
1086 Ibid, S. 106.
1087 Ibid, S. 107.

hochschulen als Auslandshochschulen in der Diskussion über die *Deutsche Auslandshochschule* gemacht wurde. Dabei klammert er die Integration der Sprache in den von ihm vorgeschlagenen Studiengang völlig aus, obwohl er in seinem Zeitungsartikel von 1914 die Bedeutung der Sprache für das Studium des Auslandes hervorhebt. In diesem Zusammenhang scheinen Eltzbachers Ausführungen zur Teilung der Aufgaben von Dozenten und Lektoren unschlüssig, denn er will den fachlichen Teil der Ausbildung in den Händen von deutschen Dozenten mit wissenschaftlicher Ausbildung wissen und den Sprachunterricht den Lektoren ohne wissenschaftliche Ausbildung überlassen. Eltzbacher impliziert damit eine Trennung von Sprach- und Fachunterricht. Außerdem weist er der Sprache durch die mindere Qualifikation der Lektoren für den Sprachunterricht eine untergeordnete Rolle zu. Hier zeigt sich m. E. ein Denkfehler, denn Eltzbacher erkennt nicht den Wert der Sprachkenntnisse für die Erschließung der von ihm so detailliert geschilderten Fachkenntnisse.

Möglicherweise machte sich Eltzbacher keine vertiefenden Gedanken über die praktische Umsetzung seines Vorschlags, denn er lässt offen, ob das Studium der jeweiligen Bereiche, etwa juristische oder wirtschaftliche Verhältnisse, mit Fokus auf das Ausland oder auf Deutschland studiert werden sollen. Seine Sicht scheint sich eher auf Deutschland zu konzentrieren. Dabei unterscheidet sich sein Vorschlag von den später gegründeten Dolmetscher-Instituten, die den Fokus gezielt auf das Studium ausländischer Verhältnisse richteten, um dadurch auch einen Vergleich mit deutschen Verhältnissen zu ermöglichen.

Das nationenwissenschaftliche Studium wurde auch im Ausland im kaufmännischen Bildungswesen thematisiert. Im Herbst 1914 wurde etwa die in Deutschland geführte Diskussion über die *Deutsche Auslandshochschule* in einer Rede im Verein der österreichischen Handelsschullehrer aufgegriffen und seine Bedeutung als nationenwissenschaftliches oder – wie es der Redner nennt – volkswissenschaftliches Studium hervorgehoben. Der Redner geht dabei auf die von Palme dargelegte Nationenwissenschaft ein (vgl. 2.2.3.3), ohne Palme jedoch namentlich als Urheber dieser Richtung zu nennen. Weiter führt der Redner Entwicklungen in Handel und Industrie an, die eine Ausbildung im nationenwissenschaftlichen Sinne für den Kaufmann rechtfertigen.[1088]

Auch in Deutschland war das Thema Auslandshochschulen Teil der Besprechungen auf Verbandssitzungen. So etwa auf der Ausschusssitzung des DVkB Anfang Juni 1916 in Eisenach[1089]. Als Berichterstatter war C. H. Becker vorgesehen, der spätere preußische Unterrichtsminister. Wie dem Protokoll der Besprechung zu entnehmen ist, war dieser verhindert. Aus diesem Grund übernahm Stegemann das Referat, in dem er einen Überblick über den Stand der politischen Diskussion über die *Deutsche Auslandshochschule* gibt. Stegemann zufolge greife die Diskus-

1088 Vgl. Schmid (1914: 399–401).

1089 Zur Ankündigung des Programms der Ausschusssitzung des DVkB vom 02.–03.06.1916 in Eisenach vgl. N. N. (1916: 17).

sion über die Auslandsbildung in das gesamte Bildungswesen ein. Er informiert darüber, dass die Diskussion, in der es ursprünglich um die Erweiterung des SOS ging, in den Parlamentsberatungen dahingehend eine Wende genommen hatte, dass nun anstelle der Errichtung einer speziellen Auslandshochschule der Ausbau des Studiums über die Verhältnisse fremder Länder an allen bestehenden Hochschulen in den Fokus gerückt sei, um dem Interesse des auswärtigen Dienstes, des Kolonialdienstes und der Wirtschaft zu entsprechen.[1090] Da somit auch Handel und Industrie zum Kreis der Interessenten an einer Auslandshochschule von den amtlichen Stellen gezählt werden, sei es die Aufgabe des DVkB zu prüfen, ob ein Bedarf zur Errichtung einer Auslandshochschule bestehe.

Stegemann weist darauf hin, dass aus der politischen Diskussion herauszuhören sei, dass durch die Errichtung einer Auslandshochschule gewisse Vorteile für Deutschland gegenüber dem Ausland erreicht werden sollen, »und zwar in erster Linie durch ein verständnisvolles Eindringen in das Empfindungsleben und die Gedankenwelt der einzelnen Völker«[1091]. In seinen weiteren Ausführungen führt Stegemann einen Aspekt an, der ihn m. E. ehrt und der in der Diskussion über die *Deutsche Auslandshochschule* weitgehend außer Acht gelassen wurde: der Respekt gegenüber Ausländern:

> »Noch wichtiger, ja ausschlaggebender ist es aber – und darin sehe ich den Kernpunkt der Frage –, daß wir Deutsche lernen, das uns vielleicht fremdartige Empfindungsleben auch entsprechend zu respektieren und die Ausländer nicht, wie es leider oft geschieht, durch ein ihnen mißfälliges und fremdartiges Auftreten zu verletzen.«[1092]

In seinem Referat, in dem er sich auch auf Quellen anderer Personen stützt, klingt wiederholt an, dass durch das geforderte Auslandsstudium die Psyche fremder Völker ergründet werden könne[1093]. Bei dieser Betrachtungsweise bestand m. E. aber die Gefahr, zu Pauschalisierungen zu gelangen und Eigenschaften, die etwa für eine kleine Gruppe oder Einzelpersonen festgestellt werden können, unqualifiziert auf eine Gesamtheit zu übertragen. Stegemann schließt seine Ausführungen mit der Empfehlung, dass der DVkB seines Erachtens die Vertiefung der Kenntnisse über fremde Länder mit dem Ausbau der vorhandenen Bildungseinrichtungen fördern sollte. In der anschließenden Diskussion auf der Verbandssitzung in Eisenach 1916 wurde der Ausbau verschiedener Veranstaltungen an den Handelshochschulen angeregt, so etwa auch die neuphilologischen Fächer, in denen »Wirtschaftsgeschichte und sonstige sachliche wirtschaftliche Belehrungen mehr und planmäßiger berücksichtigt werden«[1094] sollten.

Auf der genannten Sitzung wurde Eltzbachers Schrift mit einem Organisationsplan für die *Deutsche Auslandshochschule* von Apt kritisiert, der mitteilte, dass die

1090 Vgl. DVkB (1916: 26–28).
1091 Ibid, S. 29.
1092 Ibid, S. 30. Hervorhebung im Original.
1093 Ibid, S. 30–31.
1094 Ibid, S. 33.

Verwaltung der Handelshochschule Berlin Eltzbachers Vorschlag, diese Einrichtung zur zentralen Auslandshochschule in Deutschland auszubauen, nicht unterstütze. Stattdessen regt Apt an, entgegen seines früheren Vorschlags, die »Auslandskunde«[1095] in allen Hochschulen je nach Bedarf auszugestalten. Es überrascht, dass in der Sitzung im Juni 1916 in Eisenach Eltzbachers Umfrage zum Bedarf an Auslandsinstituten an Handelshochschulen aus dem Jahr 1914 nicht thematisiert wurde, denn letztendlich hätten diese Ergebnisse als fundierte Diskussionsgrundlage dienen können.

Ein Nachredner Apts wandte ein, dass die Errichtung einer Auslandshochschule nicht erstrebenswert sei, da der Unterricht das Verständnis für die wirtschaftlichen Verhältnisse im Inland vernachlässige[1096]. In einem anderen Diskussionsbeitrag wurde aber darauf hingewiesen, dass gerade der Krieg unterschiedliche Lebens- und Weltanschauungen zwischen verschiedenen Völkern vor Augen führe. Ein Ausgleich zwischen diesen Gegensätzen durch einen entsprechenden Unterricht sei daher wünschenswert.[1097] Bei einer Abstimmung am Ende der Diskussion wurde die Errichtung einer Auslandshochschule abgelehnt, da diese nicht im Interesse des kaufmännischen Bildungswesens stehe. Folgende Leitsätze wurden von der Versammlung einstimmig angenommen:

> »1. Der Deutsche Verband für das kaufmännische Bildungswesen kann sich von der Errichtung besonderer Auslandshochschulen neben den bereits bestehenden Bildungseinrichtungen einen nennenswerten Nutzen für die Heranbildung des kaufmännischen Nachwuchses nicht versprechen.
>
> 2. Der beabsichtigte weitere Ausbau und die Vertiefung des Auslandsstudiums an den Universitäten, Hochschulen und sonstigen höheren Bildungsanstalten kann vom Standpunkt der Allgemeinbildung und höheren Berufsbildung nur erwünscht sein. Ebenso wichtig und in seiner Massenwirkung besonders nutzbringend wird aber eine entsprechende Umformung, Ergänzung und Vertiefung der in Betracht kommenden Unterrichtsfächer in den allgmeinbildenden und fachlichen Mittelschulen sein. Für das kaufmännische Bildungswesen sind die bereits bestehenden mannigfachen Einrichtungen zum Studium des Auslandes gemäß unserer nach dem Kriege zu erwartenden stärkeren Weltstellung weiter auszubauen und zu ergänzen. Diese Aufgabe ist schon während des Krieges aufzunehmen und damit ein besonderer Ausschuß zu betrauen.«[1098]

Etwa ein Jahr nach der skizzierten Ausschusssitzung des DVkB in Eisenach informiert eine Meldung, dass die geplante Denkschrift über die Frage des Auslandsstudiums, die laut Beschluss des DVkB auf der Ausschusssitzung im Juni 1916 von einer besonderen Kommission erarbeitet werden sollte, noch nicht fertiggestellt werden konnte. Die geplante Denkschrift sei inzwischen ohnehin aufgrund der Veröffentlichung der Denkschrift des preußischen Unterrichtsministeriums über-

1095 Ibid, S. 34.
1096 Ibid, S. 35–36.
1097 Ibid, S. 36.
1098 Ibid, S. 37.

holt. Dabei handelte es sich um die *Denkschrift über die Förderung der Auslandsstudien* (vgl. 2.2.3.6). Die Angelegenheit sollte aber dennoch nicht ad acta gelegt werden, da die Denkschrift des Ministeriums kaum die Interessen der Handelshochschulen berücksichtigte. Spezielle Lösungen für den Handelshochschulbereich sollten auf dem nächsten Kongress des DVkB behandelt werden.[1099]

Im Mai 1918 fand eine Ausschusssitzung des DVkB in Eisenach statt. Auch auf dieser Sitzung wurde das Thema Auslandshochschule und Pflege des Auslandsstudiums behandelt. Dabei wurde der aktuelle Stand der Angelegenheit erörtert und beschlossen, gemäß der *Denkschrift über die Förderung der Auslandsstudien* des preußischen Unterrichtsministeriums, das Auslandsstudium nicht nur an Handelshochschulen, sondern auch auf anderen Ebenen des kaufmännischen Bildungswesens einzuführen. Außerdem wurde ein Beschluss darüber gefasst, dass die geplante Denkschrift des DVkB über die Auslandshochschule und die Pflege des Auslandsstudiums, die der eigens dafür eingerichtete Ausschuss erarbeiten sollte, trotz der bereits veröffentlichten Denkschrift des preußischen Unterrichtsministeriums publiziert werden sollte.[1100] Im recherchierten Material konnte kein entsprechendes Dokument ermittelt werden. Es ist anzunehmen, dass der Ausgang des Ersten Weltkriegs die Pläne des DVkB durchkreuzte und eine entsprechende Denkschrift nie verfasst wurde.

Die vorangehende Darstellung zeigt, dass auch in Handelshochschulkreisen über die Errichtung einer *Deutschen Auslandshochschule* diskutiert wurde. Es fällt dabei auf, dass es keine konkreten Vorstellungen von der Form des Auslandsstudiums gab. Diskutiert wurde über die Möglichkeit einer zentralen Auslandshochschule im Rahmen der Handelshochschule Berlin, über einzelne den Handelshochschulen angegliederten Auslandsinstituten sowie das Auslandsstudium als Element der bisherigen Veranstaltungen an sich. Die Grenzen zwischen diesen Möglichkeiten waren fließend und somit kam es häufig vor, dass dieselbe Person verschiedene Möglichkeiten unterstützte.

Die obigen Ausführungen belegen aber auch, dass der Bedarf bestand, eine Studienmöglichkeit über die Verhältnisse des Auslands in der kaufmännischen Hochschulausbildung einzurichten. Die in Handelshochschulkreisen angestellten Erwägungen über das Auslandsstudium zwischen 1914 und 1916 kündeten m. E. von den Dolmetscher-Instituten, die 1930 an der Handelshochschule in Mannheim und 1937 an der Handelshochschule in Leipzig gegründet wurden. Der politische und wirtschaftliche Kontext der 1910er und 1920er Jahre und damit verbunden der dringende Bedarf an hochschulischen Einrichtungen, die ein vertieftes Studium über die Verhältnisse des Auslandes und in fremden Sprachen anboten, waren der Beginn einer Entwicklung im kaufmännischen Bildungswesen, die in den Dolmetscher-Instituten an den Handelshochschulen ihre Vollendung fand. Das curriculare Konzept der DIs sah einen die Sprache und die Kultur eines Landes verbindenden

1099 Vgl. N. N. (1917: 25).
1100 Vgl. DVkB (1918: 15–16).

Ansatz vor, bei dem auf der Basis von (Fach-)Sprach- und (Fach-)Textforschungen ein Verständnis für die ausländischen Verhältnisse herbeigeführt werden sollte. Bei dieser Art des Studiums wurde das Sprachstudium als Mittel zum Zweck akzentuiert. Diese Betonung, die der Sprache im Rahmen eines erfolgversprechenden Auslandsstudiums zukommen musste, wurde aber in der gesamten Diskussion über die Auslandsstudien nicht gewürdigt, obwohl dieser Aspekt bereits 1914 ausführlich von Palme dargelegt worden war (vgl. 2.2.3.3).

2.4.6 Zusammenfassung der Ergebnisse

Anfang des 18. Jahrhunderts wurden die ersten Rufe nach einer wissenschaftlichen Behandlung des Handelsverkehrs an Universitäten laut. Diese blieben jedoch ungehört. Zur selben Zeit wurden Technische und Landwirtschaftliche Hochschulen gegründet. Der Handelsstand musste noch etwa hundert weitere Jahre warten, bis für seinen Berufszweig Hochschulen gegründet wurden.

Der *Deutsche Verband für das kaufmännische Unterrichtswesen* (DVkU), der im Jahre 1896 gegründet wurde, war die treibende Kraft hinter der allgemein als notwendig empfundenen Verbesserung des kaufmännischen Bildungswesens und wirkte zwischen 1898 und 1919 im Rahmen der sogenannten Handelshochschulbewegung auf die Gründung von neun Handelshochschulen in Deutschland hin. Bis auf die Handelshochschule Nürnberg wurden bis Ende des Zweiten Weltkriegs sämtliche Handelshochschulen in Deutschland geschlossen und meist als wirtschaftswissenschaftliche Abteilungen in Universitäten integriert. An zwei Handelshochschulen, Mannheim und Leipzig, wurden Dolmetscher-Institute gegründet (vgl. 2.6, 2.7), von denen nur das Dolmetscher-Institut der Handelshochschule Mannheim seit 1933 an der Universität Heidelberg bis auf den heutigen Tag – in weiterentwickelter Form – weiterbesteht.

Die Gründung von Handelshochschulen wurde ab Ende 1897 fundiert, besonnen und nachhaltig vorangetrieben. Überstürztes Handeln wurde bewusst wegen fehlender Erfahrungswerte und eines möglichen finanziellen Schadens vermieden. Jede Handelshochschulgründung ist zwar im Zusammenhang mit der Handelshochschulbewegung zu sehen, dennoch liefen die einzelnen Gründungen unabhängig voneinander ab, was etwa Trägerschaft und finanzielle Unterstützung betraf. Auch inhaltlich wurden unterschiedliche Schwerpunkte gesetzt je nach den Belangen der jeweils regionalen Handelsbedürfnisse. An manchen Standorten wurden sogenannte Handelshochschulkurse einer Handelshochschulgründung vorgeschaltet, um die Nachfrage nach dem Bildungsangebot zu eruieren und eine mögliche Hochschulgründung entsprechend zu rechtfertigen. Aufgrund der starken Nachfrage entwickelte sich das Handelshochschulwesen aber positiv. Die Gründe dafür traten zu Beginn der Handelshochschulbewegung zutage: Der gesamte Handelsstand, aber vor allem Großindustrielle als besitzende Klasse, fühlten sich gegenüber anderen führenden Gesellschaftsschichten aufgrund ihrer fehlenden akademischen Allgemein- und Fachbildung herabgesetzt, denn die kaufmännische Ausbildung fand traditionell in der Praxis statt. Mit zunehmender Technisierung und Spezialisierung der Berufswelt wurde dem Kaufmannsstand aber vor Augen geführt, dass ihm wissenschaftlich fundierte Ausbildungsmöglichkeiten fehlten.

Das fehlende Bildungsniveau hatte etwa auch Auswirkungen auf die politische Vertretung des Kaufmannstandes im Parlament, die meist nur indirekt gewährleistet war. Ein Anreiz für eine organisierte kaufmännische Ausbildung war daher auch, sich politisch zu emanzipieren und jeweilige Standesinteressen in der Öffentlichkeit selbst vertreten zu können. Kaufleute sollten nicht länger anderen führenden Gesellschaftsschichten in Bildungsbelangen nachstehen.

In diesem Zusammenhang wurde eine breite Allgemeinbildung im Rahmen der kaufmännischen Ausbildung besonders an Handelshochschulen beschworen, die letztendlich in einem weitgefassten, geradezu übertriebenen, allgemeinbildenden Konzept des fremdsprachlichen Unterrichts ihren Niederschlag fand. Der Kaufmannsstand hatte also ein starkes Bildungsbedürfnis und einen gewissen Nachholbedarf an allgemeiner und wissenschaftlich fundierter Bildung (vgl. 3.1.19).

Dieses Verlangen spiegelte sich in einer 1895 von der Handelskammer Braunschweig unter der Leitung von Richard Stegemann durchgeführten Umfrage zu kaufmännischen Fortbildungsschulen wider. Aufgrund der überwältigenden Beteiligung an der Umfrage wurde das Thema deutschlandweit erörtert und der organisierte Aufbau des kaufmännischen Bildungswesens beschlossen. Ein Verband, der kurz darauf gegründete DVkU, sollte kaufmännische Bildungsinteressen vertreten, um dadurch auch die internationale Wettbewerbsfähigkeit Deutschlands zu fördern. Es folgte eine weitere großangelegte Umfrage zum Bedarf an der Errichtung von Handelshochschulen in Deutschland, welcher mit beeindruckenden 80 Prozent bestätigt wurde und die allgemeine und fachliche Hochschulausbildung von zukünftigem Führungspersonal in Handel und Industrie auf eine wissenschaftliche Basis stellte.

Ab 1897 beriet eine Kommission über die Gründung von Handelshochschulen über organisatorische, rechtliche und inhaltliche Fragen. Über die Einbeziehung des fremdsprachlichen Unterrichts wurde auch diskutiert. Dabei zeigte sich ein facettenreiches Meinungsspektrum über alle Extreme hinweg, d.h. vom klaren Nein zur Integration fremder Sprachen in das Curriculum bis zu Forderungen, die fremde Sprachen als Hauptfach im Studienangebot befürworteten. Schließlich wurde ein fauler Kompromiss geschlossen: Handelshochschulen sollten zwar die Möglichkeit zum Erlernen fremder Sprachen bieten, konkrete curriculare Vorschläge blieben aber aus.

Die Crux an der Sache war, dass sich zu diesem Thema Personen äußerten, die zum Fremdsprachenunterricht im kaufmännischen Bildungswesen aufgrund fehlender Fachkompetenz kein qualifiziertes Urteil abgeben konnten. Allem Anschein nach waren in den Kommissionssitzungen Fachleute aus dem fremdsprachlichen Bereich nicht anwesend. Somit konnte auch keine Lanze für den fremdsprachlichen Unterricht gebrochen werden. Dies zeigte sich auch auf der Versammlung der Kommission 1898, wo Gutachten über die zu etablierenden Hochschulfächer vorgelegt wurden. Für den fremdsprachlichen Unterricht wurde erst gar kein Gutachten in Auftrag gegeben. Nur im Rahmen eines Gutachtens über Übungen im Handelshochschulunterricht, die nicht mit Vorlesungen verbunden waren, wurde dieser oberflächlich gestreift. Hierbei handelte es sich vornehmlich um Handelskorrespondenzkurse, für die nur in den Schulsprachen, Englisch und Französisch, Vorkenntnisse vorausgesetzt wurden. Für alle anderen angebotenen Sprachen wurden keine Vorkenntnisse verlangt. Zur Methodik des fremdsprachlichen Unterrichts fehlten zudem jegliche Angaben. Dies erklärt, warum der fremdsprachliche Unterricht schon in der Wurzel des Handelshochschulstudiums zu einem kümmerlichen Auswuchs verdammt war. Wenn man sich nun noch ausmalt, dass womöglich Sprachkurse verstärkt in den Handelshochschulkursen angeboten wurden, die vor allem von Hörern ohne besondere Qualifikation nachgefragt wurden, so ist es nicht verwunderlich, wie der fremdsprachliche Handelshochschulunterricht zu seinem schlechten Ruf kam. Hinzu kam noch, dass es kein Lehrpersonal gab, das für die Zwecke der Handelshochschulen ausgebildet war, weder in den wirtschaftswissenschaftlichen Fächern, geschweige denn in den fremdsprachlichen Fächern.

In den ersten Jahren nach Gründung der Handelshochschulen wurde diese Lücke in den wirtschaftswissenschaftlichen Fächern etwa mit Lehrpersonal von Universitäten oder Fachkräften aus der Handelspraxis überbrückt. Letzteres entsprach auch dem Grundsatz der Handelshochschulen, Theorie und Praxis in Einklang zu bringen. In den fremdsprachlichen Fächern wurden an das Lehrpersonal keine akademischen Qualifikationsanforderungen gestellt. Handelssprachlehrer konnten ohnehin weder im Rahmen des Studiums an Handelshochschulen noch an Universitäten ausgebildet werden. Dies wurde besonders von Vertretern des fremdsprachlichen Unterrichts im kaufmännischen Bildungswesen als gravierendes Problem erachtet (vgl. 2.5.6).

Das breite Fächerangebot an Handelshochschulen, das zur Befriedigung des Bildungsbedarfs Angehöriger kaufmännischer Berufe eingeführt wurde, wurde sehr gut nachgefragt und zwar nicht nur von ordentlichen Studierenden, sondern auch von Hörern und Hospitanten, die Studiengebühren zu entrichten hatten. Letztere Personengruppen, die das Kursangebot der Handelshochschulen abends nach ihrer Berufstätigkeit als Weiterbildungsmaßnahmen wahrnahmen, waren eine gute Einnahmequelle für die Handelshochschulen, da deren Zahl oft die von ordentlichen Studierenden übertraf. Zuweilen wurden Zulassungsbedingungen an Handelshochschulen zugunsten dieser Gruppe sogar gelockert, zu der auch Angehörige anderer Berufe, wie Juristen, Ärzte, Beamte, Offiziere und Handwerker zählten.

Der Protest von Inhabern deutscher Handelshochschuldiplome ließ nicht lange auf sich warten, da sie sich um den Wert ihrer Diplome sorgten. Viele Jahre galten Diplome der Handelshochschulen ohnehin als Nachteil bei der Arbeitssuche, da Arbeitgeber, oft Firmenpatriarchen und altgediente Praktiker, der Auffassung waren, nur eine gute Ausbildung in der Praxis sei die richtige, um sich für die Herausforderungen des Kaufmannsberufs zu rüsten. Erst Mitte der 1920er Jahre wurde durch eine Reform das Abitur als einziges Zulassungskriterium zum Studium an Handelshochschulen eingeführt. Das verringerte die Zahl der Hörer und Hospitanten beträchtlich. Insgesamt wuchs die Zahl der Studierenden an Handelshochschulen bis Mitte der 1920er Jahre aber stetig an. Eine Ausnahme bildeten die ersten Jahre des Ersten Weltkriegs, in denen ein Einbruch der Studierendenzahlen festgestellt wurde. Die stetig steigenden Studierendenzahlen sicherten den Handelshochschulen aber ihre Stellung in der deutschen Hochschullandschaft, obwohl sie bis 1914 keinen leichten Stand hatten und etwa in Universitätskreisen argwöhnisch beäugt wurden.

Die Handelshochschulen in Leipzig und Mannheim, an denen Dolmetscher-Institute gegründet wurden, hatten unterschiedliche Entstehungsgeschichten. Die Leipziger Handelshochschule wurde 1898 als erste Handelshochschule in Deutschland gegründet, die Mannheimer Handelshochschule wurde 1907 als erste in Süddeutschland ins Leben gerufen, nachdem sich die seit 1897/98 abgehaltenen Vorlesungszyklen und die seit 1905 veranstalteten Handelshochschulkurse als erfolgreich erwiesen hatten. An beiden Einrichtungen wurde ein für Handelshochschulen übliches zweijähriges Handelshochschulstudium angeboten. In Leipzig fungierten u. a. die Handelskammer und die Universität Leipzig als Träger, in Mannheim übernahmen diese Rolle u. a. die Stadt Mannheim und die Universität Heidelberg. Beide Handelshochschuleinrichtungen waren der Abteilung Kultus des zuständigen Ministeriums unterstellt. 1911 wurden beide Handelshochschulen in eine selbstständige Anstalt des öffentlichen Rechts überführt. Die Handelshochschule Leipzig hatte Versuchscharakter und operierte in den ersten Jahren ohne eigene Räumlichkeiten und eigenes Lehrpersonal. Ähnlich war es in Mannheim, wo wie in Leipzig Universitätslehrer und Praktiker an der Handelshochschule unterrichteten. Beide Handelshochschulen erfreuten sich einer stabilen Nachfrage von Studierenden, wobei die Handelshochschule Leipzig einen hohen Ausländeranteil verzeichnete, der vor allem den traditionellen Leipziger Handelsverbindungen nach Osteuropa und Russland geschuldet war. An der Handelshochschule Mannheim war der Ausländeranteil unter den Studierenden traditionell eher gering.

Im Ersten Weltkrieg verzeichneten beide Hochschulen einen Rückgang an Studierenden, danach erholten sich die Studierendenzahlen aber wieder. 1916 wurde der Handelshochschule Mannheim das Habilitationsrecht verliehen und 1929 das Promotionsrecht. Die Handelshochschule Leipzig erhielt 1930 das Promotionsrecht.

1929 wurden an der Handelshochschule Leipzig zwei Sprachlehrstühle eingerichtet. An der Handelshochschule Mannheim bestand bereits seit 1911 eine Sprachprofessur. Die zuständigen Professoren der Sprachlehrstühle waren in Mannheim Charles Glauser (vgl. 2.6.6.1), in Leipzig Alexander Snyckers (vgl. 2.7.2.2.1) und Leo von Hibler (vgl. 2.7.2.2.2). Das erste Dolmetscher-Institut seiner Art wurde 1930 an der Handelshochschule Mannheim durch das Engagement von Charles Glauser und seines jungen Kollegen Curt Gutkind (vgl. 2.6.6.2) eröffnet. Das Dolmetscher-Institut an der Handelshochschule Leipzig öffnete 1937 unter der Federführung von Alexander Snyckers seine Türen. Beide Einrichtungen wurden, ähnlich wie bei den Handelshochschulgründungen, unabhängig voneinander und von unterschiedlichen Personen ins Leben gerufen. Jedoch hatten an beiden Einrichtungen der Fremdsprachenunterricht und das sich daraus entwickelnde Sprachstudium einen im Vergleich mit anderen Handelshochschulen hohen Stellenwert. In geschichtlichen Aufzeichnungen zu den Handelshochschulen werden die Sprachlehrstühle dennoch meist übergangen.

Die Existenz der Handelshochschule Mannheim erlosch 1933 mit der Eingliederung in die Universität Heidelberg. Finanzielle Probleme zwangen zu diesem Schritt. Das Dolmetscher-Institut konnte nur wenige Jahre zuvor – bedingt durch eine zunehmend internationale Ausgestaltung von Politik und Wirtschaft und die damit einhergehende notwendige Sprachmittlung (vgl. 2.1.2.5) – gerade noch errichtet werden. Die Handelshochschule Leipzig überlebte den Zweiten Weltkrieg infrastrukturell und personell schwer beschädigt und erlosch im Februar 1946 mit der Eingliederung der wirtschaftswissenschaftlichen Abteilungen in die Universität Leipzig. Das Dolmetscher-Institut wurde nicht mit in die Universität eingegliedert und im Mai 1946 endgültig geschlossen. Vermutlich stellte dieses Institut bei den Eingliederungsverhandlungen zwischen der Handelshochschule und der Universität Leipzig, ähnlich wie im Fall der Eingliederung der Handelshochschule Mannheim in die Universität Heidelberg, einen Streitpunkt dar. Während dieser im Leipziger Fall das Ende des Dolmetscher-Instituts bedeutete, übernahm die Universität Heidelberg zähneknirschend die Einrichtung, mit der sie nicht so richtig etwas anzufangen wusste, nicht zuletzt da sie ja völlig aus ihrem ursprünglichen institutionellen Zusammenhang gerissen worden war und Lehrpersonal in verantwortlichen Positionen fehlte. (vgl. 2.6, 2.7).

Die Studiengangskonzeption an den Dolmetscher-Instituten weist Parallelen zu einer Einrichtung im kaufmännischen Bildungswesen auf, die bereits 1903 und 1905 in der *Internationalen Gesellschaft zur Förderung des kaufmännischen Unterrichtswesens* angeregt und 1907 ins Leben gerufen wurde. Es handelt sich dabei um die *Internationalen Sprach- und Wirtschaftskurse*, in deren Planung auch die beiden Gründer der Dolmetscher-Institute, Glauser und Snyckers, involviert waren.

Die Motivation zur Schaffung dieser Kurse war die zunehmende Verflechtung der deutschen Wirtschaft und anderer Landesökonomien mit ausländischen Märkten, die Kenntnisse über fremde Kulturen vor allem von zukünftigen Exportkaufleuten verlangte (vgl. 2.1.2.4). An dieser Stelle darf der Hinweis nicht fehlen, dass auch die traditionelle Ausbildung von Exportkaufleuten, die bis ins 19. Jahrhundert meist auf privater Basis in einem ausländischen Betrieb stattfand, obwohl häufig verklärt, auch so mancher Kritik unterzogen wurde. Von 1903 datiert darüber ein Beispiel von einer Sitzung der *Internationalen Gesellschaft*. Darin wird das frühere Ausbildungssystem von Außenhandelskaufleuten als mangelhaft dargestellt. Es sei unkoordiniert und unfundiert gewesen. In Anbetracht der weltwirtschaftlichen Entwicklungen mit ihren technischen Neuerungen konnte aber nicht länger ignoriert werden, dass auch in der Ausbildung für dieses Spezialgebiet auf die Vermittlung wissenschaftlich begründeter Kenntnisse verzichtet werden konnte. Um zukünftige Exportkaufleute besser für die Zukunft zu rüsten, war es unerlässlich, die frühere Ausbildung durch ein organisiertes und wissenschaftlich fundiertes

Studium an der Handelshochschule zu ersetzen. Vor dem Hintergrund, dass an Technischen Hochschulen bereits Studiengänge mit Spezialisierungen in bestimmten Bereichen existierten, sollte dies für handelswissenschaftliche Studiengänge auch möglich sein. Betont wurde dabei ein Auslandsaufenthalt im Rahmen des Studiums, um fremde Märkte mit ihren vielfältigen Ausgestaltungen im Rahmen eines Hochschulstudiums, das auf den Außenhandel vorbereitete, kennenzulernen. Unberücksichtigt blieb dabei allerdings die tragende Rolle der Fremdsprache.

Die 1903 skizzierte Idee einer auf die Exportwirtschaft zugeschnittenen Ausbildung wurde bis 1905 von Stegemann, Präsident der *Internationalen Gesellschaft*, weitergedacht, verfeinert und schließlich als Projekt in der IG initiiert. Möglicherweise sah Stegemann in einem Weiterbildungsangebot für den Nachwuchs im Außenhandel einen ersten und zukunftsweisenden Schritt in die angestrebte Richtung. Sein Ansatz ging vom Fremdsprachenunterricht aus, der sich seiner Meinung nach im kaufmännischen Bildungswesen ohnehin auf kläglichem Niveau bewegte, weil Fremdsprachen wie tote Sprachen und nicht für den praktischen Gebrauch vermittelt wurden (vgl. 2.1.1.3). Zudem wurde im fremdsprachlichen Unterricht die Vermittlung von Kenntnissen über fremde Länder ausgeklammert.

Die zu schaffenden Kurse sollten nicht nur eine Weiterbildungsmöglichkeit im Ausland für junge Kaufleute und Handelslehrer bieten und eine Ergänzung zum fremdsprachlichen Unterricht im kaufmännischen Bildungswesen im Inland darstellen, sondern auch auf die Zwecke der kaufmännischen Außenhandelspraxis zugeschnitten werden, also Sprache und Fachliches mit Schwerpunkt Wirtschaft vereinen. Als positiver Nebeneffekt sollten die Kurse die internationale Begegnung von jungen Menschen unterstützen. An dieser Stelle darf nicht versäumt werden zu betonen, dass die Philosophie des kaufmännischen Bildungswesens, das in verschiedenen Ländern jeweils unabhängig organisiert wurde und im Austausch der jeweiligen Länder eine internationale Dimension erreichte, stets vom Gedanken der friedlichen Völkerverständigung getragen wurde (vgl. 3.1.13).

Außerdem sollten die ISW zu einer Erweiterung des Horizonts des kaufmännischen Nachwuchses beitragen: Durch das Kennenlernen fremder Länder und ihrer Kultur sollte der Blick auf das eigene Land und seine Verhältnisse geschärft werden, um diese kritisch hinterfragen zu können.

Ein weiterer Punkt, der in die Konzeption der ISW hineinspielte, war die Tatsache, dass die traditionelle Kaufmannsausbildung stets einen Bezug zum Ausland gehabt hatte, weil Kenntnisse über die ausländischen Landesgewohnheiten für die internationale Handelstätigkeit seit jeher von hohem Nutzen waren.

Auf einer Versammlung der *Internationalen Gesellschaft* 1906 wurden die Ergebnisse einer eigens für die Konzeption der ISW eingerichteten Kommission beschlossen. Jedes Jahr sollte für die Dauer von drei bis sechs Wochen ein ISW in verschiedenen Ländern stattfinden. Geplant wurden zwei Kurskomponenten: ein Sprachkurs und ein Wirtschaftskurs, wobei der Sprachkurs dem Wirtschaftskurs im zeitlichen Ablauf vorangehen sollte. Neben diese beiden wurden Exkursionen als dritte Komponente gestellt.

Im Laufe der acht ISW von 1907 bis 1914 stellte sich heraus, dass der Wirtschaftskomponente generell ein höherer Stellenwert beigemessen wurde als der Sprachkomponente. Deutlich wird dies etwa in den Jahren von 1911 bis 1914, als im Rahmen der ISW keine Sprachkurse angeboten wurden. Für die Jahre von 1907 bis 1911 kann jedoch eine kontinuierliche Profilschärfung der Sprachkurse festgestellt werden: Zum einen wurde mehr Zeit für sie zur Verfügung gestellt, zum anderen wurden die fachlichen Bedürfnisse verschiedener Zielgruppen, Kaufleute und Handelslehrer, berücksichtigt. Diese Profilierung war der zarte Anfang einer beruflichen Spezialisierung auf den fachsprachlichen Bereich, die in den 1920er Jahren auf ein neues Berufsprofil hinführte. Für alle Zielgruppen der Sprachkurse galt, wie im fremdsprachlichen Unterricht im kaufmännischen Bildungswesen überhaupt, der Leitsatz, dass Sprache Mittel zum Zweck war, d.h. sie diente zur Erreichung bestimmter wirtschaftlicher Ziele und hatte sich somit einem als höher eingestuften Ziel unterzuordnen (vgl. 3.1.16). Übersehen wurde dabei aber ihr komplexes Wesen und unterschätzt der Aufwand, dieses auch nur ansatzweise zu durchdringen. So nahm die Zielgruppe, für die die ISW in erster Linie konzipiert wurden, die Kaufleute, das Weiterbildungsangebot kaum wahr und an. Vermutlich ist dies auf mangelnde Sprachkenntnisse zurückzuführen, die den Zugang zu den Vorträgen über landesspezifische Wirtschaftsthemen versperrten. Dagegen wurde das Kursangebot vor allem von Handelssprachlehrern nachgefragt, die im Vergleich zu Kaufleuten das Studium der Wirtschaftssprache fokussierten und mehr Zeit für den Erwerb von Sprachkenntnissen aufwendeten.

Obwohl Fachleute bei der Planung der ISW die Sprachkomponente betont wissen wollten, da ihrer Meinung nach folgerichtig nur über sie ein Zugang zu ausländischen Fachthemen hergestellt werden konnte, wurde das Potenzial und die Bedeutung der Sprache im internationalen Wirtschaftsverkehr im Allgemeinen und im Rahmen der ISW im Besonderen unterschätzt. Zutage tritt dies etwa auch in der Wortwahl: So wurden die Sprachkurse als Vorbereitungskurse bezeichnet, die unterstützende Funktion für die Wirtschaftskurse hatten. – Als gleichwertig kann dies nicht bezeichnet werden.

Da im kaufmännischen Bildungswesen von jeher nach der Verbindung von Theorie und Praxis gestrebt wurde, so wurde dem Praxisbezug vor allem im Rahmen der Wirtschaftskomponente durch die Auswahl von Dozenten aus der Praxis entsprochen.

Insgesamt waren die ISW ein voller Erfolg, der sich nicht zuletzt an den stetig steigenden Teilnehmerzahlen über die Jahre äußerte. Punkt 2.4.4.2.9 gibt detaillierte zusammengefasste Informationen zu Ablauf, Inhalt, Zielgruppen und Nachfrage der ISW.

Die ISW waren nur *eine* Ausprägung der internationalen Dimension des kaufmännischen Bildungswesens. Sie entsprangen der *Internationalen Gesellschaft zur Förderung des kaufmännischen Unterrichtswesens*, die wiederum aus einer anderen internationalen Einrichtung, dem *Internationalen Kongress zur Förderung des kaufmännischen Unterrichtswesens*, hervorging.

Ab 1886 wurden regelmäßig *Internationale Kongresse* im kaufmännischen Bildungswesen abgehalten und vermutlich auf Anregung Frankreichs ins Leben gerufen, wo in Bordeaux der erste *Internationale Kongress* stattfand. Deutsche Vertreter des kaufmännischen Bildungswesens stießen erst auf dem sechsten *Internationalen Kongress* im Jahr 1899 zu diesem Kreis, denn die Anfänge des organisierten kaufmännischen Bildungswesens in Deutschland datieren ja erst ab 1896 mit der Gründung des DVkU und der Gründung der ersten Handelshochschulen im Jahr 1898. Die internationale Dimension des kaufmännischen Bildungswesens trat auch in den zugelassenen Kongresssprachen auf den *Internationalen Kongressen* zutage, die – geordnet nach Bedeutung – Französisch, Italienisch, Deutsch und Englisch waren.

Die Ergebnisse der *Internationalen Kongresse* wurden in Deutschland auch durch die Gründung der neuartigen Fachzeitschrift *Zeitschrift für das gesamte kaufmännische Unterrichtswesen* im Jahr 1898 bekannt, in der auch Berichte über den Fortschritt des kaufmännischen Bildungswesens im Ausland und über die Arbeit verschiedener einschlägiger Gremien im In- und Ausland in verschiedenen Sprachen gedruckt wurden. Durch die Teilnahme an den *Internationalen Kongressen*, von denen nach 1899 bis zum Ausbruch des Ersten Weltkriegs vier weitere folgten, konnten deutsche Vertreter relevante Themen im kaufmännischen Bildungswesen aus deutscher Perspektive in einem internationalen Forum präsentieren.

Im Jahr 1901 wurde ein internationales Expertenforum im kaufmännischen Bildungswesen gegründet: die *Internationale Gesellschaft zur Förderung des kaufmännischen Unterrichtswesens.* Sie bestand zunächst aus 65 Personen aus verschiedenen Ländern, die sich in ihren Ländern für die Förderung und Entwicklung des kaufmännischen Bildungswesens engagierten. Zum ersten Präsidenten wurde Richard Stegemann (vgl. Fußnote 868) gewählt, der sich bereits in Deutschland durch die Gründung des DVkU und die damit einsetzende Handelshochschulbewegung einen Namen gemacht hatte.

Das Ziel dieser Gesellschaft, die in verschiedenen Fachgremien unterteilt wurde, war die Verbesserung des kaufmännischen Bildungswesens in den Mitgliedsländern sowie, in einem der Völkerverständigung dienenden Sinne, die Förderung des Gemeinwohls in diesen Ländern. In diesem Zusammenhang muss hervorgehoben werden, dass die IG Personen aller Gesellschaftsschichten und Berufe vereinte, die sich aus ideellen Gründen zusammenschlossen, um den friedlichen Ausbau wirtschaftlicher Beziehungen zwischen den Völkern zu fördern. Der Zusammenschluss stand somit im Gegensatz etwa zu berufsständischen Vereinigungen, die die Interessen einer bestimmten Berufsgruppe vertraten. Der friedliche wirtschaftliche und kulturelle Austausch zwischen verschiedenen Völkern war somit der Kern des internationalen kaufmännischen Bildungswesens, das in dieser Beziehung echten Vorbildcharakter hatte.

Bis 1910 stieg die Mitgliederzahl der *Internationalen Gesellschaft auf* fast 1000 Einzelpersonen, etwa Kaufleute und Handelslehrer, sowie Gruppierungen, etwa kaufmännische oder berufsständische Vereinigungen und Ausbildungsstätten aus 24 Ländern an, wobei vor allem europäische Länder vertreten waren. Diese Entwicklung zeigt, dass das kaufmännische Bildungswesen eine internationale Angelegenheit par excellence war und heutzutage im Bildungsbereich seinesgleichen sucht.

In puncto Mitgliederverteilung auf die verschiedenen Länder kann festgestellt werden, dass in den Jahren vor dem Ersten Weltkrieg über die Hälfte der Mitglieder aus deutschsprachigen Ländern (Deutschland, Österreich und Schweiz) kam und etwa ein Viertel aus französischsprachigen Ländern. Englischsprachige Länder waren nur mit knapp 50 Mitgliedern vertreten. Dies spiegelt ein besonderes Interesse von deutschsprachigen Ländern an der Förderung des kaufmännischen Bildungswesens und einen vergleichsweise hohen Ausbildungsstandard in diesem Bereich in diesen Ländern wider. Zudem lässt es auch Rückschlüsse auf die aktive Exporttätigkeit dieser Länder zu.

Die Entwicklung und Einrichtung der ISW rührte von der Notwendigkeit einer auf den Außenhandel spezialisierten Ausbildung her. 1903 bereits in der *Internationalen Gesellschaft* angeregt und 1905 von der IG schließlich in Gang gesetzt, fanden in diesem Gremium Überlegungen zu einer wissenschaftlichen Ausbildung statt, die Kenntnisse über das Ausland, sowohl fokussiert auf einzelne Länder als auch in globaler Hinsicht, vermitteln sollte. Zu diesem Zweck wurde auch die Errichtung einer Weltwirtschaftshochschule bereits 1905 von Richard Stegemann in der IG angeregt. Allerdings sollten an jener Hochschule die Verhältnisse aller Länder als Gesamtheit, also nach heutigem Verständnis global, und nicht die Verhältnisse einzelner Länder behandelt werden. Die verschiedenen für die vorliegende Arbeit untersuchten Quellen zu diesem Thema zeigen, dass die Vorstellungen von den Begriffen national und international in jener Zeit noch konfus waren. Stegemanns Idee zur Gründung einer Weltwirtschaftshochschule wurde in Handelshochschulkreisen nicht weiter vertieft.

Interessant ist aber, dass diese Idee in ihren Grundzügen etwa zehn Jahre später, 1913, von einem anderen Berufszweig aufgegriffen wurde, der auch auf Kenntnisse über Verhältnisse fremder Länder und deren jeweiligen Landessprachen angewiesen war: der diplomatische und konsularische Dienst. Dieser wurde 1908 einer Reform unterzogen (vgl. 2.2.3.3.1). Bei der Frage nach der Ausbildung künftiger Diplomaten wurde im Zusammenhang mit der bestehenden Ausbildungsstätte SOS in Berlin über einen Ausbau derselben zur *Deutschen Auslandshochschule* im Parlament debattiert (vgl. 2.2). Nicht zuletzt durch die Erfahrungen des Ersten Weltkriegs wurde diese Frage im Zusammenhang mit der Vermittlung von Auslandskenntnissen auf eine breitere Basis gestellt und noch bis in die 1930er Jahre auf verschiedenen Ebenen des deutschen Bildungswesens erörtert.

Auch im kaufmännischen Bildungswesen wurde die Diskussion über eine mögliche Errichtung einer *Deutschen Auslandshochschule* kontrovers geführt, denn Forderungen, zukünftigen diplomatischen und konsularischen Vertretern Deutschlands eine Ausbildung mit einer wirtschaftlich ausgerichteten Akzentsetzung zu ermöglichen, beförderten das Thema in Handelshochschulkreise, die diesem zunächst offen gegenüberstanden.

Von 1914 etwa datiert eine Aktennotiz der Handelshochschule Mannheim, aus der hervorgeht, dass der Senat der Ansicht sei, dass jede Handelshochschule weitgehend Auslandshochschule sein müsse. Im Laufe der jahrelangen Diskussion wurde die anfängliche Euphorie in Handelshochschulkreisen aber gedämpft, nicht zuletzt durch den Verlauf des Ersten Weltkriegs, aber vor allem auch durch die Einsicht, dass dieses Thema die Quadratur des Kreises bedeutete.

Als infrastrukturelle Ausgestaltungsmöglichkeiten kamen erstens die Errichtung einer zentralen Auslandshochschule im Rahmen einer Handelshochschule infrage – diese Möglichkeit wurde von Befürwortern vor allem für die Handelshochschule Berlin vorgesehen –, zweitens wurde über einzelne Auslandsinstitute als den Handelshochschulen angegliederten Einheiten diskutiert und drittens wurde in Erwägung gezogen, Auslandsstudien als Element aller an Handelshochschulen angebotenen Veranstaltungen zu integrieren. Der Möglichkeit einer Angliederung von Auslandsinstituten an Handelshochschulen wurde mit den 1930 in Mannheim und 1937 in Leipzig gegründeten Dolmetscher-Instituten entsprochen.

Das nicht einfach zu klärende infrastrukturelle Problem verblasste aber angesichts der komplexen Frage nach der inhaltlichen und curricularen Ausgestaltung des Auslandsstudiums. Der Schwarze Peter wurde dabei den ohnehin im Curriculum unterentwickelten neuphilologischen Fächern zugeschoben, so wie es etwa 1916 auf einer Sitzung des DVkU beschlossen wurde. Aus einem Emanzipationswillen heraus nahmen sich Vertreter dieser Fächer dieses Themas leidenschaftlich an, kamen damit aber nicht wirklich auf einen grünen Zweig und verdienten sich schon gar keine Lorbeeren damit (vgl. 2.5.6).

Von 1913 datiert ein Vorschlag eines Juraprofessors an der Handelshochschule Berlin, Paul Eltzbacher, der als Einziger einen Vorschlag speziell für die Ausgestaltung der Handelshochschulen als Auslandshochschule machte. Seinem Vorschlag ging ein von ihm verfasster Zeitungsartikel voraus und eine Umfrage unter Handelskammern und führenden Personen aus der Wirtschaft. Als Ergebnis veröffentlichte er in einer Schrift einen Organisationsplan von Auslandsstudien an Handelshochschulen.

Eltzbachers Schrift weist deutliche Parallelen zu Palmes Schrift auf, der auch an der Handelshochschule Berlin unterrichtete und die Einführung von Auslandsstudien im Curriculum forcierte (vgl. 2.2.3.3, 2.2.3.13.1). Eltzbacher regt etwa wie Palme an, die Errichtung von Auslandsinstituten auf Basis der bestehenden Sprachkurse an Handelshochschulen durchzuführen, da den neuesten Erkenntnissen zufolge Sprachkenntnisse im Unterricht durch die Kenntnis rechtlicher und wirtschaftlicher Verhältnisse ergänzt werden sollten. Entsprechende Vorlesungen über Landeskenntnisse über verschiedene Länder gab es laut Eltzbacher bis dahin nicht, obwohl dies die aktuelle weltwirtschaftliche und weltpolitische Lage erforderte. Eltzbacher spricht von einem neuen entstehenden kaufmännischen Tätigkeitsgebiet, für das Auslandskaufleute gebraucht würden, die in ihrer Ausbildung eine Spezialisierung auf bestimmte Länder erlangen könnten. Widersprüchlich erscheint, dass Eltzbacher in seiner Schrift die Bedeutung von Fremdsprachen in einem solchen Studium zwar hervorhebt, in seinem curricularen Vorschlag diese aber vollkommen ausklammert.

Unterstützt durch die Ergebnisse seiner Umfrage in Handel und Industrie, in der die Notwendigkeit zur Errichtung einer Auslandshochschule anerkannt wird, erstellt Eltzbacher einen Entwurf über die organisatorische Ausgestaltung einer solchen Einrichtung. Darin gliedert er das Auslandsstudium in einen allgemeinwissenschaftlichen Unterbau und einen landeskundlichen Oberbau. Kenntnisse über die wichtigsten Erdgebiete und ihrer Sprache sollten auf der Vermittlung einer fundierten Allgemeinbildung aufbauen, die m. E. hochspezialisierte Bereiche umfassten, wie etwa juristische sowie volks- und privatwirtschaftliche Kenntnisse. Die landeskundliche Ausbildung sollte im Rahmen von sogenannten Auslandsinstituten der Handelshochschulen vermittelt werden, die für jedes Land errichtet werden sollten. Der Fokus auf ein bestimmtes Land sollte dabei – im Gegensatz zu einer Gesamtbetrachtung aller Länder wie von Stegemann 1905 angeregt – eine fundierte Vorbildung für das Ausland bieten.

Den neuen Wissenszweig nennt Eltzbacher in Anlehnung an Palme nationenwissenschaftlich. Erläuternd fügt er hinzu, dass das neue Forschungsgebiet, die Nationenwissenschaft, Kultur und Sprache fremder Länder im Zusammenhang zu erforschen habe. Ebenfalls unverkennbar in Anlehnung an Palme sollte die personelle Struktur von Dozenten und Lektoren geregelt werden. Es fällt auf, dass dabei die Vermittlung von geographischen, rechtlichen und ökonomischen Verhältnissen eines bestimmten Landes in den Händen eines einzigen Dozenten liegen sollte, was aus heutiger Sicht schon in der Natur der Sache vollkommen unrealistisch erscheint. Eltzbacher erachtet die Handelshochschulen, als jüngste Hochschulen, als besonders geeignet, sich auf die neuartigen Studien einzustellen. Er favorisiert sogar die Zentralisierung der Auslandsstudien und schlägt die Handelshochschule Berlin für den Ausbau zur Auslandshochschule vor. Wie aus den Unterlagen der Sitzung des DVkU von 1916 in Eisenach hervorgeht, stimmte die Verwaltung der Handelshochschule Berlin jedoch gegen Eltzbachers Vorschlag, die Einrichtung zur zentralen Auslandshochschule auszubauen.

Zu jenem Zeitpunkt war die *Denkschrift über die Förderung der Auslandsstudien* des preußischen Unterrichtsministeriums bereits veröffentlicht. Da sie aber nicht die Interessen der Handelshochschulen berücksichtigte, wurde auf der Sitzung des DVkU 1916 beschlossen, ein auf die Zwecke der Handelshochschulen zugeschnittenes Pendant zu erstellen. Aufgrund des Ausgangs des Ersten Weltkriegs kam es aber nicht dazu. Eltzbachers Schrift hingegen erlangte einen großen Bekanntheitsgrad im kaufmännischen Bildungswesen. Auch in den 1920er und 1930er Jahren wurde etwa in den Diskussionen über den fremdsprachlichen Unterricht auf den *Internationalen Kongressen* in Redebeiträgen darauf Bezug genommen (vgl. 2.5.5).

Tatsächlich war die Einführung eines nationenwissenschaftlichen Studiums ein Thema, das auch in anderen Ländern Europas und auch auf den *Internationalen Kongressen* in Diskussionsrunden zur Ausgestaltung des fremdsprachlichen Unterrichts im kaufmännischen Bildungswesen bzw. des Sprachstudiums an Handelshochschulen erörtert wurde. An dieser Stelle muss unbedingt eingeräumt werden, dass bezüglich eines nationenwissenschaftlichen und auch eines auslandskundlichen Studiums keine klaren Vorstellungen herrschten. Die inhaltliche Schwerpunktsetzung der Studiengangskonzeptionen richtete sich meist nach den fachlichen Neigungen derjenigen, die die Entwürfe vorlegten. Auffällig ist, dass dabei die federführende Rolle der Sprache als Türöffner zu kulturellen Kenntnissen jedweder Art meist ignoriert wurde.

Forderungen nach curricularen Änderungen, die notwendig gewesen wären, um dem Sprachunterricht im Rahmen von Auslandsstudien mehr Raum zu gewähren, um dadurch wiederum Verhältnisse fremder Länder erschließen zu können, blieben weitgehend ungehört. Noch bis zum Zweiten Weltkrieg stießen Vertreter des fremdsprachlichen Unterrichts im kaufmännischen Bildungswesen verbreitet auf enormen Widerstand bei der Durchsetzung ihrer Forderungen gegenüber Entscheidungsträgern. Das folgende Kapitel wirft darauf ein Streiflicht.

2.5 Zum Fremdsprachenunterricht und zur Sprachforschung im kaufmännischen Bildungswesen (12. Jh.–1938)

2.5.1 Einleitung

Bereits im Mittelalter wurden die Grundlagen für den fremdsprachlichen Unterricht im späteren kaufmännischen Bildungswesen gelegt. Die Dolmetscher-Institute, die 1930 und 1937 an den Handelshochschulen in Mannheim und Leipzig gegründet wurden, hatten ihren Ursprung im fremdsprachlichen Unterricht im kaufmännischen Bildungswesen im Allgemeinen und im Speziellen im fremdsprachlichen Unterricht an Handelshochschulen, der durch die Gründung der Dolmetscher-Institute an wissenschaftlichem Profil gewann. Die folgenden Ausführungen spannen einen Bogen von den Anfängen des fremdsprachlichen Unterrichts im kaufmännischen Bildungswesen im Mittelalter, das ab Ende des 20. Jahrhunderts deutschlandweit organisiert wurde, bis in die 1930er Jahre, als das erste Dolmetscher-Institut bereits in Mannheim gegründet war und die internationalen wirtschaftlichen Entwicklungen nach dem Ersten Weltkrieg der neuaufkommenden Wissenschaftsdisziplin Wirtschaftslinguistik Auftrieb verliehen (vgl. 2.1.2.5, 3.1.16).

Beleuchtet werden die einzelnen Komponenten des fremdsprachlichen Curriculums im kaufmännischen Bildungswesen, die zum Curriculum der Dolmetscher-Institute führten. Eine besondere Bedeutung kommt in diesem Zusammenhang dem Ausdruck in Wort und Schrift sowie dem Praxisbezug zu. Aufgrund der Spezialisierung von Handelstätigkeiten und der damit einhergehenden Erweiterung des kaufmännischen Fächerangebots nahm der fremdsprachliche Unterricht, besonders auch an Handelshochschulen, immer mehr eine marginale Rolle im Curriculum auf allen Ebenen im kaufmännischen Bildungswesen ein. Seine Emanzipierung als wissenschaftliches Fach gelang nur in einzelnen Beispielen und war nicht von langer Dauer. Versuche, die Wirtschaftslinguistik zu etablieren (vgl. 2.6, 2.7), waren strapaziös. Als solche bezeichnet wurde das neue Wissenschaftsfach zum ersten Mal von Ewald E. J. Messing, der als Dozent für die Deutsche Sprache an der Handelshochschule Rotterdam und als hauptverantwortlicher Redakteur der Fachzeitschrift *De Spiegel van Handel en Wandel* jahrzehntelang unermüdlich versuchte, die Wirtschaftslinguistik international salonfähig zu machen (vgl. 2.5.6.1.5). Die Problematik des Fremdsprachenunterrichts im kaufmännischen Bildungswesen wurde länderübergreifend diskutiert und war somit auch ein Thema auf den *Internationalen Kongressen* im kaufmännischen Bildungswesen von 1929 bis 1938.

Die große Bandbreite an Themen, die im Rahmen der neuen Wissenschaftsdisziplin behandelt wurde, wird im folgenden Kapitel anhand von zwei Publikationen aus dem Jahr 1932 angerissen, wobei Messings Publikation als Sammelband einschlägige Beiträge bereits aus den vorherigen fünfzehn Jahren enthält. Dies verdeutlicht, dass die wissenschaftliche Profilbildung des fremdsprachlichen

Unterrichts im kaufmännischen Bildungswesen etwa mit der Gründung der Handelshochschulen ab 1898 prekär wurde – und einen langen mühsamen Prozess der Überzeugungsarbeit durch ihre Fachvertreter nach sich zog. Herausstechendes Kennzeichen der Wirtschaftslinguistik, die im Vergleich zum traditionellen Philologiestudium an Universitäten einen anderen Ansatz hatte und daher methodisch andere Wege einschlagen musste (vgl. 2.1.1), war die untrennbare Einheit von Wirtschaftssprache und Wirtschaftsthematik, sprich von Fachsprache und ihrem Fach.

Die Rekonstruktion des folgenden Kapitels basiert vornehmlich auf zeitgenössischer Literatur, etwa Beiträge aus Fachzeitschriften und Kongressunterlagen. Diese Informationen werden abgerundet durch die Auswertung von Primärquellen aus folgenden Archiven: Stadtarchiv Rotterdam, Universitätsarchive Mannheim und Leipzig.

2.5.2 Fremdsprachen als integraler Bestandteil der kaufmännischen Ausbildung (12.–19. Jh.)

Die geschäftlichen Aktivitäten von Kaufleuten, die Landesgrenzen und Weltmeere überschritten, erforderten in Kaufmannskreisen von jeher Fremdsprachenkenntnisse. Vom 12. bis zum 15. Jahrhundert befand sich der Kaufmann, was den internationalen Sprachverkehr betraf, in einer luxuriösen Position, denn Latein war in allen Kulturländern als internationale Verkehrssprache anerkannt und in Gebrauch. Mit diesem Werkzeug ausgerüstet konnten die Kaufleute verschiedener Länder untereinander problemlos kommunizieren. Latein war jedoch nicht nur im wirtschaftlichen Verkehr, sondern auch im politischen und rechtlichen Kontext *lingua franca.* Das Latein des Mittelalters war somit eine lebende Sprache, die in Wort und Schrift Ausdruck fand. Internationale Geschäftsbeziehungen erforderten den schriftlichen Austausch der Geschäftspartner in den jeweiligen Ländern. Es entstand der Handelsbrief und mit ihm die Notwendigkeit für Kaufleute, Lateinisch in Wort und Schrift zu lernen, was in der Regel an Lateinschulen erfolgte, die von Geistlichen geleitet wurden. International tätige Kaufleute, die nicht Latein schreiben konnten, mussten die Dienste akademisch gebildeter Schreibgehilfen zur Erledigung ihrer Geschäftskorrespondenz in Anspruch nehmen[1101].

Die humanistische Geistesbewegung, die im 14. Jahrhundert von Italien ausging und sich ab Mitte des 15. Jahrhunderts zunehmend auch in Deutschland ausbreitete, verhalf Landessprachen als Schriftsprache zum Durchbruch (gefördert auch durch Übersetzungen antiker Schriftsteller in eine Landessprache[1102]) und verdrängte Latein schrittweise als internationale Verkehrssprache, das bis dahin vor

1101 Vgl. Dietze (1927: 7–8).

1102 Vgl. hierzu z.B. Bernstein (1978: 14). Bernstein beschreibt etwa das Leben des Ulmer Stadtarztes Heinrich Steinhöwel, der als Autor zu den meist gelesenen Schriftstellern des Mittelalters zählte und auch antike Schriftsteller ins Deutsche übersetzte. Außerdem war Steinhöwel Förderer des Ulmer Buchdrucks Ende des 15. Jahrhunderts (vgl. hierzu Amelung (1979)).

allem in gebildeten Gesellschaftsschichten Europas in Gebrauch war. Fortan wurde eine Variante des als internationaler Verkehrssprache gepflegten Lateins nur noch von Gelehrten in Schriftform verwendet. Als Sprache, die mündlich kaum und schriftlich nur von einem kleinen Kreis gebraucht wurde, verkümmerte Latein zur toten Sprache. Nach 1500 wurde auch im kaufmännischen Geschäftsverkehr nicht mehr in lateinischer Sprache korrespondiert. An die Stelle des zuvor gepflegten Lateins mussten daher andere Sprachen zur Pflege internationaler Geschäftsbeziehungen treten.

Fremdsprachen, die sich deutsche Kaufleute im 16. und 17. Jahrhundert aneigneten, hingen eng mit den Sprachen zusammen, die in den Ländern gesprochen wurden, zu denen sie Geschäftsbeziehungen unterhielten. Ähnlich bequem wie in den Zeiten, in denen Latein internationale Verkehrssprache war, konnten vor allem norddeutsche Kaufleute zur Zeit der Hanse mit ausländischen Geschäftspartnern kommunizieren und zwar in ihrer Muttersprache: Niederdeutsch war Verkehrssprache in den Ländern, die zur Hanse gehörten. Bis zum Untergang der Hanse im 17. Jahrhundert wurde es dem (nord-)deutschen Kaufmann daher leicht gemacht, Geschäfte mit anderen Ländern zu tätigen, da sich diese anpassten und Niederdeutsch lernten. Geschäfte mit Ländern im Mittelmeerraum wurden im 16. Jahrhundert weitgehend auf Italienisch getätigt. Der Aufschwung von wichtigen Handelsplätzen, etwa Sevilla in Spanien und Lissabon in Portugal, sowie das Aufkommen der Handelsmächte Frankreich, England und der Niederlande im 17. Jahrhundert definierten neue Machtverhältnisse in Europa, die deutsche Kaufleute zwangen, ihre Fremdsprachenkenntnisse zu erweitern, wollten sie im Außenhandel weiterhin eine Rolle spielen.[1103]

Angehende Kaufleute wurden zur Ausbildung meist mehrere Jahre an ausländische Handelsplätze geschickt, damit sie dort in der Praxis Fremdsprachen lernten (vgl. 2.4.2, 2.4.4.1). Die Studien der Fremdsprachen wurden im Ausland häufig durch sogenannte Sprachmeister unterstützt, die nach ihren eigenen Methoden Unterricht in ihrer Muttersprache erteilten, wobei sich dieser Unterricht meist auf die Umgangssprache beschränkte[1104]. Im 16. und 17. Jahrhundert ließen sich Sprachmeister aus Frankreich vor allem aus Glaubensgründen in Deutschland nieder. Unterricht in fremden Sprachen konnte somit nun auch in Deutschland in Anspruch genommen werden. Ende des 17. Jahrhunderts wurde vor allem Französischunterricht angeboten. Lehrbücher für die Französische Sprache sind aus dem

1103 Vgl. Dietze (1927: 8–9).

1104 Ibid, S. 30. An einer anderen Stelle seines Werkes (vgl. Dietze (1927: 45)) kritisiert Dietze die Methode der Sprachmeister als »planlose Behandlung des Sprachunterrichts nach persönlichem Gutdünken«. Tief blicken lässt in diesem Zusammenhang das Werbeschreiben eines Übersetzers, der seine Dienste um 1900 dem Auswärtigen Amt anbot und sich darin als Sprachmeister anpries. Dies zeigt, dass diese Bezeichnung noch fast 300 Jahre nach ihrer Entstehung in Gebrauch war wohl aber mit zweifelhaftem Ruf. Derartige kursierende Bezeichnungen waren der Formung des entstehenden Berufsbildes von Dolmetschern und Übersetzern sicherlich nicht zuträglich (vgl. 2.3).

16. Jahrhundert belegt. Für Englisch kamen Lehrbücher in Deutschland erst im 17. Jahrhundert auf.[1105]

Die bisherigen Ausführungen zeigen skizzenhaft, dass nach Wegfall des Lateins als internationaler Verkehrssprache im 15. Jahrhundert unterschiedliche Fremdsprachen für den deutschen Kaufmann an Bedeutung gewannen. Handelsbeziehungen zu anderen Ländern bestimmten, welche Fremdsprachen den Ton angaben. Dementsprechend gehörte es zum Rüstzeug des Kaufmanns, Fremdsprachen zu sprechen, damit ein Austausch mit ausländischen Geschäftspartnern überhaupt erst möglich wurde. Fremdsprachenkenntnisse verliehen dem Exportkaufmann nicht nur Prestige, sondern sicherten auch seine Existenz. Aus diesem Grund nahm der Erwerb von fremden Sprachen in der Ausbildung von Kaufleuten, die bis Ende des 17. Jahrhunderts noch nicht organisiert war, sondern auf privater Basis erfolgte[1106], einen höheren Stellenwert ein als beispielsweise kaufmännische Fachkenntnisse im engeren Sinn.

Bereits Anfang des 18. Jahrhunderts wurden erste Vorschläge zur Errichtung handelswissenschaftlicher Studiengänge in Deutschland unterbreitet (vgl. 2.4.2). Dort sollten Wirtschaftslenker ausgebildet werden, die ein Verständnis für die Wirtschaftsfragen der Zeit erlangen sollten. Daneben sollten aber auch an kaufmännischen Akademien Kaufleute für den Export ausgebildet werden, um somit das Ansehen des Kaufmannsstands generell aufzuwerten, der im 18. Jahrhundert wenig Ansehen in Deutschland genoss. Aus den Entwürfen der geplanten kaufmännischen Akademien geht hervor, dass der fremdsprachliche Unterricht neben handelskundlichen Fächern einen gebührenden Platz im Curriculum einnehmen sollte. Die Pläne zur Errichtung von kaufmännischen Akademien wurden jedoch aufgrund von mangelndem Interesse seitens der Behörden nicht umgesetzt. Deutschlands wirtschaftliche und politische Situation schien in den Augen der politischen Entscheidungsträger die Förderung der Ausbildung von Kaufleuten nicht zu verlangen.[1107] Die Auffassung von Regierungsvertretern änderte sich auch nicht, als der Außenhandel für Deutschland Mitte des 18. Jahrhunderts wieder an Bedeutung gewann. Andere Gruppen, etwa Lehrer und Kaufleute, erkannten jedoch die Notwendigkeit einer fundierten kaufmännischen Ausbildung, die schließlich aus Privatmitteln finanziert wurde.[1108]

Die jeweiligen Curricula der entstandenen kaufmännischen Schulen orientierten sich, ähnlich wie die Gründungsmotive der neuen Ausbildungsstätten, an den praktischen Bedürfnissen der kaufmännischen Tätigkeit. Dabei stand der fremdsprachliche Unterricht weitgehend gleichwertig neben dem handelskundlichen[1109]. Im Fremdsprachenunterricht wurden je nach Bedeutung der Handelssprachen unterschiedliche Sprachen unterrichtet, wobei Französisch in Deutschland als

1105 Ibid, S. 10–11.
1106 Ibid, S. 12.
1107 Ibid, S. 13–14.
1108 Ibid, S. 15.
1109 Ibid, S. 39.

wichtigste internationale Handelssprache galt.[1110] Der praktische mündliche und schriftliche Gebrauch der Sprachen im kaufmännischen Tätigkeitsbereich stand im Fremdsprachenunterricht an oberster Stelle[1111].

Zur Erreichung dieses Ziels dienten verschiedene Unterrichtseinheiten. Im Anschauungsunterricht, der meist in den unteren Klassen erteilt wurde, wurden anhand von Bildern Gegenstände in der Fremdsprache erklärt[1112]. Von Anfang an wurde im Fremdsprachenunterricht auf den aktiven Gebrauch der Fremdsprache, d.h. Sprechen und richtige Aussprache, großer Wert gelegt[1113]. Im Unterricht sollte daher möglichst viel Konversation erfolgen und nicht nur »Büchersprache«[1114] gepflegt werden. Die jeweilige Fremdsprache war meist auch Unterrichtssprache, zumindest in fortgeschrittenen Klassen[1115]. Die Lektüre wurde mit sogenanntem Realsprachunterricht verbunden, bei dem der fremdsprachliche Unterricht mit handelskundlichem Unterricht kombiniert wurde[1116]. Die Lesestoffe wurden dem kaufmännischen Bereich entnommen[1117]. Das Arbeiten mit Artikeln ausländischer Zeitungen war im fremdsprachlichen Unterricht an den kaufmännischen Schulen des 18. Jahrhunderts keine Seltenheit[1118]. Mit dem Realsprachunterricht verfolgten manche Lehrer nicht nur das Ziel, Kenntnisse über die fremde Sprache und das fremde Land zu vermitteln, sondern als weiterer Schritt sollte erreicht werden, »›durch richtige Begriffe in einem Alter, das für alles empfänglich ist, den Ver-

1110 Ibid, S. 16.
1111 Ibid, z. B. S. 28.
1112 Ibid, S. 22. Wie Kolbe ausführt, geht der Anschauungsunterricht, in dem Sprach- und Sachkenntnisse verbunden wurden, auf die Basedowsche Elementarmethode zurück: »Basedow (...) sah das Unzweckmäßige des gewöhnlichen Sprachunterrichts ein. Er fühlte lebhaft, wie unschicklich es sey, bey Kindern bloß und allein mit der Grammatik den Anfang zu machen. (...) Wie muß, so lautete das Problem, das er sich aufzulösen vornahm, wie muß der Sprachunterricht beschaffen seyn, wenn bey demselben zugleich der aufkeimende Verstand der Kinder in Thätigkeit gesetzt, und ihre Sinne auf eine angenehme Weise beschäftigt werden sollen? – Die Jugend liebt Bilder, mag gern in Kupferbüchern blättern. Er erdachte sich eine Reihe von Vorstellungen, die in einigen hundert Blättern eine Encyklopädie gemeinnütziger Kenntnisse enthielten, und worinn stufenweise und nach einer zweckmäßigen Anordnung von leichteren Gegenständen zu schweren fortgeschritten wurde. Diese Vorstellungen ließ er, nach seiner bestimmten Angabe, durch geschickte Künstler ausführen; und so entstand die bekannte, zu seinem großen Elementarwerk gehörige Kupfersammlung in 96 Bildern.« (vgl. Kolbe (1791: 33–34)).
1113 Vgl. z. B. Dietze (1927: 28–29 und 33).
1114 Ibid, S. 22.
1115 Ibid, S. 33.
1116 Ibid, S. 22 und 39.
1117 Ibid, z. B. S. 33.
1118 Ibid, S. 38.

stand durch Sachen (...) das Gedächtniß durch reelle Bildung (...), die Empfindungen und endlich durch freyes Raisonnement die Vernunft zu bilden‹«[1119].

Korrespondenzunterricht fehlte im fremdsprachlichen Curriculum auch nicht[1120]. An manchen kaufmännischen Schulen wurde Handelskorrespondenz aber erst in der fortgeschrittenen Stufe angeboten, nachdem ausreichende sprachliche und handelskundliche Kenntnisse vorausgesetzt werden konnten[1121]. Grammatikunterricht war auch Teil des fremdsprachlichen Curriculums, wobei dieser nur so weit ging wie er für die Zwecke des praktischen Gebrauchs förderlich war[1122]. Auch Aufsatz- und Übersetzungsübungen wurden in den fremdsprachlichen Unterricht integriert. Übersetzungsübungen spielten im gesamten fremdsprachlichen Curriculum jedoch eher eine untergeordnete Rolle. An manchen kaufmännischen Schulen wurde ganz darauf verzichtet, je nach den persönlichen Erfahrungen der Lehrer:

> »Schriftlichen Übersetzungen war Büsch nicht geneigt. Er hielt sie für ›unfruchtbar‹ und unnötig. In seinen Kandidatenjahren hatte er sich selbst einmal mit Übersetzungen größeren Umfangs befaßt. Noch als reifer Mann dachte er mit Widerwillen daran. ›Ich kenne keine undankbare Arbeit, als diese,‹ schrieb er in Erinnerung an diese Tätigkeit. ›Von Romanen, die ich bloß las, habe ich vieles lange behalten. Aber aus diesem, den ich übersetzte, hängt mir nichts mehr im Gedächtnis (...). Das ganze Geschäft wurde mir zu einem Umtausch der Wörter und Redensarten zwei verschiedener Sprachen. Man denkt nichts als dieses dabei (...). Auch als eine Übung in der Sprache kann man es nicht mit gutem Gewissen empfehlen.‹«[1123]

An den kaufmännischen Schulen, die im 18. Jahrhundert gegründet wurden, wurde meist ein sogenanntes Zwei-Lehrer-System angewandt. Dabei teilten sich ein deutscher und ein ausländischer Muttersprachler die Aufgaben des fremdsprachlichen Unterrichts. Der akademisch gebildete deutsche Lehrer war für den fachkundlichen, Grammatik- und Korrespondenzunterricht zuständig. Der ausländische Lehrer, an den geringere Qualifikationsanforderungen gestellt wurden, war für den Unterricht zur Förderung des aktiven Sprachgebrauchs zuständig, etwa im Konversationsunterricht.[1124] Die Lehrmittel, die in der Zeit der kaufmännischen Schulen im 18. Jahrhundert entstanden und in ganz Deutschland veröffentlicht

1119 Ibid, S. 35. Hervorhebung und Auslassung in Dietze. Das angeführte Zitat stammt aus dem Programm einer kaufmännischen Schule in Sachsenburg aus dem Jahr 1776.

1120 Ibid, S. 39.

1121 Ibid, S. 22.

1122 Ibid, S. 39.

1123 Ibid, S. 30–31. Hervorhebung und Auslassung in Dietze. Johann Georg Büsch war Gründer der Handlungs-Akademie in Hamburg um 1770. Die Zitate stammen aus seiner Autobiographie (vgl. Büsch (1794)).

1124 Ibid, S. 39.

wurden, hatten einen besonderen Zuschnitt auf den fremdsprachlichen Unterricht an diesen Schulen[1125].

Die ersten kaufmännischen Schulen, die im 18. Jahrhundert gegründet wurden, legten den curricularen Grundstein für den fremdsprachlichen Unterricht an späteren Einrichtungen des kaufmännischen Bildungswesens. Ein hervorstechendes Merkmal dieser frühen kaufmännischen Schulen war ihre Akzentsetzung auf die gleichrangige Behandlung von fremdsprachlichem und handelskundlichem Unterricht.

Nur wenige der kaufmännischen Schulen des 18. Jahrhunderts überdauerten die Napoleonischen Kriege. Bedingt durch die Kriegssituation und ihre Folgen entstanden in Deutschland erst wieder in den 1820er Jahren kaufmännische Schulen, wobei ihre Zahl diejenige der kaufmännischen Schulen, die vor 1800 errichtet wurden, bei weitem überstieg. Außerdem wurde die handelskundliche Bildung auf verschiedenen Ebenen eingeführt und die Abstufungen in Höhere Handelsschule und Lehrlingsschule vorgenommen. Gründe dafür stehen im Zusammenhang mit den steigenden Anforderungen, die an den Beruf des Kaufmanns gestellt wurden, denn mit zunehmender Industrialisierung wuchs auch die Bandbreite an kaufmännischen Tätigkeiten, die eine entsprechende schulische Ausbildung erforderten (vgl. 2.1.2.2). Wie bei den kaufmännischen Schulen des 18. Jahrhunderts waren es wieder Lehrer und Kaufleute, die die Gründungsinitiative ergriffen. Als Novum kam jedoch hinzu, dass sich kaufmännische Innungen bzw. Vereine dem Erhalt der kaufmännischen Schulen annahmen.[1126] Das Unterrichtsprogramm dieser neuen kaufmännischen Schulen sah ähnlich wie bei den Vorläufern des 18. Jahrhunderts eine verstärkte Behandlung der Fremdsprachen aus praktischer Notwendigkeit vor:

> »›Die Erlernung fremder Sprachen ist (daher) ein Haupterfordernis für Diejenigen, welche sich dem Handelsgeschäft widmen. Oberflächliche Kenntniß der Sprachen kann dem Kaufmann von gar keinem Nutzen seyn, er muß im Stande seyn, in den fremden Sprachen so schnell zu correspondieren, als in seiner Muttersprache (...) vorzüglich muß er aber so vollkommen Herr der Sprache seyn, daß keine Zweydeutigkeiten vorfallen können.‹«[1127]

Zudem wurde im Fremdsprachenunterricht die Verbindung von Sprach- und Sachkenntnissen gefordert. Auch damit knüpfte man an die Tradition aus dem 18. Jahrhundert an. Ebenso wie bei den Lehrmitteln für den fremdsprachlichen Unterricht, die auf die kaufmännischen Bedürfnisse zugeschnitten wurden. Teilweise griff man sogar auf bewährte Literatur für den fremdsprachlichen Unterricht der kaufmännischen Schulen aus dem vorherigen Jahrhundert zurück.[1128]

1125 Ibid, S. 36.
1126 Ibid, S. 40.
1127 Ibid, S. 41. Hervorhebung und Auslassung in Dietze.
1128 Ibid, S. 43

Um 1840 ereignete sich aber ein Bruch mit dieser Tradition: Der fremdsprachliche Unterricht wurde in den Curricula der kaufmännischen Schulen stark reduziert und die freigewordene Unterrichtszeit von handelskundlichen Fächern eingenommen, die damit fortan im Curriculum dominierten. Zur Verringerung der Unterrichtsstunden kam noch die Abkehr von den bisherigen Unterrichtsmethoden im fremdsprachlichen Unterricht an kaufmännischen Schulen hinzu, die in der curricularen Gestaltung in der Vergangenheit autonom verfahren und die Unterrichtsmethoden speziell an kaufmännischen Bedürfnissen der Praxis ausrichten konnten. Diese Qualitätseinbußen hingen mit schulpolitischen Entwicklungen Mitte des 19. Jahrhunderts zusammen: Unter bestimmten Bedingungen wurden Handelsschulen zwar staatlich anerkannt, im Gegenzug mussten sie aber den fremdsprachlichen Unterricht zunehmend an die Curricula der allgemeinbildenden Schulen anpassen, die in den 1830er Jahren Englisch- und Französischunterricht eingeführt hatten.[1129]

Nach den Leitlinien der sogenannten grammatisierenden Methode, die den bisherigen Methoden des fremdsprachlichen Unterrichts an kaufmännischen Schulen entgegenlief, wurde nun an kaufmännischen Schulen wie an allgemeinbildenden Gymnasien als Ziel das Übersetzen von französischen und englischen Schriftstellern ins Deutsche verfolgt. Bei diesem Unterricht lag besondere Betonung auf der Behandlung der Grammatik. Damit verdrängte ein mechanisches Lernen von grammatischen Regeln und Auswendiglernen von Vokabeln die an kaufmännischen Schulen zuvor gepflegte Realsprachmethode, bei der sprachliches mit fachlichem Wissen verknüpft wurde, um die jeweilige Fremdsprache zum Leben zu erwecken. Auch im Lektüreunterricht wurde nun die Behandlung von Zeitungsartikeln weitgehend ausgeklammert und nicht darauf geachtet, Sprache als etwas Dynamisches zu behandeln.[1130] Häufig wurde daher der Vorwurf gemacht, lebende Sprachen würden wie tote Sprachen behandelt[1131] (vgl. 2.1.1.3). Unterstützt wurde diese Ansicht durch die Tatsache, dass die Unterrichtssprache im fremdsprachlichen Unterricht meist Deutsch war. Der aktive Sprachgebrauch, wie er für Kaufleute so wichtig war, wurde somit nicht gefördert. Neben der Sprechfertigkeit wurde auch die Behandlung von kaufmännischen Ausdrucksformen, d. h. die Pflege der Fachsprache, vernachlässigt. Nur vereinzelt wurde Handelskorrespondenz unterrichtet, wobei sich dieser Unterricht meist auf das Übersetzen von Handelsbriefen beschränkte. Ebenso wenig wie der fremdsprachliche Unterricht an kaufmännischen Schulen ab 1840 auf die Bedürfnisse der kaufmännischen Praxis zugeschnitten war, so waren es die Lehrmittel für diesen Unterricht.[1132]

Ende des 19. Jahrhunderts war ein methodischer Tiefpunkt im fremdsprachlichen Unterricht an kaufmännischen Schulen erreicht und der Ruf nach einer Rückkehr zu den alten Methoden wurde laut: Der Fremdsprachenunterricht an kauf-

1129 Ibid, S. 43–44.
1130 Ibid, S. 45 und 47–48.
1131 Vgl. IGFkU (1905: 38).
1132 Vgl. Dietze (1927: 47–48).

männischen Schulen sollte sich von den Fesseln der grammatisierenden Methode lösen und wieder selbstständig in eigenen Bahnen verlaufen. Diese Bestrebungen wurden von einer Reformbewegung des neusprachlichen Unterrichts beeinflusst, die Ende des 19. Jahrhunderts aufkam und eine Distanzierung von der grammatisierenden Methode forderte. Der neusprachliche Unterricht, auch an allgemeinbildenden Schulen, sollte von nun an zum praktischen Gebrauch der Fremdsprache befähigen (vgl. 2.1.1.4).

An den kaufmännischen Schulen war man, wie oben aufgezeigt, ohnehin von alters her bis etwa in die 1840er Jahre bemüht gewesen, dem speziellen Bedürfnis des Erwerbs der Berufssprache nachzukommen, wobei man sich an Methoden aus dem 18. Jahrhundert anlehnte, die die Sprechfertigkeit und die Verbindung von Sprach- und Sachunterricht betonten. Daran wollte man sich wieder orientieren. Die Fremdsprache sollte nun wieder Unterrichtssprache werden, grammatische Lektionen sollten hingegen nur in Maßen, d. h. so weit wie für den praktischen Gebrauch notwendig, erteilt werden. Die Reform brachte zudem eine Fülle von neuen Lehrmitteln für den fremdsprachlichen Unterricht an kaufmännischen Schulen mit sich und bekam ab Mitte der 1890er Jahre neue Impulse durch die Gründung des *Deutschen Verbands für das kaufmännische Unterrichtswesen* (DVkU) (vgl. 2.4.2).[1133]

2.5.3 Zum Fremdsprachenunterricht im kaufmännischen Bildungswesen (1898–1914)

2.5.3.1 Grundzüge der Entwicklungen

Entwicklungen im Handel, die durch technische Errungenschaften nicht nur an Geschwindigkeit, sondern auch internationale Dimension gewannen, werden als Argumente für die Förderung des fremdsprachlichen Unterrichts im kaufmännischen Bildungswesen in den konsultierten Quellen für den Zeitraum von 1898 bis 1914 häufig angeführt[1134]. Die Sprache in Wort und Schrift sowohl in der Mutter- als auch in der Fremdsprache wurde als »Hauptwaffe«[1135] erachtet, um sich im Umfeld des immer schneller werdenden und die Landesgrenzen überwindenden Handels zu behaupten. Der internationale Handelsverkehr verlangte eine Ausrichtung nach den Wünschen der ausländischen Kundschaft. Die logische Konsequenz daraus war, sich den Bräuchen und Gesetzen des Auslandes anzupassen[1136]. Diese mussten aber zunächst erlernt werden. Das Studium der Fremdsprache wurde somit eine »Existenzfrage«[1137] für zukünftige Kaufleute bei der Erschließung fremder Märkte[1138].

1133 Ibid, S. 48–49.
1134 Vgl. Eichner etwa (1898a: 106) und Snyckers (1905a: 180).
1135 Eichner (1898a: 106).
1136 Vgl. Snyckers (1905a: 180).
1137 Glauser (1905c: 16).
1138 Vgl. Glauser (1908d: 335).

Die hohen Ansprüche der Handelspraxis verliehen dem Fremdsprachenunterricht im kaufmännischen Bildungswesen entsprechende Bedeutung[1139]. Es wurde daher gefordert, den Unterricht in fremden Sprachen auf die fachliche Seite ausgerichtet und systematisch zu organisieren[1140], wobei das Studium der Sprachen als integraler Bestandteil der kaufmännischen Ausbildung betrachtet wurde, welches nicht um seiner selbst willen, sondern als »Mittel zum Zweck«[1141] betrieben werden sollte.

Um den Bedürfnissen der Praxis gerecht zu werden, wurde das kaufmännische Bildungswesen in drei Ebenen eingeteilt: Unter-, Mittel- und Oberstufe. Diese dreigliedrige Struktur des kaufmännischen Bildungswesens wurde auf dem *Internationalen Kongress* in Mailand 1906 verbindlich für die Mitgliedsländer beschlossen. Auf jeder Ebene gab es verschiedene Schultypen. Jede dieser Ebenen bildete ein in sich geschlossenes Ganzes. Der Unterricht der einzelnen Ebenen sollte so organisiert werden, dass diese jeweils aufeinander aufbauten.[1142]

Die spärliche Datenlage zum fremdsprachlichen Unterricht im kaufmännischen Bildungswesen erschwert es, die folgenden Untersuchungen zum Fremdsprachenunterricht separat nach den einzelnen Schultypen oder Ebenen des kaufmännischen Bildungswesens durchzuführen. Das konsultierte Datenmaterial zeigt aber, dass die Grundzüge des fremdsprachlichen Unterrichts auf allen Ebenen des kaufmännischen Bildungswesens übereinstimmten.

Im Einklang mit dem Ausbildungsziel des kaufmännischen Bildungswesens, bei dem eine innere Harmonie zwischen Theorie und Praxis erreicht werden sollte, wurde auch im fremdsprachlichen Unterricht versucht, eine Verbindung zwischen Theorie und Praxis herzustellen und die Unterrichtsziele an den Anforderungen der Praxis auszurichten. Betont wurde dabei gleichermaßen die Beherrschung der Fremdsprache in Wort und Schrift.[1143]

Aber auch im fremdsprachlichen Unterricht entpuppte sich die Vereinigung von Wissenschaft und Forschung einerseits und den Anforderungen der Praxis andererseits als schwer lösbares Problem. Manche beklagten, dass den Praxisanforderungen aufgrund mangelnder methodischer Grundlagen nicht nachgekommen werden könne[1144]. Beklagenswert war auch, dass lebende Sprachen immer noch wie tote Sprachen unterrichtet wurden[1145]. Die Leistungen des Fremdspra-

1139 Vgl. Eichner (1898a: 106).
1140 Vgl. Snyckers (1905a: 180) und Glauser (1905c: 19).
1141 Glauser (1914: 23–24).
1142 Vgl. Glauser (1908d: 339) und Snyckers (1905a: 180–185). Snyckers entwirft in diesem Beitrag einen Plan für den fremdsprachlichen Unterricht auf allen drei Ebenen des kaufmännischen Bildungswesens. Vgl. dazu auch Frijters (1913: 137), der beklagt, dass es sich beim Fremdsprachenunterricht an Handelshochschulen nicht um eine Steigerung im Vergleich zur vorhergehenden Ausbildungsstufe handelt, sondern lediglich um die Fortsetzung des Mittelschulunterrichts.
1143 Vgl. Glauser (1908d: 335).
1144 Vgl. N.N. (1904: 223).
1145 Vgl. IGFkU (1905: 38).

chenunterrichts hinkten somit den Anforderungen der Praxis hinterher, was zum schlechten Ansehen der fremdsprachlichen Ausbildung im kaufmännischen Bildungswesen beitrug[1146].

Im untersuchten Zeitraum von 1898 bis 1914 werden in der konsultierten Literatur auch Klagen laut über die Rahmenbedingungen des fremdsprachlichen Unterrichts im kaufmännischen Bildungswesen. Dazu zählte etwa die unsystematische Ausbildung von Sprachlehrern im kaufmännischen Bildungswesen: Beispielsweise richtete sich 1901 die Beschwerde eines Autors gegen Sprachlehrer, die meinten, im fremdsprachlichen Unterricht genüge es, einen von den Schülern verfassten Text zu korrigieren, sie hin und wieder an die wesentlichen Grammatikregeln zu erinnern, mehr oder weniger oberflächlich idiomatische Wendungen zu besprechen und sie ein paar Zeilen Shakespeare unter Hinzuziehung eines mittelmäßigen Wörterbuchs übersetzen zu lassen. Getadelt wurde dabei, dass bei all dem Treiben außer Acht gelassen werde, dass Sprache auch nützlichen Zwecken dienen kann. Bezeichnend ist auch die Kritik, dass Sprachlehrer noch nicht verstanden hätten, dass zum Eindringen in die Schönheiten und den Geist der ausländischen Literatur die verschiedenen Bedeutungen der Wörter bekannt sein müssen.[1147] Meist wurde in diesem Zusammenhang bemängelt, dass eine spezielle Ausbildung für die Berufsgruppe der Sprachlehrer im kaufmännischen Bildungswesen nicht vorhanden war. So blieb diesen nichts Anderes übrig, als sich nach den althergebrachten Methoden der Grammatiker ausbilden zu lassen. Derart ausgebildete Sprachlehrer konnten aber kaum auf den Unterricht in lebenden Sprachen vorbereitet sein, den die Gesellschaft verlangte und der bei den Schülern zu einer Beherrschung derselben in Wort und Schrift führen sollte. Als problematisch wurde es daher auch erachtet, dass viele Lehrer im fremdsprachlichen Unterricht Werke hochangesehener Autoren der Vergangenheit wohl zu ihrer eigenen Profilierung behandelten. Diesen Luxus, so Kritiker, konnten sich die Schüler, die fremde Sprachen zum praktischen Gebrauch in der kaufmännischen Praxis lernen sollten, aber nicht leisten.[1148] Gefordert wurde daher eine stärkere Betonung der praktischen Seite im fremdsprachlichen Unterricht, die durch eine entsprechende Ausbildung des Lehrpersonals erreicht werden sollte.

Ein weiterer Problempunkt des fremdsprachlichen Unterrichts war die vielfältige Vorbildung der Schüler, die sich besonders an kaufmännischen Fortbildungsschulen bemerkbar machte. Zudem kam noch die insgesamt knapp bemessene im Curriculum zur Verfügung stehende Zeit[1149], worunter in erster Linie der fremdsprachliche Unterricht an Handelshochschulen litt[1150].

Von 1913 datiert eine Wehklage über den fremdsprachlichen Unterricht an Handelshochschulen, wonach auch auf der obersten Ebene des kaufmännischen Bil-

1146 Vgl. N.N. (1904: 223).
1147 Vgl. Marissiaux (1901a: 62).
1148 Ibid, S.63.
1149 Vgl. Krämer (1900a: 18).
1150 Vgl. Frijters (1913: 137).

dungswesens der Unterricht in fremden Sprachen extrem vernachlässigt worden sei. Dies äußere sich beispielsweise daran, dass im Vergleich zu anderen Handelshochschulfächern seit Gründung der Handelshochschulen im Jahr 1898 keine bedeutende Literatur über den fremdsprachlichen Unterricht geschaffen worden sei:

> »Was für ein lebhaftes Interesse ist nicht für einige Lehrfächer an den Tag gelegt worden! Wie gründlich hat man sie bei jeder Gelegenheit besprochen, was für eine bedeutende Literatur haben sie hervorgerufen! Von all dem ist bezüglich des fremdsprachlichen Unterrichts auf der Hochschule wenig oder nichts zu bemerken. Gewiß ist die Handelshochschule noch jung und das letzte Wort darüber noch nicht gesprochen; aber bei der gegenwärtigen so lobenswerten Bewegung, welche das Ziel verfolgt, besser und zweckmäßiger zu arbeiten als bisher, war es gewiß verwunderlich, daß gleiche Bestrebungen auf diesem Gebiete nicht oder nur sehr spärlich zu begrüßen waren.«[1151]

Hemmend auf die Entwicklung des fremdsprachlichen Unterrichts an Handelshochschulen wirkten sich auch die uneinheitlichen Lehrpläne aus: An manchen Handelshochschulen war der fremdsprachliche Unterricht Pflicht, an anderen wurde er fakultativ angeboten, wiederum andere verzichteten gänzlich auf ein Angebot im Unterricht fremder Sprachen. Vor dem Hintergrund dieser unterschiedlichen curricularen Bedingungen war es schwierig, die hohen Forderungen der Praxis zu erreichen, die an den fremdsprachlichen Unterricht an Handelshochschulen gestellt wurden:

> »Was darf man eigentlich vom Hochschul-Sprachunterricht erwarten? Nicht nur, daß der Hörer die fremde Sprache verstehen, sondern daß er sie flott, geläufig und richtig sprechen und schreiben lerne, das heißt, daß er imstande sei, die Handelskorrespondenz selbständig zu leiten, sich im täglichen kaufmännischen Leben fließend zu verständigen und über alle Punkte des Handelslebens seine Gedanken schriftlich und mündlich in der fremden Sprache auszudrücken.«[1152]

Um den Anforderungen an den fremdsprachlichen Unterricht an Handelshochschulen zu entsprechen, wurde vorgeschlagen, diesen im Curriculum aufzuwerten und wissenschaftlich auszuwerten. Denn nur so könne es gelingen, ihm innerhalb der Handelshochschulfächer den Stellenwert zu verleihen, der ihm gebühre.[1153]

Die mangelnde Pflege des fremdsprachlichen Unterrichts im kaufmännischen Bildungswesen hatte einen wenig förderlichen Nebeneffekt auf sein ohnehin beschädigtes Ansehen, denn »sogenannte Schnellpressen, Privatschulunterneh-

1151 Ibid, S. 134. Bereits 1898 stellte ein Zeitgenosse fest, dass die Qualität der den Büchermarkt überschwemmenden Werke zum fremdsprachlichen Unterricht sehr zu wünschen übriglasse (vgl. Eichner (1898a: 107)). Dies belegt, dass zwar eine große Menge, jedoch wenig brauchbare Literatur zum fremdsprachlichen Unterricht im kaufmännischen Bildungswesen im untersuchten Zeitraum geschaffen wurde.

1152 Frijters (1913: 137).

1153 Ibid, S. 134–135.

mungen oft recht zweifelhaften Wertes«[1154] hatten leichtes Spiel, das Niveau des mangelhaft geregelten fremdsprachlichen Unterrichts im kaufmännischen Bildungswesen noch zu unterbieten. Die Privatschulen bildeten auch Korrespondenten aus, deren Qualifikationsprofil jedoch weit unter den Praxisanforderungen lag. Die dadurch auf dem Arbeitsmarkt entstehende Konkurrenzsituation mit Absolventen des kaufmännischen Bildungswesens hatte negative Konsequenzen für Letztere, die bei der Besetzung freier Korrespondentenstellen häufig hinter den Absolventen der Privatschulen zurückstehen mussten.[1155]

Interessant sind auch die diametral entgegengesetzten Vorstellungen über den Korrespondentenberuf, die von der einfachen Hilfskraft, die etwa mit Maschinenschreibern und Stenotypisten gleichgesetzt wurde[1156], bis zum leitenden Angestellten mit facettenreichem Leistungsprofil reichten:

> »Der Korrespondent gehört zu den am besten bezahlten Handelsangestellten. (...) Wer würde in einem Büro den denkenden und vielseitigen Arbeiter besser repräsentieren als der Korrespondent? Er trägt Verantwortung, hat Einfluß auf den Geschäftsgang, den er vollkommen überblicken muß; er muß die Kenntnisse der Buchführung, des Rechnens, des Rechtes vereinigen; er ist ein Jurist, der das Handelsrecht in klar verständlichen Worten praktisch anwendet, er muß durch sein schnelles Urteil und seine gründlichen Handelskenntnisse die Schwierigkeiten, die andere nicht oder nicht schnell zu finden vermögen, augenblicklich lösen; er muß sich zu verteidigen wissen und Menschenkenntnis besitzen, um andere zu lehren, zu überzeugen und zu überreden. Er muß den Gedankenstrom zwischen zwei denkenden und handelnden Zentren vermitteln (...).«[1157]

Das schwammige Berufsbild der Korrespondenten in der kaufmännischen Praxis ist ein Vorläufer der in den 1920er Jahren im Entstehen begriffenen Berufsbildern von Dolmetschern und Übersetzern, die ähnlich diffus sind und viele Ausprägungen in der Praxis haben (vgl. 2.3, 3.1.9).

Obwohl sich kurz vor Ausbruch des Ersten Weltkriegs Vertreter des fremdsprachlichen Unterrichts im kaufmännischen Bildungswesen noch um die Zukunft des fremdsprachlichen Unterrichts sorgten und gar einen Verfall desselben feststellten[1158], gab es andere Stimmen, die zur Kenntnis nahmen, dass Initiativen ergriffen wurden, die »die stümperhafte Ausbildung zur fremdsprachlichen Korrespondenz«[1159] ausmerzten, indem der fremdsprachliche Unterricht auf wissenschaftliches Niveau gehoben wurde. Ein anerkennenswertes Beispiel in diesem Zusammenhang war die Errichtung eines Lehrstuhls für Sprachwissenschaft an der

1154 Stegemann (1913: 34).
1155 Ibid, S. 34–35.
1156 Ibid, S. 34.
1157 Frijters (1913: 139).
1158 Ibid, S. 135.
1159 Stegemann (1913: 38).

Handelshochschule Mannheim im Jahr 1911[1160]. Es ist der einzige Fall, in dem vor dem Ersten Weltkrieg ein Fremdsprachliches Seminar an einer Handelshochschule in Deutschland mit eigenem Lehrstuhl errichtet wurde[1161]. Damit waren infrastrukturelle Voraussetzungen für einen organisierten, wissenschaftlich fundierten fremdsprachlichen Unterricht gegeben, aus dem sich Ende der 1920er Jahre das erste Dolmetscher-Institut weltweit entwickelte (vgl. 2.6).

Der spätere Gründer des ersten Dolmetscher-Instituts, Charles Glauser (vgl. 2.6.6.1), sprach 1913 anlässlich einer Feier über die Philologie an Handelshochschulen. In seinem Beitrag skizziert Glauser die Geschichte der Philologie und hebt dabei hervor, dass das Sprachstudium im 19. Jahrhundert als Studium der Kultur erfasst wurde.

> »So wurde die Sprache als ein Born erkannt, in dem einzelne Ströme der Kultur aufquellen, und nun erfuhr die Philologie eine Ausweitung, die ihr bis zum heutigen Tage eigen ist. Nicht das Altertum allein, oder gar antike Schriftsteller gingen sie mehr an, sondern alle jene Bereiche der Kultur, die durch die Sprache erst ihren Sinn empfangen. Neben der Sprache, Literatur, Religion, Rechtswissenschaft, Wirtschaftsleben und anderes mehr, alles vermag durch sie zuweilen erleuchtet werden.«[1162]

Glauser führt weiter aus, dass durch die Tatsache, dass »ein großer Teil des geistigen Lebens eines Volkes sich in der Sprache, in Sprachdenkmälern verdichtet«[1163], die Philologie zur Kulturwissenschaft wird. Das philologische Studium an Handelshochschulen könne jedoch nur so weit gehen, als dass sich auch dem Praktiker, namentlich dem Kaufmann, seine große Bedeutung erschließe[1164]. Dennoch sollte das Sprachstudium an Handelshochschulen nicht nur rein praktischen Zwecken dienen, sondern auch das noble Ziel verfolgen, die Persönlichkeit des zukünftigen Kaufmanns zu bilden[1165]. Glauser zeigt damit die Forschungsgebiete des philologischen Studiums an Handelshochschulen auf und positioniert es gegenüber dem literarisch-historisch ausgerichteten philologischen Studium an Universitäten: Das philologische Studium an Handelshochschulen sollte sich der Erforschung der Gegenwartssprache widmen, wobei als Forschungsansätze relevante Fachbereiche der Handelshochschulen dienten, die als Teil der Kultur eines Landes erfasst wurden (vgl. 2.1.1).

Die vorangehenden Ausführungen zeigen, dass den ungünstigen Rahmenbedingungen im fremdsprachlichen Unterricht hohe Anforderungen gegenüberstanden. Die gegebenen Umstände waren denkbar schwierig, um das von der kaufmännischen Praxis vorgegebene Ausbildungsziel im fremdsprachlichen Unterricht zu erreichen. Die mangelnde Qualifikation der Lehrer, die unterschiedliche Vorbil-

---

1160 UAM, HH, A1–14/2, Bd. 2, Vortrag Glausers über Frankreich, Sommersemester 1911.
1161 Vgl. Glauser (1914: 26).
1162 Glauser (1913: 6).
1163 Ibid, S. 7.
1164 Ibid, S. 4.
1165 Ibid, S. 7.

dung der Schüler, der begrenzte zur Verfügung stehende zeitliche Rahmen, der Mangel an systematischen Unterrichtsmethoden, von Handelshochschule zu Handelshochschule divergierende curriculare Ausgestaltungen sowie das Fehlen relevanter Fachliteratur, also fehlende Forschungsarbeit in diesem Bereich, zwangen den fremdsprachlichen Unterricht im kaufmännischen Unterrichtswesen in ein Korsett, von dem es sich langfristig nur bei entsprechend veränderten Rahmenbedingungen befreien konnte. Infrastrukturelle Ansätze zur Verbesserung des fremdsprachlichen Unterrichts und auch Vorschläge zur methodischen Ausgestaltung waren zwischen 1898 und 1914 zwar schon vorhanden, die einzelnen Initiativen reichten jedoch nicht aus, um die Standards im fremdsprachlichen Unterricht im gesamten kaufmännischen Bildungswesen zu heben. Aus diesem Grund sticht die Einrichtung eines fremdsprachlichen Lehrstuhls an der Handelshochschule Mannheim im Jahr 1911 beispielgebend und fortschrittlich im Vergleich zu anderen Handelshochschulen hervor.

2.5.3.2 Bausteine des Fremdsprachenunterrichts

Ein Blick auf die einzelnen Bausteine des fremdsprachlichen Unterrichts soll das fremdsprachliche Curriculum im kaufmännischen Bildungswesen beleuchten und Ansätze der angewandten Unterrichtsmethoden aufzeigen.

Als Ziel des fremdsprachlichen Unterrichts wurde von manchen ehrgeizigen Fachvertretern die vollständige Beherrschung der Fremdsprache verlangt[1166]. Dieser utopische Anspruch wurde von anderen Fachleuten jedoch abgeschwächt, denn ihrer Meinung nach konnte der fremdsprachliche Unterricht lediglich eine feste Grundlage schaffen, die durch weiteres privates Studium im Beruf ausgebaut werden konnte.[1167] Damit wurde das Erlernen der Fremdsprache nicht als abgeschlossener Prozess nach Abschluss der Ausbildung erachtet, sondern als dynamischer Prozess, der sich im Berufsleben je nach Eigeninitiative fortsetzten konnte.

Neben der Beherrschung der Fremdsprache, also der mündlichen und schriftlichen Ausdrucksfähigkeit, sollte der fremdsprachliche Unterricht als weiteres Ziel zu selbstständigem Beobachten und Denken erziehen[1168]. Der fremdsprachliche Unterricht sollte somit auch den Geist schulen[1169]. Als Voraussetzung für die Erlernung einer Fremdsprache galt die gründliche Kenntnis der Muttersprache[1170].

Die Komplexität von Sprache und die Schwierigkeiten, die sich dadurch beim Erlernen von Fremdsprachen ergeben, werden besonders im Spannungsfeld Sprache/Sache deutlich. 1901 etwa forderte ein Autor, die Wörter in mündlichen Übungen im fremdsprachlichen Unterricht nicht als isoliert dastehende Fragmente von Sätzen zu verwenden, so wie dies an vielen Ausbildungsstätten üblich sei, sondern

1166 Vgl. z.B. Glauser (1908c: 309).
1167 Vgl. Eichner (1898b: 138). Vgl. dazu auch Weyel (1909: 366).
1168 Vgl. Glauser (1901a: 265).
1169 Vgl. dazu Frijters (1913: 140).
1170 Vgl. Ebling (1904: 22).

ihnen durch das Satzganze Wert zu verleihen, indem sie in syntaktische oder idiomatische Strukturen eingebunden werden. Denn nur auf diese Weise könne ein Austausch von Gedanken zustande kommen.[1171] Anlässlich des ersten *Internationalen Sprach- und Wirtschaftskurses* in Lausanne im Jahr 1907 führt Glauser diesen Gedanken weiter aus: Bei der Textarbeit im fremdsprachlichen Unterricht an Handelshochschulen müssten die Studierenden lernen, dass jede Sprache eigene syntaktische Strukturen aufweist, die auf unveränderlichen Grundsätzen beruhen. Gedanken würden daher in jeder Sprache anders ausgedrückt, was das Übersetzen erschwere.[1172]

An einer anderen Stelle seines Vortrags betont Glauser die unzertrennliche Einheit von der sprachlichen und inhaltlichen Seite eines Textes: Ein (Fach-)Text könne nie von seinem (Fach-)Gebiet getrennt werden. Auf ihre sprachliche Seite reduziert, blieben Texte ohne Aussagekraft. Daher müssten die im Unterricht verwendeten Texte sowohl auf sprachliche als auch auf fachliche Schwierigkeiten untersucht werden. Glauser zufolge verlange ein noch so einfaches Dokument der kaufmännischen Praxis, das keine grammatischen Schwierigkeiten aufweist, vom fachlichen Standpunkt aus eine gewisse Kenntnis des Geschäftslebens. Bei der Wahl der Texte sollte daher auf die fachlichen Kenntnisse der Studierenden Rücksicht genommen werden.[1173]

Für den fachlichen Charakter im fremdsprachlichen Unterricht auf allen Ebenen des kaufmännischen Bildungswesens trat insbesondere Alexander Snyckers (vgl. 2.7.2.2.1), der Gründer des Dolmetscher-Instituts an der Handelshochschule Leipzig ein. Er forderte, die Unterrichtsgegenstände vornehmlich der kaufmännischen Praxis zu entnehmen. Sowohl mündliche als auch schriftliche Übungen sollten seiner Meinung nach möglichst fachlich bzw. berufsbezogen sein.[1174] Snyckers ließ sich dabei vom Ziel des kaufmännischen Bildungswesens leiten. »Fachlich« war für ihn somit gleichbedeutend mit »praxisorientiert«. Wie Glauser unabhängig davon ausführt, bezog sich seiner Meinung nach »fachlich« aber nicht auf ein bestimmtes Fach, sondern auf sämtliche für das kaufmännische Berufsleben relevanten Fächer. Die Entwicklung eines Problembewusstseins für verschiedene Fächer stand daher auch im Zentrum des fremdsprachlichen Unterrichts, insbesondere an Handelshochschulen:

> »Es handelt sich nicht darum, ein Problem oder eine Frage für sich zu lösen, sondern immer bei Behandlung einer Frage an ihren Zusammenhang mit den anderen Disziplinen zu denken.«[1175]

Sprache als Vehikel von Inhalten sollte im fremdsprachlichen Unterricht dazu führen, die fremde Kultur zu verstehen. Aus verschiedenen Quellen geht hervor, dass

1171 Vgl. Marissiaux (1901b: 90).
1172 Vgl. Glauser (1908d: 344).
1173 Ibid, S. 346.
1174 Vgl. Snyckers (1905a: 181). Vgl. dazu auch Snyckers (1905b: 142).
1175 Glauser (1907b: 53–54).

der fremdsprachliche Unterricht dazu diene, in den »Geist der Sprache«[1176], in den »Geist und die Kultur des fremden Volkes«[1177] und in das »ganze Geistesleben der fremden Nation«[1178] einzudringen. Zur Förderung des Verständnisses für eine fremde Kultur sollten im fremdsprachlichen Unterricht die jeweils landesüblichen Gepflogenheiten berücksichtigt werden[1179]. Die zentrale Aufgabe des sprachwissenschaftlichen Studiums an Handelshochschulen war daher, das Studium der fremden Sprache nicht vom philologischen, sondern vom kulturhistorischen Standpunkt aus zu behandeln[1180].

Aus dem konsultierten Datenmaterial geht hervor, dass sich der fremdsprachliche Unterricht im kaufmännischen Bildungswesen in verschiedene Komponenten untergliederte. Dazu zählten beispielsweise Grammatik-, Lektüre- und Übersetzungsunterricht. Die einzelnen Komponenten griffen meist ineinander über, d. h. im Lektüreunterricht konnten etwa auch Regeln der Grammatik besprochen oder Übersetzungen angefertigt werden.

Grammatik spielte im fremdsprachlichen Unterricht eine untergeordnete Rolle. Auf der Unterstufe wurde für die Unterweisung in grammatischen Regeln noch relativ viel Zeit aufgewandt, wobei nur die wichtigsten grammatischen Regeln für den Sprachgebrauch behandelt wurden[1181]. Auf der Mittelstufe wurden diese vertieft. Im fremdsprachlichen Unterricht an Handelshochschulen basierte der Grammatikunterricht auf moderner Lektüre, die zu Vergleichen zwischen Mutter- und Fremdsprache herangezogen wurde. Übersetzungen galten dabei als die »besten stilistischen Uebungen«[1182]. Es ist anzunehmen, dass Regeln der Grammatik nicht nur im Rahmen eines eigens dafür vorhergesehenen Unterrichts besprochen wurden, sondern bei Bedarf auch in anderen Unterrichtseinheiten des fremdsprachlichen Unterrichts.

Übersetzungsübungen, die in den Grammatik- oder auch in den Lektüreunterricht integriert wurden, galten auch als Maßstab dafür, »ob der Schüler sich wirklich auf sicherer grammatischer Grundlage ruhende Kenntniss der Sprache angeeignet hat«[1183]. Manche Kritiker monierten, dass Übersetzungsübungen einen zu hohen Anteil des fremdsprachlichen Unterrichts ausmachten. Sie wiesen darauf hin, dass eine zweckentsprechende Übersetzung ein hohes Maß an fremdsprachlichen Kenntnissen, wenn nicht sogar die gleiche Beherrschung der Fremd- und der Muttersprache, voraussetze. Ihrer Meinung nach konnten Übersetzungen daher erst in fortgeschrittenen Kursen gewinnbringend eingesetzt werden. Als Alternative, die

1176 Glauser (1901b: 294). Vgl. dazu auch Glauser (1908d: 338).
1177 Glauser (1907b: 51).
1178 Frijters (1913: 146).
1179 Vgl. Glauser (1908d: 348).
1180 Vgl. Glauser (1907b: 50).
1181 Vgl. Snyckers (1905a: 181).
1182 Glauser (1901b: 294).
1183 Krämer (1900b: 68).

zum Verständnis des Wortschatzes führen sollte, wurde vorgeschlagen, die Schüler vielmehr selbst Texte in der Fremdsprache produzieren zu lassen:

> »Die eigene Komposition bedeutet eine fortgesetzte, selbsttätige Prüfung und Abschätzung der verschiedenen nacheinander zu behandelnden Elemente der Sprache, und ihre praktische Verwertung als Ausdruck für die Gedanken des Lernenden.«[1184]

Glauser schätzte Übersetzungen vor allem als Mittel, um das Textverständnis zu vertiefen. Durch Übersetzungsübungen wurde seiner Meinung nach aber auch besonders die ästhetische Seite des Sprachunterrichts betont:

> »Eine solche [literarische] Übersetzung kann nur schriftlich gemacht werden, der Übersetzer muß sich zuerst bezüglich der Sprache des zu übersetzenden Textes Klarheit verschaffen, denselben in seine einzelnen Bestandteile zerlegen und die Arbeit des Schriftstellers zersplittern, um auf den Grundgedanken zu kommen. Durch die in der Sprache des Schriftstellers vorgekommene Zergliederung des Textes wird er auf die Feinheiten des Stils, auf die vom Dichter angewendeten Metaphern aufmerksam, und seine Aufgabe ist es nun, in der Sprache, in die der Text übersetzt wird, Redensarten zu finden, die das wiedergeben, was er selbst empfindet. Es ist jedoch nicht daran zu denken, mit diesen Teilnehmern eine solche Übung aus der Muttersprache in die fremde Sprache zu machen, wohl aber umgekehrt.«[1185]

In Glausers Unterricht stand der Übersetzungsunterricht in engem Zusammenhang mit dem Lektüreunterricht. Um ein Werk eines zeitgenössischen fremdsprachlichen Schriftstellers zu verstehen, schlug Glauser zunächst eine Einführung in das Werk in der Muttersprache der Schüler vor. Danach sollten Teile des Textes im Unterricht gelesen und besprochen werden. Nachdem der Schüler eine gewisse Sicherheit im Umgang mit dem relevanten Text gewonnen hatte, sollten auch Teile im Selbststudium erschlossen werden. An die Erarbeitung des Inhaltes des besprochenen Werkes sollten sich Fragen zum Text anschließen. Die Beantwortung und Diskussion derselben sollte in der Fremdsprache stattfinden. Glauser zufolge konnte erst nach einer derartigen eingehenden Besprechung eines Werkes an seine Übersetzung gedacht werden.[1186] Die skizzierte Vorgehensweise bezeichnete Glauser als »analytische Lektüre«[1187].

Im Lektüreunterricht wurden nicht nur allgemeine Themen und literarische Werke behandelt, sondern auch wirtschaftliche, kaufmännische und geographische Themen, die das gegenwärtige Wirtschaftsleben der jeweiligen Völker beleuchteten. Eine geeignete Auswahl der Texte stellte für den Lehrer, sicherlich nicht zuletzt in Anbetracht der Fülle der Themen, eine Herausforderung dar. Glauser schlug vor, die Lektürestücke so zu wählen, dass sie jeweils aufeinander auf-

---

1184 N. N. (1904: 225).
1185 Glauser (1905b: 309).
1186 Ibid, S. 308–309.
1187 Glauser (1907b: 50).

bauten.[1188] Auf der fortgeschrittenen Stufe sollte die Lektüre, wie einem Sitzungsprotokoll des DVkU aus dem Jahr 1902 zu entnehmen ist, so ausgewählt werden, dass sie »den Horizont des jungen Menschen erweitern kann, seine Blicke hinauszulenken über die See, auf das grossartige Getriebe der Weltwirthschaft«[1189]. Demnach sollte die Lektüre im fremdsprachlichen Unterricht im kaufmännischen Bildungswesen den Blick auf das Panorama der Weltwirtschaft eröffnen.

Von 1898 datiert ein Vorschlag, die Lektüre im fremdsprachlichen Unterricht in allen Sprachen, die im kaufmännischen Bildungswesen vermittelt wurden, nach einem festen Realienplan so zu gestalten, dass sich die jeweiligen Lesebücher stofflich ergänzten und insgesamt einer Art Enzyklopädie gleichkamen, wobei die Lesebücher in der Sprache des jeweiligen Landes abgefasst sein sollten. Durch eine solche Zusammenstellung sollte ein gewisser vollständiger Überblick über die verschiedenen Gebiete erreicht werden.[1190]

1906 wurde für den fremdsprachlichen Unterricht an kaufmännischen Fortbildungsschulen in Preußen eine Verfügung erlassen. Demnach sollte die Lektüre, d.h. das Lehrbuch, auch als Grundlage für Konversationsübungen dienen, den kaufmännischen Wortschatz behandeln, den Blick auf die wirtschaftlichen Verhältnisse des Auslandes lenken und dabei Belehrungen bieten über verschiedene Bereiche des kaufmännischen Tätigkeitsgebiets, wie etwa Handels- und Wechselrecht, Buchführung und Versicherungswesen.[1191]

Wie Glauser 1908 in einem Aufsatz über die Zwecke der Unterrichtslektüre ausführt[1192], diente diese in der kaufmännischen Ausbildung dazu, andere Fachdisziplinen zu unterstützen[1193]. Die Lektüre sollte in fortgeschrittenen Stufen so gestaltet sein, dass sie einen produktiven Unterricht ermöglichte. Beispielsweise sollte sie Gelegenheit bieten, grammatische Regeln zu besprechen.[1194] Daneben sollte sie das Verständnis für gesellschaftliche, politische und wirtschaftliche Verhältnisse des fremden Volkes wecken[1195]. Der Lektüreunterricht sollte die Schüler zur eigenen Textproduktion veranlassen, indem sie den Text mit eigenen Worten wiedergaben. Glauser forderte zudem, den Schüler darin zu unterrichten, »wie man die Hauptgedanken eines Schriftstellers aus dem Gelesenen herausnimmt, um dieselben in einer einfacheren, oft verständlicheren Form wiederzugeben«[1196]. Würde der Lesestoff in den relevanten Sprachen jeweils nach denselben Gesichts-

1188 Vgl. Glauser (1901b: 294 und 295).
1189 Dunker (1902: 83).
1190 Vgl. Ziehen (1898: 241–242).
1191 Vgl. Delbrück (1907: 300).
1192 Glausers Beitrag gliedert sich in drei Teile, einen Leserbrief und seine Erwiderung. An dieser Stelle können nur Hauptzüge der relevanten Beiträge im Zusammenhang mit der Zielsetzung der vorliegenden Arbeit aufgezeigt werden (vgl. Glauser (1908 a, b, c), Glauser (1909) und Weyel (1909)).
1193 Vgl. Glauser (1908c: 305).
1194 Vgl. Glauser (1908b: 278–279).
1195 Vgl. Glauser (1908c: 305).
1196 Ibid, S. 306.

punkten ausgewählt, etwa die Beschreibung eines Ereignisses aus der Perspektive verschiedener Länder, so könnte der Schüler die Wirkung dieses Ereignisses in der Fremdsprache diskutieren.[1197] Dieser Vergleich sollte zu einer unvoreingenommenen Beurteilung, etwa historischer Ereignisse, unter den Schülern führen. Durch das im fremdsprachlichen Unterricht auf diese Weise geförderte objektive Urteilsvermögen sollte sich der zukünftige Kaufmann auch die internationale Presse besser zunutze machen[1198].

Es ist interessant, dass Glauser empfiehlt, dass der Lektürestoff für den fremdsprachlichen Unterricht nicht von Sprachlehrern ausgesucht wird, da diese seiner Ansicht nach damit überfordert seien. Glauser zufolge könnte nur eine auf dem jeweiligen Fachgebiet bewanderte Person, etwa ein Geograph, Nationalokönom oder Historiker, aufgrund ihrer Sachkenntnis und Objektivität, den Lesestoff für den fremdsprachlichen Unterricht kompetent zusammenstellen.[1199]

In der Diskussion über die Auswahl des Lektürestoffs für den fremdsprachlichen Unterricht wurde von verschiedenen Seiten die Nutzung von Pressebeiträgen angeregt. 1902 wurde auf der Sitzung des DVkU in Mannheim vorgeschlagen, aufgrund der Aktualität von Presseerzeugnissen im Gegensatz zur Buchliteratur im fremdsprachlichen Unterricht verstärkt mit Zeitungsartikeln zu arbeiten. Gleichzeitig wurde jedoch eingeräumt, dass die Zeitungslektüre nur Gewinn bringend im Unterricht eingesetzt werden kann, wenn sie systematisch und methodisch erfolgt.[1200] Bis 1913 stieg das Bewusstsein für die Nützlichkeit von Presseerzeugnissen in der Handelsbranche, denn bei geschäftlichen Entscheidungen von Kaufleuten gaben Informationen aus Zeitungen häufig den Ausschlag[1201]. Im kaufmännischen Bildungswesen hatte die Zeitungslektüre zu jener Zeit allerdings noch nicht die Anerkennung gefunden, die ihr einige Jahre später zukommen sollte[1202].

Das Thema Zeitungslektüre im kaufmännischen Unterricht wurde 1913 im Rahmen des *Internationalen Kongresses* auch auf internationaler Ebene besprochen. Ein anwesender Pressevertreter führte in einem Referat den Nutzen der Fachpresse für Kaufleute folgendermaßen aus: Aktuelle Entwicklungen und andere Neuigkeiten der verschiedensten Gebiete sowie die Behandlung von Tagesfragen könnten dem Kaufmann nützliche Dienste leisten bei seiner geschäftlichen Tätigkeit. Die zukünftigen Kaufleute sollten sich schon in der Jugend an die Lektüre der Fachpresse gewöhnen, um sie später im Beruf nutzbringend einsetzen zu können.[1203] Im Anschluss an das Referat schilderten einige Lehrer verschiedener Fachrichtungen ihre Erfahrungen mit Presseerzeugnissen im Unterricht. Betont wurde dabei, dass

1197 Ibid.
1198 Ibid, S. 307.
1199 Vgl. Glauser (1908b: 280).
1200 Vgl. Dunker (1902: 83).
1201 Vgl. IGFkU (1913: 87). An zitierter Stelle heißt es, dass die Presse dem Kaufmann das tägliche Brot sein soll.
1202 Ibid, S. 89.
1203 Ibid, S. 87.

der Lehrer unbedingt die Auswahl der Texte für den Unterricht treffen sollte. Dabei sollte besonders berücksichtigt werden, dass zur Entwicklung eines objektiven Urteilsvermögens der Fokus der Zeitungslektüre nicht auf *einer* Zeitung liege, sondern verschiedene Zeitungen zu einem bestimmten Thema konsultiert werden.[1204] (Vgl. 3.1.21).
Neben der schriftlichen Beherrschung der Sprache sollte im fremdsprachlichen Unterricht im kaufmännischen Bildungswesen auch die mündliche Beherrschung der Sprache erzielt werden. In Konversationsübungen sollten sich die Schüler daher eine Sprechfertigkeit aneignen, die sie bei ihrer geschäftlichen Tätigkeit direkt abrufen konnten[1205]. Zur Erreichung dieses Unterrichtsziels sollte die praktische Übung im mündlichen Gebrauch der Fremdsprache möglichst schon von Anfang an erfolgen[1206]. Diesem hoch gesteckten Ziel waren jedoch Grenzen gesetzt: In der konsultierten Literatur sind nur wenige Hinweise auf den Konversationsunterricht zu finden. Dies hängt sicherlich damit zusammen, dass, wie aus den wenigen relevanten Stellen hervorgeht, Konversationsübungen im fremdsprachlichen Unterricht weitgehend vernachlässigt wurden. Viele Sprachlehrer, so manche Kritiker, vergaßen, dass lebende Sprachen auch gesprochen werden müssten. Stattdessen würden, so der Vorwurf, Worte wie leere Hüllen verwendet, indem sie in mündlichen Übungen unzusammenhängend und auswendig rezitiert wurden.[1207] Das »lebende Element«[1208] der Sprache, das freie Sprechen, würde somit im fremdsprachlichen Unterricht vernachlässigt.

Einer der Gründe, warum die Übung des aktiven Sprachgebrauchs im fremdsprachlichen Unterricht völlig übergangen wurde, lag einem Zeitgenossen zufolge im Ansehen, das die Erlernung von Fremdsprachen zum praktischen Gebrauch genoss. Ein Sprachlehrer aus den USA beklagte beispielsweise, dass in weiten Kreisen die – m. E. unqualifizierte – Meinung herrsche, dass zum Erlernen von Fremdsprachen nicht mehr Intellekt und Urteilsvermögen notwendig sei als zum Banjospielen.[1209] Als weiterer Grund für die Vernachlässigung des Sprechens im Unterricht wird die Tatsache genannt, dass Sprachlehrer den mündlichen Ausdruck in der Fremdsprache selbst kaum beherrschten[1210]. Glauser wies darauf hin, dass Konversation häufig auch außerhalb des fremdsprachlichen Unterrichts auf privater Basis stattfand. Möglicherweise war dies die einzige Alternative zum dürftigen Konversationsunterricht im fremdsprachlichen Unterricht im kaufmännischen Bildungswesen. Glausers Eindruck von diesen Konversationszirkeln spricht dabei Bände:

> »Ein anderer [Schüler] hat Konversation getrieben, dazu wird er Mitglied eines Klubs und gewöhnt sich nur an eine schlechte Aussprache, da die anderen Mitglieder nicht

1204 Ibid, S. 89 und 90.
1205 Vgl. Krämer (1900a: 19).
1206 Vgl. N. N. (1904: 224).
1207 Vgl. Marissiaux (1901a: 65) und (1901b: 90).
1208 Glauser (1903b: 292).
1209 Vgl. N. N. (1904: 224).
1210 Ibid, S. 223.

> besser sprechen als er. An der Spitze eines solchen Klubs stehen oft Ausländer, jedoch wird von dem armen Leiter etwas verlangt, was er mit gutem Gewissen nicht erreichen kann; er soll mit mehreren Fremden gleichzeitig sprechen und das Thema aussuchen, das dem Angesprochenen paßt, sonst bekommt er keine Antwort.«[1211]

Unter diesen Voraussetzungen war es für Schüler, Studierende und Sprachlehrer schwierig, sich im fremdsprachlichen Unterricht im kaufmännischen Bildungswesen eine sichere Sprechfertigkeit der Fremdsprache anzueignen. Vermutlich wurden nicht zuletzt vor diesem Hintergrund die *Internationalen Sprach- und Wirtschaftskurse* geschaffen, die auch eine Möglichkeit bieten sollten, den aktiven Sprachgebrauch zu verbessern. Wie die Untersuchungen der vorliegenden Arbeit zeigen, war diese Gelegenheit besonders bei Sprachlehrern willkommen, da sie zur größten Gruppe gehörten, von der die ISW nachgefragt wurden (vgl. 2.4.4.2).

2.5.3.3 Handelskorrespondenzunterricht

Ein wichtiger Baustein des fremdsprachlichen Unterrichts im kaufmännischen Bildungswesen war der Handelskorrespondenzunterricht, wobei der Handelskorrespondenzunterricht in der Fremdsprache als Steigerung des Korrespondenzunterrichts in der Muttersprache anzusehen ist. Zu Beginn des 19. Jahrhunderts waren beide Unterrichtseinheiten wenig ausgefeilt. Die Literatur zeigt jedoch Parallelen in der Ausgestaltung der beiden Unterrichtseinheiten. Aus diesem Grund folgt an dieser Stelle zunächst eine Skizze des Handelskorrespondenzunterrichts für die deutsche Sprache.

1899 wurde die deutsche Handelskorrespondenz noch als »Stiefkind im kaufmännischen Unterrichte«[1212] bezeichnet. Dem Autor zufolge, ein Sprachlehrer an Handelsschulen, war dies vor allem an Schulen der Fall, in denen im Handelskorrespondenzunterricht die sogenannte Diktiermethode angewandt wurde. Bei dieser Unterrichtsmethode wurden den Schülern bestimmte Musterbriefe diktiert und Form und Inhalt der Briefe erklärt. Diese Unterrichtsmethode sei aber, so der Autor, zu verwerfen, da sie nur eine rezeptive geistige Tätigkeit des Schülers verlange, nicht aber eine geistig produktive. Somit wurden laut Autor die Ziele des Korrespondenzunterrichts verfehlt, dem traditionell derselbe Stellenwert wie etwa dem Fach Buchhaltung zukommen sollte:

> »Denn dieser Unterrichtszweig hat nicht nur die Aufgabe, die Schüler zu befähigen, einen Brief formell und orthografisch richtig und kalligraphisch zu schreiben, sondern er soll sie in den Stand setzen, ihre Gedanken schnell zu ordnen und schriftlich zu fixiren, und die kaufmännische Ausdrucksweise zu verstehen und diese, wie die deutsche Sprache überhaupt, richtig anzuwenden. Endlich sollten die Schüler durch dieses Fach,

---

1211 Glauser (1905b: 307–308).
1212 Walter (1899: 81).

ebenso wie durch das kaufmännische Rechnen, in die Welt des Kaufmanns eingeführt und darin orientirt werden.«[1213]

Zur Erreichung dieses Unterrichtsziels unterbreitet der Autor einen Vorschlag zur Unterrichtsmethode. Demzufolge sollte der schriftlichen Abfassung eines Handelsbriefes eine ausführliche Besprechung vorangehen. Dabei sollte zunächst der Gegenstand des Handelsbriefes mündlich erklärt und, soweit nötig, die Form des entsprechenden Briefes behandelt werden. Darauf sollte die satzweise Erörterung des zu erstellenden Briefes folgen, wobei auch Orthographie, Interpunktion und die relevante Terminologie ausführlich besprochen werden sollten. Nach einer mündlichen Zusammenfassung des gesamten Briefes sollte schließlich die sorgfältige Niederschrift erfolgen. Von dieser Methode versprach sich der Autor, die Gewandtheit der Schüler im Umgang mit der deutschen Sprache und mit der kaufmännischen Ausdrucksweise zu fördern.[1214]

Zu mehr Selbstständigkeit beim Abfassen von Geschäftsbriefen durch einen entsprechenden Unterricht in deutscher Handelskorrespondenz wird 1904 auch in einer anderen Quelle aufgefordert. Die Aufgabe der Schule sollte demnach auch darin bestehen, »dem Schüler das Gefühl für die Schönheit der deutschen Sprache zu stärken und ihm ihre Berechtigung auf volle Verwendung klar zu machen«[1215]. Als eines der Probleme des Handelskorrespondenzunterrichts erachtet der Autor Karl von der Aa, einer der späteren Rektoren der Handelshochschule Leipzig[1216], die Auswahl des Stoffes. Der Korrespondenzunterricht sollte seiner Meinung nach in erster Linie dazu dienen, verschiedene Briefformen vorzustellen, sie bewusst zu betrachten und miteinander zu vergleichen. Aufgrund des ausufernden Stoffgebietes, aus dem sich der Handelskorrespondenzunterricht speiste, kam laut Autor die sprachliche Seite des Unterrichts jedoch häufig zu kurz. Statt der Konzentration auf wenige Stoffgebiete und deren gründliche Besprechung, auch in sprachlicher Hinsicht, wurde hingegen meist eine Vielzahl von Stoffgebieten sowohl sprachlich als auch stofflich nur flüchtig bearbeitet.[1217] Der Autor erachtet es daher für den Schüler als vorteilhafter, »wenn er ein kleines Gebiet beherrscht, als wenn er sich in einem größeren überall nur mühsam zurechttastet«[1218]. Zur Eingrenzung des Stoffgebiets schlägt von der Aa daher vor, Briefarten und Formulare, etwa Rech-

1213 Ibid.

1214 Ibid, S. 82–83.

1215 Von der Aa (1904a: 176).

1216 Karl von der Aa (1876–1937) wurde nach seinem Studium in Göttingen und an der Handelshochschule Leipzig sowie neben zahlreichen beruflichen Stationen im kaufmännischen Bildungswesen, wo er stets einem wissenschaftlichen Interesse nachging, ab 1923 Professor an der Handelshochschule Leipzig und Inhaber des ersten Lehrstuhls für Wirtschaftspädagogik in Deutschland. Von 1924–1926 war er Rektor der Handelshochschule Leipzig. Zu seinem wissenschaftlichen Vermächtnis zählen auch Abhandlungen über den kaufmännischen Schriftverkehr (vgl. Göschel (2008: 136–138 und 264)).

1217 Vgl. von der Aa (1904a: 175).

1218 Ibid, S. 176.

nungen, Quittungen und Wechsel[1219], die in jedem Geschäft vorkommen, unbedingt zu behandeln, sowie sich bei der Auswahl weiterer Unterrichtsinhalte an den gegenwärtigen und zukünftigen Tätigkeitsbereichen der Schüler zu orientieren[1220]. Der Autor merkt dabei an, dass je tiefer ein Stoffgebiet behandelt wird, desto ausführlicher auch die Erklärungen hinsichtlich der brieflichen Erledigung sein müssen. Nur so könne der Schüler den Sachverhalt erfassen und schriftlich klar darstellen[1221]. Von der Aa schlägt daher vor, den Handelskorrespondenzunterricht nicht von Kontorarbeiten zu trennen und möglichst in engem Zusammenhang mit den Fächern Handelslehre, Handelskunde und Handelsbetriebslehre zu unterrichten.[1222] Die Ausführungen zeigen, dass im Fach Handelskorrespondenz ebenso wie im Lektüreunterricht die Problematik der Stoffauswahl gegeben war.

In der genannten Quelle finden sich auch Hinweise auf die Entstehung einzelner Fachsprachen, die besondere Ausdrucks- und Redeweisen hervorbringen. Wie von der Aa ausführt, drücke dabei jeder Inhalt der Sprache seinen Stempel auf.[1223]

Als Faktoren, die hemmend auf die methodische Entwicklung des Handelskorrespondenzunterrichts wirkten, nennt der Autor die unterschiedliche Vorbildung der Schüler, die unterschiedliche Gewichtung des Faches Handelskorrespondenz an den verschiedenen Schulen im kaufmännischen Bildungswesen sowie die Tatsache, dass je nach den lokalen Handelserfordernissen thematisch unterschiedliche Schwerpunkte im Handelskorrespondenzunterricht gesetzt werden.[1224] In diesem Zusammenhang wurden häufig auch die mangelnde Ausbildung von Sprachlehrern und die knapp bemessene Unterrichtszeit für den fremdsprachlichen Unterricht angeführt.[1225]

Unter diesen Problemen litt auch der Unterricht in fremdsprachlicher Handelskorrespondenz, den Glauser als »Synthese des Lektüre- und grammatischen Unterrichtes«[1226] auffasste. Von 1905 datiert eine Einschätzung, vermutlich von Snyckers verfasst, die den damaligen Stand des fremdsprachlichen Handelskorrespondenzunterrichts charakterisiert:

> »Wir möchten nicht unausgesprochen lassen, daß die fremdsprachliche kaufmännische Korrespondenz weder in Deutschland noch im Auslande den heutigen Anforderungen des Verkehrs völlig entspricht, weil sie nicht streng idiomatisch durchgeführt ist. Unseres Erachtens lassen sich die zahlreichen unkaufmännischen Wendungen und Ausdrücke, die sich in sehr vielen Lehrbüchern finden, nur dadurch erklären, daß

1219 Vgl. Walter (1899: 82).
1220 Vgl. von der Aa (1904a: 177).
1221 Ibid, S. 178.
1222 Vgl. von der Aa (1904b: 198–199).
1223 Vgl. von der Aa (1904a: 175).
1224 Ibid, S. 174.
1225 Vgl. Ebling (1904: 21) und Weyel (1909: 365).
1226 Glauser (1901a: 266).

Nichtkaufleute zur Übersetzung gegriffen haben, wo diese unzulässig, ja geradezu von Übel waren.«[1227]

Snyckers' Ansicht über die mangelnde Qualität der fremdsprachlichen Korrespondenz geht aus einem seiner ersten Vorträge auf der Generalversammlung der *Internationalen Gesellschaft* in Lüttich im Mai 1905 hervor. Geschäftsbriefe in der Fremdsprache wurden seiner Meinung nach ohne Beachtung der grundlegenden Regeln der Handelskorrespondenz erstellt. Aus diesem Grund verfehlten Geschäftsbriefe nicht nur völlig ihren Zweck, sondern wirkten meist auch aus Sicht des ausländischen Empfängers unhöflich, lächerlich oder gar unlogisch. Derartige defekte Handelsbriefe könnten höchstens ein Achselzucken bei den Empfängern hervorrufen. Mangelhafte Geschäftsbriefe in der Fremdsprache seien Snyckers zufolge darauf zurückzuführen, dass sie meist wörtlich von der Muttersprache in die Fremdsprache übersetzt werden. Diesem Missstand wollte Snyckers abhelfen, indem Schüler dazu befähigt werden sollten, in der Fremdsprache zu denken.[1228]

In seinem Vortrag entwirft Snyckers ein Curriculum für den fremdsprachlichen Unterricht für alle Ebenen des kaufmännischen Bildungswesens. Auch der Unterricht in fremdsprachlicher Handelskorrespondenz wird dabei berücksichtigt, wobei auf jeder Stufe als Unterrichtsziel die Anwendung der Handelskorrespondenz in der Praxis galt: In der Unterstufe sollten in erster Linie die Grundlagen für das Verfassen von fremdsprachlichen Geschäftsbriefen geschaffen werden. Grammatik-, Konversations- und Lektüreübungen, Lektüre und Aufsätze über kaufmännische Themen bildeten das Fundament für den Handelskorrespondenzunterricht, der aber erst gegen Ende der Unterstufe mit leichten Korrespondenzübungen einsetzen sollte.[1229] In der Mittelstufe sollte der fremdsprachliche Unterricht ähnlich wie in der Unterstufe angelegt sein. Der Handelskorrespondenzunterricht sollte im letzten Jahr der Mittelstufe jedoch obligatorisch mindestens zwei Stunden wöchentlich durchgeführt werden.[1230] In der Oberstufe des kaufmännischen Bildungswesens, d.h. an Handelshochschulen, sollte Snyckers' Entwurf zufolge in allen Hauptsprachen obligatorisch ein vertiefender Handelskorrespondenzkurs angeboten werden. Zum Inhalt der Handelskorrespondenzkurse an Handelshochschulen sollte auch die Auslegung und die praktische Anwendung des ländervergleichenden Handelsrechts zählen.[1231]

Snyckers unterstreicht den Nutzen der Beschäftigung mit der kaufmännischen Thematik für den fremdsprachlichen Unterricht im kaufmännischen Bildungswesen. Der Unterricht in fremdsprachlicher Handelskorrespondenz, die voller sprachlicher und fachlicher, d. h. kaufmännischer und juristischer, Schwierigkeiten stecke, könne laut Snyckers einen eigenständigen Unterricht bilden, der sich vom eigentlichen fremdsprachlichen Unterricht vollkommen unterscheidet. In Deutschland

1227 N.N. (1905b: 22).
1228 Vgl. Snyckers (1905a: 180).
1229 Ibid, S. 182.
1230 Ibid, S. 183.
1231 Ibid, S. 184.

hätte man bereits die dringende Notwendigkeit eines methodischen Unterrichts in deutscher Handelskorrespondenz erkannt. Ein entsprechender Unterricht sollte auch für den Unterricht in fremdsprachlicher Handelskorrespondenz eingeführt werden. Die Schwierigkeiten bei diesem Unterricht seien, so Snyckers, doppelter Natur, denn neben die sprachlichen würden diejenigen treten, die sich im Zusammenhang mit den zu berücksichtigenden ausländischen Gesetzen und Bräuchen ergeben. Diese Art von Problemen sei aber bislang in keinem Grammatik- oder Literaturunterricht behandelt worden.[1232]

Mit seinem Curriculum-Entwurf von 1905 zeichnet Snyckers den Weg zum wissenschaftlichen Sprachunterricht an Handelshochschulen und damit zu den Dolmetscher-Instituten vor.

Über die Methode des Korrespondenzunterrichts in einer Fremdsprache an Handelshochschulen informierte Glauser 1907 auf dem ersten *Internationalen Sprach- und Wirtschaftskurs* in Lausanne. Sie stand in enger Verbindung mit der Methode des Handelskorrespondenzunterrichts für die deutsche Sprache, die weiter oben skizziert wurde. Da die Studierenden an Handelshochschulen bereits Vorkenntnisse in den Fremdsprachen hatten, wurde der Handelskorrespondenzunterricht in der Fremdsprache unterrichtet. Der Niederschrift von Geschäftsbriefen in der Fremdsprache ging eine ausführliche mündliche Besprechung der Geschäftsbriefe in der Fremdsprache voraus. Die zu einem Geschäftsvorgang gehörenden Briefe wurden analysiert, d. h. zunächst wurde der Inhalt und dann die Form, wie der Inhalt in der Fremdsprache ausgedrückt wird, besprochen. Die auf diese Weise analysierten Briefe wurden ein- oder zweimal mündlich wiedergegeben und dann niedergeschrieben. Diese Briefe wurden im Kurs vorgelesen und vom Lehrer korrigiert. Bei der Erarbeitung des fremdsprachlichen Briefes dienten die lokalen Bräuche des jeweiligen fremden Landes als Grundlage.[1233]

Vermutlich in Vorbereitung auf seinen Vortrag in Lausanne 1907 ermittelte Glauser, welche Art von Korrespondenz in der kaufmännischen Praxis anfiel. Dabei untersuchte er die Korrespondenz eines großen, nicht weiter spezifizierten, Industrieunternehmens. Das Ergebnis teilte er in vier Kategorien ein: 1. Einfache Korrespondenz (Ausfüllen von Formularen), 2. Tagesgeschäfts-Korrespondenz, 3. Korrespondenz der Geschäftsleitung (erstellt von einem Korrespondenten), 4. Fremdsprachige Korrespondenz (erstellt vom Leiter der Korrespondenzabteilung des Unternehmens). Von Letzterem wurden gründliche Kenntnisse der Sprachen, in denen er korrespondierte, erwartet. Weitere Informationen zu den Textsorten stellte Glauser nicht zur Verfügung. Ebenso wenig geht aus der Aufstellung hervor, ob unter den Punkten 1 bis 3 fremdsprachliche Texte anfielen. Die Aufstellung zeigt aber, dass der Bedarf an Schriftverkehr auf verschiedenen Ebenen des Unternehmens gegeben war. Es ist anzunehmen, dass Korrespondenzarbeiten unter den Punkten 1 und 2 von jedem Mitarbeiter ohne eine spezielle Qualifikation als Handelskorrespondent erledigt wurden. Die Punkte 3 und 4 stellten jedoch höhere

---

1232 Ibid, S. 183.
1233 Vgl. Glauser (1908d: 347–348).

Anforderungen an die Erledigung der Geschäftskorrespondenz. Wie Glauser anführt, wurden solche Aufgaben von entsprechend qualifizierten Kräften übernommen. Außerdem stellt er fest, dass das Personal für Stellen unter Punkt 4 nur im Rahmen einer vertieften sprachlichen Ausbildung an einem Seminar für moderne Fremdsprachen an einer Handelshochschule ausgebildet werden könne.[1234] Der Hintergrund der angeführten moderaten Marktforschung war vermutlich die Darstellung des Bedarfs der Praxis an Fachkräften zur Erledigung der in- und ausländischen Geschäftskorrespondenz, um somit ein in der Praxis begründetes Motiv für die Professionalisierung des fremdsprachlichen Unterrichts im kaufmännischen Bildungswesen zu gewinnen (vgl. 3.1.8).

Die Berufspraxis im fremdsprachlichen Unterricht hatte Glauser bereits 1901 im Blick. Besonders der Korrespondenzunterricht erforderte seiner Meinung nach die Verknüpfung mit der Praxis. Da dieser Unterricht Glauser zufolge nicht nur Sprach-, sondern gleichzeitig auch Sachunterricht sei, sollte er eng mit den kaufmännischen und juristischen Fächern einhergehen.[1235] Denn diese Fächer förderten das Verständnis für die Geschäftsfälle, die im Korrespondenzunterricht thematisiert wurden. Ein wichtiger Teil des fremdsprachlichen Korrespondenzunterrichts bestand somit darin, Erklärungen auf der Basis ausländischer Quellen in der Fremdsprache zu geben.

Als wesentlichen Problempunkt im fremdsprachlichen Korrespondenzunterricht erachtete Glauser die Ausbildung der Sprachlehrer, in deren universitärem neuphilologischen Studium die Erlangung kaufmännischer Kenntnisse, die für den Unterricht an kaufmännischen Ausbildungsstätten unabdingbar waren, außer Acht blieben. Auf dem *Internationalen Kongress für moderne Sprachen* in Paris 1900 schlug Glauser daher Weiterbildungsmöglichkeiten für Neuphilologen vor. Seinem Plan zufolge sollten in jeder Hauptstadt Kurse eingerichtet werden, in denen sich Neuphilologen entsprechende kaufmännische Kenntnisse aneignen konnten.[1236] Ob derartige Kurse eingerichtet wurden, konnte bei den Recherchen für diese Arbeit nicht festgestellt werden. Es ist jedoch möglich, dass Glausers Vorschlag auch auf die Errichtung der *Internationalen Sprach- und Wirtschaftskurse* gewissen Einfluss hatte.

Ergänzend soll angemerkt werden, dass verschiedene Autoren anregten, im mutter- und fremdsprachlichen Korrespondenzunterricht sogenannte Briefgruppen zu behandeln und nicht für sich alleinstehende Briefe. Demnach sollte im Zentrum des Unterrichts ein bestimmter Geschäftsfall stehen, dessen relevante Briefe thematisiert wurden. Als Beispiel wurde das Angebot eines Fabrikanten an einen Exporteur angeführt. In diesem Zusammenhang konnte etwa die Korrespondenz bezüglich Bestellung, Versand und Rechnung der Ware behandelt werden.[1237] Ein

1234 Ibid, S. 345–346.
1235 Vgl. Glauser (1901a: 266 und 1901b: 296).
1236 Vgl. Glauser (1901b: 297). Als Hauptstädte, in denen Kurse für Neuphilologen eingerichtet werden sollten, nennt Glauser London, Paris, Berlin und Wien.
1237 Vgl. Dunker (1902: 81).

derartig gestalteter Korrespondenzunterricht wurde 1906 auch in einer Verfügung des preußischen Ministeriums für Handel und Gewerbe befürwortet und dadurch wegweisend für den Unterricht an kaufmännischen Fortbildungsschulen in Preußen:

> »Der Korrespondenzlehre (...) sind nicht zusammenhangslose Einzelbriefe zu Grunde zu legen, sondern Briefgruppen, die einen Geschäftsvorfall erledigen, und in die sich die wichtigsten kaufmännischen Formulare (Rechnungen, Quittungen, Wechsel, Scheck, Ladescheine usw.) eingliedern.«[1238]

Befürwortern zufolge weckte ein nach Briefgruppen gegliederter Unterricht das Interesse der Schüler an der Handelskorrespondenz.[1239] Gegner eines in Briefgruppen unterteilten Stoffes betonten hingegen, dass ein solcher Unterricht sehr hohe Anforderungen an Schüler – und auch an Lehrer[1240] – stellte, da sprachliche und stoffliche Schwierigkeiten im Verbund auftreten[1241]. Vorgeschlagen wurde daher, zunächst an Einzelbriefen zu arbeiten und erst bei der Wiederholung derselben zu einer Anordnung in Briefgruppen überzugehen.[1242]

Die Ausführungen zum fremdsprachlichen Handelskorrespondenzunterricht im kaufmännischen Bildungswesen belegen, dass diese nicht mit Übersetzungsübungen zu vergleichen waren. Das konsultierte Material zeigt zudem, dass Übersetzungsübungen praktisch keine Rolle im Handelskorrespondenzunterricht spielten.

Abschließend soll betont werden, dass ein prägendes Merkmal des fremdsprachlichen Unterrichts im kaufmännischen Bildungswesen seine Einbindung in ein fachgebundenes Schulwesen war, das ihm seine fachliche Ausrichtung verlieh[1243]. Als Ergänzungsunterricht und -studium war der fremdsprachliche Unterricht, der auch zur Förderung der Allgemeinbildung der zukünftigen Kaufleute beitragen sollte[1244], stets verflochten mit den kaufmännischen Fächern. Somit waren Sprache

1238 Delbrück (1907: 300).
1239 Vgl. Dunker (1902: 81).
1240 Ibid, S. 82. An zitierter Stelle werden die Anforderungen an Sprachlehrer wie folgt beschrieben: »Es kommt vor, dass gerade der Sprachlehrer durchaus nicht so viel von dem kaufmännischen Leben weiss, wie erwünscht ist. Das hängt zusammen mit der Vorbildung unserer Sprachlehrer, deren Stärke naturgemäss auf einem ganz anderen Gebiete zu liegen pflegt. Wenn ein solcher Geschäftsvorfall als Centrum einer Briefgruppe gegeben ist, muss sich der Lehrer in diesen Fall hineinfinden, er kann gar nicht anders. Bei einem einzelnen Briefe können Realien, die nicht ganz verstanden werden, mit dem Mantel der Menschenliebe zugedeckt werden. Aber in einem streng sachlichen, geschlossenen Briefwechsel, wo nichts unabsichtlich ist und Alles im Zusammenhange steht, ist das nicht möglich. Es wird ein heilsamer Zwang zur Beschäftigung mit kaufmännischen Realien ausgeübt.«
1241 Vgl. von der Aa (1904b: 197).
1242 Ibid, S. 199.
1243 Vgl. Glauser (1914: 21).
1244 Vgl. dazu Frijters (1913: 144 und 145).

und Sache im fremdsprachlichen Unterricht im kaufmännischen Bildungswesen untrennbar miteinander verbunden[1245]. Dies stand im Einklang mit dem traditionellen Praxisbezug im kaufmännischen Bildungswesen und den Gründungsmotiven der Handelshochschulen (vgl. 2.4.2, 3.1.19).

Obwohl das Fehlen eines zeitgemäßen fremdsprachlichen Unterrichts im kaufmännischen Bildungswesen, der für Angehörige nicht-philologischer Fächer bestimmt war, wie etwa Kaufleute oder Juristen, allgemein als Lücke empfunden wurde[1246], scheiterte das Vorhaben, den fremdsprachlichen Unterricht im gesamten kaufmännischen Bildungswesen mit wissenschaftlichen Methoden im Zeitraum zwischen 1898–1914 zu durchziehen.

2.5.4 Zum Fremdsprachenunterricht im kaufmännischen Bildungswesen (1920–1930)

Im folgenden Abschnitt werden relevante Beiträge behandelt, die die Entwicklung im Fremdsprachenunterricht im kaufmännischen Bildungswesen zwischen 1920 und 1930 beleuchten. Vor allem sind dies Beiträge von Glauser und Snyckers, denn sie waren führend in diesem Bereich. Ihre Beiträge kreisen um dasselbe Thema. Möglicherweise entsteht bei der Lektüre daher der Eindruck, nach nur wenigen Seiten umfassend über die Thematik informiert zu sein. Nicht zuletzt, weil sich die Thematik des hier behandelten Zeitraums kaum von den Ausführungen zum fremdsprachlichen Unterricht im kaufmännischen Bildungswesen seit Ende des 19. Jahrhunderts im vorangegangenen Abschnitt unterscheidet. Hinzu kommt, dass die Beiträge von Snyckers aus den Jahren 1927 und 1928 inhaltlich sehr nah beieinander liegen: In jedem Beitrag nähert er sich dem Problem durch die Fokussierung einer bestimmten Facette. Diese Vorgehensweise hatte System, um seiner Intention Nachdruck zu verleihen. Auch Glauser widmete sich der Problematik des fremdsprachlichen Unterrichts im kaufmännischen Bildungswesen mit einer ähnlichen Argumentation. Daher entsteht leicht der Eindruck, das Thema würde sich ständig wiederholen und das Gesagte sei redundant. Tatsächlich verdeutlicht dies aber, dass dieses Thema und damit der Versuch, den fremdsprachlichen Unterricht im kaufmännischen Bildungswesen auf Hochschulniveau zu heben, ein Dauerbrenner war: Glauser etwa publizierte seine Gedanken zum Thema bereits Anfang der 1920er Jahre, Snyckers zog Ende der 1920er Jahre vehement nach. Dies spiegelt einen langanhaltenden Prozess mühseliger Überzeugungsarbeit durch die Fachvertreter wider. Die folgenden Zeilen versuchen, diesem Umstand gerecht zu werden.

1245 Vgl. dazu Eichner (1898c: 171).
1246 Vgl. dazu z.B. Glauser (1907b: 51).

2.5.4.1 Fachsprachliches Potenzial

Um es gleich vorwegzunehmen: Was von 1898, dem Gründungsjahr der Handelshochschulen, bis zum Ausbruch des Ersten Weltkriegs 1914 nicht gelang (vgl. 2.5.3.), glückte auch nicht bis 1930, dem Gründungsjahr des weltweit ersten Dolmetscher-Instituts an der Handelshochschule Mannheim. Denn obwohl Entwicklungen in der Außenpolitik und in der Neuphilologie dem Erlernen von Fremdsprachen zur Förderung des internationalen Handels Auftrieb gaben, war es nicht möglich, wissenschaftliche Methoden im fremdsprachlichen Unterricht im gesamten kaufmännischen Bildungswesen verbindlich und flächendeckend durchzusetzen.

Noch von 1929 datieren Beiträge, die die Vernachlässigung des fremdsprachlichen Unterrichts im kaufmännischen Bildungswesen als Forschungsdisziplin belegen:

> »Das methodische Sprachlehren und -lernen ist eine verhältnismässig neue Disziplin der Handelsschulen, nicht viel älter als Handelsbetriebslehre, Salesmanship, Werbelehre, etc. Wie diese Tätigkeiten früher auch betrieben wurden, bevor man ihnen Rang und Bedeutung von Schulfächern erteilte, so lernte und lehrte man von jeher Sprachen nach 100 verschiedenen Methoden. Jeder Verfasser eines Lehrbuches, jeder einzelne Lehrer hatte und hat auch heute noch seine besondern Tricks, die zumeist mehr subjektiver Neigung oder Erfahrung als den Anforderungen und Erkenntnissen wissenschaftlicher Forschung entspringen. Die besten Philologen sind leider sehr oft schlechte Schulmeister (genau so wie die grossen Volkswirtschaftler, Mathematiker, etc.). Die Sprachwissenschaftler der Hochschulen betrachten es vielerorts als unter ihrer Würde stehend, dem künftigen Lehrer zu zeigen, wie er in der Praxis vorzugehen habe, oder sie verlassen sich einfach darauf, dass die allgemeine Pädagogik den Schlüssel zu möglichen Schwierigkeiten biete, wobei ganz übersehen wird, dass eine wissenschaftliche Basis des Sprachlehrens und -erlernens noch kaum besteht. An Theorien und Systemen fehlt es allerdings nicht, aber diese sind so verschieden, wie die Ausgangspunkte und die Endziele, die zu erreichen, das Material, das zu vermitteln ist und die Schüler, die als Arbeitsfeld dienen. Die Grundsätze der Zweckmässigkeit und der Wissenschaftlichkeit, die im Geschäftsleben so überraschende Erfolge gezeigt haben, die überhaupt Handel und Industrie von der Stufe blosser Routine und blosser Mittel des Geldverdienens emporheben zum Dienste an der Gesamtheit, zur geistigen und wirtschaftlichen Mission, müssen auch auf dem Gebiete der modernen fremdsprachlichen Gedanken- und Sprachenvermittlung anwendbar sein. Gerade die Verschiedenartigkeit der Methoden und die oft marktschreierische Art, wie sie propagiert werden, sind ein Beweis, dass wir in der Wissenschaft des Sprachstudiums über die empirische Periode noch nicht heraus sind. Noch haben wir keine umfassenden, sicheren wissenschaftlichen Forschungen über die Grundlagen und Gesetze des Sprach-Erlernens, wir haben nicht einmal eine einheitliche Terminologie, keine zuverlässigen wissenschaftlichen Defininitionen (sic!) der psychologischen Funktionen des Uebersetzens, des Memorierens, der Grammatik, schriftlicher und mündlicher Uebungen, der Beziehungen von Wort und Gedanken zur Sache und dem geistigen Bild, der Vorstellung. Die moderne

> Rationalisierung, welche in allen Dingen Natürlichkeit verlangt, schreibt offenbar für das Sprachstudium den Weg vom Einfachen zum Zusammengesetzten vor, entlang der Linie des geringsten Widerstandes und der grössten Ertragsfähigkeit. Allerdings wird auch die wissenschaftliche Rationalisierung niemand in den Stand setzen, ›Englisch in 30 Stunden‹ ohne jeden Lehrer, ohne das mühsame Wörterlernen sich anzueignen. Im gegenteil (sic!) die klare Erkenntnis wissenschaftlicher Gesetze wird uns umso deutlicher (wie die Möglichkeiten) auch die Schwierigkeiten unserer Aufgabe zeigen.[1247]

Für die fehlenden wissenschaftlich fundierten Methoden im fremdsprachlichen Unterricht im kaufmännischen Bildungswesen wurde in erster Linie die mangelhafte Infrastruktur des Studiums fremder Sprachen an Handelshochschulen verantwortlich gemacht. Besonders in Anbetracht des Ausbaus des Handelsschulwesens in Preußen, der Anfang der 1920er Jahre geplant wurde, war dies lamentabel, denn diese bildungspolitische Maßnahme ließ eine gesteigerte Nachfrage nach handelswissenschaftlich geschulten Sprachlehrern im gesamten Handelsschulwesen erwarten.[1248] Studierende beschwerten sich über die Ausbildungsbedingungen auf diesem Gebiet, da für das im kaufmännischen Bildungswesen notwendige Sprachlehrerprofil weder an Universitäten noch an Handelshochschulen eine Ausbildungsmöglichkeit bestand (vgl. 2.7.2.3).

Als beklagenswertes Hindernis für die Entwicklung des Studiums fremder Sprachen an Handelshochschulen galt vor allem die Tatsache, dass die Studienpläne der Handelshochschulen den fremdsprachlichen Unterricht nur marginal berücksichtigten[1249] und somit die wissenschaftliche Behandlung der Handelssprache nicht gewährleistet werden konnte:

> »Wenn man die Vorlesungsverzeichnisse der deutschen Handelshochschulen daraufhin mustert, inwieweit eine wissenschaftliche Betrachtung der Handelssprache von ihnen angekündigt wird, so erlebt man eine arge Enttäuschung. Die modernen Fremdsprachen werden im allgemeinen nur als praktische Handelskorrespondenz betrieben, höchstens tauchen vereinzelt Übungen über kaufmännische Wortkunde, über handelssprachliche Synonymik auf, die aber (...) über praktische Übungen im Gebrauch der betreffenden Fremdsprache nicht hinausgehen. Eine wissenschaftlich begründete Einsicht in das Wesen und die Denkart der verschiedenen fremden Handelssprachen scheint nirgends geboten zu werden.«[1250]

Aber nur im Rahmen eines fundierten Sprachstudiums konnte eine wissenschaftliche Behandlung der Handelssprache erfolgen. Dadurch erhoffte man sich auch, »einem mechanischen Übersetzen und einem seelenlosen Parlieren«[1251] Einhalt zu

---

1247 IGFkB (1929d: 308–309), Lätt. Bzgl. der Vernachlässigung des fremdsprachlichen Unterrichts im kaufmännischen Bildungswesen vgl. z. B. auch Glauser (1930).
1248 Vgl. Voß (1921: 42).
1249 Vgl. Pech (1921: 92).
1250 Schirmer (1922: 25). Hervorhebung im Original.
1251 Ibid, S. 26.

gebieten und im Gegensatz dazu einem bewussten Beherrschen von Fremdsprachen den Weg zu ebnen.

Im konsultierten Material wird auch Unverständnis darüber laut, dass die Beherrschung der Handelssprache, sowohl in der Fremd- als auch in der Muttersprache, in Anbetracht der Anforderungen in der kaufmännischen Praxis nicht entsprechend gewürdigt wird:

> »Und doch ist die Handelssprache etwas Gewordenes, ebenso Altes als die Sprache der Jurisprudenz, von trefflichen, klaren, zweckbewußten Köpfen Durchdachtes, Weiterentwickeltes, das nicht bloß in erstarrten Formeln vegetiert, sondern als Verkehrsmittel der Weltwirtschaft lebt und pulsiert. Ihre Mißachtung ist, wie die Mißachtung des Handelsstandes überhaupt, seiner Gebräuche (...) ein laienhaftes Vorurteil.«[1252]

Auch dem Handelsstand wurde mangelnde Initiative bei der Schaffung von soliden fremdsprachlichen Ausbildungsmöglichkeiten vorgeworfen, obwohl die Praxis vom kaufmännischen Nachwuchs etwa eine exakte Beherrschung der Grundbegriffe der Buchhaltung verlangte[1253] und erwartete, dass die Absolventen von Handelsschulen die erworbenen fremdsprachlichen Kenntnisse in Wort und Schrift im kaufmännischen Berufsleben möglichst unverzüglich nach Ende der Ausbildung anwenden konnten[1254].

In den 1920er Jahren erlangte der Ruf nach einem wissenschaftlich fundierten Fremdsprachenunterricht im Rahmen einer handelswissenschaftlichen Ausbildung außenpolitisches Gewicht: Der Ausgang des Ersten Weltkriegs hatte Deutschland von anderen Ländern wirtschaftlich abhängig gemacht und deutschen Kaufleuten wie nie zuvor die Notwendigkeit auferlegt, Fremdsprachen zu beherrschen (vgl. 2.1.2.5). Dadurch wurde der Druck auf die Handelshochschulen erhöht, Einrichtungen für ein vertieftes Sprachstudium zu schaffen. Als Vorbild wurde mitunter das bereits vor dem Ersten Weltkrieg eröffnete Fremdsprachliche Seminar an der Handelshochschule Mannheim angeführt, an dem Fremdsprachen auch als Hauptfach studiert werden konnten.[1255]

1921 betont Glauser, dass die Frage des Erlernens von Fremdsprachen aufgrund der politischen Situation »brennend« geworden sei. Vor dem Ersten Weltkrieg hätten die *Internationalen Sprach- und Wirtschaftskurse* für Kaufleute und vor allem für Sprachlehrer noch eine exzellente Ausbildungsmöglichkeit zur Vertiefung sprachlicher und wirtschaftlicher Kenntnisse geboten (vgl. 2.4.4.2). Nun aber sei es aufgrund der gegenwärtigen außenpolitischen Verhältnisse dringend geboten, in Deutschland entsprechend qualifizierte Ausbildungsmöglichkeiten zur Erlernung

1252 Jordan (1923: 2).
1253 Vgl. Huffnagel (1929: 196–197).
1254 Vgl. N.N. (1923: 155).
1255 Vgl. Pech (1921: 92).

von Fremdsprachen zu schaffen, da die Nachkriegssituation vorerst eine Ausbildung im Ausland unmöglich mache.[1256]

Aus diesem Grund waren laut Glauser die Handelshochschulen in der Pflicht, ihre Lehrpläne so umzugestalten, dass Lehreinrichtungen für ein vertieftes Sprachstudium, das nach Glauser sowohl das Studium der Mutter- als auch das der Fremdsprache beinhalten sollte[1257], geschaffen wurden. An diesen Einrichtungen sollte seiner Meinung nach für drei Gruppen von Handelslehrern eine Ausbildungsmöglichkeit eingerichtet werden: 1) Handelslehrer mit einer Fremdsprache als Nebenfach, 2) Handelslehrer mit einer Fremdsprache als Hauptfach und 3) Handelslehrer, die bereits im Schuldienst waren und eine Weiterbildung in Fremdsprachen wünschten. Glauser führt an, dass die gewünschten zu schaffenden Ausbildungsmöglichkeiten zur Erlernung von Fremdsprachen »jedoch stets ein Surrogat bleiben werden, im Vergleich zu den vor 1914 zur Verfügung gestellten Einrichtungen«[1258]. Damit bezieht er sich auf die *Internationalen Sprach- und Wirtschaftskurse*, die, wie er ebenfalls lamentiert, von den deutschen Handelslehrern nicht im erwünschten Maße nachgefragt wurden.

Glausers Ausführungen lassen den Schluss zu, dass er der Überzeugung war, dass eine Fremdsprache nur im engen Kontakt zum Land, in der diese Sprache gesprochen wird, erlernt werden kann. Andernfalls hätte er m. E. die zu schaffenden Studienmöglichkeiten in Deutschland nicht als bloßen Ersatz für die ISW bezeichnet, die im Ausland stattfanden und eine Berührung mit dem jeweiligen Land und seiner Landessprache direkt vor Ort zuließen. In diesem Zusammenhang darf auch nicht übersehen werden, dass der Fremdsprachenunterricht in Deutschland in jener Zeit vor allem auf Deutsch abgehalten wurde und die Schulung des Hörverständnisses sowie des aktiven Sprachgebrauchs somit vollständig vernachlässigt wurde.

Im Dezember 1927 zeigte Snyckers in seinem Beitrag *Weltwirtschaft und Weltverkehrssprachen* auf, warum eine Vertiefung des Studiums fremder Sprachen seiner Ansicht nach notwendig geworden war. Dabei sucht er die Gründe nicht punktuell im Ausgang des Ersten Weltkriegs, sondern holistisch in der langfristigen Entwicklung der Weltwirtschaft der vergangenen Jahrzehnte, die seiner Meinung nach zum Ausbruch des Ersten Weltkriegs überhaupt erst geführt habe (vgl. 2.1.2.4). Snyckers stellt fest, dass in den Friedensverhandlungen nach Ende des Ersten Weltkriegs aufgrund national-egoistischer Überlegungen, die das Funktionieren der Weltwirtschaft außer Acht gelassen hatten, Fehler begangen wurden, deren Verbesserung die Arbeit mehrerer Generationen in Anspruch nehmen werde:

> »Man hat in blindem Haß die ersten Ansätze übernationaler Staatsformen zerstört, und an Stelle wirtschaftlich leistungsfähiger, wenn auch mit starken politischen Mängeln behafteter Staatsgebilde eine Menge von Einzelstaaten geschaffen, die wirtschaftlich

1256 Vgl. Glauser (1921: 145).
1257 Ibid, S. 146.
1258 Ibid, S. 145.

beinahe so handeln, als ob wir noch im Zeitalter des Merkantilismus lebten, die sich durch hohe Zölle von anderen Ländern abschließen, nicht lebensfähige meistens in der Kriegszeit entstandene Industrien zu retten oder großzuziehen suchen und noch an die Theorie des wirtschaftlich selbständigen und unabhängigen Nationalstaates zu glauben scheinen.«[1259]

Zudem weist er auf die Dringlichkeit hin, dass dem Beispiel der Weltwirtschaftskonferenz folgend zwischen den Ländern Europas wirtschaftliche Verständigung und Zusammenarbeit herbeigeführt werden müsse[1260]. Die Sprache erachtet er dabei als das »wesentlichste Hilfsmittel für das Verständnis anderer Völker«[1261]. Snyckers betont aber, dass es nicht darum gehe, sich im internationalen Handel notdürftig über den Güteraustausch verständlich zu machen, sondern dass die Sprache dazu beitrage, ein kulturelles Verständnis für das jeweils fremde Land zu entwickeln. Wirtschaftliche Fragen sollten dabei im Zusammenhang mit sämtlichen kulturellen Verhältnissen eines Landes betrachtet werden:

»Die Wirtschaft ist ein Teil der Kultur eines Volkes. Wer wirtschaftliche Fragen wirklich meistern will, muß sie als Äußerung der Gesamtkultur betrachten können, muß imstande sein, durch die Kenntnisse der Sprache die kulturellen Eigenheiten eines Volkes zu erfassen.«[1262]

Für die Vermittlung der Sprache des Weltmarkts und seinen kaufmännischen Verkehr seien, so Snyckers, die Handelshochschulen zuständig, wobei er deutlich macht, dass das Sprachstudium und das wirtschaftliche Fachstudium zur Erlernung der (fremden) Wirtschaftssprache eine unzertrennliche Einheit darstellen:

»Umfaßt das Sprachstudium bei dieser [Universität] die ganze rein geistige Welt einer Nation, so öffnet sich der Sprachforschung an der Handelshochschule das weite Feld des Handels und des Verkehrs. Ich sage mit Absicht nicht: ›das Feld der Sprache des Handels und des Verkehrs‹, denn mit der Sprache allein ist es nicht abgetan, ebenso wenig, wie man auf den absurden Gedanken käme, ein philosophisches Werk von einem abstrakt sprachlichen Standpunkt aus zu lesen. Da der Gedanke und die Art seiner Äußerung unlösbar ineinander verschmolzen sind, bilden bei der Handelssprache Inhalt und Form ein Ganzes. Die Form an sich zu betrachten, wäre ein Unding. Ein Handelssprachlehrer muß zuerst einmal mit dem Wesen des Handels überhaupt vertraut sein, ehe er versuchen kann, die Handelssprache eines fremden Volkes zu verstehen, geschweige denn zu lehren. Sache und Bezeichnung sind eine Einheit. Und das ist der zweite Grund, der dieser Art von Sprachforschung eine Heimstätte in den Handelshochschulen gibt. Wer die Vorgänge des Handels in einem fremdsprachlichen Staate untersuchen will, muß zuerst die betreffende Fachsprache verstehen und umgekehrt, der Sprachwissenschaftler, der in dieses Spezialgebiet, die Handelssprache,

1259 Snyckers (1927c: 85).
1260 Ibid.
1261 Ibid, S. 86.
1262 Ibid, S. 86–87.

> eindringen will, muß handelstechnisch gebildet sein, sonst kommt er nicht weit, die einfachsten Vorgänge des kaufmännischen Verkehrs bereiten ihm unüberwindliche Hindernisse.«[1263]

Das außenpolitische und wirtschaftliche Umfeld Deutschlands nach dem Ersten Weltkrieg (vgl. 2.1.2.5) begünstigte die Entwicklungen im fremdsprachlichen Unterricht an Handelshochschulen erheblich, und die Beherrschung von Fremdsprachen wurde als Erfolgsfaktor für den internationalen Wirtschaftsverkehr gewertet:

> »Der Neuphilologe hat seit dem Krieg als Interpret fremder Kulturgüter an Bedeutung für die Nation sehr gewonnen. Dem öffentlichen Leben soll er nicht nur fruchtbringende neue Werte aus dem Ausland zuführen, sondern auch in seinem Wissen ein Schutz sein gegen Beirrung und schädigende Suggestion von außen.«[1264]

In das außenpolitische Umfeld der 1920er Jahre ordnen sich auch die Beiträge von Glauser und Snyckers aus den Jahren 1927 bzw. 1928 ein, in denen sich die beiden Autoren mit der Ausgestaltung von Sprach-Instituten an Handelshochschulen beschäftigten. Aus einer zeitgenössischen Quelle geht hervor, dass es gerade die Gründer der beiden Dolmetscher-Institute in Deutschland waren, die sich am ausführlichsten mit der Weiterentwicklung des fremdsprachlichen Unterrichts an Handelshochschulen befassten[1265].

Obwohl ihre Unterrichtskonzepte weitgehend übereinstimmten, legten beide Autoren in ihrer Argumentation unterschiedliche Schwerpunkte: Glauser, als ausgebildeter Neuphilologe, fokussierte den Vergleich zwischen Mutter- und Fremdsprache im Rahmen der zu schaffenden Ausbildung, bei Snyckers hingegen, der eine wirtschaftswissenschaftliche Ausbildung genossen und Praxiserfahrung als Übersetzer gesammelt hatte, stand die Verknüpfung von Sprache mit dem Fachlichen stärker im Vordergrund.

Die folgenden Ausführungen beleuchten einige von Glausers und Snyckers' Gedanken zur Weiterentwicklung des fremdsprachlichen Unterrichts an Handelshochschulen, die schließlich zur Gründung der Dolmetscher-Institute in Mannheim und Leipzig führten.

In seinem Beitrag *Fremdsprachen an Handelshochschulen*, der über zwei Ausgaben verteilt im Mai und Juni 1927 erschien, ergänzt Snyckers Ziele des fremdsprachlichen Unterrichts, die wenige Monate zuvor von einem in seinem Beitrag nicht weiter spezifizierten Gremium bei der Diskussion von Prüfungsanforderungen an Handelshochschulen aufgestellt wurden[1266]. In seinem Ergänzungsvorschlag entwirft Snyckers das Bild eines im Vergleich zur Vergangenheit weiter gefassten fremdsprachlichen Unterrichts an Handelshochschulen, bei dem auch die

---

1263 Snyckers (1927d: 92). Hervorhebung im Original.

1264 Franz (1927: 44).

1265 Vgl. Dietze (1928b: 196).

1266 Vermutlich handelt es sich um eine Arbeitsgemeinschaft des Neuphilologenverbandes (vgl. 2.7.2.1).

Vermittlung der fremden Fachsprache berücksichtigt werden sollte. Gemäß den aufgestellten Prüfungsanforderungen sollte der fremdsprachliche Unterricht an Handelshochschulen zu einer Beherrschung der Fremdsprache befähigen, die Literatur sowie staatliche Einrichtungen, geographische, soziale, wirtschaftliche und kulturelle Verhältnisse des fremden Landes behandeln.

Diese ambitionierten Ziele vernachlässigten Snyckers zufolge aber einen Kernpunkt des fremdsprachlichen Unterrichts an Handelshochschulen: die Behandlung der »Sprache des Handels und der Wirtschaft«[1267]. Snyckers betont, dass das Ziel dieses Unterrichts weiter gesteckt sei als in Handelskorrespondenzkursen, denn es gehe darum, die im Ausland übliche Terminologie des Handels und der Wirtschaft unter Beachtung der jeweils ausländischen Handelsvorschriften und -bräuche im Vergleich mit denen des eigenen Landes zu behandeln. Diese Aufgabe sollte im Rahmen eines selbstständigen, auf wissenschaftlicher Basis beruhenden, Hochschulgebiets erfüllt werden. Ein derart ausgestalteter fremdsprachlicher Unterricht sollte vor allem den Anforderungen von Exportkaufleuten Rechnung tragen:

> »Der Diplomkaufmann, der sich mit einem fremden Lande und seiner Sprache besonders befassen will, sollte in der Lage sein, beispielsweise die in diesem Lande geltende Wechselordnung, seine Schiffahrtsbestimmungen, seine Konkursordnung und seine die Handelsgesellschaften regelnden Vorschriften nicht bloß kennenzulernen, sondern sie auch in ihrer fremdsprachlichen Form zu erfassen. Ebenso sollte er die in den volkswirtschaftlichen Veröffentlichungen, im Bankwesen und an den Effekten- und Warenbörsen dieses Landes gebrauchte Terminologie beherrschen.«[1268]

In seinem Beitrag nimmt Snyckers auch eine Problematik vorweg, die bis in die Gegenwart weitgehend ungeklärt geblieben ist. Dabei handelt es sich um die Berührung verschiedener außersprachlicher Fachbereiche im Rahmen des translatorischen Studiums – das sich aus dem fremdsprachlichen Unterricht an Handelshochschulen entwickelte – und damit einhergehend um die Berührung verschiedener Berufsfelder, auf die das fremdsprachliche Studium an Handelshochschulen vorbereitete:

> »Man wird vielleicht einwenden, daß die Behandlung der gesetzlichen Bestimmungen den Vertretern des Handelsrechtes und nicht den Sprachwissenschaftlern zukomme. Demgegenüber wäre zu bedenken, daß es sich bei den Vorlesungen über ›Die Sprache des fremden Handels und der fremden Wirtschaft‹ nicht in erster Linie darum handelt, die Kenntnis der gesetzlichen Bestimmungen zu vermitteln, sondern an Hand der einschlägigen Texte die fremdsprachliche Terminologie zu erörtern, die dazugehört. Der Diplomkaufmann, sowie der Neuphilologe und auch der Handelslehrer, der sich für Fremdsprachen interessiert, müßten in der Lage sein, 1. diese Texte klar zu verstehen, indem sie sich der Unterschiede zwischen den darin vorkommenden fremden und den deutschen Ausdrücken, die diesen mehr oder weniger entsprechen, völlig bewußt sind, 2. die im Deutschen übliche Terminologie so in die Fremdsprache zu übertragen, daß

1267 Snyckers (1927a: 39).
1268 Ibid.

der Ausländer, der Deutsch nicht versteht, diese Begriffe auf Grund seiner Kenntnisse des Handels und der Wirtschaft des eigenen Landes richtig auffaßt.«[1269]

Ein derart konzipierter fremdsprachlicher Unterricht, der die Berührung verschiedener außersprachlicher Fachbereiche in sich vereinte, erforderte von den Studierenden an Handelshochschulen, dass diese bereits vor Teilnahme an dem geplanten fremdsprachlichen Unterricht über einschlägiges, auf Deutschland bezogenes, Fachwissen in den relevanten Bereichen verfügten. Zur erfolgreichen Teilnahme an einem solchen fremdsprachlichen Unterricht waren aber auch fundierte Kenntnisse der jeweiligen Fremdsprache Voraussetzung. Anders war es nicht möglich, den in der Fremdsprache abgehaltenen Vorlesungen zur fremden Handelssprache zu folgen.

Snyckers beschreibt die Herausforderungen des skizzierten fremdsprachlichen Unterrichts als die »doppelte Aufgabe der Sprachwissenschaft an den Handelshochschulen«[1270] und führt Beispiele an, die belegen, dass es zu Kompetenzproblemen zwischen Sprachwissenschaftlern und Vertretern des Handelsrechts nicht komme. Bei den gewählten Beispielen handelt es sich um Erläuterungen zu französischen Wirtschaftstermini, die Snyckers seiner Lehrtätigkeit entnahm[1271].

Snyckers schließt seinen Beitrag mit der Betonung, dass das von ihm skizzierte auf die Handelssprache gerichtete Studium das Verständnis für die Kultur und Wirtschaft fremder Länder fördere. Er weist zudem darauf hin, dass ein solches Studium gewinnbringend für Neuphilologen sei, die eine Tätigkeit als Sprachlehrer im kaufmännischen Bildungswesen ins Auge fassten, sich aber erst noch Kenntnisse über den Handel und seine Sprache aneignen müssten.[1272]

1927 beschäftigte sich auch Glauser mit der Vertiefung des fremdsprachlichen Unterrichts an Handelshochschulen. Ebenso wie Snyckers setzte sich Glauser dafür ein, den fremdsprachlichen Unterricht an allen Handelshochschulen auf wissenschaftliches Niveau zu heben. Gelegenheit, seine Gedanken zu den Aufgaben eines wissenschaftlichen Sprachunterrichts an Handelshochschulen öffentlich zu äußern, hatte Glauser anlässlich der 20-jährigen Jubiläumsfeier der Handelshochschule Mannheim im Juli 1927. Vermutlich wurden auch Glausers Gedanken, ähnlich wie bei Snyckers, durch die Entscheidungen bezüglich der Prüfungsanforderungen an Handelshochschulen angeregt. Als methodischen Ansatz für seine Ausführungen wählt Glauser jedoch die in den 1920er Jahren geführte Diskussion über die Gestaltung des neusprachlichen Unterrichts (vgl. 2.1.1.7).

In seinem Vortrag hebt er den Unterschied zwischen dem sprachwissenschaftlichen Unterricht an Universitäten und Handelshochschulen hervor, der durch die Fachgebundenheit des Unterrichts an Handelshochschulen bedingt sei. Dadurch dass der sprachwissenschaftliche Unterricht an Handelshochschulen in das wirt-

1269 Ibid, S. 39–40.
1270 Ibid, S. 40.
1271 Ibid. Vgl. auch Snyckers (1927b).
1272 Vgl. Snyckers (1927b: 46).

schaftswissenschaftliche Fachstudium eingebettet ist, seien diesem im Gegensatz zum sprachwissenschaftlichen Unterricht an Universitäten entsprechende Grenzen gesetzt. Glauser betont, dass das Sprachstudium an Handelshochschulen Mittel zum Zweck sei und nicht, wie an Universitäten, um seiner selbst willen betrieben werde.[1273]

Vor dem Hintergrund der Reformdiskussion über den neusprachlichen Unterricht, dessen Kern die Gegenwartssprache und der kulturkundliche Unterricht bildeten, erachtet Glauser Handelshochschulen als besonders geeignet, den sprachwissenschaftlichen Unterricht an die Forderungen des Unterrichtsministeriums anzupassen. Als infrastrukturelle Rahmenbedingungen nennt er in diesem Zusammenhang die Verlängerung des Studiums an Handelshochschulen und die Tatsache, dass Sprachen gemäß den neuen Prüfungsordnungen für Diplom-Kaufleute und Diplom-Handelslehrer als Hauptfach gewählt werden können[1274].

Ein weiterer Grund, den Glauser nicht anführt, der aber Handelshochschulen m. E. geradezu dafür prädestinierte, den Forderungen des Unterrichtsministeriums zu entsprechen, war die Tatsache, dass der fremdsprachliche Unterricht an Handelshochschulen, wie in den vorherigen Abschnitten skizziert, traditionell auf die Vermittlung der Gegenwartssprache sowie der Kultur fremder Länder ausgerichtet war. Daher waren die in den 1920er Jahren aufgestellten Forderungen des Unterrichtsministeriums im fremdsprachlichen Unterricht im kaufmännischen Bildungswesen längst verankert.

Glauser leitet aus den Aufgaben von Universität und Handelshochschule zwei verschiedene Kulturkundekonzepte für das sprachwissenschaftliche Studium ab: Während an der Universität das Sprachstudium vom philologischen, geschichtlichen und philosophischen Standpunkt angegangen werde, werde an der Handelshochschule das Sprachstudium vom soziologischen, politischen und wirtschaftlichen Standpunkt aus gepflegt. Die kulturkundliche Richtung, die für Handelshochschulen Gültigkeit habe, bestehe somit aus den drei Pfeilern Sprache, Kultur und Wirtschaft.[1275] Daraus leiteten sich laut Glauser die Aufgaben des sprachwissenschaftlichen Unterrichts an Handelshochschulen ab:

> »So ist das Studium der Sprache selbst zuerst das Gegebene, Unerläßliche und die erste Aufgabe des sprachwissenschaftlichen Unterrichts an Handels-Hochschulen. Als

---

1273 Vgl. Glauser (1927: 3).

1274 Ibid, S. 9. Vermutlich betraf die Neuregelung zur Wahl einer Sprache als Hauptfach speziell die Handelshochschule Mannheim, denn 1927 war diese Einrichtung noch die einzige in Deutschland, die ein sprachwissenschaftliches Studium an Handelshochschulen anbot. 1928 forderte Dietze eine achtsemestrige Studienzeit für das Sprachstudium an »allen Handelshochschulen«. Dies ist auch als Kritik an den uneinheitlichen curricularen Voraussetzungen an den einzelnen Handelshochschulen in Deutschland zu werten. Vgl. Dietze (1928b: 196).

1275 Vgl. Glauser (1927: 9). Das kulturkundliche Konzept der Universitäten umfasste Glauser zufolge die Trias: Sprache, Kultur und Ethik. Vgl. dazu auch Glauser (1930: 93–94).

zweite Aufgabe tritt die Frage auf, wie man mittelst dieses Sprachgutes Verständnis für die Kultur eines fremden Volkes wecken kann, während die dritte Aufgabe in der Darstellung des Verhältnisses der Kultur zu den politischen, wirtschaftlichen und sozialen Problemen des fremden Volkes besteht.«[1276]

Diese drei Aufgaben gewannen später in der Ausbildung an den Dolmetscher-Instituten als Studiengangskomponenten Gestalt. Besonders deutlich erkennbar sind sie im fremdsprachlichen Curriculum an der Handelshochschule Leipzig nach Errichtung der Sprachprofessuren im Jahr 1929 (vgl. 2.7.5, 3.1.16).

Vergegenwärtigt man sich die Ziele und methodischen Ansätze, die im fremdsprachlichen Unterricht im kaufmännischen Bildungswesen bis zum Ersten Weltkrieg verfolgt und angewandt wurden (vgl. 2.5.2, 2.5.3), so überrascht folgende Stelle in Glausers Beitrag, die auch im Widerspruch zu seiner eigenen Auffassung über den fremdsprachlichen Unterricht im kaufmännischen Bildungswesen bis 1914 steht:

»Das Sprachstudium verfolgt jetzt ganz andere Ziele als früher. Die Sprachen werden in erster Linie nicht gelehrt, damit man einzig und allein eine gewisse Sprechfertigkeit erreicht, sondern eher, um den Lernenden mit der Kultur des fremden Volkes vertraut zu machen. Die Art der Aussprache, der Verschiedenartigkeit der Sprachmittel zum Ausdruck einer Vorstellung, das Verhältnis der Form eines Wortes zu seiner Funktion im Satze, müssen in erster Linie erörtert werden. Die Beispiele sind der Sprache der Gegenwart zu entnehmen und die verschiedenartige Form und Bedeutung der Ausdrucksweise, die die Umwelt des Sprechenden widergibt, ist dabei zu besprechen. All das ist zuerst in der Muttersprache des Lernenden zu erörtern.«[1277]

Es ist möglich, dass sich Glauser in diesem Zusammenhang bewusst an die Argumentation des Unterrichtsministeriums anlehnt (vgl. 2.1.1.7), um sein Ziel der Aufwertung des fremdsprachlichen Unterrichts an Handelshochschulen zu erreichen, denn letztendlich hing die Errichtung des Dolmetscher-Instituts an der Handelshochschule Mannheim auch vom Wohlwollen der Unterrichtsbehörden ab. Zu jenem Zeitpunkt spielte Glauser sicherlich schon mit dem Gedanken, ein eigenständiges Institut für das Fremdsprachenstudium an der Handelshochschule Mannheim zu errichten.

So erklärt es sich m. E. auch, warum Glauser in seinem Beitrag übergeht, dass das Kulturkundekonzept des neusprachlichen Unterrichts der 1920er Jahre deutliche Parallelen zu den traditionell im fremdsprachlichen Unterricht im kaufmännischen Bildungswesen angewandten Methoden aufwies, und die vom Unterrichtsministerium als neu dargestellten Ziele de facto in der Vergangenheit im fremdsprachlichen Unterricht im kaufmännischen Bildungswesen bereits verfolgt wurden: Denn die Förderung des Verständnisses für fremde Kulturen nahm im fremdsprachlichen Unterricht im kaufmännischen Bildungswesen von jeher eine fundamentale Rolle ein (vgl. 3.1.12).

1276 Glauser (1927: 10). Hervorhebung im Original.
1277 Ibid, S. 11.

Bemerkenswert ist auch die Forderung Glausers, die Unterrichtsinhalte, wie im vorangegangenen Zitat aufgezeigt, in einem ersten Schritt in der Muttersprache des Lernenden zu erörtern[1278]. Auch dies steht m. E. in engem Zusammenhang mit den Forderungen des Unterrichtsministeriums, die – nicht zuletzt aus nationalistischen Beweggründen heraus – darauf abzielten, die deutsche Sprache in den Vordergrund des fremdsprachlichen Unterrichts zu stellen. Aus diesem Grund erklärt sich m. E. auch Glausers Argumentation, die deutsche Sprache und die deutsche Kulturkunde als den Kern des sprachwissenschaftlichen Unterrichts an der Handelshochschule Mannheim zu betrachten, um das Verständnis für die deutsche Kultur durch das Verstehen anderer Kulturen zu vertiefen.[1279]

Anfang 1928 forderte Snyckers in seinem Beitrag *Sprache und Wirtschaftssprache* erneut die Schaffung von Einrichtungen zur Erforschung fremder Wirtschaftssprachen an Handelshochschulen. Er argumentiert dabei, dass sich das Studium der fremden Wirtschaftssprache vom Studium der fremden Allgemeinsprache, das beispielsweise an Universitäten angeboten wird, bezüglich der jeweiligen Ansätze so sehr unterscheidet, dass auch vor dem Hintergrund beruflicher Spezialisierung, die Einrichtung eines Studiengangs für fremde Wirtschaftssprachen an den dafür zuständigen Ausbildungsstätten, d. h. Handelshochschulen, gerechtfertigt sei. Snyckers führt an, dass der Begriff Wirtschaftssprache noch neu sei und sich noch nicht durchgesetzt habe. Einwände von Kritikern gingen meist dahin, dass es jeweils nur *eine* Sprache, etwa die deutsche oder französische Sprache, gebe und somit die Existenz von Fachsprachen keine Akzeptanz finde. Das Argument der Kritiker gegen Fachsprachen sei: Egal ob ein allgemein- oder fachsprachliches Werk, etwa eine wirtschaftswissenschaftliche Abhandlung verfasst wird, so wird schließlich immer etwa die deutsche, französische oder eine andere Sprache verwendet.[1280] Snyckers kontert, dass eine Unterscheidung von Fach- und Allgemeinsprache durchaus zulässig sei:

> »Die Sprache ist ein Ausdrucksmittel. Als solches vereinigt sie in sich zwei Elemente: das der *Form* und das des *Inhalts*. Die Sprache drückt aus (Form) und sie drückt etwas aus (Inhalt). Soweit wir die Sprache in ihrem formalen Aufbau betrachten, beschäftigen wir uns mit den Gesetzen, deren Gesamtheit die Grammatik und den Stil bildet. Und soweit wir in der Sprache nur das Formale sehen, kann es für uns jeweils nur *eine* Sprache geben, nämlich die deutsche, die französische usw. Es wäre unsinnig zu behaupten, die Sprache des Wirtschaftlers unterliege anderen formalen Gesetzen, als die Sprache im allgemeinen. Stelle ich mich also auf den Standpunkt eines rein formalen Sprachwissenschaftlers, der in der Sprache nur die grammatischen und stilistischen Erscheinungen sieht, so ist es durchaus berechtigt, wenn ich die Abtrennung eines Teils der Sprache unter dem Namen ›Wirtschaftssprache‹ strikt ablehne.

1278 Ibid.
1279 Ibid, S. 12.
1280 Vgl. Snyckers (1928a: 292).

Nun muß aber auch der Grammatiker reinsten Wassers, der sich nur mit dem formalen Aufbau einer Sprache beschäftigt, zugestehen, daß die Formgesetze einer Sprache erst Sinn bekommen durch den Inhalt, dem sie Gestalt geben, den sie formen. Denn wie jeder Inhalt uns Menschen erst dadurch begreifbar wird, daß er Form gewinnt, daß er irgendwie sich ausdrückt, so kann sich Form nur an einem Inhalt offenbaren. Was nützte mir alle Deklination, wenn ich nur sinnlose Lautzusammenstellungen zu deklinieren hätte? Form und Inhalt sind sich gegenseitig bedingende Größen: ohne Inhalt keine Form und ohne Form kein für uns erfaßbarer Inhalt.
Ziehe ich aus diesen Erwägungen einen Schluß, dann finde ich: die Sprache wird nicht nur von den formalen Gesetzen beherrscht, sondern sie unterliegt ebensosehr inhaltlichen Bindungen. Erst diese inhaltlich bedingte Bindung macht die Sprache aus einem gedanklich-mechanischen System zu dem großartigsten Hilfsmittel des menschlichen Verkehrs. Allein durch diese Inhaltsgebundenheit tritt die Sprache hinein in unser Leben, wird sie zu einem wesentlichen Bestandteil menschlicher Lebensäußerung überhaupt.
Haben wir uns die ungeheure Bedeutung klargemacht, die der Inhalt für eine Sprache hat, so fällt es leicht zu begreifen, daß es durchaus möglich ist, die Sprache nach verschiedenen Inhaltsgebieten einzuteilen, ohne damit ihrem Wesen irgendwie Gewalt anzutun.
Ich will kurz das Bild der Sprache skizzieren, wie es mir vorschwebt: ein großer Würfel versinnbildlicht den Bereich der formalen Gesetze einer Sprache. Der Hohlraum dieses Würfels ist ausgefüllt mit den verschiedensten Körpern, die jeweils einen anderen Inhalt in sich bergen. Diese Körper sind nun nicht gleichmäßig, sondern sie greifen ineinander, auch sind sie in sich wieder zusammengesetzt aus kleineren Körpern, die feinere Inhaltsverschiedenheiten umschließen. In ihrer Gesamtheit jedoch erfüllen alle diese Körper den Hohlraum des großen Würfels vollkommen. So inhaltsverschieden die einzelnen Teile einer Sprache auch sein mögen, alle sind sie Teile eben dieser Sprache, alle unterliegen sie denselben formalen Gesetzen.«[1281]

Im Weiteren führt Snyckers aus, dass in der Muttersprache die Kenntnis der Fachsprache durch das Erlernen von Fachausdrücken während der beruflichen Ausbildung unterstützt wird. In den Fremdsprachen hingegen, so beanstandet er, werde in der Regel mit dem Erlernen der Grundregeln der Allgemeinsprache begonnen. Zur fundierten Behandlung der Fachsprache in der Fremdsprache komme es aber in den meisten Ausbildungsprogrammen nicht mehr. An diesem Punkt sollte die Handelshochschule ansetzen und für die fremden Wirtschaftssprachen entsprechende Ausbildungsmöglichkeiten schaffen.[1282] Als Ziel dieser Ausbildung nennt Snyckers die Erläuterung der einschlägigen Terminologie der jeweiligen Fremdsprache unter Berücksichtigung der geltenden gesetzlichen Bestimmungen und Handelsbräuche[1283].

1281 Ibid, S. 293–294. Hervorhebung im Original.
1282 Ibid, S. 295.
1283 Ibid, S. 297.

Ein wesentliches Problem, das Snyckers in seinen Beiträgen thematisiert und das seiner Ansicht nach besonders auch die Vertiefung des fremdsprachlichen Unterrichts an Handelshochschulen rechtfertigt, ist das Fehlen von Fachwörterbüchern auf dem Markt.

Bei seiner Übersetzungs- und Lehrtätigkeit wurde Snyckers immer wieder mit den Schwachstellen der auf dem Markt vorhandenen Wörterbücher konfrontiert, die für fachsprachliche Ausdrücke meist keine Lösung boten. Die »Disziplin ›Fremde Wirtschaftssprache‹«[1284] der Handelshochschulen sollte auch zur Schließung dieser Lücke einen Beitrag leisten.

In seinem im August 1928 veröffentlichten Aufsatz *Unzulänglichkeit fremdsprachlicher Wörterbücher* drückt Snyckers den für die Wirtschaft untragbaren Umstand wie folgt aus:

> »Infolge der einseitigen fremdsprachlichen Ausbildung, die sich begnügt, der Allgemeinheit nur die Kenntnis der jeweiligen Umgangssprache des fremden Landes zu vermitteln, ist heutzutage jeder, der plötzlich auf engem Fachgebiet mit der Fremdsprache in Berührung kommt, auf intensive Benutzung der Wörterbücher angewiesen. Greifen wir [aber] zu irgendeinem der am meisten gebrauchten deutsch-französischen Wörterbücher, so finden wir, daß es zu rein fachlichen Zwecken völlig unzureichend ist.«[1285]

Dieser gravierende Mangel konnte Snyckers zufolge nur »auf Grund gewissenhafter, ausdauernder, wissenschaftlicher Arbeit« behoben werden. Die Forschungsaufgabe der neuen Handelshochschul-Disziplin sollte unter anderem dazu beitragen, »zuverlässige Wörterbücher unter besonderer Berücksichtigung der Wirtschaftssprache«[1286] zu schaffen (vgl. 2.5.6.1.2, 2.7.3.1.2).

Zur Umsetzung eines verbesserten und vertiefenden fremdsprachlichen Unterrichts bzw. eines sprachwissenschaftlichen Studiums an Handelshochschulen war es zunächst notwendig, infrastrukturelle Voraussetzungen zu schaffen. Dahingehende grundlegende Forderungen waren die Einrichtung fremdsprachlicher Abteilungen als Zentrum für ein fundiertes fremdsprachliches Studium, die Schaffung einer speziellen philologischen Seminarbibliothek, in der einschlägige wissenschaftliche und methodische Werke sowie Zeitschriften zugänglich sein sollten, sowie die Errichtung von ordentlichen Professuren für jede zu lehrende Sprache. Außerdem wurde verlangt, die Dauer des sprachwissenschaftlichen Studiums an allen Handelshochschulen auf acht Semester zu erhöhen. Diese Maßnahmen sollten dazu führen, das Sprachstudium an Handelshochschulen dem wirtschaftswissenschaftlichen Studium an Handelshochschulen gleichzustellen.[1287]

1284 Ibid.
1285 Snyckers (1928d: 287). Vgl. Dazu auch Snyckers (1928a: 296–299).
1286 Snyckers (1928d: 287).
1287 Vgl. Dietze (1928b: 196).

Zur methodischen Ausgestaltung verschiedener Bausteine des fremdsprachlichen Unterrichts im kaufmännischen Bildungswesen, etwa zum Handelskorrespondenzunterricht, wurde in den 1920er Jahren, ähnlich wie schon vor dem Ersten Weltkrieg, eine unermesslich große Menge an Werken publiziert. Manche Zeitgenossen äußerten sich negativ zur Flut an Literatur zum neusprachlichen Unterricht im Allgemeinen und im Speziellen zum fremdsprachlichen Unterricht im kaufmännischen Bildungswesen. Mitunter wurde beklagt, dass auch Unberufene zu der übermäßigen Produktion beitrugen und geschäftliche Erwägungen der Verleger dazu führten, dass in jeder Schule unterschiedliche Schulbücher und somit unterschiedliche methodische Ansätze als Basis für den fremdsprachlichen Unterricht im kaufmännischen Bildungswesen galten.[1288]

2.5.4.2 Methodik des Fremdsprachenunterrichts und Zielgruppen

Mit seinem 1927 veröffentlichten Werk *Methodik des fremdsprachlichen Unterrichts an Handelsschulen*, das sämtliche Bausteine des fremdsprachlichen Unterrichts berücksichtigte, versuchte Hugo Dietze ein Bild der in der Handelsschulpraxis vorhandenen methodischen Ansätze zu zeichnen und damit richtungsweisende Impulse für den fremdsprachlichen Unterricht im kaufmännischen Bildungswesen zu geben. Dietze stützt sich dabei hauptsächlich auf Literatur zu Methoden des fremdsprachlichen Unterrichts, die Mitte der 1920er Jahre erschien.[1289]

In einer Rezension charakterisierte Snyckers Dietzes Werk als »Novum«[1290] und begrüßte seinen speziellen Zuschnitt auf den Fremdsprachenunterricht im kaufmännischen Bildungswesen, da der fremdsprachliche Unterricht in diesem Bereich, anders als etwa an allgemeinbildenden Schulen, der kaufmännisch-wirtschaftlichen Berufsausbildung gerecht werden müsse. Aus diesem Grund sei eine von den allgemeinbildenden Schulen in bestimmten Punkten abweichende methodische Behandlung des fremdsprachlichen Unterrichts im kaufmännischen Bildungswesen notwendig. Zu Gemeinsamkeiten und Unterschieden zwischen allgemeinbildenden Schulen und Handelsschulen im fremdsprachlichen Unterricht nimmt Dietze im Vorwort zu seinem Werk wie folgt Stellung:

> »Die allgemeinen Unterrichtsgrundsätze, die für j e d e n fremdspachlichen Unterricht gelten, werden zwar auch dem fremdsprachlichen Unterricht an Handels- und Wirtschaftsschulen nicht fremd sein dürfen. Bei ihrer Verwendung werden sie aber der Eigenart des Unterrichts für die kaufmännische Berufsbildung Rechnung zu tragen

1288 Vgl. Glauser (1922: 129) Vgl. dazu auch Dietze (1928a: 33) und Dietze (1929: 45).

1289 Vgl. Dietze (1927: V). Nach Dietzes Angaben wurde in seinem Werk aktuelle relevante Literatur, die bis November 1926 veröffentlicht wurde, berücksichtigt. 1928 geht Dietze in einem Beitrag speziell auf den fremdsprachlichen Unterricht an Handelshochschulen ein. Darin entwirft er Grundzüge eines an Handelshochschulen zu errichtenden fremdsprachlichen Studiums als Hauptstudium. Vgl. dazu auch Dietze (1928b).

1290 Snyckers (1928b: 39).

haben. Die besondere Bildungsaufgabe der Handels- und Wirtschaftsschulen verlangt eine besondere Zielsetzung, ferner eine besondere Wertung und Auswahl der zu lehrenden Sprachen, und für die methodische Bearbeitung des Unterrichtsstoffes kann es sich nicht schlechthin um Übernahme einer der allgemein üblichen fremdsprachlichen Methoden handeln, sondern es ist vielmehr eine Aufstellung und Zusammenstellung von methodischen Maßnahmen wünschenswert, die auf fremdsprachlichem Gebiete zur Erreichung des Bildungszieles wirtschaftlich eingestellter Schulen die geeignetsten scheinen.«[1291]

Bei Betrachtung des für die vorliegende Arbeit konsultierten relevanten Materials wird deutlich, dass sich Sprachlehrer im kaufmännischen Bildungswesen darüber einig waren, dass der fremdsprachliche Unterricht aufgrund des besonderen Bildungsziels von Handels(hoch)schulen im Vergleich zu allgemeinbildenden Schulen eigene Wege einschlagen musste[1292].

Im Folgenden werden die in Dietzes Werk behandelten methodischen Grundlagen des fremdsprachlichen Unterrichts im kaufmännischen Bildungswesen untersucht. Dabei ist es unübersehbar, dass diese methodischen Grundlagen Wegbereiter für das Sprachstudium an Handelshochschulen und für die sich daraus entwickelnde translatorische Ausbildung an den Dolmetscher-Instituten waren. Die folgenden Ausführungen beleuchten zudem das in Dietze angeführte Ziel des fremdsprachlichen Unterrichts sowie allgemeine Grundsätze des fremdsprachlichen Unterrichts im kaufmännischen Bildungswesen.

Das Ziel des fremdsprachlichen Unterrichts im kaufmännischen Bildungswesen definiert Dietze wie folgt:

»Der fremdsprachliche Unterricht an Handelsschulen steht im Dienste einer kaufmännischen-wirtschaftlichen Berufsbildung und hat dabei zum Ziele, die der Handelsschule anvertraute Jugend 1. durch Übermittlung fremdsprachlicher Kenntnisse und Fertigkeiten zum mündlichen und schriftlichen Gebrauch der fremden Allgemeinsprache und der für eine wirtschaftliche Betätigung erforderlichen Gegenwartssprache, 2. unter Benützung eines geeigneten Schrifttums zum Verständnis des fremden wirtschaftlichen Kultur- und Geisteslebens zu führen.«[1293]

Das Hauptziel des fremdsprachlichen Unterrichts im kaufmännischen Bildungswesen war es demnach, eine Fremdsprache für den praktischen Gebrauch zu erlernen. Die Schüler sollten dazu befähigt werden, die Fremdsprache für berufliche Zwecke richtig zu verstehen, zu sprechen, zu lesen und zu schreiben, wobei die »Tätigkeiten des Verstehens, Sprechens, Lesens und Schreibens«[1294] gleichwertig behandelt werden sollten.

1291 Dietze (1927: IV). Hervorhebung im Original.

1292 Vgl. z.B. Rabe (1929: 172). In seinem Beitrag schlägt der Autor eine Methodik für den Französischunterricht für Anfänger vor, wobei er stellenweise nicht mit Dietzes Ausführungen übereinstimmt.

1293 Dietze (1927: 69).

1294 Ibid, S. 80.

An verschiedenen Stellen seines Werks hebt Dietze hervor, dass im fremdsprachlichen Unterricht im kaufmännischen Bildungswesen in erster Linie die Gegenwartssprache zu behandeln sei. Diese wurde in der Regel im Gegensatz zur historischen Sprache gesehen, die in philologischen, meist literaturwissenschaftlich ausgerichteten, Studiengängen der Universitäten behandelt wurde (vgl. 2.1.1.2, 2.1.1.3). Für die kaufmännische Ausbildung war jedoch vornehmlich die Berufs- oder Fachsprache der Gegenwartsverhältnisse relevant. Dietze stellt fest, dass die Gegenwartssprache sehr facettenreich ist und zu umfangreich, um in der Ausbildung erschöpfend behandelt werden zu können. Seiner Meinung nach sollte die Gegenwartssprache aber nicht nur auf die umgangs- und fachsprachliche Dimension reduziert werden, sondern etwa auch die »Sprache der Poesie«[1295] berücksichtigen. Was die inhaltliche Seite des fremdsprachlichen Unterrichts anbelangt, so empfiehlt Dietze, Gegenstände auszuwählen, die aus der kaufmännischen und wirtschaftlichen Berufswelt entnommen sind[1296].

Dietze führt aus, dass der fremdsprachliche Unterricht zugleich Wissenschafts- und Fertigkeitsfach sei und die Aneignung von sprachlichem Wissen sowie die Erzielung eines sprachlichen Könnens bei der methodischen Behandlung somit gleiche Berücksichtigung verlangen.[1297]

Im Detail erörtert er die methodische Behandlung der folgenden Bausteine des fremdsprachlichen Unterrichts im kaufmännischen Bildungswesen: Aussprache und Schreibung, Wortschatz, Grammatik, Sprechübungen, schriftliche Übungen und Lektüre.

Wie Dietze ausführt, wurde im fremdsprachlichen Unterricht im kaufmännischen Bildungswesen traditionell großer Wert auf eine gute Aussprache gelegt. Die Resultate, die in diesem Bereich bei Schülern in der Vergangenheit erzielt wurden, ließen jedoch zu wünschen übrig. Dietze berichtet, dass Sprachmeister, die in vergangenen Jahrhunderten häufig als Sprachlehrer agierten, zwar selbst eine tadellose Aussprache in der jeweiligen Muttersprache aufwiesen, ihre Schüler jedoch meist nicht dazu befähigen konnten, die Fremdsprache verständlich zu artikulieren. Für diese Unzulänglichkeit, so Dietze, führten die Sprachmeister die simple Erklärung an, dass die deutsche Zunge nicht dazu tauge, fremde Sprachen, etwa Englisch oder Französisch, auszusprechen.[1298] Damit wird m.E. deutlich, wie rückständig die Methoden im fremdsprachlichen Unterricht zu der Zeit waren, als dieser in den Händen von Sprachmeistern mit ihren unqualifizierten Lehrmethoden lag. Dietze erläutert, dass die Anforderungen an die Aussprache bis Mitte der 1920er Jahre aufgrund der Bemühungen der sogenannten Reformer enorm gestiegen seien, und dass besonders das Berufsziel der Schüler im kaufmännischen Bildungswesen

1295 Ibid, S. 67. Zur Behandlung der »Sprache vergangener Jahrhunderte« im fremdsprachlichen Unterricht siehe Dietze (1927: 69).
1296 Ibid, S. 70–71.
1297 Ibid, S. 90.
1298 Ibid, S. 95–96.

eine intensive Arbeit an der Aussprache der Fremdsprache verlange. Dietze weist in diesem Zusammenhang auf Missverständnisse hin, die im internationalen Geschäftsverkehr aufgrund einer mangelhaften Aussprache auftreten können. Eine richtige Aussprache hingegen fördere den Respekt, der deutschen Kaufleuten von ausländischen Geschäftspartnern entgegengebracht wird. Die Aussprache sei daher ein nicht zu vernachlässigender Bestandteil des fremdsprachlichen Unterrichts im kaufmännischen Bildungswesen. Als Gegenstand des Ausspracheunterrichts führt Dietze Folgendes an:

> »Es handelt sich beim Ausspracheunterricht 1. um Bildung der einzelnen Laute, 2. um Bildung von Lautkomplexen, wobei zu beachten ist a) das Verhältnis der Laute zueinander in bezug auf α) Dauer (Quantität), β) Stärke (dynamischer Akzent), γ) Höhe und Tiefe (musikalischer Akzent, Intonation), b) die Einwirkung eines Lautes auf seinen Nachbarlaut (...).«[1299]

Ergänzend wird hinzugefügt, dass bei der Behandlung der Aussprache nicht vom einzelnen Laut auszugehen ist, sondern vom »Sprechakt ›als empfundenem psychologisch einheitlichem Sprachgebilde, an der die Aussprache jedes einzelnen Wortes und daran anschließend jedes einzelnen Lautes festgestellt wird‹«[1300].

Dietze beschreibt, dass Ausspracheübungen im fremdsprachlichen Unterricht meist durch Vergleich mit Lauten oder Lautfolgen der Mutter- und der Fremdsprache durchgeführt werden. Er weist auch darauf hin, dass es von den einzelnen Sprachlehrern abhänge, wie tief sie in die Entstehung der Laute einführen. Wichtig sei es auf jeden Fall, darauf zu achten, dass – vor dem Hintergrund, dass nicht nur Hören und Sprechen, sondern auch Lesen und Schreiben gepflegt werden sollen – phonetische Übungen im gesamten fremdsprachlichen Unterricht, nicht Überhand nehmen.[1301]

Als moderne Unterrichtsmittel zur Förderung der Aussprache nennt Dietze sogenannte Sprechmaschinen und den Rundfunk. Die Verwendung neuer Medien im fremdsprachlichen Unterricht sei zuerst in den USA aufgekommen. Seit 1908 wurde »die phonographische Kunst«[1302] auch in Deutschland erforscht. Dietze lobt die Vorzüge der Sprechmaschine, die den fremdsprachlichen Unterricht revolutioniert habe. Bemerkenswert erscheint m.E. seine Empfehlung, den Schülern den Hörtext in gedruckter Form vorzulegen, um somit ihr Hörverständnis zu fördern.

Zum Einsatz des Rundfunks als Unterrichtsmittel räumt Dietze ein, dass – Mitte der 1920er Jahre – im fremdsprachlichen Unterricht noch Erfahrungswerte mit

---

1299 Ibid, S. 96–97.

1300 Ibid, S. 97. Die Quelle des Originalzitats fehlt zwar an zitierter Stelle, als Urheber des Zitats wird aber Glauser angegeben.

1301 Ibid.

1302 Ibid, S. 98. Dietze zufolge handelt es sich bei der sogenannten Sprechmaschine um einen Plattenspieler. Er führt an, dass in Deutschland ab 1908 Schallplatten als Begleitmaterial zu fremdsprachlichen Lehrbüchern herausgegeben und zunehmend im Fremdsprachenunterricht verwendet wurden. Vermutlich war dies der Beginn der späteren Sprachlabore.

dem neuen Medium fehlten.[1303] Bis Ende der 1920er Jahre schienen sich die Erfahrungswerte mit dem Medium Rundfunk im fremdsprachlichen Unterricht, obwohl dazu einschlägige Literatur verfasst wurde, allerdings nicht vermehrt zu haben[1304]. Nicht fehlen darf an dieser Stelle aber der Hinweis, dass eine Rede der Eröffnungsfeier des Dolmetscher-Instituts an der Handelshochschule Mannheim in der gedolmetschten Version eines Absolventen des DI live über Rundfunk übertragen wurde (vgl. 2.6.4). Auch dies spiegelt die Bedeutung dieses zum damaligen Zeitpunkt modernen Kommunikationsmediums wider. Dietze weist in seinen Ausführungen auch auf verschiedene Systeme hin, die zur bildlichen Darstellung von Lauten entwickelt wurden und die ebenfalls der Förderung des Ausspracheunterrichts dienten[1305].

Neben der Aussprache sollte im fremdsprachlichen Unterricht auch auf die Vermittlung der korrekten Rechtschreibung geachtet werden. Als Grund für diese Notwendigkeit wird der internationale Geschäftsverkehr genannt, der Kaufleuten, wollten sie von den ausländischen Geschäftspartnern ernst genommen werden, eine sichere Rechtschreibung beim Korrespondieren abverlangte. Als Methoden zur Übung der korrekten Rechtschreibung führt Dietze Lektüre- und Schreibübungen an. Intensive Schreibübungen, u. a. auch Diktate, seien besonders bei Sprachen erforderlich, deren Lautbild vom Schriftbild abweiche, wie etwa im Englischen. Bei den Rechtschreibübungen sollte auch auf richtige Worttrennung und Interpunktion geachtet werden sowie auf die im kaufmännischen Schriftverkehr üblichen Abkürzungen.[1306]

Die Ausführungen zum Erwerb des Wortschatzes lassen auf eine ernsthafte Erarbeitung des Wortschatzes im fremdsprachlichen Unterricht im kaufmännischen Bildungswesen schließen: An Schulen des kaufmännischen Bildungswesens sollte in erster Linie der Wortschatz der kaufmännischen Berufswelt erarbeitet und gepflegt werden. Dietze weist auf den Unterschied zwischen aktivem und passivem Wortschatz hin und betont, dass im fremdsprachlichen Unterricht im kaufmännischen Bildungswesen sowohl der aktive als auch der passive Wortschatz erweitert werden sollen.

Gefördert werden sollte dieses Ziel durch Lektüre und das gesprochene Wort, etwa bei Sprechübungen und durch die Verwendung der Fremdsprache als Unterrichtssprache. Die Schüler sollten die Bedeutung eines Wortes klar erfassen. Dietze erläutert in diesem Zusammenhang zwei Methoden, die sich für verschiedene Lerner-Stufen eignen: Schülern in den unteren Klassen sollte die Wortbedeutung etwa durch Übersetzen oder Zeigen von Bildern vermittelt werden. In fortgeschrittenen

1303 Ibid, S. 98–99.
1304 Vgl. Rabe (1929: 174).
1305 Vgl. Dietze (1927: 100). Angeführt wird beispielsweise die Klinghardt'sche Tonbewegungsdarstellung.
1306 Ibid, S. 100–101.

Stufen sollte die Wortbedeutung von den Schülern selbst herausgefunden werden, etwa durch Definitionen oder durch Erschließen aus dem Satzinhalt. Bei beiden Methoden sollte darauf geachtet werden, dass Wörter, etwa als Vokabeln, nicht außerhalb des Satzganzen erlernt, sondern ausschließlich im Zusammenhang mit dem Satzganzen eingeprägt werden.[1307]

Dietze empfiehlt zudem, dass sich jeder Schüler eigene Wörterverzeichnisse anlegt:

> »Am besten kann das geschehen, wenn die dazu nötigen Notizen nicht in Hefte eingetragen, sondern auf lose Blätter geschrieben werden. Jedes neu auftretende Wort erhält ein Blatt, auf dem der Satz, in dem das Wort vorkommt, aufgezeichnet wird. Die Blätter werden alphabetisch geordnet. Sobald im Unterricht eine neue Bedeutung des Wortes auftritt, wird sie im Satzganzen hinzugefügt. Auf diese Weise gelangt der Schüler zu einer Wörtersammlung, die ihm stets das Wort in seiner besonderen Bedeutung zeigt und bei der er fortgesetzt Gelegenheit hat, das gewonnene Sprachmaterial zu überblicken und zu wiederholen.«[1308]

Zur Festigung des Wortschatzes empfiehlt Dietze, die Wörterverzeichnisse nach Sachgruppen zu ordnen. Als Beispiele nennt er das Geld- und Kreditwesen oder das Handelsrecht. Von einer Anordnung des Wortschatzes nach formalen Kriterien, wie die Einteilung in Wortklassen, rät Dietze aber ab, da derartige Zusammenstellungen seiner Meinung nach nur als Gedächtnisstütze dienen.

Am Ende seiner Betrachtungen zum Wortschatz weist Dietze auf die Dynamik des Wortschatzerwerbs hin, die einen Übergang vom Wortgut des passiven Wortschatzes in den aktiven Wortschatz fördere. Der passive Wortschatz könne am besten durch Lektüre erweitert werden. Realistisch räumt Dietze jedoch ein, dass der Erwerb des Wortschatzes einer fremden Sprache eine Lebensaufgabe sei und nicht abschließend während der Ausbildung gewährleistet werden könne.

Dietzes Ausführungen zum Grammatikunterricht zeigen, dass die Nützlichkeit der Grammatik für die Erlernung fremder Sprachen im fremdsprachlichen Unterricht im kaufmännischen Bildungswesen zwar anerkannt wurde, aufgrund des übergeordneten Unterrichtsziels, auf das kaufmännische Berufsleben vorzubereiten, sollte Grammatik jedoch nur in dem Maße behandelt werden, wie sie für den praktischen Sprachgebrauch erforderlich war.[1309]

Ähnlich wie den Wortschatz, teilt Dietze den Grammatikstoff in einen aktiven und einen passiven Teil ein, wobei der aktive Grammatikstoff für den Sprachgebrauch notwendig war. Der passive Grammatikstoff hingegen kam Dietze zufolge beim Leseverständnis zum Tragen. Dietze betont, dass die Beschränkung des grammatischen Stoffes nicht zu einer gleichgültigen Behandlung der Grammatik führen dürfe, denn nur eine ernsthafte Beschäftigung mit der Grammatik ermög-

---

1307 Ibid, S. 101–102.
1308 Ibid, S. 103.
1309 Ibid.

liche, eine Sprache richtig zu sprechen und zu schreiben. Außerdem hätten allgemeine grammatische Regeln bzw. sprachliche Formen auch im fremdsprachlichen Unterricht im kaufmännischen Bildungswesen Gültigkeit.

Dietze weist darauf hin, dass der Umfang des zu behandelnden grammatischen Stoffes im kaufmännischen Bildungswesen von der zur Verfügung stehenden Zeit abhänge und somit je nach Schultyp und Unterrichtsstufe individuell zu regeln sei. Die Ausarbeitung der Pläne für den Grammatikunterricht weist Dietze daher den jeweiligen Sprachlehrern zu. Damit war m.E. aber eine unsystematische Vorgehensweise im Grammatikunterricht im gesamten kaufmännischen Bildungswesen vorprogrammiert. Ungeklärt blieb im konsultierten Material, was im Speziellen damit gemeint war, die Regeln der Grammatik einer Sprache nur für den Sprachgebrauch zu beherrschen. Vermutlich wollte man sich damit von den Anhängern der historisch-philologischen Richtung distanzieren, bei der möglicherweise Grammatikformen behandelt wurden, die zwar in historischen Texten relevant, aber in der Gegenwartssprache nicht mehr in Gebrauch waren.

Den Grammatikunterricht sieht Dietze in enger Verbindung mit dem Lektüreunterricht. Seiner Meinung nach sollte vorzugsweise bei der Anordnung der Lektüre das Fortschreiten im Grammatikunterricht berücksichtigt werden. Entsprechend dem pädagogischen Prinzip, vom Einfachen zum Schwierigen überzugehen, sollten zunächst grammatische Erscheinungen von einfachen Sätzen und anschließend von schwierigeren Satzgefügen behandelt werden.[1310] Die grammatischen Kenntnisse sollten aktiv vom Schüler im Unterricht erarbeitet werden:

> »Der Weg zur Erarbeitung dieser [der grammatischen] Regeln besteht 1. im Vergleichen der fremdsprachlichen Form mit der muttersprachlichen (...), wobei man a) die Bedeutung der deutschen Form und die Mittel der Sprache, sie zum Ausdruck zu bringen (...) und b) die Mittel, die die fremde Sprache zur Darstellung desselben Bedeutungsausdrucks verwendet (...) feststellen lässt; 2. in der Zusammenstellung gleichartiger Fälle in der Fremdsprache (...), 3. in der Formulierung einer Regel an der Hand der vorliegenden gleichartigen Spracherscheinungen.«[1311]

Dietze empfiehlt, den Schüler darauf aufmerksam zu machen, dass eine grammatische Form verschiedene Funktionen haben kann, etwa die Endung ›s‹ als Mittel der Pluralbildung englischer Substantive und als Mittel zur Bildung der dritten Person Singular englischer Verben.

Zur Festigung des grammatischen Stoffs werden verschiedene Übungen aufgezählt. Als sogenannte indirekte Übung werden Übersetzungen aus dem Deutschen genannt. Als sogenannte direkte Übungen werden beispielsweise das Konjugieren und das Deklinieren sowie das Zerlegen von Texten in Fragen und Antworten aufgeführt.[1312] Die direkten Übungen sollten stets am Satzganzen vorgenommen

---

1310 Ibid, S. 104.
1311 Ibid, S. 105. Hervorhebung im Original.
1312 Ibid.

werden, um die Beziehungen der grammatischen Formen zueinander darzustellen. Außerdem sollten grammatische Übungen mündlich und schriftlich erfolgen.

Dietze erläutert, dass das Übersetzen in die Fremdsprache ein Streitpunkt unter Sprachlehrern sei und seiner Meinung nach nicht in erster Linie zur Festigung des grammatischen Stoffs geeignet sei. Er empfiehlt jedoch, sie im Anschluss an besprochene fremdsprachliche Texte zu Übungszwecken in schriftlicher und mündlicher Form durchzuführen.[1313]

In seinen Ausführungen zur Grammatik greift Dietze einen Punkt auf, der wiederholt von Glauser für den fremdsprachlichen Unterricht im kaufmännischen Bildungswesen und insbesondere für die Handelssprachlehrerausbildung gewünscht wurde: die Verknüpfung des fremdsprachlichen Unterrichts mit dem muttersprachlichen Unterricht.

1921 forderte Glauser in Bezug auf die Ausbildung von Handelssprachlehrern, dass vor Aufnahme des Studiums einer Fremdsprache ein vertiefendes Studium der Muttersprache, mit Ausrichtung auf die Sprache der Gegenwart, erfolgen müsse. Nur auf diese Weise könne eine fundierte philologische Ausbildung erlangt werden. Glauser führt in diesem Zusammenhang den Vergleich mit Handelslehrern wirtschaftlicher Fächer an, die sich zuerst mit den Verhältnissen im eigenen Land vertraut machen, bevor sie sich dem Studium wirtschaftlicher Verhältnisse fremder Länder widmen.[1314]

1922 beklagt Glauser, dass das gründliche Studium der Muttersprache im kaufmännischen Bildungswesen eine untergeordnete Rolle spiele. Äußern würde sich dies seiner Meinung nach beispielsweise auch daran, dass Lehrbücher für den fremdsprachlichen Unterricht in der Regel keinen Bezug zur Muttersprache aufweisen. Als Kritikpunkt führt er diesbezüglich auch an, dass in den Lehrbüchern zur Fremdsprache die Verhältnisse des Inlands gänzlich außer Acht gelassen werden und Lehrer und Schüler somit den Zusammenhang zwischen dem Aus- und dem Inland verlieren.

Zur Förderung des muttersprachlichen Unterrichts fordert Glauser daher bei der Handelslehrerprüfung auch Kenntnisse der deutschen Grammatik und der Hauptströmungen der deutschen Literatur abzufragen, um damit der Forderung Rechnung zu tragen, Mutter- und Fremdsprache im gesamten kaufmännischen Bildungswesen als psychologische Einheit nach denselben Grundsätzen zu unterrichten.[1315]

Wie Dietze bereits zum Thema Aussprache anmerkte, wurde als eine der Hauptaufgaben des fremdsprachlichen Unterrichts im kaufmännischen Bildungswesen die Übung des mündlichen Ausdrucks angesehen. Anforderungen der Praxis waren dafür verantwortlich, dass entsprechendes Gewicht auf die sogenannten

1313 Ibid, S. 106.
1314 Vgl. Glauser (1921: 146).
1315 Vgl. Glauser (1922: 129–130).

Sprechübungen gelegt wurde, denn nur ein Kaufmann, der Fremdsprachen auch mündlich beherrsche, könne im internationalen Handel bestehen. Dietze räumt ein, dass nicht jeder Schüler ein gewandter Sprecher werden könne, weil dazu eine besondere Veranlagung nötig sei, und Glauser bringt diesen Gedanken wie folgt auf den Punkt:

> »Gewandt sprechen ist eine Kunst, und mancher lernt es nie, nicht einmal in seiner Muttersprache, geschweige denn in einer Fremdsprache.«[1316]

Trotz dieser Einsicht stellt Dietze die Forderung auf, den Ausdruck der Schüler so weit zu üben, dass sie den geschäftlichen Verkehr bewältigen können. Das Ziel des Sprechens sei, verstanden zu werden. Dazu sei es nötig, lautlich, grammatisch und idiomatisch korrekt zu sprechen. Zur lautlichen und grammatisch korrekten Aussprache merkt Dietze an, dass diese so weit geübt werden muss, bis sie sich unbewusst vollzieht. Auch bei weniger sprachlich veranlagten Schülern sollte es möglich sein, eine korrekte lautliche und grammatische Ausdrucksfähigkeit zu erlangen. Schwieriger gestalte es sich jedoch mit der idiomatischen Ausdrucksweise. Hier könne die Schule nur begrenzt einen Beitrag leisten:

> »Die Schwierigkeit der idiomatischen Ausdrucksweise liegt darin, daß das sprachliche Gewand, in das der Gedanke in der Muttersprache gekleidet ist, in der fremden Sprache oft ein ganz anderes ist. Eine fremde Sprache sprechen ist eben etwas mehr als ein bloßes Übersetzen des deutschen Wortes in ein entsprechend fremdsprachliches und ein bloßes Übertragen der muttersprachlichen Form in die entsprechend fremdsprachliche. (...) Der Sprachunterricht sollte [daher] von Anfang an einen wortfeindlichen Charakter tragen und in der Hauptsache Satzgebilde heranziehen. (...) Dem Schüler muß immer der ganze Satz vor der Seele stehen. Von vornherein muß dem Lernenden zum Bewußtsein geführt werden, daß die fremdsprachliche Einkleidung eines Gedankens in vielen Fällen keine Übersetzung Wort für Wort verträgt, sondern die Anwendung eines von der Wörtlichkeit mehr oder weniger abweichenden Satzganzen erheischt.«[1317]

Sprechübungen könnten als Monolog oder Dialog erfolgen. Als monologische Sprechübungen werden Nacherzählungen, Inhaltsangaben und Vorträge angeführt, wobei Vorträge nur für fortgeschrittene Stufen höherer Handelsschulen empfohlen werden. Die zu behandelnden Themen sollten vornehmlich aus dem kaufmännischen Bereich entnommen werden. Dialogische Sprechübungen sollten auch durch die Verwendung der Fremdsprache als Unterrichtssprache gefördert werden. Dietze empfiehlt, Sprechübungen im Anschluss an die Lektüre durchzuführen. Diese sollte sich auf kaufmännische Themen beziehen, d.h. Sachgebiete, die in der beruflichen Praxis vorkommen.

Als oberstes Ziel der Sprechübungen galt es, das Verständnis des Schülers für Sachverhalte in der Fremdsprache zu üben, ihn zu befähigen, Fragen zu stellen und Antworten zu geben. Einen Problempunkt für das Erreichen dieses Ziels sieht

1316 Ibid.
1317 Dietze (1927: 107).

Dietze in der Ausbildung der Sprachlehrer, die häufig selbst nicht in der Lage seien, sich mündlich einwandfrei in der Fremdsprache auszudrücken.[1318]

Im Abschnitt über schriftliche Übungen bezieht sich Dietze explizit auf schriftliche zusammenhängende Darstellungen und nicht auf Übungen, die beispielsweise orthographischen oder grammatischen Zwecken dienen. Die schriftlichen zusammenhängenden Darstellungen sollten in erster Linie wirtschaftliche Inhalte zum Gegenstand haben und auf die Bedürfnisse der kaufmännischen Praxis vorbereiten. Je nach den Aufgaben der einzelnen Schultypen im kaufmännischen Bildungswesen war eine Vertiefung in diesem Bereich mehr oder weniger möglich.

Dietze betont dabei die Sonderstellung der kaufmännischen Korrespondenz im Rahmen des fremdsprachlichen Unterrichts im kaufmännischen Bildungswesen und führt an, dass an keiner anderen Schule, etwa an allgemeinbildenden, Übungen im Briefeschreiben eine derartige Pflege erfahren. Dennoch standen Lehrerkreise allgemeinbildender Schulen dem Korrespondenzunterricht im kaufmännischen Bildungswesen, wo häufig sogar besondere Stunden in kaufmännischer Korrespondenz angesetzt wurden, geringschätzig gegenüber. Aufgrund der dominierenden Rolle der Handelskorrespondenz im fremdsprachlichen Unterricht im kaufmännischen Bildungswesen teilt Dietze die schriftlichen Übungen in Übungen allgemeinen Charakters und in spezielle Korrespondenzübungen ein.[1319]

Als allgemeine schriftliche Übungen, die an eine gegebene Form gebunden sind, nennt Dietze Übersetzungen, die er in Hin- und Herübersetzungen unterteilt. Er führt an, dass die Meinungen der Experten in Bezug auf die Hinübersetzungen, also Übersetzungen von der Mutter- in die Fremdsprache, auseinandergingen. Dietze empfiehlt, die Hinübersetzung, die noch recht häufig im fremdsprachlichen Unterricht und in Prüfungen zum Tragen komme, nur gelegentlich im Unterricht anzuwenden, da sie in der kaufmännischen Praxis auch nur vereinzelt vorkomme. Als Beispiel nennt Dietze Aufgaben von Korrespondenten, zu denen auch Hinübersetzungen zählten.

Üblicherweise würden Kaufleute jedoch eher mit der Notwendigkeit konfrontiert, fremdsprachliche Texte in ihre Muttersprache zu übersetzen, also mit der Herübersetzung. Dietze zählt eine Reihe von Textsorten auf, die in der Praxis für die Herübersetzung anfielen. Darunter führt er neben Briefen in der Fremdsprache, Zeitungsartikel, Markt-, Börsen- und Konsulatsberichte, veränderte Zoll- und Verkehrsvorschriften sowie weitere unspezifizierte Druck- und Schriftstücke an, die etwa von einer Niederlassung im Ausland für die Zentrale in Deutschland übersetzt werden müssen.

Ein Vorteil der Herübersetzung als Übungsmittel im fremdsprachlichen Unterricht sei auch die Tatsache, dass diese besonders geeignet sei, den fremdsprachlichen Unterricht in Beziehung zum Deutschunterricht zu setzen. Dies sei nicht zuletzt von Bedeutung, da der fremdsprachliche Unterricht den Umgang mit der

1318 Ibid, S. 108.
1319 Ibid, S. 109.

Muttersprache fördern solle und durch Herübersetzungen in besonderer Weise der Stil in der deutschen Sprache geübt werde:

»Handelt es sich ja bei ihnen nicht um ein bloßes Ersetzen von Wörtern durch Wörter und Formen durch Formen, sondern um eine sinnentsprechende Wiedergabe in einwandfreier muttersprachlicher Gestaltung, in ›gutem Deutsch‹. Die Übersetzung ist unter Umständen eine Kunst. Schon die Übersetzung eines einfachen Geschäftsbriefes kann eine recht erhebliche Leistung sein; denn eine ordentliche Herübersetzung erfordert nicht nur sprachliches Wissen und Können, sondern auch muttersprachliches Empfinden (›Stil ist Gefühl‹), dazu eine scharfe Auffassungsgabe und eine mit Fleiß gepaarte Gewissenhaftigkeit.«[1320]

Aufgrund der Verwendbarkeit in der Praxis und der positiven Auswirkungen auf die Muttersprache fordert Dietze, die Herübersetzung im fremdsprachlichen Unterricht und in Prüfungen anstelle der Hinübersetzung zu betonen.[1321]

Als schriftliche Übungen mit freierer Gestaltung werden Inhaltsangaben, Wiedergabe vorgelesener Texte und Bearbeitungen gestellter Themen angegeben. Inhaltsangaben könnten bereits in unteren Klassen eingesetzt werden und in höheren Klassen zu Referaten erweitert werden, die für die kaufmännische Praxis relevant sind:

»In die Lage, über Mitteilungen der Zeitungen, über Geschäftsgespräche, Börsenvorgänge, über geschäftliche Verhandlungen, auch über Vorträge schriftlich berichten zu müssen, kann der Kaufmann in der Auslandspraxis sehr wohl kommen, und er muß dazu imstande sein«[1322].

Auch die Wiedergabe vorgelesener Texte bereite auf die in der Praxis erforderlichen Referate vor. Dietze empfiehlt, die Texte so auszuwählen, dass sie für die Schüler keine formellen, lexikalischen oder inhaltlichen Probleme darstellen. Weiter führt er aus, dass diese Art von Übungen hohe Anforderungen an die Schüler stellen, da von ihnen neben der schriftlichen Darstellung auch Hörverständnis gefordert wird und somit gleichzeitig eine rezeptive und produktive Tätigkeit geleistet werden müsse. Dennoch empfiehlt Dietze, diese Übungen bereits in unteren Klassen einzuführen, um sie in höheren Klassen verstärkt einsetzen zu können. Dietze tendiert auch dazu, derartige Übungen als Prüfungen durchzuführen, da durch sie das fremdsprachliche Können nach verschiedenen Seiten hin gemessen werden könne.

In diesem Zusammenhang fällt eine Anmerkung in Snyckers' Rezension über Dietzes Werk auf, die Ansätze der späteren translatorischen Ausbildung an den Dolmetscher-Instituten erahnen lassen, wobei die Übung im fremdsprachlichen Unterricht im kaufmännischen Bildungswesen noch als schriftliche Übung durch-

1320 Ibid, S. 110.
1321 Ibid, S. 109–110.
1322 Ibid, S. 111.

geführt wurde: Snyckers vermisst in Dietzes Ausführungen über die schriftlichen Übungen im fremdsprachlichen Unterricht Angaben über eine neue Übungsart der Nacherzählung, die sich in Snyckers' Unterricht seit einigen Jahren bewährt hatte, und die eine Weiterentwicklung der üblichen Nacherzählung, bei der ein Text ohne Veränderung seines Wortlautes wiederholt vorgelesen wird, darstellte:

> »Die Nacherzählung eines vorgelesenen Textes hat alledings (sic!) oft denselben Nachteil wie die Uebersetzung, indem sie die Schüler mehr oder weniger an eine starre Form der Ausdrucksweise bindet, während sie später im praktischen Leben diese starre Form vermeiden und ihre Gedanken mit den Worten ausdrücken müssen, die ihnen gerade einfallen. Um ihnen diese Möglichkeit zu geben, empfiehlt sich die freie Wiedergabe einer Erzählung, die der Lehrer unmittelbar vor Beginn der Uebung in der Fremdsprache vorliest und dann ebenfalls in der Fremdsprache selbst ein- oder zweimal nacherzählt, indem er möglichst *andere Worte* und Wendungen dafür wählt. Diese neue Art der Nacherzählung fördert nicht nur das freie Redigieren (...), sondern *sie verlangt ausserdem von den Schülern*, im Gegensatz zu Aufsatz und Uebersetzung, *dass sie einem vorgetragenen fremdsprachlichen Text folgen können*. Der schüler (sic!) muss den Nachweis erbringen, erstens, dass er verstanden hat, und zweitens, dass er das, was er verstanden hat, frei wiederzugeben vermag.«[1323]

Zur Unterscheidung der neuen und der bisherigen Nacherzählungsübung schlägt Snyckers vor, die bisherige Übung als Textnacherzählung und die neue Übung als Inhaltsnacherzählung zu bezeichnen.

Als weitere schriftliche Übung, die im fremdsprachlichen Unterricht im kaufmännischen Bildungswesen vorkam, nennt Dietze freie Aufsätze. Seiner Meinung nach eignete sich diese Art von Übungen aber nicht für die untere und mittlere Ebene des kaufmännischen Bildungswesens, da sie zum einen in der kaufmännischen Praxis nicht verlangt werde und zum anderen, da zum Abfassen von Aufsätzen eine Beherrschung der fremden Sprache vorausgesetzt werde, die im Rahmen des fremdsprachlichen Unterrichts nicht erreicht werden könne. Anstelle von Aufsätzen empfiehlt Dietze die freie Bearbeitung von Geschäftsbriefen, da diese Tätigkeit häufig in der Praxis verlangt werde.[1324]

Was den Unterricht in Handelskorrespondenz betrifft, so berichtet Dietze, dass Lehrer uneins über die Zugehörigkeit des Korrespondenzunterrichts seien: Manche erachteten den Korrespondenzunterricht als technisches Fach und rechneten ihn somit nicht zum allgemeinen Sprachunterricht. In diesem Fall wurden für den Korrespondenzunterricht meist separate Unterrichtsstunden eingerichtet, die von Handels- und nicht von Sprachlehrern gegeben wurden. Die Rolle der Sprachlehrer wurde dabei auf eine beratende Funktion reduziert. Andere hingegen fassten den Korrespondenzunterricht als Teil des allgemeinen Sprachunterrichts auf, der

1323 Snyckers (1928c: 39). Hervorhebung im Original.
1324 Vgl. Dietze (1927: 110–112).

in den Händen der Sprachlehrer zu liegen hatte. Dietze argumentiert in diesem Zusammenhang wie folgt:

> »Von dem Standpunkte aus, daß der gesamte fremdsprachliche Unterricht auf die Praxis vorbereitet und die Korrespondenz sachliche Kenntnisse zur Voraussetzung hat, die im fachlich zugeschnittenen Sprachunterricht übermittelt werden, ist der kaufmännische Briefwechsel in den fremdsprachlichen Allgemeinunterricht mit einzuschließen.«[1325]

Dietze weist zudem darauf hin, dass in den meisten Lehrbüchern der Korrespondenzunterricht dem Sprachunterricht zugeordnet wird.

Als weiteren Streitpunkt in der Lehrerschaft führt Dietze die Diskussion darüber an, ob die zu behandelnden Geschäftsbriefe nach Briefgruppen oder einzelnen Geschäftsvorgängen durchgearbeitet werden sollen. Dietzes Ansicht nach kam bei der Einbeziehung des Korrespondenzunterrichts in den Sprachunterricht nur eine Behandlung nach einzelnen Geschäftsvorfällen infrage. In Ausnahmefällen, so räumt Dietze ein, könne aber auch die Behandlung nach Briefgruppen vorgenommen werden. Dieses Zugeständnis belegt m. E., dass nicht einmal Experten eine klare Linie in diesem Zusammenhang verfolgten.

Von den Lehrern des Korrespondenzunterrichts erwartete Dietze eine philologische und eine »im genügenden Umfange« handelswissenschaftliche Ausbildung. Das Ziel des Korrespondenzunterrichts an niederen Handelsschulen war m. E. recht hochgesteckt, denn es sollte angestrebt werden, dass Schüler fremdsprachliche Briefe lesen, verstehen und schriftlich übersetzen konnten. Dietze stuft den Erwerb dieser Fähigkeiten aber eher als oberflächlich ein. Anders ist es nicht zu erklären, dass man sich seiner Meinung nach in den genannten Schulen nur damit »begnügen« konnte, den Schülern diese Fähigkeiten – also ohne Vertiefung der Thematik – zu vermitteln. Im Gegensatz dazu sah es Dietze als höheres Ziel an, die Schüler im Korrespondenzunterricht an höheren Handelsschulen dahin zu bringen, kaufmännische Briefe frei zu bearbeiten.[1326] Die im Korrespondenzunterricht anzuwendende Methode beschreibt Dietze wie folgt:

> »Die Methode des Korrespondenzunterrichts ist die Methode des sonstigen fremdsprachlichen Unterrichts. Man wird von den im Lehrbuch gegebenen fremdsprachlichen Briefen ausgehen und an diesen Form und Inhalt der Briefe kennenlernen. Für Einübung des Gelernten wird man Übersetzungen, Umformungen und Nachbildungen vornehmen und schließlich bei gereiften Schülern zur freien Bearbeitung von Briefen nach gestellten Aufgaben schreiten. Bei den Nachbildungen halte man darauf, daß in die Ausdrucksweise Abwechslung gebracht werde, indem man die Schüler veranlaßt, sich bei den vorkommenden kaufmännischen Wendungen und Phrasen der aus anderen Briefen bekannten ›Varianten‹ zu bedienen.«[1327]

1325 Ibid, S. 112. Hervorhebung im Original.
1326 Ibid.
1327 Ibid, S. 112–113. Hervorhebung im Original.

Als Voraussetzung zur Behandlung fremdsprachlicher Korrespondenz führt Dietze vorhandene Kenntnisse in deutscher Korrespondenz an. Schulen, an denen der Korrespondenzunterricht vom fremdsprachlichen Unterricht abgekoppelt war, empfahl Dietze, den Schülern vor Beginn des Korrespondenzunterrichts handelswissenschaftliche Kenntnisse zu vermitteln.

In seinen weiteren Ausführungen erläutert Dietze, dass anhand von sogenannten Musterbriefen Technik, Stil und Inhalt der Korrespondenz vermittelt werden soll. Wie er ausführt, sei es üblich, neben solchen Musterbriefen auch Originalbriefe zu behandeln. Hierbei sei aber zu beachten, dass diese meist defekt und oft für den Unterricht ohne stilistische oder formale Korrekturen nicht geeignet sind. Als Grund für den Überarbeitungsbedarf von Originalbriefen zu Unterrichtszwecken führt Dietze Folgendes an:

> »Man darf nicht vergessen, daß gewisse sprachlich nicht zu rechtfertigende Schreibmanieren nicht nur in deutschen, sondern auch in englischen, französischen und anderen Briefen zu finden sind.«[1328]

Im Korrespondenzunterricht sollte bei der Behandlung der äußeren Form des fremdsprachlichen Briefes auf formale Unterschiede der deutschen und fremdsprachlichen Briefe und auch auf Unterschiede zwischen den Bräuchen des Aus- und des Inlandes hingewiesen werden. In dieser Hinsicht sollte vor allem auf Abweichungen von Handelsverkehrseinrichtungen und von handelsgesetzlichen Bestimmungen aufmerksam gemacht werden, soweit diese für die Korrespondenz relevant seien. Außerdem sollten Besonderheiten der ausländischen Buchführung aufgezeigt werden. Dietze fügt seinen Ausführungen über die Anforderungen an den Korrespondenzunterricht hinzu, dass Korrespondenten »auf die seelische Beschaffenheit der Empfänger« Rücksicht zu nehmen hätten. Beispielsweise sollte in englischen Handelsbriefen darauf geachtet werden, eine direkte und knappe Formulierung ohne Höflichkeitsfloskeln zu wählen. Dietze führt aber an, dass im fremdsprachlichen Unterricht lediglich die Grundlagen für eine entsprechende Sensibilisierung gelegt werden können, die Umsetzung bleibe der Praxis vorbehalten.[1329]

Seine Ausführungen zur Methodik des fremdsprachlichen Unterrichts schließt Dietze mit einem Abschnitt über die im Unterricht zu verwendende Lektüre. Wie in der Vergangenheit sollte diese auch in der Gegenwart den Kern des fremdsprachlichen Unterrichts bilden. Seine Erläuterungen teilt Dietze in zwei Kategorien ein: Lesetechnik und Stoffauswahl. Bezüglich der Technik des Lesens betont Dietze, dass es sich um ein sinngemäßes Lesen handeln müsse:

1328 Ibid, S. 113.
1329 Ibid, S. 114.

> »Der Schüler muß daran gewöhnt werden, die erforderlichen Lesepausen innezuhalten und die Mittel zu benutzen, die die Sprache zur Hervorhebung der logisch bedeutsamen Redeteile gibt«[1330].

Voraussetzung für ein solches Lesen sei das Textverständnis, zu dessen Förderung Dietze eine der Lektüre vorangehende Besprechung empfiehlt. Die Lesefertigkeit sollte in jeder Unterrichtsstunde geübt werden. In der Unterstufe sollte darauf geachtet werden, dass »Aussprache, Beachten der Sprechtakte und der Intonation«[1331] gut vorgetragen werden. In der Mittel- und Oberstufe höherer Handelsschulen sollte vor allem der Inhalt der Lektüre im Vordergrund des Lektüreunterrichts stehen. Dabei sollte eine stoffliche und sprachliche Vorbereitung die Erfassung des Inhalts unterstützen.

Was die Auswahl der Lesestoffe betrifft, so sollte diese nach sprachlichen und kulturkundlichen Kriterien getroffen werden, wobei auf der Unterstufe eher die sprachliche Seite und auf der Oberstufe eher die kulturkundliche Seite betont werden sollte. Die Inhalte beider Stufen sollten aus dem handels- und wirtschaftskundlichen Themengebiet entnommen werden. Zudem sollte darauf geachtet werden, dass die Texte sprachlich einwandfrei sind. Augenmerk sollte auch darauf gelegt werden, dass die Lektürestücke der Prosa der Gegenwartssprache entnommen sind. Ästhetisch-literarische Lektüre sollte Dietze zufolge nach Möglichkeit umgangen werden, da dies nicht mit dem Bildungsziel der Handelsschulen zu vereinbaren sei. Als für den Lektüreunterricht geeignete Lesestücke erachtet Dietze erzählende, belehrende und rednerische Prosatexte, die sich mit wirtschaftlichen Themen beschäftigen.[1332]

In einer Aufstellung, die sich in erster Linie auf Werke in englischer Sprache beziehen, fasst er unter erzählende Prosatexte Romane, wirtschaftsgeschichtliche Sachbücher sowie Biographien von führenden Persönlichkeiten aus der Wirtschaft zusammen. Als Beispiele für belehrende Prosastücke nennt Dietze volkwirtschaftliche, betriebswirtschaftliche sowie wirtschaftsgeographische Sachbücher. Außerdem zählt er zu den belehrenden Prosatexten Sachbücher aus dem Bereich Warenkunde, Ethik sowie Betrachtungen über den Menschen auf[1333]. Schließlich empfiehlt Dietze als Prosalektürestücke wirtschaftspolitische Reden, Briefe wirtschaftlichen Inhalts sowie Zeitungen.[1334]

Die Verwendung von Zeitungsartikeln im fremdsprachlichen Unterricht legt Dietze aus folgendem Grund nahe:

1330 Ibid, S. 115.

1331 Ibid, S. 116.

1332 Ibid, S. 116–117. Vgl. dazu auch IGFkB (1929b: 217), Lätt.

1333 Diese Rubrik wurde in drei Bereiche eingeteilt: a) »Ausländer über sich selbst« (z. B. Wells, H. G.: *An Englishman looks at the world*), b) »Ausländer über Deutsche« (z. B. Collier, Price: *Germany and the Germans from an American point of view*)., c) »Ausländer über Ausländer« (z. B. Collier, Price: *England and the English from an American point of view*). Vgl. Dietze (1927: 121).

1334 Ibid, S. 118–122.

»Zeitungen sind überhaupt als Unterrichtsmittel für das Sprachstudium an Handelsschulen nicht zu unterschätzen. Sie unterrichten ständig über alle gegenwärtigen Vorgänge im Wirtschaftsleben, über das Verhältnis von Politik und Wirtschaft, über wirtschaftliche Literaturerscheinungen und geben in ihrem Anzeigenteil Kenntnis von allerhand Einzelvorkommnissen und Einzeldingen auf wirtschaftlichem Gebiete. Zudem sind sie eine Gelegenheit zu ›sprachlicher Ausbeute‹. Ruht ja in unserer Zeit selbst die Sprachbeherrschung der Einheimischen, soweit sie durch die Lektüre bedingt ist, zum großen Teil mit auf der Zeitungslektüre.«[1335]

Wie Dietze erläutert, herrschten bezüglich der methodischen Behandlung der Lektüre verschiedene Meinungen vor. Einer der Streitpunkte war, ob die zu behandelnde Lektürestücke zu übersetzen seien oder nicht. Dietze führt an, dass dies zum einen von der Sprechfertigkeit der Schüler abhänge und zum anderen vom Schwierigkeitsgrad des Textes. Für die Unterstufe fordert Dietze, verstärkt Übersetzungsübungen anzusetzen, um Schüler für die Oberstufe vorzubereiten. Für die Oberstufe empfiehlt er die Übersetzung vor allem »bei inhaltlich schwer zu überblickenden und formell verwickelten Stellen«[1336]. Bei einfachen Stellen könne die Übersetzung ausgeklammert werden. In der Oberstufe sei es vor allem wichtig, dass die Schüler den Text verstehen. Übersetzungen wurden somit als Mittel zur Vertiefung des Textverständnisses eingesetzt.

Dietze schließt seine Ausführungen zur Lektüre mit einer Übersicht über die methodische Vorgehensweise im Lektüreunterricht. Daraus ergibt sich die zentrale Bedeutung der Lektüre für den fremdsprachlichen Unterricht als Stifterin sämtlicher Schreib-, Sprech- und Lesetätigkeiten:

»Die Behandlung der Lesestoffe würde also folgende Stufen umfassen: 1. die Vorbereitung, 2. das Lesen, Übersetzen und sprachliche Durcharbeiten oder das Übersetzen und sprachliche Durcharbeiten mit nachfolgendem Lesen, 3. die inhaltliche Besprechung unter Benutzung der Fremdsprache, 4. die Zusammenfassung des in der Stunde durcharbeiteten (sic!) Stoffes und die Anordnung der Besprechungsergebnisse an früher Erarbeitetes, 5. die Verwendung der Unterrichtsergebnisse zu Aufgaben für häusliche Übungen.«[1337]

In seinem 1927 veröffentlichten Werk zur Methodik des fremdsprachlichen Unterrichts im kaufmännischen Bildungswesen befasst sich Dietze nicht nur mit der sprachlichen Seite des fremdsprachlichen Unterrichts, sondern auch mit der kulturkundlichen Seite, die nach Maßgabe der Richtlinien für die höheren Schulen Preußens im fremdsprachlichen Unterricht berücksichtigt werden sollte (vgl. 2.1.1.7).

Dietze berichtet, dass die Richtlinien den fremdsprachlichen Unterricht an Fachschulen nicht betreffen, dennoch können die allgemeinen Entwicklungen im fremdsprachlichen Unterricht seiner Meinung nach nicht von den Fachschulen ig-

1335 Ibid, S. 117.
1336 Ibid, S. 122.
1337 Ibid, S. 123.

noriert werden.[1338] Als Begründung führt Dietze dafür an, dass die kulturkundliche Aufgabe des fremdsprachlichen Unterrichts auch im Interesse des kaufmännischen Bildungswesens liege, nicht zuletzt, da Kenntnisse über fremde Kulturen für die kaufmännische Tätigkeit unentbehrlich seien. Die kulturkundliche Einstellung des fremdsprachlichen Unterrichts müsse daher auch im kaufmännischen Bildungswesen gefördert werden. Dietze erläutert, dass der kulturkundliche Unterricht im kaufmännischen Bildungswesen im Gegensatz zu den allgemeinbildenden Schulen keine Neuheit darstelle. Kulturkundliche Elemente seien vielmehr stets integraler Bestandteil des fremdsprachlichen Unterrichts im kaufmännischen Bildungswesen gewesen:

> »Es soll damit nicht gesagt sein, daß für die Handelsschulen von Anfang an festformulierte Vorschriften über kulturkundlichen Sprachunterricht vorhanden gewesen seien, oder daß das Wort ›Kulturkunde‹ schon von den alten Handelsschulpädagogen gebraucht worden wäre. Keineswegs. Wenn aber die Handelsschulmethodiker des 18. Jahrhunderts, und zwar alle ohne Ausnahme, soweit sie bekannt sind, ihren Schülern fremdsprachliche Literaturerzeugnisse in die Hand gaben, die im fremden Volke selbst entstanden waren, damit man durch sie die fremde Welt, mit der der zukünftige Kaufmann in Berührung kommen könnte, kennen lerne; wenn es [Sprachlehrern] (...) nicht bloß darauf ankam, der Jugend die fremde Welt vermittels des Schrifttums vor Augen zu führen, sondern sie auch wollten, daß ihre Zöglinge ›den *Geist* eines jeden Zeitalters‹, ›den jedesmaligen *Charakter der Nation*‹, ›die Länder und Städte mit ihren *Eigenheiten*‹ (...) sehen sollten (...); wenn sie an der Hand fremdsprachlicher Autoren- und Tageszeitungsquellen Regierungsformen und Verfassungen, Stadtverwaltungen, Ursachen der Entstehung von Stadtanlagen, Gründe des Verfalls und Aufkommens von Handel und Gewerbe zeigten (...); wenn sie zur Zeit der französischen Revolution die Vorgänge in Frankreich durch das Lesen französischer Zeitungsartikel erklären wollten; wenn sie schließlich noch unternahmen, ihre Schüler darauf aufmerksam zu machen, daß man das Wissen von Geschehnissen im Auslande unter Umständen auch zum Vorteil der Geschäftsführung *verwenden* könne (...): so war das im allgemeinen das, was heute unter Kulturkunde beim fremdsprachlichen Unterricht von der Mehrzahl der neuphilologischen Lehrer verstanden wird.«[1339]

Dietze führt an, dass diese Art von Unterricht an manchen Handelsschulen in vorherigen Jahrhunderten als Realsprachunterricht oder Länder- und Menschenkunde bezeichnet wurde. Er berichtet weiter, dass sich der beschriebene Unterricht jedoch in zweierlei Hinsicht von dem Kulturkundekonzept der Richtlinien des preußischen Unterrichtsministeriums unterscheide. Zum einen verfolge dieser Unterricht an den Handelsschulen Zwecke der beruflichen Ausbildung und zum anderen konzentriere er sich auf die Erfassung der wirtschaftlichen Kulturwelt. Im Gegensatz dazu diene das Kulturkundekonzept der Richtlinien dem Bildungsziel allgemeinbildender Schulen und umfasse die Beschäftigung mit der gesamten Kul-

---

1338 Ibid, S. 57.
1339 Ibid, S. 61. Hervorhebung im Original.

tur- und Geisteswelt fremder Länder. Die sich daraus ergebende Reichhaltigkeit an Themen bringe Probleme bei der Stoffeingrenzung mit sich[1340].

In einem Beitrag aus dem Jahr 1928 beschreibt Dietze diese sich aus den Richtlinien ergebende Problematik wie folgt:

> »Das ist die Tatsache, daß es überhaupt unmöglich ist, im fremdsprachlichen Unterricht der (sic!) Gesamtkultur eines Volkes zur Darstellung zu bringen. Eine Kultur in ihrer Totalität ist etwas so Viel- und Verschiedenartiges, daß wohl mehr als ein Menschenleben dazu gehören dürfte, um sie zu erfassen. In der Schule können aus der Fülle des Ganzen nur Einzeltatsachen und Einzelerscheinungen ausgewählt werden.«[1341]

Die Fokussierung des kulturkundlichen Unterrichts auf die wirtschaftliche Kulturwelt hingegen, die sich aus dem allgemeinen Bildungsziel des kaufmännischen Bildungswesens ergab, so Dietze, habe sich in Bezug auf die Stoffauswahl für die Handelsschulen als vorteilhaft erwiesen. Starken Einfluss auf die Berücksichtigung der Kulturkunde im fremdsprachlichen Unterricht an Handelsschulen übe Dietze zufolge der Korrespondenzunterricht aus, da dieser die Behandlung bestimmter kultureller Erscheinungen des wirtschaftlichen Lebens verlange. So hätten bis etwa 1880 Lehr- und Lesebücher für den fremdsprachlichen Unterricht an Handelsschulen handelskundliche und auf die Wirtschaftskultur bezogene Lektürestücke enthalten. Selbst als der fremdsprachliche Unterricht an sämtlichen Schulen auf die grammatisierende Methode umgestellt wurde, verschwanden aus dem fremdsprachlichen Unterricht an Handelsschulen kulturkundliche Züge nie ganz. Eine Zurückdrängung kulturkundlicher Fächer im Curriculum sei aber nicht zu vermeiden gewesen.

Dietzes Meinung zufolge sollten durch die Anregung der Richtlinien nun auch die Handelsschulen ihre Lehrpläne überdenken und den fremdsprachlichen Unterricht wieder stärker kulturkundlich ausrichten. Er betont dabei, dass dies nicht etwa erfolgen müsse, weil das Kulturkundekonzept allgemein als modern im fremdsprachlichen Unterricht erachtet werde, sondern allein aufgrund der Tatsache, dass die kulturkundliche Einstellung des fremdsprachlichen Unterrichts dem Bildungsziel des kaufmännischen Bildungswesens Rechnung trage.[1342] In diesem Zusammenhang unterstreicht Dietze, wie bereits angeführt, dass sich der fremdsprachliche Unterricht an der Wirtschaftskulturkunde orientieren müsse:

> »Und unter Berücksichtigung der uns zustehenden Bildungsaufgabe haben wir dabei nicht das fremde Kulturganze im Sinn, nicht die fremde Gesamtkultur, sondern vorzugsweise die sich im fremden Wirtschaftsleben offenbarende. Fremde Sprachen lehren heißt auch für uns Handelsschullehrer – wie für die Lehrer an jeder andern höhern Schule – die ›kulturkundliche Unterrichtsart‹ anwenden. Aber Kulturkunde ist für uns in allererster Linie Wirtschaftskulturkunde.«[1343]

1340 Ibid, S. 61–62.
1341 Dietze (1928b: 194).
1342 Vgl. Dietze (1927: 62–63).
1343 Ibid, S. 63. Hervorhebung im Original.

Dietze hebt hervor, dass trotz der vornehmlich wirtschaftlichen Ausrichtung der Kulturkunde auch andere Bereiche der Gesamtkultur im fremdsprachlichen Unterricht im kaufmännischen Bildungswesen berücksichtigt werden können. Vorrangig sollte jedoch Wirtschaftskulturkunde behandelt werden, zu denen Dietze wirtschaftliche Formen des Staats-, Volks- und Gesellschaftslebens zählt sowie Wirtschaftsgeschichte, Wirtschaftsgeographie, chemische und mechanische Technologie, Warenkunde und Psychologie und Physiologie des wirtschaftenden Menschen. Mögliche Kritik daran, dass eine Eingrenzung der Kulturkunde auf den wirtschaftlichen Bereich eine gewisse Gefahr der Einseitigkeit in sich berge, weist Dietze zurück, indem er die Reichhaltigkeit der wirtschaftlichen Kultur und die Möglichkeit, diese mit der Gesamtkultur in Verbindung zu bringen, hervorhebt. Dietze unterstellt in diesem Zusammenhang vielmehr dem von den Richtlinien vorgeschlagenen allgemeinen Kulturkundekonzept durch die Behandlung literarisch-ästhetischer Kulturerscheinungen ein weniger lebensnahes Bild der gegenwärtigen fremden Kultur geben zu können, als es durch die Wirtschaftskulturkunde möglich ist.[1344]

Als Vorteil der Handelsschulen gegenüber den allgemeinbildenden Schulen wertet Dietze auch die Tatsache, dass sich Handelsschulen bei der curricularen Gestaltung auf die in der Vergangenheit gesammelten Erfahrungen mit dem kulturkundlichen Konzept stützen können. Sprachlehrer allgemeinbildender Schulen hingegen seien noch unsicher, wie der kulturkundliche Unterricht als Teil des fremdsprachlichen Unterrichts umgesetzt werden soll.[1345]

In seiner Rezension zu Dietzes im Jahr 1927 verfassten Werk weist Snyckers in Anlehnung an Dietze nachdrücklich darauf hin, dass der kulturkundliche Unterricht im gesamten fremdsprachlichen Unterricht jedoch nicht überbewertet werden dürfe, denn der Kern des fremdsprachlichen Unterrichts im kaufmännischen Bildungswesen sei stets die »technisch sprachliche Ausbildung«[1346], d.h. fachsprachliche Ausbildung. Der kulturkundliche Unterricht dürfe auf keinen Fall die rein sprachliche Ausbildung verdrängen. Zudem solle darauf geachtet werden, im kulturkundlichen Unterricht Spielraum zu lassen für Inhalte, die für die kaufmännische Praxis relevant seien, aber dennoch von manchen Kreisen als unzulässig erachtet werden:

1344 Ibid, S. 64–65.

1345 Ibid, S. 60 und 63. Bereits 1926 beschrieb Dietze die durch die Richtlinien hervorgerufenen Herausforderungen für Sprachlehrer wie folgt: »Noch herrscht in neuphilologischen Kreisen Unklarheit über die Erfassung des kulturkundlichen Problems, noch weiß man nicht so recht, wie die kulturkundliche Aufgabe in der Schulpraxis zu lösen ist, in welchem Umfange und auf welche Weise Kulturkunde im fremdsprachlichen Unterricht getrieben werden kann (…)«. Vgl. Dietze (1926: 44).

1346 Snyckers (1928c: 39). Vgl. dazu Dietze (1927: 69).

> »Der Handelsschüler muss auch mancherlei lernen, was mit zu dem von den fanatischen Kulturkundlern verpönten Real- oder Sachunterricht gehört, weil er es später einmal bei der Ausübung seines Berufes braucht.«[1347]

Um auszuschließen, dass im fremdsprachlichen Unterricht durch die Einführung des kulturkundlichen Unterrichts für die kaufmännische Praxis unentbehrliche Inhalte zurückgedrängt werden, schlägt Dietze vor, die Bezeichnung »Sach- und Kulturkunde«[1348] zu verwenden. Ergänzend fügt er hinzu, dass zum Verständnis wirtschaftlicher Erscheinungen einer fremden Kultur ein Unterricht, in dem wirtschaftliche Phänomene behandelt werden, vorausgehen müsse. Als Beispiel führt er an, dass zur Beurteilung industrieller, sozialer und politischer Entwicklungen der Gegenwart, eine Besprechung des Ursprungs dieser Entwicklungen, d.h. die Arbeiterbewegungen in England seit 1911, vorausgehen müsse. Wie dieses Beispiel zeigt, wurde keine deutliche Trennung zwischen Sachunterricht einerseits und Kulturkundeunterricht andererseits gezogen. Sach- und Kulturkundeunterricht hatten somit gemeinsame Schnittpunkte und ihre Grenzen waren fließend.[1349]

In einem Beitrag über Anforderungen an den fremdsprachlichen Unterricht an Handelshochschulen, den Dietze 1928 veröffentlichte, wird dieser Eindruck bestätigt. Dietze tritt in diesem Beitrag für ein vertieftes Studium in einer fremden Sprache ein, die als Hauptfach gewählt werden kann. Als neue Spezialisierung sollte das Studium auch auf den Beruf des Handelssprachlehrers vorbereiten. Unter den wünschenswerten an Handelshochschulen einzurichtenden Vorlesungen führt Dietze u.a. Vorlesungen über Literatur, Kultur- und Sachkunde auf. Seine Ausführungen belegen die Schwierigkeit, diese Bereiche klar voneinander zu trennen. Dietze schließt seine Erläuterungen daher mit folgendem Eingeständnis:

> »Erwähnt sei noch, daß sich kultur-, sach- und literaturkundliche Vorlesungen nicht immer voneinander trennen lassen. Sie werden oft, da ihr Mittelpunkt zumeist die Lektüre ist, in einer Vorlesung vereinigt sein. Auch die Vorlesungen, die sprachlicher Belehrung gewidmet sind, werden nur selten isoliert dastehen können. Für eine solche mehreren Zwecken dienende Vorlesung eine zutreffende Bezeichnung zu finden, ist schließlich Sache des akademischen Lehrers.«[1350]

Wie Dietze ausführt, sollten die Studierenden in Vorlesungen über Literatur insbesondere in die wirtschaftswissenschaftliche Literatur eingeführt werden, wobei in erster Linie Werke ausgesucht werden sollten, die ein authentisches Bild des wirtschaftlichen Lebens widerspiegelten. Dietzes Vorschlag zufolge sollten aber auch schöngeistige Werke, die ebenfalls wirtschaftliche Themen behandeln, in diesen Vorlesungen berücksichtigt werden. In einem einführenden Kolleg sollten Hauptströmungen der Literaturgeschichte aufgezeigt werden. Lektüre erachtet

1347 Snyckers (1928c: 39).
1348 Dietze (1927: 82).
1349 Ibid.
1350 Dietze (1928b: 199).

Dietze dabei als Grundlage für die Vorlesungen in Literatur. Wie er anmerkt, gehe der Weg zur Kulturkunde auch über die Lektüre. Literaturkunde und Kulturkunde konnten somit ergänzend zusammenwirken. Dietze plädiert dafür, die im Unterricht zu verwendende Lektüre nicht ausschließlich auf die Wirtschaftskulturkunde, die im Mittelpunkt des Handelshochschulstudiums stehen müsse, auszurichten, sondern auch andere kulturelle Bereiche, die sich um die Wirtschaftskultur gruppieren, als Lektüregegenstand zuzulassen, da gerade von einer Hochschule zu verlangen sei, auch andere nicht-wirtschaftliche Themenbereiche zu berühren. Daneben sei es Dietze zufolge auch notwendig, die Kulturkunde für bestimmte Bereiche zu öffnen, die sich aus der kaufmännischen Geschäftstätigkeit ergeben. Als Beispiel führt er »Realkenntnisse von Land und Leuten« und »Dinge, die mehr mit Recht und Gesetz und geschäftlicher Praxis zu tun haben« an[1351]. Diese Bereiche teilt Dietze einerseits in Sachkunde und andererseits in juristische Schulung ein. Für sachkundliche Beiträge empfiehlt Dietze Lichtbildervorträge in der Fremdsprache, da bestimmte Sachverhalte meist nicht anhand von Lektüre vermittelt werden können. Durch die Verbindung von »Sach- und Kulturunterricht«[1352] könne eine tiefere Kenntnis über fremde Kulturen vermittelt werden. Dietze lässt aber offen, welche Themen er im Speziellen dem Sachkundeunterricht zuordnen würde, und wo dabei die Grenze zum Kulturkundeunterricht liegt. Seine Ausführungen vermitteln m.E. den Eindruck, dass sich Literaturkunde, Kulturkunde, Sachkunde und juristische Schulung zu einer undefinierbaren Mischung vereinen, aus der sich ein Teil der zu behandelnden Themen im fremdsprachlichen Unterricht an Handelshochschulen speisen sollte. Grenzen zwischen den einzelnen Bereichen sind nicht klar erkennbar.

Neben die genannten Themenbereiche stellt Dietze noch wirtschaftswissenschaftliche Vorlesungen in deutscher Sprache, die in der Prüfungsordnung ohnehin vorgesehen waren. Dietze verweist dabei auf betriebswirtschaftliche Vorlesungen, aber auch auf Vorlesungen über Volkswirtschaftslehre und Rechtslehre. Diese Veranstaltungen sollten unterstützend wirken beim Erwerb des Verständnisses für fremde Kulturen, nicht zuletzt, weil dadurch ein Vergleich zwischen den Verhältnissen des In- und des Auslandes möglich sei.[1353] Ergänzend sei am Rande erwähnt, dass Dietze neben den angeführten Vorlesungen für das Sprachstudium an Handelshochschulen philologische Vorlesungen sowie, als Vorbereitung auf den Handelssprachlehrerberuf, pädagogische Vorlesungen vorschlägt.[1354]

Dietze fokussiert in seinem Vorschlag für ein sprachwissenschaftliches Studium an Handelshochschulen vor allem zukünftige Handelssprachlehrer. In seinem Beitrag von 1928 merkt er an, dass Glauser und Snyckers die Zielgruppe des Sprachstudi-

1351 Ibid.
1352 Ibid. Es ist anzunehmen, dass es »Kulturkundeunterricht« heißen sollte.
1353 Ibid.
1354 Ibid, S. 198–200.

ums an Handelshochschulen jedoch weiter fassen:[1355] In Snyckers' Beitrag *Sprache und Wirtschaftssprache* aus dem Jahr 1928 war die Zielgruppe, die Snyckers für das Sprachstudium an Handelshochschulen vorsah, noch undeutlich, denn er fasste neben zukünftigen Handelssprachlehrern jeden »Wirtschaftler«[1356] ins Auge, »der später irgendwie beruflich auf dem Weltmarkt tätig sein möchte«[1357]. Außer den Sprachlehrern sollte demnach im Studium der fremden Wirtschaftssprache keine bestimmte Berufsgruppe auf eine bestimmte zukünftige Tätigkeit vorbereitet werden. Dieses Studium eröffnete seinen Absolventen, die nicht im Schuldienst wirken wollten, vielmehr die Möglichkeit, sich in allen möglichen Kommunikationsbereichen, die eine internationale Geschäftstätigkeit bot, zu betätigen.

In seinem Beitrag *Fremdsprachen an Universitäten und an Handelshochschulen*, der im November 1928 erschien, konkretisierte Snyckers die Zielgruppe des fremdsprachlichen Studiums an Handelshochschulen und nennt drei Zielgruppen (vgl. 2.7.3.1.2): Wie bereits in seinem Beitrag *Sprache und Wirtschaftssprache*, der Anfang 1928 erschien, führt er, auch im Einklang mit Dietze, zukünftige Handelssprachlehrer als mögliche Studierende an. Erklärend fügt er aber hinzu, dass die Ausbildung von Neuphilologen in den Händen der Universität liege, wo allerdings nur allgemeine fremdsprachliche Kenntnisse und nicht die für die im kaufmännischen Bildungswesen nötigen Kenntnisse der Wirtschaftssprache vermittelt werden. Snyckers bemängelt, dass Kenntnisse, die sich nicht nur auf den reinen Spracherwerb beschränken, sondern auch die Kenntnis der »dazugehörigen Begriffe der Wirtschafts- und Rechtswissenschaften«[1358] einschließen, bisher nicht im Rahmen einer Ausbildung erworben werden können. In Übereinstimmung mit den Erfahrungswerten von Sprachlehrern an Handelsschulen wertet er diese Umstände als erschwerend. Ein auf die Zwecke des kaufmännischen Bildungswesens zugeschnittenes fremdsprachliches Studium stellte Snyckers zufolge daher einen Fortschritt dar.

Neben zukünftigen Handelssprachlehrern erachtet Snyckers zukünftige Kaufleute und Wirtschaftsführer als Zielgruppe für das Sprachstudium an Handelshochschulen. In Anbetracht der wirtschaftlichen Lage Deutschlands sei es notwendig diese Berufsgruppe durch den fremdsprachlichen Unterricht mit Kenntnissen über Handel und Wirtschaft des Auslandes auszustatten. Nur so könnten Kaufleute eine tragende Rolle auf dem Weltmarkt spielen. Als dritte Zielgruppe des fremdsprachlichen Studiums an Handhochschulen nennt Snyckers Auslandskorrespondenten, deren Aufgabe es sei, handelstechnische Korrespondenz fehlerlos in der Fremdsprache zu führen[1359] (vgl. 2.5.6.1.1).

1355 Ibid, S. 196.
1356 Snyckers (1928a: 295).
1357 Ibid.
1358 Snyckers (1928e: 302).
1359 Ibid.

Auch Glauser nennt Handelslehrer und Diplom-Kaufleute und Korrespondenten als Zielgruppe des fremdsprachlichen Studiums an Handelshochschulen. Er unterscheidet jedoch nach sprachwissenschaftlichem Haupt- und Nebenfachstudium[1360]. So räumt er ein, dass sich nicht jeder Diplom-Kaufmann als »gewandter Korrespondent«[1361] eignet. Für eine solche Position, ähnlich wie zu einer Stelle als Leiter einer Exportabteilung, seien nur sprachlich begabte Personen geeignet, die den Anforderungen des sprachwissenschaftlichen Studiums als Hauptfach gewachsen sind. Als weitere Zielgruppe des sprachwissenschaftlichen Studiums als Hauptfach führt Glauser zukünftige Dolmetscher an, die etwa bei internationalen Verhandlungen tätig werden können. Ergänzend fügt Glauser hinzu, dass der Weg zum Dolmetscher über »zielbewußte Übungen«[1362] führt. Die vier genannten Zielgruppen fasst er als sogenannte wissenschaftliche Vertreter der Sprachen zusammen, die Deutschland nützliche Dienste leisten können.[1363]

2.5.4.3 Resümee

Die Berechtigung des sprachwissenschaftlichen Studiums an Handelshochschulen wurde von Snyckers und Glauser häufig mit der Wesensverschiedenheit verteidigt, die zwischen Universität und Handelshochschulen bestand. Snyckers führte 1928 aus, dass sich Universitäten mit der Sprache im Allgemeinen vornehmlich aus der Perspektive des Historikers beschäftigen, wobei die Kultur eines fremden Landes literarisch und philosophisch beleuchtet werde. Dabei blieben aber ganze Facetten einer Kultur unberücksichtigt, beispielsweise die Wirtschaft eines Landes. Zur Behandlung dieses Gebiets trete daher die Handelshochschule an die Seite der Universität. Durch das ihr eigens zugewiesene Forschungsgebiet könne die Sprachforschung speziell auf Handel und Wirtschaft ausgerichtet werden und die Kultur fremder Länder von wirtschaftlicher, rechtlicher, politischer und soziologischer Seite gezeigt werden. Als positiv wertet Snyckers in diesem Zusammenhang die Möglichkeit, sich bereits vor Aufnahme des Sprachstudiums an Handelshoch-

1360 Dies ist im Zusammenhang mit Änderungen der Prüfungsordnungen zu sehen. Aufgrund der individuellen Lehrplangestaltung an den einzelnen Handelshochschulen ist es anzunehmen, dass es sich dabei im Speziellen um die Prüfungsordnungen der Handelshochschule Mannheim handelte. Gemäß der gültigen Regelung sollten, sowohl im Studiengang für angehende Diplom-Kaufleute als auch im Studiengang für angehende Handelslehrer, Fächer wie Betriebswirtschaftslehre, Volkswirtschaftslehre, Finanzwissenschaft und Rechtslehre unter besonderer Berücksichtigung des Wirtschaftsrechts gelehrt werden. Angehende Diplom-Kaufleute konnten eine Fremdsprache als Haupt- und Nebenfach studieren. Im Studiengang für Handelslehrer sollte eine nicht weiter spezifizierte Gruppierung nach Fächern stattfinden. Dies ließ auch eine Spezialisierung in Fremdsprachen zu (vgl. Glauser (1930: 91)).

1361 Ibid, S. 95.

1362 Ibid.

1363 Ibid, S. 94–95.

schulen Kenntnisse über Handel und Wirtschaft im Rahmen des Handelshochschulstudiums anzueignen. Die vorherige Beschäftigung mit dem wirtschaftlichen Fachgebiet erachtet Snyckers als unabdingbar für die Beschäftigung mit der Wirtschaftssprache.[1364]

Glauser sieht die Berechtigung für ein auf Wirtschaftszwecke ausgerichtetes sprachwissenschaftliches Studium an Handelshochschulen im speziellen Ziel der Handelshochschulen begründet. Als Teillehrgebiet der Handelshochschule müsse es sich dem wirtschaftswissenschaftlichen Forschungsgebiet der Handelshochschule unterordnen. Somit werden in der sprachwissenschaftlichen Ausbildung der Handelshochschule und der Universität andere Schwerpunkte gesetzt.[1365] Glauser zufolge hätten Handelshochschulen eine sprachliche Berufsausbildung zu gewährleisten, die andere Ziele verfolge als die Sprachforschung an der Universität:

> »Die Beziehungen zwischen Sprache, Kultur und Wirtschaft sollen untersucht werden, und zwar nicht allein, wie diese Beziehungen in früheren Zeiten sich gestalteten, sondern vor allem, wie sie sich in der Gegenwart vollziehen. Die Studierenden sollen aus den alltäglichen wirtschaftlichen Beziehungen lernen, wie sie sich zu den brennenden Weltwirtschaftsfragen der Gegenwart zu stellen haben, um später Führer in der Weltwirtschaft zu werden. Wir haben es also an der Handels-Hochschule mit einer sprachlichen Berufsausbildung und nicht mit einer ausgesprochenen philologischen Ausbildung zu tun. Nicht Sprachforscher, sondern Kultur- und Wirtschaftsforscher sollen ausgebildet werden.«[1366]

Die Rechtfertigungsversuche bezüglich eines sprachwissenschaftlichen Studiums an Handelshochschulen lassen Widerstände gegen ein solches vermuten. Das konsultierte Material lässt keinen Zweifel daran, dass universitäre Vertreter der Philologie dem sprachwissenschaftlichen Studium an Handelshochschulen skeptisch gegenüberstanden. Beispiele dafür geben etwa die Verhandlungen zur Eingliederung der Handelshochschulen Mannheim in die Universität Heidelberg Anfang der 1930er Jahre und die Eingliederung der Handelshochschule Leipzig in die Universität Leipzig Mitte der 1940er Jahre, bei denen die Dolmetscher-Institute Streitpunkte darstellten (vgl. 2.1.1, 2.6.7, 2.6.8, 2.7.3.3).

Mitverantwortlich für das schlechte Ansehen der fremdsprachlichen Ausbildung im kaufmännischen Bildungswesen waren sicherlich auch curriculare Entwicklungen der Handelshochschulen, in denen Belange des fremdsprachlichen Unterrichts kaum berücksichtigt wurden. Glauser berichtet 1930, dass sich die noch junge Handelswissenschaft positiv entwickelt habe und dass dadurch gute Erfolge für Handel und Industrie erzielt worden seien. Er fügt jedoch hinzu, dass es bedauerlich sei, dass die Entwicklung des fremdsprachlichen Unterrichts mit der Entwicklung der Handelswissenschaften nicht Schritt gehalten habe und lässt

---

1364 Vgl. Snyckers (1928e: 300–301).
1365 Vgl. Glauser (1930: 91).
1366 Ibid.

dabei den schweren Stand des fremdsprachlichen Unterrichts im Rahmen der an Handelshochschulen vertretenen Fächer anklingen:

> »Leider lässt sich das Gleiche von der sprachlichen Berufsausbildung nicht sagen. Das zu erstrebende Ziel wird nur noch angedeutet und dies mit Rücksicht auf Schwierigkeiten, mit denen kein anderes auf der Handels-Hochschule gelehrtes Fach zu kämpfen hat.«[1367]

Dieses Zitat aus dem Jahr 1930 belegt im Einklang mit den obigen Ausführungen, dass der fremdsprachliche Unterricht im Rahmen der kaufmännischen Ausbildung auch in den 1920er Jahren weitgehend vernachlässigt wurde, obwohl die Anforderungen der kaufmännischen Praxis ein hohes fremdsprachliches Niveau voraussetzten. Der Ausgang des Ersten Weltkriegs, Deutschlands international isolierte Position und die veränderten Bedingungen des deutschen Außenhandels schufen aber dennoch Möglichkeiten für eine Weiterentwicklung des fremdsprachlichen Unterrichts auf wissenschaftliches Niveau (vgl. 2.1.2.5). Dieses Ziel sollte durch eine Verbesserung von oben, d. h. durch eine auf die Bedürfnisse der kaufmännischen Praxis abgestimmten Handelssprachlehrerstudiums an Handelshochschulen, erfolgen, wobei die verschiedenen Entwürfe von Studiengängen auch weitere Zielgruppen, wie Kaufleute oder Dolmetscher, zuließen. Mit dem Entwurf eines Studiums fremder Sprachen im Rahmen des Handelshochschulstudiums befassten sich vor allem die Gründer der ersten beiden Dolmetscher-Institute in Deutschland, Charles Glauser und Alexander Snyckers (vgl. 2.6.6.1, 2.7.2.2.1).

Ihre Entwürfe gingen zwar jeweils von verschiedenen Ansätzen aus, in grundlegenden Punkten stimmten sie jedoch überein. Beispielsweise verfolgten beide das Ziel, durch das Studium fremder Sprachen Verständnis für die Kultur des fremden Landes zu vermitteln. In sprachlich-methodischer Hinsicht hingegen wichen die Schwerpunkte ihrer Curriculum-Entwürfe voneinander ab: Während Glauser die Verbindung des Studiums fremder Sprachen mit dem Studium der Muttersprache besonders gewichtete, legte Snyckers in erster Linie Wert auf die Behandlung der Fachsprache in der fremden Sprache.

Der Rahmen des Studiums fremder Sprachen wurde von beiden klar durch das kaufmännische Fachstudium an Handelshochschulen eingegrenzt, dessen Zwecken das Studium fremder Sprachen dienen sollte. Zur Umsetzung der curricularen Pläne bedurfte es infrastruktureller Verbesserungen an den Handelshochschulen, wo etwa spezielle Abteilungen und Lehrstühle für das Studium fremder Sprachen weitgehend fehlten. Nur auf diese Weise konnte der Versuch unternommen werden, den Stellenwert des Studiums fremder Sprachen an den Stellenwert des kaufmännischen Studiums an Handelshochschulen anzupassen, denn die Bedingungen – und somit auch die Qualität – des fremdsprachlichen Unterrichts im kaufmännischen Bildungswesen, aus dem sich das Studium fremder Sprachen an Handelshochschulen – und daraus wiederum die translatorische Ausbildung – entwickelten, waren ungünstig und verbesserungswürdig.

1367 Ibid, S. 92.

Auch die Terminologie verrät, dass sich der Übergang zum wissenschaftlichen Unterricht in fremden Sprachen an Handelshochschulen in Anlehnung an den bisherigen fremdsprachlichen Unterricht im kaufmännischen Bildungswesen vollzog. Die konsultierten Quellen belegen die für das Studium fremder Sprachen an Handelshochschulen verwendete terminologische Vielfalt von 1927 bis 1930 wie folgt und spiegeln dabei auch wider, dass sich die Disziplin in einer Orientierungsphase befand: Sprachforschung[1368], Sprachwissenschaft[1369], sprachwissenschaftlicher Unterricht[1370], Sprachstudium[1371], fachsprachlicher Unterricht[1372], fremdsprachlicher Unterricht[1373], sprachliche Berufsausbildung[1374]. Ergänzend sollen die Varianten aus dem Jahr 1921 hinzugefügt werden: fremdsprachliches Studium[1375], Studium der Fremdsprache[1376]. Einfluss auf die uneinheitliche Terminologie übte sicherlich auch die Tatsache aus, dass die einzelnen Handelshochschulen unabhängig voneinander operierten und ihre Curricula und die darin enthaltenen Fächer eine individuelle Ausprägung erlaubten.

Der auffallendste Wesenszug des fremdsprachlichen Unterrichts im kaufmännischen Bildungswesen war seine Ausrichtung auf die Praxis. Sämtliche Bausteine des fremdsprachlichen Unterrichts orientierten sich an den Anforderungen kaufmännischer Tätigkeiten. Sowohl mündliche als auch schriftliche Übungen zielten auf die praktische Anwendung der fremden Sprache in der kaufmännischen Berufswelt ab. Der fremdsprachliche Unterricht stellte somit eine erhöhte Schwierigkeit dar, denn das Unterrichtsziel beschränkte sich nicht nur auf die Aneignung theoretischen Wissensstoffs, sondern verlangte auch die praktische Beherrschung sprachlicher Fertigkeiten. Damit und auch mit der Ausrichtung auf die Gegenwartssprache profilierte sich der fremdsprachliche Unterricht auf allen Stufen des kaufmännischen Bildungswesens gegenüber dem fremdsprachlichen Unterricht an allgemeinbildenden Schulen und dem neuphilologischen Studium an Universitäten.

Der Praxisbezug bedingte die Fachgebundenheit des kaufmännischen Bildungswesens. Darin lag ein entscheidender, als vermeintlich unüberwindlich angesehener, Unterschied zum universitären fremdsprachlichen Unterricht. Die Fachgebundenheit brachte aber auch Vorteile bei der Stoffauswahl für den fremdsprachlichen Unterricht mit sich. Vor allem traf dies auf den kulturkundlichen Unterricht zu, der vom preußischen Unterrichtsministerium für den fremdsprachlichen Unterricht im allgemeinbildenden Schulwesen gefordert wurde. Die heftige Diskussion über die Integration der Kulturkunde im neusprachlichen Unterricht erreichte auch das

1368 Vgl. Snyckers (1927a: 39) und Snyckers (1927d: 92).
1369 Vgl. Snyckers (1927a: 40).
1370 Vgl. Glauser (1927: 3).
1371 Ibid, S. 5. Vgl. dazu auch Glauser (1930: 91).
1372 Vgl. Snyckers (1928e: 301).
1373 Ibid. Vgl. dazu auch Dietze (1928b: 196).
1374 Vgl. Glauser (1930: 90).
1375 Vgl. Glauser (1921: 145).
1376 Ibid, S. 146.

kaufmännische Bildungswesen, in dem kulturkundliche Züge von jeher im fremdsprachlichen Unterricht verankert waren. Die Beschränkung der Kulturkunde auf Gebiete, die für das kaufmännische Betätigungsfeld relevant waren, erleichterten zwar die Stoffauswahl, es ergab sich aber dennoch ein Abgrenzungsproblem hinsichtlich der Themengebiete, die der wirtschaftlichen Kulturkunde zuzuordnen waren, und der Themengebiete, die eher zum kaufmännischen Gebiet im engeren Sinne zählten. Eine Trennungslinie der curricularen Komponenten Sach- und Kulturkunde zeichnete sich somit kaum ab. Im fremdsprachlichen Unterricht sollten sich Sach- und Kulturkunde auf die Verhältnisse eines fremden Landes konzentrieren. Glauser und Snyckers setzten daher in ihren aufgezeigten Ausbildungskonzepten für die Aufnahme des Studiums fremder Sprachen an Handelshochschulen Kenntnisse im kaufmännischen Bereich über Deutschland voraus. Erst auf dieser Grundlage konnte ihnen zufolge durch den Vergleich der Verhältnisse Deutschlands mit denen eines anderen Landes eine fundierte Auseinandersetzung mit fremden Kulturen und ihren Sprachen stattfinden und ein Verständnis für kulturelle und wirtschaftliche Zusammenhänge fremder Länder erlangt werden.

Die Ausführungen zum fremdsprachlichen Unterricht im kaufmännischen Bildungswesen von 1920 bis 1930 zeigen, dass es trotz der Widerstände gegen den fremdsprachlichen Unterricht[1377] in Einzelbeispielen gelang, den fremdsprachlichen Unterricht im kaufmännischen Bildungswesen als wissenschaftliche Disziplin zu etablieren. Rückenwind kam vor allem von der wirtschaftlichen Situation Deutschlands nach dem Ersten Weltkrieg. Im internationalen Vergleich war dieser Schritt zu diesem Zeitpunkt einzigartig.

2.5.5 Zum Fremdsprachenunterricht im kaufmännischen Bildungswesen (1928–1938)

Die internationale Dimension des kaufmännischen Bildungswesens und der damit verbundene Austausch auf den *Internationalen Kongressen für das kaufmännische Bildungswesen* (im Folgenden: *Internationale Kongresse* (IK)) reicht bis ins 19. Jahrhundert zurück (vgl. 2.4.4). Nach dem Ersten Weltkrieg konnten die *Internationalen Kongresse* schon auf eine fast 40-jährige Tradition zurückblicken.

Im Folgenden werden die vier *Internationalen Kongresse*, die zwischen den beiden Weltkriegen abgehalten wurden, anhand der Kongressakten beleuchtet. Diese fanden 1929 in Amsterdam, 1932 in London, 1935 in Prag und 1938 in Berlin statt. Der Fokus liegt dabei auf Themen, die den fremdsprachlichen Unterricht im kaufmännischen Bildungswesen betreffen. Im genannten Zeitraum werden der

1377 Personen, die sich für die Anhebung des fremdsprachlichen Unterrichts im kaufmännischen Bildungswesen auf wissenschaftliches Niveau einsetzten, hatten meist mit inneren Widerständen aus den Reihen der Vertreter anderer Fachbereiche an Handelshochschulen und mit äußeren Widerständen, die beispielsweise aus philologischen Kreisen der Universität kamen, zu kämpfen. Ein bezeichnendes Beispiel dafür ist Ewald E. J. Messing an der Handelshochschule Rotterdam (vgl. 2.5.6.1.5). Vgl. dazu auch Dietze (1930).

Ist-Stand des Fremdsprachenunterrichts im kaufmännischen Bildungswesen, vor allem an Handelshochschulen, und die damit verbundenen Desiderata an ein fundiertes Sprachstudium an Handelshochschulen skizziert. Die Ausführungen stützen sich auf Vorträge von Einzelpersonen oder auf Rednerbeiträge im Rahmen von Diskussionsrunden auf den *Internationalen Kongressen.* Zur besseren Zuordnung der Rednerbeiträge werden die Redner im Zitat namentlich erwähnt.

Die folgenden Ausführungen sollen ein Fenster zu den genannten, im Verborgenen liegenden, Kongressen öffnen. Originalzitate dienen dazu, den Blick auf diese Thematik zu beleben. Anhand der relevanten Beiträge kann aufgezeigt werden, wie der Fremdsprachenunterricht im kaufmännischen Bildungswesen zwischen 1929 und 1935 zunehmend an Profil gewann, um dann auf dem IK 1938 völlig abzuflachen.

2.5.5.1 *Internationaler Kongress* in Amsterdam (1929)

Im Jahr 1929 fand der erste *Internationale Kongress für das kaufmännische Unterrichtswesen* nach dem Ersten Weltkrieg statt, 16 Jahre nach dem vorherigen *Internationalen Kongress*, der 1913 in Budapest abgehalten wurde[1378]. In den Diskussionen sind die Nachwirkungen des Ersten Weltkriegs deutlich wahrnehmbar. Der IK 1929 trug zu einer ersten Annäherung seit Kriegsende zwischen den Verantwortlichen im kaufmännischen Bildungswesen auf internationaler Ebene bei.

Einer der einleitenden Kongressvorträge, der auch in der Themengruppe zum fremdsprachlichen Unterricht als Aufhänger diente, war ein Beitrag des Betriebswirtschaftsprofessors Wilhelm Kalveram[1379], der ein facettenreiches Bild der weltweiten wirtschaftlichen Probleme der 1920er Jahre einerseits und der Erkenntnis einer notwendigen internationalen Zusammenarbeit zur Behebung der bestehenden Probleme und Befriedung der Welt andererseits zeichnete (vgl. 2.1.2.5).

1378 Vgl. IGFkB (1929a: 140), Szabo.

1379 Wilhelm Kalveram (1882–1951) war Wirtschaftswissenschaftler. Von 1902 an arbeitete er sich vom Volks- und Mittelschullehrer zum ordentlichen Hochschulprofessor 1924 an der Universität Frankfurt hoch. 1915 examinierte er sich zum Diplom-Handelslehrer. Im Ersten Weltkrieg war er Soldat. Danach nahm er sein Studium an der Universität Frankfurt wieder auf, wo er sich in Betriebswirtschaft 1919 promovierte und 1922 habilitierte. 1926 wurde er zum Direktor des Instituts für Wirtschaftswissenschaften an der Universität Frankfurt ernannt, wo er bis zu seinem Tod weitere Institutsleitungen übernahm. Kalveram vereinte in sich das Wissen und die Erfahrungen als akademischer Lehrer, als Praktiker und als Wissenschaftler und erwarb sich auch im Ausland einen hervorragenden Ruf mit seinen betriebswirtschaftlichen Forschungen und seiner pädagogischen Kompetenz. 1929 veröffentlichte Kalveram Lehrbücher zum betrieblichen Rechnungswesen. Trotz seiner Forschungstätigkeit verlor er nie den Bezug und Kontakt zur Praxis, aus der er Impulse für seine Lehr- und Forschungstätigkeit bekam (vgl. https://www.deutsche-biographie.de/sfz39657.html#ndbcontent).

Vor diesem Hintergrund ist die Diskussion über den fremdsprachlichen Unterricht im kaufmännischen Bildungswesen auf diesem IK zu sehen. Waren es doch die äußeren politischen und wirtschaftlichen Umstände, die ihr einen Impuls gaben, denn gerade Sprach- und Auslandskenntnisse schienen der Schlüssel zur wirtschaftlichen Problemlösung zu sein.

In seinem Vortrag *Die internationalen Verflechtungen der Wirtschaft und ihre Auswirkungen auf das kaufmännische Bildungswesen* skizziert Kalveram auch die wirtschaftlichen Entwicklungen seit dem 19. Jahrhundert und die damit einhergehenden zunehmenden internationalen Beziehungen auf staatlicher, gesellschaftlicher und wirtschaftlicher Ebene. Kalveram beklagt das wirtschaftliche Desaster, das der Erste Weltkrieg angerichtet hatte. In der Vergangenheit geknüpfte internationale Verbindungen wurden so zunichte gemacht (vgl. 2.1.2.4). Die gegenwärtige wirtschaftliche Abschottung der Länder durch protektionistische Schutzmaßnahmen hätten rückwärtsgewandte merkantilistische sowie imperialistische Wirtschaftspraktiken zur Folge, unter denen vor allem der Außenhandel litt.

Die völkertrennenden Hindernisse brachen aber auch der Erkenntnis Bahn, dass gerade internationale Beziehungen zwischen den Ländern zur Förderung ihrer eigenen wirtschaftlichen Interessen beitragen. Kalveram nennt etwa die Gründung des Völkerbundes im Jahre 1920 und die im Jahre 1927 einberufene Weltwirtschaftskonferenz in Genf. Bei letzterem Ereignis fanden sich unabhängige Fachleute aus Wirtschaft und Wirtschaftspolitik aus 47 Ländern zusammen, um die vorherrschenden internationalen wirtschaftlichen Probleme zu analysieren. Zwei, m. E. herausfordernde und divergierende, Grundauffassungen kristallisierten sich laut Kalveram dabei heraus: Zum einen das Festhalten am Nationalismus, um etwa länderspezifische Gewerbe zu erhalten, und zum anderen die Überzeugung, dass die einzelnen Länder wirtschaftlich voneinander abhängen und zusammenarbeiten müssen, wollten ihre Völker in Wohlstand leben. Lösungen der in der Welt bestehenden wirtschaftlichen Probleme konnten Kalveram zufolge zukünftig nur im Rahmen von internationalen Konferenzen gefunden werden, da sie internationales Denken und ein Bewusstsein für die Probleme anderer Länder förderten. Kalveram lobt die Weltwirtschaftskonferenz als beispielhaft und als eine »großzügige Werbeaktion für den Gedanken überstaatlicher Verständigung auf wirtschaftlichem Gebiete«[1380]. Zudem sei diese Konferenz bahnbrechend für die wirtschaftliche Befriedung der Welt gewesen. Nicht zuletzt markiere sie, Kalveram zufolge, den Beginn des Konferenzzeitalters. Wie Kalveram weiter ausführt, bestand unter den Weltwirtschaftskonferenzteilnehmern Einigkeit darüber, einen freien weltwirtschaftlichen Markt aufzubauen und nationale protektionistische Maßnahmen abzubauen, die den internationalen Warenverkehr hinderten.[1381]

1380 Kalveram (1929: 8).
1381 Ibid, S. 2–9.

Von diesem internationalen wirtschaftspolitischen Szenario leitet Kalveram Forderungen für das kaufmännische Bildungswesen ab und fordert dabei eine Überprüfung der bisherigen Bildungsziele:

> »Der Entwicklung der Bildung liegen nicht nur eigengesetzliche Prinzipien zugrunde; Bildungsziel, Bildungsinhalt und Bildungsorganisation werden in wesentlichem Ausmasse von Leben und Wirklichkeit beeinflusst.«[1382]

Kalveram betont, dass die bisherigen intellektuellen Bildungsziele etwa durch Gemüts- und Willensbildung ergänzt werden müssten, um auch zur Persönlichkeits- und Charakterbildung von angehenden Kaufleuten beizutragen. Er definiert dabei sechs neue Bildungsaufgaben des kaufmännischen Bildungswesens, die sich aus der wirtschaftlichen Situation der Nachkriegszeit ergeben und seiner Meinung nach vor allem in den höheren Schultypen Anpassungen der Lehrpläne erfordern. Fünf dieser Bildungsaufgaben beziehen sich auf die Ausgestaltung wirtschaftlicher Fächer, den Schwerpunkt im kaufmännischen Bildungswesen. Der letzte Punkt bezieht sich auf »die grosse Bedeutung vertiefter Sprachbildung«:

> »Das wichtigste Mittel zum Verständnis der Gesamtkultur und damit auch der wirtschaftlichen Eigenart eines Volkes bietet ein Eindringen in Form und Inhalt der Sprache. In kaufmännischen Bildungsanstalten ist der kaufmännische-wirtschaftliche Sprachschatz intensiver zu pflegen. Fremdsprachliche Bildung mit Betonung der wirtschaftssprachlichen Seite ist wesentlicher Bestandteil und bester Vermittler von Auslandserkenntnissen. (...) Der zukünftige Kaufmann und Wirtschaftsgestalter soll sein Handeln nicht nur auf Tradition aufbauen, sondern auch auf den durch die überstaatlichen Abhängigkeiten bedingten Erkenntnisgrundlagen volks- und betriebswirtschaftlicher Art, ergänzt durch warenkundlich-technische und geographisch-historische Elemente und gefördert durch gründlichere Sprachbildung.«[1383]

Wie diese gründliche Sprachbildung methodisch ausgestaltet werden soll, lässt Kalveram allerdings offen. Er nennt aber internationale Austauschmöglichkeiten für Handelslehrer, insbesondere Sprachlehrer, Studierende und Auszubildende.[1384]

In seinem Vortrag spricht Kalveram auch den allgemeinbildenden Wert des kaufmännischen Bildungswesens an und führt aus, dass sich gerade der wirtschaftliche Bildungsstoff für eine »geistig geschlossene Bildungsarbeit«[1385] eigne. In der Diskussion über den fremdsprachlichen Unterricht im kaufmännischen Bildungswesen wird dieser Aspekt m. E. besonders unterstrichen.

Kalveram leitet aus der wirtschaftlichen Lage der Nachkriegszeit neue und zudem gewaltige Bildungsziele im kaufmännischen Bildungswesen, speziell der Handelshochschulen, ab und sieht dabei besonders die angehenden Kaufleute in

1382 Ibid, S. 14.
1383 Ibid, S. 18–19.
1384 Ibid, S. 22.
1385 Ibid, S. 19.

der Verantwortung, durch ihre berufliche Tätigkeit zur Befriedung der Welt beizutragen.[1386]

In den Diskussionsrunden zum fremdsprachlichen Unterricht wurde auf Kalverams Vortrag und auf die darin geschilderte politische und wirtschaftliche Situation der Nachkriegszeit Bezug genommen. Die Diskussionen fanden zu folgenden drei Themen statt: *Die wichtigsten Ideen im Handelsunterricht in der Zeit nach dem Kriege*, *Zur Rationalisierung des Fremdsprachenunterrichts* sowie *Kaufmännischer Unterricht und die Fachpresse* (vgl. IGFkB (1929 a, b, c)).

Der erste Redner in der Themengruppe *Die wichtigsten Ideen im Handelsunterricht in der Zeit nach dem Kriege* war Prof. Erben aus der Tschechoslowakei. Der Redner bezieht sich zu Beginn seines Beitrags auf die Auswirkungen des Ersten Weltkriegs und die daraus resultierende notwendige Neuausrichtung des kaufmännischen Bildungswesens:

> »Aber erst als die harte Not an die Tür pochte, als die Beziehungen durch die Kriegswirtschaft zerstört waren und Schwierigkeiten durch Zollabsperrungen und Verbote entstanden waren, wurde dem Kaufman eine neue Rolle zugewiesen.«[1387]

Erben geht in diesem Zusammenhang auch auf die Auseinandersetzung zwischen Theoretikern und Praktikern ein. Vor dem Krieg habe es im kaufmännischen Bildungswesen, vor allem an Handelshochschulen, Abneigungen aus der Praxis gegenüber der Lern- und Lehrfreiheit gegeben. Fach- und »Menschheitsbildung« wurden somit nicht als Einheit angesehen[1388]. Dies habe sich seit Kriegsende positiv verändert:

> »Kein Praktiker (...) wagt es heute zu behaupten, dass die Theorie Nebensache, die Ausbildung durch die Praxis die Hauptsache sei. Umgekehrt wäre der Theoretiker heute undenkbar, der sich nicht in der Praxis einzufinden vermag.«[1389]

Erben weist in seinem Beitrag auch auf die von Staat zu Staat – auf die wirtschaftlichen Bedürfnisse ausgerichteten – unterschiedlichen kaufmännischen Schultypen hin, etwa in rechtlicher Form (öffentlich oder privat) oder in puncto Zulassungsbedingungen[1390]. Diese Unterschiede, so der Redner, rührten beispielsweise von der Eigenschaft der Gründer von Handels(hoch)schulen her, etwa Handelskammern, kaufmännische Vereine oder der Staat. Seit Kriegsende stehe aber nicht mehr im Vordergrund, welche Gründer die Ausbildungseinrichtungen errichteten. Vielmehr gehe es nun um die Frage der inhaltlichen Ausgestaltung der Curricula[1391]. Genau an diesem Punkt komme die Lehrerausbildung ins Spiel, an die hohe Anfor-

1386 Ibid, S. 24.
1387 IGFkB (1929a: 128–129), Erben.
1388 Ibid, S. 128.
1389 Ibid, S. 129.
1390 Ibid, S. 127–128 und 131.
1391 Ibid, S. 129.

derungen gestellt werden. Erben erläutert, dass in der Tschechoslowakei Sprachlehrer eine vierjährige Hochschulausbildung zu absolvieren haben und fordert, das Lehrpersonal auch in Pädagogik und Didaktik auszubilden, damit Kaufleute zukünftig »mit allen Mitteln des Geistes und der Technik ausgerüstet werden, damit sie die Idee der Weltwirtschaft erfassen«[1392].

Erbens Nachredner war Dr. Messing von der Handelshochschule Rotterdam und späterer Herausgeber des Sammelbandes *Zur Wirtschaftslinguistik* (vgl. 2.5.6.1). Messing war es ein Anliegen, den Beitrag seines Vorredners um einen wesentlichen Aspekt zu erweitern, nämlich dass die wirtschaftssprachliche Forschung gleichgestellt werde mit den übrigen wirtschaftswissenschaftlichen Forschungen an Handelshochschulen. Messing erwähnt anerkennend, dass in dieser Richtung bereits Fortschritte gemacht worden sind, etwa mit der Einrichtung zweier Sprachlehrstühle an der Handelshochschule Leipzig. Auch an der Frankfurter Universität, in die die Handelshochschule Frankfurt eingegliedert wurde[1393], werde über die Schaffung von »Lehrstühlen für Wirtschaftslinguistik« diskutiert[1394].

Messing deutet in seinem Beitrag die Crux des fremdsprachlichen Unterrichts im kaufmännischen Bildungswesen an, die nicht nur auf zu hohe Forderungen aus der Praxis zurückzuführen sei, sondern auch auf mangelnder Einsicht von Praxisvertretern basiere, dass eine fundierte Sprachbeherrschung ein entsprechendes fundiertes Sprachstudium voraussetze:

> »Wer beobachten kann, dass das Sprachstudium der lebenden gesprochenen und geschriebenen Sprache einerseits hinführt zu wertvollen wissenschaftlichen Erkenntnissen auf psychologischem, wirtschaftlichem, sozialem und ethischem Gebiet, andererseits aber auch zu sofort realisierbarem praktischen Können, – welches bisher immer in den Vordergrund gerückt wurde mit Folgerungen, die für das Sprachstudium direkt verhängnisvoll geworden sind – wird diese doppelte Funktion für die wissenschaftliche und praktische Ausbildung der künftigen Wirtschaftsführer gewiss (...) hoch einschätzen (...).«[1395]

Messing schildert im Weiteren Entwicklungen in der Sprachlehrerausbildung in den Niederlanden, wo es seit 1926 offiziell anerkannt werde, dass ein »Lehrer der Wirtschaftssprache neben der allgemeinen auch die Wirtschaftskultur des von ihm studierten Sprachgebietes sachlich und sprachlich beherrschen muss«. Dabei lamentiert Messing aber, dass ein entsprechender Kompetenznachweis noch nicht obligatorisch sei, was eine »Enttäuschung für die neue Kategorie von Wirtschaftssprachlehrern« sei.[1396] Damit verweist Messing explizit darauf, dass es für

1392 Ibid, S. 131.
1393 Die Handelshochschule Frankfurt wurde bereits 1914 als erste in Deutschland in eine Universität eingegliedert (vgl. https://www.wiwi.uni-frankfurt.de und Tab. 7).
1394 Vgl. IGFkB (1929a: 131–132), Messing.
1395 Ibid, S. 132.
1396 Ibid.

Handelssprachlehrer noch keine anerkannte Ausbildung gab, ähnlich wie für den entstehenden Beruf des Dolmetschers (vgl. 2.3).

Im Weiteren stellt Messing das in diesem Zusammenhang stehende unermüdliche Engagement verschiedener Personen und Stellen in den Niederlanden heraus, etwa eigens zu diesem Zweck gegründeter Vereine, die sich an verschiedene Behörden und an die Fachpresse mit der Bitte um Unterstützung wandten. Erfreut schließt er seinen Beitrag mit der Feststellung, dass die ins Leben gerufene Bewegung zur Hebung des fremdsprachlichen Unterrichts im kaufmännischen Bildungswesen auf Hochschulniveau voranschreite.

In der Themengruppe *Zur Rationalisierung des Fremdsprachenunterrichts* wird der dringende Bedarf an Handelssprachlehrern, der einem Mangel an entsprechenden Ausbildungsmöglichkeiten gegenüberstand, festgestellt. Die Diskussion fußt auf dem von Dr. Lätt aus Zürich gehaltenen Referat. Dieser erläutert, dass die Rolle des Fremdsprachenunterrichts im kaufmännischen Bildungswesen auf dem IK zwar als wichtig anerkannt, aber auch kritisiert werde.

Besonders die Frage nach der wirtschaftlichen Kompetenz der Sprachlehrer werde lebhaft diskutiert und festgestellt, dass zur Erfüllung der Ansprüche der Praxis die Inhalte der Sprachlehrerausbildung entsprechend angepasst werden müssten.[1397] Der Referent betont in diesem Zusammenhang, dass sich der fremdsprachliche Unterricht stets an der Praxis zu orientieren habe und somit an der praktischen Sprachbeherrschung. Zur Förderung des aktiven Sprachgebrauchs empfiehlt Lätt, Studien und Praxiserfahrungen im Ausland, um in die fremde Kultur einzudringen. Abschließend appelliert er an die Kongressteilnehmer, die große Bedeutung des Sprachunterrichts im kaufmännischen Bildungswesen in ihren Ländern entsprechend zu würdigen.[1398]

Ein Redner aus Deutschland (von Gliszczynski) untermauert Kalverams Bildungsforderungen und Messings Kritik an veralteten Lehrmethoden im Fremdsprachenunterricht mit Ergebnissen aus Fachdiskussionen am Rande des Kongresses, die zeigen, dass der Bedarf an »wirklichen Sprachbeherrschern« in Anbetracht der zunehmenden Internationalität der Wirtschaft und der Kultur insgesamt extrem dringend sei.

Der Redner fordert, dass nur Lehrer zum Lehramt zugelassen werden, die eine Fremdsprache beherrschen. Als Voraussetzung dafür erachtet der Redner ein längeres Studium im Ausland während der Ausbildung. Zudem weist er auf die Notwendigkeit hin, dass auch der Sprachlehrer im Amt regelmäßige Aufenthalte im Sprachgebiet seines Lehrfaches absolvieren sollte, um seine Sprachkenntnisse permanent zu vertiefen. In diesem Zusammenhang schlägt der Redner die Reaktivierung einer internationalen Lehreraustauschbörse vor und ermuntert auch

1397 Vgl. IGFkB (1929b: 215), Lätt.
1398 Ibid, S. 218–219.

dazu, wissenschaftliche Literatur zur Didaktik des fremdsprachlichen Unterrichts zu schaffen, da auf diesem Gebiet eine große Lücke klaffe.[1399]

Der Redner spricht in seinem Beitrag auch ein Problem an, das m.E. dem Ansehen des fremdsprachlichen Unterrichts im kaufmännischen Bildungswesen schadete, denn immer wieder kam es vor, dass Nichtsprachlehrer Sprachunterricht erteilten. Daher sollte zukünftig eine Spezialisierung auf den Beruf des Sprachlehrers möglich sein. In diesem Zusammenhang regt der Redner die Gründung einer Bibliothek mit fremdsprachlicher Literatur an, damit sich Sprachlehrer ständig weiterbilden könnten.

Bezüglich der Eignung der Schüler empfiehlt der Redner eine entsprechende Prüfung, »da es sich darum handelt, die Volkswirtschaft mit wirklichen Könnern zu versehen und solche Schüler herauszufinden, bei denen sich Förderkurs und internationaler Austausch lohnen«[1400]. Zudem empfiehlt er die Schaffung eines internationalen Schüleraustauschprogramms.

Abschließend ruft der Redner zur Gründung einer Arbeitsgruppe unter den Kongressteilnehmern auf, die sich mit der Linguistik, der linguistischen Psychologie und der Didaktik des Fremdsprachenunterrichts befassen sollte. Eines der Ziele dieser Gruppe sollte die Gründung eines internationalen wissenschaftlichen »Instituts für Lehre und Lernen der Fremdsprachen« sein[1401].

Ein weiterer Diskussionsteilnehmer, (Klaver) aus den Niederlanden, brach eine Lanze für die Einbeziehung der Literatur in den fremdsprachlichen Unterricht im Rahmen der Handelshochschulen[1402] und bemängelte, dass der Referent, Dr. Lätt, in seinem Vortrag diese Facette des Fremdsprachenunterrichts übergangen habe. Literatur werde im kaufmännischen Bildungswesen häufig nicht berücksichtigt, obwohl sie zur Allgemeinbildung der Studierenden beitrage. Die Kaufleute der Zukunft, vor allem wenn sie an Handelshochschulen studierten, sollten nicht nur auf ihre kaufmännische Arbeit vorbereitet, sondern auch mit moralischen Werten und einem Sinn für Schönheit ausgestattet werden. Bedauerlicherweise, so der Redner, existierten im kaufmännischen Bildungswesen keine entsprechenden Unterrichtseinheiten. Defizite im fachlichen Wissen könnten dem Redner zufolge in der Berufspraxis relativ zügig behoben werden, nicht aber Lücken in der Allgemeinbildung. Die Studierenden sollten dahin gebracht werden, dass sie ein Buch oder eine Zeitschrift zur Hand nehmen, um ihre Fremdsprachenkenntnisse zu erweitern. Der Redner schlägt daher eine Anpassung der Curricula zugunsten der Literatur vor.[1403]

1399 Vgl. IGFkB (1929b: 221–222), Gliszczynski.

1400 Ibid, S. 223.

1401 Ibid, S. 224.

1402 Der Redner spricht von einer 5-jährigen Ausbildung an *Literary Economic Schools* in den Niederlanden. Dies entsprach vermutlich einem Studium an deutschen Handelshochschulen, denn er bezieht sich auf die Ausbildung von zukünftigen Wirtschaftsführern.

1403 Vgl. IGFkB (1929b: 225–226), Klaver.

Messing thematisiert in einem weiteren Rednerbeitrag die fehlenden Möglichkeiten der Ausbildung von Handelssprachlehrern, die eine Voraussetzung für den Lernerfolg von Schülern und Studierenden seien. Zur Betonung der weitreichenden Aufgaben eines Handelssprachlehrers zitiert Messing aus Lätts Referat:

> »(…) Als ein Mittler zwischen heimatlichem und fremdem Wesen ist er [der Sprachlehrer] zudem ein Faktor geistigen Austausches, ein Makler verschiedener Kulturgüter höchster Art, ein Arbeiter im Weinberge der Völkerverständigung und des Friedens, ein Pionier einer besseren Zukunft und rationeller Lebensgestaltung.«[1404]

Messing lamentiert aber, dass es für Handelssprachlehrer trotz ihrer anspruchsvollen und umfassenden – auf das Wirtschaftsfach spezialisierten – Aufgaben keine entsprechenden Ausbildungsmöglichkeiten gibt, die auf diese Spezialisierung vorbereiten. Neuphilologen, deren Ausbildung gegenwärtig ausschließlich im Rahmen eines Universitätsstudiums möglich sei, könnten für die Aufgaben der Wirtschaftssprache keine akademische Qualifikation erlangen:

> »Es fehlt dem heutigen Neuphilologen die auf gesichertem Wissen beruhende Fähigkeit, gleichzeitig mit dem gemeinsprachlichen Bildungsgut (Wort und Sache) auch den wirtschaftssprachlichen Bildungsschatz zum Eigentum des Schülers zu machen. Diese Fähigkeit, das wirtschaftssprachliche Denken aus dem gemeinsprachlichen Denken abzuleiten (oder umgekehrt) ist erstes Bedürfnis des Handelsschul-Sprachlehrers. (…)«[1405]

Messing führt weiter aus, dass Sprache einem ständigen Wandel unterliege und sprachliche Neuschöpfungen von allen Bevölkerungsgruppen, auch etwa von der kaufmännischen Berufsgruppe, gebildet werden. Er verweist damit auf die kaum noch zu überblickende und stets zunehmende Literatur im wirtschaftlichen Bereich und sieht darin ein besonderes Aufgabengebiet für den auf diesem Gebiet spezialisierten Neuphilologen:

> »Diese wichtige Erkenntnis stellt die grössten Anforderungen an den Wirtschaftslinguisten von morgen! Nicht nur die bisherige traditionelle ›literarische‹ Kultur muss er sich zu eigen machen, sondern auch die Wirtschaftskultur, von der die traditionelle Sprachwissenschaft ängstlich zurückschreckt, zurückschrecken muss, da ihr die umfangreiche Literatur des Wirtschaftslebens ein mit sieben Siegeln verschlossenes Buch ist.«[1406]

Zum Leidwesen des kaufmännischen Bildungswesens, so Messing, würden die an der Universität ausgebildeten Philologen dem neuen Fachbereich keine Anerkennung entgegenbringen und zudem die »ökonomische Literatur« und die damit in Verbindung stehende Forschung »ökonomischer Linguistik« ignorieren. Messing sieht darin ein Problem für den wirtschaftssprachlichen Unterricht im kaufmän-

1404 IGFkB (1929b: 227), Messing.
1405 Ibid.
1406 Ibid.

nischen Bildungswesen, der ohne entsprechende Ausbildung von Handelssprachlehrern zum Scheitern verurteilt sei. Messing verlangt daher, dass »der wirklich voll ausgebildete Linguist die kaufmännisch-wirtschaftlichen Funktionen und Bedeutungen der von ihm studierten Sprache kennt«.[1407]

Zur Untermauerung seiner Argumentation nennt Messing Beispiele zur Wirtschaftsterminologie und hebt nachdrücklich hervor, dass nur derjenige Kaufmann wirtschaftlichen Erfolg haben wird, der sowohl wirtschaftlich als auch wirtschaftssprachlich versiert sei.

Offen lässt Messing allerdings, in welchem Rahmen Wirtschaftslinguisten ausgebildet werden sollen. Messing zufolge könnte die Ausbildung sowohl von Universitäten als auch von Wirtschafts-Hochschulen übernommen werden. Die beste Lösung liege Messing zufolge allerdings in »einer Kombination der literarischen mit [der] ökonomischen Fakultät«, die er aber nicht näher spezifiziert.[1408] In Anbetracht der weltweiten wirtschaftlichen desolaten Situation schien gerade das institutionelle Problem in den einzelnen Mitgliedsländern – zumindest flächendeckend – unlösbar[1409].

Auf dem IK wurde auch das Thema *Kaufmännisches Bildungswesen und Fachpresse* erörtert. Ein Referent aus Ungarn, Dr. Szabo, berichtet, dass es bereits vor dem Ersten Weltkrieg Initiativen gab, die Fachpresse in den kaufmännischen Unterricht einzubeziehen. Da die Fachpresse gegenüber Schulbüchern an Aktualität nicht zu überbieten sei, was etwa Börsenberichte und betriebliche Innovationen anbelange, fordert der Referent, dass der Unterricht im kaufmännischen Bildungswesen durch Fachpresseerzeugnisse ergänzt werde, da solche ein hervorragendes Hilfsmittel im kaufmännischen Unterricht darstellen. Dies werde auch durch die von ihm durchgeführte Umfrage zu diesem Thema in 15 Ländern in Europa und Übersee bestätigt.

Eine der wenigen Teilnehmerinnen des IK, Freiin von Roessing, tätig an einer Berliner Handelsschule berichtet, dass an ihrer Schule im Fremdsprachenunterricht Presseerzeugnisse verwendet werden. Sie eigneten sich auch dazu, um »die Jugend der verschiedenen Länder einander näher [zu] führen«. Die Teilnehmerin regt an, in der nächsten Ausgabe der *Internationalen Zeitschrift für das kaufmännische Bildungswesen* eine Liste geeigneter Fachzeitschriften für Englisch, Französisch und Deutsch zu veröffentlichen.[1410]

2.5.5.2 *Internationaler Kongress* in London (1932)

Drei Jahre nach dem *Internationalen Kongress* in Amsterdam begegneten sich Verantwortliche im kaufmännischen Bildungswesen auf dem IK in London, um auch über Probleme und richtungsweisende Lösungen im fremdsprachlichen Unter-

1407 Ibid, S. 228.
1408 Ibid, S. 230.
1409 Vgl. IGFkB (1929b: 235), Lätt.
1410 Vgl. IGFkB (1929c: 140–141), Szabo und (1929c: 225), von Roessing.

richt, als Teil des kaufmännischen Bildungswesens, zu diskutieren. Themen, die im Plenum besprochen wurden, waren etwa *Der fremdsprachliche Unterricht – Umfang, Methode und Wichtigkeit* und *Durch welche Mittel kann das Verständnis für fremde Länder und Völker geweckt und gefördert werden*. Ähnlich wie schon auf dem IK in Amsterdam fanden die Kongressverhandlungen des IK in London 1932 vor dem Hintergrund der desolaten internationalen Wirtschaftslage statt, für die Lösungen gefunden werden mussten (vgl. 2.1.2.5).

Der Redner, Dr. Collings aus den USA, schildert in seinem Beitrag die Aufgaben im kaufmännischen Bildungswesen, die sich angesichts der internationalen wirtschaftlichen Situation stellten. Dabei wird deutlich, dass dem Nachwuchs in der Handelsbranche große Bedeutung zukam, die Verhältnisse in der Welt zum Besseren zu wenden. Collings konstatiert, dass in Anbetracht der weltweiten wirtschaftlichen Situation die Notwendigkeit bestehe, »eine neue Technik der Weltangelegenheiten« zu entwickeln, um zukünftig eine nachhaltige Basis für internationale Eintracht zu schaffen, die er als Voraussetzung für den florierenden Handel erachtet. Diese neue »Welthaltung« müsse auf der Einsicht basieren, dass das Wohl eines Landes am besten gedeihe, wenn es das Wohl anderer Länder fördere. Die überkommenen Vorstellungen müssten daher allgemein überwunden werden, wobei vor allem von einer neuen Generation an aufgeschlossenen Kaufleuten erwartet wurde, diese neue Gesinnung vorzuleben:

> »Wir müssen jetzt unsere Ansichten über unsere Nachbarn im Auslande aus dem Mittelalter herausnehmen und uns neue den Handelsbedingungen im zwanzigsten Jahrhundert angepasste Ansichten aneignen. In dieser Lage ist der Handelsstudent die Hoffnung der Welt.«[1411]

Der Referent betont, dass eine neue »Welthaltung« nur durch ein Umdenken herbeigeführt werden könne. Dies sei unbedingt notwendig, da das derzeitige internationale Miteinander auf wirtschaftlichen Fehlinformationen beruhe und somit zu einer feindseligen Haltung gegenüber dem Ausland beitrage. Dieser Missstand könne etwa durch ein Studium der ausländischen wirtschaftlichen Verhältnisse und der »Volkspsychologie« beseitigt werden. Durch Letzteres sollten die Handlungen und Ziele anderer Völker besser verstanden werden. Collings erwähnt in dieser Hinsicht auch die Nützlichkeit von Austauscheinrichtungen für Lehrer und Studierende, die vor allem auf der höheren Stufe des kaufmännischen Bildungswesens fester Bestandteil sein sollten, da sie sich besonders dazu eigneten, einen Zugang »zum Verständnis der Lebensverhältnisse in fremden Ländern« zu bekommen. Der *Internationale Kongress* sollte dem Redner zufolge einen Beitrag dazu leisten, einen Idealzustand internationaler Beziehungen zu erreichen, der zu internationalem Wohlstand führt.[1412]

1411 Collings (1932: 6).
1412 Ibid, S. 6–7.

Auch in der Plenumssitzung am 25.07.1932 mit dem Thema *Durch welche Mittel kann das Verständnis für fremde Länder und Völker geweckt und gefördert werden* wurde die gegenwärtige weltweite Situation thematisiert und mögliche Wege aus der Krise durch eine entsprechende Anpassung im kaufmännischen Bildungswesen aufgezeigt.

Einer der Redner war Wilhelm Kalveram, der auf dem *Internationalen Kongress* 1929 die Situation im kaufmännischen Bildungswesen nach dem Ersten Weltkrieg ausführlich schilderte und Wege in die Zukunft wies (vgl. 2.5.5.1).

Zu Beginn seines Beitrags stellt Kalveram fest, dass in den vergangenen drei Jahren kein tiefgreifendes wirtschaftliches Umdenken der Länder stattgefunden habe. Eher sei das Gegenteil eingetreten. Kalveram führt dies wie folgt aus:

> »Die Mauern sind höher geworden und die autarktischen (sic!) Bestrebungen führen vom einen Lande zum anderen hin. Autarkie führt grundsätzlich zur Verarmung und muss ein Land zur Verelendung und zu einer teiferen (sic!) Kulturstufe zurückführen. Diese Bestrebung erwächst aus einem verrufenen Egoismus und wird eines Tages zu einem fürchterlichen Erwachen führen. Der Weg, der wieder in eine bessere Zukunft führen wird, ist, sich gegenseitig besser kennen zu lernen.«[1413]

Kalveram betont in diesem Zusammenhang, die Nützlichkeit von profunden Kenntnissen über das Ausland und warnt dabei vor Halbwissen über andere Länder, das in den vergangenen Jahren in der Literatur im Überfluss produziert wurde und kontraproduktiv für eine bessere Völkerverständigung sei:

> »Wir müssen tief eindringen in das Wesen anderer Völker, wir müssen sie nicht in Feiertagskleidern sehen, sondern im Alltagsrock.«[1414]

Zweifelsohne sei eine Spezialisierung bei der Sammlung von Daten über andere Länder notwendig, wobei nicht nur eine Spezialisierung auf bestimmte Länder empfehlenswert sei, sondern auch auf bestimmte Bereiche des jeweiligen Landes. Kalveram nennt als richtungsweisende Initiative, die Einrichtung von verschiedenen Länderabteilungen an der Universität Frankfurt[1415], deren Aufgabe es sei, Auslandskenntnisse zu erforschen. Besonders für den Kaufmann, dessen Tätigkeitsgebiet auch jenseits der eigenen Ländergrenzen liege, sei solches Wissen, das »unsere Gedanken auf andre Völker lenken« wird, nicht nur nützlich, sondern auch friedenstiftend. Abschließend mahnt Kalveram erneut vor Autarkiebestrebungen, da sie das Gegenteil von der beabsichtigten Wirkung erreichten: Das eigene Land würde dadurch nicht geschützt, sondern zu Schaden kommen.[1416]

1413 IGFkB (1932: 715), Kalveram.

1414 Ibid.

1415 Die Handelshochschule Frankfurt wurde 1914 in die neu gegründete Universität Frankfurt als Wirtschafts-und Sozialwissenschaftliche Fakultät eingegliedert (vgl. Tab. 7).

1416 Vgl. IGFkB (1932: 716), Kalveram.

Der Ehrenpräsident der *Internationalen Gesellschaft zur Förderung des kaufmännischen Bildungswesens*, Dr. Junod aus der Schweiz, unterstreicht in seinem Beitrag die Wichtigkeit von Auslandskenntnissen für den kaufmännischen Beruf. Das beste Mittel, das dazu beitrage, dass sich junge Kaufleute für das Ausland interessieren, seien Studienreisen oder ein längerer Aufenthalt im Ausland. Nur so könnten sie ihre Sprach- und Landeskenntnisse vertiefen. Junod stellt vor allem Weiterbildungsmaßnahmen für die in der Praxis tätigen Kaufleute in den Fokus seiner Ausführungen. Er erinnert dabei lobend an die *Internationalen Sprach- und Wirtschaftskurse*, die 1907 ins Leben gerufen, durch den Ersten Weltkrieg jäh unterbrochen und seit 1927 wieder aufgenommen wurden (vgl. 2.4.4.2). Junod versichert, dass sowohl Vertreter aus Praxis und Lehre viel von den ISW halten, denn diese Einrichtung erweise einen unschätzbaren Dienst.

In diesem Zusammenhang wünscht sich der Referent, dass die Kongressteilnehmer nach Beratungen zu diesem Thema eine Resolution verabschieden, die vorsieht, dass Weiterbildungsmöglichkeiten für junge Kaufleute eingerichtet werden, die ihnen nach der Schul- und Studienzeit Auslandspraktika und Sprachstudien im Ausland ermöglichen, damit sie zu »Weltbürgern«[1417] werden, die sich der Tragweite ihrer Rolle im internationalen Handel bewusst sind. Der Autor weist in seinem Beitrag aber auch darauf hin, dass die gewünschten Einrichtungen nicht erreichbar sind, solange sich die Länder gegeneinander abschotten. [1418]

In Anbetracht der gegenwärtigen internationalen wirtschaftlichen und politischen Situation greift auch ein Redner aus Österreich, Ministerialrat Ottel, diesen Gedanken auf und warnt, den Studierenden nicht zu viel zu versprechen, um sie nicht zu demotivieren. Ottel sieht zwei Möglichkeiten für den Erwerb von Auslandskenntnissen, zum einen den (Hoch-)Schulunterricht und zum anderen internationale Austauschmöglichkeiten. Letztere seien aufgrund der vorherrschenden Situation weltweit aber nicht durchführbar. Was den (Hoch-)Schulunterricht anbelange, so setzt Ottel auf die Fächer Geschichte und Geographie sowie auf den Fremdsprachenunterricht, der sich aber nicht nur auf die Vermittlung von Sprachkenntnissen beschränken, sondern auch landeskundliche Inhalte thematisieren solle. Ein solcher Unterricht solle sich mit »kulturellen und sonstigen Verhältnissen des fremden Landes befassen und die Schüler einführen in das Denken, in den Geist des betreffenden Volkes«. Ottel stellt ein weiteres im kaufmännischen Bildungswesen in Österreich übliches Fach zur Vermittlung von landeskundlichen Kenntnissen vor: Unterrichtseinheiten wie »internationale Handelskunde oder kaufmännische Verkehrslehre« machten den Schüler vertraut »mit den Einrichtungen des wirt-

1417 IGFkB (1932: 710), Junod. Im französischen Originaltext heißt es: »des citoyens du monde«. An einer anderen Stelle seines Rednerbeitrags (S. 711) führt der Autor aus: »(...) il aura aidé à la formation du jeune commerçant non seulement à l'école, mais encore quand il est sorti de l'école pour en faire dans le sens le plus large du mot un citoyen du monde«.

1418 Ibid, S. 708–711.

schaftlichen Verkehrs, Märkten, Auktionen, handels- und wechselrechtlichen Bestimmungen, Tarifen, Usanzen des Exportes und Importes u. s. w.«[1419]

Messing schließt mit seinem Beitrag die Plenumsdiskussion. Zufrieden stellt er fest, dass die Diskussion über die Vermittlung von Auslandskenntnissen trotz des schwierigen politischen Szenarios sachlich geführt wurde. Objektiv, also wissenschaftlich, sollte auch das Auslandskundestudium erfolgen.

Messing spricht in diesem Zusammenhang von drei verschiedenen Interessen an der Auslandskunde: individuell, national und international. Das individuelle Interesse entspreche dem beruflichen Interesse des Studierenden, das auf die Wirtschaft fokussiert ist. Mit dem nationalen Interesse verbindet Messing die Notwenigkeit, das Ausland über die »eignen nationalen kulturellen Leistungen auf wirtschaftlichem Gebiete« zu informieren. Das internationale Interesse erfordere, dass die Errungenschaften eines Landes »durch wissenschaftliche Studien verbreitet werden über die Welt, bezw. über einen großen Kreis derselben, mit dem man einen internationalen Verkehr unterhält«.

Weiter führt Messing aus, dass ein solches Studium in einem zentralen Institut zu erfolgen habe (vgl. 2.2, 2.4.5). Er weist auf ein bereits bestehendes Beispiel an der Handelshochschule Berlin hin, wo ein »Institut für auslandskundliche Studien« eingerichtet wurde, um dort »nationalwissenschaftliche Forschung« zu betreiben[1420]. Messing erläutert, dass in den Niederlanden eine zentrale Stelle für auslandskundliche Studien im Aufbau sei, aus der sich eine auslandskundliche Hochschule, also eine Hochschule für angewandte Wissenschaften, bilden soll.[1421]

2.5.5.3 *Internationaler Kongress* in Prag (1935)

1935 fand der *Internationale Kongress* in Prag statt. Zum fremdsprachlichen Unterricht gab es Beiträge zu diversen methodischen, didaktischen und institutionellen Themen. Ein den Fremdsprachenunterricht bestimmendes Thema war, wie bereits auf dem *Internationalen Kongress* 1929 in Amsterdam, die Ausbildung von Handelssprachlehrern, die noch immer ungelöst war.

1419 Vgl. IGFkB (1932: 716), Ottel.

1420 Vgl. 2.4.5, 2.2.3 zur Diskussion in den Jahren 1914–1916 über die Umgestaltung der Handels-Hochschule Berlin zur Auslandshochschule. Dieser Vorschlag von Eltzbacher wurde von Verantwortlichen der Handelshochschule Berlin abgelehnt. Das von Messing erwähnte Institut an der Handelshochschule Berlin war vermutlich eine Kompromisslösung, die in diesem Zusammenhang von den Verantwortlichen der Handelshochschule Berlin in Anbetracht der außenpolitischen Lage nach dem Ersten Weltkrieg gefunden wurde. Es könnte sein, dass dieses Institut unter der Mitwirkung von Anton Palme, Dozent an der Handelshochschule Berlin und am SOS, gegründet wurde (vgl. 2.2.3.13.1). Ein Blick in die Archivunterlagen könnte zur Aufklärung beitragen. Im Rahmen der vorliegenden Arbeit bleiben diesbezügliche Informationen im Verborgenen.

1421 Vgl. IGFkB (1932: 717), Messing.

Prof. Čada von der Handelshochschule Prag behandelt dieses »äusserst heikle« Problem in seinem Beitrag in deutscher Sprache mit dem in den Kongressakten angeführten französischen Titel *Formation, dans les écoles des hautes études commerciales, des philologues modernes candidats au professorat dans les écoles de commerce.* Das Aufgabengebiet »jener Philologen, die an Handelslehranstalten die Sprachen und deren Handelskorrespondenz« unterrichten, teilt der Referent in zwei Bereiche: Zum einen sollte der Handelssprachlehrer, wie Sprachlehrer an allgemeinbildenden Schulen, »die Sprache theoretisch und praktisch« beherrschen. Zum anderen sollte der Handelssprachlehrer neben allgemeinsprachlichen Kenntnissen auch »Sonderkenntnisse aufweisen, die ihn zum Unterricht der Fremdsprache und deren Handelskorrespondenz befähigen«. Čada führt weiter aus, dass »die Handelskorrespondenz im Inhalte und in der Ausdrucksweise das ganze Wirtschaftsleben umfasst«, daher sei es eine Voraussetzung, dass der Handelssprachlehrer »das ganze wirtschaftliche Kulturleben jener Nation kennt, deren Sprache im allgemeinen, und deren Wirtschaftssprache im besonderen er unterrichtet«. In seinen weiteren Ausführungen nimmt Čada die Entwicklungen der Handelssprachlehrerausbildung der vergangenen Jahre unter die Lupe und weist darauf hin, dass sich in allen Ländern bei der Lösung dieses Problems Schwierigkeiten ergeben und allenfalls Teilfortschritte erreicht worden sind. Insgesamt sei das Problem aber in keinem Land befriedigend gelöst worden. Im Weiteren bezieht sich der Referent insbesondere auf die Handelssprachlehrerausbildung in der Tschechoslowakei und in Österreich, was an dieser Stelle nicht vertieft wird.[1422]

Von Interesse sind jedoch seine allgemeinen Erläuterungen zum Fach Handelskorrespondenz, das eines der Hauptarbeitsgebiete von Handelssprachlehrern war. Čada fasst das Fach inhaltlich wie folgt zusammen:

> »Es ist nun ohne weiteres einleuchtend, dass die blosse Kenntnis der Handelskorrespondenz-Schablonen für einen Handelslehrer-Philologen völlig unzureichend ist: es wird sonach tatsächlich unter ›Handelskorrespondenz‹ die Kulturkunde des Auslandes – die Auslandskunde – und die Wirtschaftslinguistik verstanden.«[1423]

Aus diesem Grund, so Čada, sollten in der Handelssprachlehrerausbildung die Komponenten Auslandskunde und Wirtschaftslinguistik integriert sein. Andernfalls könnten die zukünftigen Handelssprachlehrer ihre Aufgaben nicht ordentlich erfüllen. Čada fordert, dass die im kaufmännischen Bildungswesen tätigen Sprachlehrer zukünftig an Handelshochschulen ausgebildet werden. Zum damaligen Zeitpunkt blieb die Frage unbeantwortet, ob die Handelssprachlehrerausbildung komplett oder nur zum Teil von den Handelshochschulen übernommen werden sollte. Sachliche Gründe sprachen für die gesamte Handelssprachlehrerausbildung im Rahmen der Handelshochschule, aber aus finanziellen Gründen der Staaten war eine Kombination aus Universität und Handelshochschule wahrscheinlicher. Čada umreißt die optimale Lösung für die Handelslehrerausbildung wie folgt:

1422 Vgl. Čada (1935: 442–443).
1423 Ibid, S. 444.

> »Eine wahre, logisch in sich abgeschlossene, *organische* Lösung des Problems kann nur in der Weise erfolgen, dass der *ganze* Lehrgang der Handelslehrer-Philologen sich im Rahmen der Handelshochschule abspielt; hier ist das Milieu gegeben, in welchem der Handelslehrer Philologe seine allgemeinen und seine Spezialkenntnisse am zweckmässigsten erwirbt; nur an der Handelshochschule sind die Voraussetzungen dafür gegeben, dass der künftige Lehrer nicht nur die theoretischen und praktischen Kenntnisse der Allgemeinsprache erwirbt, sondern auch jenen Abschnitt des Kulturlebens seiner Nation bezw. der Fremdnation in sich aufnimmt, der ihn befähigt, diese Fachsprache zu sprechen und zu unterrichten, denn ›soweit man ein Kulturgebiet beherrscht, spricht man auch die zugehörige Sprache und umgekehrt‹.«[1424]

Ein weiterer Punkt spricht laut Čada für die Durchführung der kompletten Handelssprachlehrerausbildung an Handelshochschulen: Auslandsaufenthalte, die im kaufmännischen Bildungswesen im Gegensatz zur Universität, Tradition hatten. Čada erwähnt auch, dass die gegenwärtige Weltlage einen internationalen Austausch erschwere und betont, die Rolle der Handelshochschulen in puncto Weiterbildungsangebote, die ein wichtiges Aufgabengebiet der Handelshochschulen darstellen. Insbesondere bezieht sich Čada damit m.E. auf die *Internationalen Sprach- und Wirtschaftskurse* (vgl. 2.4.4.2).

Der Redner schließt seinen Beitrag mit dem Appell an die Kongressteilnehmer, in ihren Ländern darauf hinzuwirken, dass die Handelssprachlehrerausbildung zukünftig an Handelshochschulen durchgeführt wird.[1425]

Auch Messing macht sich in seinem Beitrag *Wirtschaftslinguistische Schulung* Gedanken zur Ausbildung von sogenannten Wirtschaftslinguisten, zu denen er ebenfalls Handelslehrer zählt. Er erläutert darin Voraussetzungen und Ziele einer »wirtschaftslinguistischen Schulung«, die er als neues sprachwissenschaftliches Forschungs- und Lehrgebiet definiert. Sein Beitrag ist auch ein Versuch, diejenigen von der Notwendigkeit einer wissenschaftlichen Vertiefung des Fremdsprachenunterrichts im kaufmännischen Bildungswesen zu überzeugen, die der zu etablierenden Disziplin abneigend gegenüberstehen.

Messing schickt seinen Ausführungen die folgende Definition von Sprache voraus:

> »Sprache ist nichts für sich allein Bestehendes, Sprache ist Ausdruck dessen, was im Volke lebt und die Angehörigen eines Volkes schicksalhaft zusammenwebt, also Ausdruck nationaler Kultur- und Lebensgemeinschaft. Aendert sich diese, muss sich auch jene ändern. Der einzelne Sprechende spricht also nie nur sein eigenes Ich aus, sondern immer ungewohlt (sic!) und unbewusst ein Ueber-Ichliches, von dem er Erbträger ist, sein ›Nationales‹, einen un- und unterbewussten ›Komplex‹, der alle Erfahrungen und Wahrnehmungen seines kulturellen Gemeinschaftslebens umfasst, und aus welchem

1424 Ibid, S. 445. Hervorhebung im Original.
1425 Ibid, S. 446.

heraus er auf seine Umwelt und ihre Reize, also auch Sprachreize (Reize ausgehend vom gesprochenen und geschriebenen Worte) reagiert = ›anspricht‹.«[1426]

1426 Messing (1935: 576). Messings Ausführungen zur Sprache in Bezug auf Sprechende und Volk können m. E. in Ansätzen auch auf die Anfänge der Philologie als Hochschulfach zurückgeführt werden. Wolf thematisiert in seiner Schrift von 1807 etwa auch das Verhältnis von Individuum und Nation und geht dabei auf den Nationalcharakter ein (vgl. Wolf (1807: 95, 129 und 138)). Eine Verbindung lässt sich m. E. auch zu Wilhelm von Humboldts ab 1801 konzipierter Abhandlung »Plan einer vergleichenden Anthropologie« ziehen, der als großer Bildungsreformer jener Zeit auch mit Wolf und anderen geistigen Größen zu diesem Thema im Austausch stand. Es war die Zeit, in der die Deutschen auf der Suche nach den die (deutsche) Nation bestimmenden Werten waren. Humboldt fasst die Nation als ein Bindeglied zwischen einem Volksstamm und einem Individuum auf. Dabei geht er davon aus, dass es möglich ist, den einem Volk eigentümlichen Charakter festzulegen. In diesem Zusammenhang komme der Sprache als verbindendes Glied zwischen den Individuen und in ihrer Gesamtheit als Nation eine tragende Rolle zu, denn in ihr offenbare sich der Charakter einer Nation am verlässlichsten. Das Studium der Sprache verbindet Humboldt daher mit Philosophie und Völkerkunde, das zur Bestimmung des Charakters einer Nation und ihrer Individuen beitragen sollte. Sprache kennzeichne sich als Quelle des geistigen Lebens eines Volkes, daher stünden Sprache und Geist in einer unlösbaren Verbindung zueinander, ebenso wie Gedanke und Ausdruck. Zudem fördere die Sprache als verbindendes Glied von Individuen einer Nation eigentümliche Denk-, Empfindungs- und Handlungsweisen, die sich etwa in Literatur, Kunst oder Philosophie äußern. Als ein solcher Kulturspeicher lasse die Sprache Rückschlüsse auf den Charakter von Nation und Individuum zu.

Wilhelm von Humboldt widmete viele Jahrzehnte seines Lebens seinen Sprachforschungen. Geleitet wurde er dabei vom Geist der Humanität, der ein Streben nach Menschlichkeit und einem friedlichen Miteinander der Menschen über alles stellte. Bereits in der Anfangszeit seiner Sprachforschungen als junger Mensch wurde er sich der Schwierigkeit der Definition von Nationalcharakteren bewusst. Am Ende seines Lebens kamen ihm sogar Zweifel daran, »›den Charakter der Nation zu sehr in der inneren Stimmung des Gemüths gesucht‹« zu haben, denn dieser trete viel stärker in der Wirklichkeit zutage (Kant (1798: 186) in Menze (2003: 9)). (Vgl. Menze (2003: 7–12, 16–18, 26–27, 34)).

Der Verlauf der deutschen Geschichte und damit auch der Geschichte der Philologie in Deutschland zeigen, dass der Aspekt zur Definition eines Volkscharakters von der Nachwelt in den jeweiligen Zeitumständen missverstanden und ideologisch in der Philologie missbraucht wurde (vgl. 2.1.1.7). Auch in der Literatur zur Entstehung der translatorischen Ausbildung finden sich m. E. Hinweise auf Ideologisierungen, etwa auch bei Glauser, der sich auf die 1913 erschienenen Ausführungen von Wilhelm Wundt »Elemente der Völkerpsychologie. Grundlinien einer psychologischen Entwicklungsgeschichte der Menschheit.« beruft (vgl. Glauser 1913: 8)). Hierin zeichnet sich m. E. eine entstehende Ideologisierung von Sprachforschung ab, die nach dem Ersten Weltkrieg in Deutschland Aufwind bekam und bis 1945 fortgeführt wurde. Es wäre wünschenswert, aus einer translatologischen Fragestellung heraus, die Entwicklung des Gedankens zur Feststellung des

Daraus folgert Messing:

> »Ein richtiger Verkehr mit Fremden in deren Muttersprache setzt also voraus: Kenntnis des ›nationalen‹ Ichs und im gegebenen Falle Kenntnis des Persönlichkeits-Ichs, wenn man den anderen zu bestimmten Entschlüssen und Handlungen veranlassen möchte.«[1427]

Erläuternd fährt er fort:

> »Das Persönlichkeits-Ich wird zum grössten Teil gestaltet durch die Sitten, Gewohnheiten, Anschauungen der engeren Gemeinschaft, zu der man gehört: Standes-, Erziehungs-, Umgangs- und Belangengemeinschaft[1428]. Daraus ist die ungeheure Mannigfaltigkeit der sprachlichen Aeusserungen der einzelnen Menschen zu begreifen, denn immer wieder wird man gezwungen, ›Stellung zu nehmen‹, einen ›Standpunkt‹, zu bestimmen, d.h. sich an eine Gemeinschaft anzulehnen als an die Stütze, deren man immer wieder bedarf, um seinen Worten Geltung, d.h. die erwünschte Wirkung zu verschaffen.«[1429]

Messing führt weiter aus, dass eine Person in sich somit verschiedene »Iche« vereinige: Das nationale und das Persönlichkeits-Ich, das von den verschiedenen beschriebenen Gemeinschaften, unter deren Einfluss eine Person stehen kann, geprägt wird. In diesem Zusammenhang komme einem wirtschaftslinguistischen Sprachstudium »weltbewegende« Bedeutung zu, denn internationale Verständigung besage nichts anderes als dass die Völker danach trachteten, füreinander Verständnis, also Verständnis für die jeweilige nationale Eigenart, aufzubringen und sich gegenseitig zu respektieren, ohne »seine eigenen volklichen Anschauungen, Einrichtungen, Zustände, kulturellen und wirtschaftlichen Gemeinschaftsorganismen als allein seligmachend anderen aufzudrängen«.

Daraus ergebe sich, dass das Studium fremder Sprachen auch immer wieder eine Rückbesinnung auf sich selbst, also auf das eigene nationale Ich und auf das von der Gemeinschaft geprägte Persönlichkeits-Ich, verlange:

> »Man widmet sich dem Studium des ›Fremden‹, seiner Sprache, seiner nationalen Kultur, und findet sich selbst umso bewusster zurück. Die Muttersprache und die eigene

---

Volkscharakters in der Sprache in Bezug auf die Entstehung der translatorischen Ausbildung zu untersuchen. An dieser Stelle kann dieses komplexe Thema nicht vertieft werden.

1427 Messing (1935: 576–577).

1428 Das niederländische Wort »belange« bedeutet »Interesse«. Der aus Deutschland stammende Messing lebte Mitte der 1930er Jahre bereits über 20 Jahre in den Niederlanden. Es könnte sein, dass sein Deutsch daher unter dem Einfluss der niederländischen Sprache stand – was auch an wenigen anderen Ausdrücken im Text festgestellt werden kann – und sich dieser niederländische Ausdruck in seinen deutschen Wortschatz eingeschlichen hat. Mit dem Ausdruck »Belangengemeinschaft« meint Messing m.E. eine Interessensgemeinschaft, im Sinne von Berufsgruppe oder ähnlichen Zusammenschlüssen.

1429 Messing (1935: 577).

> Nationalkultur erglänzen in hellerem Lichte als je zuvor und verstärken das nationale Bewusstsein, wobei die Anerkennung der nationalen Kultur der Fremden im allgemeinen das Aufkommen von ›Chauvinismus‹ verhütet.«[1430]

Messing beklagt in seinen weiteren Ausführungen, dass die Entwicklungen der ersten Jahrzehnte des 20. Jahrhunderts den völkerverbindenden Handel mit Gewalt eingeschränkt haben. Auch die Tradition der reichen Kaufleute, ihre Söhne im Ausland bei Geschäftspartnern auszubilden, wo sie nationenkundliche Erfahrungen und Erkenntnisse sammeln konnten, wurde durch die Ereignisse des 20. Jahrhunderts zunichte gemacht. Diese nun in der traditionellen Kaufmannsbildung klaffende Lücke müsse durch einen theoretischen auslandskundlichen Unterricht und das nationenkundliche Studium der Fremdsprachen geschlossen werden und dies umso mehr, da die Ansprüche an die fremdsprachlichen Kenntnisse des kaufmännischen Nachwuchses durch die beschriebenen Entwicklungen gesunken seien: Es werde nur noch verlangt, dass der zukünftige Kaufmann »›sich‹ zur Not ›verständlich‹ machen kann und den Fremden gerade soweit versteht, als für das ›vorliegende Geschäft‹ genügt«.

Messing weist auf die große Menge an Praktikern hin, die nicht einsehe, warum ein vertiefter Fremdsprachenunterricht im kaufmännischen Bildungswesen dringend notwendig sei und erklärt sich kampfbereit, diese Kreise aufzuklären. Er betont dabei das friedenstiftende Moment der Wirtschaftslinguistik, das vor dem internationalen wirtschaftlichen und politischen Hintergrund zudem das Gebot der Stunde sei:

> »Um mit Angehörigen fremder Nationen in Frieden und Freundschaft kulturellen und namentlich den so lebenswichtigen wirtschaftlichen Austauschverkehr pflegen und zur allseitigen Befriedung unterhalten zu können, muss man sie also verstehen lernen als Wesen wie wir selbst, als Träger ihres nationalen Ichs und mehrerer Gemeinschafts-Iche, worin sich die nationalen Leistungen, Einrichtungen und Verhältnisse ihrer Völker und die Auffassungen ihrer engeren Lebenskreise spiegeln.«[1431]

Messing beschreibt in seinem Beitrag auch die Zielgruppe, die von einer wirtschaftslinguistischen Forschung profitieren würde: den Kaufmannsstand:

> »Es sind vornehmlich jene, die sich dem friedlichen und freundschaftlichen Ausbau des Wirtschaftsverkehrs zwischen den Völkern der Welt gewidmet haben, zur Hebung ihrer eigenen Wohlfahrt gewiss, aber nicht minder zur Hebung der Wohlfahrt des Volksganzen, zu dem sie gehören, da ja doch der friedliche Wirtschaftsverkehr immer ein Austauschverkehr ist.«[1432]

Sprache erachtet Messing dabei als »Urheber, Anbahner, Förderer, Durchführer und Erhalter« des Wirtschaftsverkehrs und führt aus, dass damit der sprechende und schreibende Mensch gemeint sei, »der des andern Sprache, den anders

---

1430 Ibid.
1431 Ibid, S. 578–579.
1432 Ibid, S. 579.

Sprechenden und Schreibenden verstehen, sich mit ihm zu verständigen gelernt hat.«[1433]

Messing zählt einige Beispiele von Teilnehmern des Wirtschaftsverkehrs auf und nennt dabei auch Dolmetscher und Korrespondenten. Er erläutert auch, dass es nicht für jede der genannten am Wirtschaftsverkehr beteiligten Gruppen entscheidend sei, vertiefte »Kenntnisse von Land und Leuten« zu haben, er fügt aber hinzu:

> »Je inniger der Verkehr aber sein soll, je länger er dauern, je wichtiger die Ergebnisse sein sollen, umso bedeutsamer wird es, den Fremden nationenwissenschaftlich zu kennen sein nationales Ich und seine engeren Gemeinschafts-Iche zu begreifen, d.h. in seiner Sprache mit ihm beraten, unterhandeln, auf gleich und gleich verkehren zu können.«[1434]

Messing schließt seine Ausführungen mit der Schlussfolgerung, dass es die Aufgabe der »nationenkundlichen Wirtschaftslinguistik« sei, als neuem Zweig der Sprachwissenschaft, der sich mit der Sprache des wirtschaftlichen Verkehrs insbesondere befasse, die internationalen Wirtschaftsinteressen der Völker zu unterstützen und die dazu notwendigen Personen auszubilden.

Den Kongressakten liegt im Anschluss an den skizzierten Wortbeitrag von Messing ein Referat in Schriftform bei, in dem Messing weitere detaillierte Informationen zur Wirtschaftslinguistik, zu Studienvoraussetzungen, zur Zielgruppe und etwa zu institutionellen Forderungen gibt. Zudem beschreibt Messing darin einen Sprachdienstleistungsmarkt mit seinen Voraussetzungen, Anforderungen und Zielsetzungen (vgl. 2.5.5.4). Vermutlich wurde dieses Schriftstück in Kopie vor Messings Vortrag unter den Teilnehmern verteilt.

Als Ausgangspunkt seiner Ausführungen wählt Messing die Wirtschaftslinguistik als sich etablierender Forschungszweig der Sprachwissenschaft und gibt dabei eine einleitende Definition von Wirtschaftslinguistik:

> »Wirtschaftslinguistik ist ein arbeitsteilig notwendiger Zweig der Sprachwissenschaft. Ihre Forschungstätigkeit hat die Sprache des wirtschaftlichen Verkehrs in seinem ganzen Umfange zum Objekt; ihre Lehrtätigkeit zeigt einerseits die Methoden dieser Forschung auf, anderseits (sic!) dient sie der Ausbildung von Fachleuten auf wirtschaftssprachlichem Gebiete, deren Kenntnis der Sach-, Begriffs- und Vorstellungswelt des von ihnen studierten nationalen Wirtschaftsverkehrs so gefestigt ist, dass sie sie landessprachlich vollkommen beherrschen.«[1435]

Ziel des wirtschaftslinguistischen Studiums und damit der »Ausbildung von Fachleuten auf wirtschaftssprachlichem Gebiete« war es demnach, Absolventen auszubilden, die sich im Laufe ihres Studiums sowohl profunde Auslandskenntnisse

---

1433 Ibid.
1434 Ibid, S. 580.
1435 Ibid.

als auch hervorragende Fremdsprachenkenntnisse der jeweiligen Landessprache aneignen konnten.

Unter dem Punkt Studienvoraussetzungen geht Messing kaufmännisch nüchtern vor, wohl auch um potenzielle Geldgeber aus der Wirtschaft von dem neuen Studiengang zu überzeugen. Aus heutiger Sicht scheint es besonders bemerkenswert, dass Messing bereits 1935 einen Sprachdienstleistungsmarkt beschreibt, wobei er seine diesbezüglichen Überlegungen in Ansätzen bereits in einem Beitrag aus dem Jahr 1928 veröffentlicht hatte[1436].

In seinem Beitrag auf dem *Internationalen Kongress* in Prag 1935 definiert Messing Sprache als zweckgerichtetes Medium, also als Leistung, die einen Markt hat (»Sprache als Leistung (sprachliche Leistung) ist ein Wirtschaftsgut, das einen Markt hat«[1437]).

Als Akteure des (Sprach-)Marktes nennt Messing Vertreter der Nachfrage- und Angebotsseite. Messing unterteilt die Angebotsseite in Unternehmer, etwa Verleger und Handelsunternehmer, die wiederum verschiedene Textproduzenten benötigen, etwa »Verfasser, Schriftleiter, Redner, Unterhändler, Dolmetscher, Verkäufer, Vertragsentwerfer, Korrespondenten, Lehrer usw.«. Implizit handelt es sich bei dieser Gruppe um die potenzielle Zielgruppe eines wirtschaftslinguistischen Studiums. Als Verbraucher auf der Nachfrageseite nennt Messing folgende Personen: Zuhörer und Leser, zu denen er auch Personen zählt, die ein rein sachliches Interesse an dem sprachlich behandelten Objekt haben[1438]. Implizit bezieht er sich damit m. E. vor allem auf den Kaufmannsstand.

Aus den beschriebenen Voraussetzungen, also von Sprache als Kommunikationsmedium zwischen Produzenten und Rezipienten, leiten sich laut Messing Forderungen an Sprache als Produkt ab. Dabei erachtet Messing die Qualität als oberstes Wertkriterium, denn allein über sie könne die beabsichtigte Wirkung des Sprachprodukts und somit sein Erfolg erzielt werden:

> »Daraus leiten sich besondere Forderungen ab, die an das sprachliche Erzeugnis (die sprachliche Leistung) als Qualitätsarbeit gestellt werden müssen. Denken wir hier nur an das Sprachgut der Wirtschaft, so ist oberster Grundsatz die Zweckmässigkeit, wofür es nur ein Wert-Kriterium gibt: Das ist das Eintreten der beabsichtigten Wirkung: der Erfolg (Länge oder Kürze des Sprachproduktes davon abhängig).«[1439]

1436 Vgl. Messing (1928a).

1437 Messing (1935: 581).

1438 Ibid. Messing führt vom Text abgesetzt als Zielgruppe, die ein rein sachliches Interesse an dem behandelten Objekt hätten, wohl mit einem Augenzwinkern, »Inspirierte« an, und setzt in Klammern dazu: »(Ausführer der angeregten [also Messings] ›Pläne‹, Vorstellungen, Gedankengänge etc.)«. Das belegt, dass sich Messings Ausführungen auch – und nicht zuletzt – an potenzielle Geldgeber richteten, die nötig waren, um der Wirtschaftslinguistik zunächst einmal einen institutionellen Rahmen zu geben (vgl. hierzu auch Messing (1928a: 17)).

1439 Messing (1935: 581).

Die Konsequenz aus dem Dargelegten, also zur Gewährleistung entsprechender Qualitätsanforderungen an ein Sprachprodukt sei, so Messing, die Notwendigkeit eines Studiums a) von kaufmännisch relevanten Textsorten sowohl im mündlichen als auch im schriftlichen Gebrauch, b) von sprachlichen Mitteln bei Verhandlungstechniken und c) von sprachlichen Mitteln, die einer nationenkundlichen Forschung bedürfen.

Der Ausbildungsbedarf bestimmter im internationalen Wirtschaftsverkehr tätigen Berufsgruppen begründe laut Messing ebenfalls die Notwendigkeit eines Hochschulstudiums, das »nationenkundlich gerichtete Sprachstudien [und] Uebungen mit dem Ziel: Beherrschung des Sprachgebrauches«[1440] ermögliche.

Zur »Ausbildung von wissenschaftlichen und praktischen Wirtschaftslinguisten: Lehrer, Dolmetscher, Uebersetzer, Korrespondenten, Propagandisten, Auslandsvertreter: ›Englandkundler‹, ›Frankreichkundler‹ usw.«[1441] schlägt Messing abschließend vor, je nach Größe der Länder Institute oder Hochschulzentralen für die nationenkundliche Wirtschaftslinguistik einzurichten.[1442]

Auch Snyckers war auf dem *Internationalen Kongress* 1935 in Prag als Redner vertreten. Sein Beitrag zur Fachsprache ist mit dem Titel *Lehr- und Forschungsgebiet der Wirtschaftslinguistik* überschrieben.

Snyckers beginnt seine Ausführungen mit einem Gedanken, den er auch in seinem Beitrag *Sprache und Wirtschaftssprache* aus dem Jahr 1928 ausführt, nämlich dass sich Form und Inhalt in der Sprache bedingen. Snyckers leitet daraus die Berechtigung von Fachsprachen ab und zeigt dabei auf, dass die ablehnende Haltung mancher Kreise gegenüber Fachsprachen in der einseitigen Betrachtung der Sprache begründet ist:

> »Sehe ich in der Sprache in der Hauptsache grammatische und stilistische Erscheinungen, dann ist es durchaus begreiflich, wenn ich die Begriffe ›Wirtschaftslinguistik, Wirtschaftssprache‹ ablehne. Gehe ich aber bei der Betrachtung der Sprache von der Tatsache aus, dass sie nicht nur formalen, sondern auch inhaltlichen Bindungen unterliegt, so ist es möglich und berechtigt, das Sprachgut – ohne damit Unterschiede in der Form der Sprache zu machen – nach verschiedenen Inhaltsgebieten einzuteilen: Rechtssprache, philosophische Sprache, technische Sprache, Wirtschaftssprache.«[1443]

Vertiefend fügt Snyckers hinzu:

> »Unter Wirtschaftssprache ist eben nicht eine Sprache zu verstehen, die sich in Grammatik und Stil von der Sprache im allgemeinen unterscheidet, sondern durch das Sprachgut eines Teilgebietes der Gedankenwelt, das alle Erscheinungen des wirt-

1440 Ibid.
1441 Ibid, S. 582.
1442 Ähnliche Gedanken zur »Sprachleistung«, also zu Sprache als Produkt, äußerte Messing 1928 auf dem *Internationalen Linguisten Kongress* in Den Haag (vgl. Messing 1928a).
1443 Snyckers (1935b: 594).

schaftlichen Lebens umfasst. Die rein formale Lehre der Sprache ist hier – wie in allen Teilgebieten – nur ein Mittel. Ihr Zweck ist, Einblick in fremde wirtschaftliche Verhältnisse zu geben, Kenntnis des Menschen als Triebkraft der wirtschaftlichen Vorgänge zu vermitteln und die Fähigkeit zu verschaffen, sich mit ihm zu verständigen.«[1444]

Snyckers untermauert die Berechtigung dieser Sichtweise mit anderen fachbezogenen Wissensgebieten, die auch – und m.E. im Übrigen allgemein anerkannt – auf dem zum jeweiligen Wissensgebiet gehörenden Allgemeinwissen fußen, etwa kaufmännisches Rechnen, das den allgemeinen Rechenregeln zugrunde liegt. Von einer solchen Betrachtungsweise des »Begriffes Fachsprache« ausgehend, sei es gangbar, »das Teilgebiet der Wirtschaftssprache von dem der Umgangssprache zu unterscheiden«.

Eine Trennung zwischen Fach- und Umgangssprache, d.h. Allgemeinsprache, sei sogar notwendig, wollte man sich mit der Wirtschaftssprache wissenschaftlich auseinandersetzen, »denn in der Erfassung des Inhalts einer Sprache kann heutzutage der Einzelne das Ganze nicht mehr beherrschen«. Die Wirtschaftssprache, deren Erforschung angewandte Wissenschaft sei, könne daher nur durch Spezialisierung auf einzelne Wissensgebiete erforscht werden und denjenigen zugänglich gemacht werden, die wirtschaftlich international tätig sind.[1445]

Snyckers geht auf den allgemeinen Trend zur Spezialisierung in der Berufswelt ein und erachtet die Gründung von Spezialhochschulen, wie den Handelshochschulen, in diesem Zusammenhang als schlüssig. Seine entsprechenden Ausführungen basieren auf seinem 1928 veröffentlichten Beitrag *Fremdsprachen an Universitäten und an Handelshochschulen.* Die Aufgabe der Handelshochschulen sei es, die sprachliche Seite der Wirtschaft zu erforschen und zwar auf den Inhalt der Sprache bezogen und nicht auf die Sprache an sich. Gegenstand der fremdsprachlichen Einrichtungen an Handelshochschulen sei die betriebs- und volkswirtschaftliche Terminologie des Auslandes, die auf Form und Inhalt untersucht werden müsse. Snyckers grenzt das neue Forschungsgebiet zur Handelskorrespondenz ab, die selbstverständlich an Handelshochschulen auch unterrichtet werden müsse, aber immer mit Erläuterungen zu den Begriffsinhalten. Das Hauptaugenmerk der wirtschaftssprachlichen Forschung liege auf der Kenntnis etwa von Verkehrs- und Rechtsinhalten von Verträgen, nicht aber auf dem »Einpauken von Wendungen, die im kaufmännischen Briefverkehr gebraucht werden«[1446].

Snyckers bekleidete seit 1929 einen Sprachlehrstuhl an der Handelshochschule Leipzig (vgl. 2.7.2.1). Bei seinen folgenden Ausführungen schöpfte er aus seinen Erfahrungen als Lehrstuhlinhaber, ohne dabei explizit das Beispiel der Handelshochschule Leipzig anzuführen.

Zur Teilnahme am Studium der Wirtschaftssprache sei es unabdingbar, dass die Studierenden gute allgemeine Vorkenntnisse in der Fremdsprache mitbringen, denn nur so könnten sie im Laufe des Studiums Zugang zur Fachsprache finden.

1444 Ibid.
1445 Ibid, S. 595.
1446 Ibid, S. 596.

Snyckers bezieht sich damit auf die »Hauptverkehrssprachen«, die an höheren Schulen unterrichtet werden. Das Sprachstudium an Handelshochschulen beschränke sich aber nicht nur auf die Wirtschaftssprache, sondern erstrecke sich auch auf Kultur- und insbesondere Wirtschaftskunde des jeweiligen Sprachgebiets. Er führt dazu aus:

> »Das Lehrgebiet der sog. Hauptsprachen, für die eigene Lehrstühle erforderlich sind, umfasst aber nicht nur die Wirtschaftssprache, sondern auch die Kulturkunde und besonders die Wirtschaftskunde des betr. Sprachgebietes: Kultur und Wirtschaft nicht etwa als Gegensätze, auch nicht als anders geartete Gebiete der menschlichen Betätigung, sondern Kultur als Ganzes und Wirtschaft als Teil dieses Ganzen.«[1447]

In seinen weiteren Ausführungen geht Snyckers auf den zweckgerichteten, also praxisbezogenen, Ansatz des Sprachstudiums an Handelshochschulen ein, der notwendig sei, um Nachteile bei Verhandlungen zwischen internationalen Geschäftspartnern aufgrund mangelnder Sprach-, Sach- und Landeskenntnis zu vermeiden:

> »Kaufleute sollen die in der Verschiedenheit der Nationalität begründeten Eigenarten der Ausländer, mit denen sie zu tun haben, kennen. Sie sollen befähigt sein, sich in die Wesensart ihrer Vertragspartner im Auslande einzuführen, und zwar sowohl in die allgemeine, durch das Volkstum bedingte, als auch in die besondere, durch den Wirtschaftsgeist begründete Wesensart. Nur so können nachteilige Ueberraschungen und Fehlgriffe vermieden werden, die – wie jeder Exporteur bestätigen wird – sich immer und immer wieder einstellen, nur weil aus Unkenntnis auf irgendeine Eigenart des Ausländers nicht Rücksicht genommen worden ist.«[1448]

Snyckers führt weiter aus, wie die Forschungsergebnisse der Wirtschaftssprache nicht nur Nutzen für den Einzelfall bieten, sondern auch zum internationalen Wirtschaftsfrieden beitragen können:

> »Im übrigen, würde man in jedem Lande fremde Menschen und Vorgänge gleich objektiv ›erforschen‹ und die Ergebnisse dieser Forschung der eigenen Geschäftswelt dienstbar machen, so würde das für alle Völker so wichtige Problem des Wirtschaftsfriedens seiner Lösung beträchtlich näher gebracht werden. In diesem Sinne könnte man von einer Nationenkunde sprechen, die soweit es sich um das wichtige Gebiet der Wirtschaft handelt, ohne die Erforschung des ausländischen Marktes und seiner besonderen Terminologie – also ohne das Studium der fremden Wirtschafskunde und fremden Wirtschaftssprache – undenkbar wäre. Und gerade dieses Wissen ist wie kein anderes geeignet, dem Güteraustausch zwischen den Ländern den Weg zu ebnen.«[1449]

Den institutionellen Rahmen für wirtschaftslinguistische Forschungen umreißt Snyckers in seinem Beitrag auch. Es zeigen sich dabei Parallelen zu Messings institutionellem Vorschlag. Zudem wird aus Snyckers' Ausführungen die Rolle der

---

1447 Ibid, S. 597.
1448 Ibid.
1449 Ibid, S. 597–598.

Dolmetscher-Institute deutlich: denn sie waren letztendlich die Einrichtung, wo wirtschaftslinguistische Forschungen angestellt wurden. 1935, als Snyckers diesen Vortrag hielt, war das erste Dolmetscher-Institut an der Handelshochschule Mannheim, das 1930 gegründet wurde, bereits seit zwei Jahren Teil der Universität Heidelberg, wo es ein Schattendasein führte (vgl. 2.6). Das zweite Dolmetscher-Institut, das Snyckers 1937 an der Handelshochschule Leipzig gründete (vgl. 2.7), hatte, ebenso wie das Dolmetscher-Institut in Mannheim, folgendes Profil:

> »Mit dem Studium der fremden Weltverkehrssprachen und der nationenkundlichen Wirtschaftskunde müsste sich in jedem grösseren Lande mindestens eine Handelshochschule befassen. Jede dieser Hochschulen sollte ein Institut für ausländische Wirtschaftslinguistik und Wirtschaftskunde besitzen, das wissenschaftliche und praktische Wirtschaftslinguisten (Lehrer, Dolmetscher, Übersetzer, Korrespondenten, Werbefachleute, Geschäftsreisende, Auslandsvertreter usw.) auszubilden hätte.«[1450]

Snyckers merkt in einer Fußnote an, dass Messing für die genannten Berufe den Terminus ›Englandkundler, Frankreichkundler usw.‹ geprägt hatte. Im konsultierten Material wurden keine näheren Informationen, aus denen sich eine Definition ableiten ließe, gefunden.

Zur curricularen Ausgestaltung des Studiums führt Snyckers Wirtschaftskunde des Auslandes an, dazu zählt er: »Land und Leute sowie die wirtschaftliche Organisation des Landes und seiner Kolonien, insbesondere Grundzüge der Handelsgesetzgebung und Handelsgebräuche, des Zollwesens und der Wirtschaftspolitik, des Geld-, Bank- und Börsenwesens, des Verkehrswesens, des Wirtschaftsjournalismus, der Technik des Warenabsatzes und des Werbewesens«. Die Wirtschaftssprache baue auf diesem Gebiet auf und beinhalte »die systematische Darstellung der Vertragskunde (Vertragsformeln) und überhaupt die Terminologie der Betriebswirtschaftslehre und der Volkswirtschaftslehre«.[1451]

Snyckers erläutert im Weiteren, dass die Studieninhalte anhand von bestimmten wirtschaftlichen Texten für die »Zwecke des Erwerbslebens« in Seminarübungen angewandt und vertieft werden sollen und ergänzt dazu, dass der Unterricht, sowohl in den Seminarübungen als auch in den Vorlesungen in der jeweiligen Fremdsprache erfolgen soll.

Als Ziele des wirtschaftssprachlichen Studiums nennt er zum einen die Erforschung bestimmter landesbezogener Verhältnisse, etwa rechtliche, sowie deren sprachliche Form und zum anderen die Ausbildung von »Auslandskundlern, Exportkaufleuten, Auslandskorrespondenten und -vertretern, Übersetzern und Dolmetschern für die Wirtschaft; ausserdem fällt der Handelshochschule die sprachwissenschaftliche Ausbildung von Handelssprachlern für Handels- und Wirtschaftsschulen zu.«[1452]

1450 Ibid, S. 598.
1451 Ibid.
1452 Ibid, S. 598–599.

Snyckers' Kollege, von Hibler (vgl. 2.7.2.2.2), war auf dem *Internationalen Kongress* 1935 in Prag auch mit einem Vortrag vertreten. In seinem Beitrag mit dem Titel *Gedanken über die neusprachliche Ausbildung an der Handels-Hochschule Leipzig* beschreibt er die Ausgestaltung des fremdsprachlichen Studiums an der Handelshochschule Leipzig. Er skizziert dabei die beiden Züge der fremdsprachlichen Ausbildung für angehende Diplom-Kaufleute und Diplom-Handelslehrer und erläutert, dass sich die beiden Ausbildungszüge in ihrer Schwerpunktsetzung weitgehend decken, wobei er die Ausbildung der Diplom-Kaufleute im sprachlichen, wirtschaftlichen und kulturellen Bereich als Grundlage für die Ausbildung der Diplom-Handelslehrer erachtet, bei der es sich um eine spezielle Ausbildung handelt, die zur Vertiefung sprachlicher und kultureller Kenntnisse führen soll. Von Hibler hebt hervor, dass in der sprachlichen Ausbildung an Handelshochschulen die Gegenwartsverhältnisse betont werden, wobei Sprache kulturelle und wirtschaftliche Verhältnisse in sich vereine.

Historische Untersuchungen der Sprache seien, so Hibler, im Sprachstudium an Handelshochschulen allerdings nur insofern relevant, als sie dazu beitragen, kulturelle und wirtschaftliche Zusammenhänge in der Vergangenheit zu erhellen. Hierbei grenzt von Hibler das sprachwissenschaftliche Studium an Handelshochschulen vom sprachwissenschaftlichen Studium an Universitäten ab.

Von Hibler gibt in seinem Beitrag eine detaillierte Übersicht über Unterrichtsinhalte in der Englischen Abteilung an der Handelshochschule Leipzig, der er als Lehrstuhlinhaber seit 1929 vorstand. Seine diesbezüglichen Ausführungen werden an dieser Stelle nicht vertieft.[1453]

Auch auf dem IK 1935 in Prag war das Thema Verwendung von Presseerzeugnissen im fremdsprachlichen Unterricht ein Thema. Ergänzend sollen die Beiträge zweier Referenten aus der Tschechoslowakei und Österreich zu diesem Thema angeführt werden.

Die beiden Referenten waren sich unabhängig voneinander über die herausragende Bedeutung von Zeitungsartikeln als Unterrichtsgegenstand im kaufmännischen Bildungswesen einig[1454]. Besonders im fremdsprachlichen Unterricht seien Zeitungen ein unentbehrliches Hilfsmittel, da sie den Unterricht lebendiger gestalten. Ihre Tagesaktualität habe zudem einen entscheidenden Vorteil gegenüber Schulbüchern. Im fremdsprachlichen Unterricht könnten somit nicht nur die Sprache der Gegenwart und ihre Fachausdrücke abgebildet, sondern auch die Sprache mit der Sache verbunden werden.[1455] Neben der sprachlichen und fachlichen Bildung hätten Zeitungen überdies einen allgemeinbildenden Effekt. Zudem veranlassten sie die Schüler, über aktuelle relevante Themen in eigenen Worten zu sprechen, was zur Schulung ihrer Ausdruckweise beitrage.[1456]

1453 Vgl. von Hibler (1935: 465).
1454 Vgl. Goldberger (1935: 313) und Rehberger (1935: 327).
1455 Ibid, S. 315 und 328.
1456 Ibid, S. 322 und 333.

2.5.5.4 Exkurs: Erkenntnisse zum Sprachdienstleistungsmarkt (1928 und 1935)

Dem Vortrag Messings *Wirtschaftslinguistische Schulung* liegt in den Kongressakten ein Referat bei, das bereits Mitte der 1930er Jahre einen Markt skizziert, an dem Sprachdienstleistungen angeboten und nachgefragt werden.

Messing begreift dabei Sprache als Leistung, die einen Markt hat. Er listet verschiedene Branchen auf, die Sprache als Erwerbsgegenstand haben, etwa Zeitungen, Verleger oder Handelsunternehmer und dem Wirtschaftsgut Sprache eine Marktgrundlage bieten.

Akteure auf diesem Markt sind, neben den angegebenen Branchen, laut Messing, einerseits (Text-)Erzeuger, etwa Verfasser, Redner, Lehrer oder auch Dolmetscher, und andererseits (Text-)Verbraucher, etwa Leser.

Sprache als Produkt, das angeboten und nachgefragt wird, unterliegt Messing zufolge bestimmten Qualitätsanforderungen, die erfüllt werden müssen, um das Produkt Sprache auf dem Markt erfolgreich zu platzieren. Messing folgert daraus, dass zur Befriedigung der Qualitätsanforderungen, die der Markt an das Sprachprodukt stelle, den (Text-)Produzenten im Vorfeld ein gewisses Input gegeben werden müsse.

Das entsprechende Studium, das eine heterogene Zielgruppe anspricht und ebenso eine heterogene Gruppe an Absolventen hervorbringt, die vielfältigen Berufsprofilen entsprechen, ist nach Messings Darlegungen das Studium der Wirtschaftslinguistik.

Die Berufsgruppen, die Messing als (Text-)Erzeuger nennt, sind folglich Beispiele für die vielfältigen Berufsprofile der sogenannten Wirtschaftslinguisten. Der damals verwendete Terminus Wirtschaftslinguist kann daher als Oberbegriff für verschiedene texterzeugende Berufe interpretiert werden, unter anderen Dolmetscher und Übersetzer.[1457]

2.5.5.5 *Internationaler Kongress* in Berlin (1938)

Die Beiträge zum Fremdsprachenunterricht im kaufmännischen Bildungswesen auf dem *Internationalen Kongress* 1938 in Berlin spielten nur eine marginale Rolle. Themengruppen zum fremdsprachlichen Unterricht gab es nicht. In nur sehr wenigen Beiträgen wurde der fremdsprachliche Unterricht oberflächlich, etwa für den Mittelstufenunterricht, länderbezogen thematisiert.[1458] Aspekte zum Fremdsprachenstudium an Handelshochschulen fehlten völlig.

1457 Vgl. Messing (1935: 580–582). Vgl. hierzu auch Messing (1928a) und 2.5.5.3.
1458 Vgl. Nan Roweis (1938: 19) und Schilperpoort (1938: 33).

Das Motto des IK fokussierte die Bedeutung der Berufsausbildung und die damit einhergehende enge Verbindung zwischen Schule und Praxis[1459]. Herausgehoben wurde der Trend zur allgemeinen Spezialisierung in der Berufswelt[1460].

Ziel der Berufsausbildung sollte es sein, eine fundierte Allgemeinbildung zu vermitteln. Besonders geeignet erschien dafür der fremdsprachliche Unterricht, der auch praktischen Nutzen stiften sollte, also auf die unmittelbare Anwendung der Fremdsprachen abzielen sollte.[1461] Betont wurde dabei aber auch, dass die berufliche Ausbildung dennoch immer im Vordergrund stehen und der fremdsprachliche Unterricht auf fundierten Kenntnissen der Muttersprache aufbauen sollte.[1462]

Am Rande des *Internationalen Kongresses* wurde auch über das Thema Ausbildung der Handelsschullehrer diskutiert, für das es in den Ländern immer noch keine zufriedenstellende flächendeckende Lösung gab. Aufgrund fehlender Ausbildungsangebote blieb der Einwand erhalten, dass etwa Fremdsprachenlehrer über gute fremdsprachliche Kenntnisse, jedoch nicht über Kenntnisse in Handel und Industrie verfügten[1463]. In den Niederlanden etwa gab es für Sprachlehrer eine staatliche Ergänzungsprüfung in Wirtschaftssprachen und damit in Verbindung stehend in wirtschaftlichen Fächern. Diese war jedoch nicht obligatorisch und wurde kaum nachgefragt.[1464]

Anlässlich des IK in Berlin wurde ein *Internationaler Wirtschaftskurs* (vgl. 2.4.4.2) abgehalten, der in Wirtschaft und Kultur Deutschlands einführen sollte. Zur Vermittlung eines besseren Eindrucks von Deutschland wurde der Kurs an verschiedenen Standorten abgehalten beginnend in Süddeutschland und endend am Tagungsort Berlin. Sowohl der IK als auch die ISW wurden stark von Teilnehmern aus dem Ausland nachgefragt.[1465]

Im Allgemeinen veranschaulicht das Teilnehmerverzeichnis des *Internationalen Kongresses* die internationale Ausrichtung, Bedeutung und das internationale Interesse an der Fortentwicklung des kaufmännischen Bildungswesens: 1938 kamen die Teilnehmer des *Internationalen Kongresses* aus 35 Ländern, darunter die meisten Teilnehmer aus Frankreich, gefolgt vom Gastgeberland Deutschland. Die Kongressbeiträge waren auf Deutsch, Englisch, Französisch, und Italienisch zugelassen.

1459 Vgl. Südhoff (1938: 693). Es fällt auf, dass die Bezeichnung des IK geändet wurde: statt »kaufmännisches Bildungswesen« wurde »berufliches Bildungswesen« im Kongresstitel verwendet.

1460 Vgl. Nan Roweis (1938: 18).

1461 Vgl. Schilperpoort (1938: 33).

1462 Vgl. IGFkB (1938: 293).

1463 Wie aus der zitierten Quelle hervorgeht, zeichnete sich eine ähnliche Problematik in manchen Ländern übrigens auch in anderen Lehrfächern im kaufmännischen Bildungswesen ab, genannt werden etwa Chemiker, die an der Universität ein gründliches Studium absolvierten, aber etwa für das Fach Warenkunde im kaufmännischen Bildungswesen nicht befähigt waren.

1464 Vgl. IGFkB (1938: 71), Voorburg.

1465 Vgl. Südhoff (1938: 694–695).

Snyckers und von Hibler waren auf diesem IK nicht anwesend, jedoch Messing als einer der Vertreter des fremdsprachlichen Unterrichts im kaufmännischen Bildungswesen der Niederlande.

Die große Anzahl der auf diesem *Internationalen Kongress* vertretenen Länder zeigt, dass die Idee des kaufmännischen Bildungswesens noch kurz vor Ausbruch des Zweiten Weltkriegs in ihrem Kern als internationales Anliegen erachtet wurde. Zudem beeindruckt diese Vielzahl an Teilnehmerländern, bedenkt man, dass vor dem Zweiten Weltkrieg Reisen sehr aufwändig war. Die Teilnahme an dieser internationalen Bewegung, die sich der Weiterentwicklung des kaufmännischen Bildungswesens verschrieben hatte, von Ländern wie Haiti und Mozambique sowie Iran und Syrien führt dem Leser von heute zudem vor Augen, dass wirtschaftlicher Fortschritt nicht selbstverständlich ist.[1466]

2.5.6 Zur Sprachforschung an Handelshochschulen

Die Sprachforschung an Handelshochschulen ging aus dem fremdsprachlichen Unterricht im kaufmännischen Bildungswesen hervor. Die Versuche, den fremdsprachlichen Unterricht an Handelshochschulen auf Hochschulniveau zu heben, waren allerdings mühsam, da sie auf vehementen Widerstand stießen. Im Folgenden werden aus einigen der wenigen publizierten Werke zur Wirtschaftslinguistik, wie die Sprachforschung an Handelshochschulen auch bezeichnet wurde (zur terminologischen Vielfalt zur Sprachforschung an Handelshochschulen vgl. 2.5.4, S. 411), Beispiele zum Forschungsspektrum der zu etablierenden Disziplin skizziert. Zudem wird die Fachzeitschrift *De Spiegel van Handel en Wandel* beleuchtet, da durch sie und vor allem durch ihren hauptverantwortlichen Redakteur, Ewald E. J. Messing, die Bewegung zur Förderung des fremdsprachlichen Unterrichts im kaufmännischen Bildungswesen und die damit verbundene Förderung der wirtschaftssprachwissenschaftlichen, und damit fachsprachlichen, Forschung, an Handelshochschulen einen entscheidenden Impetus bekam.

2.5.6.1 Kampagne für einen neuen Forschungszweig – *Zur Wirtschafts-Linguistik* (1932)

1932 erschien in einem niederländischen Verlag in Rotterdam ein Werk zur Wirtschaftslinguistik[1467]. Der Herausgeber war Ewald E. J. Messing, Sprachdozent für

1466 Im Teilnehmerverzeichnis des *Internationalen Kongresses* von 1938 werden Teilnehmer aus folgenden Ländern aufgeführt: Ägypten, Belgien, Brasilien, Bulgarien, Chile, China, Columbien, Dänemark, Deutschland, Estland, Finnland, Frankreich, Großbritannien, Haiti, Indien, Iran, Irland, Italien, Lettland, Litauen, Mozambique, Mexiko, Neuseeland, Niederlande, Norwegen, Polen, Portugal, Rumänien, Schweiz, Syrien, Tschechoslowakei, Türkei, Ungarn, Venezuela, USA (vgl. IGFkB (1938: 725–777)).

1467 Vermutlich wurde das Werk im Juni 1932 veröffentlicht. In der Ausgabe *De Spiegel van Handel en Wandel* vom 15. Juni 1932 wurde das Werk zum ersten Mal bewor-

Deutsch an der Handelshochschule Rotterdam (vgl. 2.5.6.1.5). Messing war ein glühender Verfechter für die Anhebung des fremdsprachlichen Unterrichts im kaufmännischen Bildungswesen auf Hochschulniveau.

Zur Erreichung dieses Ziels bediente sich Messing auch eines Sprachrohrs. Dies war die niederländische Fachzeitschrift *De Spiegel van Handel en Wandel*, die seit 1924 als Nachfolgeblatt der Fachzeitschrift *De Handelscorrespondent* erschien und auch in Deutschland gelesen wurde. Messing oblag dabei die Hauptschriftleitung (vgl. 2.5.6.1.4).

Der von Messing herausgegebene Sammelband *Zur Wirtschafts-Linguistik* steht in enger Verbindung zu *De Spiegel van Handel en Wandel*, denn eine große Zahl an Beiträgen des Sammelbandes, die den Fremdsprachenunterricht sowie die Sprachforschung im kaufmännischen Bildungswesen thematisierten, wurden zuvor in der von Messing betreuten Fachzeitschrift veröffentlicht. Messing verband mit der Publikation *Zur Wirtschafts-Linguistik* die Absicht, seinem im allgemeinen Interesse stehenden Anliegen, den fremdsprachlichen Unterricht im kaufmännischen Bildungswesen auf Hochschulniveau zu heben, allen Widerständen zum Trotz Nachdruck zu verleihen.

Es handelt sich dabei um etwa dreißig deutschsprachige Beiträge von fünfzehn Autoren. Wie die Titelseite des Werks verrät, waren davon die meisten als Lehrstuhlinhaber an Universitäten oder an Handelshochschulen in Deutschland beschäftigt, wobei der überwiegende Teil der Universitätsprofessoren eine berufliche Verbindung zum fremdsprachlichen Unterricht an den Handelshochschulen hatte. Zwei Beiträge kamen von Autoren aus Wien, darunter einer von einer Lehrstuhlinhaberin der Universität Wien. Es ist der einzige Beitrag einer Wissenschaftlerin in dem Sammelband. Messing, als Sprachlehrer an der Handelshochschule Rotterdam, vertrat die Niederlande mit sieben Beiträgen, wobei zwei davon auf Niederländisch verfasst sind. Auch andere Autoren waren mit mehr als einem Beitrag vertreten, darunter etwa Alexander Snyckers[1468], Gründer des Dolmetscher-Instituts an der Handelshochschule Leipzig.

Bis auf einen Artikel ist allen Beiträgen gemein, dass sie, wie bereits angedeutet, zuvor schon in Fachzeitschriften oder als Kongressbeiträge in der Vergangenheit veröffentlicht wurden. Dies wurde im Sammelband entsprechend vermerkt. Der älteste Beitrag stammt aus dem Jahr 1908. Zwei Beiträge entstanden in den Kriegsjahren 1916 und 1917. Der überwiegende Teil der Beiträge stammt aus den 1920er Jahren. Aus den Jahren 1930 bis zum Drucklegungsjahr 1932 datiert ungefähr eine Handvoll Beiträge. Fast die Hälfte der Beiträge wurde zuvor in den Fachzeitschriften *De Handelscorrespondent* oder *De Spiegel van Handel en Wandel* veröffentlicht. Etwa fünf Beiträge wurden aus dem Fachblatt *Zeitschrift für Handelswissenschaft*

ben (S. 228). Der Werbetext ist auf Niederländisch verfasst und wurde in den Ausgaben der Folgemonate wiederholt abgedruckt.

1468 Folgende Beiträge von Snyckers wurden in Messings Sammelband aufgenommen: Snyckers (1927a), (1927 b) (1928a), (1928d), (1928e). Nicht alle Beiträge werden in diesem Kapitel besprochen, da sie in der vorliegenden Arbeit an anderer Stelle behandelt werden.

und Handelssprache entnommen. Die übrigen Beiträge wurden zuvor in anderen wirtschaftsorientierten oder neuphilologischen Zeitschriften sowie in Kongressberichten zum kaufmännischen Bildungswesen veröffentlicht. Die Beiträge hatten unterschiedlichen Umfang: Manche umfassten nur wenige Seiten, der umfangreichste knapp achtzig Seiten.

Messing traf für seinen Sammelband eine gezielte Auswahl. So wird der Leser im Untertitel des Werks entsprechend informiert: »Eine Auswahl von kleineren und grösseren Beiträgen über Wert und Bedeutung, Erforschung und Unterweisung der Sprache des wirtschaftlichen Verkehrs«[1469]. Die dominierenden Themen der Beiträge waren Wirtschaftsgeschichte und Sprachgeschichte in ihrer untrennbaren Entwicklung und damit verbunden etymologische Studien zu Wirtschaftstermini. Zudem wurden in den Beiträgen der kaufmännische Briefstil, Sprachwissenschaft und Wirtschaftswissenschaft in ihrer gegenseitigen Abhängigkeit, die Ausgestaltung des wissenschaftlichen Sprachunterrichts im kaufmännischen Bildungswesen mit seinen Desiderata, einschließlich der Schaffung von entsprechenden Institutionen, sowie der Mangel an Fachwörterbüchern am Markt thematisiert. Da sich die jeweiligen Themenkomplexe zum Teil überschneiden, ist es schwierig, sie klar voneinander zu trennen.

Die Forschungsmöglichkeiten auf dem Gebiet der sich etablierenden Wirtschaftslinguistik waren äußerst vielfältig und stets interdisziplinär, d.h. die Wirtschaftslinguistik vereinte unter ihrem Dach sprachliche, wirtschaftliche und kulturelle Aspekte in verschiedenen Dimensionen: sprachgeschichtlich, auf die gegenwärtige berufliche Sprachpraxis bezogen, sprich fachsprachlich, und institutionell. Letzteres war m.E. ein wesentliches Thema, weil bei Erscheinen des Werks im Jahr 1932 nur wenige angemessene institutionelle Einrichtungen existierten, um den Forschungsansprüchen an die Wirtschaftslinguistik zu genügen. Für Deutschland kann in diesem Zusammenhang die Errichtung der beiden Sprachlehrstühle an der Handelshochschule Leipzig im Jahr 1929 sowie die Gründung des ersten Dolmetscher-Instituts an der Handelshochschule Mannheim im Jahre 1930 genannt werden. In diesen Beispielen ist es gelungen, den fremdsprachlichen Unterricht im kaufmännischen Bildungswesen auf Hochschulniveau zu heben, im Mannheimer Fall ab 1911 sogar mit einer sprachwissenschaftlichen Lehreinrichtung. 1937 sollte dann auch an der Handelshochschule Leipzig ein Dolmetscher-Institut errichtet werden (vgl. 2.6, 2.7).

Womöglich war der institutionelle Mangel ein ausschlaggebender Beweggrund, den Sammelband *Zur Wirtschafts-Linguistik* zu veröffentlichen: Die Gemeinschaft der Sprachlehrer und andere Zuständige im kaufmännischen Bildungswesen sollten auf den Kraftakt, der zur Gründung von Institutionen, die eine systematische wissenschaftliche Erforschung der Wirtschaftssprache erst möglich machten, eingeschworen werden und zur Forschung in diesem Bereich motiviert werden. Dies sollte erreicht werden, indem aufgezeigt wurde, welche Studien im wirtschaftssprachlichen Bereich bisher angestellt wurden und einer Vertiefung und Erwei-

1469 Messing (1932: 3). Ohne Seitenangabe im Original.

terung bedurften, wenn der fremdsprachliche Unterricht im kaufmännischen Bildungswesen nicht den Anschluss an die sich wissenschaftlich exponentiell entwickelnden – und finanziell geförderten – wirtschaftlichen Fächer im Rahmen des Studiums an Handelshochschulen verlieren sollte. Außerdem richtete sich der Sammelband an potenzielle Geldgeber aus Wirtschaft und Industrie, denen der Nutzen dieser neuen Forschungsrichtung vor Augen geführt werden sollte.

In der Einleitung zu dem Sammelband beschreibt Messing das nahezu unerschöpfliche Forschungspotenzial der Sprachwissenschaft in Kombination mit der Wirtschaftswissenschaft sowohl als abstrakte als auch als angewandte Wissenschaft und betont dabei die internationale Dimension der Wirtschaftslinguistik:

> »Die Wirtschaftslinguistik dient der Menschheit, indem sie die sprechend-denkenden Menschen aufzeigt als Glieder einer zunächst national-, dann aber auch international geknüpften Kette und sie erforscht und lehrt die Methoden, mittels derer wir die verschiedenen Völker aus ihrer Nationalkultur heraus verstehen und würdigen lernen.«[1470]

Messing folgert daraus, dass die Wirtschaftslinguistik als solche Wissenschaft der Völkerverständigung und mehr noch der Selbsterkenntnis diene, denn die Beschäftigung mit fremden Sprachen und ihren Kulturen führe zur Reflexion über das eigene Land und lasse einen Vergleich zwischen einzelnen Ländern zu.

Mit einem werbenden Aufruf an potenzielle – ideelle und finanzielle – Förderer der neuen Wissenschaftsdisziplin Wirtschaftslinguistik schließt Messing seine Einleitung:

> »Wer diese für erstrebenswert hält, unterstütze jene.«[1471]

Als Zielgruppe des Sammelbandes sollten sich alle Befürworter der neuen Wissenschaftsdisziplin angesprochen fühlen: sowohl Wissenschaftler als auch Geldgeber.

Im Folgenden werden ausgewählte Beiträge, die für die vorliegende Arbeit relevant sind, aus dem Werk Messings herausgegriffen. Sie zeigen etwa den Bedarf an Institutionen für die neue Forschungsdisziplin um 1930 auf und weisen auf das Fehlen geeigneter Fachwörterbücher in dieser Zeit am Markt hin. In einem Beispiel sollen etymologische Forschungen zur Wirtschaftssprache skizziert werden. (Vgl. 3.1.16).

2.5.6.1.1 Bedarf an Institutionen für die neue Forschungsdisziplin

Sieben Beiträge in dem von Messing herausgegebenen Sammelband thematisieren die Notwendigkeit, institutionelle Einrichtungen zur Förderung des Fremdsprachenunterrichts im kaufmännischen Bildungswesen, vornehmlich auf der obersten Ebene, den Handelshochschulen, zu schaffen[1472]. Dabei beschäftigen sich die Autoren nicht nur mit der institutionellen, sondern auch mit der methodischen Ausge-

1470 Ibid, S. 6.
1471 Ibid.
1472 Sechs Autoren in dem Sammelband befassen sich mit diesem Thema. Ein weiterer Autor kommentiert einen Beitrag von Messing zu diesem Thema.

staltung des Sprachunterrichts bzw. des Sprachstudiums an Handelshochschulen. Drei von den sieben Beiträgen sind von Messing selbst verfasst.

Messings erster Beitrag zu diesem Thema *Handelssprachliche Forschung und sprachkundlicher Handelsunterricht* wurde zum ersten Mal 1921 in der Fachzeitschrift *Deutsche Handelsschul-Lehrer-Zeitung* veröffentlicht.

Messing stellt darin seine Initiative vor, einen *Verein für sprachkundlichen Handelsunterricht (Vereeniging voor taalkundig handelsonderwijs)* in den Niederlanden gegründet zu haben, der 1921 durch eine königliche Verfügung, also von oberster staatlicher Stelle, legitimiert wurde. Laut Satzung verfolgte der Verein zwei Ziele: Zum einen »die Förderung des Studiums der Handelssprache und die Schaffung einer breiten Grundlage sprachkundlich orientierter Handelskunde für den Unterricht in der Handelssprache«[1473], zum anderen »die Erleichterung des Studiums der Handelssprache für die künftigen Dozenten an Anstalten für den Handelsunterricht«[1474].

Der Weg zu diesem Ziel sollte über folgende vier Punkte führen. 1) Herausgabe einer Zeitschrift, in der Material für das Studium der Handelssprache zusammengetragen wird. Dabei handelte es sich um die seit 1924 erschienene Zeitschrift *De Spiegel von Handel en Wandel,* die aus der seit 1871 bestehenden Fachzeitschrift *De Handelscorrespondent* hervorging. 2) Der Verein sollte finanzielle Unterstützung bei der Publikation von Werken zur Verfügung stellen, die »bedeutsames Material (...) für das Studium der Handelssprache« lieferten. 3) Zudem sollte der Verein finanzielle Unterstützung für Forschungsarbeiten zur Handelssprache gewähren, und 4) Vorlesungen und Kurse veranstalten.[1475]

Messing führt in seinem Text weiter aus, dass er seit vielen Jahren bemüht sei, der Sprachwissenschaft im Studium an den Handelshochschulen den ihr gebührenden Platz zu erkämpfen. Rückenwind bekam er von Philologen verschiedener niederländischer Universitäten (Amsterdam, Groningen, Leiden, Utrecht), die Messing zustimmten, dass angewandte Sprachwissenschaft Teil des Fächerkanons der Handelshochschulen sein sollte, und zwar als Lehrfach in der von Messing vorgeschlagenen Form mit dem Titel *Sprachkundliche (linguistisch-historische) Handelsbeschreibung.*

Das Arbeitsprogramm dieses Lehrfachs unterteilt Messing in drei Abschnitte 1) Materialsammlung, 2) berufssprachliche Forschung, 3) Handelsunterrichtliche Verwertung der gesicherten Ergebnisse der Sprachforschung und beschreibt diese im Detail:

Zu Punkt 1: Die Materialsammlung sollte ausdrücklich einen praxisorientierten Ansatz verfolgen und sich auf Beschreibungen von Arbeitsvorgängen im Handelsgewerbe konzentrieren, die in der Fachzeitschrift *De Handelscorrespondent* veröffentlicht werden sollten. Es wurde darauf Wert gelegt, dass in diesen Beschrei-

1473 Messing (1921: 77).
1474 Ibid.
1475 Ibid.

bungen geschäftsübliche Benennungen verwendet wurden, deren »praktische, moderne Bedeutungen« erläutert werden sollten.

Zu Punkt 2: Die berufssprachliche Forschung war gemäß Messing die wichtigste Komponente des Lehrfachs. Einleitend betont Messing, dass die Methode dieser Forschung nicht von den sprachwissenschaftlichen Methoden im Allgemeinen divergiert. Als zentralen Forschungsgegenstand dieses Lehrfachs sieht Messing jedoch die bedeutungsgeschichtliche Untersuchung:

> »Es muß also angestrebt werden die Ermittlung der Vorstellung, die ein berufssprachlicher Ausdruck bei seinem ersten Auftreten andeutete. Man wird dabei wahrscheinlich sehr häufig auf kultur-, handels-, verkehrs- und rechtsgeschichtlich bedeutsame Erscheinungen stoßen. Der ermittelten Grundvorstellung wäre dann nachzugehen, zu untersuchen, warum der betreffende Ausdruck sich dazu eignete, gerade diese Vorstellung wiederzugeben (Vergleichende Untersuchung). Die weitere Untersuchung hätte festzustellen, ob und wann neue Vorstellungselemente zu der ursprünglichen Vorstellung hinzutreten oder alte verdrängt werden. (...) Die Kenntnis des Anwendungsgebietes der modernen berufssprachlichen Äußerung ermöglicht dann einen zusammenhängenden geschichtlichen Rückblick, so daß man also die heutige berufliche Vorstellung, die ein moderner Berufsausdruck festhält, in ihrem Werden und Wachsen aufzuzeigen imstande wäre.«[1476]

Messing beschreibt hier terminologische Forschungen, die sich auf die Inhaltsseite eines Terminus und seiner Verwendung in der Vergangenheit beziehen und führt dabei vor Augen, wie wichtig es für das Verständnis eines Terminus ist, seine inhaltliche Seite zu kennen. Auffallend ist Messings Hinweis auf die Verknüpfung der Ausdrücke mit Fachgebieten, etwa des Handels und des Rechts, was sie zu Fachausdrücken macht. Als Nutzen dieser terminologischen Erkenntnis nennt Messing in Punkt 3 seines Beitrags die Verwertung der Forschungsergebnisse im Unterricht. Diese Forschungen sollten in erster Linie zur Geistesbildung der Studierenden an Handelshochschulen und universitären wirtschaftswissenschaftlichen Fakultäten beitragen, denen ein hoher Stellenwert im Rahmen der Ausbildung im kaufmännischen Bildungswesen und vor allem an Handelshochschulen zukam:

> »Die bedeutungsgeschichtliche Untersuchung handelssprachlicher Ausdrücke führt zur Feststellung und Entdeckung bleibender oder sich wandelnder Vorstellungen dessen, der diese Ausdrücke in der Ausübung seines Berufes braucht. Die Untersuchung der berufssprachlichen Äußerungen des Kaufmannes ergäbe also die Feststellung kaufmännischer Vorstellungen. Da diese Vorstellungen, wie wir wissen, von dem Augenblicke an, wo sie geäußert wurden, durch diese Äußerung festgehalten werden, so liegt es auf der Hand, daß eine Zusammenfassung dieser Vorstellungen möglich [ist], und es kann keinem Zweifel unterliegen, daß es die Aufgabe der angewandten Sprachwissenschaft ist, die Sammlung dieser Berufsvorstellungen auch tatsächlich vorzunehmen. Diese Aufgabe wird ein dringendes Postulat da, wo die Sprachwissenschaft die Möglichkeit sieht, zu der geistigen Ausbildung derer beizutragen, für die die Kennt-

1476 Ibid, S. 78–79. Hervorhebung im Original.

nis kaufmännischer Vorstellungen von der allergrößten Wichtigkeit ist, der Handelshochschüler und der Studierenden einer wirtschaftswissenschaftlichen Fakultät.«[1477]

Die von Messing angeführte Methode zu bedeutungsgeschichtlichen Untersuchungen von Termini lehnen sich m. E. eng an Ausführungen des Begründers der Philologie, Friedrich August Wolf an, der 1807 in seinem die Philologie als Altertumswissenschaft konstituierenden Werk bedeutungsgeschichtliche Untersuchungen der Wörter anregte (vgl. 2.1.1.6). Es ist wahrscheinlich, dass Messing durch die Anlehnung an die in Philologenkreisen allgemein anerkannten philologischen Grundsätze des Fachbegründers versuchte, Akzeptanz für die neuartigen philologischen, d. h. fachsprachlichen, Forschungsmethoden in den Reihen der etablierten Alt- und Neuphilologen zu erlangen. Denn diese standen dem neu entstehenden Bereich in der Philologie, der vom Bedarf gefordert wurde (vgl. 3.1.7), abschätzig gegenüber. Messing kommt in dem angeführten Beitrag zu dem Schluss, dass jeder der von der Methodik der berufssprachlichen Forschung erfährt, erkennen muss, dass die Sprachwissenschaft in der kaufmännischen Ausbildung eine führende Rolle spielen muss, nämlich dort, »wo eine Einführung in kaufmännisches Wissensgebiet verlangt wird.«[1478] Er weist zudem darauf hin, dass das von ihm geforderte Lehrfach sowohl für das kaufmännische als auch das sprachliche Fachgebiet förderlich ist und impliziert dabei die untrennbare Verbindung zwischen Sache und Fachsprache:

> »(...) da gerade die Sprachwissenschaft an erster Stelle dazu da ist, Zusammenhänge durch Aufhellung der sprachlichen Äußerungen deutlich zu machen. Es folgt hieraus also, daß die handelssprachliche Untersuchung Vorgänge des Handels deutlich zu machen imstande ist, und zwar, (...) durch die Ermittlung der beruflichen Vorstellungen. Vergegenwärtigt man sich dazu noch, daß die Kenntnis der Vorstellung, die eine sprachliche Äußerung festhält, das Haupterfordernis ist für die Beherrschung der sprachlichen Äußerung, so wird man leicht einsehen, daß die Vorteile der in ihrem Kern hier entfalteten sprachkundlichen Handelsbeschreibung nicht nur auf handelskundlichem Gebiete liegen, sondern ebensosehr auf sprachlichem (...).«[1479]

Messing argumentiert an dieser Stelle aber auch, um Kaufleute von dem Nutzen der neuen Forschungsdisziplin zu überzeugen: Die Sprache sollte eine den Handel unterstützende Aufgabe übernehmen. Sie sollte sich vornehmlich – auch dem kaufmännischen Bildungswesen geschuldet – nur im Rahmen des kaufmännischen Arbeitsgebietes und seiner sprachlichen Realität bewegen. Zum Tragen kam somit auch der praxisorientierte Ansatz im kaufmännischen Bildungswesen, der ebenfalls in den Anfängen des Handelshochschulwesens fest verankert ist (vgl. etwa 2.4.4.1). Diesen Praxisbezug führten Kritiker aus Universitäten oft als Argument gegen die Wirtschaftslinguistik ins Feld, sprachen der sich etablierenden Disziplin

1477 Ibid, S. 79. Hervorhebung im Original.
1478 Ibid, S. 80.
1479 Ibid, S. 80–81. Hervorhebung im Original.

ihr Forschungspotenzial ab und erstickten sie im Keim, obwohl – oder gerade weil – sie selbst bar jeder Kenntnis von der Problematik des neuen Forschungsgebiets waren.

Unterstützt in seinem Vorhaben, die Wirtschaftslinguistik zu etablieren, wird Messing von Oberregierungsrat Prof. Dr. Theodor Blum, der in Cöthen im kaufmännischen Bildungswesen wirkte und in der Redaktion der Fachzeitschrift, in der Messings Beitrag 1921 erschien, verantwortlich zeichnete. Im Rahmen dieser Funktion entstand Blums Stellungnahme zu Messings Beitrag.

Blum lobt, dass Messing auf eine Lücke im Lehrplan der deutschen Handelshochschulen aufmerksam mache und betont, dass Messing zur Förderung des sprachwissenschaftlichen Studiums an Handelshochschulen nicht nur fundierte Forderungen aufgestellt, sondern in den Niederlanden sogar praktische Maßnahmen zur Erreichung der formulierten Ziele ergriffen habe. Blum begrüßt das niederländische Vorbild und ermuntert Fachkreise in Deutschland, es nachzuahmen. Blum zeigt aber auch Probleme auf, die die wünschenswerte Entwicklung des neuen Lehrfachs hemmen können: Zum einen erwies sich die wirtschaftliche Lage der Länder bei der Schaffung eines Fachorgans als Hindernis, zum anderen schwang in Blums Ausführungen die Problematik mit, dass es zu jenem Zeitpunkt noch kein klares Berufsprofil für die entsprechenden Aufgaben gab, und es zudem generell unklar war, welche Forschungsrichtung sich dem neuen Forschungsgebiet überhaupt zuwenden sollte: eher die wirtschaftswissenschaftliche oder die philologische? Dies deutet m. E. auf die Herausforderung des neuen komplexen interdisziplinären Forschungsgebietes hin und berührt zudem Fragen, die bis heute strittig sind:

> »Dabei ist zu bedenken, dass es sich um die Zusammenarbeit von wirtschaftlich unterrichteten Sprachwissenschaftlern und sprachlich interessierten Handelswissenschaftlern handelt. Ein eigenes selbständiges Organ für diesen Zweck zu gründen, erscheint vorläufig unmöglich. Schon aus wirtschaftlichen Gründen. Dann aber besonders deshalb, weil erst ein größerer Kreis von Fachleuten für diese neuen Aufgaben gewonnen werden muß. Zurzeit kann also nur eine schon bestehende philologische oder handelswissenschaftliche Zeitschrift in Frage kommen. Die Wahl, ob Anschluß nach der einen oder der anderen Seite hin gesucht werden soll, wird davon abhängen, ob die Pläne Dr. Messings mehr bei Philologen oder bei Handelswissenschaftlern Anklang finden. (...) Außerdem ist das Ziel der von Dr. M[essing] eingeleiteten *neuen* Bewegung weniger eine Verbreiterung und Vermehrung philologischer Erkenntnisse (...) als vielmehr die Anwendung neuer Methoden handelswissenschaftlicher Forschung und Belehrung und die Förderung vertiefter und harmonischer Kaufmannsbildung.«[1480]

Blum weist darauf hin, dass sich in Deutschland seit der Jahrhundertwende – also etwa seit Gründung der Handelshochschulen in Deutschland – Tendenzen zugunsten einer »sprachkundlich orientierten Handelskunde« abzeichneten und nennt

1480 Blum (1921: 82). Hervorhebung im Original.

Beispiele einschlägiger Publikationen. Dennoch seien an deutschen Handelshochschulen bisher insgesamt zu wenige Initiativen ergriffen worden, um die sprachwissenschaftliche Forschung der handelswissenschaftlichen Forschung nutzbar zu machen. Mögliche Forschungsgebiete sieht Blum etwa in der Werbelehre oder bei Markennamen. Blum bekräftigt, dass der Lehrplan einer Handelshochschule ein Fach zur Handelssprache umfassen sollte, das systematisch die kaufmännische Terminologie (»Wort- und Begriffsinventar«) »teils wortkundlich, teils entwicklungsgeschichtlich und vergleichend wissenschaftlich« behandelt.[1481]

Weiter führt Blum aus, warum im Sprachunterricht an Handelshochschulen eine Lücke entstanden ist: Die meisten Handelshochschulen weigerten sich, das Traditionsfach des kaufmännischen Bildungswesens Handelskorrespondenz in den Lehrplan aufzunehmen, zumindest in der Form von Musterbriefen, wie sie vielerorts gängig waren. Messings Vorschlag sollte dazu dienen, diese Lücke im Lehrplan der Handelshochschulen zu schließen. Eine damit verbundene Problematik war – neben den finanziellen Problemen – eine personelle, denn qualifizierte Dozenten, sprich handelswissenschaftlich oder handelssprachlich geschulte Sprachlehrer, gab es nicht, weil es ja auch keine entsprechende Ausbildungsmöglichkeit gab[1482].

Ergänzend zu Messings Vorschlag lenkt Blum den Blick einerseits auf fachsprachliche Forschungen im Bereich der Handelswissenschaften, die er bereits in einem Beitrag von 1916 anregte, und andererseits auf Forschungen, die zeigen, »wie kaufmännische Fachausdrücke in das allgemeine Volks- und Sprachbewusstsein eindringen«.[1483]

Ein weiterer von Messing verfasster Beitrag in dem Sammelband *Zur Wirtschafts-Linguistik* war ein Vortrag mit dem Titel *Die Sprachwissenschaft auf der Handels-Hochschule als Wissenschaft von der Nationalkultur der Völker*, den er auf dem *Ersten Internationalen Kongress für Handels-Hochschulunterricht* in Lüttich im Jahr 1930 hielt. Messings Thema war erneut die Fürsprache für die Förderung des fremdsprachlichen Unterrichts an Handelshochschulen und seine Hebung auf wissenschaftliches Niveau durch die Schaffung entsprechender Lehrstühle.

Zu Beginn seines Vortrags macht Messing deutlich, dass wirtschafswissenschaftlich orientierte Hochschulen wissenschaftliche Zwecke verfolgen, die der Praxis dienen. Wie Messing ausführt, ist die Betonung des Praxisbezugs dieser Hochschulen auf deren Gründer aus der Wirtschaftspraxis, die als Geldgeber fungieren, zurückzuführen. Um den Ansprüchen der Praxis zu genügen, forderten Finanziers von Handelshochschulen häufig Fremdsprachen als Bestandteil des Curriculums an Handelshochschulen. Die Verantwortlichen der Handelshochschulen hingegen begegneten diesem Wunsch, wenn überhaupt, in der Regel nur mit einer Schmalspurkonzeption des fremdsprachlichen Unterrichts an Handelshochschulen, da der

1481 Ibid, S. 82–83.
1482 Ibid, S. 83–84.
1483 Ibid, S. 84–85.

Lehrplan der wirtschaftswissenschaftlichen Fächer einen vertieften wissenschaftlichen Unterricht in Fremdsprachen aus zeitlichen Gründen nicht erlaube:

> »Indem diese Hochschulen dekretieren, daß dem unter dem Druck der Praxis eingefügten Fremdsprachunterricht der wissenschaftliche, jedenfalls der wirtschaftswissenschaftliche Charakter abzusprechen ist, schaffen sie sich ein lästiges Problem mit einigen Schreibbewegungen vom Halse.«[1484]

Messing erachtet dieses »Gebaren« als durch und durch unwissenschaftlich. Nicht übersehen werden sollte m.E. in diesem Zusammenhang, dass seit Messings Initiative im Jahr 1921, in den Niederlanden einen Verein zu gründen, um dort den fremdsprachlichen Unterricht an Handelshochschulen auf wissenschaftliches Niveau zu heben, inzwischen fast zehn Jahre vergangen waren. Erfolge, den fremdsprachlichen Unterricht aufzuwerten, wurden somit in den Niederlanden in diesem Zeitraum nicht erzielt. Es gab höchstens in anderen Ländern Einzelinitiativen, die Messing lobend in seinem Vortrag erwähnt. Dabei handelte es sich um die Gründung des Dolmetscher-Instituts an der Handels-Hochschule Mannheim 1930 sowie um die Einrichtung ordentlicher sprachwissenschaftlicher Lehrstühle an der Handelshochschule Leipzig im Jahr 1929, die 1937 zur Gründung eines weiteren Dolmetscher-Instituts führten[1485].

Messing moniert, dass der Sprachwissenschaft im Fächerkanon der Handelshochschulen nicht die ihr angemessene Rolle zugestanden werde, obwohl Handelshochschulen seit der Jahrhundertwende vor dem Hintergrund eines zunehmend international ausgerichteten Wirtschaftslebens mit dem Ziel gegründet wurden, auf wissenschaftlicher Basis Nachwuchskräfte auszubilden, die den Anforderungen in den zunehmend komplexen nationalen und internationalen wirtschaftlichen Bereichen entsprechen:

> »Überblicken wir die Berufe, für welche die Wirtschafts-Hochschule eine wissenschaftliche Ausbildung verschaffen soll, so können wir an den Hochschulen, die der Sprachwissenschaft die ihr gebührende Stellung *nicht* einräumen, als erstes feststellen: Es fehlt der sprachpsychologisch geschulte Verhandlungsführer, bezw. sein Ersatzmann, der sprachpsychologisch geschulte Dolmetsch! Der Auslandsvertreter fehlt, es

1484 Messing (1930a: 117).

1485 Ibid, S. 118 und 122. Vermutlich erfuhr Messing von der Gründung des Dolmetscher-Instituts in Mannheim, das Anfang Juli 1930 gegründet wurde, erst auf dem Kongress direkt von Glauser, der ebenfalls auf dem Kongress anwesend gewesen sein muss. Die diesbezügliche Information fügte Messing nachträglich als Fußnote in seinen Vortrag ein: »Herr Prof. Glauser bringt die erfreuliche Nachricht von der Gründung eines Dolmetscher-Instituts a. d. Handels-Hochschule Mannheim.« Erst in der Ausgabe vom 25.11.1930 der Fachzeitschrift *De Spiegel van Handel en Wandel* erschien ein Artikel zur Gründung des Dolmetscher-Instituts an der Handels-Hochschule Mannheim (»Die Bedeutung und Tätigkeit des Dolmetschers.«, vgl. N.N. (1930a)). Vgl. 2.6, 2.7.

fehlt der selbständige, hoch qualifizierte Auslandskorrespondent und es fehlt schließlich der Lehrer der Wirtschaftssprache.«[1486]

Messing prangert zudem die Verantwortlichen der meisten Handelshochschulen an, die ungerechte und wissenschaftlich unmoralische Entscheidungen zum Nachteil der sprachwissenschaftlichen Fächer treffen. Hingegen aber »anderen Wissenschaften wie Geschichte, Erdkunde etc. wohl durch Errichtung ordentlicher Lehrstühle mit zugehörigen Bibliotheken die Gelegenheit verschaff[en], sich auf die Bedürfnisse der Wirtschaftswelt umzustellen.«[1487]

Messing kritisiert zudem, dass die meisten Handelshochschulen die internationale Dimension in ihren Lehrplänen ausklammern. Dies führe im internationalen Warenaustausch zu Nachteilen, denn nicht nur der kalkulatorisch bedingte, sondern auch der sprachlich bedingte Preis beeinflusse die Entscheidungen eines Käufers. Messing bezieht sich damit auf verkaufsbestimmende Faktoren wie etwa überzeugende Verkaufsgespräche oder die Anfertigung von schlagkräftigen Werbetexten. Weiter führt er aus, dass dabei stets die Ansprüche (»Vorstellungen von dem, was erstrebens- und begehrenswert ist«[1488]) der Zielgruppe berücksichtigt werden sollten. Die Aufgabe der Sprachwissenschaft an Handelshochschulen sieht Messing daher wie folgt:

»Sie [Sprachwissenschaft] hat dem Studenten der Wirtschaftswissenschaften die Vorstellungswelt, die Bewußtseinsinhalte der sprechenden Menschen, der künftigen Verbraucher, zu erschließen. Seit jeher ist der Schlüssel dazu die Sprache.«[1489]

Die Sprache speichere laut Messing die gesamte Kultur eines Landes und die Gefühle der Menschen, die dort leben. Das Sprachstudium an Handelshochschulen sollte nicht an der Oberfläche verharren, sondern ein tiefes Verständnis für Menschen anderer Länder und der dazugehörigen Kulturspezifika fördern. Die Forderung nach einer solchen »nationenwissenschaftlichen Ausbildung«[1490] kamen, wie Messing aufzeigt, aus Fach- und Wissenschaftskreisen und diese Forderung konnte Messing zufolge nur von der Sprachwissenschaft erfüllt werden:

»Da drängt sich nun unmittelbar die Frage auf: Welche an den Wirtschafts-Hochschulen gelehrte Disziplin soll diese Aufgabe übernehmen? Die theoretische oder praktische allgemeine Oekonomie? Die Rechtswissenschaft? Die Geographie? Die Geschichtswissenschaft? Sie haben schon mehr als genug mit ihren eigenen Objekten zu tun und können nun nicht als neues wissenschaftliches Forschungs-Objekt die englische, die französische, die deutsche, oder eine andere Nation, ein ganzes Volk, unter ihre Lupe nehmen. Sie hätten obendrein auch nicht die wissenschaftliche Berechtigung dazu. Denn die Nationen, die verschiedenen Völker, sind seit vielen Jahrzehnten bereits

1486 Messing (1930a: 117–118). Hervorhebung im Original.
1487 Ibid, S. 118.
1488 Ibid, S. 120.
1489 Ibid. Hervorhebung im Original.
1490 Ibid, S. 121.

das Objekt der Sprachwissenschaft, die sich bei ihrer Forschung genau wie andere Wissenschaften zahlreicher Hilfswissenschaften bedient! Recht, Sitten, Gewohnheiten, politische, soziale und wirtschaftliche Organisation, kurz: die gesamte Kultur eines jeden Volkes in ihrem dauernden Wandel und zeitweiligen Bestand liegt stets bearbeitungsreif in ihrem laut- und schriftsprachlichen Ausdruck vor uns.«[1491]

Diese Art von Sprachstudium bezeichnet Messing als »zielbewusst« und setzt es mit »wissenschaftlich vertiefter sprachlicher Ausbildung« gleich. Messing verweist darauf, dass diese Art von Sprachstudium, also das nationenwissenschaftliche Sprachstudium, bereits an der Handelshochschule Berlin formuliert wurde, bevor die von ihm zitierten Quellen aus dem Jahr 1929 mit der Forderung nach einem derartigen Studium aufkamen[1492]. Dass diese Art von Studium bereits 1914, also fünfzehn Jahre zuvor, von seinem Urheber Anton Palme, der neben seiner Tätigkeit am SOS auch an der Handelshochschule Berlin tätig war, formuliert und postuliert wurde, übergeht Messing (vgl. 2.2.3.3). Er schließt seinen Vortrag mit dem durchdringenden Appell, angesichts der zunehmenden internationalen Wirtschaftsbeziehungen, ordentliche Lehrstühle für ein nationenwissenschaftlich ausgerichtetes Sprachstudium zu schaffen.[1493]

Messing liefert einen weiteren Beitrag in dem Sammelband mit dem Titel *Zum ›Worte‹*, den er 1930 als Vortrag auf dem *Internationalen Kongress für Handels-Hochschulunterricht* hielt. Darin wiederholt er, dass sich das sprachwissenschaftliche Studium an Handelshochschulen auf den wirtschaftlichen Verkehr der Völker ausrichten müsse. Er wendet aber ein, dass an vielen Handelshochschulen – im Besonderen bezieht er sich vermutlich auf die Handelshochschule Rotterdam, an der er wirkte – bedauerlicherweise nur eine nationale Dimension aller Studienfächer zu erkennen sei. Zudem werde das sprachwissenschaftliche Studium moderner Sprachen häufig als purer Luxus erachtet oder nicht einmal als wissenschaftlich anerkannt, da die Allgemeinheit nur ein sprachwissenschaftliches Studium herkömmlicher Weise, also ein sprachhistorisch ausgerichtetes, als vollwertig akzeptiere (vgl. 2.1.1).

Zur Widerlegung dieser Auffassung bedient sich Messing einiger Quellen, die bekräftigen, dass das Studium moderner Sprachen gleichberechtigt neben dem Studium altphilologischer Prägung stehen darf. Erneut stellt er dabei heraus, dass das sprachwissenschaftliche Studium an Handelshochschulen ein vertieftes Studium der jeweiligen Landeskultur mit allen ihren Ausprägungen zum Gegenstand haben muss.[1494]

1491 Ibid, S. 121–122. Hervorhebung im Original.

1492 Messing bezieht sich damit auf den IK 1929 in Amsterdam, Kalverams dort gehaltenen Vortrag sowie auf eine Quelle aus Großbritannien (vgl. 2.5.5.1).

1493 Vgl. Messing (1930a: 122–123).

1494 Vgl. Messing (1930b: 125–127).

Im Sammelband *Zur Wirtschafts-Linguistik* wurden auch Beiträge von dem Sprachwissenschaftler Arnold Schröer abgedruckt. Schröer war Anglist und während seiner Laufbahn Professor an der Handelsakademie in Wien und an den Universitäten in Freiburg und Köln.

In seinem Beitrag *Handels-Hochschule und Sprachwissenschaft,* der 1921 in *De Handelscorrespondent* als Erstdruck erschien, beschäftigt sich Schröer ebenfalls mit dem Thema Sprachwissenschaft an Handelshochschulen.

Schröer steigt mit der heftig diskutierten Streitfrage in seinen Aufsatz ein, ob an den in den vergangenen Jahrzehnten gegründeten neuen Hochschultypen in Deutschland nach wissenschaftlichen Methoden gearbeitet werde:

> »Da die reine Wissenschaft an sich keine andere Aufgabe haben kann, als die, »die Wahrheit zu erforschen«, und zwar zunächst ohne Rücksicht auf ihre praktische Verwertbarkeit, hat sich vielfach die begreifliche, aber deshalb nicht weniger *verkehrte* Vorstellung in manchen Köpfen eingenistet, als ob jene neueren Hochschultypen, die schon in ihren Namen einen Hinweis auf die künftigen Berufsgattungen der meisten ihrer Studenten enthalten, die technischen Hochschulen, Bergakademien, land- und forstwirtschaftlichen Hochschulen, Handels-Hochschulen, Verwaltungshochschulen u. a. m., in ihrem fachwissenschaftlichen Betriebe wesentlich *verschieden* wären von unseren altbewährten Universitäten. Der Nimbus, der unsern Universitäten schon in ihrem Namen etwas von dem romantischen Zauber altehrwürdiger Institutionen des Mittelalters verleiht, ist unleugbar ein gewichtiger Faktor in der öffentlichen Meinung.«[1495]

Schröer stellt heraus, dass es – ebenso wie an den neu gegründeten Hochschulen – durchaus auch Aufgabe der Universitäten sei, Nachwuchskräfte für die Berufspraxis auszubilden, etwa Mediziner, Juristen oder Lehrer. Jede Fachrichtung habe ihre speziellen praktischen Ziele und dies bedeute einen Kompromiss, der zwischen Lehre und Forschung gemacht werden müsse. Schröer zeigt am Beispiel der Medizin, dass sich selbst dieses universitäre Traditionsfach zu einem interdisziplinären Fach entwickelt habe, denn Fächer wie etwa Bota*n*ik, Mineralogie oder Zoologie bildeten Schnittpunkte mit dem Traditionsfach Medizin. Dies komme sowohl dem Fach Medizin zugute als auch seinen Studierenden, die sich den Methoden dieser benachbarten Fachgebiete öffnen müssten. Nicht zuletzt würden die auf diesen Fachgebieten gemachten Erkenntnisse ihre Arbeit als Mediziner bereichern:

> »(...) denn jede Wissenschaft ist unendlich und greift mit tausend Fäden in die anderen hinein, und darin, in dieser *Gesinnung* liegt die wahre ›Universitas Litterarum‹, nicht in der Utopie, wirklich sämtliche denkbaren Einzelfächer an *einer* Hochschule vertreten zu sehen.«[1496]

Ähnlich verhalte es sich auch mit der Sprachwissenschaft an Handelshochschulen. Es gehe nicht darum, den Studierenden praktische Fertigkeiten einzupauken,

1495 Schröer (1921: 128). Hervorhebung im Original.
1496 Ibid, S. 129. Hervorhebung im Original.

sondern vielmehr darum, sprachliche Erscheinungen der Welt des Handels sprachwissenschaftlich zu betrachten:

> »Man wird zwar ebenso wenig wie für Mediziner Spezialfragen der Phytopaläontologie oder dgl. m., für Studenten der lebenden Fremdsprachen an Handels-Hochschulen eine eingehende Interpretation der gotischen Bibelübersetzung oder des altenglischen Beowulf oder des altfranzösischen Rolandsliedes (...) vornehmen, *wohl aber wird man ein vertieftes Verständnis der lebenden gesprochenen und literarischen sprachlichen Erscheinungen anbahnen*, zum sprachwissenschaftlich geschulten *Beobachten und Beurteilen* derselben anleiten, was natürlich nur auf Grund geschichtlicher Erkenntnis möglich ist.«[1497]

Schröer untermauert seine Aussagen zum Fremdsprachenunterricht an Handelshochschulen mit seinen Erfahrungen als Dozent der Englischen Sprache und Korrespondenz an der Handels-Akademie Wien und mit seinen Erfahrungen im Rahmen der Wörterbucharbeit, die er später – angeregt durch seine Tätigkeit in Wien – als Professor an der Universität Freiburg machte. Dabei hebt er hervor, wie schwierig es sei, sprachliche Ausdrücke und die ihnen zugrundeliegenden Begriffe unterschiedlicher Sprachen als Einheit zu betrachten. Dieses sprachliche Problem sei Schröer zufolge für alle Fachgebiete charakteristisch:

> »Wenn es (...) oft unendlich schwierig ist, die Schilderung eines technischen Verfahrens in einer fremden Sprache genau zu verstehen, so muß man dabei bedenken, daß die Schwierigkeit für einen Laien, der von der in Frage stehenden *Sache* nichts versteht, in seiner Muttersprache auch nicht geringer sein wird; man mag das *Wort*, mit dem eine Maschine, ein Werkzeug, eine Prozedur bezeichnet wird, zwar oft gehört haben und daher als *Wort* kennen: für das wirkliche *Verständnis* dessen, worum es sich handelt, nützt dies aber natürlich wenig. Welch heillosen Wust hat man in handelssprachlichen, technologischen und »enzyklopädischen« Wörterbüchern durch Jahrhunderte angehäuft – Worte! Worte! Worte! – ohne daß diese Sisyphusarbeit je zu befriedigendem Ende oder nur zu einigermaßen zuverlässiger Belehrung hätte führen können! Bloß aus der *wirklichen natürlichen Verwendung*, bloß aus der anschaulichen Vergegenwärtigung der Sache kann das *Wort*, das einzelne Wort sowie die Redensart, begriffen, verstanden, erlernt, angeeignet werden, und dies gilt ebenso von konkreten wie abstrakten Begriffen und ist das A und O jeder vernunftmäßigen Spracherlernung und Sprachbeherrschung. Daraus ergibt sich aber mit zwingender Notwendigkeit, daß nur derjenige, der sämtliche konkreten, abstrakten, sämtliche technischen, kaufmännischen, volkswirtschaftlichen u. s. w. *Begriffe* kennt, ihre *sprachliche Bezeichnung* in seiner Muttersprache oder in irgendeiner fremden Sprache wirklich kennen, oder richtiger gesagt: *verstehen* kann. Und daraus ergibt sich mit ebenso zwingender Notwendigkeit, daß weil *kein einzelner Mensch* sämtliche Begriffe, die die Welt des Handels oder die der Technik enthält, kennen *kann*, auch kein einzelner den *gesamten Sprachschatz* der Kaufleute oder der Techniker kennen kann!«[1498]

1497 Ibid, S. 130. Hervorhebung im Original.
1498 Ibid, S. 131–132. Hervorhebung im Original.

Schröer spricht die unter Laien vorherrschende Auffassung an, dass etwa ein Lehrer der Handelssprache »allen denkbarerweise auftauchenden Schwierigkeiten der Übertragung von einer Sprache in die andere gewachsen sein könnte«[1499] und widerlegt dies, indem er anführt, dass, sobald es um die Behandlung von Fachausdrücken gehe, etwa ein Studierender, der bei einer Tätigkeit mit einem Spezialgebiet eines Fachgebiets bereits in Berührung kam, einem Lehrer der Handelssprache mit philologischer Ausbildung oder einem Lehrer der Handelssprache mit wirtschaftswissenschaftlicher Ausbildung überlegen sei. Als Beispiele nennt Schröer Fachausdrücke australischer Silberminen oder des nordamerikanischen Fleischmarkts und führt weiter aus, dass es die Aufgabe des Handelssprachlehrers sei, sich in die zur Frage stehende Materie einzuarbeiten, »d. h. er müßte die *Sachen* erst selbst etwas kennen lernen, ehe er ein Urteil über die Bedeutung der *Wörter* gewinnen könnte«[1500].

Schröer selbst habe bei seiner Tätigkeit als Dozent an der Wiener Handels-Akademie bei der Unterrichtsvorbereitung für das Fach Handelskorrespondenz im Falle von ihm unbekannten Fachausdrücken sich zunächst bei Kollegen der technologischen oder handelstechnischen Fächer über die Sache informiert, bevor er wagte, die relevanten Fachausdrücke zu deuten. Damit spricht Schröer m. E. bereits 1921 Probleme des Fachübersetzens an, die heute noch aktuell sind. In jener Zeit mussten sich die Sprachlehrer der Handelshochschulen aber erst noch die Anerkennung ihres Faches als Hochschulfach und einen geeigneten institutionellen Rahmen für die Sprachwissenschaft im Rahmen der kaufmännischen Ausbildung an Handelshochschulen hart erkämpfen.

Das Fach Handelssprache erachtet Schröer als angewandte Sprachwissenschaft, die ohne die Existenz anderer Wissenschaften, die sie sprachlich streift, nicht denkbar sei:

> »Die »technische Sprache« oder die »Handelssprache« ist also auch kein irgendwie abgeschlossenes Gebiet, auch nicht etwa eine *selbständige* Wissenschaft: was daran *Wissenschaft* ist, ist und kann nur sein *angewandte* Sprachwissenschaft, die aber von allen anderen Wissenschaften, mit denen der jeweilige Fall sie in Berührung bringt, lernen muß, was die Sachen bedeuten, über die sie sprechen will. So hat die »technische Sprache« und die »Handelssprache« nach keiner Seite hin irgendwelche Grenzen; die Sprache ist so wie die Wissenschaften, die sie behandelt, *unendlich.*«[1501]

In seinen weiteren Ausführungen beleuchtet Schröer die Unterrichtspraxis im Fach Handelssprache. Üblicherweise würden im Unterricht allgemeine Probleme der Handelssprache behandelt. In spezifischeren Fällen sei die Konsultation von Kollegen der technischen oder kaufmännischen Fächer notwendig, um einen Sachverhalt richtig zu deuten und in eine andere Sprache zu übersetzen. Schröer zieht dabei eine Kompetenzgrenze zwischen Philologen, die für die sprachlichen Aspek-

---

1499 Ibid, S. 132.
1500 Ibid, S. 133. Hervorhebung im Original.
1501 Ibid. Hervorhebung im Original.

te zuständig seien, und Lehrern der wirtschaftswissenschaftlichen Fächer, die für die (handels-)fachlichen Aspekte im engeren Sinne zuständig seien. In diesem Zusammenhang spricht er auch die nicht unwesentliche Rolle des Sprachgebrauchs bei der Wahl von Ausdrücken an und weist darauf hin, dass sich Sprache – wie die Dinge, die sie beschreibt – in einem ständigen Wandel befinde:

> »Es ist nur eine *praktische* Begrenzung, wenn man sich im *Unterricht* im allgemeinen auf die mehr alltäglichen Erscheinungen und Vorkommnisse des technischen und kaufmännischen Lebens beschränkt; in jedem nicht alltäglichen Falle muß man bei den anderen Fachwissenschaften Belehrung suchen; das eigene Arbeitsgebiet, in dem der Lehrer der technischen oder kaufmännischen Sprache das *entscheidende* Urteil hat, ist nur das *philologische*, d.h. die Betrachtung des jeweiligen Falles vom *sprachlichen* Gesichtspunkt aus. Von diesem Standpunkt aus wird er zu entscheiden haben, ob ein Ausdruck richtig ist oder nicht; ja, er wird in vielen Fällen sagen müssen, eigentlich wäre dieser oder jener Ausdruck unrichtig und es wäre besser so oder so zu sagen, jedoch er ist nun einmal wie die geschichtliche Entwicklung erkennen läßt, üblich geworden, und *daher* vorderhand *richtig*, denn die Sprachgeschichte lehrt, daß es für Sprachrichtigkeit kein höheres Gesetz gibt als die Sprachüblichkeit. Hier ist es auch (...), wo ernste sprachliche Schulung an technischen und kaufmännischen Lehranstalten auch sprachlich *vorbildlich* und sprachschöpferisch wirken kann, indem sie sprach*erziehlich* die junge Generation beeinflussen kann; ist ja doch die Sprache der Technik oder des Handels nichts für alle Zeiten Festgefrorenes, sondern ein *Lebendiges*, sich täglich Weiterentwickelndes, dessen Leben und Entwicklung eben in den Händen der kommenden Generationen liegt.«[1502]

Schröer betont, dass das richtige Verhältnis zu Fremdsprachen auch an Handelshochschulen nur über die intensive Pflege der Muttersprache aufgebaut werden kann. Denn die Pflege der Muttersprache, geleitet durch die philologische Methode, festige das Denken eines Menschen. Unter philologischer Methode versteht Schröer, sprach- und kulturgeschichtliche Sprachstudien. Durch etymologische Untersuchungen werde die Sprachverwendung eines Wortes in seinen Entwicklungsstadien aufgezeigt, was wiederum zu einem besseren Verständnis eines Wortes oder Fachausdrucks in der Gegenwart sowie zur Vertiefung des Sprachgefühls und nicht zuletzt zu einer Geistesschulung führt. Diese profunden Sprachstudien könnten im kaufmännischen Bildungswesen aber nur im Rahmen eines philologischen Studiums angestellt werden, wobei der Fokus laut Schröer selbstverständlich nicht auf altphilologischen Studien liegen dürfe, also etwa auf Untersuchungen des Altdeutschen oder Altenglischen, sondern auf einer sprachlichen Vertiefung der »Sachen der *Handelswelt*«[1503].

Abschließend gibt Schröer einen Ausblick auf das zu etablierende Forschungsgebiet der angewandten Sprachwissenschaft an Handelshochschulen und stellt Desiderata auf, denen m.E. vor allem personell Grenzen gesetzt waren, denn die

1502 Ibid, S. 133–134. Hervorhebung im Original.
1503 Ibid, S. 135. Hervorhebung im Original.

Experten, die sowohl auf handelswissenschaftlichem als auch auf philologischem Gebiet ausgebildet sein sollten, waren – optimistisch ausgedrückt – rar gesät. Die Problematik der Ausbildung von Handelssprachlehrern war daher auch ein bestimmendes Thema auf den *Internationalen Kongressen* von 1929–1938 (vgl. 2.5.5). Schröer schwebten etwa »sachlich bewanderte« Personen vor, die nach sprachwissenschaftlicher Methode die jeweiligen Fachsprachen ihrer Arbeitsgebiete, etwa Handelswissenschaft oder Volkswirtschaft, untersuchten. Die Erkenntnisse aus dieser Forschung sollten Aufschluss über den »Sprachschatz und das Sprachleben« einer Landessprache geben und zudem spracherzieherische Wirkung haben. Damit bezog sich Schröer vermutlich auf die Tatsache, dass diese sprach- und landesbezogenen Studien auch Vergleiche zwischen Ländern zuließen und im besten Fall bei den Studierenden meinungsbildende Funktion haben sowie differenziertes Denken fördern sollten, so wie es bei den Handelshochschulgründungen als Bildungsziel gefordert wurde (vgl. 2.4.2).[1504]

Im Sammelband *Zur Wirtschafts-Linguistik* datiert aus dem Jahre 1922 der Beitrag *Der Bildungswert philologisch-handelssprachlicher Lehre an Handelshochschulen* von Leo Jordan. Jordan war Dozent für Französisch an der Handelshochschule München, die 1922, also im Jahr des Erstdrucks von Jordans Beitrag in der *Zeitschrift für Handelswissenschaft und Handelspraxis*, an die Technische Universität München integriert wurde (vgl. Tab. 7).

Jordan spricht zu Beginn seines Beitrags ein Problem an, das sich auch negativ auf das Niveau des Fremdsprachenunterrichts im kaufmännischen Bildungswesen auswirkte: die unterschiedliche Sprachbegabung der Schüler. Vor Ausbruch des Ersten Weltkriegs teilte Jordan seine Sprachkurse in zwei Gruppen: in interessierte Studierende und weniger interessierte Studierende. In der letzten Gruppe konzentrierte er sich im Unterricht auf Grammatik, mit Studierenden der ersten Gruppe behandelte er französische Schriftsteller und ausgewählte Inhalte französischer Zeitungen. Zudem bekam er an seine Seite einen französischen Muttersprachler mit Handelslehrerausbildung gestellt, um den Unterricht lebendiger und in der Fremdsprache zu gestalten. Jordan beklagt, dass dieses ihm ideal erscheinende Unterrichtsprinzip seit Ende des Ersten Weltkriegs nicht mehr praktikabel sei.

Eine gangbare Lösung sah Jordan jedoch in der Anwendung der Messing'schen Methode, die Handelssprache wort- und sachgeschichtlich zu betrachten, auch wenn dies einem Bruch mit der Tradition des Fremdsprachenunterrichts im kaufmännischen Bildungswesen gleichkomme und eine Neugestaltung desselben verlange. Jordans anfängliche Zweifel gegenüber der Messing'schen Methode, den fremdsprachlichen Unterricht an Handelshochschulen, wo sämtliche philologischen Kenntnisse fehlten, sprach-, sach- und begriffsgeschichtlich auszurichten, wurden zwar zerstreut, dennoch wendet er ein, dass das historische Interesse der Handelshochschüler, deren Hauptstudienfächer Wirtschaft und Handel sind, nicht besonders groß sei. Zudem orientiere sich das Handelshochschulstudium an der

1504 Ibid, S. 134–135.

Praxis, was es mitunter schwierig mache, kritischen Stimmen begreiflich zu machen, welchen Nutzen ein Studierender der Handelswissenschaft von einem solchen sprachgeschichtlichen Wissen haben soll.

Hier schließe sich ein weiteres Problem des fremdsprachlichen Unterrichts an, denn Jordan betont, dass der sprachwissenschaftliche Unterricht an Handelshochschulen »nur nebenbei«, also als Nebenfach konzipiert sei. Jordan sah das Ziel des fremdsprachlichen Unterrichts darin, den Studierenden Begriffe durch sprachgeschichtliche Studien näherzubringen und weist darauf hin, dass ein solcher wie von Messing vorgeschlagener Fremdsprachenunterricht eine enge Zusammenarbeit zwischen Philologen und ihren Kollegen der Handels-, Volks- und Rechtswissenschaft voraussetze.[1505]

An verschiedenen Beispielen zeigt Jordan auf, wie die Messing'sche Unterrichtsmethode angewandt werden kann und welche Erkenntnisse sie zutage fördert. Sprachhistorische Untersuchungen der Fachausdrücke würden etwa Bedeutungsverschiebungen belegen und somit das Verständnis nicht nur für den Fachausdruck fördern, sondern auch einen Einblick in die Denkweise der Völker gewähren. Jordan spricht in diesem Zusammenhang von einem Durchdenken von Zusammenhängen.[1506]

Abschließend mahnt Jordan, dass ein nach der Messing'schen Methode konzipierter Fremdsprachenunterricht an Handelshochschulen nur mit entsprechend ausgebildetem Personal möglich sei. Damit spricht er, wie bereits an anderen Beiträgen in dem Sammelband gezeigt wurde, ein Hauptproblem an, das die Fortentwicklung des fremdsprachlichen Unterrichts an Handelshochschulen hemmte: die mangelnden Ausbildungsmöglichkeiten für philologisch und handelswissenschaftlich geschulte Handelssprachlehrer.[1507]

Zum Thema Sprachunterricht an Handelshochschulen wurde auch der Beitrag von Alexander Snyckers *Fremdsprachen an Universitäten und an Handelshochschulen*, 1928 in der *Zeitschrift für Handelswissenschaft und Handelspraxis* als Erstdruck erschienen, in den Sammelband aufgenommen.

Snyckers bezieht sich zu Beginn seines Beitrags auf die Spezialisierung und Differenzierung von Wissensgebieten und sieht dies m. E. unausgesprochen einhergehend mit Entwicklungen in der Berufswelt. Auch Universitäten seien seiner Meinung nach einem inneren Wandel unterworfen, denn so sei zum Beispiel die traditionelle Philosophische Fakultät der Universität Leipzig um eine Naturwissenschaftliche Abteilung erweitert worden. Diese Entwicklung sieht er als innere Weiterentwicklung von bereits an der Universität vorhandenen Fakultäten. Mit Recht sei für den Bereich des Handels und der Wirtschaft eine besondere Hochschulform gegründet worden: die Handelshochschulen. Diese seien Fachhochschulen, die sich jedoch wie die Universitäten seriöser wissenschaftlicher Forschung widmen

1505 Vgl. Jordan (1922: 190–191).
1506 Ibid, S. 194.
1507 Ibid, S. 197.

und für die Wirtschaftsberufe Nachwuchs ausbilden. Snyckers übergeht hier m.E. die Tatsache, dass zu jener Zeit mancherorts Handelshochschulen bereits in Universitäten eingegliedert wurden, was meist mit finanziellen Problemen nach dem Ersten Weltkrieg zusammenhing (vgl. Tab. 7).[1508]

Das Hauptthema in Snyckers' Beitrag ist die Sprachwissenschaft, die an Universitäten aus geschichts- und kulturwissenschaftlicher Perspektive erforscht werde und sich dadurch vor allem der Literatur und Philosophie zuwende. Die Sprachwissenschaft erweitere im Rahmen des Studiums an Handelshochschulen ihr Betätigungsfeld durch den internationalen Handel. Dabei scheint es für Snyckers ein besonders wichtiges Kriterium zu sein, dass die Sprachwissenschaft an der Handelshochschule in einer Institution eingebettet ist, die der Sprachforschung ein bestimmtes Fachgebiet zuweist und damit die Voraussetzung gegeben ist, dass sich die Studierenden mit diesem Fachgebiet auseinandersetzen können, bevor sie sich der sich darauf beziehenden Sprachforschung widmen:

> »(...) es ist unmöglich, die Wirtschaftssprache mit ihrem Reichtum an Fachausdrücken unter Berücksichtigung der handelsrechtlichen Bestimmungen und Verkehrsgebräuche fremder Länder zu lehren oder zu verstehen, wenn man sich nicht schon vorher mit den Einzelheiten des Handels und der Wirtschaft vertraut gemacht hat. Wir finden also, (...) daß die Wirtschaftssprache nur dort gelehrt werden kann, wo die Voraussetzungen für ihr Verstehen gegeben sind, und das ist eben nur an der Handelshochschule der Fall.«[1509]

Snyckers nennt vier Ziele, die der – von ihm sogenannte – »fachsprachliche Unterricht« an Handelshochschulen verfolgen sollte:

1. Ausbildung von Kaufleuten und Wirtschaftsführern: Dieser Zielgruppe, für die internationale Wirtschaftsbeziehungen zunehmend wichtig seien, sollte eine sprachliche Ausbildung geboten werden, die ihr einen Einblick in handels- und handelsrechtbezogene Bestimmungen und Einrichtungen fremder Länder gewährte. Außerdem sollten die Studierenden befähigt werden, sich die nötige Informationsgewinnung über Auslandsmärkte auf Basis fremdsprachlicher Originalquellen zu verschaffen.
2. Ausbildung von Auslandskorrespondenten: Diese Studierenden sollten in die Lage versetzt werden, »Briefe handelstechnischen Inhalts einwandfrei in der Fremdsprache abzufassen«[1510].
3. Ausbildung von Handelssprachlehrern: Eine Ausbildungsmöglichkeit für diese Berufsgruppe fehlte laut Snyckers, denn Neuphilologen wurden an der Universität ausgebildet, ohne die Möglichkeit, sich auf die Handelssprache zu spezialisieren. Für Lehrpersonal des fremdsprachlichen Unterrichts an Handelshochschulen sei es aber geboten, sich mit der Handelssprache und den Begriffen der Wirtschafts- und Rechtswissenschaften auseinanderzusetzen.

1508 Vgl. Snyckers (1928e: 300).
1509 Ibid, S. 301.
1510 Ibid, S. 302.

4. Erforschung der fremden Wirtschaftssprache: Erforschung der Terminologie des Handels und des Rechts, auch um sprachliche Missverständnisse bei internationalen Verhandlungen zu vermeiden.

Entsprechende Einrichtungen zur Förderung des fremdsprachlichen und fachbezogenen Unterrichts an Handelshochschulen, so Snyckers, könnten den Mangel an notwendigen Ausbildungsprofilen und dringend benötigten Nachwuchskräften in den geschilderten Bereichen beheben. Snyckers betont abschließend, dass sich der Sprachunterricht an Handelshochschulen nur voll entfalten könne, wenn er sich innerhalb der fachlichen Grenzen der Handelshochschule bewege, also innerhalb der Fächer, die an Handelshochschulen vermittelt werden.[1511]

2.5.6.1.2 Bedarf an Fachwörterbüchern

Zwei Beiträge in dem Werk *Zur Wirtschafts-Linguistik* behandeln den Ist-Stand von Fachwörterbüchern in den 1920er Jahren und sich daraus ergebende (Forschungs-) Desiderata. Es handelt sich dabei um Auszüge aus dem 1926 in der *Festschrift zum 20. Neuphilologentag* erschienenen Beitrag *Mitarbeit der Schule am Wörterbuch* von Arnold Schröer, Anglistikprofessor an der Universität Köln. Schröer wirkte viele Jahrzehnte seiner beruflichen Laufbahn als Dozent für Englisch an der Wiener Handels-Akademie und der Kölner Handelshochschule, aus der nach dem Ersten Weltkrieg im Jahr 1919 die Kölner Universität hervorging (vgl. Tab. 7).

Außerdem behandelt der Beitrag von Alexander Snyckers *Unzulänglichkeit fremdsprachlicher Wörterbücher*, der 1928 in *De Spiegel van Handel en Wandel* erschien, ebenfalls den Mangel an Fachwörterbüchern am Markt.

Schröer zeigt zu Beginn seines Beitrags die Problematik einer fehlenden Ausbildungsmöglichkeit für Sprachlehrer an Technischen und Wirtschaftlichen Schulen auf. In diesen Institutionen werde der Sprachunterricht entweder sogenannten »praktischen Sprachlehrern« übertragen, denen methodische und didaktische Lehrgrundsätze fehlten, um den Schülern und Studierenden ein Textverständnis zu vermitteln oder Philologen, die zwar methodisch geschult seien, denen aber die einschlägigen Fachkenntnisse in Technik und Wirtschaft fehlten. Zur Behebung dieser fachlichen Lücke sei die Nachfrage nach Wörterbüchern verständlich. Bisher sei sie aber nicht befriedigt worden:

> »Man hat nun wohl schon vielfach und schon seit lange (sic!) unsre allgemeinen Wörterbücher auch mit Ausdrücken der verschiedenen technischen Disziplinen, des Handels des Eisenbahnwesens, des Rechts, der Medizin usw. usw. vollgestopft, aber wo die direkte Anschauung d.h. die jeweils in Betracht kommende Fachkenntnis fehlt, ist das Ergebnis meist ein Danaergeschenk; denn noch viel mehr als bei den Ausdrücken des allgemeinen Sprachgebrauchs, bei denen man öfter wenigstens zur Not den ungefähren Sinn erraten kann, gilt hier das Gesetz, daß im allgemeinen nur aus den Beispielen der Verwendung der wirkliche Sinn abzuleiten ist, wozu aber noch die besondere Vorbedingung kommt, daß dem Laien, dem die behandelte Sache selbst

1511 Ibid, S. 303.

> fremd ist, auch mit der genauesten Übersetzung kein wirkliches Verständnis vermittelt wird.«[1512]

Schröer skizziert einige Versuche zur Erstellung von Fachwörterbüchern und geht dabei auch auf das sogenannte Technolexikon ein, das unter der Ägide des *Vereins Deutscher Ingenieure* erstellt wurde. Wie Schröer als Gutachter des Werkes feststellen musste, schlug das Unternehmen aber fehl:

> »(...) konnte ich natürlich nur die unendlich nutzlos vergeudete Arbeit beklagen, an der außer einigen zur Kontrolle etwa verwertbaren Sammelheftchen und Geschäftskatalogen oder Preislisten nichts mehr zu retten war.«[1513]

In seinem Gutachten machte Schröer folgenden Vorschlag für eine fruchtbare zukünftige Wörterbucharbeit:

> »Zunächst beschränke man sich auf weniges W i c h t i g e (sic!) und auf E r r e i c h b a r e s. Nicht theoretisch, und zwar n a c h f a l s c h e r T h e o r i e »theoretisch«, »A l l u m f a s s e n d e s« erstreben, sondern p r a k t i s c h, d.h. nach richtiger Theorie in höherem Sinne praktisch, E r f ü l l b a r e s in Angriff nehmen!«[1514]

Schröer schlägt demnach vor, sich bei der Wörterbucharbeit auf ein bestimmtes Fachgebiet zu beschränken. Dieses sollte auf der Basis eines Fachbuchs, das Quellen für praxisrelevante Beispielsätze liefern könne, terminologisch für die drei Sprachen Deutsch, Französisch und Englisch erschlossen werden. Der Autor stellte sich dabei vor, dass die Übersetzungen etwa ein im Ausland tätiger »deutscher Spezialist«[1515] liefern könne. Besonders aus dem *Verein Deutscher Ingenieure*, einem Sammelbecken für fähige Techniker, sollten entsprechende Spezialisten gewonnen werden:

> »Er [*Verein Deutscher Ingenieure*], aus dessen Kreisen alljährlich zahllose an unsern berühmten deutschen technischen Hochschulen wohlgeschulte Ingenieure ins Ausland gehen, könnte leicht je einen Spezialisten finden, der innerhalb Jahresfrist, ja fast in Mußestunden im Verkehr mit seinen Kollegen in Frankreich und England, wo er gerade in Stellung ist, solch ein enzyklopädisches Handbüchlein zutreffend mit englischen und deutschen Parallelversionen versehen könnte.«[1516]

Aus heutiger Sicht, wo Wörterbucharbeit weitgehend professionell und methodisch fundiert erfolgt, zeigen sich hier nicht nur die kruden Anfänge eines Zweiges der Fachbuchbranche, sondern es fällt auch auf, dass eine Tätigkeit, die fundiertes Fachwissen voraussetzt, selbst von zuständigen Universitätsprofessoren aus Mangel an qualifiziertem Personal romantisch verklärt wurde: Es verwundert nicht, dass Laien in ihren Mußestunden nicht das erwünschte Ergebnis der Wörterbuch-

---

1512 Schröer (1926: 136–137). Hervorhebung im Original.
1513 Ibid, S. 137.
1514 Ibid. Hervorhebung im Original.
1515 Ibid.
1516 Ibid, S. 139.

arbeit zutage förderten. Auch an diesem Beispiel zeigt sich einmal mehr, dass philologische Kenntnisse im Allgemeinen herabgewürdigt wurden (und häufig heute immer noch werden).

Das wirtschaftslinguistische Studium sollte auch für den von Schröer geschilderten Bereich zur Ausbildung von qualifizierten Experten beitragen, an die hohe Ansprüche in Bezug auf Fachkenntnis und sprachliche Präzision gestellt werden konnten. Ein Großteil der von Schröer in den Fokus gerückten Ingenieure, die sich an der Wörterbucharbeit beteiligen sollten, entbehrten meist jeder sprachlichen Sensibilität, abgesehen davon, dass ihnen das fachliche Rüstzeug für terminologisches Arbeiten fehlte. Vermutlich ist genau dies der Grund dafür, warum Schröer von den Herausgebern eines illustrierten Technik-Wörterbuchs, die er zur Wörterbucharbeit beriet, nichts mehr hörte. Denn möglicherweise haben sich die Spezialisten aus Technik und Wirtschaft bei der Wörterbucharbeit nicht bewährt oder festgestellt, dass sie ihre Mußestunden nicht derartigen Strapazen opfern möchten.

Schröer lässt in seinem Beitrag aber auch wiederholt anklingen, dass aufgrund mangelnder Erfahrungen in diesem Bereich, Versuche zur Erstellung von Wörterbüchern nicht unterlassen werden sollten, wobei, wie er einräumt, zur inhaltlichen Wörterbuchgestaltung durchaus schon fundierte Überlegungen angestellt wurden. Etwa, wenn Schröer darauf hinweist, dass in den jeweiligen Sprachen begriffliche Nuancen existieren, was zur Problematik führt, dass »ein Wort der einen Sprache sich nicht durch ein völlig mit ihm sich deckendes der andern Sprache ersetzen läßt«[1517]. Schröer schlägt daher vor, in solchen Fällen Beispielsätze anzuführen und zudem übergeordnete Fachgebiete in kleinere – möglicherweise überschaubarere – Fachgebiete zu untergliedern[1518]. Zudem weist er auf den Vorteil von »Anschauungsmaterial« in technischen Wörterbüchern hin. Gleichzeitig räumt er aber ein, dass visuelles Erklärungsmaterial in Wörterbüchern zu Recht und Wirtschaft hingegen nicht funktioniere[1519]. Gerade diese Bereiche seien aber durch den zunehmenden internationalen Warenverkehr immer wichtiger und auch erklärungsbedürftiger geworden[1520].

Schröer erachtet Wörterbucharbeit als Gemeinschaftswerk zwischen Praxis und Lehre und ermuntert in diesem Zusammenhang Fremdsprachenlehrer im kaufmännischen Bildungswesen dazu, mit ihren Schülern Beispielsätze für Wörterbuchsammlungen beizusteuern[1521].

Mit Blick auf die Vergangenheit und den bis zu jenem Zeitpunkt gesammelten Erfahrungen im Bereich der Wörterbucharbeit – deren Mühen häufig vergebens waren – fordert Schröer nachdrücklich dazu auf, Wörterbucharbeit in Zukunft gemeinschaftlich und systematisch zu gestalten. Als organisierendes Gremium

1517 Ibid, S. 138.
1518 Ibid, S. 137 und S. 141.
1519 Ibid, S. 141.
1520 Ibid, S. 142.
1521 Ibid, S. 143.

schlägt er den Neuphilologenverband vor, der sich zum Ziel gesetzt hat, die lebenden Fremdsprachen zu fördern[1522].

Auch Alexander Snyckers schrieb zum Thema Wörterbucharbeit einen Beitrag, der 1928 in der Fachzeitschrift *De Spiegel von Handel en Wandel* zum ersten Mal erschien. Messing nahm diesen Beitrag 1932 in seinen Sammelband *Zur Wirtschafts-Linguistik* auf. Snyckers' Beitrag besticht durch eine stringente und klare Beschreibung seiner Gedanken. Zudem ließ er in seinen Beitrag seine eigenen Erfahrungen einfließen, die er in seiner Laufbahn als Übersetzer machte.

Er beklagt, dass sich die fremdsprachliche Ausbildung auf die Vermittlung der Allgemeinsprache beschränke. Laut Snyckers werde der »Allgemeinheit nur die Kenntnis der jeweiligen Umgangssprache des fremden Landes« vermittelt. Er stellt dieser großen Allgemeinheit eine kleine Gruppe entgegen, die »auf engem Fachgebiet mit der Fremdsprache in Berührung kommt« und daher dringend verlässliche Wörterbücher benötige. Das dabei auftretende Problem sei, dass die am Markt vorhandenen Wörterbücher fachlichen Zwecken nicht annähernd genügten, selbst wenn sie etwa für Kaufleute empfohlen werden. Snyckers bescheinigt diesen Produkten (und damit deren Machern) eine große »Unkenntnis der Fachausdrücke« der Wirtschaftssprache. Wie Schröer konstatiert auch Snyckers, dass dieser Missstand aus wirtschaftlichen Interessen unbedingt beseitigt werden müsse. Eine zufriedenstellende Lösung könne Snyckers zufolge aber »nur auf Grund gewissenhafter, ausdauernder, wissenschaftlicher Arbeit« erreicht werden. Gleichzeitig räumt er ein, dass Wörterbücher, die auf dieser Basis erstellt werden, zwar zuverlässig, aber niemals lückenlos sein werden.[1523]

Snyckers untermauert seinen Eindruck von mangelhaften Wörterbüchern am Markt mit einer Art Rezension eines nicht näher spezifizierten deutsch-französischen Wörterbuchs. Er entnimmt diesem Einträge, die laut der Verfasser zum Thema Wechsel- und Konkursrecht hilfreich sein sollen. Snyckers Untersuchungen widerlegen jedoch dieses Versprechen der Wörterbuchhersteller.

Snyckers resümiert, dass das Hauptproblem der am Markt vorhandenen Wörterbücher, die häufig in Bezug auf Fachgebiete falsche Angaben enthalten, vor allem darin liege, dass wichtige Bedeutungen ausgelassen werden. Die vorhandenen Produkte am Markt könnten somit bei der Wahl einer treffenden Übersetzung nicht ausreichend unterstützen[1524]. Richtungsweisend führt Snyckers anhand von Beispielen an, wie ein hilfreiches Fachwörterbuch gestaltet werden könnte, indem er Wörter und ihre verschiedenen Bedeutungen mit Kurz-Kontexten anführt. Snyckers' Fazit ist kurz und prägnant: Die am Markt vorhandenen Wörterbücher sind nicht nur verbesserungs- sondern auch ergänzungswürdig[1525].

1522 Ibid, S. 146.
1523 Vgl. Snyckers (1928d: 287).
1524 Ibid, S. 287–289.
1525 Ibid, S. 291.

2.5.6.1.3 Exkurs: Verknüpfung von Sprach- und Wirtschaftsgeschichte – Ein Beispiel

Nahezu die Hälfte der Beiträge im Sammelband *Zur Wirtschafs-Linguistik* sind etymologische Untersuchungen zur Wirtschaftsterminologie. Als Ergänzung soll an dieser Stelle ein Beispiel angeführt werden, das aufzeigt, dass Sprach- und Wirtschaftsgeschichte in wirtschaftlichen Fachausdrücken ineinandergreifen und voneinander untrennbar sind.

Die Erforschung der Wortbedeutungen im Rahmen der Wirtschaftslinguistik hatte den Zweck, die Verwendung eines in der Gegenwart üblichen Terminus aus seiner Entwicklungsgeschichte heraus zu erhellen. Dadurch sollte nicht nur das terminologische Verständnis, sondern auch der Bildungswert im fremdsprachlichen Unterricht im kaufmännischen Bildungswesen gefördert werden (vgl. 3.1.19).

Der Beitrag *King Dollar und sein Zeichen*, der 1924 zum ersten Mal in der Fachzeitschrift *De Handelscorrespondent* veröffentlicht wurde, erläutert die Entstehung und Entwicklung des Dollars und des Dollarzeichens. Letzteres entstand jedoch erst einige Jahrhunderte nach der Entstehung der Münze.

Nach dem Ersten Weltkrieg wurde der US-Dollar zur weltbestimmenden Währung. Um der Bedeutung dieser Währung gerecht zu werden, stellt der Autor etymologische Untersuchungen an.

Die Geschichte des Dollars beginnt in Tirol Ende des 15. Jahrhunderts, wo Erzherzog Sigismund 1484 sogenannte *Güldengroschen* prägen ließ, die verglichen mit vorhandenen Münzen, qualitativ hochwertiger und handlicher waren. Aufgrund dieser Eigenschaften zogen andere Herrscher in Europa mit entsprechenden Münzproduktionen nach und die *Güldengroschen* verbreiteten sich über ganz Europa.[1526]

1519 wurden die *Güldengroschen* in Böhmen durch die Silbererträge des Bergwerks Joachimsthal der Grafen Schlick verbessert. Dies war die Geburtsstunde des *Joachimsthalers*. Die Münze wurde im Sprachgebrauch bald nur noch *Thaler* genannt. Aufgrund seiner guten Qualität war der *Thaler* bis etwa 1630 in fast ganz Deutschland anerkanntes Zahlungsmittel. Durch die ausgeprägte Handelstätigkeit der Deutschen gelangte der *Thaler* ins Ausland, etwa nach Skandinavien, Spanien, Frankreich und England, wo er in gleicher Gestalt, Wert und Gewicht im Laufe der Zeit als Landeswährung übernommen wurde. 1553 wird er zum ersten Mal in England als *daler* erwähnt.

Holländer und englische Kolonisten nahmen den *daler* (auch *doler* oder *dollar*) im 17. Jahrhundert mit nach Nordamerika. Zu jener Zeit war dort der spanische Peso zu 8 Realen das übliche Zahlungsmittel, denn Spanien und Portugal konnten mit ihren Silbermengen aus ihrem Kolonialgebiet in Lateinamerika wuchern und fluteten die silberärmeren Länder Europas mit ihren Münzen.[1527] So wurde der Peso, auch spanischer Taler genannt, als Zahlungsmittel in den nordamerikanischen Kolonien üblich. 1782 bezeichnete der spätere amerikanische Präsident der Vereinigten Staaten, Thomas Jefferson, den Dollar als die bekannteste Währung

---

1526 Vgl. Volckmann (1924: 186).
1527 Ibid, S. 187.

der Menschheit. 1792 wurde der Dollar als offizielle Währung in den Vereinigten Staaten anerkannt.

Das Dollarzeichen rührt von der Prägung des Urtyps des Dollars her und ihrer Abbildung in der Buchhalterpraxis: Der in Nordamerika verbreitete spanische Peso, das 8-Realenstück, war der Urtyp des US-Dollars. Teil der Prägung auf dieser talergroßen Silbermünze war meist das spanische Staatswappen oder das Wappen von Kastilien und Leon, die jeweils von zwei Säulen umrahmt wurden. Sie versinnbildlichten die Säulen von Herakles, also der Straße von Gibraltar, die damals zu Spaniens Herrschaftsgebiet gehörte.[1528] Aus diesem Grund wurden diese Münzen auch als *pillardollars* bezeichnet.

Im kaufmännischen Schriftverkehr oder Rechnungswesen wurden die Münzen durch die Zahl 8 mit je einer vertikalen Linie links und rechts abgebildet: I8I. Durch unsauberes Schreiben entwickelte sich aus der 8 im Laufe der Zeit ein S und die beiden Linien an den Seiten verschoben sich nach innen auf das S. Auf diese Weise entwickelte sich schleichend durch den handschriftlichen Gebrauch das nun weltweit bekannte Dollarzeichen: $. Der Autor resümiert:

> »Sonach ist der Dollar seinem Namen nach ursprünglich deutsch, von England überseeisch vermittelt, von Spanien ausgeprägt und von der Union [den USA] als Währung übernommen, die ihm ein allerdings verzerrtes, aber echt amerikanisch praktisches Zeichen gab, das für die gesamte Handelswelt im Laufe des 19. Jahrhunderts Gemeingut geworden ist.«[1529]

Das Euro-Zeichen, mit seinen zwei horizontalen Linien, lehnt sich m.E. an das Dollarzeichen an, wobei die beiden Querstriche im E die Stabilität des Euros versinnbildlichen sollen[1530].

2.5.6.1.4 Zur Fachzeitschrift *De Spiegel van Handel en Wandel*

Die niederländische Fachzeitschrift *De Spiegel van Handel en Wandel* (SHW) war das Nachfolgeblatt der seit 1871 erschienenen Fachzeitschrift *De Handelscorrespondent*[1531]. Ab April 1924 erschien *De Spiegel van Handel en Wandel* monatlich. Im

1528 Ibid, S. 188.

1529 Ibid, S. 189.

1530 Vgl. https://de.wikipedia.org/wiki/€.

1531 Die Zeitschrift *De Handelscorrespondent* entstand aus einem 1871 entstandenen Handbuch zur Handelskorrespondenz mit Handelsbriefen in vier Sprachen (Niederländisch, Französisch, Hochdeutsch und Englisch), das von Jan Bos herausgegeben wurde unter Mitarbeit von vier Redakteuren, die jeweils für eine der genannten Sprachen zuständig waren. Für die Französische Sprache zeichnete etwa P. Gauthier verantwortlich, der nicht mit seinem Namensvetter, Paul Gautier (ohne h), dem späteren Gründer und Leiter des Sprachendienstes im Auswärtigen Amt, verwechselt werden sollte. Die erste Ausgabe dieses Werkes, die im Katalog der Niederländischen Nationalbibliothek als Digitalisat erhältlich ist (https://www.kb.nl), umfasste einen Teil mit Handelsbriefen, die in die vier angegebenen Sprachen übersetzt wurden, sowie einen Teil mit einer zu den Handelsbriefen gehörenden Vokabelliste. Aufgrund von Kriegsverlusten ist nur eine sehr spär-

Katalog der Niederländischen Nationalbibliothek wird das Erscheinen der Zeitschrift bis 1944 angegeben. In Deutschland sind in sehr wenigen Bibliotheken die Bände von 1924 bis 1934 vorhanden. Den folgenden Untersuchungen liegen die in der Universitätsbibliothek Leipzig vorhandenen Bände von 1925 bis 1934 zugrunde.

Der Hinweis, dass die Zeitschrift aus dem Fachblatt *De Handelscorrespondent* hervorging, findet sich bis zur letzten konsultierten Ausgabe Mitte der 1930er Jahre auf der Titelseite. Zudem werden die Jahrgangsnummern jener Zeitschrift weiterhin fortlaufend angegeben. Möglicherweise hat dies damit zu tun, dass *De Handelscorrespondent* ein anerkanntes Traditionsfachblatt war und daher die Verbindung auf der Titelseite während des gesamten Erscheinens von *De Spiegel van Handel en Wandel* ersichtlich bleiben sollte. *De Spiegel van Handel en Wandel* wurde im Verlag Staal & Co., der in Rotterdam ansässig war, gedruckt. Die Zeitschrift erschien in niederländischer Sprache und richtete sich somit in erster Linie an ein niederländisches Publikum. Die redaktionelle Gesamtverantwortung des Blattes lag in den Händen von Ewald E. J. Messing, der zuvor bei *De Handelscorrespondent* für die Redaktion der Deutschen Abteilung zuständig war und – wie der Titelseite von *De Spiegel van Handel en Wandel* zu entnehmen ist – als Dozent an der Handelshochschule Rotterdam wirkte. Auch die für die einzelnen Rubriken zuständigen Redakteure waren Lehrer im kaufmännischen Bildungswesen in den Niederlanden. Die meisten von ihnen waren an der Handelshochschule in Rotterdam tätig. Der zuständige Redakteur für die Deutsche Sprache war der Niederländer M. Eijkelenboom, Direktor einer höheren Handelsschule in Rotterdam. Er stand in den untersuchten Ausgaben durchgehend für diese Rubrik in Verantwortung.

---

liche Anzahl an Ausgaben dieser Fachzeitschrift in Deutschland erhältlich. Den wenigen in der Deutschen Nationalbibliothek in Leipzig erhältlichen Ausgaben aus dem Jahr 1921 ist zu entnehmen, dass sich das ursprüngliche Handbuch zu einem Monatsblatt entwickelte. Anfang der 1920er Jahre galt es als Traditionsblatt im kaufmännischen Bildungswesen, wobei die vorhandenen Ausgaben den Eindruck vermitteln, dass der Fokus nicht mehr wie ursprünglich im Handbuch auf handelssprachlichen Beiträgen lag, sondern auf allgemeinen Fachbeiträgen aus dem Handelswesen. Zudem gab es für die genannten Sprachen jeweils separate Abteilungen, was eine gewisse Spezialisierung in den einzelnen Sprachen andeutet. Die Titelseite der Februar-Ausgabe von 1922 informiert darüber, dass das Fachblatt die folgenden Handelssprachen beinhaltet: Niederländisch, Deutsch, Englisch, Französisch und Spanisch. Als Zusatz erfährt der Leser, dass das Monatsblatt »im Dienst der Handelspraxis und der Handelssprache« steht. Zudem wird angeführt, dass das Fachblatt das Organ des niederländischen *Vereins für sprachkundlichen Handelsunterricht* ist. Aus der Juni-Ausgabe von 1923 (S. 81–82) geht hervor, dass Messing Redakteur der Deutschen Abteilung war. Bereits 1923 rief Messing Philologen im Namen des *Vereins für sprachkundlichen Handelsunterricht* – im Rahmen eines Preisausschreibens – dazu auf, Arbeiten »zur Sammlung und sprachgeschichtlich-psychologischen Verarbeitung des Wortschatzes des heutigen deutschen Handels« einzureichen (vgl. *De Handelscorrespondent* (1923), Heft 6, S. 81)).

Zur Zielgruppe von *De Spiegel van Handel en Wandel* zählten in erster Linie niederländische Leser, vornehmlich angehende oder in der Praxis tätige Handelskorrespondenten. Die Zeitschrift richtete sich auch an niederländische Lehrer auf allen Ebenen des kaufmännischen Bildungswesens in den Niederlanden, denn sie enthielt auch aktuelle Informationen über einschlägige Lehrerverbände in den Niederlanden. Der Untertitel der Zeitschrift verrät, dass sich das Fachblatt »im Dienst der Praxis, des Unterrichts und der Wissenschaft«[1532] befand. Im Vergleich zum Vorgängerblatt *De Handelscorrespondent* erfuhr das Blatt somit eine Erweiterung auf den wissenschaftlichen Bereich und außerdem in Bezug auf das Angebot der Sprachen, wie weiter unten dargestellt wird[1533].

De Spiegel van Handel en Wandel war als sprachdidaktische Zeitschrift konzipiert. Sie enthielt Übungen und auch ehemalige Prüfungstexte des niederländischen Handelskorrespondentenexamens. Meist wurden darin etwa Probleme zur Grammatik, Lexik und Terminologie behandelt, oft in Verbindung mit Übersetzungen und ihren Erläuterungen. Der Inhalt der Texte war handels- und wirtschaftsbezogen. Die Beiträge wurden in der Regel auf verschiedene Ausgaben verteilt, häufig in Verbindung mit einer relevanten Aufgabenstellung, deren Lösung in der Folgeausgabe der Zeitschrift erschien. Der sprachliche Schwerpunkt der Zeitschrift tritt in den Rubriken zutage: 1925 gab es etwa Rubriken für die folgenden Sprachen: Niederländisch, Englisch, Russisch, Französisch, Deutsch, Niederländisch für Deutsche Muttersprachler, Spanisch, Schwedisch, Esperanto. Daneben gab es Rubriken, die die sprachlichen Tätigkeiten von Handelskorrespondenten begleiteten. Dazu gehörten Handels- und Büroverwaltungskenntnisse.

Landeskundliche Themen wurden in der Zeitschrift auch behandelt. Zu unterschiedlichen wirtschaftsbezogenen Themen, die jeweils in den relevanten Ländern wichtig waren, erschienen Texte in der jeweiligen Fremdsprache, etwa *La situation du marché aux céréales* oder *Amsterdam und Rotterdam als Tabakmarkt*[1534]. Ab Mit-

---

1532 Vgl. etwa SHW (1926), Heft 1, Titelseite. Im Original des Untertitels des Fachblattes wird Folgendes angeführt: »ten dienste van Practijk, Onderwijs en Wetenschap«.

1533 Dem Untertitel der Zeitschrift *De Handelscorrespondent* ist zu entnehmen, dass das Blatt im Dienst der Handelspraxis und der Handelssprachlehre stand (im niederländischen Original: »ten dienste van Handelspraktijk en Handelstaalstudie« (vgl. dazu etwa *De Handelscorrespondent* (1922), Heft 3, Titelseite). Die Änderung des Zeitschriftentitels ist sicherlich im Zusammenhang mit der wissenschaftlichen Erweiterung der übrigen Kernfächer im kaufmännischen Bildungswesen zu sehen. Zeitschriftentitel wie *De Handelscorrespondent* waren zu eng gefasst und eigneten sich nicht für die Entwicklung einer im Entstehen begriffenen wissenschaftlichen Disziplin, die ohnehin ein denkbar schlechtes Ansehen im Fächerkanon des kaufmännischen Bildungswesens genoss. Der neue Zeitschriftentitel sollte der wissenschaftlichen Dimension des neuen Fachs Rechnung tragen. Wirtschaftslinguistik stand somit für den wissenschaftlichen Teil des fremdsprachlichen Unterrichts im kaufmännischen Bildungswesen.

1534 Vgl. etwa SHW (1925), Heft 3, S. 20 oder SHW (1925), Heft 6, S. 12–13.

te 1925 traten zuweilen auch touristische Themen als Landeskundetexte auf. Sie waren als Werbung für bestimmte Orte intendiert.

Die Rubrik »Allgemeene en wetenschappelijke rubriek *Economische Linguistiek*« fällt bei der Rubrikenauflistung besonders auf[1535]. In dieser Rubrik zur Wirtschaftslinguistik wurden fast ausschließlich wissenschaftliche Beiträge in deutscher Sprache vor allem von Autoren aus Deutschland und Österreich, häufig sprachwissenschaftliche Lehrstuhlinhaber an Universitäten und Handelshochschulen, abgedruckt. Zum Teil handelte es sich dabei um Vorlesungsmanuskripte. In dieser Rubrik wurden auch Buchbesprechungen oder Rezensionen, besonders zu Wörterbüchern oder Lexika, vorgestellt[1536]. Die Bandbreite der thematischen Schwerpunktsetzung dieser Rubik war recht groß: Alle Themen waren handels- oder wirtschaftsbezogen, manche in sprachwissenschaftlicher, sprachgeschichtlicher oder wirtschaftsgeschichtlicher Hinsicht, andere hatten einen bildungspolitischen Hintergrund und zielten auf die Förderung von Institutionen zur Etablierung der Wirtschaftslinguistik als Wissenschaftsfach ab. Ab Ende 1928 wurden zunehmend Wörterbücher vorgestellt[1537]. Beiträge zu wissenschaftlichen Themen, wie oben skizziert nahmen ab und das Profil der Rubrik flachte ab, auch hinsichtlich der Themenvielfalt. Verbandsnachrichten, Auszüge aus Wörterbüchern, zum Teil touristische Informationen als landeskundliche Beiträge verkleidet[1538] oder die Vorstellung gewisser neuer technischer Errungenschaften[1539], die nicht in eine sprachwissenschaftliche Rubrik gehören, bestimmten die Rubrik neben vereinzelten einschlägigen Beiträgen[1540]. In einzelnen Ausgaben fehlte diese Rubrik sogar gänzlich. Über den Grund, warum das Niveau dieser Rubrik aus den ersten Jahren der Zeitschrift nicht gehalten bzw. weiter geschärft werden konnte, kann spekuliert werden. Vermutlich liegt einer der Hauptgründe darin, dass es an entsprechenden Fachleuten fehlte, die diese Rubrik gestalten und bereichern konnten. Am qualifizierten Personal mangelte es wiederum, weil es keine Forschungsinfrastruktur im fachsprachlichen Bereich gab[1541] – ein Teufelskreis, der sich fortsetzte und der nur in Einzelbeispielen kurz durchbrochen wurde, wie die Gründungen der Dolmetscher-Institute in Mannheim und Leipzig zwischen den Weltkriegen zeigen (vgl. 2.6, 2.7).

1535 Vgl. etwa SHW (1925), Heft 11, S. 262.
1536 Vgl. etwa SHW (1925), Heft 2, S. 23.
1537 Vgl. etwa SHW (1932), Heft 2, S. 126–127.
1538 Vgl. etwa SHW (1933), Heft 10, 638–640.
1539 Vgl. etwa SHW (1933), Heft 9, S. 572. Informationen zu Rasierapparat.
1540 Vgl. etwa SHW (1935), Heft 12, S. 766.
1541 Bezüglich des Personalmangels sollte auch berücksichtigt werden, dass einige Personen, die sich für die Wirtschaftslinguistik engagierten, Juden waren und nach 1933 u. a. mit beruflichen Restriktionen belegt wurden.

2.5.6.1.5 Ewald E. J. Messing – unermüdlicher Kämpfer für die Wirtschaftslinguistik

Bild 2: Ewald E. J. Messing, 1926
(Bildnachweis: De Spiegel van Handel en Wandel)

Ewald Eberhard Johannes Messing wurde am 06.04.1889 in Duisburg als Sohn eines Kaufmanns geboren. Von 1907 bis 1908 unterrichtete er an der Barlage'schen Handelslehranstalt Duisburg bis zu seinem Umzug nach München, wo er an der Universität zunächst als Zahnmedizinstudent immatrikuliert war, sich dann aber offiziell von 1909 bis 1911 einem Anglistischen Studium widmete und dieses auch abschloss. 1910 erhielt Messing die Zulassung als Gymnasiallehrer. 1911 wechselte er an die Universität Bonn, wo er 1913 im Fach Anglistik mit einem literaturwissenschaftlichen Thema promovierte.[1542] Vermutlich ging Messing direkt im Anschluss an seine Promotion an die Handelshochschule Rotterdam, die 1913 gegründet wurde[1543], wo er eine Stelle als Lehrer für die Deutsche Sprache antrat.

Wie aus den Unterlagen des Stadtarchivs Rotterdam hervorgeht, setzte sich Messing seit 1916 für die Hebung des Fremdsprachenunterrichts im kaufmännischen Bildungswesen auf wissenschaftliches Niveau ein. Das Studium der Fremdsprachen an Handelshochschulen sollte seiner Meinung nach als Fachsprachenstudium ausgestaltet werden, d.h. als Studium der Wirtschaftslinguistik, deren Namensgeber er war[1544].

1542 Vgl. Messing (1913). Darin Messings Lebenslauf.

1543 Vgl. Rohlfs (1994).

1544 Stadsarchief Rotterdam, »Archieven van de Nederlandsche Handels-Hoogeschool, sinds 1939 Nederlandse Economische Hogeschool (NEH) te Rotterdam,« 65, 678 Stukken betreffende een vraag van dr E.E.J. Messing aan het departement om invoering van economisch taalonderwijs en sociaal-economisch taal-, land- en volkenkunde, 1940–1941, Schreiben an Generalsekretär des Bildungsministeriums

Vermutlich übernahm Messing auch in dieser Zeit die Redaktion für die Abteilung *Deutsche Sprache* in der Fachzeitschrift *De Handelscorrespondent*[1545], die bereits seit 1871 existierte und 1924 mit ihm als Hauptredakteur in der Fachzeitschrift *De Spiegel van Handel en Wandel* aufging. Mit diesem internationalen Fachblatt an der Hand gelang es ihm, seine Bestrebungen über die Grenzen der Niederlande hinaus publik zu machen und einer Bewegung, die in Deutschland schon seit etwa 1900 im Gange war, Impulse zu geben.

In den Niederlanden gründete Messing verschiedene Vereine mit königlicher Verfügung, um sein Ziel zu erreichen, fachsprachliche Forschungen in den Fremdsprachenunterricht auf allen Ebenen im kaufmännischen Bildungswesen einfließen zu lassen. Zu nennen sind der in den Niederlanden 1921 gegründete *Verein für sprachkundlichen Handelsunterricht* (*Vereeniging voor taalkundig handelsonderwijs*)[1546] und der 1928 gegründete Verein *Niederländisches Zentral-Institut für Auslandskunde*, ebenfalls durch königliche Verfügung legitimiert[1547], der auf die Gründung einer *Hochschule für angewandte Wissenschaften* in den Niederlanden hinwirken sollte[1548]. Messings Engagement zur Förderung der zu etablierenden wissenschaftlichen Disziplin ging sogar so weit, dass er 1928 über den *Verein für sprachkundlichen Handelsunterricht*, dem er vorsaß, ein Preisausschreiben initiierte, das Philologen international dazu aufrief, sich an der wirtschaftslinguistischen Forschung gegen ein Preisgeld zu beteiligen[1549].

---

von Inspektor des Mittelstufenunterrichts (Inspecteur van het middelbaar onderwijs), 06.09.1940.

1545 Vgl. Messing (1921: 77–78). An zitierter Quelle heißt es, dass die Monatsschrift *De Handelscorrespondent* vom niederländischen *Verein für sprachkundlichen Handelsunterricht* herausgegeben wird. Messing informiert im zitierten Beitrag, dass er als Hauptschriftleiter der Deutschen Abteilung der genannten Monatsschrift, kaufmännisch geschulte Philologen zur Mitarbeit an dem Fachblatt und am Aufbau der neuen Disziplin Wirtschaftslinguistik aufrief.

1546 Ibid, S. 77–81.

1547 Vgl. Messing (1928b: 40–41) und N. N. (1930b: 664–665).

1548 Vgl. N. N. (1932: 377).

1549 Vgl. N. N. (1928: 37–38). Die Ausschreibung des Preisausschreibens wurde in der Fachzeitschrift *De Spiegel van Handel en Wandel* gedruckt mit der Bitte um Nachdruck. Gewünscht wurden Forschungsarbeiten zum berufssprachlichen Wortschatz des Handels, der sprachgeschichtlich und schwerpunktmäßig in seiner Anwendung in der Gegenwart der Berufspraxis beleuchtet werden sollte. Die Forschungsarbeiten sollten in deutscher Sprache eingesandt werden, im Original oder als Übersetzung. Der Gewinn war mit 200 Holländischen Gulden dotiert. Der Preis sollte spätestens im April 1930 ausgezahlt werden. Die Bearbeitungszeit für die Forschungsarbeiten sollte somit ungefähr zwei Jahre dauern. Bei den Untersuchungen zur Fachzeitschrift *De Spiegel van Handel en Wandel* im Rahmen dieser Arbeit konnte in den relevanten Ausgaben bis März 1934 kein Hinweis darauf gefunden werden, wer das Preisausschreiben gewonnen hatte. Es ist anzunehmen, dass kein Gewinner ausgelost wurde, weil es vermutlich an entsprechenden Einsendungen mangelte. Es gab auch sonst keine Informationen zum Verlauf der

Auf internationalen Kongressen trat Messing als leidenschaftlicher Verfechter der Wirtschaftslinguistik auf[1550] und wies somit auch den Gründungen der Dolmetscher-Institute in Deutschland den Weg (vgl. 2.6, 2.7).

Das unter Messings Federführung entstandene Werk *Zur Wirtschafts-Linguistik*, das 1932 als Beitragssammlung verschiedener Autoren veröffentlicht wurde, kann m. E. als Messings verzweifelter Versuch gewertet werden, auf die zu etablierende – und unterschätzte – Forschungsdisziplin öffentlich aufmerksam zu machen. Es ist das einzige Werk vor dem Zweiten Weltkrieg, das heute in den Bibliothekskatalogen deutschsprachiger Länder unter dem Stichwort Wirtschaftslinguistik zu finden ist. Somit ist es in der Tat Messing zu verdanken, dass die Nachwelt überhaupt von dieser Forschungsrichtung erfuhr, wenn auch die nach dem Zweiten Weltkrieg diesbezüglich angestellten wissenschaftlichen Untersuchungen den Kontext zu diesem Thema, der zu den Dolmetscher-Instituten in Deutschland und ihren Nachfolgestudiengängen führt, völlig ausblenden. (Vgl 2.5.6.1, 3.1.16).

Bemerkenswert ist auch die Tatsache, dass eine niederländische Publikation fast nur deutschsprachige Beiträge enthielt. Ein Blick hinter die Kulissen von Messings Wirkstätte, der Handelshochschule Rotterdam, trägt zur Erklärung bei: In Deutschland, wo die Exportwirtschaft traditionell bedeutend war und vor allem durch die politisch und wirtschaftlich isolierte Situation nach dem Ersten Weltkrieg an Bedeutung gewann (vgl. 2.1.2.5), waren die Voraussetzungen für die Akzeptanz einer Ausbildung von Sprachexperten für den Außenhandel eher gegeben und somit die Weichen für die Gründung von Dolmetscher-Instituten gestellt. Der Ruf nach Sprachexperten und zur Vertiefung des fremdsprachlichen Studiums im kaufmännischen Bildungswesen war daher nicht zuletzt das Ergebnis einer intensiven wissenschaftlichen Publikationsarbeit deutscher Autoren. Diesem Vorbild wollten die niederländischen Behörden und auch der Senat und die Rektoren der Handelshochschule Rotterdam allerdings nicht folgen. Es entspann sich ein jahrzehntelanger Zwist zwischen Messing und den ihm vorgesetzten Stellen sowie den zuständigen Bildungsbehörden in den Niederlanden, denen nicht zu vermitteln war, warum der Sprachunterricht an Handelshochschulen wissenschaftlich gestaltet werden sollte[1551].

Angelegenheit. Ergänzend sollte an dieser Stelle angeführt werden, dass bereits im Juni 1923 in *De Handelscorrespondent* ein Preisausschreiben vom niederländischen *Verein für sprachkundlichen Handelsunterricht* mit der gleichen Zielsetzung veröffentlich wurde (vgl. *De Handelscorrespondent* (1923), Heft 6, ohne Seitenangabe (Titelseite der Rubrik *Deutsche Sprache*)).

1550 Aus dem Teilnehmerverzeichnis der Akten des *Internationalen Kongresses* im Jahr 1938 in Berlin geht hervor, dass sich Messing als Wirtschaftslinguist bezeichnete (vgl. IGFkB (1938: 769)).

1551 Stadsarchief Rotterdam, »Archieven van de Nederlandsche Handels-Hoogeschool, sinds 1939 Nederlandse Economische Hogeschool (NEH) te Rotterdam,« 65, 678 Stukken betreffende een vraag van dr E.E.J. Messing aan het departement om invoering van economisch taalonderwijs en sociaal-economisch taal-, land- en volkenkunde, 1940–1941, Personalakte Messing.

Aus diesem Widerstand heraus erklärt sich Messings unermüdliche öffentliche Aufklärungs- und Überzeugungsarbeit, die aber selbst dann – oder gerade deshalb – an dem Widerstand durch Messings niederländische Kollegen scheiterte, als die Deutschen im Zweiten Weltkrieg die Niederlande besetzten und die oberste Bildungsbehörde der Besatzer Messings Pläne billigte[1552].

Messings Engagement kam einem Kampf gegen Windmühlen gleich. Seine Spuren verlieren sich nach 1941. Ein verheerender Bombenangriff auf Rotterdam im Zweiten Weltkrieg vernichtete nahezu alle archivalischen Quellen zum Bereich Fremdsprachen an der Handelshochschule Rotterdam. Messings Ruhestand, sofern er diesen erreichte, begann vermutlich Mitte der 1950er Jahre. Hochschullehrer wie er, also aus dem Fach Fremdsprachen im kaufmännischen Bildungswesen vor dem Zweiten Weltkrieg, sind meist nicht in wissenschaftlichen Biographien zu finden, selbst wenn ihr Wirken internationale Tragweite hatte. Auch hier zeigt sich, dass Sprachdozenten im kaufmännischen Bildungswesen nicht wahrgenommen wurden. Ein Blick etwa ins Personenlexikon der Wirtschaftsgeschichte bestätigt dies[1553].

2.5.6.2 Versuch einer wirtschaftslinguistischen Studie – Krejčís Werk (1932)

1932 entstand ein weiteres Werk zur Wirtschaftslinguistik. Möglicherweise wurde es durch Messings im Jahre 1928 in der Fachzeitschrift *De Spiegel van Handel en Wandel* initiiertem Preisausschreiben angeregt, denn inhaltlich entspricht es den von Messing vorgeschlagenen Forschungsschwerpunkten (vgl. Fußnote 1549). Der Untertitel *Versuch einer wirtschaftslinguistischen Studie* legt diese Vermutung ebenfalls nahe.

1552 Stadsarchief Rotterdam, »Archieven van de Nederlandsche Handels-Hoogeschool, sinds 1939 Nederlandse Economische Hogeschool (NEH) te Rotterdam,« 65, 678 Stukken betreffende een vraag van dr E.E.J. Messing aan het departement om invoering van economisch taalonderwijs en sociaal-economisch taal-, land- en volkenkunde, 1940–1941, Schriftverkehr zu Messings Anfrage bei den obersten Bildungsbehörden der Besatzer, 1940.

1553 Vgl. etwa Hesse (2009). Keiner der in der vorliegenden Arbeit behandelten maßgebenden Personen für die Entwicklung des sprachwissenschaftlichen Bereichs im kaufmännischen Bildungswesen, auch nicht die Inhaber von sprachwissenschaftlichen Lehrstühlen, wie etwa Glauser oder Snyckers, werden darin aufgeführt. Ähnlich wie in anderen biographischen Aufstellungen oder gar wirtschaftsgeschichtlichen Abhandlungen zu den Institutionen, in denen sie wirkten, werden diese Personen und ihre Fachbereiche übergangen. Eine Ausnahme jüngeren Datums stellt etwa der Band zur Geschichte der Handelshochschule Leipzig von Göschel (2008) dar. Durch eine Archivbekanntschaft bekam die Autorin der vorliegenden Arbeit die Möglichkeit, einen Beitrag über das Dolmetscher-Institut der Handelshochschule Leipzig für den Band zu verfassen und den Fachbereich Wirtschaftssprachen an der Handelshochschule Leipzig der Vergessenheit zu entreißen (vgl. Lutz (2008) und auch Fleischmann/Lutz (2009)).

Autor war der an der Prager Handelshochschule tätige Dozent, Tomáš Krejčí[1554]. Sein Werk *Einfluss des Handels auf die Entwicklung und Gestaltung der deutschen Sprache. Versuch einer wirtschaftslinguistischen Studie* soll an dieser Stelle in seinen Grundzügen zusammengefasst werden und die Forschungsmöglichkeiten der Wirtschaftslinguistik aus Sicht des Autors herausgearbeitet werden.

Das Werk umfasst 124 Seiten und gliedert sich in zwei Teile, einen sprachgeschichtlichen und einen wirtschaftssprachlichen. Zudem bietet es ein fünfseitiges Quellenverzeichnis mit weiterführender Literatur. Im ersten Teil des Werks wird die Entwicklung der Geschichte der Handelssprache nachgezeichnet und mit Beispielen belegt. Krejčí bettet seine sprachgeschichtlichen Betrachtungen in die Geschichte des deutschen Handels ein. Abgerundet wird der sprachgeschichtliche Teil durch einschlägige Literaturangaben, die sowohl in den handelsbezogenen bzw. wirtschaftlichen Bereich fallen als auch in den Bereich der sich daraus speisenden Fachsprache. Der zweite Teil des Werkes behandelt wirtschaftssprachliche Untersuchungen im Deutschen und beleuchtet grammatische und stilistische Aspekte der deutschen Handelssprache.

Krejčís Ausführungen zur Geschichte des deutschen Handels beginnen in der Zeit der römisch-germanischen Beziehungen und enden Anfang des 20. Jahrhunderts. Krejčí gliedert diesen Zeitraum in fünf Kapitel, wobei er den gewählten sprachgeschichtlichen Beispielen der deutschen Handelssprache eine Abfassung der Handelsgeschichte des jeweiligen behandelten Zeitraumes voranstellt. Auf diese Weise stellt er einen Bezug zwischen der geschichtlichen Entwicklung des Handels und der damit einhergehenden sprachgeschichtlichen Entwicklung her, die er in erster Linie anhand von etymologischen Beispielen untermauert. Zudem zeigt er dadurch den Einfluss der Sprachen der Handelspartner auf die deutsche Handelssprache auf.

2.5.6.2.1 Sprachgeschichtliche Untersuchungen zur deutschen Handelssprache

Im ersten Kapitel wird der Handel zwischen den Römern und den Germanen skizziert, also etwa der Zeitraum von 50 v. Chr. bis 400 n. Chr. In jener Zeit trugen neu angelegte Militärstraßen und Brücken zur Förderung des römisch-germanischen – später auch des germanisch-slawischen – Handelsverkehrs bei, wobei sich der Handel auf vermögende Bevölkerungsschichten beschränkte, denn der Großteil der Bevölkerung betrieb Subsistenzwirtschaft. Gehandelt wurden im Tausch vor allem Luxusgüter. Durch den Handelskontakt zu den Römern drangen Wörter aus dem Lateinischen in den Sprachgebrauch der Germanen.

1554 Tomáš Krejčí publizierte in den1930er Jahren bis 1941 verschiedene Werke zur deutschen Wirtschaftssprache bezüglich Funktion, Stil und Syntax. Zu seinem Lebenslauf konnten im Rahmen der Recherchen für diese Arbeit keine Informationen ermittelt werden.

Krejčí führt Beispiele an, die er in drei Rubriken (Allgemein, Handelswaren und Werte) einteilt und die Entwicklungsstufen der Termini anführt. Er schlussfolgert, dass in diesem Zeitabschnitt der Einfluss des Handels auf die deutsche Sprachentwicklung eher bescheiden war.[1555]

Dies stellt Krejčí auch für den folgenden Zeitabschnitt, das Frühmittelalter, fest, den er im zweiten Kapitel seiner sprachgeschichtlichen Untersuchungen abhandelt. Das Netz der Handelswege wurde erweitert. Es entstanden Märkte, in der Regel bei Klöstern oder Kirchen, wo zur Versorgung der Bevölkerung Handelsmessen nach den kirchlichen Messen eingerichtet wurden. Erste Regeln zur Münzprägung und zum Zollwesen wurden von Territorialherren eingeführt. Die Außenhandelstätigkeit war in diesem Zeitabschnitt eher unbedeutend.

Hinsichtlich der Sprachentwicklung nennt Krejčí für diesen Zeitraum Entlehnungen aus dem Lateinischen. Außerdem zeigt er anhand von Beispielen, dass auch die germanischen Sprachen in jener Zeit Einfluss auf die deutsche Handelssprache hatten.[1556]

Das dritte Kapitel behandelt den Zeitabschnitt vom 12. bis zum 15. Jahrhundert. Im 12. Jahrhundert wurden verstärkt Städte gegründet, von denen sich ein Großteil aus bereits bestehenden Siedlungen entwickelte. Städte gaben Raum für Märkte. Dies trug zum Aufschwung des Handels bei. Aus dem stabilen Binnenhandel erwuchs eine zunehmende Handelstätigkeit mit dem Ausland, wobei sich der Auslandshandel der norddeutschen Regionen im Rahmen der Hanse vor allem auf Skandinavien, Großbritannien und Russland konzentrierte, die süddeutschen Regionen hingegen vor allem den Handel mit Oberitalien pflegten. Deutsche Kaufleute besuchten große Messen im Ausland und bauten nach diesem Vorbild das Messewesen in Deutschland aus. Das im 13. Jahrhundert in Italien entstehende Bankgeschäft gab dem internationalen Handel zusätzlichen Auftrieb.

Krejčí führt an, dass aus dem 14. und 15. Jahrhundert archivalische Quellen vorhanden sind, die Handelstätigkeiten belegen: Zunächst in Latein verfasste Geschäftsbriefe und Rechnungsbücher, ab 1450, als der Humanismus von Italien in den Südwesten Deutschlands gelangte und der Buchdruck Verbreitung fand, wurde die deutsche Sprache zunehmend auch in handelsbezogenen Schriftstücken verwendet.

Krejčí geht auf Inhalt und Form ausgewählter Geschäftsbriefe sowie Handelsbücher aus dieser Zeit ein, die auf Deutsch verfasst wurden. Zudem führt er Beispiele aus mittelalterlichen Gedichten und Stadtchroniken auf, die die Tätigkeit des Kaufmanns belegen.

Der Autor streift in diesem Kapitel auch das Handelsschulwesen jener Zeit. Durch die Erweiterung der verschiedenen Handelstätigkeiten, die immer mehr Fachkenntnisse voraussetzten, wurde der Ruf im Kaufmannsstand laut, entspre-

1555 Vgl. Krejčí (1932: 5–7).
1556 Ibid, S. 7–16.

chende Bildungseinrichtungen zu gründen. Krejčí berichtet von sogenannten Rechenschulen in größeren Handelsstädten, die seit Ende des 15. Jahrhunderts entstanden. In diesen Schulen wurde zunächst der kaufmännische Briefwechsel unterrichtet, später auch kaufmännisches Rechnen. Damit einhergehend wurden auch Unterrichtsmaterialien entwickelt. Für den kaufmännischen Schriftverkehr waren es Formelbücher mit Anweisungen zur Abfassung von Geschäftsbriefen, die auch Muster von Briefen und Urkunden enthielten. Sie entstanden Anfang des 15. Jahrhunderts. Die im Unterricht verwendeten Rechenbücher wurden Ende des 15. Jahrhunderts nach italienischem Muster entwickelt.

Krejčí resümiert, dass sich der Handel in der Zeitspanne zwischen dem 12. und dem 15. Jahrhundert enorm entfaltete: Durch die Überwindung von räumlichen Entfernungen wurden neue Handelsgebiete geschaffen und damit die Produktion und der Austausch von Gütern erweitert. Diese Entwicklungen hatten weitreichende Auswirkungen auf die Sprache des Handels, die, wie der Handel selbst, um neue Funktionen erweitert wurde, für die sich wiederum eine Terminologie herausbildete.

Abschließend führt Krejčí Entlehnungen auf, wobei die zunehmenden Worterklärungen bei einzelnen Termini auffallen, was m. E. den wirtschaftlichen und gesellschaftlichen Entwicklungen im behandelten Zeitraum geschuldet war, die wiederum die Sprache entsprechend bereicherten: Reichten in den beiden ersten Kapiteln noch zwei bzw. fünf Seiten, um die Termini anzuführen, sind es für diesen Abschnitt neun Seiten.[1557]

Im vierten Kapitel schlägt Krejčí einen Bogen von der Entdeckung Amerikas im Jahr 1492 bis zum Anfang des 19. Jahrhunderts. Die Entdeckung der Seewege nach Amerika und Indien im ausgehenden 15. Jahrhundert hatten tiefgreifende Veränderungen für den deutschen Handel. Mit der Erschließung neuer Absatzgebiete in Übersee ging der Abstieg bisheriger Absatzgebiete in Europa und der damit zusammenhängenden Handelstätigkeit einher. Der Welthandel nahm bis dahin beispiellose Dimensionen an und lag nun in den Händen der Seefahrermächte, zunächst von Portugal und Spanien, dann auch von den Niederlanden, schließlich von den Briten. Europäische Wirtschaftszentren verlagerten sich im 16. Jahrhundert. Der deutsche Handel litt unter dem 30-jährigen Krieg, der das politische und wirtschaftliche Leben in Europa auf lange Sicht änderte. Die Macht in Europa oblag nunmehr den absolutistischen Territorialherren, die danach strebten, das öffentliche Leben vollständig unter ihre Kontrolle zu bringen. Um ihre Staatskassen zu füllen, gründeten sie staatliche Fabriken, deren Waren vor allem ins Ausland abgesetzt wurden. Die Einfuhr von ausländischer Ware hingegen sollte möglichst vermieden werden.

In Deutschland war die Gebietsaufteilung von jeher kleinteilig, viele Territorialherren teilten sich das Staatsgebiet. Es entstanden Sonderinteressen, die zu politischen Streitigkeiten führten und den wirtschaftlichen Fortschritt hinderten. Krejčí

1557 Ibid, S. 17–48.

weist auf verschiedene Initiativen hin, die den deutschen Handel in jener Zeit aber förderten und die wirtschaftliche Lage stabilisierten. Mit dazu bei trug der technische Fortschritt, der ab Ende des 18. Jahrhunderts unaufhaltsam in Europa auf dem Vormarsch war. Mit der Aufhebung des Zunftzwangs Anfang des 19. Jahrhunderts stand der Entstehung von Großbetrieben nichts mehr im Wege. Die Produktion erfolgte nun verstärkt maschinell und massenhaft. Absatzkreise wurden erweitert. Der deutsche Handel erfuhr einen Auftrieb.

Krejčí schließt seinen Abschnitt zur Geschichte der wirtschaftlichen Entwicklungen mit einem Blick auf die Entstehung des deutschen Bankwesens im 18. Jahrhundert. Die diversen Bankgründungen sollten der Belebung der deutschen Wirtschaft dienen.

Im sprachgeschichtlichen Teil der Ausführungen zur Zeitspanne vom 15. bis zum 19. Jahrhundert weist Krejčí darauf hin, dass der Kaufmann auch in jener Zeit ein Thema in der Literatur war. Nicht immer wurde er jedoch von seiner positiven Seite beschrieben, wie etwa von verschiedenen protestantischen Kirchenreformatoren im 16. Jahrhundert, die den Reichtum der Großkaufleute anprangerten. Auch persönliche Reiseberichte von Kaufleuten wurden veröffentlicht. Laut Krejčí war das Literaturschaffen mit dem Kaufmann als Thema im und nach dem 30-jährigen Krieg jedoch recht überschaubar.

Im behandelten Zeitraum stellt Krejčí jedoch ein hohes Aufkommen von kaufmännischen Dokumenten, Geschäftsbriefen, Rechnungsbüchern und handelstechnischer Literatur fest, besonders ab dem 17. Jahrhundert. Damit im Zusammenhang sieht der Autor auch die Entwicklung des Postverkehrs.

Krejčí geht auch auf Inhalt und Form von Geschäftsbriefen aus dem 15. und 16. Jahrhundert ein. Ab dem 17. und 18. Jahrhundert stellt Krejčí ein gehäuftes Vorkommen von Fremdwörtern fest. Außerdem erwähnt der Autor für die im vierten Kapitel behandelte Zeitspanne wiederholt, dass sich eine besondere deutsche Handelssprache als Berufssprache herausbildete.

Krejčí geht auch in diesem Kapitel auf die Entwicklung der Unterrichtsmittel an kaufmännischen Schulen ein. Er weist dabei auf Lehrwerke für das Abfassen von kaufmännischen Briefen hin, die neben Formularen auch Musterurkunden enthielten und sich im ständigen Wandel befanden.

Der Autor betont, dass die im 15. Jahrhundert gegründeten Rechenschulen sich bis ins 17. und 18. Jahrhundert stets weiterentwickelten und ein besseres Niveau erreichten als allgemeinbildende Schulen. Im Jahr 1768 kam mit der ersten Gründung einer selbstständigen kaufmännischen Unterrichtseinrichtung in Hamburg und mit weiteren Handelsschulgründungen in den Folgejahren in Deutschland Bewegung in das Handelsschulwesen (vgl. 2.4).

Fächer, die in der neuen Einrichtung in Hamburg unterrichtet wurden, waren Buchhaltung, Korrespondenz, Rechnen, Warenkunde, Kalkulation und Fremdsprachen (Englisch, Französisch und Italienisch). Krejčí gibt auch einen Überblick über Entwicklungen im Fach Buchhaltung sowie über Werke dieses Faches aus der Praxis und für den Unterricht. Ebenso führt er einen Abriss für Unterrichtsmaterialien für das kaufmännische Rechnen an.

Wie in den vorherigen Kapiteln schließt Krejčí auch diesen Abschnitt mit einer Liste von Entlehnungen, die er in folgende Sprachgruppen unterteilt: Italienisch, Französisch, Niederländisch. Zudem führt er Wörter aus dem deutschen Allgemeinwortschatz auf, die in die deutsche Kaufmannssprache eingedrungen sind. Er teilt diese »Wirtschaftstermini«[1558] in zwei Fachbereiche ein: Warenhandel sowie Geld- und Wechselverkehr und Buchführung.[1559]

Das fünfte und letzte Kapitel zur sprachgeschichtlichen Entwicklung führt von der Bildung des deutschen Zollvereins im Jahre 1834 bis zur Drucklegung des Werks, also ins Jahr 1932.

Die Gründung des deutschen Zollvereins legte den Grundstein für eine gesamtwirtschaftliche Zusammenarbeit der einzelnen deutschen Bundesstaaten, ebenso wie für die Vereinheitlichung von Maßen, Gewichten und für das Münzsystem in Deutschland. Zusammen mit der Liberalisierung der Zollpolitik in Europa waren die Weichen für eine vortreffliche Entwicklung der deutschen Handelstätigkeit mit dem Ausland gestellt.

Ab der zweiten Hälfte des 19. Jahrhunderts wandelte sich Deutschland, dessen Wirtschaft bis dahin vom ersten Sektor dominiert wurde, zum Industriestaat (vgl. 2.1.2.4). Durch die Entstehung von industriellen Großbetrieben wurde die Produktion gesteigert. Die Produktfülle verlangte einen gut funktionierenden Vertrieb, der vom deutschen Handel übernommen wurde. Wie Krejčí ausführt, wurden Kommissionäre und (Handels-)Agenten auf dem florierenden Weltmarkt unverzichtbar.

Bis zum Ausbruch des Ersten Weltkriegs stand die deutsche Wirtschaft in voller Blüte. Die folgenden vier Kriegsjahre verheerten aber diesen Wohlstand. In den ersten Nachkriegsjahren gestaltete sich der Aufbau der deutschen Wirtschaft schwierig. Hohe Reparationszahlungen lasteten auf der jungen Republik, Inflation vernichtete sämtliche öffentliche und private Vermögen. Durch hohe Ausfuhrzölle kam der deutsche Außenhandel praktisch zum Erliegen. Die Entbehrungen der Kriegsjahre steigerten jedoch bis Mitte der 1920er Jahre die Nachfrage nach Konsumgütern. Zusammen mit Fortschritten in der Technik erlangte die Güterproduktion einen neuen Höhepunkt und damit auch der deutsche Handel.

In diesem Szenario stellten Spekulationen, die die Preise auf dem Weltmarkt in die Höhe trieben eine Gefahr für die Erholung der Weltwirtschaft dar: Kapitalströme, die in Schuldnerstaaten geleitet wurden, konnten von diesen auch durch überhöhte Exporte nicht ausgeglichen werden. Die Überschuldung der Länder weltweit nahm zu, Zollerhöhungen und Einfuhrverbote anderer Länder führten zur Halbierung der deutschen Außenhandelstätigkeit bis 1931, die sich in den Jahren 1928/29 noch auf einem Höchststand befunden hatte. Exportverbote, ein eklatanter

1558 Ibid, S. 64.
1559 Ibid, S. 49–66.

Preissturz weltweit, Inflation, Arbeitslosigkeit und Not verursachten eine internationale Handelskrise. Krejčí betont, dass die Weltwirtschaft aktuell Lösungen für die desolate Lage suche, um die Produktion wieder zu steigern. Dabei mahnt er weitsichtig: »Die Maschine des internationalen Güteraustausches (...) muß repariert werden, um die Welt und ihre Kultur vor neuen gefährlichen Verwicklungen zu retten.«[1560]

Auch an den wirtschaftsgeschichtlichen Abriss dieser Zeitspanne reiht Krejčí sprachgeschichtliche Betrachtungen, in denen er wieder Fortschritte bei der Erweiterung von Unterrichtsmaterialien für den kaufmännischen Briefwechsel und zu den Fächern Buchhaltung und Rechnen erläutert. In jedem Fach – dabei betont er, dass der kaufmännische Briefwechsel seit jeher einen der wichtigsten Unterrichtsinhalte an Handelslehranstalten darstellt – sei ein Zuwachs an neuen Unterrichtsmaterialien zu verzeichnen.

Krejčí stellt fest, dass der kaufmännische Briefwechsel inzwischen einen sachlichen und unverschnörkelten Stil aufweise. Daran passten sich auch die Unterrichtsmaterialien an. Die früher verbreiteten Formelbücher wurden durch moderne theoretische Anleitungen zur Handelskorrespondenz mit Beispielen aus der Praxis ersetzt. Zudem seien sogar Unterrichtsbücher erschienen, die sich auf den Briefwechsel in bestimmten Geschäftszweigen spezialisierten.

Krejčí führt auch Werke an, in denen der Kaufmann im Mittelpunkt der Handlung steht und hebt dabei hervor, dass die Fülle der veröffentlichten Belletristik, deren Hauptthema der Kaufmannsstand ist, den sozialen Aufstieg und das Ansehen dieser Berufsgruppe widerspiegele. Zudem führt er Literatur an, die im Fach Wirtschaftsbetriebslehre erschien. Darunter finden sich nicht nur Unterrichtsliteratur, sondern auch Zeitschriften, Fachzeitschriften, Enzyklopädien und Handbücher zu Spezialgebieten der Wirtschaft und des Handels. Die hohe Produktion an wissenschaftlicher Literatur zu wirtschaftlichen Themen zeigt m. E. die Bedeutung des Themas Wirtschaft und Handel. Sie belegt auch das Interesse von Kreisen, die finanzielle Unterstützung gewährten. Mit dieser rasanten Entwicklung hielt die wissenschaftliche Literatur zum kaufmännischen Schriftverkehr bzw. zur Wirtschaftssprache hingegen nicht Schritt. Dies ist als Beleg dafür zu werten, dass Anerkennung und fördernde Kreise für speziell diesen Bereich praktisch nicht existierten.

Laut Krejčí hatte sich der Wortschatz der Kaufmannssprache im behandelten Zeitraum durch die rege internationale Wirtschaftstätigkeit aber enorm erweitert. Auffallend sei, dass im Vergleich zu früheren Epochen nur wenige Fremdwörter in die deutsche Handelssprache gedrungen sind. Krejčí führt das auf den vorherrschenden Sprachpurismus zurück und das darauf abzielende Bemühen des *Deutschen Sprachvereins.*

Abschließend wird eine gut vier Seiten lange Liste aufgeführt mit Entlehnungen und terminologischen Neubildungen, die vor allem aus deutschen Wortzusammensetzungen bestehen. Krejčí führt Erläuterungen und Beispiele zur Börsentermino-

1560 Ibid, S. 71.

logie und zur Terminologie moderner Kommunikationswege an (Telegramm und Codierung) und weist auf einen Bereich hin, der die Wirtschaftssprache berühre, Kreativität verlange und voller Potenzial stecke: das Reklamewesen.

Der Autor stellt in diesem Kapitel heraus, dass die Handelslehre, die sich Ende des 18. Jahrhunderts mit der Gründung von kaufmännischen Unterrichtseinrichtungen etablierte, sich ungefähr hundert Jahre später zur Handelsbetriebslehre oder Wirtschaftsbetriebslehre, sprich zu einer Wissenschaft, entwickelt habe. In diesem Zusammenhang stellt er die Bedeutung der Wirtschaftssprache als eines der wichtigsten Güter des Wirtschaftsbetriebes dar und betont, dass die Aufgabe der sich neu zu etablierenden Wirtschaftslinguistik die wissenschaftliche Erforschung der Wirtschaftssprache, besonders im Vertrieb und im Reklamewesen, sei.[1561]

2.5.6.2.2 Wirtschaftssprachliche Untersuchungen

In zwei getrennten Kapiteln gibt Krejčí einen Einblick in grammatische und stilistische Charakteristika der Wirtschaftssprache und zielt damit darauf ab, weiteres Forschungspotenzial der neuen Disziplin Wirtschaftslinguistik neben der im sprachgeschichtlichen Teil des Werkes bereits aufgeführten etymologischen Dimension aufzuzeigen. Es fällt auf, dass er den Terminus Wirtschaftslinguistik in diesem Abschnitt nicht explizit verwendet.

Im Kapitel zu stilistischen Merkmalen der Wirtschaftssprache grenzt Krejčí jedoch den Terminus Kaufmannssprache gegen den Terminus Wirtschaftssprache ab: Die Wirtschaftssprache sieht er dabei als übergeordneten Bereich an, der die vielfältigen durch Spezialisierung entstandenen wirtschaftlichen Teilbereiche berührt. Die Kaufmannssprache erachtet er folglich als Teilbereich der Wirtschaftssprache.

> »Das ganze Wirkungsfeld der Wirtschaftssprache, selbst in den Grundlinien, zu erfassen, würde bei der Ausdehnung der privaten und öffentlichen Wirtschaft eine zu große Arbeit bedeuten. Bedenken wir nur, wie sich z. B. der wirtschaftliche Teil der Tageszeitungen in letzter Zeit vermehrt hat, wie viel Personen täglich an der Arbeit sind, um die Fülle der wirtschaftlichen Erscheinungen zu gliedern und zu erfassen.«[1562]

Die Kaufmannsprache habe sich »seit uralten Zeiten«, wie Krejčí in seinen sprachgeschichtlichen Ausführungen zeigte, Hand in Hand mit dem Warenhandel, der wirtschaftlichen Tätigkeit des Kaufmanns, entwickelt:

> »Die Sprache ist ein schmiegsames Instrument, das seine Funktion und Mittel nach der veränderten Betriebsform und nach dem Fortschritt der technischen und ethischen Entwicklung ändert.«[1563]

Krejčí erachtet die Sprache als eines der höchsten Kulturgüter. Sie passe sich auch an die Gliederung und Organisation des Wirtschaftssystems an und durchdringe

1561 Ibid, S. 66–81.
1562 Ibid, S. 106.
1563 Ibid, S. 111.

alle seine Bereiche. Sämtliche Mitarbeiter eines Betriebes seien daher gezwungen, Sprache im Allgemeinen und Wirtschaftsprache im Besonderen bei ihrer beruflichen Tätigkeit anzuwenden. Krejčí erachtet Sprache in diesem Zusammenhang als Teil der Produktions- und Erwerbsfaktoren. Sein Appell geht daher an Wirtschaftskreise, der Erforschung der Wirtschaftssprache mehr Interesse entgegenzubringen.[1564]

In seinen Ausführungen zur Grammatik und Stil der Wirtschaftssprache lässt sich Krejčí von der Prämisse leiten, dass der Wirtschaftszweck die Sprachfunktion bestimme. Außerdem macht er deutlich, dass die Wirtschaftssprache und ihre sich stets erweiternde Terminologie trotz ihrer besonderen Funktion, den feststehenden grammatischen Regeln unterworfen sind. Bemerkenswert erscheint m. E. in diesem Zusammenhang die Erwähnung einer »Wirtschaftsgrammatik«, die sich von der Grammatik der Umgangssprache, etwa aufgrund von syntaktischen Sondererscheinungen in der Wirtschaftssprache, unterscheide.

Krejčí macht diesbezüglich auf eine Lücke aufmerksam, indem er sich die Schaffung einer »praktischen Grammatik« wünscht, die durch die Erforschung von lexikalischen, syntaktischen und funktionellen Charakteristika der Wirtschaftssprache gewonnen werden könnte.[1565] Es ist anzunehmen, dass dieses Desiderat auf die Tatsache zurückzuführen ist, dass Fachsprachen bis in die Zeit nach dem Zweiten Weltkrieg in Grammatiken ebenso wenig wie in Wörterbüchern berücksichtigt wurden.[1566] Wissenschaftliche Untersuchungen in diesem Bereich wären m. E. wünschenswert.

Krejčí befürwortet eine kritische Betrachtung der Fremdwörter. Das vorherrschende sprachpuristische Streben toleriert er nicht bedingungslos, denn in einer Berufssprache müsse auch Raum für Fremdwörter sein, damit »auch die feinsten Begriffsschattierungen«[1567] erfasst werden können. Viele Fremdwörter, die in der Vergangenheit in die deutsche Kaufmannssprache gedrungen sind, erkenne man heute häufig nicht mehr als solche. Dennoch unterstützt Krejčí das sprachpuristische Streben in Fällen, wo entbehrliche Fremdwörter umgangen werden können, etwa wenn gebräuchliche deutsche Wörter vorhanden sind oder fremdes Wortgut durch logische deutsche Übersetzungen ersetzt werden können.[1568]

In den grammatischen Ausführungen geht Krejčí in vier Abschnitten (Nomen, Adjektive, Pronomen/Präpositionen sowie Verben) auf Wortarten und ihre Verwendung in verschiedenen Textsorten mit wirtschaftlichem Inhalt ein. Anhand von Beispielen aus der Praxis zeigt er Charakteristika der jeweiligen Wortarten in der Wirtschaftssprache auf, etwa Auslassungen aus sprachökonomischen Gründen, und bietet, wo nötig, Verbesserungsvorschläge an.

1564 Ibid, S. 81–82.
1565 Ibid, S. 82–83 und 106.
1566 Vgl. dazu Snyckers (1928d).
1567 Vgl. Krejčí (1932: 82).
1568 Ibid, S. 82–83 und 86.

In 17 Abschnitten zur Syntax verfährt der Autor ähnlich. Beispiele belegen die jeweils angeführten Regeln des Satzbaus. Wo nötig, bietet Krejčí formschönere Lösungen an, die zudem das Verständnis fördern, etwa wenn er bemängelt, dass der Satzbau der Wirtschaftssprache häufig durch Einschübe zerstückelt wird, die zudem den Sinn der Aussage beeinträchtigen.[1569]

Fragestellungen, die für Krejčí in diesem Zusammenhang von Bedeutung sind, beziehen sich auf Sonderbildungen der Wirtschaftssprache, also fachsprachliche Erscheinungen, und den Vergleich der Wirtschaftssprache mit der Allgemeinsprache.[1570]

Bei seinen stilistischen Untersuchungen geht Krejčí Fragestellungen nach, die sich auf die Anpassung des sprachlichen Stils an wirtschaftliche Prozesse beziehen und darauf, welche sprachlichen Mittel in diesem Zusammenhang zur Gestaltung zur Verfügung stehen. Dabei geht er auch auf genormte schriftliche Vordrucke im wirtschaftlichen Bereich ein, die in der Praxis üblich geworden seien.[1571]

Nach einer Einführung über die Form des Geschäftsbriefs legt der Autor seinen Ausführungen jeweils eine fachbezogene kaufmännische Ausgangssituation mit entsprechender Textsorte zugrunde, die aus einem bestimmten Grund gegeben ist, etwa eine Kalkulation, ein Angebot oder eine Reklamation und zeigt auf, mit welchen sprachlichen Mitteln die jeweiligen Problemstellungen gelöst werden können. Seine Beispiele sind dem Warenhandel und dem Zahlungsverkehr sowie dem Vertrieb, Speditions- und Bankwesen entnommen. Anders als in anderen Berufen falle im kaufmännischen Bereich eine Vielzahl an Schriftstücken an, von denen die größte Gruppe Geschäftsbriefe darstellen. Jedes Schriftstück erfülle einen bestimmten Zweck und ziehe für die am Geschäftsverkehr Beteiligten nicht zu verachtende rechtliche und finanzielle Konsequenzen nach sich. Der Stil, den Krejčí als die schriftliche Niederlegung und Verknüpfung der Gedanken definiert, unterstütze den Kaufmann dabei, sein geschäftliches Ziel zu erreichen. Krejčí weist außerdem darauf hin, dass Stil auch Manipulation mit Ausdrucksmitteln bedeuten kann, etwa in der Werbung. Die Aufgabe der Sprachlehre liege darin, zu guter und richtiger Ausdrucksweise anzuleiten. Aufgabe der Forschung sei es dabei, einen charakteristischen und zweckmäßigen Fachstil herauszuarbeiten.[1572]

1569 Ibid, S. 83–106. Zur Zerstückelung des Satzbaus siehe S. 105.
1570 Ibid, S. 83.
1571 Ibid, S. 112.
1572 Ibid, S. 106–124.

2.5.7 Zusammenfassung der Ergebnisse

2.5.7.1 Fremdsprachen im kaufmännischen Bildungswesen – Ein geschichtlicher Überblick

Die Geschichte des Fremdsprachenunterrichts im kaufmännischen Bildungswesen reicht weit zurück. Anfänge finden sich bereits im Mittelalter. Durch den Handel begünstigt, entwickelte sich auch die dazugehörige Fachsprache im Laufe der Jahrhunderte. Die folgenden Ausführungen beleuchten in geraffter Form die Entwicklung der einzelnen curricularen Komponenten im fremdsprachlichen Unterricht im kaufmännischen Bildungswesen und zeigen Ähnlichkeiten zu den curricularen Komponenten der Dolmetscher-Institute, in denen der Fremdsprachenunterricht im kaufmännischen Bildungswesen kulminierte. Zudem wird in einer zusammenfassenden Darstellung die Diskussion über die Sprachforschung an Handelshochschulen, die auch auf internationalem Niveau stattfand, skizziert.

2.5.7.1.1 Vom 12. bis zum 19. Jahrhundert

Vom 12. bis zum 15. Jahrhundert war Latein in Europa *lingua franca*, etwa im politischen, rechtlichen und auch im wirtschaftlichen Kontext. Aus diesem Grund war es für deutsche Kaufleute einfach, bei ausländischen Handelsgeschäften zu kommunizieren, denn Latein wurde international verstanden. Wichtig für deutsche Kaufleute war es, Latein in Wort und Schrift zu beherrschen. In der Regel nahmen Kaufleute Unterricht an Lateinschulen, die unter der Ägide der Geistlichkeit standen.

Ab etwa 1450 begann sich das humanistische Bildungsideal auch in Deutschland flächendeckend Bahn zu brechen. Tiefgreifende gesellschaftliche Änderungen waren die Folge[1573]. Durch die Übersetzung antiker Schriftsteller in unterschiedliche Landessprachen gewannen diese Sprachen im Laufe der Zeit eine höhere Bedeutung, und Latein wurde kaum noch in der Umgangssprache gepflegt. Es verkam zur toten Sprache. Für den deutschen Kaufmann bedeutete dies, dass er ab dem 16. Jahrhundert zur Pflege seiner Handelsbeziehungen unter Umständen mehrere Fremdsprachen beherrschen musste.

In Deutschland kann bis ins 17. Jahrhundert eine Aufteilung der Handelstätigkeit in zwei geographische Bereiche festgestellt werden: Im norddeutschen Handel dominierte das Hansebündnis, in dessen Rahmen Niederdeutsch Verkehrssprache war, die süddeutsche Handelstätigkeit orientierte sich hauptsächlich über die Alpen nach Italien. Italienisch gehörte daher zur Pflichtfremdsprache der süddeutschen Kaufleute.

Nach der Entdeckung Amerikas Ende des 15. Jahrhunderts veränderten sich die Machtverhältnisse in Europa. Spanien und Portugal stiegen zu Wirtschaftsmächten auf, etwa hundert Jahre später zogen Frankreich, England und die Niederlande nach. Deutsche Kaufleute mussten ihre Fremdsprachenkenntnisse an ihre Absatzgebiete entsprechend anpassen. Nach alter Kaufmannstradition wurden Kauf-

1573 Vgl. hierzu z. B. Bernstein (1978).

mannssöhne, die einmal ins Geschäft einsteigen sollten, in ihrer Jugend einige Jahre an ausländische Handelsplätze geschickt, um dort in der Kaufmannspraxis das Geschäft und direkt im Ausland die dort gepflegte Sprache zu erlernen. Unterstützung erhielten sie vor Ort meist von sogenannten Sprachmeistern, die ihre eigenen, unsystematischen Lehrmethoden anwandten und meist nur Umgangssprache unterrichteten.

Die Beherrschung von Fremdsprachen sicherten dem Kaufmann nicht nur seine Existenz, sondern verliehen ihm auch Prestige. Fremdsprachen hatten daher eine besondere Bedeutung in der Ausbildung von Kaufleuten, die bis Ende des 17. Jahrhunderts noch nicht organisiert war. Mehr noch: Fremdsprachliche Kenntnisse hatten in der kaufmännischen Ausbildung sogar einen höheren Stellenwert als fachkundliche.

Ende des 17. Jahrhunderts siedelten viele Hugenotten aus Glaubensgründen von Frankreich nach Deutschland über. Einige von ihnen boten ihre Dienste als Sprachmeister auch in Deutschland an. Aus diesem Grund konnte Französisch fortan auch in Deutschland gelernt und ein Auslandsaufenthalt auf diese Weise umgangen werden.

Die Bedeutung des Französischen für deutsche Kaufleute zeigt sich auch daran, dass Lehrbücher für Französisch bereits aus dem 16. Jahrhundert bekannt sind, wohingegen Unterrichtsmaterialien für Englisch erst im 17. Jahrhundert erstellt wurden.

Zu Beginn des 18. Jahrhunderts, Kaufleute genossen in jener Zeit nur wenig Ansehen, kamen erste Vorschläge auf, kaufmännische Fachschulen in Deutschland zur Ausbildung von Führungskräften für die Wirtschaft und speziell für den Außenhandel zu errichten. Die Politik sah jedoch keine Notwendigkeit, die Ausbildung der Kaufleute zu fördern. Daher wurden erst Ende des 18. Jahrhunderts auf Anregung und finanzieller Unterstützung von Kaufleuten erste selbstständige kaufmännische Schulen errichtet, die sich an der Praxis orientierten.

Die erste Schule dieser Art wurde 1768 in Hamburg gegründet[1574]. Unterrichtet wurden an diesen Schulen verschiedene Fremdsprachen, wobei Französisch die wichtigste war. Besonderer Wert wurde auf den praktischen mündlichen und schriftlichen Gebrauch der Sprachen gelegt.

Die Bandbreite an Unterrichtseinheiten im fremdsprachlichen Unterricht verdeutlicht den hohen Stellenwert der Fremdsprachen im Curriculum: In den unteren Klassen wurden Fremdsprachen als Anschauungsunterricht mit Bildern vermittelt. In fortgeschrittenen Klassen war die Fremdsprache auch Unterrichtssprache. Konversation war als Übung des aktiven Gebrauchs ein wichtiger Unterrichtsgegenstand. Lektüre wurde mit Realsprachunterricht verknüpft: Hier wurden fremdsprachlicher und handelskundlicher Unterricht verbunden, meist mit Lesestoff aus dem kaufmännischen Bereich, wobei auch Artikel aus ausländischen Zeitungen herangezogen wurden. Unterricht in Handelskorrespondenz war für fortgeschrittene Klassen vorgesehen, wo ausreichende sprachliche und kaufmännische Kenntnisse

1574 Vgl. Krejčí (1932: 60).

vorausgesetzt wurden. In diesem Unterricht sollten die Fremdsprache und das Verständnis für das fremde Land über die Erklärung von Begriffen vermittelt werden. Ein wichtiges Ziel dieses Unterrichts war auch, das Gedächtnis, die Vernunft und das Sprachgefühl zu schulen. Grammatik sollte nur soweit dienen, wie sie für den praktischen Gebrauch notwendig war. Aufsatz- und Übersetzungsübungen waren eher unbedeutende Unterrichtseinheiten. Besonders Übersetzungsübungen hatten eine untergeordnete Funktion. Diese Bausteine des fremdsprachlichen Unterrichts bildeten die Basis für den fremdsprachlichen Unterricht im späteren organisierten kaufmännischen Bildungswesen. Die Lehrmittel wurden speziell auf den praktischen Gebrauch im fremdsprachlichen Unterricht zugeschnitten. Zudem gab es im fremdsprachlichen Unterricht ein Zwei-Lehrer-System: Einer war ein deutscher Muttersprachler, der methodisch ausgebildet und für den fachkundlichen Unterricht und den Unterricht in Grammatik und Handelskorrespondenz zuständig war, ein anderer war ein Muttersprachler der Fremdsprache, der für die Pflege des aktiven Sprachgebrauchs, vor allem im Konversationsunterricht, zuständig war.

Bis Mitte des 19. Jahrhunderts kamen kaufmännische Schulgründungen für weitere Handelskreise hinzu. Wie an den bisherigen kaufmännischen Schulen wurde die Bedeutung des fremdsprachlichen Unterrichts betont. Zudem wurde, so wie es in der kaufmännischen Ausbildung üblich war, gefordert, im fremdsprachlichen Unterricht Sprache und Sache zu verbinden. Ein Bruch mit dieser Tradition vollzog sich ab 1840. Durch die zunehmende Industrialisierung erweiterte sich auch das Spektrum der kaufmännischen Tätigkeiten. Um dem gewaltigen Zuwachs an handelskundlichem Wissen gerecht zu werden, wurde der fremdsprachliche Unterricht stark beschnitten und die freigewordene Zeit den handelskundlichen Fächern zur Verfügung gestellt. Durch schulpolitische Entwicklungen – bereits in den 1830er Jahren wurden an allgemeinbildenden Schulen in Deutschland Französisch und Englisch als Schulfächer eingeführt und in den 1840er Jahren kaufmännische Schulen staatlich anerkannt – wurden die an der kaufmännischen Praxis ausgerichteten Unterrichtsmethoden im Fremdsprachenunterricht an kaufmännischen Schulen aufgegeben und die sogenannte grammatisierende Methode eingeführt, die im Fremdsprachenunterricht an allgemeinbildenden Schulen angewandt wurde (vgl. 2.1.1.3, 2.1.1.4). Die grammatisierende Methode stellte das Erlernen grammatischer Regeln und das Auswendiglernen von Vokabeln im fremdsprachlichen Unterricht in den Vordergrund. Die Realsprachmethode, also die Verbindung von sprachlichem und fachlichem Wissen, wurde somit aus dem fremdsprachlichen Unterricht verdrängt. Fachsprachliche Aspekte des fremdsprachlichen Unterrichts fielen dadurch weg, ebenso die Sprechfertigkeit, weil der aktive Sprachgebrauch, der in der kaufmännischen Praxis bedeutend war, nicht mehr geübt wurde. Zudem wurde Deutsch als Unterrichtssprache im Fremdsprachenunterricht eingeführt. Die Zeitungslektüre wurde aus dem fremdsprachlichen Unterricht verbannt und Handelskorrespondenzunterricht fand nur noch vereinzelt statt.

Kritiker machten den Vorwurf, dass die grammatisierende Methode außer Acht lasse, dass es sich bei Sprache um etwas Dynamisches handle. Sprache wurde auf diese Weise nicht wie eine lebende, sondern wie eine tote Sprache unterrichtet. Zudem ging der Bezug zur kaufmännischen Praxis verloren. Bis Ende des 19. Jahrhunderts verkam der fremdsprachliche Unterricht in der kaufmännischen Ausbildung zur Nebensache – obwohl er einst der wichtigste Baustein im Curriculum war – und der Ruf nach einer Rückkehr zur Realsprachmethode wurde laut. Der fremdsprachliche Unterricht in der kaufmännischen Ausbildung sollte wieder zum praktischen Gebrauch befähigen und die Berufssprache behandeln. Zudem sollte die Fremdsprache wieder als Unterrichtssprache dienen und Grammatik nur in bestimmtem Umfang unterrichtet werden. Die Ende des 19. Jahrhunderts auflebende Reformbewegung des neusprachlichen Unterrichts, und die Gründung des *Deutschen Verbandes für das kaufmännische Unterrichtswesen* (DVkU) im Jahre 1896 beflügelten die Forderungen der Kritiker der grammatisierenden Methode. (Vgl. hierzu auch 2.1.1.2).

2.5.7.1.2 Die Jahre von 1898 bis 1914

Ende des 19. Jahrhunderts rückte die Welt durch intensivere Handelstätigkeiten zusammen. (Vgl. 2.1.2.4). Der Außenhandel, besonders in Deutschland, gewann immer mehr an Bedeutung, um die durch den technischen Fortschritt errungenen Leistungen auf ausländischen Märkten abzusetzen. Technik und Handel wurden so aufs Engste verknüpft, nicht zuletzt, da das beste technische Produkt ohne Vertrieb keinen Nutzen hat. Dabei verhält es sich aber so, dass das technische Produkt für jedermann sichtbar im Vordergrund steht, während die geschäftlichen Abläufe und Handelstätigkeiten diskret im Hintergrund ablaufen. Womöglich ist dies der Grund, warum die sichtbaren technischen Produkte, explizit gerühmt als »Ingenieursleistung«, die damit zusammenhängenden unsichtbaren wirtschaftlichen Abläufe aus der allgemeinen Wahrnehmung verdrängten. (Würde es einen Terminus dafür geben, wäre es wohl die amüsant anmutende »Kaufmannsleistung«, die der deutsche Wortschatz aber bezeichnenderweise nicht hervorgebracht hat.)

An den Rand gedrängt wurde auf jeden Fall der Fremdsprachenunterricht im kaufmännischen Bildungswesen sowie die Anfänge der sich daraus entwickelnden frühen Form der Fachsprachenforschung, die keine annähernd so ausgeprägte Lobby hatte wie etwa das Fach aus dem sie entsprang: der Betriebswirtschaftslehre. (Vgl. 3.1.16). Somit erklärt es sich möglicherweise auch, warum das Fachgebiet Technik und das damit verbundene Technische Übersetzen an den Nachfolgestudiengängen der an den Handelshochschulen gegründeten Dolmetscher-Instituten nach dem Zweiten Weltkrieg, durch den ihre Entwicklungslinie einen Bruch erlitt (vgl. 3.1.5), einen starken Auftrieb erlebte, während im Fachgebiet Wirtschaftsübersetzen hingegen bis heute keine nennenswerten Forschungen vorliegen, sowohl was Quantität als auch Qualität anbelangen.

Zwischen 1898 und 1914 wurde die Sprache als wichtigstes Instrument zur Erschließung und Verteidigung ausländischer Absatzmärkte erachtet. Die Beherrschung fremder Sprachen galt als existenzsichernd, was ein Argument für die Verbesserung und Vertiefung des fremdsprachlichen Unterrichts im kaufmännischen Bildungswesen bot. Dieser sollte fachlich, also kaufmännisch, sowie systematisch und methodisch ausgerichtet werden, um über die Sprache einen Zugang zu fremden Kulturen – in erster Linie zu wirtschaftlichen Gepflogenheiten und zu ausländischen Gesetzgebungen – zu finden. Diese Kenntnis sollte einen Nutzen für Handelstätigkeiten stiften. Die Sprache war demnach *nur* Mittel zum Zweck und der fremdsprachliche Unterricht sollte im Rahmen der kaufmännischen Ausbildung vornehmlich kaufmännischen, sprich fachlichen, Zwecken dienen und sich folglich an den Anforderungen der Praxis orientieren.

Die hohen Praxisansprüche verliehen dem fremdsprachlichen Unterricht im kaufmännischen Bildungswesen dadurch einerseits große Bedeutung, aber die Komplexität der Berufswelt, die im fremdsprachlichen Unterricht in der (Fremd-) Sprache abgebildet werden sollte, erlegte ihm andererseits eine hohe Bürde auf. Nicht zuletzt auch deshalb, weil das kaufmännische Bildungswesen von verschiedenen Trägern mit jeweils unterschiedlichen Interessen finanziell unterstützt wurde und zudem lokale Handelserfordernisse entsprechende Schwerpunkte für die Ausbildung und das Studium setzten. Daraus erklärten sich beispielsweise auch die umfassenden Ansprüche an Handelskorrespondenten, den komplexen Praxisanforderungen zu entsprechen. Dem exorbitanten Ausmaß der möglichen Tätigkeitsbereiche stand nur ein Mindestmaß an berufssprachlichen Ausbildungsmöglichkeiten gegenüber. Die Klagen aus der Praxis, was die Qualität der Handelskorrespondenten anging, waren vorprogrammiert. Das Ausbildungskonzept musste zwangsweise fehlschlagen. (Vgl. Abb. 11).

Auf der *Internationalen Konferenz für das kaufmännische Bildungswesen* 1906 wurde von den Mitgliedsländern eine dreigliedrige Struktur des kaufmännischen Bildungswesens festgelegt: Unter-, Mittel- und Oberstufe umfassten unterschiedliche Schultypen und bildeten in sich jeweils ein geschlossenes Ganzes. Handelshochschulen wurden der Oberstufe zugeordnet. Auf allen Ebenen sollte durch eine harmonische Verbindung von Theorie und Praxis eine praxisorientierte Ausbildung gewährleistet werden. Diese Prämisse sollte auch im fremdsprachlichen Unterricht umgesetzt werden, der auf die Beherrschung der Fremdsprache in Wort und Schrift in der komplexen kaufmännischen Berufspraxis abzielte. Die Vereinigung von Theorie und Praxis im fremdsprachlichen Unterricht funktionierte jedoch nicht, denn zu hohe Anforderungen der Praxis, standen denkbar schlechten Unterrichtsbedingungen gegenüber. Eine komplexe Problematik, die angesichts der gegebenen Rahmenbedingungen unlösbar war, führte dazu, dass der fremdsprachliche Unterricht im kaufmännischen Bildungswesen aufgrund seiner unzureichenden Qualität ein immer schlechteres Ansehen genoss. Die verschiedenen Aufhängepunkte dieser Problematik bildeten einen Teufelskreis, aus dem es ohne tiefgreifende Reformen kein Entrinnen gab. Personelle Probleme etwa rührten von der mangelnden Qualifikation bzw. Qualifikationsmöglichkeiten für Handelssprachlehrer her, denn ohne entsprechend ausgebildetes Personal konnten die geforderten Leistungen im Unterricht nicht erzielt werden. Curriculare Probleme äußerten sich etwa an uneinheitlichen Lehrplänen, an einem sehr begrenzten zeitlichen Rahmen, der für den fremdsprachlichen Unterricht im Rahmen der kaufmännischen Ausbildung vorgesehen war, und an der Tatsache, dass an manchen Handelshochschulen der fremdsprachliche Unterricht im Curriculum völlig fehlte. Durch die unterschiedlichen, nicht aufeinander abgestimmten, Curricula der einzelnen Schulen brachten die Schüler und Studierenden unterschiedliche Voraussetzungen mit. Auf dieser Basis war es nicht möglich, einen einheitlich organisierten fremdsprachlichen Unterricht anzubieten. Die geschilderten Missstände sowie infrastrukturelle Probleme, wie etwa fehlende Lehrstühle für Fremdsprachen an Handelshochschulen, verhinderten eine fundierte wissenschaftliche Forschung in diesem Bereich und damit einhergehend das Schaffen einer seriösen Forschungsliteratur. Der fremdsprachliche Unterricht, als Ergänzung zur eigentlichen kaufmännischen Ausbildung bzw. zum Studium stand aufgrund der skizzierten Rahmenbedingungen bis zum Ersten Weltkrieg auf einer brüchigen Basis, die jeglicher systematischer Unterrichtsmethodik entbehrte. So wurde der Ruf immer lauter, den fremdsprachlichen Unterricht, ähnlich wie die kaufmännischen Fächer an Handelshochschulen, auf wissenschaftliches Niveau zu heben und damit den Stellenwert des fremdsprachlichen Unterrichts im kaufmännischen Bildungswesen aufzuwerten.

Immerhin wurde 1911, also noch vor dem Ersten Weltkrieg, an der Handelshochschule Mannheim die erste Sprachprofessur in Deutschland im kaufmännischen Bildungswesen eingerichtet.[1575] Sie blieb aber bis 1929, als auch an der Handelshochschule Leipzig zwei Sprachlehrstühle eingerichtet wurden, eine große Ausnahme. Dieses Vakuum an fundierten und seriösen Studienmöglichkeiten im Bereich Fremdsprachen im kaufmännischen Bildungswesen – und auch im allgemeinen Bildungswesen (vgl. 2.2.3) – öffnete Tür und Tor für eine große Zahl an dubiosen privaten Sprachschulen, die Handelskorrespondenten ausbildeten, deren Qualifikation den Praxisanforderungen nicht genügte.

Dieser Zustand beschädigte auch das Ansehen des sich daraus entwickelnden Dolmetscher- und Übersetzerberufs. Eine zeitgenössische Quelle berichtet sogar, dass die Konkurrenzsituation am Markt negative Konsequenzen für Handelshochschulabsolventen hatte, da Absolventen von privaten Sprachschulen auf dem Markt bessere Chancen hatten. Die Gründe dafür sind im Verborgenen geblieben. Vermutlich lag es an der Sache selbst: Lebende Sprachen wurden im kaufmännischen Bildungswesen wie tote Sprachen unterrichtet von Sprachlehrern, denen eine Ausbildung fehlte, die auf die fachsprachlichen Bedürfnisse des Fremdsprachenunterrichts im kaufmännischen Bildungswesen vorbereitete.

Ein weiteres Problem war die fehlende Anerkennung des neuartigen philologischen Studiums an Handelshochschulen durch Vertreter des traditionellen und

1575 Vermutlich hängt die Einrichtung dieser Sprachprofessur mit der internationalen Ausrichtung der Handelshochschule Mannheim zusammen. Bereits in den Handelshochschulkursen, die als Vorstufe zur Handelshochschule Mannheim eingerichtet wurden, wurden Veranstaltungen über ausländische Märkte angeboten. Dies ist m. E. wiederum im Zusammenhang mit der geschäftlichen Ausrichtung der in der Gegend ansässigen Unternehmen zu sehen: Die BASF mit Hauptsitz in Ludwigshafen beispielsweise war bereits Ende des 19. Jahrhunderts auf vielen ausländischen Märkten vertreten und möglicherweise auch Finanzier der Handelshochschule Mannheim (vgl. 2.4.3.2).

anerkannten philologischen Studiums an Universitäten, die fachlich mit der Erforschung von Fachsprachen überfordert waren und das neue Forschungsgebiet daher borniert als ungeziemend abtaten. Die Berührungsängste des philologischen Establishments mit neuen Forschungsbereichen innerhalb ihres Fachs konnten auch durch gründliche fachgeschichtliche Darstellungen nicht beseitigt werden. (Vgl. 2.1.1). 1913 etwa ging Glauser, der Gründer des ersten Dolmetscher-Instituts in Deutschland (vgl. 2.6.6.1), in einem Beitrag auf die Entwicklung der Philologie im 19. Jahrhundert ein und zeigte auf, dass sie sich ausgedehnt hatte auf verschiedene kulturelle Bereiche des Lebens, wie etwa Rechtswissenschaft und Wirtschaft, »die durch Sprache erst ihren Sinn« bekommen. Philologie erachtet Glauser dabei als Teil der Kulturwissenschaft. Das Fremdsprachenstudium und die damit verbundene Sprachforschung an Handelshochschulen sollte somit nicht aus rein philologischer, sondern aus kulturhistorischer Perspektive angegangen werden. Im Zentrum dieser Untersuchungen sollte die Bedeutung der Wörter stehen, da Sprache im kaufmännischen Bildungswesen als Medium aufgefasst wurde, das Inhalte transportiert. Das Erfassen der Wortinhalte sollte zu einem Verständnis fremder Länder mit ihren kulturellen Eigenheiten führen. Zentrales Erfordernis eines derart ausgerichteten fremdsprachlichen Unterrichts an Handelshochschulen war die Entwicklung eines Problembewusstseins für wirtschaftswissenschaftliche Fächer, die an Handelshochschulen unterrichtet wurden, denn die kaufmännische Berufssprache bildete Probleme von Fächern ab, die von der fachsprachlich ausgerichteten Philologie gelöst werden mussten.

Von 1901 datiert etwa ein Beitrag, der das Spannungsfeld Sprache/Sache berührt und mit der Forderung verbindet, dass Wörter nicht als isolierte Teile von Sätzen verwendet werden dürfen. Vielmehr müsste ihnen durch das Satzganze Wert verliehen werden, denn nur so könne es zu einem Austausch von Gedanken kommen.

1908 stellt Glauser eine unzertrennliche Einheit von sprachlicher und inhaltlicher Seite an Texten fest, die nicht zulasse, dass Texte von dem behandelten Fachgebiet getrennt betrachtet werden. Würde man einen Text nur auf seine sprachliche Seite reduzieren, so bliebe er ohne Aussagekraft.

Schon 1905 setzte sich Snyckers, der Gründer des Dolmetscher-Instituts an der Handelshochschule Leipzig (vgl. 2.7.2.2.1), für den fachlichen Charakter des Fremdsprachenunterrichts im kaufmännischen Bildungswesen ein und forderte, die Unterrichtsgegenstände aus der kaufmännischen Praxis zu entnehmen. Berufsbezogen und praxisorientiert setzte er mit fachlich gleich.

Die verschiedenen Komponenten des fremdsprachlichen Unterrichts im kaufmännischen Bildungswesen – Grammatik, Lektüre, Übersetzung – griffen ineinander und vereinigten sich in der Königsdisziplin des fremdsprachlichen Unterrichts: der Handelskorrespondenz. In diesem Unterricht wurden sprachliche und berufsbezogene, also fachliche, Kenntnisse gleichermaßen gefordert. Da es keine einheitlichen Methoden im fremdsprachlichen Unterricht gab, entwickelte jeder Sprachlehrer jedoch seine eigene Vorgehensweise bei der Stoffvermittlung. In einem Punkt waren sich die Sprachlehrer allerdings einig: Im Handelskorrespondenzunterricht musste sprachliches und fachliches Wissen als Einheit betrachtet werden, und Schriftstücke daher sowohl auf sprachliche als auch auf sachliche Schwierigkeiten untersucht werden. Betont wurde dabei, dass selbst vermeintlich einfache Schriftstücke der kaufmännischen Praxis eine fundierte Kenntnis des jeweiligen Fachgebietes voraussetzten.

Eine häufig angewandte Unterrichtsmethode war die intensive Besprechung der Texte vor der Niederschrift in die Fremdsprache. Dabei sollten nicht nur Form und Inhalt der Texte analysiert, sondern auch ihre Terminologie besprochen werden. Bereits 1905 erkannte Snyckers das Potenzial dieses Unterrichts und konstatierte, dass der fremdsprachliche Handelskorrespondenzunterricht voll von sprachlichen, kaufmännischen und juristischen Schwierigkeiten stecke, sodass daraus ein eigenständiger Unterricht entwickelt werden könne, der im Grunde genommen vollkommen vom eigentlichen fremdsprachlichen Unterricht abweiche, denn die Schwierigkeiten spielten sich auf zwei Ebenen ab: Zum einen auf der sprachlichen und zum anderen auf der fachlichen, die auch im Zusammenhang mit ausländischen Gesetzen und Gepflogenheiten zu sehen seien.

Zur Vermittlung von Fachwissen im fremdsprachlichen Unterricht sollte der Lektüreunterricht beitragen. Auch hier gab es bis 1914 (und auch später) keine einheitlichen Lehrmethoden und Unterrichtsmaterialien. Angeregt wurden Lektürestücke, die nicht nur andere Fachdisziplinen zum Gegenstand hatten, sondern auch Themen behandelten, die die wirtschaftlichen Gepflogenheiten anderer Länder beleuchteten. Die Lektürestücke sollten so gewählt werden, dass sie sich inhaltlich ergänzten und aufeinander aufbauten, sodass sie zusammen eine Art enzyklopädischen Überblick boten. Die Lektürestücke sollten dazu dienen, Hauptgedanken eines Schriftstellers in eigenen Worten wiederzugeben und zwar in vereinfachter und verständlicherer Form.

Zur Entwicklung eines unvoreingenommenen Urteilsvermögens wurde angeregt, ein bestimmtes, etwa historisches, Ereignis aus der Perspektive verschiedener Länder darzustellen. Dies belegt auch die völkerverständigenden Absichten des fremdsprachlichen Unterrichts im kaufmännischen Bildungswesen. Im Zusammenhang mit der Lektüre wurde auch die Verwendung von Presseerzeugnissen aufgrund ihrer Aktualität im Unterricht empfohlen.

Der Lektüreunterricht wurde gelegentlich mit Übersetzungsübungen kombiniert, die auch zur Leistungskontrolle dienten, denn beim Übersetzen von Texten konnten Schüler Textverständnis und Sprachgewandtheit unter Beweis stellen. Zudem veranschaulichten Übersetzungsübungen den Studierenden, dass jede Sprache feststehende syntaktische Strukturen besitzt und Gedanken in jeder Sprache anders formuliert werden. Da dies nicht nur gewisse Schwierigkeiten fürs Übersetzen in sich barg, sondern auch fortgeschrittene Kenntnisse in der Fremdsprache voraussetzte, wurden Übersetzungsübungen aber hauptsächlich in fortgeschrittenen Kursen angeboten. Dort dienten sie zur Vertiefung des Textverständnisses, als stilistische Übung und zur Förderung des Sprachgefühls. Manche Sprachlehrer klammerten Übersetzungsübungen in ihrem Unterricht allerdings ganz aus, weil ihrer Auffassung nach zweckentsprechende Übersetzungen nur angefertigt werden könnten, wenn Mutter- und Fremdsprache gleichermaßen beherrscht werden.

Mangelnde Übersetzungsleistungen zeigten sich oft auch im Handelskorrespondenzunterricht an den meist wörtlichen Übersetzungen, die missachteten, dass Inhalte in jeder Sprache eine andere Formulierung erfordern.

Der fremdsprachliche Unterricht im kaufmännischen Bildungswesen sollte auch den mündlichen Ausdruck schulen. Dazu dienten Konversationsübungen, die auf geschäftliche Verhandlungen vorbereiten sollten. Häufig wurde diese Komponente im fremdsprachlichen Unterricht vernachlässigt, da lebende Sprachen nicht gesprochen, sondern Worte wie leere Hüllen ohne Zusammenhang auswendig gelernt wurden. Häufig fehlte es aber auch aufgrund mangelnder Ausbildungsmöglichkeiten an der Sprechfertigkeit der Sprachlehrer. Dieser Missstand war neben Erfordernissen der Exportwirtschaft ein Grund, der auf die Einrichtung der *Internationalen Sprach- und Wirtschaftskurse* ab 1907 hinwirkte, die ein Weiterbildungsangebot für Handelssprachlehrer und Kaufleute in der Praxis darstellten und in denen sprachliches und fachliches Wissen vornehmlich an junge Kaufleute, also Angehörige nicht-philologischer Fächer, vermittelt werden sollte (vgl. 2.4.4.1).

2.5.7.1.3 Die Jahre von 1920 bis 1930

In den Jahren von 1920 bis 1930 setzten sich Fachvertreter im kaufmännischen Bildungswesen weiterhin vehement dafür ein, den fremdsprachlichen Unterricht an Handelshochschulen auf wissenschaftliches Niveau zu heben, ähnlich wie die kaufmännischen Fächer an Handelshochschulen, die zu den allseits akzeptierten und respektierten Wirtschaftswissenschaften avanciert waren. An der Handelshochschule Leipzig wurden 1929 zwei Sprachlehrstühle eingerichtet und an der Handelshochschule Mannheim 1930 ein Dolmetscher-Institut gegründet. Flächendeckend fehlte es aber weiterhin an einer Infrastruktur zum Studium fremder Sprachen an den meisten Handelshochschulen und an der Umsetzung wissenschaftlich fundierter Unterrichtsmethoden im Fremdsprachenunterricht des kaufmännischen Bildungswesens.

Nach dem Ausgang des Ersten Weltkriegs war Deutschland mehr denn je von ausländischen Absatzmärkten abhängig und deutsche Kaufleute dazu gezwungen, Fremdsprachen zu beherrschen. Immer wieder wurde zur Verbesserung des fremdsprachlichen Unterrichts im kaufmännischen Bildungswesen und zur Einrichtung eines vertieften Sprachstudiums an Handelshochschulen das Argument ins Feld geführt, dass vor dem Ersten Weltkrieg die *Internationalen Sprach- und Wirtschaftskurse* eine hervorragende Möglichkeit darstellten, Kenntnisse in fremden Sprachen und über das Ausland zu erwerben. Aufgrund der Nachkriegssituation fiel diese Weiterbildungsmöglichkeit im Ausland nun weg, und es war geboten, dafür Ersatzeinrichtungen in Deutschland zu schaffen.

Mitte der 1920er Jahre wurde durch eine Reform des Unterrichtsministeriums in Preußen, zu dessen Verwaltungsgebiet auch Sachsen gehörte, der Ausbau des kaufmännischen Bildungswesens angewiesen. Dies ließ eine steigende Nachfrage an handelswissenschaftlich geschulten Sprachlehrern erwarten, für deren Berufsprofil es aber immer noch weder an der Universität noch an der Handelshochschule eine passende Ausbildungsmöglichkeit gab. Viele Studierende beschwerten sich über diesen Missstand. Zudem fiel negativ auf, dass Handel und Wirtschaft, die häufig Träger der Einrichtungen im kaufmännischen Bildungswesen waren, zwar überzogene Anforderungen an den fremdsprachlichen Unterricht stellten, aber keine Initiativen ergriffen, um entsprechende Ausbildungsmöglichkeiten zu fördern. Selbst die Mehrzahl der Verantwortlichen von Handelshochschulen sahen sich nicht in der Pflicht, die Lehrpläne so umzugestalten, dass die Voraussetzungen für ein vertieftes Sprachstudium geschaffen werden konnten. Vielmehr blieben die üblichen Rahmenbedingungen erhalten und der fremdsprachliche Unterricht musste zugunsten der wirtschaftswissenschaftlichen Fächer weichen. Eine wissenschaftliche Behandlung der Handelssprache wurde somit konsequent untergraben und der fremdsprachliche Unterricht meist nur als praktische Handelskorrespondenzkurse auf kläglichem Niveau angeboten.

Wie in Kapitel 2.6 und 2.7 aufgezeigt, glückte es aber an zwei Standorten in Deutschland, den fremdsprachlichen Unterricht im kaufmännischen Bildungswesen auf eine wissenschaftlich fundierte Basis zu stellen: An der Handelshochschule in Leipzig initiierte der dort seit Jahrzehnten tätige Sprachdozent Alexander Snyckers die Errichtung zweier Sprachprofessuren Ende der 1920er Jahre. Die Bedingungen hierfür waren an der Handelshochschule Leipzig günstig, da der fremdsprachliche Unterricht, nicht zuletzt aufgrund des dort wissenschaftlich tätigen Personals einen vergleichsweise hohen Stellenwert genoss und im geschichtlichen Rückblick bereits an der Vorgängerinstitution, der Leipziger Handelslehranstalt, auf einer fundierten Grundlage ruhte.

An der Handelshochschule Mannheim wurden bereits 1911, also nur vier Jahre nach Gründung der Handelshochschule Mannheim, Mittel für eine Sprachprofessur zur Verfügung gestellt. Charles Glauser war der einzige Lehrstuhlinhaber am Fremdsprachlichen Seminar an der Handelshochschule Mannheim bis 1932. Im Jahr 1933 wurde das Dolmetscher-Institut an die Universität Heidelberg verlegt (vgl. 2.6.7). Durch seine exponierte Position als Inhaber eines sprachwissenschaftlichen Lehrstuhls hatte Glauser gegenüber Sprachdozenten an anderen Handelshochschulen einen gewissen Vorsprung und konnte daher auf die Gründung des ersten Dolmetscher-Instituts hinwirken, das sich mit der Erforschung der Wirtschaftssprache befasste.

Glauser und Snyckers verfolgten mit dem wissenschaftlich fundierten Fremdsprachenunterricht an Handelshochschulen dieselben Ziele, in ihren wissenschaftlichen Ansätzen gab es jedoch Unterschiede. Aus den Jahren 1927 und 1928 datieren ihre diesbezüglichen Stellungnahmen. Snyckers sieht in der Sprache ein Mittel zur Förderung der Völkerverständigung, das unbedingt notwendig sei, um die Schäden, die durch nationalistisch motivierte Entwicklungen der Weltwirtschaft in den vergangenen Jahrzehnten – nicht etwa nur durch den Ausgang des Ersten Weltkriegs – entstanden waren, durch ein friedliches internationales Miteinander zu beheben. Verständnis für Kultur und Wirtschaft fremder Länder sollte durch das Fremdsprachenstudium an Handelshochschulen entwickelt werden, wobei er Wirtschaft als Teilbereich der Kultur eines Volkes erachtet. Aufgabe der Sprachforschung sollte es sein, den Fachbereich Wirtschaft sprachwissenschaftlich zu erschließen. Snyckers betont wiederholt, dass ein solches sprachwissenschaftliches Studium fundierte Vorkenntnisse in den wirtschaftswissenschaftlichen Fächern der Handelshochschulen voraussetze, also profunde Kenntnisse außersprachlicher Fachbereiche. Der Weg zum Verständnis der Fachsprache führt Snyckers zufolge somit über die vorausgegangene Auseinandersetzung mit dem Fachgebiet. Sprachwissenschaftliches und wirtschaftswissenschaftliches Studium bildeten laut Snyckers eine unzertrennliche Einheit. Er spricht in diesem Zusammenhang von der doppelten Aufgabe der Sprachwissenschaft an Handelshochschulen und erachtet Kenntnisse im wirtschaftlichen Fachbereich sowie fundierte Kenntnisse in der Fremdsprache als Voraussetzung für das fremdsprachliche Studium an Handelshochschulen. Das eigentliche Ziel des Sprachstudiums an Handelshochschulen sei die Erforschung der Fachsprache einer Fremdsprache. Allerdings werde eine solche Disziplin noch an keiner Ausbildungseinrichtung behandelt. Eine fremdsprachliche Fachsprache und ihre Terminologie dienten etwa zur Abbildung von ausländischen Handelsbräuchen, die das Verständnis für die fremde Kultur vertieften. Dieser Ansatz deckt sich mit Palmes nationenwissenschaftlicher Methode, die er als Dozent am SOS beschrieb (vgl. 2.2.3.3). Snyckers zufolge sei ein Studium der Sprache in dieser Konzeption ein neues eigenständiges Hochschulgebiet, wobei ihm aber durchaus bewusst war, dass die Existenz von Fachsprachen im Allgemeinen und vor allem auch in Wissenschaftskreisen noch nicht akzeptiert wurde.

Glauser ist wie Snyckers der Auffassung, dass das Sprachstudium an Handelshochschulen Mittel zum Zweck ist und dass seine Einbettung ins wirtschaftwissenschaftliche Studium seinen inhaltlichen Rahmen absteckt. Dennoch betont er nicht so stark wie Snyckers die fachsprachliche Seite des fremdsprachlichen Studiums an Handelshochschulen, sondern sieht das Sprachstudium vielmehr vor dem Hintergrund der Debatte über den neusprachlichen Unterricht für die von ministerieller Ebene die Behandlung der Gegenwartssprache und der Kulturkunde zur Förderung des Verständnisses für fremde Kulturen gefordert wurde (vgl. 2.1.1.7). Glauser betont dabei die zentrale Funktion der Muttersprache im Sprachstudium an Handelshochschulen, deren Beherrschung erst zu einem Vergleich mit der Fremdsprache befähige.

Zum Kulturkundekonzept im fremdsprachlichen Unterricht führt Dietze 1927 aus, dass die Richtlinien des preußischen Kultusministeriums zwar nicht das kaufmännische Bildungswesen tangieren, diese aber dennoch beachtenswert erscheinen, zumal die Vermittlung kulturkundlicher Kenntnisse ohnehin traditionell im fremdsprachlichen Unterricht im kaufmännischen Bildungswesen verankert seien und somit kein Novum, wie etwa an allgemeinbildenden Schulen, darstellen. Denn Kenntnisse über fremde Kulturen seien von jeher existenziell für die internationale kaufmännische Tätigkeit gewesen. Die in der Vergangenheit in den Lehrplänen im kaufmännischen Bildungswesen verwendete Bezeichnung dieses Faches sei etwa Realsprachunterricht oder Länder- und Menschenkunde gewesen. Zudem sei der fremdsprachliche Unterricht im kaufmännischen Bildungswesen, wie nun vom preußischen Kultusministerium für allgemeinbildende Schulen gefordert, immer auf die Vermittlung der Gegenwartssprache bezogen gewesen.

Der Vorteil des Kulturkundeunterrichts im kaufmännischen Bildungswesen sei seine Konzentration auf den wirtschaftlichen Teilbereich einer Landeskultur, die mit den Zwecken der beruflichen Ausbildung von Kaufleuten im Einklang stehe. Diese Fokussierung erleichtere die Stoffauswahl, denn das preußische Unterrichtsministerium fordere in seinen Richtlinien im Kulturkundeunterricht die Behandlung der gesamten Kultur- und Geisteswelt eines Landes. Dies führe aber zur Problematik der Stoffauswahl, denn die Gesamtkultur könne im Rahmen des fremdsprachlichen Unterrichts oder gar in einem Fremdsprachenstudium nicht behandelt werden. Es könne sich immer nur um eine beispielhafte und lückenhafte Abbildung ausgewählter kultureller Aspekte handeln. Durch die Einführung der Bezeichnung Sach- und Kulturkunde im fremdsprachlichen Unterricht im kaufmännischen Bildungswesen sollte vermieden werden, dass für die kaufmännische Berufspraxis unverzichtbare Inhalte aus dem Lehrplan verschwinden. Aber auch im Sach- und Kulturkundeunterricht bestand die Problematik einer klaren Trennung der vielfältigen kulturellen Bereiche und der damit zusammenhängenden Themen, die gemeinsame Schnittpunkte hatten und deren Grenzen fließend waren.

Snyckers sah durch die Einführung der Kulturkunde die fachsprachliche Seite des Fremdsprachenunterrichts im kaufmännischen Bildungswesen gefährdet, denn er befürchtete, dass so der wirtschaftliche Ausbildungsschwerpunt in den Hintergrund gedrängt werde. Seine Befürchtungen standen auch im Zusammenhang mit dem Unterricht in Handelskorrespondenz, der einen starken Einfluss auf die Wahl der Kulturkundethemen hatte, verlangte dieses Fach doch die Behandlung bestimmter kultureller Themen, die das wirtschaftliche Leben berührten.

Die Sprachforschung an der Handelshochschule konzipierte Snyckers, ebenso wie Glauser, daher basierend auf drei Pfeilern: Sprache, Kultur und Wirtschaft. Der Handelskorrespondenzunterricht, der im fremdsprachlichen Curriculum eine dominante Rolle einnahm, stellte ohnehin ein Zuordnungsproblem im Curriculum im kaufmännischen Bildungswesen dar. In manchen Einrichtungen wurde er zu den kaufmännischen Fächern gezählt, in anderen wiederum zum Sprachunterricht. Daraus ergab sich auch das Problem der personellen Zuständigkeit. Waren nun Lehrer der kaufmännischen oder der sprachlichen Fächer für den Handelskorrespondenzunterricht kompetent? Hier schloss sich auch die Frage nach der adäquaten Ausbildung der Handelssprachlehrer an.

In den meisten Lehrbüchern wurde der Handelskorrespondenzunterricht allerdings zum Sprachunterricht gerechnet. In den 1920er Jahren wurde der Lehrbuchmarkt mit Werken zur methodischen Ausgestaltung des fremdsprachlichen Unterrichts, insbesondere mit Werken zum Handelskorrespondenzunterricht an Handelshochschulen, geflutet. Jede Lehreinrichtung griff auf unterschiedliche Lehrbücher mit unterschiedlichen methodischen Ansätzen zurück. Dieser methodische Wildwuchs war für das Ansehen des fremdsprachlichen Unterrichts im kaufmännischen Bildungswesen nicht besonders förderlich.

Verachtung wurde dem fremdsprachlichen Unterricht im kaufmännischen Bildungswesen vor allem aus den Reihen der Sprachlehrer allgemeinbildender Schulen oder Universitäten zuteil, die diesen als laienhaft abqualifizierten. Es ist möglich, dass dieser Personenkreis nicht zurechtkam mit der Ausrichtung der Sprache auf den praktischen und unmittelbaren Gebrauch in einem beruflichen Umfeld, so wie es traditionell das Bildungsziel bei der Vermittlung der Gegenwartssprache im kaufmännischen Bildungswesen war, das ja ein Verständnis für fremde Kulturen transportieren sollte. Der von der Allgemeinheit als höherwertig eingestufte wissenschaftliche Ansatzpunkt von Sprachlehrern allgemeinbildender Schulen oder Sprachforschern an Universitäten bei der Sprachbetrachtung ging meist von der literarisch-ästhetischen Seite aus. Entsprechende Forschungen wurden an der historischen Sprache auf der Basis von literarischen Werken großer Schriftsteller längst vergangener Zeiten angestellt. Diese Art der traditionellen Forschung basierte m. E. auf einem völlig anderen Weltbild (vgl. 2.1.1.2), das nur schwer in Einklang zu bringen war mit den vom preußischen Kultusministerium erlassenen Richtlinien für den fremdsprachlichen Unterricht Mitte der 1920er Jahre. In der kaufmännischen Berufsausbildung wurde bei der Behandlung der Fachsprache der Gegenwartsverhältnisse gleichermaßen Wert gelegt auf das Sprachverstehen, Sprechen, Lesen und Schreiben, wobei feststand, dass die Gegenwartssprache zu facettenreich war, um in der Ausbildung oder gar in einem Sprachstudium an Handelshochschulen erschöpfend behandelt zu werden. Elemente des fremdsprachlichen Unterrichts im kaufmännischen Bildungswesen, die die Gegenwartssprache behandelten, waren Aussprache und Schreibung, Wortschatz, Grammatik, Sprechübungen, schriftliche Übungen, zu denen auch Übersetzungsübungen zählten und Lektüre.

Diese Unterrichtseinheiten sollten eine breite Basis für die unmittelbare Anwendung einer Fremdsprache in einem beruflichen Kontext schaffen. Die einzelnen Unterrichtseinheiten ergänzten sich und griffen ineinander über. In ihrer Gesamtheit sollten sie zu einem Sprachkönnen führen. Im fremdsprachlichen Unterricht im kaufmännischen Bildungswesen wurde angestrebt, die Fremdsprache als Unterrichtssprache zu verwenden. Damit sollte der Schüler oder Studierende ein Hörverständnis entwickeln und seinen Wortschatz erweitern. Der Grammatikunterricht war ein zentrales Element, der die anderen schriftlichen und mündlichen Unterrichtseinheiten speiste. Dietze führt an, dass Grammatik nur so weit vermittelt werden sollte, wie sie für den praktischen Gebrauch notwendig ist. Dies scheint m. E. im Widerspruch mit dem Unterrichtsziel der aktiven und korrekten Sprachbeherrschung zu stehen. Womöglich hängt Dietzes Aussage aber damit zusammen, dass es noch keine praktischen Grammatiken, wie sie heute üblich sind, gab und sich die vorhandenen Grammatiken eher an der historischen Sprache orientierten[1576] und somit für den praktischen Sprachgebrauch der Gegenwartssprache nicht nützlich waren.

Ein weiterer wichtiger Bestandteil des fremdsprachlichen Unterrichts im kaufmännischen Bildungswesen waren Sprech- bzw. Konversationsübungen. Die Pra-

1576 Vgl. hierzu auch Krejčí (1932: 106), der die Erstellung einer praktischen Wirtschaftsgrammatik forderte.

xiserfahrung zeigte, dass aufgrund von schlechter Aussprache häufig Missverständnisse im internationalen Wirtschaftsverkehr zustande kamen. Das Bestreben, eine gute Aussprache der Fremdsprache zu fördern, war daher schon aus Interesse der Berufspraxis groß. Diesbezügliche Misserfolge werden auch auf das Fehlen von fundierten Lehrmethoden in diesem Bereich und auf die mangelnde Sprechkompetenz der Sprachlehrer selbst zurückgeführt. Im Konversationsunterricht wurden die Themen praxisorientiert aus dem wirtschaftlichen Bereich entnommen. Ziel war es dabei, das Verständnis des Schülers und der Studierenden für wirtschaftliche und kulturelle Sachverhalte zu fördern und ihn in die Lage zu versetzen, zu Themen in der Fremdsprache Stellung zu nehmen, Fragen zu stellen und Antworten zu geben. Referate wurden in diesem Zusammenhang auch häufig herangezogen, um die Ausdrucksfähigkeit zu schulen.

Dietze verweist darauf, dass in diesem Fach eine gewisse Sprachbegabung Voraussetzung ist. Dennoch sollten auch weniger Sprachbegabte zu einer gewissen Ausdrucksfähigkeit geführt werden. Kern des fremdsprachlichen Unterrichts war die Lektüre, die als Stifterin aller Schreib-, Sprech- und Lesetätigkeiten erachtet wurde. Die Lektüre sollte in wirtschaftswissenschaftliche Literatur einführen und durch Lektüre kulturkundlicher Themen ergänzt werden. Einen möglichst umfassenden Überblick über aktuelle Themen des Welt- und Wirtschaftsgeschehens bot die Zeitungslektüre. Durch ein breites Lektürespektrum sollte auch die Allgemeinbildung gefördert werden. Die Anmerkung, dass im fremdsprachlichen Unterricht einwandfreie Texte der Gegenwartssprache verwendet werden sollen, zeigt m. E., dass ein Großteil von Originaltexten aus der Praxis damals schon defekt war.

Komponenten des fremdsprachlichen Unterrichts im kaufmännischen Bildungswesen deuten auf die späteren Studiengänge an den Dolmetscher-Instituten hin. Da in der kaufmännischen Berufspraxis häufig verlangt wurde, Referate zu relevanten Themen zu halten, wurden diese durch die zunächst meist schriftliche Wiedergabe vorgelesener Texte geübt. Dabei waren sowohl eine rezeptive als auch eine produktive Tätigkeit gefragt. Dietze führt aus, dass diese Übung daher hohe Ansprüche an den Schüler stelle. Snyckers moniert an dieser Art der Übung aber die starre Ausdrucksweise bei der Textwiedergabe und erläutert, wie er sie zu einer neuen Übungsart der Nacherzählung erweiterte, sodass die Schüler die Gedanken des Textes mit eigenen Worten formulieren mussten. Er bezeichnet diese Übung als Inhaltswiedergabe. Übersetzungen, vornehmlich in die Muttersprache, wurden vor allem in fortgeschrittenen Stufen des kaufmännischen Bildungswesens verwendet, da sie auch in der Berufspraxis verlangt wurden.

Dietze erläutert, dass schriftliche Übersetzungen an die vorgegebene Form gebunden sind und eine gute Übung seien, um die Fremdsprache in Beziehung mit der Muttersprache zu setzen. Er fügt hinzu, dass eine fremde Sprache zu sprechen nicht das bloße Übersetzen eines Wortes einer Sprache in eine andere Sprache bedeute, sondern es vielmehr darum gehe, Inhalte, die in einer Sprache ausgedrückt werden, mit den Mitteln einer anderen Sprache korrekt wiederzugeben.

Die vielfältigen Komponenten des fremdsprachlichen Unterrichts im kaufmännischen Bildungswesen spiegeln die hohen Anforderungen sowohl an Schüler und Studierende als auch an Sprachlehrer wider. Exakt die Ausbildung der Handelssprachlehrer wurde in den Jahren bis zum Zweiten Weltkrieg die Streitfrage unter Fachvertretern schlechthin. Befürworter eines vertieften Sprachstudiums an Handelshochschulen, das auf den Beruf des wissenschaftlich qualifizierten Handelssprachlehrers vorbereiten sollte, gab es genügend, aber auch entsprechend viele Hindernisse. Die Diskussionen auf den *Internationalen Kongressen* in den Jahren von 1929 bis 1938 zeigen dies. Glauser und Synckers rechtfertigten das Sprachstudium an Handelshochschulen im Vergleich zum Sprachstudium an Universitäten mit einer anderen Schwerpunktsetzung, denn es handle sich um eine wissenschaftlich fundierte sprachliche Ausbildung für berufliche Zwecke, für die die Universität, die sich auf die sprachwissenschaftliche Untersuchung von einem literarischen, philosophischen Ansatz aus konzentriere, keine Möglichkeiten biete. Das Sprachstudium an Handelshochschulen war ihnen zufolge in die Wirtschaftswissenschaften eingebettet, die der Sprachforschung den Weg weisen sollten. Somit sei es laut Glauser nicht das Ziel von Handelshochschulen, Sprachforscher auszubilden, sondern Kultur- und Wirtschaftsforscher. Zudem sei die Sprachforschung an Handelshochschulen, wie Dietze anmerkt, nicht nur Wissenschafts- sondern auch Fertigkeitsfach.

Die Zielgruppe der sprachlichen Studiengänge an der Handelshochschule Leipzig und am Dolmetscher-Institut der Handelshochschule Mannheim war breit gefächert. Sowohl Glauser als auch Snyckers führten Handelslehrer, Diplom-Kaufleute sowie Wirtschaftsführer und Korrespondenten an, wobei hiermit Handelskorrespondenten gemeint waren. Außerdem sollte die Sprachforschung an Handelshochschulen auch Quereinsteigern, etwa an Universitäten ausgebildeten Philologen, eine Spezialisierungsmöglichkeit bieten. Das Sprachstudium an Handelshochschulen, die im Gegensatz zu den Universitäten für Marktentwicklungen offen waren, sollte sicherlich auch aus finanziellen Gründen für eine möglichst breite bezahlende Zielgruppe zugänglich sein. Dies ist m. E. auch ein Grund für das diffuse Berufsbild von Dolmetschern und Übersetzern. – Denn nicht zuletzt lastete die Hoffnung Deutschlands auf den Schultern derjenigen, die Fremdsprachen beherrschten: War es doch gerade der Neuphilologe, der von der Allgemeinheit zum »Interpret fremder Kulturgüter«[1577] hochstilisiert wurde (vgl. 3.1.9).

2.5.7.2 Die internationale Dimension des kaufmännischen Bildungswesens (1928–1938)

Die internationale Dimension des kaufmännischen Bildungswesens zeigt sich in verschiedenen internationalen Einrichtungen (vgl. 2.4.4). Auf mehreren *Internationalen Kongressen* nach dem Ersten Weltkrieg wurde auch der Fremdsprachenunterricht im kaufmännischen Bildungswesen thematisiert und damit auch die

1577 Franz (1927: 44).

sprachwissenschaftliche Forschung an Handelshochschulen, die im Entstehen begriffen war. Teilnehmer aus aller Welt berichteten über aktuelle Entwicklungen im kaufmännischen Bildungswesen in ihren Ländern. Ein auffallendes Kriterium dieser *Internationalen Kongresse* ist die Mehrsprachigkeit, die dort zugelassen war.

2.5.7.2.1 *Der Internationale Kongress* in Amsterdam (1929)

Der *Internationale Kongress* im Jahr 1929 bot seit Ende des Ersten Weltkriegs eine erste Begegnungsmöglichkeit zwischen Vertretern verschiedener Länder des kaufmännischen Bildungswesens. Der letzte Austausch im Rahmen eines *Internationalen Kongresses* lag damals 16 Jahre zurück.

Als unumstößliche Wahrheit dieses *Internationalen Kongresses* galt, dass der Erste Weltkrieg die internationale wirtschaftliche und politische Situation extrem beeinträchtigt und zu einer Abschottung der einzelnen Länder gegenüber dem Ausland geführt hatte (vgl. 2.1.2.5). Internationale Konferenzen, wie etwa die Weltwirtschaftskonferenz in Genf im Jahre 1927, die in ihrer Art etwas Neuartiges darstellten, waren erste Versuche, im Dialog um gegenseitiges Verständnis der Völker zu werben und ihrer Annäherung Wege zu weisen. Besonders der Berufstand der Kaufleute schien den Kongressteilnehmern geeignet, um zur Befriedung der Welt beizutragen. War es doch ohnehin gute Tradition der Kaufleute, bei Ausübung ihrer beruflichen Tätigkeit Ländergrenzen zu überschreiten.

Als Schlüssel zur Verständigung der Völker untereinander galt zweifelsohne die Sprache. So rückte der Fremdsprachenunterricht im kaufmännischen Bildungswesen in den Fokus. Einigkeit bestand sowohl seitens der Praktiker – die im kaufmännischen Bildungswesen häufig als Geldgeber fungierten und somit ein gewisses Mitspracherecht in Unterrichtsbelangen hatten – als auch seitens der Vertreter der Lehre darin, dass eine vertiefte Sprachbildung zukünftiger Kaufleute unabdingbar sei. Jedoch schien sich aus verschiedenen Gründen kein gemeinsamer Nenner in puncto Ausgestaltung des fremdsprachlichen Unterrichts und der Ausbildung des entsprechenden notwendigen Lehrpersonals zu finden.

Das Hauptproblem lag in der Ausbildung von Handelssprachlehrern, die zur fremdsprachlichen Ausbildung von angehenden Kaufleuten und Handelssprachlehrern beitragen sollten, um das dringende und allgemein anerkannte Desiderat an die Ausbildung von fremdsprachlich versierten kaufmännischen Nachwuchskräften zu erfüllen. Die bis dato übliche Ausbildungspraxis von Handelssprachlehrern, die als Vermittler zwischen den inländischen und ausländischen Verhältnissen galten, schien in Anbetracht der Nachkriegssituation überkommen und unbefriedigend zu sein: Ihre philologische Ausbildung im Rahmen der Universität vernachlässigte eine Spezialisierung und Qualifikation im wirtschaftssprachlichen Bereich, die für die Tätigkeit des Sprachlehrers an Handelshochschulen zwingend war.

Eine konsequente Forderung von Fachvertretern war daher, den fremdsprachlichen Unterricht an Handelshochschulen, ebenso wie die wirtschaftlichen Fächer, wissenschaftlich auszugestalten und ihnen gleichzustellen, um im Rahmen eines fundierten Sprachstudiums dem Bedarf an »Sprachbeherrschern«[1578] zu begegnen. Maximalforderungen zur Ausgestaltung eines solchen Studiums waren Institute mit Lehrstühlen und Bibliotheken. Zudem wurde dringend dazu aufgerufen, wissenschaftliche Literatur etwa zur Didaktik und Pädagogik des fremdsprachlichen Unterrichts im kaufmännischen Bildungswesen zu verfassen.

Der neue Wissenschaftszweig, der die gewünschten Institutionen mit Leben füllen sollte, war die Wirtschaftslinguistik, deren Begriff von Ewald E. J. Messing (vgl. 2.5.6.1.5) Mitte der 1920er Jahre eingeführt wurde. Absolventen der an Handelshochschulen zu etablierenden Auslandsinstitute, also Wirtschaftslinguisten, sollten im Rahmen ihres Studiums sowohl allgemeine philologische als auch spezielle auf die Wirtschaftskultur eines Landes bezogenen Kenntnisse und der dazugehörigen Fachsprache, der sogenannten Wirtschaftssprache, erwerben. Jedoch musste allgemein eingeräumt werden, dass in Anbetracht der wirtschaftlichen Lage nach dem Ersten Weltkrieg in den Ländern zur Umsetzung der institutionellen Pläne kein finanzieller Spielraum vorhanden war. Erschwerend kam hinzu, dass in den einzelnen Ländern unterschiedliche infrastrukturelle Voraussetzungen im Bereich des kaufmännischen Bildungswesens, einschließlich unterschiedlicher Handelsschultypen, gegeben waren. Schon allein in dieser Hinsicht eine einheitliche Regelung zu finden, war praktisch unmöglich.

Die Erwartungen der Praxis an den fremdsprachlichen Unterricht waren enorm. Neben der Vermittlung von sprachlichen und landesbezogenen Kenntnissen, die von den Absolventen in der Praxis aus dem Stand abrufbar sein sollten, sollte auch ein hohes Maß an Allgemeinbildung vermittelt werden, um persönlichkeitsbildende Effekte beim angehenden kaufmännischen Nachwuchs zu erzielen.

Presseerzeugnisse, die häufig allgemeinbildend und im Zusammenhang mit dem Erwerb von landesbezogenen Kenntnissen, insbesondere im wirtschaftlichen Bereich, nicht zuletzt wegen ihrer Aktualität, hervorgehoben wurden, wurden als unabdingbare Unterrichtsmaterialien im kaufmännischen Bildungswesen erachtet. Zudem sah man in ihnen, ebenso wie in internationalen Austauschmöglichkeiten, die für Schüler, Studierende und Handels(sprach)lehrer gleichermaßen gefordert wurden, nicht nur eine Möglichkeit zur Vertiefung der Kenntnisse über das Ausland, sondern auch das Potenzial, durch eine objektive Meinungsbildung bei Schülern und Studierenden zur friedlichen Begegnung zwischen den Völkern beizutragen.

2.5.7.2.2 *Der Internationale Kongress* in London (1932)

Im Jahr 1932 waren die Teilnehmer des *Internationalen Kongresses* mit der Tatsache konfrontiert, dass sich die wirtschaftliche Lage in der Welt seit dem letzten *Internationalen Kongress* in Amsterdam 1929 nicht entschärft, sondern durch anhaltende Autarkiebestrebungen der einzelnen Länder eher noch zugespitzt hatte. Verarmung der Länder und Misstrauen gegenüber anderen Völkern war die Folge. Anstatt sich einander zu nähern, entfernten sich die Nationen voneinander. Fehlinformationen und Halbwissen über andere Völker wurden auf dem *Internationa-*

1578 IGFkB (1929b: 221–222), Gliszczynski.

len Kongress 1932 für entsprechende fatale wirtschaftliche und politische Entscheidungen als Auslöser angeführt und umgehend eine Haltungsänderung gegenüber anderen Völkern angemahnt.

Das Gebot der Stunde war die Aneignung von fundierten Auslandskenntnissen, im Besonderen über wirtschaftliche Verhältnisse, um das gegenseitige Verständnis der Völker zu fördern. Wie bereits 1929 in Amsterdam wurde diese völkerverständigende Aufgabe dem Kaufmannstand wegen seiner grenzüberschreitenden Tätigkeiten zugeschrieben. Vor allem auf den Studierenden der Handelshochschulen lastete »die Hoffnung der Welt«[1579], um diese zu befrieden.

Als beste Möglichkeit, die Verhältnisse eines anderen Landes kennenzulernen, wurden diverse Austauscheinrichtungen für Studierende und junge Kaufleute in der Berufspraxis zwischen den Ländern erachtet. In diesem Zusammenhang wurde besonders der Stellenwert der *Internationalen Sprach- und Wirtschaftskurse* als Weiterbildungsmöglichkeit für junge Kaufleute hervorgehoben. »Weltbürger«[1580], die sich (sprach-)gewandt auf internationalem Parkett bewegen konnten, sollten durch internationale Begegnungen geformt werden.

Der Enthusiasmus für internationale Austauschprojekte wurde allerdings durch die Abschottungspolitik der Länder gedämpft. Quasi als Kompensation für die mangelnden Austauschmöglichkeiten kam dem fremdsprachlichen Unterricht im Inland bei der Vermittlung von sprachlichen und auslandskundlichen Kenntnissen im kaufmännischen Bildungswesen somit große Bedeutung zu. Die Ausgestaltungsvorschläge waren vielfältig. Weitgehender Konsens bestand darin, dass das Studium wirtschaftlicher und kultureller Verhältnisse eines anderen Volkes durch Spezialisierung auf bestimmte Länder erfolgen sollte, wobei jeweils bestimmte Bereiche des relevanten Landes fokussiert werden sollten, wie etwa das Rechts- oder Börsenwesen. Messing schlug für die Erforschung der Auslandsverhältnisse in jedem Land ein zentrales Institut bzw. eine zentrale Hochschule vor. Dieser Ansatz ist deckungsgleich mit dem von Palme in seiner Beschreibung der nationenwissenschaftlichen Methode.

2.5.7.2.3 Der *Internationale Kongress* in Prag (1935)

Ein wichtiges Thema auf dem *Internationalen Kongress* im Jahr 1935 in Prag war, wie schon auf den *Internationalen Kongressen* der Vorjahre, die Ausbildung von Handelssprachlehrern. Es wurde festgestellt, dass in diesem Bereich praktisch in keinem Land Fortschritte erzielt wurden. Allenfalls gab es positive Einzelbeispiele zu verzeichnen, wie etwa die Errichtung der Sprachlehrstühle an der Handelshochschule Leipzig, die 1929 ins Leben gerufen wurden.

Neben finanziellen Gründen, die dem weltweiten wirtschaftlichen Umfeld geschuldet waren, war auch der Widerstand aus Wissenschaft und Praxis gegen die zu etablierende Disziplin Wirtschaftslinguistik für die schleppende Entwicklung verantwortlich.

1579 Collings (1932: 6).
1580 IGFkB (1932: 710), Junod.

Aus einschlägigen Fachkreisen hingegen war es deutlich vernehmbar, dass der fremdsprachliche Unterricht im kaufmännischen Bildungswesen, vor allem auf Hochschulebene, wissenschaftlich ausgerichtet werden müsste, wollte man den Erfordernissen der Praxis standhalten. Zudem war die Frage berechtigt, warum der Fremdsprachenunterricht, der über Jahrhunderte ein integraler Bestandteil der kaufmännischen Ausbildung war, nicht ähnliche Entwicklungschancen bekam, wie die wirtschaftlichen Fächer im kaufmännischen Bildungswesen. Der Versuch, die Wirtschaftslinguistik zu etablieren, kann in diesem Zusammenhang als ein Aufschrei ihrer Vertreter gewertet werden. Vor allem die Arbeiten von Messing verdeutlichen die Reaktion auf den Widerstand gegen diesen Wissenschaftszweig und die damit fehlende Anerkennung nicht nur von möglichen Finanziers in Kaufmannskreisen, sondern auch von den meisten universitären Philologen, die die Problematik von Fachsprachen abtaten und ihnen die Forschungsberechtigung absprachen.

Unter den Befürwortern der Wirtschaftslinguistik auf dem *Internationalen Kongress* im Jahre 1935 waren die folgenden Redner: Čada von der Handelshochschule in Prag, Snyckers von der Handelshochschule Leipzig und Messing von der Handelshochschule Rotterdam. Ihre Gedanken zum fremdsprachlichen Studium an Handelshochschulen deckten sich in ihrem Kern: Ausgehend vom Herzstück des fremdsprachlichen Unterrichts im kaufmännischen Bildungswesen, der Handelskorrespondenz, sollte ein wissenschaftlich fundierter Fremdsprachenunterricht geschaffen werden, der fachsprachliche und länderbezogene Forschungen mit wirtschaftskulturellem Schwerpunkt vereinte. Die dringende Forderung war deshalb, die Ausbildung von Handelssprachlehrern entsprechend wissenschaftlich zu gestalten, damit die Ergebnisse der neuen Disziplin den fremdsprachlichen Unterricht auf allen Ebenen des kaufmännischen Bildungswesens bereichern könnten.

Energisch betont wurde, dass die neu anzuwendenden wissenschaftlichen Ansätze nichts mit der in Verruf geratenen Handelskorrespondenz zu tun hätten. Diese war ja über Jahrhunderte hinweg entstanden und meist in feststehenden Wendungen zementiert worden, die im kaufmännischen Schriftverkehr üblich waren. Im Laufe der Geschichte fanden sie m. E. in unsäglichen sogenannten Formelbüchern ihren Niederschlag. – Als ob Worte, ähnlich wie Zahlen, in »Formeln« gepresst werden könnten. Hier waren unverkennbar Kaufleute am Werk in der Absicht, Geschäftsabläufe effizient zu gestalten. Schülern der Handelskorrespondenz wurde nachgesagt, diese »Formeln« aus Worten stupide auswendig zu lernen, ohne ihren Sinn zu erfassen. Demgegenüber sollte das Studium wirtschaftslinguistischer Ausrichtung eine seriöse Auseinandersetzung mit der Sprache und Kultur eines fremden Landes nach wissenschaftlichen Grundsätzen zum Gegenstand haben.

Angesichts der prekären politischen und wirtschaftlichen Situation weltweit wurde der friedenstiftende Nebeneffekt der neuen Disziplin hervorgehoben, denn die Forschungen über andere Länder und ihre Völker sollten das so dringend notwendige Verständnis der Völker füreinander fördern. Der Wille zur Völkerverständigung war unmissverständlich der Motor der neuen Disziplin. Hinzu kam, dass durch die wissenschaftlich basierte Beschäftigung mit dem Ausland, ein Perspektivwechsel einhergehen sollte, der den Blick zurück auf das eigene Land schärfen und zur Selbstkritik anregen sollte. Einer eindimensionalen Sichtweise der ausländischen Verhältnisse sollte somit durch die neue Disziplin vorgebeugt werden.

Ungeklärt blieb aber weiterhin die institutionelle Frage. Die wirtschaftliche Lage der Staaten ließ in dieser Hinsicht alle Wünsche offen. Favorisiert wurde – insbesondere diskutiert im Zusammenhang mit der Handelssprachlehrerausbildung – eine Lösung, die komplett von der Handelshochschule übernommen werden sollte, um den Bezug zur wirtschaftlichen Praxis zu gewährleisten und um den fachsprachlichen Fremdsprachenunterricht aus den Inhalten der wirtschaftlichen Fächer zu speisen.

Unisono wurden für das Studium der Wirtschaftslinguistik fundierte allgemeine Vorkenntnisse in der zu studierenden Fremdsprache sowie in wirtschaftlichen Fächern vorausgesetzt, um sich gewinnbringend dem Studium der Fachsprache Wirtschaft, also der Wirtschaftssprache, widmen zu können. Dieses Studium sollte einem großen – auch vielfältig vorgebildeten – Personenkreis mit unterschiedlichen Berufszielen offenstehen. Nicht zuletzt auch, um Geldgeber von der Dringlichkeit der neuartigen Forschungen zu überzeugen. Das Studium der Wirtschaftslinguistik wurde als Aufbaustudium konzipiert, deren Absolventen auf einem breitangelegten Sprachdienstleistungsmarkt aktiv werden konnten. (Vgl. 3.1.7, 3.1.9).

2.5.7.2.4 Der *Internationale Kongress* in Berlin (1938)

Auf dem *Internationalen Kongress* 1938 in Berlin, der unter dem Motto Berufsausbildung und Praxisbezug stand, wurde der fremdsprachliche Unterricht im kaufmännischen Bildungswesen nur am Rande thematisiert. Zum Fremdsprachenstudium an Handelshochschulen gab es keine Beiträge. Es wurde zwar betont, dass die Aufgabe des fremdsprachlichen Unterrichts darin bestehe, eine breite Allgemeinbildung und Sprachkenntnisse für die Praxis zu vermitteln, neue Erkenntnisse im Vergleich zu den vorherigen Kongressen wurden jedoch nicht beigetragen, ebenso wenig zur Ausbildung von Handelsschullehrern, die, wie in einem Beitrag anklang, immer noch einer zufriedenstellenden Lösung harrte.

Es verwundert jedoch, dass auf dem *Internationalen Kongress* 1938 nicht erwähnt wurde, dass im Vorjahr an der Handelshochschule Leipzig, ein Dolmetscher-Institut gegründet wurde. Snyckers und von Hibler waren auf dem *Internationalen Kongress* in Berlin laut Teilnehmerverzeichnis nicht anwesend. Vermutlich verlangte das neue Dolmetscher-Institut ihre ganze Aufmerksamkeit, denn im Sommer 1938 waren die Prüfungsordnungen immer noch nicht vom Reichsbildungsministerium genehmigt worden (vgl. 2.7.3.2).

Traditionell wurde vor dem *Internationalen Kongress* ein *Internationaler Wirtschaftskurs*[1581] für junge Kaufleute und Handelssprachlehrer angeboten, um Wirt-

1581 Die verwendete Bezeichnung war nicht *Internationaler Sprach- und Wirtschaftskurs.* Als Erläuterung wird im Schlussbericht angeführt: »(...) Dieser internationale Wirtschaftskursus fand, wie auch der Kongreß eine außerordentlich starke Beteiligung von seiten des Auslandes. Er hat, wie jeder Kursus, den Zweck, junge Kaufleute und Handelslehrer in die Wirtschaft und Kultur des betreffenden Lanschaft und Kultur des Gastlandes kennenzulernen. Dieser wurde sehr gut nachgefragt wie auch der *Internationale Kongress,* der von Interessenten aus 35 Ländern besucht wurde. Dies verdeutlicht die internationale Dimension der kaufmännischen Ausbildung. Zudem wird, besonders ein Jahr vor Ausbruch des Zweiten Weltkriegs, das friedliche internationale Miteinander dieser Interessensgemeinschaft deutlich vor Augen geführt. Sowohl die *Internationalen Kongresse* als auch die *Internationalen Sprach- und Wirtschaftskurse* waren als friedensstiftende Veranstaltungen par excellence mit entsprechenden Zielsetzungen konzipiert worden. (Vgl. 3.1.12).

2.5.7.3 Erste Profilbildung in der Fachsprachenforschung

Der Bedarf an wissenschaftlichen Forschungen zur Gegenwartssprache trat im wirtschaftlichen Umfeld nach dem Ersten Weltkrieg, in dem international eine Abschottungspolitik verfolgt wurde, deutlich zutage. Besonders an den Handelshochschulen – aus dem kaufmännischen Bildungswesen entstanden, wo die Gegenwartssprache traditionell behandelt wurde – schien die Zeit gekommen zu sein, den Fremdsprachenunterricht auf Hochschulniveau zu heben, um durch eine Professionalisierung desselben, international wirtschaftliche Kontakte knüpfen zu können. Entsprechende Ergebnisse sollten durch die neue Wissenschaftsdisziplin Wirtschaftslinguistik erzielt werden. Die folgenden Abschnitte zeigen die schwierige Situation, diese neue Fachdisziplin an Handelshochschulen trotz eines am Markt bestehenden Bedarfs durchzusetzen (vgl. 3.1.8), sowie Defizite, die damit im Zusammenhang stehen und sich negativ auf eine entstehende Branche auswirkten.

2.5.7.3.1 Bedarf an einer Forschungsinfrastruktur

Nach Ende des Ersten Weltkriegs, der gezeigt hatte, wozu die mangelnde Kenntnis über andere Völker führen konnte, wurde der Fremdsprachenunterricht in seiner bisherigen Form in Deutschland überdacht. Die meisten Handelshochschulen hatten sich schon in ihrer Gründungsphase geweigert, den fremdsprachlichen Unterricht wissenschaftlich auszugestalten und das Traditionsfach Handelskorrespondenz in ihren Fächerkanon aufzunehmen. Somit war der fremdsprachliche Unterricht meist nur als Alibi im Lehrplan der Handelshochschulen als Nebenfach vertreten, um den Forderungen der Praxis wenigstens minimal gerecht zu werden. Obwohl die Handelshochschulen als Folge des zunehmend international ausgerichteten Wirtschaftsverkehrs gegründet wurden, fehlte die internationale Dimension in ihren Curricula, auch in den wirtschaftswissenschaftlichen Fächern.

Die Verantwortlichen der Handelshochschulen und viele Geldgeber erachteten vertiefte Sprachstudien als übertrieben und verkannten dabei ihr wissenschaftliches Potenzial. Andere Traditionsfächer, wie etwa Geographie oder Geschichte, hingegen wurden als wissenschaftlich förderungswürdig eingestuft und mit Lehrstühlen ausgestattet. Dies kam Vertretern des fremdsprachlichen Unterrichts

des einzuführen. (...).« (vgl. Südhoff (1938: 694–695)). Zur Sprachkomponente des ISW, die 1938 vermutlich nicht stattfand, werden keine Informationen gegeben.

einem Affront gleich, denn ihrem Fach wurde jegliches Forschungspotenzial abgesprochen. An diesem empfindlichen Punkt setzte Messings vehementer Appell an Fachvertreter und Geldgeber an, auch den fremdsprachlichen Unterricht im kaufmännischen Bildungswesen auf wissenschaftliches Niveau zu heben. Sein Engagement für das sprachwissenschaftliche Studium an Handelshochschulen, das er ab Anfang der 1920er Jahre in den Niederlanden mit der Gründung verschiedener Vereine zur Förderung der sprachwissenschaftlichen Forschung, von der die handelswissenschaftliche Forschung profitieren sollte, untermauerte, fand auch in Deutschland Zuspruch, wo Messing als Initiator der neuen Bewegung galt.

In seinem 1921 veröffentlichten Konzept für das fremdsprachliche Studium an Handelshochschulen, das in Fachkreisen Anklang fand, unterstreicht Messing den bedeutungsgeschichtlichen Forschungsansatz handelssprachlicher Ausdrücke. Die zu einem Fachausdruck angestellten etymologischen Studien sollten das Entstehen und die Entwicklung eines in der Gegenwart üblichen Fachausdrucks einer Sprache aufzeigen und somit seine Bedeutungsverschiebungen im Laufe der Zeit dokumentieren. Dadurch sollte das Verständnis für einen Fachausdruck gefördert und das Erfassen von Zusammenhängen sowie das Verständnis für die Denkweise anderer Völker und deren Kultur vertieft werden. Messing bezeichnete diese Methode – in Anlehnung an Palme, ohne explizit auf ihn Bezug zu nehmen – als nationenwissenschaftlich. Die Sprache wurde dabei als dynamischer Kulturspeicher eines Landes und der Gesinnung eines Volkes in der Vergangenheit und in der Gegenwart erachtet. Laut Fachvertretern war ein willkommener Nebeneffekt eines solchen Sprachstudiums die Vertiefung des Sprachgefühls und die Fähigkeit, Sprache auf wissenschaftlicher Grundlage zu beobachten und zu beurteilen.

Mit dieser Methode distanzierte sich die Sprachforschung an Handelshochschulen einerseits von dem bedenklichen eindimensionalen Auswendiglernen von Wendungen des kaufmännischen Schriftverkehrs, wie wohl in Handelskorrespondenzkursen üblich, und positionierte sich andererseits als Ergänzung, nicht als Vertiefung, zum universitären sprachwissenschaftlichen Studium. Denn der neue Forschungszweig sollte vor allem die Handelswissenschaft bereichern, also das Fach, aus dessen Berufssprache sich die neuartigen philologischen Forschungen speisten.

Solche sprachwissenschaftlichen Forschungen wurden schon in den 1920er Jahren als angewandte Sprachwissenschaft bezeichnet, die ihre Berechtigung durch die Existenz anderer Wissenschaften bekam. Ein wichtiges Kriterium war dabei ihre Anpassungsfähigkeit an den jeweiligen Fachbereich, den sie berührte. Vorausgesetzt wurde auch, dass die zu einem jeweiligen fachwissenschaftlichen Bereich gehörende Sprache so unendlich ist wie eben dieser fachwissenschaftliche Bereich selbst. An Handelshochschulen schöpfte die Sprachforschung folglich in erster Linie aus den sprachlichen Erscheinungen des internationalen Handels.

Als Rechtfertigung für den neuen Wissenschaftszweig wurde allgemein der Spezialisierungstrend in der Berufswelt und damit einhergehend die Spezialisierung der dazugehörigen Wissenschaftsbereiche angeführt. Argumentiert wurde in diesem Zusammenhang, dass auch Wissenschaftsbereiche, die an der Universität schon lange Tradition hatten, nicht umhinkamen, sich dem kontinuierlichen Wissenszuwachs zu öffnen und sich folglich zu interdisziplinären Fächern zu entwickeln. Generell wurde dabei die gegenseitige Befruchtung von benachbarten Wissenschaftszweigen als gewinnbringend gewertet.

Für die neue Sprachforschung an Handelshochschulen, die Snyckers explizit als Fachsprachenforschung bezeichnete, wurde es als selbstverständlich vorausgesetzt, dass die Studierenden bereits Vorkenntnisse im wirtschaftlichen Fachstudium erlangt hatten, um den darauf aufbauenden profunden Sprachstudien folgen zu können. Zudem wurde eine intensive Pflege der Muttersprache vorausgesetzt, um zu einer Fremdsprache überhaupt Zugang zu bekommen.

Eine der obersten Leitlinien für das sprachwissenschaftliche Studium an Handelshochschulen war der vielbeschworene Praxisbezug, der von Geldgebern aus der Praxis als notwendige Bedingung gefordert und von Kritikern aus Wissenschaftskreisen als unwissenschaftlich abgetan wurde. Eine Zerreißprobe, die die Nachfolgefächer bis heute noch nicht überstanden haben. Unter praxisorientiertem Ansatz des sprachwissenschaftlichen Studiums an Handelshochschulen verstand man die Ausrichtung der Sprachforschung auf den internationalen Wirtschaftsverkehr, im Speziellen auf die damit verbundene in der Gegenwart vorherrschende Berufssprache. Dies war im Vergleich zum traditionellen philologischen Studium, das sich hauptsächlich an literarischen Werken der Vergangenheit orientierte, ein Novum. Aus diesen auf die Gegenwartssprache gerichteten Forschungen sollte sich der fremdsprachliche Unterricht speisen, indem ein Teil der Berufswelt auf wissenschaftlicher Basis abgebildet wurde. Als besondere Herausforderung galt dabei der Vergleich von in Sprache gefassten kulturellen Spezifika, wie sie in den einzelnen Ländern jeweils vorherrschten. Das sprachwissenschaftliche Studium an Handelshochschulen erfüllte somit keinen Selbstzweck, sondern wurde als Hilfsmittel erachtet, das unterstützend fungierte, um Handelsziele zu erreichen. Im weitesten Sinne berührte dies den Bereich internationaler Wirtschaftskommunikation. Häufig angeführt wurden etwa Verkaufsgespräche zwischen internationalen Geschäftspartnern, für die es aufgrund einer vorherrschenden Ausbildungslücke keine adäquate Vorbereitung gab und daher oft erfolglos verliefen.

Die allgemein vorherrschende Meinung war aber, dass fachbezogene Kommunikationsprobleme einer wissenschaftlichen Erforschung nicht würdig seien. So wurden etwa Übersetzungsprobleme im internationalen Wirtschaftsverkehr von Nicht-Fachvertretern in der Annahme heruntergespielt, dass grundlegende fremdsprachliche Kenntnisse zur Lösung derselben genügten.

Diesem vermeintlich entwaffnenden Argument begegnete Messing mit einer Kampfansage. Die von ihm als Wirtschaftslinguistik bezeichnete neue wissenschaftliche Disziplin sollte verschiedenen Berufsgruppen zugutekommen, bei deren beruflicher Tätigkeit Kommunikation eine tragende Rolle spielte. Für dieses weite im Entstehen begriffene Berufsfeld fehlte jedoch jegliche Forschungs- und Ausbildungsmöglichkeit. Als Zielgruppen eines wirtschaftslinguistischen Studiums wurden neben ausgesprochenen Kommunikationsberufen, wie etwa Dolmetscher, Übersetzer und Auslandskorrespondenten, Berufe angeführt, deren Schwerpunkt nicht im kommunikativen Bereich lag, etwa Kaufleute, für die profunde Fremdsprachenkenntnisse aber durchaus von Vorteil waren. Bei Letzteren wurde von Fachvertretern des fremdsprachlichen Unterrichts oft mangelnde Sprachbegabung und daraus resultierendes flaues Interesse am fremdsprachlichen Unterricht festgestellt, da ihr Studienschwerpunkt im wirtschaftswissenschaftlichen Fachbereich lag. Im Zusammenhang mit der wissenschaftlichen Schwerpunktsetzung im wirtschaftswissenschaftlichen Studium an Handelshochschulen wird klar, warum sich Geldgeber schwertaten, die Sprachforschung an Handelshochschulen finanziell zu fördern. Ein wie von Messing gefordertes sprachwissenschaftliches Studium im Rahmen einer Einrichtung, die führende Kaufleute ausbilden sollte, lag daher jenseits des Vorstellungsvermögens der meisten kaufmännischen Finanziers.

Ein herausragender Problempunkt des neuartigen Studiums war, dass es keine Dozenten gab, die eine entsprechende Qualifikation vorweisen konnten, die in einem fachsprachlich ausgerichteten philologischen Studium erlangt werden konnte. Auch an diesem Punkt sollte die von Messing geforderte Wirtschaftslinguistik Abhilfe schaffen. Überdies bestand Anfang der 1920er Jahre noch Unklarheit darüber, ob sich zu den neuartigen Sprachforschungen eher wirtschaftlich geschulte Philologen oder eher sprachlich interessierte Handelswissenschaftler zur Forschung aufgefordert fühlen sollten. Zumindest wurde anerkannt, dass der neue interdisziplinäre Forschungszweig eine enge Zusammenarbeit zwischen Philologen sowie Handels- und Rechtswissenschaftlern erforderte.

Die Rahmenbedingungen für diese gemeinschaftliche Forschungsarbeit waren den Befürwortern der Wirtschaftslinguistik zufolge vor allem an Handelshochschulen gegeben. Die Erschaffung einer Infrastruktur, die die Erforschung der Wirtschaftssprache überhaupt möglich machen sollte, war dabei zunächst das dringendste Problem. Zur Erreichung dieses Ziels wurden ordentliche Lehrstühle für ein wirtschaftslinguistisches, auch nationenwissenschaftliches, ausgerichtetes Sprachstudium an Handelshochschulen gefordert. Ihre Forschungsarbeit sollte Forschung und Lehre im wirtschaftssprachlichen Bereich voranbringen und für eine Fülle an neuen Wirtschaftskommunikationsberufen eine Ausbildungsmöglichkeit schaffen.

2.5.7.3.2 Bedarf an wissenschaftlich fundiertem Arbeitsmaterial für den Sprachdienstleistungsmarkt

Auch das Thema Wörterbucharbeit berührte das weite Feld der neuen Wissenschaftsdisziplin Wirtschaftslinguistik. Zwei Autoren des Sammelbandes *Zur Wirtschafts-Linguistik*, Schröer und Snyckers, kamen in ihrer Laufbahn mit der Komplexität dieser Arbeit in Berührung, Snyckers sogar als Übersetzer, der in der Praxis zu spüren bekam, dass fundierte Fachwörterbücher für die Übersetzung von Fachtexten unabdingbar sind. Zum damaligen Zeitpunkt – der Erstdruck der beiden Beiträge fiel in die Jahre 1926 und 1928 – waren diese Hilfsmittel jedoch noch nicht existent. Nicht zuletzt, weil es keine Ausbildungsmöglichkeiten für entsprechende Experten gab. Schröer lamentiert, dass es für angehende Sprachlehrer an technischen und wirtschaftlichen Schulen nicht möglich sei, eine methodisch und didaktisch fundierte Ausbildung in Verbindung mit dem Erwerb von technischen und wirtschaftlichen Fachkenntnissen während des Studiums zu erwerben. In die Hände von Sprachlehrern hätte Schröer die Wörterbucharbeit vornehmlich legen wollen.

Aufgrund von fehlenden Sprachexperten musste die Wörterbucharbeit aber von Fachfremden, im technischen Bereich meist von Ingenieuren, übernommen werden, was im Ergebnis allerdings einem Waterloo gleichkam. Snyckers beklagt, dass in der fremdsprachlichen Ausbildung im Allgemeinen die Vermittlung von Fachsprachen ausgeklammert werde. Von Berufs wegen gebe es aber Personen, die gezwungen seien, auf einem engen Fachgebiet in der Fremdsprache zu arbeiten. Für diese Personenkreise seien verlässliche Wörterbücher als Arbeitswerkzeuge dringend notwendig. Beide Autoren waren sich darüber einig, dass die am Markt vorhandenen Wörterbücher ungenügend waren, da sie vollgestopft waren mit Wörtern und Übersetzungen, die den Nutzern nicht weiterhalfen, wichtige Bedeutungen hingegen nicht anführten und zudem falsche Angaben zu Fachgebieten enthielten. Diese mangelnde Qualität von Wörterbüchern konnte fachlichen Ansprüchen nicht genügen, denn derart gestaltet boten diese Werke Nutzern keine Unterstützung bei der Wahl einer treffenden Übersetzung. Den Ausblick auf die zukünftige erfolgreiche Wörterbucherstellung skizzierten beide Autoren wie folgt: Bei der Wörterbucharbeit handelt es sich um eine gewissenhafte, ausdauernde und wissenschaftliche Tätigkeit. Daher muss sie gemeinschaftlich und systematisch organisiert werden. Es ist notwendig, sich auf ein Fachgebiet zu konzentrieren und dies möglichst weiter zu untergliedern. Jedes Fachgebiet lasse entsprechende zusätzliche Erklärungsmöglichkeiten zu, etwa Abbildungen, die zwar im technischen Bereich funktionierten, nicht aber im wirtschaftlichen oder rechtlichen Bereich. Wörter und ihre verschiedenen Bedeutungen sollten durch Kontextbeispiele ergänzt werden, um den Nutzern auf der Suche nach der treffenden Übersetzung ein zusätzliches Entscheidungskriterium durch das Aufzeigen ihrer Verwendung zu liefern.

Wörterbucharbeit sollte auf der Basis eines Fachbuchs erfolgen, das praxisrelevante Kontextbeispiele lieferte und entsprechend terminologisch erschlossen werden konnte. Nicht zur Entmutigung, sondern auch als Ansporn, Wörterbucharbeit unentwegt fortzusetzen, ist wohl Snyckers Einwand zu werten, dass selbst im umfassendsten Wörterbuch, das nach einer fundierten wissenschaftlichen Methode erstellt wird, immer sprachliche Lücken zurückbleiben.

2.5.7.4 Wirtschaftslinguistische Studien – Ein Beispiel

1932 wurde von dem Sprachdozenten an der Prager Handelsakademie, Tomáš Krejčí, ein Werk mit Forschungsansätzen zur Wirtschaftslinguistik veröffentlicht. Im Untertitel wird das Werk als Versuch einer wirtschaftslinguistischen Studie bezeichnet. Im Mittelpunkt seiner Untersuchungen steht die deutsche Handelssprache, die in zwei Teilen behandelt wird. Krejčí zeigt dabei im ersten Teil auf, dass sich die Fachsprache des Handels parallel zum dazugehörigen Fach entwickelt hat.

In einem weiteren Teil zeigt er die Charakteristika der Handelssprache, als Produkt eines Faches, bei der praktischen Anwendung um 1930 auf und geht dabei von einem funktionalen Ansatz aus.

2.5.7.4.1 Zur Sprachgeschichte der deutschen Handelssprache

Krejčí schildert in seinem Werk die Entwicklung des Handels in Deutschland seit etwa 40 v. Chr. bis zur Drucklegung des Werkes im Jahre 1932. Diese fast 2000-jährige Zeitspanne teilt er in fünf Abschnitte ein. Parallel zur Entwicklung des Handels beleuchtet Krejčí die damit einhergehende Entwicklung der Handelssprache, eine der ältesten Berufssprachen. Er zeigt auf, wie sich die fortschreitende Handelstätigkeit auf die Fortentwicklung der Handelssprache und auch auf das kaufmännische Bildungswesen fördernd auswirkte. Deutlich wird dabei, dass die Handelssprache nicht nur untrennbar mit der Entwicklung des Handels verbunden ist, sondern auch aus den unterschiedlichen Handelstätigkeiten heraus überhaupt entstanden ist. Bei der Handelssprache handelt es sich somit um eine berufsbezogene Sprache. Auch die eigens für den Handel gegründeten Schulen waren auf den Handel ausgerichtet und somit praxisorientiert.

Die ersten beiden Zeitabschnitte von etwa 50 v. Chr. bis ins 11. Jahrhundert handelt der Autor in vergleichsweise kurzen Kapiteln ab. Der Handelsverkehr zwischen Germanen, Römern und Slawen basierte vor allem auf Tauschgeschäften, die den oberen Gesellschaftsschichten zugutekam, und war durch erste Infrastrukturentwicklungen gekennzeichnet. Diese wurden bis ins 11. Jahrhundert zu einem umfassenderen Handelsverkehrsnetz ausgebaut, das wiederum zur Weiterentwicklung der Handelstätigkeit führte mit Einrichtungen wie Messen, die in der Nähe von Klöstern und Kirchen abgehalten wurden, Zöllen und Münzprägungsrechten. Die Außenhandelstätigkeit war in diesem Zeitraum minimal und der Einfluss des Handels auf die deutsche Handelssprache somit eher unerheblich, was an einer geringen Zahl an Entlehnungen aus dem Lateinischen – und auch aus dem germanischen Wortschatz – veranschaulicht wird.

Vom 12. bis zum 15. Jahrhundert erfuhr der Handel in Deutschland einen immensen Aufschwung. Stadtgründungen, die verstärkt im 12. Jahrhundert in ganz Deutschland erfolgten, begünstigten nicht nur den Binnenhandel, sondern auch den Handel mit dem Ausland. Durch den Kontakt mit anderen Ländern wurde das Messewesen nach ausländischem Vorbild in Deutschland ausgebaut. Die Erschließung von entfernten Handelsgebieten und die damit zusammenhängende Produktionssteigerung gab auch der Sprachentwicklung einen starken Impuls. Die Erweiterung des Vertriebes, der Produktpalette und die damit einhergehende Spezialisierung von Gewerken brachte eine Vielzahl an Wortneubildungen hervor. Es begann sich eine Handelsterminologie herauszubilden. Archivalische Quellen aus dem 14. und 15. Jahrhundert in lateinischer Sprache, seit Erfindung des Buchdrucks um 1450 zunehmend auch in deutscher Sprache, belegen die Handelstätigkeit der deutschen Kaufleute und die damit verbundene Sprachentwicklung, etwa in Geschäfts- und Rechnungsbüchern sowie Stadtchroniken, aber auch in mittelalterlichen Gedichten. Da die Erweiterung des Handels immer mehr Fachkenntnisse erforderte, entstanden Ende des 15. Jahrhunderts die ersten Rechenschulen in größeren Handelsstädten. Sie sind erste Konturen eines sich entwickelnden kaufmännischen Bildungswesens. Unterrichtet wurde im kaufmännischen Schriftverkehr, dem ältesten Fach des kaufmännischen Bildungswesens, und im kaufmännischen Rechnen. Erste Unterrichtsmaterialien im Handelsschulwesen wurden entwickelt.

Im Zeitabschnitt vom 16. bis zum 19. Jahrhundert erfuhr die Entwicklung des Handels in Deutschland zunächst einen profunden Einschnitt, erholte sich dann aber ab etwa Mitte des 17. Jahrhunderts kontinuierlich bis ins 19. Jahrhundert: Im 16. Jahrhundert erlitt die positive Entwicklung des Handels im Mittelalter durch die Entdeckung der Seewege nach Amerika und Indien Rückschläge, denn neue Absatzgebiete in Übersee vernichteten traditionelle Absatzgebiete in Europa. Eine wirtschaftliche Umstrukturierung war die Folge. Zudem hinderten der 30-jährige Krieg und anschließend politische Streitigkeiten der Territorialherren in Deutschland die Entwicklung des Handels. Technische Fortschritte sowie wirtschaftliche Regulierungen im 17. und 18. Jahrhundert, wie etwa die Aufhebung des Zunftzwangs, regten die Massenproduktion an, führten zur Ausbildung des Bank- und Postwesens und belebten die Handelstätigkeit enorm.

Dies wirkte sich auch belebend auf die deutsche Handelssprache aus, die sich in diesem Zeitabschnitt zur Berufssprache entwickelte. Für das 17. und 18. Jahrhundert lässt sich ein hohes Aufkommen von kaufmännischen Dokumenten, Geschäftsbriefen, Rechnungsbüchern und handelsbezogener Literatur feststellen. Zudem bildeten sich viele Fachwörter heraus. Krejčí führt Entlehnungen der deutschen Handelssprache aus dem Italienischen, Französischen und Niederländischen an und weist darauf hin, dass sich die Handelsterminologie zu einem großen Teil aus dem Allgemeinwortschatz speist.

Das kaufmännische Bildungswesen entwickelte sich derart positiv weiter, dass die Rechenschulen, die im 15. Jahrhundert gegründet wurden, im 17. und 18. Jahrhundert ein höheres Unterrichtsniveau erreichten als allgemeinbildende Schulen. Ab 1768 wurden in Deutschland vermehrt selbstständige Handelsschuleinrichtungen gegründet. Dies markiert den Beginn eines organisierten kaufmännischen Bildungswesens. Im kaufmännischen Schriftverkehr kamen nun Unterrichtsmaterialien auf, die Formulare und Musterurkunden enthielten.

Der letzte Abschnitt in Krejčís Werk behandelt die Zeit von 1834, dem Jahr der Gründung des Deutschen Zollvereins bis zum Jahr der Drucklegung des Werks 1932.

Die Schaffung des Deutschen Zollvereins kam faktisch der Schaffung eines wirtschaftlichen Binnenraumes gleich und gab der Entwicklung der deutschen Wirtschaft und dem Handel Auftrieb. Hinzu trat die Vereinheitlichung von Maßen, Gewichten und des Münzsystems innerhalb der deutschen Einzelstaaten, was den Warenaustausch erleichterte. Ab Mitte des 19. Jahrhunderts wandelte sich Deutschland vom Agrar- zum Industriestaat. Durch technische Fortschritte konnte die Produktion der neugegründeten Großbetriebe in bis dahin beispiellose Sphären gesteigert werden. Durch eine liberale europäische Zollpolitik erhielt der Handel in Deutschland starken Auftrieb bis zum Ersten Weltkrieg, der die positive wirtschaftliche Entwicklung jäh stoppte. Nach diesem weltverändernden Einschnitt gestaltete sich der Aufbau der deutschen Wirtschaft schwierig, da Reparationszahlungen, Inflation, hohe Ausfuhrzölle und Einfuhrverbote auf Deutschland lasteten. Der Außenhandel Deutschlands war praktisch inaktiv, bis dann Mitte der 1920er Jahre technische Fortschritte die Produktion steigerten und der deutsche Handel Ende der 1920er Jahre wieder einen Höhepunkt erreichen konnte. Spekulationen am Weltmarkt trieben die Preise jedoch derart in die Höhe, dass eine weltweite Überschuldung die Folge war. Zollerhöhungen und Einfuhrverbote halbierten die Außenhandelstätigkeit Deutschlands von 1928 bis 1931. Eine egoistische Abschottungspolitik der Länder führte zur internationalen Handelskrise.

Die aktive wirtschaftliche Handelstätigkeit in jener Zeit bereicherte auch die Handelsterminologie enorm. Aufgrund von sprachpuristischen Tendenzen wurden allerdings wenige Fremdwörter, meist aus dem Englischen, in den Wortschatz aufgenommen. Die Handelsterminologie wurde in diesem Zeitraum vorrangig von deutschen Komposita bereichert. Unterrichtsmaterialien wurden weiterentwickelt. Vor allem an den ab 1898 gegründeten Handelshochschulen traten nun zum üblichen Unterrichtsmaterial, dem Buch, auch Fachzeitschriften, Zeitungen und Enzyklopädien hinzu.

Im kaufmännischen Briefwechsel dominierte inzwischen ein sachlicher Stil, im Vergleich zu dem sprachlich überladenen und verschnörkelten kaufmännischen Briefstil der Vergangenheit. Die seit Ende des 17. Jahrhunderts verbreiteten Formelbücher wurden durch moderne theoretische Anleitungen zur Handelskorrespondenz mit Praxisbeispielen ersetzt. Zudem erschienen Lehrbücher, die sich auf bestimmte wirtschaftliche Fachgebiete konzentrierten und eine fachliche Spezialisierung verdeutlichten. Der Kaufmann war häufig Gegenstand in belletristischer Literatur jener Zeit, was auf einen hohen sozialen Status desselben hindeutete.

Innerhalb von etwa 150 Jahren, seit der Entstehung des organisierten kaufmännischen Bildungswesens Ende des 18. Jahrhunderts, hatte sich die Handelslehre zur Wissenschaft entwickelt. Nicht aber der »Stil der Kaufmannsprache«, den Krejčí als eines der wichtigsten Güter eines Unternehmens erachtet. Die Aufgabe der neuen Forschungsdisziplin Wirtschaftslinguistik sei, so Krejčí, die wissenschaftliche Erforschung des Kaufmannsstils, insbesondere im Vertrieb und im Reklamewesen.

Es fällt auf, dass Krejčí den Terminus Wirtschaftslinguistik nur einmal in seinem Werk erwähnt[1582], abgesehen von seiner Nennung im Untertitel. Deutlich wird in seinen Ausführungen die untrennbare Entwicklung von Handel und der dazu-

1582 Vgl. Krejčí (1932: 73).

gehörigen Fachsprache, der sogenannten Kaufmannssprache, die durch die Entwicklungen von Handel und Wirtschaft laut Krejčí als Teilbereich der Wirtschaftssprache aufgefasst werden kann, denn ab dem 19. Jahrhundert etwa wurden die wirtschaftlichen Verhältnisse eines Landes immer komplexer und der Handel, auch Vertrieb, wurde zum Teilbereich der Wirtschaft.

Die Einheit von Fachgebiet und dazugehöriger Sprache zeigt sich auch im Kapitelaufbau im sprachgeschichtlichen Teil seines Werkes: Jedem Abschnitt zur sprachgeschichtlichen Abhandlung der Wirtschaftssprache wird eine Beschreibung der Entwicklungen im Handel vorangestellt. Diese untrennbare Verbindung der Wirtschaftssprache mit ihrem Fachgebiet Wirtschaft macht Krejčí auch an den diversen Auflistungen von Unterrichtsmaterialien deutlich, etwa zu den Fächern Buchhaltung oder Rechnen, die er am Ende der sprachgeschichtlichen Kapitel 3 bis 5 meist im Anschluss an Unterrichtsmaterialien zum kaufmännischen Schriftverkehr aufführt. Der heutige Leser stutzt zunächst, warum als Ergänzung zu sprachgeschichtlichen Ausführungen nicht ausschließlich Werke zum Sprachunterricht aufgeführt werden, sondern Unterrichtswerke zu wirtschaftlichen Unterrichtsfächern. Die Antwort ist genau so banal wie es für das in der geschichtlichen Entwicklung aufgezeigte kaufmännische Bildungswesen selbstverständlich war: Der sprachliche Unterricht speiste sich aus den handelsrelevanten Fächern. Für den sprachlichen Unterricht im Handelsschulwesen waren fachliche Kenntnisse unabdingbar. Sprachliche und fachliche Kenntnisse wurden ineinander verzahnt vermittelt. Nur so konnte ein Verständnis für die fachlichen Texte gefördert werden. Der Fächerkanon im kaufmännischen Bildungswesen auf allen Ebenen bildete relevante Bereiche der Handelspraxis ab. Die Aufgabe der Fach-Sprache war es, diese Bereiche in Wort und Schrift abzubilden.

Der lamentierende Ton Krejčís zwischen seinen Zeilen ist unüberhörbar. Etwa wenn er darauf hinweist, dass der kaufmännische Briefwechsel, obwohl er von jeher zu den wichtigsten Unterrichtsfächern im kaufmännischen Bildungswesen gehört hat[1583] und zudem das älteste Unterrichtsfach im kaufmännischen Bildungswesen überhaupt ist, im Vergleich zu anderen kaufmännischen Fächern keine entsprechende Würdigung im Curriculum gefunden habe: Bereits aus den ersten Jahren des 15. Jahrhunderts sind Unterrichtsmaterialien für das Abfassen von Handelsbriefen bekannt. Zum kaufmännischen Rechnen hingegen wurden Unterrichtsmaterialein erst ab Ende des 15. Jahrhunderts erstellt[1584]. Bis Ende des 20. Jahrhunderts mauserte sich die Handelslehre mit der Gründung der ersten deutschen Handelshochschule in Leipzig 1898 zum Wissenschaftsfach.[1585]. Unendlich mühsam scheinen dabei die Versuche der Sprachlehrer an Handelshochschulen gewesen zu sein, die sprachlichen Fächer – muttersprachliche und fremdsprachliche Handelskorrespondenz – ebenfalls auf wissenschaftliches Niveau hinaufzuhieven. Krejčís Werk kommt daher auch einer Rechtfertigung gleich, warum die

1583 Ibid, S. 73.
1584 Ibid, S. 38.
1585 Ibid, S. 73.

Wirtschaftssprache, die mit der wissenschaftlichen Entwicklung der übrigen wirtschaftsbezogenen Fächer der Handelshochschulen nicht Schritt gehalten hat, eine wissenschaftliche Erforschung, im Rahmen der Wirtschaftslinguistik, verdiene.

2.5.7.4.2 Zur Wirtschaftssprache

In seinen wirtschaftssprachlichen Untersuchungen lässt sich Krejčí vom Standpunkt der Prager Schule leiten, d. h. von den Leitlinien einer funktional-strukturalistischen Linguistik. Er gliedert seine Ausführungen in einen grammatischen und stilistischen Teil, die sich auf wirtschaftliche Fachtexte beziehen. Im Vordergrund steht dabei immer die Sprachfunktion, die durch einen bestimmten wirtschaftlichen Zweck gegeben ist. Im Grunde genommen verfasst Krejčí m. E. in seinen wirtschaftssprachlichen Untersuchungen eine kleine praktische Grammatik für die Wirtschaftssprache.

Krejčí definiert Sprache als eines der höchsten Kulturgüter und betont die Anpassungsfähigkeit ihrer Funktion und Mittel auch an alle möglichen Erscheinungen des Wirtschaftssystems. Sprache werde so zu einem Teil des Wirtschaftsprozesses und alle Mitarbeiter eines Unternehmens seien dazu gezwungen, sie als Allgemein- und als Wirtschaftssprache bei der Ausübung ihres Berufes zu verwenden. Diese vom Wirtschaftsprozess geschaffene und in demselben verwendete Fach-Sprache werde als Wirtschaftssprache bezeichnet. Durch die unüberschaubare Menge an wirtschaftlichen Erscheinungen in privater und öffentlicher Wirtschaft sei es dem Einzelnen unmöglich, die Wirtschaftssprache in ihrem ganzen Ausmaß zu erfassen. Krejčí betrachtet Wirtschaftssprache als übergeordneten Bereich, der wiederum viele wirtschaftliche Teilbereiche umfasst, die jeweils durch Spezialisierung entstanden sind. Die Kaufmannssprache sei etwa ein Teilbereich, der sich zusammen mit dem Warenhandel, der wirtschaftlichen Tätigkeit des Kaufmannes, Schritt für Schritt entwickelt habe.

Aufgrund ihrer Eigenschaft als Produktions- und Erwerbsfaktor fordert Krejčí von Wirtschaftskreisen, der Wirtschaftssprache und ihrer Erforschung mehr Interesse entgegenzubringen. Aufgabe dieser Forschung sei es, charakteristische Merkmale eines funktionellen Fachstils herauszuarbeiten. Die Aufgabe der Sprachlehre sei es, auf wissenschaftlicher Basis zu guter und richtiger Ausdrucksweise anzuleiten. Krejčí weist in diesem Zusammenhang auf den Bedarf an einer praktischen Grammatik für den wirtschaftlichen Bereich hin, denn ähnlich wie bei den Fachwörterbüchern klaffe hier eine Lücke.

Anders als in anderen Bereichen würden im kaufmännischen Bereich eine Vielzahl an Dokumenten anfallen, wobei auf Geschäftsbriefe der größte Anteil entfalle. Der Autor geht davon aus, dass jedes Dokument einerseits einen bestimmten Zweck erfüllt und andererseits für die Beteiligten Personen rechtliche und finanzielle Konsequenzen nach sich zieht. Stilistische Gestaltungsmittel, ebenso wie die Anwendung korrekter grammatischer und syntaktischer Regeln, würden den Kaufmann dabei unterstützen, sein geschäftliches Ziel zu erreichen. Krejčí lässt nicht unerwähnt, dass m. E. wohl zur Rationalisierung von Geschäftsabläufen die Wirtschaftssprache an manchen Stellen »zu genormten Vordrucken zusammengeschrumpft ist«[1586]. Zudem weist Krejčí darauf hin, dass zum Erreichen bestimmter Ziele, etwa in der Werbung, Stil auch absichtlich manipulierende Funktion haben kann.

Was den vorherrschenden Sprachpurismus anbelangt, empfiehlt Krejčí zu differenzieren: In Fällen, in denen Fremdwörter vermieden werden können, befürwortet Krejčí die Verwendung deutscher Ausdrücke. In Fällen hingegen, wo sprachpuristische Bestrebungen die Entwicklung der Berufssprache behindere, etwa wenn durch einen deutschen Ausdruck nicht alle Begriffsnuancen erfasst werden können, lehnt Krejčí die Verwendung deutscher Ausdrücke ab. Dabei weist er darauf hin, dass Ausdrücke, die in der Vergangenheit aus anderen Sprachen in die deutsche Sprache gedrungen sind, nach einiger Zeit nicht mehr als Fremdwörter wahrgenommen werden.

Vergleicht man Krejčís Ausführungen mit denen aus dem Sammelband zur Wirtschaftslinguistik, den Messing im gleichen Jahr herausgab, so werden die unterschiedlichen wissenschaftlichen Ansätze, die unter dem Dach der Wirtschaftslinguistik vertreten wurden, deutlich: Während Krejčí sich auf die Untersuchung der deutschen Kaufmannssprache konzentriert und damit einen funktional-strukturalistischen Ansatz verfolgt, verfolgen etwa Messing und Snyckers einen nationenwissenschaftlichen Ansatz, der auf den Vergleich zwischen unterschiedlichen Sprachen und Kulturen ausgerichtet war.

1586 Ibid, S. 112.

Skizzen zur Entstehung der translatorischen Ausbildung

Entwicklungslinien A und B

Curriculare Konzeption der Studiengänge der Dolmetscher-Institute

2.6 Die translatorische Ausbildung an der Handelshochschule Mannheim (1928–1933)

2.6.1 Einleitung – Ein institutioneller Rahmen für die translatorische Ausbildung

»Das erste Dolmetscher-Institut – in Mannheim!«. So titelte die *Neue Mannheimer Zeitung* vom 05.07.1930[1587]. Wer weiß heute noch, dass das älteste Dolmetscher-Institut der Welt in Mannheim seinen Sitz hatte[1588], bevor es 1933 nach Heidelberg an die Universität verlegt worden war?

Das folgende Kapitel beschreibt den Auf-, Aus- und Abbau der translatorischen Ausbildung an der Handelshochschule Mannheim in den Jahren von 1928 bis 1933 und wirft ein Streiflicht auf die Weiterführung der translatorischen Ausbildung an der Universität Heidelberg im Jahr 1934. Zur Rekonstruktion der Entstehungsgeschichte der translatorischen Ausbildung in Mannheim und Heidelberg wurde ein umfassendes Primärquellenstudium mit Aktenmaterial aus den Universitätsarchiven Heidelberg und Mannheim angestellt.

2.6.2 Das erste Konzept zur Ausbildung von Dolmetschern auf Hochschulniveau (1928)

Pläne für die Schaffung eines »Instituts zur Erforschung der kulturellen und wirtschaftlichen Zusammenhänge in den romanischen Ländern«[1589] an der Handelshochschule Mannheim wurden im Senat der Handelshochschule Mannheim zum ersten Mal im Herbst 1928 diskutiert[1590].

1587 UAH, B-6695/2, »Das erste Dolmetscher-Institut – in Mannheim!«, *Neue Mannheimer Zeitung* (Mittag-Ausgabe), 05.07.1930. Vgl. hierzu auch N.N. (1930a: 604–605), einen an zitierter Stelle im November 1930 erschienenen Beitrag »Bedeutung und Tätigkeit des Dolmetschers« in der Fachzeitschrift *De Spiegel van Handel en Wandel.*

1588 UAH, B-6695/2, »Die Einweihung des Dolmetscher-Instituts in Mannheim«, *Neue Badische Landeszeitung* (Morgen-Ausgabe), 05.07.1930.

1589 UAH, B-6695/1, Glauser an Senat der Handelshochschule Mannheim, 24.10.1928.

1590 UAH, B-6695/1, Protokoll der Senatssitzung der Handelshochschule Mannheim, 26.10.1928.

Ausgearbeitet wurde das Konzept von Charles Glauser und Curt Gutkind, die für den fremdsprachlichen Unterricht an der Handelshochschule Mannheim zuständig waren (vgl. 2.6.6.1, 2.6.6.2).

Einem Archivdokument sind Aufgaben und Ziele des zu gründenden Instituts zu entnehmen: Demnach sollte das geplante Institut die Studierenden »intensiv mit den Wechselbeziehungen von Kultur und Wirtschaft in den romanischen Ländern und Tochterländern vertraut (...) machen und ihnen so das Verständnis der Eigenart der romanischen Völker gegenüber den heimatlichen Verhältnissen in weitestem Maße (...) erleichtern«. Zur Erfüllung dieser Aufgabe sollte im Rahmen dieser Einrichtung ein »Institut zur sprach- und wirtschaftswissenschaftlichen Ausbildung von Dolmetschern« gegründet werden[1591], das sich zunächst auf die Ausbildung in Romanischen Sprachen konzentrieren sollte, für später aber auch den Unterricht für die Englische Sprache vorsah. Die Ausbildung der zukünftigen Dolmetscher sollte durch die an der Handelshochschule Mannheim bereits bestehenden Lehrstühle der Nationalökonomie, Geschichte und Geographie unterstützt werden sowie durch die Gewinnung von Experten anderer Hochschulen im In- und Ausland für Vorträge und Vorlesungen. Die zu erarbeitenden Richtlinien für die Dolmetscherausbildung sollten in enger Abstimmung mit dem Sprachendienst des Auswärtigen Amts erfolgen. Als Zielgruppe des Studiengangs wurden deutsche und ausländische Betriebswirte und Dolmetscheraspiranten fokussiert, die einen Abschluss in Romanischen Sprachen anstrebten[1592]. Ein erhoffter positiver

1591 Aus den konsultierten Archivunterlagen geht nicht hervor, warum das »Institut zur sprach- und wirtschaftswissenschaftlichen Ausbildung von Dolmetschern« (DI) ursprünglich innerhalb eines übergeordneten zu gründenden Instituts, das m.E. ähnliche Aufgaben wie das DI verfolgte, errichtet werden sollte. Das konsultierte Archivmaterial belegt, dass das DI schließlich als selbstständige Abteilung des fremdsprachlichen Seminars der Handelshochschule Mannheim gegründet wurde (z.B. in: UAH, B-6695/2, Dokument zur Ersuchung um Zustimmung des Bürgerausschusses der Stadt Mannheim (Die Einrichtung eines Instituts zur sprach- und wirtschaftswissenschaftlichen Ausbildung von Dolmetschern betr.), vmtl. Februar 1930). Das zu gründende DI wurde in der frühen Planungsphase angedacht als »Dolmetscherschule als die erste ihrer Art in Deutschland« (in: UAH, B-6695/1, Dokument mit Aufgaben und Zielen des Instituts zur Erforschung der kulturellen und wirtschaftlichen Zusammenhänge in den romanischen Ländern, undatiert). Das Besondere an dieser neuartigen Ausbildung von Dolmetschern war, dass diese nach sprachwissenschaftlichen Grundsätzen erfolgen sollte. In diesem Zusammenhang wurde in der Planungsphase auch von einer »Dolmetscherhochschule« gesprochen (in: UAH, B-6695/1, Dolmetscherhochschule, undatiert).

1592 In dem relevanten Dokument wird von »romanischen« Sprachen und »romanischen« Ländern gesprochen. Explizit sollten »Dolmetscher in französischer, italienischer und spanischer Sprache für behördliche, kommerzielle und industrielle Zwecke« ausgebildet werden. Die Ausbildung in Englischer Sprache war zum Gründungszeitpunkt in Abhängigkeit von der Entwicklung des Instituts für später angedacht. Der Schwerpunkt auf Romanischen Sprachen ist auf die Lehr-

Nebeneffekt der Gründung sollte die Gewinnung neuer Studenten für die Handelshochschule Mannheim sein.

Wie aus dem zitierten Archivdokument zudem hervorgeht, verfolgte das Konzept zur Einrichtung einer Dolmetscherausbildung an der Handelshochschule Mannheim drei Ziele: a) »praktisch aktuelles Ziel«, b) »wissenschaftlich aktuelles Ziel«, c) »wissenschaftlich historisches Ziel«. Als praktisch aktuelles Ziel wurden »behördliche, kommerzielle und industrielle Zwecke« angeführt. Außerdem wurde unter diesem Ziel die Unterrichtung von »Ausländern romanischer Länder in der für Dolmetscherzwecke brauchbaren Kenntnis der deutschen Sprache und der deutschen kulturellen und wirtschaftlichen Verhältnisse und Zusammenhänge« angestrebt. Als Beispiele für Komponenten des zukünftigen Curriculums wurden u.a. angeführt: Sprechübungen phonetischer Art, verschiedene Übersetzungsübungen in und aus der Fremdsprache (z.B. Vortrag, Diktat), Handelskorrespondenzübungen, Konversations- und Stenographieübungen sowie Vorlesungen über Nationalökonomie, Geographie und Geschichte, die im Rahmen des kaufmännischen Studiums an der Handelshochschule Mannheim angeboten wurden. Zudem waren Vorlesungen von auswärtigen und ausländischen Fachvertretern vorgesehen.

Im Rahmen des wissenschaftlich aktuellen Ziels sollten die bereits bestehenden Übungen am Romanischen Seminar der Handelshochschule Mannheim erweitert werden. Als Beispiele dafür wurden z.B. folgende Veranstaltungen genannt: »Übungen und Referate über literarische Texte, die für kulturelle und wirtschaftliche Fragen der romanischen Länder aufschlussreich sind« oder »Analytische Übungen über die Verschiedenheit romanischen Denkens und deutschen Denkens, insofern diese aus dem sprachlichen Ausdruck erklärbar wird«. Außerdem sollten im Rahmen dieses Ziels Weiterbildungskurse für Lehrer, Handelslehrer und Betriebswirte eingerichtet werden, die beispielsweise folgende Komponenten und Unterrichtsinhalte umfassen sollten: »Vorlesungen über aktuelle und genetische Fragen romanischer Kultur und Wirtschaft« und »Übungen über die modernen industriellen und kommerziellen Fachausdrücke in den romanischen Ländern«. Ergänzend sollten zur Erreichung des wissenschaftlich aktuellen Ziels die Errichtung eines Archivs von Zeitungs- und Zeitschriftenaufsätzen der Romanischen Sprachen, ein Studentenaustausch und Ferienkurse für Ausländer beitragen.

Im Rahmen des wissenschaftlich historischen Ziels wird auch die »wissenschaftliche Sonderaufgabe« des zu schaffenden Instituts beschrieben: »Da zum Verständnis der aktuellen wirtschaftlichen und kulturellen Zusammenhänge der romanischen Länder, Tochterländer und Kolonien die Kenntnis einer ganzen Reihe von historischen Fragenkomplexen unerlässlich ist, die erst dem sprachlich Geschulten zur Erforschung überhaupt zugänglich sind«, sollte das Dolmetscherinstitut zur »Erforschung und Erschließung« relevanter Dokumente beitragen, indem es

fächer von Glauser und Gutkind zurückzuführen (in: UAH, B-6695/1, Dokument mit Aufgaben und Zielen des Instituts zur Erforschung der kulturellen und wirtschaftlichen Zusammenhänge in den romanischen Ländern, undatiert).

»historische, dokumentarisch erschließbare romanische Kultur- und Wirtschaftsfragen« untersuchte. Als Themenbeispiel wurde u. a. genannt: »Untersuchungen der Handelsbeziehungen romanischer und außerromanischer Länder unter besonderer Berücksichtigung Deutschlands und der sich daraus ergebenden kulturellen Rückwirkungen«.[1593]

Das Ausbildungskonzept wurde Anfang November 1928 an Paul Gautier, den Leiter des Sprachendienstes im Auswärtigen Amt (vgl. 2.3.5), geschickt, um, im Falle des »prinzipiellen Interesses« seitens des Auswärtigen Amts an einer solchen Ausbildungsstätte, finanzielle Unterstützung für das Projekt zu erbitten[1594].

Ohne finanzielle Förderer war die Gründung des Dolmetscher-Instituts nicht möglich. Aufgrund mangelnder Zusagen bezüglich finanzieller Zuschüsse von Dritten war die Gründung des geplanten Dolmetscher-Instituts bis etwa Mitte März 1929 nicht gesichert. Die Senatssitzungen, die im Herbst und Winter 1928/29 stattfanden[1595], belegen zwar das Interesse an der Einrichtung eines Instituts zur Ausbildung von Dolmetschern seitens der Verantwortlichen der Handelshochschule Mannheim, zeigen zugleich aber auch eine zögerliche Haltung bezüglich der Umsetzung des Projekts, da Zusagen zur finanziellen Unterstützung noch ausgeblieben waren. In der Senatssitzung vom 15.02.1929 betont Glauser, »dass die Kurse nur zustande kommen können, wenn vom Reich eine positive Zusage gegeben werde«[1596]. Um bei den Regierungsstellen für das Dolmetscher-Institut zu werben, unternahm Gutkind im Auftrag der Handelshochschule verschiedene Reisen nach Berlin[1597].

Aus einem undatierten Bericht Gutkinds über eine einwöchige Dienstreise nach Berlin geht hervor, welche Stellen Gutkind dort aufsuchte und zu welchem Ergebnis die jeweiligen Verhandlungen führten. Gutkinds erste Anlaufstelle auf dieser

---

1593 Ibid.

1594 UAH, B-6695/1, Glauser/Gutkind an Gautier, 05.11.1928. Aus dem Schreiben geht hervor, dass sich Gutkind und Gautier bereits im Vorfeld über das Projekt ausgetauscht hatten. Es ist anzunehmen, dass dieser Austausch auf einer Dienstreise Gutkinds ins Auswärtige Amt im Oktober 1928 zu Werbezwecken für das zu gründende Dolmetscher-Institut stattfand (in: UAH, B-6695/1, Glauser an Kuratorium der Handelshochschule Mannheim, 17.12.1928).

1595 Auf den folgenden Senatssitzungen der Handelshochschule Mannheim wurde die Errichtung eines Dolmetscher-Instituts und meist auch die damit verbundene Finanzierung diskutiert: 26.10.1928, 09.11.1928, 14.12.1928, 11.01.1929, 15.02.1929 (in: UAM, HH, A1-11/1, Protokolle der Senatssitzungen der Handelshochschule Mannheim sowie UAH, B-6695/1, Protokolle der Senatssitzungen der Handelshochschule Mannheim).

1596 UAM, HH, A1-11/1, Protokoll der Senatssitzung der Handelshochschule Mannheim, 15.02.1929.

1597 Belegbare Dienstreisen Gutkinds zu Regierungsstellen im Herbst und Winter 1928/29 fanden im Oktober 1928 (in: UAH, B-6695/1, Glauser/Gutkind an Kuratorium der Handelshochschule Mannheim, 17.12.1928) und vermutlich Ende 1928 statt (in: UAH, B-6695/1, von Gutkind verfasster Bericht über Ergebnisse einer Dienstreise nach Berlin, vermutlich Ende 1928).

Reise war das Auswärtige Amt, da es naheliegend war, dass im dortigen Sprachendienst Interesse an der Gründung eines Instituts zur Ausbildung von Nachwuchsdolmetschern bestand (vgl. 2.3.4). Gutkind beriet sich mit verschiedenen Zuständigen, u. a. auch mit Gautier. Finanzielle Zusagen zur Unterstützung des Dolmetscher-Instituts konnten jedoch aufgrund von ministeriumsinternen Anweisungen bezüglich der Mittelvergabe nicht gemacht werden[1598].

Wie aus dem Bericht zudem hervorgeht, nutzte Gutkind sein Treffen mit Gautier aber auch dazu, um die Richtlinien und Prüfungsziele der geplanten Dolmetscherausbildung »gründlich zu erörtern«. Dies kann als Beleg dafür gewertet werden, dass das Auswärtige Amt beratend in die Konzeption eines Studiengangs zur Ausbildung von Dolmetschern einbezogen wurde, denn schon seit etwa 1919 waren im Auswärtigen Amt im Rahmen einer internen Ausbildung von Dolmetschern diesbezüglich Erfahrungen gemacht worden (vgl. 2.3.4).

Bei seinem Besuch im Reichsinnenministerium stieß Gutkind zwar auf »grosses Interesse für die Neugründung«, aber auch auf Verhaltenheit, was die finanzielle Förderung des Projekts betraf. Nach Verhandlungen mit Zuständigen im Reichswirtschaftsministerium schien sich der Knoten jedoch etwas zu lösen. Da gesetzliche Bestimmungen gegen eine Unterstützung des Projekts durch das Reichswirtschaftsministerium sprachen[1599], wurde zumindest als Zeichen der ideellen Förderung des Projekts zugesagt, mit der zuständigen Stelle für die Mittelvergabe im Auswärtigen Amt in dieser Angelegenheit Kontakt aufzunehmen. Auch im Reichsarbeitsministerium war das Interesse für das zu gründende Dolmetscher-Institut groß. Die Zuständigkeit für die Finanzierung wurde jedoch auch dort auf das Auswärtige Amt verlegt. Ein Telefonat mit den Zuständigen im Auswärtigen Amt sollte Weiteres positiv für das Projekt richten. Ein erneuter Besuch Gutkinds im Auswärtigen Amt schloss den Kreis dieser Dienstreise. Dieses Mal standen die Zeichen bezüglich einer finanziellen Förderung besser als beim vorangegangenen Besuch. Die Zuständigen im Auswärtigen Amt sicherten zu, die Angelegenheit erneut zu prüfen. Aufgrund des angespannten Etats des Auswärtigen Amts sollten die Erwartungen seitens der Handelshochschule Mannheim jedoch nicht zu hoch gesteckt werden. Als positives Ergebnis der Reise konnte Gutkind aber immerhin die Botschaft mit nach Mannheim nehmen, dass das Reichswirtschafts- und das Reichsarbeitsministerium sowie das Auswärtige Amt einen »Unterstützungsmodus« für das Projekt finden würden.[1600]

1598 UAH, B-6695/1, von Gutkind verfasster Bericht über Ergebnisse einer Dienstreise nach Berlin, vermutlich Ende 1928. Als Grund für die Ablehnung der finanziellen Unterstützung für das Dolmetscher-Institut wurde angeführt, dass das Auswärtige Amt Gelder nur an deutsche Institute mit Sitz im Ausland vergeben dürfe.

1599 Wie dem Bericht zu entnehmen ist, konnte laut Reichsgesetz ein bestimmtes Projekt nur durch ein einziges Reichsministerium unterstützt werden. Somit war es nicht möglich, dass verschiedene Reichsministerien dasselbe Projekt förderten.

1600 UAH, B-6695/1, von Gutkind verfasster Bericht über Ergebnisse einer Dienstreise nach Berlin, vermutlich Ende 1928.

Im ersten Halbjahr 1929 trugen Gutkinds Bemühungen in den Verhandlungen mit den Regierungsstellen Früchte. Zwar informieren die konsultierten Archivunterlagen in diesem Zeitraum nicht detailliert über die finanziellen Förderer des Projekts[1601], an ideellen Befürwortern des Dolmetscher-Instituts aus Regierungskreisen mangelte es jedoch nicht. Das Auswärtige Amt sicherte seine Kooperation bei der Konzeption des Studiengangs zu und erklärte sich bereit, unter den zahlreichen Bewerbern um eine Stelle im Sprachendienst für das Dolmetscher-Institut zu werben sowie Absolventen des Dolmetscher-Instituts bei zu besetzenden Stellen vorzuziehen. Maßgebend dafür war der Mangel an qualifizierten Dolmetschern am Markt:

> »In Beantwortung Ihrer Schreiben teile ich Ihnen mit, dass der Sprachendienst des Auswärtigen Amtes angesichts der Bedürfnisse an geeigneten Dolmetschern bei Behörden sowie im Handel und in der Industrie einerseits und des Mangels an entsprechenden offiziellen Ausbildungsmöglichkeiten für Dolmetscher andererseits die Errichtung des ›Instituts zur sprach- und wirtschaftswissenschaftlichen Ausbildung von Dolmetschern‹ an der Handels-Hochschule Mannheim für sehr zweckmäßig hält und lebhaft begrüßt.«[1602]

Das Reichsarbeitsministerium hielt die Einrichtung zur Ausbildung von »geeigneten Dolmetschern sowohl im Interesse der Behörden wie auch der Wirtschaft für zweckmäßig«. Zudem erhoffte man sich dort von der geplanten Ausbildungsstätte einen Nutzen für die internationale Sozialpolitik. Unterstützung sollte durch die Bekanntgabe der neuen Einrichtung im Internationalen Arbeitsamt und durch die Erteilung von Übersetzungsaufträgen zu Ausbildungszwecken gewährleistet werden.[1603]

Die Zusprüche von außen gaben den Zuständigen der Handelshochschule Mannheim einen breiteren Handlungsspielraum bei der Umsetzung des Projekts. Vom 11.06.1929 datiert ein Beschluss des Kuratoriums der Handelshochschule Mannheim, in dem die »Schaffung einer Ausbildungsmöglichkeit für Dolmetscher bejaht« wurde. Überdies sollte zur Klärung der Finanzierung des Projekts ein genaues Studienprogramm sowie ein exakter Kostenvoranschlag erarbeitet werden. Diese Unterlagen sollten bei Stellen eingereicht werden, die zur Finanzierung des

---

1601 Aus dem Protokoll der Senatssitzung vom 19.07.1929 geht hervor, dass »eine Reihe von Zusagen über finanzielle Beiträge« für das Dolmetscher-Institut vorlagen (in: UAM, HH, A1-11/1, Protokoll der Senatssitzung der Handelshochschule Mannheim, 19.07.1929). Förderer waren etwa die Handelskammern Mannheim und Ludwigshafen sowie Unternehmen aus Industrie und Handel (in: UAH, B-6695/2, Glausers Festrede zur Einweihung des Dolmetscher-Instituts, 04.07.1930).

1602 UAH, B-6695/1, Gautier an Handelshochschule Mannheim, 13.03.1929.

1603 UAH, B-6695/1, Denkschrift des Instituts zur sprach- und wirtschaftswissenschaftlichen Ausbildung von Dolmetschern, Ende 1929. Näheres hierzu siehe Anlagen, S. 21 an zitierter Stelle, Reichsarbeitsminister an Handelshochschule Mannheim, 27.03.1929.

Dolmetscher-Instituts beitragen konnten, etwa bei der ortsansässigen Handelskammer.[1604]

Bis Juli 1929 wurde den Wünschen des Kuratoriums entsprochen. Glauser legte in der Senatssitzung am 19.07.1929 den Studienplan des zu gründenden Instituts vor und konnte bereits über eingegangene Finanzierungszusagen berichten. Außerdem regte er in Anbetracht der positiven Entwicklungen den Beginn des Unterrichts am Dolmetscher-Institut für das kommende Semester, d. h. Wintersemester 1929/30, an[1605]. Dieser Termin konnte auch eingehalten werden, wie aus dem Protokoll der Kuratoriumssitzung vom 19.11.1929 hervorgeht, da Finanzierungs- und Raumfragen bis dahin geklärt werden konnten. Der Beginn des »Vorkurses« wurde für den 01.01.1930 festgelegt. Die reguläre Inbetriebnahme des Dolmetscher-Instituts sollte am 01.05.1930 erfolgen.[1606]

Ausführlich wurde auf dieser Sitzung die Frage der zum Studium am Dolmetscher-Institut zuzulassenden Personen besprochen. »Ordentliche Studierende« sollten Personen sein, die bereits einen akademischen Grad erworben hatten, eine Aufnahmeprüfung bestanden und ein Diplom am Dolmetscher-Institut erwerben wollten[1607]. Diese Anforderungen sollten an »Hörer« nicht gestellt werden[1608]. Im Anschluss an die Diskussion über die Zielgruppen des Studiums am Dolmetscher-Institut und ihrer Qualifikation wurde auf der Kuratoriumssitzung am 19.11.1929 beschlossen, dass der Senat eine Satzung für das zu gründende Institut erstellen sollte, in der die Studienanforderungen festgelegt wurden. Schon auf der Senatssitzung vom 14.12.1928 hatte Glauser den Entwurf des Studienprogramms für die Dolmetscherausbildung dahingehend spezifiziert, dass für die Teilnahme an den

1604 UAH, B-6695/1, Kuratorium der Handelshochschule Mannheim an Rektor der Handelshochschule Mannheim, 11.06.1929.

1605 UAM, HH, A1-11/1, Protokoll der Senatssitzung der Handelshochschule Mannheim, 19.07.1929.

1606 UAM, HH, A1-12/5, Protokoll der Kuratoriumssitzung der Handelshochschule Mannheim, 19.11.1929.

1607 Ibid. Das zitierte Dokument informiert nicht darüber, ob der gewünschte, bereits erlangte, akademische Grad in einer bestimmten Fachrichtung vorausgesetzt wurde. Aus der Denkschrift über die Errichtung eines Dolmetscher-Instituts geht hervor, dass kein bestimmter akademischer Grad vorausgesetzt wurde. Akzeptiert wurden Anwärter demnach mit Abschlüssen von Handelshochschulen, Technischen Hochschulen und Universitäten. Es ist anzunehmen, dass diese breite Zielgruppe auch aus finanziellen Erwägungen gewählt wurde, denn somit wurde die Zahl der potenziellen (zahlenden) Interessenten an der Ausbildung erhöht. (Vgl. 3.1.9).

1608 Ibid. Als Hörer wurden Personen erachtet, die passiv an den Veranstaltungen des Instituts teilnahmen. Wie der Denkschrift zur Errichtung eines Dolmetscher-Instituts zu entnehmen ist, konnten diese Personen nach mindestens zwei Semestern der passiven Mitgliedschaft und bestandener Aufnahmeprüfung zum Studium als ordentliche Mitglieder zugelassen werden (in: UAH, B-6695/1, Denkschrift zur Gründung des Instituts zur sprach- und wirtschaftswissenschaftlichen Ausbildung von Dolmetschern, Ende 1929, S. 18).

Dolmetscherkursen »nur schon fertige Diplomkaufleute, Diplomvolkswirte und Diplomhandelslehrer«[1609] vorgesehen waren. Glauser führte dazu weiter aus:

> »Es handelt sich grundsätzlich darum, dass der angehende Dolmetscher, dessen linguistische Eignung durch ein entsprechendes Examen festgestellt worden ist, bereits wirtschaftlich so weit vorgebildet ist, dass er den kommerziellen oder industriellen Fachapparat, soweit nötig, beherrscht.«[1610]

Die Zulassungsbedingungen zum Studium und die Richtlinien des Dolmetscher-Instituts wurden in einer Denkschrift zur Gründung des Instituts zur sprach- und wirtschaftswissenschaftlichen Ausbildung von Dolmetschern Ende 1929 veröffentlicht.

2.6.3 Die Denkschrift zur Gründung des Dolmetscher-Instituts

Die Denkschrift zur Gründung des Instituts zur sprach- und wirtschaftswissenschaftlichen Ausbildung von Dolmetschern der Handelshochschule Mannheim wurde 1929 von Glauser und Gutkind verfasst. Das Dokument umfasst 23 Seiten. Neben einer Beschreibung der aktuellen Marktsituation der Dolmetscher und der daraus resultierenden Notwendigkeit einer systematischen und qualifizierten Ausbildung werden Ziele des Studiengangs sowie Zulassungs- und Prüfungsbedingungen und Studieninhalte beschrieben. In der Anlage der Denkschrift sind Empfehlungsschreiben von Regierungsstellen, wie etwa dem Auswärtigen Amt, zur Einrichtung eines solchen Instituts beigefügt.

2.6.3.1 Marktsituation der Dolmetscher (Ende 1920er)

Die Punkte 1, 2, 3 und 5 der Denkschrift behandeln die Marktsituation der Dolmetscher Ende der 1920er Jahre. Dabei wird festgestellt, dass der kontinuierlich steigende Bedarf an »international verwendbaren«[1611] Dolmetschern bei Behörden, Industrie und Handel einem mangelnden Angebot an offiziellen Ausbildungsstellen für entsprechende Fachkräfte gegenübersteht. Seit der Aufnahme der diplomatischen Beziehungen Deutschlands mit den ehemaligen Gegnern nach dem Ersten Weltkrieg wurden im Auswärtigen Amt für den diplomatischen Dienst zwar Dolmetscher und Übersetzer ausgebildet (vgl. 2.3.4), diese reichten aber nicht aus, um auch den Bedarf anderer Reichsämter, wie etwa dem Reichswirtschaftsministerium, zu decken. In Industrie und Handel, für deren Einsatzbereiche keine spezielle Ausbildung für »sprachlich und wirtschaftlich geschulte«[1612]

1609 UAH, B-6695/1, Protokoll der Senatssitzung der Handelshochschule Mannheim, 14.12.1928.

1610 Ibid.

1611 UAH, B-6695/1, Denkschrift zur Gründung des Instituts zur sprach- und wirtschaftswissenschaftlichen Ausbildung von Dolmetschern, Ende 1929, S. 5, Punkt 1.

1612 Ibid, S. 5, Punkt 2. Hervorhebung im Original.

Dolmetscher bestanden, waren die Unternehmen daher auf der Suche nach einem Dolmetscher »mehr oder weniger dem Zufall preisgegeben«[1613]. Oft schon hatte dieser Umstand in Verhandlungen zu Verständigungsproblemen und damit zu ungünstigen Vertragsabschlüssen für die Unternehmen geführt. Dieser Missstand sollte mit der Zustimmung verschiedener öffentlicher Stellen[1614], die gleichzeitig Bedarfsträger von qualifizierten Dolmetschern waren, durch die Gründung des Instituts zur sprach- und wirtschaftswissenschaftlichen Ausbildung von Dolmetschern an der Handelshochschule Mannheim behoben werden. Aussichten auf Erfolg sollte das Projekt nicht zuletzt durch die hohe Nachfrage nach der Ausbildung am zu gründenden Institut haben[1615].

2.6.3.2 Standort Mannheim

Punkt 4 der Denkschrift behandelt die Eignung des Standorts Mannheim für die Errichtung eines Dolmetscher-Instituts. Hervorgehoben wurde dabei das große Industrie- und Handelszentrum der »europäisch zentral« gelegenen Stadt Mannheim mit ihren »weitgespannten internationalen Interessen«. Als Vorteil der neuen Einrichtung wurde dabei die Verbindung zur Handelshochschule Mannheim gesehen, wo ein fundiertes Sprachstudium angeboten wurde, bei dem es in erster Linie auf die Verknüpfung von Sprache, Kultur und Wirtschaft ankam.[1616]

2.6.3.3 Anforderungen an Dolmetscher

Die Punkte 6, 7, 8 und 9 der Denkschrift behandeln Anforderungen, die an Dolmetscher in der Praxis gestellt werden. Dabei wird auf die Unterscheidung der Fertigkeiten von Fremdsprachenkorrespondenten, Übersetzern und Dolmetschern Wert gelegt:

1613 Ibid, S. 5–6, Punkt 2.

1614 Unter Punkt 3 der Denkschrift werden sechs Stellen aufgeführt, die die Gründung eines Dolmetscher-Instituts ideell und/oder finanziell förderten: Auswärtiges Amt, Reichsarbeitsministerium, Völkerbund (Bureau International du Travail), Landesarbeitsamt Südwestdeutschland, Handelskammer Mannheim und Handelskammer Ludwigshafen (in: UAH, B-6695/1, Denkschrift zur Gründung des Instituts zur sprach- und wirtschaftswissenschaftlichen Ausbildung von Dolmetschern, Ende 1929, S. 6 und S. 21–23).

1615 Laut Punkt 5 der zitierten Denkschrift meldeten sich auf »vorläufige Notizen« zur Gründung eines Dolmetscher-Instituts an der Handelshochschule Mannheim, die in einigen regionalen Zeitungen publiziert wurden, 68 Interessenten für die Aufnahme des Studiums (in: UAH, B-6695/1, Denkschrift zur Gründung des Instituts zur sprach- und wirtschaftswissenschaftlichen Ausbildung von Dolmetschern, Ende 1929, S. 7).

1616 Ibid, S. 6–7, Punkt 4.

»Es besteht ein wesentlicher Unterschied zwischen der Fähigkeit, flott in einer Fremdsprache zu korrespondieren oder zu parlieren, auch einen fremdsprachlichen Schrifttext zu übertragen, und der Fähigkeit zum Dolmetschen«.[1617]

Neben der Kenntnis der Mutter- und der Fremdsprache werde beim Dolmetschen die Fähigkeit verlangt, »eine Gedankenreihe aus der einen Sprache in die andere Sprache umzudenken, und zwar sofort, geläufig und fehlerlos«[1618]. Dazu müsse die Fähigkeit treten, eine »Rede und die von den Rednern zur Betonung ihrer Gedanken, Bekämpfung von Vorschlägen, Beimischung von Möglichkeiten, Andeutungen über andere Lösungen, in jeder Form (behauptend, fragend, bezweifelnd, bespöttelnd, drohend usw.) angewendeten Mittel in der anderen Sprache in gleicher Klarheit, Betonung, mit gleichen Mitteln wiederzugeben, soweit dies überhaupt möglich ist«[1619]. Diese anspruchsvollen Fertigkeiten seien, entgegen einer »irrigen Ueberzeugung«[1620], nicht nur durch eine »angeborene Begabung als Dolmetscher«[1621], sondern auch durch eine »Allgemeinbegabung für Sprachen«[1622] und einem entsprechenden »Dolmetschertraining«[1623] erlernbar. In Anlehnung an die Anforderungen, die von »vollkommenen Dolmetschern«[1624] verlangt werden, werde in der Dolmetscherausbildung neben vielfältigen sprachlichen Fertigkeiten auch »die Kenntnis der fachlichen Ausdrücke, der Gepflogenheiten, Usancen, sowie der wichtigsten Einrichtungen des betreffenden Landes«[1625] vermittelt.

2.6.3.4 Ziele der Dolmetscherausbildung

Die Punkte 10, 11, 13 und 14 der Denkschrift befassen sich mit den Zielen der Dolmetscherausbildung. Laut Punkt 10 der Denkschrift geben die unter Punkt 9 aufgezeigten Anforderungen an Dolmetscher in der Praxis ein »Maximalprogramm«[1626] vor, das im Rahmen der Ausbildung nicht umgesetzt werden kann, da der »Weg zur Vervollkommnung (...) der Praxis und der tätigen Erfahrung«[1627] überlassen ist.

Hochschuldisziplinen, wie etwa Medizin, Jura und Philologie, werden angeführt, um zu verdeutlichen, dass es auch in anderen Fachbereichen nicht gewährleistet werden kann, »eine absolute praktische Befähigung und Sicherheit in jeder Frage des Fachgebiets und für jeden Anwendungsfall«[1628] zu bieten. Erst nach dem Stu-

1617 Ibid, S. 7, Punkt 6.
1618 Ibid. Hervorhebung im Original.
1619 Ibid.
1620 Ibid, S. 7, Punkt 7.
1621 Ibid.
1622 Ibid, S. 8, Punkt 8.
1623 Ibid.
1624 Ibid, S. 8, Punkt 9.
1625 Ibid.
1626 Ibid, S. 8, Punkt 10.
1627 Ibid. Hervorhebung im Original.
1628 Ibid.

dium würden neben der praktischen Erfahrung auch die »Weiterbildung in einem besonderen Zweig der Disziplin« einsetzen. Von dieser »Grundüberzeugung« ausgehend, sei es das Ziel der Dolmetscherausbildung, »dem Handel und der Industrie, dem Gerichtswesen und der staatlichen internationalen Arbeit, sprachlich und wirtschaftlich geschulte, nach wissenschaftlichen Grundsätzen und in systematischer Methodik ausgebildete Dolmetscher für Französisch, Englisch, Spanisch und Italienisch heranzubilden«. Nach erfolgreichem Studium sollten die Absolventen des Instituts »nach kurzer praktischer Einarbeitung in die Sondererfordernisse des von ihnen jeweils gewählten Wirkungsfeldes« in der Praxis einsetzbar sein.[1629] Die Spezialisierung in einem Fachgebiet sollte demnach erst im Beruf stattfinden und nicht schon während der Ausbildung, in deren Rahmen keine »ausgesprochenen ›Spezial‹-Dolmetscher«[1630] hervorgebracht werden können.

Als Teil einer Handelshochschule bereite das Dolmetscher-Institut jedoch in erster Linie auf die Bedürfnisse eines »Wirtschaftsdolmetschers« vor und berücksichtigte daher »Wirtschaftsgebiete« in der Ausbildung[1631]. Für Studierende, die vor der Ausbildung ihre späteren Einsatzgebiete bereits kannten, sollte es die Möglichkeit geben, für das jeweilige Fachgebiet entsprechende Kurse zu besuchen. Als Beispiele wurden etwa folgende Fachgebiete genannt: Transportwesen, Hoch- und Tiefbau, Chemische-, Textil- und Automobilindustrie[1632]. Außerdem waren zur Vertiefung von bestimmten Fachgebieten für praktizierende Dolmetscher ein- bis zweimonatige Weiterbildungskurse geplant[1633].

2.6.3.5 Methoden der Dolmetscherausbildung

Punkt 12 informiert über die »Unterrichtsmittel«[1634], die wie folgt zusammengefasst werden:

> »Die Mittel des allgemeinen Unterrichts erstrecken sich auf die Ausbildung in der eigenen und der Fremdsprache, theoretisch und praktisch, und auf die Belehrung über die wirtschaftlichen und kulturellen Zustände des Fremdlandes«.[1635]

Zur Erreichung dieses Ziels wurden in einem mindestens zweisemestrigen Studium zuzüglich eines Auslandsaufenthaltes etwa folgende Veranstaltungen angeboten: Sprechübungen phonetischer Art in die Mutter- und Fremdsprache, leichtere Übertragungen aus der Fremdsprache in die Muttersprache, fremdsprachliche Konversationsübungen, Unterweisung in fachtechnischen Ausdrücken der Fremdsprachen, Besprechung der kulturellen Verhältnisse des Fremdlandes, Handelskorrespondenz im Bank- und Versicherungswesen, Aufnahme von muttersprachlichen

1629 Ibid. S. 9, Punkt 10.
1630 Ibid, S. 9, Punkt 11.
1631 Ibid. Hervorhebung im Original.
1632 Ibid, S. 9, Punkt 13.
1633 Ibid, S. 10, Punkt 14.
1634 Ibid, S. 12, Punkt 9.
1635 Ibid.

Reden mit Hilfe von Stichworten, Übungen im freien Vortragen in der Mutter- und in der Fremdsprache sowie Verhandlungsdolmetschen.[1636]

2.6.3.6 Zulassung zum Studium

Unter den Punkten 15 und 16 wird die Zulassung zum Studium geregelt. Im Einklang mit den Zielen eines Aufbau- und Weiterbildungsstudiengangs war es vorgesehen, dass nur Studierende zugelassen werden sollten, die bereits ein Hochschulstudium erfolgreich abgeschlossen hatten. Eine Ausnahmeregelung sollte bei geeigneten Bewerbern aus der industriellen und kommerziellen Praxis möglich sein. Das bereits absolvierte Studium sollte in erster Linie »die Kenntnis des Berufsgebiets«[1637] voraussetzen. Zur Zulassung zum Studium mussten sich die Bewerber einem sprachlichen Eignungstest unterziehen. Zum Studium sollten auch ausländische sogenannte Dolmetsch-Anwärter zugelassen werden, für die ähnliche Zulassungsbestimmungen gelten sollten. Zur Förderung des Austauschs von Sprach- und Länderkenntnissen sollte auf die Integration von ausländischen Studierenden besonders Wert gelegt werden[1638].

2.6.3.7 Bedeutung des Dolmetscher-Instituts

Laut Punkt 17 sollte sich das Dolmetscher-Institut in die allgemeinen Ausbildungs- und Forschungsziele der Handelshochschule einfügen und der Allgemeinheit sowie der Wirtschaft einen wichtigen Dienst leisten:

> »Indem [das Dolmetscher-Institut] ergründet, wie die Kenntnis der Sprache, der Sitte, der Kultur und Wirtschaft eines fremden Volkes für Wirtschaft und Kultur des eigenen Volkes verwendet werden kann, leistet es eine wirtschafts- und kulturwissenschaftliche Forschungsarbeit.«[1639]

Auf diese Weise sollte das Dolmetscher-Institut »eine empfindliche Lücke« schließen. Zudem sollte das neue Institut der Handelshochschule Mannheim zu mehr Ansehen verhelfen und der deutschen Wirtschaft und Politik »einen nützlichen Arbeitszweig« schaffen[1640]. Vermutlich wurden diese Gründe angeführt, um auch

---

1636 Ibid, S. 14–16.

1637 Ibid, S. 10, Punkt 15.

1638 Ibid, S. 10, Punkt 16. Der Vorteil von ausländischen Studierenden wurde wie folgt ausgeführt: »Auf diese Ausländer legt das Institut besonderen Wert. Sie ermöglichen es, ständigen sprachlichen Austausch zu pflegen und jeweils Angehörige von zwei Sprachen in lebendigem Dolmetschen tätig sein zu lassen. Außerdem sollten diese Ausländer vom Dozenten zur Unterstützung der Darbietungen in ihrer Sprache herangezogen werden. Dadurch wird sowohl den deutschen als auch den ausländischen Anwärtern die Möglichkeit gegeben, in fruchtbringenden sprachlichen Verkehr zu treten und Kenntnisaustausch zu pflegen.«

1639 Ibid, S. 10–11, Punkt 17.

1640 Ibid, S. 11, Punkt 17.

Geldgebern die Tragweite der Dolmetscher-Ausbildung zu verdeutlichen und vor ihnen bei der Mittelbeschaffung entsprechend zu argumentieren.

2.6.3.8 Weitere Informationen aus der Denkschrift

Der Denkschrift sind Richtlinien beigefügt, die neben den bereits angeführten Zulassungsbedingungen, Studien- und Prüfungsinhalte umfassen. Die Studiendauer wurde darin zwischen zwei und vier Semestern festgelegt, wobei ein zusätzlicher sechsmonatiger Auslandsaufenthalt vorausgesetzt wurde. Die Studiendauer sollte nach dem Ausbildungshintergrund festgelegt werden. Dabei wurden die Studierenden in drei Kategorien eingeteilt:

1. Ein mindestens zweisemestriges Studium war vorgesehen für die an einer Handelshochschule diplomierten Betriebswirte oder Handelslehrer, die Französisch, Englisch, Italienisch oder Spanisch als Hauptfach studiert hatten.
2. Ein mindestens dreisemestriges Studium war vorgesehen für die übrigen an einer Handelshochschule diplomierten Betriebswirte oder Handelslehrer, für die an einer Universität promovierten Volkswirte, für die an Technischen Hochschulen diplomierten Ingenieure, die jeweils Französisch, Englisch, Italienisch oder Spanisch als Nebenfach studiert hatten, sowie für staatlich Geprüfte des höheren Lehramts, die Französisch, Englisch, Italienisch oder Spanisch als Hauptfach studiert hatten. Von diesen Studierenden wurde zudem der Nachweis über den erfolgreichen Besuch »einschlägiger volks- und privatwirtschaftlicher, juristischer, kulturgeschichtlicher und wirtschaftsgeographischer Vorlesungen«[1641] verlangt.
3. Für Bewerber, die nicht unter die Personengruppen 1) und 2) fielen, sollte das Studium, nach einer erfolgreich abgelegten Aufnahmeprüfung, mindestens vier Semester dauern. Auch diese Personengruppe sollte den Nachweis über den erfolgreichen Besuch »einschlägiger volks- und privatwirtschaftlicher, juristischer, kulturgeschichtlicher und wirtschaftsgeographischer Vorlesungen«[1642] nachweisen.

Ein Auslandsaufenthalt von mindestens sechs Monaten war für alle Studierenden vorgesehen. Zum Studium wurden auch Hörer zugelassen, die an den Veranstaltungen als passive Mitglieder teilnehmen konnten. Es war vorgesehen, dass diese Personen nach mindestens zwei Semestern der passiven Mitgliedschaft unter bestimmten Bedingungen auch aktive Mitglieder des Dolmetscher-Instituts werden konnten[1643]. Die wöchentliche Stundenzahl der Ausbildung betrug für alle Anwärter zwischen 10 und 20 Stunden[1644]. Es handelte sich demnach um kein Vollzeitstudium.

1641 Ibid, S. 14.
1642 Ibid.
1643 Ibid, S. 18.
1644 Ibid, S. 16.

Die Prüfungen am Dolmetscher-Institut sollten in Vor- und Abschlussprüfungen unterteilt werden. Je nach Studierendenkategorie sollte die Vorprüfung nach dem 1., 2. oder 3. Semester stattfinden. Die Inhalte der geplanten Vorprüfung waren wie folgt:

Schriftliche Vorprüfung	Mündliche Vorprüfung
1. Uebertragung schwieriger Texte aus der Fremdsprache in die Muttersprache und umgekehrt. 2. Fremdländische Stenographie. 3. Fremdsprachliche Handelskorrespondenz.	1. Vertrautheit mit den Wirtschafts-, Handel- und Verwaltungsverhältnissen des Mutter- und des Fremdlandes. 2. Konversationsdolmetschen. 3. Referat über ein wirtschaftliches Thema in der Fremdsprache und anschließende Diskussion in der Fremdsprache. 4. Wiedergabe eines durch Stenogramm oder Stichwortnotizen aufgenommenen leichteren Vortrags wirtschaftlicher Art, in der Mutter- und in der Fremdsprache.

Tab. 10: Geplante Vorprüfungsleistungen am Dolmetscher-Institut Mannheim, 1929

Für die allgemeine Abschlussprüfung[1645] waren folgende Prüfungseinheiten vorgesehen:

Schriftliche Abschlussprüfung	Mündliche Abschlussprüfung
1. Schriftliche Uebertragung schwieriger wirtschaftlicher Texte in die Muttersprache resp. Fremdsprache (Klausurarbeit). 2. Fremdsprachliche Handelskorrespondenz. 3. Schriftliche Uebertragung eines mündlichen Diktats aus dem Gebiet der Wirtschaft in die Fremdsprache resp. Muttersprache.	1. Mündliche Wiedergabe einer Rede wirtschaftlichen Charakters in der Fremdsprache resp. Muttersprache, nach Abschluß der Rede, vermittels Stenogramm oder Stichwortnotizen, in geläufiger text-, form- und sinngetreuer Weise. (Für die Anwärter des internationalen Dienstes mit Hilfe von Radio und Telegraphon.) 2. Mündliche Wiedergabe einer Rede wirtschaftlichen Charakters in der Fremdsprache resp. Muttersprache, während der Rede Satz für Satz, in geläufiger text-, form- und sinngetreuer Weise. (Für die Anwärter des internationalen Dienstes mit Hilfe von Radio und Telegraphon.) 3. Geschicklichkeitsprüfung im doppelsprachlichen Konversationsdolmetscherdienst. 4. Kenntnis der kommerziellen und industriellen Einrichtungen des Fremdlandes.

Tab. 11: Geplante Abschlussprüfungsleistungen am Dolmetscher-Institut Mannheim, 1929

2.6.3.9 Resümee der Denkschrift

Die Denkschrift zeigt deutlich den Praxisbezug des zu schaffenden Studiengangs sowie die Konzeption des Ausbildungsprogramms als ergänzendes Studium zu einem bereits absolvierten Studium, beispielsweise in Wirtschafts- oder Ingenieurswissenschaften.

1645 Ibid, S. 17. Die Prüfungsordnungen sahen vor, dass die Inhalte der Abschlussprüfungen je nach den »Verwendungszwecken« des Dolmetscheranwärters in der Praxis auch »individuell gestaltet« werden konnten. Neben den allgemeinen Abschlussprüfungen sollten somit auch auf den Einzelfall zugeschnittene Abschlussprüfungen zulässig sein.

Die Punkte 2.6.3.1, 2.6.3.3, 2.6.3.7 zeigen, dass der Studiengang zur Ausbildung von Dolmetschern auf Anforderungen der Praxis zugeschnitten wurde. Als Teil des Studienangebots der Handelshochschule fügte sich die neu konzipierte Ausbildung in die allgemeinen Lehrziele dieser Einrichtung, d. h. in erster Linie sollten wirtschaftliche Inhalte im Unterricht behandelt werden. Der Praxisbezug des Studiengangs wird auch in dem übergeordneten Ziel deutlich, Wirtschaft und Politik einen Dienst zu leisten.

Aus den Zulassungsbedingungen (vgl. 2.6.3.6) geht hervor, dass die Ausbildung von Dolmetschern als Aufbaustudiengang konzipiert war. Nur in Ausnahmefällen sollten Personen zum Studium zugelassen werden, die kein abgeschlossenes Studium vorweisen konnten. Der Grundgedanke, der sich dahinter verbarg, war der, dass die zum Studium zugelassenen Personen bereits über eine abgeschlossene, vornehmlich im Rahmen eines Hochschulstudiums erworbene, Fachausbildung verfügten, d. h. in einem bestimmten Fach bereits einen gewissen Spezialisierungsgrad erreicht hatten, und sich im Rahmen einer ein- bis zweijährigen Zusatzausbildung am Dolmetscher-Institut vertiefte Sprachkenntnisse zur Ausübung einer Tätigkeit als Dolmetscher aneignen konnten. (Vgl. 3.1.8).

2.6.4 Die Einweihung des Dolmetscher-Instituts (Juli 1930)

Bild 3: Dolmetscher-Institut der Handelshochschule Mannheim um 1930
(Bildnachweis: Universitätsarchiv Heidelberg, Bildarchiv)

Die behandelte Denkschrift zur Gründung eines Dolmetscher-Instituts diente auch für Werbezwecke. Beispielsweise wurden Teile daraus als Werbemaßnahme für die Neugründung in Zeitungen veröffentlicht, dem Stadtrat Mannheim zur Genehmigung der Einrichtung vorgelegt oder anderen Stellen zugänglich gemacht, um eine finanzielle Unterstützung für das Institut zu erwirken.[1646] Aufgrund des stimmigen

1646 UAH, B-6695/1, »Europas erstes Dolmetscher-Institut«, *Süddeutsche Sonntagspost München*, 15.12.1929 sowie »Dolmetscher-Institut an der Handelshochschule. –

Konzepts des Studiengangs, der geklärten Raumfrage[1647] sowie der zu erwartenden positiven Finanzlage entschied der Mannheimer Stadtrat am 07.02.1930 zugunsten der Gründung eines Instituts zur sprach- und wirtschaftswissenschaftlichen Ausbildung von Dolmetschern an der Handelshochschule Mannheim[1648]. Im Sommer 1930, etwa ein halbes Jahr nachdem der Unterricht am Dolmetscher-Institut bereits begonnen hatte, folgte die offizielle Einweihung der bis dahin einzigartigen Einrichtung weltweit.

Am 04.07.1930 wurde das Dolmetscher-Institut der Handelshochschule Mannheim in der Villa Reiß, in der das Dolmetscher-Institut untergebracht war, eingeweiht. Der Rahmen war eine »schlichte Feier, ganz auf die fachliche Nüchternheit eingestellt, mit der hier gearbeitet werden soll«[1649]. Die Festredner waren Glauser und Gutkind sowie der Handelskammerpräsident Lenel. Als Bonbon für die Gäste wurde Gutkinds Rede von einem Absolventen des Dolmetscher-Instituts ins Französische gedolmetscht[1650]. So konnte die Arbeit des Dolmetscher-Instituts anschaulich vorgestellt werden. Dieses Ereignis war nicht nur den geladenen Gästen der Feier vorbehalten, sondern wurde auch über Rundfunk einem breiten Publikum dargeboten[1651]. Dies belegt, dass das Dolmetscher-Institut in Mannheim als erstes seiner Art eine große Sensation war[1652].

Die Bedeutung für die Wirtschaft«, *Neue Badische Landeszeitung*, 24.12.1929.

1647 Das Dolmetscher-Institut sollte in der Mannheimer Villa Reiß (E 7, 20) untergebracht werden, wo auch die übrigen Veranstaltungen des fremdsprachlichen Unterrichts der Handelshochschule Mannheim stattfinden sollten (in: UAM, HH, A1-12/5, Protokoll der Kuratoriumssitzung der Handelshochschule Mannheim, 19.11.1929 und UAH, B-6695/2, Beschluss des Rats der Stadt Mannheim, 07.02.1930).

1648 UAH, B-6695/2, Beschluss des Rats der Stadt Mannheim, 07.02.1930.

1649 UAH, B-6695/2, »Die Einweihung des Dolmetscher-Instituts in Mannheim«, *Neue Badische Landeszeitung*, 05.07.1930.

1650 Der Absolvent (Beck [keine Nennung des Vornamens in den Originalquellen]) war Doktorand im Fach Romanische Philologie an der Universität Heidelberg. Er legte nach »zweimonatlicher Tätigkeit«, d. h. Studium, am Dolmetscher-Institut bei Gutkind die Dolmetscherprüfung ab (in: UAH, B-6695/2, »Das erste Dolmetscher-Institut – in Mannheim!«, *Neue Mannheimer Zeitung* (Mittag-Ausgabe), 05.07.1930).

1651 Ibid. Aus dem konsultierten Material geht nicht hervor, ob nur Gutkinds Rede und die Verdolmetschung im Rundfunk übertragen wurden oder die gesamte Einweihungsfeier (in: UAH, B-6695/2, »Einweihung des Dolmetscher-Instituts in Mannheim«, *Neue Badische Landeszeitung* (Morgen-Ausgabe), 05.07.1930). Recherchen ergaben, dass kein Tonträger mit einer Aufzeichnung der Einweihungsfeier existiert.

1652 UAH, B-6695/2, »Einweihung des Dolmetscher-Instituts in Mannheim«, *Neue Badische Landeszeitung* (Morgen-Ausgabe), 05.07.1930.

Glausers Festrede behandelt Formalien und die Entstehung des Studiengangs an der Handelshochschule Mannheim[1653]. Seine Festrede beginnt mit einem ausführlichen Dank an die Förderer der neuen Einrichtung[1654]. Das in das Dolmetscher-Institut gesetzte Vertrauen sei nicht enttäuscht worden. Die Nachfrage nach der Ausbildung am Dolmetscher-Institut habe unerwartet erfreuliche Ergebnisse gezeitigt. Im Sommersemester 1930, im ersten Semester seiner Tätigkeit, zählte das Dolmetscher-Institut 45 Studierende[1655]. Wie der zitierten Quelle zu entnehmen ist, war dies ein Beweis für »ein wirkliches Bedürfnis nach hochschulmässig geführter Dolmetscherausbildung«.

Glauser setzte seine Rede mit der Beschreibung der fundierten Konzeption des Studiengangs fort, die lange durchdacht worden war: Weichen für die Bedeutung des Sprachstudiums an der Handelshochschule Mannheim seien bereits 1911 gestellt worden, als eine Professur für Sprachwissenschaft eingerichtet wurde[1656]. Den Weg für ein vertieftes Sprachstudium ebnete die Verlängerung des Handelshochschulstudiums von vier auf sechs Semestern im Jahr 1912. Die Maßstäbe für das sprachwissenschaftliche Studium an Handelshochschulen wurden Glauser zufolge von der kaufmännischen Praxis gesetzt. Im Zentrum dieses Studiums sollte die Erforschung politischer, wirtschaftlicher und sozialer Phänomene des fremden Landes in ihrem Verhältnis zur Kultur des jeweiligen fremden Landes und ihre Rückwirkung auf Deutschland stehen[1657]. Diese anspruchsvolle Aufgabe, die ein »intensives Sprachstudium«[1658] erfordere, so Glauser, setze auch eine gewisse Eignung voraus. Während seiner langjährigen Tätigkeit als Dozent für die Französische Sprache an der Handelshochschule Mannheim sei Glauser bei der Überprüfung von Übersetzungen wichtiger Schriftstücke aufgefallen, dass diesen

1653 UAH, B-6695/2, Glausers Festrede zur Einweihung des Dolmetscher-Instituts, 04.07.1930.

1654 Ibid. Als finanzielle Förderer des Dolmetscher-Instituts werden genannt: Handelskammer Mannheim, Handelskammer Ludwigshafen, Bankvereinigung Mannheim und weitere Unternehmen in Industrie und Handel.

1655 Ibid. Die Studierenden schlüsseln sich wie folgt auf: 41 »ordentliche Studierende«, 4 »außerordentliche Studierende«. Unter den insgesamt 45 Studierenden befanden sich 4 »Reichsausländer«.

1656 Auf diese Professur wurde Glauser berufen (in: UAM, HH, A1-14/2 Bd. 2, Pressemitteilung der Handelshochschule Mannheim, Anfang 1911), vermutlich aber erst nachdem Alexander Snyckers den Ruf auf diese Professur abgelehnt hatte: Aus einem Schreiben von Alexander Snyckers, Gründer des Dolmetscher-Instituts an der Handelshochschule Leipzig, geht hervor, dass Snyckers im Jahr 1910 für den neu errichteten sprachwissenschaftlichen Lehrstuhl an der Handelshochschule Mannheim einen Ruf hatte, diesen jedoch ablehnen musste, da ihn die Leitung der Handelshochschule Leipzig nicht aus seinem Vertrag entließ (in: UAL, HHS 310, Bl. 142 (4–5), Snyckers an Senat der Handelshochschule Leipzig, 04.06.1923).

1657 Glauser bezieht sich hier auf einen Vortrag, den er 1927 bei der Jahresfeier der Handelshochschule Mannheim hielt (vgl. Glauser (1927)).

1658 UAH, B-6695/2, Glausers Festrede zur Einweihung des Dolmetscher-Instituts, 04.07.1930.

arge Qualitätsmängel anhafteten. Um diesem Problem beizukommen, veranstaltete Glauser zusammen mit einem Kollegen mehrere Semester lang Übersetzungsübungen schwieriger Texte aus dem und in das Französische. Die dort gewonnenen Erfahrungen verwertete er bei der Konzeption der Dolmetscherausbildung, die in erster Linie von Diplomkaufleuten, die sich zum Sprachstudium eigneten, in Anspruch genommen werden sollte. Glauser beschreibt das Ausbildungskonzept wie folgt:

> »Zur Erlangung des kaufmännischen Diploms muss [der angehende Diplomkaufmann] eine wissenschaftliche Arbeit vorlegen. Er kann das Thema zu der genannten wissenschaftlichen Arbeit derart wählen, dass er nach erfolgreicher Ablegung der kaufmännischen Diplomprüfung dasselbe Thema unter Berücksichtigung der dort bereits erörterten Wirtschaftsprobleme aufbaut und sie auf ein fremdsprachliches Wirtschaftsgebiet überträgt. Er kann die Wechselwirkungen dieser wirtschaftlichen Fragen zwischen Inland und Ausland nach wissenschaftlicher Methode untersuchen und eine Doktorarbeit veröffentlichen, die der Wirtschaft seines eigenen Landes nur zugute kommen kann. Während dieser Zeit kann er, wenn er die Eignungsprüfung besteht, sich zum Diplomdolmetscher ausbilden.«[1659]

Die am Dolmetscher-Institut ausgebildeten Dolmetscher sollten an verschiedenen Stellen in der Praxis eingesetzt werden. Glauser führt als mögliche Einsatzbereiche Verhandlungen im In- und Ausland und Gerichte an[1660]. In Bezug auf Gerichte spielt er auf eine Problematik an, die auch heute im Allgemeinen noch aktuell ist: der nicht vorhandene Schutz der Berufsbezeichnung von Übersetzern und Dolmetschern:

> »Jeder der irgendeine Fremdsprache zu beherrschen glaubt, hält sich für geeignet, sich als Dolmetscher beeidigen zu lassen. Dies geschieht ohne dass von ihm der unanfechtbare Beweis erbracht wird, dass er dieser Aufgabe gewachsen ist. Das Institut wird sich zuerst mit der Anstellung von Dolmetschern bei Gericht befassen und hofft dabei auf die sachliche Unterstützung der zuständigen Gerichtsbehörden rechnen zu dürfen.«[1661]

Neben der Ausbildungstätigkeit sollte eine weitere Aufgabe des Dolmetscher-Instituts in der Anfertigung von »Übersetzungen schwieriger Fachschriftstücke«[1662] für die Industrie liegen. Vorgesehen war die Übersetzung dieser Dokumente durch ordentliche Studierende und ihre Überprüfung durch die Institutsleitung. Auf diese Weise sollte eine praxisorientierte Ausbildung gewährleistet werden.

1659 Ibid.

1660 Es ist anzunehmen, dass sich Glauser auf Verhandlungen im wirtschaftlichen Bereich bezieht.

1661 UAH, B-6695/2, Glausers Festrede zur Einweihung des Dolmetscher-Instituts, 04.07.1930.

1662 Ibid.

Gutkinds Vortrag »Wesen und Bedeutung des modernen Wirtschaftsdolmetschers«[1663] befasste sich mit der internationalen Verständigung, der daraus resultierenden Notwendigkeit des Einsatzes von Dolmetschern und den Anforderungen an Dolmetscher.

Sprache sei die Fähigkeit, Gedanken auszudrücken. Sie funktioniere dabei als »geistiges Mittel der Verständigung unter Menschen«. Auszugehen sei aber von der Tatsache, dass »verschiedene Grade und Stufen des Verstehens« in einer Sprache bestehen:

> »[D]ie Alltagssprache freilich, bei der sich das Verstehen auf einen fast mechanisch gewordenen Denkprozess beschränkt, ist im wesentlichen allgemeinverständlich. Bei der Uebermittlung verwickelter, spezieller Denkprozesse beschränkt sich aber das Verstehen auf diejenigen, die der gleichen sozialen Schicht angehören. Auch wenn man die fremdwörtliche Terminologie ganz beiseite läßt, ist die Ausdrucksweise doch so geartet, daß die Sprache ihre Funktion als Verständigungsmittel erst dann erreichen kann, wenn spezifische Erkenntnisvorbedingungen bei dem Verständigungspartner erfüllt sind.«[1664]

Gutkind führt im zitierten Vortrag weiter aus, dass diese Verhältnisse besonders kompliziert seien bei der Verständigung zwischen »Menschen verschiedener Sprachkreise«. In diesem Fall müsse für die »lückenlose und einwandfreie Verständigung« eine »Hilfskraft« hinzugezogen werden: der Dolmetscher. Im Rahmen der Ausbildung von Dolmetschern, für die eine »Allgemeinkenntnis der Fremdsprache, gründliche Kenntnis der eigenen Sprache und sicheres Sprachgefühl« eine Voraussetzung seien, würden in erster Linie drei Fertigkeiten ausgebildet:

> »1. Kenntnis der Struktur des fremden Landes und seiner Einrichtungen, 2. Schnelligkeit des Erfassens des Wesentlichen einer Rede oder eines Gesprächs durch Konzentration und Fähigkeit zum sofortigen Umdenken und Wiedergeben in der anderen Sprache, 3. Kenntnis der fachlichen Ausdrücke wirtschaftlicher, politischer, industrieller und juristischer Art.«[1665]

Zu Punkt 2 werden Informationen zur Notizentechnik, dem sogenannten »Aufnehmen« angeführt. Wie der Quelle zu entnehmen ist, gehören die Punkte 1 und 3 eng zusammen. In diesem Zusammenhang werden die Vorzüge des Dolmetscher-Instituts an der Handelshochschule Mannheim angeführt, wo es im Rahmen einer

---

1663 Der Vortrag liegt nicht in der Originalversion vor. Die Ausführungen basieren auf einem Zeitungsartikel der *Neuen Badischen Landeszeitung* (in: UAH, B-6695/2, »Einweihung des Dolmetscher-Instituts in Mannheim«, *Neue Badische Landeszeitung* (Morgen-Ausgabe), 05.07.1930. Siehe hierzu auch Informationen in: UAH, B-6695/2, »Das erste Dolmetscher-Institut – in Mannheim!«, *Neue Mannheimer Zeitung* (Mittag-Ausgabe), 05.07.1930).

1664 UAH, B-6695/2, »Einweihung des Dolmetscher-Instituts in Mannheim«, *Neue Badische Landeszeitung* (Morgen-Ausgabe), 05.07.1930.

1665 Ibid.

Hochschule für Wirtschaftswissenschaften möglich sei, das wirtschaftliche Fachgebiet zu fokussieren:

> »Was den meisten, bisher existierenden, sozusagen »wildgewachsenen« Dolmetschern fast ausnahmslos abging, war die Kenntnis nicht nur der fachlichen Ausdrücke, sondern auch der Fachgebiete selbst.«[1666]

Das Dolmetscher-Institut sollte als »erstes seiner Art« zur Ausbildung dieser curricularen Komponente bei zukünftigen Dolmetschern einen wichtigen Beitrag leisten.

Zum Abschluss der Feier betonte der Handelskammerpräsident in seiner Rede, dass es den Förderern des Dolmetscher-Instituts in Anbetracht der Wirtschaftslage Deutschlands ein dringendes Anliegen sei (vgl. 2.1.2.5), eine Einrichtung wie das Dolmetscher-Institut zu unterstützen:

> »Wenn man die täglich wachsende internationale Verflechtung sehe, wenn man erkenne, daß die ungeheuerliche Verpflichtung, die wir auf uns nehmen mußten, nur unter der Voraussetzung erfüllt werden kann, daß wir uns bewußt immer stärker in die internationale Wirtschaft einschaletn (sic!), dann müssen wir auch alle Anforderungen erfüllen, die Voraussetzungen dafür sind. Ganz besonders muß das von der Ausbildung der internationalen Verständigungsmittel, wie sie das Dolmetscher-Institut sich zur Aufgabe gemacht hat, gelten. Die Erfahrungen, die wir in der Vergangenheit im wirtschaftlichen, wie im politischen Leben mit unseren Dolmetschern gemacht haben, konnten durchaus nicht immer genügen. Mit Freude und Hoffnung begrüßte es daher die Wirtschaft, wenn hier eine Lücke ausgefüllt wird.«[1667]

Industrie und Handel erachteten das Dolmetscher-Institut als ein unabdingbares Instrument, das zukünftig einen nützlichen Beitrag zur Teilnahme Deutschlands am internationalen Handel leisten sollte.

2.6.5 Die Prüfungsordnungen

Auf der Senatssitzung am 21.11.1930 wurde die Prüfungsordnung des Dolmetscher-Instituts mit 6 von 8 Stimmen genehmigt[1668]. Der Inhalt der Prüfungsordnung wurde im Vorfeld in verschiedenen Fachgremien diskutiert[1669]. In einer Broschüre über das Dolmetscher-Institut, die von 1930 datiert, sind Inhalte einer Prüfung aufgeführt, durch deren Bestehen »dem Bewerber bescheinigt wird, daß er in besonderen Fachgebieten als Dolmetscher für die von ihm gewählte Fremd-

1666 Ibid. Hervorhebung im Original.

1667 Ibid.

1668 Ergebnis der Abstimmung: 6 Ja-Stimmen, 1 Nein-Stimme, 1 Enthaltung (in: UAM, HH, A1-11/3, Protokoll der Senatssitzung der Handelshochschule Mannheim, 21.11.1930).

1669 Ibid. Vermutlich gehörten zu diesem Kreis auch Zuständige aus dem Sprachendienst des Auswärtigen Amts.

sprache ausgebildet ist«[1670]. Es geht daraus jedoch nicht klar hervor, ob es sich dabei um die im November 1930 genehmigte Prüfungsordnung handelt. Die Broschüre wurde Anfang 1930 mit einem Studienplan für das Sommersemester 1930 veröffentlicht. Nach erfolgreichem Abschluss der in Tabelle 12 aufgeführten Leistungen wurde den Studierenden ein sogenanntes Befähigungszeugnis, jedoch kein Diplomzeugnis, ausgestellt[1671]. Zu welchem Abschluss die Prüfung konkret führte, wird in dem Dokument nicht weiter spezifiziert. Eine Einteilung der Prüfungen in Vor- und Abschlussprüfungen, wie in der Denkschrift vorgesehen, wird in dem Dokument nicht vorgenommen. Zugelassen wurden zu dieser Prüfung Personen, die mindestens zwei Semester an den Veranstaltungen des Dolmetscher-Instituts teilgenommen hatten.

Schriftliche Prüfung	**Mündliche Prüfung**
1. Uebertragung eines fremdsprachlichen Textes (offizielles Dokument, Vertrag, Handels- oder Wirtschaftsbericht) ins Deutsche; 2. Uebertragung eines deutschen Textes (offizielles Dokument, Vertrag, Handels- oder Wirtschaftsbericht) in die Fremdsprache; 3. Für 1 und 2 ist die Benutzung eines Fachwörterbuches gestattet. 4. Fremdsprachiger Aufsatz über einen Gegenstand aus dem Gebiet der Volkswirtschaft oder Jurisprudenz (ohne Hilfsmittel).	1. Wiedergabe eines fremdsprachigen Textes in die Muttersprache; 2. Wiedergabe eines deutschen Textes in die Fremdsprache. Der Bewerber erhält die beiden Texte eine Viertelstunde vor Abhaltung der Prüfung. Der Bewerber muß dolmetschen: a) in einer doppelsprachigen Diskussion zwischen Verhandlungspartnern, b) Dolmetschen am Telephon und Radio.

Tab. 12: Prüfungen am Dolmetscher-Institut Mannheim, 1930

Im Anschluss an diese Prüfungsleistungen wird in der Broschüre eine »Prüfung für Diplomfachdolmetscher« mit dem Hinweis genannt, dass diese an anderer, nicht spezifizierter, Stelle veröffentlicht wird[1672]. Detaillierte Informationen zu dieser Prüfung und ihren einzelnen Prüfungsleistungen konnten im konsultierten Mate-

1670 Handels-Hochschule Mannheim (1930: 7).

1671 In seiner Festrede erläutert Glauser die Erlangung des sogenannten Befähigungszeugnisses wie folgt: »Derjenige, dem es nicht möglich ist, sein Handelshochschulstudium bis zu Ende zu führen, kann ein Befähigungszeugnis als Dolmetscher nach bestandener Prüfung erhalten, wofern (sic!) er sich eine für dieses Studium ausreichende allgemeine Bildung angeeignet hat, die durch Abitur oder durch Obersekundareife, sowie durch eine auf mehrere Jahre sich erstreckende kaufmännische Tätigkeit nachzuweisen ist.« (in: UAH, B-6695/2, Glausers Festrede zur Einweihung des Dolmetscher-Instituts, 04.07.1930).

1672 Vgl. Handels-Hochschule Mannheim (1930: 8).

rial nicht ermittelt werden. Auf der Senatssitzung am 19.06.1931 wurde jedoch der Entwurf eines »Fachdolmetscherzeugnisses« diskutiert. Gegenstand der Diskussion war in erster Linie, von welchen Personen das Zeugnis unterzeichnet werden sollte. Dem Protokoll ist der Wortlaut des Zeugnisses wie folgt zu entnehmen:

> »(...) hat die Prüfung am (...) vor dem Prüfungs-Ausschuss bestanden, der sich zusammensetzt aus den Herren Ministerialrat (...), Prof. Dr. (...), derzeitiger Rektor der Handels-Hochschule, und den ordentlichen Professoren der Handels-Hochschule (...). Der Vorsitzende des Prüfungs-Ausschusses.«[1673]

Dieser Entwurf des Fachdolmetscherzeugnisses wurde vom Senat der Handelshochschule Mannheim am 31.07.1931 genehmigt[1674].

Ende 1931 belegen die Akten den Beginn der Ausarbeitung einer »Ordnung für die Prüfung als Berufsdolmetscher oder Berufsübersetzer«[1675]. Diese wurde mit der Zustimmung des Auswärtigen Amts durch einen Erlass des Ministers des Kultus und Unterrichts am 21.06.1932 genehmigt[1676]. Diese Prüfungsordnung enthält 13 Punkte. Im Folgenden werden zentrale Punkte daraus hervorgehoben:

Die Prüfung diente »dem Nachweis der Befähigung zum Berufsdolmetscher und Berufsübersetzer«[1677]. Vermutlich wurden diese Bezeichnungen gewählt, um die Absolventen der Ausbildung von den »wildgewachsenen«[1678] Dolmetschern und Übersetzern auf dem Markt, die keine fundierte einschlägige Ausbildung hatten, abzugrenzen. Die Prüfungen konnten nur in *einer* Fremdsprache abgelegt werden. In einer zweiten Fremdsprache konnte eine Prüfung nur nach einem weiteren zweisemestrigen Studium als ordentliches Mitglied des Dolmetscher-Instituts abgelegt werden[1679].

Die Prüfungen gliederten sich in eine Sach- und eine Sprachprüfung, die jeweils einen mündlichen und einen schriftlichen Teil umfassten[1680]:

1673 UAM, HH, A1-11/3, Protokoll der Senatssitzung der Handelshochschule Mannheim, 19.06.1931.

1674 UAM, HH, A1-11/3, Protokoll der Senatssitzung der Handelshochschule Mannheim, 31.07.1931.

1675 UAM, HH, A1-11/4, verschiedene Entwürfe einer »Ordnung für die Prüfung als Berufsdolmetscher oder Berufsübersetzer«, Ende 1931.

1676 UAM, HD, B3-5/3, »Ordnung für die Prüfung als Berufsdolmetscher oder Berufsübersetzer am Institut zur Sprach- und Wirtschaftswissenschaftlichen Ausbildung von Dolmetschern«, 21.06.1932.

1677 Ibid, § 1.

1678 UAH, B-6695/2, Artikel »Einweihung des Dolmetscher-Instituts in Mannheim«, *Neue Badische Landeszeitung* (Morgen-Ausgabe), 05.07.1930.

1679 UAM, HD, B3-5/3, »Ordnung für die Prüfung als Berufsdolmetscher oder Berufsübersetzer am Institut zur Sprach- und Wirtschaftswissenschaftlichen Ausbildung von Dolmetschern«, 21.06.1932, § 2 und § 12.

1680 Die Leistungen der Sachprüfungen wurden vor den Leistungen der Sprachprüfungen aufgeführt. Dies ist möglicherweise ein Hinweis darauf, dass die sachliche Curriculum-Komponente im Rahmen des Handelshochschul-Studiums im Vordergrund stand.

	Sachprüfung	Sprachprüfung
Mündlich	a. Geschichte: Politische Geschichte der neueren Zeit, insbesondere die politische und soziale Entwicklung seit 1900 in Deutschland und einem der Länder, dessen Sprache als Prüfungsgegenstände gewählt wurde. b. Volkswirtschaftslehre: Entwicklung und Aufbau der modernen Volkswirtschaft unter besonderer Berücksichtigung der weltwirtschaftlichen Verflechtungen und der wirtschaftlichen Struktur eines der Länder, dessen Sprache als Prüfungsgegenstand gewählt wurde. c. Recht: Grundzüge des öffentlichen Rechts und des Völkerrechts.	Die mündliche Sprachprüfung zerfällt bei der Prüfung zum Berufsdolmetscher in eine allgemeine Sprachprüfung und eine besondere Prüfung im Dolmetschen. Bei der Prüfung zum Berufsübersetzer fällt die Prüfung im Dolmetschen weg. Die allgemeine Sprachprüfung erstreckt sich auf: a. Wiedergabe eines fremdsprachlichen Textes in der Muttersprache, b. Wiedergabe eines deutschen Textes in die Fremdsprache. Die Prüfung im Dolmetschen erstreckt sich auf: a. Dolmetschen doppelsprachlicher Diskussionen zwischen Verhandlungspartnern, b. Dolmetschen an Apparaten, c. Wiedergabe eines Vortrages in der deutschen und der vom Kandidaten gewählten Fremdsprache, sowohl als Vollreferat wie als Kurzreferat.

Tab. 13: Prüfungsordnung für Berufsdolmetscher oder -übersetzer, Mannheim, 1932

	Sachprüfung	Sprachprüfung
Schriftlich	In der schriftlichen Sachprüfung hat der Kandidat eine Klausurarbeit, deren Thema aus einem der drei Gebiete der mündlichen Sachprüfung zu entnehmen ist, in seiner Muttersprache ohne Hilfsmittel anzufertigen. Bei Reichsausländern entscheidet der Prüfungsausschuss über die Wahl der Sprache. Die schriftliche Sachprüfung dauert 4 Stunden.	a. Uebertragung eines fremdsprachlichen Textes (offizielles Dokument, Vertrag, Handels- oder Wirtschaftsbericht, gegebenenfalls technischer Fachartikel) nach Diktat oder Textvorlage ins Deutsche (Zeit 3 Stunden). b. Uebertragung eines deutschen Textes der unter a) genannten Art nach Textvorlage in die Fremdsprache (Zeit: 3 Stunden). (...). c. Fremdsprachlicher Aufsatz ohne Hilfsmittel über ein politisches, soziales, wirtschaftliches oder rechtliches Thema (Zeit: 4 Stunden).

Tab. 13: Prüfungsordnung für Berufsdolmetscher oder -übersetzer, Mannheim, 1932

Beim Vergleich der Prüfungen von 1930 (vgl. Tab. 12) und der Prüfungsordnung von 1932 (vgl. Tab. 13) fällt auf, dass die Prüfungsinhalte in diesen zwei Jahren erweitert wurden. 1932 wurden die zu erbringenden Leistungen in zwei Bereiche unterteilt. Neben Prüfungen in der Sprache wurden nun auch sogenannte Sachprüfungen eingeführt. Das Curriculum erfuhr dadurch eine Erweiterung.

Die 1932 neu eingeführte Sachprüfung gliederte sich in einen mündlichen und schriftlichen Teil. Die Themen der mündlichen Prüfung waren sehr umfangreich: Kenntnisse über Politik und neuere Geschichte sowie Volkswirtschaft und Recht waren Gegenstand der Prüfung. Im Themenbereich Volkswirtschaft standen dabei Kenntnisse über weltwirtschaftliche Zusammenhänge sowie über die wirtschaftlichen Verhältnisse des fremden Landes, dessen Sprache im Studium gewählt wurde, im Vordergrund. Der Themenbereich Politik und Geschichte erstreckte sich auf politische und geschichtliche Aspekte in Deutschland sowie im Land der gewählten Fremdsprache. Auch der Themenbereich Recht hatte eine internationale Dimension.

Die Prüfungsordnung informiert nicht über die Sprache, in der die Sachprüfung abgehalten wurde. Vermutlich wurden Teile der Prüfungen in der jeweiligen Fremdsprache abgehalten. Die schriftliche Sachprüfung sollte den Angaben zufolge in der Muttersprache stattfinden. Ein Großteil dieser Prüfungsarbeiten wurde somit auf Deutsch verfasst[1681]. 1930 wurde als schriftliche Prüfungsleistung ein fremdsprachlicher Aufsatz über ein Sachthema (Wirtschaft, Jura) verlangt. Vermutlich hat sich aus dieser Leistung eine Erweiterung und Vertiefung der Sachgebiete in der translatorischen Ausbildung entwickelt[1682]. Auch 1932 wird ein fremdsprachlicher Aufsatz im Rahmen der schriftlichen Sprachprüfung, und sogar neben den Sachprüfungen, verlangt.

Die sogenannte Sprachprüfung von 1932 war weitgehend identisch mit den mündlichen und schriftlichen Prüfungsaufgaben von 1930. Beim mündlichen Teil der Sprachprüfungen fällt auf, dass zwischen Prüfungen für Berufsübersetzer und Berufsdolmetscher unterschieden wurde: Bei angehenden Berufsübersetzern wurde auf den Prüfungsteil im Dolmetschen verzichtet. Dies deutet auf eine beginnende Spezialisierung in den beiden Ausprägungen der Sprachmittlung, d.h. Übersetzen als schriftliche Sprachmittlung und Dolmetschen als mündliche Sprachmittlung, hin. Im Vergleich zu 1930 wurden die Prüfungen im Dolmetschen durch eine Leistung erweitert: Dolmetschen eines Vortrages, wobei aus den Angaben zu schließen ist, dass eine ausführliche Wiedergabe eines Vortrages und eine Zusammenfassung desselben verlangt wurde.

2.6.6 Die Gründer des Dolmetscher-Instituts

Für die Gründung des Dolmetscher-Instituts an der Handelshochschule Mannheim sind zwei Personen verantwortlich, der damals etwa 60-jährige Charles Pierre Glauser, der »Erfinder« der akademischen Dolmetscher-Ausbildung, und sein etwa 30 Jahre jüngerer Kollege, Curt Gutkind, der die institutionelle Gründungsarbeit leistete. Beseelt von der Umsetzung ihres Projekts ergänzten sich beide zu einer Einheit, bis die politischen Umstände in Deutschland Anfang der 1930er Jahre das Gründerteam entzweiten.

1681 Der Anteil der Ausländer unter den Studierenden war relativ gering: Unter den insgesamt 45 Studierenden waren nur 4 ausländische Studierende (in: UAH, B-6695/2, Glausers Festrede zur Einweihung des Dolmetscher-Instituts, 04.07.1930).

1682 An dieser Stelle darf der Hinweis nicht fehlen, dass die Sachgebiete, das sogenannte Sachfach, im Curriculum ohne inhaltlichen Zusammenhang zu den sprachlichen Fächern abgehalten wurden, nachdem das Dolmetscher-Institut an die Universität verlegt worden war. Dies stand und steht im Gegensatz zur ursprünglichen Konzeption des Studiengangs, wo entsprechende Fachkenntnisse zur Aufnahme des Studiums am Dolmetscher-Institut vorausgesetzt wurden bzw. nachgeholt werden mussten. (Vgl. 3.1.25).

2.6.6.1 Charles Glauser

Bild 4: Charles Glauser um 1900
(Bildnachweis: Schweizerisches Literaturarchiv, Bern)

Charles Pierre Glauser ist der geistige Vater der akademischen Übersetzer- und Dolmetscherausbildung. Inspiriert wurde er bei der Konzeption eines Studiengangs für einen Beruf, dessen Anfänge sich nach dem Ersten Weltkrieg entwickelten (vgl. 2.3.4, 3.1.6), durch seine langjährige Tätigkeit als Sprachlehrer an Handelshochschulen. Etwa 35 Jahre lang publizierte Glauser zum Sprachunterricht im kaufmännischen Bildungswesen. Mitte der 1890er Jahre begann er mit der Publikation von Werken zur Konversation im Sprachunterricht an kaufmännischen Ausbildungsstätten. Es folgten Lese- und Übungsbücher für den Französischen Unterricht sowie Leitfäden zur Handelskorrespondenz. Diese grundlegenden Werke für den Sprachunterricht in der kaufmännischen Ausbildung entwickelte Glauser im Laufe seiner Tätigkeit kontinuierlich weiter. Um 1900 veröffentlichte er erste theoretische Schriften zum Sprachunterricht an Handelshochschulen. Etwa seine Überlegungen zur Gegenwartssprache (1913 und 1914) sowie zum Verhältnis von Denken und Sprechen (1929) setzten Meilensteine auf dem Weg zur translatorischen Ausbildung.[1683]

Glauser wurde am 27.07.1868 zu Cheseaux-Noréaz bei Yverdon in der Schweiz geboren. 1887 begann er sein Studium in Klassischer Philologie, Philosophie, Lite-

1683 Eine Publikationsliste von Charles Glauser konnte nicht ermittelt werden. Der Karlsruher Virtuelle Katalog (KVK) (https://kvk.bibliothek.kit.edu) enthält nur wenige Publikationen Glausers. Die meisten Beiträge Glausers wurden in Fachzeitschriften zum kaufmännischen Bildungswesens veröffentlicht. Näheres hierzu kann den Literaturangaben dieser Arbeit entnommen werden.

ratur und Geschichte an der Universität Genf. 1890 wechselte er an die Universität Leipzig, wo er ab Oktober 1891 als wissenschaftlicher Mitarbeiter im Neufranzösischen Seminar tätig war. 1893 promovierte er an der Universität Leipzig über Französische Literatur. Aus der Danksagung seiner Dissertation geht hervor, dass auch Prof. Theodore de Beaux, der Sprachlehrer für Französisch an der Leipziger Öffentlichen Handelslehranstalt war und etwa zehn Jahre später Alexander Snyckers Zieh- und Schwiegervater wurde (vgl. 2.7.2.2.1), als Berater für den Doktoranden Glauser fungierte.[1684]

Möglicherweise ist es auf diesen Kontakt zurückzuführen, dass Glauser seine Laufbahn als Sprachlehrer im Handelsschulwesen fortsetzte und in diesem Bereich bis zu seiner Pensionierung wirkte. 1893/94 war Glauser Sprachlehrer an der Handelsakademie in Aussig, das damals zu Österreich-Ungarn gehörte[1685]. Ab 1894 bis 1911 arbeitete Glauser als Sprachlehrer für Französisch an der Handelsakademie Wien[1686]. 1910 wurde er dort zum Professor berufen[1687]. Glauser nahm als Mitglied an Sitzungen der *Internationalen Gesellschaft zur Förderung des kaufmännischen Unterrichtswesens* teil und gehörte 1905–1906 der Kommission an, die zur Ausarbeitung einer Konzeption der *Internationalen Sprach- und Wirtschaftskurse* gegründet wurde. Darin übernahm Glauser eine federführende Rolle (vgl. 2.4.4.2). 1911 wurde ihm an der Handelshochschule Mannheim der neu eingerichtete sprachwissenschaftliche Lehrstuhl angeboten[1688]. Sein sprachwissenschaftliches Wirken kulminierte in der Gründung eines Dolmetscher-Instituts an der Handelshochschule Mannheim, dessen Initiator er war und dem er von 1929 bis 1932 als Direktor vorstand[1689].

1684 Selbst verfasster Lebenslauf Glausers in seiner Dissertation *Benj. Constant's ›Adolphe‹ und seine Bedeutung für den französischen Roman* (vgl. Glauser (1893: 31)).

1685 Vgl. Degener (1935: 498).

1686 Ibid. Die Meldeunterlagen des Wiener Stadt- und Landesarchivs belegen, dass sich Glauser am 07.03.1911 nach Mannheim abmeldete. Seine Frau Luisa Glauser, geb. Golaz und sein Sohn Friedrich befanden sich zu diesem Zeitpunkt in der Schweiz.

1687 Vgl. IGFkU (1910: 7).

1688 UAM, HH, A1-14/2, Bd. 2, Pressemitteilung der Handelshochschule Mannheim, Anfang 1911. Vgl. dazu auch Fußnote 1656.

1689 Auf Glausers eigenen Wunsch gab er die Leitung des Dolmetscher-Instituts Ende Januar 1932 aus gesundheitlichen Gründen auf (in: UAH, B-6696/1, Rektor der Handelshochschule Mannheim an Glauser, 30.01.1932). Am 02.03.1932 beantragte Glauser aus gesundheitlichen Gründen seine Pensionierung mit Wirkung vom 01.10.1932 (in: UAM, HH, A1-11/4, Protokoll der Senatssitzung der Handelshochschule Mannheim, 28.06.1932). Vgl. auch Fußnote 1723.

Glauser starb am 01.11.1937 in Eimeldingen bei Lörrach[1690]. Er war zweimal verheiratet[1691]. Seine erste Frau und Mutter seines einzigen Sohnes, Friedrich Glauser, starb 1900[1692].

2.6.6.2 Curt Gutkind

Bild 5: Curt Gutkind um 1930
(Bildnachweis: Universitätsarchiv Heidelberg, Bildarchiv)

Trotz des Verlusts der Personalakten bei der Verlegung der Handelshochschule Mannheim an die Universität Heidelberg konnte in den konsultierten Akten ein »Personalbogen für Dozenten« von Curt Sigmar Gutkind nachgewiesen werden[1693]. Dieser enthält ergänzende Daten zu den meist lückenhaften Einträgen in Nationalbiographien.

Curt Gutkind studierte Romanische Philologie und promovierte am 21.11.1921 an der Universität Heidelberg zum Dr. phil.[1694]. Von 1922 bis 1923 war er als Lehramtspraktikant im badischen Schuldienst tätig. Von 1923 bis 1928 arbeitete er als Lektor und beauftragter Dozent an der Universität Florenz. Am 18.02.1928 habi-

1690 Auskunft des Bürgermeisteramts Eimeldingen bei Lörrach.

1691 Laut Auskunft des Stadtarchivs Mannheim (Melderegister) war Glauser bei seiner Abmeldung nach Lörrach im November 1932 mit Luisa Glauser, geb. Golaz verheiratet.

1692 Vgl. https://www.krimi-couch.de/krimis/friedrich-glauser.html. Noch heute wird in der Buchbranche der Glauser-Preis verliehen. Dies ist der begehrteste Autorenpreis für deutschsprachige Kriminalliteratur. Er geht zurück auf den Schriftsteller, Friedrich Glauser, den Sohn des Gründers des ersten Dolmetscher-Instituts weltweit.

1693 UAM, HH, A1-13/2, Gutkinds Personalbogen, undatiert.

1694 Titel der 1922 veröffentlichten Dissertation: *Die heroisch-komischen Stilelemente in den ›Maccheronee‹ des Teofilo Folengo (Merlin Cocai) mit Ausblicken auf Tassoni und Boileau.*

litierte sich Gutkind an der Handelshochschule Mannheim mit einer Arbeit über Romanische Sprachen und Literatur[1695]. 1928 wurde er als Assistent zum Aufbau des Dolmetscher-Instituts an der Handelshochschule Mannheim eingestellt. Als stellvertretender Direktor war er neben der federführenden Aufbauarbeit des Instituts für Verwaltungsangelegenheiten zuständig[1696]. Zudem übernahm er unterrichtende Tätigkeiten am Dolmetscher-Institut. Gutkind war mit Laura Maria Gutkind, geb. Kutzer verheiratet, der Tochter des Mannheimer Oberbürgermeisters, Theodor Kutzer[1697].

Zwischen 1923 und 1928 veröffentlichte Gutkind als Autor und Herausgeber etwa sieben Werke zur Literatur, Geschichte und Politik Frankreichs und Italiens, darunter sympathisierende Schriften zum italienischen Faschismus[1698]. Außerdem übersetzte er verschiedene Werke ins Deutsche, etwa Diderots *Le rêve de d'Alembert*[1699].

Zum Verhängnis seiner beruflichen Laufbahn und schließlich seines Lebens wurde ihm die Tatsache, dass er Jude war. In seinem Personalbogen wird »mosaisch«[1700] angegeben. Als Jude wurde Gutkind im April 1933 dem Erlass zur Aufrechterhaltung der Sicherheit und Ordnung gemäß »bis auf Weiteres vom Dienst beurlaubt«[1701].

Über den weiteren Verlauf seines Lebens widersprechen sich die konsultierten Quellen. Das nationalsozialistische Umfeld zwang Gutkind zur Emigration. Gemäß Bollmus (1973: 123) fällt Gutkinds Auswanderung nach England ins Jahr 1933[1702]. Eine andere Quelle führt 1936 als Emigrationsdatum an[1703]. Dieser Quelle zufolge soll Gutkind, obwohl er bereits 1933 vom Dienst an der Handelshochschule Mannheim suspendiert worden war, noch bis 1935 außerordentlicher Professor an

---

1695 UAM, HH, A1-13/2, Gutkinds Personalbogen, undatiert. Titel und Werk konnten bei den Recherchen nicht ermittelt werden.

1696 Gutkind war vom 01.04.1930 bis zum 05.09.1931 stellvertretender Direktor des Dolmetscher-Instituts (in: UAH, B-6695/2, Arbeitsvertrag zwischen Gutkind und der Handelshochschule Mannheim, 31.03.1930 und UAH, B-6696/1, Vorsitzender des Kuratoriums der Handelshochschule Mannheim an Rektor der Handelshochschule Mannheim, 26.01.1932). Vgl. dazu auch 2.6.6.3.

1697 Vgl. Bollmus (1973: 121). Kutzer war von 1914–1928 im Amt (vgl. https://www.marchivum.de).

1698 Beispielsweise das 1928 auf Deutsch erschienene Werk *Mussolini und sein Faschismus* (vgl. Lüdtke (1930: 417) sowie Bollmus (1973: 122)).

1699 Vgl. Lüdtke (1930: 417). Gutkinds Übersetzung des Werkes ist nachgewiesen im Katalog der Deutschen Nationalbibliothek: *Der Traum d'Alemberts*, erschienen 1923 (vgl. https://d-nb.info/57964507X).

1700 UAM, HH, A1-13/2, Gutkinds Personalbogen, undatiert.

1701 Erlass des kommissarischen Ministers des Kultus und Unterrichts in Karlsruhe Nr. A 7642 vom 06.04.1933 (in: UAM, HH, A1-12/8, Übersicht über die bei der Handels-Hochschule verwendeten Assistenten, 15.04.1933).

1702 Laut Meldekarte im Stadtarchiv Mannheim verzog Gutkind am 30.12.1933 nach Bois Colombes in Frankreich.

1703 Vgl. IBE (1983: 439).

dieser Einrichtung und bis 1936 als Lektor an den Universitäten Oxford und Paris tätig gewesen sein. Eine weitere Tätigkeit an der Handelshochschule Mannheim nach Gutkinds Suspendierung im Jahr 1933 ist m. E. vor dem Hintergrund des antisemitischen Klimas in Deutschland und der Verlegung der Handelshochschule an die Universität Heidelberg Anfang der 1930er Jahre jedoch ausgeschlossen. 1936 soll Gutkind als Lektor für Italienische Sprache und Literatur an der Universität London gewirkt haben[1704]. Klarheit über diese Jahre in Gutkinds Lebenslauf würde womöglich ein Blick in die Personalakten oder Vorlesungsverzeichnisse der einzelnen Institutionen geben, an denen Gutkind den Angaben zufolge tätig war.

Gutkind starb im Alter von 43 Jahren[1705] auf tragische Weise als Gefangener der Briten bei der Deportation auf dem Schiff »SS Arandora Star«, das auf dem Weg von Liverpool nach Neufundland war. Kurz nachdem das Schiff am 02.07.1940 aus dem Hafen ausgelaufen war, wurde es von dem deutschen U-Boot U 47 torpediert. Gutkind zählte zu den verschollenen Insassen, die im Meer ertranken[1706]. Der Name von Gutkind wurde im Mannheimer Mahnmal für die jüdischen Opfer des Nationalsozialismus verewigt: Seit 2003 steht im Zentrum der Stadt Mannheim ein Glaskubus mit den Namen ihrer verfolgten jüdischen Mitbürger im Nationalsozialismus[1707].

2.6.6.3 Das Gespann Glauser/Gutkind

Glauser hatte zwar den Plan zur Ausbildung von Dolmetschern entworfen[1708], er musste aber Gutkind hinzuziehen[1709], um seinen Plan umsetzen zu können:

1704 Ibid. Eine Tätigkeit Gutkinds in England Mitte der 1930er wird durch Informationen seiner Meldekarte im Stadtarchiv Mannheim bestätigt. Demnach war er ab 1935 Lektor an der Universität Oxford und später an der Universität London tätig. In London erlangte er, laut einer Mitteilung der dort ansässigen deutschen Botschaft, am 18.03.1937 die italienische Staatsbürgerschaft.

1705 Gutkinds Geburtsdatum und -ort: 29.09.1896, Mannheim (in: UAM, HH, A1-13/2, Gutkinds Personalbogen, undatiert).

1706 Vgl. https://www.bluestarline.org/arandora.html. Gutkinds Meldekarte im Stadtarchiv Mannheim informiert darüber, dass er am 02.07.1940 um 24 Uhr für tot erklärt wurde. Am 05.11.1957 wurde diese Erklärung rechtskräftig.

1707 https://www.mannheim.de/de/tourismus-entdecken/stadtgeschichte/mahnmal.

1708 »(...) wollen wir hier an dieser Stelle nicht vergessen, daß sich Prof. Dr. Glauser als der ideelle Schöpfer des Werkes ein bleibendes Andenken gesetzt hat.« (in: UAH, B-6695/2, »Das erste Dolmetscher-Institut – in Mannheim!«, *Neue Mannheimer Zeitung* (Mittag-Ausgabe), 05.07.1930. Hervorhebung im Original.).

1709 Gutkind wurde auf Wunsch Glausers zum Sommersemester 1928 eingestellt, um Glauser »vollwertig« bei seiner Lehrtätigkeit zu unterstützen und um »Neugründungen aus eigener Initiative« zusammen mit Glauser zu unternehmen (in: UAH, B-6695/1, Glauser an Kuratorium der Handelshochschule Mannheim, 17.12.1928).

»(...) kam ich zu der Überzeugung, dass die Lösung der schwierigen Aufgabe der sprach- und wirtschaftswissenschaftlichen Ausbildung von Dolmetschern die volle Tätigkeit einer dazu geeigneten Lehrkraft beansprucht. Es ist mir eine angenehme Pflicht, dem Senat und Kuratorium der H.H.S. [Handelshochschule Mannheim] und der Stadt meinen besten Dank dafür auszusprechen, dass mir die Mittel zur Anstellung eines Assistenten bewilligt wurden. Die Wahl war nicht leicht zu treffen. Dieser Assistent sollte durch längeren Aufenthalt im Auslande den Nachweis erbringen, dass er das in einer Sprache ausgedrückte (sic!) in eine andere Sprache sofort umdenken kann, eine Eigenart, die man nicht leicht bei jemand (sic!) findet, wenn er sich auch in den beiden in Betracht kommenden Sprachen einwandfrei auszudrücken vermag.«[1710]

Bei der Aufbauarbeit des Dolmetscher-Instituts wurden Gutkind daher weitreichende Kompetenzen übertragen. Für die Feinplanung des Ausbildungskonzepts wurde er beauftragt, mit Stellen, die an ausgebildeten Dolmetschern Interesse hatten, wie z.B. dem Auswärtigen Amt, in Verbindung zu treten. Gutkind reiste wiederholt zu Ministerien oder internationalen Organisationen, um Anregungen aus der Praxis für das Ausbildungskonzept zu sammeln und auch um für das neu zu gründende Institut Werbung zu machen[1711]. Bei Stellen, die Gutkind besuchte, galt er, und nicht Glauser, als Ansprechpartner für das Dolmetscher-Institut[1712]. Da die Verantwortung, die Gutkind übertragen wurde, seinen Assistentenstatus bei weitem überschritt[1713] und gegenüber Kontaktstellen in der Praxis kein falscher

1710 UAH, B-6695/2, Glausers Festrede zur Einweihung des Dolmetscher-Instituts, 04.07.1930.

1711 Nachweisbare Dienstreisen Gutkinds zu Regierungsstellen im Herbst und Winter 1928/29 fanden im Oktober 1928 (in: UAH, B-6695/1, Glauser/Gutkind an Kuratorium der Handelshochschule Mannheim, 17.12.1928) und vermutlich Ende 1928 (in: UAH, B-6695/1, von Gutkind verfasster Bericht über Ergebnisse einer Dienstreise nach Berlin, vermutlich Ende 1928) statt. Gutkind wurde beispielsweise im Einverständnis mit dem Senat der Handelshochschule Mannheim im November 1930 vom Rektor der Handelshochschule Mannheim gebeten, für das Dolmetscher-Institut weiterhin zu werben und in Zukunft dafür die »Bildveröffentlichung über das Dolmetscher-Institut« zu verwenden (in: UAM, HH, A1-11/3, Protokoll der Senatssitzung der Handelshochschule Mannheim vom 21.11.1930).

1712 Einem Schreiben aus dem Reichsarbeitsministerium, das die Gründung des Dolmetscher-Instituts ideell fördern sollte, ist zu entnehmen, dass Gutkind für den Leiter des zukünftigen Dolmetscher-Instituts gehalten wurde: »Zum Leiter des Instituts ist Privatdozent Dr. Gutkind ausersehen.« (in: UAH, B-6695/1, Denkschrift zur Gründung des Instituts zur sprach- und wirtschaftswissenschaftlichen Ausbildung von Dolmetschern, Ende 1929, S. 22 und Reichsarbeitsministerium an Internationales Arbeitsamt beim Völkerbund, 10.05.1929).

1713 Die Dokumente zum Aufbau des Dolmetscher-Instituts, etwa Schriftverkehr mit öffentlichen Stellen, die Denkschrift zur Gründung eines Dolmetscher-Instituts und andere Studiengangsentwürfe, wurden von Glauser und Gutkind zusammen unterzeichnet (siehe z.B. Informationen in: UAH, B-6695/1, Glauser/Gutkind an Auswärtiges Amt, 05.11.1928 sowie UAH, B-6695/1, Denkschrift zur Gründung

Eindruck entstehen sollte, beantragte Glauser beim Kuratorium der Handelshochschule Mannheim einen höheren dienstlichen Grad für Gutkind:

> »Die Vorarbeiten und organisatorischen Massnahmen zur Errichtung einer Sprachwissenschaftlichen Abteilung zur Ausbildung von Dolmetschern, die ab Sommer-Semester 1929 in Kraft tritt, haben die unbedingte Notwendigkeit ergeben, dass sowohl ich wie Herr Dr. Gutkind bei den vielen mündlichen und schriftlichen Verhandlungen mit den maßgebenden in- und ausländischen Regierungsstellen, Handelskammern, Betrieben und Instituten gleichberechtigt sein müssen. Bereits bei den ersten im Oktober [1928] erfolgten Verhandlungen im Auswärtigen Amt in Berlin konnte Herr Dr. Gutkind die Frage nach seiner Kompetens (sic!) nur ausweichend beantworten. Mit Genehmigung des Senats der Handels-Hochschule hat Herr Dr. Gutkind die Direktion der »Sprachwissenschaftlichen Abteilung zur Ausbildung von Dolmetschern« gleichberechtigt mit mir zu teilen.«[1714]

Glauser schlug vor, Gutkind die Amtsbezeichnung »Stellvertreter des Direktors der Romanischen Abteilungen des fremdsprachlichen Seminars und der sprachwissenschaftlichen Abteilung zur Ausbildung von Dolmetschern« zu verleihen. Außerdem beantragte Glauser eine Verlängerung von Gutkinds Arbeitsvertrag von zwei auf vier Jahre, damit die »nötige Arbeitskontinuität« gewährleistet werden konnte.[1715] Aufgrund des nicht vorhergesehenen Etats für eine stellvertretende Direktorenstelle konnte Glausers Antrag vorläufig jedoch nur dahingehend entsprochen werden, dass Gutkind in den Vorlesungsverzeichnissen wie von Glauser gewünscht als »Stellvertreter des Direktors«[1716] angekündigt wurde. Gemäß einem Arbeitsvertrag zwischen Gutkind und der Handelshochschule Mannheim wurde Gutkind zum 01.04.1930 zum stellvertretenden Direktor des Dolmetscher-Instituts ernannt. Auch in dieser Position war er zur Lehrtätigkeit verpflichtet und für die Verwaltungsgeschäfte des Dolmetscher-Instituts zuständig[1717]. Gutkinds weitreichende Kompetenzen als stellvertretender Direktor gehen aus Anordnungen des Verwaltungsbeirats des Dolmetscher-Instituts hervor:

> »2. Dr. Gutkind bearbeitet die den inneren und den wissenschaftlichen Betrieb des Instituts betreffenden Fragen; in wichtigen Angelegenheiten bedarf er zur Entscheidung der Zustimmung des Direktors. Dr. Gutkind bearbeitet insbesondere die Fragen der Aufnahme der Studierenden. Die Entscheidung erfolgt auch hier mit Zustimmung des Direktors. Bei den Aufnahmeprüfungen ist die Gegenwart des Direktors und des stell-

des Instituts zur sprach- und wirtschaftswissenschaftlichen Ausbildung von Dolmetschern, Ende 1929).

1714 UAH, B-6695/1, Glauser an Kuratorium der Handelshochschule Mannheim, 17.12.1928.

1715 Ibid.

1716 UAM, HH, A1-11/1, Protokoll der Senatsstizung der Handelshochschule Mannheim, 11.01.1929.

1717 UAH, B-6695/2, Arbeitsvertrag Gutkinds mit Handelshochschule Mannheim, 31.03.1930.

vertretenden Direktors erforderlich. (...) 6. Die Vertretung des Instituts nach aussen und die Zeichnung aller wichtigen Mitteilungen an Dritte gebührt (...) dem Direktor. 7. Bei Verhinderung des Direktors oder in Angelegenheiten, die der Direktor dem Dr. Gutkind zur selbständigen Erledigung überträgt, übt Dr. Gutkind die Befugnisse des Direktors in vollem Umfange aus.«[1718]

In dem jungen und ambitionierten Gutkind[1719] hatte Glauser nicht nur einen ernst zu nehmenden Fachkollegen gefördert, sondern auch einen verantwortungsbewussten Nachfolger für die Leitung des Dolmetscher-Instituts nach seiner Pensionierung gefunden. Zudem war Gutkind mit dem Ausbildungskonzept des Instituts bestens vertraut.

Wodurch das kollegiale Verhältnis der beiden Männer dennoch zerstört wurde, kann in den konsultierten Akten sachlich nicht nachvollzogen werden. Die Gründe dafür sind eher in dem zunehmenden antisemitischen Klima in Deutschland zu finden, das sich seit Mitte der 1920er Jahre stetig aufheizte[1720]. Gutkind war Jude – in der damaligen Zeit Grund genug, um von anderen schikaniert zu werden.

Als erste schmähende Tat wurden Gutkinds Zuständigkeiten als stellvertretender Direktor des Dolmetscher-Instituts auf Beschluss des Beirats vom 05.09.1931 entzogen und »dem Direktor des Instituts in der Heranziehung von Dr. Gutkind zu den Verwaltungsgeschäften freie Hand gelassen«.[1721] Gründe für diese Anordnung gehen aus den konsultieren Akten nicht hervor. Durch diesen Beschluss war Gutkind Glauser in gewisser Weise ausgeliefert. Es wurde sogar angeregt – von welcher Seite bleibt im konsultierten Aktenmaterial offen –, die Stelle des stellvertretenden Direktors des Dolmetscher-Instituts formell zu streichen. Eine endgültige Entscheidung in dieser Sache wurde im Januar 1932 jedoch noch vertagt. Nicht zuletzt, damit der neue, fachfremde, Leiter des Dolmetscher-Instituts von Gutkinds Expertise so lange wie nötig profitieren konnte[1722]. Anfang Januar 1932

1718 UAH, B-6696/1, Protokoll der Sitzung des Verwaltungsbeirats des Dolmetscher-Instituts, 17.06.1930.

1719 In seiner Festrede zur Einweihung des Dolmetscher-Instituts am 04.07.1930 war Glauser voll des Lobes für Gutkind: »Herr Privatdozent Dr. Gutkind hat sich mit Eifer und Jugendkraft dieser Aufgabe [der Gründung des Dolmetscher-Instituts] gewidmet (in: UAH, B-6695/2, Glausers Festrede zur Einweihung des Dolmetscher-Instituts, 04.07.1930).

1720 Vgl. dazu etwa https://www.dhm.de/lemo/kapitel/ns-regime/ausgrenzung-und-verfolgung/geschaeftsboykott-1933.html.

1721 In zitierter Quelle nicht näher spezifiziert (in: UAH, B-6696/1, Vorsitzender des Kuratoriums der Handelshochschule Mannheim an Rektor der Handelshochschule Mannheim, 26.01.1932).

1722 »Ein Anlass, die Stelle des stellvertretenden Direktors des Instituts jetzt förmlich zu streichen, dürfte nicht gegeben sein. Es wird sich empfehlen, mit einer endgültigen Entscheidung zuzuwarten, bis Sie sich nach Übernahme der Leitung selbst über die Verhältnisse des Instituts unterrichtet haben.« (in: UAH, B-6696/1, Vorsitzender des Kuratoriums der Handelshochschule Mannheim an Rektor der Handelshochschule Mannheim, 26.01.1932).

hatte Glauser dem Rektor der Handelshochschule mitgeteilt, wie er sich die Regelung der Leitung des Dolmetscher-Instituts nach seinem Ausscheiden aus dem Dienst[1723] vorstellte:

> »Mit Rücksicht auf meine bevorstehende Pensionierung halte ich es für zweckmässig, dass jetzt schon für die Leitung des Dolmetscher-Instituts Vorsorge getroffen wird, damit die Kontinuität sicher gestellt wird. Ich möchte daher anregen, dass das Dolmetscher-Institut der Handels-Hochschule angegliedert und verwaltungsmässig direkt von der Handels-Hochschule geleitet wird. Ich beantrage daher, dass mit der Leitung des Dolmetscher-Instituts der Rektor der Handels-Hochschule betraut wird. (...) Wenn dieser Plan durchgeführt wird, so dürfte sich dadurch noch eine erhebliche Verwaltungsvereinfachung durchführen lassen.«[1724]

Eine Genehmigung dieses Antrags durch das Kuratorium der Handelshochschule Mannheim ließ nicht lange auf sich warten. Schon drei Wochen später war die Fra-

---

1723 Am 02.03.1932 beantragte Glauser aus gesundheitlichen Gründen seine Pensionierung mit Wirkung vom 01.10.1932 (in: UAM, HH, A1-11/4, Protokoll der Senatssitzung der Handelshochschule Mannheim, 28.06.1932). Einem Schreiben, in dem sich Glauser von den Senatssitzungen für das kommende Semester [Sommersemster 1932] entschuldigte, ist ein ärztliches Attest beigefügt. Daraus geht hervor, dass Glauser seit längerem an Diabetes mellitus und schweren Herzbeschwerden litt (in: UAM, HH, A1-11/4, Glauser an Rektor der Handelshochschule Mannheim, 02.12.1931). Auf Glausers eigenen Wunsch gab er die Leitung des Dolmetscher-Instituts Ende Januar 1932 auf (in: UAH, B-6696/1, Rektor der Handelshochschule Mannheim an Glauser, 30.01.1932). Bei der Pensionierung Glausers unterlief der Handelshochschule Mannheim folgende Panne: Nachdem Glauser sein Gesuch zur Emeritierung zum 01.10.1932 eingereicht hatte, wurde er vom Kuratorium und Senat gebeten, seine Dienste der Handelshochschule Mannheim ein weiteres Jahr zur Verfügung zu stellen und seine Emeritierung erst zum 01.10.1933 zu beantragen. Glauser erklärte sich damit einverstanden. Der Vorsitzende des Kuratoriums übersah eine entsprechende Meldung des Rektors und veranlasste Glausers Emeritierung, wie von Glauser ursprünglich gewünscht, zum 01.10.1932. Dieser Fall gab Anlass zu heftigen Diskussionen im Senat, der mit der Behandlung des Sachverhalts unzufrieden war (in: UAM, HH, A1-11/4, Protokolle der Senatssitzungen der Handelshochschule Mannheim, 28.06.1932 und 08.07.1932). In einem Protokoll wird in diesem Zusammenhang auch Gutkind erwähnt. Darin wird zudem die antisemitische Haltung belegt, die an der Handelshochschule Mannheim kultiviert wurde: Gutkind sollte aus der Situation nicht »als Sieger« hervorgehen. Anstatt ihm die Aufgaben von Glauser so weit wie möglich zu übertragen – durch den Wegfall von Glauser war im Unterrichtsplan eine Lücke entstanden –, sollte zur Vertretung eine neue Lehrkraft einer benachbarten Hochschule gewonnen werden, da »[Gutkind] kein Anlass zu irgendwelchen Hoffnungen gegeben werden« dürfe (in: UAM, HH, A1-11/4, Protokoll der Senatssitzung der Handelshochschule Mannheim vom 08.07.1932).

1724 UAH, B-6696/1, Glauser an Rektor der Handelshochschule Mannheim, 11.01.1932.

ge der zukünftigen Leitung des Dolmetscher-Instituts geklärt[1725]. Wie von Glauser gewünscht, wurde der Rektor der Handelshochschule, der Wirtschaftswissenschaftler, Walter Tuckermann, mit der Leitung des Dolmetscher-Instituts betraut. Die Neuregelung trat mit Wirkung vom 01.02.1932 in Kraft[1726].

Zu diesem Zeitpunkt war Gutkind, der bei der Nachfolgeregelung übergangen wurde, von der Leitung des Dolmetscher-Instituts bereits seit etwa fünf Monaten ausgeschlossen. Die Serie der Herabwürdigungen, die über ihn erging, riss dennoch nicht ab. Vom 30.01.1932 datiert folgende Begebenheit: Ohne jeden Versuch, die Angelegenheit mit Gutkind im direkten Gespräch zu klären, wurde er von Glauser beim Direktor der Handelshochschule angezeigt, da er angeblich seine Unterrichtspflichten vernachlässigte:

> »Es wurde mir mitgeteilt, dass Herr Dr. Gutkind gestern Nachmittag nicht ins Dolmetscher-Institut gekommen ist und danach die oben genannten Stunden nicht abgehalten hat. Wie kann die Verantwortung für die regelmässige Durchführung eines geordneten Unterrichtes unter solchen Umständen übernommen werden?«[1727]

Gutkinds Stellungnahme, um die er gebeten wurde, schaffte schließlich Klarheit: Er war Studierenden entgegengekommen, welche zur Diskussion stehenden Unterrichtszeit mit einem anderen Dozenten eine Exkursion in einen Betrieb geplant hatten. Wunschgemäß hatte Gutkind seinen Unterricht vorverlegt[1728]. In der gewünschten Stellungnahme bat Gutkind seinen Peiniger darum, von einer derartigen Handlungsweise in Zukunft abzusehen:

> »Ich darf in diesem Zusammenhang nochmals die Bitte aussprechen, in solchen Dingen doch erst eine Anfrage an mich stellen zu wollen, ehe der Herr Rektor über angebliche Verfehlungen meinerseits unzutreffenden Bescheid erhält. Ich darf mir erlauben zu bemerken, dass ich in jeder Weise, sowohl in Tat wie ganz besonders in jeder das D.I. betr. Äusserung, vornehmlich Studenten gegenüber, streng an die Gesetze und Pflichten, die akademischer Anstand und akademische Würde verlangen, mich zu halten bestrebt bin.«[1729]

Vermutlich brach Glauser nach diesem Vorfall »jeden persönlichen und dienstlichen Verkehr mit Herrn Dr. Gutkind« ab[1730]. Dies geschah Anfang 1932, nur knapp anderthalb Jahre später, nachdem die beiden vereint ihr gemeinsames Werk der Öffentlichkeit vorstellten. Aufgrund des abgebrochenen Kontakts zu Gutkind verweigerte Glauser jegliche Kooperation: Im Mai 1932 erklärte sich der nicht mehr amtierende Glauser beispielsweise nicht damit einverstanden, dass in dringenden

1725 UAH, B-6696/1, Vorsitzender des Kuratoriums der Handelshochschule Mannheim an Rektor der Handelshochschule Mannheim, 26.01.1932.

1726 UAH, B-6696/1, Rektor der Handelshochschule Mannheim an Glauser, 30.01.1932.

1727 UAH, H-VI-129/1, Glauser an Rektor der Handelshochschule Mannheim, 30.01.1932.

1728 UAH, H-VI-129/1, Gutkind an Glauser, 01.02.1932.

1729 Ibid. Hervorhebung im Original.

1730 UAH, H-VI-129/1, Glauser an Rektor der Handelshochschule, 09.05.1932.

Fällen Gutkind ermächtigt werde, im Auftrag des neuen Leiters des Dolmetscher-Instituts Anfragen an Glauser zu richten. Als Ersatzperson, die in solchen Fällen eingeschaltet werden könnte, schlug Glauser einen »Stadtamtmann«[1731] vor, der mit den Sachfragen des Dolmetscher-Instituts in keinster Weise vertraut war. Die eigenwillige und unsachliche Handlungsweise Glausers war für die professionelle Behandlung der Angelegenheiten des Dolmetscher-Instituts sicherlich nicht förderlich. Schließlich blieb in der Leitung des Dolmetscher-Instituts niemand mehr übrig, der als kompetenter Ansprechpartner in Fachfragen ernst zu nehmen gewesen wäre. Dies sollte sich vorläufig auch nicht ändern: Vom 15.06.1932 datiert etwa ein Dokument über eine vertrauliche Besprechung der Verwaltungsbeiratssitzung der Handelshochschule Mannheim am 28.04.1932 auf der die Sitzungsteilnehmer zu folgendem Ergebnis kamen:

> »Der Beirat ist der Ansicht, dass es nicht an der Zeit ist, Herrn Privatdozent Dr. Gutkind in seine Funktionen als stellvertretender Direktor des Dolmetscher-Instituts an der Handels-Hochschule wieder einzusetzen. Es wird erneut festgestellt, dass Herr Dr. Gutkind es in Verwaltungsangelegenheiten an der nötigen Sorgfalt hat mangeln lassen.«[1732]

Gründe, die zu dieser personellen Entscheidung führten, halten einer sachlichen Betrachtung nicht stand. Zum einen wurde Gutkind vorgeworfen, einen Übersetzungsauftrag ausgeführt zu haben, der dem Dolmetscher-Institut erteilt worden war. Zum anderen wurde ihm angelastet, dass er angeblich seinen Unterricht im Sommersemester 1932 nicht pünktlich begonnen hatte[1733]. Im ersten Fall stellt sich die Frage, wer in der neuen Leitung des Instituts die Übersetzung hätte übernehmen sollen? Glauser war im Februar 1932 von seiner Leitungsfunktion zurückgetreten. Seinem Nachfolger fehlte das entsprechende Fachwissen für die Abwicklung und Anfertigung des Übersetzungsauftrags[1734]. Zudem hatte Gutkind in der Vergangenheit als stellvertretender Leiter des Dolmetscher-Instituts in solchen Fällen autonom handeln können[1735]. Der zweite Fall, der oben angeführt wurde, um Gutkind in einem falschen Licht erscheinen zu lassen, fällt vermutlich unter weitere Verleumdungsfälle, denen Gutkind hilflos ausgesetzt war[1736].

1731 Ibid.

1732 UAH, B-6696/2, Rektor des Dolmetscher-Instituts an Mitglieder des Verwaltungsbeirats des Dolmetscher-Instituts, 15.06.1932.

1733 Ibid.

1734 Vom 29. und 30. Januar 1932 weisen die Akten beispielsweise einen Fall aus, der belegt, dass Gutkind von Glauser dafür angeprangert wurde, dass er einer Studierenden ohne Rücksprache mit dem Leiter des Instituts genehmigt habe, eine Übersetzung anzufertigen, die dem Dolmetscher-Institut von außen in Auftrag gegeben wurde (in: UAH, H-VI-128/2, Akten zur Anfertigung einer Übersetzung vom Polnischen ins Deutsche, 29.01.1932 und 30.01.1932).

1735 UAH, B-6696/1, Protokoll der Sitzung des Verwaltungsbeirats des Dolmetscher-Instituts, 17.06.1930.

1736 Siehe hierzu Informationen z. B. in: UAH, H-VI-129/1, Gutkind an Glauser, 01.02.1932.

Eine weitere Schmähung, die zur Erniedrigung Gutkinds beitrug, bevor er im April 1933 vom Dienst im Rahmen des ministeriellen Erlasses zur Aufrechterhaltung der Sicherheit und Ordnung[1737] suspendiert wurde, datiert vom Juli 1932. Dabei ging es um ein Schreiben bezüglich der Nutzung der volkswirtschaftlichen Seminarbibliothek durch Studierende des Dolmetscher-Instituts, das von Studierenden an den Rektor des Dolmetscher-Instituts Ende Juni 1932 gerichtet wurde[1738]. Der Inhalt des Schreibens wurde so ausgelegt, dass Gutkind die Studierenden dazu angestachelt habe, gegen Autoritäten aufzubegehren. Die Angelegenheit gipfelte in einem »Ermittelungsverfahren«[1739], aus dem Gutkind mit seiner jüdischen Abstammung nur als Verlierer hervorgehen konnte[1740].

Die Beziehung zwischen Glauser und Gutkind zeichnet sich durch Extreme aus. Ein harmonisches Duo, das zunächst als Einheit auftrat, um ein gemeinsames Ziel zu erreichen, wurde durch äußere politische Umstände, die sich bis in interne Strukturen deutscher Institutionen auswirkten, jäh auseinandergerissen, wobei, wie das Aktenmaterial zeigt, die Zerstörung des einst kollegialen Verhältnisses einseitig von Glauser ausging. Gutkind erlebte während der etwa fünfjährigen Zusammenarbeit mit Glauser sowohl das Extrem der absoluten Förderung durch seinen Ziehvater als auch das Extrem der totalen Vernichtung seiner Existenz, die durch seinen einstigen Förderer vorangetrieben wurde. Der Fall Glauser/Gutkind fällt, wie manch anderes Schicksal, in die dunkle Geschichte der Handelshochschule Mannheim im Nationalsozialismus[1741].

Sind die Gründe für Glausers Verhalten gegenüber Gutkind möglicherweise in dessen familiärem Umfeld zu suchen? Der Lebenslauf seines einzigen Sohnes, Friedrich Glauser, der durch seine Kriminalromane berühmt wurde, liest sich selbst wie ein Krimi: Schon in der Schule ein Problemfall, verbunden mit ersten Selbstmordversuchen, beginnt der Sohn als junger Erwachsener die Karriere eines Kriminellen. Zunächst führt er auf Kosten des Vaters ein ausschweifendes Leben, wird vom Vater dafür angezeigt und schließlich entmündigt. Verschiedene kriminelle

1737 Erlass des kommissarischen Ministers des Kultus und Unterrichts in Karlsruhe Nr. A 7642 vom 06.04.1933 (in: UAM, HH, A1-12/8, Übersicht über die bei der Handels-Hochschule verwendeten Assistenten, 15.04.1933).

1738 UAH, H-VI-129/1, Protokoll der Senatssitzung der Handelshochschule Mannheim, 08.07.1932.

1739 Ibid.

1740 UAH, H-VI-129/1, Aussagen des Herrn Privatdozenten Dr. Gutkind, 27.07.1932. Im September 1932 wurde Gutkind der Beschluss des Senats in dieser Sache mitgeteilt: »Der Senat hat in seiner Sitzung vom 29. Juli dem Rektor der Handels-Hochschule als Direktor des Dolmetscher-Instituts beauftragt, Ihnen eine Rüge zu erteilen. Indem ich diesen Beschluss ausführe, begründe ich ihn damit, dass der Senat es bemängelt, dass Sie die Eingabe von 38 Mitgliedern des Dolmetscher-Instituts vom 27. Juni, die eine Reihe Unrichtigkeiten enthält und bei der Sie einige der Unterzeichneten beraten haben, nicht verhindert haben. Es entspricht nicht dem akademischen Brauch, Sammeleingaben anzufertigen und weiterzugeben.« (in: UAH, H-VI-129/1, Rektor der Handelshochschule an Gutkind, 21.09.1932).

1741 Vgl. Bollmus (1973: 117–131).

Delikte, Drogenabhängigkeit, Selbstmordversuche, Entziehungskuren und schließlich die Einweisung in psychiatrische Anstalten begleiteten Glausers Sohn ein Leben lang. Ein Rückfall nach einer kurzen Phase der Erholung, in der die schriftstellerische Tätigkeit des Sohnes beginnt, veranlasste Glauser sogar dazu, für den Sohn lebenslängliche Haft zu beantragen[1742].

Im krassen Gegensatz dazu stand Gutkind als aufstrebender junger Akademiker aus gutem Hause mit blendenden beruflichen Zukunftsperspektiven. War Gutkind für Glauser ein Sündenbock, der die Bürde, die das Leben Glauser auflegte, kompensieren musste? Die Frage wird ohne Antwort bleiben. Es bleiben aber Glausers haltlose Vorwürfe und Unterstellungen gegenüber Gutkind, die Sachliches in den Hintergrund stellten und zur Vernichtung einer Existenz beitrugen.

Im Jahr 2003 errichtete die Stadt Mannheim ein Mahnmal im Stadtzentrum für ihre über 2400 jüdischen Opfer im Nationalsozialismus. Auch Gutkinds Name ist auf den Gedenktafeln des Glaskubus aufgeführt[1743]. Er ist nur *ein* Beispiel für die systematische Eliminierung von jüdischen Dozenten an der Handelshochschule Mannheim Anfang der 1930er Jahre[1744].

2.6.7 Der Standortwechsel des Dolmetscher-Instituts (1933)

Die menschliche Tragödie, die sich hinter den Kulissen des Dolmetscher-Instituts abspielte, wirkte sich nicht negativ auf den Lehrbetrieb aus. Der neue Beruf des Wirtschaftsdolmetschers war en vogue[1745], und folglich wurde die Ausbildung am Dolmetscher-Institut gut nachgefragt[1746]. Eine Angelegenheit, die hingegen von weiten Teilen der Bevölkerung als tragisch empfunden wurde, war das Schicksal der Handelshochschule Mannheim, mit dem das Dolmetscher-Institut verschweißt war.

Die missliche wirtschaftliche Lage der Handelshochschule Mannheim begann nach dem Ende des Ersten Weltkriegs. Die Verantwortlichen der Handelshochschule hatten das Stiftungsvermögen der Einrichtung in erster Linie in Reichs-

1742 Vgl. https://de.wikipedia.org/wiki/Friedrich_Glauser und http://www.unionsverlag.com/info/link.asp?link_id=4072&pers_id=33

1743 Gutkind wird als »Kurt Gutkind« aufgeführt. Der Code für den Fundort seines Namens am Glaskubus lautet: 4/17/7 (vgl. https://www.mannheim.de/de/tourismus-entdecken/stadtgeschichte/mahnmal).

1744 Vgl. Bollmus (1973: 117–131).

1745 Als Beleg dafür kann die Gründung des Dolmetschers-Instituts gewertet werden, die in eine Zeit fiel, in der nicht nur Deutschland, sondern im Speziellen auch die Handelshochschule Mannheim in einer tiefen wirtschaftlichen Krise steckte. Die wirtschaftspolitischen Versprechungen, die man sich von den ausgebildeten Dolmetschern machte, schienen jedoch alle finanziellen Zweifel auszuräumen.

1746 Vgl. Bollmus (1973: 121). Eine kontinuierliche Abnahme der Studierendenzahlen stellte sich erst ab dem Sommersemster 1933 ein. In diesen Zeitraum fallen die Verhandlungen zur Verlegung der Handelshochschule Mannheim nach Heidelberg (in: UAH, B-6695/4, Vorschlag zur Neugestaltung des Dolmetscher-Instituts, 11.12.1934).

anleihen angelegt, die der Inflation zum Opfer gefallen waren. Der Wert des Vermögens der Handelshochschule nach dem Ersten Weltkrieg ging somit gegen Null, und die Handelshochschule, die fortan aus städtischen Steuergeldern finanziert werden musste, verlor ihre Unabhängigkeit.[1747]

Über eine Lösung der finanziellen Schwierigkeiten wurde auf Regierungsebene bereits kurz nach Kriegsende nachgedacht, wo angeregt wurde, die Handelshochschule mit der Volkshochschule zusammenzulegen[1748]. Diesen Gedanken wollten die Mannheimer aber nicht weiterverfolgen und schlugen stattdessen die Eingliederung ihrer Hochschule in die Universität Heidelberg vor:

> »Hier liegt nun nahe, an eine innigere Vereinigung der Handelshochschule mit der Universität Heidelberg zu denken. Auch andere Handelshochschulen sind in eine engere Verbindung zu Universitäten gerückt oder mit ihnen verschmolzen worden. Die Universität Heidelberg wird wohl in ihrem Budget in Zukunft auch nicht über allzu freigiebige neue Staatsmittel verfügen können. Die heutige Zeit verlangt aber ohne Zweifel eine starke Betonung all dessen, was Wirtschaftswissenschaft ist.«[1749]

Im Ministerium des Kultus und Unterrichts begegnete man diesem Vorschlag verhalten und überließ es zunächst der Universität Heidelberg, ob die Anfrage aus Mannheim weiterbehandelt werden sollte:

> »Der Oberbürgermeister der Hauptstadt Mannheim hat (...) die Angliederung der Handelshochschule Mannheim an die Universität Heidelberg angeregt. Daß diese Angliederung den Interessen der Handelshochschule entspräche, möchte ich annehmen. Ob sie vom Standpunkte der Interessen des Staats und der Universität erwünscht ist, wird zu prüfen sein.«[1750]

Die Prüfung dieses Sachverhalts durch die Universität Heidelberg führte zu einem für Mannheim negativen Ergebnis. Vom 05.04.1919 datiert ein Beschluss des Engeren Senats der Universität Heidelberg, in dem eine »engere Angliederung der Handelshochschule an die Universität« abgelehnt wurde, weil diese »den Interessen der Universität zuwiderlaufend« sei[1751]. Die Diskussion über die Lösung der Handelshochschule hielt lange an[1752]. Im Jahr 1933 war jedoch der Zeitpunkt gekommen, als eine Lösung dringend herbeigeführt werden musste, da sich die Lage immer mehr zuspitzte: Ein ordentlicher Lehrbetrieb konnte an der Handels-

1747 Vgl. Bollmus (1973: 25).

1748 UAH, B-1070/1, Oberbürgermeister Mannheim (Kutzer) an Oberregierungsrat Schwoerer, 09.02.1919.

1749 Ibid.

1750 UAH, B-1070/1, Ministerium des Kultus und Unterrichts an Rektor der Universität Heidelberg, 20.02.1919.

1751 UAH, B-1070/1, Beschluss des Engeren Senats der Universität Heidelberg, 05.04.1919.

1752 UAM, HD, B2-11/1, »Mannheim und seine Hochschule«, *Mannheimer Tageblatt*, 16.06.1933.

hochschule nicht mehr gewährleistet werden, Lehrstühle blieben unbesetzt und die räumliche Unterbringung der Handelshochschule ließ zu wünschen übrig[1753].

Nach umfassenden Erörterungen mit Sachkundigen und Fachvertretern gab der Engere Senat der Universität Heidelberg »seine grundsätzliche Zustimmung« zur Übernahme der Handelshochschule Mannheim, sofern dadurch »die Lebensinteressen unserer Universität« nicht beeinträchtigt werden.[1754] Im Oktober 1933 fanden die letzten Gespräche zur Verlegung der Handelshochschule Mannheim an die Universität Heidelberg statt:

> »Mittwoch fand in Anwesenheit unseres Reichsstatthalters eine abschliessende Besprechung über die Verlegung der Handelshochschule von Mannheim nach Heidelberg statt. Diese Hochschule wird nun endgiltig (sic!) mit der Heidelberger Universität verbunden sein. Die der Universität dienenden Kräfte stehen, soweit die besonderen Aufgaben es fordern, der Handelshochschule zur Verfügung. Für den Studierenden bedeutet das eine wesentliche Erweiterung seiner Lernmöglichkeiten; in neuer starker Verbundenheit mit der Heidelberger Studentenschaft und den Lehrern der Universität wird seine politische Erziehung eine Vertiefung erfahren. Wir sind davon überzeugt, dass diese Umgestaltung der Handelshochschule in weitesten Kreisen und über die Grenzen unseres Landes hinaus freudiger Zustimmung begegnet. Der Umzug der Handelshochschule erfolgt in den nächsten Tagen.«[1755]

Die zur Verlegung der Handelshochschule Mannheim notwendigen Maßnahmen griffen mit Wirkung vom 15.10.1933[1756].

Eine tiefergehende Behandlung der Verlegung der Handelshochschule Mannheim an die Universität Heidelberg ist in Anbetracht der Zielsetzung dieser Arbeit nicht zweckmäßig. Ein Datum, das in diesem Zusammenhang allerdings nicht fehlen sollte, fällt ins Jahr 1939[1757]. In einer Verordnung des Staatsministeriums vom 13.06.1939 wird die Handelshochschule Mannheim aufgehoben und ihre bisherigen Aufgaben der Universität Heidelberg übertragen[1758].

Der Vertrag zur Verlegung der Handelshochschule Mannheim an die Universität Heidelberg regelt in § 4, dass »vorhandene Institute und die dazu gehörigen

---

1753 UAM, HD, B2-11/1, »Mannheim und seine Hochschule«, *Mannheimer Tageblatt*, 14.06.1933 (siehe in zitierter Akte auch Fortsetzung des Artikels in den Ausgaben vom 16.06.1933 und 17./18.06.1933).

1754 UAH, B-1070/2, Engerer Senat der Universität Heidelberg an Ministerium des Kultus, des Unterrichts und der Justiz in Karlsruhe, 21.06.1933.

1755 UAH, B-1070/2, Pressemitteilung der Universität Heidelberg, 25.10.1933.

1756 UAH, B-1070/2, Vertrag zur Verlegung der Handelshochschule Mannheim zwischen dem Minister des Kultus, des Unterrichts und der Justiz und der Stadt Mannheim, 25.10.1933.

1757 Zur Vertiefung des in weiten Bevölkerungskreisen umstrittenen Themas siehe Aktenmaterial UAH, B-1070/1 und UAH, B-1070/2 und UAM, HD, B2-11/1 sowie Bollmus (1973: 7–91).

1758 UAH, B-1070/2, Auszug aus dem Badischen Gesetz- und Verordnungsblatt Nr. 10, 19.06.1939.

Sammlungen«[1759] übernommen werden. Darunter war auch das Dolmetscher-Institut, das aufgrund seiner positiven Entwicklung in Heidelberger Universitätskreisen – weniger in wissenschaftlicher als eher in finanzieller Hinsicht – sehr begehrt war[1760]. Im Sommer 1933 wurden zur Zukunft des Dolmetscher-Instituts im Rahmen der Verhandlungen zur Verlegung der Handelshochschule folgende Überlegungen angestellt:

> »Das Dolmetscher-Institut behält als Universitäts-Institut die gleiche Selbständigkeit, die es bis zum Frühjahr 1933 an der Handelshochschule Mannheim hatte. Es wird der Philosophischen Fakultät angegliedert und untersteht der Aufsicht der Ordinarien der Englischen und Romanischen Philologie an der Universität. (...) Die finanzielle Grundlage und die Gebühren der Studierenden des Dolmetscher-Instituts sollen im Prinzip die gleichen bleiben, wie bis zum Frühjahr 1933 an der Handelshochschule Mannheim, sodass das Institut sich womöglich selbst erhält.«[1761]

Das Unterrichtsministerium akzeptierte diesen Vorschlag mit einem Schreiben vom 09.01.1934, wobei betont wurde, dass sich das Dolmetscher-Institut »in geldlicher Hinsicht« selbst tragen müsse. Der Unterrichtsbetrieb des Dolmetscher-Instituts am Heidelberger Standort begann am 01.11.1933[1762]. Seine Veranstaltungen wurden ab dem Sommersemester 1934 ins Vorlesungsverzeichnis der Universität Heidelberg aufgenommen[1763].

2.6.8 Das universitäre Dolmetscher-Institut (1934)

Im Kleid der Handelshochschule stand das Dolmetscher-Institut der Universität jedoch nicht zu Gesicht. Seit der Diskussion über die Verlegung der Handelshochschule Mannheim nahmen die bis dahin stetig steigenden Studierendenzahlen stark ab: In nur einem Jahr, vom Sommersemester 1933 bis zum Sommersemester 1934, sanken die Studierendenzahlen am Dolmetscher-Institut um etwa 20 Prozent[1764]. Im März 1934 wandte sich die Studentenschaft der Universität Heidelberg an den Rektor der Universität, um einen Gedankenaustausch über die zukünftige Form des Dolmetscher-Instituts anzuregen, da seine jetzige »Gestalt nicht zum

1759 UAH, B-1070/2, Vertrag zur Verlegung der Handelshochschule Mannheim zwischen dem Minister des Kultus, des Unterrichts und der Justiz und der Stadt Mannheim, 25.10.1933.

1760 Vgl. Bollmus (1973: 121).

1761 UAH, B-1070/2, Vorschlag der Philosophischen Fakultät der Universität Heidelberg an Engeren Senat der Universität Heidelberg, vermutlich Juli 1933.

1762 UAH, B-6695/4, Minister des Kultus, des Unterrichts und der Justiz an Rektor der Universität Heidelberg, 09.01.1934.

1763 Vorlesungsverzeichnis der Universität Heidelberg, Sommerhalbjahr 1934, S. 24 f.

1764 Vom Wintersemester 1932/33 bis zum Wintersemester 1934/35 nahm die Zahl der Studierenden sogar um die Hälfte ab (in: UAH, B-6695/4, Vorschlag zur Neugestaltung des Dolmetscher-Instituts, 11.12.1934).

Weiterbestehen geeignet«[1765] erschien. Die Aufgaben des Dolmetscher-Instituts sollten etwa durch die »Einbeziehung in eine zu schaffende wirtschaftlich-politisch-propagandistische Einheit«[1766] im Zeitungswissenschaftlichen Institut zu einer besseren Entfaltung kommen. Bis zum Herbst 1934 wurde die Neuausrichtung und der »Ausbau der gegenwärtig dem Institut gestellten Aufgaben«[1767] ausgearbeitet und an das Unterrichtsministerium zur Stellungnahme gesandt. Es fällt auf, dass sich das Ausbildungsangebot des Dolmetscher-Instituts auch im Rahmen der Universität an eine breite Zielgruppe richtete:

> »1. die sprachliche und auslandkundliche Unterrichtung der Studenten des Zeitungsinstituts, 2. die gleiche Ausbildung der Juristen und sonstiger für das Ausland interessierter Studierender und Hörer anderer Fakultäten, 3. Ausbildung der zur Vertretung des neuen Deutschlands im Ausland bestimmten Nichtakademiker (Kaufleute, Techniker usw.).«[1768]

Wie der »Leitsatz für die ganze hierbei zu leistende Arbeit« im zitierten Archivdokument zeigt, trat das Fachgebiet Wirtschaft, das am Dolmetscher-Institut der Handelshochschule vorrangig war, in den Hintergrund:

> »Wehrhaftmachung auf auslandkundlichem und aussenpolitischem Gebiet und zwar im Gegensatz zu den Aufgaben des Auslandsinstituts, aber – trotzdem in enger Fühlung mit ihm – ausgehend von der Sprachkenntnis als einem der wichtigsten Mittel zur Erfassung der Mentalität fremder Völker, wobei dann allerdings die rein philologische Einstellung etwas zurücktreten müsste.«[1769]

Am 08.11.1934 erteilte das Unterrichtsministerium sein Einverständnis zu diesem Vorschlag[1770].

Durch die Verlagerung seiner Schwerpunkte rückte das Dolmetscher-Institut von seiner ursprünglichen, an der Handelshochschule Mannheim konzipierten, Zielsetzung ab. Die neue Definition des Aufgabenbereichs hing vermutlich auch damit zusammen, dass das Dolmetscher-Institut nach der Eingliederung in die Universität Heidelberg vorerst ohne einschlägige Lehrstühle blieb. Das junge Fach wurde dadurch nicht nur von seiner ursprünglichen Zielsetzung abgebracht, sondern auch seiner Forschungsgrundlage beraubt. Nach der Eingliederung in die Universität Heidelberg wurde das Dolmetscher-Institut zunächst ehrenamtlich

1765 UAH B-6695/4, Rektor der Universität Heidelberg an Minister des Kultus, des Unterrichts und der Justiz, 31.10.1934.

1766 UAH, B-6695/4, Studentenschaft der Universität Heidelberg an Rektor der Universität Heidelberg, 09.03.1934.

1767 UAH, B-6695/4, Rektor der Universität Heidelberg an Minister des Kultus, des Unterrichts und der Justiz, 31.10.1934.

1768 Ibid.

1769 Ibid.

1770 UAH, B-6695/4, Minister des Kultus, des Unterrichts und der Justiz an Rektor der Universität Heidelberg, 08.11.1934.

verwaltet[1771]. Auf dieser Basis konnte sich die junge Einrichtung und die damit verbundene neue wissenschaftliche Disziplin nur sehr schwer entfalten und emanzipieren.

2.6.9 Zusammenfassung der Ergebnisse

Überlegungen zum ersten Dolmetscher-Institut weltweit wurden im Oktober 1928 im Senat der Handelshochschule Mannheim vorgetragen. Charles Glauser (vgl. 2.6.6.1), der seit 1911 einen sprachwissenschaftlichen Lehrstuhl für Französisch an der Handelshochschule Mannheim innehatte, und sein Assistent Curt Gutkind (vgl. 2.6.6.2) stellten das Konzept eines »Instituts zur sprach- und wirtschaftswissenschaftlichen Ausbildung von Dolmetschern« vor.

Durch die neuartige auf sprachwissenschaftlichen Grundsätzen basierende Ausbildung sollten Studierende mit den Wechselbeziehungen von Kultur und Wirtschaft in den romanischen Ländern vertraut gemacht werden, um sowohl das Verständnis für Länder wie etwa Frankreich, Spanien oder Italien als auch für Deutschland zu fördern. Die Ausbildung am zu gründenden Institut sollte durch die an der Handelshochschule Mannheim bestehenden Lehrstühle in Nationalökonomie, Geschichte und Geographie unterstützt werden. Hierbei wird die untrennbare Verbindung zwischen Sprache und Sachgebiet, die eine zentrale Problematik der Sprachmittlung darstellt, bereits in den Anfängen der translatorischen Ausbildung sichtbar. Außerdem sollte das Lehrangebot des bereits bestehenden Romanischen Seminars an der Handelshochschule Mannheim ausgebaut werden.

Hervorzuheben ist, dass Lehre und Forschung am Dolmetscher-Institut neben der wissenschaftlichen Erforschung von Gegenwartsverhältnissen in Bezug auf Kultur und Wirtschaft und der Erforschung von historischen Zusammenhängen, die zur Erhellung der gegenwärtigen wirtschaftlichen und kulturellen Verhältnisse beitragen sollten, auch praktische Lehr- und Forschungsziele verfolgten: die Ausbildung von Dolmetschern für Wirtschaft, Industrie und Behörden. Betont wurde

---

1771 UAH, B-6695/4, Vorschlag zur Neugestaltung des Dolmetscher-Instituts, 11.12.1934. Das Dolmetscher-Institut wurde von Prof. Dr. Alfred Zintgraff neben weiteren Universitätseinrichtungen ehrenamtlich verwaltet. Zintgraff war promovierter Jurist. Er begann seine Laufbahn im konsularischen Dienst und war 1903 in Zanzibar als Dolmetscher tätig. Es ist möglich, dass er auch am *Seminar für Orientalische Sprachen* in Berlin studierte. Nach verschiedenen Stationen im In- und Ausland während seines Reichsdienstes, u. a. im Reichskolonialamt, arbeitete er ab 1921 in Heidelberg als Schriftsteller und in der dortigen von Portheim-Stiftung für Wissenschaft und Kunst. 1931 erhielt er einen Lehrauftrag an der Universität Heidelberg für Mandats- und Kolonialpolitik. 1933 wurde er zum Honorarprofessor ernannt (vgl. Degener (1935: 1788–1789)). Vermutlich wurde er 1934 aufgrund seines beruflichen Hintergrunds mit der ehrenamtlichen Verwaltung und Leitung des Dolmetscher-Instituts an der Universität Heidelberg beauftragt (in: UAH, B-6695/4, Rektor der Universität Heidelberg an Minister des Kultus, des Unterrichts und der Justiz, 31.10.1934).

in diesem Zusammenhang die sprachliche und fachsprachliche Ausbildung für die Praxis. (Vgl. 3.1.7, 3.1.8).

Aufgrund der schwierigen finanziellen Situation der Handelshochschule Mannheim seit Ende des Ersten Weltkriegs war es unabdingbar, dass für das Dolmetscher-Institut externe finanzielle Förderer gefunden wurden. Angestrebt wurde zudem, dass sich das neue Institut nach Inbetriebnahme finanziell selbst trug. Zu Werbezwecken für das Dolmetscher-Institut und zur Akquisition von Mitteln unternahm Gutkind Ende 1928 wiederholt Dienstreisen nach Berlin, um in verschiedenen Ministerien vorstellig zu werden. Eine der wichtigsten Anlaufstellen war das Auswärtige Amt mit seinem 1921 gegründeten Sprachendienst, wo bereits seit einigen Jahren im kleinen Stil Dolmetscher für Behörden ausgebildet worden waren. Das konsultierte Aktenmaterial legt nahe, dass Paul Gautier, der Leiter des Sprachendienstes im Auswärtigen Amt (vgl. 2.3.5), in die Konzeption des Studiums am Dolmetscher-Institut beratend einbezogen wurde. (Vgl. 2.3.4).

Wenn auch Vorschriften zur Mittelvergabe von Ministerien die finanzielle Förderung des Dolmetscher-Instituts durch Regierungsbehörden verhinderten, so konnten die Verantwortlichen der Handelshochschule Mannheim immerhin mit ideeller Unterstützung von Ministeriumsseite rechnen. Finanzielle Unterstützung für eine solche neuartige Ausbildungsstätte wurde bis Juli 1929 hingegen von Industrie und Handel zugesagt.

Am 01.05.1930 begann der Unterricht am Dolmetscher-Institut, dessen Richtlinien auf einer Denkschrift beruhten, die Ende 1929 publiziert wurde. Die Gründungsmotive für ein Dolmetscher-Institut wurden der Praxis entnommen, denn obwohl der Bedarf an Dolmetschern in Industrie und Handel und bei Behörden wuchs, gab es in Deutschland und Europa keine unabhängige offizielle Ausbildungsstelle für Dolmetscher, die sprachliche und wirtschaftliche Disziplinen verband. Der Bedarf einer systematischen Dolmetscher-Ausbildung war demnach dringend vorhanden.

Die Ziele der Ausbildung am Dolmetscher-Institut wurden daher auch mit den Aufgaben eines Dolmetschers begründet. Terminologisch fällt dabei auf, dass in der Gründungsphase des Dolmetscher-Instituts marktkonform nicht nach mündlichen und schriftlichen Sprachmittlungsleistungen unterschieden wurde: Sie wurden von ein und derselben Person, dem Dolmetscher, erbracht (vgl. 2.3.2, 2.3.3, 3.1.9). Daher rührt auch die Bezeichnung Dolmetscher-Institut (oder DI), die vielerorts viele Jahrzehnte noch geläufig war, selbst noch als die Sprachmittlungsausprägungen in der translatorischen Ausbildung schon längst in einer mündlichen und schriftlichen Spezialisierung, die auf den akademischen Grad eines Diplom-Dolmetschers oder eines Diplom-Übersetzers hinführten, aufgegangen waren.

In der Ausbildung sollte das Augenmerk auf die theoretische und praktische Vermittlung der Fremdsprache und den Unterricht über wirtschaftliche und kulturelle Verhältnisse des Zielsprachenlandes gelegt werden, um nicht zuletzt den Blick auf die Verhältnisse im eigenen Land zu weiten. Als Zielgruppe des Studiums am Dolmetscher-Institut waren Hochschulabsolventen vorgesehen, vorzüglich von einer Handelshochschule. Personen also, die sich in einem Fachgebiet bereits fundierte wissenschaftliche Kenntnisse angeeignet hatten. In Ausnahmefällen sollten auch Personen aus der betrieblichen Praxis zugelassen werden, die wie Hochschulabsolventen eine sprachliche Eignungsprüfung abzulegen hatten. Nach den Vorstellungen Glausers, dem ideellen Schöpfer der Ausbildung am Dolmetscher-Institut, waren Handelshochschulabsolventen, also Diplomkaufleute oder Diplomhandelslehrer, die ideale Zielgruppe des Studiums am Dolmetscher-Institut. Diese Zulassungsbedingungen lassen Rückschlüsse auf das hohe Niveau des Unterrichts am Dolmetscher-Institut zu. Einschränkend muss allerdings angeführt werden, dass sie teilweise aufgeweicht wurden, um die Zielgruppe des Studiums zu erweitern, da die von den Studierenden zu entrichtenden Studiengebühren der seit Ende des Ersten Weltkriegs in Finanznot steckenden Handelshochschule Mannheim dringend gebraucht wurden. Willkommen waren auch ausländische Studierende, die auch zur Förderung des aktiven fremdsprachlichen Austausches mit den deutschen Studierenden beitragen sollten. Je nach Qualifikation der Studierenden wurde eine unterschiedliche Studiendauer zwischen mindestens zwei und vier Semestern sowie ein mindestens sechsmonatiger Auslandsaufenthalt festgelegt. Die gesamte Wochenstundenzahl lag zwischen 10 und 20 Stunden. Folglich handelte es sich bei dem Studium am Dolmetscher-Institut nicht um ein Vollzeitstudium, sondern um ein Ergänzungsstudium. Zudem waren besondere Weiterbildungskurse für in der Praxis tätige Dolmetscher vorgesehen.

Am 04.07.1930 fand die Einweihung des Dolmetscher-Instituts statt. Presseberichte belegen, dass die Errichtung dieser Ausbildungsstätte für einen sich etablierenden Beruf eine Sensation war. Entsprechend war die Nachfrage nach der neuartigen Ausbildungsstätte auf Hochschulniveau im ersten Semester hoch. Dies war sicherlich nicht zuletzt der Tatsache geschuldet, dass, wie auf der Einweihungsfeier angedeutet wurde, die beruflichen Einsatzgebiete von Dolmetschern sehr vielfältig waren.

Ein Blick in die Prüfungsordnung (PO) des Jahres 1930, die vom Senat der Handelshochschule Mannheim genehmigt wurde, und in die Prüfungsordnung von 1932, die mit Zustimmung des Auswärtigen Amts vom Kultusministerium genehmigt wurde, belegt nicht nur, dass ein Fach in seiner Anfangsphase – noch ohne konkretes Berufsbild – auf der Richtungssuche war, sondern auch dass sich das Berufsbild und seine wissenschaftliche Disziplin gegenseitig geprägt haben (vgl. Abb. 7). Zwischen den im Aktenmaterial belegbaren Prüfungsordnungen aus der Anfangsphase des Dolmetscher-Instituts an der Handelshochschule Mannheim liegt ein Zeitraum von nur anderthalb Jahren. Vom November 1930 datiert eine erste Prüfungsordnung, die vermutlich nach Beginn des Lehrbetriebs am DI im Mai 1930 als vorläufige PO auf Basis von Vorüberlegungen zu Prüfungsleistungen am DI im Jahr 1929 erarbeitet wurde. Praktische Erfahrungen mit Prüfungen auf Hochschulniveau für angehende Dolmetscher hatte man zu jener Zeit noch nicht gemacht. Die Prüfungen auf Basis der PO von 1930 können daher als Probelauf erachtet werden. Vermutlich wurde diese noch vergleichsweise unausgereifte Prüfungsordnung daher nur etwa anderthalb Jahre später durch eine erweiterte Prüfungsordnung ersetzt. Die PO von 1930 sah vornehmlich sprachliche Prüfungsteile vor. Nur eine Prüfungskomponente, die Abfassung eines fremdsprachigen Textes über ein wirtschaftliches oder juristisches Thema, konnte dem sogenannten Sachfach zugeordnet werden. Der erfolgreiche Abschluss berechtigte zum Erhalt eines sogenannten Befähigungszeugnisses. Eine Unterscheidung zwischen den Aufgaben von Dolmetschern und Übersetzern wurde nicht gemacht.

Die Unterscheidung nach mündlicher und schriftlicher Sprachmittlung wurde aber in der PO von 1932 eingeführt: Die Abschlüsse führten nun explizit auf das Berufsziel als »Berufsübersetzer« oder als »Berufsdolmetscher« hin. Gemäß der PO von 1930 war der Dolmetscher somit in Anlehnung an das schwammige Berufsprofil sowohl für mündliche als auch für schriftliche Sprachmittlungsleistungen zuständig. Vermutlich fiel relativ früh im Unterrichtsbetrieb des Dolmetscher-Instituts auf, dass sowohl die mündliche als auch die schriftliche Sprachmittlungsvariante zwei von der Praxis geforderte vollwertige Tätigkeiten darstellten und beide jeweils einer entsprechenden fundierten Schulung bedurften, um eine qualitativ hochwertige Ausbildungsbasis für die Berufspraxis zu legen. Möglicherweise trug diese Erkenntnis einerseits zur Verfeinerung des Curriculums in der translatorischen Ausbildung sowie andererseits zu einer Erweiterung der Prüfungsleistungen am Dolmetscher-Institut bei – und auch, wohl gemerkt, zu einer vom Markt geforderten Spezialisierung des Berufsbildes (vgl. 3.1.6).

In der PO von 1932 fällt im Gegensatz zur PO von 1930 auf, dass die umfangreichen mündlichen und schriftlichen Sachprüfungen gleichwertig neben der umfangreichen Sprachprüfung stehen. Hängt dies möglicherweise damit zusammen, dass sich entgegen der Idealvorstellungen der Gründer des DIs nur relativ wenige Diplom-Kaufleute und Diplom-Handelslehrer für das Studium am DI interessierten oder eigneten, und eine umfassende Schulung in einem wirtschaftlichen oder juristischen Fachgebiet, die an der Handelshochschule mit Lehrstühlen vertreten waren, als Ergänzung zum Sprachstudium eingeführt werden musste, um so den Studierenden das notwendige Fachwissen für die Tätigkeit von Dolmetschern und Übersetzern zu vermitteln?

1930 und 1932 konnte ein Abschluss am DI nur in *einer* Sprache erlangt werden. Die PO von 1932 sah vor, dass, wollte man sich in einer weiteren Sprache examinieren, erneut ein mindestens zweisemestriges Studium am DI in der jeweiligen Fremdsprache Voraussetzung war. Es bestand aber auch die Möglichkeit für beide Berufsausprägungen zum gleichen Prüfungstermin einen Abschluss zu erlangen. In diesem Fall wurde bei Bestehen der Prüfung in einem sogenannten Einheitszeugnis die Befähigung sowohl zum Berufsübersetzer als auch zum Berufsdolmetscher ausgehändigt. Studierende, die den Abschluss Berufsübersetzer in einer Sprache erlangt hatten, konnten nach einem weiteren Semester am DI und dem Bestehen der mündlichen Sprachprüfung einen Abschluss als Berufsdolmetscher in derselben Sprache erlangen. In diesem Fall wurden die Sachfachprüfungen den jeweiligen Kandidaten erlassen.[1772]

1772 UAM, HD, B3-5/3, »Ordnung für die Prüfung als Berufsdolmetscher oder Berufsübersetzer am Institut zur Sprach- und Wirtschaftswissenschaftlichen Ausbildung

Wie den Akten zu entnehmen ist, wurde im Zeitraum zwischen der Erstellung der POs von 1930 und 1932 ein sogenanntes Fachdolmetscherzeugnis diskutiert. Auch dies deutet auf die Richtungssuche eines entstehenden Fachs und eines sich damit konkretisierenden Berufsbildes hin. Vermutlich entschloss man sich schließlich gegen die Bezeichnung Fachdolmetscher und für die Bezeichnungen Berufsdolmetscher und Berufsübersetzer, da die Bezeichnungen *Berufs*übersetzer oder *Berufs*dolmetscher unmissverständlich eine professionelle Tätigkeit implizierten. Es könnte sein, dass sie bewusst gewählt wurden, um die DI-Absolventen von vielen unqualifizierten Kräften am Markt zu distanzieren und um somit grundsätzlich auf einem entstehenden Markt für die Zukunft ein Zeichen zu setzen und Weichen zu stellen. Zudem darf in diesem Zusammenhang nicht außer Acht gelassen werden, dass es den Beruf des Dolmetschers Anfang der 1930er Jahre noch nicht explizit gab, sondern nur eine Dolmetschertätigkeit, die häufig nur nebenamtlich ausgeübt wurde[1773]. Die akademischen Grade, die durch die PO von 1932 verliehen wurden, können also als Qualitätssiegel interpretiert werden, mit dem deutlich ein Ausrufezeichen hinter einem sich etablierenden Beruf gesetzt werden sollte (vgl. 3.1.7).

Interessant ist es, dass im Entstehungsprozess der translatorischen Ausbildung die Bezeichnung *Fach*dolmetscher im Gespräch war. Dies zeigt, dass in den Anfängen der translatorischen Ausbildung erkannt wurde, dass es besondere, auf ein Fach bezogene Texte, gibt, für deren qualitativ hochwertigen Übersetzung es einer besonderen Ausbildung bzw. Spezialisierung bedarf. In diesem Zusammenhang darf nicht versäumt werden, auf fehlende *Fach*wörterbücher in jener Zeit aufmerksam zu machen. Ende der 1920er Jahre monierte etwa der Gründer des Dolmetscher-Instituts der Handelshochschule Leipzig, Alexander Snyckers, den Mangel solcher Produkte[1774], deren Qualität vermutlich bis weit nach dem Zweiten Weltkrieg aus professioneller Sicht zu wünschen übrigließ. Interessant wäre es m.E., die Anfänge dieses Forschungsbereichs, die vermutlich weit ins 19. Jahrhundert zurückführen, wissenschaftlich fundiert zu beleuchten.

Bis Mitte 1932 wurde für das DI inhaltlich eine seriöse Grundlage erarbeitet, auf deren Basis weitere Entwicklungen hätten prosperieren können. Zudem war die finanzielle Grundlage durch einen guten Zulauf an Studierenden gesichert. Personelle Schwierigkeiten zeichneten sich jedoch ab Herbst 1931 ab, als das Verhältnis Glauser/Gutkind, als Leiter und stellvertretender Leiter des Dolmetscher-Instituts, erheblich beeinträchtigt wurde. Gutkind war Jude und damit Opfer des zunehmenden Antisemitismus in Deutschland, der auch in den Reihen des Personals der Handelshochschule Mannheim wissenschaftlich nachgewiesen wurde. Konkret hieß dies, dass Glauser, gut ein Jahr vor seiner Emeritierung im Herbst 1932 sein großes Lebenswerk, das Dolmetscher-Institut, höchstpersönlich demontierte, indem er Gutkind von den Leitungsaufgaben des Dolmetscher-Instituts befreien ließ

von Dolmetschern«, 21.06.1932, § 11 und § 12.
1773 PA AA, R 138867, Korrespondenz im Auswärtigen Amt, 1928.
1774 Vgl. Snyckers (1928d).

und die Leitung dieses Spezialinstituts in fachfremde Hände legte. Möglicherweise hätte diese personelle Änderung in absehbarer Zeit durch eine Fachkraft, die den wissenschaftlichen Bedürfnissen des DI entsprach, kompensiert werden können, aber den Entwicklungsmöglichkeiten des DI waren als Teil der Handelshochschule Mannheim institutionelle Grenzen gesetzt: Diese war nach dem Ersten Weltkrieg in finanzielle Schwierigkeiten geraten.

Überlegungen zur Eingliederung der Handelshochschule Mannheim in die Universität Heidelberg fanden bereits 1919 statt, wurden aber von den Verantwortlichen der Universität Heidelberg abgelehnt. Bis 1933 spitzte sich die infrastrukturelle Lage der Handelshochschule Mannheim derart zu, dass Lehrstühle unbesetzt blieben, keine ausreichenden Räumlichkeiten mehr angemietet werden konnten und sich somit ein rasches Handeln aufdrängte. Im Sommer 1933 stimmte die Universität Heidelberg einer Eingliederung der Handelshochschule Mannheim schließlich zu. Bereits zum Wintersemester 1933/34 wurde der Unterricht der Handelshochschule Mannheim, oder was von ihr übrig war, an der Universität Heidelberg weitergeführt. Auch das DI wurde von der Universität sogar als begehrte Einrichtung übernommen, denn sein großer Zulauf sollte nun der Universität Heidelberg finanzielle Einnahmen garantieren. Das DI sollte wie im Rahmen der Handelshochschule Mannheim selbstständig bleiben und als solches Institut der Philosophischen Fakultät angegliedert werden und unter die Aufsicht – nicht unter die Leitung – der Anglistischen und Romanistischen Lehrstühle gestellt werden.

Der Unterrichtsbeginn des universitären Dolmetscher-Instituts datiert auf den 01.11.1933. Der Umstand, dass es am DI keine in Verantwortung stehenden Personen, geschweige denn Lehrstühle gab, minimierten den Zulauf von Studierenden, mit denen das DI an der Handelshochschule Mannheim noch rechnen konnte. Bereits nach dem ersten Semester als Universitätsinstitut, im März 1934, gab es Gespräche zwischen den Studierenden des DI und dem Rektorat der Universität Heidelberg über die zukünftige Form des DI, denn das an der Handelshochschule konzipierte Institut vertrug sich nicht mit den neuen infrastrukturellen Bedingungen der Universität, die eine Vernachlässigung in Lehre und Forschung beinhalteten. So wurde eine Neuausrichtung des DI angedacht, die eine komplette Richtungsänderung der ursprünglichen Lehr- und Forschungsziele sowie damit einhergehend eine grobe Herabsetzung des Ausbildungsstandards am DI zur Folge hatte. Zudem wurde die Zielgruppe des Studiengangs deutlich erweitert. Im November 1934 wurde diese Neuausrichtung vom Unterrichtsministerium bewilligt. Die Vorbereitung von Fachleuten für einen vorhandenen und sich weiterentwickelnden Sprachdienstleistungsmarkt konnte in diesem Rahmen und unter diesen Umständen aber nicht mehr seriös gewährleistet werden. Eine wissenschaftliche Disziplin wurde durch die Umstände der Zeit in ihrer Orientierungsphase achtlos im Keim erstickt und ihre infrastrukturelle Einrichtung, das Dolmetscher-Institut, in ihrer neuen Form zu einem Schattendasein im Rahmen der Universität Heidelberg verurteilt.

2.7 Die translatorische Ausbildung in Leipzig (1927–1957)

2.7.1 Einleitung

Die translatorische Ausbildung in Leipzig hat eine lange Tradition. Dies steht im Zusammenhang mit der Stadt als Handelszentrum von alters her im Osten Deutschlands. Bereits in den 1830er Jahren wurde an der Öffentlichen Handelslehranstalt Leipzig Fremdsprachenunterricht im Rahmen der kaufmännischen Ausbildung erteilt. Dieser wurde ab 1898, seit Gründung der Handelshochschule Leipzig, auf Hochschulniveau als Teil des Wirtschaftsstudiums weitergeführt und sein Profil kontinuierlich geschärft. 1929 kam es unter bestimmten außen- und bildungspolitischen Umständen in Deutschland (vgl. 2.1.1.7, 2.1.2.5) zur Einrichtung von zwei Sprachprofessuren, jeweils für Französisch und Englisch, an der Handelshochschule Leipzig. Dies markierte den Beginn einer Entwicklung, die 1937 in der Gründung eines Dolmetscher-Instituts an der Handelshochschule Leipzig kulminierte, also einem Hochschulinstitut, das nicht nur für die fremdsprachliche Ausbildung zukünftiger Kaufleute sorgen, sondern auch Sprach-Spezialisten, die im Idealfall bereits ein Wirtschaftsstudium an der Handelshochschule absolviert hatten, für den deutschen Außenhandel hervorbringen sollte. Das Curriculum des Dolmetscher-Instituts basierte auf dem Curriculum des fremdsprachlichen Unterrichts für Wirtschaftsstudenten an Handelshochschulen und erfuhr im Rahmen der möglichen Studienabschlüsse am Dolmetscher-Institut eine Erweiterung und Vertiefung. Im Vordergrund stand dabei die Vermittlung der fremden Berufssprache, der Kultur und der wirtschaftlichen Verhältnisse des Auslandes.

Das Dolmetscher-Institut wurde wenige Jahre vor Ausbruch des Zweiten Weltkriegs gegründet. Die Denkschrift, die 1937 vom Gründer und Leiter des Dolmetscher-Instituts, Alexander Snyckers (vgl. 2.7.2.2.1), verfasst wurde, enthält auch eine Darlegung des wirtschaftspolitischen Hintergrunds im Dritten Reich, vor dem die Gründung einer Ausbildungsstätte für Experten des deutschen Außenhandels im Reichsbildungsministerium gerechtfertigt erscheinen sollte. Während der Kriegsjahre war das Aufrechterhalten des Unterrichtsbetriebes am Dolmetscher-Institut schwierig. Ein Bombenangriff im Dezember 1943 auf Leipzig zerstörte die Einrichtung verheerend. 1946 wurde sie durch die sowjetischen Besatzer für immer geschlossen. Somit besteht kein institutioneller Zusammenhang zu den Nachkriegsinstitutionen der translatorischen Ausbildung in Leipzig, die zwischen 1946 und 1956 entstanden sind.

Die Geschichte der translatorischen Ausbildung in Leipzig von 1927–1957 zeigt, dass Anforderungen der Praxis den Kurs für die Ausbildung von Übersetzern und Dolmetschern von jeher vorgaben und das Curriculum beeinflussten. Die Jahre von 1927–1946 zeigen auch Verbindungen von Fachvertretern in einem entstehenden Wissenschaftszweig und in einer neuen Branche (vgl. 3.1.17), etwa wenn Snyckers die Forschungsmethoden am Dolmetscher-Institut von der sogenannten

Wirtschaftslinguistik ableitet, die auf Messing zurückgeht (vgl. 2.5.6.1.5) – der m. E. wiederum von Palmes nationenwissenschaftlichem Konzept inspiriert worden sein musste (vgl. 2.2.3.13.1) – oder wenn Snyckers den Leiter des Sprachendienstes im Auswärtigen Amt, Paul Gautier (vgl. 2.3.5), als seinen Nachfolger vorschlägt. Diese Verbindungen von Fachvertretern markieren den Beginn einer Vernetzung, die durch den Ausgang des Zweiten Weltkriegs gekappt wurde.

Für die Rekonstruktion der Entstehungsgeschichte der translatorischen Ausbildung in Leipzig wurden zeitgenössische Quellen untersucht, vornehmlich archivalisches Aktenmaterial aus folgenden Archiven: Bundesarchiv (Berlin-Lichterfelde), Privatarchiv Snyckers (Lüneburger Heide), Sächsisches Staatsarchiv (Leipzig), Stadtarchiv Leipzig, Universitätsarchive Heidelberg und Leipzig.

2.7.2 Die Jahre von 1927 bis 1946

2.7.2.1 Der Fremdsprachenunterricht an der Handelshochschule Leipzig

Im November 1937 öffnete das neu gegründete Dolmetscher-Institut an der Handelshochschule Leipzig seine Türen. Ein entscheidender Impuls für dieses Ereignis wurde bereits zehn Jahre zuvor im Mai 1927 gegeben, als vom Rat der Stadt Leipzig für die kommende Finanzausschuss-Sitzung als Tagesordnungspunkt die »Einstellung von Mitteln für eine zu errichtende Sprach-Professur« beantragt wurde[1775]. Als Grundlage für die Diskussion diente der im Mai 1927 erschienene Aufsatz *Fremdsprachen an Handelshochschulen* von Alexander Snyckers[1776], der als Dozent für die Französische Sprache an der Handelshochschule Leipzig tätig war.

In dem Aufsatz, der in der erwähnten Stadtratssitzung als Denkschrift diente[1777], bezieht sich Snyckers auf eine nicht weiter spezifizierte Sitzung in Berlin[1778], auf der allgemeine Bestimmungen für Prüfungsanforderungen an Handelshochschulen festgelegt wurden. Dabei wurde für den Bereich Fremdsprachen die Messlatte besonders hochgelegt:

1775 UAL, HHS 241, Bl. 6, Rat der Stadt Leipzig an Leitung der Handelshochschule Leipzig, 12.05.1927.

1776 Vgl. Snyckers (1927 a, b). Zur Besprechung des Beitrags vgl. 2.5.4.

1777 UAL, HHS 241, Bl. 6, Rat der Stadt Leipzig an Leitung der Handelshochschule Leipzig, 12.05.1927.

1778 Bei den Recherchen für diese Arbeit konnten keine genauen Hinweise auf die relevante Sitzung gefunden werden. Es ist anzunehmen, dass es sich um eine Sitzung der sogenannten Berliner Neuphilologischen Arbeitsgemeinschaft handelte (vgl. N. N. (1924: 111)), die Einfluss auf die Gestaltung des Unterrichtswesens in Preußen hatte – und somit auch auf Sachsen, das von 1815 bis 1945 zum preußischen Staatsgebiet gehörte. Wissenschaftliche Untersuchungen zu dieser Arbeitsgemeinschaft, die vermutlich zum Neuphilologenverband gehörte, wären wünschenswert.

»(...) eine größere Beherrschung der Fremdsprache, da die Prüfung selbstverständlich ganz in dieser abgehalten werden soll, sodann eine gewisse Vertrautheit mit der Literatur des fremden Landes und schließlich noch Kenntnis der wichtigsten staatlichen Einrichtungen sowie der geographischen, sozialen, wirtschaftlichen und kulturellen Verhältnisse des betreffenden Landes.«[1779]

Snyckers moniert in seinem Aufsatz, dass das aufgestellte Studienprogramm trotz seines stolzen und stellenweise zu ehrgeizigen Umfangs einen wesentlichen Aspekt der Aufgabe des fremdsprachlichen Unterrichts an Handelshochschulen außer Acht lässt: die Vermittlung der »Kenntnis der Sprache des Handels und der Wirtschaft«. Diese Kenntnis, so Snyckers, gehe weit über das Abfassen von Handelskorrespondenz in fremden Sprachen hinaus, denn sie verlange eine intensive Auseinandersetzung mit »der in Handel und Wirtschaft des Auslandes üblichen Terminologie unter Berücksichtigung der gesetzlichen Bestimmungen und Handelsbräuche des fremden Landes, besonders im Vergleich mit denen des eigenen«.

Snyckers führt weiter aus, dass zwar gemäß den in Berlin aufgestellten Prüfungsbestimmungen die Übersetzung eines kaufmännischen Briefs in die Fremdsprache als Teil der schriftlichen Prüfungen vorgesehen ist, die Behandlung der Handelssprache seiner Meinung nach jedoch nichts mit Handelskorrespondenz im engeren Sinn zu tun hat. Er verlangt daher, dass die Behandlung der Handelssprache im Rahmen eines selbstständigen Hochschulgebiets auf eine wissenschaftliche Grundlage gestellt wird.[1780] Die Sprachforschung an Handelshochschulen sollte dem Diplomkaufmann, der sich für das Ausland und die jeweilige Landessprache interessierte, ermöglichen, landesspezifische Ordnungen und Regelungen, etwa Schifffahrtsbestimmungen und handelsgesellschaftstypische Vorschriften, »nicht

1779 Snyckers (1927a: 39).

1780 Bemerkenswert ist der Fußnotenkommentar in Snyckers' Aufsatz an zitierter Stelle, der sich auf die geforderte Prüfungsleistung ›Übersetzung‹ bezieht und deutlich macht, dass zum Zeitpunkt, als Snyckers seinen Aufsatz verfasste, also 1927, Übersetzen als formelhaftes Übertragen von Worten aus einer Sprache in eine andere Sprache galt und als solches in Handelskorrespondenzkursen an Handelshochschulen vermittelt wurde: »Nicht die ›Übersetzung‹ eines Briefes (ein Verfahren, von dem man selbst in den meisten höheren Handelsschulen schon abgekommen ist), sondern die ›Abfassung‹ einer zusammenhängenden Briefreihe müßte verlangt werden. Zwar läßt sich gegen beide Methoden – Übersetzung wie Abfassung – einwenden, daß sie zu einer Arbeit mit erlernten Redewendungen, [aber] nicht zu einem Eindringen in den Geist der Fachsprache führen, daß sie also eine mehr oder weniger mechanische Fertigkeit von den Prüflingen erfordern; aber diese zu vermitteln gehört zweifellos mit zu den Aufgaben einer Hochschule.« (Snyckers (1927a: 39). Hervorhebung im Original). Bis heute hat der Übersetzerberuf das Image, bei dem Übersetzen mit der bloßen Wortübertragung aus einer Sprache in die andere gleichgesetzt wird, in weiten Teilen der Öffentlichkeit nicht verloren. Die Vergangenheit scheint in dieser Beziehung dem heutigen Übersetzerberufsstand immer noch anzuhaften.

bloß kennenzulernen, sondern sie auch in ihrer fremdsprachlichen Form zu erfassen«.

Auf der Basis dieser Eckpunkte aus Snyckers' Aufsatz diskutierte der Leipziger Stadtrat am 14.07.1927 die Errichtung einer Sprach-Professur an der Handelshochschule Leipzig mit den Mitgliedern des Finanzausschusses.

Dem Sitzungsprotokoll ist zu entnehmen, dass die Diskussionsteilnehmer dem Vorschlag besonders aus praktischen Gründen offen gegenüberstanden[1781]. Wiederholt wird angeführt, dass Kaufleute mehrere Sprachen beherrschen müssen, die Qualität der fremdsprachlichen Ausbildung an Handelshochschulen allerdings nicht auf dem wünschenswerten Stand ist. Dieses Problem sollte mit einer »besseren Durchbildung« behoben werden[1782], die wiederum nur durch die Errichtung einer ordentlichen Professur gewährleistet werden konnte. Besonders vor dem Hintergrund, dass es gute Leipziger Handelstradition war, kommerzielle Beziehungen zum Ausland zu pflegen, stand es im Interesse der Leipziger Kaufleute, ihrem Nachwuchs eine fundierte fremdsprachliche Ausbildung zu ermöglichen. Nicht zuletzt, da mangelnde Kenntnisse der Sprache der ausländischen Handelspartner negative Konsequenzen für das Geschäft haben konnten. Eine fundierte Ausbildung in Fremdsprachen war somit von existenzieller Bedeutung für den Kaufmannsstand.

Für die Besetzung dieser Professur wurde in der genannten Stadtratssitzung Snyckers in Betracht gezogen. Er galt als »erstklassige Kraft« und auf seinem Gebiet als führend in ganz Deutschland. Eine solche Person könne man »nicht laufen lassen, da dies einen Verlust bedeute, der nicht wieder gutzumachen« sei.[1783] Ein weiteres Argument für die Errichtung einer Sprach-Professur war die Tatsache, dass eine Verbesserung des fremdsprachlichen Unterrichts mit nebenamtlichen Kräften nicht erreicht werden konnte. Die Errichtung einer Sprach-Professur schien in struktureller und personeller Hinsicht folglich unumgänglich, sollte eine bessere Qualität des Fremdsprachenunterrichts gewährleistet werden. Es stellte sich jedoch noch die Frage, ob eine Professur für die Französische oder die Englische Sprache geschaffen werden sollte. Da beide Sprachen als »gleichwertig« erachtet wurden[1784], sollte dies von der zu berufenden Person abhängig gemacht werden. Die finanzielle Belastung, die den Geldgebern durch die Einrichtung einer Sprach-Professur entstand, wurde mehrheitlich als zumutbar befunden. So wurde beschlossen, zum 01.10.1928 einen Lehrstuhl für Fremdsprachen an der Handelshochschule Leipzig einzurichten[1785].

Am 08.07.1928 wandte sich Snyckers, der aufgrund seiner langjährigen Zugehörigkeit zum Lehrpersonal der Handelshochschule Leipzig[1786] und seines Enga-

1781 UAL, HHS 241, Bl. 14–17, Sitzungsprotokoll des Rats der Stadt Leipzig, 14.07.1927.
1782 Ibid, Bl. 14.
1783 Ibid, Bl. 15.
1784 Ibid, Bl. 16.
1785 Ibid, Bl. 17.
1786 Privatarchiv Snyckers, Akte 3. Ein von Snyckers persönlich aufgesetzter Lebenslauf gibt darüber Auskunft, dass er seit 1907 dem Lehrkörper der Handelshoch-

gements für ein spezielles Fremdsprachenstudium an Handelshochschulen[1787] für die Berufung auf den zu schaffenden Lehrstuhl prädestiniert war, an den Rektor der Handelshochschule:

> »Ew. Magnifizenz ist es wohl bekannt, daß ich für die ausgesprochene Betonung der fachlichen Seite im fremdsprachlichen Unterricht an Handels-Hochschulen eintrete. Im Sinne dieser Bestrebungen gestatte ich mir daher, dem am Mittwoch, 11. Juli, stattfindenden Professorenrat den Antrag vorzulegen, die geplante Professur nicht einfach ›Professur für englische (bzw. französische) Sprache‹ zu nennen, sondern »Professur für Englisch (bzw. Französisch), insbesondere für englische (bzw. französische) Wirtschaftssprache sowie Kultur und Wirtschaft der Länder englischer (bzw. französischer) Sprache«.[1788]

Snyckers führt weiter aus, dass er sich im Klaren darüber ist, dass er damit Neuland betritt, er aber von der Richtigkeit des eingeschlagenen Weges überzeugt ist:

> »Ich bin mir bewusst, mit meinen Bestrebungen ganz neue Wege zu gehen, auf denen ich anfangs wohl kaum auf nennenswerte Unterstützung von Seiten der meisten meiner Fachkollegen an anderen Handelshochschulen rechnen kann. Daher möchte ich nicht verfehlen, Eurer Magnifizenz und dem Professorenrate eine Reihe von Briefen vorzulegen, die mir auf Grund meiner verschiedenen Artikel zugingen. Diese Briefe ließen in mir die Gewissheit zeigen, daß ich mit meinen Bemühungen, einen spezifisch handelshochschulmäßigen Sprachunterricht zu schaffen, der zugleich das Wirtschaftsleben des fremden Volkes berücksichtigt, etwas anstrebe, das dem Charakter der Handelshochschule als Fachhochschule durchaus gerecht wird und dabei einem von mancher Seite empfundenen Bedürfnis entspricht, sowie eine Lücke der Sprachwissenschaft ausfüllt.«[1789]

Snyckers' richtungsweisende Anregungen fielen auf fruchtbaren Boden: Zum 01.04.1929, sechs Monate später als vom Rat der Stadt Leipzig geplant, wurde der Lehrstuhl »Wirtschaftssprache und Wirtschaftskunde des französischen Sprachgebietes«[1790] unter Snyckers' Leitung eingerichtet. Zum 01.10.1929 folgte die Be-

---

schule Leipzig angehörte.

1787 In den Jahren 1927 und 1928 verfasste Snyckers eine Reihe von Aufsätzen zur Förderung des fremdsprachlichen Unterrichts an Handelshochschulen. Diese wurden in mehreren einschlägigen Fachzeitschriften veröffentlicht. Wohl um den Verkauf der Zeitschriften zu fördern, war es Sitte, die einzelnen Aufsätze zu unterteilen und in chronologischer Reihenfolge in verschiedenen Ausgaben zu veröffentlichen (vgl. Snyckers 1927 a–d und 1928 a–e).

1788 UAL, HHS 241, Bl. 56, Snyckers an Rektor der Handelshochschule, 08.07.1928.

1789 Ibid.

1790 UAL, PA 3320, Bl. 70, Arbeitsvertrag zwischen Snyckers und Handelshochschule Leipzig, 11.03.1929.

rufung Leo von Hiblers auf die neu errichtete »Professur für Wirtschaftssprache und Wirtschaftskunde des britisch-amerikanischen Sprachgebietes«[1791].

Die in der erwähnten Stadtrat-Sitzung aufgeworfene Frage, ob ein Lehrstuhl für Englisch oder Französisch Vorrang haben sollte, schien demnach keine Kompromisse zuzulassen. Es ist anzunehmen, dass diese Entscheidung von Snyckers' Argumentation in seinem Aufsatz *Weltwirtschaft und Weltverkehrsprachen* beeinflusst wurde[1792]. Er beschreibt darin die schwierige Lage der Weltwirtschaft nach dem Ersten Weltkrieg und erste Initiativen zur Annäherung der Völker. Dabei betont er die Notwendigkeit, zukünftig im allgemeinen Interesse internationale (Wirtschafts-)Beziehungen zu vertiefen. Die Grundlage für die engere Zusammenarbeit der Völker sei das Verständnis für andere Völker, das wiederum durch die Kenntnis ihrer Sprache gefördert werde. Am Beginn einer engeren Zusammenarbeit zwischen den Völkern stelle sich somit die Frage, welc*he* Fremdsprache unterrichtet und erlernt werden soll. Als sogenannte Weltverkehrssprachen nennt Snyckers Englisch und Französisch, denen aufgrund ihrer internationalen Verbreitung und somit ihrer hohen Sprecherzahl große internationale Bedeutung zukomme. Welche der beiden Sprachen im Einzelfall jedoch wichtiger sei, d. h. lohnenswerter, um erlernt zu werden, hänge vom individuellen Interesse ab, also davon, mit welchem Land sich die Knüpfung von Handelskontakten im Einzelfall anbietet. Snyckers resümiert daher, dass beide Weltverkehrssprachen gleichermaßen wichtig seien.

Handelshochschulen, die durch die Ausbildung eines entsprechend qualifizierten Nachwuchses die Voraussetzungen für einen in Zukunft international ausgerichteten Handel schaffen sollten, wurden durch diese Argumentation implizit in die Pflicht genommen, beide Weltverkehrssprachen im Rahmen ihres Ausbildungsprogramms anzubieten. Durch die Einrichtung von jeweils einem Lehrstuhl für die Englische und die Französische Sprache trug die Handelshochschule Leipzig den Desiderata der Zeit Rechnung. Zudem wurde dadurch der Stellenwert der fremdsprachlichen Ausbildung im Rahmen der Handelshochschulausbildung in Leipzig erhöht und die Weichen für eine spezielle, sprich translatorische, Sprachausbildung gestellt.

2.7.2.2 Die Inhaber der Lehrstühle für Fremdsprachen

Das Verhältnis der beiden Lehrstuhlinhaber zeichnete sich dem Aktenmaterial zufolge stets durch gute Zusammenarbeit aus. Zum Berufungsverfahren von Leo von Hibler konnten bei den Recherchen keine Informationen gefunden werden. Wie aber einem Dokument zu entnehmen ist, war es schwierig, eine geeignete Person in Deutschland für den Lehrstuhl in Englischer Wirtschaftsprache zu finden:

> »Es dürfte jedoch zur Zeit ungemein schwer fallen, für einen englischen Lehrstuhl eine Persönlichkeit zu finden, die Prof. Snyckers als ebenbürtig zur Seite gestellt werden

1791 UAL, PA 139, Bl. 62, Arbeitsvertrag zwischen von Hibler und Handelshochschule Leipzig, 16.08.1929.

1792 Vgl. Snyckers (1927 c, d). Zur Besprechung des Beitrags vgl. 2.5.4.

könnte. An Anglisten, die sprachlich und wirtschaftswissenschaftlich so ausgebildet sind, dass man sie ohne Bedenken an eine Handelshochschule berufen könnte, fehlt es gegenwärtig in Deutschland. Man müsste sich geradezu an das Ausland (Oesterreich oder die Schweiz) wenden. Und einen Privatdozenten oder jüngeren Professor von der Universität an die Handelshochschule zu nehmen, ist gewagt. (...) Den deutschen Handelshochschulen kann der Vorwurf nicht erspart bleiben, dass sie versäumt haben, sich philologische Lehrkräfte für ihre Zwecke heranzubilden. Den fremdsprachlichen Betrieb in den Dienst der wirtschaftswissenschaftlichen Ausbildung zu stellen, ist für die Handelshochschule eine unerlässliche Notwendigkeit, und wollte man bei der Berufung eines Philologen auf das Wirtschaftswissenschaftliche keinen besonderen Wert legen, dann hätte m. A. nach die Einrichtung einer philologischen Professur an der Handelshochschule keinen rechten Sinn.«[1793]

Diese Beschreibung zeigt, welche fatalen Konsequenzen mangelnde Nachwuchsförderung nach sich ziehen kann. Vermutlich wich man aufgrund nicht vorhandener geeigneter Personen in Deutschland bei der Besetzung des freien Lehrstuhls auf einen Kandidaten aus dem Ausland aus, der jedoch keineswegs zweite Wahl war. Im Folgenden werden die beiden Lehrstuhlinhaber, die die Stützen des Fremdsprachenunterrichts an der Handelshochschule Leipzig waren und dem Dolmetscher-Institut ein Gesicht verliehen, porträtiert und ihr Werk skizziert.

2.7.2.2.1 Alexander Snyckers – Der Gründer des Dolmetscher-Instituts

Bild 6: Alexander Snyckers um 1930
(Bildnachweis: Universitätsarchiv Leipzig)

1793 UAL, HHS 226, Bl. 40, Dietze an Berufungsausschuss der Handelshochschule Leipzig, 09.07.1928.

Alexander[1794] Snyckers hatte eine Schlüsselfunktion bei der Gestaltung des fremdsprachlichen Unterrichts an der Handelshochschule Leipzig. Auch die Gründung des Dolmetscher-Instituts ist seinem Engagement zu verdanken.

Bild 7: Familiengrab de Beaux/Snyckers auf Hof Drumbergen (Lüneburger Heide) *(Bildnachweis: Anke Snyckers, 2007)*

Prof. Dr. phil. Alexander Snyckers galt als »die akademische Autorität Grossdeutschlands«[1795] auf dem Gebiet des (französischen) Fremdsprachenunterrichts

1794 In den Meldeunterlagen der Stadt Leipzig wird Snyckers mit seinen französischen Vornamen aufgeführt: Alexandre Jules Marie (in: Sächsisches Hauptstaatsarchiv, Staatsarchiv Leipzig, PP-M, Sign. 1285, Meldeblatt vom 16.08.1912). Es ist anzunehmen, dass sich Snyckers im Laufe der Jahre in Deutschland für die deutsche Version seines ersten Vornamens entschied. In seinen Publikationen und auch in den archivalischen Quellen der 1920er Jahre ist die deutsche Schreibweise seines Vornamens vermerkt. Snyckers verbrachte die meiste Zeit seines Lebens in Leipzig.

1795 UAL, PA 3320, Bl. 22, Gautier an Snyckers, 03.–17.04.1944. Hervorhebung im Original. Eine ausführliche zeitgenössische Einschätzung von Snyckers fachlichen Kompetenzen geht aus einer Stellungnahme von Prof. Dr. Hugo Dietze während Snyckers' Berufungsverfahren hervor: »Herr Prof. Dr. Snyckers, der Romanist ist, besitzt meiner Ueberzeugung nach die sprachlichen Kenntnisse und Fertigkeiten, die zur Ausübung einer Professur an der Handelshochschule erforderlich sind, und das vorauszusetzende wirtschaftskundliche Wissen und Verständnis im vollen Maße, insbesondere auf dem Gebiete des Französischen, und es ist sicherlich nicht daran zu zweifeln, dass durch seine Berufung die an der Handelshochschule Leipzig einzurichtende Professur für neuere Sprachen in die besten Hände gelegt werden würde. Sein sprachliches Wissen und seine Fertigkeit im praktischen Sprachgebrauch gehen weit über das hinaus, was man sonst von Neusprachlern erwarten kann. Französisch ist ja seine Muttersprache. Und als 25 Jahre lang tätiger Berichterstatter der deutschen Handelsschulpresse über die fremdsprachliche Handelsschulliteratur darf ich vielleicht die Behauptung wagen, dass die Bücher, die Prof. Snyckers geschrieben hat und die ich alle kenne, in Bezug auf sprachliche Klarheit und Gewandtheit mit zu den besten gehören, die wir in Deutschland

an Handelshochschulen. Zahlreiche Veröffentlichungen zeugen von einer ambitionierten Forschungsarbeit auf diesem Gebiet[1796]. Zu seinen etwa sechzig Publikationen zählen Lehrbücher der Französischen Sprache für Handels- und Wirtschaftsoberschulen sowie wissenschaftliche Abhandlungen über wichtige wirtschaftliche Einrichtungen Frankreichs und Deutschlands im Vergleich. In ungefähr zwanzig Jahren verfasste Snyckers mehr als dreißig Fachaufsätze zur Wirtschaftslinguistik und Methodik des fremdsprachlichen Unterrichts an Handels- und Handelshochschulen. Diese und verschiedene lexikographische Arbeiten trugen zur Aufwertung des fremdsprachlichen Unterrichts an Handelshochschulen im Allgemeinen und im Speziellen in Leipzig bei.

Alexandre Jules Marie Snyckers wurde am 21.10.1879 im belgischen Lüttich geboren[1797]. Nach dem Ende seiner Schulzeit besuchte er die École Normale de l'État pour Instituteurs in Huy in Belgien bis 1899. Im Anschluss daran setzte er seine Studien an der École des Hautes Études Commerciales et Consulaires in Lüttich bis 1902 fort[1798]. Als Jahrgangsbestem wurde ihm ein Stipendium für einen einjährigen Aufenthalt in einem Handelshaus mit Konsulat in Chile gewährt. Dies hätte der Beginn seiner angestrebten Konsulatskarriere sein können. Aus familiären Gründen konnte er die Chance jedoch nicht wahrnehmen. Stattdessen trat Snyckers eine Stelle bei einer Hamburger Exportfirma an und wechselte nach einigen Monaten zu einer Textilfabrik in Köln.[1799]

---

haben.« (in: UAL, HHS 226, Bl. 39 (RS), Dietze an Berufungsausschuss der Handelshochschule Leipzig, 09.07.1928).

1796 Privatarchiv Snyckers, Akte 3, Lebenslauf und Schriften von Snyckers verfasst, vermutlich 1944.

1797 UAL, PA 3320, Bl. 56, Sterbeurkunde Snyckers, August 1945. Snyckers' Vorname wird in den meisten Archivdokumenten sowie in seinen Publikationen in der deutschen Version, d. h. Alexander, geschrieben. Nur in wenigen deutschen Urkunden wurde die französische Schreibweise gewählt (vgl. Fußnote 1794). Ähnlich wurde mit dem Namen seines Kollegen, Charles Glauser, dem Begründer des Dolmetscher-Instituts an der Handelshochschule Mannheim (vgl. 2.6.6.1), verfahren, der in manchen Dokumenten als »Karl Glauser« angegeben wird. Möglicherweise wurden damals ausländische Namen, soweit möglich, »eingedeutscht«. Selbst der deutsche Name von Curt Gutkind, der federführend in die Gründung des Dolmetscher-Instituts der Handelshochschule Mannheim involviert war, wird in Dokumenten oft als »Kurt Gutkind« aufgeführt. Auch auf dem Mahnmal der Stadt Mannheim (vgl. 2.6.6.2), das 2003 im Zentrum der Stadt erstellt wurde, ist sein Name wie folgt vermerkt: Kurt Gutkind. Dies könnte ein Hinweis darauf sein, dass standesamtliche Namenseintragungen im Schriftverkehr in jener Zeit flexibel gehandhabt wurden.

1798 In Belgien befand sich das kaufmännische Bildungswesen um 1900 im europäischen Vergleich auf hohem Niveau. Handelshochschulen in Belgien boten nicht nur die höchste Ausbildung für Kaufleute, sondern auch eine Ausbildung für Konsularbeamte (vgl. Apt (1907: 33–34)).

1799 Privatarchiv Snyckers, persönliche Aufzeichnungen von Cläre Snyckers (Ehefrau von Alexander Snyckers), um 1960. Das Dokument ist keiner Akte zuzuordnen.

Auf diesen Stationen hatte er Gelegenheit, erste Erfahrungen im Übersetzen zu sammeln. 1904 bewarb sich Snyckers auf eine ausgeschriebene Stelle als Lehrer für Französische Sprache an der Öffentlichen Handelslehranstalt in Leipzig. Aus einer Fülle von Bewerbern fiel die Wahl auf ihn. Berufsbegleitend widmete sich Snyckers in den folgenden Jahren der Forschung. 1908 promovierte er zum Docteur en sc. comm. an der Universität Lüttich, 1909 folgte die Promotion zum Dr. phil. an der Universität Heidelberg.[1800]

Im Ersten Weltkrieg wurde Snyckers ins Kaiserlich Deutsche Generalgouvernement nach Brüssel berufen. Dort leitete er die amtliche Übersetzungsstelle mit Zuständigkeit für die Herausgabe der Gesetz- und Verordnungsblätter der besetzten Gebiete Belgiens.[1801]

Nach dem Ersten Weltkrieg kehrte Snyckers zu seiner Familie nach Leipzig zurück, wo er als Professor an der Öffentlichen Handelslehranstalt in Leipzig wirkte[1802]. 1929 übernahm er den neu errichteten Lehrstuhl für Wirtschaftssprache und Wirtschaftskunde des französischen Sprachgebiets an der Handelshochschule Leipzig, den er bis zu seiner Pensionierung im Jahr 1945 inne hatte[1803]. Snyckers' Position als Professor ermöglichte ihm, für die Professionalisierung der Fremdsprachenausbildung an Handelshochschulen einzutreten und auf die Gründung eines Dolmetscher-Instituts an der Handelshochschule Leipzig hinzuwirken. Dieses leitete er vom Gründungsjahr dieser Einrichtung, 1937, bis zu seiner Pensionierung im März 1945[1804]. In den Jahren von 1931 bis 1938 bekleidete Snyckers verschiedene leitende Positionen an der Handelshochschule Leipzig, zeitweise auch

---

1800 Vgl. Interessengemeinschaft Geschichte der Handelshochschule Leipzig e.V. (1992: o.A.). Snyckers promovierte 1908 zum Docteur en sciences commerciales mit einer Arbeit (in französischer Sprache) über die Politik der deutschen und französischen Zentralbanken an der *École spéciale de commerce*, die der juristischen Fakultät der Universität Lüttich angegliedert war (vgl. Snyckers, Alexander (1908)). 1910 wurde seine »Inaugural-Dissertation zur Erlangung der philosophischen Doktorwürde der hohen philosophischen Fakultät der Universität zu Heidelberg« veröffentlicht. Die publizierte Dissertation (Snyckers (1910a)) enthält nur einen Auszug der im Prüfungsamt eingereichten Dissertation mit dem Titel *Die Bank von Frankreich. Organisation, Tätigkeit und Politik.* Die Dissertation wurde von Prof. Dr. Gothein, der an der Universität Heidelberg und an der Handelshochschule Mannheim wirkte, betreut. Inhaltlich stützt sich die Arbeit (in deutscher Sprache) auf die an der Universität Lüttich eingereichte Dissertation. Vermutlich handelt es sich bei dem im Jahre 1910 publizierten Werk *Französische und Deutsche Diskontpolitik mit besonderer Berücksichtigung der Entwicklung der Bank von Frankreich* (vgl. Snyckers (1910b)) um eine (abgeänderte) Langfassung der in Heidelberg eingereichten Dissertation.

1801 Privatarchiv Snyckers, Akte 3, Lebenslauf, vermutlich 1944.

1802 Vgl. Interessengemeinschaft Geschichte der Handelshochschule Leipzig e.V. (1992: o.A.).

1803 UAL, PA 3320, Bl. 12, Snyckers an Rektor der Handelshochschule, 02.03.1944.

1804 UAL, PA 3320, Bl. 38, Beschluss des Kuratoriums der Handelshochschule Leipzig, 21.06.1945.

als Rektor, beispielsweise fiel eine seiner Amtszeiten in die Gründungsphase des Dolmetscher-Instituts[1805].

Snyckers starb am 29.08.1945 an einem Augenleiden auf dem Gut seines Sohnes in der Lüneburger Heide[1806]. Er war mit Cläre de Beaux verheiratet, mit der er vier Söhne hatte. Sie war Snyckers rechte Hand und die Tochter seines Ziehvaters Theodore de Beaux, der an der Öffentlichen Handelslehranstalt und an der Handelshochschule Leipzig als Französisch-Lehrer tätig war.[1807]

2.7.2.2.2 Leo von Hibler

Bild 8: Leo von Hibler um 1930
(Bildnachweis: Universitätsarchiv der TU Dresden, Fotoarchiv)

Leo von Hibler zu Lebmansport wurde am 18.12.1884 zu Sillian in Tirol geboren. Seine Schul- und Studienzeit verbrachte er in Innsbruck. Auslandssemester absolvierte er in Oxford und Paris. Im Frühjahr 1908 promovierte er zum Dr. phil. in Englischer Literatur. Wenige Monate später erfolgte die Lehramtsprüfung für Englisch, Französisch und Deutsch. Im Anschluss daran war er in diesen Fächern

1805 Privatarchiv Snyckers, Akte 3, Lebenslauf, vermutlich 1944. Den Angaben in Snyckers' Lebenslauf zufolge waren seine Amtszeiten wie folgt: 01.04.1931–31.03.1933 (Rektor), 01.04.1933–30.06.1934 (Prorektor), 20.06.1935–31.03.1937 (Prorektor), 01.04.1937–31.10.1938 (Rektor).

1806 UAL, PA 3320, Bl. 51, Cläre Snyckers an Rektor der Handelshochschule, vermutlich September 1945.

1807 Prof. Dr. Theodore de Beaux (1844–1921) war gebürtiger Leipziger und Apotheker von Beruf. Von 1870–1905 unterrichtete er Französisch an der Öffentlichen Handelslehranstalt in Leipzig. Nach Gründung der Handelshochschule Leipzig 1898 war er auch an dieser Institution vor dem Ersten Weltkrieg für den Französisch Unterricht zuständig. Er veröffentlichte mehrere Lehrbücher zur Französischen Sprache und Handelskorrespondenz (vgl. Göschel (2008: 265)).

bis 1928 hauptberuflich im österreichischen Schuldienst tätig. Nebenberuflich arbeitete von Hibler als Lektor für die Englische Sprache an der Universität Graz (1914–1928) und an der Technischen Hochschule Graz (1919–1921). 1925 habilitierte er sich an der Universität Graz in Englischer Sprache und Literatur.

Seine Laufbahn als Universitätsprofessor begann von Hibler an der Deutschen Universität Prag als Lehrstuhlinhaber für Englische Philologie. 1929 kam er nach Sachsen, wo er zunächst bis 1932 ordentlicher Professor für Englisch-amerikanische Wirtschaftssprache und Wirtschaftskunde an der Handelshochschule Leipzig war. Von 1932 bis 1936 wirkte von Hibler als ordentlicher Professor der Englischen Sprache und Literatur in der Kulturwissenschaftlichen Abteilung der Technischen Hochschule in Dresden, gleichzeitig war er ordentlicher Honorarprofessor und Verwalter des Englisch-amerikanischen Lehrstuhls an der Handelshochschule Leipzig. Von 1937 bis 1945 war von Hibler Leiter der Englischen Abteilung des Dolmetscher-Instituts und dessen stellvertretender Leiter.[1808]

Nach seiner Rückkehr aus dem »amerikanischen Besatzungsgebiet«[1809] im Herbst 1945 übernahm von Hibler die Leitung des Dolmetscher-Instituts bis zu seiner Schließung im Mai 1946. Danach wurde von Hibler ins Englische Institut der Universität Leipzig eingegliedert, dessen Leitung er übernehmen sollte[1810]. Im Herbst 1946 erhielt von Hibler jedoch ein Angebot zur »Übernahme eines Anglistischen Ordinariats an der Universität Wien«[1811]. Von Hibler, der gebürtiger Österreicher war, nahm den Ruf nach Wien an. Nach Überwindung der Schwierigkeiten bei der Ausreise aus der sowjetischen Besatzungszone[1812] trat er im August 1948 aus dem Sächsischen Staatsdienst aus[1813].

Von Hiblers wissenschaftliche Arbeiten bewegten sich im Bereich des Mittelenglischen, der Englischen Literatur des 19. Jahrhunderts, der Amerikakunde und der Wirtschaftssprache[1814]. Von 1907 bis 1939 hielt sich von Hibler bei verschiedenen Gelegenheiten mehrere Monate für Forschungsarbeiten in verschiedenen englischsprachigen Ländern auf[1815].

1808 UAL, PA 139, Bl. 20, selbstverfassster Lebenslauf von Hiblers, 21.01.1946. Bezüglich von Hiblers Position im Dolmetscher-Institut siehe Vorlesungsverzeichnisse des Dolmetscher-Instituts der Handels-Hochschule Leipzig.

1809 UAL, PA 139, Bl. 104, Rektor der Hochschule für Wirtschaftswissenschaften (früher Handelshochschule Leipzig) an Landesverwaltung in Sachsen, 14.12.1945.

1810 UAL, PA 139, Bl. 25, Dekan der Philosophischen Fakultät der Universität Leipzig an Rektor der Universität Leipzig, 24.05.1946.

1811 UAL, PA 139, Bl. 27, von Hibler an Dekan der Philosophischen Fakultät der Universität Leipzig, 18.10.1946.

1812 z. B. UAL, PA 139, Bl. 35, von Hibler an Dekan der Philosophischen Fakultät der Universität Leipzig, 21.05.1948.

1813 UAL, PA 139, Bl. 36, von Hibler an Sächsische Landesregierung, 30.08.1948.

1814 UAL, PA 139, Bl. 9, Lebenslauf von Hiblers (Autor unbekannt), 28.12.1945 und UAL, PA 139, Bl. 29,. Lebenslauf von Hiblers (Autor: Klinger), undatiert.

1815 UAL, PA 139, Bl. 20, selbstverfasster Lebenslauf von Hiblers, 21.01.1946.

1921 heiratete von Hibler eine Engländerin, mit der er zwei Kinder hatte. In den Dokumenten seiner Personalakte, die in die Nachkriegszeit datieren, wird besonders betont, dass seine Kinder in England erzogen wurden, damit sie nicht mit der »Hitlerischen H. J.« in Berührung kamen[1816]. Von Hibler verstarb am 20.11.1956 in Wien[1817].

2.7.2.3 Das geplante Curriculum – Vorbote der translatorischen Ausbildung

Aus einem Archivdokument geht hervor, wie der fremdsprachliche Unterricht an Handels- und Wirtschaftsschulen, einschließlich Handelshochschulen, gestaltet sein sollte[1818]. Der fremdsprachliche Unterricht diente der Zielsetzung des an Handelshochschulen angebotenen wirtschaftlichen Studiums, das sich an den Nachwuchs des Kaufmannsstandes richtete. Die Auswahl und die Wertung der zu unterrichtenden Sprachen sollten sich am Bedürfnis des deutschen Außenhandels orientieren. Außerdem sollte bei der Vermittlung der Fremdsprachen auf die Anwendbarkeit der Fremdsprachen im »weltwirtschaftlichen Verkehr«[1819] geachtet werden.

Das Ziel des fremdsprachlichen Unterrichts an Handels- und Wirtschaftsschulen war somit in erster Linie nicht sprachlicher Natur. Stattdessen wurde als Ziel gefordert, den Schüler »zum Verständnis des fremden Kultur- und Geisteslebens zu führen«[1820]. Zur Erreichung dieses Ziels sollte die Sprache dienen. Dabei sollten die Schüler einerseits unterwiesen werden in »fremdsprachlichen Kenntnissen und Fertigkeiten zum mündlichen und schriftlichen Gebrauche der fremden Allgemeinsprache und der für eine wirtschaftliche Betätigung erforderlichen Berufssprache«[1821], also Fachsprache. Andererseits sollte das Ziel im fremdsprachlichen Unterricht auch durch die Verwendung geeigneter Literatur erreicht werden[1822]. In diesem Zusammenhang kam der Zeitungslektüre eine wichtige Bedeutung zu.

1816 z.B. UAL, PA 139, Bl. 20, selbstverfasster Lebenslauf von Hiblers, 21.01.1946.

1817 Vgl. https://research.uni-leipzig.de/catalogus-professorum-lipsiensium/leipzig/HiblerLebmannsport_628/.

1818 UAL, HHS 241, Bl. 27–35, Dokument mit dem Titel »Der fremdsprachliche Unterricht an Handels- und Wirtschaftsschulen«, vermutlich 1927/1928. Bl. 31–35 beziehen sich speziell auf die Ausbildung von Handelssprachlehrern.

1819 Ibid, Bl. 27.

1820 Ibid, Bl. 28.

1821 Ibid, Bl. 27.

1822 Ibid, Bl. 28. Folgende Textstelle soll in diesem Zusammenhang ergänzend angeführt werden: »Das fremdsprachliche Studium erstreckt sich auf die Sprache als solche und auf Literatur. An der Handelshochschule ist die Sprache selbst als Mittel des weltwirtschaftlichen Verkehrs zu lehren, und an der Hand der fremdsprachlichen Literatur sollen die Studierenden in das Leben und den Geist der fremden Wirtschaftskultur eingeführt werden. Ausländische Wirtschaftskultur durch eigne Anschauung kennen zu lernen, geht für den Studierenden in der Regel nicht an; darum muss er in der Hauptsache durch Papier und Buchdrucker-

Dadurch sollte das Erlernen der Sprache der Gegenwart, also der lebenden Sprache, gefördert werden. Betrachtet man das Ziel des fremdsprachlichen Unterrichts im kaufmännischen Bildungswesen und die Mittel, durch die dieses Ziel erreicht werden sollte, so wird deutlich, dass Sprache als Mittel zum Zweck erachtet wurde (vgl. 2.5).

Das zitierte Dokument informiert auch über die methodische Behandlung der Fremdsprachen: Da die »Betätigung im kaufmännischen wirtschaftlichen Leben (...) in gleicher Weise Verstehen, Sprechen, Lesen und Schreiben der Fremdsprache« voraussetzt, sollte im Fremdsprachenunterricht darauf geachtet werden, dass auf die »Übermittlung von sprachlichen Kenntnissen«, etwa der Grammatik, und auf die »Erzielung sprachlicher Fertigkeit für den praktischen Gebrauch« gleichermaßen Wert gelegt wird.

Wie das zitierte Dokument weiter ausführt, sollte die kulturkundliche Komponente des Fremdsprachenunterrichts eine »Einführung in das moderne Wirtschaftsleben und in die Entwicklung der heute bestehenden wirtschaftlichen Kulturverhältnisse« bieten und durch weitere Inhalte ergänzt werden, um der wirtschaftlichen Ausrichtung der Handelshochschulausbildung Rechnung zu tragen:

> »Die Praxis des Kaufmanns verlangt auch Kenntnis von mancherlei Dingen, deren Behandlung die Kulturkundler an den allgemein bildenden Anstalten verwerfen oder nicht brauchen, z. B. Kenntnis der Verkehrswege, der Verkehrsmittel, der Schiffahrtsbestimmungen, der Wechselordnungen, der Konkursordnungen, der Vorschriften zur Regelung der Handelsgesellschaften u. a. m. Da man bei diesen Stoffen mehr mit Sachunterricht als Kulturkunde zu tun hat, wäre es angebrachter, im Handelsschulbetriebe von Sach- und Kulturkunde zu sprechen.«[1823]

Das besondere Konzept des Fremdsprachenunterrichts an Handelshochschulen wird im Vergleich zu allgemeinbildenden Ausbildungsstätten wie folgt hervorgehoben:

> »Das Unterrichtsverfahren an Handels- und Wirtschaftsschulen geht mit dem Unterrichtsverfahren an allgemein bildenden Anstalten überall da Hand in Hand, wo das Unterrichtsziel der wirtschaftlich eingestellten Schulen nicht besondere Maßnahmen erheischt. Bei der Behandlung der Einzelteile des Sprachunterrichts treten natürlich Laut, Wort, grammatische Form etc. als getrennte Gebiete auf. Es ist aber zu beachten, daß sie im Unterrichte selbst stets als Teile des sprachlichen Gesamtausdrucks zu behandeln sind. Es muß auch dem Schüler stets im Bewußtsein liegen, daß der Laut nicht als solcher, das Wort nicht als solches etc. dastehen, sondern als Teile eines Ganzen. Immer ist vom Ganzen auszugehen und die Detailarbeit an der Einzelheit in Hinsicht

---

schwärze hindurch zu ihr zu gelangen suchen.« (in: UAL, HHS 226, Bl. 39, Dietze an Berufungsausschuss der Handelshochschule Leipzig, 09.07.1928).

1823 Ibid, Bl. 29.

auf das Ganze vorzunehmen. Das Satzganze, von dem man ausgeht, sollte möglichst oft einen Gedanken zum Ausdruck bringen, der das Wirtschaftsleben berührt.«[1824]

Ein weiterer Schwerpunkt des fremdsprachlichen Unterrichts an Handelshochschulen sollte auf dem aktiven Gebrauch der Sprache liegen. Maßgeblich waren dabei Erfahrungen aus der Praxis:

»Da für den Kaufmann schnelle und genaue Verständigung im Verkehr mit Fremden unbedingte Notwendigkeit ist und Mißverständnisse im kaufmännischen Leben recht empfindliche und unangenehme Folgen nach sich ziehen können, und da außerdem die mehr oder weniger ernste gesellschaftliche Beachtung, die der Vertreter einer deutschen Firma bei ausländischen Kunden findet, bis zu einem gewissen Grade auch mit von der Art und Weise abhängen kann, wie man die fremde Sprache a u s spricht, ist auf peinlich genaue Aussprache Wert zu legen, auch auf möglichst richtige Intonation.«[1825]

Die vorangegangenen Einblicke in das geplante Curriculum für den fremdsprachlichen Unterricht an Handelshochschulen zeigen, dass dem Nachwuchs des Kaufmannsstands ein umfassender und anspruchsvoller Fremdsprachenunterricht – wohl gemerkt als begleitende Studienkomponente im Rahmen des regulären wirtschaftlichen Fachstudiums – auferlegt wurde, der eine intensive Auseinandersetzung mit (Fach-)Sprache verlangte.

Wie das vorgeschlagene Curriculum für den fremdsprachlichen Unterricht an Handels- und Wirtschaftsschulen an der Handelshochschule konkret umgesetzt und welche Erfahrungen damit gemacht wurden, kann anhand von Snyckers' Aufsatz *Beitrag zur Neugestaltung des Sprachstudiums an Handels-Hochschulen* aus dem Jahr 1935 gezeigt werden[1826]. Relevante archivalische Aufzeichnungen zur Einführung und Entwicklung eines wirtschaftssprachlichen Studiums an der Handelshochschule Leipzig reißen an dieser Stelle ab, da die Geschichte der Handelshochschule Leipzig bis 1937 von einem Hochwasser 1954 in den Räumen des Universitätsarchivs Leipzig weggeschwemmt wurde.

In dem zitierten Beitrag zum Sprachstudium an Handelshochschulen aus dem Jahr 1935 legt Snyckers Struktur und Inhalt des Curriculums für die Ausbildung in der Französischen Sprache an der Handelshochschule Leipzig dar[1827]. Demnach verfolgten die Vorlesungen und Übungen zwei Ziele: Zum einen »eine möglichst

1824 Ibid.

1825 Ibid, Bl. 29–30. Hervorhebung im Original.

1826 Vgl. Snyckers (1935a).

1827 An der Handelshochschule Leipzig wurden Diplomkaufleute und Diplom-Handelslehrer ausgebildet. Aus der »Ordnung für die Handels-Hochschule Leipzig«, die zur Gründung der Einrichtung 1898 erlassen wurde, wird der Zweck der Handelshochschule unter § 2 wie folgt, festgelegt: »a) erwachsenen jungen Leuten, welche sich dem kaufmännischen Berufe (mit Einschluß des Bankwesens, des Buchhandels usw.) widmen, eine vertiefte allgemeine und kaufmännische Bildung zu vermitteln; b) angehenden Handelsschullehrern Gelegenheit zur Erlangung der erforderlichen theoretischen und praktischen Fachbildung zu geben.« Vgl. hierzu auch Fiedler (1998: 56).

lückenlose Kenntnis der Sprache der Gegenwart mit besonderer Betonung der Wirtschaftssprache zu vermitteln« und zum anderen »die Studierenden vertraut zu machen mit der Kultur des französischen Sprachgebietes (...) unter besonderer Berücksichtigung der wirtschaftlichen, politischen und sozialen Verhältnisse, sowie der neuen Literatur«. Daraus ergab sich eine Einteilung der Veranstaltungen in zwei Hauptgruppen: zum einen Wirtschaftssprache und zum anderen Kultur- und Wirtschaftskunde des französischen Sprachgebiets. Die Hauptgruppe »Wirtschaftssprache« wurde dabei in zwei Vorlesungen untergliedert: Eine Vorlesung behandelte »das Warengeschäft (...) sowie das Kommissions- und Speditionsgeschäft mit Erläuterungen an Hand geeigneter Texte«. Eine weitere Vorlesung beinhaltete die »systematische Darstellung der Terminologie der französischen Wirtschaftssprache, wie sie u. a. in der Handelsgesetzgebung (...), dem Zollwesen, Bank- und Börsenwesen (...) gebraucht wird«.[1828]

Die Hauptgruppe »Kultur- und Wirtschaftskunde« wurde in drei Themenblöcke unterteilt: a) »Kultur im engeren Sinne«, b) »Wirtschaft« und c) »Sprache und Literatur«. Im Themenblock »Kultur im engeren Sinne« wurden die Themen »Volkscharakter und -sitten, politische, soziale und religiöse Zustände, Rechtswesen, Bildungswesen [und] Zeitungswesen« beleuchtet. Der Themenblock »Wirtschaft« hatte folgende Themen zum Gegenstand: »[g]eographische Voraussetzungen für die wirtschaftliche Entwicklung der Länder französischer Sprache und ihrer Kolonien, wirtschaftliche Organisation, Wirtschaftspolitik und Zollwesen, Warenabsatz, Verkehrswesen, Geld-, Bank- und Börsenwesen, Wirtschaftsjournalismus, kaufmännische Werbung«. Im Themenblock »Sprache und Literatur« wurde ein »[k]urzer Überblick über die Geschichte der Sprache und der Literatur Frankreichs vom Mittelalter bis heute, besonders der modernen Literatur« geboten.[1829]

Das gewaltige Stoffpensum der fremdsprachlichen Ausbildung sollte von den Studierenden in sechs Semestern, neben dem eigentlichen wirtschaftlichen Fachstudium an der Handelshochschule, bewältigt werden. Eine Aufgabe, die, mit realistischem Blick betrachtet, wohl kaum zufriedenstellend erfüllt werden konnte. Eine marginale Studienkomponente hatte sich zum Schwergewicht entpuppt. Allerdings war der wünschenswerten Qualitätsverbesserung der Fremdsprachenausbildung im Rahmen der kaufmännischen Ausbildung an der Handelshochschule Grenzen gesetzt, denn letztendlich hatte sie lediglich einen das Wirtschaftsstudium zu ergänzenden Charakter. In den konsultierten Dokumenten wird nicht explizit auf das Problem der Bewältigung der Stofffülle im fremdsprachlichen Unterricht und der damit einhergehenden Überforderung der Studierenden Bezug genommen. In der Denkschrift zur Gründung eines Dolmetscher-Instituts an der Handelshochschule Leipzig klingt jedoch am Rande an, dass die gewünschte Gründlichkeit der wirtschaftssprachlichen Ausbildung nicht erzielt werden konnte[1830].

1828 Vgl. Snyckers (1935a: 151).
1829 Ibid, S. 152.
1830 Vgl. Snyckers (1937: 4).

Sicherlich wirkten diese Faktoren auf eine Spezialisierung im wirtschaftssprachlichen Bereich hin, die mit der Entstehung eines neuen Berufsprofils einherging.

Snyckers lässt in seinem *Beitrag zur Neugestaltung des Sprachstudiums an Handels-Hochschulen* die Notwendigkeit anklingen, dass mindestens eine Handelshochschule in Deutschland eine eigens für das Gebiet der »ausländischen Wirtschaftslinguistik und Wirtschaftskunde« zuständige Abteilung einrichtet. Dort sollten »wissenschaftliche und praktische Wirtschaftslinguisten (Lehrer, Dolmetscher, Übersetzer, Korrespondenten, Werbefachleute, Geschäftsreisende, Auslandsvertreter usw.)« ausgebildet werden.[1831]

Der Gedanke zur Gründung eines Dolmetscher-Instituts an der Handelshochschule Leipzig befand sich bei Snyckers zu diesem Zeitpunkt sicherlich schon längst im Gedeihen. Mitte der 1930er Jahre war die Realisierung in greifbare Nähe gerückt. Neben den bereits angeführten möglichen Beweggründen, Umfang des Unterrichtsstoffs und die daraus resultierende Überlastung der Studierenden, begünstigte auch die personelle und strukturelle Infrastruktur Überlegungen zur Gründung eines Dolmetscher-Instituts an der Handelshochschule Leipzig. Das Modell eines Dolmetscher-Instituts, das als Vorbild dienen konnte, bestand zudem bereits seit 1930 im Badischen: Die Planungsarbeiten für das erste Dolmetscher-Institut in Deutschland begannen 1928 an der Handelshochschule Mannheim. Im Herbst 1933 ging das Dolmetscher-Institut der Handelshochschule Mannheim aus institutionellen Gründen an die Universität Heidelberg über, wo es sich von seiner ursprünglichen wirtschaftssprachlichen Konzeption aber wegbewegte[1832]. (Vgl. 2.6.8).

2.7.3 Die Jahre von 1937 bis 1947

2.7.3.1 Die Denkschrift zur Gründung des Dolmetscher-Instituts

Im Januar 1937 wurde Snyckers vom Finanzausschuss der Handelshochschule Leipzig aufgefordert, »in einer Denkschrift die Richtlinien zu erläutern, die für die

1831 Vgl. Snyckers (1935a: 151).

1832 Kontakte Snyckers' zur Handelshochschule Mannheim und zur Universität Heidelberg konnten in den konsultierten Akten der Universitätsarchive Heidelberg, Mannheim und Leipzig nicht nachgewiesen werden. Es ist anzunehmen, dass im Gründungsprozess des Dolmetscher-Instituts der Handelshochschule Leipzig kein Austausch zwischen Snyckers und den Zuständigen an der Universität Heidelberg stattfand. Die Gründer des Dolmetscher-Instituts der Handelshochschule Mannheim waren zur Zeit der Gründung des Dolmetscher-Instituts in Leipzig nicht mehr im badischen Dolmetscher-Institut tätig. Glauser wurde 1932 in den Ruhestand versetzt (in: UAH, B-6695/2, Mitteilung des Rektors, 01.02.1932). Er verstarb bei Lörrach am 01.11.1937 (Auskunft des Bürgermeisteramts Eimeldingen), am Tag, an dem das Dolmetscher-Institut der Handelshochschule Leipzig seinen Betrieb aufnahm. Gutkind wurde 1933 als Jude vom Dienst an der Handelshochschule Mannheim suspendiert. Ende der 1930er hielt er sich im Ausland auf (vgl. 2.6.6).

geplante Errichtung eines Dolmetscher-Instituts (Institut für Wirtschaftssprachler und Wirtschaftsdolmetscher) gelten sollen«[1833]. Das 27-seitige Dokument, das vom 06.03.1937 datiert, behandelt Ziele und Aufgaben des Studiums am Dolmetscher-Institut und enthält zudem Entwürfe der Prüfungsordnungen der anzubietenden Studiengänge, der Verfassung und der Ordnung des Instituts.

2.7.3.1.1 Ziele und Rahmenbedingungen

Laut Denkschrift war eines der Gründungsmotive des Dolmetscher-Instituts eng mit der wirtschaftspolitischen Situation Deutschlands verknüpft, denn es sollte zum »großen Ziel« des Dritten Reichs beitragen, durch die Herstellung internationaler Wirtschaftsbeziehungen die im Ersten Weltkrieg verlorenen Absatzmärkte wiederzuerlangen. Aufgrund der Tatsache, dass erfolgreiche Handelsbeziehungen vom gegenseitigen Verständnis der Handelspartner abhängen – und der deutsche Kaufmann in der Vergangenheit schon oft durch Unkenntnis ausländischer Gepflogenheiten wirtschaftliche Nachteile hinnehmen musste –, sollte das Dolmetscher-Institut durch die »Erforschung der Menschen, der Gedankenwelt und der wirtschaftlichen Struktur des in Frage kommenden fremden Sprachgebietes« einen Beitrag zur Erreichung der wirtschaftspolitischen Ziele des nationalsozialistischen Regimes leisten. Dieses Forschungsgebiet, das laut Denkschrift als »Nationenkunde« bezeichnet werden könnte, sei aber »ohne Erforschung des ausländischen Marktes und seines besonderen Wortschatzes – d.h. ohne das Studium der fremden Wirtschaftskunde und der fremden Wirtschaftssprache« nicht durchführbar. Die Erforschung der »fremden Sprachwissenschaft« sollte mit der Ausbildung von jungen Menschen einhergehen, die »später dazu beitragen, die im Auslande vielfach noch herrschende Verwirrung über die nationalsozialistische Geisteshaltung sowie die politischen und wirtschaftlichen Ziele Deutschlands zu beseitigen«. Gerade »Wirtschaftssprachler und Wirtschaftsdolmetscher« seien für diese Aufgabe besonders prädestiniert.[1834]

Die Nachfrage am Markt nach »geschulten Wirtschaftssprachlern« wurde in der Denkschrift ebenfalls als günstiger Faktor für die Gründung eines Dolmetscher-Instituts genannt. Die Handelshochschule Leipzig, so die Denkschrift, bot zudem aufgrund ihrer bereits bestehenden Einrichtungen (zwei Sprach-Professuren und verschiedene Sprachlektorate, Lehrstühle und Lehraufträge für ergänzende Fächer, etwa Im- und Export, sowie eine gut ausgestattete Fachbücherei und moderne Lehrmittel[1835]) vor allem auch in finanzieller Hinsicht gute Voraussetzungen für die geplante Einrichtung.

1833 Privatarchiv Snyckers, Akte 6, von Alexander Snyckers im Jahre 1937 aufgesetzte »Denkschrift über die beabsichtigte Gründung eines Dolmetscher-Institutes (Institut für Wirtschaftssprachler und Wirtschaftsdolmetscher) an der Handels-Hochschule Leipzig« (vgl. Snyckers (1937) oder in: UAL, HHS 206, Bl. 1f).

1834 Vgl. Snyckers (1937: 3).

1835 Ibid, S. 4. Dazu zählten u. a. ein »gutes Rundfunkgerät« zum Abhören fremdsprachlicher Vorträge und eine »neuzeitliche Sprechmaschine mit einer umfangreichen Sammlung von Sprechplatten«.

Der Standort Leipzig mit seiner internationalen wirtschaftlichen Ausrichtung, die sich in der »weltberühmten internationalen Messe«, den »weitverzweigten Handelsbeziehungen« und der »auf Export abgestellten Industrie« zeigte, wurde zudem als besonders geeignete Umgebung für ein Dolmetscher-Institut gewertet.

Auch auf die Existenz des Dolmetscher-Instituts an der Universität Heidelberg wurde in der Denkschrift Bezug genommen. Nachdrücklich wurde darauf hingewiesen, dass zwischen den beiden Einrichtungen keine Konkurrenzsituation zu befürchten sei, zum einen aufgrund der »großen Entfernung der beiden Hochschulorte« und zum anderen aufgrund der wirtschaftlich orientierten Zielsetzung des Leipziger Dolmetscher-Instituts, das »ausschließlich die Ausbildung von Korrespondenten, Übersetzern, Dolmetschern und Auslandskundlern für die Wirtschaft« vorsah. Das Bestehen zweier ähnlicher Einrichtungen wurde vielmehr als Chance gesehen, um den fachlichen und personellen Austausch zwischen den beiden Dolmetscher-Instituten zu fördern.[1836]

2.7.3.1.2 Aufgaben des geplanten Dolmetscher-Instituts

Das Dolmetscher-Institut sollte fünf Aufgaben übernehmen: a) Lehrtätigkeit, b) Forschungstätigkeit, c) Periodische Veröffentlichungen, d) Gutachtertätigkeit und e) Vorträge.[1837]

a) Lehrtätigkeit

Bei den Aufgaben, die die Lehre betreffen, wurden zwei Unterrichtsziele genannt: Zum einen »die Beherrschung der Hauptfremdsprachen mit besonderer Betonung der Wirtschaftssprache« und zum anderen »die Kenntnis der Kultur der fremden Sprachgebiete unter Berücksichtigung der wirtschaftlichen, rechtlichen, sozialen und politischen Verhältnisse sowie der modernen und zeitgenössischen Literatur«. Gute allgemeinsprachliche Vorkenntnisse in den »Hauptfremdsprachen«[1838] Englisch und Französisch sollten Vorbedingung zur Aufnahme des Studiums sein, »denn eine Behandlung des zu lehrenden Stoffes der Hauptfremdsprachen an einer

1836 Ibid, S. 3–4. Hervorhebung im Original.

1837 Ibid, S. 5–9.

1838 Ibid, S. 5 und 9. Als Haupt- und Nebensprachen galten laut Denkschrift Englisch und Französisch. Für beide Sprachen war jeweils ein Lehrstuhl an der Handelshochschule vorhanden. Im Gegensatz zu den sogenannten Zusatzsprachen wurden für die Haupt- und Nebensprachen fundierte Vorkenntnisse zur Aufnahme des Studiums vorausgesetzt. Den Angaben zufolge waren für die Hauptsprachen »gute Vorkenntnisse« und für die Nebensprachen »hinreichende Vorkenntnisse« erforderlich. Snyckers führt in der Denkschrift aus, dass eine »Spezialisierung nach der wirtschaftlichen Seite« hin, wie es für den Unterricht des Dolmetscher-Instituts angedacht war, nur in den Haupt- und Nebensprachen, also in den Schulsprachen Französisch und Englisch, erfolgen könne, da für diese Sprachen auch wirtschaftssprachliche Lehrstühle eingerichtet seien. In den Zusatzsprachen, bei denen für das Studium am Dolmetscher-Institut kaum Vorkenntnisse vorausgesetzt wurden, und es in erster Linie um den Spracherwerb ging, war ein spezialisiertes Studium im Sinne des Studienkonzepts des Dolmetscher-Instituts nicht möglich.

Hochschule setzt eine genügende Kenntnis der formalen Sprachregeln und des normalen Sprachgutes – der Umgangssprache – voraus«.[1839]

Die Unterrichtsziele sollten im Rahmen von drei Studienkomponenten erreicht werden: »Wirtschaftssprache«, »Kulturkunde« und »Wirtschaftskunde«.[1840]

In der Studienkomponente »Wirtschaftssprache« sollte der »Verkehrs- und Rechtsinhalt des Wortschatzes« verschiedener ausländischer wirtschaftlicher Fachbereiche vermittelt werden, wobei ein Schwerpunkt auf der Vermittlung der »Kenntnis der Vertragsformeln und sonstiger Fachausdrücke der fremden Wirtschaftssprache« liegen sollte, so »wie sie in der Betriebs- und Volkswirtschaftslehre, im Handelsrecht, in den kaufmännischen Briefen und Urkunden gebraucht werden«. Erklärungen zu Begriffsinhalten und Anwendungsbeispiele des Wortschatzes im jeweiligen Fachbereich sollten ebenfalls Gegenstand der Vorlesungen sein.[1841]

Die Studienkomponente »Kulturkunde« wurde in die Bereiche »Kultur im engeren Sinne« und »Sprache und Literatur« unterteilt. Als kulturelle Themen im engeren Sinne wurden genannt: »Volkscharakter und Brauchtum, soziale, politische, rechtliche, religiöse Verhältnisse, Bildungswesen, Zeitungswesen«. Ergänzend zu diesen Themen sollte die »heute lebendige Geistesströmung« betrachtet werden, um »unsere Wirtschaftssprachler auf die abweichende Denkart des deutschen Volkes und deren günstige Einwirkung auf Staat und Wirtschaft im Gegensatz zu den Auswirkungen liberalistisch-demokratischer Staats- und Wirtschaftsführung im Auslande hinzuweisen«. Weitere zu behandelnde kulturelle Themen sollten solche Themen sein, die »einen Einblick in die öffentliche Meinung des Auslandes« bieten.[1842]

Unter dem Themenblock »Sprache und Literatur« sollte ein »Überblick über die moderne und zeitgenössische Literatur sowie die Geschichte der älteren Literatur unter besonderer Berücksichtigung ihres wirtschaftlichen und soziologischen Stoffinhalts« gegeben werden.

In der Studienkomponente »Wirtschaftskunde« sollten Themen behandelt werden, die der wirtschaftlichen Zielsetzung von Handelshochschulen gerecht wurden: »geographische Gegebenheiten für die wirtschaftliche Entwicklung des fremden Landes und seiner Kolonien, wirtschaftliche Struktur und Organisation, Wirtschaftspolitik und Zollwesen, Warenabsatz, Verkehrswesen, Geld-, Bank- und Börsenwesen, Wirtschaftsjournalismus, kaufmännische Werbung«. Ein Schwerpunkt dieser Studienkomponente sollte auf der Erforschung ausländischer Märkte liegen, die nicht nur wirtschaftsgeographisch und wirtschaftspolitisch untersucht werden sollten, sondern auch mit Blick auf die »Bedarfsrichtung, Bedarfsweckung und Bedarfsdeckung des fremden Landes«. Die Behandlung der einzelnen Themen

---

1839 Ibid, S. 5.
1840 Ibid, S. 5–6.
1841 Ibid, S. 5.
1842 Ibid, S. 5–6.

sollte sich an aktuellen Entwicklungen orientieren und kontinuierlich entsprechend ergänzt werden.[1843]

Die folgenden Abschnitte der Denkschrift beziehen sich auf den dreistufigen Aufbau der Seminarübungen, Vor-, Mittel- und Hauptseminare, auf den Inhalt der Übungen in den Zusatzsprachen sowie auf Kurzschrift- und Schreibmaschinenkurse. Diese Ausführungen werden an dieser Stelle nicht weiter behandelt.

b) Forschungstätigkeit

Durch die forschenden Aufgaben des Dolmetscher-Instituts sollte eine »oft empfundene Lücke in der Sprachwissenschaft« gefüllt werden. Die beiden Lehrstühle für Wirtschaftssprache und Wirtschaftskunde sowie Diplomarbeiten der Studierenden sollten zur Schließung dieser Lücke beitragen. Als konkretes Forschungsgebiet wurde die sich »in ständigem und lebhaften Flusse befindliche betriebs- und volkswirtschaftliche Terminologie des Auslandes« genannt, die auf Form und Inhalt untersucht werden sollte. Als weiteres mögliches Forschungsgebiet wurde die historische Untersuchung der Wirtschaftsterminologie angeführt. Diese »wirtschaftslinguistische, auf der deutschen und fremden Betriebs- und Volkswirtschaftslehre aufgebaute Forschung« sollte das Fundament für die Lehrtätigkeit in der fremden Wirtschaftssprache bilden.[1844]

c) Periodische Veröffentlichungen

Die publizierende Aufgabe des Dolmetscher-Instituts sollte in erster Linie dem Außenhandel und der Exportindustrie dienen. In wirtschaftssprachlichen sowie wirtschafts- und kulturkundlichen Mitteilungen sollte »besonders auf Änderungen in dem Begriffsinhalt der handelsüblichen fremdsprachlichen Vertragsklauseln und gelegentlich auf Eigenarten der in Frage kommenden Käuferschicht, auf Werbungsmethoden und die Möglichkeit einer Bedarfsweckung, auf die sprachliche Auslegung neuer wichtiger Bestimmungen des Auslandes über Zoll- und Zahlungsverkehr hingewiesen werden«.[1845]

d) Gutachtertätigkeit

Gutachterliche Aufgaben des Dolmetscher-Instituts sollten die wirtschaftssprachliche und stilistische Überprüfung »fremdsprachlicher Texte für den Außenhandel und die Exportindustrie« sowie die »Beratung von geschäftlichen Unternehmen bei der Auswahl geeigneter Wirtschaftssprachler« umfassen.[1846]

e) Vorträge

Im Rahmen seiner Aufgabenstellung sollte das Dolmetscher-Institut auch »namhaften Persönlichkeiten (...) des In- und Auslandes« sowie den Lehrbeauftragten

1843 Ibid, S. 6.
1844 Ibid, S. 7.
1845 Ibid, S. 7–8.
1846 Ibid, S. 8.

des Dolmetscher-Instituts die Möglichkeit bieten, über Fragen aus ihrem Fachgebiet zu referieren.[1847]

Bild 9: Dolmetscher-Institut der Handelshochschule Leipzig, 1937–1946 (Ritterstr. 26, 3. Stock)
(Bildnachweis: Vorlesungsverzeichnis Handelshochschule Leipzig, SS 1944)

2.7.3.1.3 Mitgliedschaft

Laut Denkschrift waren drei Mitgliedskategorien vorgesehen: ordentliche Mitglieder, außerordentliche Mitglieder und immatrikulierte Studenten. Am Dolmetscher-Institut und an der Handelshochschule immatrikulierte Studenten sollten an allen Veranstaltungen und Prüfungen des Dolmetscher-Instituts teilnehmen können. Außerordentliche Mitglieder sollten an den Veranstaltungen des Dolmetscher-Instituts zwar teilnehmen können, jedoch erst zu den Prüfungen zugelassen werden, wenn ihre Vorbildung den Zulassungsbedingungen entsprach. Als ordentliche Mitglieder galten Personen, die die Bedingungen für die Zulassung zu den Prüfungen erfüllten.[1848]

Bei den Zulassungsvoraussetzungen für die Teilnahme an den akademischen Prüfungen richtete man sich nach den Bedingungen des Dolmetscher-Instituts der Universität Heidelberg, wobei Abitur und Sonderreife[1849] vorausgesetzt wurden. In Ausnahmefällen sollten auch Nichtabiturienten zugelassen werden, diese sollten aber den »Nachweis (...) geeigneter Fachschulbildung oder eines genügenden Auslandsaufenthalts oder einer mehrmonatigen praktischen Vorbildung« beibringen

1847 Ibid.
1848 Ibid.
1849 Personen mit sogenannter Sonderreife waren Nichtabiturienten, die mindestens einen guten Abschluss in der Obersekunda (Klasse 11) erworben hatten. Diese Personen sollten zwar zur Wirtschaftssprachlerprüfung, nicht aber zur Dolmetscherprüfung zugelassen werden.

oder eine Aufnahmeprüfung[1850] bestehen, in der Kenntnisse der deutschen Sprache und Literatur, Geschichte und Erdkunde abgefragt wurden.[1851]

2.7.3.1.4 Prüfungsordnungen

Am Dolmetscher-Institut waren drei Sprachprüfungen vorgesehen:

a) »nichtakademische fremdsprachliche Prüfung im kaufmännischen Schriftverkehr«, diese sollte nach viersemestrigem Studium an der Handelshochschule oder am Dolmetscher-Institut abgelegt werden.
b) »akademische Fachprüfung für Wirtschaftssprachler«, auch diese sollte nach viersemestrigem Studium am Dolmetscher-Institut abgelegt werden.
c) »Diplom-Prüfung für Wirtschaftsdolmetscher und Auslandskundler«, diese sollte nach erfolgreicher Ablegung der akademischen Fachprüfung für Wirtschaftssprachler und nach weiterem zweisemestrigem Studium am Dolmetscher-Institut, also nach insgesamt dreijährigem Studium, abgelegt werden.[1852]

Der Denkschrift sind Prüfungsordnungen für die genannten Prüfungen beigefügt. Im folgenden werden Ziele, Anforderungen und Inhalt der Prüfungen gegenübergestellt.

1850 Ibid, S. 26–27.
1851 Ibid, S. 8.
1852 Ibid, S. 9.

	Fremdsprachliche Prüfung im kaufmännischen Schriftverkehr	**Akademische Fachprüfung für Wirtschaftssprachler**	**Diplomprüfung für Wirtschaftsdolmetscher und Auslandskundler**
Zweck	Nachweis, dass Bewerber kaufmännischen Schriftverkehr in einer oder mehreren Fremdsprachen beherrscht.	Prüfung bildet ordnungsmäßigen Abschluss des Studiums für Wirtschaftssprachler, Wirtschaftsübersetzer und Auslandskorrespondenten. Bestandene Prüfung berechtigt zur Führung des Titels »Staatlich geprüfter Wirtschaftssprachler«.	Prüfung bildet ordnungsmäßigen Abschluss des Studiums am Dolmetscher-Institut. Bestandene Prüfung berechtigt zur Führung des akademischen Grades »Diplom-Wirtschaftsdolmetscher für die englische (oder französische) Sprache«.
Anforderungen	1) Richtige Aussprache und Betonung, Kenntnis der Grammatik, Übung im Sprechen und Verstehen, 2) Fähigkeit, einen kaufmännischen Briefwechsel ohne Hilfsmittel in der Fremdsprache abzufassen, 3) Kenntnis des kaufmännischen Wortschatzes.	*nur für Haupt- und Nebensprachen **Hauptsprache:** 1) gute allgemeine sprachliche Kenntnisse, 2) Beherrschung des betriebs- und volkswirtschaftlichen Wortschatzes der Fremdsprache, 3) Fertigkeit im Übersetzen schwierigerer Texte wirtschaftlichen Inhalts aus der Fremdsprache ins Deutsche und umgekehrt,	Prüfung nur in *einer* Hauptsprache möglich 1) Umfassende Kenntnis in der Fremdsprache und zuverlässiges Sprachempfinden, 2) Beherrschung des Wortschatzes der verschiedenen Gebiete der Wirtschaft besonders des Handelsrechtes; Bewerber muss Beweis erbringen, dass er fähig ist, über Fragen der Wirtschaftssprache des fremden Volkes wissenschaftlich zu arbeiten,

	Fremdsprachliche Prüfung im kaufmännischen Schriftverkehr	Akademische Fachprüfung für Wirtschaftssprachler	Diplomprüfung für Wirtschaftsdolmetscher und Auslandskundler
Anforderungen		4) Fähigkeit, auch die schwierigsten einem Auslandskorrespondenten obliegenden Aufgaben im fremdsprachlichen kaufmännischen Schriftverkehr sachlich und stilistisch einwandfrei zu erledigen, 5) Kenntnis der wirtschaftlichen, rechtlichen, sozialen und politischen Verhältnisse des fremden Landes. **Nebensprache:** 1) gute allgemeine sprachliche Kenntnisse, 2) gute Kenntnis des fremdsprachlichen betriebs- und volkswirtschaftlichen Wortschatzes, 3) Fertigkeit im Übersetzen von Texten wirtschaftlichen Inhalts aus der Fremdsprache ins Deutsche und umgekehrt, 4) Fähigkeit, schwierigere Fälle des fremdsprachlichen kaufmännischen Schriftverkehrs zu erledigen, 5) Kenntnis der wirtschaftlichen Verhältnisse des fremden Landes.	3) Fähigkeit, schwierige Texte wissenschaftlichen Inhalts schriftlich und mündlich in deutscher und in der fremden Sprache wiederzugeben, 4) genaue Kenntnis der kulturellen, wirtschaftlichen, rechtlichen, sozialen und politischen Verhältnisse des fremden Landes sowie Deutschlands, sodass eine vergleichende Betrachtungsweise möglich ist, 5) Fähigkeit, zweisprachig geführte Wirtschaftsverhandlungen zu dolmetschen, 6) Befähigung, Vorträge und Referate über wirtschaftliche und kulturelle Fragen in der Fremdsprache frei zu halten.

	Fremdsprachliche Prüfung im kaufmännischen Schriftverkehr	Akademische Fachprüfung für Wirtschaftssprachler	Diplomprüfung für Wirtschaftsdolmetscher und Auslandskundler
Prüfungsinhalt	**Schriftlich:** a) Übersetzung eines fremdsprachlichen Textes wirtschaftlichen Inhalts ins Deutsche (ohne Hilfsmittel), b) Abfassung von Geschäftsbriefen in der Fremdsprache ohne Hilfsmittel auf Grund eines in deutscher Sprache durch Stichworte gegebenen Inhalts, c) Beantwortung einzelner Fragen über die fremdsprachliche Terminologie (Vertragsformeln usw.). **Mündlich:** a) Übersetzung deutscher Geschäftsbriefe in die fremde Sprache, b) Erläuterung der kaufmännischen Terminologie an Hand von fremdsprachlichen kaufmännischen Briefen und Urkunden.	**Hauptsprache:** **Schriftlich:** 1) Übersetzung eines schwierigeren Textes wirtschaftlichen Inhalts ins Deutsche (ohne Hilfsmittel), 2) Übersetzung eines schwierigeren Textes wirtschaftlichen Inhalts aus dem Deutschen in die Fremdsprache (mit Wörterbuch), 3) Aufsatz in der Fremdsprache ohne Hilfsmittel über wirtschaftssprachliche Fragen oder über ein Thema aus der Wirtschaft oder Kultur des fremden Landes, 4) Abfassen zusammenhängender Geschäftsbriefe in der Fremdsprache (ohne Hilfsmittel), 5) deutscher Aufsatz eines von drei zur Auswahl gestellten Themen weltanschaulicher, politischer oder wirtschaftswissenschaftlicher Art.	**Schriftlich:** 1) Übersetzung eines schwierigen Textes wirtschaftlichen Inhalts aus der Fremdsprache ins Deutsche (ohne Hilfsmittel), 2) Übersetzung eines schwierigen Textes wirtschaftlichen Inhalts aus dem Deutschen in die Fremdsprache (mit Wörterbuch), 3) Fremdsprachlicher Aufsatz ohne Hilfsmittel über eines von drei vorgeschlagenen Themen aus der Kulturkunde, Wirtschaftskunde oder Wirtschaftssprache des fremden Landes, 4) Bericht in der Fremdsprache über einen fremdsprachlichen Vortrag wirtschaftswissenschaftlicher, kultureller oder politischer Art (ohne Hilfsmittel), 5) Kurzbericht mit vorgeschriebener Wortzahl über den unter 4 angeführten fremdsprachlichen Vortrag (ohne Hilfsmittel).

	Fremdsprachliche Prüfung im kaufmännischen Schriftverkehr	Akademische Fachprüfung für Wirtschaftssprachler	Diplomprüfung für Wirtschaftsdolmetscher und Auslandskundler
Prüfungs-inhalt		**Mündlich:** 1) Übersetzung eines Textes wirtschaftlichen Inhalts ins Deutsche, 2) Übersetzung eines Textes wirtschaftlichen Inhalts in die Fremdsprache, 3) Fragen in der Fremdsprache über den Begriffsinhalt von Vertragsformeln und sonstigen Fachausdrücken aus der Wirtschaftssprache, 4) Wirtschaftskunde des fremden Landes, 5) Grundzüge der Kulturkunde des fremden Landes, [inkl.] der modernen Literatur.	**Mündlich:** 1) Übersetzen eines schwierigen Textes wirtschaftlichen Inhalts ins Deutsche, 2) Übersetzen eines schwierigen Textes wirtschaftlichen Inhalts in die Fremdsprache, 3) Dolmetschen zweisprachig geführter Wirtschaftsverhandlungen, 4) Dolmetschen eines kürzeren Vortrags, 5) Freier Vortrag in der Fremdsprache, 6) Kulturkunde, [inkl.] der Grundzüge der modernen Literatur des fremden Landes, 7) Wirtschaftskunde des fremden Landes, 8) Fremde Wirtschaftssprache (Rechts- und Verkehrsinhalt von Vertragsformeln usw.).

	Fremdsprachliche Prüfung im kaufmännischen Schriftverkehr	Akademische Fachprüfung für Wirtschaftssprachler	Diplomprüfung für Wirtschaftsdolmetscher und Auslandskundler
		Nebensprache: **Schriftlich:** 1) Übersetzung von Texten wirtschaftlichen Inhalts ins Deutsche (ohne Hilfsmittel), 2) Übersetzung von Texten wirtschaftlichen Inhalts aus dem Deutschen in die Fremdsprache (mit Wörterbuch), 3) Abfassen zusammenhängender Geschäftsbriefe in der Fremdsprache (ohne Hilfsmittel), 4) Beantwortung von Fragen über fremdsprachliche Vertragsformeln und sonstige wirtschaftssprachliche Ausdrücke. **Mündlich:** 1) Übersetzung eines Textes wirtschaftlichen Inhalts ins Deutsche, 2) Übersetzung eines Textes wirtschaftlichen Inhalts in die Fremdsprache, 3) Fragen aus dem Gebiet der Wirtschaftssprache, 4) Fragen über die fremde Wirtschaftskunde.	

Tab. 14: Geplante Prüfungsordnungen des Dolmetscher-Instituts der Handelshochschule Leipzig, 1937

2.7.3.2 Die Genehmigung der Prüfungsordnungen

Vom 08.03.1937 datiert ein Schreiben von Snyckers an den Präsidenten der Handelshochschule Leipzig, in dem er darauf hinweist, dass die in der Denkschrift dargelegten Zulassungsbestimmungen zur Prüfung, die Ordnung des Dolmetscher-Instituts sowie die Prüfungsordnungen weitgehend mit den jeweiligen Bestimmungen des Dolmetscher-Instituts an der Universität Heidelberg übereinstimmen. Zu den Prüfungsordnungen der akademischen Fachprüfung für Wirtschaftssprachler sowie der Dolmetscherprüfung für Wirtschaftsdolmetscher und Auslandskundler führt Snyckers an, dass diese »im Gegensatz zu diesen [den Heidelberger Prüfungen] nach der wirtschaftssprachlichen und auslandskundlichen Seite stark spezialisiert« sind.[1853]

Nur etwa drei Wochen später, nachdem Snyckers die Denkschrift an den Präsidenten weitergereicht hatte, wurde die Errichtung eines Dolmetscher-Instituts vom Senat und Kuratorium der Handelshochschule Leipzig genehmigt[1854]. Das Reichsministerium für Wissenschaft, Erziehung und Volksbildung erteilte seine Genehmigung zur Gründung eines Dolmetscher-Instituts am 18.09.1937[1855], wobei die Genehmigung der Prüfungsordnungen, der Verfassung und der Ordnung des Dolmetscher-Instituts durch das Reichsministerium noch ausstand. Einen Beleg dafür, dass ein Zusammenhang zwischen der Ausbildung von Dolmetschern und Übersetzern an Dolmetscher-Instituten und an der Auslandshochschule in Berlin bestand, auch wenn sich die Ausbildungsschwerpunkte unterschieden (vgl. 2.2.4), liefert das Protokoll der Kuratoriumssitzung vom Juni 1937, aus dem hervorgeht, dass das zuständige Ministerium die Angelegenheit noch prüfen müsse, »da sich die Denkschrift [des Dolmetscher-Instituts der Handelshochschule Leipzig] mit den Grundlagen für die im Entstehen begriffene Auslandshochschule in Berlin teilweise überschneidet«. Am 07.10.1937 teilte das Sächsische Ministerium für Volksbildung mit, dass »mit der Werbung für das Dolmetscher-Institut im Rahmen (...) der Denkschrift« begonnen werden könne.[1856]

1853 UAL, HHS 206, Bl. 4, Snyckers an Präsident der Handelshochschule Leipzig, 08.03.1937.

1854 UAL, HHS 206, Bl. 13, Snyckers an Köhler, Vorsitzender des Kuratoriums der Handelshochschule Leipzig, 31.03.1937. Snyckers bittet darin um Unterzeichnung des beiliegenden Schreibens. Der Kontext lässt den Schluss zu, dass es sich dabei um ein Schriftstück handelt, das mit den zur Errichtung des Dolmetscher-Instituts relevanten Unterlagen an das Volksbildungsministerium gesandt werden sollte. Das Protokoll der Kuratoriumssitzung vom 02.06.1937 informiert, dass die Genehmigung durch das Kuratorium zur Errichtung eines Dolmetscher-Instituts erst auf ebendieser Sitzung einstimmig beschlossen wurde (in: UAL, HHS 99, Bl. 243, Niederschrift der Kuratoriumssitzung, 02.06.1937). Möglicherweise wurde Snyckers die positive Haltung des Kuratoriums aber schon vorab signalisiert.

1855 UAL, HHS 206, Bl. 154, Snyckers an Oberregierungsrat Harmjanz im Reichsministerium für Wissenschaft, Erziehung und Volksbildung, 12.11.1938.

1856 UAL, HHS 99, Bl. 242, Niederschrift der Kuratoriumssitzung, 02.06.1937.

Mit der Mitteleintreibung für Werbemaßnahmen fing Snyckers bereits nach der Zustimmung zur Errichtung eines Dolmetscher-Instituts durch das Reichsministerium an. Vom 01.10.1937 datiert beispielsweise ein Schreiben von Snyckers an die Wirtschaftskammer Sachsen, aus dem hervorgeht, dass das Dolmetscher-Institut bereits im Wintersemester 1937/38 seinen Betrieb aufnehmen könne, sofern die noch ausstehende Genehmigung der Prüfungsordnungen durch das Reichsministerium erfolgt. Snyckers betont darin auch die Bedeutung des Dolmetscher-Instituts für die deutsche Wirtschaft und die Exporttätigkeit Deutschlands und bittet die Wirtschaftskammer, für die erforderliche »umfangreiche Werbung« Mittel bereitzustellen.[1857]

Die Anstrengungen, das neu gegründete Dolmetscher-Institut bekannt zu machen, lohnten sich[1858]. Im ersten Semester seines Bestehens verzeichnete das Dolmetscher-Institut 40 Besucher[1859]. Da sich unter den Besuchern auch ausländische Studierende befanden, richtete Snyckers im Frühjahr 1938 eine »deutschsprachliche Abteilung« mit der Begründung ein, dass es im Interesse der deutschen Wirtschaft sei, dass »diese jungen Leute in der kurzen Zeit ihres Studiums möglichst viel vom deutschen Wirtschaftsleben erfassen, und dafür soll eine gründliche Ausbildung in der deutschen Wirtschaftssprache die Voraussetzung schaffen«.[1860]

Die positiven Entwicklungen wurden jedoch durch die noch ausstehende Genehmigung der Prüfungsordnungen seitens des Reichsministeriums für Erziehung, Wissenschaft und Volksbildung getrübt. Bislang hatten die Richtlinien der Denkschrift die Handlungsgrundlage für das Dolmetscher-Institut gebildet[1861]. Da das Reichsministerium bereits im August 1937 seine Genehmigung zur Errichtung des Dolmetscher-Instituts gab und vom Sächsischen Ministerium für Volksbildung im Oktober 1937 die Genehmigung erteilt wurde, für das Dolmetscher-Institut im Rahmen der Denkschrift zu werben, gingen die Verantwortlichen der Handelshochschule Leipzig vermutlich davon aus, dass die Genehmigung der Prüfungsordnungen ebenfalls bald erfolgen würde. Angesichts dieser Situation stand der

1857 UAL, HHS 206, Bl. 31, Snyckers an Wirtschaftskammer Sachsen, 01.10.1937.

1858 UAL, HHS 206, Bl. 56, Snyckers an Wirtschaftskammer Sachsen, 14.02.1938. Snykkers berichtet von »täglich zahlreich eingehenden Anfragen«, die sich zukünftig positiv auf die Handelshochschule und die deutsche Wirtschaft auswirken würden.

1859 UAL, HHS 99, Bl. 268, Niederschrift der Kuratoriumssitzung, 01.12.1937. Die Besucherzahlen des Dolmetscher-Instituts wirkten sich zusammen mit den Besucherzahlen weiterer der Handelshochschule Leipzig eingegliederten Einrichtungen positiv auf die Gesamtbesucherzahl der Handelshochschule Leipzig aus: Verzeichnete die Handelshochschule im Sommersemester 1937 insgesamt noch 367 Besucher, so stieg die Besucherzahl im Wintersemester 1937/38 auf insgesamt 518 an (in: UAL, HHS 567, Bl. 2, Snyckers an Stadtkämmerer Köhler, 19.04.1938).

1860 UAL, HHS 206, Bl. 75, Snyckers an Deutsche Akademische Auslandsstelle in Leipzig, 12.05.1938.

1861 BArch, R 4901/13931, Zur Errichtung eines gemeinsamen Dolmetscher-Instituts der Universität und der Handelshochschule Leipzig, 01.03.1943.

Aufnahme der Gründungsaktivitäten nichts im Wege. Auf Nachfragen der Handelshochschule Leipzig im April 1938 wurde von Regierungsseite aus bestätigt, dass bis zu einer definitiven Entscheidung des zuständigen Reichsministers über die Prüfungsordnungen nach den »Vorschlägen der Denkschrift« verfahren werden könne[1862]. Wiederholt wurde der Handelshochschule demnach signalisiert, dass die Prüfungsordnungen aus der Denkschrift bis auf Weiteres angewendet werden können.

Vom 03.08.1938 datiert ein Schreiben des Reichsministers für Wissenschaft, Erziehung und Volksbildung an den Leiter des Sächsischen Ministeriums für Volksbildung in Dresden, aus dem hervorgeht, dass der Reichsminister zwar grundsätzlich mit der Errichtung eines Dolmetscher-Instituts einverstanden sei, nach Durchsicht der ihm vorgelegten Unterlagen aus der Denkschrift komme er jedoch zu dem Schluss, dass der »Aufgabenkreis eines Hochschulinstituts erheblich überschritten« worden sei. Als Grund wird dafür Folgendes angeführt:

> »Die wissenschaftliche Ausbildung im weitesten Sinne ist Aufgabe der wissenschaftlichen Hochschule als solcher. Es geht deshalb nicht an, innerhalb einer wissenschaftlichen Hochschule, wie sie die Handelshochschule Leipzig darstellt, eine Sondereinrichtung zu schaffen, welche diese Aufgabe selbständig übernimmt.« [1863]

Außerdem beanstandete der Reichsminister die wirtschaftliche Ausrichtung der Studiengänge:

> »Da Prüfungen in Fremdsprachen bereits im Rahmen der Diplomprüfung für Volkswirte, Kaufleute und Handelslehrer auf Grund (...) der Diplomprüfung [für Kaufleute] abgelegt werden können, vermag ich weder eine besondere akademische Fachprüfung für Wirtschaftssprachler noch eine Diplomprüfung für Wirtschaftsdolmetscher und Auslandskundler zu genehmigen.«[1864]

Der Reichsminister schlug daher vor, die für das Dolmetscher-Institut der Universität Heidelberg geltenden Prüfungsordnungen auf die Handelshochschule Leipzig auszudehnen. Als problematisch erachtete der Reichsminister auch die Prüfungsordnung für die fremdsprachliche Prüfung im kaufmännischen Schriftverkehr. Hier sah er vermutlich eine Überschneidung mit der für Diplom-Kaufleute bereits bestehenden fremdsprachlichen Prüfung.

Eine Genehmigung der von Snyckers in der Denkschrift vorgeschlagenen Prüfungsordnungen erfolgte daher nicht. Stattdessen wurde die Handelshochschule Leipzig aufgefordert, neue Entwürfe der Prüfungsordnungen und der Verfassung des Instituts vorzulegen. Die von Snyckers in der Denkschrift vorgeschlagene Ordnung des Dolmetscher-Instituts erachtete der Reichsminister als nicht notwendig:

1862 UAL, HHS 206, Bl. 154, Snyckers an Oberregierungsrat Harmjanz im Reichsministerium für Wissenschaft, Erziehung und Volksbildung, 12.11.1938. Die relevante Anfrage der Handelshochschule datiert vom 19.04.1938.

1863 UAL, HHS 206, Bl. 89, Reichsminister für Wissenschaft, Erziehung und Volksbildung an Sächsisches Ministerium für Volksbildung in Dresden, 03.08.1938.

1864 Ibid.

Da das Dolmetscher-Institut in die Handelshochschule Leipzig eingegliedert war, sollten für die Studierenden des Dolmetscher-Instituts die allgemeinen Aufnahmebedingungen der Handelshochschule Leipzig gelten.[1865]

Die Reaktion des Reichsministeriums brachte das Dolmetscher-Institut nicht nur in eine missliche Lage, sondern gefährdete auch sein Weiterbestehen, da die Ausbildungsstätte ohne gültige Prüfungsordnungen ihre Zielsetzung nicht verwirklichen konnte. Zudem gingen die Verzögerungen bei der Genehmigung der Prüfungsordnungen mit Verlusten von zahlenden Studierenden einher. Dies beeinträchtigte wiederum die Finanzierung des Dolmetscher-Instituts.

Die Verantwortlichen der Handelshochschule waren somit gezwungen, möglichst schnell eine Lösung herbeizuführen. Bemerkenswert diplomatisch bat der Rektor der Handelshochschule Leipzig den zuständigen Reichsminister daher Anfang September 1938 darum, wie vom Reichsminister selbst vorgeschlagen, die Prüfungsordnungen des Heidelberger Dolmetscher-Instituts als »Zwischenlösung« auf das Leipziger Dolmetscher-Institut auszuweiten, da die gewünschte Erstellung neuer Entwürfe für die Prüfungsordnungen des Leipziger Dolmetscher-Instituts einige Zeit in Anspruch nehmen würde. Die auf Basis der bisherigen Ordnung aufgenommenen Mitglieder sollten aber ihre vollen Mitgliedsrechte behalten.[1866]

Zwei Beispiele zeigen, welche fatalen Folgen die ausstehende Genehmigung der Prüfungsordnungen für das Dolmetscher-Institut und seine Studierenden hatte[1867]. Aufgrund ihrer Vorbildung wurden zwei Studierenden gemäß den »bisherigen Bestimmungen, die vom Herrn Reichserziehungsminister vorläufig genehmigt«[1868] wurden, zwei Semester angerechnet, sodass sie bereits im Wintersemester 1938/39 die akademische Fachprüfung für Wirtschaftssprachler ablegen konnten. Am 30.06.1938 bat die Handelshochschule den zuständigen Reichsminister um Zulassung der beiden Prüfungskandidaten. Etwa vier Monate später, am 26.10.1938, kam diesbezüglich jedoch ein negativer Bescheid aus dem Reichsministerium, »da die Durchführung einer Prüfung vor Erlaß der Prüfungsordnung« nicht möglich sei. Für einen der beiden Prüfungskandidaten war diese Entscheidung verhängnisvoll, denn er hatte bereits in Spanien eine Stelle in Aussicht, die er somit nicht antreten

---

1865 Ibid.

1866 BArch, R 4091/13931, Rektor der Handelshochschule Leipzig an Reichsminister für Wissenschaft, Erziehung und Volksbildung, 07.09.1938.

1867 Die Situation betraf vor allem die Studierenden Kurt Hüttner und Otto Kunze (in: BArch, R 4901/13931, Rektor der Handelshochschule Leipzig an Reichsminister für Wissenschaft, Erziehung und Volksbildung, 03.10.1938 und UAL, HHS 206, Bl. 154, Snyckers an Oberregierungsrat Harmjanz im Reichsministerium für Wissenschaft, Erziehung und Volksbildung, 12.11.1938), die aufgrund der geschilderten Situation erst im Februar 1939, als erste Absolventen des Dolmetscher-Instituts, zur Abschlussprüfung eingeladen werden konnten (in: UAL, HHS 211, Bl. 3, Einladungen zur mündlichen Prüfung, Februar 1939) und nicht wie geplant bereits ein Semester zuvor ihr Studium abschließen konnten.

1868 BArch, R 4901/13931, Rektor der Handelshochschule Leipzig an Reichsminister für Wissenschaft, Erziehung und Volksbildung, 03.10.1938.

konnte.[1869] Doch nicht nur für die betroffenen Studierenden war die Sachlage folgenschwer, auch das Ansehen des Dolmetscher-Instituts litt in Anbetracht dieser Situation. Zudem waren Schadensersatzklagen von Seiten der Studierenden nicht ausgeschlossen[1870].

In dieser vertrackten Situation, die Snyckers als Hauptverantwortlichem für das Dolmetscher-Institut immensen Druck aufbürdete, wandte sich dieser mit einem Höchstmaß an Sachlichkeit an das Reichsministerium mit der Bitte, die Entwürfe der neuen Prüfungsordnungen, die die Handelshochschule am 04.11.1938[1871] an das Reichsministerium weitergeleitet hatte und die den Richtlinien des Heidelberger Dolmetscher-Instituts weitgehend entsprachen, zügig zu genehmigen[1872].

Noch vom Dezember 1938 datieren Dokumente in den Akten des Universitätsarchivs Leipzig, die belegen, dass die Genehmigung der Prüfungsordnungen durch das zuständige Reichsministerium nicht erfolgt war:

> »Die baldige Genehmigung der am 04.11.1938 eingereichten Prüfungsordnungen des Dolmetscher-Instituts der Handels-Hochschule Leipzig ist eine Lebensfrage für diese neue Lehreinrichtung. Eine weitere Verzögerung würde nicht nur Neuanmeldungen geradezu unmöglich machen, sondern auch Schadensersatzklagen seitens einzelner Institutsmitglieder zur Folge haben (z.B. im bereits wiederholt erwähnten Falle Hüttner/Kunze).«[1873]

1869 UAL, HHS 206, Bl. 155, Snyckers an Oberregierungsrat Harmjanz im Reichsministerium für Wissenschaft, Erziehung und Volksbildung, 12.11.1938.

1870 UAL HHS 206, Bl. 157, Prorektor der Handelshochschule Leipzig an Oberregierungsrat Harmjanz im Reichsministerium für Wissenschaft, Erziehung und Volksbildung, 19.12.1938.

1871 Die Handelshochschule Leipzig reichte am 21.09.1938 und am 03.10.1938 Ergänzungsanträge für die Prüfungsordnungen des Heidelberger Dolmetscher-Instituts beim Sächsischen Ministerium für Volksbildung ein. Der Antrag vom 21.09.1938 wurde von Snyckers am 03.10.1938 widerrufen, da dem Leipziger Dolmetscher-Institut gegenüber dem Heidelberger Dolmetscher-Institut in Bezug auf die Zulassungsbestimmungen zum Studium ein Nachteil entstanden wäre (in: UAL, HHS 206, Bl. 119, Snyckers an Reichsministerium für Wissenschaft, Erziehung und Volksbildung, 03.10.1938). Die vom Reichsministerium gewünschten neuen Entwürfe für die Prüfungsordnungen folgten am 04.11.1938 (in: UAL, HHS 206, Bl. 156, Snyckers an Oberregierungsrat Harmjanz im Reichsministerium für Wissenschaft, Erziehung und Volksbildung, 12.11.1938).

1872 UAL, HHS 206, Bl. 156, Snyckers an Oberregierungsrat Harmjanz im Reichsministerium Wissenschaft, Erziehung und Volksbildung, 12.11.1938.

1873 UAL HHS 206, Bl. 157, Prorektor der Handelshochschule Leipzig an Oberregierungsrat Harmjanz im Reichsministerium für Wissenschaft, Erziehung und Volksbildung, 19.12.1938.

Den Akten zufolge nahm das Reichsministerium die von der Handelshochschule Leipzig vorgeschlagene Zwischenlösung bezüglich der Prüfungsordnungen am 22.09.1938 an[1874].

Eine Genehmigung durch das Reichsministerium, die allerdings den Mühen der Verantwortlichen der Handelshochschule Leipzig nicht Rechnung trug und im Widerspruch zu den Wünschen des Reichsministeriums bezüglich neuer Entwürfe für Prüfungsordnungen standen, ließ jedoch bis zum 19.12.1938 auf sich warten:

> »Die mir vorgelegten Entwürfe der Ordnung der Fachprüfung für akademisch geprüfte Übersetzer und der Diplomprüfung für Dolmetscher entsprechen im wesentlichen (sic!) den für die Universität Heidelberg genehmigten Prüfungsordnungen. Ich sehe deshalb davon ab, für die Handelshochschule in Leipzig besondere Prüfungsordnungen zu erlassen, dehne vielmehr die durch Erlaß vom 9.11.1937 (...) in Kraft gesetzten Prüfungsordnungen für ›Akademisch geprüfte Übersetzer‹ und für ›Diplom-Dolmetscher‹ mit Wirkung vom 01.11.1938 ab auf die Handelshochschule Leipzig aus.«[1875]

Erst über ein Jahr nach seiner Gründung am 01.11.1937 wurde dem Dolmetscher-Institut ein von offizieller Seite genehmigter Handlungsspielraum gegeben. Belege über eine Eröffnungsfeierlichkeit konnten im konsultierten Aktenmaterial nicht nachgewiesen werden. Vermutlich ist es auf das enge Zeitfenster, das für die Gründungsarbeiten des Dolmetscher-Instituts zur Verfügung stand, und auf die geschilderten Probleme im Gründungsprozess zurückzuführen, dass auf eine Einweihungsfeier verzichtet wurde.

Warum es Verzögerungen bei der Genehmigung der Prüfungsordnungen und dem Anschein nach wenig Verständnis für die Situation des Dolmetscher-Instituts seitens des zuständigen Reichsministeriums gab, ist anhand der konsultierten Akten nicht zu belegen. Gründe dafür könnten in der damals vorherrschenden politischen Situation Deutschlands liegen, das sich auf die Vorbereitung eines Krieges konzentrierte. Eher unmaßgebliche Angelegenheiten, wie etwa der Aufbau einer Ausbildungsstätte, fielen bei den Kriegsvorbereitungen wohl kaum ins Gewicht, auch wenn diese versprach, unter dem nationalsozialistischen Banner Nachwuchskräfte für den deutschen Außenhandel auszubilden. Zudem war die Bildungspolitik im Dritten Reich zentral geschaltet. Snyckers' kreative Vorschläge zur Konzeption eines bis dahin einzigartigen Studiengangs – die Ausrichtung am Heidelberger Dolmetscher-Institut war weniger wirtschaftssprachlich betont und vom ursprünglichen Studiengangskonzept des Dolmetscher-Instituts an der Handelshochschule Mannheim abgewichen (vgl. 2.6) – hatten daher schlechte Aussichten darauf, über die Planungsphase hinauszukommen.

1874 BArch, R 4901/13931, Rektor der Handelshochschule Leipzig an Reichsminister für Wissenschaft, Erziehung und Volksbildung, 03.10.1938.

1875 UAL, HHS 206, Bl. 158, Reichsminister für Wissenschaft, Erziehung und Volksbildung an Leiter des Sächsischen Ministeriums für Volksbildung in Dresden, 19.12.1938.

Von anderen für das Dolmetscherwesen maßgeblichen Stellen wurde die Genehmigung der Prüfungsordnungen, die fortan ein intaktes Funktionieren des Betriebs am Dolmetscher-Institut sicherstellte, sehr begrüßt. Der Leiter des Sprachendienstes im Auswärtigen Amt, Paul Gautier, reagierte beispielsweise wie folgt:

> »Ich freue mich außerordentlich, daß durch den Erlaß des Reichserziehungsministeriums bezüglich der Prüfungsordnung des Dolmetscher-Instituts der HandelsHochschule Leipzig die offizielle Basis für unsere enge Zusammenarbeit gelegt worden ist, umso mehr als ich persönlich schon lange den Wunsch gehegt hatte, mit dem Leipziger Institut Bande fachlicher und persönlicher Verbundenheit zu knüpfen, wie es mit dem früheren Mannheimer, jetzt Heidelberger Institut seit Jahren der Fall ist.«[1876]

Nach der bestandenen Feuerprobe lichteten sich die Perspektiven für das Dolmetscher-Institut zunächst. Die politische Situation Deutschlands zwischen 1939 und 1945 ging aber dennoch nicht spurlos an der neuen Institution vorbei.

2.7.3.3 Das Dolmetscher-Institut im Zweiten Weltkrieg

Bild 10: Bibliothek des Dolmetscher-Instituts
(Bildnachweis: Vorlesungsverzeichnis Handelshochschule Leipzig, SS 1944)

Angelehnt an die in der Denkschrift dargelegten Aufgaben der Lehrtätigkeit weisen die Vorlesungsverzeichnisse von 1939 bis 1945 ein reiches Angebot an fremdsprachlichen, kultur- und wirtschaftskundlichen Kursen auf. Eine besondere Kursvielfalt zeigt sich für die Hauptsprachen Englisch und Französisch. Aber auch das Kursangebot für die Nebensprachen, Italienisch, Rumänisch, Russisch, Spanisch, zeitweise Portugiesisch und Niederländisch[1877], künden von einer aktiven und fundierten Lehrtätigkeit.

1876 UAL, HHS 210, Bl. 39, Gautier an Snyckers, 18.02.1939.
1877 Vgl. Vorlesungsverzeichnis des Dolmetscher-Instituts der Handels-Hochschule Leipzig, Wintersemester 1941/42, S. 11.

Ab Anfang 1940[1878] weisen die Vorlesungsverzeichnisse auf Sprachkurse der Universität Leipzig hin. In den folgenden Jahren entwickelte sich im Rahmen einer Kooperationsvereinbarung zwischen der Universität Leipzig und der Handelshochschule Leipzig eine enge Zusammenarbeit zwischen der Universität Leipzig und dem Dolmetscher-Institut. Das Vorlesungsverzeichnis des Dolmetscher-Instituts vom Sommersemester 1942 informiert über gegenseitige Vereinbarungen zwischen beiden Einrichtungen, die Studierenden die Teilnahme an Kursen der Universität und der Handelshochschule erlaubte: »Um eine ergänzende Ausbildung zu ermöglichen, wird auf die Kultur- und Literaturvorlesungen sowie Lektorübungen der Universität hingewiesen«[1879]. Ab 1943 wird in den Vorlesungsverzeichnissen eine »Arbeitsgemeinschaft mit der Universität Leipzig« erwähnt[1880]. Die Arbeitsgemeinschaft, deren Hintergründe weiter unten dargestellt werden, ermöglichte eine enge Zusammenarbeit zwischen beiden Institutionen. Durch die Nutzung gemeinsamer personeller und infrastruktureller Ressourcen sollten sich die beiden Einrichtungen ergänzen.

Das makellose Bild eines wohl funktionierenden Lehrbetriebs, das die Vorlesungsverzeichnisse vermitteln, verschwimmt jedoch bei einer genaueren Betrachtung der Geschichte: Die Kriegsjahre brachten vor allem Unterbrechungen des Unterrichts mit sich und finanzielle Schwierigkeiten, die zu Kooperationen führten, die in Friedenszeiten undenkbar gewesen wären. Schon kurz nach Ausbruch des Zweiten Weltkriegs, im September 1939, zeugt eine Mitteilung an die Kandidaten der Fachprüfung für akademisch geprüfte Übersetzer von den widrigen äußeren Umständen, die das Dolmetscher-Institut in Mitleidenschaft zogen:

> »Der Lehr- und Forschungsbetrieb der Handels-Hochschule Leipzig ist mit dem 6. September 1939 bis auf weiteres geschlossen worden. Es ist damit zu rechnen, daß die regulären Prüfungen im Oktober nicht stattfinden werden. Für Kandidaten, die sich für die Fachprüfung für akademisch geprüfte Übersetzer gemeldet haben, besteht die Möglichkeit, sich schriftlich am 16.09. und mündlich am 18.09. einer verkürzten Notprüfung zu unterziehen.«[1881]

Der kriegsbedingte Unterrichtsausfall sowie personelle Verluste unter Studierenden und Dozenten[1882] erforderten eine Anpassung an schwierige äußere Umstände, um ein Funktionieren des Lehrbetriebs zu gewährleisten. So schien es geboten,

---

1878 Das Studienjahr 1940 wurde den Vorlesungsverzeichnissen zufolge in Trimester unterteilt. Die Semesterzählung endete im Wintersemester 1939/40 und wurde ab dem Sommersemester 1941 wieder fortgesetzt.

1879 Vgl. Vorlesungsverzeichnis des Dolmetscher-Instituts der Handels-Hochschule Leipzig, Sommersemester 1942, S. 3.

1880 Vgl. z.B. Vorlesungsverzeichnis des Dolmetscher-Instituts der Handels-Hochschule Leipzig, Wintersemester 1943/44, S. 4–5.

1881 UAL, HHS 211, Bl. 29, Aushang am Dolmetscher-Institut, 11.09.1939.

1882 Vgl. Fiedler (1998: 69). Für das Wintersemester 1944/45 werden in dieser Quelle laut Vorlesungsverzeichnis der Handels-Hochschule Leipzig 98 gefallene Hochschulangehörige angegeben. Es ist anzunehmen, dass schon zu Beginn des Krie-

über eine »organisatorische Zusammenfassung« mit den Sprachabteilungen der Universität und über eine »einheitliche Leitung« nachzudenken[1883]. Die Erörterung dieser Möglichkeit wurde in Universitätskreisen angeregt. Erste Gespräche zu einer möglichen engeren Zusammenarbeit zwischen der Handelshochschule und der Universität auf dem Gebiet des Sprachunterrichts fanden im Juli 1942 statt[1884].

Im Vordergrund stand dabei der Unterricht in ost- und südosteuropäischen Sprachen. Auslöser für diese Schwerpunktsetzung war die Südost-Tagung in Wien, die vermutlich in der ersten Jahreshälfte 1942 stattfand[1885]. Der gewünschte Sprachunterricht sollte für zukünftige »Angehörige aller Berufe« angeboten werden. Das Ziel war daher die Errichtung eines »›Sprachlehrinstitutes‹, das auf breiter Grundlage Sprachkurse durchführt«. Diese Gedanken, die in Universitätskreisen entstanden, sollten Snyckers mitgeteilt werden, von dessen Haltung das geplante Projekt maßgeblich abhing.[1886] Bis Jahresende fanden Besprechungen mit Vertretern der Handelshochschule, der Universität im Volksbildungsministerium in Dresden statt. Die Regierungsvertreter wünschten ausdrücklich, dass bei der Umsetzung des Plans das Dolmetscher-Institut der Handelshochschule Leipzig seine Selbstständigkeit erhalte.[1887] Wie den Akten zu entnehmen ist, fand im November 1942 eine Diskussion zwischen Vertretern der Universität und der Handelshochschule Leipzig statt über den Ausbau des Dolmetscher-Instituts auf der Basis eines Entwurfs, der von Snyckers erarbeitet wurde[1888]. Bis Februar 1943 wurde dieser Entwurf verfeinert und von den beteiligten Hochschulen zur Vorlage im Volksbildungsministerium in Dresden genehmigt[1889].

Es erstaunt, dass Snyckers dem Plan eines gemeinsamen Dolmetscher-Instituts von Universität und Handelshochschule nicht nur zugestimmt, sondern diesen selbst sogar auf Wunsch entworfen hatte, wenn man seinen Aufsatz *Fremdsprachen an Universitäten und an Handelshochschulen* aus dem Jahr 1928 berücksichtigt[1890]. Darin stellt Snyckers in Bezug auf das Studium fremder Sprachen eine »grundlegende Wesensverschiedenheit«[1891] zwischen Universität und Handelshochschule fest und führt aus, dass die Kultur eines fremden Landes an der Universität von literarischer und philosophischer Seite aus erschlossen wird, wobei außer Acht gelassen wird, dass sich die Kultur eines Volkes aus der »Gesamtheit seiner Le-

---

ges die Personalstruktur der Ausbildungsstätte, inkl. Dolmetscher-Institut, stark abnahm, da Dozenten und Studierende eingezogen wurden.

1883 BArch, R 4901/13931, Zur Errichtung eines gemeinsamen Dolmetscher-Instituts der Universität und der Handelshochschule Leipzig, 01.03.1943.

1884 UAL, HHS 516, Bl. 112, Aktennotiz, 15.07.1942.

1885 Ibid und UAL, HHS 516, Bl. 91, Indogermanisches Institut der Universität (Prof. Junker) an Rektoren der Universität und Handelshochschule in Leipzig, 18.07.1942.

1886 UAL, HHS 516, Bl. 112, Aktennotiz, 15.07.1942.

1887 UAL, HHS 516, Bl. 108, Aktennotiz, 12.10.1942.

1888 UAL, HHS 516, Bl. 109, Aktennotiz, 02.11.1942.

1889 UAL, HHS 516, Bl. 99, Aktennotiz, 02.02.1943.

1890 Vgl. Snyckers (1928e).

1891 Ibid, S. 300.

bensäußerungen«[1892] zusammensetzt. Die Sprachforschung an Handelshochschulen, die sich mit dem Wirtschaftsleben eines Volkes beschäftigt, könne daher als Ergänzung zum Sprachstudium an der Universität erachtet werden, selbst wenn sich die an den jeweiligen Hochschulen angewandten Forschungsmethoden unterscheiden. Denn Snyckers zufolge könne Wirtschaftssprache nur gelehrt werden, sofern die Voraussetzungen für ökonomisches Verstehen, verbunden mit den wirtschaftsrelevanten politischen und juristischen Verhältnissen, vorhanden sind.

Es ist anzunehmen, dass Snyckers in erster Linie vor dem Hintergrund des Krieges, der finanzielle und personelle Engpässe mit sich brachte, dem Plan eines gemeinsamen Dolmetscher-Instituts der Handelshochschule und der Universität zustimmte. In methodischer Hinsicht war der neuphilologische Unterricht an der Universität und der Unterricht am Dolmetscher-Institut nicht vereinbar. Für die Dolmetscher- und Übersetzerausbildung hätte die geplante Fusion sogar einen Rückschritt bedeutet. Snyckers betonte den besonderen Charakter des Fremdsprachenunterrichts an Handelshochschulen im Allgemeinen und am Dolmetscher-Institut im Speziellen in verschiedenen veröffentlichten und unveröffentlichten Dokumenten. Noch 1944, auf der Suche nach einem Nachfolger für seinen Lehrstuhl und die Leitung des Dolmetscher-Instituts, bestand Snyckers darauf, dass diese Einrichtung ihre Eigenart behalte[1893]. Die Notlage des Krieges stellte Snyckers aber vor ein Dilemma, das ihn vermutlich zugunsten des Erhalts des Dolmetscher-Instituts entscheiden und gegen seine Prinzipien verstoßen ließ: Hätte er sich dem Angebot der Universität verschlossen, wäre damit der Fortbestand des Dolmetscher-Instituts gefährdet gewesen.

Eine Begründung, die den Plan eines gemeinsamen Dolmetscher-Instituts zwischen Universität und Handelshochschule rechtfertigte, geht aus einem Dokument vom Februar 1943 hervor. Unter anderem wird darin als Grund für die Zusammenlegung angeführt, dass die Dolmetscher-Institute in Heidelberg und das im Entstehen begriffene in Wien mit den jeweiligen Universitäten vor Ort eng zusammenarbeiteten oder in diese integriert waren. Der ausschlaggebende Punkt, der zur Errichtung eines gemeinsamen Dolmetscher-Instituts in Leipzig bewegte, war dem Dokument zufolge jedoch der Entwurf einer reichseinheitlichen Prüfungsordnung, wie im Folgenden ausgeführt wird.[1894] Der erarbeitete Antrag zur Errichtung eines gemeinsamen Dolmetscher-Instituts wurde am 29.03.1943 von den Rektoren der Universität Leipzig und der Handelshochschule Leipzig an das Volksbildungsministerium in Dresden weitergeleitet[1895]. Die Vertreter des Volksbildungsministeri-

---

1892 Ibid, S. 301.

1893 Vgl. z. B. UAL, PA 3320, Bl. 43, Snyckers an Rektor der Handelshochschule Leipzig, 22.07.1944

1894 UAL, HHS 516, Bl. 85–86, Bericht über die Unterredung vom 04.02.1943, 05.02.1943. Siehe hierzu auch Informationen in BArch, R 4901/13931, Zur Errichtung eines gemeinsamen Dolmetscher-Instituts der Universität und der Handelshochschule Leipzig, 01.03.1943.

1895 UAL, HHS 516, Rektor der Universität an Leiter des Sächsischen Ministeriums für Volksbildung, 29.03.1943.

ums in Dresden standen dem Plan wohlwollend gegenüber, wie aus einem Schreiben an den Reichsunterrichtsminister hervorgeht, in dem dieser gebeten wurde, die Errichtung eines gemeinsamen Dolmetscher-Instituts der Universität und der Handelshochschule Leipzig zu genehmigen.

In der Anlage wurde dem Reichsministerium ein Dokument vom 01.03.1943 übersandt, das Ziel und Gründe des Projekts darlegte. Demnach sprach aus Sicht der Handelshochschule eine mögliche Vertiefung des Studiums für eine Zusammenarbeit. Außerdem war es in der geplanten »reichseinheitlichen Prüfungsordnung für das Dolmetscherwesen« vorgesehen, die Relevanz der Nebensprachen zu verringern. Eine Zusammenarbeit mit der Universität ließ aber eine ausreichende Teilnehmerzahl in Kursen für diese Sprachen erwarten. Dadurch wurde gewährleistet, dass der Unterricht in diesen Sprachen weiterhin angeboten werden konnte.

Die Universität begründete die Notwendigkeit einer Zusammenarbeit mit dem Dolmetscher-Institut der Handelshochschule damit, dass ihre Studierenden nichtphilologischer Fachrichtungen zwar Interesse am praktischen Fremdsprachenerwerb haben, die Sprachkurse an der Universität jedoch vorwiegend wissenschaftlich ausgerichtet seien. Durch die Zusammenlegung könne auch ein »praktischer Unterricht in den modernen Fremdsprachen« angeboten werden und sich die beiden Einrichtungen somit in der wissenschaftlichen und praktischen Sprachausbildung ergänzen.

Das geplante Dolmetscher-Institut sollte, unter der Leitung von Snyckers, aus zwei Hauptabteilungen bestehen. »Die I. Hauptabteilung (die der Universität) bezweckt die fremdsprachliche sowie landes- und volkskundliche Ausbildung für andere akademische Berufe als die des Übersetzers und Dolmetschers«. In der zweiten Hauptabteilung, die der Handelshochschule entsprach, sollten akademisch geprüfte Übersetzer und Diplom-Dolmetscher ausgebildet werden.[1896] Die beiden Hauptabteilungen sollten sich durch geeignete Veranstaltungen ergänzen. Außerdem sollte die erste Hauptabteilung, d.h. der Sprachunterricht an der Universität, von Studierenden der zweiten Hauptabteilung als Vorstufe genutzt werden können, sofern die geforderten fremdsprachlichen Kenntnisse für das Übersetzer- und Dolmetscherstudium nicht vorhanden waren[1897].

Wie aus den Vorlesungsverzeichnissen des Dolmetscher-Instituts hervorgeht, fand eine Kooperation im Rahmen einer Arbeitsgemeinschaft zwischen der Universität und der Handelshochschule Leipzig von 1943 bis Kriegsende statt. Die angestrebte formale Verschmelzung der Sprachabteilungen der Universität mit dem Dolmetscher-Institut erfolgte während des Krieges jedoch nicht, sondern blieb, wie der folgenden Quelle von 1947 zu entnehmen ist, Entwurf:

1896 BArch, R 4901/13931, S. 3, Zur Errichtung eines gemeinsamen Dolmetscher-Instituts der Universität und der Handelshochschule Leipzig, 01.03.1943. Hervorhebung im Original.

1897 UAL, HHS 516, Bl. 85–86, Bericht über die Unterredung vom 04.02.1943, 05.02.1943.

»[Die Ausbildung von Dolmetschern und Übersetzern] wäre Aufgabe eines besonderen am besten allerdings der Universität angeschlossenen Instituts, wie es schon einmal ins Auge gefaßt war.«[1898]

Der Grund für das Nichtzustandekommen eines gemeinsamen Dolmetscher-Instituts hing mit einem Erlass des Reichsunterrichtsministers zusammen, der statt eines gemeinsamen Dolmetscher-Instituts eine Zusammenarbeit im Rahmen einer Arbeitsgemeinschaft anordnete:

»Das von der Universität und Handelshochschule in Leipzig nunmehr erstrebte Ziel, die an beiden Hochschulen bestehenden Einrichtungen auf dem Gebiete des fremdsprachlichen Unterrichts gemeinsam in Anspruch nehmen zu können, wird nicht durch die Errichtung eines gemeinsamen Dolmetscher-Instituts der Universität und der Handelshochschule, vielmehr in erster Linie dadurch erreicht, daß die Studierenden der Handelshochschule Leipzig als Hörer der Universität Leipzig an deren Unterrichtsveranstaltungen und Einrichtungen und umgekehrt die Studierenden der Universität Leipzig als Hörer der Handelshochschule an den Vorlesungen usw. der Handelshochschule Leipzig teilnehmen.«[1899]

Die in den Kriegsjahren geplante Kooperation zwischen den beiden Institutionen im Rahmen eines gemeinsamen Dolmetscher-Instituts ging demnach über die gegenseitige Nutzung personeller und infrastruktureller Ressourcen, wie in den Vorlesungsverzeichnissen angegeben, nicht hinaus.

Die Anregung zur Errichtung eines gemeinsamen Dolmetscher-Instituts mit der Universität Leipzig kam 1942, wie gezeigt wurde, aus Universitätskreisen. Dies ist für die Eingliederungsprozesse der in dieser Arbeit untersuchten Dolmetscher-Institute, untypisch. Meist überwogen in Universitätskreisen die Gegner der Dolmetscher-Institute. Wie die Akten belegen, waren auch im Fall der Eingliederung des Dolmetscher-Instituts der Handelshochschule Leipzig in die Universität Leipzig diejenigen unter den Universitätsvertretern in der Mehrzahl, die ein Dolmetscher-Institut nicht im universitären Rahmen platziert sehen wollten. Eine diesbezügliche Information stammt aus dem Jahr 1944. Daraus geht hervor, dass Gespräche über die Gründung einer Rechts-, Staats- und Wirtschaftswissenschaftlichen Fakultät an der Universität Leipzig während des Zweiten Weltkriegs stattfanden. In diesem Zuge wurde geplant, in die zu errichtende Fakultät die Handelshochschule Leipzig und somit auch das Dolmetscher-Institut zu integrieren. Wie es in dem Dokument heißt, hätten sich dagegen aber »vor allen Dingen die Philologen der Universität gewandt, da sie gegen das Studentenmaterial des Dolmetscher-Instituts Bedenken gehabt hätten«[1900].

1898 UAL, R 57, Bl. 3, Dekan der Philosophischen Fakultät der Universität Leipzig an Rektor der Universität Leipzig, 15.08.1947.

1899 UAL, HHS 516, Bl. 78, Reichsstatthalter in Sachsen, Abt. Wissenschaft, Erziehung und Volksbildung an Rektor der Handelshochschule, 24.07.1943.

1900 UAL, HHS, 515, Bl. 70, Aktennotiz, 15.09.1944.

Ein verhängnisvolles Ereignis für die Zukunft des Dolmetscher-Instituts war der Bombenangriff auf Leipzig am 04.12.1943. In jener Nacht wurde das Gebäude in der Ritterstraße 26, in dem sich das Dolmetscher-Institut in der dritten Etage befand, schwer beschädigt[1901] und das Rückgrat dieser Institution folgenschwer getroffen, denn Snyckers verlor bei diesem »Terrorangriff«[1902] alle für seine unterrichtende und wissenschaftliche Arbeit nötigen Materialien:

> »Sie werden mir gewiss nachfühlen, was der Verlust meiner gesamten Bücher und des größten Teils meiner gerade noch in Arbeit befindlichen und kurz vor dem Druck stehenden Manuskripte bedeutet. Mein Gesundheitszustand hat sich – wohl durch das Erleben jener Nacht und der darauf folgenden Zeit derart verschlechtert, daß mir die Aerzte (...) nahegelegt haben, mich pensionieren zu lassen«.[1903]

Die Informationen aus verschiedenen Dokumenten lassen den Schluss zu, dass Snyckers im Sommersemester 1944 und Wintersemester 1944/45 aus gesundheitlichen Gründen als Lehrkraft und Leiter des Dolmetscher-Instituts weitgehend ausfiel[1904]. Da Snyckers als Gründer des Dolmetscher-Instituts mit diesem eng verwachsen war, setzte er sich trotz seiner angeschlagenen Gesundheit dafür ein, für seinen Lehrstuhl und die Leitung des Dolmetscher-Instituts einen »geeigneten Nachfolger«[1905] zu finden, der die Einrichtung in seinem Sinne weiterführen würde. Im Juli 1944 reichte er beim Rektor der Handelshochschule drei Personalvorschläge ein, wobei sein Favorit der Leiter des Sprachendienstes im Auswärtigen Amt, Paul Gautier[1906], war. Die beiden anderen von Snyckers für seine Nachfolge

1901 UAL, PA 3320, Bl. 20, Snyckers an Gautier, 23.03.1944.

1902 UAL, PA 3320, Bl. 12, Snyckers an Rektor der Handelshochschule Leipzig, 02.03.1944.

1903 UAL, PA 3320, Bl. 20, Snyckers an Gautier, 23.03.1944.

1904 UAL, PA 3320, Bl. 12 Snyckers an Rektor der Handelshochschule, 02.03.1944. Snyckers beantragt in diesem Schreiben rückwirkend seine Beurlaubung von Ende Februar 1944 »bis auf weiteres«. Vom 19.06.1944 datiert ein Schreiben, aus dem hervorgeht, dass Snyckers aus gesundheitlichen Gründen weiterhin »verhindert« war, seinen dienstlichen Pflichten nachzukommen (in: UAL, PA 3320, Bl. 35, Rektor der Handelshochschule Leipzig an Snyckers, 19.06.1944). Einem Brief in der Akte UAL, HHS, 210, Bl. 165, den von Hibler an Snyckers am 21.11.1944 schrieb, ist Folgendes zu entnehmen: »Ich habe [aus Ihrem Brief] mit Freude entnommen, daß Ihr Gesundheitszustand sich gebessert hat und wir hoffen alle, daß Sie im Sommersemester zu uns zurückkehren werden.«

1905 UAL, PA 3320, Bl. 12 Snyckers an Rektor der Handelshochschule, 02.03.1944.

1906 UAL, PA 3320, Bl. 21–30, Gautier an Snyckers, 03.–17.04.1944. In diesem ausführlichen Schreiben antwortet Gautier auf ein Schreiben, das er von Snyckers in der Angelegenheit Nachfolge Snyckers erhielt (in: UAL, PA 3320, Bl. 20, Snyckers an Gautier, 23.03.1944). Am Rande geht daraus hervor, dass Snyckers Gautier schon lange vorher als seinen Nachfolger ins Auge gefasst hatte: »Sie waren zwar seinerzeit [bei einem undatierten privaten Besuch Gautiers bei Snyckers in Leipzig] schon so gütig gewesen, mir Künftiges anzudeuten, doch lag die Sache in meiner Vorstellung noch in weiter Ferne, sodaß ich mich ihr gefühlsmässig noch nicht so

vorgeschlagenen Kandidaten waren der belgische Universitätsprofessor Dr. jur. et phil. Lucien Brulez, der zu jener Zeit als Lektor für die Französische Sprache an der Universität Hamburg beschäftigt war, sowie Dr. Olaf Deutschmann, ein Mitarbeiter der von Snyckers herausgegebenen Monatsschrift »französische Dolmetscher-Bereitschaft«[1907]. Diese Personen zeichneten sich laut Snyckers für die Nachfolge durch ihre »vorzügliche«[1908] Kenntnis der französischen Sprache sowie ihre praktischen Erfahrungen als Dolmetscher und Übersetzer aus. Snyckers betont in seinem Schreiben an den Rektor der Handelshochschule, dass der besondere Charakter des Dolmetscher-Instituts durch die Neubesetzung dringend bewahrt werden müsse:

> »[V]or allen Dingen kommen meiner Überzeugung nach Romanisten reinsten Wassers, die keine genügende Erfahrung in der Technik des Übersetzens und des Dolmetschens und oft auch keine vollkommene Beherrschung der modernen Sprache aufweisen, nicht in Betracht, wenn das Dolmetscher-Institut seine bisherige Eigenart im Gegensatz zu den Institutionen für neue Philologie behalten soll. Und die muß es unbedingt behalten!«[1909]

Keine der vorgeschlagenen Personen trat Snyckers' Nachfolge je an. Nach seiner Pensionierung am 31.03.1945[1910] war das Dolmetscher-Institut »in seiner Führung verwaist«[1911]. Snyckers' Kollege von Hibler, der stellvertretender Leiter des Dolmetscher-Instituts war, hielt sich 1945 in Tirol auf. Wie aus den Akten des Universitätsarchivs Leipzig hervorgeht, konnte er aufgrund der politischen Entwicklungen von dort nicht vor dem 24.10.1945 nach Leipzig zurückkehren.[1912]

Im Dezember 1945 war der Lehrbetrieb des Dolmetscher-Instituts noch immer unterbrochen[1913]. Vermutlich wurde der Unterricht am Dolmetscher-Institut nach der bedingungslosen Kapitulation Deutschlands im Mai 1945 eingestellt. Ein Kollege Snyckers berichtet im Dezember 1945 in einem Schreiben an Cläre Snyckers, der Ehefrau des inzwischen verstorbenen Alexander Snyckers, wie folgt:

---

sehr genähert hatte.« Snyckers hatte in seinem Brief an Gautier »fremdsprachliches Können« und »Organisationstalent« als Qualifikationen für seine Nachfolge hervorgehoben. In seinem Schreiben schildert Gautier daher seine diesbezüglichen Fähigkeiten und die äußeren Umstände, unter denen er die Nachfolge, der er »grundsätzlich« bereit gegenüberstehe, antreten könne.

1907 UAL, PA 3320, Bl. 42–43, Snyckers an Rektor der Handelshochschule Leipzig, 22.07.1944.

1908 Ibid, S. 42.

1909 Ibid, S. 43.

1910 UAL, PA 3320, Bl. 38, Beschluss des Kuratoriums der Handelshochschule Leipzig, 21.06.1945.

1911 UAL, PA 3320, Bl. 36, Aktennotiz zu einer Besprechung des Kuratoriums der Handelshochschule Leipzig, 21.06.1945.

1912 UAL, PA 139, Bl. 90, Rektor der Hochschule für Wirtschaftswissenschaften (früher Handelshochschule) an Landesverwaltung Sachsen Zentralverwaltung für Bildung und Schule, 26.10.1945.

1913 UAL, PA 3320, Bl. 64 (RS), Kollege von Snyckers an Cläre Snyckers, 06.12.1945.

»Noch einiges über die Hochschule. Herr Prof. v. Hibler ist auch wieder eingetroffen und wird die Leitung des Dolmetscher-Instituts übernehmen. Wie ich schon erwähnte, ist noch kein Lehrbetrieb usw. angelaufen. Wann dies geschehen wird, ist noch eine Frage der Zeit. Zunächst sind alle Professoren, die Mitglied des großen ›Vereins‹ waren, entlassen.«[1914]

Das Dolmetscher-Institut, personell und infrastrukturell durch den Krieg stark angeschlagen, geriet immer mehr in den Sog der Nachkriegswirren, der ihm keine Überlebenschance ließ. Dies ist vor allem im Zusammenhang mit der Handelshochschule Leipzig zu sehen, in die das Dolmetscher-Institut integriert war. Aufgrund des personellen, sachlichen und finanziellen Schadens, den der Krieg der Handelshochschule Leipzig zugefügt hatte, blieb den Verantwortlichen der Handelshochschule nach Kriegsende nichts anderes übrig, als über eine Eingliederung der Handelshochschule in die Wirtschafts- und Sozialwissenschaftliche Fakultät der Universität Leipzig zu verhandeln. Am 05.02.1946 ging die Handelshochschule in die Universität über[1915]. Das Dolmetscher-Institut überdauerte die Schließung der Handelshochschule Leipzig noch drei Monate, wobei anzunehmen ist, dass es in dieser Zeit nicht in Betrieb war. Am 02.05.1946 wurde es auf Anordnung der Sowjetischen Militärischen Administration (SMA) mit sofortiger Wirkung geschlossen: Lehrkräfte des aufgelösten Dolmetscher-Instituts, »soweit sie weiter beschäftigt werden müssen« wurden auf »andere sprachliche Institute« verteilt[1916]. Einige Lehrkräfte des Dolmetscher-Instituts wurden vom Englischen[1917], Romanischen und Slawischen Institut der Universität Leipzig übernommen. Außerdem wurden Buchbestände des ehemaligen Dolmetscher-Instituts in die Universität überführt[1918].

Die Leitung der Universität versuchte, der neuen Situation mit Fingerspitzengefühl zu begegnen. In einem Schreiben an den Dekan der Wirtschafts- und Sozialwissenschaftlichen Fakultät vom 13.05.1946 berichtet der Rektor der Universität, dass er bedauere, »wenn die frühere Handelshochschule den Eindruck hätte, als ob durch die Überführung in die Universität alte Rechte und Vorteile, die sie besaß, gefährdet würden«[1919]. Überdies sei er froh, dass es ihm geglückt sei, mit der SMA zu vereinbaren, dass die »bisherige Tätigkeit des Dolmetscher-Instituts auch

1914 Ibid.

1915 Vgl. Fiedler (1998: 69).

1916 UAL, R 81g, Bl. 2, Landesverwaltung Sachsen an Rektor der Universität Leipzig, 02.05.1946.

1917 Auch von Hibler wurde vom Englischen Institut der Universität Leipzig übernommen (siehe hierzu Informationen in: UAL, PA 139, Bl. 25, Dekan der Philosophischen Fakultät der Universität Leipzig an Rektor der Universität Leipzig, 24.05.1946).

1918 UAL, R 57, unfoliiert, Rektor der Universität Leipzig an Landesverwaltung Sachsen für Volksbildung Abt. Wissenschaft und Forschung, 06.08.1946.

1919 UAL, R 81g, Bl. 7, Rektor der Universität Leipzig an Dekan der Wirtschafts- und Sozialwissenschaftlichen Fakultät, 13.05.1946.

in Zukunft nicht beeinträchtigt sein wird«[1920]. Die einzige Forderung der SMA sei, dass alle Sprachlehrer Mitglieder der Philosophischen Fakultät werden. Auffallend ist, dass die von den Besatzern angeordnete »Schließung« des Dolmetscher-Instituts von den Besetzten zu einer »Überführung« in eine andere Institution abgeschwächt wurde. Dies ist sicherlich als Zeichen dafür zu werten, dass die Anordnung über Letztere hinwegbestimmt wurde. Doch auch dadurch konnte das Dolmetscher-Institut nicht vor dem Aus gerettet werden.

Die (Wunsch-)Vorstellungen der Universitätsleitung eines regulär funktionierenden Dolmetscher-Instituts im Rahmen der Universität ließen sich nicht umsetzen, denn für die Ausbildung von Dolmetschern und Übersetzern waren die personellen und infrastrukturellen Voraussetzungen an der Universität nicht geschaffen. Die Zielsetzung des philologischen Unterrichts an der Universität harmonierte nicht mit dem Ausbildungsziel, das auf den Dolmetscher- und Übersetzerberuf hinführte. Unter diesen Umständen konnte es auch den neun von der Universität übernommenen Dozenten des Dolmetscher-Instituts[1921], die zudem auf verschiedene Sprachabteilungen verteilt waren, nicht gelingen, eine qualifizierte Ausbildung für Dolmetscher und Übersetzer zu gewährleisten.

Folgende Quelle gibt darüber Auskunft, dass ein Studiengang zur Ausbildung von Dolmetschern und Übersetzern an der Universität nach der »Überführung« des Dolmetscher-Instituts nicht angeboten wurde:

> »Die Ausbildung von Dolmetschern und Übersetzern kann nicht Sache der Philosophischen Fakultät oder des Slawischen Institutes sein, dessen Aufgabenkreis anders ist, und dessen Lehrkräfte voll angespannt sind. Es wäre Aufgabe eines besonderen am besten allerdings der Universität angeschlosenen Institutes. (...) Die Zielsetzung eines solchen Dolmetscher-Institutes wäre von der des Slawischen Institutes grundsätzlich verschieden: zur Durchführung dieser Aufgaben wäre ein zahlreiches, besonders ausgebildetes Personal erforderlich, das erst gewonnen oder gar herangezogen werden müßte.«[1922]

Die Äußerung dieser klaren Position muss im Zusammenhang mit einer Anfrage gesehen werden, die am 22.07.1947 vom Sächsischen Ministerium für Arbeit und Sozialfürsorge an die Universität Leipzig gerichtet wurde. Die Besatzungssituation löste eine hohe Nachfrage nach qualifizierten Dolmetschern, vor allem für die Russische Sprache, aus. Durch den Wegfall einer qualifizierten Ausbildungsmöglichkeit für Dolmetscher und Übersetzer hatte die Industrie- und Handelskam-

---

1920 Ibid.

1921 UAL, R 57, unfoliiert, Rektor der Universität Leipzig an Landesverwaltung Sachsen für Volksbildung Abt. Wissenschaft und Forschung, 06.08.1946. Das Englische, Romanische und Slawische Institut übernahmen jeweils drei Dozenten der Handelshochschule Leipzig, darunter zwei Professoren. Das letzte Vorlesungsverzeichnis des Dolmetscher-Instituts an der Handelshochschule Leipzig vom Wintersemester 1944/45 weist insgesamt 35 Lehrkräfte aus (S. 6–8).

1922 UAL, R 57, Bl. 3, Dekan der Philosophischen Fakultät der Universität Leipzig an Rektor der Universität Leipzig, 15.08.1947.

mer Sachsen Anfang 1947 mit der Zustimmung des Sächsischen Ministeriums für Arbeit und Sozialfürsorge in der Presse bekannt gegeben, »dass sie die Absicht habe, Dolmetschern und Übersetzern die Möglichkeit zu geben, durch eine Prüfung die Berufsbezeichnung ›Geprüfter Dolmetscher‹ bzw. ›Geprüfter Übersetzer‹ zu erwerben«. Damit wurde das Ziel verfolgt, »aus der großen Zahl derer, die sich zu Dolmetscherdiensten berufen fühlten, die wirklich Geeigneten auszuwählen«. Ganz bedenkenlos stimmte das Ministerium der Angelegenheit allerdings nicht zu, denn man erkannte dadurch die Notwendigkeit, »dem für unsere Zeit äußerst wichtigen Berufe des Dolmetschers eine neue gesetzliche Grundlage« geben zu müssen, waren die vor dem Krieg diesbezüglich geltenden Regelungen für die sowjetische Besatzungszone ja »völlig bedeutungslos« geworden. [1923] Kontakte zum Dolmetscher-Institut an der Universität Heidelberg für einen möglichen Austausch in dieser Sache waren in Anbetracht der politischen Situation nicht möglich, wie aus dem Schreiben hervorgeht. Dies ist ein Beleg dafür, dass die einzelnen Besatzungszonen in der Nachkriegszeit trotz einer gemeinsamen Koordination durch die Außenministerkonferenz der vier Großmächte weitgehend unabhängig voneinander geregelt wurden[1924]. Denn, wie es scheint, war dem zuständigen Ministerium in Sachsen ebenfalls nicht bekannt, dass in der französischen Besatzungszone bereits 1946 ein weiteres Dolmetscher-Institut in Deutschland an der Universität Mainz geplant[1925] und am 11.01.1947 durch einen veröffentlichten Erlass als selbstständige Körperschaft des öffentlichen Rechts in der ehemaligen Germersheimer Seysselkaserne gegründet wurde[1926]. (Vgl. 2.8.2).

Da es aber bekannt war, dass die Ausbildung von Dolmetschern in Heidelberg vor Kriegsende auf Universitätsebene stattgefunden hatte, schien es im zuständigen Ministerium in Sachsen naheliegend, die Universität Leipzig in den möglichen Aufbau einer fundierten Ausbildung für die »vorzüglich«[1927] ausgebildeten und dringend notwendigen Kräfte in der sowjetischen Besatzungszone zu involvieren. Die diesbezügliche negative Reaktion der Universität Leipzig zeigt jedoch, dass die entsprechenden Kapazitäten an dieser Institution nicht vorhanden waren. Der Aufbau eines entsprechenden Studiengangs, der in vielerlei Hinsicht Kraftanstrengungen erfordert hätte, wäre in Anbetracht des politischen und gesellschaftlichen Umbruchs in der sowjetischen Besatzungszone ohnehin nicht durchführbar gewesen. Zumindest belegen die konsultierten Akten diesbezüglich weder tiefergehende Überlegungen noch Gespräche in dieser Sache. Schließlich bekam in der Nachkriegszeit in Leipzig eine andere, ehemals private, Einrichtung, den Zuschlag für die Ausbildung von Dolmetschern und Übersetzern.

1923 UAL, R 57, unfoliiert, Sächsisches Ministerium für Arbeit und Sozialfürsorge an Rektorat der Universität Leipzig, 22.07.1947.

1924 Vgl. Stammen (1979: 65). Der Autor beschreibt an zitierter Stelle das Gesamtsystem der alliierten Besatzungsmächte, das sich in drei Ebenen gliederte.

1925 Vgl. Schunck (1997: 13).

1926 Ibid, S. 12.

1927 UAL, R 57, unfoliiert, Sächsisches Ministerium für Arbeit und Sozialfürsorge an Rektorat der Universität Leipzig, 22.07.1947.

2.7.4 Die Jahre von 1943 bis 1957

Das von Alexander Snyckers an der Handelshochschule Leipzig gegründete Dolmetscher-Institut geriet in Vergessenheit. Die Zeitrechnung ab Stunde null ließ, zumindest in der Nachkriegszeit, keine sachliche, eine gewisse Distanz erfordernde, Auseinandersetzung mit der Vergangenheit zu. Aber auch während des DDR-Regimes wurde die einstige Existenz dieser Einrichtung, die an das faschistische Hitlerdeutschland erinnerte, verleugnet.

In Veröffentlichungen über die Ausbildung von Dolmetschern und Übersetzern in der DDR klaffen überraschende Lücken: Beispielsweise werden an einer Stelle bei einem Rückblick auf die Anfänge der Dolmetscherausbildung in der DDR private Fremdsprachenschulen »findiger Unternehmer«[1928] angeführt, die zu »horrenden Gebühren« in Windeseile Fremdsprachen-Experten hervorbrachten. Im Gegensatz zur Sowjetunion, wo bereits in den 1920er Jahren Ausbildungsmöglichkeiten auf Hochschulniveau für Dolmetscher und Übersetzer geschaffen worden seien, habe sich »unter den kapitalistischen Verhältnissen in Deutschland« ein Pendant nur zögerlich entwickelt. Als Beispiel wird das Dolmetscher-Institut der Universität Heidelberg angegeben. Der kundige Leser vermisst in diesem Zusammenhang den Hinweis auf das einst in Ostdeutschland ansässige Dolmetscher-Institut an der Handelshochschule Leipzig. Stattdessen werden bezüglich der »mehr als 30-jährigen Tradition in der Ausbildung von Sprachmittlern« in Leipzig private Fremdsprachenschulen, allen voran die sogenannte Bachschule, löblich angeführt, die paradoxerweise in dem zitierten Schreiben einige Zeilen weiter oben noch herb kritisiert wurden. Es wird zwar eingeräumt, dass diese Einrichtungen nicht unbedingt das hielten, was ihre Werbeprospekte versprachen, sie aber immerhin im Gegensatz zur traditionellen philologischen Ausbildung Methoden entwickelten, die zu einer relativ guten aktiven Sprachbeherrschung führten.[1929]

Derartige Verschleierungen der Tatsachen sind vermutlich auf die politische Forderung zurückzuführen, das »gesamte Erziehungs- und Bildungswesen von dem faschistischen und reaktionären Unrat«[1930] zu säubern. Damit wurde der Bruch mit der Vergangenheit gerechtfertigt und zudem der »Prozeß der demokratischen Umgestaltung und Erneuerung«[1931] des Bildungswesens in der sowjetischen Besatzungszone und später in der DDR als Vorbild definiert.

Bei einer Betrachtung der weiteren Geschichte der translatorischen Ausbildung in Leipzig zeigt sich, dass sich Anfänge einer den Anforderungen des Berufs wieder genügenden Ausbildung erst über Umwege Mitte der 1950er Jahre abzeichneten.

1928 Vgl. Neubert/Kade (1963: 308). Vgl. auch Kade (1965:2).

1929 Vgl. Neubert/Kade (1963: 308).

1930 Wissenschaftliches Programm der KPD zum demokratischen Neuaufbau ganz Deutschlands vom 11.06.1945 (vgl. hierzu Mayer/Böhme (1963: 11)).

1931 Vgl. Kade (1965: 2).

2.7.4.1 Die Fremdsprachenschule der Stadt Leipzig

Die translatorische Ausbildung in Leipzig wurde in den Nachkriegsjahren von einer Einrichtung getragen, die parallel zum Dolmetscher-Institut der Handelshochschule Leipzig bestand, der sogenannten Fremdsprachenschule der Stadt Leipzig. Die zur Diskussion stehende Einrichtung wurde am 01.03.1943 als »Fremdsprachenschule der Reichsmessestadt«[1932] eröffnet[1933]. Die Akten belegen, dass es hinsichtlich des Lehrpersonals zu einer Konkurrenzsituation mit dem Dolmetscher-Institut der Handelshochschule Leipzig kam. Dies war auf arbeitsvertragliche Bedingungen der Fremdsprachenschule zurückzuführen, die regelten, dass jegliche Nebenbeschäftigung der Lehrer der Fremdsprachenschule durch diese zu genehmigen war. »[I]m Interesse der Geschäftsvereinfachung«[1934] bat der Rektor der Handelshochschule daher die Leitung der Fremdsprachenschule, ihren Lehrern zu genehmigen, eine Nebentätigkeit am Dolmetscher-Institut der Handelshochschule Leipzig auszuüben. Eine Verständigung im Sinne des Dolmetscher-Instituts konnte jedoch nicht erzielt werden[1935]. Snyckers beklagte sich im Mai 1943 in einem Schreiben an den Rektor der Handelshochschule darüber, dass die Fremdsprachenschule durch ihre unkooperative Haltung eine ersprießliche Zusammenarbeit zwischen den beiden Ausbildungsstätten unmöglich mache und betonte darin, dass er der Fremdsprachenschule keine Lehrkräfte abwerbe, sondern dass sich diese auf eigene Initiative hin an ihn gewandt hätten, mit dem Wunsch am Dolmetscher-Institut nebenamtlich zu unterrichten[1936].

Das Aktenmaterial lässt den Schluss zu, dass Snyckers als Berater in den Errichtungsprozess der Fremdsprachenschule involviert war. Vom 04.02.1943 datiert eine Besprechung im Volksbildungsministerium in Dresden zur Errichtung der Fremdsprachenschule. Thematisiert wurde dabei auch die Bezeichnung der zu errichtenden Institution. Im Protokoll wurde dazu Folgendes festgehalten:

> »(...) etwa Städtische Fremdsprachenschule mit dem Untertitel: Vorbereitung auf praktische Berufe und auf das Dolmetscherstudium am D. I. der Handels-Hochschule Leipzig (auf keinen Fall ›Dolmetscher-Schule‹, denn in 4 Monaten kann man keine Dolmetscher ausbilden)«[1937]

Bei der Besprechung im Volksbildungsministerium wurde auch die geänderte reichseinheitliche Prüfungsordnung für die Dolmetscher- und Übersetzerausbil-

---

1932 UAL, HHS 516, Bl. 64, »Fremdsprachenschule der Reichsmessestadt«, Leipziger Neueste Nachrichten, 10.04.1943.

1933 UAL, Philol. Fak. D-I/02, Bl. 258, Fremdsprachenschule der Stadt Leipzig an Dezernat Volksbildung, 13.11.48.

1934 UAL, HHS 516, Bl. 63, Rektor der Handelshochschule Leipzig an Oberbürgermeister von Leipzig, 23.03.1943.

1935 UAL, HHS 516, Bl. 62, Oberbürgermeister von Leipzig an Rektor der Handelshochschule, 07.04.1943.

1936 UAL, HHS 516, Bl. 58–58 (RS), Snyckers an Rektor der Handelshochschule, 28.05.1943.

1937 Ibid, Bl. 58 (RS). Hervorhebung im Original.

dung diskutiert. Durch die neuen darin geregelten Bedingungen war es möglich, dass die Fremdsprachenschule einen kurzen Studiengang einrichtete, dessen erfolgreicher Abschluss als Zulassungskriterium für das Studium am Dolmetscher-Institut festgelegt werden konnte.

Es ist anzunehmen, dass sich aufgrund der Möglichkeit eines verkürzten Studiums, die die neue Prüfungsordnung einräumte, die sogenannte kurzfristige Abteilung der Fremdsprachenschule in der Nachkriegszeit entwickelte. Eine Kooperationsvereinbarung zwischen der Fremdsprachenschule und dem Dolmetscher-Institut, durch das Schülern der Fremdsprachenschule die Teilnahme an Veranstaltungen des Dolmetscher-Instituts ermöglicht werden sollte, sollte nicht nur das Budget der beiden Einrichtungen entlasten, sondern auch eine in Anbetracht der Kriegssituation straffe personelle Ressourcenplanung gewährleisten.[1938]

Entsprechend enttäuscht war Snyckers von einem Zeitungsartikel, der am 10.04.1943 über die Fremdsprachenschule erschien, in dem die im Volksbildungsministerium diskutierten Punkte kaum berücksichtigt wurden. In dem Artikel wurde das Ausbildungsziel der Fremdsprachenschule skizziert, Einsatzbereiche der Absolventen vorgestellt und betont, dass die Einrichtung »kriegswichtig«[1939] sei. Als Gründer des Dolmetscher-Instituts, der auf ein hohes Niveau in der Dolmetscher- und Übersetzerausbildung in Anbetracht der strengen Anforderungen an den Beruf Wert legte, und als Berater im Vorfeld der Errichtung der Fremdsprachenschule musste sich Snyckers hinsichtlich des in dem Artikel dargelegten Ausbildungskonzepts der Fremdsprachenschule vor den Kopf gestoßen und hintergangen gefühlt haben. Die Fremdsprachenschule versprach nämlich in kurzfristigen Lehrgängen von vier Monaten berufsreife Dolmetscherinnen und fremdsprachenkundige Korrespondentinnen auszubilden. Snyckers versuchte, diese Versprechungen anhand einer ausführlichen Darlegung in Form einer Gegenüberstellung der Lehrinhalte und Ziele des Dolmetscher-Instituts und der Fremdsprachenschule, die er im Volksbildungsministerium vorbrachte, zu widerlegen. Wie die Geschichte zeigt, stieß er dabei auf taube Ohren. In seiner Stellungnahme zu den verheißenen Berufsperspektiven der Absolventen der Fremdsprachenschule ernüchterte Snyckers wie folgt:

> »Ich würde kein Wort über die Unterschiede zwischen dem D.-I. und der Fremdsprachenschule verlieren, wenn nicht die Tatsache bestände, daß jeder Hochschule im Reich die Werbung durch Zeitungen verboten ist, während die Fremdsprachenschule einer solchen Einschränkung der Werbetätigkeit nicht unterliegt und ihre Werbung auf Angaben stützt, die unrichtig und irreführend sind, denn in 4 Monaten kann niemand zum Dolmetscher ausgebildet werden. Ziel der Fremdsprachenschule kann nur sein, fremdsprachliche Stenotypistinnen auszubilden, die lediglich dazu befähigt sind, ein

1938 Ibid, Bl. 58 (RS)–59.

1939 UAL, HHS 516, Bl. 64, »Fremdsprachenschule der Reichsmessestadt«, Leipziger Neueste Nachrichten, 10.04.1943.

fremdsprachliches Diktat mehr oder weniger richtig aufzunehmen und gelegentlich kleine unwesentliche Dienste als Sprachmittlerinnen zu leisten.«[1940]

Widerstand gegen die Fremdsprachenschule von anderer Seite während des Zweiten Weltkriegs konnte im konsultierten Aktenmaterial nicht nachgewiesen werden. Bei dem Bombenangriff auf Leipzig im Dezember 1943 wurde die Fremdsprachenschule schwer beschädigt. Bis Ende des Krieges funktionierte ihr Lehrbetrieb daher nur eingeschränkt.[1941] Sekundärquellen informieren darüber, dass nach Ende des Zweiten Weltkriegs als Entnazifizierungsmaßnahme sämtliche Sprachschulen in Leipzig geschlossen und die bestehenden Einrichtungen zur Ausbildung von Dolmetschern und Übersetzern in der Nachkriegszeit zur Fremdsprachenschule der Stadt Leipzig zusammengefasst wurden[1942].

Ein Archivdokument klärt darüber auf, dass die Fremdsprachenschule der Stadt Leipzig in der Nachkriegszeit aus drei verschiedenen Einrichtungen gebildet wurde. Als Basis diente die 1943 gegründete Fremdsprachenschule der Stadt Leipzig, die die Grundlage für eine kurzfristige Ausbildung bot und am 01.10.1945 ihren Betrieb nach Kriegsende wieder aufnahm[1943]. Kurze Zeit später, der genaue Zeitpunkt konnte bei den Recherchen für diese Arbeit nicht ermittelt werden, wurde die kurzfristige Ausbildung durch eine langfristige Ausbildung ergänzt[1944], indem die ehemalige Dolmetscher-Schule der Reichsfachschaft für das Dolmetscherwesen[1945] in die Fremdsprachenschule eingegliedert wurde. Die sogenannte Nagelschule wurde in die Fremdsprachenschule aufgrund ihrer Internatsräume integriert[1946].

1940 UAL, HHS 516, Bl. 58–58 (RS), Snyckers an Rektor der Handelshochschule, 28.05.1943. Hervorhebung im Original.

1941 UAL, Philol. Fak. D-I/02, Bl. 258, Fremdsprachenschule der Stadt Leipzig an Dezernat Volksbildung, 13.11.48.

1942 Vgl. Neubert/Kade (1963: 309) und Preuß (1987: 5).

1943 UAL, Philol. Fak. D-I/02, Bl. 259, Unbekannt an Dezernat Volksbildung, 13.11.1948.

1944 Ibid. Siehe dazu auch Informationen in: StadtAL, 0067, StVuR (1) 10480, Bl. 94, Fremdsprachenschule der Stadt Leipzig an Kreisschulrat, 12.01.1949.

1945 Die Reichsfachschaft für das Dolmetscherwesen, vermutlich der erste Berufsverband für Dolmetscher und Übersetzer in Deutschland, gründete in Leipzig 1943 ein sogenanntes Dolmetscher-Seminar. Im Rahmen dieser viermonatigen Kurse sollten auf privater Basis Dolmetscher ausgebildet werden. Der Gründer dieser Dolmetscher-Seminare beabsichtigte, derartige Kurse auch an anderen Orten in Sachsen einzuführen. Snyckers beschwerte sich über die Initiative, da er darin nicht nur eine Gefahr für die fundierte, mindestens sechssemestrige Dolmetscherausbildung am Dolmetscher-Institut der Handelshochschule sah, sondern auch fatale Konsequenzen für das Ansehen des noch relativ neuen Berufs fürchtete: Seit der Entstehung von Ausbildungsmöglichkeiten für Dolmetscher in Leipzig Anfang der 1940er Jahre, die weit niedrigere Anforderungen an die Ausbildung im Vergleich zum Studium am Dolmetscher-Institut der Handelshochschule stellten, war die Nachfrage nach einem Studium am Dolmetscher-Institut enorm gesunken (in: UAL, HHS 516, Bl. 60 (RS)–61, Snyckers an Rektor der Handelshochschule, 28.05.1943).

1946 UAL, Philol. Fak. D-I/02, Bl. 258, Unbekannt an Dezernat Volksbildung, 13.11.1948.

Die Fremdsprachenschule der Stadt Leipzig wurde als Nachfolgerin der sogenannten Bachschule am 01.03.1943 gegründet, nachdem dem Inhaber der privaten Einrichtung »Bach's Fremdsprachler-Fachschule«[1947] die Konzession entzogen worden war[1948]. Über den Grund dieser Maßnahme schweigen die konsultierten Akten. Vermutlich war die Qualität der Dolmetscherausbildung an dieser Schule dafür verantwortlich. Schon 1937 empörte sich Snyckers über das Ausbildungskonzept der Bachschule, dem es an Profundität mangelte:

> »Wenn eine Privatschule wie ›Bachs Fremdsprachler Fachschule‹ sich anheischig macht, in drei bis vier Monaten zum Dolmetscher auszubilden, so halte ich das für eine unzulässige Werbung. Auf Grund meiner Beherrschung mehrerer Sprachen und langjähriger Erfahrungen (1915–1918) als Leiter des amtlichen Übersetzungsbüros der politischen Abteilung und der Verwaltungschefs für Flandern und Wallonien sowie als Herausgeber des dreisprachigen Gesetz- und Verordnungsblattes für die okkupierten Gebiete Belgiens behaupte ich, daß ein solches Versprechen nicht eingelöst werden kann. Wenn außerdem – wie aus der Anlage ersichtlich ist – eine Privatschule sich sogar erdreistet, öffentlich bekanntzugeben, daß ihre Schüler – die nicht einmal die Vollreife zu besitzen brauchen – gut bezahlte Stellungen als Lektoren und als wissenschaftliche Assistenten an Universitäten erhalten, so dürfte es im allgemeinen Interesse sowie für das Ansehen der deutschen Hochschulen geboten sein, einen derartigen Unfug zu verbieten.«[1949]

Die Fremdsprachenschule der Stadt Leipzig trat in konzeptioneller Hinsicht in die Fußstapfen der Vorgänger-Institution. Ein Dokument, das vermutlich Verantwortliche der Fremdsprachenschule beim Erziehungs- und Kulturamt am 31.08.1945 zum »Neuaufbau« der Fremdsprachenschule nach dem Krieg einreichten, enthüllt das Ausbildungskonzept[1950]: Ziel war es, kurzfristig »Dolmetscherinnen und fremdsprachliche Korrespondentinnen in den fünf modernen Weltsprachen Englisch, Französisch, Spanisch, Italienisch und Russisch« auszubilden. Kurse in fremdsprachlicher Stenographie, Maschineschreiben und Wirtschaftskunde gehörten zum Pflichtprogramm. Der Lehrplan orientierte sich an der Praxis, wo sich mögliche Einsatzbereiche der Absolventinnen »bei den deutschen Dienststellen und bei den Besatzungsbehörden, beim Wiederaufbau der deutschen Wirtschaft [und] bei der Wiederanbahnung politischer und kultureller Auslandsbeziehungen« befanden. Zum Wesen der Schule informiert das Schriftstück, dass es sich bei der Fremdsprachenschule um die »einzig öffentliche Schule ihrer Art in Deutschland« handelt und »sie allein nach schulischen Gesichtspunkten« geleitet wird. Die Erfolge der Fremdsprachenschule gingen gemäß den Angaben auf die »plan-

1947 UAL, HHS 206, Bl. 162, Snyckers an Ministerium für Volksbildung in Sachsen, 01.10.1937.

1948 UAL, Philol. Fak. D-I/02, Bl. 259, Unbekannt an Dezernat Volksbildung, 13.11.1948.

1949 UAL, HHS 206, Bl. 162, Snyckers an Ministerium für Volksbildung in Sachsen, 01.10.1937.

1950 StadtAL, 0067 StVuR, Nr. 10473, Bl. 10–14, Konzept zum Neuaufbau der Fremdsprachenschule der Stadt Leipzig, 31.08.1945.

mäßige Zusammenfassung von Kraft, Stoff und Zeit« zurück. Sie war als Heimschule konzipiert, in der Ganztagsunterricht erteilt wurde.[1951]

Im Rahmen der Lehrgänge, die vier bis sechs Monate dauerten und jeden Monat begannen[1952], wurde nur eine Fremdsprache vermittelt, »um die Einheit der fremden Gedankenwelt zu wahren und jede Zersplitterung zu vermeiden«. Die Klassengröße sollte mit zehn Schülern möglichst klein gehalten werden. Die Ausbildung wurde »vom gesprochenen Wort und von der eigenen schriftlichen Arbeit getragen«.[1953]

Der Lehrplan umfasste Kurse in »Wort- und Satzlehre, Konversation und Dolmetschen, Landeskunde (Geographie und Wirtschaft, Geschichte und Literatur), Satzübungen, Handelsbriefsprache; Einführung in die Wirtschaftskunde; deutsche und fremdsprachliche Stenographie [und] Maschineschreiben«[1954]. Seine Umsetzung wurde dabei von einer Maxime geleitet, die aus heutiger emanzipierter Sicht in einem Beruf, der überwiegend von Frauen ausgeübt wird, verärgert und zugleich amüsiert:

> »Bisher hat die ›Fremdsprachenschule‹ nur Schülerinnen aufgenommen, einmal weil die entsprechenden männlichen Jahrgänge alle durch den Krieg ferngehalten wurden und zum anderen weil die berufspraktische Ausbildung mit Stenographie und Maschineschreiben weiblichen Schülern klare Vorteile bietet. (...) Heute werden auch junge Männer zur ›Fremdsprachenschule‹ zugelassen werden müssen. (...) [Der] Grundsatz, daß alle Fächer zu belegen und in allen Fächern die Abschlußprüfung zu bestehen ist, sollte für Schülerinnen auch künftig gelten. Sie werden im Beruf vorwiegend als Korrespondentinnen eingesetzt. Schüler dagegen werden mehr Wert auf die Erlernung der Sprachen, auf die Sprechfertigkeit legen und nicht auf die technischen Fertigkeiten der Stenographie und des Maschineschreibens. Sie suchen die Ausbildung als Dolmetscher und rechnen mit Berufsstellungen, in denen ihnen Sekretärinnen und Korrespondentinnen zur Verfügung stehen.«[1955]

Neben dem ganztägigen Studienprogramm wurden an der Fremdsprachenschule Leipzig auch Abendkurse angeboten. Weitere Punkte, die in dem Schriftstück behandelt werden, sind Aufnahmebedingungen, Gebühren, Abendkurse, Raumfragen, Schüler und Schülerinnen sowie Aufgaben der Schule. Unter den Aufgaben wird der kurzfristige Ausbildungsansatz der Fremdsprachenschule hinsichtlich einer weiteren potenziellen Zielgruppe thematisiert:

> »Der Schule kommt vor allen anderen eine besondere Bedeutung überall da zu, wo in modernen Fremdsprachen ein bestimmtes Ausbildungsziel in möglichst kurzer

1951 Ibid, Bl. 10. Hervorhebung im Original.

1952 UAL, Philol. Fak. D-I/02, Bl. 248, Dokument mit dem Titel »Über die Fremdsprachenschule«, vermutlich November 1948.

1953 StadtAL, 0067 StVuR, Nr. 10473, Bl. 10, Konzept zum Neuaufbau der Fremdsprachenschule der Stadt Leipzig, 31.08.1945.

1954 Ibid, Bl. 13.

1955 Ibid, Bl. 13–14. Hervorhebung im Original.

Frist angestrebt wird. Z. Bsp. ist die ›Fremdsprachenschule‹ berufen, zwischen Oberschule und Universität eingeschaltet, das philologische Hochschulstudium wesentlich abzukürzen und zu vertiefen. Die intensive kurzfristige Ausbildung der ›Fremdsprachenschule‹ erspart den Studenten mehrere Semester, die mündliche und schriftliche Sprachbeherrschung und die klar umrissene Sachkenntnis führen die Studenten weitestgehend in das Fachgebiet ein und bringen ihnen erhöhten Gewinn aus den fremdsprachlichen Vorlesungen und aus der Lektüre der fremdsprachlichen Quellen.«[1956]

Die vorangegangenen Ausführungen zeigen, dass der Ausbildungsansatz der Fremdsprachenschule der Stadt Leipzig nicht fundiert und systematisch genug war, um für die Berufspraxis taugliche Dolmetscher und Übersetzer auszubilden: Die Zielgruppe, an die sich das Ausbildungsangebot richtete, war zu heterogen, die Kursstruktur – es ist anzunehmen, dass Veranstaltungen verschiedener Ausbildungsgänge auch zusammengelegt wurden, um Ressourcen intensiver zu nutzen – war ungeeignet, um die Themenvielfalt in der vorgesehenen Ausbildungszeit von nur etwa einem halben Jahr fundiert zu behandeln.

Neben die beschriebene kurzfristige Ausbildung, bei der innerhalb weniger Monate »fremdsprachliche Korrespondenten und Dolmetscher« ausgebildet wurden, trat eine langfristige, fünfsemestrige, Ausbildung von »Sprachkundigen, Übersetzern und Konferenzdolmetschern«. Unter welchen Umständen und wann die »langfristige Abteilung« der Fremdsprachenschule eingerichtet wurde, geht aus den konsultierten Akten nicht hervor. Vermutlich setzte die langfristige Ausbildung, die »fünf Semester zu je fünf Monaten« dauern sollte, nur wenige Monate nach der Wiederaufnahme des Unterrichts an der Fremdsprachenschule im Oktober 1945 ein. Der langfristige Studiengang entwickelte sich aus der Dolmetscherschule der Reichsfachschaft für das Dolmetscherwesen (vgl. Fußnote 1945), die nach Kriegsende außer Betrieb gesetzt wurde.[1957]

Über die Konzeption dieser Ausbildung konnte im konsultierten Aktenmaterial nichts in Erfahrung gebracht werden. Die weitere Geschichte der Fremdsprachenschule lässt aber den Schluss zu, dass auch dieses Ausbildungskonzept mangelhaft war. Das folgende marktschreierisch anmutende Inserat, mit dem Anfang 1946 die neuen Kurse der Fremdsprachenschule beworben wurden, deckt sich mit dem Eindruck, den die Akten über das Ausbildungsziel dieser Institution vermitteln: In bestechend kurzer Zeit sollten vermeintlich hoch qualifizierte Fachkräfte hervorgebracht werden. Dass die Qualität des Ergebnisses bei diesem Ansatz nur minderwertig sein konnte, steht außer Zweifel. Besonders werbewirksam war dieser Aufruf an potenziell Interessierte daher für das Berufsbild von Dolmetschern und Übersetzern in der Öffentlichkeit nicht:

»Beste Berufsaussichten hat jetzt nur, wer Sprachen kennt! Die Fremdsprachenschule der Stadt Leipzig – nach dem Verbot der Privatschule die einzige Anstalt in Leipzig, um in kürzester Zeit Sprachen zu erlernen! (...) Ausbildung zum Übersetzer, Dolmetscher,

---

1956 Ibid, Bl. 14.

1957 UAL, Philol. Fak. D-I/02, Bl. 259, Unbekannt an Dezernat Volksbildung, 13.11.1948.

fremdsprachlichen Korrespondenten. Mit und ohne Vorbildung (...). Wer jetzt im Beruf vorwärts kommen will, muß Sprachen kennen! In Leipzig gibt es die beste Gelegenheit, um moderne Sprachen zu lernen in der Fremdsprachenschule der Stadt.«[1958]

Die lautstarke Marketingmaßnahme konnte die mangelhafte Substanz im Innern der Fremdsprachenschule aber nicht vertuschen. Hinzu kamen durch die Besatzungssituation bedingte gesellschaftliche Änderungen, denen die Fremdsprachenschule nicht Stand halten konnte. Vorwürfe und Beschwerden prasselten auf sie von verschiedenen nicht weiter spezifizierten Stellen nieder[1959]. Gründe dafür wurden von der Fremdsprachenschule indirekt wie folgt dargelegt:

»Die Auswahl der Schüler war sicherlich nicht immer glücklich. Die Besetzung des Lehrerkollegiums mit den notwendigen Kräften bereitete manche Schwierigkeit. Bei all diesen Dingen wurden die strukturellen Veränderungen, die sich in unserer Gesellschaft in der Zwischenzeit vollzogen, kaum beachtet.«[1960]

Dieser Missstand veranlasste die zuständige Verwaltungsstelle dazu, im November 1948 eine Überprüfung der Fremdsprachenschule durchführen zu lassen. Eine »Weiterentwicklung«[1961] bzw. »Umorganisierung«[1962] der Fremdsprachenschule, um künftig »qualitativ bessere Dolmetscher«[1963] auszubilden, war unumgänglich, denn durch die Besatzungssituation hatte der Beruf des Dolmetschers an Bedeutung gewonnen[1964] und auch der »allmählich wieder anlaufende Aussenhandel«[1965] verlangte nach sprachkundigen Spezialisten.

Probleme in finanzieller Hinsicht ergaben sich für die Fremdsprachenschule besonders durch die Währungsreform von 1948, die eine Verringerung der Schülerzahlen mit sich brachte. In struktureller Hinsicht waren es Vorgaben seitens der Regierung im Zusammenhang mit der Errichtung der Deutschen Einheitsschule, die negative Konsequenzen für den Unterricht an der Fremdsprachenschule hat-

---

1958 UAL, Philol. Fak D-I/02, Bl. 23, Inserat in der Sächsischen Zeitung, 29.01.1946.

1959 StadtAL, 0067 StVuR, Nr. 10480, Bl. 94, Fremdsprachenschule der Stadt Leipzig an Kreisschulrat, 12.01.1949.

1960 Ibid.

1961 UAL, Philol. Fak. D-I/02, Bl. 259 (RS), Unbekannt an Dezernat Volksbildung, 13.11.1948.

1962 StadtAL, 0067 StVuR, Nr. 10480, Bl. 94, Fremdsprachenschule der Stadt Leipzig an Kreisschulrat, 12.01.1949.

1963 UAL, Philol. Fak. D-I/02, Bl. 259 (RS), Unbekannt an Dezernat Volksbildung, 13.11.1948.

1964 UAL, Philol. Fak. D-I/02, Bl. 248, Dokument mit dem Titel »Über die Fremdsprachenschule«, vermutlich November 1948.

1965 UAL, Philol. Fak. D-I/02, Bl. 252, Dokument mit dem Titel »Das Fremdspracheninstitut in Leipzig«, 10.11.1948.

ten: Die gewünschte Verdoppelung der Klassengrößen[1966] beeinträchtigte die Aneignung der für den Dolmetscherberuf notwendigen Sprechfertigkeit.[1967]

Eine institutionelle Veränderung sollte diese Probleme beheben. Zum 01.04.1949 wurde die Fremdsprachenschule daher als »staatliche Anstalt«[1968] übernommen und, wie einer Sekundärquelle zu entnehmen ist, dem Ministerium für Volksbildung unterstellt[1969]. Außerdem wurde die Ausbildung auf drei Jahre erhöht[1970]. Ausgebildet wurde aber weiterhin nur in *einer* Fremdsprache. Bis 1951 wurde das Fremdsprachenangebot erweitert, sodass folgende fünf Sprachen gewählt werden konnten: Russisch, Englisch, Französisch, Chinesisch, Polnisch, Tschechisch[1971]. Die neue Schule sollte »für Wirtschaft und politische Notwendigkeiten die dringend benötigten Sprachkundigen, Übersetzer und Dolmetscher« ausbilden. Diese sollten nach der bereits am 25.03.1948 erlassenen Prüfungsordnung geprüft werden. Die Größe der Klassen – obwohl dies im Widerspruch zu einer angestrebten verbesserten Ausbildung von Dolmetschern stand – wurde wie geplant vergrößert.[1972]

Einer Sekundärquelle ist zu entnehmen, dass die Fremdsprachenschule nach diesen Veränderungen als »Fachschule für Fremdsprachen«[1973] bezeichnet wurde. In den konsultierten archivalischen Quellen wird diese Bezeichnung jedoch nur an einer Stelle verwendet[1974]. Auch in dem relevanten Dokument wird an anderen Stellen die Bezeichnung »Fremdsprachenschule« verwendet. Ein Dokument aus dem Volksbildungsministerium klärt darüber auf, dass von einer offiziellen Umbenennung der Fremdsprachenschu*le* abgesehen werden sollte[1975]. Aus der zitierten Quelle geht zudem hervor, dass die Fremdsprachenschule mit der Pädagogischen Fachschule für Russisch zusammengelegt wurde, um personelle Ressourcen effek-

1966 StadtAL, 0067 StVuR, Nr. 10480, Bl. 94, Fremdsprachenschule der Stadt Leipzig an Kreisschulrat, 12.01.1949.

1967 UAL, Philol. Fak. D-I/02, Bl. 249, Dokument zur langfristigen Ausbildung der Fremdsprachenschule Leipzig, vermutlich November 1948.

1968 StadtAL, 0067 StVuR, Nr. 10480, Bl. 94, Fremdsprachenschule der Stadt Leipzig an Kreisschulrat, 12.01.1949.

1969 Vgl. Kade (1965: 2).

1970 BArch, DR 2/3094, S. 3, Lehrplan der Fremdsprachenschule, bestätigt am 15.10.1952.

1971 BArch, DR 2/2260, Pressenotiz »Besuch einer Dolmetscherschule«, 27.09.1951. Das Sprachangebot der Fremdsprachenschule wurde am 01.01.1951 durch die Sprachen Chinesisch, Tschechisch und Polnisch erweitert (in: BArch, DR 2/2260, Abteilung Oberschulen an Ministerium für Volksbildung in Dresden, 14.11.1950).

1972 StadtAL, 0067 StVuR, Nr. 10480, Bl. 94, Fremdsprachenschule der Stadt Leipzig an Kreisschulrat, 12.01.1949. Aus dem Dokument geht hervor, dass die genannte Prüfungsordnung, obwohl bereits seit dem 01.04.1948 in Kraft, nicht von der Fremdsprachenschule angewandt wurde.

1973 Vgl. Neubert/Kade (1963: 309).

1974 BArch, DR 2/3094, S. 2, Lehrplan der Fremdsprachenschule, bestätigt am 15.10.1952.

1975 BArch, DR 2/2260, Unbekannt an Volksbildungsministerium Dresden, 27.09.1950.

tiver zu nutzen. Diese Maßnahme wurde dem konsultierten Aktenmaterial zufolge auf einer Länderreferententagung beschlossen und am 01.10.1950 umgesetzt[1976].

Dies zeigt, dass sich die Dolmetscher- und Übersetzerausbildung in Leipzig Anfang der 1950er Jahre in ständigem Fluss befand, auch wenn diese Entwicklung »ohne die Mitarbeit dafür kompetenter Stellen, die an dieser Ausbildung naturgemäß interessiert sein müßten, verlaufen war«[1977]. Die Dolmetscher- und Übersetzerausbildung formenden Kräfte entstanden in jenen Jahren vor allem in der Praxis, wo der Mangel an qualifizierten Dolmetschern und Übersetzern spürbar wurde. Wie das Aktenmaterial belegt, fehlten aber nicht nur in fremden Sprachen fachsprachlich ausgebildete Kräfte, sondern auch entsprechende Literatur:

> »In längeren Ausführungen war dabei von mir (...) dargelegt worden, daß die zahlreichen Fachwörterbücher und Korrespondenz-Lehrbücher aus früherer Zeit 1. überhaupt nur sehr bedingt als praktisch brauchbar anzusehen waren, 2. die veränderten ökonomischen Verhältnisse eine Neubearbeitung des Stoffes erforderlich machen.«[1978]

Aus der Praxis heraus wurde auch eine Konferenz angeregt, auf der Maßnahmen zur Verbesserung der Dolmetscher- und Übersetzerausbildung in der DDR erörtert werden sollten. Zur Lösung dieser Aufgabe wurde eine ständige und enge Zusammenarbeit zwischen Theorie und Praxis gefordert[1979]. Die mangelnde Qualität der Dolmetscher- und Übersetzerausbildung Anfang der 1950er Jahre in der DDR spiegelte sich auch in den Aufnahmebedingungen für das Studium:

> »Das Ministerium für Volksbildung der Deutschen Demokratischen Republik teilt Ihnen mit, daß für die Aufnahme in die Fremdsprachenschule Leipzig (...) keinerlei Voraussetzungen gefordert werden. Wenn Sie sich den Anforderungen des 2. Ausbildungsjahres (Übersetzer) bereits gewachsen fühlen, können Sie durch eine Aufnahmeprüfung Ihre Befähigung dafür nachweisen.«[1980]

Die ungenügende Vorbereitung auf den Dolmetscher- und Übersetzerberuf an der Fremdsprachenschule ist auch auf Zielsetzungen zurückzuführen, die der Ausbildungseinrichtung vom zuständigen Ministerium vorgegeben wurden:

> »Das Ministerium für Volksbildung erwartet, daß die Arbeit der Fremdsprachenschule Leipzig gestützt auf die Freie Deutsche Jugend immer mehr dazu beitragen wird, die

---

1976 BArch, DR 2/2260, Ministerium für Volksbildung des Landes Sachsen an Ministerium für Volksbildung der DDR, 11.09.1950.

1977 UAL, Philol. Fak. D-I/24, Bl. 1, Bericht über die Arbeit der Kommission Dolmetscher beim Ministerium für Volksbildung, 20.10.1955.

1978 BArch, DR 2/2260, Vizepräsident der Deutschen Notenbank an Fremdsprachenschule Leipzig, 05.06.1951.

1979 BArch, DR 2/ 2260, Vizepräsident der Deutschen Notenbank an Leiter des Städtischen Sprachen- und Dolmetscher-Seminars, 06.07.1951.

1980 BArch, DR 2/2260, Volksbildungsministerium an Interessenten für das Studium, 06.06.1951.

Freundschaft zwischen den Völkern und vor allem zur Sowjetunion weiter zu festigen.«[1981]

Zur Erreichung dieses Ziels wurden in der Fremdsprachenschule beispielsweise typische Musikinstrumente des fokussierten Kulturkreises, etwa Balalaikas, angeschafft und im Unterricht verwendet[1982]. Dass damit keine qualifizierten Dolmetscher und Übersetzer ausgebildet werden konnten, bedarf keiner weiteren Ausführungen. Sicherlich ist es auf die unzureichenden Ausbildungsmethoden zurückzuführen, dass kontinuierlich nach anderen institutionellen Rahmenbedingungen für die Dolmetscher- und Übersetzerausbildung gesucht wurde.

Vom Sommer 1951 datieren Dokumente, die Überlegungen zur Gründung eines sogenannten Instituts für Fremdsprachen in Leipzig belegen. Dieses sollte auch dem Ministerium für Volksbildung unterstellt werden. Vorgesehen war es, die Dolmetscherausbildung mit der Sprachlehrerausbildung im Januar 1953 zusammenzulegen. Die neue Einrichtung sollte in einem größeren Gebäude untergebracht werden, das bis Ende 1951 gefunden werden sollte. Zudem war geplant, dass das zu gründende Institut eine selbstständige Einrichtung sein sollte. Tatsächlich fand einige Semester lang für angehende Sprachlehrer und Dolmetscher gemeinsamer Unterricht statt.[1983] Eine Verbindung zwischen der Fremdsprachenschule und dem Pädagogischen Institut der Stadt Leipzig, in dessen Rahmen die Dolmetscher- und Übersetzerausbildung fortgesetzt wurde, kann auf der Basis von den für die vorliegende Arbeit konsultierten Primärquellen jedoch nicht untermauert werden.

2.7.4.2 Die Fachrichtung Dolmetscher am Pädagogischen Institut Leipzig

Über diese Station der translatorischen Ausbildung in Leipzig konnte bei den Recherchen für die vorliegende Arbeit nur wenig in Erfahrung gebracht werden. Relevante Akten enthalten keine Informationen über den Übergangsprozess der Dolmetscher- und Übersetzerausbildung von der Fremdsprachenschule in das Pädagogische Institut Leipzig. Trägt dieser Mangel an Informationen möglicherweise der Tatsache Rechnung, dass der Ausbildung von Dolmetschern und Übersetzern von den zuständigen staatlichen Stellen kaum Bedeutung beigemessen wurde, wie Zeitzeugen kritisieren[1984]?

Einer Sekundärquelle ist zu entnehmen, dass die »Staatliche Fachschule für Fremdsprachen« 1953 dem Pädagogischen Institut Leipzig angeschlossen wur-

---

1981 BArch, DR 2/2260, Volksbildungsministerium an Fremdsprachenschule Leipzig, 06.03.1951.

1982 Belege für die Anschaffung von Musikinstrumenten und musikalischen Unterricht an der Fremdsprachenschule befinden sich in der Akte BArch, DR 2/2260.

1983 BArch, DR 2/1356, Zur Schaffung des Instituts für Fremdsprachen in Leipzig, 12.07.1951.

1984 UAL, Philol. Fak. D-I/24, Bl. 1, Bericht über die Arbeit der Kommission Dolmetscher beim Ministerium für Volksbildung, 20.10.1955.

de und die Ausbildung somit Hochschulcharakter erhielt[1985]. Den Angaben von weiteren Sekundärquellen zufolge wurde die translatorische Ausbildung am Pädagogischen Institut auf vier Jahre erhöht, wobei zwei Fremdsprachen gewählt werden mussten[1986]. Die Erweiterung des Lehrplans auf zwei Sprachen hing mit Anforderungen der Praxis zusammen, denn die Erfahrung hatte gezeigt, dass Dolmetscher, die nur eine Fremdsprache anbieten konnten, Probleme auf der Suche nach einer Stelle hatten. Dies betraf, laut Aktenmaterial, vor allem Studierende der Englischen und Französischen Sprache, also Studierende der traditionellen Schulsprachen. Aufgrund der zu erwartenden ausländischen Handelsbeziehungen der DDR wurden folgende Sprachenkombinationen für die Dolmetscher- und Übersetzerausbildung vorgesehen, wobei Russisch als wichtigste Sprache betont wurde:

> »Wir schlagen deshalb vor, in Zukunft eine 8-semestrige Ausbildung in zwei Zügen durchzuführen: In dem einen Zug ist Russisch die Hauptsprache und eine westliche Sprache (Englisch, Französisch, evtl. Spanisch, Italienisch) bzw. eine nicht slawische Sprache eines volksdemokratischen Landes (Ungarisch, Rumänisch) Nebensprache. In dem zweiten Zug ist Englisch oder Französisch Hauptsprache und eine slawische Sprache (Tschechisch, Polnisch) Nebensprache. Die Kombination von zwei slawischen Sprachen ist für ein Sprachstudium mit dem Ziel ›Dolmetscher und Übersetzer‹ unter keinen Umständen zu empfehlen.«[1987]

In den konsultierten Primärquellen wird zum Inhalt der Ausbildung der »Fachrichtung Dolmetscher des Pädagogischen Instituts Leipzig«[1988] ebenfalls Bezug genommen. Demnach war es aufgrund der Zielsetzungen des Pädagogischen Instituts, das dem Ministerium für Volksbildung unterstand und für die Ausbildung von Grund- und Mittelschullehrern zuständig war, nicht möglich, eine den Anforderungen der Praxis genügende Dolmetscherausbildung zu gewährleisten. Eine Lösung zur Verbesserung der Dolmetscherausbildung wurde daher durch eine umfassendere Ausbildung[1989] auf Hochschulniveau und die Stellung der entsprechenden Einrichtung unter das Ministerium für Außenhandel und Innerdeutschen Handel, das als Hauptbedarfsträger der Absolventen galt, angestrebt.[1990]

1985 Vgl. Kade (1965: 2). Vgl. dazu auch Preuß (1987: 8).

1986 Vgl. Neubert/Kade (1963: 309) und Kade (1965: 2).

1987 BArch, DR 2/3191, Memorandum über die Notwendigkeit einer zweisprachigen Ausbildung in der Fachrichtung Dolmetscher des Pädagogischen Institutes Leipzig, 14.09.1953.

1988 UAL, Philol. Fak. D-I/24, Bl. 67, Begründung zur Verbesserung der Dolmetscherausbildung, undatiert. Ein Lehrplanentwurf der Fachrichtung Dolmetscher des Pädagogischen Instituts Leipzig befindet sich in der Akte BArch, DR 2/3142.

1989 Ibid. Neben einer intensiven Vermittlung von Fremdsprachen sollte die Vermittlung einer breiten Kenntnis der Theorie des Marxismus-Leninismus, eine gute Allgemeinbildung (vor allem in Geschichte, Geographie, Literatur), in Technik und im Industriewesen Gegenstand der Ausbildung sein.

1990 UAL, Philol. Fak. D-I/24, Bl. 67–68, Begründung zur Verbesserung der Dolmetscherausbildung, undatiert.

Eine wichtige Rolle bei der Lösung des Problems kam der sogenannten Kommission Dolmetscher zu, die 1954 auf Anregung »verantwortungsbewußter Staatsfunktionäre und der in der Dolmetscherausbildung tätigen Funktionäre«[1991] gegründet wurde. Aufgabe dieser Kommission, die sich aus je einem Vertreter des Ministeriums für Volksbildung, des Ministeriums für Auswärtige Angelegenheiten, des Ministeriums für Außenhandel und Innerdeutschen Handel, des Amtes für Literatur- und Verlagswesens, dem Leiter der Fachrichtung Dolmetscher und Übersetzer des Pädagogischen Instituts Leipzig sowie einem parteipolitischen Vertreter dieses Pädagogischen Instituts zusammensetzte, war die Behandlung und Entscheidung aller die Dolmetscherausbildung betreffenden Fragen. Vermutlich entwickelte sich aus dieser Kommission die sogenannte Fachkommission des Dolmetscher-Instituts, deren Bildung in der Anordnung über die Errichtung eines Dolmetscher-Instituts an der Karl-Marx-Universität unter § 3 gefordert wurde[1992]. Die konstituierende Sitzung dieser Fachkommission fand am 11.12.1956 statt[1993]. Gemäß der zitierten Anordnung bestand die Aufgabe der Fachkommission darin, den Bedarf an Dolmetschern und Übersetzern zu ermitteln, die Studienpläne des Dolmetscher-Instituts auszuarbeiten und bei der Auswahl der Lehrkräfte des Dolmetscher-Instituts mitzuwirken.

2.7.4.3 Das Dolmetscher-Institut an der Karl-Marx-Universität Leipzig

Der »Beschluß des Ministerrates über Maßnahmen zur Förderung des wissenschaftlich-technischen Fortschritts in der Deutschen Demokratischen Republik«[1994] vom 21.07.1955 gab den äußeren Anstoß zur Verbesserung der Dolmetscherausbildung in der DDR. Gefordert wurde darin eine Steigerung der Qualität bei der Vermittlung fremdsprachlicher Kenntnisse. Denn diese wurde als wesentliche Voraussetzung erachtet, einen hohen internationalen Standard in Wissenschaft und Technik zu erreichen. Zu diesem Zweck sollten »technische Dolmetscher und andere auf dem Gebiet internationaler Beziehungen tätigen Fachleute mit hervorragenden Sprachkenntnissen«[1995] ausgebildet werden.

1991 UAL, Philol. Fak. D-I/24, Bl. 1, Bericht über die Arbeit der Kommission Dolmetscher beim Ministerium für Volksbildung, 20.10.1955.

1992 UAL, R 57, Bl. 24–25, Anordnung über die Errichtung eines Dolmetscher-Institutes an der Karl-Marx-Universität Leipzig, 07.12.1956.

1993 Vgl. Preuß (1987: 12).

1994 UAL, Philol. Fak. D-I/24, Bl. 67, Begründung zur Verbesserung der Dolmetscherausbildung, undatiert und BArch, DR 2/3314, S. 2, Protokoll über die Besprechung am 22.10.1955 im M[inisterium für] A[ussenhandel und] I[nnerdeutschen Handel] betr. Übernahme der Fachrichtung Dolmetscher beim Päd. Institut, 25.10.1955.

1995 UAL, Philol. Fak. D-I/24, Bl. 67, Begründung zur Verbesserung der Dolmetscherausbildung, undatiert.

Vom 22.10.1955 datiert eine Besprechung zwischen Zuständigen verschiedener Stellen zur gebotenen und fälligen Verbesserung der Dolmetscherausbildung[1996]. Bei diesem Anlass wurde bestätigt, dass »das (...) Ziel der Ausbildung von Dolmetschern in der DDR (...) zu niedrig« sei. In der DDR sollte daher in Zukunft »auf dem Gebiete der Dolmetscherausbildung internationales Niveau« erreicht werden. Als Lösung wurde, wie im Vorfeld angedacht, eine Dolmetscherschule mit Hochschulcharakter vorgeschlagen, die dem Ministerium für Außenhandel und Innerdeutschen Handel unterstellt sein sollte. Die neue Institution sollte sich in erster Linie an den Bedürfnissen der Hauptbedarfsträger, dem Ministerium für Außenhandel und Innerdeutschen Handel sowie dem Ministerium für Auswärtige Angelegenheiten, orientieren. Zu diesem Zweck sollten von diesen Institutionen entsprechende Berufsbilder von Dolmetschern und Übersetzern ausgearbeitet werden.

Im Rahmen der Besprechung wurden auch Überlegungen zur Ausgestaltung des Curriculums der zukünftigen Dolmetscherschule angestellt:

> »Das Ziel bei der Ausbildung der Dolmetscher muß sicheres Übersetzen und Dolmetschen auf allen Gebieten ohne Spezialfachausbildung sein. Das setzt voraus, daß der Dolmetscher alle Wissensgebiete beherrscht, die dem Wissensstand der gebildeten Schicht des betreffenden Landes entsprechen. Wichtig ist, daß er neben dem Dolmetschen sein logisches Denken entwickelt. Außerdem sollte jeder Dolmetscher und Übersetzer sich auf einem Spezialgebiet vertiefte Kenntnisse aneignen. (...) Um ein Land wirklich kennen zu lernen, ist es notwendig, die Fächer, die die Kultur und Geschichte eines Volkes beinhalten, für das Mutterland und das Land der Fremdsprache in beiden Sprachen zu lehren. Die Vorlesungen sollen sich auf einen sehr weiten Bereich erstrecken. Wichtig ist es dabei, die Studenten an die entsprechende Literatur heranzuführen. Zur guten Allgemeinbildung gehört auch ein gewisses technisches Wissen, das bei uns noch stärker betont werden muß. Man sollte es den Studenten ermöglichen, in beschränktem Maß an Spezialvorlesungen anderer Fachrichtungen teilzunehmen (...).«[1997]

Um eine »gründliche Ausbildung« zu ermöglichen, wurde eine längere Studienzeit verlangt. Die Erfahrung hatte gezeigt, »dass die Voraussetzungen der Abiturienten für ihren zukünftigen Beruf gleich Null« waren. Aus diesem Grund war das erste

1996 BArch, DR 2/3314, Protokoll über die Besprechung am 22.10.1955 im M[inisterium für] A[ussenhandel und] I[nnerdeutschen Handel] betr. Übernahme der Fachrichtung Dolmetscher beim Päd. Institut, 25.10.1955, S. 1–3. Laut Protokoll waren folgende Institutionen bei der Besprechung vertreten: Staatssekretariat für Hochschulwesen (Koll. Kortum), Universität Halle (Prof. Ammer), Ministerium für Auswärtige Angelegenheiten (Kolln. Berner), Vorsitzende der Kommission Dolmetscher (Kolln. Springer), Leiter der Fachrichtung Dolmetscher und Übersetzer des Pädagogischen Instituts Leipzig (Koll. Kade), Amt für Literatur und Verlagswesen (Koll. Schneidereiter), Unterabtl. Hoch- und Fachschule, Ministerium für Außenhandel und Innerdeutschen Handel (Koll. Wegner).

1997 Ibid, S. 1–2.

Semester dem Erwerb von Kenntnissen der Fremdsprachen gewidmet worden, um darauf die Dolmetscherausbildung aufbauen zu können.

Die endgültigen Studienpläne sollten von der Dolmetscherschule ausgearbeitet werden und eine Genehmigung durch die Hauptbedarfsträger sowie eine Bestätigung der Studienpläne durch das Staatssekretariat für Hochschulwesen erfolgen. Als Datum der Übernahme der Dolmetscherschule durch das Ministerium für Außenhandel und Innerdeutschen Handel wurde der 01.01.1956 ins Auge gefasst.[1998]

Die neue Dolmetscherschule, die als selbstständige Einrichtung mit Hochschulcharakter in Leipzig errichtet werden sollte, wurde als Internatsschule geplant. Dadurch erhoffte man sich, den »Leistungsstand der zukünftigen Dolmetscher und Übersetzer« durch die ständige Übung der »Sprachfertigkeit« in der fremdsprachlichen Unterhaltung zu verbessern. Außerdem bot eine Internatsschule den »Lehrkräften Gelegenheit, die Studenten persönlich und politisch wesentlich stärker zu beeinflussen, als das während der bloßen Unterrichtstätigkeit geschehen« konnte.[1999]

Vom 03.03.1956 datiert ein Entwurf einer »Verordnung über die Bildung der Hochschule für Fremdsprachen«[2000]. Darin heißt es unter Paragraph 1, dass mit Wirkung vom 01.04.1956 die Hochschule für Fremdsprachen errichtet und die Fachrichtung Dolmetscher und Übersetzer des Pädagogischen Instituts in Leipzig von der Hochschule für Fremdsprachen übernommen wird. Der Plan einer eigenständigen Hochschule für die Dolmetscherausbildung wurde jedoch nicht umgesetzt. Gründe dafür werden im konsultierten Aktenmaterial nicht genannt. Aus einer Quelle geht lediglich hervor, dass von dem Plan abgesehen wurde:

> »Es sei ursprünglich gedacht gewesen, eine besondere Hochschule dafür in Leipzig zu gründen. Man habe jedoch von diesem Weg Abstand genommen und entschieden, dass das Dolmetscher-Institut als selbständiges Institut an die Karl-Marx-Universität kommt.«[2001]

Möglicherweise waren finanzielle Gründe dafür verantwortlich. In Anbetracht der Anforderungen, die an »Dolmetscher und Übersetzer auf den Gebieten des Außenhandels, der Wissenschaft und Technik, des diplomatischen Dienstes und anderer internationaler Verbindungen«[2002] gestellt wurden, war es vermutlich na-

---

1998 Ibid.

1999 UAL, Philol. Fak. D-I/24, Bl. 68, Begründung zur Verbesserung der Dolmetscherausbildung, undatiert.

2000 UAL, Philol. Fak. D-I/24, Bl. 32–33. Verordnung über die Bildung der Hochschule für Fremdsprachen, handschriftlich datiert vom 03.03.1956. Darin werden die Ziele der Errichtung eines Dolmetscher-Instituts wie folgt angegeben: »Die ständige Entwicklung der Außenhandelsbeziehungen der Deutschen Demokratischen Republik erfordert die Verstärkung der Ausbildung hochqualifizierter Dolmetscher und Übersetzer«.

2001 UAL, R 57, Bl. 27, Aktennotiz, 13.12.1956.

2002 UAL, Philol. Fak. D-I/24, Bl. 67–68, Begründung zur Verbesserung der Dolmetscherausbildung, undatiert.

heliegend, die Universität als Rahmeninstitution für eine entsprechend qualifizierte Ausbildung ins Spiel zu bringen. Dort konnten außerdem bereits bestehende strukturelle und personelle Ressourcen genutzt werden.

In die Neugestaltung der Dolmetscherausbildung in der DDR sollten Erfahrungen einfließen, die an den Vorgängerinstitutionen, Fremdsprachenschule und Pädagogisches Institut (vgl. 2.7.4.1, 2.7.4.2), gesammelt wurden. Die dabei gewonnenen Erkenntnisse, die zu Forderungen umformuliert wurden, galten als Maximalforderungen. Realistisch wurde aber eingeräumt, dass es eine gewisse Zeit dauern würde, bis die hohen Anforderungen erreicht werden. Änderungen in der Dolmetscherausbildung wurden beispielsweise bezüglich der Wochenstundenzahl gewünscht. Diese sei bisher zu hoch gewesen, sodass für ein selbstständiges Studium kaum Zeit blieb. Außerdem sollte die Größe der Kurse verringert werden. Durch die Schaffung eines Internats sollten bessere Bedingungen zur Erlangung der fremdsprachlichen Sprechfertigkeit gewährleistet werden. Um in dieser Richtung Erfolge zu erzielen, sollten den Studierenden auch Auslandsaufenthalte ermöglicht werden.[2003]

Wie den Akten zu entnehmen ist, war in der Vergangenheit ein Mangel an ausländischer Literatur spürbar. Dieser sollte aber zukünftig behoben werden. Ein »organisiertes Berufspraktikum« sollte den Praxisbezug des Studiums gewährleisten. Das Lehrpersonal wurde in drei Gruppen untergliedert, um den Anforderungen der Ausbildung zu entsprechen: 1) Personen mit philologischer Ausbildung, die für die Entwicklung von Lehrmaterialien und Fachwörterbüchern herangezogen werden sollten, 2) Lehrkräfte fremder Muttersprache, die »über ein Minimum an philologischer Bildung« und eine umfassende Allgemeinbildung verfügten und 3) Lehrkräfte deutscher Muttersprache mit überdurchschnittlichen Kenntnissen einer Fremdsprache. Zudem sollte sich die zuletzt genannte Personengruppe fundierte Kenntnisse auf einem Fachgebiet bei der Tätigkeit als Dolmetscher oder Übersetzer angeeignet haben. Es überrascht, dass nicht auch an Personengruppe 2) ähnliche Anforderungen wie an Personengruppe 3) gestellt wurden. Alle Lehrkräfte sollten aber ausnahmslos als Erzieher zur Wahrung der Staatsinteressen beitragen. Zur Förderung der Qualifikation des Lehrpersonals sollten Weiterbildungsmaßnahmen in Lehre, Forschung und Praxis ermöglicht werden.[2004]

Die Auswahl der Studierenden wurde als einer der wichtigsten Punkte erachtet, wobei die Zulassung zur fachlichen Aufnahmeprüfung von der politischen Eignung abhing. Diese wurde nach intensivem Studium der Personalakten der Studierenden im persönlichen Gespräch geprüft. Mit der Zeit entwickelte sich aus diesem Aufnahmeverfahren die noch in der Gegenwart am IALT der Universität Leipzig übliche Eignungsprüfung[2005], die über die Zulassung zum Studium entscheidet, in der allerdings persönliche politische Sichtweisen keine Rolle mehr spielen. Nach

2003 UAL, Philol. Fak. D-I/24, Bl. 55, Zusammenfassende Darstellung der wichtigsten Probleme der Dolmetscherausbildung, 20.03.1956.
2004 Ibid, Bl. 56–57.
2005 Vgl. dazu auch Preuß (1987: 8).

dem vierten Semester wurde festgestellt, welche Studierenden zum Dolmetscher und Übersetzer weiter ausgebildet und welche Studierenden etwa als Fremdsprachenkorrespondenten bereits in der Praxis eingesetzt werden sollten. Der Lehrplan sollte daher so gestaltet werden, dass nach vier Semestern eine Abschlussprüfung abgelegt werden konnte. Hauptkomponente des Lehrplans sollten sprachliche Übungen sein. Unter den Vorlesungen sollten neben Grammatik, Literatur, Geschichte und Wirtschaftsgeographie auch Veranstaltungen zum Marxismus-Leninismus angeboten werden.[2006]

Um die Dolmetscherausbildung auf Hochschulniveau öffentlich bekannt zu machen, sollte eine entsprechende Information im Gesetzblatt veröffentlicht, Prüfungen für bereits in der Praxis tätige Dolmetscher und Übersetzer eingerichtet und Weiterbildungsmaßnahmen in Fremdsprachen für andere Berufsgruppen angeboten werden. Außerdem sollte der Bedarf an Dolmetschern und Übersetzern in der Praxis festgestellt werden und eine zentrale Kartei an Dolmetschern und Übersetzern erarbeitet werden.[2007]

Informationen über den Verlauf von Gesprächen zur Errichtung eines Dolmetscher-Instituts an der Karl-Marx-Universität datieren im konsultierten Datenmaterial erst vom Herbst 1956, wobei nicht zu überhören ist, dass das Dolmetscher-Institut, ähnlich wie die Dolmetscher-Institute in Heidelberg, Germersheim und Saarbrücken[2008], eher ein ungeliebtes Kind der Alma Mater war:

> »Die Frage des Dolmetscher-Instituts ist noch nicht ganz entschieden. Bisher fehlt noch eine amtliche Verfügung des Staatssekretärs für Hochschulwesen. Wie jedoch der Fachreferent (...) mitteilt, ist damit zu rechnen, dass das Dolmetscher-Institut von uns übernommen werden muss.«[2009]

Die ablehnende Haltung gegenüber dem Dolmetscher-Institut im Rahmen der Universität geht auch aus der folgenden Quelle hervor, die neben der Unsicherheit im Umgang mit dem Dolmetscher-Institut deutlich macht, dass nicht alle Zuständigen der Universität über die Vorgänge im Eingliederungsprozess informiert waren:

> »Ich erhielt durch ein Protokoll vom 6. November 1956 (...) Kenntnis davon, dass die Studierenden der Dolmetscher-Fachrichtung bezw. das Dolmetscher-Institut des Pädagogischen Instituts an die Karl-Marx-Universität übernommen sei. Gemäss dieser Niederschrift wäre vereinbart, dass das Studenten-Prorektorat die Studentenangele-

---

2006 UAL, Philol. Fak. D-I/24, Bl. 57–58, Zusammenfassende Darstellung der wichtigsten Probleme der Dolmetscherausbildung, 20.03.1956.

2007 Ibid, Bl. 59.

2008 Die jeweilige Entstehungsgeschichte der Dolmetscher-Institute in Heidelberg, Germersheim und Saarbrücken zeigt, dass sie im institutionellen Rahmen der jeweiligen Universitäten einen schweren Stand hatten (vgl. 2.6.8, 2.8.2.3). Besonders deutlich kommt dies bei der Geschichte des Saarbrücker Dolmetscher-Instituts zum Ausdruck (vgl. Wilss (2000) und 2.8.3.3).

2009 UAL, R 57, Bl. 20, Unbekannt an Prorektor für Studienangelegenheiten der Universität Leipzig, 27.11.1956.

genheiten wahrzunehmen habe. Ich darf Ihnen aber mein Erstaunen darüber zum Ausdruck bringen, dass mir auf diese Weise von der Angliederung des Dolmetscher-Instituts Mitteilung gemacht wird und gestatte mir die Anfrage, ob eine entsprechende Regierungsverordnung oder Anweisung vorliegt, aus der die Übernahmeverpflichtung hervorgeht. Überdies möchte ich vorsorglich den Gedanken zum Ausdruck bringen, dass möglicherweise im Kreise der Wissenschaftler der Universität eine befremdliche Frage aufkommen könnte in der Richtung, wie es zu vertreten sei, dass die Universität auch Dolmetscher-Ausbildung vornehme.«[2010]

Die mangelnde Transparenz im Eingliederungsprozess zeichnet sich auch in den offiziellen Dokumenten ab, in denen die Durchführung der einzelnen Schritte meist rückwirkend rechtsverbindlich wurde. Die Umwandlung der Fachrichtung Dolmetscher des Pädagogischen Instituts in das Dolmetscher-Institut der Karl-Marx-Universität Leipzig am 01.09.1956 wurde etwa erst am 07.12.1956 vom Staatssekretariat für Hochschulwesen amtlich kommuniziert[2011]. Auch die Information über die Verwaltung der finanziellen Mittel des Dolmetscher-Instituts durch die Universität, die ab dem 01.11.1956 erfolgte, wurde Zuständigen nachträglich mitgeteilt. Vom 05.12.1956 datiert eine entsprechende Information, aus der auch hervorgeht, dass das Staatssekretariat für Hochschulwesen die entsprechenden Schritte eingeleitet hatte, ohne dass ein Beschluss über die Eingliederung des Dolmetscher-Instituts gefasst worden war.[2012]

Daten über den Verlauf der Angliederung des Dolmetscher-Instituts an die Karl-Marx-Universität können einer Anweisung des Staatssekretariats für Hochschul-

2010 UAL, R 57, Bl. 21, Prorektor für Studienangelegenheiten an Rektor der Universität Leipzig, 19.11.1956.

2011 UAL, R 57, Bl. 24–26, Anordnung über die Errichtung eines Dolmetscher-Instituts an der Karl-Marx-Universität Leipzig, 07.12.1956.

2012 UAL, R 57, Bl. 22, Prorektor für Studienangelegenheiten an Rektor der Karl-Marx-Universität, 05.12.1956. Das Dokument informiert darüber, dass seit dem 01.11.1956 auch Stipendien für Studierende des Dolmetscher-Instituts von der Universität ausgezahlt wurden, die Übernahme der Personalakten der Studierenden und die Akten für Stipendien konnte aber erst nach Ergehen eines Beschlusses über die Eingliederung des Dolmetscher-Instituts in die Universität erfolgen. Das »brennendste Problem« bei der Eingliederung seien die Räumlichkeiten, denn die Unterbringung des Dolmetscher-Instituts sei noch nicht geklärt. Aus betriebsbedingten Gründen konnten die Räume im Pädagogischen Institut, die bisher für die Dolmetscherausbildung genutzt wurden, ab September 1957 nicht mehr genutzt werden. Wie einer Anordnung vom Dezember 1956 zu entnehmen ist, sollte das Dolmetscher-Institut bis zur Bereitstellung von Räumen durch die Universität weiterhin die Räume des Pädagogischen Instituts nutzen können (in: UAL, R 57, Bl. 24–26, Anordnung über die Errichtung eines Dolmetscher-Instituts an der Karl-Marx-Universität Leipzig, 07.12.1956). Zur Raumfrage siehe auch Informationen in: UAL, R 35, Bl. 2, Protokoll der Sitzung des Kuratoriums des Dolmetscherinstituts Leipzig vom 11.12.1956, 29.12.1956.

wesen entnommen werden, die vom Februar 1957 datiert[2013]. Demnach wurde am 07.01.1956 eine Anordnung über die Errichtung eines Dolmetscher-Instituts an der Karl-Marx-Universität Leipzig erlassen. Am 07.12.1956 folgte eine weitere Anordnung in dieser Sache. Im Vordergrund stand dabei die Eingliederung der Fachrichtung Dolmetscher des Pädagogischen Instituts in ein Dolmetscher-Institut zum 01.09.1956, die rückwirkend in Kraft gesetzt wurde[2014]. Einige Punkte daraus, etwa zur Einstellung von Personal, sind jedoch in die Anweisung vom Februar 1957 eingeflossen[2015]. Die Anweisung vom 27.02.1957 beinhaltet überdies strukturelle Vorgaben über das zu errichtende Dolmetscher-Institut. Dabei sollten die Aufgaben des Dolmetscher-Instituts die Aus- und Weiterbildung sowie Forschungstätigkeiten umfassen. Weiterbildungsmöglichkeiten sollten darin bestehen, bereits praktizierenden Dolmetschern und Übersetzern zu ermöglichen, einen Qualifikationsnachweis über ihre Tätigkeit zu erlangen. Die Ausbildungstätigkeit des Dolmetscher-Instituts richtete sich an den Nachwuchs in fremdsprachlichen Berufen, wie »Dolmetscher und Übersetzer für den Staats- und Wirtschaftsapparat, insbesondere aus dem Gebiet des Außenhandels, für den diplomatischen Dienst und für die Nationale Volksarmee, (...) Auslandskorrespondenten für die staatlichen Außenhandelsbetriebe und für die Exportabteilungen der volkseigenen Betriebe, (...) [und] Übersetzer, insbesondere im Verlagswesen und in der Presse [sowie] sprachkundige Sekretärinnen, Stenotypistinnen, Stewardessen etc.«[2016].

Das zu errichtende Dolmetscher-Institut sollte vier Sprachabteilungen[2017] und ein Lektorat für technische Fächer, wie Maschineschreiben und Stenographie, umfassen.

Die Ausbildung in Gesellschaftswissenschaften sollte an anderen Instituten der Universität erfolgen. Die Ausbildung in Landeskunde (Literatur, Geschichte, Wirtschaftsgeographie, Handelskunde, Einführung in die moderne Technik) sollte von Lehrbeauftragten übernommen werden.

2013 UAL, R 57, Bl. 284–285, Anweisung Nr. 93 des Staatssekretariats für Hochschulwesen über Aufgaben, Struktur und Tätigkeit des Dolmetscher-Instituts sowie über Auswahl und Zulassung der Studenten des Dolmetscher-Instituts der Karl-Marx-Universität Leipzig, 27.02.1957.

2014 Aus § 6 der Anweisung vom 07.12.1956 geht auch hervor, dass die Buchbestände der Fachrichtung Dolmetscher des Pädagogischen Instituts in die Karl-Marx-Universität überführt wurden.

2015 UAL, R 57, Bl. 285, Anweisung Nr. 93 des Staatssekretariats für Hochschulwesen über Aufgaben, Struktur und Tätigkeit des Dolmetscher-Instituts sowie über Auswahl und Zulassung der Studenten des Dolmetscher-Instituts der Karl-Marx-Universität Leipzig, 27.02.1957.

2016 Ibid, Bl. 284.

2017 Ibid, Bl. 284 (RS). Die folgenden Sprachabteilungen sollten Teil des Dolmetscher-Instituts sein: Abteilung für Slawische Sprachen (Russisch, Tschechisch, Polnisch), Abteilung für Romanische Sprachen (Französisch, Spanisch), Abteilung für Germanische Sprachen (Englisch), Abteilung für Chinesische Sprache.

Die Dauer des Studiums wurde für Dolmetscher und Übersetzer auf vier Jahre, für Auslandskorrespondenten auf drei Jahre und für sprachkundige Sekretärinnen, Stenotypistinnen und Stewardessen auf zwei Jahre festgelegt. Für Dolmetscher und Übersetzer sollte »nach erfolgreich abgelegtem Staatsexamen der Grad eines Diplom-Dolmetschers bzw. Diplom-Übersetzers« verliehen werden. Die anderen Studiengänge sollten mit einer »staatlichen Fachprüfung« abschließen. Die Anweisung trat rückwirkend zum 01.02.1957 in Kraft.[2018]

Über eine Eröffnungsfeier des universitären Dolmetscher-Instituts wurde Mitte Dezember 1956 auf einer Sitzung des Kuratoriums des Dolmetscher-Instituts beraten, wobei das Datum der Feierlichkeit nur vage festgelegt wurde:

> »Um das Ansehen des DI zu erhöhen und eine größere Öffentlichkeit auf seine Existens (sic!) aufmerksam zu machen, ist das neu gegründete Institut feierlich zu eröffnen. Dabei wird der Direktor eingeführt. Die Eröffnung sollte etwa am 20. Febr. 1957 stattfinden. Die Teilnahme leitender Mitarbeiter des Staatsapparates, der Parteien und Massenorganisationen ist anzustreben.«[2019]

Tatsächlich fand die Eröffnungsfeier am geplanten Datum statt. Die Einladung erging durch den Rektor der Universität:

> »Hierdurch gebe ich mir die Ehre, Sie zu einem AKADEMISCHEN FESTAKT aus Anlaß der Eröffnung des Dolmetscher-Instituts der Karl-Marx-Universität einzuladen. Der Festakt findet am Mittwoch, dem 20. Februar 1957, 11 Uhr c.t. im Festsaal der Fachschule für Post- und Fernmeldewesen, Leipzig, S 3, Gustav-Freytag-Straße 43, statt.«[2020]

Bezüglich des Errichtungsdatums des Dolmetscher-Instituts widersprechen sich die konsultierten Sekundärquellen. An manchen Stellen wird der 01.09.1956 als Gründungsdatum angegeben[2021], andere Quellen nennen das Jahr 1957 als Gründungsjahr.[2022] Zeitzeugen berichten, dass der Unterricht der Fachrichtung Dolmetscher des Pädagogischen Instituts nahtlos vom universitären Dolmetscher-Institut weitergeführt wurde. Die Änderung des institutionellen Rahmens hätte sich in der Anfangszeit kaum bemerkbar gemacht. Nach außen sichtbar wurde das universitäre Dolmetscher-Institut im Frühjahrssemesters im Studienjahr 1957/58[2023]. In jenem Semester, das vom 20.01.1958 bis zum 07.06.1958, mit einer kurzen Unterbrechung für die Leipziger Frühjahrsmesse im Februar/März 1958, dauerte, wird

2018 Ibid, Bl. 285 (RS).

2019 UAL, R 35, Bl. 3, Protokoll der Sitzung des Kuratoriums des Dolmetscherinstituts Leipzig vom 11.12.1956, 29.12.1956.

2020 Vgl. Preuß (1987: 15). Hervorhebung im Original.

2021 Vgl. Kade (1965: 2).

2022 Vgl. Neubert/Kade (1963: 309).

2023 Vgl. Personal- und Vorlesungsverzeichnis der Karl-Marx-Universität Leipzig, Studienjahr 1957/58 – Frühjahrssemester, S. 9.

zum ersten Mal der Unterrichtsplan des Dolmetscher-Instituts im Personal- und Vorlesungsverzeichnis der Karl-Marx-Universität ausgewiesen[2024].

Am Rande sei bemerkt, dass den Planern der universitären Dolmetscher- und Übersetzerausbildung in der DDR ein Phänomen zu schaffen machte, das auch heute noch typisch ist für einschlägige Studiengänge und für die Sprachmittlungsbranche überhaupt: der unausgewogene Anteil an Frauen und Männern. Für das Studienjahr 1956/57 wurde die Aufnahmekapazität auf 60 Studienplätze festgelegt. Diesen standen 500 Bewerbungen gegenüber. Davon wurden 118 Anwärter für einen Studienplatz in die engere Wahl gezogen, wobei sich der Anteil an männlichen Bewerbern nur auf 14 Prozent belief. Konfrontiert mit dieser Realität, fiel die Reaktion der Personen, die ihre Pläne von der Praxis durchkreuzt sahen, entsprechend entsetzt aus:

> »Das entspricht nicht den Bedürfnissen der Stellen, die Hauptbedarfsträger sind. Aus diesem Grunde wurde beschlossen, sofort Maßnahmen einzuleiten, damit im September wenigstens ein Verhältnis von 50:50 erreicht wird, d.h. es müssen mindestens 30 männliche Bewerber immatrikuliert werden. Von den vorhandenen und in die engere Wahl gezogenen 16 Bewerbern dürften erfahrungsgemäß 10 für die Immatrikulation in Frage kommen, so daß wengistens 30–40 männliche Bewerber noch gefunden werden müssen, von denen nach Überprüfung der Eignung und der kaderpolitischen Voraussetzungen dann die 20 benötigten Bewerber immatrikuliert werden.«[2025]

Die Unzufriedenheit über den hohen Frauenanteil, der nicht vorgesehen war, ist nicht zu überhören. Die Planer wünschten sich vielmehr ein umgekehrtes Verhältnis. Maßnahmen, um dieses »krasse Missverhältnis«[2026] in den Griff zu bekommen, wurden schleunigst eingeleitet. In einem Prospekt sollte die interessierte Öffentlichkeit darüber aufgeklärt werden, dass »›der Dolmetscherberuf nicht – wie manche glauben mögen – ein ausgesprochener Frauenberuf ist‹«[2027]. Einigen Planern war diese Formulierung jedoch nicht konkret genug und bestanden darauf – wohl die ersehnte Planerfüllung vor Augen –, dass in dem Werbeschreiben deutlicher darauf hingewiesen werde, dass dringend mehr männliche Bewerber für die Dolmetscher- und Übersetzerausbildung als bisher erwünscht seien. Ob die Angelegenheit im Sinne der Planer ein gutes Ende fand, konnte im konsultierten Aktenmaterial nicht festgestellt werden. Sicher ist aber, dass sich die Dolmetscher- und Übersetzerausbildung an der Universität Leipzig und anderswo – trotz oder vielmehr wegen des hohen Frauenanteils – bis in die Gegenwart behauptet hat.

2024 Ibid, S. 41–51. Der Unterricht wurde in sechs Sprachen angeboten: Russisch, Französisch, Polnisch, Tschechisch, Spanisch, Englisch.

2025 UAL, Philol. Fak. D-I/24, Bl.76, Gewinnung von männlichen Bewerbern für das Dolmetscherstudium, 02.05.1956.

2026 Ibid.

2027 UAL, R 35, Bl. 3, Protokoll der Sitzung des Kuratoriums des Dolmetscher-Instituts Leipzig vom 11.12.1956, 29.12.1956.

2.7.5 Zusammenfassung der Ergebnisse

Am Beispiel des Dolmetscher-Instituts der Handelshochschule Leipzig kann deutlich dargestellt werden, dass sich das Curriculum des Dolmetscher-Instituts, das am 01.11.1937 als selbstständiges Institut der Handelshochschule Leipzig gegründet wurde, aus dem Curriculum des fremdsprachlichen Unterrichts an der Handelshochschule entwickelte. Im Jahr 1927, also zehn Jahre vor der Gründung des Dolmetscher-Instituts, begann eine schärfere Profilbildung des fremdsprachlichen Unterrichts an der Handelshochschule Leipzig. Diese wurde initiiert durch Vorgaben für allgemeine Prüfungsanforderungen an Handelshochschulen, die von einer übergeordneten, nicht näher spezifizierten, Berliner Instanz vermutlich Anfang 1927 erlassen wurden. Die Anforderungen für den fremdsprachlichen Unterricht wurden aufgrund von umfassenden Prüfungsinhalten hochgesteckt: Handelshochschulabsolventen sollten die Fremdsprache aktiv besser beherrschen als bisher üblich. Zudem wurde vorausgesetzt, dass sie sich mit der Literatur des fremden Landes fundiert auseinandergesetzt hatten und über solide Kenntnisse über staatliche Einrichtungen des Auslandes sowie über geographische, gesellschaftliche, wirtschaftliche und kulturelle Verhältnisse des Auslandes verfügten.

Der Gründer des späteren Dolmetscher-Instituts an der Handelshochschule Leipzig, Alexander Snyckers (vgl. 2.7.2.2.1), reagierte im Mai/Juni 1927 in einem Beitrag in einer Fachzeitschrift kritisierend und korrigierend auf den Erlass der neuen Prüfungsbestimmungen. Er bemängelte, dass der ehrgeizige Prüfungskanon ein für Handelshochschulen essentielles Detail außer Acht lasse: die Kenntnis der Sprache des Handels und der Wirtschaft, also die Kenntnis der Berufssprache von Handelshochschulabsolventen. Zur Erlangung fachsprachlicher Kenntnisse, so betonte Snyckers, sei eine intensive Auseinandersetzung mit der Handels- und Wirtschaftsterminologie nötig und zwar unter der Berücksichtigung der jeweils geltenden gesetzlichen Bestimmungen und Handelsbräuche des fremden Landes. Dabei stellte Snyckers klar, dass eine derartige profunde Behandlung der Handelssprache nichts mit dem Abfassen von Handelskorrespondenz im engeren Sinne zu tun habe. Vielmehr setze ein solches Studium eine weitaus größere Kenntnis der Handelssprache voraus, wobei die fachsprachliche Kenntnis erst nach erfolgtem Studium, also im Beruf, kontinuierlich vertieft werden müsse.

In diesem Zusammenhang monierte Snyckers, dass weitläufig die Meinung herrsche, dass es sich beim Übersetzen um eine mechanische Fertigkeit handle und Worte aus einer Sprache in eine andere Sprache formelhaft übertragen werden könnten. Er stellte klar, dass diese in der wirtschaftlichen Praxis häufig vertretene Sprachübertragung im Gegensatz zu der von ihm geforderten Behandlung der Handelssprache stehe, die zu einem tiefen Verständnis der fremden Sprache und Kultur führe. Snyckers sah in Ermangelung einer fundierten fachsprachlichen Ausbildungsmöglichkeit eine Lücke in der sprachwissenschaftlichen Forschung und forderte daher, dass die Handelssprache im Rahmen eines selbstständigen Hochschulgebietes wissenschaftlich erforscht werde.

Als Reaktion auf Snyckers' Beitrag wurde prompt im Juli 1927 im Leipziger Stadtrat – der sich auch aus Vertretern des Kaufmannsstandes zusammensetzte – über die Errichtung einer Sprach-Professur an der Handelshochschule Leipzig diskutiert. Diese sollte zu einer Qualitätssteigerung der fremdsprachlichen Ausbildung von Kaufleuten beitragen, denn die Leipziger Kaufmannschaft erachtete die fremdsprachlichen Leistungen von Handelshochschulabsolventen den Praxisanforderungen als nicht angemessen. In der traditionellen Handelsstadt Leipzig gehörte es zum guten Ton, im internationalen Handel zu agieren. Von existenzieller Bedeutung waren daher entsprechend fundierte Sprachkenntnisse der Leipziger Kaufleute, wollten diese ihre Geschäfte nicht zu ihrem eigenen Nachteil tätigen. Nicht zuletzt waren es somit praktische Notwendigkeiten, die einen höheren Standard in der Ausbildung des Fremdsprachenunterrichts an der Handelshochschule Leipzig rechtfertigten und schließlich zur Bewilligung von Geldern für die Errichtung von zwei ordentlichen Sprach-Professuren 1929 an der Handelshochschule Leipzig beitrugen.

Snyckers, der sich seit vielen Jahren für die Betonung der fachsprachlichen Seite im fremdsprachlichen Unterricht einsetzte, regte bei der Leitung der Handelshochschule Leipzig an, schon in der Bezeichnung der Lehrstühle die fachsprachliche und somit die neue Art der sprachwissenschaftlichen Forschungsrichtung zu betonen. Anstatt den Lehrstuhl, wie üblich, Professur für Englische oder Französische Sprache zu nennen, erachtete Snyckers eine Lehrstuhlbezeichnung als geboten, die auf die Erforschung der Fachsprache im Verbund mit ihrem Fachgebiet hinwies und somit sprachliche, kulturelle und fachbezogene Aspekte berücksichtigte. Die Bezeichnung »Professur für Englisch (bzw. Französisch), insbesondere für englische (bzw. französische) Wirtschaftssprache sowie Kultur und Wirtschaft der Länder englischer (bzw. französischer) Sprache« sollte daher eine entsprechende wissenschaftliche Profilbildung andeuten und eine Abgrenzung gegenüber herkömmlichen Sprachprofessuren darstellen, deren Vertreter nach anderen wissenschaftlichen Kriterien forschten. Dass dieses Gebiet der Sprachwissenschaft praktisch unerforscht war, zeigte sich schon bei der Suche nach einem geeigneten Kandidaten für die Englische Sprachprofessur, der in Deutschland nicht gefunden werden konnte, weil es eine entsprechende Nachwuchsförderung auf dem neuen Forschungsgebiet bislang nicht gegeben hatte.

Die Gestaltung des fremdsprachlichen Unterrichts, den angehende Kaufleute im Rahmen ihres Wirtschaftsstudiums an Handelshochschulen absolvierten, basierte auf Vorgaben von allgemeingültigen Leitlinien für den fremdsprachlichen Unterricht im kaufmännischen Bildungswesen. Das oberste methodische Ziel des fremdsprachlichen Unterrichts war demnach nicht sprachlicher Natur, denn Sprache wurde als Mittel zum Zweck erachtet: Sprache galt als Medium, das das Verständnis für die Kultur und das Geistesleben eines fremden Landes beförderte. Im Vordergrund des fremdsprachlichen Unterrichts im kaufmännischen Bildungswesen stand die mündliche und schriftliche Anwendbarkeit der Sprache der Gegenwart in der aktuellen Wirtschaftspraxis. (Vgl. dazu auch 2.5). In dieser Hinsicht ordnete sich auch der fremdsprachliche Unterricht an der Handelshochschule Leipzig unter die Zielsetzung des an der Handelshochschule Leipzig angebotenen Wirtschaftsstudiums (vgl. 3.1.16).

Der fremdsprachliche Unterricht wurde an der Handelshochschule Leipzig in zwei Komponenten unterteilt: zum einen in die curriculare Komponente Wirtschaftssprache und zum anderen in die curriculare Komponente Kultur- und Wirtschaftskunde. In der wirtschaftssprachlichen Komponente wurden Fachthemen an Fachtexten erarbeitet und die Terminologie bestimmter Fachbereiche systematisch behandelt. In der Komponente Kultur- und Wirtschaftskunde wurden etwa – jeweils auf das Ausland bezogen – Themen zu Kultur im engeren Sinne behandelt (etwa zu Politik, Gesellschaft, Religion), Themen zu Wirtschaft (etwa Zollwesen, Wirtschaftspolitik, Geld-, Bank- und Börsenwesen) und Themen zu Sprache und Literatur (etwa überblicksartig die Geschichte und die Literatur des jeweiligen fremden Landes vom Mittelalter bis zur Gegenwart). Die einzelnen Veranstaltungen wurden in der Fremdsprache abgehalten. (Vgl. 3.1.25).

Angesichts der Themenvielfalt der kultur- und wirtschaftskundlichen Komponente und der anspruchsvollen inhaltlichen Ausgestaltung der wirtschaftssprachlichen Komponente im fremdsprachlichen Curriculum an Handelshochschulen stand es außer Zweifel, dass dieses Studienprogramm, wohl gemerkt nur als ein (kleiner) marginaler Baustein im Rahmen des Wirtschaftsstudiums, sein Ziel verfehlen musste. Die geringe zur Verfügung stehende Zeit stellte etwa ein Problem dar, denn in zwei Semesterwochenstunden, die laut Vorlesungsverzeichnis für die kultur- und wirtschaftskundliche Komponente vorgesehen waren, konnten die ehrgeizigen Studieninhalte kaum in voller Breite und nur oberflächlich behandelt werden. Gleiches galt für die wirtschaftssprachliche Komponente, denn auch hier reichte die zur Verfügung stehende Zeit nicht annähernd aus, um die Inhalte in der nötigen Tiefe zu behandeln. Zudem waren die meisten Studierenden, die sich ja in erster Linie für ein Wirtschaftsstudium entschieden hatten, den Anforderungen des anspruchsvollen Fremdsprachenunterrichts nicht gewachsen. Eine Qualitätssteigerung des Fremdsprachenunterrichts an der Handelshochschule Leipzig konnte daher nur erfolgen, wenn zukünftige Experten für den Außenhandel, die – im Idealfall – bereits ein Wirtschaftsstudium an der Handelshochschule genossen hatten, in einem Aufbaustudiengang ausgebildet wurden, der auf die Vertiefung wirtschaftssprachlicher Aspekte ausgerichtet war. Die Institution, die dafür einen infrastrukturellen Rahmen bieten sollte, war das Dolmetscher-Institut.

Das bisherige curriculare Zwei-Komponenten-Modell im Fremdsprachenunterricht der Handelshochschule Leipzig wurde am Dolmetscher-Institut zu einem curricularen Drei-Komponenten-Modell erweitert: Wirtschaftssprache, Kulturkunde und Wirtschaftskunde. Die Komponente Kultur- und Wirtschaftskunde wurde folglich in zwei eigenständige Studienkomponenten aufgeteilt.[2028]

2028 Vgl. zum curricularen Zwei-Komponenten-Modell Snyckers (1935a) und zum curricularen Drei-Komponenten-Modell Snyckers (1937: 5–6). Vgl. hierzu auch 2.2.5.1, 3.1.23.

Wirtschaftssprache	Kultur- und Wirtschaftskunde
• Behandlung von Fachthemen durch Textarbeit • Systematische Darstellung der Terminologie bestimmter Fachbereiche	• Kultur im engeren Sinne • Wirtschaft • Sprache und Literatur

Tab. 15: Curriculares Zwei-Komponenten-Modell (Fremdsprachenunterricht an Handelshochschule Leipzig)

Wirtschaftssprache	Kulturkunde	Wirtschaftskunde
• Vermittlung der Terminologie • Genaue Kenntnis der Fachausdrücke der fremden Wirtschaftssprache • Erläuterung der Begriffsinhalte und Anwendungsmöglichkeiten des Wortschatzes	• Kultur im engeren Sinne • Sprache und Literatur	• Geographische Gegebenheiten • Wirtschaftliche Entwicklung, Struktur und Organisation • Wirtschaftspolitik • Fokus liegt jeweils auf Erforschung des Auslandsmarktes

Tab. 16: Curriculares Drei-Komponenten-Modell (Dolmetscher-Institut der Handelshochschule Leipzig)

Neben der Lehrtätigkeit, deren Inhalte sich andeutungsweise aus den curricularen Modellen in Tab. 15 und Tab. 16 ergeben, sollte das Dolmetscher-Institut laut der von Snyckers 1937 erstellten Denkschrift, weitere Aufgaben übernehmen. Dazu zählten: Forschungstätigkeiten, publizierende und gutachterliche Tätigkeiten sowie Vorträge zu relevanten Lehr- und Forschungsthemen des Dolmetscher-Instituts.

Bei den Ausführungen zur Forschungstätigkeit beschreibt Snyckers das Fehlen einer auf das Ausland bezogenen fachsprachlichen Forschung in der Sprachwissenschaft näher und legt dabei dar, dass sich die Terminologie der Betriebs- und Volkswirtschaft des Auslandes in ständigem Fluß befinde und daher auch einer kontinuierlichen Untersuchung auf Form und Inhalt bedürfe. Zudem regt Snyckers an, die »Ausdrücke des Handels«[2029] auf ihren Bedeutungswandel im Laufe der Geschichte zu untersuchen. Er bezeichnet die dargelegte Forschung, sowohl hinsichtlich der Gegenwartssprache als auch in sprachhistorischer Hinsicht, als wirtschaftslinguistisch. Damit stimmt er inhaltlich mit der von Messing, der als Dozent für die deutsche Sprache an der Handelshochschule Rotterdam tätig war (vgl. 2.5.6.1.5), bereits Anfang der 1920er Jahre angeregten Forschungsrichtung Wirtschaftslinguistik überein (vgl. 2.5.6). Interessant scheinen in diesem Zusammenhang auch Snyckers Ausführungen zu einer nationenkundlichen Forschung,

2029 Snyckers (1937: 7).

die m. E. als Synonym zur wirtschaftslinguistischen Forschung aufgefasst werden kann (vgl. hierzu auch 2.2.3.3).

Auf der ersten Seite der Denkschrift nennt Snyckers Gründungsmotive für das Dolmetscher-Institut. Neben dem Bedarf an sogenannten Wirtschaftssprachlern und den vorhandenen infrastrukturellen Voraussetzungen an der Handelshochschule Leipzig führt er an erster Stelle als Gründungsmotiv die wirtschaftspolitische Situation Deutschlands an. Dies war durchaus beabsichtigt, denn vermutlich ging Snyckers davon aus, dass die führenden Zuständigen im Reichsbildungsministerium, wenn überhaupt, nicht mehr als die erste Seite der Denkschrift überfliegen würden. Snyckers wählte daher einen zielgruppenadäquaten Ansatz bei der Formulierung seines Textes. An die oberste Stelle setzte er dabei Argumente, die die Zustimmung der Zuständigen im Reichsbildungsministerium zu seinem Projekt am ehesten ernten konnten. Er nannte Ziele der zu gründenden Institution, die zur Förderung der übergeordneten Ziele des Dritten Reichs beitrugen. So leitete Snyckers die Notwendigkeit zur Erforschung der Wirtschaftssprache des Auslandes stringent von den wirtschaftspolitischen Zielen Deutschlands im Dritten Reich ab.

Beispielsweise legte er dar, dass die nach dem Ersten Weltkrieg verlorengegangenen ausländischen Absatzmärkte durch die Knüpfung neuer internationaler wirtschaftlicher Beziehungen wiedererlangt werden könnten, wobei er betont, dass der Erfolg von internationalen Geschäftsbeziehungen vom gegenseitigen Verständnis der Vertragsschließenden abhänge. Das Dolmetscher-Institut könne dieses notwendige gegenseitige Verständnis unterstützen, indem es die Menschen, ihre Gedankenwelt und die wirtschaftliche Struktur des Auslandes erforscht. Diese Untersuchungen zu ausländischen Märkten könnten wiederum der deutschen Wirtschaft zugute kommen.

Snyckers Argumentation enthält unüberhörbar nationalsozialistische Züge: Es klingt der verletzte deutsche Nationalstolz durch den Ausgang des Ersten Weltkriegs und den Versailler Vertrag an (vgl. 2.1.2.5), der aus deutscher Sicht die Kultivierung vermeintlich deutscher nationaler Werte rechtfertigte. Laut Snyckers sei die von ihm skizzierte Erforschung von ausländischen Märkten nur auf Basis eines gesunden deutschen nationalen Selbstwertgefühls möglich. Er bezeichnet diese Forschung als Nationenkunde. Sie wird durch seine Darlegungen zur wirtschaftspolitischen Situation Deutschlands definiert und ist deckungsgleich mit der Definition der wirtschaftslinguistischen Forschung, »d. h. (...) Studium der fremden Wirtschaftskunde und der fremden Wirtschaftssprache«[2030], die er unter dem Punkt zur Forschungstätigkeit des Dolmetscher-Instituts in der Denkschrift anführt[2031].

2030 Snyckers (1937: 3).

2031 An dieser Stelle ist der Hinweis angebracht, dass es in Snyckers' wissenschaftlichem Werk, das im Rahmen dieser Arbeit untersucht wurde, keine Hinweise auf nationalsozialistische Sympathien gibt. Snyckers erkannte vielmehr den Wert eines auf friedliche Völkerverständigung ausgerichteten internationalen Miteinanders und versuchte dies im Rahmen seiner Lehr- und Forschungstätigkeit zu erwirken. War er doch selbst als Ausländer in Deutschland – Snyckers war gebür-

Am Leipziger Dolmetscher-Institut sollte es laut der Denkschrift drei verschiedene Mitgliederkategorien geben: Als außerordentliche Mitglieder wurden Studierende aufgenommen, die zu den Prüfungen erst zugelassen wurden, wenn sie die Voraussetzungen dafür erfüllten. Nähere Ausführungen wurden zu dieser Gruppe nicht gemacht. Vermutlich waren diese interessierten und zahlenden Studierenden aus finanziellen Gründen beim Studium am Dolmetscher-Institut willkommen. Neben ihnen wurden ordentliche Mitglieder am Dolmetscher-Institut aufgenommen. Diese Gruppe der Studierenden erfüllte die Voraussetzungen für die Zulassung zu den Prüfungen. Immatrikulierte Studenten stellten die dritte Mitgliederkategorie am Dolmetscher-Institut dar. Zu ihnen gehörten Studierende der Handelshochschule Leipzig, die die fremdsprachliche Prüfung im Rahmen ihres Wirtschaftsstudiums ablegen mussten. Als Gruppe der immatrikulierten Studenten waren auch Studierende anderer Hochschulen vorgesehen. Snyckers geht in der Denkschrift nicht näher darauf ein. Eine Zulassung zu bestimmten Prüfungen am Dolmetscher-Institut war für diese Personengruppe jedoch nur unter bestimmten Bedingungen möglich.

In der Denkschrift waren drei Prüfungen am Dolmetscher-Institut vorgesehen: 1) eine nichtakademische fremdsprachliche Prüfung im kaufmännischen Schriftverkehr, 2) eine akademische Fachprüfung für Wirtschaftssprachler sowie 3) eine Diplomprüfung für Wirtschaftsdolmetscher und Auslandskundler. Prüfung 1) war in erster Linie für Wirtschaftsstudenten der Handelshochschule Leipzig vorgesehen. Sie konnte nach viersemestrigem Studium abgelegt werden. Prüfungen 2) und 3) waren ausschließlich für Studierende am Dolmetscher-Institut vorgesehen. Die Studienzeit für Prüfung 2) betrug vier Semester und für Prüfung 3) sechs Semester. Letztendlich wurden die von Snyckers in der Denkschrift angedachten Prüfungen vom Reichsministerium nicht genehmigt, vermutlich da sie zu sehr fachsprachlich ausgerichtet waren und der Aufgabenkreis eines Hochschulinstituts überschritten wurde, wie das Reichsministerium urteilte. Aus diesem Grund wurde die Prüfungsordnung des Dolmetscher-Instituts an der Universität Heidelberg auf das Dolmetscher-Institut an der Handelshochschule Leipzig ausgedehnt – aber erst Ende 1938 und somit über ein Jahr nach der Eröffnung des Leipziger Dolmetscher-Instituts, nachdem ein langwieriger Genehmigungsprozess der Prüfungsordnungen überwunden worden war. Der Genehmigungsprozess zur institutionellen Gründung des Dolmetscher-Instituts vollzog sich im Gegensatz dazu zügig: Innerhalb eines halben Jahres, von März 1937 bis November 1937, stand der Eröffnung des Instituts nichts mehr im Wege.

In den Kriegsjahren war der Betrieb des Dolmetscher-Instituts eingeschränkt, auch wenn die Vorlesungsverzeichnisse von 1939 bis 1945 das Gegenteil vermuten lassen. Dozenten und Studierende wurden zum Kriegsdienst eingezogen, einige davon kehrten nicht wieder zurück. Für das Wintersemester 1944/45 werden etwa 98 Gefallene der Handelshochschule Leipzig in einer Quelle verzeichnet. Dass die

---

tiger Belgier – in seinem Alltag stets um gegenseitiges Verständnis und Verständigung bemüht.

Todesfälle unter den Dozenten und Studierenden auf die sechs Kriegsjahre gerechnet, weitaus höher waren, ist naheliegend.

Um Synergieeffekte zu nutzen, bestand ab 1940 eine Zusammenarbeit zwischen dem Dolmetscher-Institut und den Sprachkursen der Universität Leipzig, die ab 1943 zu einer engeren Zusammenarbeit im Rahmen einer Arbeitsgemeinschaft zwischen beiden Einrichtungen ausgebaut wurde und Studierenden beider Einrichtungen die Teilnahme an Kursen der Universität und des Dolmetscher-Instituts erlaubte. Kriegsbedingter Unterrichtsausfall und zunehmende personelle Kriegsverluste zwangen zu Überlegungen über Kooperationen, die in Friedenszeiten undenkbar gewesen wären: 1943 wurde auf Ministeriumsebene die Errichtung eines gemeinsamen Dolmetscher-Instituts der Universität und der Handelshochschule Leipzig unter einer einheitlichen Leitung, die Snyckers übernehmen sollte, angestrebt.

Dabei sollte es sich um eine Zusammenfassung bereits bestehender Einrichtungen handeln: Das Dolmetscher-Institut der Handelshochschule Leipzig sollte mit den vielgestaltigen Sprachkursen der Universität zusammengelegt werden. Es hätte sich also nicht um eine Zusammenlegung mit den neuphilologischen Studiengängen der Universität gehandelt, sondern mit den praktischen universitären Sprachkursen, die den Erwerb von Fremdsprachenkenntnissen für Studierende verschiedener Fachrichtungen bieten sollten. Gründe, die für die Zusammenlegung sprachen, waren aus Sicht der Universtität die Erweiterung des Angebots praktischer Sprachkurse und aus Sicht des Dolmetscher-Instituts die Nutzung zahlreicher Lehreinrichtungen und Lehrstühle für fremde Sprachen an der Universität. Snyckers wurde aufgefordert, ein Konzept für eine Zusammenlegung auszuarbeiten. Dass Snyckers, der etwa zehn Jahre zuvor einen Beitrag zur Wesensverschiedenheit des Sprachstudiums an Universitäten und Handelshochschulen veröffentlichte[2032], dafür gewonnen werden konnte, ist wohl nur durch die Not des Krieges erklärbar. Letztendlich blieb es bei einer engen Zusammenarbeit zwischen der Universität und dem Dolmetscher-Institut, ohne die geplante infrastrukturelle Zusammenlegung umzusetzen.

Vermutlich waren dafür die verheerenden materiellen und personellen Zerstörungen am Dolmetscher-Institut nach dem Bombenangriff auf Leipzig im Dezember 1943 verantwortlich. Snyckers Wohnung und Büro wurden bei diesem Angriff komplett zerstört, sodass er die für seine wissenschaftliche Tätigkeit relevanten Materialien restlos verlor. Dieses Ereignis wirkte sich derart negativ auf seine Gesundheit aus, dass er ab März 1944 als Lehrkraft und Leiter des Dolmetscher-Instituts ausfiel. Dennoch setzte er sich dafür ein, einen geeigneten Nachfolger für sich zu finden. Snyckers Favorit war der Leiter des Sprachendienstes im Auswärtigen Amt, Paul Gautier (vgl. 2.3.5). Gautier hatte ab 1921 den Sprachendienst im Auswärtigen Amt aufgebaut (vgl. 2.3.4) und verfügte über einschlägige praktische und wissenschaftliche Erfahrung. Diese Doppelqualifikation war für Snyckers eine unerlässliche Voraussetzung, um in der translatorischen Ausbildung mit Gewinn

2032 Vgl. Snyckers (1928e).

wirken zu können. Aufgrund der finanziellen Verhältnisse der Handelshochschule Leipzig durch die Kriegsschäden und der politischen Verhältnisse in der sowjetischen Besatzungszone nach Kriegsende wurde eine Nachfolge für Snyckers' Posten jedoch hinfällig. Snyckers wurde im März 1945 pensioniert und verstarb im folgenden August. Im Februar 1946 wurde die Handelshochschule Leipzig – ohne das Dolmetscher-Institut – in die Universität Leipzig überführt. Im Mai 1946 wurde das Dolmetscher-Institut von den sowjetischen Besatzern formal aufgelöst. Personelle und infrastrukturelle Reste wurden zum Teil in die Universität integriert.

Nur insgesamt knapp zwei Jahre konnte der Unterricht am Dolmetscher-Institut der Handelshochschule Leipzig ungestört ablaufen, wobei aber nicht vergessen werden darf, dass die Genehmigung der Prüfungsordnungen, das Prüfungswesen am Dolmetscher-Institut im ersten Jahr seiner Existenz extrem störte. Im Doktorbuch der Handelshochschule Leipzig datiert vom 20.01.1942 ein Eintrag über einen Doktoranden am Dolmetscher-Institut, der über eine terminologische und etymologische Arbeit über einen Bereich des Handels promovierte, leider aber nicht bestand[2033]. Die kurze Zeit des Bestehens des Dolmetscher-Instituts unter normalen Bedingungen – zumal man dies von den Monaten vor Kriegsausbruch behaupten kann – machte eine zufriedenstellende Forschungsarbeit unmöglich und hinderte auch die Nachwuchsförderung für die steigende Nachfrage am Markt nach qualifizierten Dolmetschern und Übersetzern, die nach 1945 durch die Besatzungssituation erst recht gegeben war. Nach der Schließung des Dolmetscher-Instituts verlief die translatorische Ausbildung in Leipzig in neuen Bahnen, und Snyckers' Dolmetscher-Institut an der Handelshochschule Leipzig geriet in Vergessenheit.

In der Nachkriegszeit wurde die translatorische Ausbildung in Leipzig von der Fremdsprachenschule der Stadt Leipzig übernommen. Diese Institution bestand schon seit 1943 und hatte sich aus einer privaten Sprachenschule entwickelt, die wegen ihres zweifelhaften Rufs schließlich geschlossen worden war. Snyckers wurde beratend in die Konzeption der zu gründenden Fremdsprachenschule der Stadt Leipzig 1943 einbezogen. Ursprünglich sollte dort auch eine Vorbildung für angehende Studierende des Dolmetscher-Instituts der Handelshochschule Leipzig ermöglicht werden, aber zu Snyckers Leidwesen wurden seine inhaltlichen Vorschläge nicht beherzigt. Im Gegenteil: Das Ausbildungskonzept der Fremdsprachenschule der Stadt Leipzig verstieß gegen alle Regeln der Vernunft, denn in nicht einmal einem halben Jahr, so wurde öffentlich angepriesen, sollten Dolmetscher und Übersetzer ausgebildet werden, die den Praxisanforderungen angeblich standhalten konnten.

2033 UAL, HHS 57, Bl. 151, Eintrag Nr. 209, 20.01.1942. Die Dissertation wurde von Hans Werner Schlegel vorgelegt, der im Februar 1939 seine Prüfung zum Diplom-Dolmetscher am Dolmetscher-Institut bestanden hatte. Das Thema seiner Dissertation lautete: »Les intermédiaires de commerce au point de vue de leur étymologie et de leur terminologie.« Gutachter der Arbeit war Snyckers. Eine Kopie der Arbeit ist im UAL nicht nachweisbar.

Nach Kriegsende wurden alle Sprachenschulen der Stadt Leipzig geschlossen und im August 1945 wurden in der Fremdsprachenschule der Stadt Leipzig drei Einrichtungen zusammengefasst: 1) ehemalige Fremdsprachenschule der Stadt Leipzig, 2) Reichsfachschaft für das Dolmetscherwesen, 3) Nagelschule. Auch das Ausbildungskonzept dieser neuen Fremdsprachenschule, demzufolge in maximal sechs Monaten Dolmetscher ausgebildet werden sollten, konnte sein Ziel nur verfehlen. Beschwerden von Studierenden und Arbeitgebern führten 1949 dazu, dass die Fremdsprachenschule der Stadt Leipzig als staatliche Anstalt übernommen und dem Ministerium für Volksbildung unterstellt wurde. Die Ausbildungszeit wurde auf drei Jahre erhöht.

Die Geschichte der translatorischen Ausbildung in Leipzig in den Jahren zwischen 1945 und 1957 führt vortrefflich vor Augen, dass sich – selbst in einem sozialistischen Staat – die Wogen am Markt erst dann wieder glätten, wenn die Ansprüche entsprechend befriedigt sind. Denn die Kräfte, die die Ausbildung von Dolmetschern und Übersetzern in der DDR formten, entstanden vor allem in der Praxis, wo sich der Mangel an qualifizierten Dolmetschern und Übersetzern schmerzhaft bemerkbar machte. Schließlich führte der Druck aus der Praxis dazu, dass das Niveau der translatorischen Ausbildung stetig und konsequent angehoben werden musste. (Vgl. 3.1.4, 3.1.8).

Gleichzeitig zeigt die Geschichte der translatorischen Ausbildung in Leipzig in der Nachkriegszeit aber auch, dass es schwierig war, dieses Fach, das ja dringend vom Markt gefordert wurde, an einer Hochschule als wissenschaftliches Studienfach zu verorten. Vermutlich war dies der Grund, warum 1951 Überlegungen angestellt wurden, ein selbstständiges Institut für Fremdsprachen in Leipzig zu gründen. Hier wurden bis 1953 Dolmetscher und Übersetzer zusammen mit Sprachlehrern ausgebildet. 1953 wurde diese Institution, die sogenannte Staatliche Fachschule für Fremdsprachen, in das Pädagogische Institut Leipzig integriert. Die translatorische Ausbildung in Leipzig erhielt nun immerhin Hochschulcharakter, wenn auch m. E. an der falschen Institution: Denn wäre der Kern der translatorischen Ausbildung von den zuständigen Behörden annähernd erfasst worden, wäre die Ausbildung von Dolmetschern und Übersetzern wohl kaum in den Zuständigkeitsbereich einer Einrichtung gelegt worden, die für die Ausbildung von Grund- und Mittelschullehrern zuständig war. Auch wenn die Studiendauer auf vier Jahre erhöht und dem Praxisbedarf entsprechend zwei Fremdsprachen für den Studienabschluss eingeführt worden waren, so war das Scheitern dieses absurden Experiments vorprogrammiert. Der Druck aus der Praxis ebbte nicht ab, da die für die translatorische Ausbildung notwendigen Standards im Rahmen des Pädagogischen Instituts nicht gewährleistet werden konnten.

1955/1956 wurden, gefördert durch eine Expertenkommission, erneut Überlegungen angestellt zur Errichtung einer selbstständigen Dolmetscherschule mit Hochschulcharakter bzw. einer Hochschule für Fremdsprachen, um die Qualität der translatorischen Ausbildung zu verbessern und internationale Standards zu erreichen. Auch dieser Plan zur Gründung einer selbstständigen Einrichtung für die translatorische Ausbildung wurde nicht umgesetzt, stattdessen wurden 1956 verschiedene Anordnungen erlassen zur Gründung eines Dolmetscher-Instituts an der Karl-Marx-Universität Leipzig, das zum 01.09.1956 durch die Eingliederung der Fachrichtung Dolmetscher am Pädagogischen Institut seinen Betrieb aufnahm.

In Universitätskreisen fand man den Gedanken befremdlich, dass zukünftig für die Praxis taugliche Dolmetscher und Übersetzer im Rahmen der Universität ausgebildet werden sollten, haftete dem Beruf des Dolmetschers und Übersetzers, nicht zuletzt aufgrund der mangelhaften Qualität der bisherigen Ausbildungsmöglichkeiten im Rahmen von diversen unseriösen Ausbildungsstätten in der Nachkriegszeit, doch ein gewisses Schmuddel-Image an, das dem elitären Habitus der Universität nicht zu Gesicht stand. Universitärer Hochmut und damit verbundene Borniertheit verkannte, wie im Fall der anderen in dieser Arbeit behandelten Dolmetscher-Institute (vgl. 2.6, 2.8) unglücklicherweise das Forschungspotenzial, das diesem inzwischen nicht mehr ganz neuen Fach immanent war (vgl. 2.1.1.2). Seriöse systematische fachgerechte Forschung sollte ihm noch einige Zeit verwehrt bleiben. Immerhin wahrten Universitätsvertreter insofern Contenance, als das universitäre Dolmetscher-Institut im Februar 1957 in einem feierlichen Akt eingeweiht wurde. Dieses Dolmetscher-Institut bildet das Fundament der heutigen universitären translatorischen Ausbildung und Translationsforschung in Leipzig.

2.8 Die translatorische Ausbildung in der französischen Besatzungszone (1946–1949)

2.8.1 Einleitung – Weltoffenheit in der Provinz

Manch einer wird sich fragen, wie ein Dolmetscher-Institut, das für Weltoffenheit steht, in die Provinz kommt. Die Dolmetscher-Institute in Germersheim und Saarbrücken zeigen, dass sich Gegensätze nicht ausschließen müssen. Die Gründungsmotive dieser beiden Dolmetscher-Institute unterscheiden sich durch den politischen Hintergrund von den Dolmetscher-Instituten, die an den Handelshochschulen in Mannheim und Leipzig gegründet wurden. Während die Dolmetscher-Institute, die vor dem Zweiten Weltkrieg gegründet wurden, zur Behebung des Mangels an Sprachexperten im deutschen Außenhandel dienen sollten (vgl. 2.6, 2.7), sind die Dolmetscher-Institute in Germersheim und Saarbrücken hingegen Relikte der französischen Besatzungspolitik nach dem Zweiten Weltkrieg. Beide Institute wurden dennoch unabhängig voneinander gegründet. Im Folgenden wird daher ihre Gründungsgeschichte und das jeweilige politische Umfeld separat skizziert. Zur Rekonstruktion der Gründungsgeschichte des Dolmetscher-Instituts in Germersheim wurden Sekundärquellen ausgewertet, zitierte Primärquellen stammen aus der Zusammenstellung archivalischer Unterlagen in Schunck (1997: 31–153). Die Gründungsgeschichte des Dolmetscher-Instituts in Saarbrücken basiert auf dem spärlichen Archivmaterial, das zu diesem Thema im Archiv der Universität des Saarlandes und im Landesarchiv Saarbrücken vorliegt.

2.8.2 Das Dolmetscher-Institut in Germersheim

2.8.2.1 Zum historischen Hintergrund

Im Juli 1945 übernahm die französische Militärregierung mit Sitz in Baden-Baden unter dem Oberbefehl von General Pierre-Marie Koenig[2034] ihr Besatzungsgebiet von den Amerikanern[2035], das sie in fünf regionale Einheiten untergliederte: (Süd-) Baden, Südwürttemberg-Hohenzollern mit dem bayrischen Kreis Lindau, Saar und

2034 Pierre-Marie Koenig (1898–1970) war französischer General und Oberbefehlshaber der französischen Militärregierung in der französischen Besatzungszone in Deutschland. Er meldete sich als freiwilliger Soldat im Ersten Weltkrieg und schlug danach eine militärische Laufbahn ein. Im Zweiten Weltkrieg schloss sich Koenig der Résistance-Bewegung unter de Gaulle an. Nach der Befreiung von Paris wurde er Kommandierender General und Gouverneur der französischen Hauptstadt. Als Oberbefehlshaber der französischen Militärregierung unterzeichnete er die Gründungsurkunden des Landes Rheinland-Pfalz und der Universität Mainz. 1954/55 war Koenig französischer Verteidigungsminister (vgl. https://www.regionalgeschichte.net/bibliothek/biographien/koenig-marie-pierre.html).

2035 Vgl. Dorfey (2005: 28). Zur Struktur und Organisation der französischen Militärregierung siehe Ruge-Schatz (1977: 39–45).

Pfalz[2036]. Besonders zufrieden waren die Franzosen mit dem Gebiet, das ihnen von den Alliierten überlassen wurde, nicht, denn politisch und wirtschaftlich war es nicht zusammenhängend, infrastrukturell stark unterentwickelt: Verkehrslinien, Eisenbahnen und Straßen waren beispielsweise nicht durchgehend. Außerdem verblieben wichtige Hauptstädte, wie etwa Stuttgart, im amerikanischen Besatzungsgebiet[2037].

Aufgrund der politischen Entwicklungen in Frankreich während des Zweiten Weltkriegs war Frankreich nicht von Anfang an im Kreis der alliierten Großmächte, USA, Großbritannien und Sowjetunion, vertreten[2038]. Als Frankreich im November 1944 zum ersten Mal an Verhandlungen der Großen Drei über die Zukunft Deutschlands nach Ende des Zweiten Weltkriegs teilnahm, war die Beute daher schon verteilt. Frankreichs Anteil am besetzten Deutschland hing somit von der Bereitschaft der britischen und amerikanischen Besatzungsmächte ab, ihre Gebiete entsprechend zu verkleinern.[2039]

Die nicht gleichrangige Rolle von Frankreich im Kreis der Alliierten veränderte sich auch nicht im Laufe des langjährigen Verhandlungsprozesses über die Zukunft

---

2036 Vgl. Hudemann (1997: 63).

2037 Vgl. Krautkrämer (1993: 83–85). Vgl. dazu auch Fassnacht (2000: 28–29).

2038 Von 1940 bis zur Ankunft der Amerikaner in Europa 1944 wurde ein Teil Frankreichs von Hitlers Truppen besetzt. Im unbesetzten Teil etablierte sich die mit Deutschland sympathisierende Vichy-Regierung. Gleichzeitig entstand eine Widerstandsbewegung unter General de Gaulle, die immer mehr Anhänger fand. De Gaulle bereitete den Widerstand gegen die Besatzer außerhalb von Frankreich in England und Algerien vor (vgl. Krautkrämer (1993: 62–63) und Ruge-Schatz (1977: 21–25)). Im Juli 1944 forderte de Gaulle bei einer Pressekonferenz in Washington Frankreichs Gleichstellung unter den Alliierten. Am 12.09.1944 wurde das 1. Zonenprotokoll unterzeichnet. Politisch hatte diese Unterzeichnung den Effekt, dass Entscheidungen über Deutschland, die Frankreich betrafen, in Zukunft nicht ohne Frankreich getroffen werden sollten. Das daraus resultierende psychologische Moment war nicht minder bedeutend: Das französische Volk wurde durch die Gleichstellung Frankreichs unter den Großmächten nach Frankreichs Niederlage von 1940 wieder aufgewertet (vgl. Krautkrämer (1993: 67)).

2039 Vgl. Krautkrämer (1993: 67). Frankreich hatte Mühe, seine Ansprüche im Kreis der Großen Drei durchzusetzen. Dies ist auch auf die von den USA, Großbritannien und der Sowjetunion abweichende Haltung Frankreichs in Bezug auf Deutschlands politische und administrative Gestaltung nach dem Zweiten Weltkrieg zurückzuführen. Statt der von den Großen Drei beschlossenen Einheitlichkeit für Deutschland, schwebte Frankreich vor und unmittelbar nach Kriegsende eine Zerstückelung Deutschlands vor. Grund dafür war das ausgeprägte französische Sicherheitsbedürfnis: Zwei Weltkriege, die vom Nachbarn Deutschland innerhalb eines Menschenlebens ausgelöst wurden und viel Schrecken über das französische Volk gebracht hatten, hatten die Grande Nation traumatisiert. Die französische Devise für die Zukunft Deutschlands lautete daher: Den Nachbarn so klein wie möglich zu halten und durch eine dezentrale Verwaltung chaotische Verwaltungsverhältnisse zu schaffen (vgl. Krautkrämer (1993: 62), Hudemann (1997: 63–64), Dorfey (2005: 28) und Koop (2005: 48, 56 und 63)).

Deutschlands. Frankreichs Schwierigkeiten, seine Position durchzusetzen, hingen auch mit der wirtschaftlichen Lage in Frankreich zusammen, die die Franzosen in eine finanzielle Abhängigkeit von den Alliierten manövrierte[2040]. Aus diesem Grund werden zur Beschreibung Frankreichs Position im Kreis der Besatzungsmächte in der Fachliteratur beispielsweise Bezeichnungen wie »Siegermacht am Katzentisch«[2041] oder »Juniorpartner«[2042] verwendet.

Nichtdestotrotz sind einige Leistungen aus der französischen Besatzungszeit bis heute in Deutschland in Politik und Bildung noch präsent: Ein umfassendes Entnazifizierungsprogramm sollte langfristig zur Verbesserung der Lebensverhältnisse der Deutschen beitragen und Frankreich zukünftig vor kriegerischen Angriffen des Nachbarn schützen[2043]. Aus der Verwaltung und dem öffentlichen Leben wurden ehemalige nationalsozialistische Parteimitglieder entfernt und Grundlagen für ein demokratisches politisches System gelegt[2044]. Entgegen den ursprünglichen Verwaltungsplänen für die französische Besatzungszone wurde mit der Verordnung Nr. 57 am 30.08.1946 das Land Rheinland-Pfalz mit der Hauptstadt Mainz gegründet[2045]. Dadurch sollten u. a. administrative Vorteile in der Besatzungszone erzielt werden[2046].

2040 Vgl. Dorfey (2005: 28) und Koop (2005: 56, 63 und 72). Nach Koop (2005: 48) wäre ein »überlebensfähiges Nachkriegsdeutschland« nicht möglich gewesen, wären Frankreichs Vorstellungen über die Zukunft Deutschlands umgesetzt worden.

2041 Vgl. Koop (2005: 48).

2042 Vgl. Dorfey (2005: 28).

2043 Ibid, S. 29–30. Auch in den anderen Besatzungszonen wurden Entnazifizierungsprogramme durchgeführt. Auf der Konferenz in Jalta im Februar 1945 wurde von den Großen Drei Folgendes beschlossen: »Es ist unser unbeugsamer Wille, den deutschen Militarismus und Nationalsozialismus zu zerstören und dafür Sorge zu tragen, daß Deutschland nie wieder imstande ist, den Weltfrieden zu stören. (...) Es ist nicht unsere Absicht, das deutsche Volk zu vernichten, aber nur dann, wenn der Nationalsozialismus und Militarismus ausgerottet sind, wird für die Deutschen Hoffnung auf ein würdiges Leben und einen Platz in der Völkergemeinschaft bestehen.« (vgl. Dotterweich (1979: 123)).

2044 Vgl. Dorfey (2005: 30–31).

2045 Vgl. Koop (2005: 195–196).

2046 Vgl. Dorfey (2005: 30–31). Ein maßgeblicher Grund für diese Entscheidung kann auch im Zusammenhang mit der Politik der Westalliierten gesehen werden: Von den USA und Großbritannien war die Gründung eines föderal strukturierten deutschen Weststaates vorgesehen. Da Frankreich wirtschaftlich von den Westalliierten abhing, konnte es sich in diesem Punkt keinen Alleingang, d. h. das Durchsetzen einer dezentralen Verwaltung der französischen Besatzungszone, erlauben (vgl. Dorfey 2005: 30–31). Vgl. dazu auch Hudemann (1997: 69), der die Entscheidungsetappen der Franzosen zur Gründung des Landes Rheinland-Pfalz skizziert und zu dem Schluss kommt, dass die Gründung nicht, wie von der Fachwelt lange Zeit vertreten, in erster Linie durch die Gründung des Landes Nordrhein-Westfalen am 18.07.1946 motiviert wurde.

In der Verordnung zur Gründung des Landes Rheinland-Pfalz wurden für den 13.10.1946 Wahlen zur Verfassungsgebenden Versammlung und für November 1947 die Einsetzung einer provisorischen Regierung vorgesehen. Damit sollte die deutsche Bevölkerung in diesem Gebiet die Verwaltung ihres Landes wieder übernehmen[2047]. Im September und Oktober 1946 fanden in Rheinland-Pfalz die ersten Wahlen auf Gemeinde- und Kreisebene statt. Einige der Gewählten bildeten die Beratende Landesversammlung, die am 22.11.1946 zum ersten Mal tagte. Auf dieser Versammlung wurde die Ministerliste der neuen Landesregierung veröffentlicht. Die dringenden Aufgaben der Beratenden Landesversammlung umfassten die Erarbeitung eines Verfassungsentwurfs sowie die Lösung von Versorgungsengpässen[2048] in Rheinland-Pfalz[2049]. Ein halbes Jahr später, am 18.05.1947, fanden die ersten freien Landtagswahlen in Rheinland-Pfalz statt, bei der die Verfassung des Landes verabschiedet wurde. Rheinland-Pfalz gehörte nun zum Kreis der deutschen Länder, die sich für die Verwirklichung eines politisch föderalistischen deutschen Staats einsetzten[2050].

Zum Entnazifizierungsprogramm der französischen Besatzer gehörte auch die Umerziehung der Deutschen zu einem demokratischen Wertebewusstsein, das durch die Schaffung eines entsprechenden Bildungssystems erreicht werden sollte. Schon während des Krieges beschäftigte man sich in Frankreich mit dem Thema »rééducation« der Deutschen, die zur Herstellung der europäischen Sicherheit notwendig wäre, wie ein Berater von de Gaulle 1944 ausführte. Nach Edmond Vermeil[2051] sollten die Deutschen durch eine Umerziehung vom »großdeutschen Wahn« geheilt werden, wobei eingesehen wurde, dass der Erfolg des Umerziehungsprozesses von der Mitwirkung und dem Willen der Deutschen selbst abhing[2052]. Ein konkretes Konzept zum Umerziehungsprozess und zu seiner Umset-

---

2047 Vgl. Ruge-Schatz (1977: 48–49). Wie Ruge-Schatz an zitierter Stelle weiter ausführt, waren nicht alle Bevölkerungsgruppen mit dem neu entstandenen territorialen Gebilde einverstanden. Kritiker sprachen von »mehr oder weniger zusammengefügten Landfetzen«, in denen kein Zusammengehörigkeitsgefühl der Bevölkerung vorhanden war (vgl. Ruge-Schatz (1977: 50) und auch Dorfey (2005: 31)).

2048 Die Versorgungslage in der französischen Besatzungszone war katastrophal: Es fehlte an Wohnraum, Nahrungsmitteln, Kleidung und Heizmaterial – die langen Jahre des Krieges hatten die deutsche Bevölkerung ausgemergelt. Da Frankreich in den Nachkriegsjahren jedoch selbst von Hunger und Not heimgesucht wurde, ging die Verbesserung der Lebensverhältnisse in der Besatzungszone nur schleppend voran (vgl. Dorfey (2005: 29)).

2049 Ibid, S. 32.

2050 Vgl. Ruge-Schatz (1977: 51).

2051 Edmond Vermeil (1878–1964), französischer Germanist, lehrte an der Universität Straßburg ab 1919 sowie an der Pariser Sorbonne von 1934 bis 1951 als Inhaber des Lehrstuhls L'Histoire de la Culture Allemande. Er war Autor verschiedener Werke zu Deutschlands Literatur, Geschichte und Politik (vgl. ABF II).

2052 Vgl. Zauner (1994: 40).

zung wurde jedoch nicht ausgearbeitet[2053]. Eine Abteilung, die sich u.a. auch mit der Lösung dieses Problems befassen sollte[2054], wurde in dieser Sache selbst nicht aktiv. Stattdessen wartete man Entwürfe von entsprechenden Konzepten der anderen Besatzungsmächte ab, die sich ebenfalls mit diesem Problem in ihren Zonen auseinandersetzen mussten[2055].

Zuständig für die Planungen der französischen Kulturpolitik in der Besatzungszone war das französische Erziehungs- und Außenministerium in Paris sowie das 1945 gegründete Commissariat Général aux Affaires Allemandes et Autrichiennes. In der französischen Besatzungszone oblagen die kulturpolitischen Kompetenzen u.a. der Direction de l'Éducation Publique (DEP). Diese Instanz hatte ihren Sitz in Baden-Baden. Zu ihrem Leiter wurde Raymond Schmittlein (vgl. 2.8.2.4.1) ernannt, dem nicht nur freie Hand bei der Zusammenstellung eines Mitarbeiterstabs gelassen wurde, sondern der auch bei der Ausgestaltung seines Aufgabenbereichs weitreichende Freiheiten besaß[2056]. Schmittlein bewirkte drei Hochschulgründungen in Rheinland-Pfalz, auch die der Staatlichen Dolmetscher-Hochschule in Germersheim[2057].

2.8.2.2 Die Gründung des Dolmetscher-Instituts in Germersheim (1947)

Die Vorbereitungen zur Gründung des Dolmetscher-Instituts[2058] in Germersheim dauerten etwa ein halbes Jahr. Die zu gründende Institution sollte Dolmetscher und Übersetzer für die gesamte französische Besatzungszone ausbilden[2059]. Die Ausbildung am Dolmetscher-Institut sollte in erster Linie auf eine Tätigkeit in der öffentlichen Verwaltung der französischen Besatzungszone vorbereiten, wobei die Absolventen für den mittleren und unteren Verwaltungsdienst vorgesehen waren.

2053 Ibid, S. 80/81.

2054 Ibid, S. 41. Zuständig für diese Aufgabe war die von de Gaulle im Londoner Exil eingerichtete Section intellectuelle et de l'enseignement.

2055 Ibid.

2056 Vgl. Fassnacht (2000: 32–33).

2057 Neben der staatlichen Dolmetscherhochschule in Germersheim zeichnete Raymond Schmittlein verantwortlich für die 1946 wiedergegründete Universität Mainz (vgl. Hudemann (1989: 15)) und für die 1947 gegründete Verwaltungshochschule in Speyer (vgl. Schunck (1997: 11–12)).

2058 Da in der Gründungsphase des Dolmetscher-Instituts die für diese Einrichtung verwendete Terminologie variiert, wird im Folgenden in der Regel von Dolmetscher-Institut gesprochen. Vgl. dazu etwa Defrance (1994: 83–84 und 180), dort werden folgende Bezeichnungen verwendet: l'Institut d'Interprètes, l'Institut d'Interprétariat und l'Ecole d'Interprètes. Vgl. zu dieser Problematik für die deutsche Übersetzung auch Schunck (1997: 17, Fußnote 4).

2059 Vgl. Schunck (1997: 57), Archivalische Quelle Nr. 23: Verfügung Nr. 195 des Administrateur Général über die Errichtung einer Dolmetscher-Hochschule, 11.01.1947, S. 56–60.

Höhere Ränge der Verwaltungsbeamten sollten an der Hochschule für Verwaltung in Speyer ausgebildet werden[2060].

Im Sommersemester 1946 wurde der Rektor der jüngst gegründeten Universität Mainz von der Direction de l'Éducation Publique beauftragt, einen Entwurf zur Gründung eines Dolmetscher-Instituts zu erarbeiten[2061]. Vom 16.07.1946 datiert der Entwurf einer Denkschrift zur Gründung eines Dolmetscher-Instituts, wie zunächst vorgesehen, an der Universität Mainz. Laut Denkschrift war es die Aufgabe des Dolmetscher-Instituts, Dolmetscher für »eine oder mehrere moderne Fremdsprachen« auszubilden, damit sie bei »politischen, wirtschaftlichen, verwaltungstechnischen, juristischen oder technisch-industriellen Verhandlungen, die nicht ausgesprochen spezieller Natur sind, zwischen deutschen und fremdsprachlichen Verhandlungspartnern eine reibungslose Verständigung« ermöglichen können[2062]. Daneben sollten – im Gegensatz zum Dolmetscher-Institut der Universität Heidelberg – auch Journalisten und Verwaltungsbeamte ausgebildet werden[2063].

Um zukünftige Dolmetscher für ihre beruflichen Aufgaben zufriedenstellend vorzubereiten, sollte das Ausbildungsprogramm des Dolmetscher-Instituts nicht nur eine »gründliche sprachliche Ausbildung«, sondern auch die Vermittlung einer »möglichst umfassenden Kenntnis des fremden Volkes, seines Landes, seiner Geschichte, seiner Kultur, seiner Wirtschaft, seines Rechtes, seiner Sitten und Gebräuche und seiner politischen Einrichtungen« gewährleisten.

Im Curriculum sollten diese Aufgaben wie folgt ausgestaltet werden:

> »Mit der sprachlichen Ausbildung geht Hand in Hand der Unterricht in der Landeskunde, Geschichte, Kulturkunde, Literatur, Wirtschaft und Recht des betreffenden Landes. Größte Bedeutung kommt einer gründlichen objektiven Einführung in die politischen Verhältnisse des betreffenden Landes (Verfassung, Funktionieren der demokratischen Einrichtungen, Parteien, Presse) zu. Der Dolmetscher muß über die Methoden und Leistungen der Kolonialpolitik der europäischen Völker unterrichtet sein, und von der weltwirtschaftlichen Bedeutung des französischen Kolonialreiches oder des britischen Empire, usw. z.B. eine sichere Vorstellung haben. Über die allgemeinen Lebensverhältnisse, die sozialen Probleme und die bevölkerungspolitischen Fragen des betreffenden Landes muß er Bescheid wissen. Der gesamte Unterricht ist so aufzubauen, daß er in den Hörern eine richtige Vorstellung von der wirtschaftlichen und politischen Macht des Landes erweckt und ihnen Achtung vor den Leistungen des Volkes und vor dessen Kultur einflößt.«[2064]

Schunck (1997: 13) vermutet, dass das »Heidelberger Diplom« für den Germersheimer Lehrplan als Vorlage diente. Ob zum Zeitpunkt der Ausarbeitung der

2060 Ibid, S. 11.

2061 Ibid, S. 13.

2062 Ibid, S. 31, Archivalische Quelle Nr. 1: Entwurf einer Denkschrift, Rektor der Universität Mainz an Direction de l'Éducation Publique in Baden-Baden, 16.07.1946, S. 31–35.

2063 Ibid, S. 32.

2064 Ibid, S. 32–33.

Denkschrift bereits ein persönlicher Austausch zwischen den Verantwortlichen in Germersheim und den Zuständigen am Dolmetscher-Institut in Heidelberg stattgefunden hatte, geht aus den konsultierten Quellen nicht hervor. Auffallend ist die undeutliche Trennung zwischen Landes- und Sachkundethemen im Lehrplan des Germersheimer Dolmetscher-Instituts sowie die curriculare Dreigliedrigkeit wie an den Dolmetscher-Instituten an den Handelshochschulen, wobei im Gegensatz zu diesen, wo das Thema Wirtschaft im Vordergrund stand, im Curriculum des Germersheimer Dolmetscher-Instituts das Thema Politik, insbesondere demokratische Strukturen, betont werden sollte. Diese Schwerpunktsetzung ist im Zusammenhang mit der Absicht der französischen Besatzer zu sehen, die Jugend Deutschlands zu demokratisieren[2065]. Den Studierenden sollte eine breite Allgemeinbildung mit philosophischen, psychologischen, geschichtlichen, literarischen, juristischen, wirtschaftlichen und geographischen Inhalten vermittelt werden[2066]. Im Einklang mit dem Bestreben der französischen Besatzer, ihre eigene Kultur in der Besatzungszone zu verbreiten, sollte der französischen Sprache im Lehrplan eine herausragende Stellung zukommen[2067].

Für die Ausbildung von Übersetzern und Handelskorrespondenten war mindestens ein viersemestriges Studium vorgesehen. Das Dolmetscherdiplom konnte nach sechs Semestern erlangt werden.[2068] Drei Prüfungen sollten am Dolmetscher-Institut abgelegt werden können: a) Dolmetscherprüfung, b) Prüfung als Handelskorrespondent, c) Diplom-Dolmetscherprüfung. Dazu wurden folgende Erläuterungen gegeben:

> »(...) bei a) liegt der Nachdruck mehr auf einer guten Allgemeinkenntnis der gesprochenen Sprache, bei b) überwiegen die für wirtschaftliche Zwecke jeder Art erforderlichen Kenntnisse, besonders die schriftliche Beherrschung der Sprache, bei c) ist die Beherrschung des gesamten Gebietes zu fordern.«[2069]

Möglichkeiten für Auslandsaufenthalte sollten zur Förderung der Studierenden auch geschaffen werden. Da private Auslandsaufenthalte angesichts der politi-

---

2065 Vgl. Defrance (1994: 84).

2066 Vgl. Schunck (1997: 33), Archivalische Quelle Nr. 1: Entwurf einer Denkschrift, Rektor der Universität Mainz an Direction de l'Éducation Publique in Baden-Baden, 16.07.1946, S. 31–35.

2067 Vgl. Defrance (1994: 83–84).

2068 Vgl. Schunck (1997: 33), Archivalische Quelle Nr. 1: Entwurf einer Denkschrift, Rektor der Universität Mainz an Direction de l'Éducation Publique in Baden-Baden, 16.07.1946, S. 31–35. Terminologisch interessant ist, dass in der gesamten Denkschrift nicht einmal die Bezeichnung Übersetzer vorkommt (vgl. 3.1.9). Es wurde unterschieden zwischen der Dolmetscherprüfung (damit war vermutlich eine Prüfung für angehende Übersetzer gemeint) und einer Diplom-Dolmetscherprüfung. Generell ist festzustellen, dass es keine klare Trennung zwischen einem Studiengang für Übersetzer bzw. für Dolmetscher gab.

2069 Ibid, S. 34. Siehe hierzu auch S. 47 (Archivalische Quelle Nr. 12: Organisationsplan des Dolmetscherinstituts, 05.10.1946).

schen Situation kaum durchführbar waren, sollte ein Austausch mit französischen Universitäten, die »möglichst ausgedehnte Ferienkurse für Dolmetscher der Mainzer Universität«[2070] anboten, eingerichtet werden.

Nach Vorlage der Denkschrift zur Gründung eines Dolmetscher-Instituts bei den Zuständigen der Direction de l'Éducation Publique wurden die nächsten Schritte rasch eingeleitet[2071]. Zur weiteren Ausarbeitung des Aufbaus eines Dolmetscher-Instituts wurde Edmund Schramm, Professor im Fach Romanistik an der Johannes Gutenberg-Universität in Mainz (vgl. 2.8.2.4.2), im August 1946 beauftragt, sich mit den Zuständigen des Dolmetscher-Instituts in Heidelberg in Verbindung zu setzen[2072]. Schramm sollte die Leitung des Dolmetscher-Instituts übernehmen[2073].

Über den Standort des Dolmetscher-Instituts gab es zunächst noch Unklarheit: Im August 1946 war Speyer als Sitz des Dolmetscher-Instituts der Universität Mainz im Gespräch[2074], im September 1946 wurde die relativ gut erhaltene Seysselkaserne in Germersheim als Standort ins Auge gefasst[2075]. Dort sollte das Dolmetscher-Institut schließlich als selbstständige Hochschule unterkommen[2076]. Neben dem Dolmetscher-Institut in Germersheim wurde die Errichtung weiterer

2070 Ibid, S. 35.

2071 Ibid, S. 15–16.

2072 Vgl. Schunck (1997: 36), Archivalische Quelle Nr. 2: Rektor der Universität Mainz an Unbekannt (vermutlich Zuständige des Dolmetscher-Instituts in Heidelberg), 02.08.1946, S. 36.

2073 Ibid, S. 14.

2074 Ibid, S. 36, Archivalische Quelle Nr. 3: Rektor der Universität Mainz an Oberregierungspräsidenten Eichenlaub, 28.08.1946.

2075 Ibid, S. 39, Archivalische Quelle Nr. 8: Bericht über die Verwendungsmöglichkeiten der Seysselkaserne, 25.09.1946.

2076 Die Gründung des Dolmetscher-Instituts war Teil eines umfassenden Konzepts der Direction de l'Éducation Publique zur Ausbildung von Verwaltungsbeamten. Der Leiter der DEP, Raymond Schmittlein, beabsichtigte, mit der deutschen Beamtentradition zu brechen. Der deutsche Beamtenstand sollte sich zukünftig nicht mehr, wie in der Vergangenheit üblich, nur aus Juristen zusammensetzen. In den Augen Schmittleins trug diese Monokultur im deutschen Verwaltungsapparat zu einem verengten Geist bei und war schließlich für die Förderung des Nationalsozialismus verantwortlich gewesen. Den zukünftigen Beamten sollte daher auf der Basis einer breiten Allgemeinbildung ein Weitblick über die Grenzen Deutschlands hinaus eröffnet werden, um auf dieser Basis zu differenziertem Denken befähigt zu werden. Zur Erreichung dieses Ziels erachtete Schmittlein von der Universität unabhängige Verwaltungshochschulen als das einzig richtige Mittel. Für die räumliche Trennung der Verwaltungshochschulen und der Universität Mainz waren schließlich auch infrastrukturelle Probleme ausschlaggebend: In Anbetracht der Zerstörung nach dem Zweiten Weltkrieg war es schwierig, geeignete Räumlichkeiten für die Ausbildungsstätten zu finden (vgl. Schunck (1997: 15–16)). Siehe hierzu auch archivalische Quelle Nr. 16 in Schunck (1997: 50).

Hochschulen zur Ausbildung von Verwaltungsbeamten in der französischen Besatzungszone als Internat geplant[2077].

Aus einem Entwurf über die Motive zur Gründung der Verwaltungshochschulen in der französischen Besatzungszone, der vom Leiter der Direction de l'Éducation Publique im Oktober erarbeitet wurde, geht hervor, dass das geplante Dolmetscher-Institut zwei Abteilungen, jeweils für Verwaltung und Handel, umfassen sollte. In die speziellen Curricula der beiden Abteilungen sollten die zur Ausbildung einer breiten Allgemeinbildung vorgesehenen Veranstaltungen curriculumübergreifend integriert werden. Für die sprachliche Ausbildung waren eine Hauptsprache, die sechs Semester, und eine Nebensprache, die vier Semester studiert werden sollten, vorgesehen. Das Dolmetscher-Diplom konnte jedoch nur in der Hauptsprache erlangt werden; das Übersetzerdiplom wurde nur für die Nebensprache verliehen. Die sprachliche Ausbildung sollte eng mit der Vermittlung kultureller, historischer, geographischer und institutioneller Kenntnisse über das jeweilige Land verknüpft werden. Als Zukunftsperspektiven der Absolventen wurden führende Stellen in Handel und Industrie, wie »Sekretariat, Korrespondenz, Übersetzung«, und im Journalismus angegeben.[2078]

Im Dezember 1946 wurde in einem Zeitungsartikel, der »in allen deutschen Zeitungen der [französischen] Zone (außer der Saar)«[2079] veröffentlicht wurde, für das Dolmetscher-Institut geworben[2080], obwohl die offizielle Genehmigung zur Errichtung des Dolmetscher-Instituts noch ausstand[2081].

Aus dem für die Presse bestimmten Text geht hervor, dass für die sprachliche Ausbildung insgesamt zwölf Unterrichtsstunden pro Woche vorgesehen waren. In den ersten vier Semestern wurden diese Stunden auf vier Wochenstunden in der »sprachlichen Grundausbildung« und acht Wochenstunden in der »Dolmetscherspezialausbildung« verteilt[2082]. Im fünften und sechsten Semester sollten die vorgesehenen zwölf Wochenstunden ausschließlich für die »Dolmetscherspezialausbildung« genutzt werden. Dazu sollte in den letzten beiden Semestern der stenographische Unterricht mit weiteren zwei Wochenstunden hinzukommen[2083].

2077 Neben der Eröffnung des Dolmetscher-Instituts in Germersheim war die Gründung von Pädagogischen Hochschulen (ohne bestimmten Standort) und die Errichtung der Verwaltungshochschule in Speyer für das Schuljahr 1946/47 geplant (vgl. Schunck (1997: 38–39), Archivalische Quelle Nr. 7: Zur Versorgung der deutschen Hochschulinternate, 18.09.1946, S. 38–39.).

2078 Vgl. Schunck (1997: 44), Archivalische Quelle Nr. 11: Überlegungen zur Gründung der Hochschulen in Speyer und Germersheim, 05.10.1946, S. 42–45.

2079 Vgl. Schunck (1997: 53), Archivalische Quelle Nr. 20: Zur Veröffentlichung bestimmter Werbetext über das Dolmetscher-Institut, 10.12.1946, S. 53–54.

2080 Ibid, S. 53–54.

2081 Ibid, S. 19.

2082 Ibid, S. 53, Archivalische Quelle Nr. 20: Zur Veröffentlichung bestimmter Werbetext über das Dolmetscher-Institut, 10.12.1946, S. 53–54.

2083 Ibid, S. 53–54.

Die sprachliche Ausbildung am Dolmetscher-Institut sollte durch »Fachvorlesungen« und »allgemeinbildende Vorlesungen« abgerundet werden, wobei die Grenzen zwischen diesen beiden Curriculumkomponenten fließend waren[2084].

Es war vorgesehen, das Dolmetscher-Institut als Internat im Stil eines englischen Colleges zu führen:

> »Auf enges Zusammenleben der Studierenden mit den Professoren, auf gesellschaftliche Kultur, sportliche und künstlerische Betätigung wird Wert gelegt.«[2085]

Dadurch versprach man sich eine tiefere Prägung eines weltoffenen Geistes unter den Studierenden. Überdies sollte die Idee Europa, wie von Winston Churchill am 19.09.1946 in seiner Rede in der amerikanischen Harvard-Universität über die Vereinten Nationen Europas verkündet, am Dolmetscher-Institut in Germersheim kultiviert werden:

> »Ein europäischer Ton des Gesprächs ist durch die Zusammensetzung des Lehrkörpers gewährleistet.«[2086]

Das Echo auf die Ankündigung des Dolmetscher-Instituts in der Presse war stark. Im ersten Semester zählte das Dolmetscher-Institut, das am 20.01.1947 seinen Unterrichtsbetrieb aufnahm[2087], über 233 Studierende[2088]. Die Errichtung eines Dolmetscher-Instituts in Germersheim wurde von offizieller Seite am 11.01.1947 durch eine Verfügung der französischen Militärregierung angekündigt[2089]. Wenige Wochen später, im Februar 1947, wurde die Gründung des Dolmetscher-Instituts in einem offiziellen Akt feierlich begangen[2090]. Der Rektor des neu gegründeten Dolmetscher-Instituts, Edmund Schramm, wies in seiner Rede auf die Anstrengungen hin, die nötig waren, um die Einrichtung in so kurzer Zeit im schwierigen Nachkriegsumfeld in Betrieb nehmen zu können:

> »In einem Augenblick der schwersten Not des deutschen Volkes ist diese Dolmetscherhochschule entstanden. Vergessen Sie das nie, meine Kommilitonen und Kommilitoninnen. Denken Sie immer an das Schicksal Ihres Volkes, um sich seiner würdig zu erweisen.«[2091]

2084 Ibid. Unter den »Fachvorlesungen« wurden folgende Themenbereiche genannt: Geschichte, Landeskunde, Kultur, Wirtschaft und Politik des Landes. Unter den »allgemeinbildenden Vorlesungen« wurden folgende Themenbereiche genannt: Philosophie, Recht, Wirtschaft und Politik.

2085 Ibid, S. 54.

2086 Ibid.

2087 Vgl. Vorlesungsverzeichnis der Universität Mainz, Sommersemster 1950, S. 14.

2088 Vgl. Schunck (1997: 104), Archivalische Quelle Nr. 51: Jahresbericht über das Dolmetscher-Institut, Januar 1948, S. 104–109.

2089 Vgl. Defrance (1994: 83).

2090 Vgl. Schunck (1997: 61–64), Archivalische Quelle Nr. 24: Ansprache des Rektors zur Eröffnung der Hochschule, Februar 1947, S. 61–64.

2091 Ibid, S. 62.

Schramm betonte auch, dass die Umsetzung des Projekts, das zur Völkerverständigung beitragen sollte, nicht ohne das Engagement der französischen Besatzer möglich war:

> »Es muß aber, abgesehen von allem persönlichen (sic!), festgestellt werden, daß die französische Militärregierung überhaupt, sowohl die zuständigen Dienststellen in Baden-Baden und in Neustadt, wie auch die örtlichen Instanzen in Germersheim, dem Projekt der Errichtung einer Dolmetscherhochschule für die französische Besatzungszone jede nur erdenkliche Förderung haben zuteil werden lassen. Nur dadurch konnte das zu Werk gebracht werden, was nun entstanden ist. Möge es dem Frieden dienen zwischen den beiden geistig so eng verwandten Völkern, der Versöhnung und dem so dringend erforderlichen gegenseitigen Verständnis.«[2092]

Der Wunsch, durch das Dolmetscher-Institut zur friedlichen Vermittlung zwischen Kulturen beizutragen, sollte sich erfüllen. Das Dolmetscher-Institut in Germersheim wurde im Ausland bald als Symbol der Annäherung der Völker Europas angesehen. Zu diesem Ruf trugen nicht zuletzt die positiven Eindrücke bei, die hohe ausländische Besucher aus Germersheim mitnahmen. Im Sommer 1948 veröffentlichte der britische Außenminister, Anthony Eden, in der großen französischen Tageszeitung *Le Figaro* einen lobenden Artikel über das »Experiment« Dolmetscher-Institut in der französischen Besatzungszone, das einen ernsthaften Beitrag zur Erziehung einer neuen Jugend in Deutschland leistete:

> »Ich habe mich mit einer großen Zahl Studenten unterhalten und den deutlichen Eindruck gewonnen, daß sie beim Verlassen der Schule weit mehr als nur Dolmetscher im engen Sinn des Wortes sein werden. Sie werden junge Männer und junge Frauen sein, die in der Lage sind, ihren eigenen Landsleuten zu erklären, welches die Ideale und die Vorstellungen der freien Demokratien des Westens sind. Da die Hälfte der Bevölkerung der französischen Zone in Deutschland noch nicht zwanzig Jahre alt ist und ein Drittel noch nicht vierzehn, läßt sich leicht verstehen, welche breiten Möglichkeiten sich durch diese Jugend eröffnen. In dieser jungen Generation liegt die hauptsächliche Hoffnung für die Zukunft. (...) In Wirklichkeit handelt es sich um eine Verwandlung des Geistes selbst von Deutschland.«[2093]

Die positive Aufnahme des Dolmetscher-Instituts im Ausland sollte die Einrichtung wenige Jahre später vor der Schließung retten (vgl. 2.8.2.3), als die junge rheinland-pfälzische Landesregierung dem Projekt ein Ende machen wollte[2094].

2092 Ibid.

2093 Ibid, S. 119, Archivalische Quelle Nr. 62: Anthony Edens Artikel in *Le Figaro* über die deutsche Jugend in der französischen Besatzungszone, Juli 1948, S. 119–120.

2094 Ibid, S. 25.

2.8.2.3 Die Angliederung des Dolmetscher-Instituts an die Universität Mainz (1949)

Im Jahr 1949 war die Zukunft des Dolmetscher-Instituts ungewiss. Der jungen Landesregierung war die Einrichtung als Produkt der französischen Besatzer ein Dorn im Auge. Aus einem Bericht des Rektors des Dolmetscher-Instituts vom März 1949 geht hervor, wie wenig wohlwollend der Landtag Rheinland-Pfalz der von den Franzosen geschaffenen Institution gegenüberstand:

> »Es war erschütternd, festzustellen, wie völlig ununterrichtet und voreingenommen die Herren sich bei diesem Besuch [im Dolmetscher-Institut] zeigten. Es kostete mich den Aufwand meiner ganzen Beredsamkeit, um ihnen wenigstens klar zu machen, daß unsere Hochschule versucht hat, etwas Positives für die akademische Jugend zu leisten und daß sie eine deutsche, freie und nicht bevormundete Hochschule ist. Ich kann in diesem Zusammenhang den mit der Dolmetscherhochschule vertrauten Mitgliedern der Landesregierung Rheinland-Pfalz den Vorwurf nicht ersparen, daß sie bis jetzt aber auch gar nichts getan haben, um die Mitglieder des Landtages über die wirkliche Aufgabe und Leistung unserer Hochschule aufzuklären.«[2095]

Ein herber Schlag gegen die junge Einrichtung war auch ein »unqualifizierbarer«[2096] Zeitungsbericht, demzufolge die Kosten des Dolmetscher-Instituts für das Jahr 1949 um die Hälfte reduziert werden sollten, da »ein reger Austausch der Schüler mit dem Ausland, vor allen Dingen mit der Schweiz und Frankreich stattfindet«[2097] und diese somit die Möglichkeit hätten, sich im Ausland Fremdsprachenkenntnisse anzueignen. Durch diese Mitteilung wurde nicht nur der Eindruck erweckt, dass die Ausbildung am Dolmetscher-Institut nicht ernst zu nehmen sei – war es doch angeblich möglich, im Ausland spielend die zur professionellen Sprachmittlung nötigen Fremdsprachenkenntnisse zu erwerben –, sondern auch, dass das Dolmetscher-Institut horrende Subventionssummen verschlingen würde[2098].

Parallel zu diesen ungünstigen Ereignissen wurde Anfang 1949 eine lebenserhaltende Diskussion über das Dolmetscher-Institut geführt. Am 11.02.1949 wurde vom rheinland-pfälzischen Ministerpräsidenten, Peter Altmeier[2099], angeregt, das

---

2095 Ibid, S. 140–141, Archivalische Quelle Nr. 79: Bericht des Rektors des Dolmetscher-Instituts über mangelnde Kenntnisse der Abgeordneten von der Einrichtung, 11.03.1949.

2096 Ibid, S. 138, Archivalische Quelle Nr. 77: Kurzer Bericht des Rektors des Dolmetscher-Instituts über die schwierige Lage des Dolmetscher-Instituts, 04.03.1949.

2097 Ibid, S. 140, Archivalische Quelle Nr. 78, Artikel »Akademie Speyer in Frage gestellt?«, *Die Freiheit*, 28.02.1949.

2098 Ibid, S. 141, Archivalische Quelle Nr. 79, Bericht des Rektors des Dolmetscher-Instituts über mangelnde Kenntnisse der Abgeordneten von der Einrichtung, 11.03.1949. Der Finanzminister des Landes Rheinland-Pfalz soll, nachdem er den Zeitungsartikel aus *Die Freiheit* vom 28.02.1949 gelesen hatte, eine radikale Streichung »verschiedener Subventionen« angekündigt haben.

2099 Zum Lebenslauf von Peter Altmeier siehe Grass (1986: 255–259).

Dolmetscher-Institut in die Universität Mainz einzugliedern[2100]. Anfang März 1949 brachte der Rektor des Dolmetscher-Instituts die Frage der Angliederung auf einer Fakultätssitzung der Philosophischen Fakultät der Universität Mainz vor. Einem Bericht Schramms zufolge wurde sein Anliegen zwar »mit Interesse«[2101] aufgenommen, sogenannte technische Fragen könnten allerdings, wie er weiter ausführte, neben finanziellen Problemen, einer Eingliederung womöglich im Wege stehen. Es ist anzunehmen, dass unter den zitierten technischen Fragen vor allem die Konzeption der auf praktische Bedürfnisse ausgerichteten Dolmetscherausbildung im Rahmen der wissenschaftlichen neuphilologischen Ausbildung an der Universität ein Streitpunkt war (vgl. 2.1.1).

Defrance (1994: 278–279) stellt eine massive ablehnende Haltung einiger Fakultätsmitglieder gegenüber der Angliederung des Dolmetscher-Instituts in die Philosophische Fakultät fest (vgl. hierzu auch Schunck (1997: 29)). An beiden Stellen werden dafür jedoch keine Gründe angeführt.

Einen richtungsweisenden Schub bekam die Diskussion über die Angliederung im Mai 1949 durch Schmittlein[2102], der als Leiter der Direction de l'Éducation Publique, die Angliederung des Dolmetscher-Instituts an die Universität Mainz mit dem Vorbehalt genehmigte, »daß dieses weiterhin ein autonomes Institut der Universität bleibt«. Die Autonomie sollte sich dabei nicht unbedingt auf Finanz- und Verwaltungsangelegenheiten beziehen, sondern auf »die Selbständigkeit bei der Leitung der Veranstaltungen und der Fachrichtung«. Wie aus Schmittleins Schreiben hervorgeht, hatte sich der Senat der Universität Mainz zu diesem Zeitpunkt bereits positiv zur Angliederung ausgesprochen[2103]. Hierfür können zwei Gründe angeführt werden: Zum einen erhoffte sich die Universität durch eine Integration des Dolmetscher-Instituts einen Anstieg ihrer Studierendenzahlen, zum anderen versprach sie sich dadurch aber auch einen Prestigegewinn. Der Ministerpräsident von Rheinland-Pfalz, Peter Altmeier, favorisierte die Eingliederung des Dolmetscher-Instituts in die Universität einerseits, um den rechtlichen Status des Dolmetscher-Instituts zu klären. Nicht zuletzt war damit auch das Bestreben verbunden, das Dolmetscher-Institut aus dem Einfluss der französischen Besatzungsmacht zu lösen und es in eine rheinland-pfälzische Einrichtung umzuwandeln. Andererseits waren aus der Eingliederung positive wirtschaftliche Nebeneffekte zu erwarten, wie etwa Einsparungen im Landeshaushalt durch den Abbau von Verwaltungspersonal am Dolmetscher-Institut.[2104]

Im Sommer 1949 wurde die Eingliederung des Dolmetscher-Instituts in die Universität Mainz durch die Verordnung Nr. 225 vom 04.08.1949 durch den fran-

2100 Vgl. Schunck (1997: 142), Archivalische Quelle Nr. 81: Schmittlein an Délégué Général der Militärregierung Rheinland-Pfalz, 06.05.1949, S. 142–143.

2101 Ibid, S. 139, Archivalische Quelle Nr. 77: Kurzer Bericht des Rektors des Dolmetscher-Instituts über die schwierige Lage des Dolmetscher-Instituts, 04.03.1949.

2102 Ibid, S. 29.

2103 Ibid, S. 143, Archivalische Quelle Nr. 81: Schmittlein an Délégué Général der Militärregierung Rheinland-Pfalz, 06.05.1949.

2104 Vgl. Defrance (1994: 278).

zösischen Oberbefehlshaber in Deutschland genehmigt. Die Verordnung sah die Aufhebung der Verfügung Nr. 195 vom 11.01.1947 über die Gründung eines Dolmetscher-Instituts an dem Tag vor, an dem die Eingliederung gesetzlich vollzogen wurde[2105].

In den folgenden Wochen wurde ein Statutenentwurf über die Beziehung zwischen der Universität Mainz und dem Dolmetscher-Institut ausgearbeitet[2106]. Dabei wurde die letzte Hürde, die Bezeichnung des Dolmetscher-Instituts im Rahmen der Universität, im Oktober 1949 genommen: Als »Auslands- und Dolmetscherinstitut der Universität Mainz«[2107] wurde das von den französischen Besatzern im Januar 1947 gegründete Dolmetscher-Institut am 08.11.1949 an die Universität Mainz angegliedert[2108]. Das angegliederte Institut wurde dem Ministerium für Unterricht und Kultus unterstellt. Durch die Angliederung verlor die »Staatliche Dolmetscher-Hochschule Germersheim«[2109] ihren Status als selbstständige Körperschaft des öffentlichen Rechts. Das neue Universitätsinstitut wurde jedoch als autonomes Institut in die Universität eingegliedert[2110]. Dies ebnete den Weg für die Entwicklung eines eigenständigen Fachbereichs[2111].

2.8.2.4 Die Gründer des Dolmetscher-Instituts

Für die Gründung des Dolmetscher-Instituts in Germersheim waren zwei Personen verantwortlich. Als Projekt einer umfassenden Kulturstrategie der französischen Besatzer wurde die Gründung vom Leiter der Direction de l´Éducation Publique, Raymond Schmittlein, initiiert. In die Feinplanung des Projekts wurde der Mainzer Hochschulprofessor, Edmund Schramm, einbezogen, der sich als erster Leiter des Dolmetscher-Instituts um die Einrichtung verdient machte.

2.8.2.4.1 Raymond Schmittlein

Raymond Schmittlein wurde am 19.06.1904 in der französischen Grenzstadt zu Belgien, Roubaix, geboren[2112]. Nach dem Studium der Literaturwissenschaften, Jura und Medizin in Paris besuchte er dort das Seminar für Orientalische Sprachen. Vermutlich ist es auch auf seine Ausbildung an dieser Pariser Einrichtung zurückzuführen, dass er den Aufbau eines Dolmetscher-Instituts in der französischen Besatzungszone vorantrieb. Nach zweijährigem Militärdienst von 1924 bis 1925,

2105 Vgl. Schunck (1997: 146), Archivalische Quelle Nr. 87: Verordnung Nr. 225 zur Genehmigung der Integration des Dolmetscherinstituts Germersheim in die Universität Mainz, 04.08.1949, S. 146.

2106 Ibid, S. 148, Archivalische Quelle Nr. 90: Einigung über die zukünftige Bezeichnung des Dolmetscher-Instituts, 29.10.1949.

2107 Ibid.

2108 Ibid, S. 149–152, Archivalische Quelle Nr. 92: Angliederung der Dolmetscherhochschule Germersheim an die Universität Mainz, 08.11.1949.

2109 Ibid, S. 150.

2110 Ibid.

2111 Ibid, S. 29.

2112 Vgl. ABF II.

den er wegen einer Verletzung abbrechen musste, studierte er in Paris Theologie und Literaturwissenschaften. Von 1931 bis 1934 setzte er seine Studien in Berlin fort und arbeitete dort als Gymnasiallehrer. In Berlin lernte er seine spätere Frau, eine Deutsche, kennen. 1934 wechselte er als Dozent für Französische Sprache und Literatur an die Universität Kaunas in Litauen. 1938 wurde er Leiter des Institut Français und des Französischen Gymnasiums im lettischen Riga.

Während des Zweiten Weltkriegs hatte er verschiedene militärische und diplomatische Funktionen inne. Ab 1943 wirkte er mit führenden Personen der Résistance in Algier, u. a. in einem Kreis, der sich mit der Reformierung des Bildungswesens in Deutschland beschäftigte. 1944 nahm er an der Befreiung Frankreichs teil. Aufgrund seiner Erfahrungen in der auswärtigen Kulturpolitik Frankreichs und da er als Deutschlandkenner galt, wurde Schmittlein nach Kriegsende die Leitung der Direction de l'Éducation Publique in der französischen Besatzungszone in Deutschland übertragen. In dieser Funktion machte er die Umerziehung und Demokratisierung der Deutschen zu seinem obersten Ziel, wobei er vor allem die deutsche Jugend – vornehmlich in ländlichen Gegenden – für seine Mission ins Auge fasste, da er Personen ab 30 Jahren für nicht mehr formbar hielt. Neben dem Dolmetscher-Institut in Germersheim gehen auf Schmittlein die Gründungen der Universität Mainz und der Verwaltungshochschule in Speyer zurück.

1951 verließ Schmittlein Deutschland – er hatte sich nach Kriegsende zunächst auf eine etwa 25-jährige Besatzungszeit in Deutschland eingestellt – mit dem Eindruck, dass seine Umerziehungsmission der deutschen Jugend nicht geglückt sei.[2113] Schmittlein starb am 29.09.1974, nachdem er nach seiner Abreise aus Deutschland Anfang der 1950er Jahre verschiedene führende Positionen in der französischen Politik bekleidet hatte[2114].

2.8.2.4.2 Edmund Schramm

Edmund Schramm wurde am 17.05.1902 in Würzburg geboren. Er studierte an den Universitäten in München, Freiburg und Würzburg Romanistik. Seine Promotion zum Dr. phil. erfolgte 1927. Im Jahr 1926 war er Assistent bei der Deutschen Wissenschaftlichen Vermittlungsstelle in Madrid. 1929 wurde er dort Studienrat an der Deutschen Oberrealschule. Von 1932 bis 1938 wirkte er als Privatdozent, bevor er 1938 einen Lehrstuhl an der Universität Greifswald übernahm. Während des Zweiten Weltkriegs unterbrach er seine wissenschaftliche Laufbahn für den Wehrdienst und übernahm 1946 als ordentlicher Professor einen Lehrstuhl für Romanistik an der Universität Mainz. Im Sommer 1946 wurde er in den Aufbau des Dolmetscher-Instituts involviert, dessen Leitung er bis 1954 innehatte. Schramms Forschungen sind im Bereich Spanische Literatur- und Kulturwissenschaft angesiedelt. Er war Mitglied in verschiedenen Forschungsgesellschaften, u. a. in der Real Academia de Buenas Letras de Barcelona.[2115]

2113 Vgl. Fassnacht (2000: 36–38).
2114 Vgl. ABF II. Vgl. auch Schmittleins Werdegang in Zauner (1994: 19–21).
2115 Vgl. DBA.

2.8.3 Das Dolmetscher-Institut in Saarbrücken

2.8.3.1 Zum historischen Hintergrund

Zum Besatzungsgebiet, das die Franzosen nach dem Zweiten Weltkrieg von den Amerikanern am 10.07.1945 übernahmen, gehörte auch das Saargebiet (vgl. 2.8.2.1). Paris hatte dieses Gebiet schon von 1919 bis 1935 durch die Bestimmungen des Versailler Vertrags kontrolliert: Aus dem Deutschen Reich herausgelöst und dem neu gegründeten Völkerbund unterstellt, wurde das Saargebiet dem französischen Zoll- und Wirtschaftsraum angegliedert und seine Kohlegruben unter Frankreichs Kontrolle gestellt. 1935 entschieden die Saarländer in einer Volksabstimmung die politische und wirtschaftliche Rückgliederung des Saarlandes an Deutschland.[2116]

Als bei der Aufteilung Deutschlands unter den vier Besatzungsmächten nach dem Zweiten Weltkrieg das Saarland wieder in den Zuständigkeitsbereich der Franzosen fiel, nutzte man auf französischer Seite die Gunst der Stunde, um das einst verlorene und an Kohlevorkommen reiche Saarland, wirtschaftlich und, wie von Paris erträumt[2117], politisch von Deutschland abzukoppeln und in französisches Staatsgebiet zu überführen[2118]. Die dazu eingeleiteten Schritte folgten stetig und systematisch aufeinander: Im Sommer 1945 schloss die französische Militärregierung die saarländischen Grenzen zur britischen Besatzungszone und liess vom Saarbrücker Regierungspräsidenten öffentlich verkünden, dass das Saargebiet eine von anderen Administrativen unabhängige Einheit sei[2119]. Mit der Verfügung Nr. 7 vom 05.09.1945 steckten die Franzosen die Grenzen des Saargebiets ab. Grenzkorrekturen folgten an der Grenze zu Rheinland-Pfalz, d. h. innerhalb der französischen Besatzungszone, jedoch immer wieder. Im Sommer 1946, nach der Gründung des Landes Rheinland-Pfalz, regelte die französische Militärregierung die Grenzen des Saarlandes neu, um das von Deutschland loszulösende Gebiet zu vergrößern. Bei der Gebietserweiterung wurden dem Saarland vor allem solche Orte angegliedert, die aufgrund ihrer wirtschaftlichen Struktur vielversprechend waren[2120]. Im Sommer 1947 folgte eine weitere Grenzverlegung im Zuge der Einführung der Saarmark[2121].

Am 03.01.1946 übernahmen die Franzosen die Saargruben und bestimmten nur wenige Wochen später, dass das Saargebiet nun nicht mehr unter die Zuständig-

2116 Vgl. Koop (2005: 48 und 268).

2117 Ibid, S. 199. Die politische Angliederung an Frankreich wurde nicht umgesetzt, da sich die übrigen Alliierten, von denen Frankreich wirtschaftlich abhing, diesem Schritt widersetzten.

2118 Vgl. Hudemann (1989: 8–9) und Koop (2005: 199).

2119 Vgl. Koop (2005: 269).

2120 Ibid, S. 194–195.

2121 Vgl. Heinen (1996: 94).

keit des Alliierten Kontrollrats fiel[2122]. Am 10.04.1946 folgte die Übernahme der Finanzkontrolle im Saarland durch die französische Militärregierung[2123].

Um das Saarland nicht nur in wirtschaftlicher Hinsicht französisch zu machen, sondern auch die Bevölkerung mit französischem Geist zu erfüllen, wurde zum Sommer 1946 der französische Nationalfeiertag am 14. Juli als zusätzlicher gesetzlicher Feiertag im Saarland eingeführt[2124]. Auch bei der Vorbereitung der ersten Gemeindewahlen im Saarland nach dem Zweiten Weltkrieg im September 1946 spielte der im Saarland verbreitete frankophile Geist eine wichtige Rolle: Bei der Schaffung eines entsprechenden Rahmens für die Wahlen achtete die französische Militärregierung darauf, ein für Frankreich günstiges Wahlergebnis, d. h. für den Anschluss des Saarlandes an Frankreich, möglichst zu antizipieren[2125].

Ein weiterer Schritt zur Verwirklichung der Eingliederung des Saarlandes in französisches Staatsgebiet war die Errichtung von Kontrollstellen an den Grenzen des Saargebiets zur Überwachung des Warenverkehrs nach Deutschland am 22.12.1946[2126]. In den folgenden Monaten wurden diese Stellen zunehmend zu

---

2122 Vom 18.02.1946 datiert ein Schriftstück des französischen Rates der Republik, aus dem eine Verschärfung der französischen Separationspolitik hervorgeht (vgl. Koop (2005: 269–270)).

2123 Ibid, S. 271.

2124 Ibid, S. 272.

2125 Bereits nach Kriegsende entstanden im Saarland von den Franzosen geförderte Separatistenorganisationen, die den Anschluss an Frankreich propagierten. Im Korsett der alliierten Politik jedoch eingezwängt, war es Frankreich nicht möglich, neben dem wirtschaftlichen Anschluss des Saarlandes an Frankreich auch die politische Angliederung des Saarlandes an Frankreich zu erlangen (vgl. Koop (2005: 199–206)). Auch die ab 1946 im Saarland zugelassenen Parteien warben für den Wirtschaftsanschluss an Frankreich. Das Ergebnis der Wahlen, insbesondere bei den Landtagswahlen im Oktober 1947, fiel daher im Sinne der französischen Besatzer aus (vgl. Koop (2005: 206)). Die französische Militärregierung achtete aber nicht nur darauf, bei den Parteien entsprechenden Zuspruch für ihre Sache zu finden, sondern auch bei den Wählern Entsprechendes zu erreichen. Dazu wurde ein selektierter Kreis an Wahlberechtigten geschaffen. Die folgende Quelle zeigt, welche Wähler die Ziele Frankreichs befürworten sollten: »Wählen durfte, wer im Saargebiet innerhalb der von der Militärmacht am 6. Juni 1946 festgesetzten Grenzen geboren war, wer seinen tatsächlichen Wohnsitz im Saargebiet zwischen dem 29. Juni 1919 und dem 30. Januar 1933 gehabt und ihn während mindestens zehn aufeinander folgender Jahre beibehalten hatte oder wer Ehegatte einer Person war, die unter die genannten drei Kategorien fiel. Nicht wahlberechtigt waren Personen, die nach dem 12. März 1938 die deutsche Staatsangehörigkeit erhalten hatten, unabhängig davon, ob sie seitdem im Saarland wohnten. Ausgeschlossen waren ferner all diejenigen, die der NSDAP oder einer ihrer Organisationen angehört hatten. Dagegen waren (...) ehemalige Saarländer, die durch Naturalisation Franzosen geworden waren und am 1. Juni 1947 im Saarland ihren Wohnsitz hatten, sehr wohl wahlberechtigt.« Vgl. Koop (2005: 275).

2126 Ibid, S. 271–272.

Staatsgrenzen umfunktioniert[2127]. Auch die Schaffung einer selbstständigen Saar-Eisenbahn im Dezember 1946 sollte den Charakter eines eigenständigen saarländischen Staatsgebiets betonen[2128]. Ebenso sollte dazu die Abschottung der Saarländer vom Rest Deutschlands dienen, die durch ein von den französischen Besatzern erlassenes Verbot zur Einführung von Presseerzeugnissen aus Deutschland verursacht wurde[2129]. Den Saarländern stand somit nur ein einseitiger Informationsfluss zur Verfügung, was den Einfluss Frankreichs auf das Saarland verstärkte.

Die Abschaffung der Reichsmark und die Einführung der Saarmark durch die Verordnung Nr. 94 vom 07.06.1947 markierte nicht nur eine Vorstufe zur Einführung des französischen Franc am 20.11.1947[2130], sondern hatte auch einen starken psychologischen Effekt auf das Staatszugehörigkeitsgefühl der Saarländer. Die Einführung der französischen Währung im Saarland erwies sich als Hindernis beim Warenaustausch mit den übrigen Besatzungszonen, nicht zuletzt auch deshalb, weil Frankreich den Handel mit den anderen Besatzungszonen nicht länger als Interzonenhandel anerkannte, sondern zum Außenhandel erklärte[2131].

Eine Verfassung, die das Saarland zu einem eigenständigen Staat unter französischer Kontrolle machen sollte, wurde am 16.09.1947 von einer Verfassungskommission verabschiedet und am 17.12.1947 in Kraft gesetzt[2132]. Ab dem 01.01.1948 betrachteten die französischen Besatzer das Saarland als eigenständigen Staat, der unter französischer Aufsicht stand. Kurz darauf folgte die Einführung der saarländischen Staatsbürgerschaft, die die leere erschaffene Staatshülle mit Volkes Masse füllen sollte[2133]. Die saarländische Staatsbürgerschaft wurde international jedoch nicht anerkannt[2134].

2127 Ibid, S. 276.
2128 Ibid, S. 272.
2129 Ibid, S. 311.
2130 Ibid, S. 291.
2131 Ibid, S. 292.
2132 Ibid, S. 288. Mit einer saarländischen Verfassung beabsichtigte die französische Militärregierung die Durchsetzung der staatlichen Legitimation des Saarlandes. Zur Erarbeitung einer saarländischen Verfassung, die im Zeichen des Anschlusses an Frankreich stand, machte die französische Militärregierung bestimmte Vorgaben zur Zusammensetzung der Verfassungskommission (vgl. Koop (2005: 286)). Diese Kommission verabschiedete die saarländische Verfassung Ende 1947, ohne die Saarländer in den Verabschiedungsprozess einzubeziehen. Dadurch sollte ein mögliches Ablehnen der Verfassung durch das Volk vermieden werden. Die Verfassung legte fest, dass das Saarland organisch in den Wirtschaftsbereich der französischen Republik eingegliedert und politisch unabhängig vom Deutschen Reich sein würde. Eine politische Angliederung an Frankreich war aufgrund der Ablehnung der übrigen Siegermächte nicht möglich (vgl. Koop (2005: 285–288)).
2133 Ibid, S. 302.
2134 Ibid, S. 285.

Die einschlägige Fachliteratur spricht häufig von einer »Sonderstellung«[2135] des Saarlandes[2136]. Auch im Hochschulbereich verlangte die besondere Situation des Saarlandes in der Nachkriegszeit daher entsprechende Lösungen.

2.8.3.2 Die Gründung der Universität des Saarlandes

Aufgrund der Sonderstellung des Saarlandes erlangte die französische Kulturpolitik im Saarland eine größere Tragweite als in der übrigen französischen Besatzungs-

2135 Vgl. z. B. Hudemann (1989: 9).

2136 Die Sonderstellung des Saarlandes wurde sicherlich auch durch die Handlungen und das Verhalten der übrigen Siegermächte verursacht. Frankreichs Abtrennungspolitik im Saarland wurde durch das starke Sicherheitsbedürfnis des Landes begründet. Aufgrund der drei von Deutschland ausgelösten kriegerischen Angriffe innerhalb von 70 Jahren galt das ausgeprägte französische Sicherheitsbedürfnis im Kreis der Alliierten als hinreichend begründet. Zudem waren die französische und saarländische Wirtschaft historisch eng miteinander verbunden. Bereits nach Kriegsende betonten die Franzosen im Kreis der Alliierten, dass sie mit dem Saarland besondere Pläne hätten. Aufgrund der engen historischen Verbundenheit zwischen Frankreich und dem Saarland waren für die anderen Alliierten die Pläne Frankreichs in gewisser Weise gerechtfertigt (vgl. Koop (2005: 270–271)). Der Sonderweg des Saarlandes war durch die Gründung des Landes Nordrhein-Westfalen in der britischen Besatzungszone frei. Die Franzosen konnten ihre Vorstellungen von der Internationalisierung der Ruhr, die unter die Kontrolle der Vereinten Nationen gestellt werden sollte (vgl. Krautkrämer (1993: 75) und Koop (2005: 48–49)), im Kreise der Alliierten nun nicht mehr durchsetzen. Die Briten bezweckten mit der Gründung des Landes Nordrhein-Westfalen, die Diskussion über eine Internationalisierung der Ruhr zu beenden (vgl. Koop: (2005: 68–69)). Als Ausgleich dafür beanspruchten die Franzosen das Saarland für sich. Um die geplante Gründung des Landes Nordrhein-Westfalen nicht zu gefährden, stimmten die USA und die Briten der Trennung des Saarlandes vom deutschen Wirtschaftssystem unter französischer Verwaltung im Sommer 1946 schließlich zu. Konrad Adenauer merkte hierzu an, dass die Schaffung des Landes Nordrhein-Westfalen durch das Zugeständnis der Amerikaner und der Briten an die Franzosen, das Saarland von Deutschland wirtschaftlich abzuspalten, »erkauft« wurde (vgl. Koop (2005: 71)). Wie sich herausstellen sollte, verstanden die Franzosen und die übrigen Besatzungsmächte jedoch etwas anderes unter »Verwaltung« (vgl. Koop (2005: 271)). Die einzelnen Schritte, die Frankreich im Alleingang zur Abtrennung des Saarlandes einleitete, riefen teilweise Besorgnis und Empörung bei den übrigen Alliierten hervor (vgl. z. B. Koop (2005: 288–289)). Trotz einer gewissen Machtlosigkeit der anderen Alliierten gegenüber den eingeleiteten Maßnahmen im Saarland blieb es beim Wirtschaftsanschluss des Saarlandes an Frankreich. Ein politischer Anschluss war indiskutabel. Die übrigen Siegermächte lehnten diesen strikt ab, da er nicht in ihre Pläne von einem föderalen deutschen Staat passte (vgl. z. B. Koop (2005: 205)). Frankreich, das wirtschaftlich verletztlich war und von der Unterstützung der Alliierten abhing, musste sich (auch) in diesem Punkt nolens volens beugen.

zone. Neben Entnazifizierungsbestrebungen sollten kulturpolitische Maßnahmen vor allem dem angestrebten Wirtschaftsanschluss des Saarlandes an Frankreich dienen[2137]. Der wirtschaftspolitische Erfolg sollte auf dem kulturpolitischen Erfolg fußen[2138]. Der französische Gouverneur des Saarlandes, Gilbert Grandval[2139], ging sogar noch weiter, indem er im Zusammenhang mit der Regelung des Hochschulwesens im Saarland Anfang 1947 weitsichtig anmerkte, dass es wahrscheinlich sei, dass die kulturellen Beziehungen zwischen Frankreich und dem Saarland tiefer gehend und längerfristig sein würden als die wirtschaftlichen[2140]. Durch die Schaffung einer universitären Ausbildung, die es bislang im Saarland nicht gegeben hatte[2141], sollte gewährleistet werden, dass das Saarland zukünftig von saarländischen Führungskräften gelenkt wurde. Diese Nachwuchsförderung war aus französischer Sicht die logische Konsequenz für das Funktionieren eines autonomen saarländischen Staates[2142]. Am 09.04.1948 wurde von den Verantwortlichen entschieden aus dem Homburger Provisorium[2143] eine Universität in Saarbrücken zu

2137 Vgl. Hudemann (1989: 16).

2138 Ibid, S. 17.

2139 Gilbert Grandval (1904–1981) begann seine berufliche Laufbahn 1927 bei einem Hersteller von chemischen Produkten in Frankreich. Zeitweise stand er als Direktor an der Spitze dieses Unternehmens bis zum Zweiten Weltkrieg. Während der deutschen Besatzungszeit war er in der Widerstandsbewegung aktiv. Dort lernte er den späteren Oberbefehlshaber der französischen Militärregierung in Deutschland, Pierre-Marie Koenig, kennen. Auf dessen Vorschlag wurde er 1945 zum Gouverneur des Saarlandes ernannt. Von 1948 bis 1952 übernahm Grandval im Saarland die Funktion des Hohen Kommissars. Danach setzte er seine politische Karriere fort. Neben anderen herausragenden Positionen wurde er 1962 zum französischen Arbeitsminister ernannt (vgl. Prevost (1985: 999)).

2140 Vgl. Hudemann (1989: 17–18).

2141 Vgl. Heinen (1989: 24).

2142 Ibid, S. 28 und Hudemann (1989: 18).

2143 Die Wurzeln der Universität des Saarlandes reichen nach Homburg, wo bereits im Januar 1946 auf Druck von saarländischen Studierenden, die nach dem Zweiten Weltkrieg ihr Studium fortsetzen wollten, an der Homburger Landesklinik dreimonatige Fortbildungskurse in klinischen Fächern eingerichtet wurden. Diese Kurse waren jedoch nur als Übergangslösung bis zur Fortsetzung des Studiums an einer Universität gedacht (vgl. Heinen (1989: 24–25)). Als Problem erwies sich die Anerkennung der Homburger Kurse. Die übrigen Universitäten in der französischen Besatzungszone, Freiburg, Tübingen und die Neugründung Mainz, lehnten die Anerkennung der Homburger Hochschulkurse ab. Grandval, der für die Einführung dieser Kurse verantwortlich war, suchte daher Unterstützung in Frankreich und hatte in der grenznahen Universität Nancy Erfolg (vgl. Heinen (1989: 25–27)). Es entwickelte sich eine enge Beziehung zwischen Nancy und Homburg. Im März 1947 wurde in Homburg das Institut d'Études Supérieures de l'Université Nancy en Territoire Sarrois als Außenstelle der Universität Nancy eröffnet (vgl. Heinen (1989: 28)). In dieser Außenstelle wurden im Februar 1948 neben der medizinischen Fakultät, eine philosophische, naturwissenschaftliche und juristische Fakultät eingerichtet (vgl. Heinen (1989: 32)). Vor dem Hintergrund der fran-

errichten, die ab dem Wintersemester 1948 in der ehemaligen Below-Kaserne ihren Betrieb aufnehmen sollte. Im Einklang mit der angestrebten Elitebildung sollten die Absolventen dieser Hochschule bevorzugt in den saarländischen Staatsdienst aufgenommen werden[2144]. Zum Zeichen der Kooperation zwischen Frankreich und dem Saarland wurden die Veranstaltungen je zur Hälfte auf Deutsch und Französisch angeboten. Entsprechend war die Personalstruktur. Die Studienordnung enthielt Elemente des deutschen und französischen Hochschulsystems[2145]. Bei Beginn des Lehrbetriebs an der Universität des Saarlandes im Wintersemester 1948 waren dieser verschiedene selbstständige Institute angegliedert, u. a. ein Dolmetscher-Institut, das den besonderen Bedürfnissen des Wirtschaftsanschlusses des Saarlandes an Frankreich Rechnung tragen sollte[2146].

2.8.3.3 Die Gründung des Dolmetscher-Instituts in Saarbrücken (1948)

Der Unterricht am Dolmetscher-Institut der Universität des Saarlandes begann am 01.12.1948, und somit im ersten Semester in der Geschichte der Universität des Saarlandes[2147]. Das Dolmetscher-Institut war verwaltungstechnisch der Juristischen Fakultät unterstellt, als selbstständige Einheit musste es sich finanziell, etwa durch Studien- und Prüfungsgebühren, selbst tragen[2148]. Für die Gründung des Dolmetscher-Instituts waren in erster Linie praktische Gründe ausschlaggebend,

---

zösischen Autonomiebestrebungen im Saarland schwebte Grandval jedoch eine selbstständige Universität im Saarland vor. Nach einigem Tauziehen – etwa der Abwägung finanzieller Möglichkeiten, die eher gegen eine Universitätsgründung sprachen, oder die Erarbeitung der Verfassung des Saarlandes im Herbst 1947, die die Errichtung einer eigenständigen Universität im Saarland vorsah – wurde Grandvals Vorschlag zur Gründung einer Universität im April 1948 von Paris genehmigt (vgl. Heinen (1989: 28–34) und Hudemann (1989: 18–19)).

2144 Vgl. Heinen (1989: 34).

2145 Ibid, S. 42.

2146 Ibid, S. 43 und 63.

2147 UniA SB, Zeitungsausschnittsammlung, »Hochschulnachrichten«, *Saarländische Volkszeitung*, 25.11.1948. In Wilss (1999: 33–34) und Wilss (2000a: 1) wird der 01.02.1948 als Gründungsdatum des Dolmetscher-Instituts in Saarbrücken angegeben. In Wilss (1999: 33–34) wird zum 01.02.1948 als weitere Spezifizierung »ungefähr gleichzeitig mit der Universität des Saarlandes« angeführt. Diese Angaben widersprechen den für diese Arbeit konsultierten relevanten Primär- und Sekundärquellen: Der offizielle Beschluss zur Gründung einer Universität im Saarland wurde im April 1948 gefasst. Belege über die Einrichtung eines Dolmetscher-Instituts an der Universität des Saarlandes datieren erst vom Herbst 1948. Wie verschiedene Quellen des konsultierten Aktenmaterials zeigen, wurde das Dolmetscher-Institut am 01.12.1948 eröffnet.

2148 UniA SB, Protokolle des Verwaltungsrats der Universität des Saarlandes, 13.02.1950. Dokument in französischer Sprache.

die aus dem politischen Umfeld des Saarlandes in der Nachkriegszeit herrührten (vgl. 2.8.3.1).

Die Zahl der Interessenten an der Dolmetscherausbildung stieg nach dem Zweiten Weltkrieg auch im Saarland. Die zuständigen Behörden konnten die Anfragen nach einer entsprechenden Ausbildungsstätte im Saarland jedoch nur verneinen und auf andere Dolmetscher-Institute, außerhalb des Saarlandes, verweisen:

> »Die Ausbildung von Dolmetschern erfolgt durch besondere Dolmetscher-Institute. Das nächst gelegene Dolmetscher-Institut befindet sich an der Universität Heidelberg. Ich stelle Ihnen anheim, sich dorthin zu wenden.«[2149]

Die Möglichkeit, sich an Dolmetscher-Instituten außerhalb des Saarlandes zum Dolmetscher ausbilden zu lassen, trug aber nicht zur Lösung des Problems bei, da den Interessenten der Weg dorthin aufgrund der politischen Situation im Saarland, die sich unmittelbar auf den Alltag der Saarländer auswirkte, versperrt blieb. Konkrete Lösungen wurden nur schleppend, und wie im Folgenden gezeigt wird, unkoordiniert gefunden. Möglicherweise ist dies darauf zurückzuführen, dass in Anbetracht der Lösungen, die die Abtrennungspolitik verlangte, andere Probleme vorrangig behandelt werden mussten.

Noch im Sommer 1947 – als die Abtrennungsmaßnahmen des Saarlandes vom Rest Deutschlands durch die französische Militärregierung in vollem Gange waren – war für das Problem der fehlenden Einrichtung zur Ausbildung von Dolmetschern keine Lösung gefunden worden. Stimmen, die die Einrichtung einer solchen Ausbildungsstätte aufgrund einer entsprechenden Nachfrage und der besonderen politischen Situation des Saarlandes forderten, waren inzwischen aber laut geworden:

> »Eine große Anzahl von saarländischen Schülern und Schülerinnen möchte in eine Dolmetscherschule eintreten, um dort 1 oder 2 lebende Sprachen – insbesondere die französische – zu erlernen. Sie müssen dann immer nach Frankfurt oder Germersheim verwiesen werden, weil eine derartige Schule im Saargebiet nicht existiert. Ich darf Sie deshalb bitten, bei der Militärregierung Schritte zu unternehmen, damit eine solche Schule auch im Saargebiet eröffnet wird. Ich schlage Ihnen dafür Saarbrücken vor. Nach meiner Ansicht könnte diese Schule bei einer höheren Schule oder Technischen Lehranstalt, vielleicht auch bei der Schule für Kunst und Handwerk eingerichtet werden.«[2150]

Im Frühjahr 1947 war das Problem bis zur obersten Verwaltungsebene durchgesickert und der Errichtung einer Ausbildungsstätte für Dolmetscher zugestimmt worden. Man war sich bewusst, dass angesichts der Sonderstellung des Saarlandes integres Dolmetschpersonal, das aus den Reihen der Saarländer kommen sollte, für

2149 LAS, MK 5215, Schreiben des Regierungspräsidiums, Abteilung für Erziehung, Unterricht und Kultus, 28.01.1946.

2150 LAS, MK 5214, Stadtschulrat Saarbrücken an Mitglied der Verwaltungskommission des Saarlandes für öffentliche Erziehung, 07.06.1947.

die Vermittlung zwischen saarländischen und französischen Interessen unabdingbar war, wollte man eines Tages die volle Eingliederung des Saarlandes in französisches Staatsgebiet erreichen. Konkrete Lösungsvorschläge fehlten jedoch noch:

> »Die besondere Situation des Saarlandes macht die gewissenhafte Ausbildung von zuverlässigen Dolmetschern in noch höherem Maße notwendig, als das in anderen Teilen der französischen Zone der Fall ist. Wir tragen uns daher mit der Absicht, eine Dolmetscherschule im Saarlande zu errichten und diese ggf. dem Hochschulinstitut Homburg anzuschließen. Bevor wir weitere Schritte in dieser Angelegenheit unternehmen bitten wir um die Stellungnahme der Militärregierung zu diesem Projekt.«[2151]

Der Gouverneur des Saarlandes, Gilbert Grandval, stand der Umsetzung des Projekts zwar positiv gegenüber, sah jedoch infrastrukturelle Probleme:

> »Ich habe die Ehre Ihnen mitzuteilen, dass ich der Eröffnung einer Dolmetscher-Schule im Saarland zustimme, die als Zweigstelle des Institut Sarrois d'Études Supérieures de Hombourg betrachtet werden könnte, deren Einrichtung aber mangels Gebäude nicht in Homburg geschehen kann.«[2152]

Vom 10.09.1947 datiert ein Leserbrief an die Saarbrücker Zeitung, der die Notwendigkeit zur Errichtung eines Dolmetscher-Instituts im Saarland vor dem politischen Hintergrund deutlich macht und eine mögliche Lösung für die Unterbringung eines Dolmetscher-Instituts im Saarland aufzeigt:

> »Wir haben im vergangenen Jahr manche Kultureinrichtung beschert bekommen, die es ermöglicht, dass Saarländer in ihrer Heimat sich ausbildung (sic!) und ihre Kenntnisse in allen möglichen Zweigen der Kunst und Wissenschaft vervollkommnen können. Wäre es nicht auch angebracht, an die Einrichtung einer Dolmetscherschule zu denken, an der man nach den entsprechenden Kursen sein Examen als stattlich (sic!) geprüfter Dolmetscher in den Weltsprachen französisch (sic!), englisch (sic!), spanisch (sic!) ablegen könnte? Um sich in diesem Beruf zu habilitieren, müssen bis jetzt die Saarländer Institute in Kreuznach, Mainz, Stuttgart, Frankfurt, Düsseldorf u.s.w. aufsuchen. In Anbetracht der Schwierigkeiten, die sich ergeben aus der Beschaffung des Laisser passer, der Unterkunft, des Wechselns der Saarmark in Reichsmark und der Tatsache, dass man den Saarländer schon jetzt in Deutschland als Ausländer betrachtet und nicht weiss, ob man ihn an diesen Instituten annehmen soll, wäre es angebracht, eine solche Lehranstalt im Saarland einzurichten. In einer Stadt, wie z.B. Völklingen, die fast unversehrt ist und unzerstörte Vororte hat, in denen auswärtige Schüler Unterkunft finden können, in der ein grosses Gymnasium ist, das die Unterrichtsräume zur Verfügung stellen könnte, in einer Stadt, die günstige Eisenbahn- und Strassenbahnverbindungen hat, müsste es doch möglich sein, ein saarländisches Institut für

2151 LAS, MK 5214, Verwaltungskommission des Saarlandes an Gouverneur Grandval, 21.04.1947.

2152 LAS, MK 5214, Grandval an Vorsitzenden der Verwaltungskommission, Abt. Unterricht, 06.06.1947.

> Fremdsprachen mit der Abschlussprüfung eines staatlich geprüften Dolmetschers einzurichten.«[2153]

Im Januar 1948 wandte sich der Stadtschulrat, der im Juni 1947 bereits die Einrichtung einer Dolmetscherschule bei der Verwaltungskommission des Saarlandes ersucht hatte, an das Ministerium für Kultus, Unterricht und Volksbildung, um zu erfahren, ob mit der Gründung einer Dolmetscherschule in naher Zukunft gerechnet werden könne[2154]. Die Antwort des Oberschulrats im Ministerium für Kultus, Unterricht und Volksbildung musste für den Stadtschulrat, der unter dem Druck der Interessenten stand, niederschmetternd gewesen sein, denn im zuständigen Ministerium war von der geplanten Einrichtung einer Dolmetscherschule nichts bekannt:

> »In Beantwortung Ihres oben genannten Schreibens teile ich Ihnen mit, daß diesseits von der Errichtung einer solchen Schule im Saarland nichts bekannt ist. Laut Niederschrift der Sitzung des Verwaltungsrats des Homburger Instituts vom 4.12.1947 ist damit zu rechnen, daß für die Ausbildung tüchtiger Dolmetscher nach wie vor die Schule von Germersheim in Frage kommt. Die Bildung einer Möglichkeit der Schulung von Dolmetschern in Homburg wird auf das nächste Schuljahr verschoben.«[2155]

Nachdem im April 1948 aber schließlich die Gründung einer Universität im Saarland offiziell beschlossen worden war[2156], wurde die Einrichtung eines Dolmetscher-Instituts im Herbst 1948 ins Gründungskonzept der Universität aufgenommen und der Beginn des Unterrichtsbetriebs am Dolmetscher-Institut auf das Wintersemester 1948/49 festgelegt:

> »Es ist beabsichtigt, eine Dolmetscherschule im Rahmen der Universität des Saarlandes einzurichten. Das Datum der Eröffnung steht noch nicht fest, doch hat der Verwaltungsrat der Universität den 1.01.1949 vorgeschlagen.«[2157]

Der tatsächliche Unterrichtsbeginn am Dolmetscher-Institut der Universität des Saarlandes datiert vom 01.12.1948[2158]. Studien- und Prüfungsordnungen aus der Gründungszeit konnten im recherchierten Aktenmaterial nicht ermittelt werden. Aus einem Artikel, der im Juli 1949 in der Zeitung *Die neue Saar* erschien, können jedoch Informationen zum Studienprogramm des Instituts entnommen wer-

2153 LAS, MK 5217, Presse-Verlag der Saarbrücker Zeitung an Verwaltungskommission für das Saarland, Direktion für öffentliche Erziehung, 10.09.1947.

2154 LAS, MK 5214, Stadtschulrat Saarbrücken an Regierung des Saarlandes, Ministerium für Kultus, Unterricht und Volksbildung, 08.01.1948.

2155 LAS, MK 5214, Ministerium für Kultus, Unterricht und Volksbildung an Stadtschulamt Saarbrücken, 17.01.1948.

2156 Vgl. Heinen (1989: 34).

2157 LAS, MK 5214, Ministerium für Kultus, Unterricht und Volksbildung an Stadt Saarbrücken, 18.09.1948. Vgl. auch LAS, MK 5215, Schreiben des Hochschulreferenten, Dr. Groh, 22.09.1948.

2158 UniA SB, Zeitungsausschnittsammlung, »Hochschulnachrichten«, *Saarländische Volkszeitung*, 25.11.1948.

den. Demnach bestand die Aufgabe des Dolmetscher-Instituts darin, »qualifizierte Übersetzer und Dolmetscher« auszubilden, wobei »nachdrücklich« darauf hingewiesen wurde, dass am Dolmetscher-Institut »keinesfalls elementare fremdsprachliche Kenntnisse« vermittelt, sondern bereits »erhebliche Sprachkenntnisse« vorausgesetzt werden.[2159]

Im ersten Semester seines Bestehens wurden am Dolmetscher-Institut Veranstaltungen in der französischen und englischen Sprache angeboten. Erst im Laufe der Zeit sollte das Sprachenangebot erweitert werden. Im Sinne der von Frankreich intendierten Kultur- und Abtrennungspolitik im Saarland musste Französisch als Haupt- oder Nebenfach studiert werden. Die Studiendauer war auf zwei bis drei Jahre angesetzt, wobei nach mindestens zweijährigem Studium das Diplom des akademisch geprüften Übersetzers und nach mindestens dreijährigem Studium das Dolmetscherdiplom erlangt werden konnte.[2160]

Im Wintersemester 1948 wurde noch keine Aufnahmeprüfung verlangt. Nach den Erfahrungen des ersten Studienjahrs wurde eine solche Zulassungsvoraussetzung jedoch zum Wintersemester 1949 eingeführt. Die beiden am Institut vorgesehenen Diplome konnten nur von vollimmatrikulierten Personen, d. h. Personen mit Abitur, erlangt werden. Daneben wurden auch Personen mit »kleiner Matrikel« zum Studium zugelassen. Für diese Personen wurde als Zugangsvoraussetzung die Mittlere Reife vorgeschrieben. Dieser Personenkreis konnte »unter keinen Umständen« zu den Diplomprüfungen zugelassen werden, jedoch nach mindestens zweijährigem Studium und nach Ablegung einer Prüfung konnten diese Personen ein »Zeugnis über erfolgreiche fremdsprachliche Studien erwerben«. Gasthörer, die keine Aufnahmebedingungen erfüllen mussten und zu keiner Prüfung am Dolmetscher-Institut zugelassen wurden, konnten die Veranstaltungen am Dolmetscher-Institut ebenfalls besuchen, sofern ausreichend Studienplätze zur Verfügung standen.[2161]

Zum Curriculum werden in dem genannten Zeitungsartikel folgende Informationen gegeben:

> »Das Studienprogramm sieht außer intensiven fremdsprachlichen Studien, die weniger nach philologischen Gesichtspunkten, als nach den besonderen Berufsanforderungen des Dolmetschers ausgerichtet sind, rechtswissenschaftliche, volkswirtschaftliche, handelskundliche, philosophische u. a. Studien vor, die vom zweiten Studienjahr an stärker betont werden. Die beiden akademischen Diplomprüfungen erstrecken sich

2159 UniA SB, Zeitungsausschnittsammlung, »Das Studium am Dolmetscher-Institut«, *Die Neue Saar*, 08.07.1949.

2160 Aus dem Vorlesungsverzeichnis des Sommersemesters 1949 ist zu entnehmen, dass für die Erlangung des Dolmetscher-Diploms das Bestehen der Übersetzerprüfung verlangt wurde (vgl. Vorlesungsverzeichnis der Universität des Saarlandes, Sommersemester 1949, S. 17).

2161 UniA SB, Zeitungsausschnittsammlung, »Das Studium am Dolmetscher-Institut«, *Die Neue Saar*, 08.07.1949.

> nämlich nicht nur auf fremde Sprachen, sondern verlangen den Nachweis einer umfassenden Allgemeinbildung.«[2162]

Aufgrund der Datenlage können keine detaillierteren Angaben zur Gründung des Dolmetscher-Instituts an der Universität des Saarlandes und zu seinem Curriculum gemacht werden. Im Rahmen der Recherchen konnte nicht festgestellt werden, ob bei der Konzeption des Studiengangs ein Austausch mit den Verantwortlichen des Dolmetscher-Instituts in Germersheim stattfand. Wie die Akten zeigen, war im Saarland die Existenz des Dolmetscher-Instituts in Germersheim bekannt. Ob es den Verantwortlichen der französischen Kulturpolitik in Baden-Baden bekannt war, dass ein Dolmetscher-Institut an der Universität des Saarlandes geplant war, konnte allerdings nicht ermittelt werden. Zur Universitätsgründung in Saarbrücken allgemein kann gesagt werden, dass die Verantwortlichen in Baden-Baden darüber zunächst nicht informiert waren. Diese Tatsache führte zu einer Verstimmung bei den Verantwortlichen der französischen Militärregierung in Baden-Baden[2163].

Aufgrund der schwierigen Kommunikationssituation in der Nachkriegszeit ist es unwahrscheinlich, dass ein intensiver Austausch zwischen den kulturpolitischen Stellen im Saarland und den dafür Zuständigen in Baden-Baden stattfand und das Studienkonzept des Germersheimer Dolmetscher-Instituts dem Dolmetscher-Institut in Saarbrücken als Vorbild diente. Mit beiden Gründungen wurden, jeweils von verschiedenen Verantwortlichen, unterschiedliche Ziele verfolgt: Während mit der Dolmetscherschule in Germersheim in erster Linie die Entnazifizierung der deutschen Jugend angestrebt wurde, stand beim Dolmetscher-Institut in Saarbrücken der Wirtschaftsanschluss des Saarlandes an Frankreich im Vordergrund. Somit wurden zwei Lösungen gefunden, die strukturell eng beieinander lagen, jedoch inhaltlich andere Akzente setzten. Am Saarbrücker Institut wurde der Studienschwerpunkt in der Gründungszeit praxisorientiert auf das Fach Wirtschaft gelegt. Das Studienkonzept in Germersheim war dagegen allgemeinbildend und philologisch betont.

2.8.3.4 Die Gründer des Dolmetscher-Instituts

Das Datenmaterial gibt keine konkrete Auskunft über die Gründer des Dolmetscher-Instituts der Universität des Saarlandes. Es ist anzunehmen, dass es keine Personen gab, die sich speziell mit der Gründung des Dolmetscher-Instituts in Saarbrücken beschäftigten, wie dies bei den übrigen in der vorliegenden Arbeit behandelten Dolmetscher-Instituten der Fall war. Da das Dolmetscher-Institut im Saarland besonders aus dringenden praktischen Bedürfnissen heraus ins Leben gerufen wurde, und es sich im Zuge der Universitätsgründung anbot, dort eine solche Ausbildungsstätte anzusiedeln, wurde das Dolmetscher-Institut nicht mehr als

---

2162 Ibid.
2163 Vgl. Heinen (1989: 29).

eine seelenlose Einheit des gesamten Universitätsgründungsprojekts behandelt, die lange über die Gründungsphase hinaus ohne Lehrstühle blieb[2164].

Personen, die sich auf Leitungsebene kompetent für eine positive Entwicklung des Dolmetscher-Instituts im Rahmen der Universität – und auch für eine wissenschaftliche Profilierung des Fachs – hätten einsetzen können, fehlten in den Anfängen des Dolmetscher-Instituts der Universität des Saarlandes daher gänzlich. Wichtige zukunftsweisende Impulse blieben folglich aus. In seinem umfassenden Bericht über die Geschichte des Dolmetscher-Instituts an der Universität des Saarlandes seit seiner Gründung bis 2000 schreibt Wilss (2000a: 7–8), dass das Dolmetscher-Institut von Angehörigen der Universität als Einrichtung empfunden wurde, die »eher versehentlich an die Universität geraten war«. Wie Wilss in seinem Werk anschaulich aufzeigt, wirkte die Vergangenheit weit in die Zukunft hinein, denn es sollte lange dauern, bis Universitätskreise von der Notwendigkeit der Übersetzer- und Dolmetscherausbildung auf Hochschulniveau im Rahmen der Universität überzeugt werden konnten.

Möglicherweise gibt ein Blick in das Aktenmaterial zur Gründung der Universität des Saarlandes, das in Archiven in Frankreich aufbewahrt wird, Aufschluss darüber, wer von den verschiedenen in die Universitätsgründung involvierten Personen auf französischer und saarländischer Seite für die Gründung des Dolmetscher-Instituts zuständig war. Damit verbunden könnte möglicherweise auch ein Licht auf weitere, noch verborgene, Einzelheiten der Gründungsphase des Dolmetscher-Instituts der Universität des Saarlandes geworfen werden.

2.8.4 Zusammenfassung der Ergebnisse

Die Dolmetscher-Institute in Germersheim und Saarbrücken wurden in der Zeit der französischen Besatzung nach dem Zweiten Weltkrieg unabhängig voneinander gegründet. Während Frankreich unmittelbar nach Zuteilung seiner Besatzungszone im Sommer 1945 vehement daran arbeitete, das Saarland aufgrund seines reichen Kohlevorkommens und seiner zeitweisen Zugehörigkeit zu Frankreich in der Vergangenheit zu einem autonomen Staat unter französischer Kontrolle zu machen, zeichnete sich die französische Besatzungspolitik im Gebiet des am 30.08.1946 neugegründeten Bundeslandes Rheinland-Pfalz durch einen weniger aggressiven Kurs aus (vgl. 2.8.2.1, 2.8.3.1).

Sowohl im Saarland als auch in Rheinland-Pfalz war eines der kulturpolitischen Ziele der französischen Militärregierung, Hochschulen zur Ausbildung von zukünftigen Führungskräften in der französischen Besatzungszone zu errichten. Vor diesem politischen Hintergrund sind die Gründungen der selbstständigen Dolmetscherhochschule in Germersheim im Januar 1947 und des Dolmetscher-Instituts der Universität des Saarlandes im Dezember 1948 zu sehen.

Die Archivunterlagen zeigen, dass das Germersheimer Dolmetscher-Institut im Rahmen eines von der französischen Militärregierung angestrebten Demokratisierungsprozesses gegründet wurde. Zuständig war dafür die kulturpolitische

2164 Vgl. Wilss (2000a: 6).

Institution Direction de l'Éducation unter der Leitung von Raymond Schmittlein (vgl. 2.8.2.4.1). Im Fokus des Demokratisierungsprozesses stand die deutsche Jugend in den ländlichen Gebieten. Vom Juli 1946 datiert eine Denkschrift zur Gründung eines Dolmetscher-Instituts als Teil der wiedergegründeten Universität Mainz, die vom Rektor der Universität Mainz vermutlich auf der Basis des Lehrplans des DIs der Universität Heidelberg ausgearbeitet wurde. Schließlich wurde das DI aber als selbstständige Verwaltungseinheit in der Germersheimer gut erhaltenen Seysselkaserne eingerichtet. Am 20.01.1947 begann dort der Unterricht.

Laut der Denkschrift vom Juli 1946 sollten dort Dolmetscher für eine oder mehrere Sprachen ausgebildet werden sowie – als Erweiterung zum DI an der Universität Heidelberg – Journalisten und Verwaltungsbeamte. Im Einklang mit den Demokratisierungsbestrebungen der französischen Militärregierung standen im Germersheimer Curriculum die Themen Politik und Demokratie im Vordergrund. Auch dies war eine Abweichung zum Lehrplan des Heidelberger DIs, wo in Anlehnung an die ursprüngliche Gründungsinstitution, der Handelshochschule Mannheim, das Thema Wirtschaft im Zentrum des Lehrplans stand. Betont wurde im Germersheimer Curriculum zudem die Vermittlung einer breiten Allgemeinbildung mit besonderem Augenmerk auf der Vermittlung der französischen Kultur und ihrer Sprache.

Drei Prüfungen waren am Germersheimer DI laut Denkschrift vom Juli 1946 vorgesehen. Sie weisen darauf hin, dass auch Mitte der 1940er Jahre noch Unklarheiten bei der Abgrenzung der mündlichen und schriftlichen Sprachmittlungsleistungen herrschten: Der höchste zu erreichende Studienabschluss war darin die sogenannte Diplom-Dolmetscherprüfung, die nach mindestens 6 Semestern abgelegt werden konnte. Zur Erlangung dieses Diploms war es notwendig, die studierte Sprache in Wort sowie in Schrift für wirtschaftliche Zwecke zu beherrschen. Die Abschlüsse, die nach der sogenannten Dolmetscherprüfung und der sogenannten Prüfung als Handelskorrespondent erworben werden konnten, verlangten ein viersemestriges Studium. Die Dolmetscherprüfung beinhaltete eine gute Allgemeinkenntnis der gesprochenen Sprache. Die Handelskorrespondenzprüfung beinhaltete vor allem die schriftliche Beherrschung der Fremdsprache für wirtschaftliche Zwecke. Die Kandidaten der Diplom-Dolmetscherprüfung mussten somit sowohl den Anforderungen der Dolmetscherprüfung als auch der Handelskorrespondenzprüfung genügen. Dies zeigt, dass die Diplom-Dolmetscherprüfung quasi die Summe der Prüfungsanforderungen aus den Prüfungen der Dolmetscherprüfung und der Handelskorrespondenzprüfung war und kein separater Ausbildungszweig. Zudem fällt auf, dass Übersetzer in der Denkschrift des Dolmetscher-Instituts vom Juli 1946 nicht explizit erwähnt werden. Im Oktober 1946 wurde von der DEP ein Organisationsplan für das Dolmetscher-Institut entworfen. Darin werden Übersetzer explizit erwähnt. Das sogenannte Dolmetscherdiplom aus der Denkschrift vom Juli 1946 wurde dabei in ein sogenanntes Übersetzerdiplom umetikettiert. Die Anforderungen blieben unverändert. Im Allgemeinen konnten die Abschlüsse wie am Heidelberger DI nur in einer Sprache abgelegt werden. Im Rahmen einer Zusatzprüfung konnte ein Abschluss in einer zweiten Sprache erlangt werden[2165].

Als Leiter des DIs wurde Edmund Schramm (vgl. 2.8.2.4.2) ernannt, der einen Lehrstuhl für Romanistik an der Universität Mainz innehatte. Eine Besonderheit des Germersheimer DIs war, dass es als Internat wie ein englisches College aufgebaut werden sollte. Dank geglückter Werbemaßnahmen nahm das Institut im Januar 1947 mit 233 Studierenden seinen Betrieb auf. Bei der Einweihungsfreier im Februar 1946 wurde vom Rektor des DIs die Gründungsleistung der französischen Militärregierung betont. Auch von ausländischen Regierungen wurde das neugegründete DI geneigt aufgenommen, gab es doch Anlass zur Hoffnung eines entstehenden weltoffenen Geistes im zukünftigen Deutschland.

Im Frühjahr 1949, die Gründung der BRD und der Abschied der französischen Militärregierung standen bevor, wurden von der rheinland-pfälzischen Landesregierung Überlegungen angestellt, das DI zu schließen. Gründe dafür lagen in der Unaufgeklärtheit der Abgeordneten über den Sinn und Zweck der Einrichtung und in ihrer Uneinsichtigkeit, in der Ausbildung am DI einen Nutzen zu erkennen angesichts eines bestehenden professionellen Sprachmittlungsbedarfs in Politik und Wirtschaft: Das Image von Dolmetschern und Übersetzern in der Öffentlichkeit war ohnehin nicht vorteilhaft und Falschmeldungen in den Medien über vermeintliche exorbitante Subventionssummen für das Germersheimer DI trugen nicht unbedingt zu seiner Förderung bei. Als lebenserhaltende Maßnahme der auf französische Initiative hin gegründeten Einrichtung wurde vom amtierenden rheinland-pfälzischen Ministerpräsidenten eine Eingliederung in die Philosophische Fakultät der Universität Mainz angeregt. Aber auch in Universitätskreisen war man zunächst alles andere als begeistert über diesen Vorschlag, der einer Quadratur des Kreises gleichkam: Wie sollte eine auf praktische Zwecke ausgerichtete Ausbildungsstätte und der auf wissenschaftlichen Methoden basierende Lehrbetrieb einer Universität zusammenpassen? Schließlich entschied das zuständige Universitätsgremium doch für eine Angliederung des DIs an die Universität mit der Auflage von der DEP, dass das DI seinen autonomen Charakter auch als der Universität Mainz angegliedertes Institut behalte, wobei mit Autonomie nicht Finanz- und Verwaltungsangelegenheiten gemeint waren, sondern Autonomie in Bezug auf die Fachrichtung. Im August 1949 wurde die Eingliederung des DIs in die Universität Mainz genehmigt und damit die Grundlage für die Entwicklung eines eigenständigen universitären Fachbereichs gelegt.

Die Gründung des zweiten DIs in der französischen Besatzungszone vollzog sich unabhängig von der Gründung des Germersheimer Dolmetscher-Instituts. Das Dolmetscher-Institut an der Universität des Saarlandes, das als unabhängiges Universitätsinstitut gegründet wurde, steht im engen Zusammenhang mit der Gründung der Universität des Saarlandes. Diese wurde im April 1948 von den französischen Besatzern beschlossen. Im Wintersemester 1948/49 begann der Lehrbe-

2165 Vgl. Schunck (1997: 47), Archivalische Quelle Nr. 12: Organisationsplan des Dolmetscher-Instituts, 05.10.1946, S. 46–48.

trieb. Aufgrund der besonderen politischen Situation im Saarland war es das Ziel der französischen Militärregierung, saarländische Führungskräfte, d. h. eine Elite, für einen autonomen saarländischen Staat direkt im Saarland auszubilden. Dieses Führungspersonal sollte dem Wirtschaftsanschluss des Saarlandes an Frankreich dienlich sein. Bei der Gründung der Universität des Saarlandes handelte es sich um eine Neugründung, denn zuvor hatte es im Saarland keine Universität gegeben. Das Besondere an dieser Universität war ihre binationale Ausrichtung, die sowohl französische als auch deutsche Bausteine im Gründungskonstrukt enthielt: Die Studienordnung zeichnete sich durch Elemente aus dem französischen und dem deutschen Hochschulsystem aus. Dazu gehörte etwa die Zusammensetzung des Lehrkörpers, der je zur Hälfte aus französischen und deutschen Dozenten bestand. Zudem wurden die Veranstaltungen je zur Hälfte auf Französisch und Deutsch angeboten.

Im Rahmen dieser Neugründung sollte ein Dolmetscher-Institut nicht fehlen, da die Nachfrage nach der Ausbildung von Dolmetschern zwar hoch war, der Weg aber zu anderen Dolmetscher-Ausbildungsstätten in Deutschland aufgrund der besonderen politischen Situation im Saarland erschwert wurde. Vom 01.12.1948 datiert der Unterrichtsbeginn am Dolmetscher-Institut der Universität des Saarlandes, das der Juristischen Fakultät unterstellt war. Die dürftige Lage des Aktenmaterials aus der Gründungszeit des DIs lässt keine ergiebigen Untersuchungen der Studien- und Prüfungsordnungen in diesem Zeitraum zu. Die Studiendauer war wie an den DIs in Heidelberg und Germersheim auf zwei bis drei Jahre angesetzt. Diplome konnten nach mindestens zweijährigem Studium für Übersetzer und nach mindestens dreijährigem Studium für Dolmetscher und bestandener Prüfung erlangt werden. Voraussetzung zur Erlangung dieser akademischen Grade war das Abitur. Neben Abiturienten wurden aber auch Personen mit Mittlerer Reife zu den fremdsprachlichen Studien zugelassen sowie Gasthörer. Diese beiden Personengruppen konnten jedoch kein Diplom am DI erlangen. Es ist möglich, dass gerade aufgrund der unterschiedlichen Zulassungsbedingungen und der damit in Verbindung stehenden heterogenen Qualifikation der Studierenden des DIs in der Öffentlichkeit ein falscher Eindruck vom Beruf des Dolmetschers und Übersetzers entstand.

Erschwerend auf die wissenschaftliche Entwicklung des Fachbereichs wirkte sich sicherlich auch die Tatsache aus, dass es in der Gründungsphase des Saarbrücker DIs keine Führungskräfte in Verantwortung oder Gründungspersonen überhaupt gab, wie es hingegen der Fall bei den in der vorliegenden Arbeit skizzierten DIs in Mannheim/Heidelberg, Leipzig und Germersheim war (vgl. 2.6, 2.7, 2.8.2). Beim Saarbrücker DI handelte es sich um eine Gründung aus purer Notwendigkeit heraus, die dem dringenden Sprachmittlungsbedarf der Praxis und der besonderen politischen Situation des Saarlandes geschuldet war. Eine entsprechende wissenschaftliche Infrastruktur, wie etwa Lehrstühle mit einschlägiger Forschung, und eine damit verbundene finanzielle Ausstattung wurden dem DI an der Universität des Saarlandes weit über die Gründungsphase hinaus nicht zugestanden. Dies hemmte die wissenschaftliche Entwicklung dieses Fachbereichs, der auch, wie an den anderen in dieser Arbeit aufgeführten DIs, über viele Jahrzehnte von den meisten Universitätsleitungen verkannt und folglich vernachlässigt wurde.

3 Schlussbetrachtung und Ausblick

Seht ihr den Mond dort stehen?
Er ist nur halb zu sehen,
und ist doch rund und schön.
So sind wohl manche Sachen,
die wir getrost belachen,
weil uns're Augen sie nicht seh'n.

Matthias Claudius

Zur Entstehung der translatorischen Ausbildung – Ein Bild kommt zum Vorschein

3.1 Fokussierungen zur Entstehung der translatorischen Ausbildung

Im Folgenden wird der Blick auf bestimmte Facetten des in der vorliegenden Arbeit herausgearbeiteten Bildes zur Entstehung der translatorischen Ausbildung gerichtet. Diese Fokussierungen sollen in erster Linie zum vertiefenden Verständnis der Ergebnisse des Hauptteils beitragen. Sie dienen dazu, die einzelnen Kapitel der vorliegenden Arbeit zur Entstehungsgeschichte der translatorischen Ausbildung in Beziehung zu setzen. Zudem öffnen sie Raum zur Diskussion und unterstützen bei der Ableitung der Hauptaussagen (Thesen) der vorliegenden Arbeit (vgl. 3.2). Zur näheren Beschreibung der Methodik bezüglich der Fokussierungen vgl. 1.1.2.

3.1.1 Periodisierung

In der vorliegenden Arbeit wird der Zeitraum der Entstehung der translatorischen Ausbildung wie folgt festgelegt: Von Anfang der 1880er Jahre, die auf die Gründung des *Seminars für Orientalische Sprachen* in Berlin (SOS) im Jahre 1887 als Vorläufer der translatorischen Ausbildung hinwirkten, bis zur Gründung der Dolmetscher-Institute in der französischen Besatzungszone nach Ende des Zweiten Weltkriegs in den Jahren 1947 und 1948. Von besonderer Bedeutung für die translatorische Ausbildung sind in diesem Zeitraum die Gründung der Dolmetscher-Institute an der Handelshochschule Mannheim im Jahr 1930 und an der Handelshochschule Leipzig im Jahr 1937 sowie relevante politische und wirtschaftliche Entwicklungen in den 1920er Jahren (vgl. 2.1.2.5). Denn sie sind es, die die Anfänge von Dolmetschen und Übersetzen als professioneller Tätigkeit nach heutigem Verständnis in sich bergen und damit einhergehend auch die Entstehung der translatorischen Ausbildung als Grundlage der heutigen translatorischen Studiengänge.
Die Skizzierung der translatorischen Ausbildung in Leipzig zwischen 1943 bis 1957 dient im Rahmen dieser Arbeit der Vervollständigung der Entstehungsgeschichte der translatorischen Ausbildung in dieser Stadt und zur Einordnung der heutigen translatorischen Ausbildung an der Universität Leipzig. Zudem kann anhand der translatorischen Ausbildung in Leipzig in jenen Jahren gezeigt werden, dass die Problematik dieser Materie von den obersten Behörden verkannt und unterschätzt wurde, was zu einem Imageverlust des Dolmetscher- und Übersetzerberufs in der Öffentlichkeit beigetragen hat. (Vgl. 2.7.4).

Der gesamte Zeitraum von Anfang der 1880er Jahre bis 1957, also knapp 80 Jahre, kann in der vorliegenden Arbeit durch die Fokussierung verschiedener Standorte und Ereignisse fast lückenlos abgedeckt werden. Die Entstehung der translatorischen Ausbildung war nicht nur ein langwieriger Prozess, sondern vollzog sich auch an verschiedenen Standorten in jeweils unterschiedlichen institutionellen

Kontexten und in Verantwortung voneinander unabhängiger Personen. Die Darstellung der jeweiligen Einzelbeispiele ermöglicht es, dem Entstehungsprozess der translatorischen Ausbildung, die auf Einzelbeispielen beruht, gerecht zu werden.

3.1.2 Zur Philologie

Die translatorische Ausbildung und Translatologie sind heute in der Philologie fest verankert, wenn ihre Wurzeln auch in einem fachgebundenen Schulwesen, dem kaufmännischen Bildungswesen, liegen (vgl. 2.5). Die Philologie in Deutschland wurde Anfang des 19. Jahrhunderts als Altertumswissenschaft gegründet und richtete den Blick auf die vergangene griechische und römische Kultur und Sprache (vgl. 2.1.1.2). Als in sich geschlossene Sprachsysteme standen die Forschungsgegenstände Griechisch und Latein im Gegensatz zu den offenen Sprachsystemen der lebenden Sprachen, die vom Gründer der Philologie, Friedrich August Wolf, als minderwertig und der Erforschung nicht würdig, eingestuft wurden. Diese, aus späterer Sicht, einseitige Anschauung ist in der Zeit der Entstehung der Philologie als Wissenschaftsfach begründet, in der der Neuhumanismus von geistigen Größen jener Zeit als Bildungsideal hochgehalten wurde. Entwicklungen im deutschen Schulwesen ab 1830, die mit wirtschaftlichen Entwicklungen durch die Industrialisierung in Deutschland zusammenhängen (vgl. 2.1.2), betonten aber zunehmend die Bedeutung einer realistischen Ausbildung, die auf das Berufsleben vorbereitete (vgl. 2.1.1.9). Da die Arbeitswelt einer zunehmenden Spezialisierung unterworfen war und etwa in den Bereichen Politik und Wirtschaft um eine internationale Dimension erweitert wurde, geriet die klassische Philologie bereits Mitte des 19. Jahrhunderts unter Druck, ein Angebot in neueren Sprachen zu unterbreiten, um den Anforderungen der Zeit gerecht zu werden.

Nach Maßgabe der Philologie als Altertumswissenschaft durfte sich die Neuphilologie aber gerade nur so weit entfalten, wie es die altphilologischen Leitlinien zuließen. Dies bedeutete, dass lebende Sprachen wie tote Sprachen erforscht und unterrichtet wurden. Auch die Sprechfertigkeit wurde dabei völlig außer Acht gelassen. Eine gewisse Engstirnigkeit seitens der Altphilologen ließ nicht erkennen, dass lebende Sprachen, die als dynamisch und auf die Gegenwart bezogen zu charakterisieren sind, einer anderen Behandlung bedürfen als in sich geschlossene auf die Vergangenheit bezogene tote Sprachen. Aus diesem Grund ergaben sich zwangsläufig völlig divergierende Unterrichtsziele für tote und lebende Sprachen, die aber von den Vertretern der Altphilologen ignoriert wurden. (Vgl. 2.1.1.3, 2.1.1.4).

Die Borniertheit des philologischen Establishments traf den fremdsprachlichen Unterricht im kaufmännischen Bildungswesen hart, denn dieser bereitete traditionell auf den praktischen Bedarf im Außenhandel vor und blieb ab Mitte des 19. Jahrhunderts aufgrund seiner zunehmenden Vernachlässigung im Curriculum unterentwickelt (vgl. 2.5.6, 3.1.16). Der ab Ende des 19. Jahrhunderts aus dem fremdsprachlichen Unterricht im kaufmännischen Bildungswesen entstehenden translatorischen Ausbildung waren somit auch jegliche Entwicklungschancen versagt, da sie sich nicht direkt aus der universitären und anerkannten (Alt-)Philologie entwickelt hatte, sondern aus dem Fremdsprachenunterricht eines auf den Bedarf abzielenden fachgebundenen Bildungswesens. Aus diesem Grund galt das zur translatorischen Ausbildung gehörende Fach als nicht forschungswürdig.

Ein hervorstechender Problempunkt war in diesem Zusammenhang sicherlich auch, dass das neue philologische Fach interdisziplinär war. Als solches war es nur komplett im Verbund mit einem anderen außersprachlichen Fach. Für diesen fachsprachbezogenen Ansatz hatte die Philologie, die sich ursprünglich ja als Altertumswissenschaft verstand, keine Lösung parat und sträubte sich, Anstrengungen zu unternehmen, eine solche zukünftig zu bieten. Nicht zuletzt, da die weltpolitischen und weltwirtschaftlichen Veränderungen nach dem Ersten Weltkrieg eine neue Ära internationaler Begegnungen einläuteten und im Rahmen des Völkerbundes ein neuartiges Konferenzsystem entstand (vgl. 2.1.2.5), erhielt die translatorische Ausbildung Rückenwind. Denn Deutschlands international isolierte Position zwang zu einem Sich-Öffnen gegenüber dem Ausland, den ehemaligen Kriegsgegnern, vor allem im wirtschaftlichen Bereich. – Die Geburtsstunde der Dolmetscher-Institute an einer fachgebundenen Hochschule war gekommen und damit die wissenschaftliche Behandlung von Fachsprache, die so lange auf sich warten ließ, obwohl sie von ihren Fachvertretern längst dringend gewünscht worden war (vgl. 2.5.6, 3.1.16). Dieses fachgebundene Bildungswesen konnte im Gegensatz zur Philologie als Teil des allgemeinbildenden Bildungswesens eine Lösung für interdisziplinäre philologische Forschungen bieten, die vom Markt dringend gefordert wurden (vgl. 3.1.8).

Die Philologie als Sprach- und Kulturforschung barg bereits in ihren Anfängen viele Facetten in sich, dennoch wurden die Lehr- und Unterrichtsmethoden der Altphilologie – als Ursprung der Philologie als universitäres Forschungsfach – als richtungsweisend diktiert. Dies führte zu Kontroversen zwischen Vertretern der Alt- und der Neuphilologie, weil es die Entwicklung der Neuphilologie als neueren Fachbereich hemmte. Aus dem Diktat der Altphilologen konnten m. E. in der Philologie hierarchische Strukturen erwachsen, die die Vertreter der Altphilologie mit einem komfortablen Machtpotenzial ausstatteten und zu einer minderwertigeren Einschätzung der später entstandenen philologischen Richtungen führte. Die translatorische Ausbildung und ihr Forschungsfach waren dabei weit abgeschlagen, denn sie hatten ihre Wurzeln nicht in der universitären Philologie, sondern im kaufmännischen Bildungswesen. Ihre Lehr- und Forschungsmethoden zielten auf den Bedarf ab (vgl. 3.1.8), was mit orthodoxen neuhumanistischen Bildungsansprüchen nicht vereinbar war. Bezeichnenderweise waren es aber genau diese Methoden des fremdsprachlichen Unterrichts im kaufmännischen Bildungswesen, die nach dem Ersten Weltkrieg auf den neuphilologischen Unterricht im allgemeinbildenden Bildungswesen übertragen wurden (vgl. 2.1.1.7, 2.2.3.6).

3.1.3 Entwicklungslinien

Zwei Entwicklungslinien führten 1930 und 1937 zur Gründung der Dolmetscher-Institute an den Handelshochschulen Mannheim und Leipzig und zur Konzeption ihres Curriculums (vgl. 2.6, 2.7 und Abb. 2). Entwicklungslinie A (vgl. 2.1.2.2, 2.1.2.3, 2.2, 2.3), die in Abb. 2 durch die grauhinterlegte linke Vertikale exemplarisch angedeutet wird, ist in der deutschen Außenpolitik verankert und dem damit zusammenhängenden Auswärtigen Dienst, der vom Auswärtigen Amt koordiniert wurde. Entwicklungslinie B (vgl. 2.1.2.4, 2.1.2.5, 2.4, 2.5), die in Abb. 2 durch die grauhinterlegte rechte Vertikale exemplarisch angedeutet wird, ist mit Entwicklungen in der deutschen Wirtschaft, mit ihrer zunehmenden Orientierung ins Ausland und mit dem daraus ab Ende des 19. Jahrhunderts entstehenden und an Bedeutung gewinnenden Bereich des Außenhandels verknüpft. Die Ereignisse auf Entwicklungslinien A und B verliefen jeweils unabhängig voneinander, können aber dennoch nicht streng voneinander getrennt werden, da sich beide Entwicklungslinien vor demselben politischen und wirtschaftlichen Hintergrund in Deutschland vollzogen (vgl. 2.1.2, 3.1.4). Folglich wurden auf beiden Entwicklungslinien entsprechende Lösungen zur Befriedigung des damit zusammenhängenden Sprachmittlungsbedarfs und dem damit einhergehenden Ausbildungsbedarf von Dolmetschern und Übersetzern gefunden, bis diese 1930 mit der Gründung des ersten Dolmetscher-Instituts an der Handelshochschule Mannheim gebündelt wurden. In Abb. 2 wird dies durch den grauhinterlegten Kasten unten rechts dargestellt.

Das SOS wird als Vorläufer der heutigen translatorischen Ausbildung erachtet. Es bereitete auf eine Dolmetschertätigkeit vor, die sich vom Tätigkeitsprofil von Dolmetschern und Übersetzern nach 1918 unterschied. Das nach dem Ersten Weltkrieg entstandene Tätigkeitsprofil von Dolmetschern und Übersetzern kann als Ursprung des heutigen Berufsprofils von Dolmetschern und Übersetzern und der damit verbundenen translatorischen Ausbildung erachtet werden (vgl. 3.1.6). Am SOS wurde die erste Methodenbildung in der translatorischen Ausbildung entwickelt (vgl. 3.1.15), außerdem führte es zur Gründung der Ausland-Hochschule im Jahr 1936 (vgl 2.2.4).

Auf Entwicklungslinie A wurde 1887 die erste Ausbildungsstätte für Dragomane oder Dolmetscher in Deutschland gegründet, als orientalische Sprachschule in Anlehnung an die bereits bestehenden Einrichtungen in Wien und Paris, wie es in der Denkschrift vom April 1886 heißt. Diese Ausbildungsstätte wurde der Friedrich-Wilhelms-Universität Berlin angegliedert und erhielt den Namen *Seminar für Orientalische Sprachen.* Da es sich bei dieser Ausbildungsstätte um etwas Neuartiges in Deutschland handelte, gab es keine Lehrerfahrungen. Diese mussten im Laufe des Unterrichtsbetriebes gewonnen und dabei Unterrichtsmethoden entwickelt werden.

1914 wurde von einem Dozenten des SOS, Anton Palme (vgl. 2.2.3.13.1), die sogenannte nationenwissenschaftliche Methode beschrieben, nach welcher am SOS Dragomane ausgebildet wurden (vgl. 2.2.3.3, 3.1.15). Inspiriert wurde Palme bei der Entwicklung dieser Methode m. E. auch vom fremdsprachlichen Unterricht im kaufmännischen Bildungswesen, der als Teil von Entwicklungslinie B, bereits eine lange Tradition im kaufmännischen Bildungswesen hatte und völkerverständigende Zwecke verfolgte (vgl. 2.5). Dieser erhielt – wenn auch nicht flächendeckend im kaufmännischen Bildungswesen – vor dem Ersten Weltkrieg eine immer schärfere wissenschaftliche Kontur. Deutlich wird dies etwa bei der Einrichtung der ISW im Jahr 1907 und einer Sprachprofessur an der Handelshochschule Mannheim im Jahr 1911, die den Weg zum Dolmetscher-Institut vorauswiesen (vgl. 2.4.4.2, 2.6.6.1). Palme, der selbst Dozent an der Handelshochschule Berlin war, musste aufgefallen sein, dass der Fremdsprachenunterricht an Handelshochschulen aufgrund von ähnlichen auf den Gebrauch der Sprache in der Praxis ausgerichteten Unterrichtszielen gemeinsame methodische Ansätze mit der Sprachausbildung von Dragomanen am SOS aufwies (vgl. 2.5, 3.1.13). Vermutlich ist es auf diese gemeinsamen methodischen Ansätze zurückzuführen, dass etwa der Gründer des Dolmetscher-Instituts an der Handelshochschule Leipzig im Jahr 1937 in seiner Denkschrift zur Gründung eines solchen Instituts ausführt, dass es sich bei dem Studium am DI um ein sogenanntes nationenkundliches handele. Als Basis für das DI an der Handelshochschule Leipzig können die zwei Sprachprofessuren erachtet werden, die 1929 eingerichtet wurden (vgl. 2.7.2.1, 2.7.3.1.1). Palmes nationenwissenschaftliche Methode kann als immaterielles Ergebnis und als Bindeglied beider Entwicklungslinien der translatorischen Ausbildung erachtet werden (vgl. Abb. 2, mittlerer Kasten).

Der Erste Weltkrieg unterbrach die Ausbildungstradition von Dragomanen am SOS, nicht zuletzt, da diese Laufbahn im Auswärtigen Dienst nach 1918 nicht mehr angeboten wurde. Sprachmittlung war aber gerade in Anbetracht der Tatsache, dass die Welt in der Nachkriegszeit zusammenwuchs und die Kommunikation zwischen Ländern unterschiedlicher Landessprachen so hoch im Kurs stand wie nie zuvor, dringend notwendig (vgl. 2.1.2.5). Aus diesem gestiegenen internationalen Kommunikationsbedürfnis heraus wurde 1921 der Sprachendienst im Auswärtigen Amt gegründet (vgl. 2.3.4). Damit einhergehend entstand das Berufsprofil von Dolmetschern und Übersetzern als Grundlage des heutigen Dolmetscher- und Übersetzerberufs (vgl. 2.3). Wichtig ist es, sich hierbei vor Augen zu führen, dass die Tätigkeit des Dolmetschens und Übersetzens vermutlich bis (weit) nach dem Zweiten Weltkrieg noch nicht den Status einer professionellen, im Sinne einer beruflichen, Tätigkeit erlangt hatte. Dolmetschen und Übersetzen wurde weitgehend als Nebentätigkeit erachtet. Durch die Entstehung eines von Politik und Gesellschaft geforderten Tätigkeitsfeldes Anfang der 1920er Jahre – das im Kern der Sache kein neues war – traf somit ein Faktor aus beiden Entwicklungslinien zusammen: der Bedarf an Dolmetschern und Übersetzern nach Zuschnitt auf die gegenwärtigen Bedürfnisse in Politik und Gesellschaft (vgl. 2.1.2.5).

Auf Entwicklungslinie A wurden Dolmetscher und Übersetzer zur Deckung des Sprachmittlungsbedarfs von Behörden und bei internationalen Konferenzen benötigt, und auf Entwicklungslinie B zur Deckung des als dringend empfundenen Sprachmittlungsbedarfs im Außenhandel, der zur Förderung der deutschen Wirt-

Abb. 2 **Entwicklungslinien der translatorischen Ausbildung (1887–1937)**

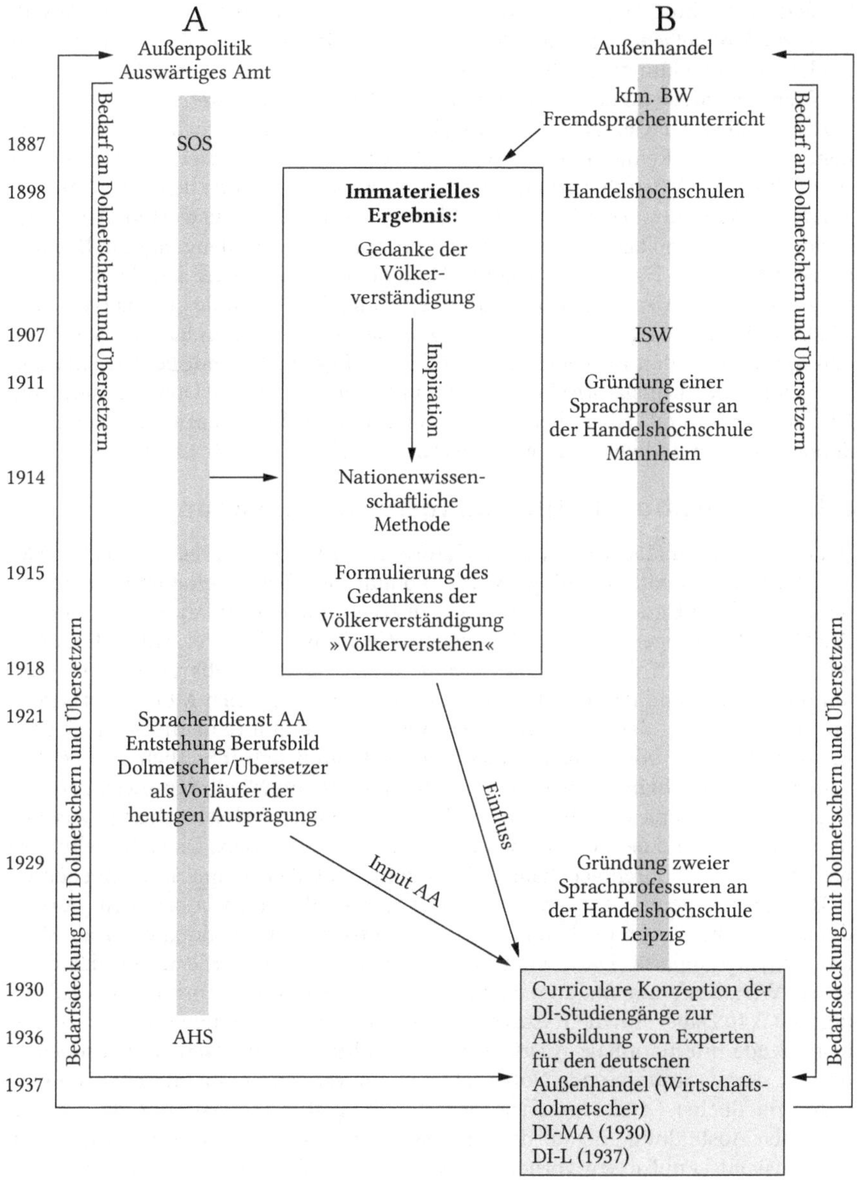

schaft in der Nachkriegszeit beitragen sollte (vgl. 2.6.3.4, 2.7.3.1). Das Dolmetscher-Institut an der Handelshochschule Mannheim – und später auch das DI an der Handelshochschule Leipzig – erfüllte somit einen doppelten Zweck: die Ausbildung von Dolmetschern für den Bereich von Entwicklungslinie A und für den Bereich von Entwicklungslinie B. Dieser Kreislauf wird in Abb. 2 exemplarisch durch die Richtungspfeile an den Außenrändern der Grafik angedeutet.

Hinsichtlich der Geldgeber des DIs als Teil einer Handelshochschule, die vornehmlich in den Reihen des Kaufmannsstandes zu finden waren, wurde mit der Ausbildung von Wirtschaftsdolmetschern, als Experten für den deutschen Außenhandel, als Gründungsmotiv hauptsächlich geworben. Das Auswärtige Amt hatte beratende Funktion bei der curricularen Konzeption des Studiengangs am Dolmetscher-Institut der Handelshochschule Mannheim – und später bei der Entwicklung der translatorischen Ausbildung an der Handelshochschule Leipzig (vgl. 2.6.2, 2.7.3.1.4). Die translatorische Ausbildung an beiden Standorten basierte somit auf den fortschreitenden Entwicklungen und ihren Ergebnissen auf beiden Entwicklungslinien der translatorischen Ausbildung. Dem Bedarf an Dolmetschern und Übersetzern kommt dabei über den gesamten Entwicklungszeitraum eine verbindende Funktion und vehemente Schubkraft zu (vgl. 3.1.4, 3.1.8, 3.1.10).

3.1.4 Motivationskräfte und Institutionalisierung

Bei der Institutionalisierung der translatorischen Ausbildung, die von verschiedenen Motivationskräften bedingt wurde, kommt dem Bedarf eine enorme gestaltende Schubkraft zu. Der Bedarf ist als übergeordnete Motivationskraft und als Auslöser aller exogenen und endogenen Motivationskräfte zu erachten. In Abb. 3 wird diese sich auf die Motivationskräfte auswirkende Schubkraft exemplarisch am oberen Bildrand dargestellt. Die exogenen und endogenen Motivationskräfte, die die Entstehung der translatorischen Ausbildung und ihre Institutionalisierung (in Abb. 3 fett hervorgehoben) bewirkten, bedingten sich inhaltlich und zeitlich gegenseitig, sowohl in einem inneren Verhältnis, also innerhalb des jeweiligen Motivationskraftkomplexes, als auch in einer fließenden Wechselwirkung zwischen dem exogenen und dem endogenen Motivationskraftkomplex. Diese Beziehungen werden in Abb. 3 durch vertikale und horizontale Pfeile exemplarisch angedeutet.

Die grundlegende exogene Motivationskraft der translatorischen Ausbildung steht im Zusammenhang mit außenpolitischen Notwendigkeiten ab Mitte des 19. Jahrhunderts. Dazu zählt auch die zunehmende Verflechtung der deutschen Wirtschaft mit anderen Ländern, die Ende des 19. Jahrhunderts zulegte (vgl. 2.1.2.4). Dabei kam dem Außenhandel eine immer bedeutendere Rolle zu. Die beginnende internationale Ausrichtung von Politik und Wirtschaft Deutschlands und die daraus resultierende Notwendigkeit zur Verständigung zwischen Völkern unterschiedlicher Landessprachen förderten die Institutionalisierung der translatorischen Ausbildung, die auf den professionellen Gebrauch von Fremdsprachen und Auslandskenntnissen vorbereiten sollte. Im Vordergrund standen dabei stets Fremdsprachen, die für Deutschlands Geschäfte mit dem Ausland von Nutzen waren, also mit einem gewissen Bedarf am Markt gerechtfertigt wurden, dem, wie oben angeführt, eine übergeordnete Schubkraft bei der Institutionalisierung der translatorischen Ausbildung zukam.

Die erste Einrichtung, die in Deutschland zur translatorischen Ausbildung ins Leben gerufen wurde, war das 1887 gegründete *Seminar für Orientalische Sprachen* (vgl. 2.2). Dort wurden angehende Juristen für den diplomatischen und konsularischen Dienst im Rahmen eines Ergänzungsstudiums am SOS für ihren Auslandseinsatz geschult und zwar sowohl in Kenntnissen in der Fremdsprache als auch in landesbezogenen Verhältnissen im Rahmen der sogenannten Realienfächer. (Vgl. 2.2.2.3, 2.2.5). In Abb. 3 ist diese Institutionalisierung auf der Seite der endogenen Motivationskräfte fett hervorgehoben.

Als exogene Motivationskraft, die die Entwicklung der translatorischen Ausbildung förderte, ist auch die sogenannte Handelshochschulbewegung zu bewerten. Sie hatte die Gründung diverser Handelshochschulen in Deutschland ab 1898 zur Folge. Diese Hochschulen sollten – nach guter alter Kaufmannstradition – Raum für das Studium von Fremdsprachen bieten, wenn dieser im Curriculum auch undefiniert blieb (vgl. 2.4.2). Fördernd für die translatorische Ausbildung war besonders die internationale Dimension des kaufmännischen Bildungswesens, die dieses seit Ende der 1880er Jahre zunehmend bereicherte (vgl. 2.4.4).

In einem solchen internationalen Gremium wurde etwa 1905 angeregt, als Ersatz für eine fehlende fundierte Ausbildung für den im Entstehen begriffenen Beruf des Außenhandelskaufmanns eine Einrichtung ins Leben zu rufen, die den Erwerb von Auslandskenntnissen im wirtschaftlichen Bereich, sprich von Kenntnissen in (der Wirtschaftssprache) der Fremdsprache und auf wirtschaftlichem Gebiet des Auslandes, ermöglichte: die *Internationalen Sprach- und Wirtschaftskurse* (in Abb. 3 fett hervorgehoben). Sie können m.E. konzeptionell als entscheidende endogene Motivationskraft bei der curricularen Gestaltung der translatorischen Ausbildung an den Handelshochschulen erachtet werden (vgl. 2.4.4.2, 3.1.25).

Eine Motivationskraft zur Entstehung und Entwicklung der translatorischen Ausbildung, die sowohl exogenen als auch endogenen Charakter hatte, war die öffentliche Diskussion des Themas Auslandsstudien. Diese Diskussion, die von 1908 bis Ende der 1920er Jahre öffentlich in unterschiedlicher Intensität geführt wurde, hatte ihren Ursprung in einer Änderung der Ausbildungsanforderungen an Anwärter für den diplomatischen und konsularischen Dienst, die unter anderem fundierte wirtschaftliche Kenntnisse von den Anwärtern des Auslandsdienstes verlangte und die mit der 25-Jahr-Feier des SOS im Jahr 1912 Auftrieb bekam.

Als exogene Motivationskraft kann in dieser Diskussion die Institutionalisierung der Auslandsstudien erachtet werden, denn die zu klärende Frage war, welches die geeignete Institution zur Vermittlung der Auslandsstudien sei, etwa eine spezielle Hochschule oder Auslandsinstitute an bestimmten Hochschulen (vgl. 2.2.2.2, 2.2.3, 2.4.5).

Die endogene Motivationskraft in diesem Punkt war die Frage nach der curricularen Gestaltung eines Auslandsstudiums, d.h. Aufgabenumfang und -inhalt sowie Methode. Aus dieser Fragestellung heraus entwickelte sich das Engagement von

Anton Palme, Dozent am SOS (vgl. 2.2.3.13.1): Da in der politischen Diskussion über die Auslandsstudien die Bedeutung der jeweiligen Landessprache und damit zusammenhängend der Erwerb einer solchen weitgehend ausgeklammert wurde, legte dieser am Vorabend des Ersten Weltkriegs seinen Entwurf eines sogenannten nationenwissenschaftlichen Studiums vor, in dem er der Landessprache eine Schlüsselfunktion beim Erwerb von Auslandskenntnissen für den professionellen Gebrauch zuschrieb (vgl. 2.2.3.3). Das von ihm skizzierte Studium barg den Gedanken der Völkerverständigung, den er 1915 im Ersten Weltkrieg öffentlich explizit – m.E. in Anlehnung an das Leitmotiv des kaufmännischen Bildungswesens – formulierte (vgl. 2.2.3.4, 3.1.15).

Palmes Ausführungen bewogen das preußische Unterrichtsministerium 1917 dazu, die Auslandsstudien auf allen Ebenen des Bildungswesens einzuführen, um nicht zuletzt die deutsche Bevölkerung zu politisieren. Angenommen wurde damals, dass Deutschland als Sieger aus dem Ersten Weltkrieg hervorgehen würde (vgl. 2.2.3.6). Ernüchternd war daher das Ende des Ersten Weltkriegs für Deutschland, das eine neue Weltordnung und die Gründung internationaler Institutionen mit sich brachte (vgl. 2.1.2.5), was wiederum als exogene Motivationskraft auf die Formung der translatorischen Ausbildung wirkte.

Durch die Notwendigkeit dringend gewordener internationaler Kommunikation stiegen die Anforderungen an Dolmetscher und Übersetzer. Diese exogene Motivationskraft führte zur Einrichtung einer internen translatorischen Ausbildung mit Zuschnitt auf den neuen im Entstehen begriffenen Typus des Dolmetschers und Übersetzers (vgl. 3.1.6). Dieses Ereignis (in Abb. 3 fett hervorgehoben) beeinflusste die curriculare Gestaltung der späteren Dolmetscher-Institute und hatte somit endogene Motivationskraft auf die translatorische Ausbildung. Im Zusammenhang damit steht der 1921 im Auswärtigen Amt gegründete Sprachendienst (exogene Motivationskraft). Die veränderten Anforderungen nach dem Ersten Weltkrieg an die *Tätigkeit* von Dolmetschern und Übersetzern legten den Grundstein für die Entstehung des *Berufs* von Dolmetschern und Übersetzern nach heutigem Verständnis, den es zu jenem Zeitpunkt aber noch nicht als solchen gab (vgl. 2.3).

Da der Staat die Notwendigkeit eines Studiums von Auslandsexperten mit fundierten Fremdsprachenkenntnissen – wie etwa vom SOS im Rahmen der Dragomanatsausbildung bis zum Ende des Ersten Weltkriegs gewährleistet – verkannte und stattdessen die Vermittlung von Auslandskenntnissen ohne die gleichzeitige Vermittlung der Landessprache, die zum Quellenstudium befähigen sollte, für alle Bildungsschichten durchsetzte (exogene Motivationskraft), wurde dieses Vakuum – nicht zuletzt wegen der Betonung der Rolle der deutschen Wirtschaft in der Nachkriegszeit und der damit in Verbindung stehenden Entwicklung im fremdsprachlichen Unterricht im kaufmännischen Bildungswesen (endogene Motivationskraft) – von den vornehmlich vom Handelsstand finanzierten Handelshochschulen mit der Gründung von Dolmetscher-Instituten gefüllt.

Als institutionelles Ergebnis entstanden 1930 das erste Dolmetscher-Institut in Deutschland an der Handelshochschule Mannheim (vgl. 2.4.3.2, 2.6.2) und 1937 das zweite Dolmetscher-Institut an der Handelshochschule Leipzig (vgl. 2.4.3.1, 2.7).

Abb. 3 **Motivationskräfte und Institutionalisierung der translatorischen Ausbildung**

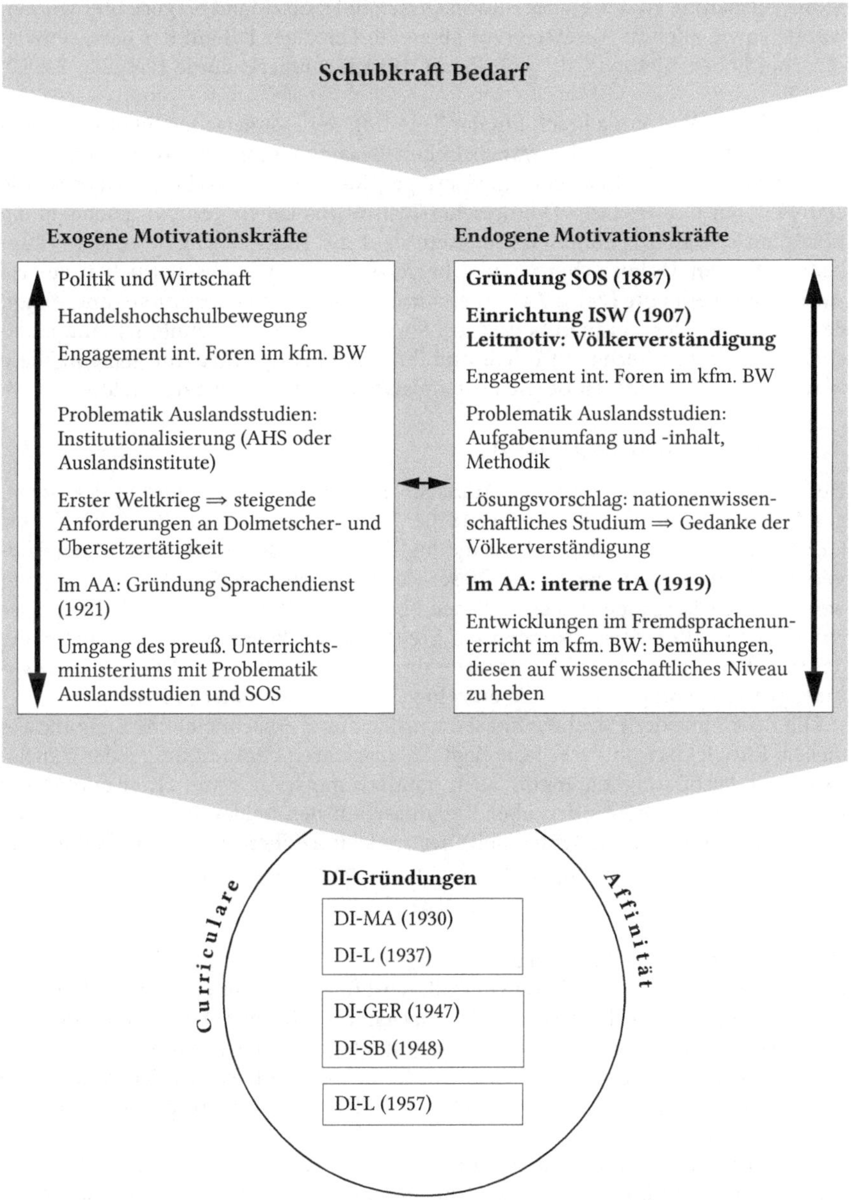

Beide fundierten ihre Methoden auf dem traditionellen Fremdsprachenunterricht im kaufmännischen Bildungswesen und auf den Sprachlehrstühlen, die zuvor als große Ausnahme an den Handelshochschulen in Deutschland eingerichtet worden waren, sowie auch in Ansätzen (vor allem am Leipziger DI) auf der nationenwissenschaftlichen Methode, die von Palme 1914 formuliert wurde (vgl. 2.5, 2.2.3.3, 3.1.13).

Der Zweite Weltkrieg brach mit der Tradition der Dolmetscher-Institute an den Handelshochschulen. In der französischen Besatzungszone wurden unabhängig voneinander zwei Dolmetscher-Institute gegründet (vgl. 2.8). In der DDR wurde erst 1957 ein universitäres Dolmetscher-Institut ins Leben gerufen, nachdem die Behörden schließlich eingesehen hatten, dass die Anforderungen an das Tätigkeitsprofil von Dolmetschern und Übersetzern eine wissenschaftlich fundierte Ausbildung verlangte (vgl. 2.7.4). Allen diesen Dolmetscher-Instituten, ungeachtet der Umstände, des Zeitpunkts und des Standorts ihrer Gründung, ist eine curriculare Affinität in Bezug auf Inhalt und ihre dreigliedrige Struktur gemein. Diese wird in Abb. 3 im unteren Bereich exemplarisch in Kreisform dargestellt.

3.1.5 Entstehungsphasen

Der Zeitraum der Entstehung der translatorischen Ausbildung wird in der vorliegenden Arbeit zwischen Anfang der 1880er Jahre und Ende der 1940er Jahre datiert (1887 Gründung SOS und 1948 Gründung des Dolmetscher-Instituts an der Universität Saarbrücken) (vgl. 3.1.1). Dieser Zeitraum kann in fünf Phasen unterteilt werden. Die Übergänge zwischen diesen Phasen sind fließend, denn die Ereignisse einer Phase hatten Auswirkungen auf Ereignisse der Folgephase. Die Entstehung der translatorischen Ausbildung wurde somit in einem kontinuierlichen Entwicklungsprozess geprägt, in dem die einzelnen Phasen ineinandergreifen.

Die Zeiträume der einzelnen Phasen wurden durch einschneidende Ereignisse in diesem Entwicklungsprozess festgelegt. Sie markieren Veränderungen der translatorischen Ausbildung, die häufig auch politisch motiviert waren. Kontinuität und komplexes Ineinandergreifen aller Ereignisse auf den beiden Entwicklungslinien (A (Außenpolitik), B (Außenhandel)) der translatorischen Ausbildung sollten bei der folgenden Fokussierung daher nicht aus dem Blick geraten (vgl. 3.1.3 und Abb. 4).

Phase 1: 1887–1918 (Grundlagenbildung)
Die erste Phase, die in die Kaiserzeit fällt, wird für den Beginn der Ausbildung von Dragomanen für den Kaiserlichen Dolmetscherdienst am SOS im Jahre 1887 bis 1918, dem Ende des Ersten Weltkriegs, festgelegt, als die Dragomanatslaufbahn im Auswärtigen Dienst aufgehoben wurde. In dieser Phase wurden bedeutende Grundlagen auf beiden Entwicklungslinien (vgl. 3.1.3) für die translatorische Ausbildung gelegt.

Auf Entwicklungslinie A wurden nach der Gründung des SOS in Deutschland erste Erfahrungen im Unterricht für angehende Dolmetscher in einem Zwei-Komponenten-Modell gesammelt (vgl. 2.2.5.1, 3.1.23). Damit ging die erste Methodenbildung in der translatorischen Ausbildung einher, die 1914 von Anton Palme (vgl. 2.2.3.13.1) formuliert und als nationenwissenschaftliche Methode bezeichnet wurde (vgl. 2.2.3.3, 3.1.15). Palmes Publikation zur angewandten Methodik in der Ausbildung von Dolmetschern am Vorabend des Ersten Weltkriegs wurde durch eine öffentliche Diskussion zum Thema Auslandsstudien befeuert, deren Aufhänger eine ab 1908 greifende Reform der Ausbildung von Anwärtern des diplomatischen und konsularischen Dienstes war und mit dem 25-jährigen Jubiläum des SOS an Fahrt aufnahm (vgl. 2.2.3). In diesem Zusammenhang wurde das Thema Wirtschaft und deren Bedeutung für Deutschland vor allem im Bereich des Außenhandels in den Fokus gerückt, und so eine Verbindung zwischen politischen und wirtschaftlichen Themen herbeigeführt (vgl. 2.1.2.4).

Die Ereignisse in Phase 1 auf Entwicklungslinie B zeugen vom Stellenwert der deutschen Wirtschaft in jener Zeit. 1896 wurde – auch als Antwort auf ähnliche Entwicklungen im Ausland Ende des 19. Jahrhunderts – der DVkU zur Förderung des kaufmännischen Bildungswesens gegründet. Durch diesen Verband und seinen engagierten Vorsitzenden, Richard Stegemann (vgl. Fußnote 868), bekam das kaufmännische Bildungswesen nicht nur einen starken Auftrieb, sondern erfuhr auch einen Qualitätsgewinn. Dies äußerte sich in erster Linie in der Gründung einer Reihe von Handelshochschulen in Deutschland ab 1898 (vgl. 2.4.2, 2.4.3). Das kaufmännische Bildungswesen in Deutschland war offen für Anregungen aus dem Ausland und entwickelte ein aktives Interesse an relevanten Entwicklungen in anderen Ländern. Als weitere internationale Einrichtung neben den *Internationalen Kongressen für das kaufmännische Bildungswesen*, die seit 1886 regelmäßig abgehalten wurden, wurde 1901 die *Internationale Gesellschaft zur Förderung des kaufmännischen Bildungswesens* gegründet, die neben verschiedenen Zielsetzungen zur Verbesserung des kaufmännischen Bildungswesens das ideale Ziel verfolgte, zur friedlichen Völkerverständigung der beteiligten Mitgliedsländer beizutragen (vgl. 2.4.4.1). Bis zum Ausbruch des Zweiten Weltkriegs fanden 15 dieser internationalen Begegnungen statt. Ob vor dem ersten IK in Bordeaux bereits ähnliche internationale Zusammenkünfte im kaufmännischen Bildungswesen veranstaltet wurden, blieb im Rahmen dieser Arbeit im Verborgenen. Aus diesem Grund und auch weil die translatorische Ausbildung vor 1886 bereits in Vorbereitung war (Planungen für SOS), ist die Zeitachse in Abb. 4, auf der die Phasen der translatorischen Ausbildung verlaufen, mit einem Pfeil nach oben gekennzeichnet. Dieser weist in die Zeit vor 1885. Auch die Zeitachse der politischen Zeitabschnitte ist mit einem Pfeil nach oben versehen, da die Kaiserzeit bereits 1871 mit der Reichsgründung begann. Dem Zeitkontinuum geschuldet enden die Zeitachsen nach 1957 mit einem vorwärts gerichteten Pfeil.

1905 wurde, besonders vor dem Hintergrund und in Verbindung mit einer fehlenden Ausbildung für den immer dringender werdenden Beruf von Außenhandelskaufleuten (vgl. 2.4.4.1), ein Vorstoß von Richard Stegemann, dem ersten Präsidenten der IG, auf einer Generalversammlung der IG unternommen, indem er die Einrichtung einer Weiterbildungsmöglichkeit im kaufmännischen Bildungswesen auf internationaler Ebene vorschlug, die auch den vorherrschenden Mängeln des Fremdsprachenunterrichts im kaufmännischen Unterrichtswesen entgegenwirken sollte. Dabei wurde nicht nur ein Zeichen gesetzt, um die Qualität des Fremdsprachenunterrichts zu verbessern, sondern um diesem auch eine neue Richtung zu geben. Denn Kritik am Fremdsprachenunterricht, der auf den aktiven Gebrauch der Sprache in der Kaufmannspraxis vorbereiten sollte, aber nach Methoden der allgemeinbildenden Schulen zu erfolgen hatte, wo auch neuere Sprachen nach den Lehrmethoden der toten Sprachen unterrichtet wurden (vgl. 2.1.1.3, 2.5.2, 3.1.16), war längst in Fachkreisen laut geworden.

Zur Abrundung eines zielführenden Fremdsprachenunterrichts im kaufmännischen Bildungswesen sollten daher Stegemann zufolge neben die Vermittlung von Kenntnissen in der Fremdsprache die Vermittlung von Landeskenntnissen treten (vgl. 2.4.4.2). Diese beiden Komponenten sollten in der zu konzipierenden Weiterbildungsmöglichkeit berücksichtigt werden. In einer Kommission, die die vorgeschlagene Weiterbildungsmöglichkeit konzeptionell gestalten sollte, wirkten auch die beiden späteren Gründer der Dolmetscher-Institute mit (vgl. 2.6.6.1, 2.7.2.2.1). Das Ergebnis dieser Kommission waren die 1907 ins Leben gerufenen und bis 1914 jährlich abgehaltenen *Internationalen Sprach- und Wirtschaftskurse.* Die Konzeption dieser Kurse wies m. E. den Weg zu den Dolmetscher-Instituten und deren curricularen Gestaltung. Dies wird in inhaltlicher Hinsicht an der Spezialisierung auf den Außenhandel sichtbar. Bedingt wurde die Gründung der DIs aber auch durch die politische Situation nach dem Ersten Weltkrieg, in der Deutschland international isoliert war und Kontakte ins Ausland über den Außenhandel existenziell waren (vgl. 2.1.2.5, 2.5.5).

Durch den Ersten Weltkrieg erhielt auch der Gedanke der Völkerverständigung, der bereits Anfang des 20. Jahrhunderts ein Leitmotiv im kaufmännischen Bildungswesen war, eine neue Dimension und Qualität. 1915 formulierte Palme diesen Gedanken, der aus seiner Beschreibung zur nationenwissenschaftlichen Methode entspringt und sich m. E. an das im kaufmännischen Bildungswesen entstandene Ideal zur Förderung des Gemeinwohls der Mitgliedsländer der IG ungeachtet ihrer Nationalität anlehnt (vgl. 2.2.3.4, 2.4.4.1). Damit war die dringende Begegnung auf Augenhöhe mit den durch den Ersten Weltkrieg feindlich gewordenen Ländern in der Nachkriegszeit – und zwar nicht nur in wirtschaftlicher Hinsicht – vorweggenommen.

Der Gedanke der Völkerverständigung und die Formulierung der nationenwissenschaftlichen Methode können m. E. als immaterielle Ergebnisse der beiden Entwicklungslinien der translatorischen Ausbildung erachtet werden. Palmes diesbezügliche Ausführungen, die er mit der Einrichtung einer entsprechenden Hochschule verknüpft, an der Auslandsstudien zur Herbeiführung eines gegenseitigen Verstehens unter den Völkern nach wissenschaftlichen Maßstäben angeboten werden sollten (vgl. auch 2.2.3), hatten disziplinarische Konsequenzen für ihn und lamentable Konsequenzen für die translatorische Ausbildung, deren erste Triebe am SOS in Ansätzen zum Vorschein gekommen waren. Denn die Zuständigen im preußischen Unterrichtsministerium interpretierten Palmes Ausführungen nach ihrer Façon und setzten sie um, ohne den Kern der damit in Verbindung stehenden Problematik, d.h. die Vermittlung von Sprach- und Auslandskenntnissen als Grundlage für den professionellen Bedarf, zu erfassen. Dies hatte zur Folge, dass eine für Experten angeregte anspruchsvolle wissenschaftliche Auseinandersetzung mit dem Ausland vereinfacht auf die Allgemeinheit übertragen wurde.

Eines der leitenden Motive des preußischen Unterrichtsministeriums, das durchaus Berechtigung hatte, war, eine gewünschte Politisierung der deutschen Bevölkerung zu erreichen. Dieses Bildungsziel lehnte sich an das neuhumanistische Bildungsideal an (vgl. 2.1.1). Als Ergebnis wurde 1917 eine entsprechende *Denkschrift über die Förderung der Auslandsstudien* veröffentlicht, die unter der Voraussetzung aufgesetzt wurde, Deutschland würde als Sieger aus dem Ersten Weltkrieg hervorgehen. (Vgl. 2.2.3.6). Entsprechend ernüchternd war der Ausgang des Krieges, der bzgl. der translatorischen Ausbildung das Ende der Kaiserlichen Dragomanatslaufbahn bedeutete und die Frage über den Fortbestand des SOS als Ausbildungsstätte von Dragomanen, also einer Ausprägung des Dolmetscherberufs, die nach dem Ersten Weltkrieg nicht mehr gebraucht wurde, akut werden ließ (vgl. 2.2.3.5 bis 2.2.3.12).

An diesem Punkt darf der Hinweis nicht fehlen, dass es von den Behörden, im Besonderen vom preußischen Unterrichtsministerium, versäumt wurde zu erkennen, dass der politische, wirtschaftliche und gesellschaftliche Umbruch nach dem Ersten Weltkrieg einen bis dahin nie dagewesenen Sprachmittlungsbedarf und damit ein neues Berufsprofil von Dolmetschern und Übersetzern hervorbrachte, und dass es dringend notwendig gewesen wäre, auf diesen Bedarf mit der Einrichtung einer fundierten Ausbildung für entsprechendes Fachpersonal zu reagieren. Zu zart waren jedoch noch die wissenschaftlichen Ansätze im Bereich Dolmetschen und Übersetzen und zu starr der Geist in Philologenkreisen, wo ein neuer Bereich der Philologie borniert als unwissenschaftlich abgetan und diesem somit im universitären Wissenschaftsbetrieb keine Nische, geschweige denn Raum, zugestanden wurde (vgl. 2.1.2.5, 2.2.3.11). – Beispiel einer vertanen Chance.

Phase 2: 1919–1921 (Interimsphase/Umstrukturierung)
Das Ende des Ersten Weltkriegs brachte einen rigorosen politischen und gesellschaftlichen Umbruch in Deutschland mit sich (vgl. 2.1.2.5). Bedingt durch diese Situation kann auch für die Entstehung der translatorischen Ausbildung eine Umstrukturierungsphase, die in die ersten Jahre der Weimarer Republik fällt, festgestellt werden. Für die Jahre von 1919 und 1920 weist das konsultierte Aktenmaterial etwa folgende relevanten Ereignisse aus, die Entwicklungslinie A zuzuordnen sind: Aus einer Aktennotiz zum Sprachendienst im Auswärtigen Amt aus dem Jahr 1924 ist zu schließen, dass eine interne Ausbildung für Dolmetscher im Auswärtigen Amt schon relativ kurz nach Ende des Ersten Weltkriegs konzipiert und – intern im Auswärtigen Amt im sehr kleinen Rahmen – angeboten worden sein muss, denn bereits 1919 gab es Teilnehmer an diesem Ausbildungsprogramm (vgl. Fußnote 744). Nähere Hinweise, etwa zur Konzeption dieser translatorischen Ausbildung, konnten im untersuchten Aktenmaterial nicht gefunden werden. Es wäre

wünschenswert, fundierte Informationen diesbezüglich zutage zu fördern. Denn es liegt nahe, dass diese Ausbildung als Vorbild für die translatorische Ausbildung am Dolmetscher-Institut der Handelshochschule Mannheim und auch der Handelshochschule Leipzig fungierte (vgl. 2.6.2, 2.7.3.2).

Die Tatsache, dass für die neue Form der Dolmetschertätigkeit eine Ausbildung geschaffen wurde, die intern im Auswärtigen Amt etwa zehn Jahre lang angeboten wurde (vgl. 2.3.4), zeigt, dass von der zuständigen Stelle erkannt wurde, dass dem erhöhten Sprachmittlungsbedarf nach dem Ersten Weltkrieg nur durch entsprechend qualifiziertes – und qualifiziert ausgebildetes – Personal beizukommen war. Der steigende Bedarf an diesen Fachleuten und fehlende Ausbildungsmöglichkeiten führten letztendlich auch zur Gründung der Dolmetscher-Institute an den Handelshochschulen (vgl. 3.1.8). Die Initiative im Auswärtigen Amt bezüglich der Einrichtung einer translatorischen Ausbildung wies somit weit voraus.

Das zweite zur Entstehung der translatorischen Ausbildung nennenswerte Ereignis in dieser Interimsphase ist Anton Palmes publizierter Vorschlag zur Organisation einer zu gründenden *Deutschen Auslandshochschule* von 1920 (vgl. 2.2.3.8). Palme beabsichtigte damit, das bereits vor dem Ersten Weltkrieg diskutierte Thema der Auslandsstudien wieder aufzugreifen und das SOS auch nach Wegfall der Dragomanatslaufbahn für die neue Zeit tauglich zu machen. Übersehen wurde m. E. in der Diskussion der folgenden Jahre über die Reform des SOS, dass das SOS, das zur *Deutschen Auslandshochschule* umgestaltet werden sollte, durchaus als Hort für die Ausbildung für das neue Tätigkeitsprofil von Dolmetschern hätte fungieren können. Vorausgesetzt gewesen wären dafür von den Behörden und auch von Wissenschaftskreisen mehr Aufgeschlossenheit für Neues und Flexibilität. Vermutlich war die Sicht auf zukünftige Entwicklungen aber nicht weit genug, denn laut Aktenmaterial wurde das SOS an keinem Punkt der Reformdebatte für die zukünftige translatorische Ausbildung vorgesehen. In diesem Zusammenhang spielte es sicherlich auch eine Rolle, dass die Emotionen bei Befürwortern und Kontrahenten der Reformdiskussion derart hochkochten, dass der Blick für eine vernünftige und naheliegende Lösung nicht frei war (vgl. 2.2.5.7).

Als Gründe dafür könnten angeführt werden, dass das SOS trotz des Reformversuchs in alten Strukturen verhaftet blieb – auch in Form der 1936 gegründeten Ausland-Hochschule – und somit nicht passgenau auf das neue Tätigkeitsprofil von Dolmetschern zugeschnitten wurde, das im Vergleich zur Tätigkeit von Dragomanen eine andere Technik des Sprachmittelns erforderte (vgl. 3.1.6). Zudem muss eingeräumt werden, dass für die Ausbildung des neuen Dolmetschertypus' in jener Zeit schlichtweg geeignetes, d. h. entsprechend ausgebildetes, Ausbildungspersonal fehlte (vgl. 2.2.3, 2.2.4).

Phase 3: 1921–1930 (Profilbildung)

Phase 3, die in die Jahre der Weimarer Republik fällt, kann als prägend sowohl für das heutige Berufs- als auch für das heutige Ausbildungsprofil von Dolmetschern und Übersetzern gewertet werden. Diese Phase legt eine Verbindung zur Gegenwart, denn beide Entwicklungslinien berühren sich in dieser Phase in der Konzeption des Curriculums der Dolmetscher-Institute. Zudem spannt diese Phase einen Bogen von der Gründung des Sprachendienstes im Auswärtigen Amt im Jahr 1921 bis zur Gründung des Dolmetscher-Instituts an der Handelshochschule Mannheim im Jahr 1930 (vgl. 2.3.4, 2.6).

Zu Entwicklungslinie A zeigt das Aktenmaterial, dass Sprachdienstleistungen im Auswärtigen Amt bis 1921 aufgrund einer fehlenden Organisation weitgehend unkoordiniert abliefen (vgl. 3.1.6, 3.1.9). Das zunehmende Dolmetsch- und Übersetzungsvolumen sowie die gestiegenen Anforderungen an die Tätigkeit von Dolmetschern und Übersetzern, auch im Zusammenhang mit dem neu entstandenen Konferenzsystem des Völkerbundes (vgl. 2.1.2.5), müssen vor Augen geführt haben, dass unkoordinierte Ordnungsstrukturen der Prozesse, die zum Erbringen von Sprachdienstleistungen notwendig sind, eine untragbare Arbeitssituation verursachen. Mit der Organisation eines Sprachendienstes im Auswärtigen Amt wurde daher Anfang 1921 Paul Gautier betraut (vgl. 2.3.5). Er strukturierte die Aufgabenbereiche und die damit verbundenen Arbeitsabläufe und beschrieb als Erster Übersetzungsprozesse (vgl. 2.3.4). Sein Engagement führte zu einer Qualitätssteigerung von Sprachdienstleistungen im Auswärtigen Amt, zudem entwickelte er die in der vorherigen Phase skizzierte interne translatorische Ausbildung im Auswärtigen Amt. Gautier prägte somit das Berufsprofil von Dolmetschern und Übersetzern nach heutigem Verständnis entscheidend mit.

In Phase 3 wird auf Entwicklungslinie A auch die Geschichte des SOS fortgeführt. Wie bereits im vorherigen Punkt angedeutet, wurde diese Ausbildungsstätte für die translatorische Ausbildung nach dem Ersten Weltkrieg nicht ins Auge gefasst. Finanzielle Gründe wurden dafür in erster Linie genannt. Die genauere Betrachtung dieser Thematik zeigt jedoch, dass das Schicksal dieser Einrichtung spätestens schon 1917 mit der Veröffentlichung der *Denkschrift über die Förderung der Auslandsstudien* besiegelt worden war (vgl. 2.2.3.6), wenn nicht sogar schon in den Jahren davor, denn diese Einrichtung blieb seit ihrer Gründung 1887 institutionell und konzeptionell praktisch ohne Fürsorge der zuständigen Vorgesetzten und Behörden, obwohl ständig hohe Erwartungen seitens der Politik an sie herangetragen wurden. Folglich musste sie verkümmern, nicht zuletzt auch aufgrund einer gewissen Überforderung der Zuständigen im preußischen Unterrichtsministerium, deren Sichtweise einer konservativen Auffassung von universitärer Philologie verpflichtet war. Diese war nicht vereinbar mit modernen Ansprüchen, die an die Philologie zunehmend aus der Realität heraus gestellt wurden (vgl. 2.1.1).

Nach einem unerbittlichen Widerstand seitens der Befürworter des SOS gegen die Pläne des Unterrichtsministeriums, das SOS abzubauen (vgl. 2.2.3), die sich 1923 in der *Denkschrift über die Reform des Seminars für Orientalische Sprachen in Berlin* niederschlugen (vgl. 2.2.3.10), wurde Anfang 1924 vom preußischen Landtag der Beschluss zum Erhalt des SOS gefasst. Dieser Beschluss wurde von der zuständigen Behörde jahrelang zwar geflissentlich übergangen, immerhin blieb aber die Möglichkeit zum späteren Aufbau einer Auslandshochschule offen (vgl. 2.2.4).

Im Gegensatz zu den Philologen an der Universität, die sich ihren auf die Sprachgeschichte ausgerichteten Forschungsmethoden verpflichtet sahen und sich damit aber dem Sprachfortschritt der Gegenwartssprache verweigerten, waren die Philologen an den Handelshochschulen, als neuester Typus in der damaligen deutschen Hochschullandschaft, aufgeschlossen für – und zudem fachlich konfrontiert mit – Entwicklungen in der Sprache durch den Wandel in der Berufswelt.

Traditionell war der fremdsprachliche Unterricht im kaufmännischen Bildungswesen (Entwicklungslinie B) auf die Berufspraxis ausgerichtet, denn ihm kam eine unterstützende Funktion für die wirtschaftlichen Fächer im kaufmännischen Bildungswesen zu. Ausgerichtet auf die geschäftlichen Bedürfnisse des Kaufmanns waren die Ansprüche an den fremdsprachlichen Unterricht daher hoch, wurde der Erfolg von Geschäftsabschlüssen doch von der Beherrschung der beruflichen Fremdsprache in Wort und Schrift abhängig gemacht. Die hohen Erwartungen wurden jedoch von der Realität gedämpft, denn die Bedeutung des fremdsprachlichen Unterrichts war im Curriculum im Laufe der Zeit aufgrund der vornehmlich wirtschaftlichen Zielsetzungen im kaufmännischen Bildungswesen immer mehr verblasst. Nach dem Ersten Weltkrieg war somit die Stunde des fremdsprachlichen, um nicht zu sagen neuphilologischen, Unterrichts vor allem an Handelshochschulen gekommen, denn die jeweilige Landessprache wurde mehr denn je als Schlüssel zu anderen Ländern erachtet (vgl. 2.5.7.2.1).

Da eine wirtschaftssprachliche Ausbildungsmöglichkeit etwa für Handelslehrer und Angehörige kaufmännischer Berufe auf Hochschulniveau völlig fehlte, wurde argumentiert, dass der berufliche Spezialisierungstrend auch eine Einrichtung von wirtschaftssprachlicher, sprich fachsprachlicher, Forschung und die damit verbundene Einrichtung von Lehrstühlen rechtfertige (vgl. 3.1.16). Ende der 1920er Jahre erschien eine Vielzahl an Werken, die die Bedeutung des fremdsprachlichen Unterrichts im kaufmännischen Bildungswesen für die Wirtschaft Deutschlands hervorhoben. 1927 und 1928 publizierte Snyckers (vgl. 2.7.2.2.1) etwa eine Reihe von Beiträgen, die der Forderung Vorschub gaben, den fremdsprachlichen Unterricht im kaufmännischen Bildungswesen auf Hochschulniveau zu heben (vgl. etwa 2.5.4, 2.7.2.1, 2.7.3.3). Vermutlich gab Snyckers damit auch Glauser die Vorlage zur Gründung des ersten Dolmetscher-Instituts an der Handelshochschule Mannheim. Schließlich war dort schon seit 1911 ein sprachwissenschaftlicher Lehrstuhl vorhanden. An der Handelshochschule Leipzig hingegen wurden durch Snyckers' Engagement zwei Sprachlehrstühle erst im Jahre 1929 eingerichtet. Diese Initiativen zeigen, dass sich der Trend zur Spezialisierung auch im fachsprachlichen Bereich, der als angewandte Sprachwissenschaft bezeichnet wurde, durchsetzte.

Zu neu war dieser Bereich jedoch, um einer klar definierten Zielgruppe die professionelle Beschäftigung mit diesem weiten Aufgabengebiet zuzuweisen. Somit war es konsequent – aber auch problematisch für das Berufsprofil von Dolmetschern und Übersetzern –, dass nicht zuletzt aus finanziellen Vorteilen für die Handelshochschule Mannheim, eine möglichst große Zielgruppe in den Genuss des ab 1930 angebotenen Studiums am Dolmetscher-Institut kommen sollte (vgl. 3.1.9). Das Studium am DI, das als Ergänzungsstudium konzipiert war, stand daher Personen aus verschiedenen Fachbereichen und auch unterschiedlicher Qualifikation offen (vgl. 2.6.3.6, 2.6.3.8). Neben Experten für den Außenhandel und Handelssprachlehrer sollten auch gezielt Nachwuchskräfte für den Sprachendienst im Auswärtigen Amt ausgebildet werden. Dadurch konnte das Dolmetscher-Institut den Bedarf sowohl der Außenpolitik als auch des Außenhandels (Einwicklungslinien A und B) an der translatorischen Ausbildung decken.

Paul Gautier wurde bei der Konzeption des Studiengangs konsultiert (vgl. 2.6.2), hatte er doch nunmehr schon zehn Jahre lang mit der internen translatorischen Ausbildung im Auswärtigen Amt Erfahrungen sammeln können. An dieser Stelle fließen beide Entwicklungslinien der translatorischen Ausbildung ineinander und bilden die Grundlage für das translatorische Curriculum auf der Basis eines Drei-Komponenten-Modells (vgl. 3.1.23). Hervorzuheben ist, dass das Dolmetscher-Institut an der Handelshochschule Mannheim als das erste seiner Art auf Hochschulniveau – und auch das Dolmetscher-Institut an der Handelshochschule Leipzig ab 1937 – in jener Zeit Ausnahmeerscheinungen waren.

Phase 4: 1930–1946 (Profilfestigung auf brüchiger Basis)
Die vierte Phase der Entstehung der translatorischen Ausbildung berührt zeitlich die letzten Jahre der Weimarer Republik, den Aufstieg und den Fall des Dritten Reichs sowie das erste Nachkriegsjahr. Unter dem Einfluss anhaltend schwieriger wirtschaftlicher Bedingungen, politischer Umbrüche sowie des Zweiten Weltkriegs erfuhr die translatorische Ausbildung, die nun neu institutionalisiert war, Höhen und Tiefen. An Versuchen zur Profilfestigung mangelte es in dieser Phase nicht, jedoch konnten diese aufgrund der zunehmend schwierigen äußeren Umstände, die eine Kontinuität erschwerten, nur auf brüchiger Basis stattfinden.

Ein positiver Vorstoß zur Profilfestigung kann in den ersten beiden Jahren dieser Phase festgestellt werden. Die Ausarbeitung einer neuen Prüfungsordnung am Dolmetscher-Institut der Handelshochschule Mannheim sollte auf die Professionalisierung der Dolmetscher- und Übersetzertätigkeit abzielen, d. h. zur Institutionalisierung dieser Sprachmittlungstätigkeiten als Beruf beitragen. Die translatorische Ausbildung bereitete auf ein weites Tätigkeitsfeld vor und bestand ohne konkretes Berufsprofil in jener Zeit (vgl. 3.1.9). In der PO von 1932 wurde nach mündlichen und schriftlichen Prüfungsleistungen unterschieden und zwei Abschlüsse für je ein Berufsziel eingeführt: einerseits der Abschluss für Berufsübersetzer und andererseits der Abschluss für Berufsdolmetscher, wobei das Nomen *Beruf-* m. E. als Ausrufezeichen zu verstehen ist, das die Absolventen der Dolmetscher-Institute an der Handelshochschule von den wildwüchsigen Dolmetschern und Übersetzern am Markt ohne einschlägige Ausbildung unterscheiden sollte (vgl. Abb. 6). Vermutlich hatte Gautier mit solchen externen Kräften, die den Anforderungen an die Tätigkeit nicht gewachsen waren, leidige Erfahrungen gemacht und zu einem entsprechenden Gütesiegel der Absolventen des Dolmetscher-Instituts geraten. Die PO von 1932 wurde mit der Zustimmung des Auswärtigen Amts genehmigt. (Vgl. 2.6.5, 2.6.9, 3.1.7). Mit der Schaffung von zwei Studienabschlüssen wurden m. E. sowohl die mündliche als auch die schriftliche Sprachmittlungstätigkeit als vollwertig anerkannt. Dies war ein Fortschritt für das im Entstehen begriffene Berufsprofil.

In den ersten Jahren der vierten Phase bekam die translatorische Ausbildung auch Rückenwind von den *Internationalen Kongressen für das kaufmännische Bildungswesen*, auf denen unterstrichen wurde, dass dem Kaufmann eine ausgesprochene völkerverständigende Rolle zukomme. Es wurde erkannt, dass kulturelles Verständnis essentiell war zur Erfüllung dieser Aufgabe. Der fremdsprachliche Unterricht sollte eine Grundlage dafür schaffen und auslandskundlich zur Erforschung der Wirtschaftssprache und des wirtschaftlichen Verkehrs ausgerichtet werden. Ein dringendes Anliegen war in diesem Zusammenhang auch die Ausbildung von Handelssprachlehrern, die bisher von keiner Hochschule angeboten wurde. Schließlich mussten die sprachlich versierten Kaufleute der Zukunft, an die von der Gesellschaft hohe Ansprüche gestellt wurden, auch wirtschaftssprachlich fundiert ausgebildet werden.

Vor dem Hintergrund dieser klaffenden Lücke in der Sprachwissenschaft wurde der Begriff Wirtschaftslinguistik als Erweiterung des fremdsprachlichen Unterrichts im kaufmännischen Bildungswesen zu einer Hochschuldisziplin an der Handelshochschule eingeführt (vgl. 2.5.6.1.5) und als neuer Zweig der Sprachwissenschaft definiert. In diesem neuen Fach sollten die Wirtschaftssprache sowie die kulturellen und wirtschaftlichen Erscheinungen des Auslandes nach wissenschaftlichen Grundlagen erforscht werden. Dabei wurde aber Wert darauf gelegt, die wirtschaftslinguistischen Forschungen vom Handelskorrespondenzunterricht abzugrenzen, denn die wirtschaftssprachlichen und kulturellen Forschungen beinhalteten etwa die wissenschaftlich fundierte Auseinandersetzung mit Rechtsinhalten von Verträgen in der Fremdsprache und standen somit im Gegensatz zum Einpauken von Wendungen des kaufmännischen Verkehrs wie es häufig im Handelskorrespondenzunterricht üblich war. Durch wirtschaftslinguistische Forschungen sollte auch eine Spezialisierung auf die wissenschaftlich fundierte Sammlung von Daten aus dem Ausland ermöglicht werden, die zur Befriedigung wirtschaftlicher Interessen so dringend erwünscht war. (Vgl. 2.5.5, 3.1.16).

Auch zur Schaffung einer solchen Sammlung von Daten über das Ausland, vornehmlich aber nicht vor dem Hintergrund wirtschaftlicher, sondern außenpolitischer Ziele, wurde 1936 der Aufbau der Ausland-Hochschule an der Universität Berlin eingeleitet (Entwicklungslinie A). Als Grundlage dieser Hochschule diente das SOS (vgl. 2.2). Unter Anton Palmes Ägide wurde die Umstrukturierung nach dem Vorbild seines Organisationsplans von 1920 vorgenommen (vgl. 2.2.3.8). Institutionelle Probleme, methodische Bedenken am Lehrkonzept und der herannahende Zweite Weltkrieg führten aber zum Abbau der Ausland-Hochschule im Jahr 1939, noch bevor ihre Gründung rechtlich vollzogen war (vgl. 2.2.4.1).

Diese Ausbildungsstätte, die auf der translatorischen Ausbildung von Entwicklungslinie A basiert, unterschied sich von der translatorischen Ausbildung des kaufmännischen Bildungswesens auf Entwicklungslinie B dadurch, dass im curricularen Zwei-Komponenten-Modell der Ausland-Hochschule, ähnlich wie am SOS die Auslandsstudien, also landeskundlichen Themen, im Vergleich zur Sprache überwogen und dieser somit nur eine marginale Rolle zugestanden wurde. Übersetzungsübungen, der Kern der translatorischen Ausbildung an den Dolmetscher-

Instituten, wurden etwa nur zur Abrundung des Studienprogramms angeboten (vgl. 2.2.4).

Parallel zur Gründung der Ausland-Hochschule verlief die Gründung des Dolmetscher-Instituts an der Handelshochschule Leipzig (Entwicklungslinie B). Beflügelt von den Entwicklungen, die dem Fremdsprachenunterricht im kaufmännischen Bildungswesen seit Mitte der 1920er Jahre Auftrieb verliehen und die auch durch Snyckers' Engagement zur Gründung von zwei Sprachlehrstühlen an der Handelshochschule Leipzig führten, ging dieser 1937 die Gründung des Dolmetscher-Instituts an, das die logische Konsequenz der Entwicklung zur Förderung des Fremdsprachenunterrichts an der Handelshochschule Leipzig war. Das Beispiel DI-Leipzig zeigt die Curriculum-Entwicklung vom Zwei-Komponenten-Modell des fremdsprachlichen Unterrichts im Rahmen der kaufmännischen Ausbildung zum Drei-Komponenten-Modell in der auf die Wirtschaftssprache spezialisierten Ausbildung an den Dolmetscher-Instituten. (Vgl. 2.7.5, 3.1.23).

Als Gründungsmotiv wurden gegenüber dem Unterrichtsministerium wirtschaftspolitische Ziele des Dritten Reichs angeführt. Der Sprache wurde bei der Erforschung fremder Märkte besondere Bedeutung eingeräumt. Den institutionellen und methodischen Rahmen dafür sollte das Dolmetscher-Institut gewähren. Nach einem holprigen Start aufgrund nicht genehmigter Prüfungsordnungen (vgl. 2.7.3.2), aber einem dennoch gut nachgefragten Studiengang stellten die Jahre des Zweiten Weltkriegs das DI zudem vor besondere Herausforderungen unter erschwerten Bedingungen (vgl. 2.7.3.3). Ein Bombenangriff auf Leipzig im Dezember 1943 vernichtete das Gebäude des Dolmetscher-Instituts und das wissenschaftliche Werk seines Gründers. Gesundheitlich angeschlagen kümmerte sich Snyckers um die Suche eines Nachfolgers. Paul Gautier, der ähnlich wie im Fall des Dolmetscher-Instituts der Handelshochschule Mannheim beratend in die Konzeption des DIs einbezogen wurde, stand für diese Wahl an erster Stelle. Das Ende des Zweiten Weltkriegs, Snyckers Tod im August 1945, die Schließung der Handelshochschule Leipzig und kurze Zeit darauf die Schließung des Dolmetscher-Instituts durch die sowjetischen Besatzer jeweils in der ersten Jahreshälfte 1946 bedeuteten das Aus für die translatorische Ausbildung im Rahmen der Handelshochschule Leipzig.

Das Dolmetscher-Institut der Handelshochschule Mannheim wurde bereits 1933 im Zuge des Auflösungsprozesses der Handelshochschule Mannheim und ihrer Integration in die Universität Heidelberg in Letztere eingegliedert. Getrennt von seiner ursprünglichen Einrichtung, der Handelshochschule, die philologisch anders ausgerichtet war, als die Universität, verlor es seine ursprüngliche methodische Profilbildung somit schon Anfang der 1930er Jahre (vgl. 2.1.1, 2.6.8), zu einer Zeit als andernorts noch die Förderung zur Hebung des Fremdsprachenunterrichts im kaufmännischen Bildungswesen auf Hochschulniveau energisch vorangetrieben wurde (vgl. 2.5.5.2, 2.5.5.3, 2.5.6.1, 2.7).

Der Rückblick auf Phase 4 zeigt den Aufstieg und Fall der translatorischen Ausbildung, die aus dem kaufmännischen Bildungswesen entstanden war. Nicht zu unterschätzen bei der Gründung der Dolmetscher-Institute ist der personelle Faktor ihrer Gründer. Nachdem etwa Glauser Ende 1932 altersbedingt aus dem Dienst

Abb. 4 **Entstehungsphasen der translatorischen Ausbildung (1887–1948/57)**

1885	
1886	1. IK in Bordeaux / *Denkschrift zur Errichtung eines Seminars für Orientalische Sprachen*
1887	*Gründung des SOS. Beginn der trA für Kaiserlichen Dragomanatsdienst*
1889	2. IK in Paris
1890	
1895	3. IK in Bordeaux
1896	4. IK in London
1896	Gründung des DVkU
1898	Gründung der ersten Handelshochschulen (darunter Leipzig) / 5. IK in Antwerpen
1899	6. IK in Venedig (erstmals mit deutschen Vertretern)
1900	7. IK in Paris
1901	Gründung IG
1902	Gedanke der Völkerverständigung wird als Leitmotiv des kfm. BW in IG betont
1903	In IG wird Kritik an Ausbildung in Praxis von Auslandskaufleuten geäußert
1904	8. IK (Veranstaltungsort unbekannt)
1905	In IG regt Stegemann Einrichtung von ISW an
1906	9. IK in Mailand
1907	1. ISW in Lausanne
1908	2. ISW in Mannheim / *Reform des diplomatischen und konsularischen Dienstes*
1909	3. ISW in Le Havre
1910	4. ISW in Wien / 10. IK in Wien
1911	5. ISW in London / Gründung des Sprachlehrstuhls an der Handelshochschule Mannheim
1912	6. ISW in Antwerpen / *25-jähriges Jubiläum des SOS / Beginn der Diskussion über Deutsche Auslandshochschule*
1913	7. ISW in Budapest / 11. IK in Budapest
1914	8. ISW in Barcelona / *Palme formuliert nationenwissenschaftliche Methode*
1915	*Palme formuliert Gedanken der Völkerverständigung (»Völkerverstehen«)*
1917	*Denkschrift zur Förderung der Auslandsstudien*
1918	*Aufhebung der Dragomanatslaufbahn*

Phase 1: 1887–1918

Kaiserzeit

1914

1. Weltkrie

1918

Jahr	Phase	Ereignis	Epoche
1919	Phase 2: 1919–1921	*Entwicklung einer internen trA zugeschnitten auf Anforderungen des entstehenden modernen Dolmetscher- und Übersetzerberufs*	
1920		*Palme veröffentlicht Denkschrift zur Organisation einer Deutschen Auslandshochschule*	
1921	Phase 3: 1921–1930	*Gründung des Sprachendienstes im Auswärtigen Amt/ Beginnende Prägung des Berufsbildes*	
1923		*Denkschrift über die Reform des Seminars für Orientalische Sprachen in Berlin*	
1924		*Beschluss zum Erhalt des SOS durch preußischen Landtag*	Weimarer Republik
1927		Beginn eines ausgeprägten Publikationsaufkommens zum Fremdsprachenunterricht im kfm. BW / Zunehmende Profilierung der Wirtschaftslinguistik	
1929		12. IK in Amsterdam / Gründung zweier Sprachlehrstühle an Handelshochschule Leipzig	
1930	Phase 4: 1930–1946	Gründung des Dolmetscher-Instituts an der Handelshochschule Mannheim	
1932		13. IK in London / Publikation von Messings »Zur Wirtschaftslinguistik«	
1933		Eingliederung des Dolmetscher-Instituts Mannheim in Universität Heidelberg	1933
1935		14. IK in Prag	
1936		*Beginn des Gründungsprozesses der Ausland-Hochschule an der Universität Berlin*	
1937		Gründung des Dolmetscher-Instituts an der Handelshochschule Leipzig	Drittes Reich
1938		15. IK in Berlin	
1939		*Schließung der Ausland-Hochschule an der Universität Berlin*	
1940			
1945			1945
1946	Phase 5: 1946–1948/57	Schließung des Dolmetscher-Instituts an der Handelshochschule Leipzig	Nachkriegszeit
1947		Gründung des Germersheimer Dolmetscher-Instituts	
1948		Gründung des Dolmetscher-Instituts an der Universität des Saarlandes	
1957		Gründung des Dolmetscher-Instituts an der Universität Leipzig	

Anmerkung:
Die aufgeführten Ereignisse prägten die Entstehung der translatorischen Ausbildung. Sie wurden im Hauptteil der vorliegenden Arbeit thematisiert, werden aber im Rahmen der vorliegenden Fokussierung nicht erschöpfend behandelt.

Erläuterung: *Entwicklungslinie A* Entwicklungslinie B

ausschied und seine rechte Hand, Gutkind (vgl. 2.6.6.2), im April 1933 als Jude offiziell vom öffentlichen Dienst ausgeschlossen wurde, war niemand da, der die translatorische Ausbildung kompetent am Standort Mannheim/Heidelberg weiterführen konnte. Snyckers hingegen blieb am Standort Leipzig in der vierten Phase der translatorischen Ausbildung eine Konstante und gestaltete diese aktiv und fachlich fundiert mit.

Der Zweite Weltkrieg brach die Tradition der translatorischen Ausbildung, die im kaufmännischen Bildungswesen Ende der 1920er Jahre entstanden war, abrupt ab. Aufgrund der fehlenden institutionellen Voraussetzungen (Handelshochschulen) und der neuen politischen Bedingungen (Nachkriegszeit im besetzten Deutschland) konnte konzeptionell nicht identisch an die translatorische Ausbildung angeknüpft werden. Vorbild in curricularer Hinsicht für weitere DI-Gründungen blieb das Dolmetscher-Institut der Universität Heidelberg. Dieses wurde nach der Übernahme durch die Universität Heidelberg zwar selbst konzeptionell einer Veränderung unterzogen, die dreigliedrige Form des Curriculums blieb aber bestehen (vgl. 2.6.8).

Phase 5: (1946–1948) (Profilanpassung)

Phase 5 der translatorischen Ausbildung fällt in die Nachkriegszeit. Sie wird in der vorliegenden Arbeit von 1946 bis zur Gründung des Dolmetscher-Instituts an der Universität Saarbrücken im Jahr 1948 festgelegt. Diese beiden Einrichtungen stehen nicht in der Tradition der skizzierten Entwicklungslinien. Sie waren Neuschaffungen der französischen Besatzungsmacht nach dem Zweiten Weltkrieg. Dennoch lehnen sie sich curricular an die translatorische Ausbildung an, die Ende der 1920er Jahre an den Handelshochschulen entstanden war.

Neben der Schließung des Dolmetscher-Instituts an der Handelshochschule Leipzig im Mai 1946 ereignete sich in dieser Phase die Gründung des Dolmetscher-Instituts in Germersheim im Jahre 1947 und des Dolmetscher-Instituts in Saarbrücken im Jahre 1948. Diese beiden Gründungsinitiativen waren Teil der Kulturpolitik der französischen Besatzungsmacht, dennoch liefen sie aus verwaltungsbezogenen Gründen unabhängig voneinander ab (vgl. 2.8.2, 2.8.3). Beiden Gründungen war jedoch als Gründungsmotiv der Bedarf an Dolmetschern und Übersetzern gemein. Das DI-Germersheim, das ursprünglich zur Vorbereitung auf den unteren und mittleren Dienst in der öffentlichen Verwaltung in der gesamten französischen Besatzungszone angedacht war, dann aber aufgrund von politischen Entwicklungen in der französischen Besatzungszone nur für den Bereich des späteren Bundeslandes Rheinland-Pfalz zuständig war, sollte im Zuge von Entnazifizierungsmaßnahmen zur Demokratisierung der Deutschen beitragen. Das Curriculum war daher vor allem auf Politik und damit verbunden auf demokratische Strukturen ausgerichtet. Nach Konsultationen mit Verantwortlichen des Heidelberger DIs im Verlauf des Gründungsprozesses wurden in das Curriculum auch Veranstaltungen zu Handel und Wirtschaft integriert. Unveröffentlichte curriculare Studien basierend auf den Vorlesungsverzeichnissen des Germersheimer DIs, die im Rahmen dieser Arbeit durchgeführt wurden, haben gezeigt, dass politische und wirtschaftliche Themen von 1950 bis Anfang der 1980er Jahre in der Sachfach-Komponente etwa gleich gewichtet wurden. Ab Anfang der 1980er kann festgestellt werden, dass Themen zur Politik vom Fachgebiet Technik abgelöst wurden. Wie am DI-Heidelberg wurde bei der Konzeption des Curriculums ein Drei-Komponenten-Modell gewählt (vgl. 2.8.2.1).

Die Gründungsmotive des DI-Saarbrücken wurden mit dem Wirtschaftsanschluss des Saarlandes an Frankreich gerechtfertigt. Durch die Sonderstellung des Saarlandes in der Nachkriegszeit, die eine Abschottung des Gebiets vom Rest Deutschlands bedeutete, war es dringend notwendig eine Ausbildungsmöglichkeit für integres Dolmetschpersonal im Saarland zu schaffen. Curriculare Studien der Vorlesungsverzeichnisse ab 1950 zeigen, dass auch am DI-Saarbrücken ein Drei-Komponenten-Modell gewählt wurde. In der Komponente Sachfach wurde, ähnlich wie am DI-Heidelberg, eine Schwerpunktsetzung im Fachbereich Wirtschaft angeboten. Beide Dolmetscher-Institute in der französischen Besatzungszone hatten somit die gleiche curriculare Form wie das DI-Heidelberg, das auf dem Curriculum des ersten Dolmetscher-Instituts basiert, das in Deutschland gegründet wurde.

Das Dolmetscher-Institut der Universität Leipzig wurde 1957 ins Leben gerufen (vgl. 2.7.4.3). Es konnte im Rahmen der Recherchen für die vorliegende Arbeit kein archivalischer Nachweis erbracht werden, ob Kontakt zu Dolmetscher-Instituten in Westdeutschland im Rahmen der Gründungsarbeiten aufgenommen wurde.

3.1.6 Phasen und Typen des Berufsprofils von Dolmetschern und Übersetzern

Von 1887, dem Gründungsdatum des SOS als Vorläufer der heutigen translatorischen Ausbildung, bis 1945, dem Ende des Zweiten Weltkriegs und damit auch dem Ende der translatorischen Ausbildung an Handelshochschulen in Deutschland, können zwei Phasen des Berufsprofils von Dolmetschern und Übersetzern, die eine translatorische Ausbildung absolvierten, festgestellt werden. Dolmetscher und Übersetzer am freien Markt ohne Ausbildung werden in den folgenden Untersuchungen nicht berücksichtigt (vgl. 3.1.7, Abb. 5).

Im genannten Zeitraum wurde die translatorische Ausbildung durch das SOS und die DIs an Handelshochschulen gewährleistet. In Übereinstimmung mit den Phasen des Berufsprofils prägte jede dieser Hochschuleinrichtungen einen bestimmten Berufsprofiltypus, der bedarfsgerecht für einen bestimmten Zweck ausgebildet wurde (vgl. 3.1.8). Die genannten Institutionen der translatorischen Ausbildung waren somit für die Kultivierung eines bestimmten Berufsprofils verantwortlich. Hinzuweisen ist in diesem Zusammenhang darauf, dass, zumindest was die beiden ersten Phasen des Berufsprofils betrifft, die Tätigkeitsprofile von Dolmetschern und Übersetzern bereits vor der Entstehung eines hochschulischen Ausbildungsprofils existierten. Die Entstehung der translatorischen Ausbildung folgte somit zeitverzögert auf einen bestimmten vorhandenen Bedarf: Erst als der Mangel an fundiert ausgebildetem Personal in der Praxis schmerzlich zutage trat und die Notwendigkeit unausweichlich wurde, diesen Missstand durch eine seriöse Ausbildungsmöglichkeit abzuschaffen.

Der Zeitraum der Nachkriegszeit 1946–1948 wurde in dieser Arbeit an den Standorten Leipzig, Germersheim und Saarbrücken, wenn auch nicht an jedem Standort in aller Ausführlichkeit, beleuchtet. Diese Zeit kann als Phase 3 der Berufsprofilentwicklung eingestuft werden. Aus Qualitätsgründen der translatorischen Ausbildung am Standort Leipzig zwischen 1945 und 1957 wird diese bei den folgenden Ausführungen jedoch nicht mitbewertet.

Phase 1 (vor 1887–1918): Berufsprofiltypus 1

Berufsprofiltypus 1 entspricht dem Aufgabenbereich von Dragomanen, auch Dolmetscher genannt. Bei ihnen handelte es sich meist um Beamte einer konsularischen Laufbahn im Auswärtigen Dienst. Sie waren Juristen und mussten zur Ausübung ihrer Verwaltungstätigkeiten über fundierte Sprachmittlungskenntnisse in Wort und Schrift verfügen. Im Vordergrund ihrer Tätigkeit standen aber nicht reine Sprachmittlungsaufgaben. Sprachliche Kompetenzen wurden als Ergänzung zu ihren Kernkompetenzen eingestuft. Aufgrund der Tatsache, dass die Anforderungen an das Berufsprofil von Dragomanen diametral entgegengesetzt zu ihren beruflichen Aufstiegschancen waren, genossen sie ein eher geringes Ansehen. Mitunter wurden sie deshalb im übertragenen Sinne in Beamtenkreisen auch als »minores gentes« bezeichnet, da ihnen Führungspositionen oft verwehrt blieben. 1919 wurden Dragomane vom höheren zum mittleren Beamtenstatus herabgestuft. Als Beamte einer Laufbahn beim Staat hatten sie aber den Status einer Berufsgruppe. (Vgl. 2.3.2). Ab 1887 wurden Dragomane am SOS im Rahmen eines Ergänzungsstudiums in einem Zwei-Komponenten-Modell ausgebildet (vgl. 2.2.2, 3.1.23, 3.1.26).

Der Beginn der ersten Phase der Berufsprofilentstehung, die dem Berufsprofiltypus 1 entspricht, kann auf Basis der Recherchen für diese Arbeit nicht festgelegt werden, da es Dragomane im Staatsdienst schon vor der Gründung des SOS gab.

Das Ende der Dragomanatslaufbahn ist aber auf das Jahr 1918 datierbar, als diese nach dem Ersten Weltkrieg aufgrund außenpolitischer Veränderungen aufgehoben wurde (vgl. 2.1.2).

Phase 2 (vor 1918 bis 1945): Berufsprofiltypus 2

Bei den Ausführungen zum Berufsprofiltypus 2 muss man sich vergegenwärtigen, dass die *Tätigkeit* von Dolmetschern und Übersetzern vermutlich erst (weit) nach dem Zweiten Weltkrieg als berufliche Tätigkeit anerkannt wurde. Genau genommen müsste man an dieser Stelle vom *Tätigkeits*profil von Dolmetschern und Übersetzern und nicht vom *Berufs*profil sprechen. Unter der Voraussetzung einer prozessbetonten Entwicklung des Berufsprofils von Dolmetschern und Übersetzern, das auf einer Tätigkeit basiert, die zum späteren Berufsprofil hinführte, werden auch die Phasen, in der dieser heutige Beruf noch nicht als solcher anerkannt wurde, als zum Berufsprofil gehörend erachtet und in der vorliegenden Arbeit terminologisch entsprechend verwendet.

Berufsprofiltypus 2, Wirtschaftsdolmetscher, unterschied sich von Berufsprofiltypus 1, Dragoman, in verschiedener Hinsicht: Wirtschaftsdolmetscher hatten kein bestimmtes Berufsziel und kein klar umrissenes Aufgabengebiet wie Dragomane. Sie wurden an den Dolmetscher-Instituten der Handelshochschulen zur Förderung des deutschen Außenhandels in einem Drei-Komponenten-Modell ausgebildet (vgl. 3.1.23). Zudem sollten die Absolventen der Dolmetscher-Institute den Bedarf an Sprachmittlungsaufgaben bei den Behörden abdecken. Im Zentrum des Studiums von Wirtschaftsdolmetschern stand das Studium der Fremdsprache und der jeweiligen landesbezogenen Kenntnisse – im Einklang mit den Studienzielen einer Handelshochschule – mit Schwerpunkt auf ausländischen Märkten und ihren landestypischen Erscheinungen.

Dragomane waren Juristen, Wirtschaftsdolmetscher hingegen im Idealfall Diplom-Kaufleute. Ähnlich wie Dragomane waren sie also auf einem nicht-sprachlichen Fachgebiet bereits spezialisiert. Das Ergänzungsstudium am Dolmetscher-Institut trug zu einer zusätzlichen Qualifikation in einer Fremdsprache bei (vgl. 3.1.26). In welchem beruflichen Bereich und in welcher Qualität diese Qualifikation zum Einsatz kommen würde, blieb aber offen. Von Wirtschaftsdolmetschern wurde daher Anpassungsfähigkeit an unterschiedlichste Stellenprofile verlangt, ebenso wie sich die Sprache auch an alle möglichen Bereiche anpasst. Krejčí stellte fest: »Die Sprache ist ein schmiegsames Instrument.« (vgl. 2.5.6.2.2). Diese Eigenschaft mussten auch Wirtschaftsdolmetscher erfüllen. Ihr Aufgabengebiet war undefiniert, auch hinsichtlich des Anspruchs an ihre Sprachmittlungskompetenzen und deren Gewicht im Rahmen des Gesamtkompetenzprofils der jeweiligen Arbeitsstelle. Diese undefinierten Kriterien zur Aufgabenstellung von Wirtschaftsdolmetschern spiegeln sich auch im Ziel der Dolmetscher-Institute der Handelshochschulen wider, möglichst viele Zielgruppen mit fundierten Sprach- und Landeskenntnissen auszustatten.

Zu diesen Definitionsschwierigkeiten bezüglich des Berufsprofils von Wirtschaftsdolmetschern trat noch die unkoordinierte Situation auf dem Sprachdienstleistungsmarkt zwischen den Weltkriegen hinzu, der aufgrund einer fehlenden Regulierung und Ausbildungsmöglichkeit Auswüchse angenommen hatte, die es nachvollziehbar machen, warum das Ansehen von Dolmetschern und Übersetzern in der Gesellschaft nicht besonders hoch war (vgl. 3.1.7, 3.1.16). Vermutlich ist es auf diese Häufung von undefinierten Kriterien bezüglich des Berufsprofils in einem heiklen Marktumfeld zurückzuführen, dass die Tätigkeit von Dolmetschern und Übersetzern lange Zeit nicht als Beruf durchgesetzt werden konnte.

Zum Terminus Wirtschaftsdolmetscher sei angemerkt, dass dieser Terminus von den Gründern der Dolmetscher-Institute in ihren Denkschriften zur Gründung des Dolmetscher-Instituts verwendet wurde, vermutlich um das Dolmetscher-Institut als Teil einer Handelshochschule vor Verantwortlichen der Handelshochschule und vor potenziellen Geldgebern zu rechtfertigen (vgl. 2.6.3.4, 2.7.3.1). Ein Diplom für Wirtschaftsdolmetscher gab es aber nicht. Stattdessen arbeitete Glauser, als erster Gründer eines DIs, früh daran, eine Spezialisierung auf die mündliche und die schriftliche Sprachmittlungstätigkeiten durch zwei verschiedene Diplome durchzusetzen: Diplom-Dolmetscher und Diplom-Übersetzer. Dies war nicht nur ein Versuch, einen wildwüchsigen Sprachdienstleistungsmarkt zu bändigen, sondern auch die Tätigkeit von Dolmetschern und Übersetzern als Beruf anerkennen zu lassen (vgl. 2.6.9).

Die Entstehung des Berufsprofils und damit einhergehend die Entstehung der translatorischen Ausbildung, auf denen jeweils das heutige Berufsprofil und die heutige translatorische Ausbildung basieren, sind in die Zeit zwischen den beiden Weltkriegen zu datieren: Der Erste Weltkrieg hat das Berufsprofil hervorgebracht. Der Zweite Weltkrieg beendete die translatorische Ausbildung an Handelshochschulen (vgl. 3.1.5). Die zweite Phase der Berufsprofilentstehung kann somit zwischen 1918 und 1945 datiert werden, wobei ähnlich wie bei den Phasen der translatorischen Ausbildung auch bei der Entstehung der Berufsprofile die Übergänge fließend waren. In dieser Phase wurde Berufsprofiltypus 2 geprägt.

Es ist naheliegend, dass die Anfänge von Berufsprofiltypus 2 vermutlich schon mit den Anforderungen an Sprachdienstleistungen des Ersten Weltkriegs aufkeimten. Hinweise aus dem Aktenmaterial des Sprachendienstes im Auswärtigen Amt lassen diesen Schluss zu (vgl. Fußnote 714). Fundierte wissenschaftliche Forschungen hierzu wären wünschenswert, auch zu der im Auswärtigen Amt entwickelten Ausbildung von Dolmetschern, die ab 1919 vermutlich bis zur Gründung des Mannheimer DIs intern im Auswärtigen Amt im kleinen Rahmen durchgeführt wurde.

Phase 3 (1946–1948): Berufsprofiltypus 3

Berufsprofiltypus 3, Dolmetscher und Übersetzer, zeigt eine Unterscheidung in mündliche und schriftliche Sprachmittlungstätigkeiten und eine weniger außersprachliche Ausrichtung als Berufsprofiltypus 1 und 2.

In dieser Phase der Berufsprofiltypen gab es kein Dolmetscher-Institut mehr an einer Handelshochschule. Das Mannheimer DI wurde 1933 an die Universität Heidelberg verlegt. Die translatorische Ausbildung wurde in dieser Phase infrastrukturell neu eingerichtet mit der Gründung der DIs in der französischen Besatzungszone, in Germersheim und in Saarbrücken. Diese beiden DIs standen zwar curricular in der Tradition der Dolmetscher-Institute an den Handelshochschulen (Drei-Komponenten-Modell), für die das Heidelberger DI als Vorbild diente (im Fall GER belegt, im Fall SB sehr wahrscheinlich), die politischen und wirtschaftlichen Umstände unter denen sie gegründet wurden, waren jedoch andere als diejenigen, unter denen die DIs vor dem Zweiten Weltkrieg gegründet wurden (vgl. 2.6, 2.7, 2.8). Die vorrangige Zielsetzung der DIs an den Handelshochschulen, Experten zur Gewinnung neuer Absatzmärkte zu gewinnen, war an den DIs in der französischen Besatzungszone nicht gegeben. Hier standen im Fall von Germersheim die Demokratisierung der deutschen Jugend und im Fall von Saarbrücken der Wirtschaftsanschluss an Frankreich im Vordergrund. Dennoch wurden auch diese DIs schließlich eingerichtet, um den Sprachmittlungsbedarf in Wirtschaft und Verwaltung in der Nachkriegszeit zu decken. Auch bei diesen Gründungen zeigt sich, dass der Bedarf an Dolmetschern und Übersetzern eine dominante Rolle spielte und somit auch entsprechend das Berufsprofil prägte (vgl. 3.1.8).

Berufsprofiltypus 3 war m. E. weniger spezialisiert als im Fall der DIs an den Handelshochschulen, die für das Studium am DI fundierte Vorkenntnisse im wirtschaftlichen Bereich verlangten. Durch die Loslösung von seiner Stamminstitution, der Handelshochschule, verlor das DI an der Universität, schon allein durch die fehlende Verbindung zum Fachbereich Wirtschaft, seinen ursprünglichen Charakter. Fundierte wissenschaftliche Untersuchungen zum methodischen Wandel vom DI der Handelshochschule zum DI der Universität in jenen Jahren wären interessant. Es ist zu vermuten, dass die Ausrichtung auf einen bestimmten Fachbereich, etwa Wirtschaft oder Jura, im Rahmen des universitären DIs abflachte bzw. die translatorische Ausbildung diesbezüglich eher allgemeinen Charakter bekam, dafür aber stärker sprachwissenschaftlich bzw. translatologisch ausgerichtet wurde. Diesen Fokus übernahmen auch das Germersheimer DI und das Saarbrücker DI, wie unveröffentlichte curriculare Studien in der vorliegenden Arbeit zeigen.

Die Phase von Berufsprofiltypus 3 fällt in die Nachkriegszeit zwischen 1946 und 1948. In der vorliegenden Arbeit wurde in diesem Zeitraum auch die translatorische Ausbildung in Leipzig untersucht, wie in dieser Fokussierung einleitend angeführt, können aufgrund von Qualitätsgründen der translatorischen Ausbildung an diesem Standort in jener Zeit die Absolventen, der jeweiligen Ausbildungsstätten nicht für die Berufsprofiltypenbildung berücksichtigt werden. Dies zeigt auch, dass die Qualität der translatorischen Ausbildung eng mit der Berufsprofiltypenbildung verknüpft ist.

In Abb. 5 auf der nächsten Seite wird die Entwicklung der Phasen und der Typen des Berufsprofils von Dolmetschern und Übersetzern in den Phasen 1 bis 3 exemplarisch dargestellt. Dabei werden die wichtigsten Kriterien (Dauer der jeweiligen Phase, Bezeichnung des jeweiligen Berufsprofiltypus, der jeweilige Bedarf sowie Daten zur translatorischen Ausbildung in den jeweiligen Phasen (Ausbildungsstätten und Curriculum-Modell)) in einer Übersicht aufgeführt. Die jeweiligen Ausgestaltungen der einzelnen Phasen sollen so auf einen Blick erkennbar sein.

Die einzelnen Phasen fügen sich entlang einer Zeitachse aneinander. Diese wird als Vertikale mit Pfeilen an ihren Enden dargestellt. Der Pfeil am oberen Ende der Zeitachse weist auf einen unbestimmten Zeitpunkt vor dem Jahr 1887 hin, da der Beginn des ersten Berufsprofiltypus basierend auf den Untersuchungen der vorliegenden Arbeit nicht datiert werden kann. Der Pfeil am unteren Ende der Zeitachse, der die Entwicklung der translatorischen Ausbildung nach 1949 bzw. nach 1957 impliziert, soll andeuten, dass die Entstehung weiterer Phasen und Typen des Berufsprofils in der Zeit danach nicht ausgeschlossen werden kann. Die Aufspaltung der Zeitachse an dieser Stelle in zwei Linien ist der politischen Entwicklung in Deutschland und der damit verbundenen Schaffung zweier deutscher Staaten geschuldet.

Abb. 5 **Phasen und Typen des Berufsprofils von Dolmetschern und Übersetzern**

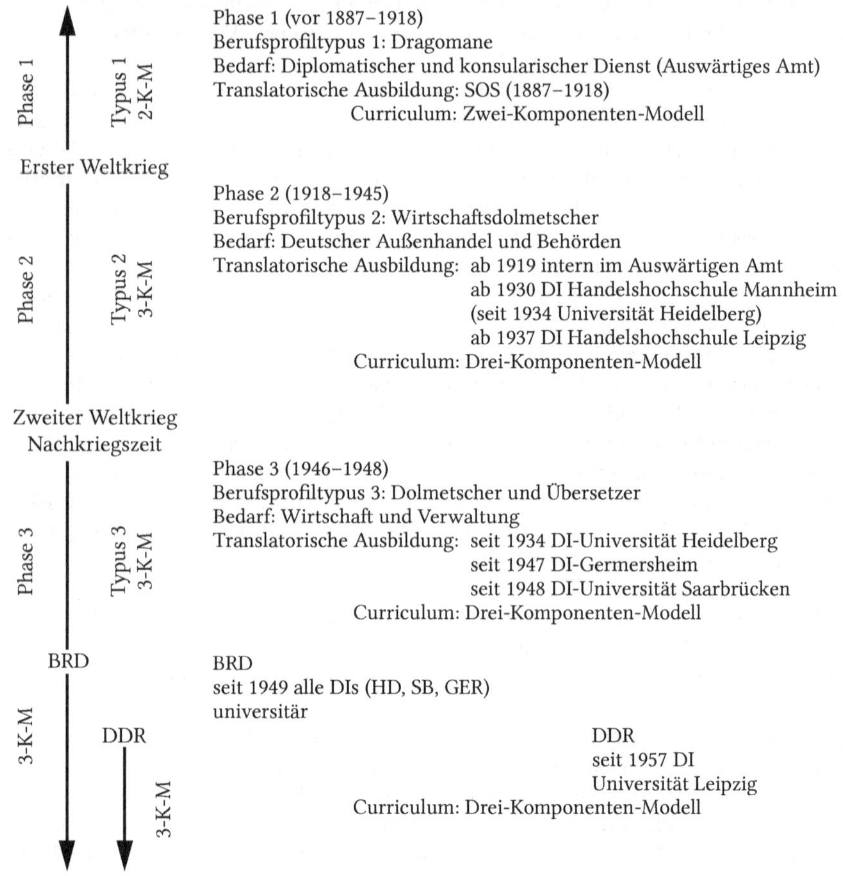

Nachfolgende Berufsprofiltypen

Nach 1949 wurde in dieser Arbeit das Beispiel der translatorischen Ausbildung in Leipzig beleuchtet. Erst 1957 wurde im Rahmen eines universitären DIs wieder eine ernstzunehmende translatorische Ausbildung in Leipzig begründet. Die Jahre nach der Schließung des DIs an der Handelshochschule Leipzig bis zur Gründung des universitären DIs können als Jahre der Selbst(er)findung der translatorischen Ausbildung in Leipzig bezeichnet werden. Das Niveau der jeweiligen Ausbildungslösungen reichte nicht aus, um international kompetitive Dolmetscher und Übersetzer auszubilden. Eine Einreihung in den Prozess der Berufsprofilentstehung wird dadurch erschwert, da der Entwicklungsprozess in jener Zeit m.E. nicht vorangebracht, sondern zurückgeworfen wurde. Die Quintessenz der Ereignisse dieser Phase am Standort Leipzig ist aber durchaus positiv: Deutlich wurde vor Augen geführt – allen Kritikern zum Trotz –, dass eine fundierte und wissenschaftliche translatorische Ausbildung ihre Berechtigung hat.

Der weitere Verlauf der translatorischen Ausbildung seit der Gründung der BRD wurde in dieser Arbeit, abgesehen von unveröffentlichten curricularen Studien zu den DIs in Heidelberg, Germersheim und Saarbrücken, nicht berücksichtigt. Es könnte interessant sein, für die Jahre bis zur Wiedervereinigung die translatorische Ausbildung auch anhand von Aktenmaterial jeweils separat für die BRD und die DDR zu untersuchen, um Gemeinsamkeiten, Unterschiede, Einflüsse und Berührungspunkte der translatorischen Ausbildung in beiden deutschen Staaten zutage zu fördern – und auch, um entsprechende Phasen und Typen des Berufsprofils von Dolmetschern und Übersetzern festzulegen.

3.1.7 Zur Marktsituation (1880er–1940er Jahre)

Angebot und Nachfrage treffen auf einem Markt zusammen, und der Preis von Gütern oder Leistungen wird dort bestimmt. Eine Nachfrage oder ein Bedarf schmerzt besonders dann, wenn er auf ein mangelndes Angebot trifft. Dieses Empfinden machte sich wohl vermehrt Ende des 19. Jahrhunderts in deutschen Behörden bemerkbar, als durch außenpolitische und weltwirtschaftliche Entwicklungen der Bedarf an Sprachmittlungsleistungen stark anstieg, geeignetes Personal aber fehlte (vgl. 2.1.2.2, 2.1.2.4). Zur Behebung dieses Missverhältnisses von Angebot und Nachfrage wurde 1887 das SOS gegründet als Ausbildungsstätte von Dragomanen, also einer besonderen Ausprägung der Dolmetschertätigkeit, die im Auswärtigen Dienst nachgefragt wurde (vgl. 2.2.2.1, 3.1.6).

Neben diesem Berufsprofiltypus gab es auch andere Personen, die vermutlich eine weit größere Gruppe auf dem freien Markt darstellten und Dolmetsch- und Übersetzungsarbeiten anboten, für die es aber keine entsprechende Ausbildungsmöglichkeit gab. Ebenso wenig gab es eine Marktregulierung. So konnte sich bis Ende des Ersten Weltkriegs eine unkoordinierte Marktsituation entwickeln, die unterschiedlichste Marktakteure mit variantenreichem Leistungsspektrum und heterogenem Ausbildungshintergrund zuließ. Als Qualifikationsnachweis von diesen Dolmetschern und Übersetzern wurden häufig längere Auslandsaufenthalte angegeben. Manche traten als größere Übersetzungsbüros auf, die möglichst viele Sprachen und Fachgebiete anboten, daneben gab es auch auf eine bestimmte Sprache und auf ein bestimmtes Fachgebiet spezialisierte Übersetzer. Es kam auch vor, dass etwa ehemalige Mitarbeiter des Auswärtigen Dienstes im Ruhestand Übersetzungen anfertigten oder gar größere Übersetzungsbüros gründeten, um sich ein Zubrot zu verdienen.

In die Prägung dieses Marktes war auch das Auswärtige Amt involviert, denn das Übersetzungsvolumen konnte nicht immer von internen Kräften gestemmt werden. Durch seine Kontakte ins Ausland hatte das Auswärtige Amt in dem relevanten Zeitraum in Deutschland einen relativ hohen Bedarf an Sprachmittlungsleistungen. Bevorzugt wurden aber geeignete interne Kräfte mit Übersetzungsarbeiten betraut. Vor allem aus Vertraulichkeitsgründen wurden sie ohne einschlägige formale Qualifikation – die Möglichkeit eine solche zu erwerben, existierte ja noch nicht – für Übersetzungstätigkeiten in der Regel nach Dienstschluss herangezogen. Dadurch konnte sich der allgemeine Eindruck festigen, dass es sich bei der Anfertigung von Übersetzungen um eine Nebentätigkeit handelte.

Kurz nach dem Ersten Weltkrieg zeigt ein Beispiel im recherchierten Aktenmaterial, dass dieser Eindruck auch die Meinungen über die Vergütung von solchen Übersetzungsleistungen prägte. Ein führender Jurist im Staatsdienst sah es etwa als kritisch an, dass die von Beamten erbrachten Übersetzungsleistungen außerhalb ihrer Dienstzeit nicht vergütet wurden, das Gegenüber im Meinungsaustausch, ebenfalls Führungskraft auf oberster Ministeriumsebene, sah dies – zugunsten der Staatsfinanzen – aber sehr wohl als gerechtfertigt: Missstände, die aus der Not entsprungen sind, aber dennoch ihre Schatten auf eine ganze zukünftige Branche vorauswerfen konnten.

Personen, die sich als Dolmetscher am freien Markt anboten und, wie bei Übersetzern üblich, als Hilfspersonen angesehen wurden, gab es in jener Zeit auch. Viele von ihnen boten sich als Fremdenführer an und erledigten Übersetzungen. Deutlich wird daran, dass Dolmetscher sowohl für die schriftliche als auch für die mündliche Tätigkeit zuständig waren. Ähnlich war es bei Dragomanen, zu deren Aufgabenbereich die mündliche und schriftliche Tätigkeit zählte. Erst im Zuge einer zunehmenden Professionalisierung der Sprachmittlungstätigkeiten wurde eine Unterscheidung nach schriftlicher und mündlicher Ausprägung eingeführt (vgl. 2.3.3).

Ordnung in die chaotischen Zustände am Markt sollte 1921 die Gründung eines Sprachendienstes im Auswärtigen Amt bringen. Vor allem vor dem Hintergrund eines steigenden Sprachmittlungsbedarfs angesichts des politischen und gesellschaftlichen Umbruchs und den damit verbundenen steigenden Ansprüchen an die Tätigkeit von Dolmetschern und Übersetzern sollten im Auswärtigen Amt die sprachlichen Arbeiten in einer Sprachenabteilung gebündelt werden (vgl. 2.1.2.5). Dies war m.E. eine erste Initiative in Deutschland, die vielfältigen Sprachmittlungsaufgaben im Auswärtigen Amt zu organisieren und die komplexen Übersetzungsprozesse zu beschreiben.

Zur Vorbereitung von Dolmetschern auf die Sprachmittlungsaufgaben, etwa bei Konferenzen, wurde eine interne Ausbildungsmöglichkeit bereits 1919 eingerichtet. Der Sprachendienst im Auswärtigen Amt übernahm in den ersten Jahren seines Bestehens Übersetzungsarbeiten von anderen Behörden, Unternehmen und gar Privatpersonen in Deutschland. Das im Auswärtigen Amt entwickelte System zur Koordinierung von Sprachdienstleistungen trug, auch weil das Auswärtige Amt Auftraggeber von externen Kräften blieb, zu einer Qualitätssteigerung auf dem Markt bei und zu einer ersten Profilbildung des entstehenden Berufsbildes, auf dem das heutige Berufsbild basiert. (Vgl. 2.3.4). Noch immer wurde – im Einklang mit der Marktsituation vor 1921 – die Tätigkeit von Dolmetschern und Übersetzern nicht als berufliche Tätigkeit anerkannt. Dazu bedurfte es zunächst einer seriösen Ausbildungsmöglichkeit für Dolmetscher und Übersetzer auf Hochschulniveau, auf deren Basis ein Anfang gemacht werden konnte, um einen Kreis von dringend benötigtem qualifiziertem Fachpersonal für die vielfältigen Bedarfe am Sprachdienstleistungsmarkt auszubilden.

Dieser Moment war Ende der 1920er Jahre gekommen, als wirtschaftliche und politische Entwicklungen den reibungslos funktionierenden internationalen Warenaustausch dringend erforderten (vgl. 2.1.2.5). Dabei war längst erkannt worden, dass zum Aufbau internationaler Geschäftsbeziehungen neben fundierten Sprachkenntnissen auch fundierte Kenntnisse über die Kultur und damit zusammenhängend über landestypische Erscheinungen der Wirtschaft des fremden Landes unabdingbar waren (vgl. 2.5, 2.6, 2.7). Neben den Bedarf von Dolmetschern und Übersetzern bei Behörden und bei internationalen politischen Begegnungen, wie etwa im Auswärtigen Dienst, trat somit der Bedarf an diesem Personal in der Wirtschaft, wo Verständigungsprobleme zwischen Geschäftspartnern häufig den Geschäftserfolg versagten.

Es traf sich, dass zu dieser Marktsituation, die auf einen eklatanten Fachkräftemangel zurückzuführen war, die Situation im kaufmännischen Bildungswesen hinzukam, wo in Fachkreisen längst festgestellt worden war, dass der fremdsprachliche Unterricht an Handelshochschulen ein wissenschaftliches Profil annehmen musste, um zukünftige Kaufleute adäquat auf ihre komplexen sprachlichen Aufgaben im Außenhandel vorzubereiten (vgl. 2.5.6.1). Durch die Gründung eines Dolmetscher-Instituts an der Handelshochschule Mannheim konnte dem skizzierten Problem am Markt, das durch eine fehlende Ausbildung immer vertrackter wurde, mit einer entsprechenden Lösung begegnet werden. Zudem bot ein solches Institut eine Antwort auf die bereits vor dem Ersten Weltkrieg geforderten Auslandsstudien (vgl. 2.2.3, 2.4.5). Auf der Basis kaufmännischer Prämissen war zu jener Zeit im kaufmännischen Bildungswesen schon erkannt worden, dass Sprache ein Leistungsprodukt ist, das einen Markt hat und gewisse Qualitätsanforderungen an dieses Produkt eines gewissen vorherigen Inputs bedürfen, etwa einer fundierten Ausbildung (vgl. 2.5.5.3, 2.5.6.1.3). Dieser Ansatz zum praktischen Umgang mit Sprache stand jedoch diametral entgegengesetzt zu den klassischen Zielen eines universitären philologischen Studiums und zu der traditionellen Auffassung seiner Vertreter über ein solches (vgl. 2.1.1).

Glauser, der Gründer des ersten Dolmetscher-Instituts an der Handelshochschule Mannheim, der im Gründungsjahr des Dolmetscher-Instituts 1930 von seinen langjährigen Lehrerfahrungen, seit 1911 auch als Inhaber einer Sprachprofessur, zehren konnte, stand Ende der 1920er Jahre vor dem Problem, die skizzierte schwierige Marktsituation anzupacken und einen Anfang zu wagen, sie durch die Ausbildung von Fachkräften zu normalisieren: ein Mammutprojekt. Das langfristige Ziel des Dolmetscher-Instituts war es m. E., in Übereinstimmung mit dem Auswärtigen Amt, nach und nach den wildgewachsenen Sprachdienstleistungsmarkt an selbsternannten Dolmetschern und Übersetzern auszudünnen und an ihre Stelle fundiert ausgebildete Fachkräfte zu setzen, die dringend notwendig waren, um den Bedarf qualifiziert zu bewältigen.

Abb. 6 **Angebotsseite am Markt (Schätzung)**

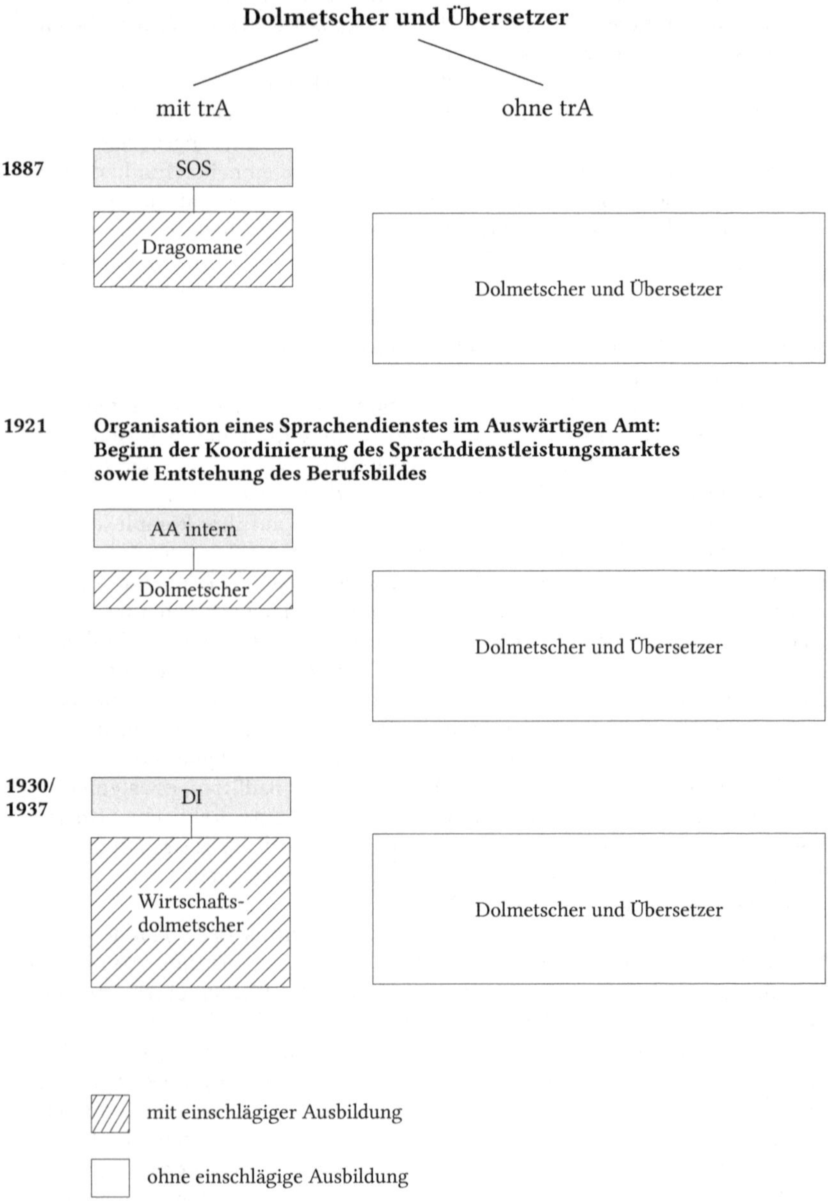

Vor Augen sollte man sich hierbei führen, dass diese für die Sprachmittlungstätigkeiten fundiert ausgebildeten Fachkräfte zwischen den Weltkriegen eine Minderheit auf dem Markt darstellten (vgl. Abb. 6). Eine erste Maßnahme zur Verbesserung der Marktsituation dürfte die Prüfungsordnung des Dolmetscher-Instituts der Handelshochschule Mannheim von 1932 gewesen sein, die nicht nur einer Spezialisierung nach mündlichen und schriftlichen Sprachmittlungsleistungen gerecht wurde, sondern auch ein Zeichen für die Professionalisierung dieser Tätigkeiten setzte, denn zu jener Zeit wurden Sprachdienstleistungen noch nicht als berufliche Tätigkeit anerkannt (vgl. 2.6.9). Eine Quelle von 1935 beschreibt die Marktsituation von Dolmetschern in jener Zeit wie folgt:

> »Oft ist hier sogar die Personalunion die Regel: ein Dolmetscher wird auch als Übersetzer, Presselektor, Auslandskorrespondent, Sprachsachverständiger usw. beschäftigt. Häufig, ja meist wird die fremdsprachliche Tätigkeit in Verbindung mit einem sonstigen Hauptberuf ausgeübt. Das Vorhandensein von Dolmetschern und Übersetzern, und anderen Vertretern fremdsprachlicher Praxis, ihre durch planmäßige Ausbildung und Wahl gestützte dauernde Bereitstellung ist ein zwingendes Erfordernis unserer Gegenwart und Zukunft.«[2166]

Das Aktenstudium erlaubt die Einschätzung, dass die bis 1921 skizzierte Marktsituation sich zumindest bis nach dem Zweiten Weltkrieg aufrechterhielt. Auch die Initiative des Auswärtigen Amts zur Errichtung eines organisierten Sprachendienstes konnte verständlicherweise kaum einen flächendeckenden Erfolg am Markt zeitigen. Glauser betrat also nicht nur Neuland mit seinem Dolmetscher-Institut, sondern auch ein sehr heikles Marktumfeld.

Der Umstand, dass das DI an der Handelshochschule Mannheim bereits drei Jahre nach seiner Gründung führungslos war und an die Universität Heidelberg verlegt und profilverändert fortgeführt wurde (vgl. 2.6.8), führte möglicherweise dazu, dass sich die Marktsituation vorläufig nicht nennenswert ändern konnte. Snyckers' Ausführungen in der Denkschrift zur Gründung des Dolmetscher-Instituts an der Handelshochschule Leipzig 1937 lassen auf eine ähnliche Marktsituation wie in den 1920er Jahren schließen (vgl. 2.7.3.1). Archivunterlagen aus den ersten Jahren des Zweiten Weltkriegs untermauern sogar, dass unseriöse Ausbildungseinrichtungen für Dolmetscher und Übersetzer am Markt Fuß gefasst hatten und die unbefriedigende Marktsituation noch zementierten, anstatt dem Mangel an qualifizierten Sprachmittlern abzuhelfen (vgl. 2.7.4.1). Auch das Dolmetscher-Institut der Handelshochschule Leipzig war ähnlich wie das Dolmetscher-Institut an der Handelshochschule Mannheim nicht von langem Bestand. Zudem wurde es in seiner achtjährigen Existenz durch sechs Kriegsjahre in seiner Entfaltung erheblich gehemmt (vgl. 2.7.3.3).

Die Skizzierung der Marktsituation zeigt, dass es zwischen den Weltkriegen in Deutschland durchaus solide Initiativen gab, um die außer Kontrolle gerate-

2166 Lane (1935b: 2). Aus dem ersten Vorwort der Vorkriegsausgabe der Fachzeitschrift *Lebende Sprachen.*

ne Situation auf dem Sprachdienstleistungsmarkt in den Griff zu bekommen. Die politischen Umstände der Zeit und auch – aus heutiger Sicht – Fehler seitens wissenschaftlicher Vertreter der Philologie im preußischen Unterrichtsministerium machten es jedoch unmöglich, dieser Marktsituation, die auch das Image von Dolmetschern und Übersetzern nachhaltig beeinflusste, konsequent durch eine breit angelegte translatorische Ausbildung Einhalt zu gebieten und eine tragbare Lösung anzustreben. Qualifizierte Dolmetscher und Übersetzer blieben daher im genannten Zeitraum am Markt eine Minderheit (vgl. Abb. 6).

3.1.8 Zum Bedarf

Bei der Entstehung der translatorischen Ausbildung übte der Bedarf nicht nur Schubkraft aus (vgl. Abb. 3), sondern hatte auch formende Kraft auf die Entstehung des Ausbildungs- und Berufsprofils (vgl. Abb. 7). Denn der Bedarf bestimmte nicht nur die Anforderungen an die Tätigkeit von Dragomanen und auch Wirtschaftsdolmetschern, sondern auch die Studienziele der translatorischen Ausbildung.

Das Aktenmaterial zeigt, dass am Markt eine enorme Bedarfsvielfalt vorhanden war, an die sich die Sprachmittlungstätigkeit und folglich ihre Ausbildung anpassen sollten. Deutlich tritt dies in den politischen Debatten im Parlament oder auch bei den Entwürfen zu einem Studium des Auslandes vor dem Ersten Weltkrieg zutage. Viele für den Auswärtigen Dienst nützliche Bereiche, darunter hochspezialisierte Fachbereiche einer Welt, die sich zunehmend komplexer gestaltete, wurden von den Politikern als Anforderung an das Studium am SOS vorgegeben. (Vgl. 2.2.2.1, 2.4.5). In einer Art Wunschkonzert wurden von der Politik, ausgerichtet auf einen konkreten Bedarf zur Erfüllung der Amtsgeschäfte, Studienziele vorgetragen, ohne dabei das prägende Element eines solchen Auslandsstudiums und der damit zusammenhängenden Sprachmittlung zu beachten und seine Schwierigkeit zu würdigen: die Sprache. Tatsächlich handelte es sich um ein Sprachenpaar mit jeweils unterschiedlichen kulturellen Inhalten, die es galt, sprachlich in Einklang zu bringen, um Verständigung herbeizuführen. Neben den unterschiedlichsten Tätigkeitsbereichen des Auswärtigen Dienstes gewannen aufgrund entsprechender Entwicklungen in der deutschen Wirtschaft wirtschaftliche Themenfelder immer mehr an Gewicht (vgl. 2.1.2.4). Diese Entwicklungen trugen dazu bei, dass sich die Debatte über das Auslandsstudium nach dem Ersten Weltkrieg ins kaufmännische Bildungswesen verlagerte, denn dieses war dafür zuständig, für den Erfolg der deutschen Wirtschaft Nachwuchskräfte zu schaffen. Auch hier wurde aber häufig außerhalb von Fachkreisen die Rolle der Sprache unterschätzt (vgl. 2.5.5.1).

Die Themenbandbreite bei der Konzeption der translatorischen Ausbildung im kaufmännischen Bildungswesen richtete sich in erster Linie nach Themenschwerpunkten eines betriebswirtschaftlichen Studiums an Handelshochschulen, das sich an der kaufmännischen Praxis orientierte. Dieser auf dem wirtschaftlichen und auch auf dem juristischen Bereich liegende Themenfokus hatte aber einen enormen Umfang, wie etwa Snyckers' Darlegungen aus dem Jahr 1935 widerspiegeln (vgl. 2.5.5.3). Der Bedarf prägte somit die Gestaltung des Curriculums der translatorischen Ausbildungsstätten entscheidend mit und führte dazu, dass sich das Curriculum an die Anforderungen bestimmter Tätigkeitsfelder anpasste, um bedarfsgerecht entsprechende Fachkräfte auszubilden. Zwischen Ausbildungsprofil und Berufsprofil entstand somit eine Wechselwirkung im Einklang mit dem Bedarf am Markt, die eine gegenseitige Profilierung förderte.

Der Bedarf, im Sinne von Anforderungen, die aus bestimmten Tätigkeitsfeldern stammen, ist folglich unzertrennlich mit der translatorischen Ausbildung in ihren Anfängen verwoben. Er ist ein bestimmendes Kriterium ihrer Existenz. Oder: Die Entstehung der translatorischen Ausbildung ist ohne den Bedarf nicht denkbar. Kritikern aus traditionellen philologischen Fächern war dieser Wesenszug der translatorischen Ausbildung bis weit nach dem Zweiten Weltkrieg ein Dorn im Auge. Aber die Frage zu stellen, wie die translatorische Ausbildung ohne Bedarf zu definieren sei, würde heißen, sie ad absurdum zu führen. Eine grundlegende Problematik bei der Curriculum-Konzeption der translatorischen Ausbildung bestand auch darin, eine möglichst passgenaue Lösung für unterschiedliche Bedarfe einer heterogenen Zielgruppe zu entwickeln, die unter dem Terminus Dolmetscher zusammengefasst wurde (vgl. 3.1.9).

Abb. 7 **Der Bedarf und seine Kräfte auf die translatorische Ausbildung**

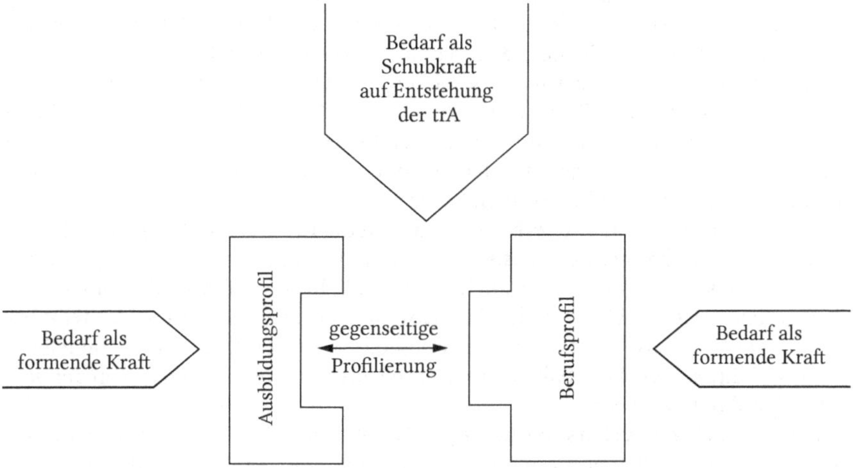

3.1.9 Zur Zielgruppe der translatorischen Ausbildung – Exkurs zum Terminus Dolmetscher

Der Entstehungsprozess der translatorischen Ausbildung zeichnet sich auch dadurch aus, dass die Zielgruppe der translatorischen Studiengänge heterogen war. Denn ihr Ziel war es, möglichst viele unterschiedliche Berufsgruppen in den Genuss von möglichst fundierten fremdsprachlichen und kulturellen Kenntnissen kommen zu lassen (vgl. hierzu auch 2.5.5.2, S. 430). So konnte vermutlich der allgemeine Eindruck entstehen, dass es sich bei der Tätigkeit eines Dolmetschers um keine Expertentätigkeit im engeren Sinne handelt. Personen, die sich am SOS für den Studiengang, der auf die Dragomanatslaufbahn vorbereitete, entschieden hatten, ebenso wie Personen, die sich für einen Studiengang an den Dolmetscher-Instituten entschieden hatten, sollten als Qualifikation möglichst ein bereits abgeschlossenes, meist juristisch bzw. wirtschaftswissenschaftliches Studium, nachweisen oder sich in einem solchen Studiengang befinden. Vorwissen in einem außersprachlichen wissenschaftlichen Fachgebiet wurde somit für das Dolmetscherstudium vorausgesetzt. Die translatorische Ausbildung zielte in ihren Anfängen folglich darauf ab, eine Zusatzqualifikation zu einem bereits absolvierten Fachstudium bereitzustellen. Sie wurde daher als Ergänzungsstudium konzipiert (vgl. 3.1.26).

Deutlich wird dies etwa auch in der Verleihung der Studienabschlüsse. Am SOS galt der Studienabschluss lediglich als Nachweis über die Erlangung von Sprach- und Landeskenntnissen über ein bestimmtes Land. Dieser Abschluss berechtigte aber nicht zur Führung eines Titels (vgl. 2.2.5.2). Am Mannheimer Dolmetscher-Institut war dies im ersten Studienjahr ähnlich: Ein sogenanntes Befähigungszeugnis war vorgesehen, das nach erfolgreichem Absolvieren der geforderten Prüfungsleistungen verliehen wurde. Dieses Zeugnis galt aber lediglich als Bescheinigung, dass der Bewerber als Dolmetscher ausgebildet wurde (vgl. 2.6.5). Es musste schnell klar geworden sein, dass dadurch der Wert der Ausbildung im Vergleich zu anderen Studienabschlüssen nicht geschätzt wurde. Die ab 1931 ausgearbeiteten Prüfungsordnungen am Dolmetscher-Institut der Handelshochschule Mannheim sollten diesem Problem Rechnung tragen und hoben die berufliche Tätigkeit und somit auch die Tatsache, dass es sich dabei um eine qualifizierte (Vollzeit-)Beschäftigung handelte im Titel hervor (vgl. 2.6.9).

Es wäre interessant herauszufinden, wie sich die Prüfungsordnungen nach Verlegung des Mannheimer DIs an die Universität Heidelberg entwickelten, und wie sich Prüfungsinhalte und somit auch Studieninhalte im Rahmen der Universität verlagerten. Was die Struktur des Curriculums betrifft, kann an dieser Stelle bestätigt werden, dass es unverändert dreigliedrig an der Universität Heidelberg weitergeführt wurde. Dies haben curriculare Untersuchungen im Rahmen der vorliegenden Arbeit ergeben.

1937 versuchte Snyckers am Leipziger Dolmetscher-Institut, Prüfungsordnungen, die fachsprachlich ausgerichtet waren, durchzusetzen. Er hatte damit im Unterrichtsministerium aber keinen Erfolg (vgl. 2.7.3.2). Snyckers sah drei verschiedene Prüfungen vor, darunter auch eine für sogenannte Wirtschaftssprachler. Eine Definition dieses Terminus lässt Snyckers offen. Es ist anzunehmen, dass dieser Terminus, der in der recherchierten Literatur häufig vorkommt, auf diejenigen Personen zutraf, die in ihrer Ausbildung und beruflich mit Wirtschaftssprache in Berührung kamen. Dies betraf zumindest alle Absolventen des kaufmännischen Bildungswesens. Wirtschaftssprache wurde als Fachsprache des Wirtschaftsfachs aufgefasst, das sich aus dem Handelswesen und den später entstandenen Handelswissenschaften entwickelt hatte. Das heute bekannte Nachfolgefach ist die Betriebswirtschaftslehre (BWL). – Und welchen Siegeszug hat dieses Fach im Kanon der Wissenschaften antreten dürfen! Ganz im Gegenteil zu den stiefmütterlich behandelten translatorischen Studiengängen ... Die Prüfungsleistungen für Wirtschaftssprachler entsprachen m.E. einer Abschlussprüfung für Handelskorrespondenten. Als Steigerung dieses Abschlusses, die eine intensivere und wissenschaftliche Auseinandersetzung mit der Wirtschaftssprache des Auslandes und den Vergleich mit der Wirtschaftssprache des eigenen Landes beinhaltete, war ein Abschluss für sogenannte Wirtschaftsdolmetscher vorgesehen (vgl. 3.1.6). Dazu zählten schriftliche und mündliche Prüfungsleistungen in der Fremdsprache, was auch ein Hinweis darauf ist, dass in den Anfängen der translatorischen Ausbildung nicht streng zwischen schriftlicher und mündlicher Sprachmittlung als Spezialisierung in zwei unterschiedlichen Studiengängen unterschieden wurde, wie sie erst in den 1960er Jahren eingeführt wurde[2167]. (Vgl. 2.7.3.1.3).

Snyckers monierte 1928, dass wirtschaftssprachliche Kenntnisse bislang in keinem Studiengang vermittelt werden, und betonte, dass es sich dabei nicht um den Spracherwerb in einem fremdsprachlichen Studiengang handelte, sondern um die Behandlung von Fachsprache der Wirtschafts- und Rechtswissenschaften des Auslandes. (Vgl. 2.5.4). Die Dolmetscher-Institute an den Handelshochschulen sollten zur Schließung dieser Lücke der Sprachwissenschaft beitragen (vgl. etwa 2.5.3, 2.5.5.3, 2.5.7.3.1), indem sie die wissenschaftliche Fachsprachenforschung, wohl gemerkt im Sprachvergleich zwischen Mutter- und Fremdsprache, zum Forschungsgegenstand machten. (Vgl. 3.1.25).

In den Denkschriften sowohl zum Mannheimer (1930) als auch zum Leipziger DI (1937) wird betont, dass an den DIs Wirtschaftsdolmetscher ausgebildet werden, ohne diese Bezeichnung näher zu erklären. In seiner Denkschrift von 1937 bezeichnet Snyckers das zu gründende Dolmetscher-Institut allerdings erläuternd als Institut für Wirtschaftssprachler und Wirtschaftsdolmetscher. Letzterer Terminus wurde vermutlich gewählt in Analogie zur Bezeichnung Wirtschaftssprachler, um die Nähe des Dolmetscher-Instituts zur Aufgabenstellung der Handelshochschulen zu betonen und möglicherweise auch, um die Absolventen dieser Ausbildungsstätten von den wildwüchsigen Dolmetschern am Markt abzugrenzen. Ein Diplom für Wirtschaftsdolmetscher wurde vom Unterrichtsministerium jedoch nicht zugelassen.

Die Marktsituation bot eine große Bandbreite an Beschäftigungsmöglichkeiten für Dolmetscher, die in ihrem Begriff im Entstehungsprozess der translatorischen Ausbildung auch Übersetzer vereinten (vgl. 3.1.7). Offensichtlich wird dies vor allem in der Bezeichnung Dolmetscher-Institut, wo auch Übersetzer ausgebildet wurden und wo Übersetzungsübungen im Zentrum des Studiums standen. Der Dolmetscher war somit für mündliche und schriftliche Sprachdienstleistungen zuständig, was durch das Tätigkeitsprofil von Dragomanen bestätigt werden kann (vgl. 2.3.2). Erst mit dem Aufkommen der Dolmetscher-Institute begann nach 1931

2167 Vgl. Wilss (2000a: 10 und 13).

eine allmähliche Spezialisierung in mündliche und schriftliche Sprachmittlungstätigkeiten, die sich aber nur sehr langsam durchsetzte – nicht nur am Markt, sondern auch in den Köpfen der Zeitgenossen. Zur Zielgruppe der Dolmetscher-Institute gehörten in erster Linie Diplom-Handelssprachlehrer, Diplom-Kaufleute und Diplom-Volkswirte (vgl. etwa 2.6.2). 1930 fasste Glauser die Zielgruppen des DIs als »wissenschaftliche Vertreter der Sprachen« zusammen (vgl. 2.5.4).

Legten sich die DIs auf den Schwerpunkt Wirtschaft fest, so musste das SOS eine noch breitere Zielgruppe bedienen. 1911/12 wird auf die Vielfalt der beruflichen Hintergründe der Studierenden des SOS hingewiesen. Es handelte sich vor allem um Beamte aus den folgenden Bereichen: Recht, Militär, Zoll, Landwirtschaft. Zudem zählten zu den Studierenden am SOS etwa auch Lehrer und Missionare. Sie alle wurden unter dem Dach des SOS vereint, das ursprünglich als Ausbildungsstätte für Dolmetscher gegründet wurde (vgl. 2.2.2.3). Dies musste zwangsläufig fatale Folgen für das Image und für die Bildung des Berufsprofils von Dolmetschern und Übersetzern haben, denn sie wurden nicht als Sprachspezialisten anerkannt, sondern als Personen, die lediglich neben ihrem eigentlichen Fachbereich eine Zusatzqualifikation in Fremdsprachen zur Ausübung von Sprachmittlungstätigkeiten anstrebten. Diese Zusatzqualifikation hatte einen minderen Stellenwert als der Abschluss des von ihnen zuvor studierten außersprachlichen Fachgebiets. 1935 wurden von Messing, der für das fachsprachliche Studium an Handelshochschulen den Begriff Wirtschaftslinguistik einführte, textproduzierende Berufe als Zielgruppe eines solchen Studiums genannt, etwa Verfasser, Unterhändler, Verkäufer, Vertragsentwerfer. Hierzu reihte er Dolmetscher ein (vgl. 2.5.5.3).

Die Ausführungen skizzieren, wie es zu den auch heute noch vorherrschenden konfusen Vorstellungen über die Tätigkeit von Dolmetschern und Übersetzern kommen konnte. Sie erklären auch, warum es schwierig war, diese Tätigkeit als Beruf anzuerkennen. Die translatorische Ausbildung musste einer großen Bandbreite an Sprachbedarfen auf dem Markt entsprechen. Sie spiegelt somit auch die vorherrschende chaotische Marktsituation in der Entstehungsphase der translatorischen Ausbildung wider, legte aber dennoch den Grundstein für die spätere Spezialisierung im Bereich der qualifizierten Sprachmittlung. Dies nicht zuletzt, da es sich herausstellte, dass diese Materie zu komplex war, um im Rahmen eines Ergänzungsstudiums für Personen mit Berufszielen in anderen Fachbereichen fundiert vermittelt und erforscht zu werden.

3.1.10 Zur Rolle des Staates (1880er–1920er Jahre)

Als grundlegende exogene Motivationskraft war der Staat wegen seiner Auslandsinteressen hauptverantwortlich für die Entstehung der translatorischen Ausbildung in Deutschland (vgl. 3.1.4). Die Untersuchungen zum SOS in der vorliegenden Arbeit haben gezeigt, dass Deutschlands außenpolitische Ausrichtung die inhaltliche Themengestaltung des Curriculums am SOS stetig formte und dieses entsprechend flexibel angepasst und erweitert wurde (vgl. 2.2.2.3). Mit bewundernswertem Selbstbewusstsein – bei fehlender Fachkompetenz zum Thema – trugen

Politiker ihre curricularen Vorstellungen in Parlamentsdebatten vor (vgl. 2.2.2.1), sodass es nicht wundernimmt, dass diese Manier heutzutage im translatologischen Fach immer noch festgestellt werden kann, wenn so mancher Außenstehende meint, mitreden zu können. Die maximalen Anforderungen der Politik an das SOS wurden zudem noch von der fehlenden Bereitschaft begleitet, das SOS infrastrukturell entsprechend weiterzuentwickeln. Initiativen in diese Richtung aus den Reihen der Zuständigen des SOS, die dieses durch ihre Lehrtätigkeit prägten, wurden ignoriert. Besonders deutlich wird dies bei einem Blick auf die Jahre des Ersten Weltkriegs und der Nachkriegszeit, als das preußische Unterrichtsministerium versuchte, in einer vermeintlichen Reform, das SOS aufzulösen. (Vgl. 2.2.3, 2.2.3.10).

Im Vordergrund standen hier m.E. unterschiedliche wissenschaftliche (Welt-) Ansichten, die das Unterrichtsministerium, als staatlicher Vertreter der universitären Philologie, daran hinderte, die Neuphilologie gemäß dem Bedarf der Zeit für neue dringend benötigte Forschungsnischen, etwa der Fachsprachenforschung, zu öffnen (vgl. 2.1.1). Die Bedarf, der durch entsprechende gesellschaftliche und politische Veränderungen motiviert wurde, wurde hierbei negiert und die damit zusammenhängende Problematik für die Sprachforschung als praktisch und vermeintlich unwissenschaftlich, und somit forschungsunwürdig, abgetan. (Vgl. 2.1.1, 2.1.2, 2.2.3.11, 2.2.5.7). Eingeräumt werden muss, dass der Fortbestand des SOS von den Befürwortern an die Errichtung einer Auslandshochschule geknüpft wurde, die in Anbetracht der finanziellen Umstände in der Nachkriegszeit, nicht umsetzbar war (vgl. 2.2.3.8).

Zur Demontage der aufkeimenden translatorischen Ausbildung seitens der Zuständigen im Unterrichtsministeriums kam aber auch ein grundsätzliches Missverständnis der Methode des im Entstehen begriffenen translatorischen Fachs. Aufgrund des falschen Verstehens oder auch Nicht-Verstehens des methodischen Ansatzes wurde die erste Methodenbildung in der translatorischen Ausbildung vereinfacht von einer Expertenlösung auf eine Laienlösung übertragen. Das heißt: Eine in einem bestimmten Fachbereich für einen kleinen Kreis von Fachkräften gewonnene Methode wurde vereinfacht und mit gewisser Breitenwirkung auf eine Allgemeinheit übertragen. Das übergeordnete Ziel, ein Verständnis für Zusammenhänge im Ausland zu erreichen, war zwar sowohl bei der Experten- als auch bei der Laienlösung gegeben, aber in der Tiefe nicht vergleichbar. Denn in der Methode und vor allem im Ergebnis waren beide Lösungen derart grundverschieden, sodass ein Qualitätsunterschied im jeweiligen Ergebnis eklatant zutage treten musste. Dieser Qualitätsunterschied wurde von den Behörden billigend in Kauf genommen zulasten eines entstehenden Fachs, vor dessen Notwendigkeit die Augen verschlossen wurden, und – mit Blick auf die Zukunft – zulasten seiner Fachvertreter. (Vgl. 2.2.5.6).

Nicht nur das Unterrichtsministerium machte in jener Zeit bezüglich der translatorischen Ausbildung Fehler, sondern auch die Zuständigen im Auswärtigen Amt. Ihnen fehlte die Kombinationsfähigkeit, etwa das SOS, als traditionelle Ausbildungsstätte der translatorischen Ausbildung, auf die Bedürfnisse der neuen Zeit anzupassen. Stattdessen wurde 1919 intern eine translatorische Ausbildung geschaffen. (Vgl. 2.2.3.9). Womöglich waren die Unterschiede der Tätigkeitsbereiche von Dragomanen, für die es bis zum Ende des Ersten Weltkriegs eine staatliche Laufbahn gab, und dem des modernen Dolmetschers und Übersetzers, der praktisch vogelfrei auf einem wildgewachsenen Markt agierte (vgl. 2.3.3, 3.1.7), nicht auf den ersten Blick erkennbar, sodass Synergieeffekte im Ausbildungsbereich kaum ausgemacht werden konnten. Zudem war das Sprachangebot des SOS nach dem Ersten Weltkrieg für Deutschlands Außenpolitik nicht mehr relevant und die Einrichtung ohnehin infrastrukturell auf dem Stand von 1887 stehen geblieben.

Aufgrund der Unaufgeschlossenheit der zuständigen Behörden gegenüber der Entwicklung der translatorischen Ausbildung trotz des dringenden Bedarfs am Markt an einer entsprechenden Lösung konnte an einem weitgehend privatfinanzierten Hochschultyp, der für Veränderungen der Zeit aufgeschlossen war, die translatorische Ausbildung – auch in Anbetracht der Notwendigkeit, den Fremdsprachenunterricht an diesem Hochschultyp wissenschaftlich zu gestalten (vgl. 2.5) – eine neue Heimat finden (vgl. 2.6, 2.7).

3.1.11 Institutionelle Metamorphose der translatorischen Ausbildung (1887–1945)

Die translatorische Ausbildung ist eng an das zwischen etwa 1900 und Ende der 1930er Jahre viel diskutierte Studium des Auslandes geknüpft (vgl. 2.2.3, 2.4.5, 3.1.14). In ihrem Entstehungsprozess erfuhr die translatorische Ausbildung institutionelle Veränderungen (vgl. Abb. 8), die auch im Zusammenhang mit der Notwendigkeit zu sehen sind, für den politischen und wirtschaftlichen Austausch mit dem Ausland Kenntnisse über dieses zu gewinnen (vgl. 2.1.2). Dem Studium des Auslandes kommt dabei eine besondere Bedeutung zu und soll in dieser Fokussierung aus institutionsbildender Perspektive genauer beleuchtet werden (vgl. 3.1.4).

Es fällt auf, dass sich bei der Behandlung des Studiums des Auslandes im Bildungswesen eine Entwicklung vollzog von einer Lösung für Experten, also einer Spezialisierung (linker Kasten in Abb. 8), über eine Lösung für die Allgemeinheit, also einer Generalisierung (mittlerer Kasten in Abb. 8), schließlich hin zu einer Hybridlösung, die neben einer Lösung für die Allgemeinheit auch eine spezialisierte Teillösung für Experten bot (rechter Kasten in Abb. 8). Die Flächen in Abb. 8 sind aus Darstellungsgründen exemplarisch und enthalten keine Wertung bezüglich des tatsächlichen Angebots der Kulturkundeveranstaltungen bzw. bezüglich des Veranstaltungsangebots der translatorischen Ausbildung.

Das SOS wurde 1887 gegründet, um das Studium des Auslandes im Rahmen einer eigens dafür eingerichteten Institution zu vertiefen. Diese Studien richteten sich nur an einen kleinen Kreis von Personen, die für ihren Auslandseinsatz im Staatsdienst vorgebildet wurden. Im übrigen allgemeinen und fachgebundenen Bildungswesen gab es kein vergleichbares Bildungsangebot. Das Studium des Auslandes galt somit dreißig Jahre lang als Expertenlösung, bis 1917 durch die *Denkschrift über die Förderung der Auslandsstudien* vom preußischen Unterrichtsministerium – angeregt von der bisherigen Expertenlösung am SOS – Auslandsstudien im gesamten Bildungswesen eingeführt wurden (vgl. 2.2.3.6). Dadurch sollte ein weitaus größerer Personenkreis in den Genuss von Auslandsstudien kommen. Dies galt aus Regierungssicht als Politisierung der Bevölkerung (vgl. 2.1.1). Allerdings wurden bei der Qualität der Vermittlungsmethoden und auch bei den Ergebnissen Abstriche gemacht, denn das Wissen über das Ausland sollte nun nicht mehr Experten, sondern Laien zur Verfügung gestellt werden. Dies konnte nur in vereinfachter Form, etwa nicht in der Fremdsprache, und ohne sprachliche und sachliche Vertiefung, wie sie im Rahmen eines Expertenstudiums möglich war, erfolgen (vgl. 2.2.3.3, 3.1.15). Diese Banalisierung des Auslandsstudiums und die damit einhergehende unkontrollierte Situation auf dem entstehenden Sprachdienstleistungsmarkt trugen m. E. auch dazu bei, dass das Image des entstehenden Berufsbildes von Dolmetschern und Übersetzern lädiert wurde (vgl. 3.1.7).

In den Jahren zwischen 1917 bis 1930 wurde im allgemeinen Bildungswesen keine Lösung für Experten auf dem Gebiet der Auslandsstudien angeboten, da die Dragomanatslaufbahn im Auswärtigen Dienst durch den Ausgang des Ersten Weltkriegs weggefallen war. Lediglich im Auswärtigen Amt wurden Dolmetscher und Übersetzer intern im kleinen Rahmen ausgebildet. Dies zeigt, dass auf eine, wenn auch versteckte, translatorische Ausbildung als Speziallösung selbst in jener Zeit nicht verzichtet werden konnte. Allerdings ist es zu vermuten, dass die Betonung dieser Ausbildung auf der sprachlichen Behandlung lag und weniger auf der auslandskundlichen. In Abb. 8 wird diese inoffizielle Ausbildungsmöglichkeit nicht berücksichtigt. Da wirtschaftliche und politische Entwicklungen nach einer fundierten Ausbildungsmöglichkeit für Sprachexperten mit fundierten Auslandskenntnissen verlangten (vgl. 2.1.2.5), brachte der Bedarf 1930 eine erneute Institutionalisierung der translatorischen Ausbildung im Rahmen von Dolmetscher-Instituten an Handelshochschulen hervor, die zu einem fachgebundenen Schulwesen gehörten (vgl. 2.6, 2.7, 3.1.8).

Das allgemeine Bildungswesen, in dem das Studium des Auslandes als sogenannte Kulturkunde Anfang der 1920er Jahre eingeführt wurde, schien für die translatorische Ausbildung in jener Zeit noch nicht bereit zu sein (vgl. 2.1.1.7). Der erste Kontakt mit der translatorischen Ausbildung im allgemeinen Bildungswesen in der Zeit zwischen den Weltkriegen kam 1933 zustande, als die Universität Heidelberg das Dolmetscher-Institut der Handelshochschule Mannheim übernahm (vgl. 2.6.7, 2.6.8). Diese vom allgemeinen Bildungswesen übernommene Expertenlösung aus einem fachgebundenen Bildungswesen wurde durch den Bedarf am Markt gesteuert, der die Notwendigkeit eines fundierten Auslandsstudiums als Expertenlösung rechtfertigte. Bestätigt wurde die translatorische Ausbildung in jener Zeit zudem durch die Gründung des zweiten Dolmetscher-Instituts an der Handelshochschule Leipzig und überdies durch die Gründung der Ausland-Hochschule in Berlin (vgl. 2.4, 2.7). Dadurch wurde auch offensichtlich, dass die vom preußischen Unterrichtsministerium umgesetzte Patentlösung, die Vermittlung von Auslandskenntnissen in einem herabgestuften Bildungsprogramm auf die All-

Abb. 8 **Institutionelle Metamorphose der translatorischen Ausbildung (1887–1945)**

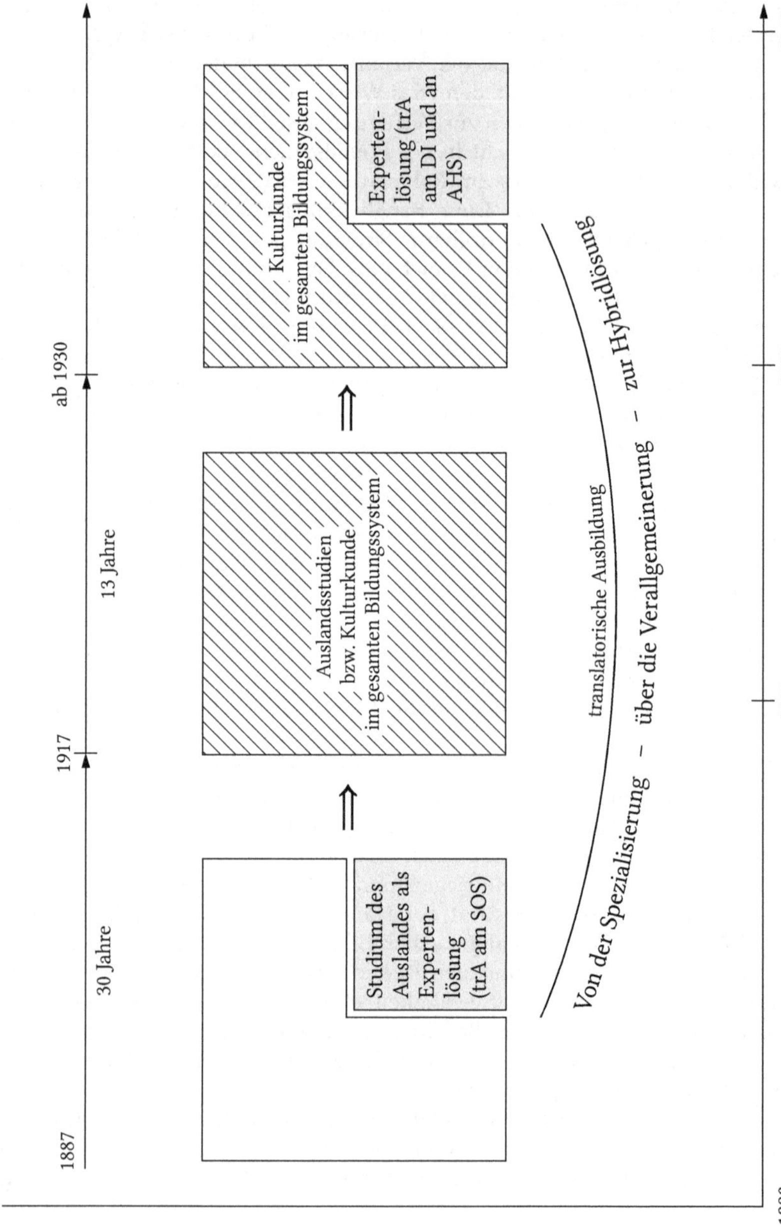

gemeinheit zu übertragen, nicht ausreichte, um ein qualitativ hochwertiges Studium des Auslandes für professionelle Zwecke zu gewährleisten.

Dem SOS und den beiden ersten Dolmetscher-Instituten an den Handelshochschulen ist gemein, dass sie selbstständige Ausbildungseinrichtungen waren, sowohl an der Universität als auch an den Handelshochschulen. Dies ist auf ihren besonderen Charakter zurückzuführen als Institutionen, die inhaltlich und methodisch Sprachliches und Fachliches in Einklang zu bringen hatten, also eigentlich zwischen unterschiedlichen Fachrichtungen anzusiedeln waren. Als ein solches Bindeglied war es nicht einfach, zugeordnet zu werden. Trotzdem belegt die Geschichte, dass diese Ausbildungsstätten jeweils unverzichtbare Pilotprojekte waren.

3.1.12 Zur internationalen Dimension des kaufmännischen Bildungswesens

Das übergeordnete Ziel des kaufmännischen Bildungswesens in Deutschland seit seiner Gründung war die Steigerung der internationalen Wettbewerbsfähigkeit der deutschen Wirtschaft (vgl. 2.1.2.4, 2.4.2). Dies erklärt das Interesse am Ausland und die Notwendigkeit, Auslandskenntnisse für Geschäftskontakte zu erwerben. Damit in Verbindung steht die länderübergreifende Aktivität des kaufmännischen Bildungswesens in Deutschland. Geschichtlich gesehen rührt das Ziel des kaufmännischen Bildungswesens von der traditionellen Orientierung des Kaufmannsstandes ins Ausland her, der das kaufmännische Bildungswesen ab 1896 mit der Gründung des DVkU auch gerecht werden sollte.

Die Orientierung ins Ausland galt traditionell auch für Kaufleute anderer Länder. Durch dieses gemeinsame Interesse im kaufmännischen Bildungswesen konnte ein reger internationaler Austausch entstehen. Angefangen von den *Internationalen Kongressen*, die ab 1886 als erste Einrichtung vermutlich in Frankreich ins Leben gerufen wurden, über die *Internationale Gesellschaft*, die 1901 gegründet wurde und als zentrales Leitungsgremium des internationalen kaufmännischen Bildungswesens zu erachten ist, bis hin zu den *Internationalen Sprach- und Wirtschaftskursen*, die als ein Produkt des internationalen Austauschs im kaufmännischen Bildungswesen einzustufen sind, und eine Lücke in der kaufmännischen Auslandsausbildung füllen sollten. (Vgl. 2.4.4).

Der Handel mit dem Ausland und damit verbunden das Studium des Auslandes sind folglich grundlegende Elemente des Kaufmannsstandes und des kaufmännischen Bildungswesens. Zu Recht kann daher festgestellt werden, dass das Auslandsstudium dem kaufmännischen Bildungswesen schon längst innewohnte, als die Diskussion über die Auslandsstudien in Deutschland vorübergehend 1908 und anhaltend ab 1912 in die Öffentlichkeit gelangte. (Vgl. 2.2.3). In der Diskussion über die *Deutsche Auslandshochschule* und das Auslandsstudium wurden auch die Handelshochschulen ins Spiel gebracht, wobei auch die Gründung von Instituten in Erwägung gezogen wurde, die eigens das Studium des Auslandes, als sogenannte Auslandsinstitute, behandeln sollten (vgl. 2.4.5). Die Dolmetscher-Institute erfüllten letztendlich diese Funktion – zwar relativ stark zeitversetzt zur Diskussion am Vorabend des Ersten Weltkriegs, aber vermutlich wäre es zur Gründung solcher Institute schon eher gekommen, wenn diese Entwicklung nicht durch den Ersten Weltkrieg jäh unterbrochen worden wäre.

Als Auslandsinstitute der Handelshochschulen verfolgten die Dolmetscher-Institute das vorrangige Ziel, kulturelle, in erster Linie wirtschaftliche, Verhältnisse des Auslandes zu erforschen (vgl. 2.6, 2.7). Eine anspruchsvolle und hochwertige Sprachausbildung sollte zur Erreichung dieses Ziels dienen. Sprache wurde dabei als Mittel zum Zweck erachtet. Kultur als schwer zu fassender Begriff und auch der darin sich bergende Teilbereich Wirtschaft eröffneten eine unendliche Themenvielfalt für die Behandlung im Rahmen des Studiums des Auslandes an Handelshochschulen (vgl. 2.7.2.3). Zudem gab es zu jener Zeit in diesem Bereich keine klar definierten Berufsfelder. Aus diesem Grund erklärt sich auch, warum sich das Studium der Dolmetscher-Institute an den Handelshochschulen zunächst an eine facettenreiche Zielgruppe mit unterschiedlichen beruflichen Hintergründen richtete und nicht wie später üblich ausschließlich an zukünftige Sprachexperten (vgl. 3.1.9).

3.1.13 Zum Gedanken der Völkerverständigung

Der Gedanke der Völkerverständigung ist untrennbar mit der translatorischen Ausbildung verbunden. Er ist ihr Ausgangspunkt und ihr Ziel. In seiner Beschreibung zur Methodik des nationenwissenschaftlichen Studiums von 1914 führt Palme aus, dass das Eindringen in den sprachlichen Inhalt von Originaltexten ein Begreifen der kausalen Zusammenhänge eines Landes fördere und ermögliche, anderen Völkern »verstehend gegenüberzutreten« (vgl. 2.2.3.3.2, 3.1.15). Der Gedanke des gegenseitigen Respekts im internationalen Miteinander, der der Sprache eine Schlüsselfunktion zuweist, hat m. E. seine Wurzeln im kaufmännischen Bildungswesen, schon seit dem frühen, noch unorganisierten, Unterricht für angehende Kaufleute (vgl. 2.5.2). Spätestens ab Ende des 19. Jahrhunderts mit dem Beginn des organisierten kaufmännischen Bildungswesens in vielen Ländern weltweit und der Begegnung seiner Vertreter auf internationaler Ebene, um dem internationalen Handel Auftrieb zu geben, wurde dieser Gedanke im kaufmännischen Bildungswesen hochgehalten (vgl. 3.1.12).

Von 1902 datiert von einer Sitzung der *Internationalen Gesellschaft* in Den Haag ein Protokoll, das auf das Leitmotiv des kaufmännischen Bildungswesens hindeutet, welches ein friedliches Miteinander im Austausch der Mitgliedsländer als übergeordnetes Ziel hervorhebt. Dieses Ziel, das auch den internationalen Charakter der IG unterstrich, sollte das Gemeinwohl der beteiligten Länder ohne Unterschied ihrer Nationalität fördern (vgl. 2.4.4.1). Es wurde obersten staatlichen Stellen kommuniziert, um diese zum einen über die Gründung der IG zu informieren und zum anderen, um finanzielle Unterstützung für die Vereinsarbeit zu erbitten. Hinter diesem Leitmotiv der IG und dem Gedanken der Völkerverständigung standen somit ursprünglich wirtschaftliche Beweggründe, die im friedlichen internationalen

Warenaustausch traditionell begründet waren. (Vgl. 2.4.6). Im kaufmännischen Bildungswesen wurde der Gedanke des friedlichen internationalen Miteinanders idealisiert. Von den ISW beispielsweise versprach man sich die gegenseitige Annäherung der Völker und eine vermehrte Wertschätzung der Länder untereinander (vgl. 2.4.4.2).

Der Fremdsprachenunterricht im kaufmännischen Bildungswesen wies methodische Ähnlichkeiten mit dem Studium am SOS auf, das auf die Dragomanatslaufbahn vorbereitete, etwa was die untrennbare Verbindung von Sprach- und Realienunterricht anbelangte. In beiden Bereichen, im kaufmännischen Bildungswesen und der Ausbildung für den diplomatischen und konsularischen Dienst, allen voran der Dragomanatslaufbahn, waren fundierte Sprach- und Landeskenntnisse gefragt, um auf einen bestimmten Zweck bzw. Bedarf ausgerichtete internationale Kommunikation (sprachlich und fachlich) erfolgreich herzustellen und darauf basierend gegenseitiges Verständnis zu fördern. Als Dozent sowohl im kaufmännischen Bildungswesen als auch am SOS muss Palme (vgl. 2.2.3.13.1) eine gewisse methodische Ähnlichkeit aufgefallen sein, die ihn zur Beschreibung der nationenwissenschaftlichen Methode anregte (vgl. 2.2.3.3).

In seiner Schrift von 1914 wird die Voraussetzung für das Verstehen anderer Völker wissenschaftlich beschrieben: Zur Erreichung von bestimmten politischen oder wirtschaftlichen Zwecken im Kontext einer Friedenszeit, die Deutschland wirtschaftlichen Wohlstand und eine privilegierte Position auf dem Weltmarkt gewährte (vgl. 2.1.2.4). Einen Perspektivenwechsel und somit Anlass zum Überdenken bisheriger Prämissen sowie eine neue Wertung des Gedankens der Völkerverständigung rief der Erste Weltkrieg hervor, denn er unterbrach ein friedliches internationales Miteinander und veränderte die Weltwirtschaft. Deutschlands Position war nun international isoliert. In diesem Zusammenhang erfuhr der Wert von Sprach- und Landeskenntnissen, die ein fundiertes Verstehen anderer Länder, der zukünftigen Handelspartner Deutschlands, ermöglichen konnten, eine neue Qualität: Das Werben um Verständnis im Konzert der Völker in der Nachkriegszeit wurde eine existenzielle Angelegenheit mehr als je zuvor – nicht nur für Deutschland. Auch hier zeigt sich, dass vor allem wirtschaftliche Beweggründe den Boden für die Völkerverständigung nährten. (Vgl. 2.1.2.5, 2.2.3.4). Zur Vergegenwärtigung: Der Begriff der Völkerverständigung hatte in seinen hier beschriebenen Anfängen noch nicht die Bedeutung, die dieser Begriff heute hat, so wie er nach dem Zweiten Weltkrieg kontinuierlich an die Bedürfnisse unserer Zeit angepasst wurde. Die Anfänge der translatorischen Ausbildung, die vom Gedanken der Völkerverständigung untrennbar ist, bezeugen aber die Kultivierung dieses Gedankens in ihrem Kern – jeweils mit der Prägung ihrer Zeit.

3.1.14 Zum Studium des Auslandes

Seit den Jahren vor dem Ersten Weltkrieg war in Deutschland häufig in führenden Kreisen in Politik, Wirtschaft und Kultur das Studium des Auslandes, auch Auslandsstudien, behandelt worden, meist im Zusammenhang mit der Reform des diplomatischen und konsularischen Dienstes (vgl. 2.2.3.1, 2.2.3.2, 2.4.5). Es fällt auf, dass zum Studium des Auslandes ungefähr so viele Meinungen vorherrschten wie Personen, die sich in diese Debatte einbrachten. Die Debatte suggeriert, dass das Ausland in jener Zeit Neuland war. Unklarheiten herrschten daher vor, über die Definition des Auslandes an sich, über den institutionellen Rahmen, in dem dieses Studium durchgeführt werden sollte, über die zu behandelnden Themen in einem solchen Studium sowie über seine Methode (vgl. 3.1.15).

Für die Definitionsschwierigkeiten des Terminus Ausland liefern die konsultierten Primär- und Sekundärquellen verschiedene Belege. Ein möglicher Grund dafür könnte sein, dass in jener Zeit Kontakte ins Ausland nur einem kleinen Teil der Bevölkerung vorbehalten waren, etwa führenden Schichten, wie etwa dem Adel, Politikern, international agierenden Unternehmern und einem kleinen Kreis ihrer Mitarbeiter oder Intellektuellen, und somit nur in Einzelfällen Berührung mit fremden Ländern bestand.

1905 etwa zeigen Besprechungen zur Gründung der ISW, dass die Begriffe Ausland, national und international undeutlich waren und daher Verwirrung stifteten (vgl. 2.4.4.2). Erst 1914 brachte Anton Palme (vgl. 2.2.3.13.1), der zu jenem Zeitpunkt gut zwanzig Jahre am SOS Erfahrung in der Ausbildung von Dolmetschern gesammelt hatte, Klarheit in die Sache. In seiner 1914 veröffentlichten Schrift zum Studium an der zu gründenden *Deutschen Auslandshochschule* führt er wie folgt aus:

> »Erstens ist klar, daß es ein Auslandsstudium in dem Sinne, daß das gesamte ›Ausland‹ zum Gegenstand einer besonderen Erkenntnis werden könnte und daß jemand das ›Ausland‹ studieren könnte, nicht gibt. Das Auslandsstudium besteht in dem Studium der e i n z e l n e n fremden Länder. Wer darauf ausgehen wollte, die ganze Außenwelt mit Ausnahme der eigenen Nation als etwas Einheitliches zu erkennen, sähe sich von vornherein zu Dilettantismus und Oberflächlichkeit verurteilt. Damit steht nicht in Widerspruch, daß das Studium gewisser internationaler Beziehungen, seien sie weltpolitischen, weltwirtschaftlichen oder weltkulturellen Charakters nicht nur möglich, sondern auch erwünscht ist. Selbst hier aber müsste Oberflächlichkeit und Schaumschlägerei Platz greifen, sofern nicht in dem vorherigen Studium der einzelnen Länder eine ausreichende Grundlage gegeben worden ist.«[2168]

Einhergehend mit weitgehend unklaren Vorstellungen über das Ausland waren die Vorstellungen über das Studium des Auslandes ebenfalls ungenau. Die in der vorliegenden Arbeit thematisierten Vorschläge, etwa von Pohl und Eltzbacher, ebenso wie die in den Parlamentsdebatten geäußerten Vorstellungen über das Studium des Auslandes spiegeln die fehlende Erfahrung mit diesem Thema wider und belegen, dass das Ausland Raum für unterschiedlichste Vorstellungen der zu behandelnden Themenbereiche bot, die praktisch nicht einzugrenzen waren. (Vgl. 2.2.3.2, 2.2.5.2, 2.4.5).

2168 Palme (1914: 14). Hervorhebung im Original.

Diese Themenvielfalt verführte in der curricularen Gestaltung der translatorischen Ausbildung zu einem zu breiten Fächerangebot, etwa im Realienunterricht am SOS oder in der Kulturkunde- und Sachkundekomponente der Dolmetscher-Institute an den Handelshochschulen und nach dem Zweiten Weltkrieg auch der Dolmetscher-Institute in der französischen Besatzungszone. Dies haben curriculare Studien im Rahmen der vorliegenden Arbeit gezeigt, deren Ergebnisse nicht Teil dieses Werkes sind (vgl. 2.2.2.3, 2.7.2.3, 3.1.25). Ebenso zeigte sich dieses breite Themenangebot in der Konzeption der ISW, die eingeführt wurden, um ein fehlendes Studium des Auslandes im wirtschaftlichen Bereich zu kompensieren (vgl. 2.4.4.2, 2.4.5).

Unklar war auch, in welchem institutionellen Rahmen das Studium des Auslandes durchgeführt werden sollte. Die Ideen zur infrastrukturellen Ausgestaltung eines solchen Studiums reichten von der Errichtung einer zentralen Auslandshochschule (vgl. 2.2.3), die Mitte der 1930er Jahre tatsächlich umgesetzt wurde (vgl. 2.2.4), über die Integration des Studiums des Auslandes an Handelshochschulen oder anderen Hochschulen im Rahmen von zu errichtenden Auslandsinstituten, wie etwa realisiert im Fall der Dolmetscher-Institute, oder als erweiterndes Element bereits bestehender hochschulischer Einrichtungen, wie es etwa in der *Denkschrift über die Förderung der Auslandsstudien* des preußischen Unterrichtsministeriums von 1917 favorisiert wurde.

Das Ziel dieser Denkschrift war es, eine gewisse Breitenwirkung von Auslandsstudien zu erreichen, denn das Studium des Auslandes wurde in der Kriegszeit als Möglichkeit gesehen, zur Politisierung der deutschen Bevölkerung beizutragen sowie den politischen, wirtschaftlichen und kulturellen Einfluss Deutschlands im Ausland zu erhöhen (vgl. 2.2.3.2). Diese Denkschrift war nicht nur das Ergebnis von jahrelangen Debatten über das Studium des Auslandes in Politik und Gesellschaft, sondern auch eine Konsequenz aus den Erfahrungen des Ersten Weltkriegs, in dem internationale Begegnungen zwischen den Völkern eher vernichtenden Charakter hatten. Das vorherrschende internationale Szenario führte Zuständigen in der Regierung klar vor Augen, dass die Einführung von Auslandsstudien im deutschen Bildungssystem aus den oben genannten Gründen längst überfällig war und der vorherrschenden öffentlichen Forderung bezüglich ihrer Einrichtung endlich entsprochen werden musste. Durch die Einführung von Auslandsstudien möglichst auf allen Ebenen des Bildungssystems sollte Deutschland auch seine Position als führende Nation in der Welt nach dem Ersten Weltkrieg ausbauen (vgl. 2.2.3.6, 2.2.3.7). Der Ausgang des Ersten Weltkriegs bedeutete für Deutschland jedoch eine Niederlage, von der die Denkschrift von 1917 nicht ausging. Das Interesse an Auslandsstudien war in der Nachkriegszeit daher eher verhalten (vgl. 2.2.3.7, 2.2.3.9 bis 2.2.3.11).

Für die Entwicklung der translatorischen Ausbildung war es generell problematisch, dass die Denkschrift neben einer Lösung mit Breitenwirkung keine Expertenlösung für das Studium des Auslandes vorsah. Dies ist darauf zurückzuführen, dass der feine Unterschied zwischen einer spezialisierten Lösung für Experten und einer vereinfachten Lösung für Laien von den Zuständigen im preußischen Unterrichtsministerium nicht erfasst wurde (vgl. 2.2.5.6, 3.1.11). Die gefundene Lösung, die unter Weglassung entscheidender Faktoren – wie etwa das auf Originalquellen fundierte Sprachstudium – auf der Basis des Studiums der Dragomanatslaufbahn am SOS konzipiert wurde, war daher kein Angebot für eine wissenschaftlich fundierte Auseinandersetzung mit dem Ausland, wie sie etwa Palme vertrat.

Durch verschiedene politische Umbrüche in Deutschland und ihre damit einhergehenden gesellschaftlichen Veränderungen wurde bis Mitte der 1930er Jahre die Bedeutung des Studiums des Auslandes für das Sprachstudium jedoch nicht nur allmählich erkannt, sondern auch Maßnahmen zur Umsetzung ergriffen (vgl. 2.1.2, 2.6, 2.7). Im Vorwort der ersten Ausgabe von *Lebende Sprachen* von 1935 heißt es beispielsweise:

> »Das Sprachstudium, als Vorbereitung zur praktischen fremdsprachlichen Tätigkeit, hat in den letzten Jahrzehnten dauernd zugenommen. Es erhält darüber hinaus eine besondere Bedeutung im Zusammenhang mit der Entwicklung der Auslandkunde.«[2169]

Ein Thema, das im Rahmen der vorliegenden Arbeit nur marginal behandelt wird, ist der problematische Aspekt, dass das Studium des Auslandes auch Raum für Ideologisierungen der jeweiligen politischen Systeme bot (vgl. etwa 2.1.1.7 und Fußnote 1426). Wissenschaftliche Untersuchungen, die die Entwicklung der translatorischen Ausbildung auch in dieser Hinsicht betreffen, wären wünschenswert.

Zur methodischen Ausgestaltung des Studiums des Auslandes wurde als einziger Vorschlag der Entwurf eines nationenwissenschaftlichen Studiums von Anton Palme vorgebracht, der eine Spezialisierung zukünftiger Auslandsvertreter auf bestimmte Länder vornehmlich im Rahmen einer speziell für das Studium des Auslandes zu schaffenden *Deutschen Auslandshochschule* vorschlug. Sein Vorschlag unterschied sich von der Konzeption der Dolmetscher-Institute, die die Behandlung der Fremdsprache im Vergleich mit der Muttersprache im Rahmen von Übersetzungs- und Dolmetschübungen betonten. An der *Deutschen Auslandshochschule* sollte der Fokus hingegen auf der Behandlung der Auslandsstudien liegen. Wie die Vorlesungsverzeichnisse der Ausland-Hochschule zeigen, die Mitte der 1930er Jahre gegründet wurde, waren vergleichende Sprachstudien, etwa im Rahmen von Übersetzungsübungen, eher eine Ausnahme. (Vgl. 2.2.3.4, 2.2.4, 3.1.15).

3.1.15 Zum nationenwissenschaftlichen Studium

1914 wurde von Anton Palme, der seit 1892 am SOS Russisch unterrichtete, das nationenwissenschaftliche Studium des Auslandes beschrieben[2170]. Dieses Studium stellt Palme neben das traditionelle philologische Studium an Universitäten, um beide voneinander abzugrenzen (vgl. 2.1.1). Als grundlegenden Unterschied zwischen diesen beiden Studienrichtungen erachtet Palme die Tatsache, dass im nationenwissenschaftlichen Studium das Sprachstudium nicht allein im Vordergrund des Forschungsinteresses steht, sondern neben dieses ein gleichwertiges

2169 Lane (1935b: 2).
2170 Vgl. Palme (1914).

Studium der Landesverhältnisse tritt, um eine fremde Nation in ihrer Gesamtheit zu erfassen und zu verstehen. (Vgl. 2.2.3.3.2). Die Grundlage und zugleich Voraussetzung für das nationenwissenschaftliche Studium sei die jeweilige Landessprache. Der Gegenstand eines nationenwissenschaftlichen Studiums seien die jeweiligen Landesverhältnisse, auch als Realia bezeichnet, die sich im Inhalt der jeweiligen Landessprache ausdrücken (vgl. 2.1.1.9). Die Sprache ermögliche somit sowohl ein formales Sprachverständnis im Rahmen des Sprachstudiums als auch ein materielles Sprachverständnis im Rahmen des Studiums der Landesverhältnisse. Das Verständnis für eine fremde Nation in ihrer Gesamtheit werde folglich durch das gleichwertige Studium von Sprachform und Sprachinhalt – die eine unlösbare Einheit bilden – anhand von Originalquellen gefördert (vgl. 2.2.5.4, Abb. 9). Das Studium der Sprachform und das Studium des Sprachinhalts wurden am SOS im Rahmen von einem Zwei-Komponenten-Modell vermittelt (vgl. 3.1.23, 3.1.25). Beide Komponenten sollten zu einem Kulturverständnis für fremde Länder führen, das wiederum zum gegenseitigen Verständnis der Völker untereinander beitragen sollte (vgl. 3.1.13, 3.1.26 und Abb. 9).

Abb. 9 **Balance des nationenwissenschaftlichen Studiums**

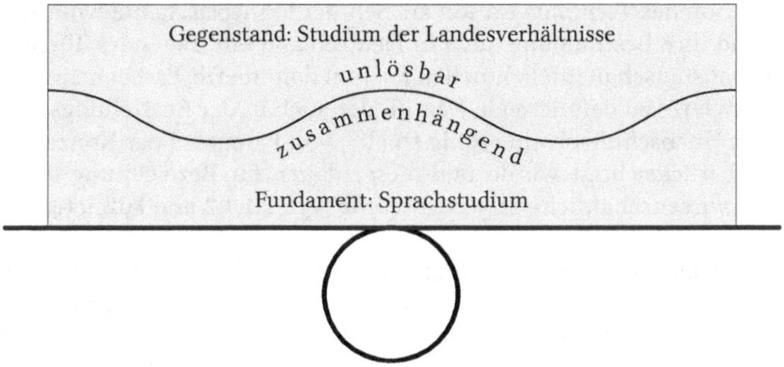

Das Zusammenspiel der beiden Studienkomponenten des nationenwissenschaftlichen Studiums nach Palme veranschaulicht Abb. 9. Das Sprachstudium, das auf der jeweiligen Landessprache basiert, stützt das Studium der Landesverhältnisse. Die Grenzen der beiden Studienkomponenten, die im nationenwissenschaftlichen Studium als Einheit aufgefasst werden, schwingen. Beide Studienkomponenten fließen somit unlösbar ineinander. Aber nur in ihrer gleichwertigen Behandlung sind sie im Rahmen des nationenwissenschaftlichen Studiums in Balance. Diese Ausgewogenheit wird in Abb. 9 exemplarisch dargestellt.

Interessant wären in diesem Zusammenhang wissenschaftliche Untersuchungen, inwiefern Erkenntnisse in der zeitgenössischen allgemeinen Sprachwissenschaft die Methodenbeschreibung des nationenwissenschaftlichen Studiums beeinflusst haben. Etwa Ferdinand de Saussures Vorlesungen, aus denen sich die Grundideen seines posthum erschienenen Werkes zur allgemeinen Sprachwissenschaft speisen, wurden von diesem im Zeitraum von 1906 bis 1911 an der Universität Genf gehalten. Die Publikation seiner Gedanken basiert auf den Manuskripten einiger seiner Studierenden und erschien 1916. Möglicherweise gibt es aber relevante Veröffentlichungen von de Saussure in den Jahren zuvor. Palmes Ausführungen zu Sprachform und Sprachinhalt, die er als unlösbar zusammenhängend erachtet (vgl. 2.2.3.9), zeigen Parallelen zu de Saussures Gedanken zum sprachlichen Zeichen, das der Schweizer im Geist als etwas real Existierendes und aus zwei Seiten bestehend definiert: der Vorstellung und dem Lautbild.[2171] Sie entsprechen im nationenwissenschaftlichen Studium, wie von Palme ausgeführt, m.E. dem Sprachinhalt und der Sprachform. Erläuternd führt Palme dazu aus, dass sich Sprachen nicht nur durch die Form und ihren Vokabelstoff unterscheiden, sondern auch durch den in ihnen liegenden gedanklichen Inhalt (vgl. 2.2.3.3.2).

Ebenso interessant wären Untersuchungen zu Parallelen in Palmes Werk zu Werken und Gedanken zur Philologie, die in der Zeit der Begründung der Philologie als Hochschulfach entstanden. Auf den ersten Blick lassen sich Beispiele dafür etwa bei dem Begründer der Philologie, Friedrich August Wolf, und bei dem Bildungsreformer Wilhelm von Humboldt finden. Beide Autoren stellten auch Überlegungen zur Definition des Terminus Nation an. Seit der Französischen Revolution war die Nation und ihre Bestimmung auch in Deutschland ein tragendes Thema, das den Gedankenaustausch in intellektuellen Kreisen dominierte. Es ist anzunehmen, dass dieser schwierig zu definierende Begriff, der auch in der Entstehungszeit der Philologie als Hochschulfach eine Rolle spielte, von Palme bei der Konzeption seiner Methode berücksichtigt wurde und dieser daher zur Bezeichnung derselben als »nationenwissenschaftlich« angeregt wurde (vgl. 2.1.1.2 und Fußnote 1426).

Als Ziel des nationenwissenschaftlichen Studiums, das eine Balance von Sprachstudium und dem Studium der Landesverhältnisse beinhaltet, erachtet Palme das Erreichen eines Verständnisses für ein fremdes Volk in seiner Gesamtheit, d.h. seiner Sprache und seiner unterschiedlichen Landesverhältnisse. Dieses Verständnis sollte durch ein Studium der kausalen Zusammenhänge in Politik, Wirtschaft oder Kultur anhand von Originalquellen erreicht werden. Dabei sollte die jeweilige Landessprache als Trägerin dieser Studien fungieren, denn in ihr sei der geistige Vorrat eines Volkes gespeichert. Das nationenwissenschaftliche Studium sollte somit durch ein zu erlangendes kulturelles Verständnis auch das Verständnis der Völker untereinander fördern: Auf Basis einer fundierten Sprachbeherrschung, die ein Verständnis für den Sprachinhalt ermöglichte, sollten Gemeinsamkeiten und Unterschiede in bestimmten Bereichen der Länder aufgezeigt und bei Studierenden eine kulturelle Kompetenz gefördert werden, die auch zur Reflektion über Verhältnisse des eigenen Landes im Vergleich mit anderen Ländern anregen sollte. (Vgl. 2.2.3.3.2, 2.2.5.4). Das Studium der Sprache und das Studium der Landesverhältnisse bedingten sich somit gegenseitig, um das Studienziel zu erreichen, wel-

2171 Vgl. de Saussure (1916: VII und 78).

ches dem Verständnis für ein fremdes Land entsprach und laut Palme nur Schritt für Schritt erreicht werden konnte. Zudem führte Palme aus, dass das Studienziel eine rückkoppelnde Wirkung auf das Sprachstudium und das Studium der Landesverhältnisse habe. Das Studienkonzept des nationenwissenschaftlichen Studiums war folglich vom Gedanken der Völkerverständigung, der von Palme 1915 formuliert wurde, durchdrungen (vgl. 3.1.13).

Das Revolutionäre am nationenwissenschaftlichen Studium war der Forschungsschwerpunkt auf der Gegenwartssprache, oder der lebenden Sprache, und der Gegenwartsverhältnisse eines Landes. Geschichtliche Inhalte sollten nur soweit erforscht werden, wie sie zur Erhellung der Gegenwartsverhältnisse beitragen konnten (vgl. 2.2.3.1). Dies stand im Gegensatz zu einem traditionellen philologischen Studium (vgl. 2.1.1.2). Es ist schwierig, sich heute das Novum dieses Forschungsschwerpunktes auf der Gegenwartssprache und damit in Verbindung auf den Gegenwartsverhältnissen eines Landes vor Augen zu führen, denn das, was damals als umwälzend – und beim Establishment als verpönt – galt, ist heute in der philologischen Forschung längst Usus (vgl. 2.1.1.3, 2.1.1.4).

Ein Zeuge jener Zeit des Umbruchs ist etwa das heute im Fach Translatologie maßgebende Fachblatt *Lebende Sprachen*. Vor dem in dieser Arbeit beschriebenen geschichtlichen Hintergrund wird es verständlich, warum dieser Zeitschriftentitel nicht zufällig gewählt ist. In jener Zeit war er ein eklatantes Unterscheidungsmerkmal zur etablierten Philologie, die historisch ausgerichtet war. Das neuartige Fachblatt hatte dadurch die Funktion eines Leuchtturms für Vertreter der neuen Fachrichtung. Die erste Ausgabe dieses Fachblattes erschien im Januar 1935 mit der Beilage »Der Dolmetscher und Übersetzer«, herausgegeben von der Reichsfachschaft für das Dolmetscherwesen, die wohl ein früher Berufsverband für Dolmetscher und Übersetzer in Deutschland war[2172]. Die Erforschung der lebenden Sprache ist somit auch heute noch nachweislich untrennbar mit der Dolmetsch- und Übersetzungswissenschaft sowie mit der translatorischen Ausbildung verbunden. In diesem Zusammenhang sollte man sich vor Augen führen, dass die translatorische Ausbildung in ihren Anfängen lediglich im Rahmen einer Zusatzqualifikation zu einem meist juristischen, volks- oder betriebswirtschaftlichen Studium angeboten wurde und sich an eine heterogene Zielgruppe richtete. Zum Hauptstudienfach wurde diese Fachrichtung erst nach 1945 (vgl. 2.2.3.3.1, 2.2.3.4, 3.1.9, 3.1.26).

Das von Palme skizzierte »nationenwissenschaftliche Studium des Auslandes« kann auch als eine bestimmte Möglichkeit des Auslandsstudiums erachtet werden, die auf einen professionellen Gebrauch einer Fremdsprache hinführt. So gesehen ist das nationenwissenschaftliche Studium als eine Methode zu begreifen, die darauf abzielt, das Ausland zu erforschen. Studium und Studienmethode sind somit Synonyme:

> »Niemand wird bestreiten, daß dieses nationenwissenschaftliche Sprachstudium, das bisher weder an den Universitäten noch sonst, mit Ausnahme des Orientalischen Seminars, wo sich seine Anfänge entwickelt haben, eine Pflege gefunden hat, der allein für

2172 Vgl. Lane (1935b: 2). Vgl. hierzu auch Kieslich (2018).

das in der Gegenwart so dringlich gewordene Auslandsstudium in Frage kommende Weg ist.«[2173]

Palme selbst verwendet in der konsultierten Literatur den Terminus nationenwissenschaftliche *Methode* nicht. Er fasst das nationenwissenschaftliche Studium aber als Methode auf, die eine wissenschaftliche Behandlung des Auslandes gewährleistet und entsprechend auf eine berufliche Spezialisierung hinführt. Als solches kontrastiert das nationenwissenschaftliche Studium zu den breitangelegten Auslandsstudien, die vom preußischen Unterrichtsministerium in seiner Denkschrift von 1917 dargelegt und umgesetzt wurden. Nicht begriffen wurde von den Zuständigen im Unterrichtsministerium in diesem Zusammenhang der Kern des Problems, der im feinen Unterschied zwischen einer Experten- und einer Laienlösung lag (vgl. 2.2.3.3.2, 3.1.14). Bei Palmes Darlegungen zum nationenwissenschaftlichen Studium handelt es sich m. E. um die erste Methodenbildung zur translatorischen Ausbildung.

Am Rande soll darauf hingewiesen werden, dass das nationenwissenschaftliche Studium und somit die Erkenntnis, dass das Studium einer Fremdsprache nicht vom Studium der jeweiligen Landesverhältnisse abgekoppelt werden darf, in jener Zeit auch in anderen Ländern ein Thema war: 1916 soll etwa auf einer Konferenz in England, die von der englischen Regierung einberufen wurde, gefordert worden sein, dass zur Erweiterung des Fokus auf fremdsprachlichen Studien an englischen Hochschulen zukünftig an Stelle von »Modern Languages« die Bezeichnung »Nation Study« eingeführt werden solle. Die Bezeichnung »Nation Study« implizierte, dass zur Vermittlung von Sprachkenntnissen die Vermittlung von Landeskenntnissen gehörte.[2174] Dieser ganzheitliche Ansatz eines Sprachstudiums wird heute als Kulturkompetenz bezeichnet. Forschungen in dieser Richtung, die die Anfänge dieses Studienkonzeptes mit einem Bezug zur translatorischen Ausbildung beleuchten, wären wünschenswert. Fundierte Untersuchungen zur Entwicklung dieses Studienkonzeptes in unterschiedlichen Ländern würden entsprechende Vergleiche zulassen.

3.1.16 Zur Wirtschaftslinguistik als frühe Form der Fachsprachenforschung

Die Wirtschaftslinguistik kann nur im geschichtlichen Kontext ihrer Zeit und vor allem im Kontext der Entwicklung des fachgebundenen Bildungswesens, in dem sie entstand, richtig eingeordnet werden. Bisher wurde dieser Bereich der Fachsprachenforschung, der vor dem Zweiten Weltkrieg entstand von der Forschung vereinzelt marginal, aber kontextlos berücksichtigt. Er steht somit ohne Verbindung zur gegenwärtigen Fachsprachenforschung, deren Anfänge in die 1970er Jahre zu datieren sind.

2173 Palme (1914: 17).

2174 Vgl. Hübner (1925: 164) und Schücking (1927: 4).

Der Begriff Wirtschaftslinguistik wurde 1924 von Messing eingeführt[2175]. Vermutlich entstand er in Anlehnung an andere Fächer im kaufmännischen Bildungswesen, wie etwa Wirtschaftsgeographie oder Wirtschaftsgeschichte, um zu signalisieren, dass es sich dabei um einen fachbezogenen Ausschnitt einer Materie handelt, der schwerpunktmäßig wirtschaftswissenschaftlich an den Handelshochschulen erforscht und die Ergebnisse der Wirtschaftspraxis zur Verfügung stellt. Die Wirtschaftslinguistik fokussierte die Erforschung der Wirtschaftssprache und zeichnet sich inhaltlich durch eine große Bandbreite an sehr unterschiedlichen Forschungsansätzen aus, die die Sprache des Handels und des Verkehrs wissenschaftlich zu fassen versuchten (vgl. 2.5.7.3.1), um die Ergebnisse für den internationalen Warenverkehr nutzbar zu machen.

Die Wirtschaftslinguistik steht daher nicht für ein systematisches, nach einheitlichen Methoden wissenschaftlich abgehandeltes Forschungsfeld, sondern eher für einen fragmentarischen Forschungsbereich, der sich durch unabhängig voneinander in Einzelinitiativen entstandene Forschungsarbeiten auszeichnet. Diese Einzelinitiativen und ihre Ergebnisse erklären sich aus den lamentablen institutionellen Voraussetzungen des fremdsprachlichen Unterrichts an Handelshochschulen, aus dem sich die Wirtschaftslinguistik entwickelte. Eine Verbindung zwischen der Wirtschaftslinguistik und der translatorischen Ausbildung besteht nicht nur darin, dass sich beide aus dem fremdsprachlichen Unterricht an Handelshochschulen entwickelten, sondern auch insofern, als die Dolmetscher-Institute der Handelshochschulen in Mannheim und Leipzig, diejenigen Orte waren, an denen Raum für wirtschaftssprachliche – und somit auch wissenschaftlich fundierte wirtschaftslinguistische – Forschungen geboten werden sollte.

3.1.16.1 Sprache und Sache als Einheit – Ein Selbstverständnis im fremdsprachlichen Unterricht im deutschen Handelsschulwesen bis 1840

Um die lamentablen Voraussetzungen des fremdsprachlichen Unterrichts im Rahmen des Handelshochschulstudiums zu verstehen, sollte ein Blick auf die Entwicklung des fremdsprachlichen Unterrichts im Handelsschulwesen zurückgeworfen werden, das in Deutschland erst Ende des 19. Jahrhunderts mit der Gründung des DVkU flächendeckend organisiert und als sogenanntes kaufmännisches Unterrichtswesen, später als kaufmännisches Bildungswesen, bezeichnet wurde (vgl. 2.4.2).

Bei der Betrachtung des fremdsprachlichen Unterrichts im Handelsschulwesen, der das Fundament der translatorischen Ausbildung bildet, kommt man nicht umhin, sich mit den Anfängen des Unterrichts im kaufmännischen Schriftverkehr,

2175 Vgl. Messing (1924 a, b). Die Texte sind auf Niederländisch verfasst. Eine Übersetzung ins Deutsche wäre wünschenswert. Messing beschreibt darin den niederländischen Terminus »economische linguistiek«. Vgl. zur Definition von Wirtschaftslinguistik auch Schuldt (1997: 74–75).

auch Handelskorrespondenz, auseinanderzusetzen. Dieser Unterricht bildete seit dem Hochmittelalter bis Mitte des 19. Jahrhunderts die Kernkomponente in der Ausbildung von Kaufleuten – war doch die Kommunikation in Wort und Schrift zwischen Handelspartnern und das Besiegeln von Vereinbarungen in Schriftform eines der wichtigsten Elemente kaufmännischer Geschäftstätigkeit. Wert wurde dabei auf guten und genauen Ausdruck gelegt, mündlich und schriftlich, sowohl in der Mutter- als auch in Fremdsprachen, die für internationale Geschäftstätigkeiten jeweils relevant waren. Die Schulung dieser komplexen Fertigkeiten mit dem Ziel der Anwendung der Sprache in der kaufmännischen Berufspraxis wurde also über Jahrhunderte in der kaufmännischen Ausbildung als würdig eingestuft, und zwar wichtiger als etwa eine Unterweisung im kaufmännischen Rechnen. Dabei wurde schon früh im Handelsschulwesen der untrennbare Zusammenhang zwischen Sprache und Sache erkannt, und damit einhergehend die Problematik, die etwa bei der Übersetzung eines Ausdrucks in eine Fremdsprache durch Bedeutungsverschiebungen gegeben ist. Ein Grundsatz in der sprachlichen Ausbildung von Kaufleuten war daher die untrennbare Verbindung von Sprach- und Sachunterricht. Letzterer wurde auch als Realunterricht bezeichnet. Die sogenannte Realsprachmethode war im Handelsschulwesen bis Mitte des 19. Jahrhunderts verbreitet. Aufgrund der unkoordinierten Organisation des Handelsschulwesens blieb aber Raum für individuelle Ausgestaltungen und Schwerpunktsetzungen durch das Lehrpersonal (vgl. 2.1.1.9, 2.5.2, 2.5.3, 2.5.7.1).

Um 1840 – es war die Zeit des Vormärz in Deutschland, in der die Menschen nach nationaler Identität suchten und versuchten, sich durch Bildung zu emanzipieren – griff im nicht organisierten Handelsschulwesen eine Reform, die den Handelsschulen staatliche Anerkennung gewährte. Zur Erlangung dieses Status mussten jedoch gewisse Bedingungen erfüllt werden, die ihre Schatten auf den fremdsprachlichen Unterricht im Handelsschulwesen vorauswarfen. Denn das mit der Humboldt'schen Bildungsreform im Jahr 1810 eingeführte Bildungsideal, das sich an der Antike orientierte und somit Latein und Griechisch in den Mittelpunkt des Sprachunterrichts an allgemeinbildenden Schulen stellte, verlangte, dass die Methodik des Latein- und Griechisch-Unterrichts auf die lebenden Fremdsprachen, die an den Handelsschulen unterrichtet wurden, – unreflektiert – übertragen wurde. Dies bedeutete den Todesstoß für die im fremdsprachlichen Unterricht im Handelsschulwesen entwickelte Realsprachmethode. Fortan wurden lebende Sprachen im Einklang mit der grammatisierenden Methode der allgemeinbildenden Schulen wie tote Sprachen behandelt und an die Stelle eines lebendigen und anschaulichen Unterrichts trat das dumpfe und stupide Auswendiglernen von Wörtern ohne Bezug zu ihren Sachen. Der fremdsprachliche Unterricht verlor somit seinen Bezugspunkt in der kaufmännischen Praxis. (Vgl. 2.5.2).

Aus heutiger Sicht scheint es paradox, dass ausgerechnet im Humboldt'schen Bildungssystem, das auf die Persönlichkeitsbildung durch die Beschäftigung mit Sprache abzielte, der eklatante Unterschied hinsichtlich der Vermittlungsmethoden zwischen einer Sprache, die nicht mehr in Gebrauch und somit statisch war, und einer Sprache, die sich durch den Gebrauch in einem dynamischen Entwicklungsprozess befand, ignoriert werden konnte (vgl. 2.1.1.2, 2.1.1.3, 2.1.1.4). Für den fremdsprachlichen Unterricht im Handelsschulwesen bedeutete dies, dass er ziellos und qualitätsgemindert seinen Abstieg antrat. Dieser wurde zusätzlich noch durch die Tatsache besiegelt, dass im Zuge der Industrialisierung kaufmännische Fächer im Handelsschulwesen Auftrieb bekamen und sich auf Kosten des ohnehin nicht mehr zielführenden fremdsprachlichen Unterrichts im Curriculum durchsetzen konnten (vgl. 2.1.2.4). Die fatale Folge war, dass der fremdsprachliche Unterricht zur Randnotiz im Handelsschulwesen mutierte (vgl. Abb. 10).

Abb. 10 **Untergeordnete Rolle des Fremdsprachenunterrichts im Curriculum des kaufmännischen Bildungswesens ab etwa 1840**

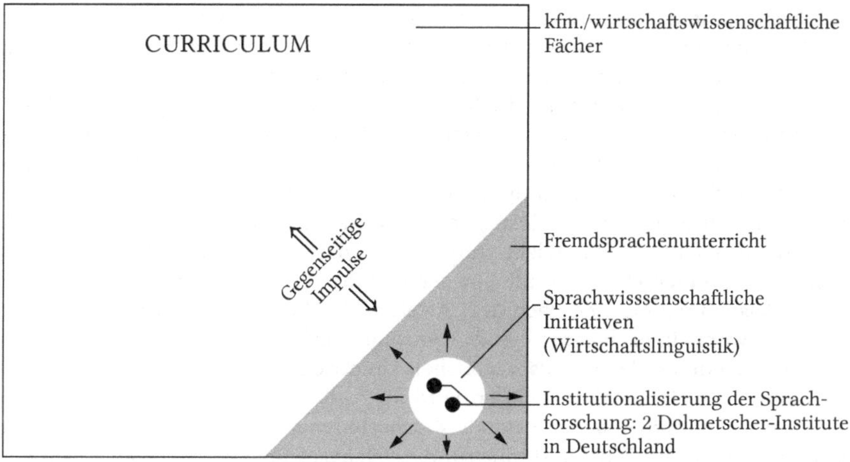

Abbildung 10 stellt exemplarisch die untergeordnete Rolle des Fremdsprachenunterrichts im kaufmännischen Bildungswesen ab etwa 1840 dar. Die kaufmännischen bzw. wirtschaftswissenschaftlichen Fächer im Curriculum überwogen (weiße Fläche), da sie den Fremdsprachenunterricht immer mehr an den Rand drängten (graue Fläche). Ab etwa 1900 entstanden daher sprachwissenschaftliche Initiativen von Handelssprachlehrern. Dadurch sollte auch der Fremdsprachenunterricht eine ihm gebührende Rolle auf Basis einer wissenschaftlichen Behandlung (Wirtschaftslinguistik) im Curriculum des kaufmännischen Bildungswesens erhalten. Die Ergebnisse dieser Forschungsrichtung (weißer Kreis auf grauer Fläche) sollten den gesamten fremdsprachlichen Unterricht im kaufmännischen Bildungswesen durchdringen (schwarze Pfeile). Die zwei Punkte innerhalb des Kreises stellen die Institutionalisierung der Sprachforschung im kaufmännischen Bildungswesen dar in Gestalt zweier Dolmetscher-Institute (Handelshochschulen Mannheim und Leipzig). Die Sprachforschung sollte Impulse von den wirtschaftswissenschaftlichen Fächern erhalten. Umgekehrt sollten die Ergebnisse der Sprachforschung für die wirtschaftswissenschaftlichen Fächer nutzbringend sein. Von dieser gegenseitigen Impulsbewegung sollte somit das gesamte kaufmännische Bildungswesen profitieren (gekennzeichnet durch ⇛).

3.1.16.2 Erstes Aufkeimen wirtschaftssprachlicher Forschungen in Deutschland bis 1914

Bis 1897 verkümmerte der fremdsprachliche Unterricht im inzwischen organisierten kaufmännischen Unterrichtswesen zu einem Schatten seiner selbst. Unscheinbar war er somit auch in den Besprechungen zur Gründung von Handelshochschulen in Deutschland, die 1897 und 1898 stattfanden. Ohne Unterstützung von fachlichen Befürwortern, die zu den Besprechungen nicht geladen wurden, war der fremdsprachliche Unterricht dem verqueren Urteil der meisten Vertreter der kaufmännischen Fächer sowie der Kaufmannspatriarchen, die die Finanzierung der Handelshochschulen mittrugen, machtlos ausgesetzt, als es um seine Integration in das Curriculum der Handelshochschulen ging.

Kontrovers diskutiert und ohne fachliches Gutachten wurde der fremdsprachliche Unterricht schließlich in einem Gutachten über Übungen, die nicht mit Vorlesungen verbunden waren, unter ferner liefen behandelt, wobei in diesem Zusammenhang vorrangig von Handelskorrespondenzkursen die Rede war. Im Klartext: Der fremdsprachliche Unterricht wurde einer wissenschaftlichen Behandlung als nicht würdig erachtet. Hier klafft eine der Wunden, die in der späteren translatorischen Ausbildung bis weit nach dem Zweiten Weltkrieg noch spürbar war, denn selten ist wohl ein Fach derart herabgewürdigt worden.

Die Behandlung des fremdsprachlichen Unterrichts bei den Überlegungen zur Gründung der Handelshochschulen wird aber erst richtig zur Farce, wenn man sich vor Augen führt, dass die Handelshochschulen auch mit dem Ziel gegründet wurden, Nachwuchsführungskräfte für die sich abzeichnenden intensiver werdenden internationalen Handelsbeziehungen auszubilden. Den meisten Geldgebern und Zuständigen der Handelshochschulen wollte es aber nicht einleuchten, warum die für den internationalen Warenaustausch nötigen und – von der Praxis ausdrücklich gewünschten – Sprach- und Sprechkompetenzen nur im Rahmen eines fundierten Sprachstudiums an den Handelshochschulen zu erreichen waren. (Vgl. 2.4.2, 2.5.6.1, 2.5.7.1.2).

Früh schon gab es fundierte Vorschläge zur Ausgestaltung des fremdsprachlichen Unterrichts im kaufmännischen Unterrichtswesen, der aus verschiedenen Komponenten bestand, um eine mündliche und schriftliche Sprachbeherrschung zu erzielen. 1905 hatte sich der junge Snyckers (vgl. 2.7.2.2.1), der einen fachbezogenen Ansatz des fremdsprachlichen Unterrichts befürwortete, mit einem Lösungsvorschlag beschäftigt, bei dem er die Problematik des fremdsprachlichen Unterrichts auf zwei Ebenen gelagert sah: zum einen auf einer sprachlichen und zum anderen auf einer fachlichen. Seiner Meinung nach konnte daraus ein neuartiger Unterricht entwickelt werden, der mit der eigentlichen Thematik des Fremdsprachenunterrichts im kaufmännischen Bildungswesen nichts zu tun habe. (Vgl. 2.5.3). Snyckers wies damals schon auf die bei der Erstellung von Fachtexten zum Tragen kommende Problematik hin, die das Erfassen von Sachverhalten und ihre sprachliche Darstellung in Wort und Schrift betrifft, sowie auf Herausforderungen, die diesbezüglich bei der Übersetzung von Fachtexten auftreten. Trotz des Engagements von Fachvertretern zur Professionalisierung des fremdsprachlichen Unterrichts um die Jahrhundertwende blieb eine Hebung der Standards im fremdsprachlichen Unterricht im kaufmännischen Bildungswesen aus, nicht zuletzt, da die Zuständigen und Geldgeber der Handelshochschulen nicht einlenkten.

Abb. 11 **Diskrepanz zwischen Praxisforderungen und Ausbildungsqualität im Fremdsprachenunterricht im kaufmännischen Bildungswesen**

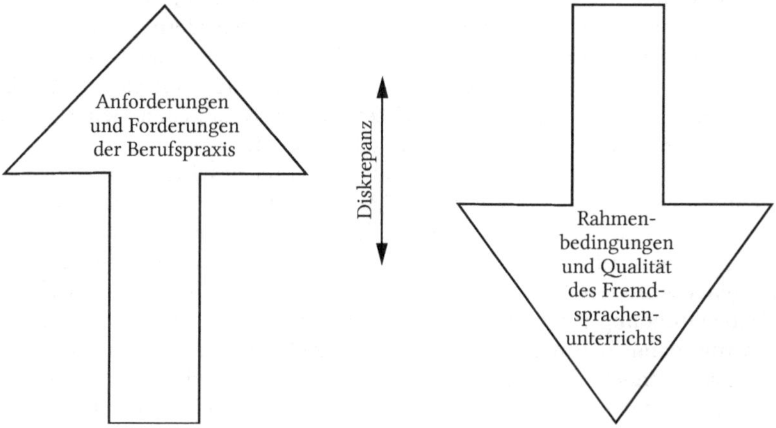

Vor diesem Hintergrund wird auch klar, warum es sich die *Internationale Gesellschaft* gleich zu Beginn ihres Wirkens im Jahr 1901 zur Aufgabe machte, einen Ausgleich für die fehlende fremdsprachliche Ausbildung im kaufmännischen Bildungswesen zu schaffen und zu diesem Zweck 1907 die *Internationalen Sprach- und Wirtschaftskurse* ins Leben rief (vgl. 2.4.4.2). Verlangte die kaufmännische Praxis in Anbetracht der weltwirtschaftlichen Entwicklungen doch dringend nach Personal mit fundierten Sprachkenntnissen (vgl. 2.1.2.4). Aufgrund des Ausbleibens von tiefgreifenden Verbesserungen bei der Gestaltung des fremdsprachlichen Unterrichts im kaufmännischen Bildungswesen vor dem Ersten Weltkrieg wurde die Diskrepanz zwischen den Anforderungen (im Sinne von Aufgabenstellung) der Praxis – und damit einhergehend den Forderungen (im Sinne von Ansprüchen) aus der Praxis – sowie den Rahmenbedingungen und der davon abhängigen Qualität des fremdsprachlichen Unterrichts immer gravierender (vgl. Abb. 11).

Folglich litt auch das Ansehen des fremdsprachlichen Unterrichts im kaufmännischen Bildungswesen, dessen Ergebnis sich in der Praxis sowohl in kaufmännischen Schriftstücken niederschlug, die ihren kommunikativen Zweck verfehlten, als auch in Gestalt von Handelskorrespondenten leibhaftig wurde, die durch die nunmehr über Generationen hinweg kultivierten Missstände im fremdsprachlichen Unterricht im kaufmännischen Bildungswesen praktisch gewohnheitsmäßig in Verruf geraten waren. Es galt, diesen unbefriedigenden Zustand zu beheben. Das Fehlen einer wissenschaftlichen Infrastruktur, etwa von Instituten mit Lehrstühlen und Bibliotheken, hinderte die Entwicklung von wissenschaftlich fundierten Unterrichtsmethoden oder das Schaffen einer Fachliteratur. Handelssprachlehrer waren zudem nicht nur mit Studierenden konfrontiert, die unterschiedlich vorgebildet waren, sondern auch mit einem Minimum an zur Verfügung stehender Zeit für ihren Unterricht, sodass ein hochwertiges Arbeitsergebnis von vornherein verwehrt blieb.

Die ungenügende wissenschaftlich fundierte Infrastruktur generierte zudem einen Missstand, der im gesamten Fremdsprachenunterricht im kaufmännischen Bildungswesen um sich griff: die fehlende Nachwuchsförderung von qualifizierten Handelssprachlehrern. Aufgrund dieser Tatsache wurden bei der Qualifikation etwa von Lehrern der Handelskorrespondenz Abstriche gemacht und Qualitätsminderungen des fremdsprachlichen Unterrichts in Kauf genommen, obwohl damit dauerhaft Mängel genährt wurden. (Vgl. 2.5.3, 2.5.6).

Ein Einzelbeispiel, das auf die desolate Situation des fremdsprachlichen Unterrichts noch vor dem Ersten Weltkrieg reagierte, war die Einrichtung eines sprachwissenschaftlichen Lehrstuhls an der Handelshochschule Mannheim 1911 (vgl. 2.6.4). Die institutionsbezogenen Gründe sind bei den Untersuchungen für die vorliegende Arbeit im Verborgenen geblieben. Es ist anzunehmen, dass diese relativ frühe Gründung eines sprachwissenschaftlichen Lehrstuhls an einer Handelshochschule damit zu tun hat, dass fremde Märkte traditionell ein Forschungsthema an der Handelshochschule Mannheim darstellten. Dies wiederum ist vermutlich in Verbindung mit den in der Region ansässigen Unternehmen zu sehen, die die Handelshochschule Mannheim finanziell mittrugen und für die entsprechende Kenntnisse über Auslandsmärkte von Nutzen waren. Möglicherweise besteht in diesem Zusammenhang eine Verbindung zur BASF, die seit Mitte des 19. Jahrhunderts ihre Produkte im Ausland vertrieb[2176]. Eingesehen wurde bei der Einrichtung dieser Professur wohl, dass für die zielführende Pflege geschäftlicher Verbindungen ins Ausland ein mehrdimensionaler und wissenschaftlich fundierter Ansatz auf Basis der jeweiligen Landessprache notwendig war.

Am Vorabend des Ersten Weltkriegs skizzierte Glauser (vgl. 2.6.6.1), der erste (und einzige) Lehrstuhlinhaber dieser Professur bis 1932, die Aufgaben des sprachwissenschaftlichen Studiums an den Handelshochschulen. Dieses hatte sich innerhalb der Forschungsgebiete der Handelshochschulen zu bewegen und sich demnach unter die wirtschaftswissenschaftlichen Forschungsschwerpunkte der Handelshochschule zu ordnen. Sprache wurde als Mittel zum Zweck erachtet, als

---

2176 Die BASF wurde im April 1865 in Mannheim als »Badische Anilin- & Sodafabrik« gegründet. Da ein geplanter Grunstückskauf für ein Betriebsgelände im badischen Mannheim nicht zustandekam, wurden die Betriebsanlagen im pfälzischen Ludwigshafen auf der gegenüberliegenden Rheinseite errichtet (vgl. https://www.basf.com/global/de/who-we-are/history/chronology/1865-1901/1865.html).

Medium also, das dazu beitragen konnte, intendierte wirtschaftliche Zwecke zu erreichen:

> »Ist doch die Sprache das Glied, das neben den Verkehrsmitteln, dem Kaufmann möglich macht, Verbindungen mit weit entlegenen Ländern, also auch mit fremden Sprachgebieten, zu gewinnen.«[2177]

Hervorgehoben wurde dabei das Studium der Gegenwartssprache. Glausers Ausführungen machen deutlich, dass die neue sprachwissenschaftliche Ausrichtung der Handelshochschulen den ihr gebührenden Platz im Kanon der Handelswissenschaften und, was viel schwieriger war, neben der traditionellen Universitätsphilologie erst noch finden musste. So erklären sich auch seine Ausführungen zur Geschichte der Philologie, die seit dem 19. Jahrhundert als Kulturwissenschaft aufgefasst wurde. Neben die Erforschung geschichtlicher Bereiche eines Volkes konnte somit nun etwa auch die Erforschung von Bereichen des gegenwärtigen kulturellen Lebens eines Volkes gestellt werden, wie etwa die Wirtschaft eines Landes. Um die Ansprüche der in der Kaufmannspraxis verankerten Geldgeber der Handelshochschulen zufriedenzustellen, wurde dabei aber deutlich hervorgehoben, dass die philologischen Forschungen an Handelshochschulen nur in einem Rahmen angestellt werden, der für die kaufmännische Praxis relevant ist. Die Philologie an Handelshochschulen hatte somit eine die Handelswissenschaften unterstützende Funktion. Ein durchaus gewünschter Nebeneffekt, der dem Sprachstudium dabei gerne zugeschrieben wurde, war der Bildungswert der Sprachen, der den in Kaufmannskreisen empfundenen Nachholbedarf in puncto Allgemeinbildung kompensieren sollte. (Vgl. 2.4.2, 2.5.3, 3.1.19).

Das Mannheimer Vorbild mit dem ersten sprachwissenschaftlichen Lehrstuhl an einer Handelshochschule konnte aber dennoch nicht verhindern, dass der fremdsprachliche Unterricht im kaufmännischen Bildungswesen von der infrastrukturellen und wissenschaftlichen Entwicklung der Handelswissenschaften, der späteren Betriebswirtschaftslehre, aufgrund chronischer Vernachlässigung immer weiter abgehängt wurde (vgl. 2.5.7.4.1).

3.1.16.3 Gründung von Forschungseinrichtungen zur Wirtschaftssprache in Deutschland zwischen den Weltkriegen

Durch den Ausgang des Ersten Weltkriegs, der eine zunehmende internationale Ausrichtung von Politik und Wirtschaft nach sich zog, erfuhr der fremdsprachliche Unterricht in Deutschland eine Aufwertung (vgl. 2.1.2.5). Die international isolierte Situation Deutschlands führte vor Augen, dass fundierte Sprach- und Landeskenntnisse notwendig waren, um auf ehemalige Kriegsgegner zuzugehen. Bedingt durch diese Zwangslage bestand in Deutschland mehr als in anderen Ländern die Chance, Forschungseinrichtungen zur Wirtschaftssprache zwischen den Weltkriegen zu schaffen. Die Gründung der Dolmetscher-Institute ist aber auch vor dem

2177 Glauser (1913: 7).

Hintergrund der Reformbestrebungen zu sehen, das SOS zur *Deutschen Auslandshochschule* umzugestalten und der daraus im Ersten Weltkrieg resultierenden Entscheidung des preußischen Unterrichtsministeriums, anstatt eine Expertenlösung für einen kleinen Kreis zu fördern, Auslandsstudien flächendeckend im deutschen Bildungssystem einzuführen (vgl. 2.2.3, 2.4.5). Aus dem vor dem Ersten Weltkrieg öffentlich viel diskutierten Studium des Auslandes wurde über die Termini Auslandsstudien und Auslandskunde nach dem Ersten Weltkrieg der Begriff Kulturkunde geprägt, der die Auseinandersetzung mit länderbezogenen Themen implizierte und ähnlich wie Auslandsstudien ein unbegrenztes Forschungsfeld eröffnete (vgl. 2.1.1.6, 2.1.1.7). Dieser Begriff gelangte auch in das Curriculum der Handelshochschulen, wie etwa das Beispiel des fremdsprachlichen Unterrichts an der Handelshochschule Leipzig zeigt (vgl. 2.7, 3.1.11, 3.1.23, 3.1.25).

Zur Erreichung notwendiger politischer Ziele bezüglich der Annäherung an andere Völker aufgrund wirtschaftlicher Bedürfnisse wurde Mitte der 1920er Jahre eine Reform des preußischen Unterrichtsministeriums angewiesen, die den Ausbau des kaufmännischen Bildungswesens fördern sollte. Die Ziele des fremdsprachlichen Unterrichts im kaufmännischen Bildungswesen waren dabei sehr ambitioniert, denn als umfassendes Konzept wurde das Verständnis für das Kultur- und Geisteslebens eines fremden Landes verlangt, das über die Sprache erreicht werden sollte. Dies brachte entsprechende curriculare Komponenten im fremdsprachlichen Unterricht hervor. Allgemein- und Berufssprache sollten dabei gleichermaßen behandelt werden. Die Berücksichtigung der Berufssprache zollte nicht nur der Tradition des fremdsprachlichen Unterrichts Tribut, sondern auch der Tatsache, dass eine Spezialisierung der Berufswelt zunehmend festzustellen war. (Vgl. 2.7.2.3).

Die Reform verhieß aber auch einen steigenden Bedarf an qualifizierten Handelssprachlehrern, dem aufgrund der desolaten Situation im fremdsprachlichen Unterricht im kaufmännischen Bildungswesen und aufgrund mangelnder Ausbildungsangebote für Handelssprachlehrer an anderen Bildungseinrichtungen, etwa den Universitäten, nicht annähernd entsprochen werden konnte. (Vgl. 2.5.7.1.3). Durch die Reform forderte der Staat somit zwar die Behandlung der Berufssprache die für eine wirtschaftliche Betätigung notwendig war, jedoch wurden von ihm keine Anstrengungen unternommen, den Aus- und Aufbau einer entsprechenden institutionellen Infrastruktur zu fördern. Eine konsequente Maßnahme wäre etwa gewesen, den fremdsprachlichen Unterricht im kaufmännischen Bildungswesen auf Hochschulniveau zu heben, um die Forderungen der Reform überhaupt befriedigen zu können. Die Umsetzung der Reform blieb aber den einzelnen Einrichtungen im kaufmännischen Bildungswesen überlassen (vgl. 2.7.2), die selbst durch die angespannte finanzielle Situation der Nachkriegszeit und überhaupt wegen der fehlenden (wissenschaftlichen) Infrastruktur des fremdsprachlichen Unterrichts im kaufmännischen Bildungswesen damit überfordert waren.

Dennoch gelang es in zwei Fällen in Deutschland im kaufmännischen Bildungswesen, den fremdsprachlichen Unterricht als Hochschulfach zu etablieren, wobei beide Beispiele institutionell unabhängig voneinander entstanden, konzeptionell aber einzuordnen sind in die politischen, wirtschaftlichen und bildungspolitischen Entwicklungen in Deutschland, die auch in Verbindung mit der Diskussion über die Errichtung von Auslandsinstituten an Handelshochschulen vor dem Ersten Weltkrieg zu sehen sind (vgl. 2.1, 2.2.3, 2.4.5).

Das erste Beispiel ist die Einrichtung einer Sprachprofessur an der Handelshochschule Mannheim im Jahr 1911, die eine fundierte Basis für die Gründung des ersten Dolmetscher-Instituts in Deutschland 1930 an der Handelshochschule Mannheim lieferte (vgl. 2.7). Der Lehrstuhlinhaber, Charles Glauser (vgl. 2.6.6.1), erforschte die französische Wirtschaftssprache. An der Handelshochschule Leipzig wurden erst 1929 zwei sprachwissenschaftliche Lehrstühle eingerichtet, für die Französische und Englische Sprache. Alexander Snyckers (vgl. 2.7.2.2.1) und Leo von Hibler (vgl. 2.7.2.2.2) waren jeweils die ersten (und einzigen) Lehrstuhlinhaber. Ins Leben gerufen wurden die Lehrstühle auf Initiative von Alexander Snyckers, der von einem betont fachsprachlichen Ansatz im fremdsprachlichen Unterricht ausging und Wert darauf legte, dass die Erforschung der Wirtschaftssprache in enger Verbindung mit den kulturellen und wirtschaftlichen Verhältnissen eines Landes erfolgte und entsprechend anregte, dass dieses Forschungsgebiet auch aus der Bezeichnung der Lehrstühle hervorgehe (vgl. 2.7.2).

An der Handelshochschule Leipzig wurde 1937 durch Snyckers' Engagement das zweite Dolmetscher-Institut in Deutschland eingerichtet (vgl. 2.7.3.1). Dieses DI bestand bis 1946, also insgesamt knapp neun Jahre, wobei durch die Kriegsjahre ab 1939 von keinem ordnungsmäßigen Unterrichtsbetrieb ausgegangen werden kann. Faktisch blieben dem Leipziger DI etwa zwei Jahre Zeit sich zu entfalten, wobei in diesen Jahren die nicht genehmigten Prüfungsordnungen einschränkend wirkten (vgl. 2.7.3.2). Beim Mannheimer DI war die Zeit des Unterrichts- und Forschungsbetriebs ähnlich kurz: Knapp drei Jahre bestand das DI an der Handelshochschule, bevor es 1933 an die Universität Heidelberg verlegt wurde (vgl. 2.6.7). Es kann davon ausgegangen werden, dass im letzten Jahr seines Bestehens aufgrund von personellen Schwierigkeiten kein normaler Betrieb gewährleistet werden konnte. Beide Einrichtungen hatten somit knapp zwei Jahre Zeit, ihren Unterrichts- und Forschungsbetrieb zu gestalten. Dies waren denkbar schlechte Voraussetzungen für eine Lehr- und Forschungseinrichtung und auch für ein Fach, das gerade dabei war, zum Leben erweckt zu werden.

Sowohl im Beispiel Mannheim als auch im Beispiel Leipzig standen wirtschaftssprachliche Forschungen im Mittelpunkt und, neben der Ausbildung von Dolmetschern (vgl. 3.1.9), auch die Ausbildung von Handelssprachlehrern. Diese institutionellen und wissenschaftlichen Grundlagen der translatorischen Ausbildung in Gestalt dieser beiden Dolmetscher-Institute trugen zur Schließung einer viel zitierten Lücke in der Sprachwissenschaft bei (vgl. 2.6.3.7, 2.7.2.1). Die insgesamt drei Lehrstühle im wirtschaftssprachlichen Bereich an Handelshochschulen in Deutschland waren jedoch Ausnahmen und somit nicht ausreichend, um die Qualität des fremdsprachlichen Unterrichts im kaufmännischen Bildungswesen in Deutschland flächendeckend zu verbessern. Die vornehmlich desolaten infrastrukturellen Bedingungen im fremdsprachlichen Unterricht, die zu einer ungenügenden Qualifikation in den Fremdsprachen bei Absolventen des kaufmännischen Bildungswesens führten, brachten eine kontraproduktive Begleiterscheinung mit sich: Die Entstehung von unseriösen Sprachschulen, die bei minimalem Input ein maximales Output versprachen – aber nicht hielten – und somit zu einer Verschlimmerung der Situation am Markt beitrugen. (vgl. 2.7.4.1, 3.1.7). Einem durch die politische und wirtschaftliche Situation zwischen den Weltkriegen verursachter und zunehmender Bedarf an qualifizierten Sprachdienstleistungen konnte somit nicht entsprechend qualifiziert begegnet werden (vgl. 3.1.8).

Diese Qualitätsmängel des fremdsprachlichen Unterrichts im kaufmännischen Bildungswesen, die vor allem auf die grundlegenden institutionellen Mängel des fremdsprachlichen Unterrichts im kaufmännischen Bildungswesen zurückzuführen waren, und seine geforderte – und in den beschriebenen Ausnahmefällen umgesetzte – Etablierung auf Hochschulniveau, fachten nicht zuletzt aufgrund der Wesensverschiedenheit zwischen dem entstehenden Fach und der traditionellen Ausrichtung der Philologie die Kritik seiner Gegner an, zu denen in erster Linie etwa auch Vertreter der etablierten Philologie an Universitäten gehörten (vgl. 2.1.1, 2.5.7.1.3).

3.1.16.4 Wirtschaftslinguistik – internationales und interdisziplinäres Forschungsfach

Die Entstehung der Wirtschaftslinguistik ist im Zusammenhang mit der internationalen Ausrichtung des kaufmännischen Bildungswesens zu sehen (vgl. 3.1.12). Neben Veröffentlichungen in Fachzeitschriften boten regelmäßig abgehaltene *Internationale Kongresse* Gelegenheit zum internationalen Fachaustausch seit Ende des 19. Jahrhunderts. Auch die Belange des fremdsprachlichen Unterrichts wurden in diesem Rahmen thematisiert. Die Problematik, dass dieser ähnlich wie in Deutschland, auch in anderen Ländern einen geringen Stellenwert im kaufmännischen Bildungswesen genoss und nicht als Hochschulfach behandelt wurde, vereinte die internationalen Fachvertreter in ihrem Bestreben, ihr Fach auf Hochschulniveau zu heben. (Vgl. 2.5.5).

Als Initiator dieser Bewegung gilt Messing (vgl. 2.5.6.1.5), auf dessen Engagement 1921 in den Niederlanden ein Verein gegründet wurde, der zur Förderung des Studiums der Handelssprache und zur Verbesserung der Ausbildung von zukünftigen Handelssprachlehrern beitragen sollte (vgl. 2.5.6.1.1). Diese Initiative war von Messing vermutlich als fundierter Anfang gedacht, um seinem Fach in den Niederlanden, wo er als Sprachdozent Deutsch an der Handelshochschule Rotterdam unterrichtete, nachhaltig den ihm gebührenden Platz im Curriculum der niederländischen Handelshochschulen einzuräumen, d.h. eine Gleichstellung mit den wirtschaftswissenschaftlichen Fächern zu erlangen (vgl. 2.5.5.1).

1924 führte Messing den Begriff Wirtschaftslinguistik ein (vgl. 2.5.6.1.5). Er setzte die Wirtschaftslinguistik mit der Erforschung der Wirtschaftssprache gleich und definierte sie als Zweig der Sprachwissenschaft. In einem wirtschaftslinguistischen Studium sollten neben profunden Kenntnissen in der Wirtschaftssprache auch fundierte Auslandskenntnisse vermittelt werden (vgl. 2.5.5.3). Messing verwendet in seinen Beschreibungen zum wirtschaftslinguistischen Studium auch die Ausdrücke, nationenkundlich, auslandskundlich und nationenwissenschaftlich als Synonym für wirtschaftslinguistisch (vgl. 2.5.5.3, 2.5.6.1.1). Damit lehnt er sich an Palmes Konzept eines nationenwissenschaftlichen Studiums des Auslandes an (vgl. 2.2.3.3, 3.1.15), das völkerverständigende Zwecke verfolgte (vgl. 3.1.13). Auch Messing betont den friedenstiftenden Effekt eines wirtschaftslinguistischen Studiums (vgl. 2.5.5.3). Ähnlich wie Palme in Deutschland favorisierte Messing für das Studium des Auslandes eine zentrale Forschungseinrichtung in den Niederlanden und auch jeweils in anderen Ländern (vgl. 2.5.5.2).

Die Übereinstimmungen zwischen dem von Messing eingeführten Begriff Wirtschaftslinguistik und Palmes Überlegungen zum nationenwissenschaftlichen Studium des Auslandes sind m. E. nicht zu übersehen. In der zur Wirtschaftslinguistik konsultierten Literatur für die vorliegende Arbeit wird aber Palme als Urheber des nationenwissenschaftlichen Studienkonzepts, das dieser 1914 veröffentlichte, nicht erwähnt. Der Begriff Wirtschaftslinguistik wurde in der konsultierten Literatur von Fachvertretern eher selten verwendet. Die Bezeichnungen »Studium der Wirtschaftssprache« oder »wirtschaftssprachliche Forschungen« schienen eher im Sprachgebrauch zu sein (Vgl. 2.5.4, S. 371). Auch definitorisch waren die Fachvertreter nicht immer auf einer Linie: Čada von der Prager Handelshochschule definiert Auslandskunde etwa nicht als Teil der Wirtschaftslinguistik, sondern als eigenständigen Bereich neben dieser (vgl. 2.5.5.3). Vielleicht ist diese Schwerpunktverschiebung im Zusammenhang mit dem in Prag Mitte der 1920er Jahre entstandenen funktional-strukturalistischen Ansatz der Linguistik zu sehen, der sich auch in den Arbeiten zur Wirtschaftssprache äußert. Auf dem IK in Prag 1935, dessen Beiträge eine starke Profilierung des fremdsprachlichen Unterrichts im kaufmännischen Bildungswesen im Vergleich zu den Vorjahren widerspiegeln, wurde von Fachvertretern ausdrücklich darauf hingewiesen, dass das wirtschaftslinguistische Studium zwar auf dem fremdsprachlichen Unterricht des kaufmännischen Bildungswesens aufbaue, aber keine methodische Ähnlichkeit mit dem Handelskorrespondenzunterricht aufweise (vgl. 2.5.5.3).

Zu Messings Verdienst um die Wirtschafts-Linguistik zählt auch die Publikation des Sammelbandes *Zur Wirtschafts-Linguistik* aus dem Jahr 1932 (vgl. 2.5.6.1). Ohne diese Veröffentlichung wäre diese frühe Form der Fachsprachenforschung vermutlich in Vergessenheit geraten und hätte der Nachwelt für Forschungen keine Anregungen geben können. Dieses Werk sollte auf wirtschaftssprachliche Forschungen als notwendige Ergänzung zum traditionellen Philologiestudium aufmerksam machen und das Forschungspotenzial dieses neuartigen und vielschichtigen Forschungskomplexes vorstellen. Die Beiträge in dem Werk waren unabhängig voneinander entstandene Einzelforschungen zum fremdsprachlichen Unterricht im kaufmännischen Bildungswesen und zur Wirtschaftssprache. Sie zeichnen sich durch Interdisziplinarität und eine internationale Ausrichtung aus. Diese Charakteristika können als Hauptmerkmale der Wirtschaftslinguistik festgestellt werden. Das Ineinandergreifen dieser Charakteristika ergibt die Komplexität der Wirtschaftslinguistik. Sie ist schwer zu fassen. Der Versuch, Ordnung in das komplexe Konstrukt Wirtschaftslinguistik zu bringen (in Abb. 12 und 13 als Quadrat »unter dem Dach« wirtschaftlinguistischer Forschungen exemplarisch dargestellt), könnte von einer Einteilung in horizontale und vertikale Ebenen ausgehen. Die Horizontalebenen könnten in die Themenfelder Sprache, Kultur, Wirtschaft unterteilt werden. Zu den Vertikalebenen könnten die vielfältigen Themen- bzw. Forschungsbereiche der Wirtschaftslinguistik geordnet werden. (Vgl. Abb. 12 und Abb. 13).

Abb. 12 **Horizontalebenen der Wirtschaftslinguistik**

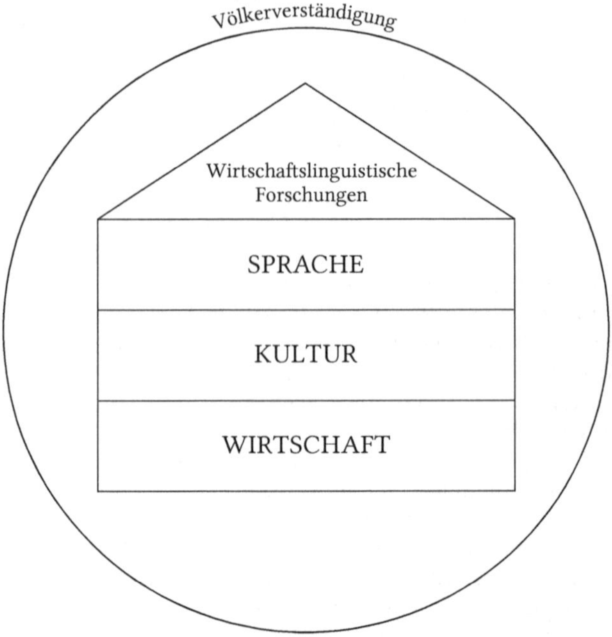

Die Themenfelder Sprache, Kultur, Wirtschaft finden sich in der curricularen Gestaltung der translatorischen Ausbildung als die das Curriculum bestimmenden Komponenten wieder und legen seine Dreigliedrigkeit fest. Sie stellen die Hauptthemen der Wirtschaftslinguistik dar, bauen aufeinander auf, greifen ineinander über, bedingen sich gegenseitig und stützen die Vertikalebenen des komplexen Konstrukts Wirtschaftslinguistik, von denen die Horizontalebenen durchdrungen werden.

Abb. 13 **Vertikalebenen der Wirtschaftslinguistik mit Materien**

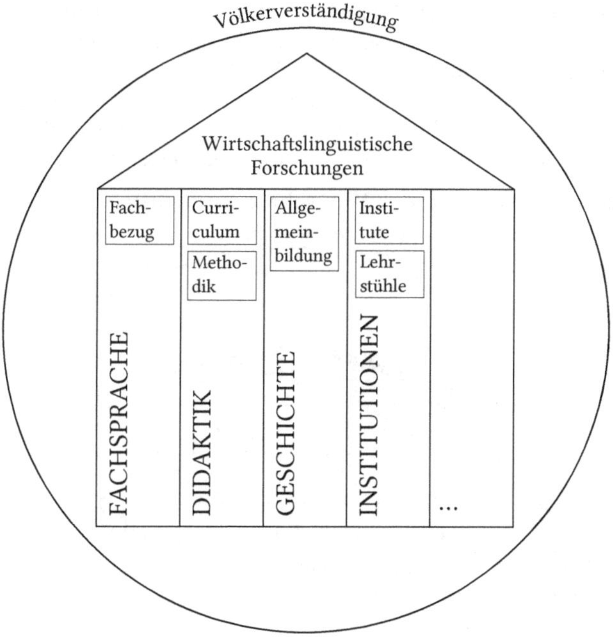

Die Themen- bzw. Forschungsbereiche der Vertikalebenen sind vielfältig und werden an dieser Stelle nicht erschöpfend aufgeführt. Als Themen- bzw. Forschungsbereiche dieser Ebenen können etwa fachsprachliche, didaktische, geschichtliche und institutionelle Themen angeführt werden. Alle sind gleich zu gewichten. Sie sollten die Etablierung der Wirtschaftslinguistik als Forschungsfach verteidigen. Die relevanten Materien der einzelnen Themen- bzw. Forschungsbereiche können als Kacheln dargestellt werden.

Fachsprachliche Themen- bzw. Forschungsbereiche waren fach- bzw. praxisbezogen und berührten etwa die Erforschung von der Verbindung von Sprache und Sache, was seit jeher eine vorrangige Thematik des fremdsprachlichen Unterrichts im kaufmännischen Bildungswesen war. Ziel dieser Thematik war etwa auch die Erstellung von Fachwörterbüchern.

Didaktische Themen- bzw. Forschungsbereiche beinhalteten etwa die Erforschung der Materien Curriculum und Methodik des fremdsprachlichen Unterrichts im kaufmännischen Bildungswesen. Die diesbezüglichen Überlegungen mündeten in die translatorische Ausbildung auf Handelshochschulniveau.

Geschichtliche Themen- bzw. Forschungsbereiche berührten etwa die Materie Allgemeinbildung, die ein bestimmendes Thema im Rahmen des Handelshochschulstudiums war.

Institutionelle Themen- bzw. Forschungsbereiche waren grundlegend für die Institutionalisierung des fremdsprachlichen Unterrichts auf Hochschulniveau und daher eines der bestimmenden Themen der Wirtschaftslinguistik. Zu ihren Materien gehörten etwa die Forderungen zur Einrichtung von Instituten, Lehrstühlen, Bibliotheken und die Ausbildung von qualifiziertem Fachpersonal.

Umhüllt und durchdrungen wird das komplexe Konstrukt der Wirtschaftslinguistik von der Völkerverständigung als Anfang und Ende wirtschaftslinguistischer Forschungen (in Abb. 12 und 13 und 14 als Kreis dargestellt).

Abb. 14 **Interdisziplinarität der Wirtschaftslinguistik**

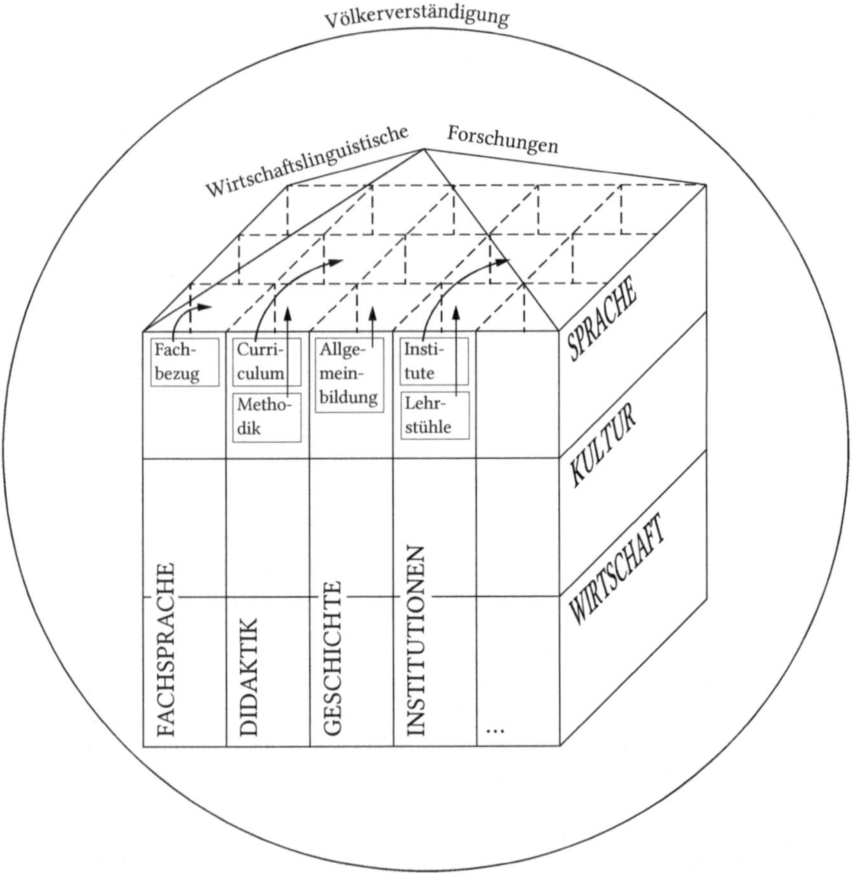

Die Überlagerung der Horizontal- und Vertikalebenen der Wirtschaftslinguistik mit Materien veranschaulicht die Komplexität der interdisziplinären und internationalen Forschungsrichtung Wirtschaftslinguistik als frühe Form der Fachsprachenforschung. Abb. 14 zeigt diese komplexe Beschaffenheit exemplarisch in Form eines Kubus. Der Kreis um den Kubus herum steht exemplarisch für eine Kugel, die die Völkerverständigung darstellen soll. Die Materien auf der Frontseite müssten den Pfeilen folgend an der Oberseite des Kubus platziert werden. Sie stellen die einzelnen Themen- und Forschungsbereiche der Wirtschaftslinguistik dar. Aus technischen Gründen kann dies in Abb. 14 nicht entsprechend visualisiert werden. Aufgrund ihres Facettenreichtums bot die Wirtschaftslinguistik auch nach dem Zweiten Weltkrieg unterschiedliche Forschungsansätze, wie im letzten Kapitel dieser Fokussierung gezeigt wird.

Ein Beispiel für die erfolgreiche Umsetzung des wirtschaftslinguistischen Studiums ist das 1937 gegründete Dolmetscher-Institut an der Handelshochschule Leipzig (vgl. 2.7). Es zeugt von einem fachsprachlich vergleichenden Ansatz im Rahmen wirtschaftslinguistischer Forschungsmöglichkeiten, der auf die Erforschung der fremdsprachlichen Fachsprache abzielte. Snyckers gelang es, für wirtschaftslinguistische Forschungen an der Handelshochschule Leipzig ein Fundament zu schaffen. Dies war das Ergebnis seines lebenslangen Engagements für den fremdsprachlichen Unterricht im kaufmännischen Bildungswesen.

Schon als junger Sprachdozent in Leipzig stellte er sich einen wissenschaftlich fundierten Fremdsprachenunterricht auf Basis eines fachsprachlichen und somit interdisziplinären Ansatzes vor. Snyckers ging von der Annahme aus, dass Sprache formalen und inhaltlichen Aspekten unterliege. Sprache könne somit nicht nur nach formalen, sondern auch nach inhaltlichen Aspekten wissenschaftlich untersucht werden. Daraus leitete er die Berechtigung von Fachsprachen ab. Für die wissenschaftliche Untersuchung einer Fachsprache erachtete Snyckers sogar eine Trennung zwischen Allgemeinsprache und Fachsprache als notwendig. Wirtschaftssprache definierte er dabei als Teilgebiet der Gedankenwelt, das Erscheinungen des Wirtschaftslebens berühre.

Im Zentrum von Snyckers' Forschungsinteresse standen terminologische Untersuchungen des betriebs- und volkswirtschaftlichen Wortschatzes des Auslandes. Er fokussierte demnach wissenschaftliche Untersuchungen der Terminologie des Auslandes, um diese auch mit der entsprechenden Terminologie der Muttersprache zu vergleichen. Vergleichende fachsprachliche Forschungen, die Form und Inhalt untersuchen, sollten seiner Meinung nach Hauptgegenstand des Sprachstudiums an Handelshochschulen sein, denn dies sei ein Forschungsdesiderat der Sprachwissenschaft. (Vgl. 2.5.5.3). Snyckers hatte in seinem Arbeitsleben auch Erfahrungen als Übersetzer in der Praxis gesammelt. Dabei fiel ihm auf, dass terminologische Untersuchungen in den Fachsprachen, die sich etwa in wissenschaftlich fundierten Wörterbüchern niederschlugen, nicht existent waren. Er war es, der auch auf diese Marktlücke hinwies und durch seine Forschungen zur Behebung dieser Lücke beitrug. (Vgl. 2.5.6.1.2). Für das Studium der Fachsprache einer Fremdsprache setzte Snyckers fundierte Mutter- und Fremdsprachenkenntnisse voraus sowie eine vorangegangene wissenschaftliche Beschäftigung mit dem Fachgebiet. Interdisziplinäre Kompetenzen waren demnach die Grundvoraussetzung für die Aufnahme eines wirtschaftslinguistischen Studiums an den Dolmetscher-Instituten. Als Kennzeichen eines wirtschaftslinguistischen Studiums betonte Snyckers das völkerverständigende Ziel der Forschungen zur Wirtschaftssprache. (Vgl. 2.5.5.3).

Nach dem Zweiten Weltkrieg wurde die wirtschaftslinguistische Forschung in Deutschland nicht fortgesetzt. Dies ist zum einen im Zusammenhang mit der Integration der Handelshochschulen in Universitäten zu sehen und zum anderen etwa mit der Auflösung des Dolmetscher-Instituts der Handelshochschule Leipzig. Der fehlende ursprüngliche institutionelle Rahmen beendete somit die frühe Form der Fachsprachenforschung nach 1945, die ohnehin aufgrund der widrigen Umstände nur fragmentarischen Charakter hatte und wie gezeigt nur in Ausnahmefällen vor 1945 institutionalisiert wurde. Das Dolmetscher-Institut der Handelshochschule Mannheim wurde bereits 1933 in die Universität Heidelberg integriert. Dort verlor es seine ursprünglich im Rahmen einer Handelshochschule konzipierte wissenschaftliche Ausrichtung (vgl. 2.6.8).

3.1.16.5 Wirtschaftslinguistik in der Forschung nach 1945

Die Wirtschaftslinguistik war eine interdisziplinäre Forschungsrichtung, die unterschiedliche Forschungsansätze in sich vereinte, um Zustimmung für ihre Etablierung von möglichst vielen Seiten, Wirtschaftswissenschaftlern an Handelshochschulen, Geldgebern und Universitätsphilologen, zu erhalten (vgl. 2.5.6). Das Dilemma, den Ansprüchen verschiedener Zielgruppen in Wissenschaft und Praxis genügen zu müssen, trug dazu bei, dass die Wirtschaftslinguistik im Urteil von Zeitgenossen und auch von der Nachwelt anfechtbare methodische Schwachpunkte aufwies.

In den wenigen zur Wirtschaftslinguistik erschienenen Beiträgen nach 1945 wird deutlich, dass den Autoren nur ein Ausschnitt des komplexen Entstehungskontextes der Wirtschaftslinguistik bekannt war. Dies zeigt sich daran, dass sich diese Forschungen meist nur auf Informationen aus Messings Werk von 1932 *Zur Wirtschafts-Linguistik* stützen und allenfalls auf marginale Informationen zum wirtschaftlichen und politischen Kontext. Hierbei werden aber der institutionelle, wissenschaftsgeschichtliche und bildungspolitische Kontext ausgeblendet, obwohl sie notwendig sind, um diese Wissenschaftsrichtung richtig einordnen zu können. Zudem wurde von der Fachsprachenforschung nach 1945 übersehen, dass die Wirtschaftslinguistik direkt zur translatorischen Ausbildung führt, deren institutioneller Rahmen die Dolmetscher-Institute an den Handelshochschulen waren, die wiederum methodisch eine Brücke zur ersten Methodenbildung in der translatorischen Ausbildung am *Seminar für Orientalische Sprachen* schlagen (vgl. 2.2.3.3.2). Wirtschaftslinguistik, auch wirtschaftssprachliche Forschung, und translatorische Ausbildung sind als untrennbarer Teil aufzufassen.

Nachdem die wirtschaftslinguistische Forschung nach 1945 abgebrochen war, die translatorische Ausbildung aber dem Bedarf am Markt nach qualifizierten Dolmetschern und Übersetzern entsprechend weitergeführt werden musste, ergab sich ein Forschungsvakuum in diesem Bereich, der jahrzehntelang einer wissenschaftlichen Untersuchung als unwürdig eingestuft wurde. Sichtbar wird dies etwa daran, dass die translatorische Ausbildung vielerorts kommissarisch von Universitätsphilologen betreut wurde, die für die translationswissenschaftliche Disziplin nicht qualifiziert waren. Ein Grund für diese nicht passgenaue Lösung war, dass für die translatorische Ausbildung keine Lehrstühle bewilligt wurden und eine translationswissenschaftliche Forschung somit nicht für notwendig erachtet wurde (vgl. 2.6.8)[2178].

Die translatorische Ausbildung, die zwischen den Weltkriegen in den Dolmetscher-Instituten einen institutionellen Rahmen fand, und ihr viel später mühsam gerechtfertigtes Wissenschaftsfach waren somit jahrzehntelang eine verkannte wissenschaftliche Disziplin. Hier zeichnet sich eine Parallele zum fremdsprachlichen Unterricht im kaufmännischen Bildungswesen ab, aus dem sich die translatorische Ausbildung entwickelte: Beide gediehen nur so weit, wie es ihre Diffamierung zuließ. Möglicherweise steht das aus dieser Situation heraus entstandene Forschungsvakuum auch mit der fehlenden Fachsprachenforschung bis Ende der 1970er Jahre im Zusammenhang[2179]. Somit ist eine über dreißig jährige Pause in der fachsprachlichen Forschung zu verzeichnen. Interessant wären Forschungen, von einem translatologischen Ansatz aus, wie diese Zeit – wir sprechen von einer ganzen Generation! – der zunehmenden Spezialisierung der Welt ohne Fachsprachenforschung überbrückt wurde, und welche Gründe die Entstehung der modernen Fachsprachenforschung schließlich motivierten. Forschungen zur Wirtschaftslinguistik sind in der Zeit nach 1945 eine Randnotiz geblieben.

Von 1973 datiert ein Beitrag von Herbert Peter mit einem knappen Überblick über Beiträge zur Wirtschaftslinguistik[2180]. Der Autor berücksichtigt dabei eine kleine und beliebige Auswahl an Publikationen zur Wirtschaftssprache, die ab Ende des 19. Jahrhunderts verfasst wurden. Da im Vordergrund des Beitrags ein (unvollständiger) Literaturüberblick zum Thema steht, wird der geschichtliche Kontext der wirtschaftslinguistischen Forschungen nicht berücksichtigt. Es fällt auf, dass der Autor den Terminus Wirtschaftslinguistik an Messings Sammelband von 1932 festmacht. Dies greift jedoch zu kurz, denn Messing beschrieb diesen Terminus schon 1924. Der Autor schreibt Messing die Gründung der ersten wirtschaftssprachlichen Fachzeitschrift *De Handelscorrespondent* im Jahr 1921 zu. Auch hier wurde der Zusammenhang mit der internationalen Dimension des fremdsprachlichen Unterrichts im kaufmännischen Bildungswesen übersehen, denn die Zeitschrift wurde bereits 1871 in den Niederlanden gegründet und monatlich bis zur Umbenennung in *De Spiegel van Handel en Wandel* Anfang der 1920er Jahre publiziert (vgl. 2.5.6.1.4).

2178 Vgl. hierzu auch Wilss (2000a).

2179 Vgl. Drozd/Seibicke (1978: 203). Das erste europäische Symposium zur Fachsprachenforschung fand im August 1977 statt.

2180 Vgl. Peter (1973).

Bei seiner Betrachtung wirtschaftssprachlicher Publikationen nach 1945 bemängelt der Autor berechtigt, dass es kaum wissenschaftliche Untersuchungen zur Wirtschaftssprache gibt und ruft in diesem Zusammenhang auch Dolmetscher und Übersetzer dazu auf, sich als Praktiker, die »im sprachlichen Getriebe einer sich immer mehr verflechtenden weltweiten Wirtschaft stehen«[2181] der wirtschaftssprachlichen Forschung zu widmen. Es ist bezeichnend, dass gerade diese Berufsgruppe zur Erforschung der Wirtschaftssprache ins Spiel gebracht wird, ohne dass dem Autor der Zusammenhang zwischen Wirtschaftslinguistik und translatorischer Ausbildung bekannt ist.

Die Literaturauswahl zur Wirtschaftslinguistik nach 1945 in Peters Werk zeigt, dass auch in der Zeit nach 1945 im Rahmen der Wirtschaftslinguistik ähnlich wie in der Zeit davor unterschiedliche interdisziplinäre Forschungsschwerpunkte gesetzt wurden. Da es sich wie vor 1945 um Einzelforschungen handelt, sind keine klaren methodischen Forschungsschwerpunkte zu erkennen. Auch fünfzig Jahre nach Erscheinen von Peters Beitrag kann diesem beigepflichtet werden, dass die Wirtschaftslinguistik einer umfangreichen wissenschaftlichen Aufarbeitung noch bedarf. Hinzuzufügen wäre, dass die zukünftigen Untersuchungen zur Wirtschaftslinguistik, die als Pionierin der fachsprachlichen Forschung zu erachten ist, von einem translatologischen Ansatz aus vorgenommen werden sollten, denn genau zu diesem Fach führen ihre Spuren.

Ein weiteres Werk aus den 1970er Jahren behandelt die Wirtschaftslinguistik in groben Zügen. Es handelt sich dabei um das Grundlagenwerk zur *Deutschen Fach- und Wissenschaftssprache* von Drozd und Seibicke aus dem Jahr 1978. Die Ausführungen zeigen, dass auch hier tiefergehende Informationen zur Entstehung dieser Forschungsrichtung fehlen, etwa wenn die Autoren die Entstehung der Wirtschaftslinguistik auf den Einfluss der seit 1909 erschienenen Zeitschrift *Wörter und Sachen* von Schuchardt und Meringer zurückführen[2182]. Diese These ist m.E. unter Berücksichtigung der geschichtlichen Entwicklung des fremdsprachlichen Unterrichts im kaufmännischen Bildungswesen nicht haltbar (vgl. 3.1.4). Die vorliegende Arbeit belegt, dass bereits um 1900 Überlegungen zur wissenschaftlichen Behandlung der Wirtschaftssprache im kaufmännischen Bildungswesen von Fachvertretern angestellt wurden, nachdem der fremdsprachliche Unterricht bei der Gründung der Handelshochschulen nicht als Hochschulfach konstituiert worden war. Zu nennen sind etwa Snyckers Vorschläge von 1905, die er auf der Generalversammlung der *Internationalen Gesellschaft* in Lüttich vortrug (vgl. 2.5.3), die Gründung der *Internationalen Sprach- und Wirtschaftskurse* im Jahr 1907, die eine fehlende fachsprachliche Ausbildung im wirtschaftlichen Bereich kompensieren sollten (vgl. 2.4.4.2), sowie Entwicklungen der translatorischen Ausbildung auf Entwicklungslinie A, die seit 1908 im Zusammenhang mit der Reform des diplomatischen und konsularischen Dienstes zu sehen sind, und die schließlich – motiviert

2181 Ibid, S. 15.
2182 Vgl. Drozd/Seibicke (1978: 68).

durch Ereignisse auf Entwicklungslinie B – zur ersten Methodenbildung der translatorischen Ausbildung durch Anton Palmes Beschreibung des nationenwissenschaftlichen Studiums 1914 führten (vgl. 3.1.14, 3.1.15).

Interessant wäre es dennoch, nicht nur aus wissenschaftsgeschichtlicher Sicht, die Einflüsse der entstehenden translatorischen Ausbildung und damit der Wirtschaftslinguistik auf die allgemeine Sprachwissenschaft und umgekehrt zu erforschen, denn Forschungen in dieser Richtung fehlen bislang gänzlich. Die Tatsache, dass die Verbindung zwischen der Wirtschaftslinguistik und der translatorischen Ausbildung bislang nicht hergestellt wurde, liegt m.E. daran, dass der inzwischen existente Fachbereich Translationswissenschaft lange Zeit nicht als eigenständiger wissenschaftlicher Fachbereich anerkannt wurde – und schon gar nicht als Fachbereich, der eine eigene Geschichte vor 1945 hat. So war es möglich, dass zur Entstehung der Wirtschaftslinguistik irrtümliche Schlüsse gezogen werden konnten.

Zur Beschreibung der Wirtschaftslinguistik führen Drozd und Seibicke einen Abschnitt zur historisierenden Wirtschaftslinguistik an, in dem sie auf die breit angelegte Forschungsgrundlage der Wirtschaftslinguistik Bezug nehmen. An dieser Stelle darf die Anmerkung nicht fehlen, dass bei dem Versuch Anfang des 20. Jahrhunderts, den fremdsprachlichen Unterricht im kaufmännischen Bildungswesen auf Hochschulniveau zu heben, die Anpassung an geschichtlich ausgerichtete, tradierte und allgemein anerkannte Methoden der Philologie unumgänglich waren, um für den missachteten fremdsprachlichen Unterricht im kaufmännischen Bildungswesen auch in Universitätskreisen Akzeptanz zu erlangen (vgl. 2.1.1). Die von Messing vorgeschlagene diachrone Forschungsmöglichkeit ist m.E. durch den Druck der etablierten, historisch ausgerichteten, Philologie heraus entstanden: Der Kernpunkt des fremdsprachlichen Unterrichts im kaufmännischen Bildungswesen war der Sprachinhalt, der das Sprachverständnis fördern sollte. Durch die Erforschung der Geschichte des Sprachinhalts bzw. der Wortbedeutungen im Zusammenhang mit dem Wandel wirtschaftlicher Phänomene wurden den historisch ausgerichteten Forschungsmethoden des universitären Philologiestudiums Genüge getan und gleichzeitig das Sprachverständnis etymologisch unterstützt (vgl. 2.1.16).

Drozd und Seibicke nehmen in einem Abschnitt ihres Werkes auch Bezug zur Nationenwissenschaft und folgern, dass durch diesen Aspekt die kommunikative und kognitive Rolle der Handelssprache überschätzt wurde. Sie führen weiter aus, dass dadurch der Sprachwissenschaft fachfremde Aufgaben zugewiesen wurden, die sie nicht übernehmen kann[2183]. Hier zeigt sich, dass die Autoren Schwierigkeiten haben, das nationenwissenschaftliche Konzept, das auch als erste Methodenbildung der translatorischen Ausbildung erachtet werden kann, einzuordnen. Aus heutiger Sicht zeigt sich hier ein hervorstechender methodologischer Unterschied zwischen Sprach- und inzwischen entstandener Translationswissenschaft: Während sich die Sprachwissenschaft mit sprachlichen Erscheinungen von einer rein linguistischen Perspektive ohne Berücksichtigung extralinguistischer Erscheinun-

2183 Ibid, S. 70.

gen aus beschäftigen darf, ist dies in der Translationswissenschaft nicht möglich, wo extralinguistische Faktoren etwa zur Definition der Bedeutung eines sprachlichen Ausdrucks, seien sie kulturell oder fachbezogen, berücksichtigt werden müssen. Denn diese Faktoren bestimmen bei der Translation den jeweils adäquaten Terminus. Dieses translatologische Prinzip wurde bereits 1914 von Palme erkannt.

Dass die Wirtschaftslinguistik als interdisziplinäre Forschungsrichtung nicht nur Anregungen für fachsprachliche Forschungen nach 1945 gab, sondern auch etwa für Forschungsarbeiten zur Unternehmenskultur, zeigt eine Publikation aus dem Jahr 1997, die im Arbeitsbereich Unternehmenskommunikation im Fachbereich Germanistik der Universität Hamburg entstand. Das Werk umfasst sechs Beiträge. Die Beiträge von Koch und Schuldt sollen für die folgenden streiflichtartigen Kommentierungen herausgegriffen werden.

Koch skizziert in seinem Beitrag auch das politische und wirtschaftliche Szenario der 1920er Jahre. Dabei stellt er nach dem Börsenkrach im Oktober 1929, der eine Weltwirtschaftskrise auslöste, in Deutschland eine nationalistische Bewegung fest, die sich gegen die bisherige international orientierte Wirtschaftspolitik richtete.[2184] Dieser nationalen Fokussierung begegnete Messing, so Koch, mit der Forderung, den internationalen Handel beizubehalten. Zudem entwerfe Messing in dem von ihm herausgegebenen Sammelband – der übrigens in einem niederländischen Verlag veröffentlicht wurde – das »Idealbild einer interkulturellen Gesellschaft, in der das Verständnis und die Toleranz gegenüber anderen Völkern die wichtigsten Bestandteile sind«[2185].

Kommentierungswürdig ist hier m. E., dass die Wirtschaftslinguistik keine deutsche, sondern eine internationale Angelegenheit war, auch wenn in Messings Sammelband die meisten Autoren an Hochschulen im deutschen Sprachraum unterrichteten. Die Wirtschaftslinguistik ist von der Sache her vornehmlich eine internationale Bewegung von Fachvertretern, d. h. von Handelssprachlehrern, den fremdsprachlichen Unterricht an Handelshochschulen auf Hochschulniveau zu heben. Die Handelshochschulen in Deutschland wurden errichtet, um den internationalen Handel zu fördern, wobei dem Fremdsprachenunterricht bei dieser Aufgabe eine tragende Rolle zukommen sollte. Die gewünschte internationale Ausrichtung der Handelshochschulen wurde von einem Geist der friedlichen Völkerverständigung getragen, der etwa in Deutschland als Leitgedanke spätestens seit Beginn des kaufmännischen Bildungswesens Ende des 19. Jahrhunderts fest in diesem verankert war. Dieser friedvolle internationale Leitgedanke durchdrang das kaufmännische Bildungswesen ebenso in anderen Ländern. Konferenzbeiträge der *Internationalen Kongresse* von etwa 1900 bis Ende der 1930er Jahren bestätigen dies. Aus diesem Grund scheint es m. E. nicht gerechtfertigt, Messing zuzuschreiben, er selbst hätte ein Idealbild einer interkulturellen Gesellschaft entworfen. Messing beschreibt in dem zitierten Beitrag lediglich das Idealbild des friedlichen

2184 Vgl. Koch (1997: 39).
2185 Ibid, S. 42.

internationalen wirtschaftlichen Verkehrs, das im kaufmännischen Bildungswesen seit jeher auf internationaler Ebene kultiviert wurde (vgl. 3.1.13).

Ob Messing, der seit etwa 1913 in den Niederlanden lebte (vgl. 2.5.6.1.5), von der Abschottungspolitik Deutschlands, die übrigens auch in anderen Ländern in jenen Jahren festzustellen war, beeinflusst wurde, den Sammelband zu publizieren, ist m. E. fraglich, denn Messings Publikation verfolgte in erster Linie das Ziel, für den fremdsprachlichen Unterricht im kaufmännischen Bildungswesen endlich eine Lanze zu brechen in einer Zeit, in der gegenseitiges Verständnis auch aus wirtschaftlichen Gründen dringend förderungswürdig war. Beispielsweise wurden anlässlich der Gründung des Dolmetscher-Instituts an der Handelshochschule Mannheim 1930 auch wirtschaftliche Gründungsmotive ins Feld geführt (vgl. 2.6.3.7), die den deutschen Außenhandel unterstützen sollten, nicht zuletzt, da die Orientierung ins Ausland ein prägender Charakterzug des kaufmännischen Bildungswesens, insbesondere von Handelshochschulen, war. Die Publikation des Sammelbandes kann als Höhepunkt in Messings Kampf gewertet werden, den fremdsprachlichen Unterricht im kaufmännischen Bildungswesen als Hochschulfach zu etablieren, nachdem Messings Versuche, diverse Vereine in den Niederlanden zur Förderung desselben und der Auslandskunde zu gründen, nicht den erhofften Erfolg gezeitigt hatten. Dieser Aspekt der Wirtschaftslinguistik wird in Kochs Ausführungen außer Acht gelassen.

Ein letzter Gedanke zu Kochs Beitrag an dieser Stelle soll dem verwendeten Ausdruck »Epoche der Wirtschaftslinguistik«[2186] gelten. Dieser Ausdruck hebt die Wirtschaftslinguistik in Sphären, wo sie nie war. Als epochemachend kann die Wirtschaftslinguistik aufgrund ihrer fehlenden Anerkennung in Fachkreisen wohl kaum bezeichnet werden. Zudem ist der Anfang dieser Forschungsrichtung nicht verlässlich datierbar. Zutreffender wäre eher der Ausdruck »Episode«, denn mehr als ein flüchtiges und unbedeutendes Randereignis der Sprachwissenschaft scheint die Wirtschaftslinguistik bis auf den heutigen Tag von der Forschung nicht wahrgenommen zu werden.

Der Beitrag von Schuldt in der zitierten Publikation von 1997 behandelt die Wirtschaftslinguistik als einen in der Vergangenheit abgeschlossenen Forschungsgegenstand im Vergleich zum damals noch jungen Europäischen Binnenmarkt, der 1993 mit 15 Mitgliedsstaaten verwirklicht wurde[2187]. Im Zentrum des Vergleichs stehen sprachliche und kommunikative Aspekte. Sowohl zur Zeit der Wirtschaftslinguistik Anfang des 20. Jahrhunderts als auch zur Zeit der Schaffung des Europäischen Binnenmarktes Ende des 20. Jahrhunderts sei die Überwindung von Sprachbarrieren ein wesentliches Thema gewesen. Am Rande geht der Autor auf »mögliche Entstehungsursachen«[2188] der Wirtschaftslinguistik ein und nennt da-

---

2186 Ibid, S. 40.

2187 Vgl. Schuldt (1997: 80–81). Vgl. hierzu auch https://www.consilium.europa.eu/de/infographics/30-years-of-the-eu-single-market/.

2188 Ibid, S. 74.

für wirtschaftliche Entwicklungen in Deutschland um 1900, die Deutschland zu einer führenden Industrienation in Europa machten. Durch die steigende wirtschaftliche Aktivität der deutschen Wirtschaft sei auch die Nachfrage nach Fremdsprachenkenntnissen in jener Zeit gestiegen.[2189]

Ähnlich wie Koch macht Schuldt das Ende der Wirtschaftslinguistik an Entwicklungen nach der Weltwirtschaftskrise Ende der 1920er Jahre fest. Als Grund werden die von den Nationalsozialisten wirtschaftlichen Autarkiebestrebungen genannt, die Deutschland von der Weltwirtschaft abkoppelten: »Es ist jene Zeit, in der die Wirtschaftslinguistik als Forschungsrichtung ihre Arbeit einstellte.« Diese (unglücklich formulierte) Aussage entspricht nicht der Wahrheit, denn in den 1930er Jahren gab es durchaus wirtschaftslinguistische Forschungen, und zwar sowohl zur diachronen als auch zur synchronen Wirtschaftslingustik. wie etwa die fundierten Beiträge auf dem IK in Prag 1935 zeigen. Zudem kann als Beispiel zur Förderung wirtschaftslinguistischer Forschungen auch die Gründung des Dolmetscher-Instituts an der Handelshochschule Leipzig 1937 angeführt werden (vgl. 2.7). Auch Snyckers wird in Schuldts Beitrag erwähnt, als Wissenschaftler, der sich für die Verbesserung des fremdsprachlichen Unterrichts an Handelshochschulen einsetzte. Durch seine Bezugnahme zum fremdsprachlichen Unterricht kommt Schuldt in seinem Beitrag dem eigentlichen Entstehungsmotiv der Wirtschaftslinguistik nahe und resümiert, dass Fremdsprachenkenntnisse Anfang und Ende des 20. Jahrhunderts unverändert bedeutend seien.[2190]

Kommentierungswürdig ist die Aussage: »Die Vertreter der Wirtschaftslinguistik interessierten sich jedoch darüber hinaus auch für die Rolle der Sprache in ihrer zeitgenössischen wirtschaftlichen Praxis. Sie erkannten die Sprache als ein wichtiges Instrument des wirtschaftlichen Handelns.«[2191] Zunächst ist anzumerken, dass es die »Vertreter der Wirtschaftslinguistik« nicht gab. Die Wirtschaftslinguistik wurde von Messing als solche so bezeichnet und war das Hochschulfach, zu dem sich der fremdsprachliche Unterricht im kaufmännischen Bildungswesen entwickeln sollte, um gleichrangig neben die wissenschaftlich behandelten wirtschaftlichen Fächer an Handelshochschulen gestellt werden zu können. Die Personengruppe, die sich dafür vehement einsetzte, waren Sprachlehrer im kaufmännischen Bildungswesen, die den Begriff Wirtschaftslinguistik meist nicht verwendeten, sondern stattdessen unterschiedliche Ausdrücke, wie etwa »wirtschaftssprachliche Forschungen«, bevorzugten (vgl. 2.5.4, S. 411). Vereint wurden die Fachvertreter des fremdsprachlichen Unterrichts im kaufmännischen Bildungswesen durch die Notwendigkeit, wissenschaftliche Methoden in ihrem Fach einzuführen und damit auch im Anliegen, die Erforschung der Wirtschaftssprache ins Zentrum zu stellen. Da die infrastrukturellen Bedingungen im kaufmännischen Bildungswesen dafür weitgehend nicht vorhanden waren, stand die Wirtschaftslinguistik auch für bildungspolitische Forderungen, um die Erforschung der Wirtschaftssprache

2189 Ibid, S. 75.
2190 Ibid, S. 87.
2191 Ibid, S. 76.

überhaupt zu ermöglichen. Dieser Hintergrund bleibt in Schuldts Beitrag unberücksichtigt. Das in Schuldts Aussage als beiläufig dargestellte Interesse derjenigen Personen, die sich für die Etablierung des fremdsprachlichen Unterrichts im kaufmännischen Bildungswesen als Hochschulfach über Jahrzehnte eingesetzt haben, wird dem Engagement von Personen wie etwa Glauser, Snyckers und Messing nicht gerecht (vgl. 3.1.17). Denn übersehen werden dabei die Jahrzehnte dauernden Bemühungen für eine Sache, deren Gedeihen von allen möglichen Seiten – etwa Geldgebern, Verantwortlichen an Handelshochschulen, Universitätsprofessoren der Philologie – Widerständen ausgesetzt war. Überdies wird dabei das Verdienst dieser Personen für die im Entstehen begriffene translatorische Ausbildung und die Professionalisierung des damit verbundenen Berufs nicht angemessen gewürdigt. (Vgl. 2.5.6).

Die Ausführungen zu den vereinzelten Forschungen zur Wirtschaftslinguistik nach 1945 zeigen, dass Forschungslücken zu Missverständnissen und Fehleinschätzungen führen können. In Harmonie mit einem Fach, das sich in seiner Zeit nicht gerade großer Beliebtheit erfreute, scheint auch das Forschungsinteresse der Nachwelt an diesem Fach eher mäßig zu sein. Nimmt dies Wunder? Die systematische Erforschung der Wirtschaftslinguistik wäre aufgrund ihres Facettenreichtums eine Mammutaufgabe. Bislang wurde der Zusammenhang von Wirtschaftslinguistik und translatorischer Ausbildung nicht erkannt – und dies, obwohl das Übersetzen wirtschaftlicher Fachtexte an den meisten translatorischen Ausbildungsstätten traditionell im Zentrum des Studiums steht und sogar Prüfungsgegenstand ist. Das Fach, das sich der Erforschung der Wirtschaftslinguistik vorrangig widmen könnte, um auch auf seine Spurensuche zu gehen, wäre also gefunden.

3.1.17 Zum Networking in einer entstehenden Branche

Da in der vorliegenden Arbeit die institutionellen Gründungen der Dolmetscher-Institute in der französischen Besatzungszone ergänzenden Charakter haben, werden ihre Protagonisten, Raymond Schmittlein und Edmund Schramm, in dieser Fokussierung nicht behandelt. Zudem sind beide Personen nicht Teil des Entstehungsprozesses der translatorischen Ausbildung vor 1945. Der Beitrag dieser Personen im Allgemeinen zur Entstehung der translatorischen Ausbildung nach dem Zweiten Weltkrieg und im Speziellen zur Gründung des Germersheimer Dolmetscher-Instituts bleibt dadurch aber ungeschmälert und bedeutungsvoll. (Vgl. 2.8.2.4).

Im Entstehungsprozess der translatorischen Ausbildung vor 1945 kann eine Vernetzung der Fachvertreter festgestellt werden. Selbst wenn sich die in den Entstehungsprozess involvierten Personen nicht persönlich im Rahmen von Kongressen oder Ähnlichem begegneten, so gab es in den meisten Fällen der im Rahmen dieser Arbeit näher beleuchteten Personen doch postalische Kontakte oder Begegnungen in den Fachorganen. Die jeweils in ihrem Zuständigkeitsbereich engagierten Personen wurden durch die Notwendigkeit verbunden, Einrichtungen zu schaffen zur Verbesserung des fremdsprachlichen Unterrichts im kaufmännischen Bildungswesen. Damit in Verbindung stand die Institutionalisierung einer Ausbildungsmöglichkeit für den entstehenden Beruf von Dolmetschern und Übersetzern. Eine fachliche und auch personelle Verbindung der im kaufmännischen Bildungswesen aktiven Personen lässt sich auch zu den Vertretern des SOS herstellen, an dem bis 1918 Dragomane für den Staatsdienst ausgebildet wurden.

Sowohl auf Entwicklungslinie A als auch auf Entwicklungslinie B (vgl. 3.1.3) war die Gruppe der Personen, die sich für die translatorische Ausbildung in der Entstehungsphase einsetzte, überschaubar (vgl. Abb. 15). Das konsultierte Material legt aber den Eindruck nahe, dass das Engagement der involvierten Personen dafür umso vehementer war. Palme (vgl. 2.2.3.13.1) und Kampffmeyer (vgl. 2.2.3.13.2) brachten etwa die Kraft auf, gegen das Unverständnis im preußischen Unterrichtsministerium für ihre Sache anzukämpfen (vgl. 2.2.3). Respekt verdient m. E., dass sich die beiden Protagonisten in der nach dem Ersten Weltkrieg immer noch vorherrschenden Mehrklassengesellschaft in Deutschland nicht von Autoritäten einschüchtern ließen, um für ihre Überzeugung einzutreten, obwohl Palme 1916 mit einer Zensur von seiner vorgesetzten Stelle belegt wurde (vgl. 2.2.3.4). Ihre Argumente trugen sie fundiert, taktisch klug und tadellos vor. Vielleicht war auch die mangelnde Anfechtbarkeit ihrer Argumentation ein Grund dafür, dass sie Missmut und Empörung seitens der Vertreter im preußischen Unterrichtsministerium hervorriefen. Diese hatten sichtlich Schwierigkeiten damit, dass es aus ihrer Sicht nicht standesgemäße Personen wagten, sich ihrer festgefahrenen und sich den Anforderungen der Zukunft verschließenden Meinung zu widersetzen (vgl. 2.1.1). Palme und Kampffmeyer, die am SOS keine leitenden Funktionen bekleideten und vermutlich auch deshalb von den Vorgesetzten im preußischen Unterrichtsministerium belächelt wurden, nahmen den Fortbestand des SOS selbst in die Hand, nicht zuletzt, weil der zuständigen Elite nicht nur der Sachverstand für das entstehende translatorische Fach fehlte, sondern auch der nötige Esprit, das Fach voranzubringen. Palme und Kampffmeyer gehörten zur Avantgarde der translatorischen Ausbildung, die sich protestierend gegen den Abbau des SOS einsetzten. Damit brachen sie eine Lanze für die translatorische Ausbildung in Deutschland.

Ähnlichen Widerstand gegen sein Engagement für die wissenschaftliche Behandlung der fremden fachbezogenen Gegenwartssprache seitens seiner Vorgesetzten musste Messing (vgl. 2.5.6.1.5) aushalten. Sein bemerkenswert beharrliches Engagement für die Hebung des fremdsprachlichen Unterrichts im kaufmännischen Bildungswesen auf Hochschulniveau in Anbetracht der widrigen Umstände an seiner Wirkungsstätte, der Handelshochschule Rotterdam, beeindruckt. Er war es, der dem Fremdsprachenunterricht im kaufmännischen Bildungswesen auf Hochschulniveau einen Namen gab: In der Disziplin Wirtschaftslinguistik sollte die Erforschung der Wirtschaftssprache in allen möglichen Richtungen, die der Fächerkanon der Handelshochschulen bot, Raum gegeben werden (vgl. 2.5.6.1, 3.1.16).

Es ist anzunehmen, dass Messing, der sein Studium 1913 mit der Promotion abschloss und vermutlich kurz darauf eine Stelle als Handelssprachlehrer an der neugegründeten Handelshochschule Rotterdam antrat, auf der Suche nach Ansätzen für seine Arbeit auf Palmes Werk zum nationenwissenschaftlichen Studium stieß, das 1914 veröffentlicht wurde (vgl. 2.2.3.3). Palme und Messing, die beide im kaufmännischen Bildungswesen als Sprachlehrer an Handelshochschulen tätig waren, wurden in diesem Fachbereich in seinen unterschiedlichen Foren und Fachorganen vereint. Möglicherweise wurde Messing in diesem Rahmen auf Palmes Werk aufmerksam. Messings Ausführungen zur Wirtschaftslinguistik mit nationenwissenschaftlicher Ausrichtung zeigen unverkennbar Parallelen zu Palmes Werk. Ob die beiden in Kontakt standen, konnte im Rahmen der vorliegenden Arbeit nicht geklärt werden. Messing erwähnt Palme nicht als Urheber der Beschreibung des nationenwissenschaftlichen Studiums. Er definierte aber auf Basis dieser Ausrichtung die Aufgaben der Wirtschaftslinguistik und setzte sich für ihre Verbreitung im kaufmännischen Bildungswesen ein.

Es ist sehr wahrscheinlich, dass sowohl Palme als auch Messing sich im Vorfeld ihrer Theorienbildung in der in Philologenkreisen so hoch geschätzten Anfangsgeschichte der Philologie informierten und sich auf Ausführungen des Begründers der Philologie, Friedrich August Wolf, stützten. Möglicherweise sind auch deshalb inhaltliche Parallelen in ihren jeweiligen Ausführungen erkennbar (vgl. 2.1.1.6 und Fußnote 1426).

Seine frühen Überlegungen zum Produkt Sprache und dem damit zusammenhängenden Sprachdienstleistungsmarkt, die Messing bereits in den 1920er Jahren anstellte, sind aus heutiger Sicht absolut sensationell.

Unter den in der Synopse dargestellten Personen, die dem kaufmännischen Bildungswesen zuzuordnen sind, fällt eine Person auf, die zwar nicht unbedingt fachlich als stellvertretend für die translatorische Ausbildung erachtet werden kann, deren Name aber dennoch mit der Entstehung der translatorischen Ausbildung in Verbindung gebracht werden sollte. Diese Person kann als treibende Kraft des kaufmännischen Bildungswesens in Deutschland und auch auf internationaler Ebene ab Ende des 19. Jahrhunderts über einen Zeitraum von nahezu dreißig Jahren erachtet werden. Als solche wirkte sie wohlwollend fördernd für die Einrichtung bestimmter Institutionen, die der Entstehung der translatorischen Ausbildung Vorschub gab. Es handelt sich um Richard Stegemann (vgl. Fußnote 868), der in seiner Funktion als Präsident der *Internationalen Gesellschaft zur Förderung des kaufmännischen Bildungswesens* die Notwendigkeit qualitativ hochwertiger Ausbildungsmöglichkeiten in Fremdsprachen und der damit zusammenhängenden Kulturkompetenz im Rahmen der kaufmännischen Tätigkeit erkannte und Möglichkeiten zur Umsetzung entsprechender Ausbildungsmöglichkeiten forciert anging. Stegemanns völkerverständigende Gesinnung, die sein ausgleichendes Wesen vorlebte, legte sich wie ein Mantel um die weitere Entwicklung der translatorischen Ausbildung im kaufmännischen Bildungswesen bis 1945. In seiner hervorgehobenen Position als Vorsitzender der IG bündelte er Handlungen, die im kaufmännischen Bildungswesen elementar wichtig waren, und vereinte zuständige Kapazitäten.

In einem solchen Rahmen begegneten sich 1905 auch die späteren Gründer der Dolmetscher-Institute, Glauser (vgl. 2.6.6.1) und Snyckers (vgl. 2.7.2.2.1), persönlich im fachlichen Austausch in der Konzeptionsphase der ISW (vgl. 2.4.4.2). Dabei fällt auf, dass Snyckers eher ein Mann der leisen Töne war, was er sagte, aber Gewicht hatte. Er verfügte über gut zehn Jahre weniger Berufserfahrung als Dozent in jener Zeit als Glauser, konnte es aber als Neuling im Fach, der erst seit 1904 als Handelssprachlehrer tätig war, mit diesem im Fachdiskurs – man ist geneigt zu sagen: überlegen – aufnehmen. Der Beitrag Glausers zur translatorischen Ausbildung soll nicht geschmälert werden, aber nach intensiver Lektüre der Unterlagen für die vorliegende Arbeit darf man durchaus zu der Einschätzung gelangen, dass Glauser den entscheidenden Impuls zur Gründung des Mannheimer DIs auch von Snyckers Beiträgen der Jahre 1927 und 1928 in den Fachorganen erhielt (vgl. Fußnote 1787).

Glausers Trumpf gegenüber Snyckers war, dass er bereits seit 1911 einen Sprachlehrstuhl an der Handelshochschule Mannheim innehatte und somit gegenüber Snyckers institutionell einen deutlichen Vorsprung hatte. An der Handelshochschule Leipzig wurden erst 1929 auf Snyckers Betreiben zwei Sprachlehrstühle eingerichtet (vgl. 2.7.2.1). Wer weiß, wie beschleunigt, fundiert und fachsprachlich orientiert sich die translatorische Ausbildung in Deutschland entwickelt hätte, wäre die Mannheimer Sprachprofessur 1911 mit Snyckers besetzt worden: 1910 erging der Ruf für die Mannheimer Sprachprofessur an ihn, arbeitsvertragliche Konditionen mit der Handelshochschule Leipzig durchkreuzten aber seine Pläne, weshalb er die Stelle nicht annehmen konnte (vgl. Fußnote 1656). Snyckers beeindruckte die Entscheidungsträger der Handelshochschule Mannheim sicherlich auch durch seinen Werdegang, denn er genoss eine Hochschulausbildung im kaufmännischen Bildungswesen in Belgien, das zu jener Zeit führend in Europa war. Er war praktisch prädestiniert für die ausgeschriebene Professur. Zudem wurde seine fachliche Kompetenz einige Jahre später durch Erfahrungen als Übersetzer in der Praxis im Ersten Weltkrieg abgerundet. Er ist der Einzige unter den Streitern für die translatorische Ausbildung, der eine Hochschulausbildung im kaufmännischen Bildungswesen genossen und einschlägige Erfahrungen in der Praxis als Vollzeitübersetzer gesammelt hatte. Sein wissenschaftliches Werk spiegelt dies wider.

Vermutlich war das fachliche Verhältnis zwischen Glauser und Snyckers eher respektvoll distanziert, ein befruchtender fachlicher Austausch zur Förderung des fremdsprachlichen Unterrichts im kaufmännischen Bildungswesen und der translatorischen Ausbildung fand zwischen den beiden m. E. eher nicht statt. Möglicherweise waren dafür auch unterschiedliche Wesensarten verantwortlich: Glauser rau (vgl. 2.6.6.3), Snyckers sanft, in dessen Nähe andere gedeihen konnten (vgl. Fußnote 1904).

Snyckers war von der Existenz des Mannheimer Dolmetscher-Instituts sicherlich informiert und nahm sich die Gründung eines solchen an der Handelshochschule Leipzig zum Vorbild. Auch vom Wechsel des Mannheimer Dolmetscher-Instituts an die Universität Heidelberg wusste Snyckers. In seiner Denkschrift zur Gründung eines Dolmetscher-Instituts an der Handelshochschule Leipzig nimmt er auf das Heidelberger Dolmetscher-Institut Bezug und betont, dass zwischen den beiden Dolmetscher-Instituten keine Konkurrenzsituation zu befürchten sei, da die Ausbildung am Leipziger Dolmetscher-Institut vornehmlich fachsprachliche Ziele verfolge (vgl. 2.7.3.2).

Gutkind (vgl. 2.6.6.2) und von Hibler (vgl. 2.7.2.2.2), die Kollegen von Glauser und Snyckers, hatten beide ein philologisches Universitätsstudium absolviert – Gutkind war Romanist, von Hibler Anglist – und somit im Rahmen ihrer Ausbildung Forschungsschwerpunkte gelegt, die nicht die Wirtschaftssprache fokussierten. Hier tritt eine Problematik zutage, die im Fremdsprachenunterricht im kaufmännischen Bildungswesen zunehmend um sich griff: Es gab keine eigens für die Lehrziele des kaufmännischen Bildungswesens ausgebildeten Sprachlehrer, da es an entsprechenden Ausbildungsmöglichkeiten mangelte – selbst nach über dreißigjähriger Existenz der Handelshochschulen. Fachkräftemangel war schon damals ein akutes Problem. Hier werden die fatalen und weitreichenden Konsequenzen der Entscheidung der Handelshochschulkommission im Jahre 1897 offensichtlich (vgl. 2.4.2). Die viel beklagte mangelnde Nachwuchsförderung im eigenen fachgebundenen Schulwesen im fremdsprachlichen Bereich führte m.E. letztendlich auch zu einem K.o.-Kriterium für die fachsprachlich ausgerichtete translatorische Ausbildung nach originalem Zuschnitt nach dem Zweiten Weltkrieg.

Ob sich Gutkind und von Hibler persönlich begegneten, kann eher ausgeschlossen werden. Zu kurz war die Zeit bemessen, die Gutkind zum Wirken an der Handelshochschule Mannheim zur Verfügung stand. Dieses wurde durch die Politik der Nationalsozialisten Anfang der 1930er Jahre unterbunden. Gutkinds Verdienst bezüglich der Gründung des Mannheimer Dolmetscher-Instituts bleibt ihm aber unbenommen, denn letztendlich war er der aktive Part im Gründungsprozess, während Glauser bestimmte gründungsrelevante Aufgaben altersbedingt auf eigenen Wunsch nicht selbst übernahm (vgl. Fußnote 1711).

Es ist zu vermuten, dass Glauser weiterhin persönliche Kontakte auf den *Internationalen Kongressen* und in der *Internationalen Gesellschaft* pflegte. Immerhin war Glauser sozusagen als Mann der ersten Stunde Vertreter des fremdsprachlichen Unterrichts in der IG und auch auf den IK. Zum Teil übernahm er federführende Funktionen in diesen Gremien. Die Sektion Fremdsprachen gestaltete er seit der Jahrhundertwende maßgeblich mit. Es war auch Glauser, der auf dem *Ersten Internationalen Kongress für Handels-Hochschulunterricht* in Lüttich im Jahr 1930 die Gründung des Dolmetscher-Instituts an der Handelshochschule Mannheim ankündigte (vgl. Fußnote 1485).

Im Gründungsprozess des Dolmetscher-Instituts an der Handelshochschule Mannheim war Gutkind die Kontaktperson ins Auswärtige Amt und somit zu Gautier, dem Leiter des dortigen Sprachendienstes (vgl. 2.3.5). Als Ratgeber aus der Praxis spielte dieser bei der Gründung und im Lehrbetrieb des Mannheimer

Dolmetscher-Instituts und später im Lehrbetrieb des Leipziger Dolmetscher-Instituts eine wichtige Rolle. Zwischen Gautier und Snyckers entspann sich sogar ein privater Kontakt (vgl. Fußnote 1906). Gautier sollte Snyckers als Leiter des Leipziger Dolmetscher-Instituts nachfolgen, was jedoch durch die Schließung des Dolmetscher-Instituts durch die sowjetischen Besatzer hinfällig wurde (vgl. 2.7.3.3). Diese Kontakte zeigen auch, dass die Verbindung zwischen Lehre und Praxis im Entstehungsprozess der translatorischen Ausbildung und damit die Vernetzung der jeweils zuständigen Personen aus den beiden Bereichen eine conditio sine qua non war.

Es ist sehr wahrscheinlich, dass Gautier auch Palme begegnete in einer Branche, die begann, sich zwischen den Weltkriegen zu etablieren. Palme war ab 1936 Leiter der Ausland-Hochschule in Berlin und Gautier unterrichtete an dieser Einrichtung im Fach Französisch (vgl. 2.2.4.1 und Fußnote 635).

Die »Szene« war noch recht jung und übersichtlich. Gleichgesinnte, die sich im Beruf vereinten, kannten sich untereinander sicherlich, vor allem wenn sie in derselben Stadt lebten. Das gemeinsame Ziel, einen Beitrag zum entstehenden Fach und seiner Branche zu leisten, verband. Der kontaktfördernde Knotenpunkt war zunächst das kaufmännische Bildungswesen und seine auslandskundlichen Entwicklungen im Fremdsprachenunterricht. Bis 1935 hatte das fremdsprachliche Studium an Handelshochschulen auch an anderen Orten Profil gewinnen können. Dies zeigen die Beiträge auf dem IK in Prag (vgl. 2.5.7.2.1). Auf diesem Kongress traten etwa auch Snyckers, von Hibler und Messing als Redner auf. Es ist anzunehmen, dass am Rande des Kongresses auch persönliche Begegnungen dieser Personen, die demselben Fachbereich angehörten, stattfanden.

In seiner Denkschrift zur Gründung eines Dolmetscher-Instituts erläutert Snyckers, dass es sich bei dem Studium am Dolmetscher-Institut um ein wirtschaftslinguistisches handele (vgl. 2.7.5). Die Verbindung zu Messing wird hier belegt. Es ist möglich, dass Snyckers auch auf Palmes Engagement aufmerksam wurde. In der Gründungsphase des Leipziger Dolmetscher-Instituts wurde er zumindest über die Gründung der Ausland-Hochschule in Berlin unterrichtet, die ein ähnliches Studienkonzept anstrebte, allerdings mit der Betonung der Auslandsstudien im Curriculum (vgl. 2.2.4, 2.7.3.2). Ebenso ist es wahrscheinlich, dass Palme die Gründungen der Dolmetscher-Institute an den Handelshochschulen wahrnahm.

Eine glückliche Fügung war es, dass Palme in Kampffmeyer einen Kollegen am SOS fand, der das gleiche Ziel beherzt verfolgte. Kampffmeyer setzte sich ähnlich wie Palme für den Erhalt des SOS an vorderster Front ein. Als Orientalist orientierte er sich fachlich aber anders als Palme. Sein Forschungsgebiet war das Arabische, das im Rahmen der Ausbildung an Handelshochschulen keine Rolle spielte. Es ist daher unwahrscheinlich, dass er sich für den fremdsprachlichen Unterricht im kaufmännischen Bildungswesen engagierte.

In einem Beitrag zum Networking in einer entstehenden Branche darf der Hinweis auf das in der Branche entstehende Verbandswesen nicht fehlen. Belegt werden kann etwa die Existenz einer Reichsfachschaft für das Dolmetscherwesen in der

Abb. 15 **Synopse der Lebensdaten der Begründer der translatorischen Ausbildung**

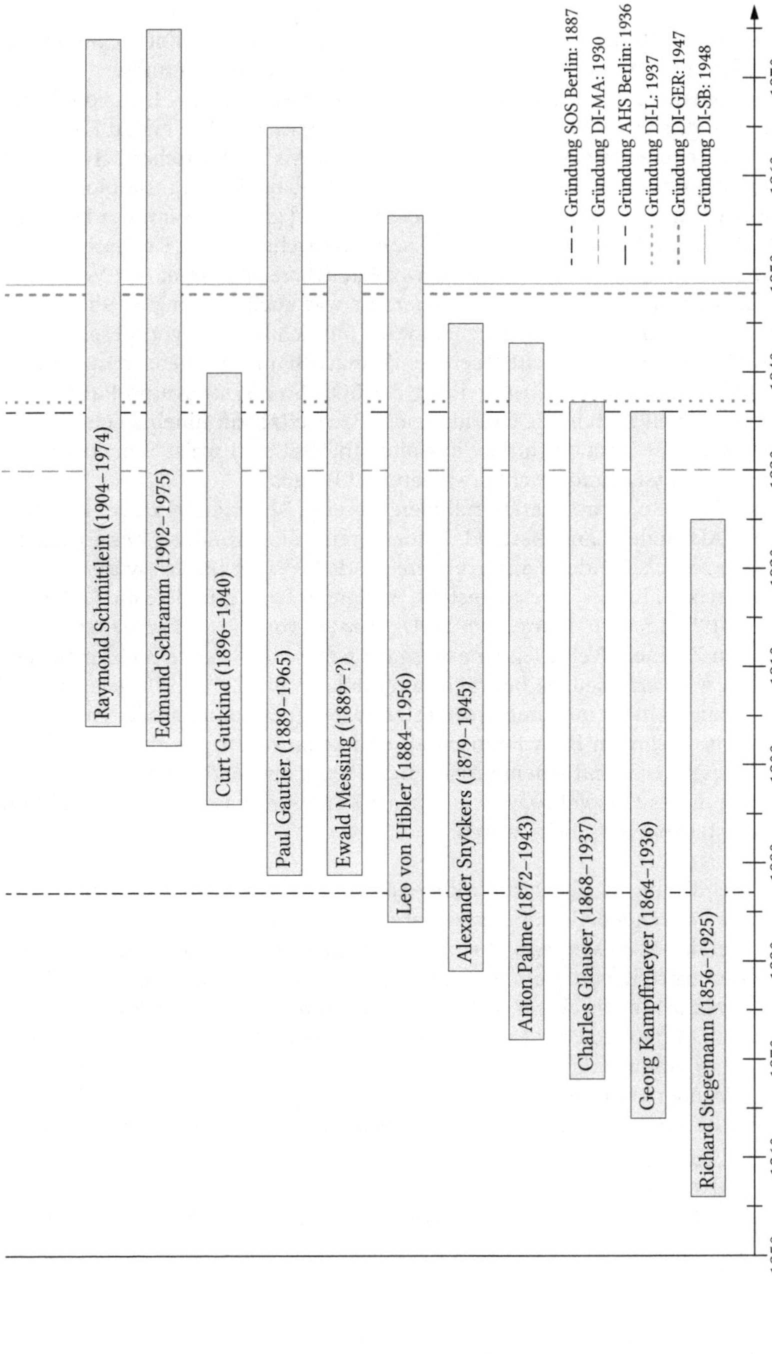

Deutschen Rechtsfront in den 1930er Jahren (vgl. 2.2.4.1 und Fußnote 635). Eine solche Einrichtung bündelte Informationen über aktuelle Entwicklungen in der Branche und vereinte auch Angehörige des entstehenden Berufes.

Die genannte Fachschaft hatte eine ständige Beilage in der 1935 von Adolf Lane in Berlin gegründeten Monatsschrift *Lebende Sprachen*. Die ersten Hefte bezogen sich auf Themen zur Ausbildung und Berufspraxis. Wissenschaftliche Themen im engeren Sinne wurden nicht behandelt: Der Aufbau einer translatologischen Wissenschaft stand noch aus – in weiter Ferne. Rätsel gibt der Name des Herausgebers auf: Der in Berlin wohnende Adolf Lane unterrichtete auch Russisch an der Ausland-Hochschule, wie verschiedene Dozentenverzeichnisse in den Vorlesungsverzeichnissen dieser Einrichtung belegen. Er war auch Dozent für Russisch an der Berliner Universität und kannte Palme vermutlich lange bevor dieser an der Ausland-Hochschule als Dozent arbeitete. Vermutlich unterrichtete er auch zusammen mit Palme in der Russisch-Abteilung des SOS. So könnte Anton Palmes Engagement eventuell auch in die Gründung der Fachzeitschrift hineinspielen. Der Karlsruher Virtuelle Katalog (https://kvk.bibliothek.kit.edu) weist Schriften von Adolf Lane zum Russischunterricht etwa bereits 1914 aus.

Es wäre interessant herauszufinden, ob eine Verbindung zu seinem Namensvetter, Alexander Lane, bestand. Beide vereint die Gründung der Fachzeitschrift *Lebende Sprachen*: Adolf Lane gründete sie 1935[2192]. Vermutlich wurde die Publikation durch die Kriegsjahre eingestellt. Alexander Lane gründete die Fachzeitschrift erneut 1955 in Verbindung zum BDÜ. Dass es von dieser Fachzeitschrift bereits vor dem Zweiten Weltkrieg eine Ausgabe gab, scheint heute nicht mehr bekannt zu sein, wie verschiedene Beiträge zum Jubiläum der Zeitschrift belegen[2193]. Alexander Lane schloss im Sommersemester 1936 sein Studium an der Ausland-Hochschule in Berlin im Fach Polnisch ab und promovierte im gleichen Jahr an der Universität Berlin mit einem juristischen Thema über Bulgarien[2194].

Auch dieses Beispiel zeigt, wie eng die Kontakte zwischen Lehre und Praxis in der entstehenden Branche waren.

Die Ausführungen zum Networking zeigen, dass die translatorische Ausbildung und der entstehende Beruf eng verzahnt miteinander entstanden sind (vgl. 3.1.8). Das Ziel der in diesen Bereichen engagierten Personen war es, das Ausbildungs- und Berufsprofil von Dolmetschern und Übersetzern zu verbessern. Jeder von ihnen versuchte, zu einem großen Ganzen jeweils an seiner Stelle beizutragen. Was die Gründungen der Dolmetscher-Institute und der Ausland-Hochschule anbelangt, so kann festgestellt werden, dass diese erst gegen Ende des Berufslebens ihrer Gründer, Glauser, Palme und Snyckers umgesetzt wurden, nachdem diese ein ganzes Berufsleben lang zur Hebung des auf die Gegenwartssprache ausgerichte-

2192 Vgl. Lane (1935a).

2193 Vgl. N. N. (1971: 1) und Wilss (1996: 97). In diesen Quellen finden sich Beiträge zum 15- und 40-jährigen Bestehen des BDÜ.

2194 Vgl. Palme (1936: VI).

ten Sprachstudiums (an fachgebundenen Einrichtungen) und somit zur Institutionalisierung der translatorischen Ausbildung hingewirkt hatten.

Auffallend ist auch, dass außer Stegemann und Kampffmeyer, die auch in anderen Fachbereichen wirkten, keiner der hier aufgeführten Vertreter der translatorischen Ausbildung, etwa in der Deutschen Biographie einen ausführlichen Eintrag erhielt[2195]. Snyckers und Gutkind etwa haben einen Eintrag in der Wikipedia[2196]. Die an diesen Stellen aufgeführten Informationen sind aber m.E. mit Vorsicht zu genießen. Das fehlende Interesse an der Vita derjenigen Personen, die sich für ein entstehendes Fach und den damit verbundenen neuen Beruf engagierten und zu seiner Professionalisierung beitrugen, lässt tief blicken.

3.1.18 Zu Fachwörterbüchern

Der Wert von Fachterminologien für die Arbeit von Dolmetschern und Übersetzern wurde als erstes am SOS erkannt, wenn diese auch noch nicht als solche bezeichnet wurden. Anton Palme (vgl. 2.2.3.13.1) nimmt darauf in seiner Schrift von 1914 Bezug, indem er das Studium des Wortinhaltes als unabdingbar für das Verständnis einer Sprache beschreibt und als Beispiel den Terminus Landrat anführt, der nur im Kontext seiner kulturellen Entstehung und Einbettung verstanden werden könne (vgl. 2.2.3.3.2). Ewald E.J. Messing (vgl. 2.5.6.1.5) übernahm den Gedanken des Studiums zum Wortinhalt m.E. von Palme. Von 1916 zeugt davon sein Beitrag »(...) zur wissenschaftlichen Durchdringung des Inhalts des vom Handel dargebotenen Materials«, der sich auf das etymologische und gleichzeitig terminologische Studium eines wirtschaftlichen Fachausdrucks bezieht[2197]. Wenige Jahre später, 1921[2198], regte Messing zum bedeutungsgeschichtlichen Studium wirtschaftlicher Terminologie im Rahmen des fremdsprachlichen Unterrichts an Handelshochschulen an, um damit das Verständnis für wirtschaftliche Fachausdrücke zu fördern (vgl. 2.5.6.1).

Überlegungen zu bedeutungsgeschichtlichen Untersuchungen von Wörtern wurzeln bereits in den Anfängen der Philologie als Hochschulfach um 1800 (vgl. 2.1.1.6). Bevor sich aber diese Methode zur Erforschung von Fachausdrücken allmählich im kaufmännischen Bildungswesen verbreitete, hatte sich Paul Gautier (vgl. 2.3.5) bei der Gründung des Sprachendienstes im Auswärtigen Amt bereits 1921 der Herausforderung zu stellen, fundiertes, damals modernes, terminologisches Arbeiten für die Praxis zu organisieren. Diese Anfänge, die direkt zum Berufsbild des Dolmetschers und Übersetzers nach heutigem Zuschnitt führen, waren m.E. verblüffend ausgereift. Gautier stellte einen umfassenden Rechercheapparat bestehend aus verschiedenen Kartotheken und Bibliotheken, etwa zur terminolo-

2195 Vgl. https://www.deutsche-biographie.de/sfzS18463.html und https://www.deutsche-biographie.de/sfz39690.html#ndbcontent.

2196 Vgl. https://de.wikipedia.org/wiki/Alexander_Snyckers und https://de.wikipedia.org/wiki/Curt_Sigmar_Gutkind.

2197 Vgl. Messing (1916).

2198 Vgl. Messing (1921).

gischen und phraseologischen Ermittlung auf, unterteilt in Fachgebiete, Sprachen bzw. Sprachenpaare, die er lediglich als Vorarbeit zur Fertigstellung von Übersetzungen definierte. Wie mühsam und zeitintensiv sich diese Vorarbeiten gestalten, lassen seine Ausführungen zum Recherchematerial und die damit verbundenen Rechercheprozesse nur ansatzweise erahnen.

Die Prüfungsordnungen der jungen Dolmetscher-Institute in Mannheim und Leipzig weisen für bestimmte Prüfungsgegenstände die Möglichkeit der Benutzung eines Fach- bzw. Wörterbuchs aus (vgl. 2.6.5, 2.7.3.1.4). Die Qualität derselben ließ aber in jener Zeit zu wünschen übrig. Beiträge aus den 1920er Jahren belegen dies. Allem Anschein nach entstanden die am Markt vorhandenen Fachwörterbücher, die eher den Charakter von nicht besonders zweckdienlichen mehrsprachigen Wörterlisten aufwiesen, im Rahmen einer wohl ehrenamtlichen Nebentätigkeit meist von Ingenieuren, also Personen, die keine philologische, geschweige denn terminologische oder lexikologische Ausbildung genossen hatten. Am Markt fehlten damals Experten, die neben fachlichen Kenntnissen auch über sprachwissenschaftliche Kenntnisse verfügten, weil es eine derartige Ausbildung nicht gab.

Die translatorische Ausbildung als interdisziplinäres Fach sollte dazu beitragen, auch diesen Mangel zu beheben. Denn vor dem Hintergrund der international ausgerichteten Wirtschaft waren verlässliche Fachwörterbücher auf diversen Fachgebieten dringend notwendig, vor allem für den kleinen Expertenkreis an Übersetzern, die entsprechendes Werkzeug bei der Übersetzung von Fachtexten benötigten. Vorschläge zur nutzbringenden Gestaltung von Fachwörterbüchern wurden damals auch gemacht: Die Termini sollten praxisrelevant sein sowie Erläuterungen und Kontextbeispiele anbieten. Zur Gewährleistung eines zielführenden Ergebnisses sollte die Erstellung von Wörterbüchern unbedingt nach wissenschaftlichen Grundsätzen erfolgen (vgl. 2.5.3, 2.5.6.1.2, 2.5.7.3.2).

Ab Anfang der 1930er Jahre waren auch Eugen Wüster und seine Bemühungen zur Sprachnormung, allerdings auf technischem Fachgebiet, ein Thema auf den *Internationalen Kongressen.* Wissenschaftliche Untersuchungen zu Wüsters Einfluss auf die Gestaltung der translatorischen Ausbildung, etwa auf die Konzeption des Terminologieunterrichts an Dolmetscher-Instituten vor 1945, wären wünschenswert. 1931 veröffentlichte er sein Werk zur internationalen Sprachnormung in der Technik[2199]. Auf die jeweilige Problematik bei der terminologischen Darstellung des technischen, wirtschaftlichen und juristischen Wortschatzes wies Mitte der 1920er Jahre bereits Schröer hin. Jedes Fachgebiet erfordere demnach seine eigenen Methoden bei der Erfassung und Darstellung seiner Terminologie, denn technische Fachausdrücke etwa lassen bildliche Darstellungen als Erläuterung zu, wirtschaftliche und juristische Fachausdrücke hingegen nicht. (Vgl. 2.5.6.1.2).

Die Geschichte der translatorischen Ausbildung in Leipzig nach 1945 bis zur Gründung des Dolmetscher-Instituts an der Universität Leipzig 1957 zeigt, dass bis weit in die 1950er Jahre hilfreiche Fachwörterbücher für Dolmetscher und Übersetzer fehlten. Untersuchungen zu den Anfängen der Wörterbucharbeit, die

2199 Vgl. Wüster (1931).

vermutlich ins 18. Jahrhundert mit Beginn der Industrialisierung und dem damit einhergehenden zunehmenden internationalen Austausch datieren, sowie zur fortschreitenden Entwicklung von Fachwörterbüchern fehlen m. E. völlig. Sie wären wünschenswert auch hinsichtlich der Methodenentwicklung und der Motivationskräfte, die die Produktion von Fachwörterbüchern beeinflussten.

3.1.19 Zur Allgemeinbildung

Traditionell fand die Kaufmannsausbildung in der Praxis statt. Die Handelshochschulen waren die letzten Hochschulgründungen in Deutschland ab 1898. Landwirtschaftliche und technische Hochschulen waren längst existent, etwa die Akademie Hohenheim mit ihrer landwirtschaftlichen Ausrichtung oder das Karlsruher Polytechnikum, die 1818 bzw. 1825 auf Initiative der jeweiligen Landesherren gegründet wurden, bis heute überdauert haben und als Universitäten für Landwirtschaft bzw. Technik international einen ausgezeichneten Ruf genießen[2200].

Bereits zu Beginn des 18. Jahrhunderts wurde angeregt, Hochschulen für Handel und Industrie zu gründen. Mangels Interesses der Regenten wurde dieser Vorschlag aber nicht weiterverfolgt. Fast zweihundert Jahre später wurden die Handelshochschulen aus eigener Kraft aus dem Kaufmannsstand heraus gegründet. Neben der dringenden Notwendigkeit, auf die rasenden Entwicklungen in Industrie und Handel, die eine zunehmende Spezialisierung der Arbeitswelt mit sich brachten, mit einer wissenschaftlich fundierten Ausbildung zu reagieren, scheint eines der entscheidenden Gründungsmotive Ende des 19. Jahrhunderts auch das angekratzte Selbstbewusstsein führender Kreise in Handel und Industrie gewesen zu sein. Denn der Großteil dieser Gruppe gehörte zwar zur besitzenden Klasse Deutschlands und hatte zu Deutschlands internationaler wirtschaftlicher Bedeutung beigetragen, dennoch war es dieser wirtschaftlich einflussreichen Gruppe nicht möglich, aufgrund fehlender Ausbildungsmöglichkeiten politische Akzeptanz zu finden. Häufig mussten Standesinteressen über fachfremde politische Vertreter vorgebracht werden. (Vgl. 2.1.2.4, 2.4.2, 2.4.6).

Dieser wunde Punkt konnte nur durch Bildung geheilt werden, denn Bildung befähigt auch zur Emanzipation. Vor diesem Hintergrund erklärt sich das starke Bildungsbedürfnis des damaligen Kaufmannsstandes, das sich nicht nur auf fachliche Aspekte richtete, sondern auch einen gewissen Nachholbedarf an Allgemeinbildung generierte. Bei der Konstituierung des Handelshochschulwesens wurde in der zuständigen Kommission die Vermittlung der Allgemeinbildung zwar thematisiert, aber ihr Umfang nicht hinreichend definiert. Da dieses Thema in den wirtschaftswissenschaftlichen Fächern eher deplatziert zu sein schien, wurde es dem Fremdsprachenunterricht zugewiesen, der jedoch nicht als Hochschulfach konstituiert wurde (vgl. 3.1.16). Der fremdsprachliche Unterricht trug also nicht nur die Bürde, gründliche allgemeine und fachrelevante Fremdsprachenkenntnisse in

---

2200 Vgl. https://www.uni-hohenheim.de/alumni-news-artikel?tx_ttnews%5Btt_news%5D=39030&cHash=655bf8a78e407c560a5b86e609215d4b und https://ka.stadtwiki.net/Universit%C3%A4t_Karlsruhe_(Geschichte).

Wort und Schrift zu vermitteln, sondern auch die Studierenden mit einer fundierten Allgemeinbildung auszustatten – und zwar in einem minimalen Zeitrahmen, der, wenn überhaupt, für den fremdsprachlichen Unterricht an Handelshochschulen vorgesehen war. Die Vermittlung einer breiten Allgemeinbildung hatte zudem den Zweck, die angehenden Kaufleute durch die Ausstattung mit moralischen Werten und mit einem Sinn für Schönheit zu starken Persönlichkeiten heranzubilden. (Vgl. 2.5.3, 2.5.5.1, 2.5.7.2.1, 2.5.7.2.4).

Besonders für eine Tätigkeit im Außenhandel wurden bereits um 1900 eine gründliche Allgemeinbildung und damit in Verbindung Kenntnisse über das eigene und das fremde Land gefordert. In diesem Zusammenhang ist auch die Problematik der Auslandsstudien und ihre Vermittlung zu sehen, die nach 1912 im Rahmen der Reform des SOS öffentlich diskutiert wurde (vgl. 2.2, 2.4.4.1). Ein Vorschlag zur Ausgestaltung des Auslandsstudiums an Handelshochschulen verdeutlicht die Dimension der Allgemeinbildung, die nicht nur in Breite und Tiefe überbordend war, sondern neben der Vermittlung von fundierten Fremdsprachenkenntnissen – deren Erwerb von den meisten der an der Debatte beteiligten Personen allerdings unberücksichtigt blieb – auch die Themenbereiche Geographie, Jura und Volkswirtschaftslehre sowie möglichst auch Geschichte und Politik detailliert behandeln sollte (vgl. 2.4.5).

Diese thematische Überfrachtung eines undefinierten Allgemeinbildungsanspruchs, dem der fremdsprachliche Unterricht an Handelshochschulen entsprechen sollte, übertrug sich (erst recht) auf die translatorische Ausbildung. Interessant ist, dass gerade das Berufsbild von Dolmetschern und Übersetzern dazu geeignet war, diesem Allgemeinbildungsanspruch zu entsprechen: Gautier postulierte 1921, dass Stellenanwärter sich nicht nur durch gründliche Sprachkenntnisse, sondern auch durch eine fundierte Allgemeinbildung auszeichnen müssten, um jedes mögliche Fachgebiet »sachlich bis in die Einzelheiten haarscharf aufzufassen«[2201] (vgl. 2.3.4).

Bei Betrachtung der Entstehungsgeschichte der Dolmetscher-Institute, die nach dem Zweiten Weltkrieg gegründet wurden, fällt auf, dass auch hier im Einklang mit den vor dem Zweiten Weltkrieg gegründeten Dolmetscher-Instituten, jeweils Wert auf die Vermittlung einer breiten Allgemeinbildung gelegt wurde, wobei andere Themenfelder als Teil eines Allgemeinbildungskonzepts aufgefasst wurden. Beim Germersheimer Dolmetscher-Institut etwa, das zur Demokratisierung der deutschen Jugend nach dem Zweiten Weltkrieg eingerichtet wurde, wurden folgende Themen betont: Philosophie, Psychologie, Geschichte, Literatur, Jura, Wirtschaft, Geographie. Durch die Wahl dieser Themen erhofften sich die französischen Gründer, den Horizont der Studierenden zu erweitern und sie zu differenziertem Denken anzuregen. (Vgl. 2.8.3.3).

Beim langwierigen Entstehungsprozess der translatorischen Ausbildung in Leipzig nach dem Zweiten Weltkrieg wurde ebenfalls betont, dass die Vermittlung einer fundierten Allgemeinbildung in das Ausbildungskonzept integriert sein

2201 PA AA, R 138867, Organisation einer Sprachenabteilung im Auswärtigen Amt (Autor: Paul Gautier), 14.04.1921, S. 6.

sollte. Hier wurden Themenfelder vorgesehen wie etwa Geschichte, Geographie, Literatur sowie Technik und Industrie. Dies ist im Zusammenhang mit übergeordneten politischen Zielen der DDR zu sehen, die einen hohen internationalen Standard in Wissenschaft und Technik anstrebten. (Vgl. 2.7.4.2, 2.7.4.3).

Beide Beispiele zeigen, dass die übergeordneten politischen Ziele die Gestaltung des Allgemeinbildungskonzepts im Rahmen der translatorischen Ausbildung beeinflussten. Nicht anders war dies bei den beiden DI-Vorkriegsgründungen, die zur Erreichung vornehmlich wirtschaftlicher Ziele ins Leben gerufen wurden. (Vgl. 3.1.8). Das Ziel einer breiten Allgemeinbildung sollte im kaufmännischen Bildungswesen und insbesondere an Handelshochschulen durch Lektüre gefördert werden. Hierzu zählte auch die Lektüre von Zeitungstexten (vgl. 2.5.7.1.3, 3.1.21).

3.1.20 Zur Gegenwartssprache

Die Gegenwartssprache, deren Behandlung Gegenstand am SOS und im kaufmännischen Bildungswesen war, stand im Gegensatz zum universitären philologischen Studium, das literarisch und historisch ausgerichtet war. Im etablierten universitären Philologiestudium wurden traditionell belletristische Werke vergangener – und somit sprachlich in sich geschlossener Epochen – behandelt. Es handelte sich um Sprachen, die nicht mehr in Gebrauch waren, also sogenannte tote Sprachen. (Vgl. 2.2.5.3). Das Studium der Gegenwartssprache verlangte hingegen die Behandlung sogenannter lebender Sprachen, die in der Gegenwart in Gebrauch und somit offen für eine Weiterentwicklung waren. Das Problem dabei war, dass Vertreter der traditionellen universitären Philologie das Studium der Gegenwartssprache als Forschungsrichtung, die erst später entstand, nicht anerkannten. Gründe dafür sind in den Anfängen der Philologie als Hochschulfach um 1800 zu suchen, die auf bestimmte politische Umstände jener Zeit zurückzuführen sind (vgl. 2.1.1, 2.2.3.1.1).

Etwa hundert Jahre nach Beginn der traditionellen Philologie wurden Handelshochschulen gegründet. Das Studium bzw. der Unterricht der Gegenwartssprache war aufgrund von Entwicklungen in der Philologie zwar längst verpönt (vgl. 2.5), aber die Vertreter des fremdsprachlichen Unterrichts im kaufmännischen Bildungswesen verteidigten das Studium der Gegenwartssprache dennoch aus den Zielen des kaufmännischen Bildungswesens heraus. Ihr Standpunkt dabei war, dass die Forschungsansätze der Gegenwartssprache sich aus den relevanten Fachbereichen der Handelshochschulen ergeben sollten (vgl. 2.5.3).

Dies sind die Anfänge fachsprachlicher Überlegungen, die sich aus dem fremdsprachlichen Unterricht im kaufmännischen Bildungswesen ergaben, dessen Ziel es war, den zukünftigen Kaufmann bei der Ausübung seiner Tätigkeit in die Lage zu versetzen, eine fremde Sprache in Wort und Schrift fließend zu beherrschen, inklusive der entsprechenden Fachterminologie. Aus dieser Notwendigkeit heraus konstituierten sich auch die Bestandteile des fremdsprachlichen Unterrichts im kaufmännischen Bildungswesen, die auf die Erlangung entsprechender Sprach-

und Sprechkompetenzen in einer lebenden Sprache hinführen sollten, wie etwa Übungen zur Aussprache, zur Orthographie und zum Wortschatz (vgl. 2.5.7.1.3).

Destruktiv auf die Zielerreichung des fremdsprachlichen Unterrichts im kaufmännischen Bildungswesen wirkte sich allerdings die Tatsache aus, dass die oberste Unterrichtsbehörde für den fremdsprachlichen Unterricht im kaufmännischen Bildungswesen ab Mitte des 19. Jahrhunderts die sogenannte grammatisierende Methode vorschrieb, wie sie im Unterricht toter Sprachen an allgemeinbildenden Schulen, etwa Latein, vorgesehen war. Die Ziele des kaufmännischen Bildungswesens, die die Behandlung der Gegenwartssprache vorsahen, waren somit unvereinbar mit der von der Unterrichtsbehörde vorgeschriebenen Methode. Aus dieser Unvereinbarkeit ergab sich zwangsläufig ein verzerrtes und lamentables Ergebnis des fremdsprachlichen Unterrichts im kaufmännischen Bildungswesen sowie ein schräges und konfrontatives Verhältnis zwischen Vertretern der traditionellen universitären Philologie und Vertretern der Gegenwartssprache, das deutlich wahrnehmbar war im Fall des SOS. (Vgl. 2.1.1.4, 2.2.3, 2.4.4.2, 2.5.4).

Einer der Schwerpunkte der Behandlung der Gegenwartssprache war das Studium des Sprachinhalts, der mit kulturellen Prägungen des jeweiligen Landes verbunden war. Ausführlich beschrieben wurde dieser Ansatz 1914 von Palme (vgl. 2.2.3.3). Diese kulturelle Dimension, bezogen auf Landesverhältnisse im Allgemeinen und wirtschaftliche Verhältnisse im Speziellen, zeichnete die Behandlung und das Studium der Gegenwartssprache im fremdsprachlichen Unterricht traditionell an Handels- und Handelshochschulen – und somit auch in der späteren translatorischen Ausbildung an den Dolmetscher-Instituten – aus (vgl. 2.5.7.1.3, 2.6.2, 2.7.5). Sie beinhaltet auch Ansätze terminologischer Überlegungen, wie das Lebenswerk von Snyckers zeigt und führt in einen Bereich, der Anfang des 20. Jahrhunderts noch Neuland war: die Erstellung fundierter Fachwörterbücher, die angesichts der sich spezialisierenden Arbeitswelt dringend notwendig wurde (vgl. 2.5.6.1.2, 3.1.18).

3.1.21 Zur Verwendung von Zeitungstexten

Im kaufmännischen Bildungswesen wurden Zeitungstexte traditionell im fremdsprachlichen Unterricht eingesetzt. Nach einer Schulreform Mitte des 19. Jahrhunderts, die eine Anpassung an die Methoden des Unterrichts in Latein und Griechisch verlangte (vgl. 2.1.1.2), passten Zeitungsartikel, die die Gegenwartssprache und Gegenwartsverhältnisse darstellen, jedoch nicht mehr ins Unterrichtskonzept. (Vgl. 2.5.1, 2.5.2, 2.5.7.1.3). Um 1900, nationale und internationale Einrichtungen zur Förderung des kaufmännischen Bildungswesens waren bereits gegründet worden und in Deutschland bestanden schon die ersten Handelshochschulen, wurde im kaufmännischen Bildungswesen der Vorteil von Presseerzeugnissen aufgrund ihrer Tagesaktualität im Vergleich zur Buchliteratur hervorgehoben und gefordert, diese, wie es bis Mitte des 19. Jahrhunderts gute Sitte im fremdsprachlichen Unterricht in diesem fachgebundenen Schulwesen gewesen war, methodisch und systematisch in den Unterricht einzubeziehen (vgl. 2.5.3). Beispiele verschiedener

ISW zeigen, dass Pressebeiträge als Lektüre im Kursprogramm eine Rolle spielten und einen Fundus an Lernmöglichkeiten für schriftliche und mündliche Übungen boten sowie zu Diskussionen über ihren Inhalt anregten. (Vgl. 2.4.4.2.3, 2.4.4.2.4).

Bis zum Ersten Weltkrieg stieg die Relevanz von Presseerzeugnissen in Industrie und Handel bei Geschäftsabschlüssen, da sie aktuelle Entwicklungen abbildeten. Dies legte die Behandlung von Zeitungsbeiträgen im kaufmännischen Bildungswesen im Allgemeinen dringend nahe, nicht nur als Grundlage für vielfältige Übungen in Wort und Schrift, sondern auch, um die angehenden Kaufleute an den Umgang und die Auswertung von Presseerzeugnissen für ihre zukünftige Tätigkeit zu gewöhnen. Zur Schulung eines möglichst objektiven Urteilsvermögens sollte dabei die Betonung auf der Behandlung verschiedener Zeitungen zu einem bestimmten Thema liegen. (Vgl. 2.5.3). Besonders beim Sprachstudium an Handelshochschulen wurde die Verwendung von Presseerzeugnissen als besonders geeignet erachtet, um einen Einblick in die fremde Gegenwartssprache und die Gegenwartsverhältnisse eines fremden Landes zu gewähren. Durch die Darstellung aktueller Ereignisse eines Landes konnte so nicht nur der Zeitgeist vermittelt, sondern auch die Verbindung von Sprache und Sache im Studium betont werden. (Vgl. 2.5.4, 2.5.7.1.3). Zudem wurde der Zeitungslektüre ein hoher allgemeinbildender Effekt zugeschrieben, der ja von entscheidender Bedeutung in der kaufmännischen Bildung war (vgl. 2.5.5.3, 3.1.19).

Die dargestellten Faktoren verliehen der Behandlung von Presseerzeugnissen im Sprachstudium einen hohen Wert, nicht nur für das Erlernen einer lebenden Sprache, sondern auch für das Kennenlernen der kulturellen Verhältnisse eines fremden Landes. Vor diesem Hintergrund wurde zur Erreichung des sogenannten wissenschaftlichen aktuellen Ziels bei der Gründung des Dolmetscher-Instituts an der Handelshochschule Mannheim Ende der 1920er Jahre die Errichtung eines Archivs von Zeitungs- und Zeitschriftenaufsätzen angestrebt (Vgl. 2.6.2). Auch im Studium des SOS wurde die Zeitungslektüre herangezogen, um ein kulturelles Verständnis für andere Länder zu fördern. Das Studium der Gegenwartssprache und der Gegenwartsverhältnisse konnten auf diese Weise verbunden und das notwendige Originalquellenstudium der angehenden Dragomane vertieft werden (vgl. 3.1.20). Die Lektüre ausländischer Zeitungen sollte auch zu einem differenzierten Verständnis der Auslandsnachrichten in einheimischen Zeitungen beitragen (vgl. 2.2.3.6, 2.2.3.11). Auch für das Studium an der zu errichtenden *Deutschen Auslandshochschule* sollten Presseerzeugnisse im Curriculum eine bedeutende Rolle spielen (vgl. 2.2.3.9).

Bis in die Gegenwart wird in der translatorischen Ausbildung die Lektüre von Presseerzeugnissen und das Übersetzen derselben gepflegt. Häufig werden dafür stilistische Gründe ins Feld geführt und die Tatsache, dass derartige Texte vergleichsweise geringe sprachliche Mängel aufweisen. Die Ausführungen in diesem Abschnitt zeigen, woher dieser Usus ursprünglich wirklich kommt. Nicht fehlen darf an dieser Stelle der Hinweis, dass von erster Stunde an im Sprachendienst des Auswärtigen Amts, von wo aus auch eine Spur zur translatorischen Ausbildung führt, Presseerzeugnisse als Recherchematerial vor allem zur Ermittlung von Neologismen und stilistischen Wendungen verwendet wurden (vgl. 2.3.4).

3.1.22 Zur Rolle der Muttersprache

Muttersprachliche Kenntnisse sollten im Rahmen der kaufmännischen Ausbildung zwar gefördert werden, da die kaufmännische Praxis häufiger verlangte, fremdsprachliche Texte in die Muttersprache zu übersetzen als umgekehrt, die Rolle der Muttersprache im fremdsprachlichen Unterricht im kaufmännischen Bildungswesen und auch im Sprachstudium an Handelshochschulen war im Curriculum aber (meist auch aus zeitlichen Gründen) eher untergeordnet. In Handelssprachlehrerkreisen galt die Muttersprache als wichtiger Referenzpunkt im fremdsprachlichen Unterricht, etwa zur Erläuterung des Textverständnisses in der Fremdsprache. Mutter- und Fremdsprache wurden so in Beziehung gesetzt und sollten sich gegenseitig befruchten: Die Muttersprache sollte den Zugang zur Fremdsprache ermöglichen, das Erlernen der Fremdsprache sollte wiederum die Ausdrucksfähigkeit in der Muttersprache vertiefen. (Vgl. 2.5.4, 2.5.7.3.1).

Glauser erachtete ein fundiertes Studium der Muttersprache beispielsweise als unabdingbar, um das Studium in einer Fremdsprache überhaupt aufnehmen zu können. Seine Lehrerfahrungen im sprachwissenschaftlichen Bereich der Handelshochschule Mannheim legen diesen Schluss nahe, denn die Beherrschung der Muttersprache mache einen Vergleich mit der Fremdsprache erst möglich. (Vgl. 2.5.4, 2.5.7.1.3). Der Fremdsprachenunterricht sollte aber nicht nur auf fundierten muttersprachlichen Kenntnissen aufbauen (vgl. 2.5.5.5), sondern auch, im Vergleich zwischen Fremdsprache und Muttersprache, zu selbstständigem Denken erziehen. Die Geistesbildung war ein vorrangiges Ziel im kaufmännischen Bildungswesen (vgl. 3.1.19). Besonders sprach- und kulturgeschichtliche Studien wurden als geeignet erachtet, den Geist von Schülern und Studierenden zu kultivieren (vgl. 2.5.3).

3.1.23 Vom curricularen Zwei-Komponenten-Modell zum Drei-Komponenten-Modell

Das übergeordnete Ziel des Studiums am SOS war der praktische Spracherwerb, um Deutschlands außenpolitische und koloniale Interessen zu unterstützen (vgl. 2.1.2.2, 2.1.2.3, 2.1.2.4). Überlegungen zur Konzeption des Studiums am SOS Anfang der 1880er Jahre waren daher außenpolitisch motiviert, wissenschaftlich aber nicht fundiert. Wissenschaftliche Erfahrungen wurden erst im Laufe des Unterrichtsbetriebes am SOS gesammelt. Die zweigliedrige curriculare Struktur des Studiums wurde schon in der Vorbereitungsphase des SOS-Studiums festgelegt und in den Jahren des Bestehens des SOS beibehalten. Die zwei curricularen Komponenten Sprachunterricht und Realienunterricht dienten zur Erlangung der Studienziele und sollten damit im Einklang ein vertieftes Verständnis für die Verhältnisse eines fremden Landes, seiner Kultur und seiner Sprache fördern (vgl. Abb. 16). Als Schlüssel zur Erschließung der jeweiligen Landesverhältnisse galt die Sprache. (Vgl. 2.2.2, 3.1.14, 3.1.25).

Das SOS ist als Vorläufer der translatorischen Ausbildung zu erachten, da es auf die Ausbildung eines Dolmetschertypus hinzielte, den es nach 1918 nicht mehr gab (vgl. 3.1.6). Methodische Verbindungen können dennoch zur translatorischen Ausbildung, die nach 1918 entstand und in die Gegenwart hineinwirkt, festgestellt werden.

Abb. 16 **Curriculares Zwei-Komponenten-Modell (SOS)**

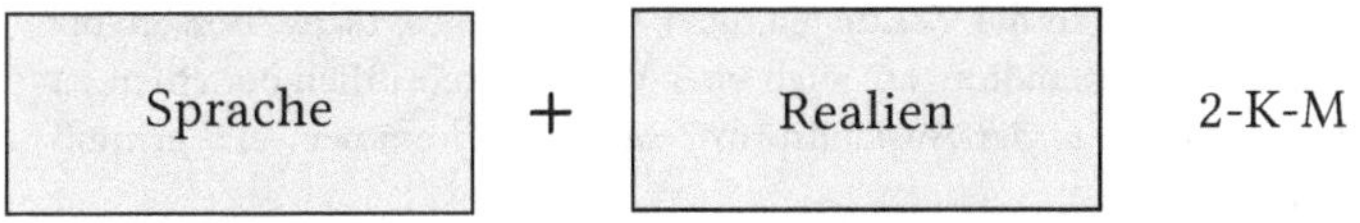

Die heutige translatorische Ausbildung wurzelt im kaufmännischen Bildungswesen vor 1945. Fremdsprachenkenntnisse gehörten zum guten Ton von Kaufleuten, die mit dem Ausland Handel trieben. Traditionell wurde Fremdsprachen im Curriculum des kaufmännischen Bildungswesens daher Raum gegeben, wenn auch nicht immer entsprechend ihrer Bedeutung für die kaufmännische Tätigkeit. Die sogenannte Realsprachmethode verband sprachliche und fachliche Kenntnisse. Mitte der 1920er Jahre zeigt das curriculare Modell für den Fremdsprachenunterricht für angehende Kaufleute an der Handelshochschule Leipzig diese Zweigliedrigkeit: Wirtschaftssprache zum einen sowie Kultur- und Wirtschaftskunde zum anderen. Dieses Modell wurde für die translatorische Ausbildung zu einem dreigliedrigen curricularen Modell weiterentwickelt (vgl. 2.7.2.3, 2.7.3.1.2, 2.7.5, 3.1.25 und Abb. 17).

Abb. 17 **Vom curricularen Zwei-Komponenten-Modell (Fremdsprachenunterricht) zum Drei-Komponenten-Modell (DI), Beispiel Handelshochschule Leipzig**

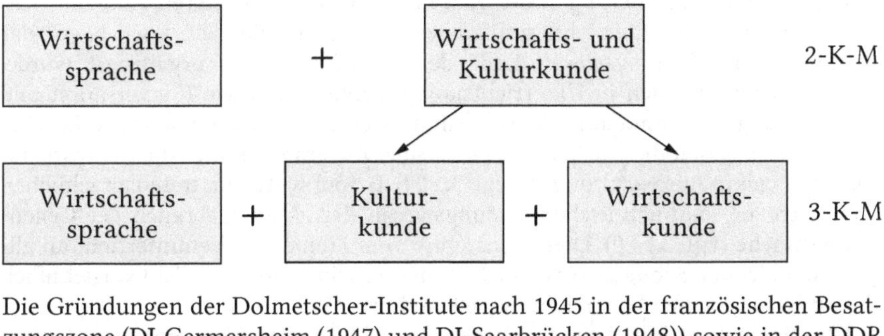

Die Gründungen der Dolmetscher-Institute nach 1945 in der französischen Besatzungszone (DI-Germersheim (1947) und DI-Saarbrücken (1948)) sowie in der DDR (DI-Leipzig (1957)) orientierten sich am curricularen Drei-Komponenten-Modell der translatorischen Ausbildung der Handelshochschulen, die in der Zwischenkriegszeit entstanden war. Dies ist im Rahmen dieser Arbeit an unveröffentlichten curricularen Studien, die obigen Dolmetscher-Institute und ihre Nachfolgeeinrichtungen von ihrem Gründungsdatum bis 2004 betreffend, belegbar.

3.1.24 Zum Dolmetschen und Übersetzen

Der Bedarf an kommunikativen Handlungen in der Kaufmannspraxis bestimmte die Aufgaben und Übungen des fremdsprachlichen Unterrichts im kaufmännischen Bildungswesen:

> »In die Lage, über Mitteilungen der Zeitungen, über Geschäftsgespräche, Börsenvorgänge, über geschäftliche Verhandlungen, auch über Vorträge schriftlich berichten zu müssen, kann der Kaufmann in der Auslandspraxis sehr wohl kommen, und er muß dazu imstande sein«[2202].

Das Ziel des fremdsprachlichen Unterrichts orientierte sich also an der Handelspraxis. Der Kaufmann, egal auf welcher Ebene des kaufmännischen Bildungswesens er seine Ausbildung genoss, sollte in die Lage versetzt werden, fremdsprachliche Briefe zu lesen, zu verstehen und zu übersetzen. Dies war ein hehres Ziel, vor allem in Anbetracht der lamentablen und unsystematischen Organisation des fremdsprachlichen Unterrichts auf allen Ebenen des kaufmännischen Bildungswesens und der uneinheitlichen Methoden im Fremdsprachenunterricht. Die Qualität des Ergebnisses des fremdsprachlichen Unterrichts musste zwangsläufig darunter leiden. Dies ist nicht zuletzt darauf zurückzuführen, dass die Behandlung des fremdsprachlichen Unterrichts bei der Gründung der Handelshochschulen als nicht forschungswürdig eingestuft wurde (vgl. 3.1.16). Die Folge war, dass keine wissenschaftlichen Ergebnisse produziert wurden, die von der obersten Ebene des kaufmännischen Bildungswesens, den Handelshochschulen, auf die darunter liegenden Ebenen des fremdsprachlichen Unterrichts durchsickern und den fremdsprachlichen Unterricht im gesamten kaufmännischen Bildungswesen auf ein festes Fundament hätten stellen können (vgl. 2.4.2, 2.5.4, 2.7.2.3, 3.1.16).

Die aus den Anforderungen der Kaufmannspraxis abgeleiteten Aufgaben des fremdsprachlichen Unterrichts greifen weit zurück in die Zeit, noch bevor das kaufmännische Bildungswesen Ende des 19. Jahrhunderts organisiert wurde. Die Aufgaben, die sich in Unterrichtskomponenten wie etwa Konversation und Sprechübungen, Grammatik, Aufsatz- und Übersetzungsübungen sowie Lektüre unterteilten, lassen die translatorische Ausbildung erahnen und Rückschlüsse auf ihre curriculare Ausgestaltung zu (vgl. 3.1.24). Betont wurde im fremdsprachlichen Unterricht im kaufmännischen Bildungswesen der aktive Gebrauch der Gegenwartssprache (vgl. 3.1.20). Dies grenzte ihn vom Fremdsprachenunterricht an allgemeinbildenden Schulen ab, wo auch im neusprachlichen Unterricht vornehmlich die »Büchersprache« Unterrichtsgegenstand war. (Vgl. 2.5.2).

Die Maxime im fremdsprachlichen Unterricht in allen Komponenten war die Erschließung von Sachinhalten. Nicht also Wörter isoliert standen im Fokus, son-

2202 Dietze (1927: 111).

dern ihr Zusammenspiel mit allen Bestandteilen des Satzganzen, das wiederum in einem größeren Zusammenhang des Textganzen zu sehen war: Im Vordergrund stand somit das Textverständnis. Dieses konnte vor allem beim Übersetzen auf die Probe gestellt werden. Denn hier bot sich auch die Schwierigkeit, Inhalte einer Sprache mit den Mitteln einer anderen Sprache korrekt auszudrücken. Eines der Lernziele war es zu vermitteln, dass jede Sprache ihre eigenen syntaktischen Strukturen aufweist und Inhalte in einer anderen Sprache andere Formulierungen verlangten. Ein wörtliches Übertragen der Wörter einer Sprache in eine andere war daher nicht zulässig, sollte ein Text in der Ausgangssprache seiner Intention entsprechend in einer Zielsprache funktionieren. Neben dem Textverständnis wurde beim Übersetzen somit auch die Sprachgewandtheit gefordert und gefördert. Da dafür aber eine hohe Sprachkompetenz notwendig war, wurden Übersetzungsübungen, wenn überhaupt, im fremdsprachlichen Unterricht meist nur auf fortgeschrittenem Niveau vorgesehen. Vermutlich aufgrund der lamentablen Rahmenbedingungen im fremdsprachlichen Unterricht, die dem Unterrichtsniveau enge Grenzen setzten, waren Übersetzungen unter Handelssprachlehrern generell eine umstrittene Unterrichtsaufgabe. (Vgl. 2.5.4, 2.5.7.1.2, 2.7.5).

Die Vernachlässigung des fremdsprachlichen Unterrichts im kaufmännischen Bildungswesen zog sein schlechtes Ansehen nach sich, das sichtbar wurde in unfreiwillig komischen Übersetzungen[2203], etwa bei Handelskorrespondenzen. Die Wirkung dieser Schriftstücke warf ihre Schatten auf eine später entstehende Branche voraus. Fachleute, wie etwa Glauser und Snyckers, traten schon früh für die Hebung des Niveaus im fremdsprachlichen Unterricht im kaufmännischen Bildungswesen ein und wiesen darauf hin, dass seriöse und zufriedenstellende handelssprachliche Ergebnisse nur durch ein wissenschaftlich fundiertes Sprachstudium an Handelshochschulen erlangt werden können. Die ISW waren ein erster Schritt in diese Richtung (vgl. 2.4.4.2, 2.5.3, 2.5.4, 2.5.6.1). Wie wenig informiert die zuständigen prüfungsbestimmenden Vereinigungen über die Schwierigkeit beim Übersetzen unterrichtet – aber dennoch rasch mit Forderungen bei der Hand – waren, zeigt etwa das Beispiel aus den 1920er Jahren, das Snyckers zu seiner protestierenden Klarstellung veranlasste (vgl. 2.7.2.1).

Bemerkenswert scheint, dass in den ersten Prüfungsordnungen der translatorischen Ausbildung am Mannheimer Dolmetscher-Institut von 1929 (geplante Prüfungsleistungen), 1930 und 1932 nicht der Terminus Übersetzung verwendet wird, sondern stattdessen Übertragung. Anstelle des Terminus Dolmetschen wird in den genannten Dokumenten häufig Wiedergabe verwendet (vgl. 2.6.3.8, 2.6.5). Aus dem Jahr 1928 datiert von Snyckers ein Beitrag, der Übungen im Rahmen des fremdsprachlichen Unterrichts erläutert, die auf die Ursprünge des Dolmetschens in der späteren translatorischen Ausbildung hindeuten:

2203 Die Gründung des ersten Dolmetscher-Instituts an der Handelshochschule Mannheim kann gerade auf derartige Übersetzungen zurückgeführt werden. Glauser sah den dringenden Verbesserungsbedarf an Übersetzungen etwa von wichtigen Dokumenten im internationalen Handelsverkehr (vgl. 2.6.4).

> »Die Nacherzählung eines vorgelesenen Textes hat alledings (sic!) oft denselben Nachteil wie die Uebersetzung, indem sie die Schüler mehr oder weniger an eine starre Form der Ausdrucksweise bindet, während sie später im praktischen Leben diese starre Form vermeiden und ihre Gedanken mit den Worten ausdrücken müssen, die ihnen gerade einfallen. Um ihnen diese Möglichkeit zu geben, empfiehlt sich die freie Wiedergabe einer Erzählung, die der Lehrer unmittelbar vor Beginn der Uebung in der Fremdsprache vorliest und dann ebenfalls in der Fremdsprache selbst ein- oder zweimal nacherzählt, indem er möglichst *andere Worte* und Wendungen dafür wählt. Diese neue Art der Nacherzählung fördert nicht nur das freie Redigieren (...), sondern *sie verlangt ausserdem von den Schülern*, im Gegensatz zu Aufsatz und Uebersetzung, *dass sie einem vorgetragenen fremdsprachlichen Text folgen können.* Der schüler (sic!) muss den Nachweis erbringen, erstens, dass er verstanden hat, und zweitens, dass er das, was er verstanden hat, frei wiederzugeben vermag.«[2204]

Auch hier zeigt sich, dass wie im Fall der schriftlichen Sprachmittlung, ebenso die mündliche Sprachmittlung in der Kaufmannspraxis verankert war. Bis zur Gründung der Dolmetscher-Institute an den Handelshochschulen 1930 und 1937 wurde im fremdsprachlichen Unterricht im kaufmännischen Bildungswesen nicht streng zwischen schriftlicher und mündlicher Sprachmittlung unterschieden. Selbst danach war es schwierig, diese als zwei für sich stehende Varianten der Sprachmittlung zu etablieren. Denn im Arbeitsalltag von Dolmetschern und Übersetzern kann es vorkommen, dass Übersetzer etwa für Dolmetschtätigkeiten und Dolmetscher für Übersetzungstätigkeiten herangezogen werden. Eine klare Trennung dieser beiden Sprachmittlungsvarianten wird in der Praxis wohl nie eintreten. Hier schließt sich ein Kreis: Schon die ersten auf Hochschulniveau ausgebildeten Dragomane waren sowohl für mündliche als auch für schriftliche Sprachmittlungstätigkeiten zuständig (vgl. 2.2). Interessant wären wissenschaftliche Untersuchungen zur Entwicklung des Berufsbildes von Dolmetschern und Übersetzern nach 1945, die die unterschiedlichen Spezialisierungen beleuchten (vgl. 3.1.6).

Die Bestandteile des fremdsprachlichen Unterrichts im kaufmännischen Bildungswesen dienten als Grundlage für die curricularen Komponenten der translatorischen Ausbildung, wobei die Komponenten Dolmetschen und Übersetzen, also der Vergleich von Fremd- und Muttersprache, das Hauptgewicht im translatorischen Curriculum einnahmen. Diese Hauptkomponenten wurden durch zwei weitere Komponenten abgerundet. Alle drei curricularen Komponenten sollten zur Erreichung des Studienziels der translatorischen Ausbildung beitragen: das Verständnis für das fremde Kultur- und Geistesleben zu fördern. Sprache wurde dabei als Mittel zum Zweck erachtet (vgl. 3.1.23, 3.1.25).

3.1.25 Zum kulturellen Verständnis (Kultur- und Sachkunde)

Kultur- und Sachkunde, heute im translatorischen Curriculum auch Landeskunde sowie Sach- oder Ergänzungsfach genannt, sind das Ergebnis verschiedener cur-

2204 Snyckers (1928c: 39). Hervorhebung im Original.

ricularer Entwicklungsstufen, die zwar chronologisch aufeinander aufbauen, aber dennoch nicht aus einer einzigen Linie heraus entstanden sind. Die Entstehung der im heutigen translatorischen Curriculum vorkommenden genannten Komponenten basiert auf Entwicklungen der Linien A und B (vgl. 3.1.3). Beide Komponenten hatten die Funktion, das Verständnis für kulturelle Zusammenhänge eines bestimmten Landes zu vermitteln. Die zur Beschreibung dieser Fokussierung nötigen Abschnitte überlagern sich teilweise inhaltlich. Dies ist nicht vermeidbar, soll die facettenreiche Kontur dieses komplexen Themas in Ansätzen dargestellt werden.

3.1.25.1 Entwicklungsstufe 1 (Linie B): Realsprachmethode

Die Ergebnisse der vorliegenden Arbeit zeigen, dass die Vermittlung von kulturellen Kenntnissen über andere Länder in der translatorischen Ausbildung vom fremdsprachlichen Unterricht im kaufmännischen Bildungswesen herrührt (Entwicklungslinie B). Damit sollte Verständnis für eine fremde Kultur erlangt werden. Lange vor der Bildungsreform Mitte des 19. Jahrhunderts, die zur Einführung der grammatisierenden Methode im nicht organisierten Handelsschulwesen führte, wurde im fremdsprachlichen Unterricht in diesem fachgebundenen Schulwesen die sogenannte Realsprachmethode angewandt. Dabei wurde der sprachliche Unterricht mit fachlichem Wissen über das Ausland verbunden und die Inhalte in der jeweiligen Fremdsprache vermittelt. Sprache und Sache wurden als Einheit erachtet, indem im Fremdsprachenunterricht die Realität ausgewählter Bereiche der Handelspraxis sprachlich abgebildet wurde. Diese Methode, die zur Vermittlung von Kenntnissen in der Fremdsprache sowie über Landesverhältnisse eines fremden Landes beitragen sollte, verfolgte idealerweise auch das Ziel, den Geist der Schüler zu öffnen und ihren Blick auf die Welt zu weiten. Dieses Bildungskonzept wurzelt in der Zeit der Aufklärung, in der Verstand und Vernunft als oberstes Ziel menschlichen Wirkens erachtet wurden. Hier schwingt m.E. bereits das Ziel der Vermittlung einer breiten Allgemeinbildung mit, die später im fremdsprachlichen Unterricht im kaufmännischen Bildungswesen bewusst betont wurde (vgl. 2.5.2, 2.5.4, 3.1.19).

3.1.25.2 Entwicklungsstufe 2 (Linie A): Von der lapidaren Studienkonzeption am SOS zur nationenwissenschaftlichen Methode (1887–1914)

Ob und inwiefern die Methode und Zielsetzung der vorherigen Entwicklungsstufe als Anregung für die Konzeption des Studiengangs am SOS Anfang der 1880er Jahre dienten, konnte bei den Recherchen für die vorliegende Arbeit nicht ermittelt werden. Die konsultieren Unterlagen legen den Schluss nahe, dass Entwicklungen der ersten Entwicklungsstufe bei der Konzeption des Studiengangs am SOS nicht beachtet wurden. Fundierte wissenschaftliche Untersuchungen in diese Richtung wären wünschenswert. Dennoch ist es m.E. möglich, eine methodische Verbindung zwischen dem fremdsprachlichen Unterricht im kaufmännischen Bildungswesen und dem Studium am SOS herzustellen. Diese kristallisierte sich aber erst allmählich heraus. Die ersten Lehrerfahrungen am SOS, die zur Beschreibung der nationenwissenschaftlichen Methode 1914 führten, belegen dies.

Die Unterrichtsziele des SOS, die 1887 vor Eröffnung der Ausbildungsstätte veröffentlicht wurden, fokussierten die Vermittlung von Sprach- und Sprechkompetenzen sowie von kulturellen Kompetenzen. Es wäre verfrüht, an diesem Punkt der Konzeption des SOS-Studiengangs von einem Zwei-Komponenten-Modell zu sprechen, das bewusst intendiert war, denn beim SOS handelte es sich um ein Pilotprojekt, das offen sein musste für methodische und curriculare Gestaltungen. Letztendlich festigte sich aber aus den von 1887 angegebenen Unterrichtszielen ein zweigliedriges curriculares Modell als Vorläufer der heutigen translatorischen Ausbildung.

Studieneinheiten, in denen Realienkenntnisse vermittelt wurden, sollten die Herausbildung kultureller Kompetenzen fördern. Betont wurde dabei die Vermittlung kultureller Verhältnisse der Gegenwart im Einklang mit den Studieneinheiten, die zur Vermittlung der Gegenwartssprache dienen sollten. Bei der Bezugnahme auf die Sprache in der relevanten Prüfungsordnung von 1900 (vgl. 2.2.2.3 und Fußnote 187), fällt auf, dass das multidimensionale Konstrukt Sprache von einem vereinfachenden Ansatz aus fokussiert wurde, der folglich nicht zielführend sein konnte. Berücksichtigt werden muss hier aber, dass damals noch keine Erfahrungen mit der translatorischen Ausbildung in Deutschland gemacht worden und noch kaum oder gar keine Experten in diesem Bereich vorhanden waren.

Aus heutiger Sicht problematisch bei der Konzeption des Studiengangs war wohl die Tatsache, dass die Vorstellungen zur im Entstehen begriffenen Ausbildung von Dragomanen vornehmlich von außenpolitischen Zielen Deutschlands und nicht von wissenschaftlichen Ansätzen geleitet wurden. So konnte es zu der Annahme kommen, dass es für die praktische Beherrschung einer Fremdsprache sowie eines fachlichen Ausschnitts daraus ausreichen würde, nur einen begrenzten Teil der Grammatik und des Wortschatzes zu vermitteln, also idealer- und effektiverweise möglichst genau die zutreffenden grammatischen Regeln und Worte, deren es für die jeweilige Anwendung bedurfte. Diese Fehleinschätzung verkannte die berufliche Realität der Dragomane und warf bedauerlicherweise ihre Schatten auf eine entstehende Branche voraus.

Sogenannte realistische Veranstaltungen oder Realfächer, die zur Vermittlung von Realienkenntnissen dienten, waren im Realschulwesen verankert und an der Universität ein Novum[2205]. Das Ziel dieser Lehreinheiten war es, eine heterogene Zielgruppe mit nützlichen und notwendigen Kenntnissen für ihre Tätigkeit im Ausland auszustatten. Gegenstand dieser Lehreinheiten waren etwa Politik, Geschichte, Geographie, Wirtschaft und Recht des jeweiligen fremden Landes (vgl. Tab. 1–3). Diese Bandbreite an Unterrichtsthemen erschwerte eine Themeneingrenzung und Problemfokussierung der Realienveranstaltungen. Eine weitere Herausforderung des Studiums am SOS bestand darin, die jeweiligen Landesver-

2205 Vgl. https://brockhaus.de/ecs/enzy/article/realschule.

hältnisse anhand von Originaldokumenten in der entsprechenden Fremdsprache zu erschließen. Ein Studium in dieser Form gab es in Deutschland sonst noch an keiner anderen Hochschule. Parallelen in der Methodik der Dragomanatsausbildung lagen zwar in der im fremdsprachlichen Unterricht im kaufmännischen Bildungswesen angewandten Realsprachmethode, das Unterrichtsniveau konnte aber etwa aufgrund von fehlenden Forschungsmöglichkeiten und weiterer infrastruktureller Missstände im fremdsprachlichen Unterricht im kaufmännischen Bildungswesen vor dem Ersten Weltkrieg nicht mit dem Studium am SOS verglichen werden (vgl. 3.1.16).

Bis 1912, dem 25-jährigen Bestehen des SOS, wurden erste Konzepte zu den Lehrmethoden am SOS von den zuständigen SOS-Dozenten entwickelt. Dabei war die wichtigste Erkenntnis, dass zur Förderung des kulturellen Verständnisses die jeweilige Landesprache und der durch sie ausgedrückte Sprachinhalt als untrennbare Einheit erachtet werden müssen. Dieser Grundsatz, der von Anton Palme ausführlich in seiner Schrift von 1914 zur sogenannten nationenwissenschaftlichen Methode beschrieben wurde, sollte auch, so die Forderung der SOS-Dozenten, entsprechend im Studium am SOS befolgt und umgesetzt werden. In der SOS-Reformdebatte war dieser Grundsatz Außenstehenden jedoch nicht vermittelbar. (Vgl. 2.2.2.3, 2.2.3.3.2, 2.2.3.3.3, 2.2.3.9, 2.2.3.11, 2.2.5.3, 3.1.14, 3.1.15).

Palme, der auch an der Handelshochschule Berlin unterrichtete, wurde bei der Beschreibung der nationenwissenschaftlichen Methode m.E. von der im fremdsprachlichen Unterricht im kaufmännischen Bildungswesen angewandten Methodik, die der Realsprachmethode entspricht, sowie dem Leitmotiv des kaufmännischen Bildungswesens zur Völkerverständigung geleitet (vgl. 2.5, 3.1.13). Somit kann eine Verbindung zwischen der Methodik des Studiums am SOS und dem fremdsprachlichen Unterricht im kaufmännischen Bildungswesen hergestellt werden (vgl. 3.1.3). Beide Einrichtungen vereinte auch das Ziel, einen praktischen (Sprach-)Bedarf, der aus einer internationalen Begegnung entspringt, zu befriedigen (vgl. 3.1.8).

3.1.25.3 Zur Terminusentwicklung: Vom Studium des Auslandes zur Kulturkunde

Etwa ab 1908 wurde im Zuge einer Reform des diplomatischen und konsularischen Dienstes in Deutschland in der Öffentlichkeit die Ausgestaltung des Studiums des Auslandes diskutiert (Vgl. 3.1.14). Das SOS, das für die Ausbildung der Anwärter für den Auslandsdienst zuständig war, geriet ab 1912 in den Fokus der Debatte. Die vor dem Ersten Weltkrieg öffentlich geführte Diskussion über das Studium des Auslandes führte nach einem Zeitungsartikel von Anton Palme aus dem Jahr 1915, in dem er das völkerverständigende Moment der Auslandsstudien betonte, zur *Denkschrift des preußischen Unterrichtsministeriums über die Förderung der Auslandsstudien* im Jahr 1917 (vgl. 2.2.3.6, 3.1.12). In jener Zeit war auch häufig der Terminus Auslandskunde in Gebrauch.

Nach dem Ersten Weltkrieg wurde daraus vom preußischen Unterrichtsministerium das Bildungskonzept Kulturkunde eingeführt, das auf allen Ebenen des deutschen Bildungssystems verbreitet werden sollte (vgl. 2.1.1.7). Dieses Unterrichtskonzept, das ohnehin in Form der Realsprachmethode im fremdsprachlichen Unterricht im kaufmännischen Bildungswesen längst verankert war und aus diesem stammend über den skizzierten Umweg vom SOS ins preußische Unterrichtsministerium und schließlich mit einer Schwerpunktverlagerung ins allgemeinbildende Schulwesen gelangte, wirkte sich auf das Curriculum des fremdsprachlichen Unterrichts im kaufmännischen Bildungswesen terminologisch insofern aus, als die traditionelle Unterrichtskomponente zur Vermittlung kultureller Kenntnisse als Kulturkunde (später als Kultur- und Sachkunde) bezeichnet wurde. Als Folge dessen wurde eine der drei Studienkomponenten der Ende der 1920er Jahre konzipierten translatorischen Ausbildung ebenfalls als Kulturkunde bezeichnet (vgl. 3.1.23).

3.1.25.4 Entwicklungsstufe 3 (Linie A und B): Kulturkunde (Zwischen den Weltkriegen)

Angeregt von der Diskussion über das Studium des Auslandes vor dem Ersten Weltkrieg wurde von den Zuständigen im preußischen Unterrichtsministerium Anfang der 1920er Jahre der Terminus Kulturkunde geprägt. Die inhaltlichen Ursprünge dieses Terminus gehen m. E. auf die Realsprachmethode im noch nicht organisierten kaufmännischen Bildungswesen zurück (Entwicklungslinie B). Verfeinert und auf die translatorische Ausbildung zugeschnitten wurde sie am SOS (Entwicklungslinie A).

Kulturkunde sollte als vermeintlich neuartiges Bildungskonzept auf allen Ebenen des allgemeinbildenden Bildungswesens im Curriculum eingeführt werden. Durch Vorgaben des preußischen Unterrichtsministeriums gelangte dieses Thema auch in das kaufmännische Bildungswesen. Hier war das Kulturkundekonzept allerdings keine Neuheit, sondern traditionell fest verankert im fremdsprachlichen Unterricht, der von jeher auf die Beherrschung der Fremdsprache in Wort und Schrift als Vorbereitung auf die kaufmännische Berufspraxis abzielte. Durch diese Zielsetzung unterschied sich das kaufmännische Bildungswesen vom allgemeinbildenden Schulwesen. Das Interessante an der Sache ist, dass das zwischen den Weltkriegen im preußischen Unterrichtsministerium konzipierte und propagierte Kulturkundekonzept nichts anderes war als eine Blaupause des von dieser Institution verpönten auf die Praxis ausgerichteten Fremdsprachenunterrichts und Fremdsprachenstudiums im kaufmännischen Bildungswesen und am SOS. Das in einem fachgebundenen Schulwesen althergebrachte Unterrichtskonzept wurde lediglich in einen neuen Ausdruck gekleidet und vom preußischen Unterrichtsministerium als fortschrittlich vermarktet. Zugestanden werden darf, dass es im allgemeinbildenden Schulwesen tatsächlich revolutionär war, den neusprachlichen Unterricht so zu gestalten, dass bei den Schülern und Studierenden als Ergebnis eine gewisse Kommunikations- und Kulturkompetenz erreicht wurde.

Folgerichtig wurde Mitte der 1920er Jahre von ausgewiesenen Experten des fremdsprachlichen Unterrichts im kaufmännischen Bildungswesen darauf hingewiesen, dass das Kulturkundekonzept des preußischen Unterrichtsministeriums kein Novum für den fremdsprachlichen Unterricht im kaufmännischen Bildungswesen darstellt. Vielmehr sei das kulturkundliche Konzept, früher als »Realsprachunterricht«, »Länder- oder Menschenkunde« bezeichnet worden und als solches traditionell ein integraler Bestandteil des fremdsprachlichen Unterrichts im kaufmännischen Bildungswesen gewesen. Die Betonung der aktiven Beherrschung der Gegenwartssprache sei zudem ohnehin von jeher das Ziel im Handelsschulwesen gewesen. (Vgl. 2.5.4.2).

Ein bestimmender Unterschied bei der Auslegung des Kulturkundekonzepts zwischen dem allgemeinbildenden und dem fachgebundenen Schulwesen lag aber darin, dass allgemeinbildende Schulen im Rahmen des Kulturkundekonzeptes die gesamte Kultur- und Geisteswelt zum Gegenstand hatten, wohingegen im kaufmännischen Bildungswesen die Betonung auf der Behandlung der wirtschaftlichen Kultur lag. Dies wurde von Vertretern des kaufmännischen Bildungswesens als Vorteil bei der Stoffeingrenzung des praktisch grenzenlosen kulturkundlichen Arbeitsgebiets erachtet. Im sprachwissenschaftlichen Studium an Universitäten hatten kulturkundliche Themen eher philologischen, geschichtlichen und philosophischen Charakter, während das Sprachstudium an Handelshochschulen, sofern vorhanden, kulturkundlich soziologisch, politisch und vor allem wirtschaftlich ausgerichtet war.

Eine zentrale Größe bei der Wahl von kulturkundlichen Themen im fremdsprachlichen Unterricht im kaufmännischen Bildungswesen war von jeher das Fach Handelskorrespondenz. Hier flossen sprachliche und fachliche Charakteristika zusammen und vereinigten sich in Form von Schriftstücken, die eine bestimmte geschäftliche Intention hatten und entsprechende rechtliche Folgen nach sich zogen – eine ernstzunehmende Sache also. Es war der Inhalt dieser fachrelevanten Schriftstücke, der für die Wahl von entsprechenden landesbezogenen Themen, die das wirtschaftliche Leben berührten, ausschlaggebend war.

Begründete Bedenken gegen den kulturkundlichen Trend im gesamten deutschen Schulwesen wurden von Vertretern des kaufmännischen Bildungswesens insofern gehegt, als der Kulturkundeunterricht die für die im kaufmännischen Bildungswesen so wichtigen wirtschaftlichen Themen aus dem Curriculum drängen könnte, da der kulturkundliche Fokus vom preußischen Unterrichtsministerium thematisch breiter, im kaufmännischen Bildungswesen hingegen thematisch spezialisierter war. Aus diesem Grund wurde Mitte der 1920er Jahre von führenden Zuständigen des fremdsprachlichen Unterrichts im kaufmännischen Bildungswesen vorgeschlagen, den Terminus Kulturkunde, der alle möglichen Erscheinungen einer Kultur umfasste, zu Kultur- und Sachkunde zu erweitern, um somit zu garantieren, dass dem wirtschaftlichen Themenschwerpunkt im Curriculum des Fremdsprachenunterrichts im Rahmen des kaufmännischen Bildungswesens weiterhin Raum zugestanden wird. (Vgl. 2.5.4, 2.5.7.1.3, 2.7.2.3).

In der translatorischen Ausbildung wurden aus dieser curricularen Komponente später zwei separate Studienkomponenten: Kulturkunde und Sachkunde, die heute als Landeskunde sowie, Sach- oder Ergänzungsfach in den Vorlesungsverzeichnissen zu finden sind. (Vgl. 2.7, 3.1.23).

3.1.25.5 Entwicklungsstufe 4 (Linie B): Zur Entstehung der curricularen Komponenten Kulturkunde und Sachkunde

Für das vom preußischen Unterrichtsministerium vorgegebene Bildungskonzept Kulturkunde wurde im kaufmännischen Bildungswesen eine besondere Lösung gefunden, um die Bildungsziele, die diesem fachgebundenen Schulwesen eigen waren, nicht zu gefährden und sie vor einem Profilverlust zu bewahren. Die Lösung war ein diplomatischer Kompromiss, der sich in der Aufspaltung des Unterrichtsfachs in zwei Bereiche äußerte. Das daraus entstandene Unterrichtsfach erhielt die Bezeichnung Kultur- und Sachkunde (auch Wirtschaftskunde).

Im Bereich Kulturkunde wurde den Vorgaben des Unterrichtsministeriums entsprochen, indem vorrangig allgemeine kulturelle Themen behandelt wurden. Diese konnten im wirtschaftlichen Bereich liegen. Insgesamt stand dieser Bereich aber auch für andere kulturelle Themen offen. Hier konnte auch dem Ziel der Vermittlung einer breiten Allgemeinbildung entsprochen werden, dem im kaufmännischen Bildungswesen eine besondere Bedeutung zukam (vgl. 3.1.19).

Im Bereich Sachkunde konnten all die Themen behandelt werden, die traditionell im kaufmännischen Bildungswesen von Bedeutung waren, etwa landesspezifische rechtliche Ausgestaltungen von Vorschriften oder Bestimmungen. Auf diese Themenbereiche wurde von jeher im fremdsprachlichen Unterricht im kaufmännischen Bildungswesen im Einklang mit der Realsprachmethode Wert gelegt. Sie speisten sich aus fachlichen und praxisrelevanten Erscheinungen der kaufmännischen Berufspraxis, die sich in schriftlichen Dokumenten und in mündlichen Fachgesprächen niederschlugen und einer entsprechenden Unterweisung bedurften. Sowohl der Bereich Kulturkunde als auch der Bereich Sachkunde verfolgten das Ziel, das kulturelle Verständnis für ein anderes Land zu fördern. Nicht einfach zu lösen schien – selbst bei der curricularen Trennung im Rahmen der translatorischen Ausbildung – die Einteilung in allgemeine und spezielle kulturelle Bereiche bei der Stoffeingrenzung und vor allem bei der Stoffabgrenzung der einzelnen Themenbereiche.

Als Ergebnis der Recherchen für die vorliegende Arbeit kann zusammengefasst werden, dass damals wie heute die Grenzen bei der Behandlung kultureller Themenbereiche fließend sind und sich meist gemeinsame Schnittpunkte ergeben. Dies wirkt sich zwar erschwerend auf die Stoffabgrenzung aus, kann aber auch als Chance für die Stoffeingrenzung erachtet werden. (Vgl. 2.5.7.1.3, 2.7.2.3, 2.8.2.2).

Das Beispiel der Gründung des Dolmetscher-Instituts an der Handelshochschule Leipzig zeigt, dass die für den Fremdsprachenunterricht im kaufmännischen Bildungswesen konzipierte Unterrichtskomponente Kultur- und Sachkunde, die nur *einer* Unterrichtskomponente entsprach, in der translatorischen Ausbildung in zwei eigenständige Studienkomponenten geteilt wurde: einerseits Kulturkunde und andererseits Sachkunde (auch Wirtschaftskunde). Ihre inhaltliche Ausgestaltung blieb wie oben beschrieben. Für die beiden Komponenten der translatorischen Ausbildung an den Dolmetscher-Instituten konnte allerdings mehr Zeit eingeräumt werden als für die Kulturkundekomponente in der fremdsprachlichen Ausbildung im Rahmen des kaufmännischen Studiums, wo das Stoffpensum neben dem kaufmännischen Hauptstudium kaum zu bewältigen war (vgl. 2.7.2.3, 2.7.3.1.2, 2.7.5).

Ein Vergleich der (geplanten) Prüfungsleistungen an den Dolmetscher-Instituten an der Handelshochschule Mannheim und Leipzig von 1929, 1930, 1932 und 1937 zeigt ein Herantasten an den richtigen Umgang mit dem Fach Sachkunde im translatorischen Curriculum. In den geplanten Abschlussprüfungen von 1929 am Mannheimer DI werden Prüfungen in den Sachgebieten nicht explizit aufgeführt. In der Rubrik mündliche Abschlussprüfungen erscheint der lapidare Hinweis: »Kenntnis der kommerziellen und industriellen Einrichtungen des Fremdlandes« (vgl. 2.6.3.8). Die Prüfungsleistungen von 1930 am Mannheimer DI sahen in der Rubrik »schriftliche Prüfungen« einen fremdsprachigen Aufsatz »über einen Gegenstand aus dem Gebiet der Volkswirtschaft oder Jurisprudenz« vor (vgl. 2.6.5). In den Prüfungsleistungen von 1932 wurde eine sogenannte umfangreiche mündliche und schriftliche Sachprüfung in Geschichte, Volkswirtschaft und Recht eingeführt. Die schriftliche Prüfungsleistung sollte in der Muttersprache erfolgen. Die Sprache, in der die mündliche Prüfung zu erfolgen hatte, geht aus dem Dokument nicht hervor (vgl. 2.6.5).

In den geplanten Prüfungsordnungen für Wirtschaftsdolmetscher und Auslandskundler von 1937 am Leipziger DI wurden fundierte Kenntnisse in Kultur- und Sachkunde in den mündlichen und schriftlichen Prüfungsleistungen gefordert: »genaue Kenntnis der kulturellen, wirtschaftlichen, rechtlichen, sozialen und politischen Verhältnisse des fremden Landes sowie Deutschlands, sodass eine vergleichende Betrachtungsweise möglich ist« (vgl. 2.7.3.1.4). Diese Prüfungsordnungen, die den Zielsetzungen des kaufmännischen Bildungswesens entsprachen, wurden im Unterrichtsministerium nicht genehmigt, da sie wirtschaftssprachlich und auslandskundlich spezialisiert waren. Vielmehr wurden die Prüfungsordnungen des Dolmetscher-Instituts an der Universität Heidelberg auf das Leipziger DI ausgeweitet (vgl. 2.7.3.2). Erläuternd sollte hier angeführt werden, dass sich beim Mannheimer DI, das 1933 an die Universität Heidelberg verlegt wurde, durch die institutionellen Änderungen ein methodischer Bruch ergab. Die Sachgebiete, die in der Fremdsprache über die jeweiligen kulturellen Verhältnisse in den fremden Ländern unterrichten sollten, verloren im Rahmen der Universität ihren inhaltlichen Zusammenhang, denn fortan wurden die Sachgebiete ohne Bezug zu den sprachlichen Fächern und in deutscher Sprache unterrichtet (vgl. 2.6.6, 3.1.26).

Mitte der 1950er Jahre im Zuge der Etablierung der translatorischen Ausbildung an der Universität Leipzig wurde als Ziel der translatorischen Ausbildung genannt, dass Dolmetscher und Übersetzer dazu befähigt werden, sich in allen Gebieten ohne Spezialfachausbildung einzuarbeiten. Als wünschenswert galt es allerdings, dass sich Dolmetscher und Übersetzer auf einem bestimmten Spezialgebiet fundierte Kenntnisse aneigneten. Wie dies zu erfolgen hatte, blieb offen (vgl. 2.7.4.3). Die Gründer der Dolmetscher-Institute verfolgten hingegen einen Ansatz, der in der translatorischen Ausbildung auf ein Spezialgebiet vorbereitete, ohne auszuschließen, dass dieses nicht durch weitere Fachgebiete erweitert werden könnte. Sowohl Glauser als auch Snyckers wiesen schon früh auf den untrennbaren Zusammenhang von Sprache und Sache hin und erachteten fundierte Sprachkenntnisse und fundierte wirtschaftliche Kenntnisse als Voraussetzung für die Aufnahme der translatorischen Ausbildung am Dolmetscher-Institut der Handelshochschule, um die wissenschaftliche Auseinandersetzung mit den Verhältnissen eines fremden Landes, seiner Kultur und Sprache zu gewährleisten und um auf diese Weise schließlich zu einem tiefen Verständnis für andere Völker zu gelangen (vgl. 2.5.4, 2.7.5, 3.1.26).

3.1.26 Vom Ergänzungsstudium zum Hauptfachstudium

Die Recherchen für die vorliegende Arbeit enden in der BRD 1948 und in der DDR am Standort Leipzig 1957. Diese Fokussierung weist aber in die Jahre weit nach 1945. Dies ist insofern berechtigt, als eine Problematik der heutigen translatorischen Studiengänge aufgezeigt werden kann, die aus ihrer Entstehungszeit herrührt und noch immer einer Lösung harrt. Zum Verständnis dieser Problematik ist es wichtig, das Problem von der Wurzel her zu erkennen. Es geht im Folgenden darum aufzuzeigen, dass die translatorische Ausbildung ausgehend von ihrem Entstehungsprozess bis in unsere Zeit hinein eine Verlagerung ihrer Gewichtung als Studienfach erfahren hat, denn sie entwickelte sich von einem Ergänzungsstudium zu einem Hauptfachstudium (vgl. Abb. 18).

Als entscheidender beeinflussender Faktor kann dabei m. E. der zunehmende Bedarf am Markt an qualifizierten Sprachdienstleistungen gewertet werden (vgl. 3.1.8). Damit im Zusammenhang stand zum einen auch die Spezialisierung der Arbeitswelt, die schrittweise mit Verlängerungen von Studienzeiten an deutschen Hochschulen allgemein einherging und zum anderen auch die Einsicht, dass die rasant steigende Wissensvermehrung in einem beliebigen Fach im Rahmen einer Hochschulausbildung einer entsprechenden vertiefenden Behandlung bedarf. Im Fall der translatorischen Ausbildung bedeutete dies konkret, dass die wachsenden Berufsanforderungen in dem sich entwickelnden Spezialfach einer intensiveren wissenschaftlich fundierten Vorbereitung bedurften.

Die translatorische Ausbildung wurde in ihrem Entstehungsprozess als Ergänzungsstudium konzipiert, sowohl am SOS als auch an den Dolmetscher-Instituten der Handelshochschulen. Erst nach 1945 entwickelte sich der Studiengang zu einem Hauptfachstudium. Die Anfänge der translatorischen Ausbildung sind facettenreich. An der ersten translatorischen Ausbildungsstätte in Deutschland, dem SOS – als Vorläufer der heutigen translatorischen Ausbildung –, konnten unterschiedliche Zielgruppen, in erster Linie Beamte aus verschiedenen Fachbereichen, im Anschluss an oder neben ihrem Studium oder ihrer Spezialfachausbildung eine

Zusatzqualifikation erwerben, die sie auf einen Auslandsaufenthalt im Staatsdienst vorbereitete. Neben Beamten des Auswärtigen Amts, die in der Regel zu Dragomanen ausgebildet wurden und für deren Ausbildung das SOS eigentlich gegründet worden war, gab es somit eine ganze Reihe von Beamten anderer Fachbereiche, die auch für ihren Auslandseinsatz am SOS vorbereitet werden sollten.

Palme betonte in seiner Schrift von 1914, dass das Studium der Landessprache und das Studium der Landesverhältnisse jeweils ausgewogen zu sein hätte. Dieser Grundsatz konnte aufgrund der Kürze des Studiums jedoch nicht befolgt werden. In der politischen Reformdebatte wurde daher kritisiert, dass das Studium der Realien zu kurz komme (vgl. dazu auch 2.2.2.3). Die folgende Quelle aus dem Jahr 1912 aus der Feder des Rektors des SOS zeigt zudem, dass die Dauer des Studiums unter gewissen Umständen großzügig gehandhabt werden musste:

> »Bei den Verhandlungen über die Dauer der Seminarstudien glaubte man 6 bis 8 Semester für das Chinesische, 6 für das Japanische, 4 für das Hindustani, Arabisch, Persisch und Türkisch, 2 für das Suaheli ansetzen zu sollen. Schon die Erfahrung der ersten Jahre zeigte nach einer ganz anderen Richtung, und gegenwärtig haben die Verhältnisse folgende Gestalt angenommen: Der Student der Rechte, der sich durch Ablegung der Diplomprüfung für eine Verwendung im kaiserlichen Dolmetscherdienst qualifizieren und der im 7. Semester seine erste Staatsprüfung ablegen will, kann nicht mehr als 4 Semester auf das Seminarstudium verwenden, eine Tatsache, welche in unseren allgemeinen wirtschaftlichen Verhältnissen sowie in den Gesetzen der Juristenausbildung begründet ist. Es ist daher für den Student der Rechte das Vorteilhafteste, wenn er schon im ersten Universitätssemester in das Seminar eintritt, während der ersten 4 Semester in der juristischen Fakultät und z u g l e i c h im Seminar studiert, im 4. Semester die Diplomprüfung, im 7. Universitätssemester die Referendarprüfung besteht und dann seiner Militärpflicht genügt. Auf solche Weise hat er alle formalen Vorbedingungen für eine Verwendung im kaiserlichen Dolmetscherdienst erfüllt. Die Offiziere der Kaiserlichen Schutztruppen und die Kolonialdienstaspiranten werden in der Regel für 2 Semester auf das Seminar beordert, die Beamten des Reichspostamts für einen Zeitraum, der nach den Bedürfnissen des Dienstes begrenzt wird. Besondere Bestimmungen betreffend die Dauer des Seminarstudiums bestehen demnach nicht. Der Seminarunterricht muß gegenüber einer solchen Verschiedenheit der Studiendauer, der Vorkenntnisse und der künftigen Lebensaufgaben der Schüler so viel als möglich bestrebt sein, zwischen dem Möglichen und Erstrebenswerten die richtige Mitte innezuhalten.«[2206]

Diese Ausführungen belegen, dass die Ausbildung am SOS eine große Zielgruppe in möglichst kurzer Zeit bedienen musste, die gleichzeitig entweder ein juristisches Studium absolvierte oder eine Berufstätigkeit im Staatsdienst ausübte. Das Studium am SOS versorgte die Zielgruppe zwar mit Wissen über das Ausland, es galt aber nicht als vollwertiges Fachstudium und hatte somit auch nicht den gleichen Stellenwert wie etwa ein juristisches Fachstudium. (Vgl. 2.3.3.1).

2206 Sachau (1912: 21–22). Hervorhebung im Original.

Der Ausgang des Ersten Weltkriegs beendete die Dragomanatslaufbahn. Dies bedeutete auch das Ende der translatorischen Ausbildung im Rahmen des SOS. Der Streit um die Reform des SOS dauerte zwar mindestens bis Ende der 1920er Jahre an, für das nach dem Ersten Weltkrieg im Entstehen begriffene moderne Berufsprofil von Dolmetschern und Übersetzern musste aber eine neue Ausbildungsmöglichkeit gefunden werden. Vermutlich bereits 1919 wurde eine interne Ausbildung für Dolmetscher und Übersetzer im Auswärtigen Amt konzipiert. Sie entsprach dem neuen Berufsprofil und betonte die Ausbildung von sprachlichen Kompetenzen. Sowohl die translatorische Ausbildung am neugegründeten Dolmetscher-Institut, die Ende der 1920er Jahre an der Handelshochschule Mannheim konzipiert wurde, als auch die Ende der 1930er Jahre konzipierte translatorische Ausbildung am Dolmetscher-Institut der Handelshochschule Leipzig orientierten sich fachlich daran. Belegbar ist dies im Aktenmaterial durch die beratende Funktion des Leiters des Sprachendienstes im Auswärtigen Amt Paul Gautier. In Abb. 18 wird diese Orientierung durch einen Pfeil dargestellt, der auf den vorherigen Zeitabschnitt weist. Die Ausrichtung der Dolmetscher-Institute war in erster Linie wirtschaftssprachlich. Als Zielgruppe sollten dafür vornehmlich Absolventen von Handelshochschulen in Betracht gezogen werden, also Personen, die bereits über einschlägiges Fachwissen verfügten, es wurden aber auch weitere Hochschulabsolventen zugelassen. Somit konnten an den Dolmetscher-Instituten sprachliche Kompetenzen in einer Fremdsprache im Rahmen der translatorischen Ausbildung als Zusatzqualifikation im Rahmen eines Ergänzungsstudiums erworben werden. Ähnlich wie beim SOS hatte die translatorische Ausbildung nachvollziehbar einen geringeren Stellenwert als ein Hauptfachstudium.

Beim Vergleich des Mannheimer Dolmetscher-Instituts 1930 und des Leipziger Dolmetscher-Instituts 1937 fällt auf, dass in nur sieben Jahren eine Verbesserung bezüglich der Studiendauer festzustellen war: Einer Archivquelle ist zu entnehmen, dass das Studium am Mannheimer Dolmetscher-Institut 1930 in einem Fall nur zwei Monate dauerte. Die Frage nach der Fundierung der Studieninhalte ist m.E. berechtigt. In der Denkschrift zur Gründung eines Dolmetscher-Instituts an der Handelshochschule Leipzig von 1937 wurden für das Dolmetscher-Studium mindestens sechs Semester veranschlagt, was im Vergleich eine fundiertere Behandlung der Studieninhalte zugelassen hätte. Dieser Vorschlag wurde vom Unterrichtsministerium aber nicht akzeptiert, und dafür die Prüfungsordnungen des Dolmetscher-Instituts der Universität Heidelberg auf das Dolmetscher-Institut der Handelshochschule Leipzig übertragen. Ein genauer Blick in dieses Dokument wäre interessant, um die Studiendauer in jener Zeit zu eruieren. (Vgl. 2.6.4, 2.7.4.1, 3.1.9). Die translatorische Ausbildung in der Nachkriegszeit orientierte sich curricular und methodisch an den Dolmetscher-Instituten der Handelshochschulen. In Abb. 18 wird dies durch einen Pfeil dargestellt, der auf den vorherigen Zeitabschnitt weist. Die Studiendauer variierte zwischen vier und sechs Semestern (vgl. etwa 2.8.2.2).

Auffallende Änderungen in der translatorischen Ausbildung in der Nachkriegszeit im Vergleich zu den Dolmetscher-Instituten an den Handelshochschulen, die vor dem Zweiten Weltkrieg gegründet wurden, können wie folgt festgestellt werden: Die translatorische Ausbildung wurde nicht mehr als Ergänzungsstudium behandelt und die Ergänzungsfächer, d. h. Fächer, die in der Vergangenheit zum Realienunterricht zählten, in den translatorischen Studiengang integriert. Der Grund dafür war, dass es keine institutionelle Verbindung mehr zu einer fachgebundenen Ausbildungsstätte gab, wie etwa im Fall der Handelshochschulen. Zudem wurden die Ergänzungsfächer **inhaltlich zusammenhanglos** zum Sprachunterricht (Dolmetschen und Übersetzen) auf Deutsch unterrichtet, obwohl die ursprüngliche Konzeption der translatorischen Ausbildung vorsah, die Inhalte der Sachkunde oder des heutigen Sach- oder Ergänzungsfachs a) in der **Fremdsprache** und b) auf **ausländische** fachbezogene, etwa wirtschaftliche oder juristische, **Landesverhältnisse** (nicht Landeskunde) auszurichten und nicht wie heute verbreitet üblich in Veranstaltungen, die, wie oben angedeutet, keinen Bezug zum Sprachunterricht (Dolmetschen und Übersetzen) in der translatorischen Ausbildung haben – und zudem in der Regel an fachfremden Fakultäten über **inländische** fachbezogene **Themen** in **deutscher Sprache** abgehalten werden.

Die Verlagerung der translatorischen Ausbildung vom Ergänzungsstudium zum Hauptfachstudium kappte die Verbindung zwischen Sprache und Sache, rückte die **Sprache** immer mehr in den **Vordergrund**, auch unter den Vorgaben philologischer Universitätsfakultäten, und wies den **Fachgebieten** (etwa Wirtschaft, Jura, Technik) in der translatorischen Ausbildung **ergänzenden Charakter** zu. Dies kehrte ursprüngliche Studienziele ins Gegenteil um und drehte die translatorische Ausbildung von ihrem ursprünglich intendierten fachsprachlichen Charakter ab. Trotz dieser gravierenden inhaltlichen und methodischen Änderungen in der translatorischen Ausbildung blieb ihre curriculare Struktur unverändert. Die heutige translatorische Ausbildung fußt somit immer noch auf der Konzeption eines Ergänzungsstudiums.

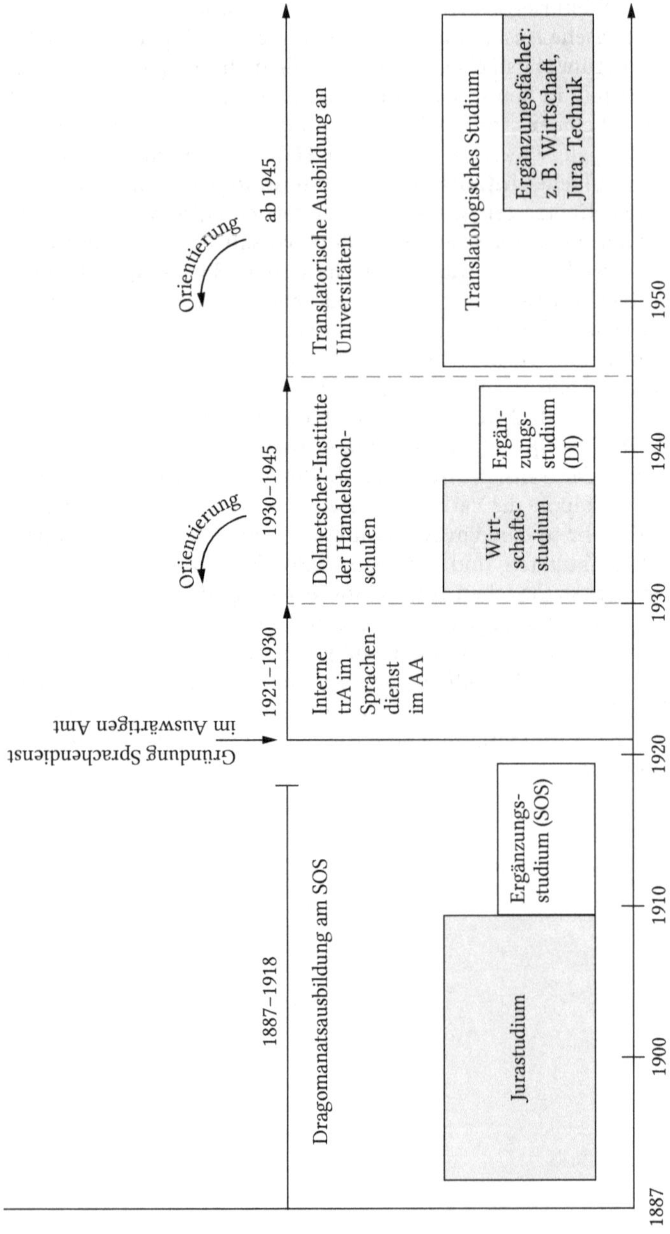

Abb. 18 **Vom Ergänzungsstudium zum Hauptfachstudium**

3.2 Thesenkanon

Aus den vorangegangenen Fokussierungen ergeben sich die folgenden Kernaussagen der vorliegenden Arbeit. Sie werden als Thesenkanon mit sechs Thesengruppen dargestellt, um der Aufschlüsselung der komplexen Materie annähernd gerecht werden zu können. Die Grenzen zwischen den Thesengruppen sind fließend, sie fügen sich im Ergebnis aber harmonisch zum Hauptthema – der Entstehung der translatorischen Ausbildung – zusammen.

Thesengruppe 1:
Allgemeines zur Entstehung der translatorischen Ausbildung

These 1: Die Entstehung der translatorischen Ausbildung in Deutschland vollzog sich von Anfang der 1880er Jahre bis Ende der 1950er Jahre. Dieser Zeitraum von gut siebzig Jahren kann in fünf Phasen unterteilt werden. (Vgl. 3.1.1, 3.1.5).

These 2: Die Entstehung der translatorischen Ausbildung kann in folgende fünf Phasen unterteilt werden (vgl. 3.1.5):
1. 1887–1918: Phase der Grundlagenbildung
2. 1919–1921: Interimsphase/Umstrukturierung
3. 1921–1930: Phase der Profilbildung
4. 1930–1946: Phase der Profilfestigung auf brüchiger Basis
5. 1946–1948: Phase der Profilanpassung

These 3: Die Entstehung der translatorischen Ausbildung wurde durch Entwicklungen in Politik und Wirtschaft im 19. Jahrhundert gefördert, die eine internationale Ausrichtung sowie eine Spezialisierung der Arbeitswelt nach sich zogen. (Vgl. 2.4, 3.1.2).

These 4: Die translatorische Ausbildung entwickelte sich aus zwei Entwicklungslinien heraus: Außenpolitik (Entwicklungslinie A) und Außenhandel (Entwicklungslinie B). Eine besondere Rolle kam dabei dem Staat und dem damit verbundenen Bedarf zu. (Vgl. 3.1.3, 3.1.8, 3.1.10).

These 5: Die Dolmetscher-Institute bündelten den Bedarf von Entwicklungslinie A (Außenpolitik) und B (Außenhandel). (Vgl. 3.1.3, 3.1.8).

These 6: Ein Komplex an exogenen und endogenen Motivationskräften bedingten und formten die Entstehung der translatorischen Ausbildung in Deutschland. (Vgl. 3.1.4).

These 7: Die translatorische Ausbildung entwickelte sich in ihrem Entstehungsprozess aus den Handelswissenschaften, der heutigen Betriebswirtschaftslehre, heraus. (Vgl. 3.1.9, 3.1.16).

These 8: Die heutige translatorische Ausbildung in Deutschland wurzelt im Fremdsprachenunterricht des kaufmännischen Bildungswesens, denn sie entwickelte sich aus dem Sprachstudium an Handelshochschulen. (Vgl. 2.5, 2.6, 2.7, 2.8, 3.1.2).

These 9: Die Gründung der Dolmetscher-Institute ist auf das Engagement einzelner, voneinander unabhängig agierender Personen zurückzuführen, die sich vor dem Hintergrund entsprechender Entwicklungen im kaufmännischen Bildungswesen und deren politischen und wirtschaftlichen Bedingungen bewegten. (Vgl. 2.1, 3.1.17).

These 10: Das *Seminar für Orientalische Sprachen* (SOS) ist ein Vorläufer der heutigen translatorischen Ausbildung. Dort wurde ein Berufsprofiltypus ausgebildet, den es nach 1918 nicht mehr gab. (Vgl. 2.2, 3.1.3, 3.1.6).

These 11: Die Ausland-Hochschule entwickelte sich aus dem *Seminar für Orientalische Sprachen.* (Vgl. 3.1.3).

These 12: Das Studium des Auslandes an der Ausland-Hochschule unterschied sich von der Konzeption der Dolmetscher-Institute dadurch, dass die Auslandsstudien im Vordergrund standen, wohingegen an den Dolmetscher-Instituten die Behandlung der Fremdsprache im Vergleich mit der Muttersprache im Rahmen von Übersetzungs- und Dolmetschübungen fokussiert wurde. (Vgl. 3.1.14).

These 13: Der Erste Weltkrieg markiert eine Zäsur im Entstehungsprozess der translatorischen Ausbildung. (Vgl. 3.1.3).

These 14: Der Ausgang des Zweiten Weltkriegs beendete die translatorische Ausbildung, die im kaufmännischen Bildungswesen entstanden war. Sie wurde aber konzeptionell an die entsprechenden politischen Umstände nach 1945 angepasst und nach dem Vorbild des Dolmetscher-Instituts der Universität Heidelberg weitergeführt, das auf dem Konzept des ersten Dolmetscher-Instituts weltweit an der Handelshochschule Mannheim basierte. (Vgl. 2.8, 3.1.5).

Thesengruppe 2: Institutionen- und Methodenbildung

These 15: Die Institutionalisierung der translatorischen Ausbildung in Deutschland schlug sich in ihrem Entstehungsprozess in folgenden Einrichtungen nieder (Gründungsdaten in Klammern): Seminar für Orientalische Sprachen an der Universität Berlin (1887), Internationale Sprach- und Wirtschaftskurse (1907), interne Dolmetscherausbildung im Auswärtigen Amt (1919), Dolmetscher-Institut an der Handelshochschule Mannheim (1930), Ausland-Hochschule an der Universität Berlin (1936), Dolmetscher-Institut an der Handelshochschule Leipzig (1937), unabhängiges Dolmetscher-Institut Germersheim (1947), Dolmetscher-Institut an der Universität Saarbrücken (1948), Dolmetscher-Institut an der Universität Leipzig (1957). (Vgl. 3.1.4, 3.1.7).

These 16: Internationale Einrichtungen im kaufmännischen Bildungswesen förderten die Entstehung der translatorischen Ausbildung. (Vgl. 3.1.5)

These 17: Die Sprachforschung an Handelshochschulen blieb aufgrund mangelnden finanziellen Engagements rückständig. (Vgl. 3.1.16).

These 18: Der steigende Sprachmittlungsbedarf nach dem Ersten Weltkrieg erforderte eine vom Staat gewünschte stringente Organisation der vielfältigen Sprachmittlungsaufgaben. Das Ergebnis war die Gründung eines Sprachendienstes im Auswärtigen Amt. (Vgl. 3.1.7).

These 19: Übersetzungsprozesse, als Grundlage der heutigen Sprachdienstleistungsbranche, wurden 1921 zum ersten Mal beschrieben. Urheber war der Leiter des Sprachendienstes im Auswärtigen Amt, Paul Gautier. (Vgl. 3.1.5).

These 20: Das Studium des Auslandes und damit auch die mögliche Einrichtung von Auslandsinstituten standen im Zentrum der Diskussion über die *Deutsche Auslandshochschule*. Die Dolmetscher-Institute erfüllten den Ruf der Öffentlichkeit nach der Einrichtung von Auslandsinstituten, die sich dem Studium des Auslandes widmen sollten. (Vgl. 2.2, 2.4.5, 3.1.12, 3.1.14).

These 21: Die Dolmetscher-Institute der Handelshochschulen in Mannheim und Leipzig waren diejenigen Orte, an denen Raum für wirtschaftssprachliche - und somit wissenschaftlich fundierte wirtschaftslinguistische – Forschungen, geboten wurde. Sie dienten der Erforschung der Fachsprache. Diese ist untrennbar mit der translatorischen Ausbildung in ihren Anfängen verbunden. (Vgl. 3.1.16).

These 22: Die Gründungen der Dolmetscher-Institute in der Nachkriegszeit standen nicht in der Tradition der skizzierten Entwicklungslinien A und B. Sie waren Neuschaffungen der französischen Besatzer nach dem Zweiten Weltkrieg, die sich curricular aber an die translatorische Ausbildung der Zwischenkriegszeit anlehnten. Auch das Dolmetscher-Institut der Universität Leipzig entwickelte sich nicht aus den Entwicklungslinien A und B. (Vgl. 2.7.4, 2.8, 3.1.5).

These 23: Die Vernachlässigung der translatorischen Ausbildung durch die zuständigen Behörden förderte die Entstehung von unseriösen Ausbildungsstätten. (Vgl. 3.1.16).

These 24: Die wissenschaftliche Behandlung der Gegenwartssprache wurde aufgrund von gewachsenen Strukturen und Konventionen in der Philologie als nicht forschungswürdig eingestuft. (Vgl. 3.1.20).

These 25: Die erste Methodenbildung in der translatorischen Ausbildung entwickelte sich am SOS. Sie wurde von Anton Palme 1914 beschrieben. (Vgl. 3.1.3, 3.1.15).

These 26: Bei der Entwicklung der nationenwissenschaftlichen Methode wurde Anton Palme vom fremdsprachlichen Unterricht im kaufmännischen Bildungswesen inspiriert, da dieser fachgebundene Sprachunterricht und das Sprachstudium am SOS gemeinsame Ziele und ähnliche methodische Ansätze aufwiesen. (Vgl. 3.1.3, 3.1.12, 3.1.15).

These 27: Die nationenwissenschaftliche Methode ist das immaterielle Ergebnis und das Bindeglied der Entwicklungslinien A und B und weist der Sprache eine Schlüsselfunktion zu. Sie birgt den Gedanken der Völkerverständigung in sich. (Vgl. 3.1.3, 3.1.4).

These 28: Das nationenwissenschaftliche Studium sollte das Verständnis für ein fremdes Volk in seiner Gesamtheit fördern und zu einem kulturellen Verständnis der Völker untereinander beitragen. (Vgl. 3.1.15).

These 29: Ein Grundsatz in der sprachlichen Ausbildung von Kaufleuten war die untrennbare Verbindung von Sprachunterricht und Sachunterricht, in dem wirtschaftsbezogenes fachliches Wissen über das Ausland vermittelt wurde. Beide bildeten so eine Einheit. Diesem Grundsatz entsprach die Realsprachmethode, bei der die jeweiligen Inhalte in der Fremdsprache vermittelt wurden. (Vgl. 3.1.16, 3.1.25).

These 30: Die wichtigste Erkenntnis der Lehrerfahrungen am SOS war, dass zur Förderung eines kulturellen Verständnisses die jeweilige Landesprache und der durch sie ausgedrückte Sprachinhalt als untrennbare Einheit erachtet werden müssen. (Vgl. 3.1.25).

These 31: Das Dilemma, den Ansprüchen verschiedener Zielgruppen in Wissenschaft und Praxis genügen zu müssen, trug dazu bei, dass die Wirtschaftslinguistik im Urteil von Zeitgenossen und auch von der Nachwelt anfechtbare methodische Schwachpunkte aufwies. Parallelen können zur nationenwissenschaftlichen Methode gezogen werden. (Vgl. 2.2, 3.1.15, 3.1.16).

Thesengruppe 3: Studium des Auslandes und Völkerverständigung

These 32: Das Auslandsstudium wohnte dem kaufmännischen Bildungswesen schon längst inne, als die Diskussion über das Studium des Auslandes in Deutschland Anfang des 20. Jahrhunderts in die Öffentlichkeit gelangte. (Vgl. 3.1.12).

These 33: Die Diskussion über die Gestaltung des Auslandsstudiums erlangte ab 1908 mit der Reform des diplomatischen und konsularischen Dienstes und vor allem ab 1912 mit dem 25-jährigen Jubiläum des SOS Aufmerksamkeit in der Öffentlichkeit. (Vgl. 3.1.4).

These 34: Das nationenwissenschaftliche Studium grenzte sich vom traditionellen philologischen Studium an Universitäten durch seine Schwerpunktsetzung ab, die sowohl auf der Erforschung der Gegenwartssprache als auch auf der Erforschung der Gegenwartsverhältnisse eines Landes lag. (Vgl. 3.1.15).

These 35: Im nationenwissenschaftlichen Studium standen das Studium der Sprache (als Grundlage) und das Studium der Landesverhältnisse (als Gegenstand) gleichwertig nebeneinander, um ein umfassendes kulturelles Verständnis für eine Nation zu erlangen. (Vgl. 3.1.15).

These 36: Das nationenwissenschaftliche Studium ermöglichte sowohl ein formales Sprachverständnis im Rahmen des Sprachstudiums als auch ein materielles Sprachverständnis im Rahmen des Studiums der Landesverhältnisse. (Vgl. 3.1.15).

These 37: Anton Palmes Ausführungen zum Studium des Auslandes im Rahmen der nationenwissenschaftlichen Methode bewogen das preußische Unterrichtsministerium 1917 dazu, Auslandsstudien auf allen Ebenen des Bildungswesens einzuführen. Allerdings wurde die von Palme beschriebene wissenschaftliche Auseinandersetzung mit dem Ausland vereinfacht auf die Allgemeinheit übertragen. (Vgl. 3.1.4, 3.1.14, 3.1.15).

These 38: Der Gedanke der Völkerverständigung wurde von Anton Palme 1915 formuliert und basiert auf der nationenwissenschaftlichen Methode, die sich wiederum an das Leitmotiv im kaufmännischen Bildungswesen anlehnt, das zur Förderung des Gemeinwohls der Mitgliedsländer der *Internationalen Gesellschaft* ungeachtet ihrer Nationalität beitragen sollte. (Vgl. 3.1.4, 3.1.5).

These 39: Der Gedanke der Völkerverständigung ist untrennbar mit der translatorischen Ausbildung verbunden. Er ist ihr Ausgangspunkt und ihr Ziel. (Vgl. 3.1.13).

These 40: Beim Studium des Auslandes fungierte Sprache als Mittel zum Zweck für die Erschließung kultureller (im kaufmännischen Bildungswesen vor allem wirtschaftlicher) Inhalte. (Vgl. 3.1.12).

These 41: Das nationenwissenschaftliche Studium, also die Kopplung von Sprachstudium an das Studium der Landesverhältnisse, war in Europa zwischen 1915 und 1925 auch in anderen Ländern ein Thema. (Vgl. 3.1.15).

These 42: Ewald E. J. Messing lehnte sich an Anton Palmes Konzept eines nationenwissenschaftlichen Studiums des Auslandes an, das völkerverständigende Zwecke verfolgte. Auch Messing betonte den friedenstiftenden Effekt eines wirtschaftslinguistischen Studiums. (Vgl. 3.1.16).

These 43: Das Studium des Auslandes barg eine komplexe Themenfülle in sich, die sich undefiniert in der translatorischen Ausbildung niederschlug. (Vgl. 3.1.14).

These 44: Bei der Behandlung des Studiums des Auslandes vollzog sich im Entstehungsprozess der translatorischen Ausbildung eine Entwicklung von einer Lösung für Experten (Spezialisierung) über eine Lösung für die Allgemeinheit (Generalisierung) hin zu einer Hybridlösung, die neben einer Lösung für die Allgemeinheit auch eine spezialisierte Teillösung für Experten bot. (Vgl. 3.1.11).

Thesengruppe 4: Fachgebundenes Sprachstudium an Handelshochschulen

These 45: Der fremdsprachliche Unterricht im kaufmännischen Bildungswesen ging von einem realistischen Bildungsansatz aus und stand somit entgegengesetzt zu den Leitlinien des neuhumanistischen Bildungsansatzes in der universitären Philologie. (Vgl. 3.1.2)

These 46: Aufgrund der methodischen Unvereinbarkeit von realistischem und neuhumanistischem Bildungsansatz wurden fachsprachliche Forschungen, etwa am SOS und im kaufmännischen Bildungswesen, von den etablierten Universitätsphilologen als nicht forschungswürdig eingestuft. (Vgl. 3.1.2).

These 47: Der Grundsatz, dass tote und lebende Sprachen unterschiedlicher Lehr- und Forschungsmethoden bedürfen, wurde in der Entstehungsphase der translatorischen Ausbildung von etablierten Universitätsphilologen nicht anerkannt. Dadurch wurde die Entwicklung der translatorischen Ausbildung gehindert. Trotzdem erhielt die (Fach-)Sprachenforschung an Handelshochschulen durch den Bedarfsdruck bis 1940 eine immer schärfere Kontur. (Vgl. 2.1, 3.1.3, 3.1.8, 3.1.16).

These 48: Die Problematik der Sprachforschung an Handelshochschulen lag auf zwei Ebenen: zum einen auf einer sprachlichen und zum anderen auf einer fachlichen. Als solche war sie Fachsprachenforschung. (Vgl. 3.1.16).

These 49: Die Berechtigung von Fachsprachen wurde Anfang des 20. Jahrhunderts von Alexander Snyckers aus der Annahme abgeleitet, dass Sprache formalen und inhaltlichen Aspekten unterliege. Anton Palme sprach in dieser Beziehung vom formalen und materiellen Sprachverständnis. (Vgl. 3.1.15, 3.1.16).

These 50: Das Studium des Sprachinhalts wurde 1914 von Anton Palme und 1916 von Ewald E. J. Messing als unabdingbar für das Verständnis einer Sprache erkannt. Damit verband sich auch die Forderung nach der Erstellung von Fachterminologien. (Vgl. 3.1.18).

These 51: Durch Entwicklungen im kaufmännischen Bildungswesen, die die Behandlung der Wirtschaftswissenschaften in den Vordergrund stellten, verlor der fremdsprachliche Unterricht im Curriculum immer mehr an Bedeutung. (Vgl. 3.1.16).

These 52: Die Problematik, dass der fremdsprachliche Unterricht auch in anderen Ländern einen geringen Stellenwert im kaufmännischen Bildungswesen genoss und nicht als Hochschulfach behandelt wurde, vereinte die internationalen Fachvertreter in ihrem Bestreben, ihr Fach auf Hochschulniveau zu heben. (Vgl. 3.1.16).

These 53: Das sprachwissenschaftliche Studium an Handelshochschulen diente zur Unterstützung der wirtschaftswissenschaftlichen und juristischen Fächer. Als Mittel zum Zweck wurde Sprache als Medium erachtet, um intendierte wirtschaftliche Zwecke zu erreichen. (Vgl. 3.1.16).

These 54: Der Begriff Wirtschaftslinguistik wurde 1924 von Ewald E. J. Messing eingeführt. (Vgl. 3.1.16).

These 55: Die Wirtschaftslinguistik war ein fragmentarischer Forschungsbereich, der sich durch unabhängig voneinander in Einzelinitiativen entstandenen Forschungsarbeiten auszeichnete. (Vgl. 3.1.16).

These 56: Die Hauptmerkmale der Wirtschaftslinguistik sind Interdisziplinarität und internationale Ausrichtung. Das Ineinandergreifen dieser Charakteristika ergibt die Komplexität der Wirtschaftslinguistik. (Vgl. 3.1.5, 3.1.16).

These 57: Die insgesamt drei Lehrstühle im wirtschaftssprachlichen Bereich an Handelshochschulen in Deutschland waren Ausnahmen und somit nicht ausreichend, um die Qualität des fremdsprachlichen Unterrichts im kaufmännischen Bildungswesen in Deutschland flächendeckend zu verbessern. (Vgl. 3.1.16).

These 58: Die nach 1945 zur Wirtschaftslinguistik erschienenen Forschungsbeiträge berücksichtigen nicht den geschichtlichen Kontext und die sich daraus ergebenden Rahmenbedingungen für dieses Forschungsfach. (Vgl. 3.1.16).

These 59: Die Vermittlung einer umfassenden Allgemeinbildung wurde im kaufmännischen Bildungswesen vorwiegend dem Fremdsprachenunterricht zugewiesen. Dieser Anspruch übertrug sich auf die translatorische Ausbildung. Bei den einzelnen DI-Gründungen beeinflussten (bildungs-)politische Ziele die Schwerpunktsetzung eines jeweils möglichst umfassenden Allgemeinbildungskonzepts. (Vgl. 3.1.19).

These 60: Im Fremdsprachenunterricht im kaufmännischen Bildungswesen und somit im Entstehungsprozess der translatorischen Ausbildung galt die Muttersprache nicht nur als Basis für das Verständnis einer Fremdsprache, sondern auch als wichtiger Referenzpunkt zu dieser. Der Vergleich zwischen Mutter- und Fremdsprache sollte zu eigenständigem Denken erziehen. (Vgl. 3.1.22).

These 61: Im Sprachstudium an Handelshochschulen, wie im gesamten Fremdsprachenunterricht im kaufmännischen Bildungswesen, wurden traditionell Presseerzeugnisse verwendet. Als Bindeglied zwischen Sprache und Sache gaben sie einen Einblick in die fremde Gegenwartssprache und die Gegenwartsverhältnisse des jeweiligen Landes, förderten das Verständnis für kulturelle Verhältnisse und trugen zur Allgemeinbildung bei. (Vgl. 3.1.21).

Thesengruppe 5: Curriculum

These 62: Das Curriculum der translatorischen Ausbildung wurde vom Bedarf der beiden Entwicklungslinien A und B geformt. (Vgl. 3.1.3, 3.1.8).

These 63: Erste Erfahrungen im Unterricht für angehende Dolmetscher und Übersetzer wurden am SOS in einem curricularen Zwei-Komponenten-Modell gesammelt. (Vgl. 3.1.5).

These 64: Das dreigliedrige Curriculum der Dolmetscher-Institute entwickelte sich aus dem zweigliedrigen Curriculum des Fremdsprachenunterrichts im kaufmännischen Bildungswesen, wobei die Komponenten Dolmetschen und Übersetzen, also Fremd- und Muttersprache im Vergleich, das Hauptgewicht im translatorischen Curriculum einnahmen. (Vgl. 3.1.5, 3.1.24, 3.1.25).

These 65: Die Curricula der Dolmetscher-Institute im Entstehungsprozess der translatorischen Ausbildung waren affin in ihrer dreigliedrigen Struktur und weitgehend auch inhaltlich. (Vgl. 3.1.4).

These 66: Die drei curricularen Komponenten in der translatorischen Ausbildung sollten zur Erreichung ihres Studienziels beitragen: das Verständnis für das fremde Kultur- und Geistesleben fördern. Sprache wurde dabei als Mittel zum Zweck erachtet. (Vgl. 3.1.24).

These 67: Interdisziplinäre Kompetenzen (Mutter- und Fremdsprache sowie eine vorangegangene wissenschaftliche Beschäftigung mit dem Fachgebiet Wirtschaft) waren die Grundvoraussetzung für die Aufnahme eines fachsprachlichen Studiums an den Dolmetscher-Instituten. (Vgl. 3.1.16).

These 68: Die translatorische Ausbildung war in ihren Anfängen eine Zusatzqualifikation und kein Vollzeitstudium. Als solche hatte sie einen minderen Stellenwert als der Abschluss in einem außersprachlichen Fachgebiet, der für die Absolvierung der translatorischen Ausbildung vorausgesetzt wurde. (Vgl. 3.1.5, 3.1.9).

These 69: Nach 1945 entwickelte sich die translatorische Ausbildung zu einem Vollzeitstudium. (Vgl. 3.1.26).

These 70: Ausgehend von ihrem Entstehungsprozess bis in unsere Zeit hinein hat die translatorische Ausbildung eine Verlagerung ihrer Gewichtung als Studienfach durch ihre Entwicklung von einem Ergänzungsstudium zu einem Hauptfachstudium erfahren. (Vgl. 3.1.26).

These 71: Die ursprüngliche Konzeption der translatorischen Ausbildung sah vor, dass die Sachgebiete (oder Ergänzungsfächer) eng verzahnt zum Sprachunterricht (Dolmetschen und Übersetzen) in der Fremdsprache und bezogen auf die entsprechenden ausländischen Verhältnisse vermittelt werden. (Vgl. 3.1.26).

These 72: Die translatorische Ausbildung entwickelte sich parallel zum Berufsprofil von Dolmetschern und Übersetzern. (Vgl. 3.1.5).

These 73: Die Tätigkeitsprofile von Dolmetschern und Übersetzern, die vor dem Zweiten Weltkrieg entstanden, existierten bereits vor der Entstehung eines hochschulischen translatorischen Ausbildungsprofils. Die Entstehung der translatorischen Ausbildung folgte somit zeitverzögert auf einen bestimmten vorhandenen Bedarf. Sie stand Personen mit Vorbildung in verschiedenen Fachbereichen offen. (Vgl. 3.1.6).

Thesengruppe 6: Berufsprofil

These 74: Der Bedarf formte das Berufsprofil von Dolmetschern und Übersetzern. (Vgl. 3.1.8).

These 75: Der Aufgabenbereich von Dragomanen (Berufsprofiltypus 1), auch Dolmetscher genannt, umfasste nicht reine Sprachmittlungsaufgaben, denn sprachliche Kompetenzen wurden als Ergänzung zu ihren juristischen Kernkompetenzen eingestuft. (Vgl. 3.1.6).

These 76: Erst im Zuge einer zunehmenden Professionalisierung der Sprachmittlungstätigkeiten wurde eine Unterscheidung nach schriftlicher und mündlicher Ausprägung eingeführt. (Vgl. 3.1.7).

These 77: Die translatorische Ausbildung nach dem Ersten Weltkrieg entstand ohne die Existenz eines konkreten Berufsprofils. Der Trend zur Spezialisierung in der Berufswelt hatte ein fachsprachliches Aufgabengebiet mit einer undefinierten zuständigen Berufsgruppe hervorgebracht. (Vgl. 3.1.5).

These 78: Vor dem Hintergrund des neuartigen Konferenzsystems des Völkerbundes zwang das damit einhergehende zunehmende Dolmetsch- und Übersetzungsvolumen nach dem Ersten Weltkrieg dazu, Arbeitsabläufe zur Erbringung von Sprachdienstleistungen zu verbessern, um somit auch zu ihrer Qualitätssteigerung beizutragen. (Vgl. 3.1.5).

These: 79: Die Gründung und Organisation eines Sprachendienstes im Auswärtigen Amt Anfang der 1920er Jahre trug zur ersten Profilbildung eines entstehenden Berufsbildes bei. Es bildet die Grundlage des heutigen Dolmetscher- und Übersetzerberufs. (Vgl. 3.1.3, 3.1.6, 3.1.7).

These 80: Dolmetschen und Übersetzen wurden im Entstehungsprozess der translatorischen Ausbildung trotz des hohen Bedarfs meist als Nebentätigkeit ausgeübt. Sie erlangten daher nicht den Status einer beruflichen Tätigkeit. (Vgl. 3.1.3).

These 81: Erste Ansätze zur Professionalisierung der Dolmetsch- und Übersetzungstätigkeit zeigen sich bei der Entwicklung der Prüfungsordnungen am Dolmetscher-Institut der Handelshochschule Mannheim in den ersten Jahren seiner Existenz Anfang der 1930er Jahre. (Vgl. 3.1.5).

These 82: Zwischen 1887 und 1945 gab es zwei aufeinanderfolgende Berufsprofiltypen von Dolmetschern und Übersetzern. Das Ende des Ersten Weltkriegs markiert den Wechsel von Berufsprofiltypus 1 zu Berufsprofiltypus 2. (Vgl. 3.1.6).

These 83: Wirtschaftsdolmetscher (Berufsprofiltypus 2) hatten kein bestimmtes Berufsziel und kein klar umrissenes Aufgabengebiet wie Dragomane. (Vgl. 3.1.6).

These 84: Berufsprofiltypus 3 (Dolmetscher und Übersetzer) zeigt eine Unterscheidung in mündliche und schriftliche Sprachmittlungstätigkeiten und eine weniger außersprachliche Ausrichtung als die vorherigen Berufsprofiltypen. (Vgl. 3.1.6).

These 85: Bis 1945 übertraf die Gruppe der Dolmetscher und Übersetzer ohne einschlägige Ausbildung deutlich die Gruppe der Dolmetscher und Übersetzer mit einschlägiger Ausbildung. (Vgl. 3.1.7).

These 86: Der entstehende Sprachdienstleistungsmarkt in den 1920er Jahren wurde vom Staat, besonders vom Auswärtigen Amt, mitgeprägt. Im Entstehungsprozess der translatorischen Ausbildung gab es allerdings keine Marktregulierung, was zu einer unkoordinierten Situation am Sprachdienstleistungsmarkt führte. (Vgl. 3.1.7).

These 87: Die Banalisierung des Auslandsstudiums durch das preußische Unterrichtsministerium trug dazu bei, dass das Image des entstehenden Berufsbildes von Dolmetschern und Übersetzern nachhaltig geschädigt wurde. (Vgl. 3.1.11).

The further backward you look,
the further foreward you can see.

Winston Churchill

3.3 Fachgeschichte mit Zukunft? – Ein Ausblick

Ohne Ausgangspunkt keine Orientierung – aus diesem Grund gehört es in den »großen« Wissenschaftsfächern wohl zum guten Ton, sich Lehrstühle für die Erforschung ihrer Fachgeschichte zu leisten. Recherchiert man im Internet etwa nach Universitätsinstituten zur Erforschung von Medizin-, Rechts-, Architektur- oder Technikgeschichte offenbaren sich viele Treffer an Forschungsstandorten im In- und Ausland. Auch Lehrstühle im Fach Betriebswirtschaftslehre zur Wirtschaftsgeschichte, aus der sich die Translatologie herausentwickelt hat – was heute aber keiner mehr weiß –, sind in Deutschland zuhauf zu finden.

Die vorliegende Arbeit zeigt, dass die mangelnde Erforschung der Fachgeschichte der Translatologie nicht daran liegen kann, dass es sie etwa nicht gibt. Keineswegs. Vielmehr liegt es in der Natur der Sache, dass dieses Wissenschaftsfach als solches lange Zeit nicht anerkannt und daher auch nicht von Anfang an als ein solches organisiert wurde. Die nach dem Zweiten Weltkrieg bis in unsere Zeit fortgeführte translatorische Ausbildung knüpft an die translatorische Ausbildung der Vorkriegszeit zwar an – wenn auch mit einem Bruch –, dennoch steht sie heute ohne Verbindung zu ihr.

Vermutlich wird auch so mancher im Fach ein Problem mit der Herkunft desselben haben. Aber wer kann sich seine Vorfahren oder seine Vorgeschichte schon aussuchen? Von Größe zeugt es, Vergangenheit versuchen zu verstehen, zu ihr zu stehen und mit ihr bewusst in die Zukunft zu gehen, im vorliegenden Fall auf einem wissenschaftlichen Fundament. Dies ist wichtig, um auch die Gegenwart der Translatologie richtig verstehen zu können, denn ihre Vergangenheit haftet ihr unlösbar an, wie die Ergebnisse der vorliegenden Arbeit deutlich vor Augen führen.

Zum immer tieferen Verständnis der Translatologie und auch zur zunehmenden Profilierung des in der vorliegenden Arbeit herausgearbeiteten Bildes gilt es, fachgeschichtlich weiterzuforschen. Die vorliegende Arbeit liefert dafür eine Grundlage und wirft weitere Fragestellungen auf. Diese können weiter zurück in die Vergangenheit führen und mögliche Zusammenhänge zur Entstehung der translatorischen Ausbildung berühren, etwa in politischer, wirtschaftlicher und philologischer Hinsicht. Letztere könnte auch die Gratwanderung der interdisziplinären Translatologie zwischen Philologie und angrenzendem Fachbereich, etwa Wirtschaft, Recht, oder Technik, berühren. Die fachgeschichtlichen Forschungen sollten aber auch in die nähere Vergangenheit führen und Entwicklungen im Fach nach 1950 aufzeigen, um so eine ganzheitliche Fachgeschichte, die das Ineinandergreifen der Ereignisse im Zeitkontinuum widerspiegelt, zu schaffen. Es wird ein langer Weg sein.

Es fehlen in der Translatologie relevante Schriftenverzeichnisse, die eine umfassende Übersicht über wissenschaftliche Arbeiten bieten. Eine Bestandsaufnahme wäre also notwendig, um dann in systematischen Forschungen Antworten etwa auf Forschungsrichtungen oder zur Gestaltung der translatorischen Ausbildung zu erhalten. Im Fokus auf bestimmte Problematiken, seien sie etwa methodischer, curricularer oder didaktischer Art, könnte so ergebnisorientiert geforscht werden. Dazu gehören auch Forschungen zur Entstehungsgeschichte von Wörterbüchern etwa von einer methodologischen Problematik ausgehend.

Die Komplettierung einer Fachgeschichte erfordert dringend auch die wissenschaftliche Beschäftigung mit dem Werk von Personen, die Verantwortung in der Translatologie übernahmen. Bezogen auf den in der vorliegenden Arbeit behandelten Zeitraum sind dies in erster Linie die Gründer der beiden Dolmetscher-Institute, Charles Glauser und Alexander Snyckers, sowie Anton Palme, der Gründer der Ausland-Hochschule, und Ewald E. J. Messing, der Begründer der Wirtschaftslinguistik, die zur ersten Methodenbildung in der translatorischen Ausbildung beitrugen. Auch hier wäre die Erstellung von Werkverzeichnissen ein Desiderat und die gründliche Erforschung ihrer Arbeiten, die in Beziehung zur jeweiligen Biographie gesetzt werden könnten.

Einem seriösen Wissenschaftsfach sollte es überdies ein grundlegendes Anliegen sein, eine Biographiensammlung von Personen zu erstellen, die hervorragende Beiträge zur Translatologie geleistet haben. Seit 1887, dem Gründungsdatum des *Seminars für Orientalische Sprachen*, bis zur Gegenwart sind fast 140 Jahre vergangen. Zählt man die Personen, die im Laufe dieser Zeit an verschiedenen Standorten wissenschaftliche Beiträge zur Translatologie geleistet haben, so würde ein beachtliches Nachschlagewerk herauskommen, in dem Leben und Werk jeweils skizziert werden könnten. Ein kostbarer Informationsfundus könnte so geschaffen werden, der nicht nur Anregungen für Forschungen gibt, sondern der Translatologie auch ein Gesicht.

Bei der Vielfalt der historischen Forschungsthemen darf die Institutionengeschichte nicht fehlen, denn sie vereint politische, wirtschaftliche, infrastrukturelle, fachbezogene und personelle Aspekte und bietet somit einen fast unerschöpflichen Fundus an Forschungsthemen. An diesem Punkt sollte auch die Möglichkeit in Betracht gezogen werden, translatologische Forschungen international auszurichten und etwa Entwicklungen im Fach in anderen Ländern zu berücksichtigen, um Berührungspunkte auszumachen und Vergleiche anstellen zu können. Besonders interessant, auch als Grundlage solcher internationalen Institutionenforschungen, wären translatologische Untersuchungen zu den Seminarien für Orientalische Sprachen in Wien und Paris. Gemeinsamkeiten, Unterschiede und gegenseitige Einflüsse könnten so eruiert werden und den Vorläufer der translatorischen Ausbildung sowie die Sprachmittlung jener Zeit in Deutschland in einen größeren Zusammenhang setzen.

Zur Erforschung der Institutionengeschichte und auch zur Bedarfsseite, die von der Translatologie auch heute wie im Entstehungsprozess nicht vernachlässigt werden darf, gehört auch die Erforschung der Geschichte bedeutender Sprachendienste, wie etwa die des Auswärtigen Amts oder der Sprachendienste in den verschiedenen Organen der Europäischen Union, und etwa ihr Einfluss auf Forschung und Ausbildung in ihrer kontinuierlichen Entwicklung. Wechselwirkungen zwischen Praxis, Lehre und Forschung, deren Verbindung in der Disziplin traditionell untrennbar sind, könnten so im Lauf der Geschichte aufgezeigt werden. Auch Sprachendienste in großen Firmen würden dazu gehören, diejenigen, die noch vorhanden sind sowie diejenigen, die aufgelöst wurden, in Archivdokumenten aber noch sichtbar sind.

Die historischen Unterlagen haben gezeigt, dass sich im Fach Translatologie Praxis, Lehre und Forschung eng verzahnt entwickelt haben. Ein wichtiges Thema in der historischen Literatur war die hochschulische Weiterbildungsmöglichkeit für Praktiker. Dieses Thema scheint im Laufe der Zeit in der Lehre abhandengekommen zu sein, da es immer mehr auf die Berufsverbände übertragen wurde. Eine wissenschaftlich fundierte Weiterbildung, etwa in einem weiteren »Sachfach«, gehört aber sicherlich an eine Ausbildungsstätte. Gedanken zu möglichen Studienprogrammen könnten im Rahmen der obengenannten Forschungsrichtungen angestellt werden und Erfahrungen aus der Praxis befruchtend in die Lehre integriert werden.

Die Translatologie ist ein Traditionsfach, auch wenn dies auf den ersten Blick nicht zu erkennen ist. Vielleicht ist gerade ihre Fachgeschichte ein Themenkomplex, der in der translatologischen Forschungsgemeinschaft als gemeinsame Forschungsaufgabe wahrgenommen wird und Synergieeffekte freisetzen kann – durch abgestimmte Forschungsschwerpunkte nach inhaltlicher Relevanz je nach Forschungsstandort. Dies könnte eine Möglichkeit sein, die Stärke der Disziplin auszubauen und ihren Zusammenhalt zu fördern. Gemeinsame Anstrengungen in diese Richtung – bestenfalls an Ausbildungsstätten im In- und Ausland – würden, wie die Entstehung der translatorischen Ausbildung zeigt, dem ihr innewohnenden völkerverständigenden Willen entsprechen und anregen, voneinander zu lernen, was wiederum der Identität des Fachbereichs sowie der Fachgemeinschaft guttun würde.

Der Blick muss, die Vergangenheit vor Augen, nach vorne gerichtet werden! Letztendlich ist es die Liebe zur Sprache, die uns als Philologen im Fach Translatologie eint. Wir sind es, die unser Fach gestalten dürfen und die Geschichte unseres Fachs, die im kulturellen Gedächtnis ihre Berechtigung hat, in dieses Gestalten einbeziehen können. Wenn wir dies für die Zukunft nicht beherzigen, haben wir nichts begriffen.

4 Verzeichnisse

4.1 Literaturangaben

4.1.1 Printmedien

Zeitungsartikel, die archivalischen Quellen entnommen wurden, sind in den Fußnoten als solche gekennzeichnet und werden im Literaturverzeichnis nicht gesondert aufgeführt. Eine Seitenangabe der im Literaturverzeichnis aufgeführten Zeitungsartikel erfolgt, sofern diese im Original vorhanden sind. Die Quellen aus SHW und *De Handelscorrespondent*, die zur Studie der Fachzeitschrift *De Spiegel van Handel en Wandel* in 2.5.6.1.4 angestellt wurden, werden im Literaturverzeichnis nicht gesondert aufgeführt.

Bei den mit N. N. gekennzeichneten Beiträgen handelt es sich um Zeitschriftenbeiträge ohne Autorenangabe oder um Beiträge der jeweiligen Zeitschriftenredaktion.

ABF II = *Archives biographiques françaises II* (1997). Mikroficheausgabe.

Amelung, Peter (1979): *Der Frühdruck im deutschen Südwesten 1473–1500. Eine Ausstellung der württembergischen Landesbibliothek Stuttgart.* Stuttgart/Bad Cannstatt: Dr. Cantz'sche Druckerei.

Andreae, Wilhelm (1909a): »Der dritte Internationale Wirtschaftskursus in Le Havre 1909.« *Zeitschrift für das gesamte kaufmännische Unterrichtswesen* 8, 226–229.

Andreae, Wilhelm (1909b): »Der dritte Internationale Wirtschaftskursus in Le Havre 1909.« *Zeitschrift für das gesamte kaufmännische Unterrichtswesen* 9, 268–271.

Apt, Max (1907): *Zur Handelshochschul-Bewegung in Deutschland. Vortrag gehalten im Stockholmer Handelshochschulverein am 19. März 1907.* Berlin: Carl Heymann.

Apt, Max (1913): »Brauchen wir eine neue Auslandshochschule?« *Berliner Tageblatt* (Morgen-Ausgabe), 09.12.1913. Titelseite.

Apt, Max (1914): »Handelshochschule oder Auslandshochschule?« *Deutsche Wirtschafts-Zeitung* 8, 325–333.

Apt, Max (1916): »Zur Frage der Auslandshochschule.« *Deutsche Wirtschafts-Zeitung* 5, 123–135.

Arndt, Paul (1903): *Das Studium auf der Handelshochschule. Vortrag gehalten am 21.01.1903 in der Volkswirtschaftlichen Gesellschaft in Berlin.* Berlin: Leonhard Simion.

BAB II = *Biografisch Archief van de Benelux II* (2001). München: Saur. Mikroficheausgabe.

Becker, C. H. (1919): *Kulturpolitische Aufgaben des Reichs.* Leipzig: Quelle und Meyer.

Bemmann, Klaus (2007): *Deutsche Nationaldenkmäler und Symbole im Wandel der Zeiten.* Göttingen: MatrixMedia.

Bemmerlein, Georg; Göbel, Walter (2012): *Abiturwissen. Geschichte 19. Jahrhundert bis 1933.* Stuttgart: Klett.

Bernstein, Eckhard (1978): *Die Literatur des deutschen Frühhumanismus.* Stuttgart. Metzler.

BIKkB = Bureau des Internationalen Kongreßes für kaufmännisches Bildungswesen (1911) (Hrsg.): *Bericht über den Neunten Internationalen Kongreß für kaufmännisches Bildungswesen in Wien 1910.* Wien: Manz'sche k. u. k. Hof-, Verlags- und Universitätsbuchhandlung.

Bleek, Wilhelm (2019). *Vormärz. Deutschlands Aufbruch in die Moderne. 1815–1848.* München: C.H. Beck.

Bloedau, Franz von (1911a): »Fünfter internationaler Wirtschaftskurs in London (I).« *Zeitschrift für das gesamte kaufmännische Unterrichtswesen* 8, 219–224.

Bloedau, Franz von (1911b): »Fünfter internationaler Wirtschaftskurs in London (II).« *Zeitschrift für das gesamte kaufmännische Unterrichtswesen* 9, 233–239.

Bloedau, Franz von (1912): »Fünfter internationaler Wirtschaftskurs in London (III).« *Zeitschrift für das gesamte kaufmännische Unterrichtswesen* 10, 278–289.

Blum, Theodor (1910a): »IV. Internationaler Wirtschaftskursus in Wien (I).« *Zeitschrift für das gesamte kaufmännische Unterrichtswesen* 7, 193–201.

Blum, Theodor (1910b): »IV. Internationaler Wirtschaftskursus in Wien (II).« *Zeitschrift für das gesamte kaufmännische Unterrichtswesen* 8, 225–232.

Blum, Theodor (1921): »Anmerkung der Schriftleitung.« Messing, Ewald E. J. (1932): 81–85.

Bollmus, Reinhard (1973): *Handelshochschule und Nationalsozialismus.* Meisenheim am Glan: Hain.

Bowen, Margareta (1999): »Geschichte des Dolmetschens.« Snell-Hornby, Mary; Hönig, Hans G.; Kußmaul, Paul; Schmitt, Peter A. (1999) (Hrsg.): *Handbuch Translation.* Schriften des BDÜ, Bd. 2. Tübingen: Stauffenburg, 43–46.

BRO = *Brockhaus Enzyklopädie in 30 Bänden* (2006). Leipzig und Mannheim: F. A. Brockhaus.

Bruns, Martin (1993): *Zur schul- und bildungsgeschichtlichen Bedeutung der Realien und der Realienkunde. Eine rezensions- und wirkungsgeschichtliche Untersuchung historischer Beispiele des 18. und 19. Jahrhunderts.* Frankfurt am Main: Peter Lang.

Bücher, Karl (1914): »Die Handelshochschulbewegung in Deutschland (I). Vortrag gehalten auf dem Kongreß für das kaufmännische Bildungswesen in Leipzig am 02.07.1914.« *Zeitschrift für das gesamte kaufmännische Unterrichtswesen* 9, 185–194.

Bücher, Karl (1915): »Die Handelshochschulbewegung in Deutschland (II). Vortrag gehalten auf dem Kongreß für das kaufmännische Bildungswesen in Leipzig am 02.07.1914.« *Zeitschrift für das gesamte kaufmännische Unterrichtswesen* 10, 206–210.

Bungarten, Theo (1997) (Hrsg.): *Aspekte der Unternehmenskultur und Unternehmensidentität in der historischen Wirtschaftslinguistik.* Tostedt: Attikon.

Büsch, Johann Georg (1794): *Ueber den Gang meines Geistes und meiner Tähtigkeit.* Hamburg: Hoffmann.

Cáceres-Würsing, Ingrid (2014): »Im Niemandsland: Dragomane und ›jóvenes de lenguas‹ in der spanischen Botschaft von Konstantinopel.« *Lebende Sprachen* 59, 343–357.

Čada, J. (1935): »Formation, dans les écoles des hautes études commerciales, des philologues modernes candidats au professorat dans les écoles de commerce.« IGFkB (1935) (Hrsg.): *Internationaler Kongress für kaufmännisches Bildungswesen, Prag, 01.–06. September 1935.* Prag: Otokar Janáček, 442–447. Kongressakten.

Christmann, Hans Helmut (1985): »Romanistik und Anglistik an der deutschen Universität im 19. Jahrhundert. Ihre Herausbildung als Fächer und ihr Verhältnis zu Germanistik und klassischer Philologie.« Akademie der Wissenschaften und der Literatur, Mainz (1985) (Hrsg.): *Abhandlungen der Geistes- und Sozialwissenschaftlichen Klasse.* Stuttgart: Steiner-Verlag-Wiesbaden-GmbH, 5–40.

Collings, Harry (1932): »Das Interesse der Handelsstudenten an den internationalen Angelegenheiten.« IGFkB (1932) (Hrsg.): *Internationaler Kongress für kaufmännisches Bildungswesen, London, 25.–29. Juli 1932.* London: Pitmans and Sons, 6–7. Kongressakten.

DBA = *Deutsches Biographisches Archiv (Neue Folge)* (1989–1993). München: Saur. Mikrofiche-Edition.

DBE = Killy, Walther; Vierhaus, Rudolf (1996) (Hrsg.): *Deutsche Biographische Enzyklopädie.* München: Saur. Bd. 3.

DBE = Killy, Walther; Vierhaus, Rudolf (1997) (Hrsg.): *Deutsche Biographische Enzyklopädie.* München: Saur. Bd. 6.

DBE = Killy, Walther; Vierhaus, Rudolf (1998) (Hrsg.): *Deutsche Biographische Enzyklopädie.* München: Saur. Bd. 7.

DBE = Killy, Walther; Vierhaus, Rudolf (1999) (Hrsg.): *Deutsche Biographische Enzyklopädie.* München: Saur.

De Saussure, Ferdinand (1916) (1967): *Grundfragen der allgemeinen Sprachwissenschaft.* Berlin: De Gruyter. Nachdruck.

Defrance, Corine (1994): *La politique culturelle de la France sur la rive gauche du Rhin. 1945–1955.* Strasbourg: Presses Universitaires. Dissertation.

Degener, Herrmann (1922) (Hrsg.): *Degeners Wer ist's?* Leipzig: Degener.

Degener, Herrmann (1935) (Hrsg.): *Degeners Wer ist's?* Berlin: Degener.

Delbrück, o.A. (1907): »Verfügung, betreffend fremdsprachlichen Unterricht an kaufmännischen Fortbildungsschulen in Preußen.« *Zeitschrift für das gesamte kaufmännische Unterrichtswesen* 10, 299–300.

Dietze, Hugo (1926): »Fremdsprachliches.« *Deutsche Handelsschul-Warte* 23, 44–46.

Dietze, Hugo (1927): *Methodik des fremdsprachlichen Unterrichts an Handelsschulen.* Leipzig, Glöckner.

Dietze, Hugo (1928a): »Fremde Sprachen.« *Deutsche Handelsschul-Warte (Literarische Beilage)* 13, 33–36.

Dietze, Hugo (1928b): »Fremdsprachlicher Unterricht und Handels-Hochschule.« *Deutsche Handelsschul-Warte* 17, 193–201.

Dietze, Hugo (1929): »Fremde Sprachen.« *Deutsche Handelsschul-Warte (Literarische Beilage)* 16, 45–48.

Dietze, Hugo (1930): »Zum Artikel ›Wirtschaftsphilologie?‹ in der Zeitschrift ›Die höhere Schule im Freistaat Sachsen‹.« *Deutsche Handelsschul-Warte* 23, 369–374.

Dorfey, Beate (2005): »Krieg und Frieden 1944–1946. Überblick über die Ereignisse an Rhein und Mosel vor 60 Jahren.« Borck, Heinz-Günther et al. (2005) (Hrsg.): *Vor 60 Jahren. Krieg und Frieden an Rhein und Mosel 1944–1946. Ausstellungskatalog.* Koblenz: Verlag der Landesarchivverwaltung Rheinland-Pfalz, 21–34.

Dotterweich, Volker (1979): »Die ›Entnazifizierung‹.« Becker, Josef et al. (1979) (Hrsg.): *Vorgeschichte der Bundesrepublik Deutschland. Zwischen Kapitulation und Grundgesetz.* München: Fink, 123–161.

Drozd, Lubomir/Seibicke, Wilfried (1978): *Deutsche Fach- und Wissenschaftssprache. Bestandsaufnahme – Theorie – Geschichte.* Wiesbaden: Brandstetter.

Dunker, o. A. (1902): »Welche Methode erweist sich für den fremdsprachlichen Unterricht an den kaufmännischen Unterrichtsanstalten als die zweckmässigste?« DVkU (1902) (Hrsg.): *Stenographischer Bericht des IV. Kongresses des Deutschen Verbandes für das kaufmännische Unterrichtswesen in Mannheim vom 4. bis 7. September 1902.* Leipzig: Teubner, 75–83.

DVkB = Deutscher Verband für das kaufmännische Bildungswesen (1916) (Hrsg.): *Ausschußsitzung des Deutschen Verbandes für das Kaufmännische Bildungswesen in Eisenach vom 02.–03.06.1916.* Leipzig: Teubner.

DVkB = Deutscher Verband für das kaufmännische Bildungswesen (1918) (Hrsg.): *Ausschußsitzung des Deutschen Verbandes für das Kaufmännische Bildungswesen in Eisenach vom 10.–11.05.1918.* Leipzig: Teubner.

DVkU = Deutscher Verband für das kaufmännische Unterrichtswesen (1898) (Hrsg.): *Handelshochschulen III. Verhandlungen, Gutachten und Lehrprogramme.* Braunschweig: Albert Limbach.

Ebling, o. A. (1904): »Bedingungen für die Aufnahme des fremdsprachlichen Unterrichts in der obligatorischen Fortbildungsschule bei mehr als sechs Pflichtstunden.« DVkU (1904) (Hrsg.): *Bericht über die Ausschuss-Beratungen des Deutschen Verbandes für das Kaufmännische Unterrichtswesen in Kiel vom 1. bis 3. September 1904.* Leipzig: Teubner, 20–26.

Eichner, L. (1898a): »Wie erwirbt sich der junge Kaufmann am sichersten die für ihn nothwendigen Kenntnisse in den fremden Sprachen? (I).« *Zeitschrift für das gesammte kaufmännische Unterrichtswesen* 3, 106–109.

Eichner, L. (1898b): »Wie erwirbt sich der junge Kaufmann am sichersten die für ihn nothwendigen Kenntnisse in den fremden Sprachen? (II).« *Zeitschrift für das gesammte kaufmännische Unterrichtswesen* 4, 135–138.

Eichner, L. (1898c): »Wie erwirbt sich der junge Kaufmann am sichersten die für ihn nothwendigen Kenntnisse in den fremden Sprachen? (III).« *Zeitschrift für das gesammte kaufmännische Unterrichtswesen* 5, 170–173.

Eltzbacher, Paul (1914a): »Auslandsinstitute an den Handelshochschulen.« *Kölnische Zeitung*, 08.02.1914.

Eltzbacher, Paul (1914b): *Die deutsche Auslandshochschule. Ein Organisationsplan.* Berlin: Georg Reimer.

Fassnacht, Wolfgang (2000): *Universitäten am Wendepunkt? Die Hochschulpolitik in der französischen Besatzungszone (1945–1949).* Freiburg/München: Alber. Dissertation.

Fiedler, Wolfram (1998): »Zur Geschichte der Handelshochschule Leipzig.« Handelshochschule Leipzig (1998) (Hrsg.): *Zur Entwicklung der Betriebswirtschafts-*

lehre in Deutschland – 100 Jahre Handelshochschule Leipzig (Festschrift). Leipzig: Eigenverlag, 53–84.

Fleischmann, Eberhard; Lutz, Anke (2009): »Angewandte Linguistik und Translatologie.« Von Hehl, Ulrich; John, Uwe; Rudersdorf, Manfred: *Geschichte der Universität Leipzig 1409–2009. Fakultäten, Institute, Zentrale Einrichtungen.* Leipzig: Leipziger Universitätsverlag. Bd. 4, 618–631.

Franke, Otto (1924): *Das Seminar für Orientalische Sprachen in Berlin und seine geplante Umformung.* Leipzig: Quelle und Meyer.

Franz, W. (1927): »Rezension zu Hugo Dietzes Werk ›Methodik des fremdsprachlichen Unterrichts an Handelsschulen‹.« *Deutsche Handelsschul-Warte (Literarische Beilage)* 17, 43–44.

Friedemann, Friedrich Traugott (1847): »Der modernen Philologie wird fortdauernde Rücksicht auf die antike (sic!) empfohlen.« *Archiv für das Studium der neueren Sprachen und Literaturen* 2, 255–274.

Frijters, Rudolf (1913): »Der fremdsprachliche Unterricht an der Handelshochschule.« IGFkU (1913) (Hrsg.): *Mitteilungen des X. Internationalen Kongresses für kaufmännisches Bildungswesen vom 31. August bis 5. September 1913 in Budapest.* Ohne Angabe von Verlag und Verlagsort. Bd. 1, 134–149. Kongressakten.

Gaedicke, Herbert (1925): »Besuch und Besucher der Handels-Hochschulen.« *Deutsche Akademische Rundschau* 6, 3–6.

Geisthövel, Alexa (2008): *Restauration und Vormärz 1815–1847. Seminarbuch Geschichte.* Paderborn: Schöningh (UTB).

Glauser, Charles (1893): *Benj. Constant's ›Adolphe‹ und seine Bedeutung für den französischen Roman.* Berlin: Gronau. Dissertation.

Glauser, Charles (1901a): »Der Sprachunterricht an Handelshochschulen (I).« *Zeitschrift für das gesammte kaufmännische Unterrichtswesen* 10, 264–267.

Glauser, Charles (1901b): »Der Sprachunterricht an Handelshochschulen (II).« *Zeitschrift für das gesammte kaufmännische Unterrichtswesen* 11, 294–297.

Glauser, Charles (1903a): »Die allgemeine und die Fachbildung des Kaufmanns (I).« *Zeitschrift für das gesammte kaufmännische Unterrichtswesen* 10, 266–268.

Glauser, Charles (1903b): »Die allgemeine und die Fachbildung des Kaufmanns (II).« *Zeitschrift für das gesammte kaufmännische Unterrichtswesen* 11, 291–296.

Glauser, Charles (1905a): »Die Weiterbildung in den modernen Sprachen nach Absolvierung einer Realschule und einer höheren Handelslehranstalt (I).« *Zeitschrift für das gesamte kaufmännische Unterrichtswesen* 11, 274–279.

Glauser, Charles (1905b): »Die Weiterbildung in den modernen Sprachen nach Absolvierung einer Realschule und einer höheren Handelslehranstalt (II).« *Zeitschrift für das gesamte kaufmännische Unterrichtswesen* 12, 307–310.

Glauser, Charles (1905c): »Die Weiterbildung in den modernen Sprachen nach Absolvierung einer Realschule und einer höheren Handelslehranstalt (III).« *Zeitschrift für das gesamte kaufmännische Unterrichtswesen* 1, 14–19.

Glauser, Charles (1907a): »Internationaler Kongreß für kaufmännisches Unterrichtswesen« *Zeitschrift für das gesamte kaufmännische Unterrichtswesen* 11, 326–331.

Glauser, Charles (1907b): »Seminar der modernen Sprachen an Handelshochschulen.« *Deutsche Wirtschafts-Zeitung (Beilage Handels-Hochschul-Nachrichten)* 4, 49–55.

Glauser, Charles (1908a): »Welche Zwecke soll die Lektüre in den modernen Sprachen bei den Handelsschulen verfolgen? (I).« *Zeitschrift für das gesamte kaufmännische Unterrichtswesen* 7, 234–241.

Glauser, Charles (1908b): »Welche Zwecke soll die Lektüre in den modernen Sprachen bei den Handelsschulen verfolgen? (II).« *Zeitschrift für das gesamte kaufmännische Unterrichtswesen* 8, 276–280.

Glauser, Charles (1908c): »Welche Zwecke soll die Lektüre in den modernen Sprachen bei den Handelsschulen verfolgen? (III).« *Zeitschrift für das gesamte kaufmännische Unterrichtswesen* 9, 305–311.

Glauser, Charles (1908d): »L' étude des langues vivantes à tous les degrés de l'enseignement commercial (élémentaire, moyen, supérieur).« IGFkU (1908) (Hrsg.): *La Suisse économique.* Lausanne: Payot, 281–350.

Glauser, Charles (1908e): »Der zweite internationale Wirtschaftskurs in Mannheim« *Zeitschrift für das gesamte kaufmännische Unterrichtswesen* 7, 224–228.

Glauser, Charles (1909): »Welche Zwecke soll die Lektüre in den modernen Sprachen bei den Handelsschulen verfolgen? Erwiderung auf die Bemerkungen von Herrn Oberlehrer Dr. Weyel (Krefeld).« *Zeitschrift für das gesamte kaufmännische Unterrichtswesen* 12, 406–408.

Glauser, Charles (1910): »IX. Internationaler Kongreß für kaufmännisches Bildungswesen (I).« *Zeitschrift für das gesamte kaufmännische Unterrichtswesen* 9, 259–268.

Glauser, Charles (1911): »IX. Internationaler Kongreß für kaufmännisches Bildungswesen (II).« *Zeitschrift für das gesamte kaufmännische Unterrichtswesen* 10, 298–303.

Glauser, Charles (1913): *Der Bildungswert der Philologie unter besonderer Berücksichtigung der Anforderungen der Handels-Hochschule.* Mannheim und Leipzig: Bensheimer.

Glauser, Charles (1914): »Das Sprachstudium an der Handelshochschule unter besonderer Berücksichtigung der kaufmännischen Diplomprüfung.« *Handels-Hochschul-Nachrichten (Beilage zur Deutschen Wirtschafts-Zeitung),* o. A. (z. B. in: UAL, HHS 405, Bl. 150, S. 21–28).

Glauser, Charles (1921): »Die fremdsprachliche Ausbildung der Handelslehrer an Handelshochschulen für Handels- und höhere Handelsschulen.« *Deutsche Handelsschul-Warte* 19, 145–146.

Glauser, Charles (1922): »Arbeitsgemeinschaft und Sprachunterricht.« *Deutsche Handelsschul-Warte* 18, 129–130.

Glauser, Charles (1927): *Die Gegenwartsaufgaben des sprachwissenschaftlichen Unterrichts an Handels-Hochschulen.* Mannheim: Bensheimer.

Glauser, Charles (1929): *Gedanke und Ausdruck. Darstellung der sprachlichen Ausdrucksmittel des Französischen.* Lahr: Schauenburg.

Glauser, Charles (1930): »Ziele der sprachlichen Berufsausbildung an der Handels-Hochschule.« *Zeitschrift für Handelsschulpädagogik* 3, 90–95.

Goldberger, Leopold (1935): »Die Auswertung der Zeitung im Unterrichte der kaufmännisch-wirtschaftlichen Fachschulen.« IGFkB (1935) (Hrsg.): *Internationaler Kongress für kaufmännisches Bildungswesen, Prag, 01.–06. September 1935.* Prag: Otokar Janáček, 313–322. Kongressakten.

Göschel, Hans (2008): *Die Handelshochschule Leipzig.* Zwickau: Westermann Druck.

Grass, Karl-Martin (1986): »Politiker Porträts.« Haungs, Peter (1986) (Hrsg.): *40 Jahre Rheinland-Pfalz. Eine politische Landeskunde.* Mainz: Schmidt, vormals Krach, 255–288.

Greinert, Wolf-Dietrich (2003): *Realistische Bildung in Deutschland. Ihre Geschichte und ihre aktuelle Bedeutung.* Hohengehren: Schneider.

Grimm, Jakob (1840): *Deutsche Grammatik.* Göttingen: Dieterichsche Buchhandlung.

Grohmann, Martin; Jäger, Wolfgang (2017): *Industrielle Revolution und Moderne um 1900. Der Prozess der Industrialisierung und die Herausforderungen der Gesellschaft.* Berlin: Cornelsen.

Gutkind, Curt Sigmar (1922): *Die heroisch-komischen Stilelemente in den ›Maccheronee‹ des Teofilo Folengo (Merlin Cocai) mit Ausblicken auf Tassoni und Boileau.* Heidelberg: o. A.

Handels-Hochschule Mannheim (1930) (Hrsg.): *Dolmetscher-Institut – Handelshochschule Mannheim.* Mannheim: Eigenverlag. Veröffentlichte Broschüre.

Hansen, Joseph (1906): *Gustav von Mevissen. Ein rheinisches Lebensbild 1815–1899.* Berlin: Reimer. Bd. 2.

Hartmann, Martin (1913a): »Die Deutsche Auslandshochschule.« [Rezension zu Pohls Schrift aus dem Jahr 1913], *Neue Preußische Zeitung*, 13.11.1913.

Hartmann, Martin (1913b): »Das Seminar für Orientalische Sprachen in Berlin. Zum 25 jährigen Bestehen.« *Internationale Monatsschrift für Wissenschaft, Kunst und Technik* 5, 611–618.

Hayashima, Akira (2001): *Das Leipziger Experiment. Die erste Generation der Diplom-Kaufleute, Diplom-Handelslehrer und Bücherrevisoren an der Handelshochschule Leipzig 1898–1921.* Kwansei Gakuin University Social Sciences Review 6. Nishinomiya, Japan: Eigenverlag.

Hayashima, Akira (2002): *Heinrich Nicklisch und seine Leipziger Kommilitonen 1898–1914.* Kwansei Gakuin University Social Sciences Review 7. Nishinomiya, Japan: Eigenverlag.

Hayashima, Akira (2005): *Der Mythos vom fehlenden Hinterland. Zur Gründung der Handelshochschule Mannheim 1897–1907.* Kwansei Gakuin University Social Sciences Review 10. Nishinomiya, Japan: Eigenverlag.

Heinemann, H.; Schmidt, M. (1906a): »Internationale Wirtschaftskurse (I).« *Zeitschrift für das gesamte kaufmännische Unterrichtswesen* 4, 93–96.

Heinemann, H.; Schmidt, M. (1906b): »Internationale Wirtschaftskurse (II).« *Zeitschrift für das gesamte kaufmännische Unterrichtswesen* 5, 132–138.

Heinen, Armin (1989): »Die Geschichte der Universität des Saarlandes 1945–1955.« Heinen, Armin; Hudemann, Rainer (1989) (Hrsg.): *Universität des Saarlandes. 40 Jahre 1948–1988.* Saarbrücken: O/D Buch- und Kunstverlag, 21–62.

Heinen, Armin (1996): *Saarjahre. Politik und Wirtschaft im Saarland 1945–1955.* Stuttgart: Steiner. Habilitationsschrift.

Helfferich, Karl (1917): »Hochschulbildung und Auslandsinteressen.« *Internationale Monatsschrift für Wissenschaft, Kunst und Technik* 1, 1–16.

Henning, Friedrich-Wilhelm (2003): *Deutsche Wirtschafts- und Sozialgeschichte in der ersten Hälfte des 20. Jahrhunderts. Teil 1: Deutsche Wirtschafts- und Sozialgeschichte im Ersten Weltkrieg und in der Weimarer Republik 1914 bis 1932.* Paderborn: Schöningh.

Herrig, Ludwig; Viehoff, Heinrich (1846) (1967): »Vorwort zur ersten Ausgabe.« *Archiv für das Studium der Neueren Sprachen* 1, 1–4. Nachdruck 1967, New York: Johnson Reprint Corporation.

Herrig, Ludwig; Viehoff, Heinrich (1847) (1967): »Vorwort zur zweiten Ausgabe.« *Archiv für das Studium der Neueren Sprachen und Literaturen* 2, I–II. Nachdruck 1967, New York: Johnson Reprint Corporation.

Hesse, Helge (2009): *Personenlexikon der Wirtschaftsgeschichte. Denker, Unternehmer und Politiker in 900 Porträts.* Stuttgart: Schäffer-Poeschel.

Hübner, Walter (1925): »Kulturkunde im neusprachlichen Unterricht.« *Die Neueren Sprachen* 33, 161–175.

Hülsmann, C. H. H. (1906): »Kaufmännisches Unterrichtswesen in den Niederlanden.« *Zeitschrift für das gesamte kaufmännische Unterrichtswesen* 9, 267.

Hudemann, Rainer (1989): »Zu den politischen Rahmenbedingungen der Gründung der Universität des Saarlandes.« Heinen, Armin; Hudemann, Rainer (1989) (Hrsg.): *Universität des Saarlandes. 40 Jahre 1948–1988.* Saarbrücken: O/D Buch- und Kunstverlag, 7–20.

Hudemann, Rainer (1997): »Landesgründung und Verfassunggebung im Spannungsfeld von Besatzungsmacht und deutscher Politik.« Borck, Heinz-Günther; Kerber, Dieter (1997) (Hrsg.): *Beiträge zu 50 Jahren Geschichte des Landes Rheinland-Pfalz.* Koblenz: Verlag der Landesarchivverwaltung Rheinland-Pfalz, 61–88.

Hufnagel, G.E. (1929): »Handelsunterricht und Handelspraxis.« IGFkU (1929) (Hrsg.): *Verhandlungen des Internationalen Kongresses für das kaufmännische Bildungswesen in Amsterdam vom 2.–5. September 1929.* Amsterdam: o.A. Bd. 2, 194–201. Kongressakten.

IBE = Strauss, Herbert; Röder, Werner (1983): *International Biographical Dictionary of Central European Emigrés (1933–1945).* München: Saur.

IGFkB (1929a) (Hrsg.): [Plenumsdiskussion zum Thema:] »Die wichtigsten Ideen im Handelsunterricht in der Zeit nach dem Kriege.« *Verhandlungen des Internationalen Kongresses für das kaufmännische Bildungswesen in Amsterdam vom 2.–5. September 1929.* Amsterdam: o. A. Bd. 2, 127–141. Kongressakten.

IGFkB (1929b) (Hrsg.): [Plenumsdiskussion zum Thema:] »Rationalisation de l'enseignement des langues vivantes.« *Verhandlungen des Internationalen Kongresses für das kaufmännische Bildungswesen in Amsterdam vom 2.–5. September 1929.* Amsterdam: o. A. Bd. 2, 215–236. Kongressakten.

IGFkB (1929c) (Hrsg.): [Plenumsdiskussion zum Thema:] »L'enseignement commercial et la presse technique.« *Verhandlungen des Internationalen Kongresses für das kaufmännische Bildungswesen in Amsterdam vom 2.–5. September 1929.* Amsterdam: o. A. Bd. 2, 140–141. Kongressakten.

IGFkB (1929d) (Hrsg.): [Plenumsdiskussion zum Thema:] »Rationalisierung im neusprachlichen Unterricht.« *Verhandlungen des Internationalen Kongresses für das kaufmännische Bildungswesen in Amsterdam vom 2.–5. September 1929.* Amsterdam: o. A. Bd. 2, 307–318. Kongressakten.

IGFkB (1932) (Hrsg.): [Plenumsdiskussion zum Thema:] »Durch welche Mittel kann das Verständnis für fremde Länder und Völker geweckt und gefördert werden.« *Internationaler Kongress für kaufmännisches Bildungswesen, London, 25.–29. Juli 1932.* London: Pitmans and Sons, 703–717. Kongressakten.

IGFkB (1938) (Hrsg.): *Internationale Kongresse für berufliches Bildungswesen, Berlin, 25.–29. Juli 1938.* Leipzig: Spamer. Bd. 2. Kongressakten.

IGFkU (1902) (Hrsg.): *Bericht über die Sitzung des Zentralausschusses der Internationalen Gesellschaft zur Förderung des kaufmännischen Unterrichtswesens im Haag am 26.08.1902.* Leipzig: Teubner.

IGFkU (1905) (Hrsg.): *Bericht über die Generalversammlung der Internationalen Gesellschaft zur Förderung des kaufmännischen Unterrichtswesens in Lüttich vom 28.–31. Mai 1905,* 1905. Braunschweig. Albert Limbach.

IGFkU (1907) (Hrsg.): *Bericht über die Jahressitzung des Zentralausschusses der Internationalen Gesellschaft zur Förderung des kaufmännischen Unterrichtswesens in Lausanne am 07.09.1907.* Lausanne: Auguste Jaunin.

IGFkU (1908a) (Hrsg.): *Protokoll der Generalversammlung der Internationalen Gesellschaft zur Förderung des kaufmännischen Unterrichtswesens in Mannheim am 06.09.1908.* Ohne Orts- und Verlagsangabe.

IGFkU (1908b) (Hrsg.): *La Suisse économique. Conférences données au 1er cours international d'expansion commerciale à Lausanne du 12 août au 7 septembre 1907.* Lausanne: Payot & Cie, Éditeurs. Bd. 1.

IGFkU (1908c) (Hrsg.): *La Suisse économique. Conférences données au 1er cours international d'expansion commerciale à Lausanne du 12 août au 7 septembre 1907.* Lausanne: Payot & Cie, Éditeurs. Bd. 2.

IGFkU (1909) (Hrsg.): *Programm des 3. internationalen Ferienkurses in Le Havre vom 26.07.–21.08.1909.* Ohne Orts- und Verlagsangabe.

IGFkU (1910) (Hrsg.): *Namensverzeichnis der Mitglieder der Internationalen Gesellschaft zur Förderung des kaufmännischen Bildungswesens.* o. A.

IGFkU (1913) (Hrsg.): [Plenumsdiskussion über die Nutzung von Fachpressebeiträgen im fremdsprachlichen Unterricht.] *Mitteilungen des X. Internationalen Kongresses für kaufmännisches Bildungswesen vom 31. August bis 5. September 1913 in Budapest.* Ohne Angabe von Verlag und Verlagsort. Bd. 2, 86–90. Kongressakten.

Interessengemeinschaft Geschichte der Handelshochschule Leipzig e.V. (1992) (Hrsg.): *Die Rektoren der Handelshochschule Leipzig (1898–1992).* Eigenverlag.

Jänichen, o. A. (1912): »VIe Cours international d'expansion commerciale Anvers 1912.« *Zeitschrift für das gesamte kaufmännische Unterrichtswesen* 5, 114–115.

Jänichen, o. A.; Schmidt, M. (1912a): »6. internationaler Wirtschaftskursus in Antwerpen (I).« *Zeitschrift für das gesamte kaufmännische Unterrichtswesen* 6, 132–137.

Jänichen, o. A.; Schmidt, M. (1912b): »6. internationaler Wirtschaftskursus in Antwerpen (II).« *Zeitschrift für das gesamte kaufmännische Unterrichtswesen* 7, 167–172.

Jänichen, o. A.; Schmidt, M. (1912c): »6. internationaler Wirtschaftskursus in Antwerpen (III).« *Zeitschrift für das gesamte kaufmännische Unterrichtswesen* 8, 184–189.

Jänichen, o. A.; Schmidt, M. (1912d): »6. internationaler Wirtschaftskursus in Antwerpen (IV).« *Zeitschrift für das gesamte kaufmännische Unterrichtswesen* 9, 218–229.

Jastrow, J. (1913): »Handelshochschulen und der Kaufmannsstand.« *Berliner Tageblatt*, 07.06.1913.

Jordan, Leo (1922): »Der Bildungswert philologisch-handelssprachlicher Lehre an Handelshochschulen.« Messing, Ewald E. J. (1932): 190–197.

Jordan, Leo (1923): »Beiträge zur Handelssprachkunde.« *Zeitschrift für Handelswissenschaft und Handelspraxis* 1, 2–4.

Kade, Otto (1965): »Perspektiven der Dolmetscherausbildung an der Karl-Marx-Universität.« *Fremdsprachen*, 1, 1–5 und 24–25.

Kalveram, Wilhelm (1929): »Die internationalen Verflechtungen der Wirtschaft und ihre Auswirkungen auf das kaufmännische Bildungswesen.« IGFkB (1929) (Hrsg.): *Verhandlungen des Internationalen Kongresses für das kaufmännische Bildungswesen in Amsterdam vom 2.–5. September 1929.* Amsterdam: o. A. Bd. 2, 1–24. Kongressakten.

Kampffmeyer, Georg (1924a): *Die deutschen Auslandsinteressen und das Seminar für Orientalische Sprachen zu Berlin. Leitsätze zur Reform des Seminars.* I. Folge. Berlin: Collignon.

Kampffmeyer, Georg (1924b): *Die Reform des Seminars für Orientalische Sprachen zu Berlin. Berichte und Dokumente.* II. Folge. Berlin: Collignon.

Kampffmeyer, Georg (1925): *Die Reform des Seminars für Orientalische Sprachen zu Berlin. Berichte und Dokumente.* III. Folge. Berlin: Collignon.

Kampffmeyer, Georg (1928): *Die Reform des Seminars für Orientalische Sprachen zu Berlin. Berichte und Dokumente.* IV. Folge. Berlin: Collignon.

Kant, Immanuel (1798): »Anthropologie in pragmatischer Hinsicht.« Cassirer, Ernst (1977) (Hrsg.): *Immanuel Kants Werke* 7, 186.

Kieslich, Charlotte P. (2018): *Dolmetschen im Nationalsozialismus. Die Reichsfachschaft für das Dolmetscherwesen (RfD).* Berlin: Frank und Timme.

Kirchgässner, Bernhard (1970): *Die Handelshochschule Mannheim 1907–1933.* Mannheim: o. A.

Klemperer, Victor (1925): »Der Streit um den Begriff Kulturkunde.« *Die Neueren Sprachen* 33, 437–449.

Koch, Andreas (1997): »Die historische *Wirtschaftslinguistik* vor dem Hintergrund der Weltwirtschaftskrise in Deutschland.« Bungarten, Theo (1997): 32–48.

Kolbe, Carl Wilhelm (1791): »Ein paar Worte über die Elementarmethode.« Christ, Herbert (1985) (Hrsg.): *Didaktik des Französischunterrichts.* Darmstadt: Wissenschaftliche Buchgesellschaft, 32–42.

Koop, Volker (2005): *Besetzt. Französische Besatzungspolitik in Deutschland.* Berlin: be.bra.

Krämer, o. A. (1900a): »Ein Beitrag zur Methodik des Unterrichts in der französischen Sprache an kaufmännischen Fortbildungsschulen (I).« *Zeitschrift für das gesammte kaufmännische Unterrichtswesen* 1, 18–24.

Krämer, o. A. (1900b): »Ein Beitrag zur Methodik des Unterrichts in der französischen Sprache an kaufmännischen Fortbildungsschulen (II).« *Zeitschrift für das gesammte kaufmännische Unterrichtswesen* 2, 68–71.

Krautkrämer, Elmar (1993): »Das Rhénanieprojekt und die Frage der territorialen Gestaltung der französischen Besatzungszone.« Jurt, Joseph (1993) (Hrsg.): *Von der Besatzungszeit zur deutsch-französischen Kooperation. De la période d'occupation à la coopération franco-allemande.* Freiburg: Rombach, 61–87.

Krejčí, Tomáš (1932): *Einfluss des Handels auf die Entwicklung und Gestaltung der Deutschen Sprache. Versuch einer wirtschaftslinguistischen Studie.* Prag: Kommissionsverlag Unie.

Lane, Adolf (1935a) (Hrsg.): *Lebende Sprachen – Monatsschrift für fremde Sprachen, Auslandsstudien, Deutsch-Unterricht im Auslande, fremdsprachliche Praxis. Mit der ständigen Beilage: Der Dolmetscher und Übersetzer. Organ der Reichsfachschaft für das Dolmetscherwesen in der Deutschen Rechtsfront,* Heft 1 und 2. Kirchhain und Berlin: Brücke Verlag Kurt Schmersow.

Lane, Adolf (1935b): [»Vorwort.«] *Lebende Sprachen* 1, 2.

Lowenthal, Ernst (1981): *Juden in Preussen. Biographisches Verzeichnis. Ein repräsentativer Querschnitt.* Berlin: Reimer.

Lüdtke, Gerhard (1930) (Hrsg): *Kürschners Deutscher Literatur-Kalender 1930.* Berlin: de Gruyter.

Lüdtke, Gerhard (1931) (Hrsg.): *Kürschners Deutscher Gelehrten-Kalender.* Berlin: de Gruyter & Co.

Lutz, Anke (2008): »Das Dolmetscher-Institut an der Handelshochschule.« Göschel, Hans (2008): *Die Handelshochschule in Leipzig.* [Hrsg.: Geschäftsleitung der Handelshochschule Leipzig gGmbH]. Zwickau: Westermann, 130–134.

Mackel, Emil (1922): »Die Sprache im Dienste der Auslandskunde.« *Die Neueren Sprachen* 30, 97–105.

Marrisiaux, Léon (1901a): »De l'enseignement des langues vivantes. Ses Procédés, ses Méthodes (I).« *Zeitschrift für das gesammte kaufmännische Unterrichtswesen* 3, 62–65.

Marrisiaux, Léon (1901b): »De l'enseignement des langues vivantes. Ses Procédés, ses Méthodes (II).« *Zeitschrift für das gesammte kaufmännische Unterrichtswesen* 4, 90–93.

Mayer, Georg; Böhme, Hans-Joachim (1963): »Zu einigen Problemen der Ausbildung von Dolmetschern und Übersetzern an der Karl-Marx-Universität.« *Lehre Forschung, Praxis. Die Karl-Marx-Universität zum 10. Jahrestag ihrer Namensgebung am 5. Mai 1963.* Leipzig: Teubner, 9–43.

Menze, Clemens (2003): *Nationalcharakter und Sprache bei Wilhelm von Humboldt.* Lüneburg: Unibuch Verlag.

Messien, H. (1898): »Zur Einführung der Zeitschrift.« *Zeitschrift für das gesamte kaufmännische Unterrichtswesen* 1, 2–5.

Messing, Ewald E. J. (1913): *Über David Gray den Menschen und den Dichter. Ein kritischer Versuch.* Bonn: Foppen'sche Buchdruckerei.

Messing, Ewald E. J. (1916): »Vom ›Trockenen Wechsel‹. Ein sprachwissenschaftlicher Einzelbeitrag zur wissenschaftlichen Durchdringung des Inhalts des vom Handel dargebotenen Materials.« Messing, Ewald E. J. (1932): 48–53.

Messing, Ewald E. J. (1921): »Handelssprachliche Forschung und sprachkundlicher Handelsunterricht.« Messing, Ewald E. J. (1932): 77–81.

Messing, Ewald E. J. (1924a): »Taalkundige Sociologie. Proeve van inleiding in de taalkundige handelsbeschrijving (economische linguistiek).« Messing, Ewald E. J. (1932): 86–110.

Messing, Ewald E. J. (1924b): »Taal als Cultuurfactor.« Messing, Ewald E. J. (1932): 111–115.

Messing, Ewald E. J. (1928a): *Methoden und Ergebnisse der wirtschaftssprachlichen Forschung. Vortrag gehalten auf dem Ersten Internationalen Linguisten Kongress im Haag (Holland) 10.–14. April 1928.* Utrecht: Kemink & Zoon.

Messing, Ewald E. J. (1928b): »Aufruf. Verein ›Niederländisches Zentral-Institut für Auslandskunde‹, Rotterdam.« *De Spiegel van Handel en Wandel* 8, 40–41.

Messing, Ewald E. J. (1930a): »Die Sprachwissenschaft auf der Handels-Hochschule als Wissenschaft von der Nationalkultur der Völker.« Messing, Ewald E. J. (1932): 116–123.

Messing, Ewald E. J. (1930b): »Zum ›Worte‹.« Messing, Ewald E. J. (1932): 124–127.

Messing, Ewald E. J. (1932) (Hrsg.): *Zur Wirtschafts-Linguistik. Eine Auswahl von kleineren und größeren Beiträgen über Wert und Bedeutung, Erforschung und Unterweisung der Sprache des wirtschaftlichen Verkehrs.* Rotterdam: Nijgh & Van Ditmar.

Messing, Ewald E. J. (1935): »Wirtschaftslinguistische Schulung.« IGFkB (1935) (Hrsg.): *Internationaler Kongress für kaufmännisches Bildungswesen, Prag, 01.–06. September 1935.* Prag: Otokar Janáček, 576–582. Kongressakten.

Mittwoch, Eugen (1926): »Das Seminar für Orientalische Sprachen an der Universität zu Berlin.« N. N. (1926): *Weltpolitische Bildungsarbeit an Preußischen Hochschulen. Festschrift aus Anlaß des 50. Geburtstages des Preußischen Ministers für Wissenschaft, Kunst und Volksbildung Herrn Professor Dr. C. H. Becker.* Berlin: Hobbing, 12–22.

Mües, Heinrich Friedrich (1926): »Zur Neugestaltung des neusprachlichen Unterrichts.« *Die Neueren Sprachen* 34, 205–211.

Müller-Uri, Richard (1913a): »VII. Internationaler Volkswirtschaftskursus in Budapest vom 11. bis 30. August 1913 (I).« *Zeitschrift für das gesamte kaufmännische Unterrichtswesen* 7, 145–151.

Müller-Uri, Richard (1913b): »VII. Internationaler Volkswirtschaftskursus in Budapest vom 11. bis 30. August 1913 (II).« *Zeitschrift für das gesamte kaufmännische Unterrichtswesen* 8, 169–176.

Müller-Uri, Richard (1913c): »VII. Internationaler Volkswirtschaftskursus in Budapest vom 11. bis 30. August 1913 (III).« *Zeitschrift für das gesamte kaufmännische Unterrichtswesen* 9, 198–204.

Müller-Uri, Richard (1914a): »VII. Internationaler Volkswirtschaftskursus in Budapest vom 11. bis 30. August 1913 (IV).« *Zeitschrift für das gesamte kaufmännische Unterrichtswesen* 10, 221–229.

Müller-Uri, Richard (1914b): »VII. Internationaler Volkswirtschaftskursus in Budapest vom 11. bis 30. August 1913 (V).« *Zeitschrift für das gesamte kaufmännische Unterrichtswesen* 11, 249–257.

Müller-Uri, Richard (1914c): »VII. Internationaler Volkswirtschaftskursus in Budapest vom 11. bis 30. August 1913 (VI).« *Zeitschrift für das gesamte kaufmännische Unterrichtswesen* 12, 272–282.

Müller-Uri, Richard (1914d): »Vom VIII. Internationalen Wirtschaftskursus zu Barcelona, 27. Juli bis 11. August 1914.« *Zeitschrift für das gesamte kaufmännische Unterrichtswesen* 7, 130–134.

Müller-Uri, Richard (1915a): »Die Vorträge vom VIII. Volkswirtschaftskursus zu Barcelona, 27. Juli bis 11. August 1914 (IV).« *Zeitschrift für das gesamte kaufmännische Unterrichtswesen* 12, 258–265.

Müller-Uri, Richard (1915b): »Die Vorträge vom VIII. Volkswirtschaftskursus zu Barcelona, 27. Juli bis 11. August 1915 (sic!) (I).« *Zeitschrift für das gesamte kaufmännische Unterrichtswesen* 1, 11–19.

Müller-Uri, Richard (1915c): »Die Vorträge vom VIII. Volkswirtschaftskursus zu Barcelona, 27. Juli bis 11. August 1914 (II).« *Zeitschrift für das gesamte kaufmännische Unterrichtswesen* 2, 35–37.

Müller-Uri, Richard (1915d): »Die Vorträge vom VIII. Volkswirtschaftskursus zu Barcelona, 27. Juli bis 11. August 1914 (III).« *Zeitschrift für das gesamte kaufmännische Unterrichtswesen* 3, 57–59.

Müller-Uri, Richard (1915e): »Die Vorträge vom VIII. Volkswirtschaftskursus zu Barcelona, 27. Juli bis 11. August 1914 (V).« *Zeitschrift für das gesamte kaufmännische Unterrichtswesen* 4, 72–75.

Müller-Uri, Richard (1915g): »Die Vorträge vom VIII. Volkswirtschaftskursus zu Barcelona, 27. Juli bis 11. August 1914 (VI).« *Zeitschrift für das gesamte kaufmännische Unterrichtswesen* 7, 118–120.

Müller-Uri, Richard (1915f): »Die Vorträge vom VIII. Volkswirtschaftskursus zu Barcelona, 27. Juli bis 11. August 1914 (VII).« *Zeitschrift für das gesamte kaufmännische Unterrichtswesen* 5, 90–93.

Müller-Uri, Richard (1915h): »Die Vorträge vom VIII. Volkswirtschaftskursus zu Barcelona, 27. Juli bis 11. August 1914 (VIII).« *Zeitschrift für das gesamte kaufmännische Unterrichtswesen* 8, 136–137.

Müller-Uri, Richard (1915i): »Die Vorträge vom VIII. Volkswirtschaftskursus zu Barcelona, 27. Juli bis 11. August 1914 (IX).« *Zeitschrift für das gesamte kaufmännische Unterrichtswesen* 9, 153–157.

Nagel, Jürgen G. (2010): »Sprachschule oder kolonialwissenschaftliches Zentralinstitut? Das Berliner Seminar für Orientalische Sprachen zwischen linguistischer Forschung und kolonialer Praxis, 1887–1914.« Häberlein, Max; Keese, Alexander (2010) (Hrsg.): *Sprachgrenzen – Sprachkontakte – kulturelle Vermittler: Kommunikation zwischen Europäern und Außereuropäern. 16.–20. Jahrhundert.* Stuttgart: Franz Steiner.

Nan Roweis, Tewfik (1938): »Practical methods of preparing students in commercial schools for the requirements of the business world.« IGFkB (1938) (Hrsg.): IGFkB (1938) (Hrsg.): *Internationale Kongresse für berufliches Bildungswesen, Berlin, 25.–29. Juli 1938.* Leipzig: Spamer. Bd. 2, 18–25. Kongressakten.

N. N. (1899a): »Internationaler Kongress für das kaufmännische Unterrichtswesen in Venedig.« *Zeitschrift für das gesammte kaufmännische Unterrichtswesen* 2, 39–41.

N. N. (1899b): »Internationaler Kongress für kaufmännisches Unterrichtswesen in Venedig.« *Zeitschrift für das gesammte kaufmännische Unterrichtswesen* 3, 70–73.

N. N. (1899c): »Internationaler Kongress in Venedig.« *Zeitschrift für das gesammte kaufmännische Unterrichtswesen* 11, 355–357.

N. N. (1901a): »Internationale Gesellschaft zur Förderung des kaufmännischen Unterrichtswesens.« *Zeitschrift für das gesammte kaufmännische Unterrichtswesen* 5, 120.

N. N. (1901b): »Internationale Gesellschaft zur Förderung des kaufmännischen Unterrichtswesens.« *Zeitschrift für das gesammte kaufmännische Unterrichtswesen* 11, 278–281.

N. N. (1903): »Internationale Gesellschaft zur Förderung des kaufmännischen Unterrichtswesens.« *Zeitschrift für das gesammte kaufmännische Unterrichtswesen* 3, 70–71.

N. N. (1904): »Die Mängel im neusprachlichen Unterricht (I).« *Zeitschrift für das gesammte kaufmännische Unterrichtswesen* 9, 223–225.

N. N. (1905a): »Die Praxis beim Studium an den deutschen Handelshochschulen.« *Zeitschrift für das gesamte kaufmännische Unterrichtswesen* 6, 136–138.

N. N. (1905b): »Errichtung von Handelshochschulkursen in Mannheim (I).« *Zeitschrift für das gesamte kaufmännische Unterrichtswesen* 2, 25–28.

N. N. (1905c): »Errichtung von Handelshochschulkursen in Mannheim (II).« *Zeitschrift für das gesamte kaufmännische Unterrichtswesen* 3, 58–64.

N. N. (1905d): »Errichtung von Handelshochschulkursen in Mannheim (III).« *Zeitschrift für das gesamte kaufmännische Unterrichtswesen* 4, 79–83.

N. N. (1905e): »Die Handelshochschulkurse in Mannheim.« *Zeitschrift für das gesamte kaufmännische Unterrichtswesen* 6, 138–139.

N. N. (1905f): »Die Mannheimer Handelshochschulkurse.« *Zeitschrift für das gesamte kaufmännische Unterrichtswesen* 9, 233–234.

N. N. (1905g): »Generalversammlung der Internationalen Gesellschaft zur Förderung des kaufmännischen Unterrichtswesens.« *Zeitschrift für das gesamte kaufmännische Unterrichtswesen* 12, 292–294.

N. N. (1905h): »Die Mängel im neusprachlichen Unterricht (II).« *Zeitschrift für das gesamte kaufmännische Unterrichtswesen* 10, 255–256.

N. N. (1905i): »Fremdsprachliche Handelskorrespondenz.« *Zeitschrift für das gesamte kaufmännische Unterrichtswesen* 1, 22.

N. N. (1907a): »Kaufmännisches Unterrichtswesen im Auslande.« *Zeitschrift für das gesamte kaufmännische Unterrichtswesen* 3, 86–91.

N. N. (1907b): »Internationale Wirtschaftskurse.« *Zeitschrift für das gesamte kaufmännische Unterrichtswesen* 4, 120.

N. N. (1907c): »Zur Handelshochschulfrage in Mannheim.« *Zeitschrift für das gesamte kaufmännische Unterrichtswesen* 5, 148–149.

N. N. (1907d): »Internationale Gesellschaft zur Förderung des kaufmännischen Unterrichtswesens.« *Zeitschrift für das gesamte kaufmännische Unterrichtswesen* 8, 254–255.

N. N. (1907e): »Ausschußsitzung der Internationalen Gesellschaft zur Förderung des kaufmännischen Unterrichtswesens.« *Zeitschrift für das gesamte kaufmännische Unterrichtswesen* 11, 331.

N. N. (1907f): »Kaufmännisches Unterrichtswesen im Auslande.« *Zeitschrift für das gesamte kaufmännische Unterrichtswesen* 11, 338–339.

N. N. (1908a): »Die Ausländerfrage an der Handelshochschule zu Leipzig.« *Zeitschrift für das gesamte kaufmännische Unterrichtswesen* 10, 318–320.

N. N. (1908b): »Von den deutschen Handelshochschulen.« *Zeitschrift für das gesamte kaufmännische Unterrichtswesen* 10, 321–324.

N. N. (1908c): »Von den deutschen Handelshochschulen.« *Zeitschrift für das gesamte kaufmännische Unterrichtswesen* 2, 49–53.

N. N. (1908d): »II. Internationaler Wirtschaftskurs in Mannheim.« *Zeitschrift für das gesamte kaufmännische Unterrichtswesen* 3, 73–77.

N. N. (1909a): »Internationale Sprach- und Wirtschaftskurse in Le Havre.« *Zeitschrift für das gesamte kaufmännische Unterrichtswesen* 1, 2–4.

N. N. (1909b): »Le Havre (III. Internationaler Wirtschaftskursus).« *Zeitschrift für das gesamte kaufmännische Unterrichtswesen* 3, 90.

N. N. (1909c): »Le Havre (II. Internationaler Sprach- und Wirtschaftskursus).« *Zeitschrift für das gesamte kaufmännische Unterrichtswesen* 8, 241.

N. N. (1909d): »Bildung einer österreichischen Landesgruppe der Internationalen Gesellschaft zur Förderung des kaufmännischen Unterrichtswesens.« *Zeitschrift für das gesamte kaufmännische Unterrichtswesen* 12, 394.

N. N. (1910): »IV. Internationaler Wirtschaftskursus in Wien.« *Zeitschrift für das gesamte kaufmännische Unterrichtswesen* 11, 327–329.

N. N. (1911a): »Die Leipziger Handelshochschule, eine selbständige Anstalt.« *Zeitschrift für das gesamte kaufmännische Unterrichtswesen* 1, 19–20.

N. N. (1911b): »VII. Kongreß für das kaufmännische Bildungswesen in Stuttgart.« *Zeitschrift für das gesamte kaufmännische Unterrichtswesen* 8, 201–213.

N. N. (1911c): »Handelshochschulnachrichten.« *Zeitschrift für das gesamte kaufmännische Unterrichtswesen* 1, 21.

N. N. (1911d): »Von der Handelshochschule Mannheim.« *Zeitschrift für das gesamte kaufmännische Unterrichtswesen* 9, 239–243.

N. N. (1911e): »Internationaler Wirtschaftskursus in London 1911.« *Zeitschrift für das gesamte kaufmännische Unterrichtswesen* 10, 303–304.

N. N. (1912a): »Das Jubiläum des Orientalischen Seminars.« *Berliner Tageblatt*, 11.11.1912.

N. N. (1912b):»Das Orientalische Seminar in Berlin.« *Kölnische Volkszeitung* (Abendausgabe), 12.12.1912.

N. N. (1912c): »VI. Internationaler Wirtschaftskursus in Antwerpen vom 22. Juli bis 10. August 1912.« *Zeitschrift für das gesamte kaufmännische Unterrichtswesen* 10, 291–292.

N. N. (1912d): »Beschlüsse der Internationalen Kongresse für das technische Unterrichtswesen. Teil 1.« *Zeitschrift für das gesamte kaufmännische Unterrichtswesen* 12, 330–335.

N. N. (1913a): »X. Internationaler Kongreß für kaufmännisches Bildungswesen vom 31. August bis 05. September 1913 und VII. Internationaler Wirtschaftskursus in Budapest vom 11. bis 30. August 1913.« *Zeitschrift für das gesamte kaufmännische Unterrichtswesen* 2, 26–30.

N. N. (1913b): »Eröffnung des VII. Internationalen Wirtschaftskursus in Budapest.« *Zeitschrift für das gesamte kaufmännische Unterrichtswesen* 5, 97.

N. N. (1913c): »X. Internationaler Kongreß für Kaufmännisches Bildungswesen in Budapest vom 31. August bis 05. September 1913.« *Zeitschrift für das gesamte kaufmännische Unterrichtswesen* 6, 132.

N. N. (1914a): »VIII. Internationaler Wirtschaftskursus in Barcelona 1914.« *Zeitschrift für das gesamte kaufmännische Unterrichtswesen* 3, 56–59.

N. N. (1914b): »Spanien.« *Zeitschrift für das gesamte kaufmännische Unterrichtswesen* 4, 93.

N. N. (1915): »Handelshochschulnachrichten.« *Zeitschrift für das gesamte kaufmännische Unterrichtswesen* 7, 125–126.

N. N. (1916): »Ausschußsitzung des Deutschen Verbandes für das Kaufmännische Bildungswesen.« *Zeitschrift für das gesamte kaufmännische Bildungswesen* 2, 17–18.

N. N. (1917): »Auslandsstudium.« *Zeitschrift für das gesamte kaufmännische Bildungswesen* 1–3, 25.

N. N. (1921): »Leitsätze des Allgemeinen Deutschen Neuphilologenverbandes (A. D. N.-V.).« *Die neueren Sprachen* 456–459, 28.

N. N. (1923): »Die Ausbildung von handelswissenschaftlich geschulten Sprachlehrern.« *Deutsche Handelsschul-Warte* 22, 155–156.

N. N. (1924): »Richtlinien für den neusprachlichen Unterricht, aufgestellt von der Berliner Neuphilologischen Arbeitsgemeinschaft.« *Deutsche Handelsschul-Warte* 17, 111.

N. N. (1928): »Preisausschreiben.« *De Spiegel van Handel en Wandel* 2, 37–38.

N. N. (1930a): »Die Bedeutung und Tätigkeit des Dolmetschers.« *De Spiegel von Handel en Wandel* 8, 604–605.

N. N. (1930b): »Satzungen des Vereins ›Niederländisches Zentral-Institut für Auslandskunde‹ zu Rotterdam.« *De Spiegel van Handel en Wandel* 9, 664–665.

N. N. (1932): »Hochschule für angewandte Wissenschaften.« *De Spiegel van Handel en Wandel* 6, 377–380.

N. N. (1971): »Fünfzehn Jahre ›Lebende Sprachen‹«. *Lebende Sprachen* 1, 1.

Nan Roweis, Tewfik (1938): »Practical methods of preparing students in commercial schools for the requirements of the business world.« IGFkB (1938) (Hrsg.): *Internationale Kongresse für berufliches Bildungswesen [Kongressakten], Berlin, 25.–29. Juli 1938*, Bd. 2, 18–25.

NDB = Historische Kommission bei der Bayrischen Akademie der Wissenschaften (1953) (Hrsg.): *Neue Deutsche Biographie.* Berlin: Duncker & Humblot. o. A.

NDB = Historische Kommission bei der Bayrischen Akademie der Wissenschaften (1957) (Hrsg.): *Neue Deutsche Biographie.* Berlin: Duncker & Humblot. Bd. 3.

NDB = Historische Kommission bei der Bayrischen Akademie der Wissenschaften (1961) (Hrsg.): *Neue Deutsche Biographie.* Berlin: Duncker & Humblot. Bd. 5.

NDB = Historische Kommission bei der Bayrischen Akademie der Wissenschaften (1964): *Neue Deutsche Biographie.* Berlin: Duncker & Humblot. Bd. 6.

Neubert, Albrecht; Kade, Otto (1963): »Zu einigen Problemen der Ausbildung von Dolmetschern und Übersetzern an der Karl-Marx-Universität.« *Lehre Forschung, Praxis. Die Karl-Marx-Universität zum 10. Jahrestag ihrer Namensgebung am 5. Mai 1963.* Leipzig: Teubner, 308–318.

Neumann, Friedrich (1971): *Studien zur Geschichte der deutschen Philologie. Aus der Sicht eines alten Germanisten.* Berlin: Erich Schmidt.

Oppenheimer, John (1971): *Lexikon des Judentums.* Gütersloh: Bertelsmann.

Palme, Anton (1905): *J. G. Sulzers Psychologie und die Anfänge der Dreivermögenslehre.* W. Fussinger. o. A. Dissertation.

Palme, Anton (1912): »Das Jubiläum des Orientalischen Seminars.« *Berliner Tageblatt*, 03.11.1912.

Palme, Anton (1914): *Die Deutsche Auslandshochschule und das nationenwissenschaftliche Studium des Auslandes.* Berlin: Reimer.

Palme, Anton (1915a): »Die deutsche Auslandshochschule und der Krieg (I).« *Berliner Tageblatt*, 24.11.1915.

Palme, Anton (1915b): »Die deutsche Auslandshochschule und der Krieg (II).« *Berliner Tageblatt*, 26.11.1915.

Palme, Anton (1915c): »Die deutsche Auslandshochschule und der Krieg (III).« *Berliner Tageblatt*, 27.11.1915.

Palme, Anton (1920): *Die Deutsche Auslandshochschule. Vorläufige Denkschrift für das Reichsministerium des Inneren.* Berlin: Haude und Spenersche Buchhandlung Max Paschke.

Palme, Anton (1936) (Hrsg.): *Mitteilungen der Ausland-Hochschule an der Universität Berlin (früher Seminar für Orientalische Sprachen).* Berlin: de Gruyter.

Pech, W. (1921): »Handelswissenschaftlich geschulte Sprachlehrer.« *Deutsche Handelsschul-Warte* 12, 92–93.

Penndorf, Balduin (1907): »Zur Geschichte der Handelshochschulen.« *Zeitschrift für das gesamte kaufmännische Unterrichtswesen* 9, 277–282.

Penndorf, Balduin (1925a): »R. Stegemann †.« *Deutsche Handelsschul-Warte* 11, o. A.

Penndorf, Balduin (1925b): »Die Geschichte der Handels-Hochschulen Deutschlands.« *Deutsche Akademische Rundschau* 6, 2–3.

Peter, Herbert (1973): »Historischer Überblick über die Wirtschaftslinguistik.« *Bulletin of the International Association Language and Business*, Köln: o. A.

Pohl, Heinrich (1905): *Die Entstehung des belgischen Staates und des Norddeutschen Bundes. Eine staatsrechtliche Studie.* Freiburg: Wagner. Dissertation.

Pohl, Heinrich (1908): »Die Vorbildung der deutschen Diplomaten und Konsuln.« *Neue Preußische Zeitung*, 04.08.1908. Titelseite.

Pohl, Heinrich (1913): *Die deutsche Auslandshochschule. Eine Anregung zur Reform der diplomatischen und konsularischen Vorbildung.* Tübingen: Mohr.

Preuß, Wolfgang (1987): *30 Jahre Universitätsausbildung für Sprachmittler. Streiflichter aus der Geschichte der Sprachmittlerausbildung an der Karl-Marx-Universität Leipzig.* Eigenverlag. [Unveröffentlicht].

Prevost, M. et al. (1985) (Hrsg.): *Dictionnaire de Biographie Francaise.* Paris: Letouzey et Ané.

Rabe, Karl (1929): »Französisch für Kaufleute.« *Deutsche Handelsschul-Warte* 14, 172–176.

Rabius, W. (1907): »Der erste internationale Wirtschaftskursus zu Lausanne.« *Zeitschrift für das gesamte kaufmännische Unterrichtswesen* 7, 210–213.

Rehberger, J. (1935): »Die Verwertung von Zeitungen und Zeitschriften im Deutschunterrichte an tschechoslowakischen Handelsschulen. Mein methodischer Vorgang.« IGFkB (1935) (Hrsg.): *Internationaler Kongress für kaufmännisches Bildungswesen, Prag, 01.–06. September 1935.* Prag: Otokar Janáček, 327. Kongressakten.

Reiter, Clara (2013): »›... wo der Dollmetsch allzeit interpretirt.‹ Das Hofdolmetscheramt am Wiener Hof: Vom Karrieresprungbrett zum Abstellgleis.« *Lebende Sprachen* 58, 197–220.

Rohlfs, E. S.; Schoone, F. A. M; Van Dijk, K. F. (1994): *De archieven van de Nederlandsche Handels-Hogeschool (1913–1973).* Rotterdam: Gemeentelijke Archiefdienst.

Ruge-Schatz, Angelika (1977): *Umerziehung und Schulpolitik in der französischen Besatzungszone 1945–1949.* Frankfurt: Lang. Dissertation.

Sachau, Eduard (1912): *Denkschrift über das Seminar für Orientalische Sprachen an der Königlichen Friedrich-Wilhelms-Universität zu Berlin von 1887 bis 1912.* Berlin: Reimer.

Salevsky, Heidemarie (1996): »1894–1994: Reminiszenzen« Salevsky, Heidemarie (1996) (Hrsg.): *Dolmetscher- und Übersetzerausbildung gestern, heute und morgen. Berliner Beiträge zur Translationswissenschaft.* Frankfurt: Peter Lang, 15–34.

Schäfer, Hermann (1989) (Hrsg.): *Ploetz-Wirtschaftsgeschichte der deutschsprachigen Länder vom frühen Mittelalter bis zur Gegenwart.* Freiburg: Ploetz.

Scharschmidt, Clemens (1937) (Hrsg.): *Mitteilungen der Ausland-Hochschule an der Universität Berlin (früher Seminar für Orientalische Sprachen).* Berlin: de Gruyter.

Scharschmidt, Clemens (1938) (Hrsg.): *Mitteilungen der Ausland-Hochschule an der Universität Berlin (früher Seminar für Orientalische Sprachen).* Berlin: de Gruyter.

Schiedermair, Richard (1925): »Die neuen Aufgaben des neusprachlichen Unterrichts.« *Die Neueren Sprachen* 33, 284–288.

Schilperpoort, o. A. (1938): »L'organisation de l'enseignement des langues vivantes dans les écoles de commerce en vue des exigences de la vie économique.« IGFkB (1938) (Hrsg.): *Internationale Kongresse für berufliches Bildungswesen, Berlin, 25.–29. Juli 1938.* Leipzig: Spamer. Bd. 2, 33–40. Kongressakten.

Schirmer, Alfred (1922): »Handelshochschule und Sprachwissenschaft.« *Zeitschrift für Handelswissenschaft und Handelspraxis* 2, 25–27.

Schmid, Anton (1914): »Die Handelshochschulfrage in Österreich.« *Österreichische Handelsschulzeitung,* 11–12, 392–412.

Schmidt, Paul (1949): *Statist auf diplomatischer Bühne (1923–1945). Erlebnisse des Chefdolmetschers im Auswärtigen Amt mit den Staatsmännern Europas.* Bonn: Athenäum Verlag.

Schmidt, Wolfgang (1934): *Neuphilologie als Auslandswissenschaft auf der Grundlage des Sprachstudiums. England.* Marburg: R. G. Eiwert'sche Verlagsbuchhandlung (G. Braun).

Schmitt, Peter Axel (2004): »Ingenieur vs. Übersetzer: Wird Hochtechnologie zu hoch für Übersetzer?« Fleischmann, Eberhard; Schmitt, Peter A; Wotjak, Gerd (2004) (Hrsg.): *Translationskompetenz. Tagungsberichte der LICTRA.* Tübingen: Stauffenburg, 542.

Schmitt, Peter Axel (2013): »Der Stein von Rosetta – Eine Exkursion zum Fundort.« *Lebende Sprachen* 58, 169–196.

Schneider, Bernd (1985): *August Boeckh. Altertumsforscher, Universitätslehrer und Wissenschaftsorganisator im Berlin des 19. Jahrhunderts. Ausstellung zum 200. Geburtstag. 22. November 1985 – 18. Januar 1986. Staatsbibliothek Preußischer Kulturbesitz.* Wiesbaden: Reichert.

Schön, Eduard (1925): *Sinn und Form einer Kulturkunde im französischen Unterricht der höheren Schule.* Leipzig: Teuber.

Schrameier, W. (1913): »Eine Kolonial-Akademie.« *Berliner Tageblatt,* 08.04.1913.

Schröder, Konrad (1982): »Quousque Tandem in Memoriam.« *Die Neueren Sprachen* 81, 115–120.

Schröer, Arnold (1921): »Handels-Hochschule und Sprachwissenschaft.« Messing, Ewald E. J. (1932): 128–135.

Schröer, Arnold (1926): »Mitarbeit der Schule am Wörterbuch.« Messing, Ewald E. J. (1932): 136–146.

Schücking, Levin Ludwig (1927): »Die Kulturkunde und die Universität. Ein Vortrag.« *Die Neueren Sprachen* 35, 1–16.

Schuldt, Kai (1997): »Die *Wirtschaftslinguistik* und der europäische Binnenmarkt. Gemeinsamkeiten und Unterschiede im Hinblick auf sprachliche und kommunikative Aspekte.« Bungarten, Theo (1997): 73–90.

Schunck, Peter (1997): *Dokumente zur Geschichte der Dolmetscherschule Germersheim aus den Jahren 1946–1949.* Mainz: Pressestelle der Johannes Gutenberg-Universität Mainz.

Selbmann, Rolf (2005): *Deutsche Klassik.* Paderborn: Schöningh.

Siever, Holger (2010): *Übersetzen und Interpretation. Die Herausbildung der Übersetzungswissenschaft als eigenständige wissenschaftliche Disziplin im deutschen Sprachraum von 1960 bis 2000.* Leipziger Studien zur angewandten Linguistik und Translatologie, Bd. 8. Frankfurt: Peter Lang. Habilitationsschrift.

Snyckers, Alexander (1905a): »Enseignement de la correspondance commerciale étrangère.« IGFkU (1905) (Hrsg.): *Bericht über die Generalversammlung der Internationalen Gesellschaft zur Förderung des kaufmännischen Unterrichtswesens in Lüttich vom 28.–31. Mai 1905,* 1905. Braunschweig: Albert Limbach, 180–184.

Snyckers, Alexander (1905b): »Enseignement de la correspondance étrangère.« *Zeitschrift für das gesamte kaufmännische Unterrichtswesen* 6, 142–143.

Snyckers, Alexander (1908): *La Reichsbank et la Banque de France. Leur Politique.* Paris: Rousseau. Dissertation (Universität Lüttich).

Snyckers, Alexander (1910a): *Die Bank von Frankreich. Organisation, Tätigkeit und Politik.* Leipzig: Göschen'sche Verlagsbuchhandlung. Dissertation (Universität Heidelberg).

Snyckers, Alexander (1910b): *Französische und Deutsche Diskontpolitik mit besonderer Berücksichtigung der Entwicklung der Bank von Frankreich.* Leipzig: Göschen'sche Verlagsbuchhandlung.

Snyckers, Alexander (1927a): »Fremdsprachen an Handelshochschulen (I).« *Zeitschrift für Handelswissenschaft und Handelspraxis (Beiblatt Der Kaufmann und das Leben)* 5, 39–40.

Snyckers, Alexander (1927b): »Fremdsprachen an Handelshochschulen (II).« *Zeitschrift für Handelswissenschaft und Handelspraxis (Beiblatt Der Kaufmann und das Leben)* 6, 43–46.

Snyckers, Alexander (1927c): »Weltwirtschaft und Weltverkehrssprachen (I).« *Zeitschrift für Handelswissenschaft und Handelspraxis (Beiblatt Der Kaufmann und das Leben)* 11, 84–87.

Snyckers, Alexander (1927d): »Weltwirtschaft und Weltverkehrssprachen (II).« *Zeitschrift für Handelswissenschaft und Handelspraxis (Beiblatt Der Kaufmann und das Leben)* 12, 92–93.

Snyckers, Alexander (1928a): »Sprache und Wirtschaftssprache.« Messing, Ewald E. J. (1932): 292–299.

Snyckers, Alexander (1928b): »Zur Methodik des fremdsprachlichen Unterrichts an Handels- und Wirtschaftsschulen (I).« *De Spiegel van Handel en Wandel* 2, 39–40.

Snyckers, Alexander (1928c): »Zur Methodik des fremdsprachlichen Unterrichts an Handels- und Wirtschaftsschulen (II).« *De Spiegel van Handel en Wandel* 3, 38–39.

Snyckers, Alexander (1928d): »Unzulänglichkeit fremdsprachlicher Wörterbücher.« Messing, Ewald E. J. (1932): 287–291.

Snyckers, Alexander (1928e): »Fremdsprachen an Universitäten und an Handelshochschulen.« Messing, Ewald E. J. (1932): 300–303.

Snyckers, Alexander (1935a): »Beitrag zur Neugestaltung des Sprachstudiums an Handels-Hochschulen.« *Die Betriebswirtschaft. Zeitschrift für Handelswissenschaft und Handelspraxis* 7, 149–153.

Snyckers, Alexander (1935b): »Lehr- und Forschungsgebiet der Wirtschaftslinguistik.« IGFkB (1935) (Hrsg.): *Internationaler Kongress für kaufmännisches Bildungswesen, Prag, 01.–06. September 1935.* Prag: Otokar Janáček, 594–599. Kongressakten.

Sommer, Louise (1927): »Die Vorgeschichte der Weltwirtschaftskonferenz (Genf 1927).« *Weltwirtschaftliches Archiv. Zeitschrift des Instituts für Weltwirtschaft und Seeverkehr an der Universität Kiel* 28, 340–418.

Stammen, Theo (1979): »Das alliierte Besatzungsregime in Deutschland.« Becker, Josef et al. (1979) (Hrsg.): *Vorgeschichte der Bundesrepublik Deutschland. Zwischen Kapitulation und Grundgesetz.* München. Fink.

Stegemann, Richard (1913): »Entwicklungsformen und Entwicklungstendenzen auf dem Gebiete des kaufmännischen Bildungswesens.« IGFkU (1913) (Hrsg.): *Mitteilungen des X. Internationalen Kongresses für kaufmännisches Bildungswe-*

sen vom 31. August bis 5. September 1913 in Budapest. Ohne Angabe von Verlag und Verlagsort. Bd. 1, 28–40. Kongressakten.

Stoll, Karl-Heinz (1996) (Hrsg.): *50 Jahre FASK - Geschichte und Geschichten. Festschrift zum 50. Jahrestag der Gründung des Fachbereichs Angewandte Sprach- und Kulturwissenschaft der Johannes Gutenberg-Univeristät Mainz in Germersheim.* Karlsruhe: Druckcooperative Karlsruhe.

Storost, Jürgen (1992): »Zu den Anfängen der Institutionalisierung von Germanistik und Neuphilologie (Romanistik) im Verein deutscher Philologen und Schulmänner.« *Zeitschrift für Germanistik. Neue Folge* 2, 75–89.

Strosetzki, Christoph (2022a) (Hrsg.): *200 Jahre Nationalphilologien. Von der Romantik zur Globalisierung.* Berlin: Metzler.

Strosetzki, Christoph (2022b): »Philologie und Physik in der Romantik und heute.« Strosetzki, Christoph (2022a): 271–279.

Subak, Julius (1911): »Der IV. Internationale Sprach- und Wirtschaftskurs in Wien 1910 (15. August bis 10. September).« *Zeitschrift für das gesamte kaufmännische Unterrichtswesen* 12, 353–356.

Südhoff, o. A. (1938): »Schlussbericht.« IGFkB (1938) (Hrsg.): *Internationale Kongresse für berufliches Bildungswesen, Berlin, 25.–29. Juli 1938.* Leipzig: Spamer. Bd. 2, 693–696. Kongressakten.

Swet, Kurt (1909a): »Die bisherige Entwicklung der Handelshochschulen (I).« *Zeitschrift für das gesamte kaufmännische Unterrichtswesen* 7, 194–202.

Swet, Kurt (1909b): »Die bisherige Entwickelung der Handelshochschulen (II).« *Zeitschrift für das gesamte kaufmännische Unterrichtswesen* 8, 233–240.

Tashinskiy, Aleksey; Boguna, Julia; Kelletat, Andreas F. (2020) (Hrsg.): *Übersetzer und Übersetzen in der DDR. Translationshistorische Studien.* Berlin: Frank und Timme.

Tietz, Manfred (2022): »Zum Warum der Aufnahme der Neuphilologien in den universitären Fächerkanon im 19. Jahrhundert.« Strosetzki, Christoph (2022a): 35–57.

Tuckermann, Walther (1932): »Zur Entwicklung der Handels-Hochschulidee.« Handels-Hochschule Mannheim (1932) (Hrsg.): *Zum 25jährigen Bestehen der Handels-Hochschule Mannheim 1907–1932.* Mannheim: Eigenverlag, 3–11.

Vermeer, Hans J. (1992a): *Skizzen zu einer Geschichte der Translation. Anfänge – Von Mesopotamien bis Griechenland. Rom und das frühe Christentum bis Hieronymus.* Frankfurt: Verlag für Interkulturelle Kommunikation. Bd. 1.

Vermeer, Hans J. (1992b): *Skizzen zu einer Geschichte der Translation. Altenglisch, Altsächsisch, Alt- und Frühmittelhochdeutsch.* Frankfurt: Verlag für Interkulturelle Kommunikation. Bd. 2.

Vermeer, Hans J. (1996): *Das Übersetzen im Mittelalter. 13. und 14. Jahrhundert. Das arabisch-lateinische Mittelalter.* Bd. 1. Heidelberg. TEXTConTEXT.

Vermeer, Hans J. (2000a): *Das Übersetzen in Renaissance und Humanismus. 15. und 16. Jahrhundert. Westeuropa.* Bd. 1. Heidelberg: TEXTconTEXT.

Vermeer, Hans J. (2000b): *Das Übersetzen in Renaissance und Humanismus. 15. und 16. Jahrhundert. Der deutschsprachige Raum. Literatur und Indices.* Bd. 2: Heidelberg: TEXTconTEXT.

Viëtor, Wilhelm (1882) (1982): »Der Sprachunterricht muss umkehren! Ein Beitrag zur Überbürdungsfrage.« *Die Neueren Sprachen* (1982) 81, 120–148. Nachdruck.

Volckmann, Erwin (1924): »King Dollar und sein Zeichen. Numismatische Skizze.« Messing, Ewald E. J. (1932): 186–189.

Von der Aa, Karl (1904a): »Zur Methodik des Korrespondenzunterrichtes.« *Zeitschrift für das gesammte kaufmännische Unterrichtswesen* 7, 174–179.

Von der Aa, Karl (1904b): »Zur Methodik des Korrespondenzunterrichtes.« *Zeitschrift für das gesammte kaufmännische Unterrichtswesen* 8, 197–201.

Von Hibler, Leo (1935): »Gedanken über die neusprachliche Ausbildung an der Handels-Hochschule Leipzig.« IGFkB (1935) (Hrsg.): *Internationaler Kongress für kaufmännisches Bildungswesen, Prag, 01.–06. September 1935.* Prag: Otokar Janáček, 465–469. Kongressakten.

Voß, o. A. (1921): »Die Hochschule für Technik und Wirtschaft.« *Deutsche Handelsschul-Warte* 6, 41–42.

Walter, Hermann (1899): »Zur Methodik des Unterrichts in der deutschen Korrespondenz.« *Zeitschrift für das gesammte kaufmännische Unterrichtswesen* 3, 81–83.

Wauters, Paul (1904): »Étude sur le meilleur mode de formation des jeunes commerçants pour le commerce d'exportation.« *Zeitschrift für das gesamte kaufmännische Unterrichtswesen* 3, 57–61.

Weber, Eduard (1906): »Handelshochschulkurse.« *Zeitschrift für das gesamte kaufmännische Unterrichtswesen* 8, 237–244.

Wende, Erich (1959): *C. H. Becker – Mensch und Politiker. Ein biographischer Beitrag zur Kulturgeschichte der Weimarer Republik.* Stuttgart: Deutsche Verlags-Anstalt.

Weyel, Friedrich (1909): »Bemerkungen zu dem Aufsatz ›Welche Zwecke soll die Lektüre in den modernen Sprachen bei den Handelsschulen verfolgen?‹ von Professor Dr. Glauser.« *Zeitschrift für das gesamte kaufmännische Unterrichtswesen* 11, 365–367.

Wiegandt, Herbert (1998): *Bürgerzeit im Zwiespalt – Konrad Dieterich Haßler (1803 bis 1873). Von der Politik zur Denkmalpflege.* Ulm: Süddeutsche Verlagsgesellschaft Ulm.

Wilss, Wolfram (1996): »40 Jahre ›Lebende Sprachen‹.« *Lebende Sprachen* 3, 97.

Wilss, Wolfram (1999): »Dolmetscherinstitut – Institut für Übersetzen und Dolmetschen – Fachrichtung Angewandte Sprachwissenschaft sowie Übersetzen und Dolmetschen.« Gil, Albert et al. (1999) (Hrsg.): *Modelle der Translation: Grundlagen für Methodik, Bewertung, Computermodellierung.* Frankfurt et al.: Lang, 33–42.

Wilss, Wolfram (2000a): *Wandlungen eines Universitätsinstituts. Vom ›Dolmetscherinstitut‹ zur ›Fachrichtung Angewandte Sprachwissenschaft sowie Übersetzen und Dolmetschen‹ der Universität des Saarlandes.* St. Ingbert: Röhrig.

Wilss, Wolfram (2000b): »Das Seminar für Orientalische Sprachen Berlin.« *Lebende Sprachen* 2, 59–63.

Wolf, Friedrich August (1807) (1986): *Darstellung der Altertumswissenschaft nach Begriff, Umfang, Zweck und Wert.* Berlin: Realschulbuchhandlung. Nachdruck 1986, Weinheim: Acta Humaniora, VCH.

Woodsworth, Judith (1999): »Geschichte des Übersetzens.« Snell-Hornby, Mary; Hönig, Hans G.; Kußmaul, Paul; Schmitt, Peter A. (1999) (Hrsg.): *Handbuch Translation.* Schriften des BDÜ, Bd. 2. Tübingen: Stauffenburg, 39–43.

Wundt, Wilhelm (1913): *Elemente der Völkerpsychologie. Grundlinien einer psychologischen Entwicklungsgeschichte der Menschheit.* Leipzig: Alfred Kröner.

Wüster, Eugen (1931): *Internationale Sprachnormung in der Technik, besonders in der Elektrotechnik. (Die nationale Sprachnormung und ihre Verallgemeinerung).* Berlin: VDI-Verlag.

Zander, Gunther (2004): *Gründung der Handelshochschulen im deutschen Kaiserreich. 1898–1919.* Online-Publikation. [http://deposit.ddb.de/cgi-bin/dokserv?idn=976929449]. Dissertation.

Zauner, Stefan (1994): *Erziehung und Kulturmission. Frankreichs Bildungspolitik in Deutschland 1945–1949.* München: Oldenbourg. Dissertation.

Zeiger, Theodor (1925): »Die neueren Sprachen nach den Richtlinien für die Lehrpläne der höheren Schulen Preußens vom Jahre 1925.« *Die Neueren Sprachen* 33, 333–346.

Ziegler, Dieter (2005): »Das Zeitalter der Industrialisierung 1815–1914.« North, Michael (2005) (Hrsg.): *Deutsche Wirtschaftsgeschichte. Ein Jahrtausend im Überblick.* München: C. H. Beck.

Ziehen, Julius (1898): »Zum Realienplan der fremdsprachlichen Lektüre in den höheren Handelsschulen.« *Zeitschrift für das gesammte kaufmännische Unterrichtswesen* 7, 241–243.

Ziemke, Kurt (1912): *Die Dragomanatsassistenz vor den türkischen Gerichten.* Berlin: Bundesdruckerei. Dissertation.

4.1.2 Denkschriften

Bundesrath (1886): *Entwurf eines Gesetzes, betreffend die Errichtung eines Seminars für orientalische Sprachen [inkl. Denkschrift].* Drucksache Nr. 62, 22.04.1886; Session von 1886. (z.B. in: BArch, R 1501/108978, Bl. 2–4).

Haus der Abgeordneten (1917): *Denkschrift über die Förderung der Auslandsstudien.* Drucksache des Hauses der Abgeordneten Nr. 388, 24.01.1917; 22. Legislaturperiode, 3. Session 1916/17. (z.B. in: BArch, R 1501/108979).

Preußischer Landtag (1923): *Denkschrift über die Reform des Seminars für Orientalische Sprachen in Berlin.* Drucksache des Preußischen Landtags Nr. 5313, 30.04.1923; 1. Wahlperiode, 1. Tagung 1921/23. (z.B. in: PA AA, R 64157).

Snyckers, Alexander (1937): *Denkschrift über die beabsichtigte Gründung eines Dolmetscher-Institutes (Institut für Wirtschaftssprachler und Wirtschaftsdolmetscher) an der Handels-Hochschule Leipzig.* [Unveröffentlicht]. Einzusehen im Universitätsarchiv Leipzig, HHS 206, Bl. 1f.

4.1.3 Archivalische Quellen

4.1.3.1 Bundesarchiv, Berlin-Lichterfelde

BArch, DR 2/1356, Schriftgut, Staatliche Unterlagen. (1945–1949) 1949–1989.

BArch, DR 2/2260, Schriftwechsel des Ministeriums für Volksbildung mit der Fremdsprachenschule in Leipzig. 1948–1951.

BArch, DR 2/3094, Ausbildung an der Fremdsprachenschule Leipzig. Mrz. 1952–Apr. 1953.

BArch, DR 2/3142, Lehrplanentwurf der Fachrichtung Dolmetscher am Pädagogischen Institut Leipzig. Undatiert.

BArch, DR 2/3191, Dolmetscherausbildung am PI Leipzig. Juni 1953–Juni 1956.

BArch, DR 2/3314. Beratungen der Kommission Dolmetscherausbildung (PI Leipzig). Mai 1954–Dez. 1955.

BArch, R 1501/108978, Die Errichtung eines Seminars für Orientalische Sprachen, Bd. 1, (April 1886–Oktober 1916).

BArch, R 1501/108979, Die Errichtung eines Seminars für orientalische Sprachen und Förderung der Auslandsstudien, Bd. 2, (September 1916–April 1926).

BArch, R 4901/13931, Bd. 1, Dolmetscher Studium und geprüfte Übersetzer. Jan. 1935–Dez. 1944.

4.1.3.2 Geheimes Staatsarchiv Preußischer Kulturbesitz, Berlin-Dahlem

GStA PK, I. HA, Rep. 208 A Seminar für Orientalische Sprachen, Nr. 160: Acta betreffend Drucksachen des Seminars (1887–1890).

GStA PK, I. HA, Rep. 208 A Seminar für Orientalische Sprachen, Nr. 179 Bd. 1: Zusammenstellung von Pressestimmen und Zeitungsausschnitten über das Seminar für Orientalische Sprachen, 1888–1918, 1920, 1923–1928.

GStA PK, I. HA, Rep. 208 A Seminar für Orientalische Sprachen, Nr. 184: Seminar für Orientalische Sprachen/Ausland-Hochschule.

GStA PK, I. HA, Rep. 76 Kultusministerium, Va Sekt. 2 Tit. I Nr. 28 Bd. 1: Organisation und Verwaltung des Seminars für Orientalische Sprachen an der Universität Berlin, Bd.1, 1886–1887.

GStA PK, I. HA, Rep. 76 Kultusministerium, Va Sekt. 2 Tit. I Nr. 28 Bd. 2: Organisation und Verwaltung des Seminars für Orientalische Sprachen an der Universität Berlin, Bd.2, 1887–1892.

GStA PK, I. HA, Rep. 76 Kultusministerium, Va Sekt. 2 Tit. I Nr. 28 Bd. 3: Organisation und Verwaltung des Seminars für Orientalische Sprachen an der Universität Berlin, Bd.3, 1892–1897.

GStA PK, I. HA, Rep. 76 Kultusministerium, Va Sekt. 2 Tit. I Nr. 28 Bd. 4: Organisation und Verwaltung des Seminars für Orientalische Sprachen an der Universität Berlin, Bd.4, 1897–1900.

GStA PK, I. HA, Rep. 76 Kultusministerium, Va Sekt. 2 Tit. I Nr. 29 Bd. 1: Erweiterung und Umgestaltung des Seminars für Orientalische Sprachen an der Universität Berlin zu einer deutschen Auslandshochschule, Bd. 1, 1912–1916.

GStA PK, I. HA, Rep. 76 Kultusministerium, Va Sekt. 2 Tit. I Nr. 29 Bd. 2: Erweiterung und Umgestaltung des Seminars für Orientalische Sprachen an der Universität Berlin zu einer deutschen Auslandshochschule, Bd. 2, 1916–1918, 1920.

4.1.3.3 Landesarchiv Saarbrücken

LAS, MK 5214, Dolmetscher-Institut Allgemein. 1947–1952.

LAS, MK 5215, Anfragen nach Dolmetscherausbildung. Januar 1946 bis September 1948.

LAS, MK 5217, Bewerbungen um Aufnahme am Dolmetscher-Institut. 1947–1957.

4.1.3.4 Politisches Archiv des Auswärtigen Amts, Berlin

PA AA, Personalakte Paul Gautier, Nr. 4287, (o. A.).

PA AA, Personalakte Paul Gautier, Nr. 4288, (1929–1943).

PA AA, R 138863, Translatoren, (Juli 1890 bis Januar 1905).

PA AA, R 138864, Translatoren, (Februar 1905 bis Dezember 1912).

PA AA, R 138865, Translatoren, (Januar 1913 bis Dezember 1916).

PA AA, R 138866, Translatoren, (Januar 1917 bis Oktober 1920).

PA AA, R 138867, Übersetzer, (08.10.1920 bis Dezember 1930).

PA AA, R 138868, Übersetzer, (Januar 1931 bis 1932).

PA AA, R 139244, Vorschriften über Zulassung zur diplomatischen Laufbahn sowie über die Organisation des diplomatischen Dienstes, (1. April 1907–30. September 1908).

PA AA, R 139515, Gesuche um Zulassung zum Dolmetscher-Dienst und das Dragomanat überhaupt, (01.01.1910 bis 31.12.1910).

PA AA, R 139520, Gesuche um Zulassung zum Dolmetscherdienst und das Dragomanat überhaupt, (01.01.1917 bis 1933).

PA AA, R 139632, Personalia, (September 1900–März 1901).

PA AA, R 139637, Personalia, (November 1903 bis April 1904).

PA AA, R 139888, Schaffung einer Auslandszentral-Auskunftsstelle, (Oktober 1919–1922).

PA AA, R 140259, Konsulats-Dolmetscher-Dienst (Meldungen pp.), (Dezember 1888 bis September 1907).

PA AA, R 140260, Konsulats-Dolmetscher-Dienst (Meldungen pp.), (Oktober 1907 bis September 1910).

PA AA, R 140261, Konsulats-Dolmetscher-Dienst (Meldungen pp.), (1910 bis März 1927).

PA AA, R 64155, Das Orientalische Seminar, (1921).

PA AA, R 64156, Das Orientalische Seminar, (1922/23).

PA AA, R 64157, Das Orientalische Seminar, (1923).

PA AA, R 64158, Das Orientalische Seminar, (1924).

PA AA, R 64159, Das Orientalische Seminar, (1925).

4.1.3.5 Privatarchiv Snyckers

Akte 3: Lebenslauf, Zeitungsartikel, Korrespondenz Werny.

Akte 6: Schriften.

4.1.3.6 Privatarchiv Thiel

Akte 1: Diverse Schriftstücke.

4.1.3.7 Sächsisches Hauptstaatsarchiv, Dresden

Staatsarchiv Leipzig, PP-M, Sign. 1285. Einwohnermeldeamt.

4.1.3.8 Stadtarchiv Leipzig

StadtAL, 0067 StVuR, Nr. 10473, Wiedereröffnung der Fremdsprachenschule der Stadt Leipzig.

StadtAL, 0067 StVuR, Nr. 10480, Zusammenarbeit mit der Fremdsprachenschule Leipzig, Leipzig C1, Käthe-Kollwitz-Str. 48.

4.1.3.9 Stadtarchiv Rotterdam

Stadsarchief Rotterdam, »Archieven van de Nederlandsche Handels-Hoogeschool, sinds 1939 Nederlandse Economische Hogeschool (NEH) te Rotterdam,« 65, 678 Stukken betreffende een vraag van dr E.E.J. Messing aan het departement om invoering van economisch taalonderwijs en sociaal-economisch taal-, land- en volkenkunde, 1940–1941.

4.1.3.10 Universitätsarchiv Bonn

UA Bonn, Chronik 1959/60: Universität Bonn (1960) (Hrsg.): Rheinische Friedrich-Wilhelms-Universität Bonn. *Chronik des Akademischen Jahres 1959/60*, S. 111.

UA Bonn, PF 196–55, Bestand Philosophische Fakultät PF 196, Aktennummer 55, Orientalisches Seminar, (1934–1973).

UA Bonn, Senatsprotokolle, Bestand Senat 33, Aktennummer 14, Protokolle (1958).

4.1.3.11 Universitätsarchiv Heidelberg

UAH, B-1070/1, Handels-Hochschule Mannheim. Vorakten. 1919–1933.

UAH, B-1070/2, Universität Heidelberg. Die Vereinigung der Handelshochschule Mannheim mit der Universität Heidelberg. Die Wiedererrichtung der Handelshochschule (Wirtschaftshochschule). 1933–1940.

UAH, B-6695/1, Handels-Hochschule Mannheim. Betrifft Sprachwissenschaftliche Abteilung zur Ausbildung von Dolmetschern. 1928–1931.

UAH, B-6695/2, Handels-Hochschule Mannheim. Sprachwissenschaftliche Abteilung zur Ausbildung von Dolmetschern (II). 1930–1931.

UAH, B-6695/4, Dolmetscher-Institut. Allgemeines, Aversum (I). 1933–1936.

UAH, B-6696/1, Handels-Hochschule Mannheim. Leitung des Dolmetscher-Instituts. 1931/32.

UAH, B-6696/2, Handelshochschule Mannheim. Protokolle über die Sitzungen des Verwaltungsrats des Dolmetscher-Instituts. 1930–1933.

UAH, H-VI-128/2, Handels-Hochschule Mannheim. Dolmetscher-Institut. Übersetzungsaufträge. 1931–1932.

UAH, H-VI-129/1, Handels-Hochschule Mannheim. Dolmetscher-Institut. Wissenschaftliches Personal. (Bl. 1–70. darin Streit Schuster Gutkind). 1931–1932.

4.1.3.12 Universitätsarchiv der Humboldt-Universität zu Berlin

HU UA, NS-Doz., Nr. 81, NS-Dozentenschaft, Paul Gautier (1937–1938).

HU UA, Phil. Fak., Nr. 401, Promotionen Dr. phil. (17. Juni–8. Juli 1905).

HU UA, Phil. Fak., Nr. 1422, Förderung der Auslandskunde (Feb. 1919–Okt. 1926).

HU UA, Phil. Fak., Nr. 1469, Bd. 16, Anstellung von Professoren und Lektoren (Jan. 1920–Mrz. 1921).

HU UA, Phil. Fak., Nr. 1537, Seminar für Orientalische Sprachen, jetzt Auslandhochschule (Aug. 1887–Mai 1940).

HU UA, UK-K-27, Bd. 2, Personalakte Georg Kampffmeyer (1925–1929).

HU UA, UK-M-225, Bd. 1, Personalakte Eugen Mittwoch (1915–1951).

HU UA, UK-M-225, Bd. 2, Personalakte Eugen Mittwoch (1915–1951).

HU UA, UK-P-19, Bd. 1, Personalakte Anton Palme (1925–1937).

HU UA, UK-P-19, Bd. 2, Personalakte Anton Palme (1924–1940).

HU UA, UK-P-19, Bd. 3, Personalakte Anton Palme (1892–1937).

HU UA, UK-P-19, Bd. 4, Personalakte Anton Palme (1905–1938).

HU UA, UK-S-3, Bd. 2, Personalakte Eduard Sachau (1875–1933).

4.1.3.13 Universitätsarchiv Leipzig

UAL, HHS 57, Doktorbuch. [11.11.1932–20.12.1950.]

UAL, HHS 99, Protokolle über die Kuratoriumssitzungen. 23.06.1933–25.09.1945.

UAL, HHS 206, Dolmetscherinstitut. 1937.

UAL, HHS 210, Dolmetscherinstitut. 1937–1944.

UAL, HHS 211, Dolmetscherinstitut – Diplomprüfungen. 1939–1945.

UAL, HHS 226, Handelshochschule Leipzig II. 1928–1931.

UAL, HHS 241, Lehrstühle für Französisch – Englisch. April 1927–Juli 1929.

UAL, HHS 310, Studien- und Immatrikulationsangelegenheiten. 1922–1923.

UAL, HHS 405, Allgemeiner Deutscher Studentenausschuss, 1907–1915.

UAL, HHS 515, Selbstständigkeit der Handelshochschule Leipzig. 1935–1944.

UAL, HHS 516, Verschiedene Schriftwechsel mit der Landesregierung. 1938–1945.

UAL, HHS 567, Stiftung der Stadt Leipzig (Lehrstuhl für Wirtschaftswissenschaft und Unterstützung des Dolmetscherinstituts). 19.04.1938–13.10.1938.

UAL, PA 139, Personalakte Leo von Hibler.

UAL, PA 3320, Personalakte Alexander Snyckers.

UAL, Philol. Fak. D-I/02, Planung, Organisation und Durchführung des Studiums. 1945–1948.

UAL, Philol. Fak. D-I/24, Pläne zur Errichtung einer Hochschule für Fremdsprachen und Vorbereitung der Übernahme der Dolmetscher-Abteilung des Pädagogischen Institutes durch die KMU. 1955–1956.

UAL, R 35, Dolmetscher-Institut. 1956–1959.

UAL, R 57, Bildung von Einrichtungen philologisch-sprachwissenschaftlichen Charakters. 1946–1947; Jan.–Mai 1951, 1956–1957, 1964–1968.

UAL, R 81g, Eingliederung des Dolmetscher-Instituts in die Philosophische Fakultät. April–August 1946.

4.1.3.14 Universitätsarchiv Mannheim

UAM, HD, B3-5/3, Prüfungen im Dolmetscher-Institut. April 1932 bis März 1943.

UAM, HH, A1-11/1, Handels-Hochschule Mannheim. Senatsprotokolle Rektorat Tuckermann. 1927–1929.

UAM, HH, A1-11/3, Handels-Hochschule Mannheim. Senatsprotokolle. Rektorat Prof. Dr. Tuckermann. Ab 1930.

UAM, HH, A1-11/4, Handels-Hochschule Mannheim. Senatsprotokolle. Rektorat Prof. Dr. Tuckermann. Ab 1930.

UAM, HH, A1-12/3: Handelshochschule Mannheim. Sitzungsprotokolle des Senats. 1914.

UAM, HH, A1-12/5, Handels-Hochschule Mannheim. Protokolle des Kuratoriums - Ausschüsse - Sitzungen. 1928.

UAM, HH, A1-12/8, Handels-Hochschule Mannheim. Beschäftigung von Volontär Assistenten. 1932/33.

UAM, HH, A1-13/2, Handels-Hochschule Mannheim. Personalfragen der Dozenten. 1933.

UAM, HH, A1-14/2 Bd. 2, Handels-Hochschule Mannheim. Vollzug des Unterrichtsprogramms. Bis 1913.

UAM, HH, B2-11/1, Handels-Hochschule Mannheim. Angliederung der Handelshochschule an die Universität Heidelberg. 1933.

4.1.3.15 Universitätsarchiv des Saarlandes

UniA SB, Protokolle des Verwaltungsrats der Universität des Saarlandes.

UniA SB, Zeitungsausschnittsammlung.

4.1.4 Vorlesungsverzeichnisse

Die Vorlesungsverzeichnisse des Seminars für Orientalische Sprachen sind etwa in der Deutschen Nationalbibliothek am Standort Leipzig (https://www.dnb.de) nachgewiesen »Verzeichnis der Vorlesungen und Übungen/Seminar für Orientalische Sprachen bei der Friedrich-Wilhelms-Universität zu Berlin (1887–1936)«. Die Vorlesungsverzeichnisse der Ausland-Hochschule sind etwa in der Staatsbibliothek zu Berlin nachgewiesen »Verzeichnis der Vorlesungen und Übungen/Ausland-Hochschule, Berlin (1936–1939)« (vgl. https://kvk.bibliothek.kit.edu). Die Vorlesungsverzeichnisse der Dolmetscher-Institute in Heidelberg, Leipzig (Handelshochschule und Universität) und Germersheim/Mainz können in den Universitätsarchiven oder auch in den Universitätsbibliotheken jeweils vor Ort eingesehen werden.

Personal- und Vorlesungsverzeichnis der Karl-Marx-Universität Leipzig, Studienjahr 1957/58 – Frühjahrssemester.

Vorlesungsverzeichnis der Ausland-Hochschule, Sommersemester 1937.

Vorlesungsverzeichnis der Ausland-Hochschule, Sommersemester 1938.

Vorlesungsverzeichnis der Ausland-Hochschule, Wintersemester 1936/37.

Vorlesungsverzeichnis der Ausland-Hochschule, Wintersemester 1937/38.

Vorlesungsverzeichnis der Universität Heidelberg, Sommerhalbjahr 1934.

Vorlesungsverzeichnis des Dolmetscher-Instituts der Handels-Hochschule Leipzig, Wintersemester 1941/42.

Vorlesungsverzeichnis des Dolmetscher-Instituts der Handels-Hochschule Leipzig, Sommersemester 1942.

Vorlesungsverzeichnis des Dolmetscher-Instituts der Handels-Hochschule Leipzig, Wintersemester 1943/44.

Vorlesungsverzeichnis des Dolmetscher-Instituts der Handels-Hochschule Leipzig, Wintersemester 1944/45.

Vorlesungsverzeichnis des Seminars für Orientalische Sprachen, Sommersemester 1936.

Vorlesungsverzeichnis des Seminars für Orientalische Sprachen, Wintersemester 1935/36.

Vorlesungsverzeichnisse des Dolmetscher-Instituts der Handels-Hochschule Leipzig, Wintersemester 1939/40 bis Sommersemester 1941.

Vorlesungsverzeichnis der Universität des Saarlandes, Sommersemester 1949.

Vorlesungsverzeichnis der Universität Mainz, Sommersemester 1950.

4.1.5 Internetquellen

Die angeführten Brockhaus-Quellen stammen aus der Brockhaus Enzyklopädie Online 2023.

https://www.basf.com/global/de/who-we-are/history/chronology/1865-1901/1865.html. Entnahmedatum: 24.11.2023.

https://brockhaus.de/ecs/enzy/article/deutscher-bund. Entnahmedatum: 07.06.2023.

https://brockhaus.de/ecs/enzy/article/deutscher-zollverein. Entnahmedatum: 07.06.2023.

https://brockhaus.de/ecs/enzy/article/deutsches-reich-20. Entnahmedatum: 07.06.2023.

https://brockhaus.de/ecs/enzy/article/genua. Entnahmedatum: 08.06.2023.

https://brockhaus.de/ecs/enzy/article/georg-georg-i-30. Entnahmedatum: 09.05.2023.

https://brockhaus.de/ecs/enzy/article/goethe-johann-wolfgang. Entnahmedatum: 09.05.2023.

https://brockhaus.de/ecs/enzy/article/herder-johann-gottfried. Entnahmedatum: 09.05.2023.

https://brockhaus.de/ecs/enzy/article/neusprachlicher-unterricht. Entnahmedatum: 09.05.2023.

https://brockhaus.de/ecs/enzy/article/orientalistik. Entnahmedatum: 09.05.2023.

https://brockhaus.de/ecs/enzy/article/philologie. Entnahmedatum: 09.05.2023.

https://brockhaus.de/ecs/enzy/article/propyläen. Entnahmedatum: 09.05.2023.

https://brockhaus.de/ecs/enzy/article/realschule. Entnahmedatum: 09.05.2023.

https://brockhaus.de/ecs/enzy/article/schutzgebiete. Entnahmedatum: 05.06.2023.

https://brockhaus.de/ecs/enzy/article/weltwirtschaft-20. Entnahmedatum: 07.06.2023.

https://brockhaus.de/ecs/enzy/article/wiener-kongress. Entnahmedatum: 07.06.2023.

https://www.consilium.europa.eu/de/infographics/30-years-of-the-eu-single-market/. Entnahmedatum: 24.11.2023.

https://de.wikipedia.org/Carl_Heinrich_Becker. Entnahmedatum: 24.01.2022.

https://de.wikipedia.org/wiki/€. Entnahmedatum: 22.10.2021.

https://de.wikipedia.org/wiki/Alexander_Snyckers. Entnahmedatum: 24.11.2023.

https://de.wikipedia.org/wiki/Curt_Sigmar_Gutkind. Entnahmedatum: 24.11.2023.

https://de.wikipedia.org/wiki/Friedrich_Glauser. Entnahmedatum: 02.12.2021.

https://de.wikipedia.org/wiki/Georg_I._(Großbritannien). Entnahmedatum: 09.05.2023.

https://de.wikipedia.org/wiki/Heinrich_Viehoff. Entnahmedatum: 09.05.2023.

https://de.wikipedia.org/wiki/Konferenz_von_Cannes. Entnahmedatum: 08.06.2023.

https://de.wikipedia.org/wiki/Levin_Ludwig_Schücking. Entnahmedatum: 09.05.2023.

https://de.wikipedia.org/wiki/Ludwig_Herrig. Entnahmedatum: 09.05.2023.

https://de.wikipedia.org/wiki/Quo_usque_tandem_abutere,_Catilina,_patientia_nostra. Entnahmedatum: 09.05.2023.

https://de.wikipedia.org/wiki/Victor_Klemperer. Entnahmedatum: 09.05.2023.

https://de.wikipedia.org/wiki/Wilhelm_Ihne. Entnahmedatum: 09.05.2023.

https://d-nb.info/57964507X. Entnahmedatum: 02.12.2021.

https://gepris-historisch.dfg.de. Entnahmedatum: 24.01.2022.

https://ka.stadtwiki.net/Universit%C3%A4t_Karlsruhe_(Geschichte) Entnahmedatum: 10.03.2023.

https://kvk.bibliothek.kit.edu. Entnahmedatum: 10.03.2023.

https://research.uni-leipzig.de/catalogus-professorum-lipsiensium/leipzig/Hibler-Lebmannsport_628/. Entnahmedatum: 27.12.2021.

https://www.bluestarline.org/arandora.html. Entnahmedatum: 02.12.2021.

https://www.bpb.de/kurz-knapp/hintergrund-aktuell/302479/vor-100-jahren-gruendung-des-voelkerbundes/. Entnahmedatum: 08.06.2023.

https://www.bpb.de/shop/zeitschriften/apuz/288788/versailler-vertrag-ein-frieden-der-kein-frieden-war/. Entnahmedatum: 08.06.2023.

https://www.catalogus-professorum-halensis.de. Entnahmedatum: 24.01.2022.

https://www.deutsche-biographie.de/sfzS18463.html. Entnahmedatum: 24.11.2023.

https://www.deutsche-biographie.de/sfz30250.html#ndbcontent. Entnahmedatum: 09.05.2023.

https://www.deutsche-biographie.de/sfz39657.html#ndbcontent. Entnahmedatum: 22.10.2021.

https://www.deutsche-biographie.de/sfz39690.html#ndbcontent. Entnahmedatum: 10.03.2023.

https://www.dhm.de/lemo/kapitel/ns-regime/ausgrenzung-und-verfolgung/geschaeftsboykott-1933.html. Entnahmedatum: 03.08.2023.

https://www.dhm.de/lemo/kapitel/reaktionszeit/wirtschaft/zollverein.html. Entnahmedatum: 07.06.2023.

https://www.dhm.de/lemo/kapitel/vormaerz-und-revolution/der-deutsche-bund.html. Entnahmedatum: 05.06.2023.

https://www.dhm.de/lemo/kapitel/vormaerz-und-revolution/wiener-kongress.html. Entnahmedatum: 05.06.2023.

https://www.dhm.de/lemo/kapitel/weimarer-republik.html. Entnahmedatum: 08.06.2023.

https://www.dhm.de/lemo/kapitel/weimarer-republik/aussenpolitik.html. Entnahmedatum: 08.06.2023.

https://www.dhm.de/lemo/kapitel/weimarer-republik/aussenpolitik/briand-kellogg-pakt.html. Entnahmedatum: 08.06.2023.

https://www.dhm.de/lemo/kapitel/weimarer-republik/aussenpolitik/dawes-plan.html. Entnahmedatum: 08.06.2023.

https://www.dhm.de/lemo/kapitel/weimarer-republik/aussenpolitik/konferenz-von-locarno-1925.html. Entnahmedatum: 08.06.2023.

https://www.dhm.de/lemo/kapitel/weimarer-republik/aussenpolitik/konferenz-von-lausanne.html. Entnahmedatum: 08.06.2023.

https://www.dhm.de/lemo/kapitel/weimarer-republik/aussenpolitik/voelkerbund.html. Entnahmedatum: 08.06.2023.

https://www.dhm.de/lemo/kapitel/weimarer-republik/aussenpolitik/vertrag-von-rapallo.html. Entnahmedatum: 08.06.2023.

https://www.dhm.de/lemo/kapitel/weimarer-republik/aussenpolitik/versailler-vertrag.html. Entnahmedatum: 07.06.2023.

https://www.dhm.de/lemo/kapitel/weimarer-republik/aussenpolitik/young-plan-1929.html. Entnahmedatum: 08.06.2023.

https://www.dhm.de/lemo/kapitel/weimarer-republik/industrie-und-wirtschaft/weltwirtschaftskrise.html. Entnahmedatum: 08.06.2023.

https://www.dhm.de/lemo/kapitel/weimarer-republik/industrie-und-wirtschaft.html. Entnahmedatum: 07.06.2023.

https://www.dhm.de/lemo/kapitel/weimarer-republik/innenpolitik/waehrungsreform-1923.html. Entnahmedatum: 08.06.2023.

https://www.dnb.de. Entnahmedatum: 24.01.2022.

https://www.gbv.de. Entnahmedatum: 24.01.2022.

https://www.historisches-lexikon-bayerns.de/Lexikon/Versailler_Vertrag,_1919/20#Die_Bestimmungen_des_Friedensvertrages. Entnahmedatum: 08.06.2023.

https://www.hu-berlin.de. Entnahmedatum 31.01.2022.

https://www.ioa.uni-bonn.de. Entnahmedatum: 26.01.2022.

https://www.jstor.org. Entnahmedatum: 24.01.2022.

https://www.kb.nl. Entnahmedatum 22.03.2022.

https://www.krimi-couch.de/krimis/friedrich-glauser.html. Entnahmedatum: 30.11.2021.

https://www.leo-bw.de/web/guest/detail/-/Detail/details/PERSON/kgl_biographien/118629743/biografie. Entnahmedatum: 01.12.2021.

https://www.mannheim.de/de/tourismus-entdecken/stadtgeschichte/mahnmal. Entnahmedatum: 02.12.2021.

https://www.marchivum.de. Entnahmedatum: 02.12.2021.

https://www.mercedes-benz.com/de/kunst-und-kultur/museum. Entnahmedatum: 07.06.2023.

https://www.regionalgeschichte.net/bibliothek/biographien/koenig-marie-pierre.html. Entnahmedatum: 02.12.2021.

https://www.uni-hohenheim.de/alumni-news-artikel?tx_ttnews%5Btt_news%5D=39030&cHash=655bf8a78e407c560a5b86e609215d4b. Entnahmedatum: 10.03.2023.

http://www.unionsverlag.com/info/link.asp?link_id=4072&pers_id=33. Entnahmedatum: 02.12.2021.

https://www.wiwi.uni-frankfurt.de. Entnahmedatum: 22.10.2021.

4.2 Bildnachweise

4.3 Abbildungen

4.4 Tabellarische Übersichten

4.5 Abkürzungen

2-K-M	Zwei-Komponenten-Modell
3-K-M	Drei-Komponenten-Modell
AA	Auswärtiges Amt
Abb.	Abbildung
ABF	Archives biographiques françaises
AHS	Ausland-Hochschule, Berlin
B	Rektorat seit 1918 (Bestandsbezeichnung im UAH)
BAB	Biografisch Archief van de Benelux
BArch	Bundesarchiv
BDÜ	Bundesverband der Dolmetscher und Übersetzer
BIKkB	Bureau des Internationalen Kongreßes für kaufmännisches Bildungswesen
Bl.	Blatt
BRO	Brockhaus Enzyklopädie in 30 Bänden (2006)
DBA	Deutsches Biographisches Archiv
DBE	Deutsche Biographische Enzyklopädie
DDR	Deutsche Demokratische Republik
DEP	Direction de l'Éducation Publique
DI	Dolmetscher-Institut
D-I	Dolmetscher-Institut
dnb	Deutsche Nationalbibliothek
DR 2	Ministerium für Volksbildung der DDR (Bestandsbezeichung im BArch)
DVkB	Deutscher Verband für das kaufmännische Bildungswesen
DVkU	Deutscher Verband für das kaufmännische Unterrichtswesen
gbv	Gemeinsamer Bibliotheksverbund
GER	Germersheim
GStA PK	Geheimes Staatsarchiv Preußischer Kulturbesitz
HD	Heidelberg
HH	Handelshochschule (Bestandsbezeichnung im UAM)
HHS	Handelshochschule (Bestandbezeichung im UAL)
Hrsg.	Herausgeber

HU UA	Universitätsarchiv der Humboldt-Universität zu Berlin
H-VI	Staats- und Wirtschaftswissenschaftliche Fakultät (Bestandsbezeichnung im UAH)
IBE	International Biographical Dictionary of Central European Emigrés
IG	Internationale Gesellschaft
IGFkB	Internationale Gesellschaft zur Förderung des kaufmännischen Bildungswesens
IGFkU	Internationale Gesellschaft zur Förderung des kaufmännischen Unterrichtswesens
IK	Internationaler Kongress
IKFkB	Internationaler Kongress zur Förderung des kaufmännischen Bildungswesens
ISW	Internationaler Sprach- und Wirtschaftskurs
kfm. BW	kaufmännisches Bildungswesen
KMU	Karl Marx-Universität Leipzig
Koll.	Kollege
Kolln.	Kollegin
KVK oder kvk	Karlsruher Virtueller Katalog
L	Leipzig
LAS	Landesarchiv des Saarlandes
MA	Mannheim
MAI	Ministerium für Aussenhandel und Innerdeutschen Handel (der DDR)
MK	Ministerium für Kultus
N. N.	nomen nescio/nominandum (unbekannt)
n. v.	nicht vorhanden
NDB	Neue Deutsche Biographie
o. A.	ohne Angabe
PA	Personalakte (Bestandsbezeichnung im UAL)
PA AA	Politisches Archiv des Auswärtigen Amts, Berlin
Philol. Fak.	Philologische Fakultät (Bestandsbezeichnung im UAL)
PI	Pädagogisches Institut
PO	Prüfungsordnung
R	Reich (Bestandsbezeichnung im BArch)

R	Rektorat (Bestandsbezeichnung im UAL)
RS	Rückseite
SB	Saarbrücken
SHW	De Spiegel von Handel en Wandel
SMA	Sowjetisch Militärische Administration
SOS	Seminar für Orientalische Sprachen
SS	Sommersemester
StadtAL	Stadtarchiv Leipzig
StVuR	Stadtverordnetenversammlung und Rat der Stadt
Tab.	Tabelle
trA	translatorische Ausbildung
UA Bonn	Universitätsarchiv Bonn
UAH	Universitätsarchiv Heidelberg
UAL	Universitätsarchiv Leipzig
UAM	Universitätsarchiv Mannheim
UK	Universitätskurator (Bestandsbezeichnung im HU UA)
UniA SB	Archiv der Universität des Saarlandes
Vgl.	Vergleiche
vmtl.	vermutlich
VS	Vorderseite
WS	Wintersemester
z. B.	zum Beispiel

4.6 Personen- und Sachregister

Leipziger Studien zur angewandten Linguistik und Translatologie
Herausgegeben von Peter A. Schmitt

Diese Reihe hat ihre Wurzeln zum einen in der von Prof. Dr. Rosemarie Gläser gegründeten Reihe "Leipziger Fachsprachen-Studien" (LFS), die nicht fortgeführt wird, zum andern in der "Leipziger Schule der Übersetzungswissenschaft" und der seit 1956 an der Universität Leipzig bestehenden Übersetzer- und Dolmetscherausbildung. Im Gegensatz zu der explizit auf Fachsprachen fokussierten bisherigen LFS-Reihe bietet diese Reihe ein Forum für das erheblich größere Themenspektrum, das charakteristisch ist für die Forschung und Lehre am Institut für Angewandte Linguistik und Translatologie (IALT) seit der Wende. Die Analogie des Reihentitels zum Namen des Instituts ist insofern Programm. Gleichwohl bedeutet dies und die Nennung von Leipzig im Titel nicht, dass hier ausschließlich Arbeiten von Personen publiziert werden, die in Leipzig im Allgemeinen und am IALT im Besonderen arbeiten. Es soll lediglich signalisieren, dass die Reihe in Leipzig angesiedelt ist und dass die Schriften dieser Reihe den inhaltlichen und wissenschaftlichen Kriterien des IALT entsprechen: Arbeiten von hochrangiger Qualität in Inhalt, Form und Sprache, die einen jeweils relevanten Beitrag zur Wissenschaft, Forschung, Lehre und Praxis im Bereich des Übersetzens und Dolmetschens leisten. Ein Aspekt dieses Konzepts ist es, dass hier nicht nur bereits bekannte Personen vertreten sein sollen, sondern dass auch herausragende Nachwuchswissenschaftler und Nachwuchswissenschaftlerinnen ihr Debut in der Forschungsgemeinschaft geben können.

Band	1	Gerd Wotjak (Hrsg.): 50 Jahre Leipziger Übersetzungswissenschaftliche Schule. 2006.
Band	2	Elvira Mertin: Prozessorientiertes Qualitätsmanagement im Dienstleistungsbereich Übersetzen. 2006.
Band	3	Eberhard Fleischmann: Postsowjetisches Russisch. Eine Studie unter translatorischem Aspekt. 2007.
Band	4	Brigitte Horn-Helf: Kulturdifferenz in Fachtextsortenkonventionen. Analyse und Translation. Ein Lehr- und Arbeitsbuch. 2007.
Band	5	Peter A. Schmitt / Heike E. Jüngst (Hrsg.): Translationsqualität. 2007.
Band	6	Silke Nagel / Susanne Hezel / Katharina Hinderer / Katrin Pieper: Audiovisuelle Übersetzung. Filmuntertitelung in Deutschland, Portugal und Tschechien. 2009.
Band	7	Heike Elisabeth Jüngst: Information Comics. Knowledge Transfer in a Popular Format. 2010.
Band	8	Holger Siever: Übersetzen und Interpretation. Die Herausbildung der Übersetzungswissenschaft als eigenständige wissenschaftliche Disziplin im deutschen Sprachraum von 1960 bis 2000. 2010.
Band	9	Patrick Herz: Ein Prozess - vier Sprachen. Übersetzen und Dolmetschen im Prozess gegen die Hauptkriegsverbrecher vor dem Internationalen Militärgerichtshof Nürnberg, 20. November 1945 - 1. Oktober 1946. 2011.
Band	10	Peter A. Schmitt / Susann Herold / Annette Weilandt (Hrsg.): Translationsforschung. Tagungsberichte der LICTRA. IX. Leipzig International Conference on Translation & Interpretation Studies, 19. - 21.5.2010. Teil 1 und Teil 2. 2011.
Band	11	Anne Panier / Kathleen Brons / Annika Wisniewski / Marleen Weißbach: Filmübersetzung. Probleme bei Synchronisation, Untertitelung, Audiodeskription. 2012.
Band	12	Discourses of Translation. Festschrift in Honour of Christina Schäffner. Edited by Beverly Adab, Peter A. Schmitt and Gregory Shreve. 2012.
Band	13	Linus Jung (Hrsg.): Übersetzen als interdisziplinäre Herausforderung. Ausgewählte Schriften von Gerd Wotjak. 2012.

Band 14 Ulrike Thamm: Wörterbücher der Deutschen Gebärdensprache. Sprachspezifische Besonderheiten und deren Bearbeitung in ausgewählten Wörterbüchern. 2014.

Band 15 Annette Weilandt: Terminologiemanagement. Ein prozessorientierter Ansatz am Beispiel der Automobilindustrie. 2015.

Band 16 Alexander Behrens: Lokalisierbarkeit von User-Interface-Strings. Übersetzerische Aspekte der Internationalisierung und Lokalisierung von Software, untersucht anhand der Übersetzungsrichtungen Englisch-Deutsch und Englisch-Russisch. 2016.

Band 17 Anja Schüler: Neologismen in der Science Fiction. Eine Untersuchung ihrer Übersetzung vom Englischen ins Deutsche. 2016.

Band 18 Anja Christina Klaus: Zu ausgewählten Problemen der Übersetzung von Operetten. 2016.

Band 19 Nathalie Mälzer / Maria Wünsche: Inklusion am Theater. 2017.

Band 20 Stefania D'Amico: Approccio sintagmatico alla preparazione terminological nell'interpretariato. 2018.

Band 21 Carsten Sinner / Christine Paasch-Kaiser / Johannes Härtel (Hrsg.): Translation 4.0. Dolmetschen und Übersetzen im Zeitalter der Digitalisierung. 2020.

Band 22 Anke Lutz: Zur Entstehung der translatorischen Ausbildung in Deutschland. Ein Beitrag zur Curriculumforschung. 2025.

www.peterlang.com

Printed by
CPI books GmbH, Leck